Holger Hoch, Justus Haucap (Hrsg.)

Praxishandbuch Energiekartellrecht

De Gruyter Praxishandbuch

Holger Hoch, Justus Haucap (Hrsg.)

Praxishandbuch Energiekartell-recht

DE GRUYTER

Zitiervorschläge: *Lesinska-Adamson* Energiekartellrecht Kap. 6 Rn 69.

ISBN 978-3-89949-523-2
e-ISBN (PDF) 978-3-11-028684-7
e-ISBN (EPUB) 978-3-11-038869-5

Library of Congress Control Number: 2018949261

Bibliografische Information der Deutschen Nationalbibliothek
Die Deutsche Nationalbibliothek verzeichnet diese Publikation in der Deutschen Nationalbibliografie; detaillierte bibliografische Daten sind im Internet über http://dnb.dnb.de abrufbar.

Einbandabbildung: Agitatephoto / iStock / thinkstock
Datenkonvertierung/Satz: jürgen ullrich typosatz, Nördlingen
Druck und Bindung: CPI books GmbH, Leck
♾ Gedruckt auf säurefreiem Papier

MIX
Papier aus verantwortungsvollen Quellen
FSC® C083411

www.degruyter.com

Geleitwort

Das Kartellrecht ist seit jeher Triebfeder sowie Dreh- und Angelpunkt der Liberalisierung der Energiewirtschaft. Es war nicht nur der Zündfunke und der dogmatische Ausgangspunkt für die Regulierung der Netzwirtschaften, sondern wacht weiterhin über das Funktionieren der heute liberalisierten Märkte auf der Großhandels-, Vertriebs- und Erzeugungsebene bzw. über die Importmärkte.

Aktuell hat der sogenannte E.ON-RWE-Deal die energiekartellrechtliche Fusionskontrolle in die Tages- und Fachpresse zurückkatapultiert; ein Vorhaben das die Tätigkeitsbereiche der beteiligten Konzerne und gleichermaßen die Marktverhältnisse gewaltig ändern wird. Ebenso herausstechend ist die in diesem Jahr erzielte Einigung der Europäischen Kommission mit Gazprom über umfangreiche Zusagen, die eine wettbewerbliche Abschottung der ost- und südosteuropäischen Gasmärkte verhindern sollen. Durch die Energiewende haben sich aber auch gänzlich neue Märkte etabliert. Beispiele sind der Ausschreibungswettbewerb im Bereich der Erneuerbaren Energien, die Bereitstellung von Ladeinfrastruktur für Elektromobilität, die Erzeugung von Offshore-Energie und der vom Netzbetrieb entkoppelte Messstellenbetrieb mittels Smart Meter. Auch wenn viele energiewirtschaftlichen Tätigkeitsfelder durch Spezialgesetze ausgeformt sind, kommt das Kartellrecht in der Energiewirtschaft oft zur Anwendung und nimmt eine Sonderstellung ein. Dies gilt klassisch vor allem in den Bereichen der Missbrauchskontrolle, bei Grundversorgungsentgelten oder im Fernwärmesektor sowie wieder zunehmend in der Fusionskontrolle. Eine hohe Komplexität des Kartellrechts hat sich im Bereich des Konzessionsvergaberechts entwickelt, die an Kommunen und öffentliche Entscheider, ähnlich wie im Bereich der sogenannten unterschwelligen Vergabe, strenge Anforderungen an ein diskriminierungsfreies Vergabeverfahren stellt.

Das vorliegende Werk beginnt mit einer fundierten Ist-Aufnahme der aktuellen Marktstrukturen der Energiewirtschaft und einem kurzen Gesamtüberblick über das Kartellrecht. Die darauf folgenden Kapitel beschäftigen sich jeweils mit den praxisrelevanten Themenschwerpunkten und den verbundenen kartellrechtlichen Fragestellungen. Zum Abschluss erfolgt die Darstellung des Vergabe- und Beihilfenrechts, das in der Energiewirtschaft stets eine hohe Praxisrelevanz besitzt. Die Besonderheiten der Strom- und Gasversorgung werden analysiert und der Anwendungsbereich der Kartellgesetze im Verhältnis zu den regulierungsrechtlichen Vorgaben des Energiewirtschaftsgesetzes beschrieben. Das Werk behandelt die aktuellen Entwicklungen ebenso wie die neueste Rechtsprechung bzw. Verwaltungspraxis der für die Energiewirtschaft maßgeblichen kartellrechtlichen Fragen.

Kartellrecht ist nicht zuletzt aufgrund der Geschehnisse in der Automobilindustrie heute aktueller und in der öffentlichen Wahrnehmung präsenter denn je. Daher freuen wir uns, dass es uns gelungen ist, für alle Themenfelder hochqualifizierte Experten mit langjähriger und tiefgreifender Praxiserfahrung zu finden. Wir

https://doi.org/10.1515/9783110286847-202

hoffen sehr, mit dem Werk eine praktische Hilfestellung im beruflichen Alltag zu leisten.

Herzlichen Dank sagen wir allen Mitautoren für ihren Beitrag zum Gelingen des Werkes. Gleiches gilt für Frau Susanne Kitzmann, Frau Katja Seidel, Frau Arlett Steinhöfel und Frau Maria Thelemann, die als Mitarbeiterinnen von Becker Büttner Held erneut in professioneller Weise die redaktionelle Betreuung des Buches übernommen haben sowie den Referendarinnen Frau Katharina Bader, Frau Giulia Rizzo und Frau Karima-May Rouabhia und Herrn Ass. iur. Sebastian Freimuth für ihre sehr wertvolle Unterstützung. Ebenfalls herzlich danken möchten wir auch Herrn Ulrich Wittek für die professionelle Betreuung und dem de Gruyter Verlag für die Realisierung des Projektes.

Berlin/Düsseldorf, Mai 2018

Professor Dr. Justus Haucap — Dr. Holger Hoch

Inhaltsübersicht

https://doi.org/10.1515/9783110286847-203

Inhaltsverzeichnis

https://doi.org/10.1515/9783110286847-204

Kapitel 8
Die Fernwärmeversorgung aus der Sicht des Kartellrechts — 351

Kapitel 9
Schwerpunkte und Verfahrensrecht der deutschen Kartellaufsicht — 424

Abkürzungsverzeichnis

€	Euro
§	Paragraph
%	Prozent
a	anno (Jahr)
a.A.	anderer Ansicht
a.E.	am Ende
a.F.	alte Fassung
Abb.	Abbildung
ÄndG	Änderungsgesetz
ABl EG	Amtsblatt der Europäischen Gemeinschaft
ABl EU	Amtsblatt der Europäischen Union
Abs.	Absatz
ACER-VO	Verordnung zur Gründung einer Agentur für die Zusammenarbeit der Energieregulierungsbehörden
AcP	Archiv für die civilistische Praxis (Zeitschrift)
AEG	Allgemeines Eisenbahngesetz
AEUV	Vertrag über die Arbeitsweise der Europäischen Union
AFI-Richtlinie	Richtlinie über den Aufbau der Infrastruktur für alternative Kraftstoffe
AG	Aktiengesellschaft/Arbeitsgemeinschaft
AGB	Allgemeine Geschäftsbedingungen
AGFVO	Allgemeine Gruppenfreistellungsverordnung
AGFW	Der Energieeffizienzverband für Wärme, Kälte und KWK e.V.
A/KAE	Ausführungsanordnung zur Konzessionsabgabenanordnung
AktG	Aktiengesetz
ARegV	Anreizregulierungsverordnung
Art.	Artikel
Aufl.	Auflage
AVBFernwärmeV	Verordnung über allgemeine Bedingungen für die Versorgung mit Fernwärme
Az.	Aktenzeichen
BAnz	Bundesanzeiger
BB	Betriebsberater (Zeitschrift)
BBH	Becker Büttner Held · Rechtsanwälte · Wirtschaftsprüfer · Steuerberater
BDEW	Bundesverband der Energie- und Wasserwirtschaft
BeckOK	Beck'scher Online-Kommentar
BeckRS	Beck online Rechtsprechung
BerlStrG	Berliner Straßengesetz
Beschl.	Beschluss
Begr.	Begründung
Beweisbeschl.	Beweisbeschluss
Bd.	Band
BFO	Bundesfachplan Offshore
BGB	Bürgerliches Gesetzbuch
BGBl.	Bundesgesetzblatt
BGH	Bundesgerichtshof

https://doi.org/10.1515/9783110286847-205

BGHZ	Entscheidungen des Bundesgerichtshofes in Zivilsachen
BHKW	Blockheizkraftwerk
BKartA	Bundeskartellamt
BMWi	Bundesministerium für Wirtschaft und Energie
BNetzA	Bundesnetzagentur
BReg	Bundesregierung
BR-Drucks.	Bundesrats-Drucksache
BT-Drucks.	Bundestags-Drucksache
BVerfG	Bundesverfassungsgericht
BVerfGE	Entscheidungssammlung des Bundesverfassungsgerichts
BVerwG	Bundesverwaltungsgericht
BVerwGE	Entscheidungssammlung des Bundesverwaltungsgerichts
BWE	Bundesverband WindEnergie
bzgl.	bezüglich
bzw.	beziehungsweise
°C	Grad Celsius
ca.	circa
CPO	Charge Point Operator (Ladeinfrastrukturbetreiber)
ct	Eurocent
d.h.	das heißt
DÖV	Die Öffentliche Verwaltung (Zeitschrift)
DStGB	Deutscher Städte und Gemeindebund
DVBl.	Deutsches Verwaltungsblatt (Zeitschrift)
ECLR	European Competition Law Review (Zeitschrift)
EEG	Erneuerbare-Energien-Gesetz
EG	Europäische Gemeinschaft
EGKS	Europäische Gemeinschaft für Kohle und Stahl
EGV/EG-Vertrag	Vertrag zur Gründung der Europäischen Gemeinschaft
EL	Ergänzungslieferung
EltRL	Elektrizitätsbinnenmarktrichtlinie
EMP	Emobility Provider (Mobilitätsanbieter)
endg.	endgültig
EnergieStG	Energiesteuergesetz
engl.	englisch
Entsch.	Entscheidung
EnWG	Energiewirtschaftsgesetz
EnWZ	Zeitschrift für das Gesamte Recht der Energiewirtschaft (Zeitschrift)
EOG	Erlösobergrenze
EPEX Spot	European Power Exchange
ET	Energiewirtschaftliche Tagesfragen (Zeitschrift)
etc.	et cetera
ErdgasZVO	Erdgaszugangsverordnung
ErwGr	Erwägungsgrund
ESB	Electricity Supply Board
EU	Europäische Union
EU-Kommission	Kommission der Europäischen Union

EuGH	Europäischer Gerichtshof
EuG	Gericht der Europäischen Union
EuR	Europarecht (Zeitschrift)
EuZW	Europäische Zeitschrift für Wirtschaftsrecht (Zeitschrift)
evtl.	eventuell
EVN	Energieversorgungsnetz
EVU	Energieversorgungsunternehmen
EWeRK	Zeitschrift des Instituts für Energie- und Wettbewerbsrecht in der kommunalen Wirtschaft e.V. (Zeitschrift)
EWG	Europäische Wirtschaftsgemeinschaft
EWGV/EWG-Vertrag	Vertrag zur Gründung der Europäischen Wirtschaftsgemeinschaft
EuZW	Europäische Zeitschrift für Wirtschaftsrecht (Zeitschrift)
f.	folgende
ff.	fortfolgende
F&E	Forschung und Entwicklung
FKVO	Fusionskontrollverordnung
Fn.	Fußnote
FStrG	Bundesfernstraßengesetz
FVU	Fernwärmeversorgungsunternehmen
GABi Gas 2.0	Grundmodell für Ausgleichsleistungen und Bilanzierungsregeln im Gassektor
GAG	Gemeinnützige Aktiengesellschaft
GasGVV	Gasgrundversorgungsverordnung
GasNEV	Gasnetzentgeltverordnung
GasNZV	Gasnetzzugangsverordnung
GasRL	Gasbinnenmarktrichtlinie
GbR	Gesellschaft bürgerlichen Rechts
GebG NRW	Gebührengesetz Nordrhein-Westfalen
GeLi Gas	Geschäftsprozesse Lieferantenwechsel Gas
gem.	gemäß
GewArch	Gewerbearchiv (Zeitschrift)
GG	Grundgesetz
ggf.	gegebenenfalls
GIS	Geographische Informationssysteme
GmbH	Gesellschaft mit beschränkter Haftung
GmbH & CO. KG	Gesellschaft mit beschränkter Haftung & Compagnie Kommanditgesellschaft
GmbHG	GmbH-Gesetz
GO NRW	Gemeindeordnung Nordrhein-Westfalen
GPKE	Geschäftsprozesse zur Kundenbelieferung mit Elektrizität
GU	Gemeinschaftsunternehmen
GuV	Gewinn- und Verlustrechnung
GRUR	Gewerblicher Rechtsschutz und Urheberrecht (Zeitschrift)
GRUR-RR	Gewerblicher Rechtsschutz und Urheberrecht Rechtsprechungs-Report (Zeitschrift)
GVG	Gerichtsverfassungsgesetz
GVO	Gruppenfreistellungsverordnung

GVBl	Gesetz- und Verordnungsblatt
GWB	Gesetz gegen Wettbewerbsbeschränkung
h	Stunde(n)
h.M.	herrschende Meinung
HGB	Handelsgesetzbuch
Hs.	Halbsatz
HuK	Haushalts- und Kleingewerbekunden
i.d.R.	in der Regel
i.e.S.	im eigentlichen Sinne
IFG	Informationsfreiheitsgesetz
i.H.v.	in Höhe von
inkl.	inklusive
insb.	insbesondere
IR	Infrastrukturrecht (Zeitschrift)
i.S.d.	im Sinne des/der
i.S.v.	im Sinne von
i.V.m.	in Verbindung mit
JR	Juristische Rundschau (Zeitschrift)
KartellVO	Kartellverordnung
Kap.	Kapitel
KAV	Konzessionsabgabenverordnung
KG	Kammergericht/Kommanditgesellschaft
km	Kilometer
KMU	kleine und mittlere Unternehmen
KOM	Kommission der Europäischen Union
KommJuR	Kommunaljurist (Zeitschrift)
KonzessionsRL	Konzessionsrichtlinie
KonzVgV	Konzessionsvergabeordnung
KoV	Kooperationsvereinbarung
KraftNaV	Kraftwerks-Netzanschlussverordnung
KSzW	Kölner Schrift zum Wirtschaftsrecht
kW	Kilowatt
kW_{el}	Kilowatt elektrisch
KWK	Kraftwärmekopplung
KWKG	Kraftwärmekopplungsgesetz
kWh	Kilowattstunde
li.	linke
lit	litera (Buchstabe)
LG	Landgericht
LNG-Anlage	Liquid-Natural-Gas-Anlage (Flüssigerdgas-Anlage)
LRV	Lieferantenrahmenvertrag
LSV	Ladesäulenverordnung

m.Anm.	mit Anmerkungen
m.Anm.d.Verf.	mit Anmerkungen des Verfassers
m.w.N.	mit weiteren Nachweisen
m^2	Quadratmeter
Mio.	Millionen
Mrd.	Milliarden
MaBiS	Marktprozesse für die Bilanzkreisabrechnung Strom
MDR	Monatsschrift für deutsches Recht (Zeitschrift)
MsbG	Messstellenbetriebsgesetz
MüKO	Münchener Kommentar
MW	Megawatt
n.F.	neue Fassung
NAV	Niederspannungsanschlussverordnung
NDAV	Niederdruckanschlussverordnung
No.	Number (engl. für „Nummer")
NJW	Neue Juristische Wochenschrift (Zeitschrift)
NJW RR	Neue Juristische Wochenzeitschrift Rechtsprechungsportal Zivilrecht (Zeitschrift)
N&R	Netzwirtschaft und Recht (Zeitschrift)
Nr.	Nummer
NRW	Nordrhein-Westfalen
NVwZ	Neue Zeitschrift für Verwaltungsrecht (Zeitschrift)
NZBau	Neue Zeitschrift für Baurecht und Vergaberecht (Zeitschrift)
NZKart	Neue Zeitschrift für Kartellrecht (Zeitschrift)
o.g.	oben genannte
OECD	Organisation für wirtschaftliche Zusammenarbeit und Entwicklung
OLG	Oberlandesgericht
O-NEP	Offshore-Netzentwicklungsplan
OVG	Oberverwaltungsgericht
OWiG	Gesetz über Ordnungswidrigkeiten
ÖPNV	Öffentlicher Personennahverkehr
RAnz	Deutscher Reichsanzeiger
RdE	Recht der Energiewirtschaft (Zeitschrift)
RegE	Regierungsentwurf
REMIT	(EU) Verordnung über die Integrität und Transparenz des Energiegroßhandelsmarkts
RL	Richtlinie
RGBl.	Reichsgesetzblatt
Rn	Randnummer
Rs.	Rechtssache
RsI	Residual Supply Index
Rspr.	Rechtsprechung
Rz.	Randziffer
S.	Satz/Seite
s.	siehe

SektVO	Sektorenverordnung
SKR	SektorenkoordinierungsRL
Slg.	Sammlung
sog.	sogenannt/e/en/er
Sp.	Spalte
StPO	Strafprozessordnung
StrG BW	Straßengesetz für Baden-Württemberg
StromEsG	Stromeinspeisungsgesetz
StromGVV	Stromgrundversorgungsverordnung
StromhandelsVO	Verordnung über die Netzzugangsbedingungen für den grenzüberschreitenden Stromhandel
StromNEV	Stromnetzentgeltverordnung
StromNZV	Stromnetzzugangsverordnung
StromStG	Stromsteuergesetz
StrWG NRW	Straßen- und Wegegesetz des Landes Nordrhein-Westfalen
Teilurt.	Teilurteil
TransparenzVO	Transparenzverordnung
TWh	Terrawattstunde
u.	und
u.a.	unter anderem, und andere
u.Ä.	und Ähnliche
UIG	Umweltinformationsgesetz
UmwG	Umwandlungsgesetz
Urt.	Urteil
usw.	und so weiter
UVgO	Unterschwellenvergabeordnung
UWG	Gesetz gegen den unlauteren Wettbewerb
v.	von, vom
VerfVO	Verfahrensverordnung
VersorgW	Versorgungswirtschaft (Zeitschrift)
VerwGebO IFG NRW	Verwaltungsgebührenordnung zum Informationsfreiheitsgesetz Nordrhein-Westfalen
VG	Verwaltungsgericht
VGH	Verwaltungsgerichtshof
VGV	Vergabeverordnung
VK	Vergabekammer
VkBl	Verkehrsblatt
VKU	Verband kommunaler Unternehmen
vgl.	vergleiche
VIG	Verbraucherinformationsgesetz
VNG	Verbundnetz Gas AG
VO	Verordnung
VOB/A	Vergabe- und Vertragsordnung für Bauleistungen – Teil A
VOF	Vergabeordnung für freiberufliche Leistungen
VOL	Vergabe- und Vertragsordnung für Leistungen

VwGO	Verwaltungsgerichtsordnung
VwVfG	Verwaltungsverfahrensgesetz
WAZV	Wasser- und Abwasserzweckverbund
WindSeeG	Windenergie-auf-See-Gesetz
WRegG	Wettbewerbsregistergesetz
WRP	Wettbewerb in Recht und Praxis (Zeitschrift)
WuW	Wirtschaft und Wettbewerb (Zeitschrift)
WuW/E	Entscheidungssammlung der Zeitschrift Wirtschaft und Wettbewerb
z.B.	zum Beispiel
zit.	zitiert
ZfBR	Zeitschrift für deutsches und internationales Bau- und Vergaberecht (Zeitschrift)
ZNER	Zeitschrift für Neues Energierecht (Zeitschrift)
ZPO	Zivilprozessordnung
z.T.	zum Teil
ZUR	Zeitschrift für Umweltrecht (Zeitschrift)
ZWeR	Zeitschrift für Wettbewerbsrecht (Zeitschrift)

Literaturverzeichnis

Bader, Johann/Ronellenfitsch, Michael (Hrsg.), Verwaltungsverfahrensgesetz: VwVfG, 2. Aufl., München 2016 (zit.: Bader/Ronellenfitsch/*Bearbeiter*)

Baur, Jürgen F./Salje, Peter/Schmidt-Preuß, Matthias (Hrsg.), Regulierung in der Energiewirtschaft, 2. Aufl., Köln 2016 (zit.: Regulierung in der Energiewirtschaft/*Bearbeiter*)

Bechtold, Rainer/Bosch, Wolfgang, Kartellgesetz: GWB, 6. Aufl., München 2010, 8. Aufl., München 2015 (zit.: *Bechtold/Bosch*, GWB)

Bechtold, Rainer/Bosch, Wolfgang/Brinker, Ingo, EU-Kartellrecht, 3. Aufl., München 2014 (zit.: *Bechtold/Bosch/Brinker*, EU-Kartellrecht)

Becker, Carsten/Blau, Carolin, Die Preismissbrauchsnovelle in der Praxis, München 2010 (zit.: *Becker/Blau*, Preismissbrauchsnovelle)

Berg, Werner/Mäsch, Gerald (Hrsg.), Deutsches und Europäisches Kartellrecht, 3. Aufl., München 2018 (zit.: Berg/Mäsch/*Bearbeiter*, §)

Boesche, Katharina/Franz, Oliver/Fest, Claus/Gaul, Armin Joachim (Hrsg.), Berliner Handbuch zur Elektromobilität, München 2013 (zit.: Boesche/Franz/Fest/Gaul/*Bearbeiter*, Berliner Handbuch zur Elektromobilität)

Bornkamm, Joachim/Montag, Frank/Säcker, Franz Jürgen (Hrsg.), Münchener Kommentar zum Europäischen und Deutschen Wettbewerbsrecht (Kartellrecht), 1. Aufl., München 2008, 2. Aufl., München 2015 (zit.: MüKo-GWB/*Bearbeiter*, Bd. 2)

Britz, Gabriele/Hellermann, Johannes/Hermes, Georg (Hrsg.), EnWG, 2. Aufl., München 2010, 3. Aufl., München 2015 (zit.: Britz/Hellermann/Hermes/*Bearbeiter*, EnWG)

Bunte, Hermann-Josef/Stancke, Fabian, Kartellrecht, 3. Aufl., München 2016 (zit.: *Bunte/Stancke*)

Büdenbender, Ulrich, Die kartellrechtliche Kontrolle der Fernwärmepreise, Essen 2011 (zit.: *Büdenbender*, Kontrolle Fernwärmepreise)

Danner, Wolfgang/Theobald, Christian (Hrsg.), Energierecht, 95. Aufl., München 2018, (zit.: Danner/Theobald/*Bearbeiter*, Energierecht)

Emmerich, Volker, Kartellrecht – ein Studienbuch, 13. Aufl., München 2014 (zit. *Emmerich*, §)

Franßen, Gregor/Seidel, Sabine, Das Informationsfreiheitsgesetz Nordrhein-Westfalen, 2. Aufl., Berlin 2007 (zit.: *Franßen/Seidel*)

Göhler, Erich (Hrsg.), Gesetz über Ordnungswidrigkeiten: OWiG, 17. Aufl., München 2018 (zit.: Göhler/*Bearbeiter*, §)

Hempel, Dieter/Franke, Peter (Hrsg.), Recht der Energie- und Wasserwirtschaft, 132. Aktualisierung, München 2017 (zit.: Hempel/Franke/*Bearbeiter*)

Immenga, Ulrich/Mestmäcker, Ernst Joachim (Hrsg.), Wettbewerbsrecht, Band 1 Teil 1/2, 5. Aufl., München 2012, Band 2 Teil 1/2, 5. Aufl., München 2014 (zit.: Immenga/Mestmäcker/*Bearbeiter*, Bd. 1/2 Teil1/2, §)

Jaeger, Wolfgang/Kokott, Juliane/Pohlmann, Petra/Schroeder, Dirk (Hrsg.), Frankfurter Kommentar zum Kartellrecht, 89. Aktualisierung, Köln 2017 (zit.: FfK-KartellR/*Bearbeiter*)

Kodal, Kurt, Straßenrecht, 7. Aufl., München 2010 (zit.: Kodal/*Bearbeiter*, Straßenrecht)

Körber, Thorsten, Drittzugang zu Fernwärmenetzen, 2. Aufl., Jena 2015 (zit.: *Körber*, Drittzugang Fernwärmenetze)

Körber, Torsten/Kühling, Jürgen, Ausschreibung von Fernwärmenetzen, Baden-Baden 2016 (zit.: *Körber/Kühling*, Ausschreibung von Fernwärmenetzen)

Langen, Eugen/Bunte, Hermann-Josef (Hrsg.), Kartellrecht, 11. Aufl., Köln 2010, 12. Aufl., Köln 2014, 13. Aufl., Köln 2018, (zit.: Langen/Bunte/*Bearbeiter*, Kartellrecht)

Loewenheim, Ulrich/Meessen, Karl M./Riesenkampff, Alexander/Kersting, Christian/Meyer-Lindemann, Hans Jürgen (Hrsg.), Kartellrecht, 3. Aufl., München 2016 (zit.: Loewenheim/Meessen/Riesenkampff/Kersting/Meyer-Lindemann/*Bearbeiter*, §)

https://doi.org/10.1515/9783110286847-206

Mestmäcker, Ernst-Joachim/Schweitzer, Heike, Europäisches Wettbewerbsrecht, 3. Aufl., München 2014 (zit.: *Mestmäcker/Schweitzer*, Europäisches Wettbewerbsrecht)

Rasbach, Winfried/Baumgart, Caspar (Hrsg.), Vertragshandbuch Gaswirtschaft, 2. Aufl., Offenbach am Main 2013 (zit.: Rasbach/Baumgart/*Bearbeiter*, Vertragshandbuch Gaswirtschaft)

Sachse, Anna, Vom Monopolpreis zur wirtschaftlich angemessenen Vergütung, München 2013 (zit.: *Sachse*, Monopolpreis)

Säcker, Franz Jürgen, Marktabgrenzung, Marktbeherrschung, Markttransparenz und Machtmissbrauch auf den Großhandelsmärkten für Elektrizität, Frankfurt am Main 2011 (zit.: *Säcker*, Marktabgrenzung)

Säcker, Franz Jürgen, Berliner Kommentar zum Energierecht, Band 2: Energierecht, 3. Aufl., Frankfurt am Main 2014 (zit.: Säcker/*Bearbeiter*, Energierecht, Bd. 2)

Säcker, Franz Jürgen/Mohr, Jochen/Wolf, Maik, Konzessionsverträge im System des europäischen und deutschen Wettbewerbsrechts, Bern 2011 (zit.: *Säcker/Mohr/Wolf*, Konzessionsverträge)

Säcker, Franz Jürgen/Rixecker, Roland (Hrsg.), Münchener Kommentar zum BGB, Band 6: Schuldrecht – Besonderer Teil IV, 7. Aufl., München 2017 (zit.: Müko-BGB/*Bearbeiter*)

Sauer, Mirko, Das Recht der Vergabe von Strom- und Gaskonzessionsverträgen im EnWG, Baden-Baden 2012 (zit.: *Sauer*, Vergabe von Strom- und Gaskonzessionsverträgen im EnWG)

Schneider, Jens-Peter/Theobald, Christian (Hrsg.), Recht der Energiewirtschaft, 4. Aufl., München 2013 (zit.: Schneider/Theobald/*Bearbeiter*, Recht der Energiewirtschaft)

Schulte, Josef/Just, Christoph (Hrsg.), Kartellrecht, 2. Aufl., Köln 2015 (zit.: Schulte/Just/*Bearbeiter*)

Stelkens, Paul/Bonk, Heinz Joachim/Sachs, Michael (Hrsg.), Verwaltungsverfahrensgesetz: VwVfG, 9. Aufl., München 2018 (zit.: Stelkens/Bonk/Sachs/*Bearbeiter*)

Templin, Wolf, Recht der Konzessionsverträge, München 2009 (zit.: *Templin*, Recht der Konzessionsverträge)

Theobald, Christian/Zenke, Ines (Hrsg.), Grundlagen der Strom- und Gasdurchleitung, München 2001 (zit.: *Theobald/Zenke*, Strom- und Gasdurchleitung)

Wiedemann, Gerhard (Hrsg.), Handbuch des Kartellrechts, 3. Aufl., München 2016 (zit.: Wiedemann/*Bearbeiter*, Handbuch Kartellrecht)

Zenke, Ines/Neveling, Stephanie/Lokau, Bernhard, Konzentration in der Energiewirtschaft, München 2005 (zit.: *Zenke/Neveling/Lokau*, Konzentration in der Energiewirtschaft)

Bearbeiterverzeichnis

Matthias Albrecht, geb. 1965. Studium der Rechtswissenschaften in Hamburg. Seit 1998 Rechtsanwalt und seit 2003 Partner der auf Energie- und Infrastrukturecht spezialisierten Sozietät Becker Büttner Held; Matthias Albrecht leitet die energierechtliche Abteilung am Standort München; seine Tätigkeitsschwerpunkte liegen im Energie- und Kartellrecht. Er betreut in erster Linie große Energieverbraucher (Industrieunternehmen); Erzeugungsprojekte und die Vergabe von Wegenutzungsrechten für Leitungsnetze.

Benedikt Doms ist Rechtsanwalt und Partner Counsel bei der auf Infrastrukturrecht spezialisierten Partnerschaft Becker Büttner Held. Seine Beratungsschwerpunkte liegen im Energie- und Energiewirtschaftsrecht, Regulierungsrecht, Gesellschaftsrecht und Gemeindewirtschaftsrecht. Er befasst sich projektleitend mit der Begleitung von Konzessionsverfahren für Kommunen und Energieversorger sowie mit der (Re-)Kommunalisierung von örtlichen Infrastrukturen und der Konzipierung und Umsetzung von Kooperationsmodellen, häufig auch in Form Öffentlich-Privater-Partnerschaften. Weitere Gegenstände seiner Beratungstätigkeit bilden die vertragliche Umsetzung gesellschaftsrechtlicher Transaktionen und Umstrukturierungen sowie der energiewirtschaftlichen Entflechtung und die Begleitung von Netzübernahmen.

Prof. Dr. Justus Haucap ist Direktor des Düsseldorfer Instituts für Wettbewerbsökonomie (DICE) an der Heinrich-Heine-Universität Düsseldorf. Seine Forschungsschwerpunkte liegen im Bereich Wettbewerb und Regulierung netzbasierter Branchen sowie der Entwicklung des Ordnungsrahmens für die digitale Wirtschaft. Justus Haucap war von 2006 bis 2014 Mitglied der Monopolkommission der Bundesregierung, davon vier Jahre (2008-2012) als Vorsitzender. Er ist Mitglied der *Deutschen Akademie der Technikwissenschaften (acatech)* sowie der *Nordrhein-Westfälischen Akademie der Wissenschaften und der Künste* und stellvertretender Vorsitzender des Wissenschaftlichen Arbeitskreises für Regulierungsfragen (WAR) der Bundesnetzagentur. Die FAZ führt ihn seit 2013 in ihrer jährlich publizierten Liste der 30 einflussreichsten Ökonomen in Deutschland, 2015 wurde er für seine Verdienste um die Vermittlung ökonomischer Erkenntnisse in die Öffentlichkeit mit dem Gustav-Stolper-Preis des *Vereins für Socialpolitik* ausgezeichnet.

Prof. Dr. Ulrich Heimeshoff ist Professor für Volkswirtschaftslehre und Leiter des Bereichs „Empirische Wettbewerbsanalyse“ am Düsseldorfer Institut für Wettbewerbsökonomie (DICE). Seine Forschungsschwerpunkte sind Regulierung in Netzindustrien, Wettbewerbsökonomik und angewandte Ökonometrie. Ulrich Heimeshoff studierte Betriebs- und Volkswirtschaftslehre an der Universität Duisburg-Essen ehe er sich 2008 an der Friedrich-Alexander-Universität Erlangen-Nürnberg promovierte. 2015 erfolgte die Habilitation und Verleihung der Venia Legendi für Volkswirtschaftslehre an der Heinrich-Heine-Universität Düsseldorf. Er hat zahlreiche ökonometrische Arbeiten zu wettbewerbs- und regulierungsökonomischen Fragestellungen in nationalen und internationalen Fachzeitschriften publiziert.

Dr. Holger Hoch ist Rechtsanwalt und Partner Counsel der auf Infrastrukturrecht spezialisierten Partnerschaft Becker Büttner Held. Er ist Autor verschiedener Fachpublikationen und verfügt über einen Beratungsschwerpunkt im deutschen und europäischen Kartellrecht, Konzessionsrecht und Zivilprozessrecht. Vor seinem Wechsel in den Anwaltsberuf war er drei Jahre lang wissenschaftlicher Mitarbeiter am Institut für Energierecht Berlin e.V. An der Freien Universität Berlin hat er zur europäischen Zusammenschlusskontrolle promoviert.

https://doi.org/10.1515/9783110286847-207

Gabriele Krater ist Leiterin der Energiekartellbehörde im Wirtschaftsministerium des Landes Nordrhein-Westfalen. Die Arbeitsschwerpunkte sind Preisprüfungen bei Strom (Heizstrom), Gas, Fernwärme und insbesondere Wasser sowie die Prüfung von Verfahren zur Gestattung von Wegerechten für Gas-, Strom- und Wasserversorgungsnetze. Dazu verfasste sie einen Artikel in der Zeitung für kommunale Wirtschaft, ob aufgrund der Monitoringvorschriften in der Konzessionsvergaberichtlinie die Notwendigkeit besteht, laufende Wasserkonzessionsverträge vorzeitig zu verlängern. Gemeinsam mit ihren Mitarbeiterinnen und Mitarbeitern verfasst sie regelmäßig für den Internetauftritt der Energiekartellbehörde Nordrhein-Westfalen praktische Hinweise für Verbraucherinnen und Verbraucher sowie die verschiedenen Akteure des Energie- und Wasserversorgungsmarktes. Außerdem ist Gabriele Krater die Leiterin des von ihr gegründeten Arbeitskreises Energiearmut im Wirtschaftsministerium, in dem weitere Ministerien, Grundversorger, die Verbraucherzentrale NRW, die Caritas, Wissenschaftlerinnen sowie Arbeitsloseninitiativen mitwirken. Seit April 2016 ist sie Vorsitzende von wom.e.n. – WOMEN.ENERGY.NETWORK e.V., ein Verein, der sich eine höhere Präsenz von Frauen in der Energiewirtschaft zum Ziel gesetzt hat.

Anna Lesinska-Adamson, Rechtsanwältin, Maître en droit, ist bei der auf Energie- und Infrastrukturrecht spezialisierten Partnerschaft Becker Büttner Held in Berlin tätig. Ihr Beratungsschwerpunkt liegt im Bereich des Kartellrechts. Gegenwärtig ist sie insbesondere mit der Beratung und außergerichtlichen sowie gerichtlichen Vertretung von Unternehmen bei der Verfolgung von Kartellschadensersatzansprüchen befasst. Ferner berät sie Unternehmen bei der kartellrechtskonformen Ausgestaltung von Verträgen und vertritt sie gegenüber Kartellbehörden in Missbrauchs- und Fusionskontrollverfahren.

Dr. Sascha Michaels ist Rechtsanwalt, Fachanwalt für Vergaberecht, in der auf Infrastrukturrecht spezialisierten Partnerschaft Becker Büttner Held in Berlin mit den Beratungsschwerpunkten Vergaberecht, allgemeines Energiewirtschaftsrecht, Begleitung von kartellvergaberechtlichen Ausschreibungsverfahren, Wirtschaftsverwaltungsrecht, darunter Recht des öffentlichen Personenverkehrs und Europarecht, insbesondere Beihilfenrecht. Er publiziert in den Bereichen Vergaberecht, öffentliches Recht und Europarecht. Er ist Redakteur der Zeitschrift Infrastruktur Recht (IR) für den Bereich Spartenübergreifendes und Vergabe.

Dr. Anna Sachse ist Rechtsanwältin und Counsel der auf Infrastrukturrecht spezialisierten Partnerschaft Becker Büttner Held in Berlin. Ihr Beratungsschwerpunkt liegt im Bereich des allgemeinen Energie- und Konzessionsrecht und dort insbesondere auf den Themen Konzessionierungsverfahren, Netzübernahmen und Rekommunalisierung. Des Weiteren berät sie in kartell- und wettbewerbsrechtlichen Angelegenheiten.

Stella Weiss, LL.M., ist Rechtsanwältin bei der auf Infrastrukturrecht spezialisierten Partnerschaft Becker Büttner Held. Ihren Master-Abschluss machte Sie mit dem Schwerpunkt Competition Law & Intellectual Property Law an der Nottingham Trent University. Ihre Beratungsschwerpunkte liegen im Deutschen und Europäischen Kartellrecht.

Dr. Andreas Zuber wurde im Jahr 2000 als Rechtsanwalt zugelassen. Er leitet seit 2010 die Rechtsabteilung des Verbandes kommunaler Unternehmen. Davor war er als Rechtsanwalt in einer internationalen Kanzlei im Bereich Kartellrecht und Fusionskontrolle sowie in energiewirtschaftlichen Verbänden tätig.

Kapitel 1
Einführung in die Energiewirtschaft

A. Die technischen und wirtschaftlichen Grundlagen der Energieversorgung

I. Einführung

Das vorliegende Kapitel gibt eine äußerst kompakte Einführung in die Energiewirtschaft. Dabei werden in Abschnitt A[1] einige wichtige technische und wirtschaftliche Grundlagen gelegt, um im Abschnitt B[2] einen detaillierteren Einblick in Wertschöpfungsstufen und Märkte zu geben. Abschnitt C[3] diskutiert kurz zukünftige Herausforderungen. 1

Historisch unterscheidet sich insbesondere die Erzeugung von Energie in Deutschland von anderen Ländern, da nicht ein einziger, staatlicher Monopolist die nachgefragte Energie erzeugte, sondern bereits vor der **Liberalisierung** im Jahr 1998 mehrere Versorger existierten. In der Stromerzeugung und -übertragung waren vor der Marktliberalisierung neun sog. Verbundunternehmen tätig, welche privatwirtschaftlich organisiert waren, aber hohe kommunale Besitzanteile hatten. Daneben gab es Eigenerzeugung durch Industrieunternehmen und die Deutsche Bahn AG. Stromverteilung und -vertrieb wurden durch 50 Regionalversorger und einige hundert Stadtwerke vorgenommen. Durch Konzessions- und Demarkationsverträge, welche explizit vom Gesetz gegen Wettbewerbsbeschränkungen (GWB)[4] ausgenommen waren, wurden faktisch Gebietsmonopole geschaffen, auch wenn seit 1980 ein begrenztes Netzzugangsrecht für gebietsfremde Erzeuger existierte.[5] 2

Die **Strompreise** für kleinere Kunden (Tarifabnehmer) wurden durch die bis 2005 gültige Bundestarifordnung Elektrizität (BTOElt)[6] nach oben begrenzt. Die Preise für größere Nachfrager (Sonderkunden) unterlagen der kartellrechtlichen Missbrauchsaufsicht. Die Preisregulierung nach BTOElt folgte einer Kostenorientierung 3

---

1 Vgl. Rn. 1ff.

2 Vgl. Rn. 13ff.

3 Vgl. Rn. 84ff.

4 Gesetz gegen Wettbewerbsbeschränkungen (GWB) v. 26.6.2013 (BGBl. I S. 1750, 3245), zuletzt geändert durch Gesetz v. 30.10.2017 (BGBl. I S. 3618).

5 Vgl. dazu *Kumkar*, Wettbewerbsorientierte Reformen der Stromwirtschaft, Tübingen 2000; *Bier*, Regulierter oder verhandelter Zugang zum Stromnetz?, Hamburg 2002, sowie *Brunekreeft*, Regulation and Competition, Baden-Baden 2003.

6 Bundestarifordnung Elektrizität (BTOElt) v. 18.12.1989 (BGBl. I S. 2255), zuletzt geändert durch Gesetz v. 7.7.2005 (BGBl. I S. 1970).

https://doi.org/10.1515/9783110286847-001

mit faktisch sehr attraktiven Renditen. Folge dieser Regulierung war, dass hauptsächlich in die Erzeugungskraftwerke investiert wurde, die den höchsten Gewinn versprachen und ökonomische Effizienz bei Kostenmanagement und Investitionen zweitrangig waren. Da sich die Strompreise tatsächlich an den Kosten inklusive sämtlicher Ineffizienzen sowie den sehr auskömmlichen Renditen orientierten,[7] hatten die Gebietsmonopolisten keine Anreize, Kosten einzusparen, da sich Kostensenkungen lediglich in geringeren Preisen niedergeschlagen hätten und nicht etwa in höheren Gewinnen. Dies hatte u.a. zur Folge, dass die Endverbraucherpreise vor der Liberalisierung im Vergleich zu anderen EU-Staaten relativ hoch waren.[8] Es fand somit weitestgehend eine Durchleitung der Kosten an die Verbraucher statt, da weder Wettbewerb die Unternehmen zur Kosteneffizienz anspornte noch in der Regulierung eine Anreizkomponente enthalten war, welche die Unternehmen zu Investitionen in Effizienzgewinne hätte motivieren können.[9]

4 Die Liberalisierung im Strombereich setzte in den 1990er Jahren ein. Mit der ersten EU-Richtlinie zur **Elektrizitätsmarktliberalisierung** wurden im Jahr 1996 gemeinsame Vorschriften für den Elektrizitätsbinnenmarkt festgelegt. Die Öffnung des deutschen Strommarktes erfolgte im Jahr 1998 mit der Umsetzung dieser EU-Richtlinie zum Elektrizitätsbinnenmarkt in nationales Recht durch das novellierte Energiewirtschaftsgesetz des Jahres 1998. Im Jahr 2003 kam es mit einer Revision der EU-Richtlinien zur Liberalisierung des Elektrizitätsmarktes, die im Jahr 2005 durch das novellierte Energiewirtschaftsgesetz[10] in nationales Recht umgesetzt wurden. Im Jahr 2009 kam es zu einer erneuten Revision der Binnenmarktvorschriften durch die EU (drittes Energiepaket der EU) mit weitgehenden Entflechtungsvorschriften, und im November 2016 hat die EU-Kommission mit dem sog. „Winterpaket" energiewirtschaftlicher Regulierungen ein über 4.000 Seiten starkes Paket mit Vorschlägen vorgelegt, welche vom Strommarkt über Erneuerbare Energien bis zu Netzbetrieb und Energieeffizienz fast alle Bereiche der Energiewirtschaft (mit Ausnahme des Erdgasmarktes) betreffen.

II. Entwicklung der Energiemarktliberalisierung

5 Der wesentliche Schritt zur Liberalisierung des Energiesektors erfolgte im Jahr 1998 mit der Novelle des Energiewirtschaftsgesetzes. Seit dem 1.4.1998 können alle Ver-

7 Vgl. *Growitsch/Müsgens*, WuW 2005, 383, 384.

8 Vgl. Sioshansi/Pfaffenberger/*Brunekreeft/Bauknecht*, Electricity market reform, Oxford 2006, S. 243.

9 Holznagel/Schütz/*Coenen/Haucap*, ARegV, München 2013, S. 48 ff.

10 Energiewirtschaftsgesetz (EnWG) v. 7.7.2005 (BGBl. I S. 1970, 3621), zuletzt geändert durch Gesetz v. 20.7.2017 (BGBl. I S. 2808, 2018 I 472).

braucher frei wählen, wer den Strom liefern soll. Ein wesentlicher Bestandteil der Liberalisierung war die **Aufhebung der faktischen Gebietsmonopole**, sodass die Stromanbieter seitdem unabhängig vom Standort auch überregional anbieten dürfen.

In den ersten zwei Jahren nach der Liberalisierung konnte man am Strommarkt 6
zum Teil deutlich fallende Strompreise feststellen. Allerdings hielt diese Entwicklung nicht allzu lange an. Grund für die dann doch wieder ansteigenden Strompreise war zum einen der Konsolidierungsprozess der Stromanbieter, zum anderen steigende staatliche Abgaben und Steuern. Zudem gab es bis 2005 keine echte Regulierung des Netzzugangs. Vielmehr waren Zugangspetenten auf Verhandlungen mit den etablierten Anbietern angewiesen, welche jedoch ökonomisch kein Interesse an wettbewerbsfreundlichen Zugangsbedingungen hatten.

Erst im Jahr 2005 wurde die Bundesnetzagentur (BNetzA) als **Regulierungsbehörde** geschaffen, indem der damaligen Regulierungsbehörde für Telekommunika- 7
tion und Post (RegTP) auch die Verantwortung für den Strom- und Gasbereich übertragen wurde und der verhandelte Netzzugang durch eine Netzzugangsregulierung ersetzt wurde. Heute sind nach Angaben der BNetzA in fast 80% aller untersuchten Verteilnetzgebieten mehr als 50 Stromanbieter tätig.[11]

III. Technische und wirtschaftliche Grundlagen der Stromerzeugung und -verteilung

Elektrizitätsmärkte sind durch zwei Besonderheiten charakterisiert: Zum einen ist 8
Strom bisher nur schwer bzw. sehr kostspielig in großem Stile speicherbar (mit gewissen Einschränkungen gilt dies auch für erzeugte Wärme) und zum anderen muss der Strom zum Verbraucher transportiert werden.[12] Die Erzeugung von Elektrizität und der Verbrauch fallen regelmäßig geografisch nicht zusammen, sodass Netze zum Transport erforderlich sind. Die Übertragungsnetze (Höchst- und Hochspannungsnetze) für weitere Distanzen sowie die Verteilnetze (Mittel- und Niederspannungsnetze), welche Strom lokal weiter an die Verbraucher leiten, sind ökonomisch gesehen natürliche Monopole. Diese zeichnen sich durch die sog. Subadditivität der Kosten aus.[13] Mit anderen Worten ist ein Unternehmen zu geringeren Kosten in der Lage, eine bestimmte Gütermenge zu produzieren, als mehrere kleinere Unternehmen. Es wäre somit ökonomisch ineffizient, in einem Gebiet mehrere parallele Netzstrukturen zu unterhalten, da dies zu unnötig hohen Kosten führen würde. Eine

11 Vgl. BNetzA, Monitoringbericht 2014, S. 140.

12 Vgl. *Ströbele/Pfaffenberger/Heuterkes*, Energiewirtschaft, 2. Aufl., München 2010, S. 204 f. Brennstoffe auf Märkten für beispielsweise Öl, Gas und Kohle sind natürlich speicherbar.

13 Vgl. zur Theorie des natürlichen Monopols *Borrmann/Finsinger*, Markt und Regulierung, München 1999, S. 101 ff.

Monopollösung ist aus Kostensicht somit ökonomisch effizient. Allerdings sollen die mit einem Monopol und dessen Marktmacht verbundenen Ineffizienzen vermieden werden. Aus diesem Grund werden Netze, nicht nur in Deutschland, reguliert. Unternehmen auf nachgelagerten Märkten haben die Möglichkeit, das regulierte Netz diskriminierungsfrei zu nutzen (Zugang). Die dabei zu entrichteten Entgelte werden behördlich festgelegt. Diese Themen werden in den weiteren Kapiteln des vorliegenden Handbuchs vertieft dargestellt.

9 Die folgende Abbildung stellt die unterschiedlichen Wertschöpfungsstufen für Elektrizität schematisch dar.

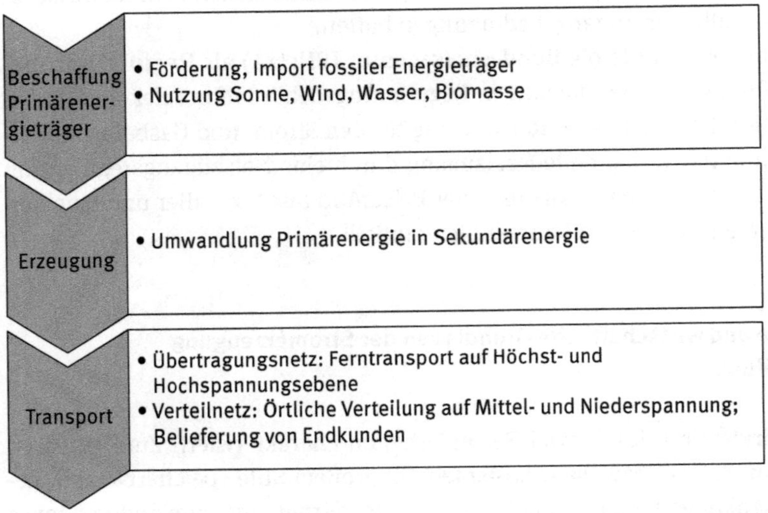

Abb. 1: Wertschöpfungsstufen für Elektrizität[14]

10 Die mangelnde Speicherbarkeit von Strom führt zu einer weiteren Besonderheit des Strommarktes, nämlich der notwendigen Zeitgleichheit von physischem Angebot und Nachfrage.[15] Diese Äquivalenz muss jederzeit gewährleistet sein, um die **Netzstabilität** zu gewährleisten. Erreicht wird dies zum einen durch die Einsatzplanung der Stromerzeugung und zum anderen über den Einsatz von positiver und negativer Regelenergie, um mögliche Differenzen zwischen Angebot und Nachfrage auszugleichen.

11 Deutschland ist in vier Regelzonen aufgeteilt in denen jeweils ein Betreiber ein Übertragungsnetz unterhält und für die Netzstabilität verantwortlich ist.

14 Quelle: Eigene Darstellung in Anlehnung an *Ströbele/Pfaffenberger/Heuterkes*, Energiewirtschaft, 2. Aufl., München 2010, S. 204.

15 Vgl. *Erdmann/Zweifel*, Energieökonomik, 2. Aufl., Berlin 2010, S. 294.

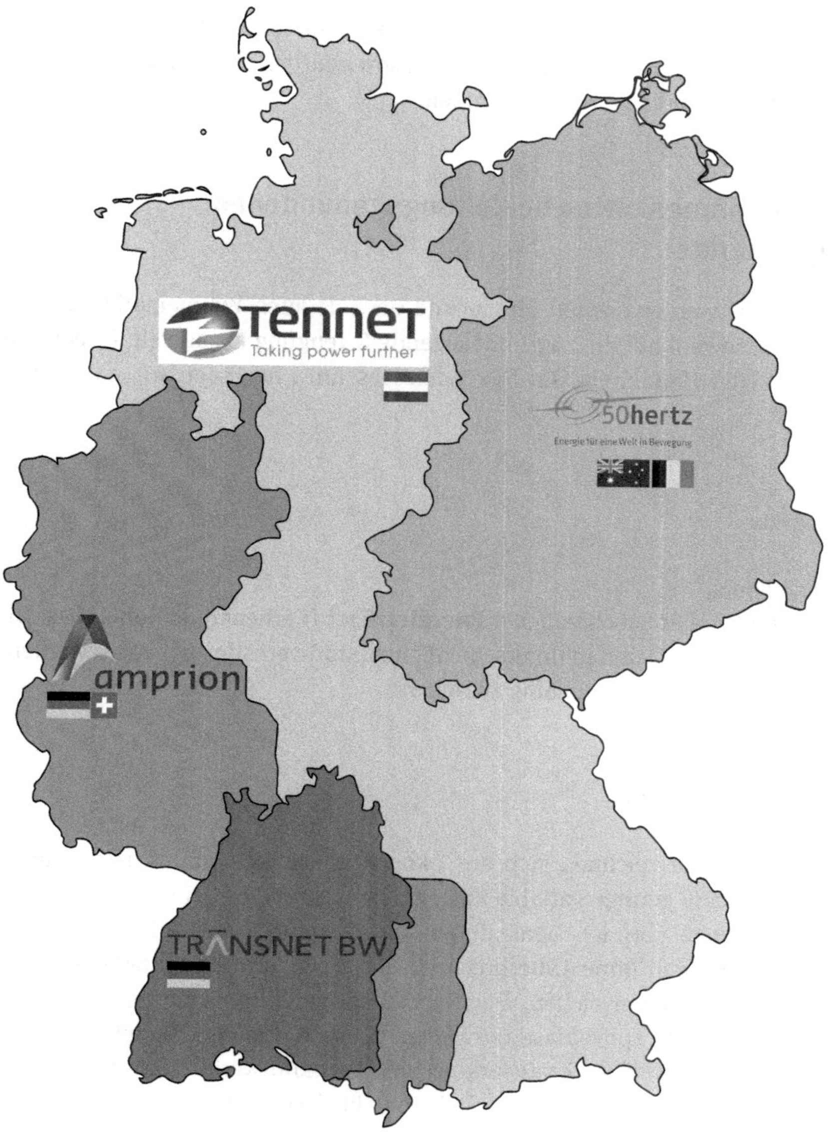

Abb. 2: Regelzonen in Deutschland[16]

Die Betreiber der vier **Übertragungsnetze** sind dafür verantwortlich mit den Instrumenten der Kraftwerksplanung (ex ante) und der Regelenergie und dem Redispatch (real time) für den permanenten Ausgleich von Stromangebot und -nachfrage zu 12

16 Quelle: *Mchloyd,* Wikimedia Commons, lizenziert unter Creative Commons-Lizenz by-sa-3.0.

sorgen. In Kapitel B werden die unterschiedlichen Wertschöpfungsstufen von Strom-, Gas- und Wärmemärkten detailliert besprochen sowie ausgewählte Aspekte neuerer Entwicklungen auf Energiemärkten behandelt.

B. Wertschöpfungsketten bei leitungsgebundenen Energiemärkten

13 In diesem Kapitel werden sowohl Strom- und Gas- als auch Wärmemärkte behandelt. Wir gehen sowohl auf die zugrundeliegende Erzeugung als auch auf Netze sowie den jeweiligen Handel ein. Im folgenden Abschnitt beginnen wir mit Strommärkten.

I. Strommärkte

1. Stromerzeugung

14 Strom kann mit Hilfe unterschiedlicher **Energieträger** (Kernenergie, Kohle, Gas, Öl, „Erneuerbare Energien“) und in unterschiedlichen Kraftwerkstypen erzeugt werden. Unterschieden wird dabei regelmäßig zwischen
- Grundlast-
- Mittellast- und
- Spitzenlastkraftwerken.

15 **Grundlastkraftwerke** zeichnen sich aus ökonomischer Sicht durch relativ hohe Fixkosten und relativ geringe variable Kosten aus, während es bei Spitzenlastkraftwerken genau umgekehrt ist. Demzufolge sind Grundlastkraftwerke regelmäßig über längere Zeiträume ohne Unterbrechung am Netz, um eine möglichst hohe Kapazitätsauslastung zu erreichen. Der Nachteil dieser Kraftwerke besteht darin, dass sie im Vergleich zu Spitzenlastkraftwerken deutlich weniger flexibel einsetzbar sind. Typische Vertreter dieser Kraftwerksart sind Kernkraftwerke sowie Braun- und Steinkohlekraftwerke, wobei moderne Steinkohlekraftwerke heute durchaus flexibel einsetzbar sind.

16 Zum Ausgleich von Schwankungen sind Grundlastkraftwerke somit nur begrenzt geeignet. Beim Ausgleich vorhersehbarer Schwankungen greifen Erzeuger in der Regel auf sog. **Mittellastkraftwerke** zurück. Dafür werden Steinkohlekraftwerke aber auch Gas- und thermische Dampfkraftwerke verwendet. Diese besitzen regelmäßig höhere variable Kosten als Grundlastkraftwerke, sind aber flexibler einsetzbar.

17 Die Nachfrage nach elektrischem Strom ist insbesondere in der Mittagszeit sowie am frühen Abend an Werktagen besonders hoch. Um dieser Spitzennachfrage Rechnung zu tragen, werden sog. **Spitzenlastkraftwerke** eingesetzt. Alternative Gründe können Ausfälle von anderen Kraftwerken sein, die sehr schnell kompen-

siert werden müssen. Spitzenlastkraftwerke werden deshalb zu diesem Zweck eingesetzt, weil sie sehr schnell anfahrbar sind, wie etwa Gasturbinen. Ihr Nachteil liegt in den hohen variablen Kosten des Betriebs. Dementsprechend lohnt sich der Einsatz solcher Spitzenlastkraftwerke nur in wenigen Stunden bei entsprechend hohen Strompreisen. Die großen Energieversorger besitzen allesamt Kraftwerksportfolios, die alle Arten von Kraftwerken enthalten.

Die Einspeisung von Strom in die Netze durch unterschiedliche Kraftwerkstypen erfolgt gemäß der sog. **Merit Order**. Ein Kraftwerk speist bei funktionierendem Wettbewerb dann Strom in die Netze ein, wenn der Marktpreis für Strom die Grenzkosten der Erzeugung unter Berücksichtigung aller Opportunitätskosten – wie etwa Erlösmöglichkeiten auf Regelenergiemärkten sowie erwartete An- und Abfahrkosten – übersteigt. Die folgende Grafik stellt die Merit-Order schematisch für unterschiedliche Kraftwerkstypen dar. 18

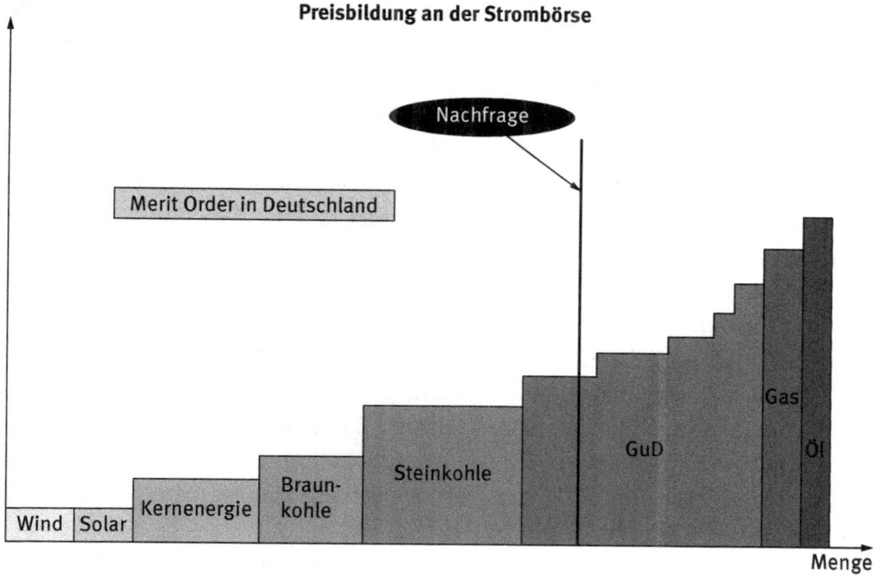

Abb. 3: Kraftwerksabruf nach Merit Order[17]

Aufgrund ihrer geringen variablen Kosten speisen nach der erfolgten **Einspeisung** von Strom aus Erneuerbaren Energien, welcher erstens einen Einspeisevorrang genießt, zweitens aber auch sehr geringe variable Kosten hat, zunächst die Grundlastkraftwerke ein. Die Mittellast- und Spitzenlastkraftwerke folgen in Abhängigkeit der 19

17 Quelle: Eigene Darstellung.

Höhe ihrer variablen Kosten. Der Marktpreis für Strom bestimmt somit, wann der Einsatz welcher Kraftwerke profitabel möglich ist.

20 Die Nachfrage nach Strom ist heute meist (noch) relativ unelastisch, da sich elektrischer Strom in der Regel nur schwer speichern und oft schwer substituieren lässt. Die Abbildung zeigt, welcher Marktpreis sich einstellen würde, wenn die Kraftwerke genau zu ihren Grenzkosten anbieten würden. Dabei ist jeweils genau ein Kraftwerk preisbestimmend, nämlich das sog. Grenzkraftwerk, welches zum gegebenen Marktpreis gerade noch anbieten kann.

21 Eine Besonderheit ist die Stromerzeugung aus **Erneuerbaren Energien**, weil Strom aus Windenergie und Photovoltaik in Abhängigkeit vom Wetter stochastisch erzeugt wird. Dies erschwert die Prognose der Erzeugung durch Erneuerbare Energien sowie von Großhandelsstrompreisen.[18] Da für die aus Erneuerbaren Energien erzeugten Strommengen eine Abnahmepflicht seitens der Übertragungsnetzbetreiber besteht, welche diese Strommengen dann weiter an der Strombörse absetzen, reduzieren die Strommengen aus Erneuerbaren Energien die sog. Residualnachfrage und damit über den sog. Merit-Order-Effekt auch den Großhandelspreis für Strom und dementsprechend den Einsatz von konventionellen Spitzenlastkraftwerken mit hohen variablen Kosten. Mit dem Merit-Order-Effekt wird beschrieben, dass sich die Residualnachfrage in Abb. 3 nach links verschiebt.

22 Das Bundeskartellamt (BKartA) geht auf der Erzeugungsstufe von einem Markt für den erstmaligen Absatz von Strom (Erstabsatzmarkt) aus. Maßgeblich für die Berechnung von Marktanteilen sind aus Sicht des BKartA hier die tatsächlich erzeugten Strommengen und nicht die Kapazitäten, die theoretisch zur Stromerzeugung zur Verfügung stehen, d.h. maßgeblich ist die elektrische Arbeit und nicht die Leistung. Grund dafür ist die eben beschriebene Preisbildung gemäß der Merit Order. Während Spitzenlastkraftwerke regelmäßig nur eine geringe Kapazitätsauslastung erfahren, sind Grundlastkraftwerke besser ausgelastet. Ein hypothetischer Besitzer vieler Spitzenlastkraftwerke hat daher potenziell einen hohen Anteil der Erzeugungskapazität, nicht aber der tatsächlichen Erzeugungsmenge. Marktanteilsberechnungen auf Basis von Kapazitäten würden daher irreführend sein.

23 Auf der Erzeugungsstufe sind neben den vier Energiekonzernen E.ON, RWE, Vattenfall und EnBW auch weitere Unternehmen wie die Steag, einige Stadtwerke, Industrieunternehmen und ausländische Energieversorger wie etwa die österreichische Verbund AG tätig. Zur exakten Erfassung der Marktverhältnisse auf der Erzeugungsstufe sind zudem Im- und Exporte von und nach Deutschland zu berücksichtigen.

24 Strom aus Erneuerbaren Energien, der nach den Regeln des Erneuerbare-Energien-Gesetzes (EEG[19]) vermarktet und vergütet wird (**EEG-Strom**), wird vom BKartA

---

18 Vgl. *Kosater/Mosler*, Applied Energy 2006, 943 ff.

19 Erneuerbare-Energien-Gesetz (EEG) v. 21.7.2014 (BGBl. I S. 1066), zuletzt geändert durch Gesetz v. 21.6.2018 (BGBl. I S. 862).

bisher nicht dem Erstabsatzmarkt zugerechnet. Der Grund dafür liegt aus Sicht des BKartA darin, dass der EEG-Strom nicht dem Wettbewerb der übrigen Stromerzeugung unterliegt, da die Betreiber von EEG-Anlagen für ihren Strom vom Netzbetreiber eine gesetzlich vorgeschriebene Vergütung erhalten, sofern sie ihren Strom nicht direkt vermarkten. Die Erzeugung und Einspeisung von EEG-Strom erfolgt jedoch noch immer größtenteils losgelöst von den Preisen im Stromgroßhandel. Die Vermarktung des EEG-Stroms durch die Übertragungsnetzbetreiber, welche den EEG-Strom zunächst kaufen müssen und dann weiter an der Strombörse verkaufen, ist ebenfalls nicht Teil des Erstabsatzmarktes, da die Übertragungsnetzbetreiber die EEG-Einspeisemengen unabhängig vom Preis an der Strombörse einzustellen haben (§ 1 AusglMechAV[20]).

Ökonomisch liegt hier eine asymmetrische Beziehung vor. Während EEG-Strom- 25
erzeuger durch konventionelle Stromerzeugung nicht in ihrem Verhalten beeinflusst werden (mit Ausnahme der Anbieter in Direktvermarktung), werden die Erzeuger auf dem Erstabsatzmarkt durchaus durch das Verhalten der EEG-Stromerzeuger beeinflusst, da die Einspeisung des EEG-Stroms die sog. Residualnachfrage senkt und damit auch den auf dem Strommarkt erzielbaren Preis. Auf dem Erstabsatzmarkt für Strom besteht damit umso weniger Marktmacht im Sinne einer Möglichkeit den Strompreis zu beeinflussen, je mehr EEG-Strom erzeugt und eingespeist wird.

Reine Handelsgeschäfte mit Elektrizität finden bei der Abgrenzung des Erst- 26
absatzmarktes durch das BKartA ebenfalls keine Berücksichtigung. Damit entfernt man sich vom Bedarfsmarktkonzept, denn für Nachfrager dürfte es regelmäßig irrelevant sein, ob Elektrizität vom Erzeuger oder vom Händler bzw. Weiterverteiler geliefert wird. Grund für dieses Vorgehen ist zum einen, dass eine Einbeziehung reiner Handelstransaktionen zu einer Mehrfachzählung der entsprechenden Strommengen führen würde. Zum anderen spielt hier die erwähnte Besonderheit des Strommarktes eine bedeutende Rolle, dass die produzierte Elektrizität identisch mit den auf der Letztverbraucherstufe nachgefragten Elektrizitätsmengen sein muss, um die Netzstabilität zu jedem Zeitpunkt zu erhalten (abgesehen von systembedingten Verlusten). Da aber die Möglichkeiten zur Speicherung elektrischer Energie noch immer sehr begrenzt sind, erfolgt die Steuerung der letztlich gelieferten Elektrizitätsmenge im Wesentlichen über das Zu- und Abschalten von Kraftwerken auf der Erzeugungsstufe. Somit können durch das Ausblenden reiner Händler diejenigen Wettbewerbskräfte ermittelt werden, denen sich die Unternehmen auf dem Erzeugungsmarkt zu stellen haben.

Auch die Vermarktung von Regelenergie wird nicht in den Erstabsatzmarkt ein- 27
bezogen. Aufgrund der Besonderheiten für Regelenergie wird sie einem eigenen sachlich relevanten Markt zugerechnet, auch wenn es eine Interdependenz zwischen dem

20 Ausgleichsmechanismus-Ausführungsverordnung (AusglMechAV) v. 22.2.2010 (BGBl. I S. 134), zuletzt geändert durch Verordnung v. 19.2.2013 (BGBl. I S. 310).

Erstabsatzmarkt und dem Regelenergiemarkt gibt, da Eigentümer von regelenergiefähigen (d.h. hinreichend flexiblen) Kraftwerken ihre Strommengen prinzipiell auf dem Markt anbieten werden, auf dem sie die höheren Erlöse erwarten.

2. Transport und Verteilung auf der Netzebene

28 Die zweite Stufe der Wertschöpfungskette des Strommarktes bildet der Transport. Da es sich bei Strom um ein leitungs- bzw. netzgebundenes Gut handelt, erfolgt der Transport über die **Stromnetze**. Dabei wird zwischen Übertragungsnetzen und Verteilnetzen unterschieden. Bei den Übertragungsnetzen handelt es sich um überregionale Höchst- und Hochspannungsnetze, die den Strom über große Entfernungen hinweg transportieren. Zudem sind diese Netze über Kuppelstellen an den Ländergrenzen mit dem internationalen Verbundnetz verbunden. Das Verbundnetz in Deutschland besteht aus vier Regelzonen mit je einem Netzbetreiber, der jeweils mit der Systemführung des Netzes in seiner Regelzone betraut ist. Die vier Netzbetreiber sind die Amprion GmbH, EnBW Transportnetze AG, TenneT TSO GmbH und 50 Hertz Transmission GmbH. Waren diese vormals mit den Stromerzeugern und -versorgern vertikal integriert, sind sie nun mehr oder minder stark von den Stromerzeugern und -versorgern getrennt.

29 So haben beispielsweise E.ON und Vattenfall ihre Übertragungsnetze komplett verkauft, zum einen an den niederländischen Übertragungsnetzbetreiber TenneT (E.ON) sowie an den belgischen Übertragungsnetzbetreiber Elia und den australischen Infrastrukturfonds „Industry Funds Management" (Vattenfall). RWE und EnBW haben ihre Netze nach gesetzlichen Vorgaben aus dem Rest des Konzerns „entflochten" oder „entbündelt". Ziel der **Entflechtung** bzw. des sog. Unbundlings ist es, den Netzbetrieb von den vor- und nachgelagerten Stufen der Wertschöpfungskette zu trennen, um zu verhindern, dass das Netzmonopol genutzt wird, um den Wettbewerb bei der Stromerzeugung oder beim Stromvertrieb zu behindern.

30 Bei den Netzen handelt es sich ökonomisch gesehen um eine sog. wesentliche Einrichtung (essential facility), die unerlässlich für den Handel mit Strom ist. Bei einer vertikalen Integration aller drei Stufen der Wertschöpfungskette hätte der Netzbetreiber die Möglichkeit, seine Konkurrenten auf der Erzeugungs- bzw. Versorgungsebene von der Netznutzung entweder ganz auszuschließen oder zumindest diese zu benachteiligen und die eigenen Konzerntöchter bevorzugt zu behandeln, um so den Wettbewerb zugunsten eigener Profite zu schwächen. Das Fehlen eines diskriminierungsfreien Netzzugangs hätte gravierende negative Folgen für den Wettbewerb auf vor- und nachgelagerten Ebenen der Wertschöpfungskette, also bei der Stromerzeugung und beim Stromvertrieb.

Die Verteilnetze sorgen im Unterschied zu den Übertragungsnetzen für die Feinverteilung des Stroms auf der Mittel- und Niederspannungsebene direkt zum Endverbraucher. Diese Netze werden von lokalen Netzbetreibern betrieben, oftmals von kommunalen oder lokalen Energieversorgern wie etwa den Stadtwerken. Auf dieser Netzebene wird auch der Überschuss aus privaten EEG-Kleinanlagen, wie beispielsweise Solaranlagen, eingespeist.

Die Marktstruktur mit jeweils nur einem Netz pro Region, und somit auch nur jeweils einem Netzbetreiber, ist darauf zurückzuführen, dass es sich bei Stromnetzen eben um natürliche Monopole handelt. Ein Netzbetreiber allein kann den Transport von Energie günstiger organisieren als zwei oder mehrere konkurrierende Netzbetreiber. Der Grund dafür sind die sinkenden Durchschnittskosten der Durchleitung bei steigendem Durchleitungsvolumen, d.h. die Subadditivität der Kostenfunktion. Fast immer ist der Bau und Betrieb eines einzigen Stromnetzes in jeder Region kostengünstiger als der Bau und Betrieb konkurrierender Netze. Daher wäre ein Wettbewerb zwischen Stromnetzen nicht nur sehr schwer zu realisieren, sondern zudem auch ökonomisch ineffizient. Eine Duplikation der Netzinfrastruktur ist nicht erstrebenswert, da dies aus volkswirtschaftlicher Sicht eine Verschwendung von Ressourcen darstellen würde. 31

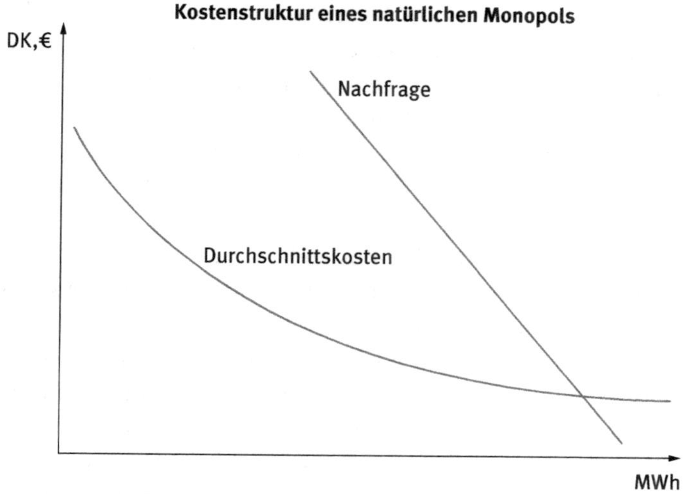

Abb. 4: Kostenstruktur eines natürlichen Monopols[21]

Als Monopolist wäre es dem Netzbetreiber theoretisch möglich, nicht nur höhere Preise für die Netznutzung zu verlangen, sondern auch konkurrierende Stromerzeuger durch eine Diskriminierung beim Netzzugang gänzlich von der Netznutzung auszuschließen. Da es sich bei der Netzinfrastruktur jedoch um eine sog. „wesentliche Einrichtung“ handelt, die unerlässlich für den Handel mit Strom ist, sind die Netzbe- 32

21 Quelle: Eigene Darstellung; DK = Durchschnittskosten.

treiber laut § 17 Abs. 1 EnWG dazu verpflichtet, einen einfachen und diskriminierungsfreien Netzzugang zu angemessenen Entgelten zu gewährleisten. Anderenfalls würde dies zu beträchtlichen wettbewerblichen Problemen auf den vor- und nachgelagerten Märkten führen, wenn die Netzbetreiber bestimmten Kraftwerken den Anschluss an ihre Netze untersagen würden und diese somit aus dem Markt austreten müssten. Geringerer Wettbewerb auf der Erzeugerstufe würde wiederum zu höheren Großhandelspreisen führen. Um den Wettbewerb auf dem vorgelagerten Markt zu forcieren, gilt zudem (a) die Kraftwerksnetzanschlussverordnung,[22] die einen prioritären Anschluss neuer Kraftwerke an das Stromnetz gewährleisten soll, sowie (b) diverse Vorschriften zur rechtlichen Entflechtung von Stromerzeugung und Netzbetrieb.

33 Das EnWG sieht eine sog. **Anreizregulierung** der Netznutzungsentgelte vor, welche nach der Anreizregulierungsverordnung[23] einer Genehmigung durch die BNetzA oder die zuständige Landesregulierungsbehörde bedürfen. Ein Ziel der Anreizregulierung besteht darin, für die Netzbetreiber stärkere Anreize zu Effizienzsteigerungen und Kostensenkungen zu stiften. Dies geschieht bei Stromnetzen, indem für einen Zeitraum von fünf Jahren, der Dauer einer jeden Regulierungsperiode, eine maximal zulässige jährliche Erlösobergrenze festgeschrieben wird. Da die Erlöse der Netzbetreiber regulatorisch fixiert werden, können Netzbetreiber ihren Gewinn vor allem dann erhöhen, wenn es ihnen gelingt, die Kosten des Netzbetriebs zu senken und bestehende Ineffizienzen abzubauen. So werden einerseits Anreize zur Kostensenkung gesetzt, zugleich werden über die ex ante festgelegte jährliche Reduktion der Erlösobergrenze – den sog. X-Faktor – die Verbraucher an den Effizienzgewinnen beteiligt.

34 Um im Rahmen der Anreizregulierung eine Kostendeckung zu gewährleisten, werden die Kosten der Netzbetreiber zunächst in drei unterschiedliche **Kostenarten** aufgeschlüsselt. Zum einen ist dies die Gruppe der „temporär nicht-beeinflussbaren Kosten". Dies sind die Kosten, die bei einem effizienten Betrieb des bestehenden Stromnetzes anfallen würden. Da es zu regionalen Differenzen hinsichtlich der Kostenstruktur kommen kann, werden Kosten, die aufgrund regionaler Unterschiede bestehen, berücksichtigt. Zum anderen gibt es die „permanent nicht-beeinflussbaren Kosten", die teilweise auch durch Dritte verursacht werden. Die dritte Gruppe schließlich betrifft die sog. „beeinflussbaren Kosten", die allein aufgrund von Ineffizienzen entstehen. Ziel ist es nun, die Netzbetreiber zu einer gänzlichen Eliminierung der beeinflussbaren Kosten, also der Ineffizienzen, sowie zu einer Minimierung der temporär nicht-beeinflussbaren Kosten zu bewegen. Ein Problem dabei sind Informationsasymmetrien. So hat zwar der Netzbetreiber gute Kenntnisse über seine Kostenstruktur, nicht aber der Regulierer. Eine Regulierung, die kostenorientiert ist, setzt daher

22 Kraftwerks-Netzanschlussverordnung (KraftNAV) v. 26.6.2007 (BGBl. I S. 1187).

23 Anreizregulierungsverordnung (ARegV) v. 29.10.2007 (BGBl. I S. 2529), zuletzt geändert durch Verordnung v. 20.6.2018 (BGBl. I S. 865).

eher Anreize, Kosten zu erzeugen als diese zu senken, was wiederum zu überhöhten Netznutzungsgebühren führt.

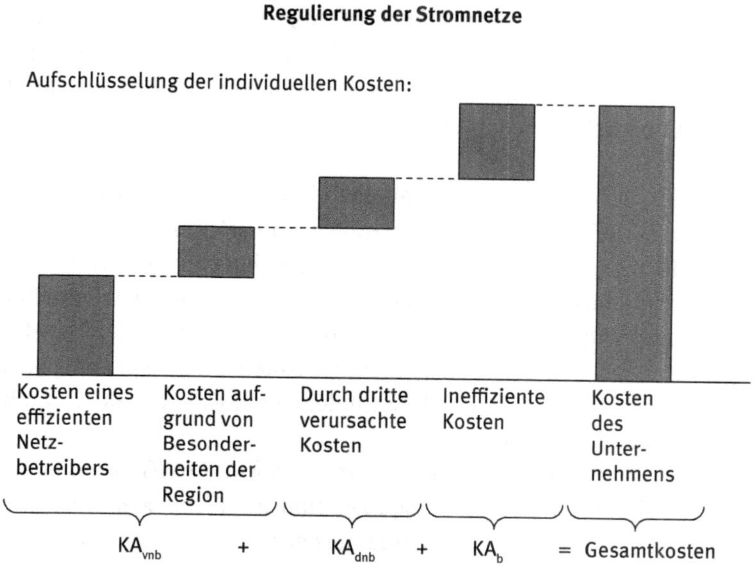

Abb. 5: Regulierung der Stromnetze[24]

Bei der Anreizregulierung wird daher eine **Erlösobergrenze** festgelegt, die jährlich um einen Effizienzfaktor X gesenkt wird. Dabei werden den Netzbetreibern Gewinne zugestanden, wenn sie in den ersten Jahren einer Regulierungsperiode (in Deutschland nach der Anreizregulierungsverordnung fünf Jahre) ihre Effizienz in höherem Maße als erwartet steigern. Erst später müssen diese Effizienzsteigerungen in Form geringerer Netzentgelte an die Kunden weitergegeben werden. 35

Dem Regulierer ist es erlaubt, Auf- bzw. Abschläge auf die maximal zulässigen Erlöse in Abhängigkeit von der Netzqualität zu gewähren. Eine Möglichkeit zur Kosteneinsparung ist nämlich bei jeder Anreizregulierung die Reduktion der Investitionen zur Instandhaltung der Netze. Dem soll mit dem Qualitätsfaktor vorgebeugt werden, da er eine unzureichende Versorgungsqualität über eine Verringerung der zulässigen Erlöse des Netzbetreibers bestraft. Umgekehrt kann eine besonders gute Versorgungsqualität über ein Anheben der Erlösobergrenze honoriert werden. Die einzelnen Parameter werden dabei für die fünf Jahre einer Regulierungsperiode festgelegt, sodass sie den Netzbetreibern diesbezüglich Planungssicherheit geben. 36

24 Quelle: Eigene Darstellung.

37 Trotz der Anreizregulierung ist zukünftig weiter mit einem **Anstieg der Netznutzungsentgelte** zu rechnen. Dies liegt in dem massiven Ausbau der Erneuerbaren Energien und den damit verbundenen Änderungen im Einspeiseprofil begründet. Zum einen erfordert die zunehmende räumliche Trennung von Erzeugung und Lastzentren einen Ausbau der Netzinfrastruktur, die den Transport über weite Strecken von den On- und Offshore-Windparks und den Solarparks im verhältnismäßig lastschwachen Norden und Osten zu den Nachfragern im Süden und Westen ermöglicht.

38 Zum anderen stellen die Volatilität und die fehlende Präzision in der Prognose der Lieferung von Strom aus Wind- und Solarenergie ein Problem für die Gewährleistung der Netzstabilität dar. Ausgeglichen werden Ungleichgewichte im Netz über die sog. Regelenergie und Redispatchmaßnahmen. Da es Aufgabe der Netzbetreiber ist, die Netzstabilität aufrechtzuerhalten, sind die Kosten dafür ebenfalls Teil der Netznutzungsentgelte. Durch den stetig ansteigenden Anteil an Einspeisung aus Quellen Erneuerbarer Energien steigen aktuell besonders die Kosten des Redispatch und somit ebenfalls die Netznutzungsentgelte.

39 Für den Netzbetrieb sind in Deutschland zudem nach § 46 EnWG kommunale Konzessionen erforderlich. Die Konzessionsabgaben sind als nicht beeinflussbare Kosten wiederum Teil der Netzentgelte. Aus ökonomischer Sicht erfüllt die Konzessionsvergabe keinen regulatorischen Zweck, da bereits durch die Netzregulierung die Ausübung von Monopolmacht unterbunden werden soll. Insofern besteht in der Konzessionsvergabe eine Doppelregulierung, die über die Anreizregulierung hinaus keine weiteren Effizienzgewinne erzeugt, sondern vor allem Transaktionskosten verursacht.

3. Stromgroßhandel

40 Im Stromhandel kann zwischen Groß- und Einzelhandel unterschieden werden. Da es nicht möglich ist, gezielte, physische Stromtransporte über alle Netzebenen zu einem bestimmten Endkunden vorzunehmen, werden im Stromgroßhandel Bezugsrechte anstatt eines physischen Gutes gehandelt. **Akteure auf dem Markt** für Stromgroßhandel sind zum einen die großen Erzeuger bzw. ihre Trading-Sparten. Zum anderen sind auch Stadtwerke, Kooperationen von Stadtwerken sowie reine Händler und weitere Akteure (Finanzdienstleister, Industrieunternehmen usw.) im Stromgroßhandel aktiv.

41 Im Allgemeinen existieren zwei Möglichkeiten erzeugten Strom zu handeln: Entweder an der Börse oder außerbörslich (Over the counter – OTC) als sog. **OTC-Geschäft**. In diesem Fall verhandeln Stromkäufer und -verkäufer direkt über den Stromverkauf, ohne dass die Börse direkt involviert ist. Der weitaus größte Teil des Handels in Deutschland findet in langfristig ausgelegten bilateralen OTC-Geschäften außerhalb der Börse statt. Dennoch ist der Preis, der sich an der Börse bildet, maßgeblich für die Preise auf den übrigen Strommärkten (bspw. OTC-Handel oder

Terminmärkte), da immer die Möglichkeit zur Abwicklung von Arbitragegeschäften gegeben ist. Würden sich die Preise unterscheiden, wäre es profitabel, Strom von einem Markt zu kaufen und auf dem anderen wieder zu verkaufen. Der börsliche Day-Ahead-Spotmarktpreis ist zudem auch bestimmend für den Kraftwerkseinsatz.

In Deutschland findet der börsliche Handel am Börsenverbund der European Power Exchange (EPEX) statt, einem Zusammenschluss mehrerer europäischer Strombörsen, dem auch die deutsche Strombörse, die European Energy Exchange (EEX), mit Sitz in Leipzig, angehört. Diese ist aus einer Fusion der beiden früheren deutschen Strombörsen in Frankfurt (EEX) und Leipzig (LPX) hervorgegangen. Relevant für den Großhandelspreis ist der Preis, der sich am Spotmarkt an der Börse bildet. Der Spotmarkt besteht aus dem Day-Ahead- sowie aus dem Intraday-Handel. Im **Intraday-Markt** findet ein kontinuierlicher Handel statt. Täglich ab 15 Uhr kann Strom für einzelne Stunden oder Blöcke von mehreren aufeinanderfolgenden Stunden für den nächsten Tag gehandelt werden. Dabei können Gebote innerhalb einer Preisspanne von –9.999 €/Mwh bis +9.999 €/MWh bis 75 Minuten vor dem eigentlichen Lieferbeginn abgegeben werden. 42

Im **Day-Ahead-Markt** werden täglich um 12 Uhr Auktionen für Stromlieferungen in den 24 Stunden des Folgetages abgehalten. Dabei können wie im Intraday-Handel auch Gebote sowohl für Stromlieferungen zu einzelnen Stunden als auch für Stundenblöcke abgegeben werden. Den Erzeugern ist dabei erlaubt, Gebote in einer Preisspanne zwischen –3.000 €/MWh und +3.000 €/MWh abzugeben. Bis zum 1.9.2008 lag das zulässige Mindestgebot bei 0 €/MWh, d.h. negative Preise waren nicht erlaubt. Inzwischen sind jedoch negative Preise erlaubt. In solchen Situationen muss der Anbieter dann effektiv für die Entsorgung seines Stromes zahlen. Das Zulassen negativer Preise trägt u.a. der Tatsache Rechnung, dass das An- und Abfahren von Kraftwerken für die Erzeuger mit hohen An- und Abfahrkosten verbunden sein kann. So kann es kostengünstiger sein, ein Kraftwerk eine bestimmte Zeit lang weiterhin laufen zu lassen und den Strom zu einem negativen Preis anzubieten, als eine Entsorgungsgebühr zu bezahlen sowie das Kraftwerk erst herunterzufahren und, wenn es dann benötigt wird, wieder anzufahren. 43

Zudem sind die Netzbetreiber gesetzlich verpflichtet, Strom aus Erneuerbaren Energien zu festgelegten Preisen abzunehmen. Wenn nun an besonders wind- und sonnenreichen Tagen mehr Strom produziert als nachgefragt wird, müssen die Netzbetreiber diesen Strom auch zu negativen Preisen verkaufen, d.h. sie zahlen dann für die Entsorgung. 44

Die im Day-Ahead-Handel abgegebenen Gebote für die Einzelstunden und auch die Stundenblöcke werden erst aggregiert und in Kaufs- und Verkaufskurven umgesetzt. Der Schnittpunkt dieser beiden Angebots- und Nachfragekurven bildet den Marktpreis. Daraufhin werden in einem nächsten Schritt schrittweise diejenigen Blockgebote herausgenommen, die bei dem auf der ersten Stufe bestimmten Markt- 45 preis die höchsten Verluste erleiden würden. Am Ende ergibt sich daraus für jede Stunde des Tages ein markträumender Preis. Dieser Preis gilt für jede gehandelte Megawattstunde. Daher spricht man bei dieser Art der Auktion auch von einer sog. Einheitspreisauktion. Jeder Anbieter erhält letzten Endes den Markträumungspreis, und jeder Nachfrager zahlt diesen Preis unabhängig von seinem ursprünglichen Gebot.

46 Unterschiedliche Gebote entstehen durch die bereits erwähnten verschiedenen Kraftwerkstypen, die zur Stromerzeugung eingesetzt werden. Da die Nachfrage schwankt, besteht der deutsche Kraftwerkspark aus unterschiedlichen Erzeugungstechnologien, um diesen Anforderungen gerecht zu werden.

47 Mit dem schrittweisen **Atomausstieg** kommt es auch zu einer Veränderung in der Merit Order. Bildlich gesprochen wird der Kernenergie-Block in Abbildung 3 mit der Zeit immer kleiner bis dieser im Jahr 2022, mit der Abschaltung des letzten Kernkraftwerks, gänzlich verschwunden sein wird. Folglich kommt es zu einer Verschiebung der übrigen Kraftwerksblöcke nach links entlang der Mengenachse. Bei gegebener Nachfrage müsste so zwangsläufig der Preis steigen. Jedoch kommt es auch zu Neubauten anderer Erzeugungstechnologien, insbesondere Erneuerbarer Energien, sodass der Preiseffekt aktuell eingedämmt wird.

48 Die Marktkonzentration auf dem Strommarkt sagt allein wenig darüber aus, ob Anbieter in der Lage sind und auch Anreize haben, die Preise künstlich nach oben zu treiben. Entscheidend dafür ist nämlich neben dem Marktanteil auch die Zusammensetzung des Kraftwerkparks. So kann ein (hypothetischer) Anbieter, der nur über Grundlastkraftwerke verfügt, zwar einen großen Marktanteil haben, jedoch sind seine Möglichkeiten und Anreize, den Preis zu beeinflussen, eher begrenzt. Hingegen kann ein kleiner Anbieter, der über viele Spitzenlastkraftwerke verfügt, den Preis viel einfacher manipulieren.

49 Als Maß für Marktmacht sind im Stromgroßhandel daher Konzentrationsmaßnahmen nur begrenzt aussagekräftig. Ein international weit verbreitetes Maß ist der sog. **Residual Supply Index** (RSI). Einfach ausgedrückt misst der RSI, an wie vielen Stunden eines Betrachtungszeitraums – gemessen in Prozent – die Erzeugungskapazitäten eines (oder mehrerer) Unternehmen zumindest teilweise notwendig waren, um die Stromnachfrage insgesamt zu decken. Anders ausgedrückt wird gefragt, ob die Stromnachfrage auch hätte befriedigt werden können, wenn das oder die betreffenden Unternehmen ihre gesamte Kapazität zurückgehalten hätten. Kann die Nachfrage nämlich zu einem bestimmten Zeitpunkt nicht ohne die Kapazität eines Erzeugers befriedigt werden, so kann dieser Erzeuger zu dem betreffenden Zeitpunkt auch den Preis durch Kapazitätszurückhaltung beeinflussen. Kritisch gelten dabei Werte von 5 bzw. 10%, wobei diese Werte arbiträr sind. Kann also ein Erzeuger an mehr als 5 oder 10% aller Handelszeitpunkte den Preis beeinflussen, so gilt er als marktmächtig. Kritisch am RSI ist jedoch, dass die Flexibilität des Kraftwerkparks keine Berücksichtigung findet. Ein hypothetischer Stromerzeuger, der nur Kernkraftwerke betreibt, aber keine Mittellast- und Spitzenlastkraftwerke, mag

zwar einen hohen RSI-Wert haben, wird jedoch aufgrund der mangelnden Flexibilität von Kernkraftwerken und durch regulatorische Sicherheitsvorschriften nur sehr begrenzt Kapazitäten hoch- und runterfahren können und damit auch weniger Preismanipulationsmöglichkeiten haben als ein Betreiber von Spitzenlastkraftwerken.

Neben Marktmacht und Nachfrageschwankungen sowie dem Ausmaß der Ein- 50
speisung von EEG-Strom sind Brennstoffkosten und die Kosten für den Ausstoß von Kohlenstoffdioxid (CO_2) wesentliche Faktoren der **Großhandelspreisbestimmung**. Um umwelt- und klimapolitischen Ziele zu erreichen, sind Stromproduzenten dazu verpflichtet, sog. Emissionszertifikate vorzuhalten. Erst diese Emissionszertifikate berechtigen sie überhaupt dazu CO_2 auszustoßen. Dabei entspricht ein Zertifikat einer Tonne CO_2 pro Jahr. Mit der Herausgabe einer festen Anzahl an Zertifikaten, die über die Jahre schrittweise gesenkt wird, wird der maximal zulässige Ausstoß an dem klimaschädlichen Gas festgelegt. Die Zertifikate wurden zwar bislang den Stromerzeugern kostenlos zugeteilt, also geschenkt, jedoch besteht die Möglichkeit, die nicht genutzten Zertifikate zu verkaufen, wenn ein Unternehmen weniger CO_2 emittiert als ihm aufgrund seiner Zertifikate erlaubt ist.

Auch für die Zertifikate existiert ein Börsenhandel. Ist der Börsenpreis eines Zer- 51
tifikates höher als die Kosten, die einem Unternehmen entstehen würden, wenn es eine Tonne CO_2 weniger ausstoßen würde, so wird dieses Unternehmen in die CO_2-reduzierenden Maßnahmen investieren und die überzähligen Zertifikate an der Börse verkaufen. Ein Unternehmen mit höheren CO_2-Vermeidungskosten hat nun die Möglichkeit, diese zu erwerben und mehr Kohlenstoffdioxid zu emittieren. Damit sollen Anreize zu einer möglichst effizienten CO_2-Einsparung gesetzt werden. Wer am kostengünstigsten CO_2 vermeiden kann, wird dies am ehesten tun und dann seine Zertifikate zu Geld machen. Der Preis der Emissionsrechte bildet somit einen Teil der Kosten der Stromproduktion. Jeder Stromproduzent muss sich überlegen, ob er lieber mit Hilfe von Kohle- und Gaskraftwerken Strom erzeugt und seine Zertifikate behält oder ob er weniger Strom erzeugt und die dann frei werdenden Zertifikate verkauft.

4. Stromvertrieb

Die letzte Stufe der Wertschöpfungskette ist der Vertrieb von Strom an Endverbrau- 52
cher. Mit der Abschaffung der Gebietsmonopole im Zuge der Strommarktliberalisierung im Jahr 1998 ist diese Stufe ebenso wie die Erzeugung wettbewerblich organisiert. Gab es bis 1998 in jeder Region immer nur einen Versorger, der die Kunden innerhalb eines abgegrenzten Versorgungsgebietes beliefert hat, können die Stromverbraucher ihren Anbieter seit 1998 frei wählen. Insgesamt sind in Deutschland heute über 1.000 Stromversorger tätig.

Im Stromvertrieb kann unterschieden werden zwischen Ökostromangeboten und 53
konventionellen Stromangeboten. Zudem unterscheidet das BKartA zwischen prin-

zipiell wechselwilligen Kunden und Bestandskunden mit geringer Wechselbereitschaft.[25]

II. Gasmärkte

54 Gasmärkten kommt die leitungsgebundene Versorgung von Haushalten und Unternehmen mit Erdgas oder Biogas zu, wobei Erdgas in Deutschland dominiert. Erdgas ist ein Primärenergieträger, der sowohl zur Erzeugung von elektrischem Strom als auch zur Wärmeerzeugung genutzt wird. Darüber hinaus wird ein erheblicher Teil des Erdgases in der chemischen Industrie verwendet, beispielsweise zur Produktion von Dünger.

1. Energieerzeugung

a) Stromerzeugung mit Erdgas

55 Zur Erzeugung von elektrischem Strom wird Erdgas in Gasturbinenkraftwerken eingesetzt. Darin wird ein Erdgas-Luft-Gemisch komprimiert und verbrannt. Aus technischer Sicht handelt es sich dabei um einfach zu betreibende Kraftwerke, die zudem keine Kühltürme benötigen und kaum Asche im Rahmen der Verbrennung erzeugen. Außerdem lassen sich Gasturbinenkraftwerke extrem schnell anfahren, was sie zur Verwendung als Spitzenlastkraftwerke prädestiniert.

56 Gasturbinenkraftwerke weisen einen hohen **Wirkungsgrad** auf, der zwischen 35 und 42% liegt und damit ein ähnliches Niveau wie moderne Kohle- und Ölkraftwerke aufweist. Lediglich die Wärmeenergie der heißen Abgase der Turbine wird nicht genutzt und lässt noch höheres Potenzial beim Wirkungsgrad offen. Der Wirkungsgrad kann auf etwa 56% gesteigert werden, wenn die sog. Gas- und Dampfkondensationstechnik (GuD) verwendet wird. In diesem Fall wird nämlich zusätzlich die Wärmeenergie des Abgases der Turbine genutzt und der Wirkungsgrad nochmals erheblich erhöht.

b) Wärmeerzeugung mit Erdgas

57 Gas und insbesondere Erdgas kann auch zur Erzeugung von Wärme verwendet werden. Dies kann zum einen in zentralen Großkraftwerksanlagen geschehen, die Kraft-Wärmekopplungs-Techniken (KWK) wie zum Beispiel GuD verwenden. Der Nachteil

25 BKartA, Beschl. v. 30.9.2009 – B8-107/09 – Zusammenschlussverfahren Integra/Thüga; Monopolkommission, Energie 2011: Wettbewerbsentwicklung mit Licht und Schatten, Sondergutachten 59, Bonn 2011, Tz. 172ff.

dieser Anlagen liegt darin, dass zum Transport der Wärme zu den Kunden ein Fernwärmeleitungsnetz notwendig ist, welches wiederum Verluste in der Übertragung mit sich bringt. Dezentrale Lösungen wie beispielsweise Blockheizkraftwerke (BHKW) haben hier Vorteile. Neben Dieselaggregaten werden zum Betrieb der BHKW oftmals auch Gasturbinen verwendet.

Darüber hinaus wird Erdgas natürlich auch in herkömmlichen Heizungsanlagen 58
verwendet und spielt dort eine wichtige Rolle im Rahmen der Wärmeerzeugung.

c) Gas als Antrieb für Kraftfahrzeuge

Erdgas in komprimierter Form (CNG) oder flüssiger Form (LPG) wird auch als Kraft- 59
stoff in Kraftfahrzeugen verwendet. Der Vorteil von Erdgas als Brennstoff für PKW liegt darin, dass dieses in herkömmlichen Verbrennungsmotoren verwendet werden kann und lediglich kleinere Modifikationen des Motors notwendig sind.

2. Gastransport

Gas kann grundsätzlich in zwei Formen transportiert werden: gasförmig oder ver- 60
flüssigt. Der gasförmige Transport über weite Distanzen geschieht über Pipelines und erfordert den kontinuierlichen Einsatz von sog. Verdichterstationen um den erforderlichen Druck von maximal 80 bar aufrecht zu erhalten. In lokalen/kommunalen Gasverteilnetzen werden Drücke zwischen 1.000 mbar und 1 bar verwendet. In Niederdruckleitungen sind es weniger als 1 bar.

Neben dem leitungsgebundenen Transport kann Gas auch in verflüssigter Form 61
als Liquified Natural Gas (LNG) transportiert werden. Dies geschieht in der Regel per Schiff und erfordert zunächst die Verflüssigung des Gases, welches dann transportiert und über spezielle LNG-Terminals an Häfen wieder angelandet werden kann. Zudem muss eine Regasifizierung vorgenommen werden, bevor das Gas genutzt werden kann. Diese Prozesse sind nicht nur technisch aufwendig und kostenintensiv, im Zuge ihrer Umsetzung geht auch zwischen 12 und 18% des Energiegehalts des Gases verloren.

3. Wettbewerb und Wertschöpfung auf Gasmärkten

a) Distributionsstufen

Gasmärkte können grob in drei Wertschöpfungsstufenstufen eingeteilt werden: 62

1. Förderung
2. Großhandel
3. Endkundenvertrieb

63 Die **Erzeugung** geschieht überwiegend in den Ländern mit großen Gasvorkommen, wobei Deutschland Nettoimporteur ist, da die eigene Erdgasförderung – vornehmlich in Niedersachsen – bei weitem nicht zur Deckung des heimischen Bedarfs ausreicht.

64 Die **Distribution** von Erdgas in Deutschland erfolgt über Zwischenhändler, die wiederum das Erdgas an Weiterverkäufer bzw. Vertriebsgesellschaften weiterveräußern. Die Großhändler handeln überwiegend außerbörslich (OTC), aber der börsliche Handel an der Energiebörse in Leipzig (EEX) gewinnt zunehmend an Bedeutung.

65 Der **Endkundenvertrieb** erfolgt über lokale Weiterverteiler, wie zum Beispiel Stadtwerke, oder regionale Verteilgesellschaften in Form von Tochterunternehmen vertikal integrierter Gasversorgungsunternehmen. Inzwischen haben Kunden durchaus die Wahl bei der Suche nach einem Gasversorger, wobei dies insbesondere auf größere Industrieunternehmen zutrifft.

b) Wettbewerb in Gasnetzen

66 Voraussetzung für den Wettbewerb auf den Handelsstufen mit Erdgas ist der Zugriff auf die existierende Gasnetzinfrastruktur in Deutschland. In Bezug auf diese Infrastrukturen ist ebenso wie im Strommarkt der Bau von Parallelinfrastrukturen aufgrund der Eigenschaft des natürlichen Monopols ineffizient und somit ökonomisch unerwünscht. Mit der Einführung des Energiewirtschaftsgesetzes (EWG) im Jahr 2005 wurden vorherige Lösungen wie der verhandelte Netzzugang, welche sich als ineffektiv herausgestellt hatten, wie im Strombereich vom regulierten Netzzugang abgelöst.

67 Diese **Regulierung** durch die BNetzA beinhaltet drei Komponenten:

1. Zugang
2. zu einem regulierten Entgelt (mit Anreizregulierung) und
3. Entbündelung.

68 Die Inhaber von Gasnetzen sind verpflichtet, Gastransporteuren Zugang zu ihren Netzen zu gewähren. Für diesen **Netzzugang** haben die Gastransporteure ein Entgelt zu entrichten, welches von der BNetzA oder den Landesregulierungsbehörden reguliert wird. Im Rahmen dieser Regulierung sorgen ebenso wie im Stromnetz Anreizkomponenten dafür, dass die Betreiber der Gasnetze ausreichend Anreize besitzen, um in die Effizienz ihrer Netze zu investieren.

69 Darüber hinaus besteht für vertikal integrierte Gasunternehmen, welche sowohl auf der Netz- als auch auf der Handelsebene tätig sind, die Verpflichtung, ihre Netze rechtlich und organisatorisch zu entbündeln bzw. auszugliedern. Damit soll zum einen der Diskriminierung von Wettbewerbern auf der Handelsebene vorgebeugt und zum anderen das Erreichen eines effizienten Betriebs wesentlich erleichtert werden. Im Rahmen des Handels mit Gasen spielt die Zuweisung des im Netz befindlichen Ga-

ses zu einzelnen Transportkunden eine wichtige Rolle. Dazu wird lediglich der Anteil erfasst, den ein Kunde innerhalb eines bestimmten Gebietes hält.

Diese Gebiete werden als **Marktgebiete** bezeichnet. Grundlage dieser Gebiete 70 ist der Zusammenschluss mehrerer Betreiber von Gasversorgungsnetzen. Der Erdgasmarkt in Deutschland ist seit Oktober 2011 in zwei qualitätsübergreifende Marktgebiete (Bilanzierungszonen) – NetConnect Germany (NCG) und GASPOOL – aufgeteilt. Die Anzahl der deutschen Gasmarktgebiete hat sich damit von 19 (im Jahr 2006) auf aktuell zwei reduziert.

Der **Transport** in den einzelnen Marktgebieten erfolgt durch die Festlegung von 71 einzelnen Einspeise- und Ausspeisepunkten. Der Netzbetreiber muss, wie auch in Stromnetzen, die Bilanz seines Netzes beachten. Dem Netz muss exakt die Gasmenge zugeführt werden, die die Kunden entnehmen. Das durch die Kunden entnommene Gas muss natürlich physisch keineswegs das durch den Lieferanten in das Netz eingespeiste Gas sein.

III. Marktabgrenzung relevanter Strom- und Gasmärkte

Zur wettbewerblichen Beurteilung von Märkten ist zunächst eine Marktabgrenzung 72 durchzuführen. Ziel der Marktabgrenzung ist die Erfassung aller wettbewerblichen Kräfte, welche in Bezug auf den betreffenden Markt relevant sind. Dabei legt das BKartA üblicherweise das **Bedarfsmarktkonzept** zugrunde, welches die Marktabgrenzung von den Substitutionsmöglichkeiten des Verbrauchers abhängig macht. Dies ist die Standardvorgehensweise in der Wettbewerbspolitik, welche auch von der Generaldirektion Wettbewerb der Europäischen Kommission üblicherweise angewendet wird.[26] Davon wird an verschiedenen Stellen im Fall von Energiemärkten abgewichen, weil teilweise eine angebots- anstatt einer nachfrageorientierten Marktabgrenzung vorgenommen wird. Diese Vorgehensweise erörtern wir in den folgenden Abschnitten separat für Strom- und Gasmärkte.

1. Strommärkte

Um zunächst einen Überblick über die relevanten Märkte zu erhalten, stellt die fol- 73 gende Tabelle die Praxis der Marktabgrenzung des BKartA im Strommarkt in einer Übersicht dar:

---

26 Vgl. dazu *Schulz*, Wettbewerbspolitik, Tübingen 2003, S. 34–36 bzw. *Davis/Garces*, Quantitative Techniques for Competition and Antitrust Analysis, Princeton 2010, S. 161–162.

<table>
<tr><th colspan="4">Erzeugerstufe</th></tr>
<tr><td>Markt für den Erstabsatz physisch erzeugten Stroms</td><td colspan="2">Erzeugung und Vermarktung von Strom aus EEG</td><td>Vermarktung von Erzeugungskapazitäten als Regelenergie</td></tr>
<tr><th colspan="4">Distributionsstufe</th></tr>
<tr><td colspan="4">Sämtliche Unternehmen, die Strom handeln</td></tr>
<tr><th colspan="4">Endkunden-, Letztverbraucherstufe</th></tr>
<tr><td>Großkunden</td><td colspan="3">Haushalts und Kleingewerbekunden (HuK)</td></tr>
<tr><td rowspan="2">Registrierte Leistungsmessung (RLM)</td><td colspan="3">– Keine RLM
– Standardlastprofil (SLP)</td></tr>
<tr><td>Grundversorgungsmarkt</td><td>Sondervertragskunden</td><td>Heizstromkunden</td></tr>
</table>

Abb. 6: Sachlich relevante Märkte gemäß der Praxis des BKartA[27]

74 Dem **Erzeugungsmarkt** werden vom BKartA grundsätzlich alle dem deutschen Markt zur Verfügung stehenden Elektrizitätsmengen zugerechnet. Davon ausgenommen sind die Strommengen, die aus Erneuerbaren Energien erzeugt werden sowie Kapazitäten, welche als Regelenergie zum Bilanzausgleich in den Regelzonen vermarktet werden. In Bezug auf die Distributionsstufe unterscheidet das BKartA nicht in verschiedene relevante Märkte, sondern bezieht alle Unternehmen, welche in irgendeiner Form mit Strom handeln, in den relevanten Markt ein.

75 Bei den **Endkunden** erfolgt eine grundsätzliche Aufteilung in Großkunden sowie Haushalts- und Kleingewerbekunden (HuK). Diese unterscheiden sich u.a. dadurch, dass die Großkunden eine registrierte Leistungsmessung bekommen (RLM), während HuK Standardlastprofile aufweisen und lediglich Gesamtabrechnungen erhalten. Dies schränkt die möglichen Tarife deutlich ein.

76 Die HuK werden zudem in den Grundversorgungsmarkt, Sondervertragskunden (beinhaltet Aushandlung besonderer Tarife, in der Regel bei Gewerbekunden, die nicht Inhalt der üblichen Standardtarife sind) sowie Heizstromkunden unterschieden.

77 In räumlicher Hinsicht besteht der relevante Markt aus Sicht des BKartA aus Deutschland und Österreich (auf der Erzeugerstufe), da (noch) eine hinreichende Integration der beiden Märkte vorhanden ist. Es existieren ausreichend Grenzkuppelstellen und an der Strombörse EPEX existiert für Deutschland und Österreich ein einheitliches Marktgebiet.

2. Gasmärkte

78 Die folgende Übersicht zeigt die Praxis der Marktabgrenzung des BKartA im Falle von Gasmärkten.

27 Quelle: Eigene Darstellung.

Erste Distributionsstufe	
Erstmalige Belieferung von regionalen Weiterverteilern mit Erdgas durch überregionale Ferngasgesellschaften	
Zweite Distributionsstufe	
Belieferung von lokalen Weiterverteilern	
Dritte Distributionsstufe	
Industrielle bzw. gewerbliche Großkunden	HuK

Abb. 7: Sachlich relevante Märkte gemäß der Praxis des BKartA[28]

Auf der ersten Stufe sind Ferngasunternehmen als Erdgasproduzenten und Erdgasimporteure tätig, während auf der zweiten Stufe die Ferngasunternehmen vertreten sind, die keine eigenen Produktionskapazitäten bzw. keinen eigenen Erdgasimport besitzen. Daneben sind auf der zweiten Stufe in erster Linie die Stadtwerke die entscheidenden Marktakteure. Auf der dritten Distributionsstufe muss auch hier zwischen Groß- und HuK-Kunden unterschieden werden, wie dies auch im Strommarkt geschieht. Auch hier unterscheiden sich die Kunden im Wesentlichen durch ihre Leistungsprofile (SLP versus RLM). 79

In Bezug auf die Abgrenzung des Marktes für HuK wird diskutiert, ob dies angemessen ist oder stattdessen nicht von einem allgemeinen Wärmemarkt auszugehen ist. Geht man vom Bedarfsmarktkonzept aus, welches die Substitutionsmöglichkeiten des Verbrauchers in den Mittelpunkt stellt, so kann man feststellen, dass Erdgas im Bereich HuK überwiegend zu Heizzwecken verwendet wird. Daher stellt sich die Frage, ob für die Verbraucher Öl, Holz oder Elektrizität angemessene Substitute zur Wärmeerzeugung darstellen könnten. 80

In diesem Kontext ist festzustellen, dass Wechselmöglichkeiten nur eingeschränkt vorhanden sind, weil Heizungssysteme in der Regel auf einen Brennstoff ausgelegt sind und darüber hinaus sehr langlebige Güter darstellen. Wechsel sind also nur sehr selten möglich. Zudem können solche Wechsel nur Eigentümer der Immobilien durchführen. Viele Kunden sind Mieter und haben auf diese Entscheidungen keinen Einfluss. 81

In Bezug auf die **räumliche Marktabgrenzung** gibt es Unterschiede zwischen den Grundversorgungskunden und den Sondervertragskunden. Während das BKartA den Markt in Bezug auf die Grundversorgungskunden auf der Netzebene abgrenzt, geht es bei den Sondervertragskunden aufgrund der inzwischen vorhandenen umfangreichen Wahlmöglichkeiten von einem bundesweiten Markt aus. Bei einer netzbezogenen Marktabgrenzung ist insbesondere Vorsicht geboten, weil dabei der jeweilige Betreiber automatisch eine Monopolstellung besitzt mit allen daraus entstehenden Konsequenzen. 82

28 Quelle: Eigene Darstellung.

83 In empirischen Untersuchungen wurde darüber hinaus festgestellt, dass die Preiselastizitäten der Heizenergieträger sehr schwach sind, wenn auch diese Untersuchungen vielfach auf relativ alten Daten aus Zeiten vor der Liberalisierung beruhen.[29]

C. Ausblick: Die Energiewirtschaft im Wandel

84 Für die Zukunft stellen sich ausgelöst durch technische und politische Entwicklungen bedeutende Herausforderungen für die Energiepolitik und die Kartellrechtsanwendung. Erstens führen technischer Fortschritt und steigende Strompreise zu einer Zunahme der dezentralen Energieerzeugung, insbesondere durch Photovoltaik. Die sog. **Netzparität** ist an vielen Standorten längst erreicht, d.h. auch ohne Subventionen ist es – auch aufgrund der Einsparung von Netzentgelten, Steuern und Abgaben – günstiger, selbst Strom zu erzeugen als diesen aus dem Netz zu beziehen. Zugleich speisen private EEG-Anlagen zunehmend in Zeiten intensiver Sonne in die Verteilnetze ein, d.h. die Anzahl der sog. „aktiven Verbraucher" nimmt weiter zu. Zweitens werden auch dezentrale Batteriespeicher immer günstiger.

85 Aufgrund dieser Entwicklung bekommen die Verteilnetze mehr und mehr den Charakter von **Plattformen**, die nicht einfach Strom durchleiten, sondern Anbieter und Nachfrager zusammenbringen. Durch neue Entwicklungen wie Blockchain-Technologien kann sich dieser Prozess beschleunigen.

86 Für die **Regulierung der Netzentgelte** wird dies tendenziell zwei Konsequenzen haben: Zum einen wird es ökonomisch immer wichtiger, die fixe Komponente der Netzentgelte zu erhöhen und die variable Komponente zu senken. Zum anderen dürfte sich zumindest langfristig die Struktur der Netzentgelt so verändern, dass nicht nur Abnehmer Netzentgelte zahlen, sondern Abnehmer und Einspeiser die Entgelte entrichten.

87 Die dramatische Kostensenkung bei Batterietechnologien wird auch die verteilte Speicherung (gepaart mit dezentraler Erzeugung) zunehmend attraktiv machen. Um diese Entwicklung nicht auszubremsen, sind Preissignale von entscheidender Bedeutung. Investitionen in Speichertechnologien sind umso attraktiver, je volatiler die Strompreise sind. Ein Glätten der Strompreise – etwa durch Kapazitätsmechanismen – senkt hingegen Investitionsanreize in Speichertechnologien.

88 Gleichwohl erscheint es nicht unwahrscheinlich, dass **Kapazitäts- oder Leistungsmärkte** in Zukunft – über die schon bestehenden Regelenergie- und Reservemärkte hinaus – weiter an Bedeutung gewinnen werden. Ökonomisch ist die Notwendigkeit von Kapazitätsmärkten zwar hoch umstritten, politisch drängern zahlreiche Kraftwerksbetreiber jedoch auf ihre Einführung. Essentiell für die Funk-

---

29 Vgl. *Lademan/Lange*, WuW 2010, 387 ff.

tionsweise wird neben dem exakten Marktdesign von Kapazitätsmärkten auch die Stabilität der Rahmenbedingungen sein.

An Relevanz gewinnen auch die **Ausschreibungen** für neue Erzeugungskapazi- 89
täten von EEG-Strom. Die ersten Ausschreibungen haben hier zu ganz erheblichen Kostensenkungen geführt, sodass für neue Windparks und großflächige Solarparks wesentlich geringere Einspeisetarife notwendig sind als bis dato vermutet wurde.

Durch den schleppend vorangehenden Ausbau der Übertragungsnetze ist zu- 90
dem eine zunehmende Verkleinerung der geographischen Marktgebiete zu sehen. So wird die Strompreiszonentrennung zwischen Deutschland und Österreich zum 1.10.2018 Realität: Die gemeinsame Preiszone zwischen den beiden Ländern löst sich dann auf. Grund ist die Einführung der Engpassbewirtschaftung der Grenzkuppelstellen zwischen Deutschland und Österreich. Auch die Anzahl der preisgleichen Stunden mit anderen Staaten ist seit Jahren rückläufig, sodass von einer zunehmenden Isolation nationaler Märkte auszugehen ist und sich der ohnehin unvollendete europäische Energiebinnenmarkt immer weiter auflöst.

Weitere Herausforderungen werden in der zunehmenden Nachfrage nach **Re-** 91
dispatch liegen, welche die separate Abgrenzung positiver und negativer Redispatch-Märkte ratsam erscheinen lässt. Neue Energiemärkte dürften sich mit der Verbreitung der **Elektromobiliät** entwickeln: Zum einen sind dies Märkte für das Laden von Elektroautos. Zum anderen ist absehbar, dass langfristig Elektroautos auch Speicherfunktionen übernehmen und das Netz zurückspeisen. Zugleich bietet die Diffusion der Elektromobilität Chancen, durch intelligente Preisgestaltungen die Nachfrage in Spitzenlastzeiten zu dämpfen („Peak Shaving") und in Schwachlastzeiten zusätzliche Nachfrage zu entfalten („Valley Filling"). Um dies anzureizen, sind jedoch deutliche Preissignale und schwankende Preise notwendig.

Insgesamt werden Digitalisierung, Dezentralisierung und Elektrifizierung zahl- 92
reiche neue Herausforderungen für die Energiewirtschaft mit sich bringen, sodass sich auch neue Märkte und Marktverhältnisse – etwa im Bereich des Messwesens – ergeben werden.

Kapitel 2
Der energiekartellrechtliche Rechtsrahmen und seine aktuelle Fortentwicklung

A. Einführung

I. Wozu dient das Kartellrecht?

1 Kartellrecht[1] ist das **Recht gegen Wettbewerbsbeschränkungen**. Dahinter steht die wettbewerbspolitische und ökonomische Überzeugung, dass die Unternehmen mit Produkten und Dienstleistungen in den Märkten möglichst frei und mit Mitteln des Leistungswettbewerbs um Kunden konkurrieren sollen. Diese Freiheit kann jedoch nicht nur durch den Staat, sondern auch von privater Seite eingeschränkt sein. Entweder indem sich die Marktteilnehmer untereinander vertraglich binden, Wettbewerbsparameter (insbesondere Preise, Mengen oder Absatzgebiete) abstimmen oder aber einzelne Unternehmen so mächtig geworden sind, dass sie diese Macht gegenüber anderen Marktteilnehmern ausnutzen können. Das Kartellrecht hat zur Aufgabe solche Beschränkungen des Wettbewerbs zu verhindern und ggf. zu sanktionieren. Ferner wacht es präventiv über die Unternehmenskonzentration in Folge von M&A-Geschäften.

2 Der hohe Stellenwert des Kartellrechtes für das Funktionieren unserer **Wirtschaftsordnung** lässt sich bereits der Gesetzesbegründung des Ersten Gesetzes gegen Wettbewerbsbeschränkungen aus dem Jahr 1957 entnehmen. Die damalige Bundesregierung führt darin aus:[2]

> „Das „Gesetz gegen Wettbewerbsbeschränkungen“ stellt eine der wichtigsten Grundlagen zur Förderung und Erhaltung der Marktwirtschaft dar. Es soll die Freiheit des Wettbewerbs sicherstellen und wirtschaftliche Macht da beseitigen, wo sie die Wirksamkeit des Wettbewerbs und die ihm innewohnenden Tendenzen zur Leistungssteigerung beeinträchtigt und die bestmögliche Versorgung der Verbraucher in Frage stellt.
>
> Das Gesetz geht von der durch die wirtschaftswissenschaftliche Forschung erhärteten wirtschaftspolitischen Erfahrung aus, daß die Wettbewerbswirtschaft die ökonomischste und zugleich demokratischste Form der Wirtschaftsordnung ist und daß der Staat nur insoweit in den Marktablauf lenkend eingreifen soll, wie dies zur Aufrechterhaltung des Marktmechanismus oder zur Überwachung derjenigen Märkte erforderlich ist, auf denen die Marktform des vollständigen Wettbewerbs nicht erreichbar ist.“

1 Oft auch Wettbewerbsrecht genannt; häufiger wird die Bezeichnung „Wettbewerbsrecht“ jedoch für das Lauterkeitsrecht (UWG) oder als Oberbegriff für das Kartell- und Lauterkeitsrecht verwendet. Zu den wirtschaftspolitischen Grundlagen Müko-GWB/*Säcker*, Bd. 2, Einl. Rn. 5 ff.

2 BT-Drucks. 2/1158, S. 21.

Hoch
https://doi.org/10.1515/9783110286847-002

Umso erstaunlicher ist, dass **Wettbewerb in der Energiewirtschaft** letztlich bis zur 3 Liberalisierung im Jahr 1998 gesamtwirtschaftlich sogar als schädlich angesehen wurde und das GWB sektorspezifische Freistellungsregeln enthielt.[3] Eine Sichtweise, die heute keinen Bestand mehr hat. Alle Bereiche der Energiewirtschaft unterliegen prinzipiell dem Kartellrecht bzw. werden im Netzbereich durch das sektorspezifische Regulierungsrecht, das gem. § 1 Abs. 2 EnWG[4] ebenso die „Sicherstellung eines wirksamen und unverfälschten Wettbewerbs bei der Versorgung mit Elektrizität und Gas" zum Ziel hat, überwacht.

Im Einzelnen dient das Kartellrecht dem Schutz eines funktionsfähigen Wettbe- 4 werbs in den Märkten vor Beschränkungen durch (mehrseitige) Absprachen, durch (einseitigen) Marktmachtmissbrauch und in Folge von Unternehmenskonzentration. Damit sind die drei wesentlichen **Regelungsbereiche** des deutschen wie des europäischen Kartellrechts benannt:

Kartellrecht		
Verbot wettbewerbsbeschränkender Vereinbarungen	Missbrauchskontrolle gegenüber marktbeherrschenden und marktstarken Unternehmen	Zusammenschlusskontrolle
§ 1 GWB und Art. 101 AEUV	§§ 19 ff., 29 GWB und Art. 102 AEUV	§§ 35 ff. GWB und FKVO

Abb. 1: Wesentliche Regelungsbereiche (Säulen) des Kartellrechts[5]

II. Was sind die Rechtsquellen des Kartellrechtes?

Die **Rechtsquellen** und maßgeblichen Vorschriften des **europäischen Kartellrech-** 5 **tes** sind im europäischen Primärrecht (Art. 101 und 102 AEUV) und Sekundärrecht (**Verordnungen und Richtlinien** der EU) verteilt.[6] Daneben gibt es eine Fülle von **Leitlinien und Studien,**[7] die das stark durch die Rechtsprechung und Praxis der Kartellbehörden kasuistisch geprägte Wettbewerbsrecht wiedergeben, begleiten und fortentwickeln. Etwas Übersicht schafft nachstehendes Bild:

---

3 BT-Drucks. 8/2136, S. 17.

4 Energiewirtschaftsgesetz (EnWG) v. 7.7.2005 (BGBl. I S 1970, 3621), zuletzt geändert durch Gesetz v. 20.7.2017 (BGBl. I S. 2808).

5 Quelle: Eigene Darstellung.

6 Hierzu Abb. 2.

7 Unten Abb. 2.

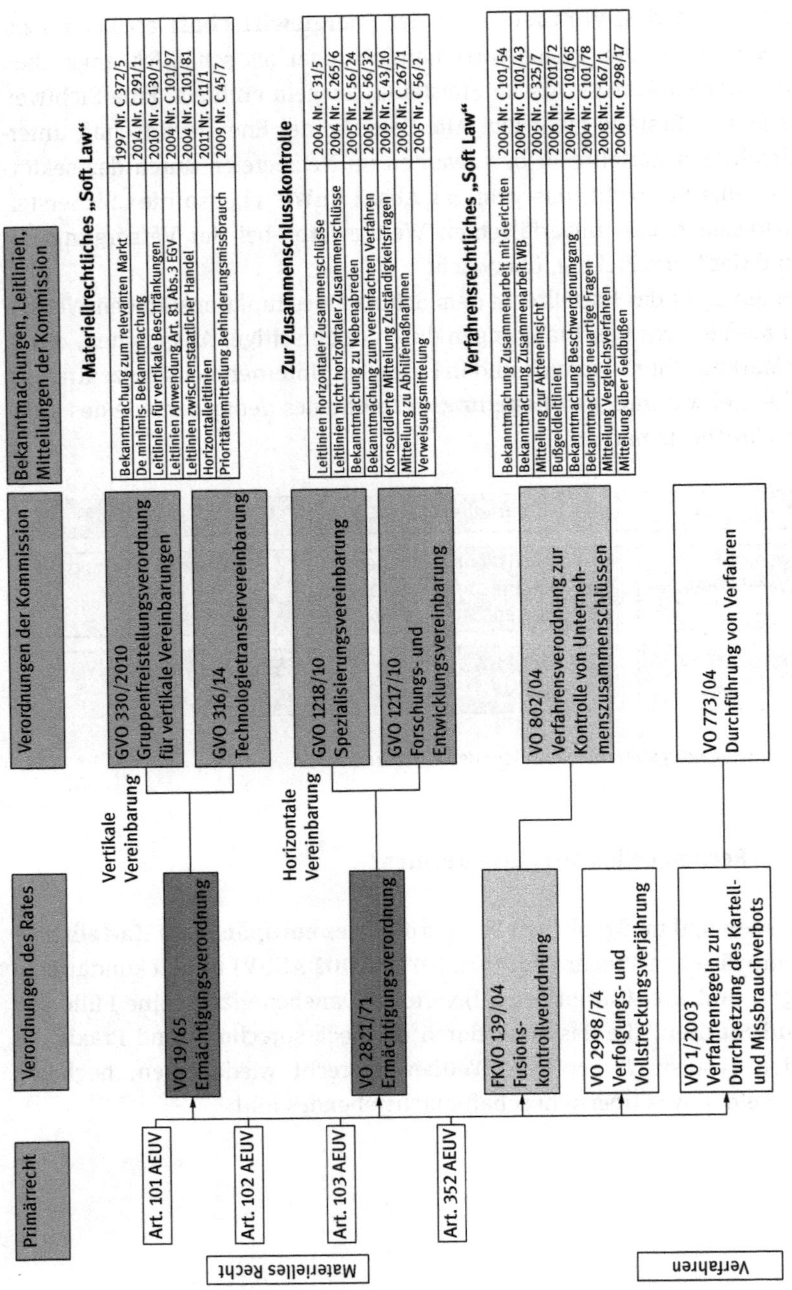

Abb. 2: Europäisches Kartellrecht[8]

8 Quelle: Eigene Darstellung.

6 Die Vorschriften des **deutschen Kartellrechtes** findet sich hingegen konzentriert im GWB, wobei in der Regelung zu freigestellten Vereinbarungen (§ 2 Abs. 2 GWB) auf europäisches Sekundärrecht (**Gruppenfreistellungsverordnungen**) verwiesen wird.

7 Eine Sonderrolle nimmt dabei das seit der ORWI-Entscheidung des BGH[9] und in Folge der europäischen **Kartellschadenersatzrichtlinie**[10] in seiner Bedeutung immens gewachsene **Kartellzivilrecht** (engl. private enforcement) ein. Es tritt neben die Verbotstatbestände und sieht spezialgesetzliche Beseitigungs-, Unterlassungs-, Schadenersatz- und Auskunftsansprüche für betroffene Marktteilnehmer (§§ 33–33h GWB) sowie zivilprozessuale Sonderregelungen (§§ 87–89e GWB) vor.

8 Nicht zum Kartellrecht i.e.S. gehört das Vergabe- und Beihilferecht. Da das in vielen EU-Richtlinien und im Teil 4 des GWB (§§ 97–185 GWB) sowie nationalen Verordnungen geregelte **Vergaberecht** jedoch nicht nur der wirtschaftlichen Verwendung öffentlicher Mittel dient, sondern auch eine diskriminierungsfreie wettbewerbliche Teilnahme an öffentlichen Ausschreibungen gewährleisten soll, ergeben sich enge Bezüge. Auch das vom europäischen Recht (Art. 107 ff. AEUV) ausgehende **Beihilferecht** (engl. state aid) soll einer Wettbewerbsbeeinträchtigung und Binnenmarktverzerrung durch staatliche Begünstigungen entgegenwirken (Art. 107 Abs. 1 AEUV). Die vorgenannten Bezüge kommen gerade auch in der Energiewirtschaft oft zum Tragen. Beispiele sind vergaberechtsrelevante Strom- und Gasbeschaffungen oder die Förderung von Erneuerbaren Energien vor dem Hintergrund der restriktiven Vorgaben des Beihilferechts.[11]

III. Wie ist das Verhältnis von Kartellrecht und Lauterkeitsrecht sowie zum sektorspezifischen Regulierungsrecht?

9 Abzugrenzen ist das Kartellrecht vom **Lauterkeitsrecht** (UWG), das zuvorderst die Mitbewerber, Verbraucher und sonstigen Marktteilnehmer vor unlauteren geschäftlichen Handlungen schützen soll (§ 1 UWG). Kartell- und Lauterkeitsrecht ergänzen sich. Während das Kartellrecht stärker auf den Schutz des Wettbewerbs als Institution gerichtet ist, dient das Lauterkeitsrecht konkret dem Schutz der Marktteilnehmer. Eine klare Trennlinie gibt es jedoch nicht. Verhaltensweisen können mitunter sowohl nach dem Kartellrecht als auch nach dem Lauterkeitsrechtsrecht verboten sein. Auch fließen die Wertungen des Kartellrechts – insbesondere aus dem Bereich der Marktmissbrauchskontrolle – ins Lauterkeitsrecht ein und umgekehrt.[12]

---

9 BGH, Urt. v. 28.6.2011 – KZR 75/10 – NJW 2012, 928 – Orwi.

10 RL 2014/104/EU v. 26.11.2014, ABl EU Nr. L 349 S. 1.

11 Zum EEG 2012: EuGH, Urt. v. 10.5.2016 – T-47/15 – Deutschland/Kommission.

12 Vgl. BGH, Urt. v. 21.2.1978 – KZR 7/76 – GRUR 1978, 445, 446; BGH, Urt. v. 21.6.1971 – KZR 8/70 – BGHZ 56, 327, 336 – Feld und Wald I; BGH, Urt. v. 27.6.1958 – I ZR 109/56 – BGHZ 28, 54, 58ff – Di-

10 Besonders wichtig ist in der Energiewirtschaft die Abgrenzung zum **sektorspezifischen Regulierungsrecht**. Das Regulierungsrecht ist im EnWG geregelt und geht auf die europäischen Binnenmarktrichtlinien[13] zurück. Es beansprucht Vorrang vor dem Kartellrecht (vgl. § 111 EnWG, § 185 Abs. 3 GWB). Gleichwohl gibt es Überschneidungen, die nachstehend gesondert dargestellt werden.[14]

B. Historie

11 Die Vorschriften des Kartellrechts hatten von jeher eine **hohe Sprengkraft**, die tiefe Einschnitte in privatautonome Vertrags- und Austauschbeziehungen, in die Struktur von Unternehmen oder auch in die wirtschaftliche Betätigung der Mitgliedstaaten ermöglicht hat. Im Energiebereich hat das Kartellrecht die jahrzehntelang übliche Demarkation zunächst auf 20 Jahre zeitlich begrenzt sowie Missbräuche und Umgehungen verhindert.[15] Das europäische Kartellrecht hat später aufgrund der Bemühungen des Bundeskartellamtes die Gebietsschutzabreden – trotz nationaler gesetzlicher Freistellung – sogar fast zu Fall gebracht.[16] Nach der (gesetzlichen) Liberalisierung der Energiemärkte sorgte das Kartellrecht u.a. durch die Missbrauchskontrolle, durch die Kappung langfristiger Lieferbeziehungen[17] sowie später auch durch eine strenge Zusammenschlusskontrolle bei Minderheitsbeteiligungen der etablierten Energiekonzerne für eine Wettbewerbsbelebung. Angewandt wird das Kartellrecht dabei unterschiedslos sowohl auf privatwirtschaftliche als auch auf öffentliche unternehmerische Tätigkeit. Die allgemeinen Normen des Kartellrechts entfalteten ihre hohe Wirkkraft daher selbst im Bereich der kommunalen Vergabe von Wegerechten für Strom- und Gasnetze der allgemeinen Versorgung.[18] Darüber hinaus bilden sie den wettbewerbsrechtlichen Rahmen für neu entstandene oder sich verändernde Märkte, deren Vertragsbeziehungen und Vermachtungstendenzen noch

rektversand; BGH, Urt. v. 28.2.1985 – I ZR 174/82 – GRUR 1985, 883, 886 – Abwehrblatt I; BGH, Urt. v. 10.12.1985 – KZR 22/85 – GRUR 1986, 397, 399 – Abwehrblatt II. Zur Abgrenzung auch Müko-GWB/*Wolf*, Bd. 2, § 19 Rn. 16ff.

13 Binnenmarktrichtlinien Strom: RL 96/92/EG v. 19.12.1996, ABl EG Nr. L 27 S. 20; RL 2003/54/EG v. 26.6.2003, ABl EU Nr. L 176 S. 37; RL 2009/72/EG v. 13.7.2009, ABl EU Nr. L 211 S. 55. Binnenmarktrichtlinien Gas: RL 98/30/EG v. 22.6.1998, ABl EG Nr. L 204 S. 1; RL 2003/55/EG v. 26.6.2003, ABl EU Nr. L 176 S. 57; RL 2009/73/EG v. 13.7.2009, ABl EU Nr. L 211 S. 94.

14 Ausführlich Rn. 89ff.

15 §§ 103, 103a GWB i.d.F. der 4. GWB-Novelle 1980, BGBl. I 1980 S. 1761.

16 Dazu näher Rn. 15.

17 BGH, Beschl. v. 10.2.2009 – KVR 67/07 – Langfristige Gaslieferverträge; vgl. auch *Säcker/Jaecks*, Langfristige Energielieferverträge und Wettbewerbsrecht, Berlin 2002, S.22; *Laumann*, Langfristige Bezugsbindungen in Gaslieferverträgen nach dem europäischen Kartellrecht, Baden-Baden 2007, S.56.

18 BGH, Urt. v. 17.3.2013 – KZR 65/12 – Stromnetz Heiligenhafen; BGH, Urt. v. 17.3.2013 – KZR 66/12 – Stromnetz Berkenthin.

nicht ausentwickelt bzw. absehbar sind. Beispiele hierfür sind die Online-Vertriebsmärkte (Plattformmärkte), das Kapazitätsengpassmanagment (Redispatch), die Elektromobilität oder das liberalisierte Messwesen.

I. Kartellrechtsentwicklung auf europäischer Ebene

Wirtschaftspolitisches Ziel der europäischen Verträge war und ist die Errichtung und Förderung eines gemeinsamen Marktes und eines Systems, das diesen **Europäischen Binnenmarkt** vor Verfälschungen schützt (vgl. Art. 2 EGV und Art. 3 lit. c und lit. g EGV). Aus diesem Grund schützen die europäischen Wettbewerbsregelungen den Wettbewerb vor Beschränkungen, wenn der **zwischenstaatliche Handel** beeinträchtigt ist (vgl. Art. 101 und 102 AEUV). 12

Die ersten europäischen kartellrechtlichen Regelungen zur Förderung eines gemeinsamen Marktes für Kohle und Stahl fanden sich im **EGKS**[19] vom 18.4.1951, der nach 50 Jahren am 23.7.2002 ausgelaufen ist. Art. 60 EGKS regelte für die Waren Kohle und Stahl das Diskriminierungsverbot, Art. 65 das Kartellverbot und Art. 66 das Fusionsverbot. 13

Bald darauf wurden die Wettbewerbsregelungen im Rahmen der **Römischen Verträge** im **EWG-Vertrag**[20] vom 25.3.1957 durch die Art. 85–90 EWGV konkretisiert und auf andere Waren und Dienstleistungen erstreckt. Ferner erlangte am 13.2.1962 die erste Durchführungsverordnung zu Art. 85 und 86 EWGV vom 6.2.1962 ihre Geltung.[21] Deutlich später, mit der Fusionskontrollverordnung vom 21.12.1989,[22] erhielt die Europäische Kommission weitere Befugnisse zur Kontrolle von Unternehmenszusammenschlüssen. Mit dem Vertrag von Amsterdam vom 30.9.1998 erfolgte zum 1.5.1999 eine erste Umparagraphierung der Wettbewerbsregelungen im EWGV (ex-Art. 85 EWGV zu Art. 81 EGV und ex-Art. 86 EWGV zu Art. 82 EGV) und heute, mit Inkrafttreten des **Vertrages von Lissabon** vom 13.12.2007, sind die Wettbewerbsregelungen schließlich im Nachfolgevertrag **AEUV**[23] (Art. 101–109 AEUV) zu finden. Kurz zuvor wurde zum 1.1.2004 die Erste Durchführungsverordnung VO (EWG) Nr. 17/62[24] durch eine Neufassung der Kartellverordnung (VO (EG) Nr. 1/2003 14

---

19 Vertrag über die Gründung der Europäischen Gemeinschaft für Kohle und Stahl, BGBl. II 1952 S. 445, in Kraft getreten am 23.7.1952.

20 Vertrag zur Gründung der Europäischen Gemeinschaft, BGBl. II 1957 S. 766, in Kraft getreten am 1.1.1958.

21 VO (EWG) Nr. 17/62, ABl EG Nr. L 013 S. 204.

22 VO (EG) Nr. 4064/89, ABl EG Nr. L 395 S. 1, in Kraft getreten am 21.9.1990.

23 Vertrag über die Europäische Union und des Vertrags über die Arbeitsweise der Europäischen Union, konsolidierte Fassung, ABl EU 2012 Nr. C 326 S. 1, in Kraft getreten am 1.12.2009.

24 ABl EG Nr. L 013 S. 204.

vom 16.12.2002)[25] abgelöst und die Fusionskontrollverordnung (VO (EG) 4064/89)[26] zum 1.5.2004 durch eine Neufassung (VO (EG) Nr. 139/2004 vom 20.1.2004)[27] ersetzt.

15 In der **Energiewirtschaft**, für die es im europäischen Kartellrecht bis heute keine Sonderregelungen und **Bereichsausnahmen** gibt, gab es lange eine Diskussion, ob die vor der Liberalisierung 1998 üblichen **Gebietsschutzabreden** mit dem europäischen Kartellverbot vereinbar sind.[28] Das Bundeskartellamt beanstandete – ungeachtet der damals geltenden Freistellung in § 103 GWB 1990[29] – aufgrund § 85 EWGV i.V.m. § 47 GWB entsprechende Konzessions- und Demarkationsverträge.[30] Zu einer höchstrichterlichen Klärung der Streitfrage kam es jedoch nicht. Die durch die Strom- und Gasbinnenmarktrichtlinien[31] europaweit angestoßene und im neuen deutschen EnWG 1998[32] mündende Liberalisierung der Energiemärkte erzwang auch ein Ende der Bereichsausnahmen im nationalen Kartellrecht der Mitgliedstaaten. Die Umsetzung erfolgte in Deutschland mit der 6. GWB Novelle.[33] Heute kommt bei einer Beeinträchtigung des zwischenstaatlichen Handels der Vorrang der Europäischen Rechts aufgrund von Art. 3 Abs. 2 KartellVO und § 22 GWB klar zum Ausdruck. Für nationale Bereichsausnahmen ist nur noch in den engen Grenzen des Art. 106 Abs. 2 AEUV Spielraum.

II. Kartellrechtsentwicklung in Deutschland

16 Bis zum Ende des 2. Weltkrieges war Deutschland seit dem Aufkommen der Industrialisierung das „Land der Kartelle". Die **Kartellverordnung** vom 2.11.1923[34] ist ein Kind der Wirtschaftskrise der 20er Jahre des 19. Jahrhunderts und ermöglichte lediglich eine staatliche Aufsicht über missbräuchliche Preiserhöhungen.[35] Kartelle im Allgemeinen wurden jedoch für das Gemeinwohl positiv bewertet. Das **Zwangskar-**

---

25 ABl EG Nr. L 1 S. 1.
26 ABl EG Nr. L 395 S. 1
27 ABl EG Nr. L 24 S. 1.
28 Überblick der Diskussion bei *Büdenbender*, Kartellaufsicht über die Energiewirtschaft, Baden-Baden 1995, S. 37 m.w.N.
29 BGBl. I 1990 S. 235.
30 BKartA, WuW 1993, 180; BKartA, RdE 1994, 154, sowie BKartA, Tätigkeitsbericht für 1993/1994, BT-Drucks. 13/1660 S. 141 ff.
31 Nachweise Rn. 10.
32 BGBl. I 1998 S. 730.
33 BGBl. I 1998 S. 2546; dazu auch Rn. 19.
34 RGBl. I 1923 S. 1067.
35 *Schmoekel*, Rechtsgeschichte der Wirtschaft, München 2008, S. 255 ff.

tellgesetz von 15.7.1933[36] erlaubte der nationalsozialistischen Regierung sogar die Errichtung von Kartellen.

Erst mit dem im Potsdamer Abkommen festgelegten Ziel der Zerschlagung der 17
deutschen Monopole unter Aufsicht der alliierten **Dekartellierungsbehörden** erwacht in Deutschland ein wettbewerblicher Zeitgeist.[37] Dieser schlug sich im ersten Entwurf des Gesetzes gegen Wettbewerbsbeschränkungen nieder,[38] das am 1.1.1958 in Kraft getreten ist. Vorbild war das amerikanische Antitrust-Recht (**Sherman Act** von 1890).[39] Seitdem wurde das Gesetz neun Mal im größeren Umfang novelliert;[40] die jüngste 9. GWB-Novelle[41] ist am 9.6.2017 in Kraft getreten.

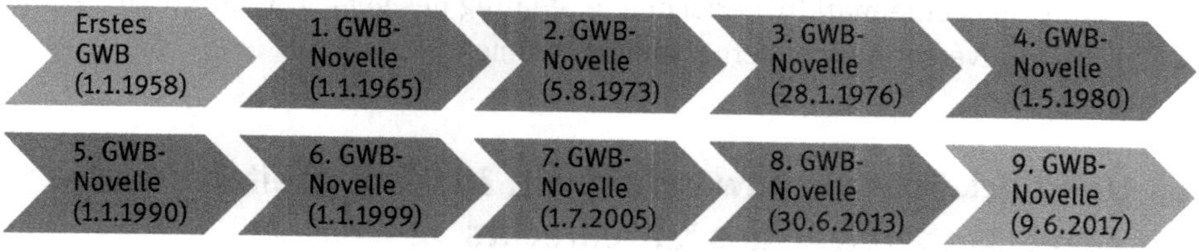

Abb. 3: Übersicht Inkrafttreten GWB-Novellen[42]

Gerade die Energiewirtschaft erfuhr in der ersten Fassung des GWB durch eine **Be-** 18
reichsausnahme eine Sonderrolle. Denn § 103 GWB 1958 erklärte das Kartellverbot des § 1 GWB (sowie die Regelungen für sonstige Verträge in § 15 und 18 GWB a.F.) grundsätzlich nicht für anwendbar. Damit waren vor allem Kartellabsprachen zwischen Energieversorgungsunternehmen zur Aufteilung der Versorgungsgebiete (sog. **Demarkationsabreden**) letztlich bis zur Aufhebung der Ausnahmeregelung mit Inkrafttreten der 6. GWB-Novelle am 31.12.1998[43] zulässig. Eine Einschränkung erfolgte zuvor durch die 4. GWB-Novelle,[44] in Kraft getreten am 1.5.1980, die in § 103 Abs. 5–7 GWB eine **verschärfte Missbrauchskontrolle** und in § 103a GWB eine 20jährige Laufzeithöchstgrenze der freigestellten Kartellvereinbarungen vorsah.

Auch nach der 6. GWB-Novelle und dem Ende des Systems geschlossener Ver- 19
sorgungsgebiete gab es eine Diskussion um energiewirtschaftliche Sonderregelungen im Kartellrecht, wenn auch jetzt mit umgekehrten, d.h. wettbewerbsfördernden Vorzeichen. So hat die anfänglich nach der **Liberalisierung** noch unzureichende

---

36 RGBl. I 1933 S. 488.

37 Näher dazu *Schmoekel*, Rechtsgeschichte der Wirtschaft, München 2008, S. 263f.

38 BT-Drucks. 2/1158.

39 *Schmidt/Haucap*, Wettbewerbspolitik, 10. Aufl. München 2013, S. 211ff.

40 Ein Fundstellennachweis ist abrufbar unter: http://www.bundeskartellamt.de/DE/UeberUns/Bundeskartellamt/Rechtsgrundlagen/rechtsgrundlagen_node.html.

41 BGBl. I 2017 S. 1416.

42 Quelle: Eigene Darstellung.

43 BGBl. I 1998 S. 2521.

44 BGBl. I 1980 S. 1761.

Belebung des Wettbewerbs auf den Energiemärkten zu einer Einführung einer **besonderen Missbrauchskontrolle** (§ 29 GWB) geführt. Diese sieht für das betroffene marktmächtige Versorgungsunternehmen im Verfahren vor den Kartellbehörden eine verschärfte Beweis- und Darlegungslast für die Rechtfertigung seiner Preisgestaltung vor. Die Bedeutung der bis zum 31.12.2022 (§ 186 Abs. 1 GWB) verlängerten besonderen Missbrauchskontrolle hat sich in den Strom- und Gasmärkten aufgrund des Erosion der Marktmachtstellungen in den Endkundenmärkten stark reduziert. Relevant ist die Vorschrift im Energiebereich jedoch noch auf den Grundversorgungsmärkten, da hier die Kartellbehörden eine netzbezogene Marktabgrenzung und mithin stets eine marktbeherrschende Stellung des gem. § 36 EnWG zu bestimmenden Grundversorgungsunternehmen annehmen.[45]

C. Überblick über die Anwendbarkeit, Zuständigkeiten und die Regelungsbereiche des Kartellrechts

I. Wann findet europäisches oder deutsches Kartellrecht Anwendung und wer ist zuständig?

20 **Europäisches Kartellrecht** ist immer dann anzuwenden, wenn der Handel zwischen Mitgliedstaaten i.S.v. Art. 101 und Art. 102 AEUV (d.h. durch Absprachen bzw. durch eine missbräuchliche Ausnutzung einer marktbeherrschenden Stellung) beeinträchtigt sein kann (vgl. Art. 3 KartellVO). Es gilt daher im europäischen Recht das **Auswirkungsprinzip.** Unbeachtlich ist, ob die Handlungen außerhalb des Binnenmarktes veranlasst wurden.

21 Von der Frage der Anwendbarkeit des materiellen Rechts zu trennen ist die **Zuständigkeit der Europäischen Kommission.** Diese ist je nach Regelungsbereich (Kartellverbot, Missbrauchskontrolle und Zusammenschlusskontrolle) unterschiedlich geregelt. Eine klare Trennung gibt es nur in der Zusammenschlusskontrolle. Im Bereich der Kartell- und Missbrauchsaufsicht gilt grundsätzlich eine parallele Zuständigkeit (Art. 4 und 5 KartellVO).

22 Auch die **Anwendbarkeit des GWB** richtet sich gem. § 185 Abs. 2 GWB nach dem **Auswirkungsprinzip.** D.h. entscheidend ist, ob sich die Wettbewerbsbeschränkung im **Geltungsbereich** des Gesetzes (Staatsgebiet der Bundesrepublik Deutschland) auswirkt, selbst wenn sie außerhalb des Staatsgebietes veranlasst wurde.

23 Grundsätzlich (§ 22 GWB, **Zweischrankentheorie**) sind das europäische und das nationale Kartellrecht daher nebeneinander anwendbar. Es gibt jedoch aus dem europäischen Recht herrührende Anwendungs- und Auslegungsvorgaben in Art. 3

45 BKartA, Beschl. v. 30.11.2009 – B8-107/09 – Integra/Thüga, Rn. 56.

Abs. 1 S. 1 KartellVO und § 22 GWB, die eine Anwendung und vorrangige Geltung des europäischen Rechts sowie eine mit dem Gemeinschaftsrecht harmonisierende Anwendung des nationalen Kartellrechts sicherstellen.

Der Anwendbarkeit des GWB folgt – jedenfalls außerhalb der Zusammenschlusskontrolle – grundsätzlich auch die **Zuständigkeit** der nationalen Kartellbehörden (insbesondere **Bundeskartellamt** und **Landeskartellbehörden**) wobei diese bei einer Beeinträchtigung des zwischenstaatlichen Handels auch verpflichtet sind, europäisches Kartellrecht anzuwenden (§ 22 GWB, Art. 3 KartellVO). Zu Spezialfällen und Ausnahmen an anderer Stelle.[46] Im Bereich der Zusammenschlusskontrolle ist in Deutschland allein das Bundeskartellamt zuständig, sofern sich aufgrund der FKVO nicht eine vorrangige Zuständigkeit der Europäischen Kommission ergibt (§ 35 Abs. 3 GWB). 24

II. Welche Regelungen trifft das Kartellrecht?

Wie zuvor dargestellt,[47] gibt es drei wesentliche nebeneinander stehende **Regelungsbereiche** im Kartellrecht: das Verbot wettbewerbsbeschränkender Absprachen,[48] die Missbrauchskontrolle[49] und die Zusammenschlusskontrolle.[50] Ferner sind in den Normen des Kartellrechts die Befugnisse Kartellbehörden im Kartell- und Bußgeldverfahren, die private Kartellrechtsdurchsetzung und die Rechtsschutzmöglichkeiten beschrieben.[51] 25

1. Verbot wettbewerbsbeschränkender Vereinbarungen (Kartellverbot)

a) Art. 101 AEUV

Nach **Art. 101 Abs. 1 AEUV** verboten sind grundsätzlich alle Vereinbarungen zwischen Unternehmen, Beschlüsse von Unternehmensvereinigungen und aufeinander abgestimmte Verhaltensweisen, welche den Handel zwischen Mitgliedstaaten zu beeinträchtigen geeignet sind und eine Verhinderung, Einschränkung oder Verfälschung des Wettbewerbs innerhalb des Binnenmarkts bezwecken oder bewirken. Das **Kartellverbot** betrifft damit Verhaltensweisen, an denen zwei oder mehrere Unternehmen beteiligt sind (sog. Konzertierung). 26

---

46 Kap. 9 Rn. 8 ff.
47 Rn. 4.
48 Rn. 26 ff.
49 Rn. 47 ff.
50 Rn. 67 ff.
51 Rn. 77 ff.

27 **Adressaten des Kartellverbotes** sind sowohl private als auch öffentliche Unternehmen sowie Unternehmensvereinigungen.[52] Bei **öffentlichen Unternehmen** spielt es keine Rolle, ob diese in Privatrechtsform oder in öffentlich-rechtlicher Form organisiert sind.[53] Auch ist nicht relevant, ob diese rechtlich oder wirtschaftlich verselbstständigt sind, d.h. auch Regieunternehmen und Gebietskörperschaften (Städte und Gemeinden) sind von den Wettbewerbsregelungen erfasst.[54] Voraussetzung ist jedoch, dass die öffentliche Hand sich wirtschaftlich betätigt. Nicht erfasst ist daher die **hoheitliche Tätigkeit** des Staates (z.B. Polizei, Feuerwehr). Wegen der wirtschaftlichen Einheit ausgenommen vom Kartellverbot sind zudem **konzerninterne Vereinbarungen.**[55]

28 Das Kartellverbot gilt sowohl für **horizontale Vereinbarungen**, d.h. Absprachen (vertraglicher Art oder gentlemen's agreement) zwischen aktuellen oder potenziellen Wettbewerbern, als auch für **vertikale Vereinbarungen** zwischen in der Wertschöpfungskette unmittelbar oder mittelbar nachgelagerten Unternehmen.

Beispiel

Horizontale Absprachen:
- Preisabsprachen zwischen Wettbewerbern
- Aufteilung der Absatzgebiete (Gebietsabsprachen) oder Kundengruppen
- Absprachen über Produktions- oder Absatzquoten (Quotenkartell)

Vertikale Absprachen:
- Vereinbarungen über die Wiederverkaufspreise mit Handelsunternehmen (Mindest- oder Höchstpreisregelungen)
- Vereinbarungen über sonstige Verkaufsbedingungen mit Handelsunternehmen
- Bezugs- oder Belieferungsverpflichtungen mit Abnehmern bzw. Lieferanten (insbesondere Ausschließlichkeitsbindungen, Gesamtbedarfsdeckung, Meistbegünstigungsklauseln)

Praxistipp

Vom Kartellverbot erfasst sind nicht nur vertragliche Vereinbarungen, sondern auch aufeinander **abgestimmte Verhaltensweisen** (z.B. Informationsaustausch über wichtige Wettbewerbsparameter). Hierbei handelt es sich nach der Rechtsprechung des EuGH um eine Form der Koordinierung, die ohne vertragliche Form bewusst eine praktische Zusammenarbeit an die Stelle des mit Risiken verbundenen Wettbewerbs treten lässt (Indizien: z.B. langer Zeitraum des Parallelverhaltens, Ankün-

---

52 Es gilt der funktionale Unternehmensbegriff. Unternehmen ist danach jede eine wirtschaftliche Tätigkeit ausübende Einheit, unabhängig von ihrer Rechtsform und der der Art ihrer Finanzierung, EuGH, Urt. v. 12.7.1984 – 170/83 – Slg. 1984 I-2999, 3016 – Hydroterm.

53 EuGH, Urt. v. 27.4.1994 – 393/92 – Almelo.

54 EuGH, Urt. v. 16.6.1987 – 118/85 – Slg 1987, I.2619 – Transparenzrichtlinie.

55 Weitere für die Energiewirtschaft weniger relevante Ausnahmen vom Unternehmensbegriff sind: Private Verbraucher, Arbeitnehmer, dem Solidaritätsgrundsatz verpflichtete Träger (z.B. Träger der Sozialversicherungen), Beschaffungen zur nichtwirtschaftlichen Verwendung (EuGH, Urt. v. 11.7.2006 – C-205/03 P – Slg. 2006 I-06295 – FENIN, str.).

digungen der Preisänderung mit zeitlich langem Vorlauf).[56] Die Abgrenzung zum (kartellrechtlich zulässigen) autonomen Parallelverhalten (= Nachahmung des Verhaltens von Wettbewerbern) ist schwierig und einzelfallabhängig.

Haupttatbestandsmerkmal des Art. 101 Abs. 1 AEUV ist die Verhinderung, Einschränkung oder Verfälschung des Wettbewerbs (zusammengefasst: **Wettbewerbsbeschränkung**). Hierzu gehört zum einen eine Beschränkung der wettbewerbsrelevanten Handlungsfreiheit der an der Maßnahme beteiligten Unternehmen. Zum anderen müssen sich in Folge dieser Beschränkung Auswirkungen auf Dritte (z.B. auf Wettbewerber oder die Marktgegenseite) ergeben können. Wichtige Frage ist hier stets, ob überhaupt wettbewerbsrelevante Handlungsfreiheiten bestehen, was zweifelhaft ist, wenn die beteiligten Unternehmen nicht einmal **potentielle Wettbewerber** sind oder demselben Konzern angehören.[57] Ferner kann es sich bei der Maßnahme um eine **notwendige Nebenabrede** zu einer wettbewerbsfördernden Hauptabrede handeln (engl. **ancillary restraints**).[58] 29

Ob die Wettbewerbsbeschränkung **Zweck oder Wirkung der Maßnahme** war, ist im Grunde nach gleichgültig. Regelmäßig wird der Zweck bei sog. **Hardcore-Kartellen**[59] (Preisabsprachen, Angebots- und Produktionsbeschränkungen, Marktaufteilungen sowie Submissionskartelle, Boykottvereinbarungen, Marktinformationsverfahren über Preise, Einschränkungen bei F&E) angenommen und auf eine nähere Prüfung der Wirkungen verzichtet. 30

Die Vereinbarung, der Beschluss oder die abgestimmte Verhaltensweise muss weiter geeignet sein, den zwischenstaatlichen Handel (sog. **Zwischenstaatlichkeitsklausel**) zu beeinträchtigen. Diese Geeignetheit wird in der Rechtsprechung regelmäßig sehr weit ausgelegt. Hinreichend ist, dass die Maßnahme nach allgemeiner Lebenserfahrung eine Auswirkung auf den Handel zwischen den Mitgliedstaaten haben kann.[60] Sind an der Vereinbarung Unternehmen unterschiedlicher Mitgliedstaaten beteiligt und gibt es einen Warenaustausch über die Grenzen hinweg, ist eine Geeignetheit zu bejahen. Allerdings auch wenn nur Unternehmen eines Mitgliedstaates beteiligt sind, können sich Abschottungswirkungen ergeben (z.B. bei besonders großen Unternehmen oder einer Vielzahl gleichartiger Verträge nach der sog. Bündeltheorie).[61] 31

---

56 EuGH, Urt. v. 4.6.2009 – C-8/08 – T-Mobile Netherlands u.a.

57 Parallelität zum Unternehmensbegriff, oben Rn. 27.

58 Grundsatzentscheidungen: EuGH, Urt. v. 25.10.1977 – C-26/76 – Metro; EuGH, Urt. 11.9.2014 – C-382/12 P – Mastercard.

59 Staff Working Dokument v. 25.6.2014, SWD (2014), 198 S. 5ff.

60 EuGH, Urt. v. 14.12.1983 – 319/82 – Slg. 1985, I-4173 – Kerpen und Kerpen.

61 EuGH, Urt. v. 28.2.1991 – C-234/89 – Slg. 1991, I-935 – Delimitis/Henninger Bräu.

32 Die (ggf. nur potentielle) Auswirkung auf den zwischenstaatlichen Handel darf allerdings nach der Rechtsprechung der europäischen Gerichte nicht nur geringfügig, sondern muss auch spürbar sein.[62] Oft ist die **Spürbarkeit der Handelsbeeinträchtigung** bei einer spürbaren Wettbewerbsbeschränkung[63] gegeben. Die Europäische Kommission prüft dennoch beide Schwellen separat, was insbesondere bei einer Maßnahme zwischen Unternehmen desselben Mitgliedstaates Relevanz hat. Für die Prüfung der Handelsbeeinträchtigung gibt es **Leitlinien der Europäischen Kommission.**[64] Darin enthalten ist auch die sog. **NAAT-Regel** (engl. non appreciable affection of trade) der Kommission, die – für die Rechtsprechung nicht verbindlich – das Aufgreifermessen der europäischen Wettbewerbsbehörde konkretisiert:

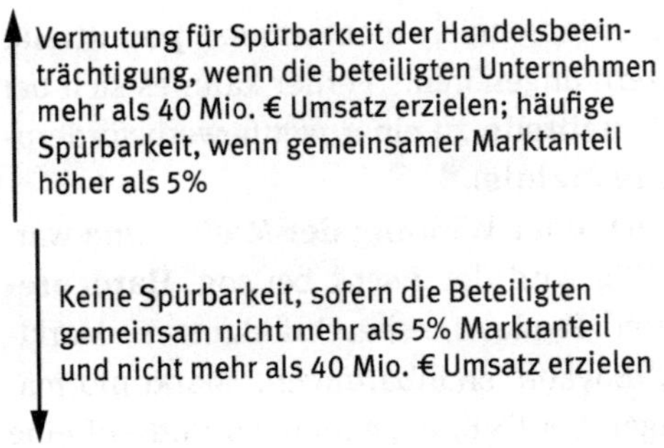

Abb. 4: NAAT-Regel der Europäischen Kommission

33 Ist die Handelsbeeinträchtigung nicht spürbar, kann sie ggf. weiterhin unter das nationale Kartellverbot (§ 1 GWB) fallen.

34 Besonders wichtig ist weiter das (ungeschriebene) Tatbestandsmerkmal der **Spürbarkeit der Wettbewerbsbeschränkung.** Hierbei handelt es sich um eine De-minimis-Regelung, die Bagatellfälle vom Anwendungsbereich des Art. 101 AEUV ausnehmen soll. Die Spürbarkeit bemisst sich an den Auswirkungen auf Dritte, wofür wiederum die Gesamtbetrachtung der Marktverhältnisse, d.h. insbesondere die Marktanteile der an der Maßnahme beteiligten Unternehmen, ausschlaggebend sind. Es gibt keine starren Grenzen. Ihr Aufgreifermessen hat die Europäische Kommission in der **De-minimis-Bekanntmachung** von 2014 niedergelegt,[65] die bei den sog. Hardcore-Kartellen[66] jedoch keine Anwendung findet, da hier die Spürbarkeit regelmäßig bejaht wird. Im Übrigen gelten nach der Bekanntmachung die folgenden Schwellen:

62 EuGH, Urt. 13.7.2006 – C-295/04 bis C-298/04 – Slg. 2006, I-6619 Rn. 41 – Manfredi.

63 Dazu Rn. 34.

64 Leitlinien der Europäischen Kommission zum Begriff der Beeinträchtigung des zwischenstaatlichen Handels, ABl EU 2004 Nr. L 101 S. 81.

65 Bekanntmachung v. 30.8.2014, ABl EU Nr. C 291 S. 1.

66 Oben Rn. 30.

Europäische Kommission	EuGH (in Einzelfällen)
• bei Vereinbarungen zwischen Wettbewerbern: Spürbarkeit ab 10% gemeinsamer Marktanteil • bei Vereinbarungen zwischen Nichtwettbewerbern: Spürbarkeit ab 15% gemeinsamer Marktanteil; Absenkung der Schwelle jedoch bei kumulativer Anwendung von Vereinbarungen	• Spürbarkeit bereits bejaht ab 5% gemeinsamer Marktanteil • jedenfalls keine Spürbarkeit bei weniger als 1% gemeinsamer Marktanteil

Abb. 5: Spürbarkeit der Wettbewerbsbeschränkung

Das **Kartellverbot** hat jedoch auch seine **Ausnahmen**. Diese sind im europäischen Recht in Art. 101 Abs. 3 AEUV und den sog. **Gruppenfreistellungsverordnungen** (GVO) geregelt. Eine unter das Kartellverbot fallende Maßnahme kann danach ausnahmsweise gesetzlich freigestellt sein, wenn sie positive Wohlfahrteffekte hat, die insbesondere der Marktgegenseite zugutekommen. Entgegen Art. 101 Abs. 3 AEUV gilt aufgrund Art. 1 Abs. 2 KartellVO die Freistellung ohne vorherige Freistellungsentscheidung einer Wettbewerbsbehörde. Wollen die beteiligten Unternehmen eine Freistellung in Anspruch nehmen, sollten sie zunächst prüfen, ob die Maßnahme bereits in den Anwendungsbereich einer der nachstehenden Verordnungen fällt und die dort niedergelegten Voraussetzungen für die Freistellung erfüllt sind: 35

Gruppenfreistellung für horizontale Vereinbarungen	• VO (EU) Nr. 316/2014 für Technologietransfervereinbarungen • VO (EG) Nr. 1218/2010 für Spezialisierungsvereinbarungen • VO (EG) Nr. 1217/2010 für Vereinbarungen über Forschung und Entwicklung
Gruppenfreistellung für vertikale Vereinbarungen	• VO (EG) Nr. 330/2010 für vertikale Vereinbarungen

Abb. 6: Auswahl Gruppenfreistellungsverordnungen[67]

Besonders wichtig und auch im Energiebereich im Vertriebsbereich relevant ist die **Gruppenfreistellungsverordnung für vertikale Vereinbarungen VO (EG) Nr. 330/2010**. Die Grundstruktur einer Gruppenfreistellungsverordnung veran- 36

67 Quelle: Eigene Darstellung.

schaulicht das nachstehende Schaubild am Beispiel der Freistellung von im Energiebereich oft anzutreffenden Gesamtbedarfsdeckungsvereinbarungen:

Schema GVO	Beispiel: Gesamtbedarfsdeckung nach VO (EG) Nr. 330/2010
• Anwendungsbereich eröffnet • keine speziellere GVO einschlägig • keine schwarze Klausel, d.h. keine Kernbeschränkung • keine grauen Klauseln, d.h. Voraussetzungen für Freistellung erfüllt	• VO (EG) Nr. 330/2010 gilt gem. Art. 2 Abs. 1 für vertikale Vereinbarungen i.S.v. Art. 1 Abs. 1 lit. a • gem. Art. 2 Abs. 5 keine speziellere GVO einschlägig • gem. Art. 4 keine Kernbeschränkungen wie Preisbindung oder Marktaufteilung vorhanden • Voraussetzung nach Art. 3 Abs. 1: Anbieter und Abnehmer haben jeweils keinen Marktanteil über 30% • Voraussetzung nach Art. 5 Abs. 1 lit. a: bei Wettbewerbsverboten (Legaldefinition in Art. 1 Abs. 1 lit. d = Wettbewerbsverbot bei Gesamtbedarfsdeckung ab 80%) Bindung nicht mehr als 5 Jahre • Voraussetzung nach Art. 5 Abs. 1 lit. b: es gibt keine nachvertraglichen Wettbewerbsverbote

Abb. 7: Prüfung Gruppenfreistellungsverordnung[68]

37 Fällt die Maßnahme nicht in den Anwendungsbereich der Freistellungsverordnungen oder liegen die dort genannten Voraussetzungen für eine Freistellung nicht vor, kann sich eine Freistellung nur nach Art. 101 Abs. 3 AEUV (**Einzelfreistellung**) ergeben. Voraussetzung dafür ist, dass die Maßnahme:

- zur Verbesserung der Warenerzeugung oder -verteilung oder zur Förderung des technischen oder wirtschaftlichen Fortschritts beiträgt,
- sich eine angemessene Beteiligung der Verbraucher (= jeweilige Marktgegenseite) an dem entstehenden Gewinn ergibt,
- die Beschränkung für die Verwirklichung der vorgenannten Ziele unerlässlich ist und
- sich für die beteiligten Unternehmen keine Möglichkeit ergibt, den Restwettbewerb auszuschalten.

---

i **Praxistipp**
Besonders brisant an den **Ausnahmen vom Kartellverbot** ist, dass die Beurteilung der Tatbestandsvoraussetzungen von den an der Maßnahme teilnehmenden Unternehmen zu treffen ist. Diese tra-

68 Quelle: Eigene Darstellung.

gen in einem etwaigen Rechtsstreit oder in einem behördlichen Verfahren auch die volle **Beweislast für die Freistellungsvoraussetzungen**. Bei Hardcore-Kartellen[69] kommt eine Freistellung (weder Gruppen- noch Einzelfreistellung) regelmäßig nicht in Betracht.

Die vorstehend beschriebenen **Tatbestandsvoraussetzungen des Art. 101 AEUV** sind in der nachstehenden Checkliste zusammengefasst: 38

i

Checkliste

1. Vereinbarung oder abgestimmte Verhaltensweise zwischen Unternehmen oder Beschluss einer Unternehmensvereinigung
2. Wettbewerbsbeschränkung (Verhinderung, Einschränkung oder Verfälschung des Wettbewerbs)
3. Wettbewerbsbeschränkung bezweckt oder bewirkt
4. Eignung den zwischenstaatlichen Handel zu beeinträchtigen
5. Spürbarkeit der Handelsbeeinträchtigung
6. Spürbarkeit der Wettbewerbsbeschränkung
7. keine Freistellung durch Gruppenfreistellung
8. keine Freistellung im Einzelfall durch Art. 101 Abs. 3 AEUV

Unter den Tatbestand fallende und nicht freigestellte Vereinbarungen sind grundsätzlich nichtig (Art. 101 Abs. 2 AEUV i.V.m. § 134 BGB). Die **Rechtsfolgen** der Unwirksamkeit der Vereinbarung, insbesondere solche für den übrigen Vertragsinhalt bestimmen sich nach nationalem Recht, d.h. im deutschen Zivilrecht insbesondere nach § 139 BGB. Die Folge kann eine Gesamt- oder Teilnichtigkeit von Verträgen sein. Bei zeitlichen Wettbewerbsbeschränkungen stellt sich die Frage nach der geltungserhaltenen Reduktion auf eine (noch) zulässige Laufzeit.[70] 39

Wichtige zum Kartellverbot ergangene Entscheidungen und Verfahren der Europäischen Kommission sind aus der Energiewirtschaft u.a.: 40

- 2004: in Sachen GdF das Kartellverfahren wegen Gebietsbeschränkungen in Erdgasbezugsverträgen;[71]
- 2009: in Sachen E.ON, GdF das Kartellverfahren wegen Marktaufteilungen beim Gastransport;[72]
- 2014: in Sachen EPEX Spot, Nord Pool Spot AS das Kartellverfahren wegen Handelsbeschränkungen zweier Strombörsen.[73]

69 Oben Rn. 90.
70 Einzelheiten dazu im Kap. 11 Rn. 9 ff.
71 Europäische Kommission, Case No. 38662 – GdF.
72 Europäische Kommission, Case No. 39401 – E.ON, GdF.
73 Europäische Kommission, Case No. 39952 – EPEX Spot, Nord Pool Spot AS.

b) § 1 GWB

41 Auch nach deutschem Recht sind gem. § 1 GWB Vereinbarungen zwischen Unternehmen, Beschlüsse von Unternehmensvereinigungen und aufeinander abgestimmte Verhaltensweisen, die eine Verhinderung, Einschränkung oder Verfälschung des Wettbewerbs bezwecken oder bewirken, verboten.

42 Lediglich eine Beeinträchtigung des zwischenstaatlichen Handels ist für das nationale Kartellverbot nicht maßgeblich. Im Übrigen entsprechen die Tatbestandsvoraussetzungen dem europäischen Kartellverbot des Art. 101 Abs. 1 AEUV.[74] Einige Abweichungen ergeben sich jedoch aus der Anwendungspraxis der deutschen Gerichte und aufgrund der ergänzenden Freistellungsregelung des § 3 GWB für Mittelstandskartelle. Hierzu im Folgenden:

43 Unterschiede bestehen bei der Anwendung des Tatbestandsmerkmals der **Wettbewerbsbeschränkung**. Während im europäischen Kartellrecht notwendige Nebenabreden (Lehre von den ancillary restraints) zu wettbewerbsfördernden Hauptabreden keine Wettbewerbsbeschränkung i.S.d. Art. 101 AEUV darstellen, hat die deutsche Rechtsprechung die **Immanenztheorie**[75] und den **Markterschließungs- und Arbeitsgemeinschaftsgedanken**[76] entwickelt. Nach der Immanenztheorie sind Wettbewerbsbeschränkungen, die die Rechtsordnung an anderer Stelle ausdrücklich anerkannt, vom Verbot ausgenommen (Beispiele sind Wettbewerbsbeschränkungen des Handlungsgehilfen oder Handelsvertreters, vgl. §§ 74 bzw. 90a HGB bzw. die Treuepflicht des Arbeitnehmers). Bei der Markterschließung (insbesondere Normen- und Typenkartelle) und bei der Arbeitsgemeinschaft (mehrere einzeln nicht ausreichend leistungsfähige Unternehmen geben gemeinsam ein Angebot ab) wird von einem Verbot abgesehen, wenn durch die verbundenen Beschränkungen zwischen den teilnehmenden Unternehmen Wettbewerb erst ermöglicht wird. Schließlich gestattet § 24 GWB den **Ausschluss verbotener Formen des Wettbewerbs** (z.B. unlauterer Wettbewerb).

44 Für die **Spürbarkeit der Wettbewerbsbeschränkung** gibt es im nationalen Recht weniger klare Grenzen in der Rechtsprechung. Das Bundeskartellamt folgt jedoch mit der Bagatellbekanntmachung von 2007 inzwischen sehr weit der Praxis der Europäischen Kommission.[77]

45 Die **Freistellungsregelungen zum Kartellverbot** des § 1 GWB sind in § 2 und § 3 GWB normiert. Auch bei rein nationalen Fällen finden über § 2 Abs. 2 S. 2 GWB

---

74 Oben Rn. 26 ff.

75 BGH, Urt. v. 21.2.1978 – KZR 6/77 – NJW 1978, 1001 – Gabelstapler; BGH, Urt. v. 3.5.1988 – KZR 17/87 – WuW/E BGH 2505 – neuform-Artikel.

76 BGH, Urt. v. 5.2.2002 – KZR 3/01 – BGHZ 149, 391 – Jugend- und Frauennachtfahrten.

77 Bekanntmachung Nr. 18/2007 des Bundeskartellamtes über die Nichtverfolgung von Kooperationsabreden mit geringer wettbewerbsbeschränkender Bedeutung v. 13.3.2007.

die europäischen Gruppenfreistellungsverordnungen[78] entsprechende Anwendung. Zusätzlich gibt es die der **Mittelstandsförderung** dienende Sondervorschrift des § 3 GWB. Danach sind Wettbewerbsbeschränkungen (z.B. **Einkaufs- und Verkaufsgemeinschaften**) zulässig, wenn sie die Wettbewerbsfähigkeit kleiner und mittlerer Unternehmen steigert, die Maßnahmen durch innerbetriebliche Zusammenarbeit der Rationalisierung dienen und sie keine wesentliche Beeinträchtigung des Wettbewerbs verursachen (insbesondere geringer gemeinsamer Marktanteil unter 15%). Auf eine Beteiligung der Verbraucher am entstehenden Gewinn kommt es jedoch (anders als bei Art. 101 Abs. 3 AEUV) nicht an.

Praxistipp
Bei der Frage, ob es sich um kleine oder mittlere Unternehmen i.S.d. § 3 GWB handelt, ist vorrangig ein Größenvergleich mit den Wettbewerbern entscheidend. Ob daneben auch ein Größenvergleich mit der Marktgegenseite einfließen muss, ist umstritten.

Für die Energiewirtschaft besonders wichtige Verfahren des Bundeskartellamtes 46
sind u.a.:

- 2006 bis 2008: zahlreiche Kartell- und Missbrauchsverfahren wegen langfristiger Gaslieferverträge zwischen Ferngasunternehmen und Gasweiterverteilerunternehmen;[79]
- 2010: zahlreiche Kartellverfahren wegen Mindestabnahmeverpflichtungen und Weiterverkaufsverboten in Energielieferverträgen.[80]

2. Missbrauchsverbot

a) Art. 102 AEUV

So lange der Wettbewerb in einem Markt funktioniert, sind es die Konkurrenten, die 47
die **Verhaltensspielräume** ihrer Mitwettbewerber gegenüber der Marktgegenseite (Abnehmer und Lieferanten) eingrenzen. Verlangt beispielsweise ein Unternehmen von seinen Abnehmern zu hohe Preise, muss das Unternehmen befürchten, dass seine Kunden zu anderen Wettbewerbern abwandern. Märkte können sich jedoch aus den verschiedensten Ursachen in einer Weise entwickeln, dass einzelne oder einige wenige Unternehmen eine besondere marktmächtige Stellung erlangen. Gerade unternehmerisch erfolgreiche Unternehmen erreichen mitunter hohe Marktanteile, die den Konkurrenten die Fähigkeit nehmen, auf den Marktführer einen hinreichenden Wettbewerbsdruck zu erzeugen.

78 Oben Rn. 35f.
79 Stellvertretend BKartA, Beschl. v. 13.1.2006 – B8-113/03-1.
80 Stellvertretend BKartA, Beschl. v. 21.6.2016 – B10-11/10.

48 Die **europäische Marktmissbrauchskontrolle nach Art. 102 AEUV** zielt daher darauf ab, die Machtentfaltung eines Unternehmens, dessen Verhaltensspielräume durch den Wettbewerb nicht mehr hinreichend kontrolliert werden, zu beschränken. Es geht dabei stets nur um diejenigen Verhaltensweisen, die allein deshalb möglich sind, weil kein funktionsfähiger Wettbewerb mehr besteht.

49 Gemäß **Art. 102 AEUV** sind mit dem Binnenmarkt unvereinbar und verboten die missbräuchliche Ausnutzung einer beherrschenden Stellung auf dem Binnenmarkt oder auf einem wesentlichen Teil desselben durch ein oder mehrere Unternehmen, soweit dies dazu führen kann, den Handel zwischen Mitgliedstaaten zu beeinträchtigen.

50 **Adressaten des Missbrauchsverbotes** sind sowohl private als auch öffentliche Unternehmen.[81] Das Verfahren und die Zuständigkeit der Wettbewerbsbehörden richten sich, wie beim Kartellverbot, nach der KartellVO.

51 Die zentralen **Tatbestandsmerkmale** des Art. 102 AEUV sind das Bestehen einer marktbeherrschenden Stellung eines oder mehrerer Unternehmen sowie die missbräuchliche Ausnutzung dieser marktbeherrschenden Stellung.

52 Geprüft und festgestellt wird eine marktbeherrschende Stellung oft anhand der **Marktanteile (Marktmachtkonzept).** Hierzu muss der Markt auf den das betreffende Unternehmen tätig ist, nach sachlichen, räumlichen und ggf. zeitlichen Kriterien abgegrenzt werden. Sodann werden die Rohumsätze des bzw. der betreffenden Unternehmen in ein Verhältnis zu den auf dem Markt getätigten Gesamtumsätzen gesetzt. Aus der Praxis des EuGH ergeben sich die nachstehenden Leitlinien:

Marktanteil über 75%	• Marktbeherrschung liegt vor (Quasimonopol)
Marktanteil zwischen 40% und 75%	• regelmäßig marktbeherrschende Stellung gegeben, wenn weitere Faktoren hinzutreten (insbesondere hoher Marktanteilsabstand zum nächsten Wettbewerber)
Markanteil zwischen 25% und 40%	• marktbeherrschende Stellung nur bei Hinzutreten weiterer gewichtiger Faktoren
Marktanteil unter 25%	• marktbeherrschende Stellung regelmäßig nicht gegeben

Abb. 8: Marktmachtkonzept nach europäischer Rechtsprechung[82]

53 Kann eine marktbeherrschende Stellung nicht alleine anhand der Marktanteile ermittelt werden, so muss eine **Gesamtbetrachtung** erfolgen, in der sowohl **markt- als auch unternehmensbezogene Kriterien** einbezogen werden (vgl. Art. 2 Abs. 1 lit. b FKVO). Neben den Marktanteilen sind insbesondere die Marktzutrittsschranken ein marktbezogenes Kriterium. Unternehmensbezogene Kriterien sind die Fi-

81 Es gilt der funktionale Unternehmensbegriff, oben Rn. 27.

82 Quelle: Eigene Darstellung.

nanzkraft, die Verflechtung mit anderen Unternehmen, ein besonders vorteilhafter Zugang zu den Absatz- und Beschaffungsmärkten sowie vorhandene Verbundvorteile. Bedeutsam ist zudem auch die Macht der Marktgegenseite (insbesondere **Nachfragemacht**). Dabei spielt auch eine Rolle, inwiefern die konkurrierenden Anbieter ihre Produktion und ihr Angebot auf andere Nachfrager umstellen können (**Angebotsumstellungsflexibilität**). Wie die Märkte der Energiewirtschaft abzugrenzen und wo typischerweise marktbeherrschende Stellungen zu verorten sind, wurde bereits an anderer Stelle dargestellt.[83]

Bei der Frage, welche Verhaltensweisen eines marktbeherrschenden Unterneh- 54
mens bzw. eines marktbeherrschenden Oligopols i.S.d. Art. 102 AEUV **missbräuchlich** und damit verboten sind, gibt die Vorschrift in Abs. 2 lit. a–d einige wichtige Regelbeispiele:

1. Erzwingung unangemessener Einkaufs- oder Verkaufspreise oder sonstiger Geschäftsbedingungen;
2. Einschränkungen der Erzeugung, des Absatzes der technischen Entwicklung (z.B. durch Ausschließlichkeitsbindungen oder durch die Verweigerung oder Abbruch von Lieferbeziehungen);
3. Diskriminierung von Handelspartnern;
4. unsachgerechte Produktkopplung.

Neben den vorgenannten Formen des **Ausbeutungs- (Art. 102 Abs. 2 lit. a AEUV)** 55
bzw. des **Behinderungsmissbrauchs (Art. 102 Abs. 2 lit. b-d AEUV)** ist im Energiebereich insbesondere auch die sog. **Essential-Facilities-Doktrin** bedeutsam.[84] Hierbei geht es um eine Konstellation, in der das marktbeherrschende Unternehmen in einem vorgelagerten Markt über eine Ware oder eine Leistung verfügt, die unerlässlich ist, um auf dem nachgelagerten Markt als Wettbewerber tätig zu sein. Der etwaige Missbrauch besteht darin, dass das marktbeherrschende Unternehmen den Zugang zu der Essential Facility nur zu unbilligen Bedingungen oder gar nicht gewährt. Vor Inkrafttreten der sektorspezifischen Netzzugangsansprüche gab es daher Bestrebungen seitens der Europäischen Kommission, einen Netzzugang für unabhängige Energielieferanten mittels des Missbrauchsverbotes durchzusetzen.[85]

---

83 Kap. 1.

84 Grundsatzentscheidung EuGH, Urt. v. 6.4.1995 – C-241/91 P und C-242/91 P – Slg. 1995 I-743 – Magill. Weitere, nicht ausdrücklich in Art. 102 Abs. 2 AEUV genannte Formen des Behinderungsmissbrauchs sind Kampfpreisstrategien und Preis-Kosten-Scheren, mit denen Wettbewerber aus dem Markt gedrängt werden. Aus der EuGH-Entscheidung Continental Can, Urt. v. 21.2.1973 – 6/72 – Slg. 1973 I-215, wird zudem der sog. Marktstrukturmissbrauch hergeleitet (hierzu gehören z.B. aggressive Unternehmenszusammenschlüsse und andere Weisen der Vermachtung von Märkten, näher dazu Immenga/Mestmäcker/*Fuchs*/*Möschel*, Bd. 1 Teil 1, Art. 102 AEUV, Rn. 383ff.

85 Vgl. Mitteilung der Kommission an den Rat v. 12.5.1988, Binnenmarkt für Energie, KOM(88) 238 endg.

56 Für alle Formen des Marktmachtmissbrauchs gilt, dass das Verhalten im Einzelfall auch **gerechtfertigt** sein kann. Hierfür müssen jedoch sachliche Gründe vorliegen, die das objektiv missbräuchliche Verhalten rechtfertigen.

57 Ferner muss bei einer Ahndung wie beim Kartellverbot die **Zwischenstaatlichkeitsklausel** erfüllt sein. Insofern kann auf die Darstellung zum Kartellverbot verwiesen werden.[86] Darüber hinaus setzt Art. 102 AEUV voraus, dass der Missbrauch den **Binnenmarkt bzw. einen wesentlichen Teil** desselben betrifft. Letzteres kann auch der Fall sein, wenn die Märkte sehr klein oder lokal sind, aber für den zwischenstaatlichen Handel eine hohe Bedeutung haben (z.B. Flughäfen, Seehäfen).

58 Die wesentlichen Tatbestandsmerkmale des europäischen Missbrauchsverbotes sind nachstehend noch einmal zusammengefasst:

Checkliste
1. Vorliegen einer marktbeherrschenden Stellung eines oder mehrerer Unternehmen;
2. missbräuchliche Ausnutzung der marktbeherrschenden Stellung;
3. im Binnenmarkt oder auf einen wesentlichen Teil desselben;
4. hierdurch Beeinträchtigung des zwischenstaatlichen Handels;
5. Spürbarkeit der Handelsbeeinträchtigung.

Praxistipp
Ein nach Art. 102 AEUV missbräuchliches Verhalten ist verboten. Auf einen Marktmissbrauch beruhende Verträge können daher gem. § 134 BGB unwirksam sein, ohne dass hierüber eine Wettbewerbsbehörde zuvor entscheiden muss.

59 Wichtige zum Missbrauchsverbot ergangene Entscheidungen und Verfahren der Europäischen Kommission sind aus der Energiewirtschaft u.a.:
- 2001 bis 2004: die sog. Marathon-Verfahren zum Drittzugang zu Gastransportnetzen;[87]
- 2007: in Sachen Distrigaz ein Missbrauchsverfahren wegen langfristiger Gaslieferverträge;[88]
- 2008: in Sachen E.ON ein Missbrauchsverfahren wegen Hortung von Stromerzeugungskapazitäten und Bevorzugungen von verbundenen Unternehmen im Regelenergiemarkt;[89]
- 2009 bis 2010: in Sachen GdF, ENI und E.ON Missbrauchsverfahren wegen langfristiger Kapazitätsbuchungen beim Gasimport und auf Transportleitungen;[90]

86 Rn. 31.
87 Europäische Kommission, Case No. 36246 – Marathon/Ruhrgas/GDF et alia.
88 Europäische Kommission, Case No. 37966 – Distrigaz.
89 Europäische Kommission, Case No. 39388 – E.ON.
90 Europäische Kommission, Case No. 39316 – GdF, Case No. 39315 – ENI, sowie Case No. 39317 – E.ON.

– 2010: in Sachen EdF Missbrauchsverfahren wegen langfristiger Stromlieferverträge.[91]

b) § 19, 20, 29 GWB

Anders als beim Kartellverbot können die Mitgliedstaaten auch eine strengere Missbrauchskontrolle gegenüber Verhaltensweisen vorsehen, die nach europäischem Recht erlaubt wären (Art. 3 Abs. 2 S. 1 KartellVO). Das deutsche Kartellrecht regelt daher nicht nur ein **Missbrauchsverbot für marktbeherrschende Unternehmen** (§ 19 GWB), sondern auch für **Unternehmen mit relativer oder überlegender Marktmacht** (§ 20 GWB). Daneben gibt es noch ein **Boykottverbot** (§ 21 GWB). Zunehmend geringere Bedeutung für die Energiewirtschaft hat zudem die bis zum 31.12.2022 (§ 186 Abs. 1 GWB) befristete **besondere Missbrauchskontrolle** nach § 29 GWB.[92] 60

Wie ausgeführt,[93] kommt das deutsche Missbrauchsverbot neben dem europäischen zur Anwendung. Insofern ergibt sich nicht nur eine **Parallelität des anzuwendenden Rechts**, sondern auch der **Zuständigkeiten** der Europäischen Kommission und der deutschen Kartellbehörden (Art. 4 und 5 KartellVO). 61

Die **Tatbestandsvoraussetzungen des Missbrauchsverbotes** für marktbeherrschende Unternehmen nach § 19 GWB entsprechen sehr weit den Tatbestandsmerkmalen des Art. 102 AEUV.[94] Anders als die europäische Rechtsordnung kennt jedoch das deutsche Recht in § 18 GWB konkrete Vorgaben, wie eine marktbeherrschende Stellung zu ermitteln ist. Ausgangspunkt ist das Marktmachtkonzept zu dem in § 18 Abs. 4–6 GWB sogar gesetzliche Vermutungsregelungen vorgesehen sind. Hierbei handelt es sich um keine echten Vermutungen i.S.d. Zivilprozesses, die zu einer Beweislastumkehr führen, sondern um Aufgreifkriterien. Die Vermutungsregelung gliedert sich wie folgt: 62

91 Europäische Kommission, Entsch. v. 17.3.2010, COMP/39.386 – Langfristige Stromlieferverträge in Frankreich.

92 Oben Rn. 19. Vertiefend Müko-GWB/*Markert*, Bd. 2, § 29; Säcker/*Mohr*, Energierecht, Bd. 2, § 29.

93 Rn. 20 ff.

94 Hierzu oben Rn. 47 ff.

§ 18 Abs. 4 GWB: Marktanteil von mindestens 40%	• Unternehmen vermutlich marktbeherrschend
§ 18 Abs. 6 GWB: drei oder weniger Unternehmen haben zusammen einen Marktanteil von mindestens 50% oder fünf oder weniger Unternehmen zusammen eine Marktanteil von mindestens zwei Dritteln	• Unternehmensgruppe vermutlich marktbeherrschend, es sei denn Widerlegung nach § 18 Abs. 7 GWB

Abb. 9: Vermutungsregelungen nach § 18 GWB[95]

63 Ferner sieht auch das deutsche Recht vor, dass neben den **Marktanteilen** weitere markt- und unternehmensbezogene Kriterien für die Bewertung der Marktstellung eines Unternehmens einzubeziehen sind (§ 18 Abs. 3 und 3a GWB).[96]

64 Die in § 19 Abs. 2 GWB benannten **Beispiele für einen Marktmachtmissbrauch** sind:

1. der Behinderungsmissbrauch (z.B. Verdrängungspraktiken);
2. der Ausbeutungsmissbrauch (z.B. überhöhte Preise);
3. die Diskriminierung von Abnehmern (z.B. Preisspaltung);
4. die Verweigerung des Zugangs zu wesentlichen Infrastruktureinrichtungen (z.B. Netzzugangsverweigerung);
5. der Missbrauch von Nachfragemacht (z.B. Einräumung von Vorzugskonditionen).

65 Seit der 6. GWB-Novelle (1999) ist kartellrechtswidriges missbräuchliches Verhalten **verboten**, mit der Folge, dass entsprechende vertragliche Regelungen unwirksam sein können (z.B. Regelungen zur Vertragslaufzeit, Liefer- oder Bezugsverpflichtungen).

Praxistipp
Von Kartellen oder einem Marktmissbrauch betroffene Unternehmen oder Verbraucher können weder vor der Europäischen Kommission noch vor den Kartellbehörden der Mitgliedstaaten ein behördliches Kartellverfahren erzwingen. Sie können lediglich eine Kartellbeschwerde erheben. Allerdings können Betroffene gem. § 33 Abs. 1 GWB Unterlassungsansprüche gegen das handelnde Unternehmen geltend machen und vor den deutschen Gerichten einklagen. Entsprechendes gilt für Schadenersatzansprüche nach § 33a GWB.

---

66 Für die Energiewirtschaft besonders wichtige Verfahren des Bundeskartellamtes sind u.a.:

95 Quelle: Eigene Darstellung.
96 Vgl. oben Rn. 53.

- 2006 bis 2008: die Kartell- und Missbrauchsverfahren wegen langfristiger Gaslieferverträge zwischen Ferngasunternehmen und Weiterverteilerunternehmen;[97]
- 2008: die Preismissbrauchsverfahren gegen Gasversorgungsunternehmen;[98]
- 2009 bis 2010: die Verfahren zum Behinderungsmissbrauch bei der Erhebung von Konzessionsabgaben;[99]
- 2009 bis 2015: Missbrauchsverfahren gegen Kommunen wegen Diskriminierungen im Konzessionswettbewerb;[100]
- 2010 bis 2012: die Preismissbrauchsverfahren bei Heizstrom;[101]
- 2013 bis 2017: die Missbrauchsverfahren wegen überhöhter Fernwärmepreise.[102]

3. Zusammenschlusskontrolle

a) FKVO

Anders als das Kartellverbot und die Missbrauchskontrolle soll die kartellrechtliche Zusammenschlusskontrolle **präventiv** eine wettbewerbliche Marktstruktur schützen (Strukturkontrolle). Die **europäische Zusammenschlusskontrolle** ist in der FKVO regelt. 67

Für Zusammenschlüsse zwischen Unternehmen i.S.d. Art. 3 FKVO (Fusionen), die aufgrund der Überschreitung der Umsatzschwellenwerte des Art. 1 FKVO eine gemeinschaftsweite Bedeutung besitzen, besteht nach Art. 4 Abs. 1 FKVO eine **Anmeldepflicht** bei der Europäischen Kommission. Dabei spielt es keine Rolle, ob der Zusammenschluss durch den Erwerb von Anteilen, Rechten, Vermögenswerten oder durch anderweitige vertragliche Vereinbarungen zustande gekommen ist. Werden solche Zusammenschlüsse ohne vorherige Anmeldung vollzogen, kann die Europäische Kommission nach Art. 14 FKVO eine Geldbuße verhängen. 68

Anders als beim Kartell- und Missbrauchsverbot besteht in der Zusammenschlusskontrolle damit eine klare **Trennung** sowohl des anzuwendenden Rechts als auch der **Zuständigkeiten.** Es gibt jedoch **Verweisungsmöglichkeiten** der Europäischen Kommission an das Bundeskartellamt (Art. 4 Abs. 4 und Art. 9 Abs. 2 und 3 FKVO) und umkehrt (Art. 4 Abs. 5 und Art. 22 Abs. 1 FKVO), die von den beteiligten Unternehmen oder Drittbetroffenen auch beantragt werden können. 69

---

97 Stellvertretend BKartA, Beschl. v. 13.1.2006 – B8-113/03-1.

98 Stellvertretend BKartA, Beschl. v. 1.12.2008 – B10-41/08; BKartA, Pressmitteilung v. 1.12.2008.

99 Stellvertretend BKartA, Beschl. v. 16.9.2009 – B10-11/09 – GAG Ahrensburg.

100 Stellvertretend BKartA, Beschl. v. 20.11.2012 – B8-101/11; vgl. auch BKartA, Gemeinsamer Leitfaden von Bundeskartellamt und Bundesnetzagentur zur Vergabe von Strom- und Gaskonzessionen und zum Wechsel des Konzessionsnehmers, 1. Auflage v. 15.12.2010.

101 Stellvertretend BKartA, Beschl. v. 1.1.2010 – B10-14/09.

102 Stellvertretend BKartA, Beschl. v. 13.2.2017 – B8-30/13.

70 Während die vorgenannten **Aufgreifkriterien** den Anwendungsbereich der europäischen Zusammenschlusskontrolle regeln, beinhalten die sog. **Eingreifkriterien**, die Voraussetzungen nach denen die Kommission einen Zusammenschluss von Unternehmen untersagen muss.

Aufgreifkriterien (Anwendungsbereich)

- Vorliegen eines Zusammenschlusses i.S.d. Art. 3 FKVO
- Überschreitung der Umsatzschwellen der Art. 1 Abs. 2 und 3 FKVO (= gemeinschaftsweite Bedeutung)

Eingreifkriterien (Untersagungsvoraussetzung)

- erhebliche Behinderung des wirksamen Wettbewerbs im gemeinsamen Markt oder einem wesentlichen Teil desselben zu erwarten (sog. SIEC-Test, engl. significant impediment to effective competition), insbesondere bei der Begründung oder Verstärkung einer marktbeherrschenden Stellung, Art. 2 Abs. 3 FKVO
- keine Freigabe mit Bedingungen und Auflagen möglich, Art. 8 Abs. 2 FKVO

Abb. 10: Ein- und Aufgreifkriterien der Zusammenschlusskontrolle FVKO[103]

71 Der Ablauf und die weiteren Einzelheiten der Zusammenschlusskontrolle nach FKVO bleiben einem gesonderten Kapitel vorbehalten.[104]

b) §§ 35 ff. GWB

72 Auch im deutschen Kartellrecht bestehen eine **Anmeldepflicht** und eine Kontrolle für **Unternehmenszusammenschlüsse.** Die Vorschriften sind in §§ 35–43a GWB geregelt. Sie finden gem. § 35 Abs. 3 GWB jedoch nur dann Anwendung, soweit nicht die Europäische Kommission nach der FKVO ausschließlich zuständig ist. Die Zuständigkeit der Europäischen Kommission richtet sich, wie bereits dargestellt,[105] nach dem Vorliegen eines Zusammenschlusses i.S.d Art. 3 FKVO, der die Umsatzschwellenwerte des Art. 1 FKVO erreicht und mithin gemeinschaftsweite Bedeutung besitzt.[106]

73 In Deutschland ist für die Zusammenschlusskontrolle stets das **Bundeskartellamt** zuständig. Hinzutreten jedoch **Verweisungsmöglichkeiten** der Europäischen Kommission an das Bundeskartellamt (Art. 4 Abs. 4 und Art. 9 Abs. 2 FKVO) und umkehrt (Art. 4 Abs. 5 und Art. 22 Abs. 1 FKVO), die von den beteiligten Unternehmen oder Drittbetroffenen auch beantragt werden können.

74 Auch die materiell-rechtlichen Regelungen der Zusammenschlusskontrolle nach GWB können unterschieden werden in **Aufgreif- und Eingreifkriterien:**

---

103 Quelle: Eigene Darstellung.
104 Kap. 6. Vgl. auch Müko-GWB/*Becker*/*Knebel*/*Christiansen*, Bd. 2, § 36.
105 Rn. 68.
106 Oben Rn. 67 ff.

Aufgreifkriterien (Anwendungsbereich)

- Vorliegen eines Zusammenschlusses i.S.d. § 37 GWB
- Überschreitung der Umsatzschwellen des § 35 Abs. 1 bis 2 GWB
- keine Zuständigkeit der Kommission, § 35 Abs. 3 GWB

Eingreifkriterien (Untersagungsvoraussetzung)

- erhebliche Behinderung des wirksamen Wettbewerbs zu erwarten, insbesondere bei der Begründung oder Verstärkung einer marktbeherrschenden Stellung, § 36 Abs. 1 Satz 1 GWB
- keine die Behinderung des Wettbewerbs überwiegenden Verbesserungen der Wettbewerbsbedingungen nach § 36 Abs. 1 Satz 2 Nr. 1 GWB (Abwägungsklausel)
- keine Freigabe mit Bindungen und Auflagen möglich, § 40 Abs. 3 GWB

Abb. 11: Ein- und Aufgreifkriterien der Zusammenschlusskontrolle GWB[107]

Der sachliche Anwendungsbereich der nationalen Zusammenschlusskontrolle ist 75
deutlich weiter als im europäischen Recht. Der **Zusammenschlusstatbestand** erfasst nicht nur den Kontrollerwerb, sondern auch **Minderheitsbeteiligungen** und den Erwerb eines **wettbewerblich erheblichen Einflusses** (vgl. § 35 Abs. 1 Nr. 3 lit. b und Nr. 4 GWB). Gerade im Energiebereich war hier die Praxis nach der Liberalisierung starken Schwankungen unterworfen. Während zunächst gegenüber den Großfusionen deutscher Energiekonzerne eine liberale Grundhaltung bestand und so der Zusammenschluss RWE/VEW unter Auflagen freigegeben wurden, war die Praxis zu Minderheitsbeteiligungen aufgrund der befürchteten Marktabschottungswirkungen bald darauf deutlich strenger.[108] Seit dem Zusammenschlussvorgaben RWE/Stadtwerke Ahaus im Jahr 2013 bestehen aufgrund der Erosion der Marktstellungen wieder neue Spielräume für einen Beteiligungserwerb.[109] Und auf die Nutzung eben dieser Spielräume zielt der jüngst abgeschlossene sog. E.ON-RWE-Deal, der unter anderem auch eine Minderheitsbeteiligung der RWE an der E.ON von durchgerechnet 16,67% vorsieht.[110] Ob das Bundeskartellamt im Rahmen des Zusammenschlussvorhabens, das genuin in den Zuständigkeitsbereich der Europäischen Kommission fällt, zumindest die Minderheitsbeteiligung prüft, ist noch offen.

Die nähere Darstellung der Zusammenschlusskontrolle nach GWB erfolgt ge- 76
sondert.[111]

---

107 Quelle: Eigene Darstellung.

108 BKartA, Beschl. v. 3.7.2000 – B8-309/99 – RWE/VEW; zuvor bereits Europäische Kommission, Beschl. v. 13.6.2000 – M.1673 – ABl EU 2001 Nr. L 188 S. 1 – VEBA/VIAG; dazu kritisch *Zenke/Neveling/Lokau*, Konzentration in der Energiewirtschaft, S. 39, 41; zu Minderheitsbeteiligungen ausführlich *Hoch*, Marktverschlusseffekte vertikaler Zusammenschlüsse, Frankfurt am Main 2011, S. 282.

109 BKartA, Beschl. v. 24.6.2013 – B8-92/13; zuletzt auch BKartA, Beschl. v. 13.12.2017 – B4-80/17 – EnBW/MVV. Zu weiteren Spielräumen aufgrund der energiewirtschaftlichen Entflechtungsreglungen (§§ 6–10e EnWG), die eine Trennung des Netzbetriebs von den Wertschöpfungsstufen Vertrieb und Energieerzeugung gewährleisten, *Säcker*, ZNER 2005, 270.

110 Ad-hoc-Pressemitteilung der E.ON und RWE vom 11.3.2018.

111 Kap. 6.

4. Weitere Regelungsbereiche

a) Gemeinschaftsrecht

77 Die maßgeblichen Vorschriften für das europäische **Verwaltungsverfahren**[112] der Europäischen Kommission als Wettbewerbsbehörde sind in der KartellVO für das Kartellverbot und die Missbrauchskontrolle sowie in der FKVO für die Fusionskontrolle geregelt. Eine Entscheidung der Kommission über die Feststellung und Abstellung einer Zuwiderhandlung ergeht im Kartellverwaltungsverfahren aufgrund von Art. 7 KartellVO, in der Fusionskontrolle ergehen die Untersagungs- oder Freistellungsentscheidungen aufgrund von Art. 8 FKVO. Eine **Bußgeldentscheidung** der Europäischen Kommission kann im Kartell- und Missbrauchsverfahren auf Grundlage von Art. 23 KartellVO getroffen werden, im Fusionskontrollverfahren aufgrund von Art. 14 FKVO.[113]

78 Betroffene Unternehmen können gegen die Entscheidungen der Kommission vor dem Europäischen Gericht Erster Instanz (EuG) gem. Art. 256 Abs. 1 i.V.m. Art. 263 Abs. 4 AEUV eine **Nichtigkeitsklage** erheben. Gegen die Entscheidung des EuG kann vor dem EuGH gem. Art. 256 AEUV ein **Rechtsmittel** eingelegt werden.[114]

79 Ferner besteht bei Rechtsstreitigkeiten vor nationalen Gerichten, bei denen europäisches Kartellrecht relevant ist, die Möglichkeit eines **Vorlageverfahrens** nach Art. 267 AEUV. Sofern das Gericht eines Mitgliedstaates letztinstanzlich entscheidet, ist es zur Vorlage verpflichtet, wenn seine Entscheidung von der Auslegung der europäischen Verträge bzw. der Gültigkeit und Auslegung der Handlung der Organe der Union abhängig ist.

80 Die private Durchsetzung des Kartellrechts (engl. **private enforcement**) richtet sich grundsätzlich nach nationalem Kartell- und Zivilrecht.[115] Im jüngst novellierten GWB finden sich dazu in den §§ 33ff. GWB umfangreiche Regelungen zur Durchsetzung von Beseitigungs-, Unterlassens- und Schadenersatzansprüchen. Die 9. GWB-Novelle war dabei in weiten Teilen veranlasst durch die europäische **Kartellschadensersatzrichtlinie.**[116] Sie soll gewährleisten, dass jeder der durch eine Zuwiderhandlung eines Unternehmens oder eine Unternehmensvereinigung gegen das Wettbewerbsrecht Schaden erlitten hat, sein Recht, den vollständigen Ersatz dieses Schadens von diesem Unternehmen oder der Unternehmensvereinigung zu verlangen, wirksam geltend machen kann (Art. 1 Abs. 1 S. 1 Kartellschadensersatzrichtlinie). Die Richtlinie sieht daher nicht nur für den Geschädigten einen Anspruch auf vollen Ersatz seines Schadens vor, sondern regelt auch den Zugang zu Beweismit-

112 Kap. 10.
113 Kap. 6.
114 Kap. 10.
115 Kap. 11.
116 RL 2014/104/EU v. 26.11.2014, ABl EU Nr. L 349 S. 1.

teln, die Bindung der Gerichte an Entscheidungen der Kommission und die gesamtschuldnerische Haftung der Kartellanten.

Im Energiesektor besonders wichtig ist weiter die Vorschrift des **Art. 106 AEUV.** 81
Art. 106 Abs. 1 AEUV verbietet zunächst, dass Mitgliedstaaten öffentliche Unternehmen oder Unternehmen, denen sie besondere ausschließliche Rechte gewähren, von der Geltung des europäischen Wettbewerbsrecht freistellen. Es gilt der Gleichbehandlungsgrundsatz von öffentlichen und privaten Unternehmen. Art. 106 Abs. 2 AEUV sieht jedoch eine Ausnahme vor, wenn die betreffenden Unternehmen im **allgemeinen wirtschaftlichen Interesse** vom Mitgliedstaat betraut sind und die Anwendung der Wettbewerbsregelungen die Erfüllung der übertragenen Aufgabe verhindert. Ist dies der Fall, gelten die europäischen Wettbewerbsregelungen nur eingeschränkt.

Praxistipp

Auf europäische Ebene ist anerkannt ist, das **Energieversorgungsunternehmen** insbesondere im Bereich der Grundversorgung einen Fall des Art. 106 Art. 2 AEUV darstellen können.[117] Umstritten ist jedoch, ob dies auch für deutsche Energieversorgungsunternehmen gilt. Die wohl herrschende Meinung in der Lehre, das Bundeskartellamt und Teile der Rechtsprechung verneinen, gestützt auf Aussagen der Bundesregierung im Gesetzgebungsverfahren,[118] eine Betrauung i.S.d. Art. 106 Abs. 2 AEUV.[119] Danach beanspruchen die Wettbewerbsregelungen auch in der Grundversorgung uneingeschränkte Geltung.

Die einschlägigen Vorschriften des europäischen **Vergabe- und Beihilferechts,** 82
die nicht zum Kartellrecht in engeren Sinne gehören, werden gesondert dargestellt.[120]

b) GWB

Die Vorschriften zum nationalen **Kartellverwaltungsverfahren**[121] finden sich eben- 83
falls im GWB (§§ 32 bis 34a und §§ 48 bis 62 GWB) bzw. für die Fusionskontrolle in den §§ 35 ff. GWB. Dort sind im Einzelnen die Zuständigkeiten und Handlungsmöglichkeiten (Entscheidungs- und Ermittlungsbefugnisse) der deutschen Kartellbehörden geregelt. Davon zu trennen ist die Tätigkeit der Kartellbehörden im **Ordnungswidrigkeitenverfahren,** wenn die Verhängung einer Geldbuße im Raum

---

117 EuGH, Urt. v. 27.4.1994 – 393/92 – Almelo.

118 BT-Drucks. 13/7274, S. 37.

119 OLG Düsseldorf, Urt. v. 7.11.2001 – U 31/00 – ZNER 2001, 255; BKartA, Beschl. v. 28.2.1996 – WUW/E BKartA 2850 – RWE/Nordhorn; BKartA, Beschl. v. 18.4.1994 – WUW/E BKartA 2648 – Thyssen/Ruhrgas. Immenga/Mestmäcker/*Mestmäcker*/*Schweitzer*, Bd. 1 Teil 1, Art. 106 Rn. 64 f. m.w.N.

120 Kap. 12.

121 Kap. 9.

steht. Hier gelten für das Verfahren die §§ 81–86 GWB sowie die Regelungen im OWiG.[122]

Praxistipp
Kartellbehörden sind in Deutschland das **Bundeskartellamt**, das **Bundesministerium für Wirtschaft und Energie** und die **nach Landesrecht zuständigen obersten Landesbehörden**. Weist das GWB eine Zuständigkeit nicht einer bestimmten Kartellbehörde zu, so ist das Bundeskartellamt zuständig, wenn die Wirkung des wettbewerbsbeschränkenden oder diskriminierenden Verhaltens oder einer Wettbewerbsregel über das Gebiet eines Landes hinausreicht. In allen übrigen Fällen sind die Landeskartellbehörden zuständig.
Besondere Zuständigkeiten des Bundeskartellamtes sind:
- Zusammenschlusskontrolle, §§ 35 ff. GWB,
- Markttransparenzstelle zur Sicherstellung einer wettbewerbskonformen Bildung der Großhandelspreise von Elektrizität und Gas, die jedoch bei der Bundesnetzagentur eingerichtet ist, §§ 47a GWB;
- Führung des Wettbewerbsregister, § 1 Abs. 1 Wettbewerbsregistergesetz.[123]

Das Bundesministerium für Wirtschaft und Energie ist u.a. zuständig für die Ministererlaubnis im Fusionskontrollverfahren, § 42 GWB.

---

84 Eine besonderes Verfahren ist die **Sektoruntersuchung nach § 32e GWB.**[124] Hiernach kann die Kartellbehörde einen gesamten Wirtschaftszweig untersuchen, wenn starre Preise oder andere Umstände vermuten lassen, dass der Wettbewerb im Inland eingeschränkt oder verfälscht ist. Mittel einer solchen Untersuchung sind insbesondere Auskunftsverlangen gegenüber den Marktteilnehmern. Im Energiebereich hat allein das Bundeskartellamt seit 2005 sieben Sektoruntersuchungen durchgeführt (2010 für Heizstrom; 2011 Bereich Stromerzeugung sowie im Stromgroßhandel; 2009, 2010, 2012 im Bereich Erdgas sowie 2012 für Fernwärme).[125] Die Bedeutung ist immens. Oft ergeben sich während oder nach Abschluss einer Sektuntersuchung Kartellverfahren gegen bestimmte Unternehmen.

85 Weitere Regelungen im GWB betreffen den **Rechtsschutz vor den Gerichten.**[126] Gegen Verfügungen im Kartellverwaltungsverfahren der nationalen Kartellbehörden ist nach § 63 Abs. 1 GWB die **Kartellbeschwerde** zulässig. Zuständig sind die Oberlandesgerichte am Sitz der Kartellbehörde (§ 63 Abs. 4 GWB). Gegen die Beschwerdeentscheidung des OLG ist gem. § 74 GWB die **Rechtsbeschwerde** zum BGH zulässig.

---

122 Näher Kap. 9.

123 Wettbewerbsregistergesetz (WRegG) v. 18.7.2017, BGBl. I S. 2739.

124 Kap. 9.

125 Abrufbar: http://www.bundeskartellamt.de/DE/Wirtschaftsbereiche/Sektoruntersuchungen/sektoruntersuchungen_node.html.

126 Kap. 9.

Davon zu unterscheiden sind die **Rechtsmittel im Bußgeldverfahren**, da der Bußgeldbescheid aufgrund von §§ 75 ff. OWiG ergeht. Rechtsbehelf gegen einen Bußgeldbescheid ist der Einspruch nach § 62 OWiG i.V.m. § 83 GWB. Auch hier sind die Oberlandesgerichte am Sitz der Kartellbehörde zuständig. **Rechtsmittel** gegen die Einspruchsentscheidung des OLG ist die Rechtsbeschwerde nach § 79 OWiG. Zuständig zur Entscheidung ist der BGH nach § 84 GWB. 86

Die an anderer Stelle des Werkes näher dargestellten Regelungen der **privaten Kartellrechtsdurchsetzung** (engl. private enforcement) finden sich in den §§ 33 ff. GWB.[127] Dort sind nicht nur Unterlassungs- und Schadenersatzansprüche, sondern auch Auskunftsansprüche normiert. Hinzutreten in den §§ 87 ff. GWB auch zivilprozessuale Sonderregelungen. 87

Weitere für den Energiesektor wichtige Regelungsbereiche des deutschen GWB sind die Regelungen zur **Markttransparenzstelle**, die – auch in Umsetzung der REMIT-Verordnung[128] – den Großhandel mit Strom, Gas und für Kraftstoffe überwacht (§§ 47a ff. GWB). Zum großen Teil im GWB geregelt ist überdies das **Vergaberecht** (§§ 97 ff. GWB).[129] 88

D. Abgrenzung zum Regulierungsrecht

Für das deutsche Kartellrecht besonders wichtig ist die **Abgrenzung zum sektorspezifischen Energieregulierungsrecht für Strom und Gas.** Der Grundsatz ist im § 111 Abs. 1 EnWG festgeschrieben. Danach sind die Regelungen der Missbrauchskontrolle (§§ 19, 20, 29 GWB) nicht anzuwenden, soweit durch das EnWG oder aufgrund des EnWG erlassener Rechtsverordnung ausdrücklich abschließende Regelungen getroffen wurden. Solche a**usdrücklich abschließenden Regelungen** sind: 89

- Gemäß § 111 Abs. 2 EnWG die Bestimmungen des Teil 3 des EnWG und die auf Grundlage dieser Bestimmung erlassenen Rechtsverordnungen (insbesondere ARegV, StromNEV und GasNEV). Hierbei geht es um die Regulierung des Netzbetriebs, insbesondere die Netzanschluss- und Netzzugangsregelung in den §§ 17 ff. bzw. 20 ff. EnWG.
- Ferner sind für Fälle des Behinderungsmissbrauchs eines Netzbetreibers (vgl. §§ 30 und 31 EnWG) ausschließlich die Regulierungsbehörden und nicht die Kartellbehörden zuständig.[130]

---

127 Kap. 11.

128 VO (EU) Nr. 1227/2011 v. 25.10.2011 über die Integrität und Transparenz des Energiegroßhandelsmarkts ABl EU Nr. L 326 S. 1; näher Kap. 3.

129 Kap. 12.

130 OLG Düsseldorf, Beschl. v. 19.10.2011 – 3 Kart 1/11.

90 Da die Vorschriften zur **Regulierung der Netzentgelte** in Teil 3 des EnWG abschließende Regelungen darstellen, bestimmt § 111 Abs. 3 EnWG, dass im Verfahren der Kartellbehörden nach §§ 19, 20 und § 29 GWB die veröffentlichten Netzzugangsentgelte als rechtmäßig zugrunde zu legen sind, soweit nicht ein anderes, durch eine sofort vollziehbare oder bestandskräftige Entscheidung der Regulierungsbehörde oder ein rechtskräftiges Urteil festgestellt worden ist.

91 Die auf den ersten Blick klare Abgrenzung gilt jedoch nicht ohne Einschränkungen. Denn vom deutschen Gesetzgeber des EnWG kann die **Anwendung des europäischen Kartellrechts** (Art. 101 und 102 AEUV) nicht ausgeschlossen werden. Für den Vollzug sind auch die nationalen Kartellbehörden zuständig. Insofern kann sich eine parallele Zuständigkeit der Bundesnetzagentur und des Bundeskartellamtes bzw. der Europäischen Kommission ergeben. Praxisbeispiele für die Anwendung des Kartellrechts im regulierten Bereich sind:

- die Anwendung des Missbrauchsverbots nach Art. 102 AEUV bei Energiepreisen mit Auswirkungen auf den zwischenstaatlichen Handel ungeachtet der Preisgenehmigung durch die Bundesnetzagentur;[131]
- bei Redispatch-Verträgen zwischen Übertragungsnetzbetreibern und Kraftwerksbetreibern mit Auswirkungen auf den zwischenstaatlichen Handel die Anwendung des Kartellverbotes nach Art. 101 AEUV.[132]

92 Trotz Netzbezug parallel anwendbar ist das Kartellrecht ferner im Bereich der **Vergabe von Wegerechten für Strom- und Gasnetze.**[133] Denn die relevanten Regelungen (§§ 46 ff. EnWG) befinden sich in Teil 5 des EnWG und gem. § 46 Abs. 5 EnWG bleiben die Aufgaben und Zuständigkeiten der Kartellbehörden nach dem GWB unberührt. Eine ausdrücklich abschließende Regelung des Konzessionsrechts im EnWG, zu dem auch der Vorgang der Netzübertragung nach einem Konzessionswechsel gehört, ist daher nicht erfolgt.[134]

E. Änderungen durch die 9. GWB-Novelle und Entwicklungen auf EU-Ebene

93 Am 9.6.2017 ist die 9. GWB-Novelle in Kraft getreten. Damit wurde, wenn auch gut ein halbes Jahr verspätet, die Richtlinie 2014/104/EU zum Kartellschadensersatz

131 Vgl. *Säcker*, EnWZ 2015, 531, 525.

132 OLG Düsseldorf, Beschl. v. 28.4.2015 – VI-3 Kart 332/12 (V); BKartA, Pressemitteilung v. 20.5.2015, und BKartA, Fallbericht v. 29.5.2015.

133 BKartA, Beschl. v. 28.1.2015 – B8-175/11 – Rn. 69.

134 So auch Gemeinsamer Leitfaden von Bundeskartellamt und Bundesnetzagentur zur Vergabe von Strom- und Gaskonzessionen und zum Wechsel des Konzessionsnehmers, 2. Aufl. 2015, Rn. 8 ff.

umgesetzt.[135] Wesentliche – auch für die Energiewirtschaft relevante – Eckpunkte der Novelle sind nachstehend zusammengefasst:

- Um zukünftig insbesondere **Zusammenschlüsse** in der digitalen Wirtschaft besser erfassen zu können, wird die Zusammenschlusskontrolle künftig auch auf Übernahmen von Unternehmen erstreckt, deren Kaufpreis bei über 400 Mio. € liegt (§ 35 Abs. 1a GWB). Bisher sind die Umsatzerlöse der beteiligten Unternehmen das alleinige Kriterium. Weitere Änderungen betreffen das Ministererlaubnisverfahren nach § 42 GWB. Möchte die Bundesministerin oder der Bundesminister für Wirtschaft und Energie vom Votum der Monopolkommission abweichen, so muss dies in der Verfügung gesondert begründet werden (§ 42 Abs. 1 GWB). Ferner wurde für das Ministererlaubnisverfahren eine Höchstfrist von sechs Monaten eingeführt (§ 42 Abs. 4 GWB).
- Im **Bußgeldrecht** wird die Rechtslücke bei der Verantwortlichkeit von Muttergesellschaften und Rechtsnachfolgern für Kartellverstöße von Tochtergesellschaften bzw. von erworbenen Unternehmen geschlossen (sog. „Wurstlücke"). Ferner wurden die Sanktionsmöglichkeiten in § 81a GWB ausgeweitet. Dies verhindert, dass Unternehmen – wie in der Vergangenheit bisweilen praktiziert – Geldbußen dadurch umgehen können, dass sie sich nachträglich umstrukturieren oder Vermögenswerte verschieben.
- Im **Kartellschadensrecht** wurde eine widerlegliche Vermutung für das Entstehen von Schäden aus Kartellverstößen (§ 33a GWB) geregelt. Ferner finden sich im neuen GWB Regelungen zur Schadensabwälzung (engl. Passing-on-Einwand, § 33c GWB) und Privilegierungen für Kronzeugen im Rahmen der gesamtschuldnerischen Haftung der Kartellanten (§§ 33d und 33e GWB). Ebenfalls normiert wurden Herausgabe- und Auskunftsansprüche, wobei der Schutz für Kronzeugenunterlagen und Vergleichsausführungen über die Richtlinie hinausgehend verstärkt wurde (§ 33g GWB). Die Verjährungsfrist für Ansprüche Geschädigter wurde verlängert und ihr Beginn hinausgeschoben (nicht vor Ende des Kartellverstoßes, § 33h GWB). Das Kostenrisiko der Nebenintervention wird begrenzt (§ 89a Abs. 3 GWB) und damit ein Kostentreiber verhindert, der auf die Kläger bislang sehr abschreckend wirkte. Ob der europäische Unternehmensbegriff generell auch für das deutsche Schadensrecht gilt, und damit (auch ohne eigenes Verschulden) eine Schadenersatzpflicht für Kartellverstöße von Konzerngesellschaften hergeleitet werden kann, hat der Gesetzgeber offengelassen. Ferner finden sich im neuen GWB entgegen Art. 15 KartellschadensersatzRL auch keine prozessualen Regelungen, die die Klagen von Geschädigten auf verschiedenen Vertriebsstufen koordinieren.

135 Die Umsetzungsfrist war zuvor am 27.12.2016 abgelaufen.

- Im **Vergaberecht** relevant ist die im Nachgang zur 9. GWB-Novelle erfolgte Einführung eines bundesweiten **Wettbewerbsregisters.**[136] Es soll den Auftraggebern künftig die Prüfung von Ausschlussgründen (§§ 123f. GWB) erleichtern. Eingetragen werden zum einen rechtskräftige Verurteilungen, Strafbefehle oder bestandskräftige Bußgeldentscheidungen wegen bestimmter Delikte, die zwingend zum Ausschluss aus dem Vergabeverfahren führen (insbesondere Bestechung, Menschenhandel, Bildung krimineller Vereinigungen, Terrorismusfinanzierung, Geldwäsche, Vorenthalten von Sozialabgaben, Steuerhinterziehung) sowie fakultative Ausschlussgründe nach § 124 GWB (d.h. Kartellrechtsverstöße und Verstöße gegen bestimmte arbeitsrechtliche Vorschriften).
- Sprichwörtlich auf den letzten Metern des Gesetzgebungsverfahrens zur 9. GWB-Novelle gelangten schließlich auch Regelungen zum Verbraucherschutz in das neue GWB. Das BKartA soll hier unterstützend tätig werden. Es darf zukünftig Sektoruntersuchungen (§ 32e Abs. 5 und 6 GWB) durchführen und hat bei privatrechtlichen Streitigkeiten Auskunfts- und gerichtliche Stellungnahmerechte (§ 90 Abs. 6 GWB).

94 Auf **EU-Ebene** zeichnet sich bereits die **nächste Fortentwicklung des Kartellrechts** ab. So hat die Europäische Kommission am 22.3.2017 einen Richtlinienvorschlag zur „Stärkung der Wettbewerbsbehörden der Mitgliedstaaten im Hinblick auf eine wirksamere Durchsetzung der Wettbewerbsvorschriften und zur Gewährleistung des reibungslosen Funktionierens des Binnenmarkts“ vorgelegt.[137] Kernpunkt ist eine weitere Stärkung der Unabhängigkeit der Wettbewerbsbehörden und die Erweiterung der Ermittlungsbefugnisse. Ferner sind in der Richtlinie Vorgaben zum Bußgeldverfahren und zu den Kronzeugenregelungen enthalten.[138]

136 Wettbewerbsregistergesetz, vgl. Rn. 83.
137 KOM(2017) 142 endg.
138 Ausführlich zu den Inhalten des Richtlinienentwurfes *König*, NZKart 2017, 397.

Kapitel 3
Erzeugung und Import, Energiehandel und Energievertrieb

Die Energiewirtschaft umfasst **verschiedene Energieträger und verschiedene Wertschöpfungsstufen.** Ursprünglich sah man die gesamte Elektrizitäts- und Gasversorgung als natürliches Monopol an. Im Rahmen der europäischen Diskussion über Deregulierung und Liberalisierung in den 1980er Jahren wurde erkannt, dass sich die eigentlichen natürlichen Monopole – die Energienetze – von den anderen Wertschöpfungsstufen trennen lassen.[1] In Bezug auf die Netze wurde eine Zugangs- und Entgeltregulierung eingeführt; die anderen Wertschöpfungsstufen wurden für den Wettbewerb geöffnet. Durch die Netzregulierung sollten die Nachteile der natürlichen Monopole vermieden oder zumindest gemindert werden.[2] Die höheren Transaktionskosten, die durch die Etablierung separater Wertschöpfungsstufen entstehen, sollten durch die **Effizienzgewinne des Wettbewerbs** auf diesen Stufen aufgewogen werden. 1

Damit sind dem Netzbetrieb vorgelagert **Erzeugung und Import sowie nachgelagert Energiehandel und Energievertrieb** diejenigen Wertschöpfungsstufen, in denen der Wettbewerb in der Energiewirtschaft in besonderem Maße ausgeprägt ist und in denen kartellrechtliche Vorgaben eine besondere Rolle spielen. 2

A. Exploration, Erzeugung und Import

I. Betroffene Märkte

Im Folgenden werden anhand der Entscheidungspraxis der Kartellbehörden die relevanten Märkte dargestellt. 3

1. Erdgas

a) Exploration

Aus Sicht der Europäischen Kommission besteht für die **Exploration von Erdöl und Erdgas** ein gemeinsamer Produktmarkt, da im Stadium der Exploration nicht vorher- 4

1 Regulierung in der Energiewirtschaft/*Ockenfels*/*Bettzüge*, Kap. 3 Rn. 1.
2 Regulierung in der Energiewirtschaft/*Eekhoff*/*Jänsch*, Kap. 2 Rn. 11.

https://doi.org/10.1515/9783110286847-003

sehbar ist, ob es sich um Erdöl- oder Erdgasvorkommen handelt. Der geographische Markt wird als weltweit angesehen, da die Unternehmen ihre Aktivitäten regelmäßig nicht auf bestimmte geographische Bereiche beschränken.[3] Die Exploration ist von hohen Anfangsinvestitionen gekennzeichnet, wobei die wirtschaftlichen Risiken hoch sind. Deswegen gibt es **häufig Kooperationen zur Exploration** von Erdöl- oder Erdgasfeldern.[4] Die Wirtschaftlichkeit der Exploration hängt stark von den Energiepreisen ab.

5 Aus Sicht der Europäischen Kommission lässt sich beobachten, dass einzelne Akteure im Öl- und Gasmarkt ihr Geschäft neu ordnen, indem sie ihre Aktivitäten im Segment der Exploration bündelten und zugleich ihre Präsenz im nachgelagerten Segment an andere Ölunternehmen, Händler oder Finanzinvestoren veräußern. Die **Exploration ist dabei stark fragmentiert**, mit einer Vielzahl von miteinander konkurrierenden Akteuren.[5]

b) Entwicklung und Förderung/Beförderung und Bearbeitung

6 Der Exploration nachgelagert ist die **Entwicklung und Förderung des Erdgases.**[6] Nach einer erfolgreichen Exploration müssen die Felder entwickelt und für die Förderung vorbereitet werden. Da Rohöl und Erdgas unterschiedliche Anwendungsfelder haben, wird hier anders als bei der Exploration zwischen Rohöl und Erdgas differenziert. Der geographische Markt ist hier nicht weltweit, sondern enger abzugrenzen.[7] Der Förderung nachgelagert sind wiederum die Märkte der **Beförderung und Bearbeitung**. Das an der Quelle geförderte unbearbeitete Gemisch muss häufig zu einer Einrichtung befördert werden, wo die gasförmigen und flüssigen Bestandteile voneinander geschieden werden. Danach wird das Gasgemisch weiteren Bearbeitungs- und Reinigungsschritten unterzogen, um die Qualitätsanforderungen für den Transport in den regulären Erdgasnetzen sicherzustellen. Die Beförderung und Bearbeitung wird entweder in eigenen Anlagen der Erdgasproduzenten

---

3 Europäische Kommission, Entsch. v. 3.12.2013 – COMP/M.6910, Rn. 46 – Gazprom/Wintershall/Target Companies.

4 Vgl. Rasbach/Baumgart/*Jüttner*, Vertragshandbuch Gaswirtschaft, Kap. 11A Rn. 63 f., Ffk-KartellR/*Meyer-Lindemann*, Sonderbereich Energiewirtschaft Rn. 49.

5 Staff Working Paper zum Bericht über die Wettbewerbspolitik 2015, COM(2016) 393 final, S. 48, abrufbar unter http://ec.europa.eu/competition/publications/annual_report/2015/part2_de.pdf.

6 Europäische Kommission, Entsch. v. 29.9.1999 – IV/M.1383, Rn. 15 – Exxon/Mobil. In dieser Entscheidung hat die Europäische Kommission noch offen gelassen, ob diese Stufen mit der Exploration zusammengefasst werden müssten.

7 Europäische Kommission, Entsch. v. 21.8.2009 – COMP/M.5585, Rn. 11 – Centrica/Venture Production; Europäische Kommission, Entsch. v. 10.9.2014 – COMP/M.7316 – Det Norske Oljeselskap/Marathon Oil Norge.

oder aber über Leitungen und Gasbearbeitungseinrichtungen auf See oder auf dem Lande ausgeführt, die anderen Unternehmen gehören.[8]

c) Großhandelsstufe

Das Bundeskartellamt hat bis 2014 in ständiger Praxis die Belieferung überregionaler und die Belieferung regionaler Ferngasunternehmen als zwei sachlich unterschiedliche Marktstufen angesehen. Damit gab es auf der Großhandelsstufe Upstream- und Downstream-Großhandelsmärkte, die zu unterscheiden waren. Der Upstream-Großhandel wurde von überregionalen Ferngasunternehmen betrieben, die Gas selber produzieren oder importieren und auf einer ersten Stufe Erdgas an regionale Ferngasunternehmen und große Weiterverteiler belieferten. Diese belieferten auf einer zweiten Stufe regionale und lokale Weiterverteiler.[9] Diese **Zweiteilung des Großhandelsmarktes** entspricht noch der Sicht der Kommission; nach deren Auffassung ist der Upstream-Großhandel dadurch gekennzeichnet, dass hier Gasproduzenten große Mengen Erdgas an andere Wiederverkäufer verkaufen, typischerweise auf der Grundlage von langfristigen Lieferverträgen.[10] Die Europäische Kommission hat in ihren Entscheidungen dabei offengelassen, ob dem Downstream-Großhandelsmarkt auch der Handel an den virtuellen Punkten/Gas Hubs zugerechnet werden muss.[11] 7

Das Bundeskartellamt ist 2014 dazu übergegangen – für Deutschland – von einer einheitlichen Großhandelsstufe für Erdgas auszugehen. Hier beliefern inländische und ausländische Produzenten Gasgroßhandelsunternehmen. Diese handeln zwar auch Gas untereinander, setzen dieses Gas aber letztlich an regionale und lokale Weiterverteiler sowie direkt an große Industriekunden ab.[12] Ein wichtiger Gesichtspunkt für die Aufgabe der bisherigen Zweiteilung der Großhandelsmärkte ist, dass in Deutschland mit dem Zweivertragsmodell der Gasbezug über den virtuellen Handelspunkt erfolgt. Beim Bezug über den virtuellen Handelspunkt besteht jedoch kein struktureller Unterschied mehr zwischen den ehemaligen überregionalen Ferngasgesellschaften und den regionalen Ferngasgesellschaften. Die regionalen Ferngasgesellschaften erhalten über den virtuellen 8

---

8 Europäische Kommission, Entsch. v. 29.9.1999 – IV/M.1532 – ABl EU 2001 Nr. L 18 S. 1 – BP Amoco/Arco; Europäische Kommission, Entsch. v. 21.8.2009 – COMP/M.5585, Rn. 12 – Centrica/Venture Production.

9 BKartA, Beschl. v. 23.10.2014 – B8-69/14, Rn. 80 – EWE/VNG.

10 Europäische Kommission, Entsch. v. 10.3.2017 – COMP/M.7936 – Petrol/Geoplin; Europäische Kommission, Entsch. v. 3.12.2013 – COMP/M.6910, Rn. 93 – Gazprom/Wintershall/Target Companies, in dieser Entscheidung ließ die Europäische Kommission die Frage offen und stellte dar, dass in Deutschland die Marktteilnehmer einen einheitlichen Wholesale-Markt annehmen.

11 Europäische Kommission, Entsch. v. 10.3.2017 – COMP/M.7936, Rn. 18 – Petrol/Geoplin.

12 BKartA, Beschl. v. 23.10.2014 – B8-69/14, Rn. 84 – EWE/VNG.

Handelspunkt direkten Zugang zu Gaslieferungen aus inländischer und internationaler Produktion.[13]

d) Belieferung von Endkunden

9 Das Bundeskartellamt hat im Gasbereich lange zwischen den Märkten für die Belieferung von **Kunden mit registrierender Lastgangmessung** (RLM-Kunden) und der Belieferung von Haushalts- und Kleingewerbekunden – gleichbedeutend mit **Standardlastprofilkunden** (SLP-Kunden) – unterschieden.[14] In Bezug auf SLP-Kunden nahm das Bundeskartellamt 2014 – entsprechend der Übung im Strombereich – eine weitere Differenzierung zwischen der Belieferung von SLP-Kunden im Wege der Grund- und Ersatzversorgung (§§ 36, 38 EnWG) und der Belieferung von SLP-Kunden auf der Grundlage von Sonderverträgen (§ 41 EnWG) vor.[15]

10 Auf der Endkundenebene sieht das Bundeskartellamt die Märkte für die Belieferung von RLM-Kunden und SLP-Kunden mit Sonderverträgen als **bundesweite Märkte**, die Märkte für die Belieferung von SLP-Kunden in der Grund- und Ersatzversorgung als auf das jeweilige Netzgebiet begrenzte Märkte.[16]

---

i Praxistipp

Nur noch der Markt für die Belieferung von SLP-Kunden in der Grund- und Ersatzversorgung wird in der Gasversorgung netzbezogen abgegrenzt. Ansonsten werden alle Märkte deutschlandweit betrachtet.

---

2. Elektrizität

a) Sachliche Marktabgrenzung

11 Das Bundeskartellamt geht seit 2006 in ständiger Praxis von einem **Markt für den Erstabsatz von Elektrizität** aus. Dieser Markt umfasst den erstmaligen Absatz aller Elektrizitätsversorger aus eigener Erzeugung sowie die Netto-Importe von Elektrizität. Das sich daran anschließende Zweitgeschäft der Marktteilnehmer mit Elektrizität hingegen wird mangels kompetitiver Effekte seither nicht mehr in den sachli-

---

13 BKartA, Beschl. v. 23.10.2014 – B8-69/14, Rn. 87 – EWE/VNG.

14 Zu möglichen weiteren Differenzierungen innerhalb der RLM-Kunden vgl. BKartA, Beschl. v. 23.10.2014 – B8-69/14, Rn. 129 f. – EWE/VNG.

15 BKartA, Beschl. v. 23.10.2014 – B8-69/14, Rn. 167 f. –EWE/VNG.

16 BKartA, Beschl. v. 23.10.2014 – B8-69/14, Rn. 161, 190 f. – EWE/VNG.

chen Markt einbezogen.[17] Diese Marktabgrenzung wurde vom BGH in der Rechtsbeschwerdeentscheidung „E.ON/Eschwege“ bestätigt.[18]

Aus Sicht des Bundeskartellamtes muss berücksichtigt werden, dass nur die **physisch angebotenen Strommengen** und nicht die jeweils zur Verfügung stehenden Kraftwerkskapazitäten für die Erfassung der Marktverhältnisse auf diesem Markt für den Erstabsatz von Elektrizität maßgeblich sind. Dabei müssen die Im- und Exporte von und nach Deutschland berücksichtigt werden. **Reine Handelsgeschäfte mit Elektrizität**, die sich alleine auf die Weiterverwertung von Stromabsatzrechten beziehen, werden allerdings nicht berücksichtigt, da ansonsten eine Mehrfachzählung der Strommengen erfolgte.[19] Auch Strommengen, die nicht in das Netz der Allgemeinen Versorgung eingespeist werden, z.B. Bahnstrom und (nicht-eingespeister) Eigenverbrauch sind nicht in den Markt einzubeziehen.[20] 12

Die Europäische Kommission geht von einem Stromerzeugungs- und -großhandelsmarkt (generation and wholesale supply of electricity) aus, der hauptsächlich die **Erzeugung und den Import von Elektrizität** umfassen soll.[21] Dies scheint im Wesentlichen der deutschen Konzeption des Marktes für den Erstabsatz von Elektrizität zu entsprechen. Auch die Kommission geht zunächst von nationalen Märkten aus.[22] 13

Aus Sicht des Bundeskartellamtes ist **die Regelenergie** jedoch nicht Bestandteil des Erstabsatzmarktes für Strom. Regelenergie wird zwar grundsätzlich von denselben Kraftwerken erbracht, die auch im Stromgroßhandel eingesetzt werden, der Markt unterliegt jedoch einer Reihe von Besonderheiten. So wird Regelenergie nur von den vier Übertragungsnetzbetreibern nachgefragt, die sie zur Aufrechterhaltung der Netzfrequenz benötigen. Anders als im Stromgroßhandel wird Kapazität vermarktet und nicht Strommengen. Das Angebot von Regelenergie ist an eine Präqualifikation beim Übertragungsnetzbetreiber gebunden, es unterliegt auch besonderen 14

---

17 BKartA, Sektoruntersuchung Stromerzeugung und -großhandel, Januar 2011, S. 69, abrufbar unter http://www.BKartA.de/SharedDocs/Publikation/DE/Sektoruntersuchungen/Sektoruntersuchung%20Stromerzeugung%20Stromgrosshandel%20-%20Abschlussbericht.pdf?__blob=publicationFile&v=3. Allgemein zur Marktabgrenzung vgl. *Säcker*, Marktabgrenzung, S. 17 f.

18 BGH, Beschl. v. 11.11.2008 – KVR 60/07 – WuW/E DE-R 2451 – E.ON/Eschwege; in der Vorinstanz ebenso OLG Düsseldorf, Beschl. v. 6.6.2007 – VI-2 Kart 7/04 (V) – WuW/E DE-R 2094 – E.ON/Eschwege.

19 BKartA, Sektoruntersuchung Stromerzeugung und -großhandel, Januar 2011, S. 69 f., abrufbar unter http://www.BKartA.de/SharedDocs/Publikation/DE/Sektoruntersuchungen/Sektoruntersuchung%20Stromerzeugung%20Stromgrosshandel%20-%20Abschlussbericht.pdf?__blob=publicationFile&v=3.

20 BKartA, Beschl. v. 23.10.2014 – B8-69/14, Rn. 244 – EWE/VNG.

21 Europäische Kommission, Entsch. v. 12.5.2010 – COMP/M.5793, Rn. 54 – Dalkia CZ/NWR Energy; Europäische Kommission, Entsch. v. 13.10.2009 – COMP/M.5519 – E.ON/Electrabel.

22 Europäische Kommission, Entsch. v. 4.11.2009 – COMP/M.5591, Rn. 11 – CEZB/Javys/Jess JV.

energierechtlichen Anforderungen und Regelungen.[23] Auch die Europäische Kommission unterscheidet den Stromgroßhandelsmarkt und den Regelenergiemarkt.[24] In den Regelenergiemärkten muss dann zwischen **Primärregelung, Sekundärregelung und Minutenreserve** unterschieden werden.[25]

15 In dem Hauptprüfverfahren EnBW/MVV hat das Bundeskartellamt auch erstmalig den **Markt für Redispatch** geprüft.[26] Dieser betrifft das Management von Kapazitätsengpässen im Übertragungsnetz durch Eingriffe in die konkrete Fahrweise von Kraftwerken. Kraftwerke, die sich vor dem Engpass befinden, werden angewiesen, ihre Erzeugung zu reduzieren, Kraftwerke, die hinter dem Engpass liegen, werden angewiesen, ihre Erzeugung zu erhöhen.[27] Betreiber von Kraftwerken in Deutschland müssen ab einer Nennleistung von 10 MW auf Anforderung der Übertragungsnetzbetreiber Redispatch leisten, § 13a Abs. 1 EnWG. Das EnWG sieht vor, dass für Redispatch eine angemessene Vergütung gezahlt werden muss.[28]

16 Das Bundeskartellamt schließt die **Erzeugung und Vermarktung von EEG-Strom** ebenfalls aus dem Erstabsatzmarkt für Strom aus. Es begründet dies damit, dass die Erzeugung von EEG-Strom **besonderen Regeln** unterliegt. Die EEG-Anlagen haben einen Anspruch auf vorrangigen Netzanschluss und die Netzbetreiber sind verpflichtet, den EEG-Strom vorrangig abzunehmen; die Vergütung ist gesetzlich festgelegt. Anders als die sonstige Stromerzeugung erfolgt die Erzeugung

---

23 BKartA, Sektoruntersuchung Stromerzeugung und -großhandel, Januar 2011, S. 71 f., abrufbar unter http://www.BKartA.de/SharedDocs/Publikation/DE/Sektoruntersuchungen/Sektoruntersuchung%20Stromerzeugung%20Stromgrosshandel%20-%20Abschlussbericht.pdf?__blob=publicationFile&v=3.

24 Europäische Kommission, Entsch. v. 14.11.2006 – CMP/M.4180, Rn. 683 ff. – GdF Suez; Europäische Kommission, Entsch. v. 26.11.2008 – COMP/39.388, Rn. 46 – Deutscher Stromgroßhandelsmarkt; Europäische Kommission, Entsch. v. 26.11.2008 – COMP/39.398, Rn. 46 – Deutscher Regelenergiemarkt.

25 Näher BKartA, Sektoruntersuchung Stromerzeugung und -großhandel, Januar 2011, S. 72, abrufbar unter http://www.BKartA.de/SharedDocs/Publikation/DE/Sektoruntersuchungen/Sektoruntersuchung%20Stromerzeugung%20Stromgrosshandel%20-%20Abschlussbericht.pdf?__blob=publicationFile&v=3; Europäische Kommission, Entsch. v. 14.11.2006 – CMP/M.4180, Rn. 683 ff. – GdF Suez, unterscheidet noch weiter Spannungs- und Blindleistungsregelung und Engpassmanagement. Vgl. auch Europäische Kommission, Entsch. v. 26.11.2008 – COMP/39.388, Rn. 46 – Deutscher Stromgroßhandelsmarkt; Europäische Kommission, Entsch. v. 26.11.2008 – COMP/39.398, Rn. 46 – Deutscher Regelenergiemarkt. Zur räumlichen Marktabgrenzung vgl. *Säcker*, Marktabgrenzung, S. 25.

26 BKartA, Pressemitteilung v. 14.12.2017, Aufstockung der Anteile an der MVV durch die EnBW kartellrechtlich unbedenklich, abrufbar unter http://www.BKartA.de/SharedDocs/Meldung/DE/Pressemitteilungen/2017/14_12_2017_EnBW_MVV.html.

27 Ausführlich zum Redispatch: Monopolkommission, Sondergutachten 77, Rn. 222 f.

28 Diese Vorgabe ist von der BNetzA durch Festlegungen v. 30.10.2012 – BK6-11-098 und BK8-12-019 ausgefüllt worden, die jedoch vom OLG Düsseldorf, Beschl. v. 28.4.2015 – VI-3 Kart 332/12 (V), aufgehoben wurden.

von EEG-Strom damit grundsätzlich losgelöst von der Nachfragesituation oder den Preisen auf dem Strommarkt. Der eingespeiste EEG-Strom wird dann zwar von den Übertragungsnetzbetreibern vermarktet, diese sind aber verpflichtet, sämtliche EEG-Einspeisemengen preisunabhängig an der Strombörse einzustellen. Das Bundeskartellamt folgert aus diesen Besonderheiten, dass die Erzeugung und Vermarktung von EEG-Strom nicht als Wettbewerb auf einem Erstabsatzmarkt für Strom angesehen werden kann.[29]

Praxistipp
Die Erzeugung von EEG-Strom ist separat von dem allgemeinen Erstabsatzmarkt für Strom zu betrachten. Diese Unterscheidung ist wichtig für die Berechnung von Marktanteilen oder die Frage, ob Unternehmen Wettbewerber im selben Markt sind.

Mit dem Strommarktgesetz[30] wurden 2016 verschiedene Regelungen in das EnWG aufgenommen, mit denen die **Versorgungssicherheit des weiterentwickelten Strommarktes** abgesichert werden soll: Dabei handelt es sich insbesondere um die Netzreserve (§ 13d EnWG), die Kapazitätsreserve (§ 13e EnWG, ab dem Winterhalbjahr 2018/2019) und die Sicherheitsbereitschaft von Braunkohlekraftwerken (§ 13g EnWG). Diese Kraftwerke sind ebenfalls **außerhalb des Strommarktes.** Bundesnetzagentur und Bundeskartellamt stellen die Entwicklung dieser Instrumente in ihren gemeinsamen Monitoringberichten dar.[31] 17

Einen Sonderfall betraf eine Entscheidung des OLG München.[32] Die dortigen Kläger griffen die Preisstellung in einem langfristigen Stromliefervertrag als missbräuchlich an. Das OLG sah hier für die Beurteilung der Marktbeherrschung des Anbieters allerdings nicht den Erstabsatzmarkt für Strom, sondern den **Markt für physische und virtuelle Kraftwerksbeteiligungen** als relevant an, da Hintergrund des Stromlieferungsvertrages das Interesse des Abnehmers an einem Ausbau von Eigenerzeugungskapazitäten in Form von physischen und/oder virtuellen Kraft- 18

29 BKartA, Sektoruntersuchung Stromerzeugung und -großhandel, Januar 2011, S. 73 f., abrufbar unter http://www.BKartA.de/SharedDocs/Publikation/DE/Sektoruntersuchungen/Sektoruntersuchung%20Stromerzeugung%20Stromgrosshandel%20-%20Abschlussbericht.pdf?__blob=publicationFile&v=3. Dem BKartA folgend auch Europäische Kommission, Beschl. v. 24.4.2012 – C(2012) 2426 – ABl EU Nr. L 114 S. 21 – Freistellung Erzeugung.

30 Gesetz zur Weiterentwicklung des Strommarktes (Strommarktgesetz) v. 26.7.2016 (BGBl. I S. 1786).

31 BNetzA/BKartA, Monitoringbericht 2017, S. 58, abrufbar unter: https://www.bundesnetzagentur.de/SharedDocs/Downloads/DE/Allgemeines/Bundesnetzagentur/Publikationen/Berichte/2017/Monitoringbericht_2017.pdf?__blob=publicationFile&v=3.

32 OLG München, Urt. v. 27.4.2017 – U 3922/15 Kart – WuW 2017, 618 – Physische und virtuelle Kraftwerksbeteiligungen.

werksbeteiligungen gewesen sei, um sich von schwankenden Stromgroßhandelspreisen unabhängig zu machen.

19 Auf der Ebene der Belieferung von Endkunden unterscheidet das Bundeskartellamt zwischen dem Markt für die **Belieferung von RLM-Kunden**, dem alle Letztverbraucher zuzurechnen sind, deren Stromverbrauch durch eine registrierende Lastgangmessung erfasst wird, regelmäßig Industrie- und größere Gewerbekunden, dem Markt für die Belieferung von **SLP-Kunden mit Strom auf der Grundlage von Sonderverträgen** (§ 41 EnWG), dem Markt für die Belieferung von **SLP-Kunden in der Grundversorgung und Ersatzversorgung** (§§ 36, 38 EnWG) sowie dem Markt für die **Belieferung von SLP-Kunden mit Heizstrom.**[33]

b) Räumliche Marktabgrenzung

20 In Bezug auf den Erstabsatzmarkt für Strom stellte der Bundesgerichtshof in seiner E.ON/Eschwege-Entscheidung 2008 noch fest, dass dieser räumlich deutschlandweit abzugrenzen ist. Eine europaweite Abgrenzung scheitere an der begrenzten Kapazität der Grenzkuppelstellen.[34] Im Rahmen der Sektoruntersuchung Stromerzeugung und -großhandel 2011 ging das Bundeskartellamt allerdings von einem **gemeinsamen Stromerstabsatzmarkt für Deutschland und Österreich** aus. Dafür sprechen das Fehlen von Engpässen an den Grenzkuppelstellen zwischen Deutschland und Österreich sowie das einheitliche Markt- und Preisgebiet an der EPEX. Eine Einbeziehung weiterer an Deutschland angrenzender Markträume ist jedoch derzeit noch nicht angezeigt.[35]

21 In den letzten Jahren haben sich jedoch verstärkt **strukturelle Engpässe** an den Grenzkuppelstellen zwischen Deutschland und Polen, Deutschland und Tschechien sowie Tschechien und Österreich gezeigt, begleitet von innerdeutschen Engpässen. Als ein Grund für diese Engpässe werden die unbeschränkten Stromflüsse an den Grenzkuppelstellen zwischen Deutschland und Österreich gesehen. Die europäische Agentur für die Zusammenarbeit der Energieregulatoren (ACER) hat deswegen im September 2015 eine nicht-verbindliche Stellungnahme abgegeben, nach der der **Austausch an den deutsch-österreichischen Grenzkuppelstellen** beschränkt werden sollte.[36] Im Nachgang einigten sich die Bundesnetzagentur und e-Control, die österreichische Regulierungsbehörde, auf eine Einschränkung, die ab

---

33 BKartA, Beschl. v. 8.12.2011 – B8-94/11, Rn. 32 – RWE/Stadtwerke Unna.

34 BGH, Beschl. v. 11.11.2008 – KVR 60/07 – WuW/E DE-R 2451, Rn. 24 – E.ON/Eschwege.

35 BKartA, Beschl. v. 23.10.2014 – B8-69/14, Rn. 245 – EWE/VNG. Die Frage wurde offengelassen in Europäische Kommission, Beschl. v. 24.4.2012 – C(2012) 2426 – ABl EU Nr. L 114 S. 21, Rn. 26 – Freistellung Erzeugung.

36 ACER, Beschl. v. 23.9.2015 – Opinion 9/2015, abrufbar unter https://www.acer.europa.eu/Official_documents/Acts_of_the_Agency/Opinions/Opinions/ACER%20Opinion%2009-2015.pdf.

1.10.2018 gelten soll. Die Spitzen im Stromaustausch werden danach zukünftig gekappt, es könnten 4.900 MW Strom durch Langfristkapazitäten vergeben werden. Das entspreche in etwa der Hälfte des österreichischen Verbrauchs zu Spitzenzeiten.[37] Die Auswirkungen dieser Maßnahmen müssen abgewartet werden, um evaluieren zu können, ob danach weiterhin von einem gemeinsamen Marktgebiet Deutschland-Österreich ausgegangen werden kann. Um zu verhindern, dass interne Netzengpässe zu einer **Aufteilung eines einheitlichen Marktgebietes** in Deutschland führen, wurde 2017 in die StromNZV[38] ein neuer § 3a eingeführt, der eine einseitige Aufhebung der einheitlichen Gebotszone in Deutschland durch Übertragungsnetzbetreiber verhindern soll.

Die Annahme eines **separaten Marktes für die Erzeugung von EEG-Strom** beruht maßgeblich auf den für diese Bereiche geltenden regulatorischen Vorgaben. 22
Deswegen ist dieser Markt geografisch auf das Gebiet von Deutschland begrenzt.[39] In Bezug auf die Bereitstellung von Regelenergie wird man die räumlichen Märkte regelmäßig noch enger abgrenzen müssen, da auch der Bedarf nach Regelenergie räumlich gebunden ist. 2007 sah die Europäische Kommission den Markt für Sekundärregelleistung als auf das Netz des jeweiligen Übertragungsnetzbetreibers beschränkt an.[40]

Auf der Endkundenebene sieht das Bundeskartellamt die Märkte für die Belieferung von RLM-Kunden und SLP-Kunden mit Sonderverträgen **als bundesweite Märkte**, die Märkte für die Belieferung von SLP-Kunden in der Grund- und Ersatzversorgung und die Belieferung von SLP-Kunden mit Heizstrom als auf das Netzgebiet begrenzte Märkte.[41] Angesichts der Entwicklung des Wettbewerbs im Bereich des Heizstroms in den letzten Jahren, sollte hier die räumliche Marktabgrenzung überprüft werden.[42] 23

37 Vgl. E-Control, Absicherung deutsch-österreichischen Stromhandels, Pressemitteilung v. 15.5. 2017, abrufbar unter http://press.e-control.at/News_Print.aspx?id=49436.

38 Stromnetzzugangsverordnung (StromNZV) v. 25.7.2005 (BGBl. I S. 2243), zuletzt geändert durch Verordnung v. 19.12.2017 (BGBl. I S. 3988).

39 Für EEG-Strom: Europäische Kommission, Beschl. v. 24.4.2012 – C(2012) 2426 – ABl 2012 L 114 S. 21, Rn. 27 – Freistellung Erzeugung.

40 Europäische Kommission, Entsch. v. 26.11.2008 – COMP/39.388, Rn. 47 – Deutscher Stromgroßhandelsmarkt; Europäische Kommission, Entsch. v. 26.11.2008 – COMP/39.398, Rn. 47 – Deutscher Regelenergiemarkt.

41 BKartA, Beschl. v. 8.12.2011 – B8-94/11, Rn. 38 f. – RWE/Stadtwerke Unna

42 BKartA, Tätigkeitsbericht 2013/2014, BT-Drucks. 18/12760, S. 110: Positive Wettbewerbsentwicklung auf dem Heizstrommarkt in den vergangenen Jahren: Die Transparenz für Heizstromkunden hat sich erhöht, Angebot bundesweit tätiger Heizstromanbieter hat sich verbreitert; bundesweit signifikante Zunahme der Wechselaktivitäten.

Praxistipp
Bei der Stromversorgung werden nur noch die Märkte für die Belieferung von SLP-Kunden in der Grund- und Ersatzversorgung und die Belieferung von SLP-Kunden mit Heizstrom netzbezogen abgegrenzt. Auch bei den Märkten für Regelenergie und für Redispatch kann sich wegen der Gegebenheiten ein räumlicher Markt, der kleiner als das Bundesgebiet ist, ergeben. Die anderen Märkte sind aber grundsätzlich mindestens deutschlandweit abzugrenzen.

II. Kooperation bei Erschließung und Produktion

1. Kooperation bei der Exploration und Entwicklung von Erdgasfeldern

24 Die Erdgas-Exploration ist von hohen Anfangsinvestitionen gekennzeichnet, wobei die wirtschaftlichen Risiken hoch sind. Regelmäßig vergeben Länder, in denen sich mögliche Vorkommen befinden, die **Explorations-Lizenzen in Rahmen von formellen Verfahren**, die z.B. in einer Präselektion durch das betreffende Land, basierend auf Finanzkraft und technischen Know-how, oder in öffentlichen Auktionen bestehen können. Teilweise werden von den betroffenen Ländern hier auch ausdrücklich **Angebote von Konsortien** gewünscht, ggf. mit einer Beteiligung nationaler Unternehmen. Von der Erteilung der Lizenz bis zur tatsächlichen Produktion können regelmäßig fünf bis fünfzehn Jahre vergehen.[43]

25 Aus **Gründen der Risikodiversifizierung** ist hier die Zusammenarbeit verschiedener Unternehmen üblich.[44] Soweit die Kooperation aus kaufmännischen Gründen oder aufgrund fehlenden Know-hows eines der Partner notwendig ist, um das Projekt durchzuführen, fehlt es schon an einer Wettbewerbsbeschränkung.

26 Wegen des weltweit abzugrenzenden Marktes und der Vielzahl von Akteuren kann es vielmals – sofern keine Kernbeschränkungen bestehen – schon an der **Spürbarkeit der Wettbewerbsbeschränkung** fehlen.[45] Als mögliche Kernbeschränkungen kämen hier vor allem Verkaufsbeschränkungen in Bezug auf die geförderten Mengen in Frage.[46]

43 Europäische Kommission, Entsch. v. 29.9.1999, Rn. 10 f. – IV/M.1383 – Exxon/Mobil.

44 Rasbach/Baumgart/*Jüttner*, Vertragshandbuch Gaswirtschaft, Kap. 11.A Rn. 65; Ffk-KartellR/*Meyer-Lindemann*, Sonderbereich Energiewirtschaft, Rn. 49.

45 Zur geographischen Markabgrenzung: Europäische Kommission, Entsch. v. 3.12.2013 – COMP/M.6910, Rn. 46 – Gazprom/Wintershall/Target Companies. Zur Fragmentierung des Marktes: Staff Working Paper zum Bericht über die Wettbewerbspolitik 2015, COM(2016) 393 final, S. 48, abrufbar unter http://ec.europa.eu/competition/publications/annual_report/2015/part2_de.pdf.

46 Ffk-KartellR/*Meyer-Lindemann*, Sonderbereich Energiewirtschaft, Rn. 50.

Zu berücksichtigen ist dagegen, dass die Zusammenarbeit bei der Exploration ggf. **Spillover-Effekte** auf nachgelagerte Märkte haben kann, sofern die Parteien auf solchen Märkten starke Marktstellungen innehaben.[47] 27

Praxistipp
Zusammenarbeit bei Exploration und Erschließung wird zumeist schon aufgrund des Arbeitsgemeinschaftsgedanken gerechtfertigt sein, wenn kein beteiligtes Unternehmen die Aufgabe allein erfüllen könnte.

2. Kooperation bei der Stromerzeugung

Kooperationen bei der Stromerzeugung sind, insbesondere wegen der hohen Investitionserfordernisse, relativ häufig. Die Europäische Kommission sieht in Bezug auf Produktionsvereinbarungen generell folgende Punkte als kartellrechtlich bedenklich an: Produktionsvereinbarungen, insbesondere Produktions-Joint-Ventures können die Parteien dazu verleiten, **Produktionsmengen und Qualität, die Preise,** zu denen das Joint Venture seine Produkte verkauft, oder andere wettbewerbsrelevante Parameter direkt **anzugleichen.** Zudem könnten Produktionsvereinbarungen zu einer **Koordinierung des Wettbewerbsverhaltens** der Parteien als Anbieter führen oder zu einer wettbewerbswidrigen Verschließung eines verbundenen Marktes gegenüber Dritten führen.[48] Die Wahrscheinlichkeit solcher wettbewerbsbeschränkender Auswirkungen ist gering, wenn die Parteien auf dem relevanten Markt keine Marktmacht haben.[49] 28

Aufgrund der Besonderheiten des Strommarktes, insbesondere auch der **Preisbildung an der Strombörse EEX**, scheinen die typischen wettbewerblichen Bedenken gegen Produktionsvereinbarungen bei gemeinsamer Stromproduktion eher fernliegend. Einer genauen Prüfung im Einzelfall bedarf jedoch, ob die Kooperation sog. Spillover-Effekte auf nachgelagerte Märkte haben kann[50] oder ob die Kooperation die Kollusion zwischen den Parteien fördern kann. 29

Im **Synergien-Fall** hatte die Europäische Kommission die Gefahr gesehen, dass durch die Gründung eines Erzeugungs-Joint-Ventures ein potenzieller Wettbewerber vom irischen Markt, der auf der Anbieterseite ohnehin einen hohen Konzentrations- 30

47 Vgl. hierzu Europäische Kommission, Leitlinien zur Anwendbarkeit von Artikel 101 AEUV auf Vereinbarungen über horizontale Zusammenarbeit (ABl EU 2011 Nr. C 11 S. 1, Rn. 156).

48 Europäische Kommission, Leitlinien zur Anwendbarkeit von Artikel 101 AEUV auf Vereinbarungen über horizontale Zusammenarbeit (ABl EU 2011 Nr. C 11 S. 1, Rn. 157 f.).

49 Europäische Kommission, Leitlinien zur Anwendbarkeit von Artikel 101 AEUV auf Vereinbarungen über horizontale Zusammenarbeit (ABl EU 2011 Nr. C 11 S. 1, Rn. 168).

50 Europäische Kommission, Leitlinien zur Anwendbarkeit von Artikel 101 AEUV auf Vereinbarungen über horizontale Zusammenarbeit (ABl EU 2011 Nr. C 11 S. 1, Rn. 156).

grad aufwies, ferngehalten wird. Das Vorhaben wurde unter Auflagen genehmigt. Die Wettbewerbsbedenken müssen vor dem Hintergrund gesehen werden, dass der irische Partner des Joint Ventures, ESB, auf dem irischen Stromerzeugungsmarkt einen Marktanteil von 97% hatte.[51]

31 Die Bewertung der wettbewerblichen Wirkungen muss auch im Rahmen eines nunmehr **stärker fragmentierten Marktes** vorgenommen werden. Das Bundeskartellamt sieht eine marktbeherrschende Stellung im Markt für den Erstabsatz von Strom erst dann, wenn ein Stromerzeuger in mindestens 5% der Stunden eines Jahres (entspricht mindestens 438 Stunden) für die Deckung der Stromnachfrage notwendig war.[52] Für den Zeitraum 2007–2008 wurden danach noch **drei bis vier Unternehmen** als marktbeherrschend eingestuft, seit 2010 sind die Marktmachttendenzen jedoch deutlich rückläufig.[53]

III. Importverträge

32 Bei der Stromerzeugung sind die Importmengen Teil des allgemeinen Marktes für den Erstabsatz von Strom.[54] Auch beim Gas werden **die Importmengen als Teil der einheitlichen Großhandelsstufe für Erdgas** angesehen, bei der inländische und ausländische Produzenten Gasgroßhandelsunternehmen beliefern.[55] Importverträge können in verschiedener Hinsicht kartellrechtlich relevant sein. Zum einen, weil sie häufig sehr langfristig abgeschlossen werden und sich somit Fragen zu der marktverschließenden Wirkung **langfristiger Bezugsbindungen** stellen.[56] Des Weiteren enthalten Importverträge häufig Beschränkungen des Weiterver-

51 Europäische Kommission, EU-Kommission genehmigt Gemeinschaftsunternehmen auf irischem Elektrizitätsmarkt unter strengen Auflagen, Pressemitteilung v. 31.5.2002, IP/02/792, abrufbar unter http://europa.eu/rapid/press-release_IP-02-792_de.htm.

52 BKartA, Konsultation zur Erstellung eines Leitfadens für die kartellrechtliche Missbrauchsaufsicht in der Stromerzeugung, S. 5, abrufbar unter http://www.BKartA.de/SharedDocs/Publikation/DE/Sonstiges/Fragebogen_Konsultation_Leitfaden_Stromerzeugung.pdf?__blob=publicationFile&v=2.

53 Zu den neuen Zahlen: BNetzA/BKartA, Monitoringbericht 2015, S. 38, abrufbar unter https://www.bundesnetzagentur.de/SharedDocs/Downloads/DE/Allgemeines/Bundesnetzagentur/Publikationen/Berichte/2015/Monitoringbericht_2015_BA.pdf?__blob=publicationFile.

54 BKartA, Sektoruntersuchung Stromerzeugung und -großhandel, Januar 2011, S. 69, abrufbar unter http://www.BKartA.de/SharedDocs/Publikation/DE/Sektoruntersuchungen/Sektoruntersuchung%20Stromerzeugung%20Stromgrosshandel%20-%20Abschlussbericht.pdf?__blob=publicationFile&v=3.

55 BKartA, Beschl. v. 23.10.2014 – B8-69/14, Rn. 84 – EWE/VNG.

56 Vgl. dazu ausführlich unten Rn. 64 f.

kaufs.[57] Die wettbewerbliche Würdigung dieser Sachverhalte wird im Folgenden im Rahmen der Bewertung kartellrechtlich relevanter Klauseln in Energielieferverträgen vorgenommen.

B. Kartellrechtlich relevante Klauseln in Energielieferverträgen

I. Kartellrechtlicher Rahmen für die Beurteilung von Lieferverträgen

1. Art. 101 AEUV und § 1 GWB

Nach Art. 101 Abs. 1 AEUV[58] sind alle Vereinbarungen zwischen Unternehmen, wel- 33
che den Handel zwischen Mitgliedstaaten zu beeinträchtigen geeignet sind und eine **Verhinderung, Einschränkung oder Verfälschung des Wettbewerbs** bezwecken oder bewirken, mit dem Binnenmarkt unvereinbar und verboten. § 1 GWB[59] enthält ein entsprechendes Verbot im nationalen Recht, dessen Anwendung allerdings nicht voraussetzt, dass eine Eignung zur Beeinträchtigung des Handels zwischen den Mitgliedstaaten vorliegt. § 2 GWB ordnet die Geltung der europäischen Gruppenfreistellungsverordnungen auch dann an, wenn die Vereinbarungen nicht geeignet sind, den Handel zwischen den Mitgliedstaaten zu beeinträchtigen. Damit hängt die kartellrechtliche Beurteilung von Lieferverträgen nicht mehr davon ab, ob sie **nationalem oder europäischem Recht** unterfallen.[60] In Fällen, in denen grundsätzlich beide Rechtsordnungen anwendbar sind und in denen sich abweichende Ergebnisse zeigen, ergibt sich aus Art. 3 VO (EG) 1/2003,[61] dass die europarechtliche Bewertung grundsätzlich Vorrang genießt.[62]

---

57 Für die Beurteilung vgl. dazu ausführlich unten Rn. 76. Für ein Beispiel solcher Klauseln vgl. Europäische Kommission, MEMO15/4829 v. 22.4.2015 zu Klauseln der Gazprom, abrufbar unter http://europa.eu/rapid/press-release_MEMO-15-4829_de.htm.

58 Vertrag über die Arbeitsweise der Europäischen Union (AEUV) in der konsolidierten Fassung v. 9.5.2008 aufgrund des am 1.12.2009 in Kraft getretenen Vertrags von Lissabon (ABl EG Nr. C 115 S. 47).

59 Gesetz gegen Wettbewerbsbeschränkungen (GWB) v. 26.7.2013 (BGBl. I S. 1750, 3245), zuletzt geändert durch Gesetz v. 30.10.2017 (BGBl. I S. 3618).

60 Im Folgenden wird deswegen auch grundsätzlich auf die europarechtliche Rechtslage verwiesen. Für Vereinbarungen, die keine Eignung zur Beeinträchtigung des Handels zwischen den Mitgliedstaaten haben, ergibt sich aus deutschem Recht nichts anderes.

61 VO (EG) Nr. 1/2003 v. 16.12.2002 (ABl EG Nr. L 1 S. 1).

62 Im Einzelnen: Loewenheim/Meessen/Riesenkampff/Kersting/Meyer-Lindemann/*Zuber*, Art. 3 Rn. 15 VerfVO.

Praxistipp
Im Bereich der wettbewerbsbeschränkenden Vereinbarungen führen die Prüfungen nach deutschem und europäischem Kartellrecht inzwischen grundsätzlich zum gleichen Ergebnis, da das deutsche Recht weitgehend dem europäischen angepasst ist.

34 Das Verbot des Art. 101 Abs. 1 AEUV umfasst alle wettbewerbsbeschränkenden Vereinbarungen, unabhängig davon, ob sie zwischen **Wettbewerbern oder zwischen Unternehmen auf unterschiedlichen Marktstufen** abgeschlossen werden. Damit können auch Lieferverträge Art. 101 Abs. 1 AEUV unterfallen. Bei Lieferverträgen ist die wettbewerbliche Analyse allerdings dadurch erschwert, dass grundsätzlich jeder Beschaffungsvorgang den Bedarf des Käufers an einem Gut deckt und damit zu einem (wenn auch möglicherweise geringen) Ausschluss der anderen Wettbewerber führt.[63] Eine Wettbewerbsbeschränkung im Sinne einer eingeschränkten Wahlmöglichkeit des Verbrauchers ist damit also bewirkt, der Tatbestand des Art. 101 Abs. 1 AEUV ist aber nur dann erfüllt, wenn die Wettbewerbsbeschränkung auch spürbar ist.[64] Die Bewertung der Spürbarkeit setzt hier eine Analyse der **Wirkungen des Grads der Bedarfsdeckung** durch den Vertrag, die Laufzeit und die Marktstellung der Beteiligten voraus.[65] Daneben können Vertikalvereinbarungen natürlich noch weitere Wettbewerbsbeschränkungen enthalten.

35 Auch wenn eine spürbare Wettbewerbsbeschränkung vorliegen sollte, besteht die Möglichkeit, dass sie gem. Art. 101 Abs. 3 AEUV freigestellt ist, soweit die Vereinbarung unter **angemessener Beteiligung der Verbraucher** an dem entstehenden Gewinn zur Verbesserung der Warenerzeugung oder -verteilung oder zur **Förderung des technischen oder wirtschaftlichen Fortschrittes** beiträgt, ohne dass den beteiligten Unternehmen Beschränkungen auferlegt werden, die für die Verwirklichung dieser Ziele nicht unerlässlich sind oder Möglichkeiten eröffnet werden, für einen wesentlichen Teil der Waren den Wettbewerb auszuschalten.

a) Gruppenfreistellungsverordnung (EU) Nr. 330/2010

36 Die VO (EU) 330/2010[66] über die Anwendung von Artikel 101 Abs. 3 AEUV auf Gruppen von vertikalen Vereinbarungen und abgestimmten Verhaltensweisen enthält

63 Loewenheim/Meessen/Riesenkampff/Kersting/Meyer-Lindemann/*Grave/Nyberg*, Art. 101 Abs. 1 AEUV, Rn. 259.

64 Loewenheim/Meessen/Riesenkampff/Kersting/Meyer-Lindemann/*Grave/Nyberg*, Art. 101 Abs. 1 AEUV, Rn. 259.

65 Für langfristige Gaslieferungsverträge vgl. BKartA, Beschl. v. 13.1.2006 – B8-113/03 – E.ON Ruhrgas.

66 Verordnung (EU) Nr. 330/2010 der Kommission v. 20.4.2010 über die Anwendung von Artikel 101 Absatz 3 des Vertrags über die Arbeitsweise der Europäischen Union auf Gruppen von verti-

eine **Gruppenfreistellung für Arten von Vereinbarungen**, bei denen generell angenommen wird, dass sie für den Wettbewerb vorteilhaft sind und bei denen mögliche Wettbewerbsbeschränkungen freigestellt werden.

aa) Voraussetzungen der Freistellung

Die Freistellung gem. Art. 2 Abs. 1 VO (EU) 330/2010 hat mehrere Voraussetzungen 37
(im Folgenden werden die für Energielieferverträge relevanten Punkte dargestellt):

- Es muss eine **vertikale Vereinbarung** vorliegen. Dies ist eine Vereinbarung zwischen zwei oder mehr Unternehmen, von denen jedes für die Zwecke der Vereinbarung auf einer anderen Ebene der Produktions- oder Vertriebskette tätig ist. Die Vereinbarung muss die Bedingungen betreffen, zu denen die beteiligten Unternehmen Waren oder Dienstleistungen beziehen, verkaufen oder weiterverkaufen dürfen, Art. 1 Abs. 1 lit. a VO (EU) 330/2010.
- Der **Anteil des Anbieters** an dem relevanten Markt, auf dem er die Vertragswaren oder -dienstleistungen bezieht, und der Anteil des Abnehmers an dem relevanten Markt, auf dem er die Vertragswaren oder -dienstleistungen bezieht, darf jeweils **nicht mehr als 30%** betragen, Art. 3 VO (EU) 330/2010.
- Die Parteien dürfen **keine Wettbewerber** sein. Es ist jedoch unschädlich, wenn der Anbieter zugleich Hersteller und Händler von Waren ist, der Abnehmer dagegen Händler, jedoch kein Wettbewerber auf der Herstellungsebene. Ebenso ist es unschädlich, wenn der Anbieter ein auf mehreren Handelsstufen tätiger Dienstleister ist, der Abnehmer dagegen Waren oder Dienstleistungen auf der Einzelhandelsstufe anbietet, auf der Handelsstufe, auf der er die Vertragsdienstleistungen bezieht, aber kein Wettbewerber ist, Art. 2 Abs. 4 lit. a und lit. b VO (EU) 330/2010.
- Bestimmte **Kernbeschränkungen** in der Vereinbarung führen dazu, dass die Gruppenfreistellung insgesamt nicht anwendbar ist. Dazu gehören:
  - **Preisbindungen,** mit der Ausnahme der Festsetzung von Höchstverkaufspreisen und der Aussprache von Preisempfehlungen, die sich durch die Ausübung von Druck oder der Gewährung von Anreizen tatsächlich wie Fest- oder Mindestverkaufspreise auswirken, Art. 4 lit. a VO (EU) 330/2010.
  - **Gebiets- oder Kundenbeschränkungen** sowie bestimmte Beschränkungen in selektiven Vertriebssystemen und Beschränkungen des Weiterverkaufs von Ersatzteilen, Art. 4 lit. b, c, d und e VO (EU) 330.[67]
- Bestimmte andere Klauseln führen zwar nicht zu dem Wegfall der Freistellung für die gesamte Vereinbarung, sondern sind nur selbst nicht freigestellt. Hier

---

kalen Vereinbarungen und abgestimmten Verhaltensweisen (Gruppenfreistellungsverordnung) (ABl EU Nr. L 102 S. 1).

67 Vgl. dazu ausführlich unten Rn. 78.

muss jeweils noch geprüft werden, ob diese Klauseln im konkreten Fall gem. Art. 101 Abs. 3 AEUV freigestellt sind. Soweit diese Klauseln wegen Verstoßes gegen Art. 101 Abs. 1 AEUV nichtig sind, muss anhand der nationalen Regelungen geprüft werden, ob diese Teilnichtigkeit Auswirkungen auf den Gesamtvertrag hat.[68] Bei Energielieferverträgen sind hier vor allem die **Wettbewerbsverbote** relevant, die gem. Art. 5 Abs. 1 lit. a VO (EU) 330/2010 nicht für eine unbestimmte Dauer oder für eine Dauer **von mehr als fünf Jahren** vereinbart werden dürfen. Wettbewerbsverbote umfassen nach der Definition des Art. 1 Abs. 1 lit. d VO (EU) 330/2010 auch unmittelbare oder mittelbare Verpflichtungen, mehr als 80% seines Gesamtbezuges an den Vertragswaren oder -dienstleistungen bei einem Anbieter zu beziehen.

bb) Anwendung der VO (EU) 330/2010 auf Energielieferverträge

38 Energielieferverträge sind vertikale Vereinbarungen i.S.d. VO (EU) 330/2010.[69] Für die Bestimmungen der Marktanteile gem. Art. 3 VO (EU) 330/2010 müssen die **jeweils relevanten Märkte** analysiert werden. Diese hängen von der Art der Belieferung ab.

39 Bei der Belieferung von Weiterverteilern im Bereich Elektrizität ist für den Lieferanten der Marktanteil am (mindestens bundesweiten) **Erstabsatzmarkt für Elektrizität** maßgeblich. Nach den Zahlen für die Jahre 2013 und 2014 überschritt hier nur ein Lieferant knapp die 30%-Grenze.[70] Dass ein Abnehmer einen Anteil am Gesamtbezug von mehr als 30% haben könnte, kann wohl ausgeschlossen werden. Für die **Belieferung von Großkunden** ist der bundesweite Markt für die Belieferung von RLM-Kunden maßgeblich.[71]

40 Bei Erdgas ist für die Belieferung von Weiterverteilern die **(bundesweite) Großhandelsstufe** maßgeblich, für die Belieferung von Großkunden der (bundesweite) Markt für die Belieferung von RLM-Kunden.[72]

41 Bei der Belieferung von SLP-Kunden wird es in vielen Fällen schon an der **Unternehmenseigenschaft der Kunden** fehlen, sodass der Energieliefervertrag keine Vereinbarung zwischen Unternehmen ist, die dem Kartellrecht unterfällt.

---

68 Loewenheim/Meessen/Riesenkampff/Kersting/Meyer-Lindemann/*Baron*, Art. 5 Vert-GVO, Rn. 407.
69 Zu der Frage der Anwendbarkeit der VO (EU) 330/2010 auf die Konditionen von Vergleichsplattformen, vgl. unten Rn. 157.
70 BNetzA/BKartA, Monitoringbericht 2015, S. 38, abrufbar unter https://www.bundesnetzagentur.de/SharedDocs/Downloads/DE/Allgemeines/Bundesnetzagentur/Publikationen/Berichte/2015/Monitoringbericht_2015_BA.pdf?__blob=publicationFile.
71 Vgl. dazu BKartA, Beschl. v. 8.12.2011 – B8-94/11, Rn. 60 – RWE/Stadtwerke Unna.
72 Vgl. dazu BKartA, Beschl. v. 23.10.2014 – B8-69/14, Rn. 115 f. und 129 f. – EWE/VNG.

Zu beachten ist, dass die **Ermittlung der Marktanteile** für die Anwendung der VO (EU) 330/2010 auf der Grundlage der Vorgaben des Art. 7 VO (EU) 330/2010 vorgenommen werden muss. So werden z.B. anders als im sonstigen Kartellrecht die internen Verkäufe an vertikal integrierte Händler für den Marktanteil des Anbieters mitgerechnet, Art. 7 lit. c VO (EU) 330/2010. Wichtig ist hier insbesondere die Regelung in Art. 7 lit. d und lit. e VO (EU) 330/2010, wie bei einem langfristigen Vertrag mit einer **einmaligen Marktanteilsüberschreitung** umgegangen werden muss. Wenn der Marktanteil ursprünglich unter 30% lag, aber anschließend diese Schwelle überschreitet, gilt die Freistellung im Anschluss an das Jahr, in dem die Schwelle von 30% erstmals überschritten wurde weiter: zwei Kalenderjahre, wenn der Marktanteil kleiner als 35% bleibt, ein Kalenderjahr, wenn der Marktanteil 35% überschreitet. 42

Praxistipp
Für die Berechnung der Marktanteile gem. der VO (EU) 330/2010 gelten teilweise andere Regeln als für die Berechnungen im Rahmen der Fusionskontrolle.

Für die Anwendung der Gruppenfreistellung ist notwendig, dass die Vertragsparteien keine Wettbewerber i.S.d. VO (EU) 330/2010 sind. Dabei ist auf den Markt der Vertragsprodukte abzustellen. Auf dem **relevanten sachlichen und geographischen Markt** dürfen die Vertragsparteien **weder aktuelle noch potenzielle Wettbewerber** sein.[73] Problematisch ist dies vor allem in den Fällen, in denen ein Weiterverteiler von einem Lieferanten Energie bezieht, der selbst (oder über verbundene Unternehmen, Art. 1 Abs. 2 VO (EU) 330/2010) auf den nachgelagerten Märkten tätig ist. Gem. Art. 2 Abs. 4 lit. b VO (EU) 330/2010 ist dies unschädlich, sofern nur der Anbieter sowohl Hersteller der Waren als auch Händler ist, während der Abnehmer nur Händler ist. Wenn beide Unternehmen sowohl auf Erzeuger als auch auf Handelsebene tätig sind, findet die Gruppenfreistellungsverordnung allerdings keine Anwendung. Das gleiche gilt, wenn der Anbieter kein Erzeuger ist, sondern auf Groß- und Einzelhandelsebene tätig ist, während der Abnehmer auf Einzelhandelsebene tätig ist. Auch hier entfällt die Freistellung.[74] 43

In Bezug auf Energielieferungsverträge bedeutet dies, dass ein Vertrag zwischen einem **Lieferanten, der selbst Erdgas produziert**, und der auch in Deutschland RLM-Kunden beliefert, und einem Weiterverteiler, der selbst kein Produzent ist, grundsätzlich freigestellt werden kann, weil das Wettbewerbsverhältnis zwischen den Vertragsparteien gem. Art. 2 Abs. 4 lit. a VO (EU) 330/2010 nicht schädlich ist. 44

73 Vgl. Wiedemann/*Seeliger*, § 11 Rn. 111; Loewenheim/Meessen/Riesenkampff/Kersting/Meyer-Lindemann/*Baron*, Art. 2 Vert-GVO, Rn. 130.

74 Loewenheim/Meessen/Riesenkampff/Kersting/Meyer-Lindemann/*Baron*, Art. 2 Vert-GVO, Rn. 135; Wiedemann/*Seeliger*, Handbuch Kartellrecht § 11 Rn. 122.

Wenn der Lieferant jedoch kein Erdgasproduzent, sondern nur Importeur oder Händler ist, handelt es sich um eine Vereinbarung zwischen Wettbewerbern, die nicht von der Freistellung umfasst ist.

45 Ebenso ist ein Liefervertrag zwischen einem **Stromerzeuger, der auch im Endkundenvertrieb tätig ist**, mit einem Abnehmer, der selbst keinen Strom erzeugt, sondern nur den Strom an Endkunden weiterverkauft, grundsätzlich für eine Freistellung geeignet. Wenn der Abnehmer selbst Strom erzeugt, wäre Art. 2 Abs. 4 lit. a VO (EU) 330/2010 allerdings wieder nicht anwendbar.[75]

---

i **Praxistipp**
Die Frage, ob die Vertragsparteien Wettbewerber sind und ob ggf. die Ausnahme gem. Art. 2 Abs. 4 lit. a VO (EU) 330/2010 greift, muss bei der Energieversorgung besonders sorgfältig untersucht werden.

---

46 Bestimmte Klauseln führen dazu, dass die Gruppenfreistellung insgesamt entfällt. Hierzu gehören **Preisbindungen**. Nach Art. 4 lit. a VO (EU) 330/2010 ist es allerdings möglich, Höchstverkaufspreise festzulegen oder Preisempfehlungen auszusprechen, sofern diese nicht durch Ausübung von Druck oder die Gewährung von Anreizen sich faktisch wie Fest- oder Mindestverkaufspreise auswirken. Entsprechende Klauseln werden in Energielieferverträgen aber inzwischen kaum mehr zu finden sein.[76] Ebenso unzulässig sind **Gebiets- und Kundengruppenbeschränkungen**. Unzulässig wäre danach z.B. das Verbot, gewerbliche Abnehmer zu beliefern oder ein Exportverbot.[77] Art. 4 lit. a VO (EU) 330/2010 sieht verschiedene Ausnahmen von dem Verbot vor, die allerdings bei Energielieferverträgen kaum relevant sein werden, sondern eher im Rahmen von Vertriebsstrukturen wie selektiver Vertrieb oder Franchise genutzt werden können. Soweit ein Vertrag Klauseln enthält, die gem. Art. 4 VO (EU) 330/2010 dazu führen, dass die Gruppenfreistellung nicht anwendbar ist, kann immer noch überprüft werden, ob der Vertrag die **Voraussetzung der Einzelfreistellung** in Art. 101 Abs. 3 AEUV erfüllt. Die Voraussetzungen der Einzelfreistellung werden zwar regelmäßig bei Kernbeschränkungen nicht erfüllt sein, im Einzelfall kann sich aber eine andere Bewertung ergeben.[78]

75 Außer, es handelt sich um eine reine Erzeugung von EEG-Strom, da dies als separater Markt angesehen wird.
76 Zu der Frage, ob Bestpreisklauseln in Verträgen von Vergleichsplattformen eine Kernbeschränkung darstellen können, vgl. unten Rn. 158.
77 Loewenheim/Meessen/Riesenkampff/Kersting/Meyer-Lindemann/*Baron*, Art. 4 Vert-GVO, Rn. 241.
78 Vgl. Wiedemann/*Seeliger*, Handbuch Kartellrecht, § 11 Rn. 142; Loewenheim/Meessen/Riesenkampff/Kersting/Meyer-Lindemann/*Baron*, Art. 2 Vert-GVO, Rn. 341; vgl. dazu auch BGH, Beschl. v. 12.12.2017 – KVZ 41/17, Rn. 36.

Von den Klauseln gem. Art. 5 VO (EU) 330/2010, deren Aufnahme zwar nicht zu dem Wegfall der Freistellung für die gesamte Vereinbarung führen, sondern die nur selbst nicht freigestellt sind, sind bei Energielieferverträgen vor allem die Wettbewerbsverbote relevant, die gem. Art. 5 Abs. 1 lit. a VO (EU) 330/2010 nicht für eine unbestimmte Dauer oder für eine Dauer von mehr als fünf Jahren vereinbart werden dürfen. Ein Wettbewerbsverbot umfasst nach der Definition des Art. 1 Abs. 1 lit. d VO (EU) 330/2010 auch unmittelbare oder mittelbare Verpflichtungen, mehr als 80% seines Gesamtbezuges an den Vertragswaren oder -dienstleistungen bei dem Anbieter zu beziehen. Damit sind zum einen **Gesamtbedarfsdeckungsklauseln und Alleinbezugsklauseln** erfasst. Ebenfalls erfasst sind Klauseln, mit denen absolute Abnahmemengen festgelegt werden, die auf der Grundlage der zu erwartenden Bezüge (ggf. auch abgeleitet von Vorjahresmengen) mehr als 80% des Gesamtbedarfes darstellen. 47

Soweit entsprechende Klauseln vereinbart werden, muss die Dauer auf höchstens **fünf Jahre begrenzt** werden. Eine stillschweigende Verlängerung über fünf Jahre hinaus wird dabei wie eine Vereinbarung auf unbestimmte Dauer behandelt, Art. 5 Abs. 1 S. 2 VO (EU) 330/2010. Soweit eine Klausel die Voraussetzungen des Art. 5 Abs. 1 VO (EU) 330/2010 nicht erfüllt, muss jeweils noch geprüft werden, ob diese Klausel im konkreten Fall gem. Art. 101 Abs. 3 AEUV freigestellt ist.[79] Falls sich hier keine Zulässigkeit ergibt, ist die Klausel wegen Verstoßes gegen Art. 101 Abs. 1 AEUV nichtig. Ob diese Teilnichtigkeit zu der Nichtigkeit des Gesamtvertrages führt, muss anhand des nationalen Rechts bestimmt werden. Soweit der Vertrag eine salvatorische Klausel enthält, muss zwar trotzdem die nach § 139 BGB vorgesehene Prüfung vorgenommen werden, ob die Parteien das teilnichtige Geschäft als Ganzes verworfen hätten. Die salvatorische Klausel weist aber demjenigen, der entgegen der Erhaltensklausel den Vertrag als Ganzes für unwirksam hält, hierfür die Darlegungs- und Beweislast zu.[80] Nicht möglich ist eine **geltungserhaltende Reduktion** von Klauseln, die eine zu lange Bindungsfrist vorsehen.[81] 48

Praxistipp

i

Stillschweigende Vertragsverlängerungen führen dazu, dass der Vertrag als auf unbestimmte Dauer abgeschlossen gilt. Wettbewerbsverbote sind dann nicht mehr von der VO (EU) 330/2010 freigestellt.

---

79 Für Wettbewerbsverbote finden sich hierzu Hinweise in Europäische Kommission, Leitlinien für vertikale Beschränkungen (ABl EU 2010 Nr. C 130 S. 1, Rn. 132f.). Längere Laufzeiten als fünf Jahre werden danach nur freistellungsfähig sein, wenn besondere Investitionen die längere Dauer rechtfertigen, vgl. Wiedemann/*Kirchhoff*, Handbuch Kartellrecht, § 11 Rn. 264.

80 BGH, Urt. v. 7.10.2014 – EnZR 86/13 – NZBau 2015, 115 – Stromnetz Olching.

81 Loewenheim/Meessen/Riesenkampff/Kersting/Meyer-Lindemann/*Baron*, Art. 5 Vert-GVO, Rn. 407.

b) Leitlinien Vertikalvereinbarungen

aa) Allgemein zu Art. 101 Abs. 1 und Abs. 3 AEUV

49 Wenn Vereinbarungen nicht die Voraussetzungen der VO (EU) 330/2010 erfüllen, muss eine Prüfung anhand von Art. 101 AEUV durchgeführt werden, um festzustellen, ob Wettbewerbsbeschränkungen vorliegen und ob diese ggf. freigestellt werden können. Die Europäische Kommission hat ihren Ansatz für entsprechende Prüfungen in den **Leitlinien Vertikalvereinbarungen**[82] niedergelegt. Aus Sicht der Kommission müssen für die Analyse, ob eine vertikale Vereinbarung zu einer spürbaren Beschränkung des Wettbewerbs i.S.d. Art. 101 Abs. 1 AEUV führt, insbesondere die nachfolgenden Faktoren betrachtet werden:
- Art der Vereinbarung;
- Marktstellung der beteiligten Unternehmen;
- Marktstellung der Wettbewerber;
- Marktstellung der Abnehmer der Vertragsprodukte;
- Marktzutrittsschranken;
- Marktreife;
- Handelsstufe;
- Beschaffenheit des Produkts;
- sonstige Faktoren.[83]

50 Die Europäische Kommission weist darauf hin, dass das Gewicht der einzelnen Faktoren in der Analyse schwanken kann und es nicht möglich sei, feste Regeln für die **Gewichtung der einzelnen Faktoren** aufzustellen. In Bezug auf Energielieferverträge wird der wesentliche Aspekt – neben der Marktstellung der beteiligten Unternehmen – die Frage der **Marktzutrittsschranken** sein. Die Kommission misst Marktzutrittsschranken daran, inwieweit etablierte Unternehmen ihren Preis über das Niveau des Marktpreises anheben können, ohne den Einstieg neuer Anbieter in den Markt zu provozieren.[84] Die Praxis der Kartellbehörden bei der Bewertung langfristiger Lieferverträge zeigt, dass bestehende oder durch die Vereinbarung verstärkte Marktzutrittsschranken für die Bewertung der Vereinbarungen wesentlich waren.[85] Die **zunehmende Marktöffnung** auf allen Ebenen der Energiemärkte führt damit auch dazu, dass die kartellrechtlichen Bedenken in Bezug auf Energielieferverträge insgesamt geringer werden.

---

82 Europäische Kommission, Leitlinien für vertikale Beschränkungen (ABl EU 2010 Nr. C 130 S. 1).

83 Europäische Kommission, Leitlinien für vertikale Beschränkungen (ABl EU 2010 Nr. C 130 S. 1, Rn. 111 f.).

84 Europäische Kommission, Leitlinien für vertikale Beschränkungen (ABl EU 2010 Nr. C 130 S. 1, Rn. 117).

85 Übersicht zu der Entwicklung in Wiedemann/*Scholz*, Handbuch Kartellrecht, § 34 Rn. 130 f.

Auch wenn eine spürbare Wettbewerbsbeschränkung vorliegen sollte, besteht die Möglichkeit, dass sie gem. Art. 101 Abs. 3 AEUV **freigestellt** ist, soweit die Vereinbarung unter angemessener Beteiligung der Verbraucher an dem entstehenden Gewinn zur Verbesserung der Warenerzeugung oder -verteilung oder zur Förderung des technischen oder wirtschaftlichen Fortschrittes beiträgt, ohne dass den beteiligten Unternehmen Beschränkungen auferlegt werden, die für die Verwirklichung dieser Ziele nicht unerlässlich sind oder Möglichkeiten eröffnet werden, für einen wesentlichen Teil der Waren den Wettbewerb auszuschalten. Die Leitlinien Vertikalvereinbarungen enthalten dazu Erläuterungen:[86] Die Europäische Kommission weist darauf hin, dass Vertikalvereinbarungen häufig zur **Erzielung von Effizienzvorteilen** beitragen, weil sie die Art und Weise verbessern, wie die beteiligten Unternehmen ihre einander ergänzenden Tätigkeiten ausüben.[87] Bei der Prüfung, ob bestimmte Einschränkungen unerlässlich sind, um Effizienzvorteile zu generieren, verlangt die Kommission eine Darlegung, warum offensichtlich realistische und deutlich weniger restriktiv erscheinende Alternativen erheblich weniger effizient wären. Wenn die Alternativregelung zu erheblichen Effizienzeinbußen führte, kann die Beschränkung als unerlässlich angesehen werden. Die erzielten Effizienzgewinne müssen auch in angemessener Weise den **Verbrauchern zugutekommen** – das heißt, dass die Effizienzgewinne etwaige negative Auswirkungen der Vereinbarung auf Preise, Produktion und andere relevante Faktoren in vollem Umfang ausgleichen müssen. Schließlich darf die Anwendung des Art. 101 Abs. 3 AEUV nicht dazu führen, dass der wirksame Wettbewerb ausgeschaltet wird, das heißt, dass alle bzw. fast alle bestehenden Quellen tatsächlichen oder potenziellen Wettbewerbs ausgeschlossen werden. Eine wettbewerbsbeschränkende Vereinbarung, die eine marktbeherrschende monopolähnliche Stellung aufrechterhält, schafft oder verstärkt, kann normalerweise nicht mit damit einhergehenden Effizienzgewinnen gerechtfertigt werden.[88] 51

bb) Analyse einzelner Beschränkungen

Die Leitlinien Vertikalvereinbarungen geben auch Hinweise, wie bestimmte Beschränkungen zu beurteilen sind, wenn die VO (EU) 330/2010 nicht anwendbar ist. Die Kommission erläutert, welche Gesichtspunkte für die Analyse bestimmter Be- 52

---

86 Allgemein zur Auslegung des Art. 101 Abs. 3 AEUV durch die Kommission, vgl. Europäische Kommission, Leitlinien zur Anwendung von Art. 81 Abs. 3 EGV (ABl EU 2004 Nr. C 101 S. 97).
87 Dazu und zu den folgenden Aspekten: Europäische Kommission, Leitlinien für vertikale Beschränkungen (ABl EU 2010 Nr. C 130 S. 1, Rn. 124 f.).
88 So Europäische Kommission, Leitlinien für vertikale Beschränkungen (ABl EU 2010 Nr. C 130 S. 1, Rn. 127).

schränkungen relevant sind. Im Rahmen von Energielieferverträgen sind hier vor allem **Markenzwang und Kopplungsbindungen.**[89]

53 Die Europäische Kommission fasst unter der Bezeichnung Markenzwang Vereinbarungen zusammen, deren zentrales Element darin besteht, dass der Abnehmer verpflichtet ist oder veranlasst wird, seine **Bestellungen für ein bestimmtes Produkt** auf einen **Anbieter zu konzentrieren.** Dazu gehören natürlich auch Wettbewerbsverbote und Vereinbarungen, die zu einer Abnahme von mehr als 80% des Bedarfs verpflichten. Markenzwang kann zu einer Abschottung des Marktes gegenüber konkurrierenden oder potenziellen Anbietern führen und auch Kollusion unter Anbietern, die gleichartige Vereinbarungen handhaben, erleichtern.[90] Grundsätzlich kann Markenzwang auch zu einem Verlust an Markenwettbewerb führen; in Bezug auf die Energiemärkte spielt dieser Aspekt jedoch keine wesentliche Rolle.

54 Die Kommission sieht vor allem dann marktabschottende Wirkung von Markenzwang, wenn ohne diese Bindung **erheblicher Wettbewerbsdruck** von Wettbewerbern ausgeht, die zum Zeitpunkt der Vereinbarung entweder noch nicht auf dem Markt vertreten sind oder aber dem Kunden noch nicht das gesamte benötigte Angebot bieten können. Wenn die Wettbewerber jedoch unter gleichen Bedingungen um die gesamte Nachfrage jedes einzelnen Kunden konkurrieren, sei eine Beeinträchtigung des wirksamen Wettbewerbs unwahrscheinlicher. Die Kommission sieht Ausschließlichkeitsbindungen von Unternehmen, die nicht marktbeherrschend sind, bei einer Länge von maximal einem Jahr als grundsätzlich unbedenklich an, bei einer Dauer von ein bis fünf Jahren müssten die wettbewerbsfördernden und -hindernden Auswirkungen der Vereinbarung sorgfältig gegenübergestellt werden. Bei **Laufzeiten von mehr als fünf Jahren** sei aber davon auszugehen, dass die Bindungen bei den meisten Investitionsarten nicht als für die Erzielung der behaupteten Effizienzgewinne erforderlich betrachtet werden bzw. dass diese Gewinne nicht ausreichten, um die Abschottungswirkungen zu kompensieren. Soweit marktbeherrschende Unternehmen beteiligt sind, steigt die Wahrscheinlichkeit einer wettbewerbswidrigen Marktabschottung.[91]

55 Die Kommission weist darauf hin, dass bei **hinreichend zahlreichen und starken Wettbewerbern** nicht mit spürbaren wettbewerbswidrigen Wirkungen des Markenzwangs zu rechnen sei. Allerdings könnten sich hier kumulative Wirkungen ergeben, die zum Ausschluss potenzieller neuer Anbieter führen, wenn mehrere große

---

89 Die Leitlinien behandeln darüber hinaus noch Alleinvertrieb, Kundenbeschränkungen, selektiven Vertrieb, Franchising, Alleinbelieferung, Vorauszahlungen für den Zugang und Produktgruppenmanagement-Vereinbarungen.

90 Europäische Kommission, Leitlinien für vertikale Beschränkungen (ABl EU 2010 Nr. C 130 S. 1, Rn. 130).

91 Europäische Kommission, Leitlinien für vertikale Beschränkungen (ABl EU 2010 Nr. C 130 S. 1, Rn. 132 f.).

Anbieter Verträge schließen, die Markenzwang enthalten. Nach der Kommission ist eine einfache oder **kumulative wettbewerbswidrige Wirkung** unwahrscheinlich, wenn der Marktanteil des größten Anbieters weniger als 30% beträgt und die fünf größten Anbieter zusammen weniger als 50% des Marktes abdecken.[92]

Die Kommission behandelt in den Leitlinien Vertikalvereinbarungen **auch Kopplungsbindungen.** Bei Kopplungsbindungen müssen Kunden, die ein Produkt erwerben auch ein weiteres Produkt kaufen. Die Kopplungsbindungen sind vor allem bei der Prüfung des Missbrauchs einer marktbeherrschenden Stellung relevant, sie können aber auch eine vertikale Beschränkung i.S.d. Art. 101 AEUV darstellen, wenn sie in Bezug auf das gekoppelte Produkt eine Verpflichtung von der Art des Markenzwanges bewirken.[93] 56

Schließlich bewertet die Kommission in den Leitlinien auch **Beschränkungen des Weiterverkaufspreises.** Mittelbare und unmittelbare Festsetzungen eines Mindest- oder Festweiterverkaufspreises stellen Kernbeschränkungen dar und sind regelmäßig nicht freistellungsfähig. Effizienzgewinne, die im Rahmen einer Freistellung zu würdigen wären, sieht die Kommission vor allem bei der Einführung neuer Produkte oder bei Trittbrettfahrerproblemen auf Vertriebsebene.[94] Im Rahmen von Energielieferverträgen werden diese Gesichtspunkte kaum relevant werden.[95] 57

2. Art. 102 AEUV, § 19 GWB

Art. 102 AEUV untersagt die **missbräuchliche Ausnutzung einer marktbeherrschenden Stellung**, § 19 GWB enthält eine entsprechende Regelung des deutschen Rechtes. Gem. Art. 3 Abs. 1 VO (EG) 1/2003[96] muss, soweit nationales Kartellrecht auf verbotene Missbräuche gem. Art. 102 AEUV angewendet wird, Art. 102 AEUV parallel angewendet werden. Nationales Recht kann aber hier in Bezug auf **einseitige Verhaltensweisen von Unternehmen strenger** sein, Art. 3 Abs. 2 S. 2 VO (EG) 1/2003.[97] 58

Soweit marktbeherrschende Unternehmen als Parteien an Energielieferverträgen beteiligt sind, können einzelne Regelungen der Verträge auch gegen das Verbot 59

92 Europäische Kommission, Leitlinien für vertikale Beschränkungen (ABl EU 2010 Nr. C 130 S. 1, Rn. 134 f.).

93 Europäische Kommission, Leitlinien für vertikale Beschränkungen (ABl EU 2010 Nr. C 130 S. 1, Rn. 214).

94 Europäische Kommission, Leitlinien für vertikale Beschränkungen (ABl EU 2010 Nr. C 130 S. 1, Rn. 225 f.).

95 Vgl. aber die Ausführungen zu Vergleichsplattformen unten Rn. 152.

96 ABl EU 2003 Nr. L 1 S. 1.

97 Loewenheim/Meessen/Riesenkampff/Kersting/Meyer-Lindemann/*Zuber*, Art. 3 Rn. 6 VerfVO.

der missbräuchlichen Ausnutzung einer marktbeherrschenden Stellung verstoßen. So können die **Preisregelungen einen Ausbeutungsmissbrauch** darstellen.[98]

60 Lieferverträge und deren Regelungen können auch einen **Behinderungsmissbrauch** darstellen. Dabei handelt es sich um Verhaltensweisen, mit denen marktbeherrschende Unternehmen Wettbewerber in wettbewerbswidriger Weise vom Markt ausschließen und auf diese Weise die Verbraucherwohlfahrt beeinträchtigen.[99] Zu den Verhaltensweisen, mit denen von marktbeherrschenden Unternehmen eine entsprechende Wirkung erzielt werden kann, gehören auch **Ausschließlichkeitsbindungen, Kopplungsbindungen und Rabatte, die eine marktverschließende Wirkung** haben können. Neben dem Versuch, den Marktzugang zu den Abnehmern zu erschweren, kann auch der Versuch, Wettbewerbern den Bezug auf vorgelagerten Märkten zu erschweren, missbräuchlich sein.[100]

61 Alleinbezugsverpflichtungen bei marktbeherrschenden Unternehmen können aus Sicht der Europäischen Kommission insbesondere dann zu einer **wettbewerbswidrigen Marktverschließung** führen, wenn diese Bindungen Wettbewerbsdruck von Wettbewerbern verhindern, die zum Zeitpunkt der Vereinbarung der Bezugsbindung entweder noch nicht auf dem Markt vertreten sind oder aber den Abnehmern noch nicht das gesamte benötigte Angebot bieten können.[101] Diese Voraussetzungen werden bei der derzeitigen Marktentwicklung auf den Energiemärkten eher selten gegeben sein. Soweit alle Wettbewerber unter gleichen Bedingungen um die gesamte Nachfrage eines jeden Abnehmers konkurrieren können, resultiert die marktverschließende Wirkung im Wesentlichen aus der Dauer der Ausschließlichkeitsbindung. Aus der Wertung des Art. 5 Abs. 1 lit. a VO (EU) 330/2010 kann man ersehen, dass selbst bei nicht marktbeherrschenden Unternehmen mit einem Marktanteil von weniger als 30% eine Bindung von mehr als fünf Jahren regelmäßig als problematisch angesehen wird. Bei Marktbeherrschern wird man entsprechend nur eine wesentlich kürzere Bindungszeit als noch zulässig ansehen können, Maßstab bleiben aber immer die konkreten marktverschließenden Wirkungen.[102] In den Ver-

98 Zu der kartellrechtlichen Missbrauchskontrolle von Energiepreisen ausführlich unter Rn. 96f.

99 Europäische Kommission, Erläuterungen zu den Prioritäten der Kommission bei der Anwendung von Art. 82 EGV auf Fälle von Behinderungsmissbrauch durch marktbeherrschende Unternehmen (ABl EU 2009 Nr. C 45 S. 7, Rn. 19f.).

100 Europäische Kommission, Erläuterungen zu den Prioritäten der Kommission bei der Anwendung von Art. 82 EGV auf Fälle von Behinderungsmissbrauch durch marktbeherrschende Unternehmen (ABl EU 2009 Nr. C 45 S. 7, Rn. 32, insbesondere Fn. 4).

101 Europäische Kommission, Erläuterungen zu den Prioritäten der Kommission bei der Anwendung von Art. 82 EGV auf Fälle von Behinderungsmissbrauch durch marktbeherrschende Unternehmen (ABl EU 2009 Nr. C45 S. 7, Rn. 36). Vgl. dazu auch oben Rn. 54.

102 Vgl. hierzu auch den EDF/Exeltium-Fall, Europäische Kommission, MEMO/08/533, 31.7.2008; *Bessot/Ciszewski/von Haasteren*, Competition Policy Newsletter 2/2010, 10, 11.

fahren zu langfristigen Gaslieferverträgen ging das Bundeskartellamt 2006 in Bezug auf die **Vertragsgestaltung eines Marktbeherrschers** davon aus, dass bei einer Bezugsquote von über 80% eine Vertragsdauer von maximal zwei Jahren und bei einer Bezugsquote von 50 bis 80% eine Vertragsdauer von maximal vier Jahren zulässig ist.[103]

Behinderungsmissbrauch kann auch in Kopplung und Bündelung von Produk- 62
ten liegen, in Kampfpreispraktiken sowie – soweit Vorprodukte betroffen sind – in Lieferverweigerung oder einer Kosten-Preis-Schere. Auch ein Verhalten eines marktbeherrschenden Unternehmens, das zur Ausschließung von Wettbewerbern führt, kann jedoch mit Effizienzvorteilen begründet werden, wenn diese ausreichend sind, um zu gewährleisten, dass den Verbrauchern kein Schaden entsteht. Die **Darlegungs- und Beweislast für solche Effizienzvorteile** trägt das Unternehmen.[104]

II. Einzelne kartellrechtlich relevante Klauseln

In den Ausführungen zu dem kartellrechtlichen Rahmen für die Bewertung von 63
Energielieferverträgen wurde schon auf einzelne Vertrags- und Klauselgestaltungen hingewiesen, die kartellrechtlich als problematisch anzusehen sein können. Im Folgenden werden die verschiedenen Klauseln vertieft betrachtet, unter **Einbeziehung der relevanten Behördenpraxis.**

1. Bedarfsdeckungsklauseln

Bedarfsdeckungsklauseln können bei Vorliegen der sonstigen Voraussetzungen 64
der VO (EU) 330/2010 bis zu einer Dauer von fünf Jahren freigestellt sein, Art. 5 Abs. 1 lit. a VO (EU) 330/2010. Die Freistellung gilt für alle Wettbewerbsverbote i.S.v. Art. 1 Abs. 1 lit. d VO (EU) 330/2010, also für unmittelbare oder mittelbare Verpflichtungen, mehr als 80% seines Gesamtbezuges an den Vertragswaren oder -dienstleistungen bei dem Anbieter zu beziehen. Ebenfalls erfasst sind Klauseln, mit denen absolute Abnahmemengen festgelegt werden, die auf der Grundlage der zu erwartenden Bezüge mehr als 80% des Gesamtbedarfes darstellen.[105] Soweit die Voraus-

---

103 BKartA, Beschl. v. 13.1.2006 – B8-113/03 – WuW/E DE-V 1147; bestätigt vom OLG Düsseldorf, Beschl. v. 20.6.2006 – VI-2 Kart 1/06 – WuW/E DE-R 2197 – Gaslieferverträge, zu Art. 102 AEUV insbesondere Rn. 101f.; und BGH, Beschl. v. 10.2.2009 – KVR 67/07 – BGHZ 180, 323 (nur zu Art. 101 AEUV und § 1 GWB).

104 Europäische Kommission, Erläuterungen zu den Prioritäten der Kommission bei der Anwendung von Art. 82 EGV auf Fälle von Behinderungsmissbrauch durch marktbeherrschende Unternehmen (ABl EU 2009 Nr. C 45 S. 7, Rn. 30f.).

105 Vgl. dazu oben Rn. 47.

setzungen der VO (EU) 330/2010 nicht vorliegen, erfolgt eine Analyse anhand der Vertikalleitlinien der Kommission.[106]

Praxistipp
Unterhalb eines Marktanteils von 30% können Bedarfsdeckungsklauseln gem. der VO (EU) 330/2010 für eine Dauer von fünf Jahren zulässig sein. Oberhalb dieser Marktanteilsschwelle werden regelmäßig nur kürzere Vertragslaufzeiten zulässig sein.

65 Das Bundeskartellamt führte 2006 bis 2008 Verfahren gegen fünfzehn deutsche Ferngasunternehmen wegen Marktabschottung auf dem (damals noch so abgegrenzten) Markt für die Belieferung von regionalen und lokalen Weiterverteilern infolge **langfristiger Gaslieferverträge** durch. Das Amt führte gegen E.ON Ruhrgas ein Musterverfahren,[107] die weiteren Fälle wurden durch Verpflichtungszusagen beendet. Das Bundeskartellamt ging davon aus, dass bei einer Bezugsquote von über 80% eine Vertragsdauer von maximal zwei Jahren und bei einer Bezugsquote von 50 bis 80% eine Vertragsdauer von maximal vier Jahren zulässig sei. Die **marktverschließende Wirkung** beruhte aus Sicht des Amtes vor allem darauf, dass die Ferngasunternehmen in ihren herkömmlichen Versorgungsgebieten über ein natürliches Monopol an der Netzstruktur verfügten, das nur durch ein rechtlich abgesichertes und praktisch handhabbares Durchleitungssystem überwunden werden könnte, das anderen Weiterverteilern die Möglichkeit einräumt, Nachfrager in dem Gebiet zu Wettbewerbsbedingungen zu beliefern. 2006 sah das Bundeskartellamt eine solche Entwicklung noch nicht gegeben, sodass durch die Verfügungen eine Marktöffnung zumindest für die jeweils 80% übersteigenden Mengen erzwungen wurde.[108] Bei der Evaluierung der bis zum Ende des Gaswirtschaftsjahres 2010 befristeten Verfügungen im Jahr 2010 stellte das Bundeskartellamt fest, dass aufgrund der GasNZV[109] und das durch diese eingeführte Zweivertragsnetzzugangsmodell und aufgrund der zahlreichen Umsetzungsmaßnahmen sowie der Verbesserung des Großhandelsmarktes die Möglichkeiten der Diskriminierung nicht vertikal integrierter Gasversorger verringert wurden und eine verbesserte Durchleitung bewirkt wurde. Aus diesen Gründen sah das Bundeskartellamt davon ab, die Regelungen zur Begrenzung der Laufzeiten von Gaslie-

106 Vgl. dazu oben Rn. 49.

107 BKartA, Beschl. v. 13.1.2006 – B8-113/03 – WuW/E DE-V 1147, bestätigt vom OLG Düsseldorf, Beschl. v. 20.6.2006 – VI-2 Kart 1/06 – WuW/E DE-R 2197 – Gaslieferverträge und BGH, Beschl. v. 10.2.2009 – KVR 67/07 – BGHZ 180, 323. Zu dem Verfahren *Böge*, WuW 2005, 1098.

108 Das BKartA wies darauf hin, dass eine Selbstverpflichtung zur Freigabe von jeweils 20% der Mengen im Jahr 2003 nicht die intendierte Wirkung hatte, vgl. BGH, Beschl. v. 10.2.2009 – KVR 67/07 – BGHZ 180, 323, Rn. 14, 31.

109 Gasnetzzugangsverordnung (GasNZV) v. 3.9.2010 (BGBl. I S. 1261), zuletzt geändert durch Verordnung v. 11.8.2017 (BGBl. I S. 3194).

ferverträgen über den 30.9.2010 zu verlängern. Das Amt behielt sich aber entsprechende Maßnahmen zu einem späteren Zeitpunkt vor, falls zukünftig wieder wettbewerbsbeschränkende Wirkungen von entsprechenden Regelungen zu erwarten wären.[110]

Die Europäische Kommission untersuchte 2010, inwieweit **langfristige Verträge der EDF** mit Industriekunden einen marktverschließenden Effekt auf dem französischen Elektrizitätsmarkt für industrielle Großkunden mit einem Verbrauch von mindestens 7 GWh hatten.[111] Die Kommission kam zu dem Ergebnis, dass EDF aus verschiedenen Gründen eine marktbeherrschende Stellung auf dem relevanten Markt hatte. So war der Marktanteil von EDF (absolut wie auch relativ im Verhältnis zu den Wettbewerbern) hoch und es gab auch **erhebliche Markteintrittsschranken**, im Hinblick auf die Schwierigkeiten, Strom für den Weiterverkauf zu erwerben, den Verwaltungsrahmen und im Hinblick auf Informationszugang der Kunden. Zudem wurde die Stellung der EDF durch andere Faktoren wie ihre vertikale Integration und ihr großes Kundenportfolio gestärkt. 66

Die Kommission vertrat die Auffassung, dass EDF ihre marktbeherrschende Stellung missbräuchlich ausgenutzt haben könnte, indem sie in Frankreich mit industriellen Stromgroßkunden Verträge abschloss, die aufgrund ihres Anwendungsbereichs, ihrer Laufzeit und ihrer Art den **Markt für Lieferungen an industrielle Großkunden** sowohl gegenüber Hauptlieferanten als auch gegenüber Nebenlieferanten **abschotteten.** 67

Dabei stützte sich die Kommission darauf, dass fast alle Lieferverträge von EDF Aspekte beinhalteten, die es ihren Kunden erschwerten, ihren Strombedarf ganz oder teilweise über alternative Anbieter – als Haupt- oder als Nebenlieferanten – zu decken. Bei den von EDF auf dem relevanten Markt abgeschlossenen Verträgen handle es sich bei fast allen vertraglich vereinbarten Mengen um **Exklusivverträge**, wobei die Exklusivität entweder auf einer expliziten Klausel des Liefervertrags (de-jure-Exklusivität) oder auf der Anwendung mehrerer Klauseln mit demselben Effekt beruhe, die einen starken Anreiz dafür schafften, Strom ausschließlich von EDF zu beziehen (de-facto-Exklusivität).[112] 68

EDF bot Verpflichtungszusagen an, die der Marktabschottung abhelfen sollten. 69
EDF verpflichtete sich zum einen, ihr Portfolio so zu organisieren, dass regelmäßig

---

110 BKartA, Bericht über die Evaluierung der Beschlüsse zu langfristigen Gaslieferverträgen, 2010, abrufbar unter http://www.BKartA.de/SharedDocs/Publikation/DE/Sektoruntersuchungen/Untersuchung%20Langfristige%20Gaslieferverträge%20-%20Evaluierung.pdf;jsessionid=F0F1633A634B9E73BD028E3CE75F4671.2_cid378?__blob=publicationFile&v=4.

111 Europäische Kommission, Entsch. v. 17.3.2010 – COMP/39.386 – Langfristige Stromlieferverträge in Frankreich.

112 Europäische Kommission, Entsch. v. 17.3.2010 – COMP/39.386, Rn. 30f. – Langfristige Stromlieferverträge in Frankreich.

wesentliche Mengen (über die gesamte Geltungsdauer der Verpflichtungszusagen durchschnittlich 65% und mindestens 60% je Kalenderjahr) wieder dem Markt zugeführt wurden. Diese Verpflichtung sollte gewährleisten, dass im Durchschnitt jedes Jahr **65% des EDF-Gesamtportfolios** auf dem relevanten Markt dem Wettbewerb ausgesetzt (angreifbar) waren. Es oblag EDF, ihr Kundenportfolio und die mit den Kunden abgeschlossenen Verträge so zu gestalten, dass dieser Durchschnitt über die gesamte Geltungsdauer der Verpflichtungen erreicht wurde.

70 Da die Verpflichtungen nicht bei den einzelnen Verträgen ansetzten, sondern sich auf das gesamte Portfolio bezogen, bestand noch die Gefahr, dass EDF die **besonders wertvollen Kunden** weiterhin langfristig an sich binden würde und nur eine Marktöffnung in Bezug auf die restlichen Kunden bewirken wird.[113] Damit war erforderlich, dass EDF sich zusätzlich zu der 65%- und der 60%-Schwelle auch dazu verpflichtete, die Vertragslaufzeit künftig auf fünf Jahre zu begrenzen. EDF blieb noch die Möglichkeit, Verträge mit längeren Laufzeiten zuschließen, sofern diese Verträge **unentgeltliche Ausstiegsklauseln für die Kunden** für mindestens alle fünf Jahre beinhalteten. Wettbewerber hatten hier eine Begrenzung auf drei Jahre gefordert, die Kommission sah eine solche Beschränkung aber als unverhältnismäßig an.[114] EDF wurde darüber hinaus noch eine Verpflichtung auferlegt, ihren Kunden jeweils auch **nicht-exklusive Verträge**, die eine Belieferung durch einen weiteren Lieferanten ermöglichen, anzubieten. Die Laufzeit der Verpflichtungen wurde auf zehn Jahre begrenzt; die Verpflichtungen sollten auch enden, wenn EDF in zwei Jahren in Folge einen Marktanteil von weniger als 40% auf dem relevanten Markt erreichen sollte.[115]

71 Die Verpflichtungszusagen der EDF sind denen sehr ähnlich, die die Kommission 2007 im **belgischen Distrigaz-Fall** für den belgischen Gas-Großkundenmarkt angenommen hatte.[116] In diesem Fall wurde jedoch, zusätzlich zu den Begrenzungen bei der Belieferung von Industriekunden, noch eine Verpflichtung aufgenommen, dass Distrigaz für die Belieferung von Weiterverteilern nur Verträge mit einer maximalen Laufzeit von zwei Jahren abschließen darf.

2. Englische Klauseln

72 Exklusivlieferverträge mit sog. englischen Klauseln ermöglichen es dem Abnehmer zwar, sich auch von Dritten beliefern zu lassen. Der Abnehmer muss allerdings das **Alternativangebot dem Lieferanten melden**, dieser hat dann die Möglichkeit, auf

113 *Bessot/Ciszewski/von Haasteren*, Competition Policy Newsletter 2/2010, 10, 11.

114 Europäische Kommission, Entsch. v. 17.3.2010 – COMP/39.386, Rn. 81 – Langfristige Stromlieferverträge in Frankreich.

115 Zu den Verpflichtungszusagen in Bezug auf Weiterverkaufsverbote vgl. unten Rn. 76.

116 Europäische Kommission, Entsch. v. 11.10.2007 – COMP/B-1/37966 – Distrigaz.

das günstigere Angebot einzusteigen und die Belieferung zu dessen Konditionen aufrecht zu erhalten. Englische Klauseln führen zwar zu Preiswettbewerb auch im Rahmen von Exklusivverträgen, aus Sicht des Abnehmers ist es irrelevant, ob er einen günstigeren Preis unmittelbar von einem dritten Anbieter bekommt oder ob sein bisheriger Anbieter zu einer Preisanpassung gezwungen wird, wenn er den Vertrag nicht verlieren will.[117] In der Konstellation ist aber fraglich, ob es dritten Anbietern dauerhaft gelingt, sich in einem **abgeschotteten Markt zu etablieren**, da sie zwar Preisimpulse setzen, aber kaum Kunden gewinnen können.[118]

Die Europäische Kommission geht deswegen in ihren Leitlinien Vertikalvereinbarungen davon aus, dass Lieferverträge mit englischen Klauseln grundsätzlich genauso zu behandeln sind wie Exklusivverträge, insbesondere wenn der Lieferant den Konkurrenten mit günstigerem Angebot **identifizieren** kann.[119] Die Wirkungen englischer Klauseln sind deswegen immer anhand der **konkreten Verhältnisse** auf dem Markt zu prüfen.[120] 73

Von den englischen Klauseln sind **Last-Call- oder Last-Look-Klauseln** zu unterscheiden, die dem Lieferanten das Recht geben, für eine Anschlussbelieferung ein Angebot abzugeben, in Kenntnis der Konditionen anderer Angebote. Auch hier sind marktverschließende Wirkungen nicht ausgeschlossen, die anhand der konkreten Marktumstände geprüft werden müssen.[121] 74

3. Take-or-pay-Klauseln

Langfristige Energielieferverträge enthalten häufig sog. **Take-or-pay-Klauseln**, mit denen sich Abnehmer verpflichten, bestimmte Energiemengen zu bezahlen, unabhängig davon, ob die Mengen später tatsächlich abgenommen werden.[122] Diese Klauseln haben dann dieselben Wirkungen wie Exklusivvereinbarungen, wenn es dem Abnehmer aus tatsächlichen oder rechtlichen Gründen nicht möglich ist, überschüssige Mengen weiterzuverkaufen.[123] 75

---

117 Wiedemann/*Kirchhoff*, Handbuch Kartellrecht, § 11 Rn. 268.

118 Zu möglicher Marktabschottung auf oligopolistischen Märkten: Wiedemann/*Kirchhoff*, Handbuch Kartellrecht, § 11 Rn. 269f

119 Europäische Kommission, Leitlinien für vertikale Beschränkungen (ABl EU 2010 Nr. C 130 S. 1, Rn. 129); vgl. dazu auch ausführlich Wiedemann/*Kirchhoff*, Handbuch Kartellrecht, § 11 Rn. 269 f.

120 So auch Rasbach/Baumgart/*Jüttner*, Vertragshandbuch Gaswirtschaft, Kap. 11.A Rn. 94 f.

121 Soweit kein Abschlusszwang besteht und das Konkurrenzangebot anonym bleibt, geht Rasbach/Baumgart/*Jüttner*, Vertragshandbuch Gaswirtschaft, Kap. 11.A Rn. 94 f., von einer kartellrechtlichen Zulässigkeit aus.

122 Zur praktischen Relevanz der Take-or-pay-Klauseln vgl. *Sorge/Forke/Wegerich*, EWeRK 2009, 156.

123 Für eine Zulässigkeit Rasbach/Baumgart/*Jüttner*, Vertragshandbuch Gaswirtschaft, Kap. 11.A Rn. 88 f., differenzierend *Lange*, RdE 2012, 366, 367.

76 Das Bundeskartellamt hat im Jahr 2010 eine Vielzahl von Verfahren gegen Strom- und Gasgroßhändlern wegen der Verbindung von Take-or-pay-Klauseln mit Weiterverkaufsbeschränkungen mit Verfügungen gem. § 32b Abs. 1 GWB abgeschlossen, mit denen die Verpflichtungszusagen der betroffenen Unternehmen für verbindlich erklärt wurden. Das Amt sah die Wettbewerbsbeschränkung, die von der **Verbindung von Weiterverkaufsverbot und Take-or-pay-Verpflichtung** ausging, als erheblich an. Aus Sicht des Bundeskartellamts handelt es sich hier auch um Kernbeschränkungen, die nicht freistellbar sind. Die Zusagen bestanden darin, dass sich die Unternehmen verpflichteten, in bestehenden sowie zukünftig in neuen Strom- und Gasliefervertägen Take-or-pay-Mengen von der Beschränkung der Weitervermarktung auszunehmen, soweit in diesen Verträgen kein Rückerstattungs-/Rückverkaufsrecht mit einer Rückerstattungsquote von 90% und mehr des aktuellen Marktpreises vorgesehen war.[124]

77 Unabhängig von der kartellrechtlichen Bewertung können Take-or-pay-Klauseln auch **AGB-rechtlich** problematisch sein. In einem vom BGH entschiedenen Fall wurde eine (von der Struktur ähnliche) Bring-or-pay-Klausel in der Abfallverwertung als unwirksam angesehen, bei der keine Anrechnung einer möglichen anderweitigen Verwertung vorgesehen war.[125]

4. Gebietsbeschränkungen

78 Insbesondere Großhandels- und Importverträge enthielten häufig Gebietsbeschränkungen. Die Beurteilung dieser Beschränkungen hängt natürlich besonders davon ab, ob die Parteien des Liefervertrages auch als Wettbewerber anzusehen sind. In diesem Fall kann eine **Gebietsbeschränkung eine verbotene Marktaufteilung** darstellen. Auch wenn die Parteien keine Wettbewerber sind und die Gebietsbeschränkung nicht als Marktaufteilung angesehen werden muss, können Gebietsbeschränkungen marktabschottende Wirkungen haben. Sie können verhindern, dass Energie dorthin geliefert wird, wo sie am meisten benötigt wird und wo sich der beste Preis realisieren lässt. Die Auswirkungen von Gebietsbeschränkungen sind dann am größten, wenn die Großhandelsmärkte nicht besonders liquide sind und wenn es nur eine **beschränkte Anzahl von Importeuren/Erzeugern** gibt.

124 Vgl. BKartA, Beschl. v. 5.7.2010 – B10-48/09 – RWE AG. Ausführlich: BKartA, Abschlussbericht Sektoruntersuchung Kapazitätssituation in den deutschen Gasfernleitungsnetzen, S. 26f, abrufbar unter http://www.BKartA.de/SharedDocs/Publikation/DE/Sektoruntersuchungen/Sektoruntersuchung%20Gasfernleitungsnetze%20-%20Abschlussbericht.pdf?__blob=publicationFile&v=3.
125 BGH, Urt. v. 22.11.2012 – VII ZR 222/12 – NJW 2013, 856; zur zivilrechtlichen Bewertung ausführlich *Lange*, RdE 2012, 366; *Gronemeyer*, ZNER 2012, 376.

In dem **Gazprom-Verfahren**[126] unterscheidet die Europäische Kommission 79

- **Ausfuhrverbotsklauseln**: Bestimmungen, die den Export ausdrücklich untersagen;
- **Klauseln zum Bestimmungsort**: Bestimmungen, in denen festgeschrieben ist, dass der Kunde die erworbene Energie in seinem Herkunftsland verwenden muss oder sie lediglich an bestimmte Kunden innerhalb seines Landes weiterverkaufen kann; und
- weitere Maßnahmen, die den **grenzüberschreitenden Transport verhindern**: so z.B. die Verpflichtung, vor Exporten die Zustimmung des Lieferanten einzuholen oder die Weigerung, unter bestimmten Bedingungen den Lieferort zu ändern.

Nach der Art. 4 lit. b VO (EU) 330/2010 sind **Beschränkungen des Gebietes oder der Kundengruppe**, in das oder an die ein Abnehmer Vertragswaren verkaufen darf, **Kernbeschränkungen.**[127] Art. 4 lit. b VO (EU) 330/2010 enthält allerdings verschiedene Ausnahmen dieses Grundsatzes. Der Lieferant kann sich z.B. den aktiven Verkauf in bestimmte Gebiete oder an bestimmte Kundengruppen selbst vorbehalten oder ausschließlich einem anderen Abnehmer zuweisen, der Verkauf durch die Kunden des Abnehmers darf damit aber nicht beschränkt werden. Diese Konstellation setzt faktisch ein Alleinvertriebssystem voraus, in dem Kundengruppen oder Gebiete jeweils exklusiv bestimmten Händlern zugewiesen sind.[128] Die betroffenen Gebiete und Kundengruppen müssen dann auch tatsächlich aktiv von einem anderen Händler oder dem Lieferanten betreut werden.[129] 80

Gebietsbeschränkungen können zum einen die Wirkung haben, dass trotz des EU-Binnenmarktes weiterhin **nationale Energiemärkte** bestehen bleiben bzw. eine weitere Öffnung verhindert wird.[130] Entsprechende Beschränkungen können sich nicht nur aus Lieferverträgen, sondern auch aus **Transportverträgen** ergeben. In dem E.ON/GdF-Fall ergab sich die Situation, dass Vereinbarungen, die den Parteien den Verkauf von über eine gemeinsame Pipeline transportiertem Gas im jeweils an- 81

126 Europäische Kommission, MEMO/15/4829, 22.4.2015 – Gazprom, abrufbar unter http://europa.eu/rapid/press-release_MEMO-15-4829_de.htm.

127 In dem RWE-Fall, in der ein Weiterverkaufsverbot zu beurteilen war, war das BKartA der Auffassung, dass sich das Verbot der Gruppenfreistellungsverordnung sowohl auf harte als auch auf weiche Klauseln, bei denen ein Weiterverkauf nur unter dem Vorbehalt der Zustimmung des Lieferanten steht, bezieht, BKartA, Beschl. v. 5.7.2010 – B10-48/09, Rn. 27 f. – RWE AG.

128 Europäische Kommission, Leitlinien für vertikale Beschränkungen (ABl EU 2010 Nr. C 130 S. 1, Rn. 51).

129 Wiedemann/*Seeliger*, Handbuch Kartellrecht, § 11 Rn. 180 f.; ausführlich *Mesch*, WuW 2017, 62.

130 So die vorläufige Auffassung der Europäischen Kommission im Gazprom-Fall, vgl. Europäische Kommission, MEMO/15/4829, 22.4.2015 – Gazprom, abrufbar unter http://europa.eu/rapid/press-release_MEMO-15-4829_de.htm.

deren Land untersagten, zunächst keine wettbewerbswidrige Wirkung hatten, da die Gasmärkte noch nicht für den Wettbewerb geöffnet waren. Als die Vereinbarung nach der Marktöffnung weiterpraktiziert wurde, sah die Kommission darin eine Marktaufteilung, die von ihr mit Bußgeld belegt wurde.[131]

5. Kopplungsklauseln

82 Kopplungsbindungen können wettbewerbsbeschränkende Wirkungen haben, wenn sie mittelbar **zu einer Bezugsbindung** führen können. Die Auswirkungen sind dann gem. Art. 101 AEUV, § 1 GWB zu prüfen.[132] Besondere kartellrechtliche Relevanz haben Kopplungsangebote allerdings, wenn sie von einem marktbeherrschenden Unternehmen ausgehen und ein Produkt, bei dem das Unternehmen marktbeherrschend ist, mit einem anderen Produkt gekoppelt wird. Hier muss dann gem. Art. 102 AEUV, § 19 GWB geprüft werden. Bei der Kopplung werden Abnehmer, die ein Produkt beim marktbeherrschenden Unternehmen kaufen, verpflichtet, auch ein anderes Produkt von ihm zu beziehen.[133]

83 Die grundlegende Frage ist zunächst, ob es sich tatsächlich um **zwei getrennte Produkte** handelt. Dies liegt vor, wenn eine große Anzahl von Kunden das Kopplungsprodukt kauft oder gekauft hätte, ohne auch das gekoppelte Produkt beim selben Anbieter zu erwerben. Die Produktkopplung kann zu einer wettbewerbswidrigen Marktabschottung auf dem Markt für das Kopplungsprodukt und/oder dem Markt für das gekoppelte Produkt führen, Kopplungsgeschäfte können auch Preise zur Folge haben, die über dem freien Marktpreis liegen. Die Auswirkungen hängen maßgeblich von der jeweiligen Marktstruktur ab.[134]

84 Missbräuchlich ist die Kopplung, wenn sie **Wettbewerbsmöglichkeiten anderer Unternehmen** in erheblicher Weise **ohne sachlichen Grund beeinträchtigt.**[135] Als Grundsatz gilt, dass auch einem marktbeherrschenden Unternehmen ein unternehmerischer Gestaltungsspielraum einzuräumen ist, die Art seiner wirtschaftlichen Betätigung zu bestimmen und zu entscheiden, mit welchen Angeboten es am Markt auftreten will. So erkennt die Rechtsprechung an, dass die Kopplung eines Bezugs mehrerer Energieträger verbunden mit einer Preisreduzierung für den Nachfrager auch im Wettbewerb nicht ungewöhnlich ist, da sie nach wirtschaftlicher Erfahrung

131 Europäische Kommission, Entsch. v. 8.7.2009 – COMP/39.401 – E.ON/GDF.

132 Vgl. oben Rn. 56; Europäische Kommission, Leitlinien für vertikale Beschränkungen (ABl EU 2010 Nr. C 130 S. 1, Rn. 214).

133 Europäische Kommission, Erläuterungen zu den Prioritäten der Kommission bei der Anwendung von Art. 82 EGV auf Fälle von Behinderungsmissbrauch durch marktbeherrschende Unternehmen (ABl EU 2009 Nr. C 45 S. 7, Rn. 38).

134 Europäische Kommission, Leitlinien für vertikale Beschränkungen (ABl EU 2010 Nr. C 130 S. 1, Rn. 214).

135 BGH, Urt. v. 4.11.2003 – KZR 38/02 – Strom und Telefon II.

oftmals **Rationalisierungs- und Synergieeffekte** mit sich bringt, die vom Anbieter (gegebenenfalls teilweise) als Preisvorteil an den Nachfrager weitergegeben werden können. Allerdings wird ein Verstoß gegen das Missbrauchsverbot dann gesehen, wenn durch das Kopplungsangebot auf dem Drittmarkt Marktzutrittsschranken für Wettbewerber errichtet oder bestehende Marktzutrittsschranken aufrechterhalten, verfestigt oder sogar vertieft werden.[136]

Praxistipp

Um Koppelungsangebote von Marktbeherrschern rechtfertigen zu können, ist es notwendig, die Rationalisierungs- und Synergieeffekte der Koppelung, die auch den Verbrauchern zugutekommen, darzustellen.

Im Bereich der Energieversorgung wird es Marktbeherrschern auf der Grundlage dieser Grundsätze nicht möglich sein, eine **zwingende Kopplung** der Energieversorgung mit anderen Produkten vorzunehmen. Entsprechende Angebote sind aber auch nicht üblich. Relevanter sind Fälle, in denen bei der Kopplung ein Rabatt gewährt wird, der es für Kunden des Marktbeherrschers attraktiv macht, auch das andere Produkt von ihm zu beziehen. Soweit die Rabattierung nicht für den Wettbewerb auf dem Drittmarkt unerheblich ist, kann dies zu einer Beschränkung der **Wettbewerbsmöglichkeiten anderer Unternehmen** auf dem Drittmarkt führen, die nicht ihren Grund im Leistungswettbewerb, sondern in der marktbeherrschenden Stellung des Unternehmens auf dem anderen Markt des Kopplungsprodukts hat. Im Wettbewerb kann es aber auch einem Marktbeherrscher nicht verwehrt sein, gekoppelte Produkte anzubieten und bei der Preisstellung, die bei ihm durch die **Kopplung entstehenden Effizienzen** zu heben und die Verbraucher an den Kostenvorteilen partizipieren zu lassen.[137] 85

Die Effizienzen und die **Weitergabe an den Verbraucher** müssen vom koppelnden Unternehmen dargelegt werden. 86

6. Rabattklauseln

Rabatte können zunächst nachfragestimulierend wirken und Vorteile für Verbraucher bieten. Mit **an Bedingungen geknüpfte Rabatte** werden Abnehmer für bestimmtes Abnahmeverhalten belohnt. Wenn solche Rabatte von marktbeherrschenden Unternehmen praktiziert, können sie jedoch zu potenziellen oder tatsäch- 87

---

136 OLG Düsseldorf, Urt. v. 16.4.2008 – VI-2 U (Kart) 8/06, Rn. 39.

137 Europäische Kommission, Erläuterungen zu den Prioritäten der Kommission bei der Anwendung von Art. 82 EGV auf Fälle von Behinderungsmissbrauch durch marktbeherrschende Unternehmen (ABl EU 2009 Nr. C 45 S. 7, Rn. 62). Kritisch OLG Düsseldorf, Urt. v. 16.4.2008 – VI-2 U (Kart) 8/06, Rn. 40.

lichen **Abschottungswirkungen** führen wie Alleinbezugsbindungen. Marktbeherrschende Unternehmen müssen deswegen ihre Rabattpraxis regelmäßig überprüfen.[138]

88 Es lassen sich **Mengenrabatte, Ausschließlichkeitsrabatte und Treuerabatte** unterscheiden.[139] Problematisch sind hier vor allem Ausschließlichkeitsrabatte und Treuerabatte. Vor allem wenn diese Rabatte rückwirkend gewährt werden, können sie eine marktverschließende Wirkung haben, wenn sie den Abnehmer davon abhalten, einen Teil seines Bedarfs bei einem anderen Anbieter zu decken, weil er ansonsten den rückwirkenden Rabatt verlieren würde. Je höher der Rabatt und je höher die Abnahmeschwelle, ab der der Rabatt gewährt wird, desto größer die mögliche marktverschließende Wirkung.[140]

89 Nach der neueren EuGH-Rechtsprechung kann das rabattgewährende Unternehmen allerdings geltend machen, dass das Verhalten nicht geeignet gewesen sei, den Wettbewerb zu beschränken und Verdrängungswirkungen zu erzeugen.[141] Eine mögliche Rechtfertigung ist dabei die Darlegung, dass die rabattierten Preise auch von einem **ebenso effizienten Wettbewerber** angeboten werden könnten.[142]

7. Preisklauseln in Redispatch-Verträgen

90 Redispatch betrifft das **Management von Kapazitätsengpässen** im Übertragungsnetz durch Eingriffe in die konkrete Fahrweise von Kraftwerken. Kraftwerke, die sich vor dem Engpass befinden, werden angewiesen, ihre Erzeugung zu reduzieren. Kraftwerke, die hinter dem Engpass liegen, werden angewiesen, ihre Erzeugung zu erhöhen.[143] Die Übertragungsnetzbetreiber haben einen Anspruch darauf, dass Betreiber von Kraftwerken in Deutschland ab einer Nennleistung von 10 MW auf Anforderung Redispatch leisten. Das EnWG sieht vor, dass für Redispatch eine **angemessene Vergütung** gezahlt werden muss. Diese Vorgabe ist von der Bundes-

---

138 Europäische Kommission, Erläuterungen zu den Prioritäten der Kommission bei der Anwendung von Art. 82 EGV auf Fälle von Behinderungsmissbrauch durch marktbeherrschende Unternehmen (ABl EU 2009 Nr. C 45 S. 7, Rn. 37).

139 Dazu *Haberer*, WuW 2017, 526 f.

140 EuGH, Urt. v. 9.11.1983 – 322/81 – Slg. 1983, S. 3461, Leitsatz 14 – Michelin; Europäische Kommission, Erläuterungen zu den Prioritäten der Kommission bei der Anwendung von Art. 82 EGV auf Fälle von Behinderungsmissbrauch durch marktbeherrschende Unternehmen (ABl EU 2009 Nr. C 45 S. 7, Rn. 39).

141 EuGH, Urt. v. 6.9.2017 – C-413/14 P, Rn. 137 – Intel. Zu den Auswirkungen dieses Urteils: *Haberer*, WuW 2017, 526.

142 Zu diesem Konzept: Europäische Kommission, Erläuterungen zu den Prioritäten der Kommission bei der Anwendung von Art. 82 EGV auf Fälle von Behinderungsmissbrauch durch marktbeherrschende Unternehmen (ABl EU 2009 Nr. C 45 S. 7, Rn. 41).

143 Ausführlich zum Redispatch: Monopolkommission, Sondergutachten 77, Rn. 222 f.

netzagentur durch Festlegungen ausgefüllt worden, die jedoch vom OLG Düsseldorf aufgehoben wurden.[144]

Die Bundesnetzagentur-Festlegungen sahen für Redispatch-Maßnahmen grundsätzlich nur einen **Aufwandsersatz** vor, enthielten aber auch die Möglichkeit, dass Übertragungsnetzbetreiber und Kraftwerksbetreiber in Abstimmung mit der Bundesnetzagentur eine über den Aufwandsersatz **hinausgehende Vergütung** vereinbarten. Dabei war es insbesondere möglich, dass der Übertragungsnetzbetreiber dem Kraftwerksbetreiber auch einen Leistungsanteil vergütet, soweit die Redispatch-Maßnahmen jährlich **mehr als 10% der Einspeisemengen des Vorjahres** einer Erzeugungsanlage betreffen. In einer Vereinbarung, die auf der Grundlage dieser Vorgaben geschlossen wurde, war vorgesehen, dass der Kraftwerksbetreiber einen Bonus auf die Vergütung bekommen sollte, wenn die Einspeisung aufgrund von Redispatch-Maßnahmen mehr als 10% der gesamten Einspeisemenge des letzten Jahres darstellte. Dabei wurden die jährlichen Fixkosten des Kraftwerks plus angemessenem Gewinn mit dem Quotienten zwischen Redispatch-Leistung und Einspeiseleistung insgesamt multipliziert. Je höher der Anteil der Redispatch-Maßnahmen am Gesamtvolumen, desto höher diese Zusatzvergütung. 91

Das Bundeskartellamt sah in einer solchen Vergütungsklausel eine Wettbewerbsbeschränkung gem. Art. 101 Abs. 1 AEUV. Für den Kraftwerksbetreiber besteht letztlich **kein Anreiz** mehr, seine **Leistung im regulären Energiemarkt anzubieten,** bzw. hat er einen Anreiz, die Angebote auf dem regulären Markt so zu kalkulieren, dass die durch normalen Energieabsatz entstehende Bonusminderung kompensiert wird, und somit in der Merit-Order chancenlos bleiben.[145] Ob eine solche Wirkung eintritt, hängt maßgeblich von der Vergütungsformel ab und von der konkreten Marktsituation des Kraftwerks. Die Sicht, schon die Festlegung eines Anteils an der Einspeiseleistung, ab dem ein zusätzliches Entgelt gezahlt werde, habe potenziell wettbewerbsbeschränkende Wirkung,[146] scheint zu weitgehend. Das Bundeskartellamt hat auch klargestellt, dass keine grundsätzlichen Bedenken gegen entsprechende Verträge oder eine **zusätzliche Leistungsbepreisung** bestehen.[147] 92

---

144 BNetzA, Festlegungen v. 30.10.2012 – BK6-11-098 und BK8-12-019, aufgehoben durch OLG Düsseldorf, Beschl. v. 28.4.2015 – VI-3 Kart 332/12 (V).

145 BKartA, Fallbericht „OLG Düsseldorf bestätigt Kartellrechtswidrigkeit der Entgeltregelung der ‚Irsching-Verträge'" v. 19.5.2015 – B8-78/13, abrufbar unter http://www.bundeskartellamt.de/SharedDocs/Entscheidung/DE/Fallberichte/Kartellverbot/2015/B8-78-13.html?nn=3591568.

146 OLG Düsseldorf, Beschl. v. 28.4.2015 – VI-3 Kart 332/12 (V), Rn. 240, 255.

147 OLG Düsseldorf, Beschl. v. 28.4.2015 – VI-3 Kart 332/12 (V), Rn. 240.

C. Missbrauchskontrolle

93 Art. 102 AEUV und § 19 GWB verbieten den Missbrauch einer marktbeherrschenden Stellung. Grundsätzlich lässt sich hier Behinderungsmissbrauch und Ausbeutungsmissbrauch unterscheiden. Bei dem **Behinderungsmissbrauch** handelt es sich um Verhaltensweisen, mit denen marktbeherrschende Unternehmen Wettbewerber in wettbewerbswidriger Weise vom Markt ausschließen und auf diese Weise die Verbraucherwohlfahrt beeinträchtigt.[148] Beim **Ausbeutungsmissbrauch** wird dagegen die Marktgegenseite der Ausbeutung in Form missbräuchlicher Entgelte und Konditionen ausgesetzt.[149] Bei der Marktgegenseite kann es sich dabei nicht nur um Unternehmen, sondern auch um Verbraucher handeln.

94 Verschiedene Sachverhalte, die als Behinderungsmissbrauch diskutiert werden können, wurden – da sie sowohl im Rahmen einer Analyse von Art. 101 AEUV, § 1 GWB als auch von Art. 102 AEUV, § 19 GWB relevant sein können – schon im Rahmen der **kartellrechtlich relevanten Klauseln** in Energielieferverträgen behandelt.[150]

95 Im Folgenden sollen die verbleibenden relevanten Tatbestände der Missbrauchskontrolle behandelt werden. Der Schwerpunkt liegt dabei auf der **kartellrechtlichen Preishöhenkontrolle.**

I. Preishöhenkontrolle

1. Methodik der Kartellbehörden

a) Grundsätzlicher rechtlicher Rahmen

96 Der Missbrauch einer marktbeherrschenden Stellung kann auch im **Fordern unangemessener Preise und Konditionen** liegen. Diese Art des Ausbeutungsmissbrauchs ist nach deutschem und europäischem Kartellrecht unzulässig. Art. 102 S. 2 lit. a AEUV verbietet dem marktbeherrschenden Unternehmen die unmittelbare oder mittelbare Erzwingung von unangemessenen Einkaufs- oder Verkaufspreisen oder sonstiger Geschäftsbedingungen. Gem. § 19 Abs. 2 S. 1 Nr. 2 GWB liegt ein Missbrauch insbesondere vor, wenn ein marktbeherrschendes Unternehmen Entgelte oder sonstige Geschäftsbedingungen fordert, die von denjenigen abweichen, die sich bei wirksamen Wettbewerb mit hoher Wahrscheinlichkeit ergeben würden; hierbei sind insbesondere die Verhaltensweisen von Unternehmen auf vergleichba-

148 Europäische Kommission, Erläuterungen zu den Prioritäten der Kommission bei der Anwendung von Art. 82 EGV auf Fälle von Behinderungsmissbrauch durch marktbeherrschende Unternehmen (ABl EU 2009 Nr. C 45 S. 7 Rn. 19 f.).

149 Loewenheim/Meessen/Riesenkampf/Kersting/Meyer-Lindemann/*Loewenheim*, § 19 GWB Rn. 67.

150 Vgl. oben Rn. 58 und Rn. 82 f.

ren Märkten mit wirksamem Wettbewerb zu berücksichtigen. § 19 Abs. 2 S. 1 Nr. 3 GWB sieht als Sonderfall noch die sog. Preisspaltung vor.[151] Das deutsche Recht kennt noch eine **Sondervorschrift für die Energiewirtschaft in § 29 S. 1 Nr. 1 GWB**, nach der es Anbietern von Elektrizität oder leitungsgebundenem Gas (Versorgungsunternehmen) auf einem Markt, auf denen sie eine marktbeherrschende Stellung haben, verboten ist, Entgelte oder Geschäftsbedingungen zu fordern, die ungünstiger sind als diejenigen anderer Versorgungsunternehmen oder von Unternehmen auf vergleichbaren Märkten, es sei denn, das Versorgungsunternehmen weist nach, dass die Abweichung sachlich gerechtfertigt ist. § 29 S. 1 Nr. 2 GWB verbietet es Versorgungsunternehmen, Entgelte zu fordern, die die Kosten in unangemessener Weise überschreiten.

§ 29 GWB wurde 2007 als zeitlich **auf fünf Jahre begrenzte Sondervorschrift** 97
für die Versorgungswirtschaft eingeführt, da befürchtet wurde, dass das bestehende kartellrechtliche Instrumentarium angesichts des noch nicht in ausreichendem Maße entwickelten Wettbewerbs in den Energiemärkten nicht ausreicht.[152] Die Vorschrift traf auf Kritik der Branche, aber auch der Monopolkommission. Die Monopolkommission sah die Gefahr, dass die besondere Missbrauchskontrolle den sich **entwickelnden Wettbewerb behindern** würde. Mit ihr werde versucht, wettbewerbskonforme Preise in diesem Markt durch die Anwendung von Kartellrecht vorwegzunehmen. Die Preise der Altanbieter würden durch das kartellrechtliche Vorgehen auf ein für potenzielle Wettbewerber kaum abzuschätzendes Niveau gesenkt. Die Monopolkommission ging davon aus, dass durch die Regelung im Ergebnis echter und wirksamer Wettbewerb durch die Reduzierung von Markteintritten und die Schwächung des Wechselverhaltens gebremst werde.[153] Obwohl § 29 GWB nur für eine Zeit von fünf Jahren vorgesehen war, wurde die Anwendung der Norm 2012 und 2017 jeweils um weitere fünf Jahre verlängert.[154]

Den verschiedenen Vorschriften ist gemeinsam, dass Ausgangspunkt die Vor- 98
stellung eines **wettbewerbsanalogen Preises** ist. Damit ist der Preis gemeint, der sich einstellte, wenn der betreffende Markt nicht vermachtet wäre und wenn auf ihm wirksamer Wettbewerb herrschte.[155] Notwendig ist also eine hypothetische Überlegung, wie sich der Preis entwickelt hätte. Hier sind verschiedene methodische Ansätze denkbar, zwei davon – der Vergleich mit dem Verhalten von Unternehmen auf vergleichbaren Märkten mit wirksamen Wettbewerb und die Analyse, ob die Entgel-

151 Dazu ausführlich unten Rn. 146.

152 Gesetzentwurf der BReg v. 27.6.2007, BT-Drucks. 16/5847.

153 Monopolkommission, Sondergutachten 63, Rn. 92 f.

154 Gem. § 186 Abs. 1 GWB ist § 29 GWB nach dem 31.12.2022 nicht mehr anzuwenden.

155 In den 1970er Jahren wurde teilweise noch angenommen, dass im Rahmen der Energiewirtschaft ein hypothetischer Wettbewerbspreis regelmäßig höher sei als der tatsächlich angewandte Preis, so *Knöpfle*, Als-Ob-Wettbewerb, S. 82.

te, die Kosten in unangemessener Weise übersteigen – sind in den deutschen Vorschriften benannt.

99 Gerichte und Behörden haben jedoch darüber hinaus eine **Vielzahl von methodischen Ansätzen** entwickelt. Der BGH hat zu § 19 GWB entschieden, dass das Gesetz keine abschließende Methodik vorgibt und dass auch im Rahmen des § 19 Abs. 2 S. 1 Nr. 2 GWB die Kartellbehörde sich sowohl auf das **Vergleichsmarktkonzept als auch auf Konzepte der Kostenkontrolle** stützen kann. Im Rahmen einer Kostenkontrolle kann die Kartellbehörde bei der Überprüfung der Preisbildungsfaktoren auf die einschlägigen und gegebenenfalls weiterzuentwickelnden ökonomischen Theorien zurückgreifen.[156] Die Rechtsprechung deutet auch darauf hin, dass der BGH trotz der verschiedenen Ausprägungen der kartellrechtlichen Preiskontrolle in den §§ 19, 29 und 31 GWB in Bezug auf den Rahmen für die Ermittlung des wettbewerbsanalogen Preises wenig Unterschiede zwischen den einzelnen Regelungen macht.[157] Bei der Ausgestaltung einer kostenbasierten Kontrolle scheint der BGH grundsätzlich keine Differenzierung zwischen dem § 19 Abs. 2 S. 1 Nr. 2, § 29 S. 1 Nr. 2 und (dem für die Wasserwirtschaft relevanten) § 31 Abs. 4 S. 1 Nr. 3 GWB zu machen.

---

i **Praxistipp**

Das deutsche Recht ermöglicht grundsätzlich Preishöhenkontrolle auf verschiedener methodischer Grundlage. Die Ansätze der Kartellbehörden variieren hier. Es empfiehlt sich, sich mit der bevorzugten Methodik der für das Unternehmen zuständigen Kartellbehörde auseinanderzusetzen.

---

100 Unterschiede ergeben sich jedoch bei der Frage der **Darlegungs- und Beweislastverteilung**. Im Rahmen des § 29 S. 1 Nr. 1 GWB liegt die Darlegungs- und Beweislast für die Preise rechtfertigende Umstände, anders als bei § 19 GWB, bei den Unternehmen.[158]

101 Anders als bei anderen kartellrechtlichen Themen gehen die **wesentlichen Impulse zur kartellrechtlichen Preishöhenkontrolle** von der deutschen und nicht von der europäischen Rechtspraxis aus. Die Europäische Kommission konzentriert sich tendenziell eher auf Behinderungsmissbräuche,[159] die EuGH-Rechtsprechung ist geprägt von Vorlagen zu Preisen nationaler Urheberrechtsverwaltungsgesellschaften oder nationaler Monopole.[160] Die deutschen Kartellbehörden haben dage-

---

156 BGH, Beschl. v. 15.5.2012 – KVR 51/11 – WuW/E DE-R 3632, Rn. 15 – Wasserpreise Calw.
157 BGH, Beschl. v. 14.7.2015 – KVR 77/13 – BGHZ 206, 229, Rn. 23 f. – Wasserpreise Calw II.
158 Vgl. *Becker/Blau*, Preismissbrauchsnovelle, Rn. 189 f.
159 Loewenheim/Meessen/Riesenkampff/Kersting/Meyer-Lindemann/*Huttenlauch/Lübbig*, Art. 102 AEUV Rn. 181.
160 Loewenheim/Meessen/Riesenkampff/Kersting/Meyer-Lindemann/*Huttenlauch/Lübbig*, Art. 102 AEUV Rn. 187; eine Übersicht der Fälle bietet auch *Einhellig*, Preismissbrauch, Norderstedt 2017, S. 150 f.

gen eine lange Praxis der Preishöhenkontrolle, insbesondere auch bei Versorgungsunternehmen,[161] die zunächst auf Sonderregelungen für die Energie- und Wasserversorgung in den §§ 103f. GWB a.F. basierte.[162]

b) Vergleichsmarktkonzept

Beim Vergleichsmarktkonzept werden die Preise des marktbeherrschenden Unter- 102
nehmens mit **Preisen von Unternehmen auf vergleichbaren Märkten** verglichen. Dabei kann grundsätzlich auf einen anderen **sachlichen, räumlichen oder zeitlichen Vergleichsmark**t zurückgegriffen werden. Der Vergleich mit anderen sachlichen Märkten wird allerdings nur in Ausnahmefällen gangbar sein und zwar dann, wenn zwei Produkte eine sehr ähnliche Markt-Kosten- und Absatzstruktur haben.[163] Je größer die Unterschiede sind, desto mehr müssen Sicherheitszu- und -abschläge in den Vergleich eingebracht werden, die die Praktikabilität erheblich einschränken.[164]

Bei der Anwendung des **zeitlichen Vergleichsmarktes** obliegt es im Wesentli- 103
chen einem marktbeherrschenden Unternehmen eine Preiserhöhung nachvollziehbar zu begründen. Das Konzept wird inzwischen weniger in der Missbrauchskontrolle, sondern in der Berechnung von Schadenersatzansprüchen wegen Kartellverstößen angewandt. Hier wird versucht, aus den Preisen aus dem Vor-Kartelleitraum Rückschlüsse auf einen wettbewerbsanalogen Preis im Kartellzeitraum zu ziehen.

In der Missbrauchsaufsicht über die Versorgungswirtschaft wird allgemein das 104
räumliche Vergleichsmarktkonzept angewendet. Die Preise des Unternehmens werden mit den Preisen anderer Unternehmen in ihren jeweiligen Versorgungsgebieten verglichen.

§ 19 Abs. 2 S. 1 Nr. 2 GWB sieht vor, dass insbesondere die Verhaltensweisen von 105
Unternehmen auf vergleichbaren Märkten mit wirksamem Wettbewerb zu berücksichtigen sind. Dies würde dazu führen, dass man in einigen klassischen Versorgungsmärkten keine Vergleichsunternehmen finden könnte, weil auch auf den anderen räumlichen Märkten kein wirksamer Wettbewerb herrscht. Der BGH hat aber entschieden, dass es auch zulässig ist, bei Fehlen anderer Vergleichsmöglichkeiten das **Preisverhalten von Monopolbetrieben** auf anderen Märkten heranzuziehen;

161 Vgl. z.B. BGH, Beschl. v. 31.5.1972 – KVR 2/71 – Stromtarif – BGHZ 59, 42.

162 Wiedemann/*Wiedemann*, Handbuch Kartellrecht, § 23 Rn. 201.

163 Eines der wenigen Beispiele: KG, Beschl. v. 19.3.1975 – Kart 26/74 – WuW/E OLG 1599, 1610 – Vergleich des Preises eines reinen Vitamin-B12-Präparates mit dem Preis eines Vitamin-Kombinations-Präparates, das ebenfalls Vitamin B12 enthielt. Vgl. Loewenheim/Meessen/Riesenkampff/Kersting/Meyer-Lindemann/*Loewenheim*, § 19 GWB Rn. 72.

164 Vgl. BGH, Beschl. v. 28.6.2005 – KVR 17/04 – BB 2005, 1876 – Stadtwerke Mainz; Loewenheim/Meessen/Riesenkampff/Kersting/Meyer-Lindemann/*Loewenheim*, § 19 GWB Rn. 325.

denn daraus könnten sich ebenfalls Anhaltspunkte für die Preismissbrauchsgrenze ergeben.[165] Ebenso kann aus Sicht des BGH auch auf nur ein Vergleichsunternehmen abgestellt werden, denn im Einzelfall kann auch der Vergleich mit dem Preisverhalten eines einzigen Unternehmens den Missbrauchsvorwurf rechtfertigen. Da die Preise eines einzigen Vergleichsunternehmens aber nur eine schmale Vergleichsbasis bildeten, müsste dann aber die **Vergleichsfähigkeit dieser Preise ausreichend sicher** sein. Demzufolge dürfte es keine zu starken Unterschiede bei den Marktstrukturen geben; außerdem müsste gewährleistet sind, dass die Vergleichspreise nicht durch individuelle Besonderheiten niedrig gehalten worden seien.[166] Aufgrund dieser Einschränkungen ist ein Vergleich mit nur einem Unternehmen nicht empfehlenswert und praktisch auch nicht üblich.

106 Es ist zwischenzeitlich anerkannt, dass dieser Vergleich nach **unterschiedlicher Methodik** vorgenommen werden kann. In Bezug auf die Endkundenmärkte ist der Vergleich von Entgelten für typisierte Abnahmefälle im sog. **Tarifvergleich** verbreitet. So haben z.B. 2007 Bundeskartellamt und Landeskartellbehörden gemeinsam fünf **typisierte Abnahmefälle** von privaten Erdgasabnehmern ausgearbeitet und diese dann zur Grundlage einer bundesweiten Gaspreisabfrage gemacht.[167] Nachteil dieser typisierten Abnahmefälle ist, dass sie – abhängig von den lokalen Gegebenheiten – oftmals nicht die tatsächlich vorherrschenden Abnahmefälle widerspiegeln. Zudem geben sie nur einen Überblick über die momentane Situation. In Märkten mit sehr volatilen Preisen, die abhängig von internationalen Rohstoffpreisen sind, wie z.B. den Gasmärkten, kann das dazu führen, dass die Position im Versorgerranking im Wesentlichen davon abhängt, wann eine Preiserhöhung durchgeführt wurde. Wenige Monate später kann sich dann ein komplett anderes Bild ergeben.[168] Die Behörden haben, um diese Effekte auszugleichen, hier teilweise einen mengengewichteten Ansatz verfolgt.[169]

107 Da beim Tarifvergleich alle Abnahmefälle separat betrachtet werden, kann sich auch die Situation ergeben, dass ein Unternehmen in Bezug auf einen Abnahmefall ungünstiger liegt als ein anderes, dass bei einem anderen Abnahmefall die Situation aber umgekehrt ist. Beide Unternehmen stellten also – in Bezug auf einen Abnahmefall – missbräuchliche Preise. Eine solche Betrachtung kann leicht zu einem **Eingriff in die Tarifstruktur** der Unternehmen führen oder Unternehmen vor unlösba-

---

165 BGH, Beschl. v. 21.10.1986 – KVR 7/85, Rn. 15 – MDR 1987, 472 – Glockenheide.
166 BGH, Beschl. v. 21.10.1986 – KVR 7/85, Rn. 17 – MDR 1987, 472 – Glockenheide.
167 Vgl. Baumgart/*Gitzbrecht/Schmiedle*, 8.F III Rn. 23; *Becker/Blau*, Preismissbrauchsnovelle, Rn. 119.
168 Instruktiv Rasbach/Baumgart/*Gitzbrecht/Schmiedle*, Vertragshandbuch Gaswirtschaft, 8.F III Rn. 77; *Becker/Blau*, Preismissbrauchsnovelle, Rn. 124. Vgl. auch zu der Problematik BKartA, Tätigkeitsbericht 2007/2008, BT-Drucks. 16/13500, S. 117.
169 *Becker/Blau*, Preismissbrauchsnovelle, Rn. 160; ausführlich unten Rn. 136.

re Probleme stellen, da vorab nicht feststeht, mit welchem anderen Unternehmen man verglichen wird.

Diese Probleme vermeidet der sog. **Erlösvergleich.** Dem Erlösvergleich liegt die Erwägung zugrunde, dass ein Missbrauch auch dann bestehen kann, wenn die Summe der Erlöse des betroffenen Unternehmens höher ist, als dies bei Anwendung des Vertragswerks des Vergleichsunternehmens der Fall wäre.[170] Dabei werden die Erlöse auf die **konkrete Abnahmemenge** bezogen, es ergibt sich also ein Erlös pro kWh als Vergleichswert. Durch den Erlösvergleich können die Mengenstruktur unter Berücksichtigung aller Abnahmefälle sowie Mischpreissysteme erfasst werden. Es können tarifübergreifende und sogar tarifunabhängige Durchschnittspreise gebildet werden. Der Erlösvergleich ist damit von den Zufälligkeiten und den Unterschieden der Tarifstruktur der miteinander verglichenen Unternehmen unabhängig.[171] 108

Im Rahmen des § 19 GWB ist für die Auswahl der Vergleichsunternehmen nach der Rechtsprechung nur eine grobe Sichtung vorzunehmen,[172] wesentliche Unterschiede in Versorgungsauftrag und Struktur der Unternehmen sind ggf. durch **Sicherheitszu- und -abschläge** zu kompensieren.[173] Für § 29 GWB genügt nach dem Wortlaut grundsätzlich der Vergleich mit anderen Versorgungsunternehmen, praktisch ist ein möglichst artverwandtes Unternehmen vorzugswürdig.[174] 109

Unabhängig von der Methodik müssen bei den errechneten Entgelten für die typisierten Abnahmefälle und bei den errechneten Erlösen die **Netzentgelte herausgerechnet** werden. Vor Inkrafttreten der Netzentgeltregulierung überprüften die Kartellbehörden im Rahmen der kartellrechtlichen Missbrauchskontrolle über Energiepreise inzident auch den Netzentgeltanteil.[175] Seitdem die Netzentgelte von den Regulierungsbehörden reguliert werden, könnte dies zu widerstreitenden Regelungen der Behörden führen. § 111 Abs. 3 EnWG enthält deswegen eine Regelung zur **Abgrenzung der Zuständigkeiten von Kartell- und Regulierungsbehörden.**[176] Er regelt, dass in Verfahren der Kartellbehörden nach den §§ 19, 20 und 29 GWB, die Preise von Energieversorgungsunternehmen für die Belieferung von Letztverbrauchern betreffen, deren tatsächlicher oder kalkulatorischer Bestandteil Netzzugangsentgelte sind, die von Betreibern von Energieversorgungsnetzen nach § 20 Abs. 1 110

---

170 BGH, Beschl. v. 28.6.2005 – KVR 17/04, BB 2005, 1876 – Stadtwerke Mainz.

171 Loewenheim/Meessen/Riesenkampff/Kersting/Meyer-Lindemann/*Schwensfeier*, § 29 GWB Rn. 34; so auch die (auf die Wasserpreiskontrolle bezogene) Argumentation des BKartA in OLG Düsseldorf, Beschl. v. 24.2.2014 – VI-2 Kart 4/12 (V), Rn. 146 – WuW DE-R 4189.

172 Rasbach/Baumgart/*Gitzbrecht/Schmiedle*, Vertragshandbuch Gaswirtschaft, 8.F III Rn. 52.

173 Wiedemann/*Wiedemann*, Handbuch Kartellrecht, § 23 Rn. 202 f.

174 Loewenheim/Meessen/Riesenkampff/Kersting/Meyer-Lindemann/*Schwensfeier*, § 29 GWB Rn. 40.

175 Teilweise wurden auch unmittelbar Netzentgelte anhand von § 19 GWB überprüft, vgl. OLG Düsseldorf, Beschl. v. 11.2.2004 – VI-Kart 4/03 (V) – TEAG; BGH, Beschl. v. 28.6.2005 – KVR 17/04, BB 2005, 1876 – Stadtwerke Mainz.

176 *Becker/Blau*, Preismissbrauchsnovelle, Rn. 146 f.

EnWG veröffentlichten Netzzugangsentgelte als rechtmäßig zugrunde zu legen sind, soweit nicht ein anderes durch eine sofort vollziehbare oder bestandskräftige Entscheidung der Regulierungsbehörde oder ein rechtskräftiges Urteil festgestellt worden ist.[177]

111 Auf der Basis des so vorgenommenen Vergleichs lässt sich feststellen, ob die Preise oder Erlöse ungünstig von denen anderer Unternehmen abweichen. Mit dem Nachweis höherer Preise als die von vergleichbaren Unternehmen allein kann allerdings noch kein Missbrauchsvorwurf begründet werden. Höhere Preise können von dem betroffenen Unternehmen gerechtfertigt werden. Das Unternehmen kann sich für eine **Rechtfertigung der Preise** nur auf solche Kostenfaktoren berufen, die auch jedes andere Unternehmen in der Situation des betroffenen vorfinden würde und nicht beeinflussen könnte. **Individuelle Umstände**, die allein auf eine unternehmerische Entschließung oder auf die Struktur des betroffenen Versorgungsunternehmens zurückgehen, müssen dagegen außer Betracht bleiben.[178] Die Ebene der sachlichen Rechtfertigung ist besonders bedeutend in den Bereichen der Preismissbrauchskontrolle, in denen auch die Netzentgelte von der Kontrolle umfasst sind, also z.B. bei Wasser und bei Fernwärme, sowie in den Erzeugungsmärkten. Bei **reinen Vertriebsmärkten** können zur Rechtfertigung der Preise nur Umstände, die aus der Struktur der Vertriebstätigkeit resultieren, vorgebracht werden. Hier handelt es sich vor allem um Energiebeschaffungskosten sowie Kosten in Bezug auf Kundengewinnung und Kundenbetreuung.[179] Bei letzteren muss z.B. bei Grundversorgern berücksichtigt werden, dass diese nur in sehr beschränktem Umfang Kunden ablehnen können und deswegen **höhere Inkassorisiken** haben als andere Versorger. Die Darlegung, dass bestimmte Umstände höhere Preise als beim Vergleichsunternehmen rechtfertigen, setzt allerdings voraus, dass die konkreten Kosten, die mit den besonderen Umständen verbunden sind, auch benannt werden können.

112 Im Rahmen des § 19 GWB kann jedoch nicht jede ungünstige Abweichung von den Preisen der Vergleichsunternehmen einen Missbrauchsvorwurf begründen. Um das in der Feststellung des Missbrauchs einer marktbeherrschenden Stellung enthaltene **Unwerturteil** zu rechtfertigen, muss zwischen den Preisen ein entspre-

177 Unberührt bleibt die Möglichkeit der Kartellbehörden, Art. 102 AEUV auf Netzentgelte oder Netzzugangsfragen anzuwenden. Im Hinblick auf Netzentgelte ist dies noch nicht diskutiert worden, im Rahmen der Sektoruntersuchung Gasfernleitungsnetze zog das BKartA jedoch in Erwägung, Netzzugangs- und Kapazitätsallokationsfragen trotz bestehender Kompetenz der Regulierungsbehörden im Rahmen von kartellrechtlichen Verfahren auf der Grundlage europäischen Rechts zu untersuchen, BKartA, Abschlussbericht Sektoruntersuchung Kapazitätssituation in den deutschen Gasfernleitungsnetzen, S. 28 f., abufbar unter http://www.BKartA.de/SharedDocs/Publikation/DE/Sektoruntersuchungen/Sektoruntersuchung%20Gasfernleitungsnetze%20-%20Abschlussbericht.pdf?__blob=publicationFile&v=3.

178 BGH, Beschl. v. 2.2.2010 – KVR 66/08 – NJW 2010, 2573.

179 *Becker/Blau*, Preismissbrauchsnovelle, Rn. 174.

chend großer Abstand bestehen, es ist also ein **Erheblichkeitszuschlag** zu berücksichtigen.[180] Bei der Bemessung des Abstandes kann eine natürliche Monopolsituation in dem Maße berücksichtigt werden, dass ein Missbrauch bereits bei einem geringeren Zuschlag bejaht werden kann, als er unter normalen Marktgegebenheiten erforderlich ist.[181] Im Rahmen des Gesetzgebungsverfahren zu § 29 GWB wurde diskutiert, ob auch hier ein Erheblichkeitszuschlag anzusetzen sei; im Rahmen der früheren Sonderregelungen für die Energieversorgung (§ 103a GWB a.F.) war auch die nicht erhebliche Abweichung missbräuchlich. Letztlich setzt aber auch der Missbrauch gem. § 29 GWB eine erhebliche Abweichung der Preise voraus, sodass sich hier inhaltlich kein Unterschied zu § 19 GWB ergibt.[182]

c) Kostenkontrolle

Die Vergleichsmarktmethode hat insbesondere Nachteile, wenn als Vergleich nur 113
solche Märkte zur Verfügung stehen, die selbst vermachtet sind. Deswegen gab es gerade auch in der Versorgungswirtschaft Versuche, eine Missbrauchskontrolle zu entwickeln, die nicht die Preise anderer Unternehmen als Ausgangspunkt hat, sondern die Missbräuchlichkeit des Preises auf der Basis der **Kostensituation des Marktbeherrschers** begründet. Ein erster Ansatz dazu war das vor allem auf europäischer Ebene verfolgte Gewinnbegrenzungskonzept, das die Missbräuchlichkeit an der Marge des Marktbeherrschers maß. Der EuGH fasste diese Überlegungen in der United-Brands-Entscheidung so zusammen, dass die Unverhältnismäßigkeit eines Preises unter anderem aufgrund eines Vergleichs des **Verkaufspreises des fraglichen Erzeugnisses mit den Gestehungskosten**, aus dem sich ergeben würde, wie groß die Gewinnspanne ist, objektiv festgestellt werden könnte.[183] Diese Betrachtung impliziert allerdings schon, dass auch die Gestehungskosten daraufhin überprüft werden müssen, ob sie effizientem Maßstaben genügen. Eine Kostenprüfung durch Kartellbehörden begegnet allerdings insoweit Bedenken, als das Kartellrecht nicht bestimmte Kalkulationsmethoden vorschreiben kann, sondern lediglich überprüfen kann, ob der aus einer Kalkulation resultierende Preis angemessen ist oder nicht. Einzelne überhöhte Kostenansätze können zwar indiziell dafür sprechen, dass der kalkulierte Preis überhöht ist, sie können aber auch durch andere Kostenpositionen neutralisiert werden.[184]

---

180 BGH, Beschl. v. 15.5.2012 – KVR 51/11 – WuW/E DE-R 3632, Rn. 26 – Wasserpreise Calw.
181 BGH, Beschl. v. 28.6.2005 – KVR 17/04, BB 2005, 1876 – Stadtwerke Mainz.
182 *Becker/Blau*, Preismissbrauchsnovelle, Rn. 164; Wiedemann/*Scholz*, § 34 Rn. 163; Loewenheim/Meessen/Riesenkampff/Kersting/Meyer-Lindemann/*Schwensfeier*, § 29 GWB Rn. 49.
183 EuGH, Urt. v. 14.2.1978 – 27/76, Slg. 1978, 207 – United Brands.
184 OLG Düsseldorf, Beschl. v. 11.2.2004 – VI-Kart 4/03 (V), Rn. 50 f. – TEAG.

114 Im Nachgang zu der TEAG-Entscheidung des OLG Düsseldorf wurde deswegen länger bezweifelt, dass im Rahmen von § 19 GWB überhaupt eine Kostenkontrolle möglich sei.[185] Das Bundeskartellamt hatte 2006 in den Verfahren gegen RWE und E.ON geprüft, ob diese Unternehmen eine gemeinsame marktbeherrschende Stellung dadurch missbrauchten, indem sie die innerhalb des europäischen Emissionshandels sich bildenden **Marktpreise für CO_2-Zertifikate** ganz oder teilweise in die Preiskalkulation für das Angebot von Strom ihrer Kraftwerke einbezogen und insoweit auf Endverbraucher (und insbesondere Industriekunden) überwälzen. Das Bundeskartellamt prüfte dabei ausdrücklich mit der Einstellung der Opportunitätskosten **einzelne Preisbildungsfaktoren** im Rahmen von § 19 Abs. 2 S. 1 Nr. 2 GWB.[186] Das Verfahren wurde aufgrund von Verpflichtungszusagen beendet,[187] sodass die Methodik nicht gerichtlich überprüft wurde.

115 Auch wegen dieser Unsicherheit wurde 2007 im Rahmen des Gesetzes zur Bekämpfung von Preismissbrauch im Bereich der Energieversorgung und des Lebensmittelhandels[188] in § 29 GWB ausdrücklich die Möglichkeit der **Überprüfung der Kosten** vorgesehen. In der Begründung wurde ausgeführt, dass damit die Möglichkeit, einen Ausbeutungsmissbrauch mit einer **unangemessenen Kosten-Preis-Relation** zu begründen, für den Bereich der Energiewirtschaft ausdrücklich klargestellt werde.

116 Der BGH hat allerdings in der späteren Rechtsprechung zur Angemessenheit von Wasserpreisen klargestellt, dass auch unter § 19 GWB zur Begründung einer Preismissbrauchsverfügung nicht allein auf das Vergleichsmarktkonzept, sondern auch auf eine **Kostenkontrolle** abgestellt werden kann. Zwar könne sich nicht die Art der Preisfindung als solche, sondern nur deren Ergebnis als Missbrauch einer marktbeherrschenden Stellung i.S.d. § 19 Abs. 2 GWB darstellen. Deshalb komme es nicht vorrangig auf die Methode an, mit der das Unternehmen seine Preise kalkuliert. Der Ansatz insbesondere einer **Mehrheit von Preisbildungsfaktoren**, von denen anzunehmen sei, dass auf ihrer Grundlage kalkulierte Preise bei wirksamem Wettbewerb auf dem Markt nicht durchgesetzt werden könnten, könne aber ein Indiz für einen missbräuchlich überhöhten Preis sein. Dabei könne auf den Erfahrungssatz zurückgegriffen werden, dass das marktbeherrschende Unternehmen, wäre es wirksamem Wettbewerb ausgesetzt, die Ausübung seines Preisgestaltungsspielraums maßgeblich davon abhängig machen würde, welchen Erlös es erzielen müsste, um die bei Ausschöpfung von Rationalisierungsreserven zu erwartenden Kosten zu decken und eine möglichst hohe Rendite zu erwirtschaften, andererseits aber zu verhindern, dass Kunden wegen zu hoher Preise zu einem Wettbewerber abwanderten. Bei der danach erforderlichen Überprüfung der Preisbildungsfak-

185 Wiedemann/*Wiedemann*, Handbuch Kartellrecht, § 23 Rn. 200.
186 Zu dem Verfahren *Friederiszick*/*Röller*, WuW 2008, 929.
187 BKartA, Beschl. v. 26.9.2007 – B8-88/05-1 und B8-88/05-2 – CO_2-Emissionshandel.
188 BT-Drucks. 16/5847.

toren könne die Kartellbehörde auf die **einschlägigen und gegebenenfalls weiterzuentwickelnden ökonomischen Theorien** zurückgreifen.[189]

Damit ist eine **kostenbasierte Überprüfung von Energiepreisen** sowohl unter 117
§ 29 S. 1 Nr. 2 GWB als auch unter § 19 Abs. 2 Nr. 2 GWB möglich.

d) Sonderfall Preishöhenkontrolle auf dem Markt für den Erstabsatz von Strom

Besonderheiten gelten für den Markt für den Erstabsatz von Strom. Der für den 118
Kraftwerkseinsatz relevante erzielbare Marktpreis ist in Deutschland der sich an der EPEX ergebende **Day-Ahead-Spotmarktpreis**. Der Strompreis ergibt sich hier aufgrund der **Merit Order**. Für eine bestimmte Stunde bestimmt sich der Preis einheitlich aus dem teuersten gerade noch zur Lastdeckung notwendigen Kraftwerk. Da der deutsche Kraftwerkspark aus technisch sehr unterschiedlichen Kraftwerken mit unterschiedlicher Kostenstruktur besteht, variieren die Angebotspreise stark. So werden zur Deckung der erforderlichen Grundlast Kraftwerke eingesetzt, die zwar hohe Investitionskosten verursachen, dafür aber bei der Erzeugung relativ geringe Grenzkosten aufweisen. Für die Deckung der Spitzenlast werden dagegen eher flexibel fahrbare Kraftwerke eingesetzt, die im Betrieb verhältnismäßig hohe Grenzkosten verursachen.[190]

Wegen der **Besonderheiten der Preisbildung** auf diesem Markt müssen hier 119
über die normale Methodik hinaus auch die Verhaltensweisen beim Angebot von Kapazitäten an der Strombörse in die Analyse der missbräuchlichen Preisstrategie einbezogen werden.[191] Die Einzelheiten werden im Anschluss diskutiert.[192]

Neben der kartellrechtlichen Aufsicht über den Erstabsatzmarkt für Strom gibt 120
es auch eine **sektorspezifische Missbrauchskontrolle** auf den Stromerzeugungs- und Stromgroßhandelsmärkten.[193] Hier ist vor allem die Verordnung (EU) Nr. 1227/2011 über die Integrität und Transparenz des Energiegroßhandelsmarkts (REMIT)[194] zu nennen. Die REMIT soll eine faire Preisbildung auf den Großhandelsmärkten gewährleisten sowie Insiderhandel und Marktmanipulation verhindern. Der **Marktmanipulationsbegriff der REMIT** ist zunächst ein **finanzmarktrechtlicher** und kein kartellrechtlicher; in Randbereichen können sich die Regelungen allerdings

---

189 BGH, Beschl. v. 14.7.2015 – KVR 77/13 – BGHZ 206, 229, Rn. 23 f. – Wasserpreise Calw II.

190 BKartA, Sektoruntersuchung Stromerzeugung und -großhandel, Januar 2011, S. 56, abrufbar unter http://www.BKartA.de/SharedDocs/Publikation/DE/Sektoruntersuchungen/Sektoruntersuchung%20Stromerzeugung%20Stromgrosshandel%20-%20Abschlussbericht.pdf?__blob=publicationFile&v=3.

191 Zu der Verbindung vgl. auch Monopolkommission, Sondergutachten 77, Rn. 84.

192 Vgl. unten Rn. 126.

193 Vgl. dazu Schneider/Theobald/*Schneider*, Recht der Energiewirtschaft, § 2 Rn. 66 f.

194 VO (EU) Nr. 1227/2011 über die Integrität und Transparenz des Energiegroßhandelsmarkts v. 25.10.2011 (ABl EU Nr. L 326 S. 1).

überschneiden.[195] Nach REMIT bedeutet eine Manipulation auf den Energiegroßhandelsmärkten, dass Maßnahmen vorgenommen werden, mit denen künstlich für ein Preisniveau gesorgt wird, das durch die Marktkräfte von Angebot und Nachfrage nicht gerechtfertigt ist. Marktmanipulationen umfasst dabei unter anderem die Erteilung oder Zurückziehung falscher Aufträge, die Verbreitung falscher oder irreführender Informationen sowie das vorsätzliche Erwecken des Anscheins, dass die verfügbare Stromerzeugungskapazität eine andere als die tatsächlich technisch verfügbare Kapazität ist.[196] Die Durchsetzung der REMIT obliegt der Bundesnetzagentur.[197]

2. Anwendung der Preishöhenkontrolle in verschiedenen Märkten

121 Die Kartellbehörden haben in verschiedenen Märkten der Versorgungswirtschaft Ausbeutungsmissbräuche untersucht. Seit 2005 geschieht das häufig in der Form, dass die Behörde zunächst eine **Sektoruntersuchung** gem. § 32e GWB zu einem bestimmten Markt einleitet und dann auf der Grundlage der Erkenntnisse der Sektoruntersuchung einzelne Missbrauchsverfahren durchführt. Auf der Ebene des Bundeskartellamtes waren das z.B. die Untersuchung Gas-Konzessionsabgaben für die **Belieferung von Haushaltskunden**, Sektoruntersuchung **Gasfernleitungsnetze**, Sektoruntersuchung **Stromerzeugung und -großhandel**, Sektoruntersuchung **Fernwärme** sowie die Sektoruntersuchung **Heizstrom**. Daneben wurden auf Ebene der Landeskartellbehörden flächendeckend Sektoruntersuchungen zu der Gasversorgung von Haushaltskunden durchgeführt. Die flächendeckende Erfassung und kontinuierliche Preisüberwachung auf Landesebene hatte teilweise eher **regulatorischen als kartellrechtlichen** Charakter.

122 Im Folgenden werden **Ansätze und Systematik** der bisherigen Preishöhenkontrolle in den betroffenen Märkten dargestellt.

a) Stromerzeugung

123 Das Bundeskartellamt leitete 2009 eine **Sektoruntersuchung Stromerzeugung und Stromgroßhandel** ein, deren Gegenstand die Wettbewerbssituation und der Preisbildungsmechanismus auf den deutschen Stromerzeugungs- und Stromgroßhandelsmärkten in den Jahren 2007 und 2008 war. Das Bundeskartellamt erhoffte sich zum einen ein vertieftes Verständnis der betroffenen Märkte sowie eine Weiter-

---

195 Kritisch in Bezug auf Marktmanipulation gem. WpHG *Säcker*, Marktabgrenzung, 101.

196 Vgl. Art. 2 Nr. 2 REMIT.

197 Ausführlicher dazu unten Rn. 162. Zu den Befugnissen der BNetzA: *Bachert*, RdE 2014, 361; zu dem Zusammenhang zwischen börsenrechtlicher und kartellrechtlicher Missbrauchskontrolle vgl. *Säcker*, Marktabgrenzung, S. 93f.

entwicklung der Erkenntnisse der Europäischen Kommission aus den Verfahren gegen deutsche Erzeugungsunternehmen.[198] Im Rahmen der Sektoruntersuchung analysierte das Bundeskartellamt die Kraftwerke, in denen mehr als 90% der gesamten Strommenge der Jahre 2007 und 2008 erzeugt wurde.[199]

Das Bundeskartellamt untersuchte insbesondere, wie die **Marktbeherrschung auf einem Erstabsatzmarkt** für Strom zu bestimmen sei. Dieser Markt hat verschiedene besondere Eigenschaften: Strom ist nicht speicherbar. Es muss stets die gleiche Menge an Strom ins Netz eingespeist werden, die zu diesem Zeitpunkt nachgefragt wird. Kurzfristig ist die Nachfrage in hohem Maße unelastisch; es kann kurzfristig auch nicht mehr Kapazität zugebaut werden. Aufgrund dieser Besonderheiten kann auf Strommärkten auch bei absolut nicht herausragenden Marktanteilen die Situation eintreten, dass die Kapazität eines Unternehmens kurz- und mittelfristig nicht durch freie Kapazitäten anderer Wettbewerber ersetzt werden kann. Aus Sicht des Amtes kommt es dann, wenn ein Anbieter unverzichtbar ist, um die Nachfrage im Ganzen zu befriedigen, bereits unterhalb hoher Marktanteile zur Abhängigkeit der Abnehmer. Jeder Anbieter habe deshalb zu jedem Zeitpunkt, in dem seine eigene Kapazität notwendig sei, um die Gesamtnachfrage zu decken, erhebliche Marktmacht.[200] 124

Auf der Grundlage dieser Analyse nahm das Bundeskartellamt 2011 an, es gebe eine parallele Einzelmarktbeherrschung zumindest der drei größten Erzeuger.[201] Es stützte sich dabei auf den ermittelten **Residual-Supply-Index (RSI).** Der RSI gibt Aufschluss darüber, ob die im Markt verbleibende Kapazität ausreicht, die Gesamtnachfrage zu decken, wenn das untersuchte Unternehmen ausfällt. Für ein Unternehmen berechnet er sich folgendermaßen: 125

RSI_i = (Gesamtkapazität – Kapazität_i)/Gesamtnachfrage je Zeiteinheit

Ist der RSI geringer als 1, bedeutet das, dass ohne das Unternehmen die Gesamtnachfrage nicht gedeckt werden kann. Wegen der volatilen Nachfrage und der

198 Zu diesen Verfahren vgl. Monopolkommission, Sondergutachten 49, Rn. 203f., und Monopolkommission, Sondergutachten 54, Rn. 492.

199 BKartA, Sektoruntersuchung Stromerzeugung und -großhandel, Januar 2011, S. 13, abrufbar unter http://www.BKartA.de/SharedDocs/Publikation/DE/Sektoruntersuchungen/Sektoruntersuchung%20Stromerzeugung%20Stromgrosshandel%20-%20Abschlussbericht.pdf?__blob=publicationFile&v=3.

200 BKartA, Sektoruntersuchung Stromerzeugung und -großhandel, Januar 2011, S. 97, abrufbar unter http://www.BKartA.de/SharedDocs/Publikation/DE/Sektoruntersuchungen/Sektoruntersuchung%20Stromerzeugung%20Stromgrosshandel%20-%20Abschlussbericht.pdf?__blob=publicationFile&v=3.

201 Inzwischen sieht das BKartA die Marktmachttendenzen als rückläufig, womit es zu einer Verringerung des Anwendungsbereichs der kartellrechtlichen Missbrauchskontrolle käme, BKartA Konsultation zur Erstellung eines Leitfadens für die kartellrechtliche Missbrauchsaufsicht in der Stromerzeugung, S. 5, abrufbar unter http://www.BKartA.de/SharedDocs/Publikation/DE/Sonstiges/Fragebogen_Konsultation_Leitfaden_Stromerzeugung.pdf?__blob=publicationFile&v=2.

fehlenden Speicherbarkeit von Strom kann der RSI jeweils nur für eine bestimmte Zeiteinheit berechnet werden. In der Sektoruntersuchung ging das Bundeskartellamt davon aus, dass ein Unternehmen, für das der RSI in mehr als 5% der gemessenen Zeiträume unter 1,1 liegt, über Marktmacht verfügt. Bei einem **RSI von unter 1,0 werde das Vorliegen von Marktbeherrschung** vermutet.[202] Die Monopolkommission hat angemerkt, dass der RSI lediglich quantifiziere, in welchem Ausmaß sich ein Anbieter unabhängig von seinen Wettbewerbern und der Marktgegenseite verhalten könne, dynamische und strategische Effekte aber ausgeklammert würden. Dem RSI seien zudem keine Informationen über die tatsächlich relevante Grenze inhärent, ab der es sich für einen Anbieter lohne, tatsächlich Kapazitäten zurückzuhalten.[203] Die Monopolkommission hat zudem angemerkt, dass eine Betrachtung eines prozentualen Anteils problematischer Stunden im Jahr nicht ausreichend sei, da damit einzelnen Unternehmen noch für eine erhebliche Stundenzahl Marktmacht möglich sei, ohne dass diese kartellrechtlich erfasst werden könnte.[204] Das Bundeskartellamt hält eine solche Ausweitung für nicht notwendig.[205] Angesichts des **diversifizierten Erzeugungsportfolios** das notwendig ist, um tatsächlich von einer Kapazitätszurückhaltung zu profitieren, scheint ein Abstellen auf kürzere Zeiträume auch wenig praxisgerecht zur Erfassung von Marktbeherrschung.

126 Die Frage, wann marktbeherrschende Anbieter auf dem Erstabsatzmarkt für Strom missbräuchliche Preise fordern, ist schwieriger zu beantworten. Wie bereits dargestellt,[206] ist der für den Kraftwerkseinsatz relevante erzielbare Marktpreis in Deutschland der sich an der EPEX ergebende Day-Ahead-Spotmarktpreis. Für eine bestimmte Stunde bestimmt sich der Preis einheitlich aus dem **teuersten gerade noch zur Lastdeckung notwendigen Kraftwerk.** Wenn ein Anbieter Kapazität aus einem Kraftwerk zu einem überhöhten Preis einstellen würde (unabhängig davon, wie man eine solche Überhöhung methodisch feststellen will), hätte dieser überhöhte Preis nur dann unmittelbar eine Auswirkung auf die Preisbildung, wenn dieses Kraftwerk das für die angebotene Stunde teuerste gerade noch zur Lastdeckung

---

202 BKartA, Sektoruntersuchung Stromerzeugung und -großhandel, Januar 2011, S. 98 f., abrufbar unter http://www.BKartA.de/SharedDocs/Publikation/DE/Sektoruntersuchungen/Sektoruntersuchung%20Stromerzeugung%20Stromgrosshandel%20-%20Abschlussbericht.pdf?__blob=publicationFile&v=3.

203 Monopolkommission, Sondergutachten 59, S. 213. Zur weiteren Kritik an dem RSI-Konzept *Säcker*, Marktbeherrschung S. 68 f.

204 Monopolkommission, Sondergutachten 71, S. 136 f.; noch einschränkender *Schwintowski/Klaue/Sauer*, EWeRK 2016, 383, 384.

205 BKartA Konsultation zur Erstellung eines Leitfadens für die kartellrechtliche Missbrauchsaufsicht in der Stromerzeugung, S. 6, abrufbar unter http://www.BKartA.de/SharedDocs/Publikation/DE/Sonstiges/Fragebogen_Konsultation_Leitfaden_Stromerzeugung.pdf?__blob=publicationFile&v=2.

206 Rn. 118.

notwendige Kraftwerk ist. Wenn ein teureres Kraftwerk zur Lastdeckung benötigt wird, hat sich die Überhöhung nicht ausgewirkt: Der Stundenpreis ergibt sich aus dem Preis des teureren Kraftwerkes. Wenn das Kraftwerk zu teuer war, um berücksichtigt zu werden, wirkt sich die Überhöhung ebenfalls nicht unmittelbar aus, gegebenenfalls wirkt allerdings ein anderes Kraftwerk preissetzend als bei zutreffender Bepreisung.

Die Kartellbehörden untersuchen den Preismissbrauch auf dem Erstabsatz- 127
markt für Strom deswegen auch unter dem Gesichtspunkt der **Kapazitätszurückhaltung.** Der Grundgedanke ist, dass ein Missbrauch vorliegen kann, wenn ein marktbeherrschender Anbieter Kapazität, die er über ihren kurzfristigen Grenzkosten verkaufen könnte, in der Erwartung zurückhält, durch die Verknappung der Angebotsmenge eine Verschiebung der Merit Order und damit einen höheren Spotmarktpreis zu bewirken. Dieser Effekt kann auch dann eintreten, wenn Erzeuger Kapazitäten mit einem Aufschlag dergestalt anbieten, dass sie bei der Zusammenführung von Angebot und Nachfrage nicht zum Zuge kommt. Beide Strategien funktionieren natürlich nur, wenn sich die Steigerung des Stundenpreises auf andere **Angebote des Kraftwerksportfolios** des Unternehmens auswirken und trotz der zurückgehaltenen Kapazität (und des insoweit entgangenen Deckungsbeitrags) Zusatzgewinne für das Unternehmen generiert.[207] Eine Strategie, die Preisbildung durch Kapazitätszurückhaltung zu beeinflussen, erfordert damit eine sehr genaue Kenntnis des Marktes und eine präzise Einschätzung, welches Kraftwerk in einer bestimmten Stunde preissetzend sein könnte. Eine solche Strategie setzt auch grundsätzlich ein **breit diversifiziertes Kraftwerksportfolio** voraus. Kapazitätszurückhaltung verursacht ja zunächst einen Verlust, da eine (ansonsten verwertbare) Kapazität dem Markt entzogen wird. Strategisch sinnvoll ist dies nur, wenn durch höhere Preise für gleichzeitig angebotene Kapazitäten des Unternehmens dieser Verlust deutlich kompensiert werden kann.[208]

In dem Konsultationsdokument zu einem geplanten Leitfaden für die kartell- 128
rechtliche Missbrauchsaufsicht in der Stromerzeugung stellt das Bundeskartellamt dar, dass es im Einklang mit der Kommission von einer Kapazitätszurückhaltung i.S.v. Art. 102 AEUV bzw. § 19 GWB und gegebenenfalls § 29 GWB ausgehe, wenn ein Unternehmen **tatsächlich verfügbare Stromerzeugungskapazitäten**, die zu einem Preis über den **jeweiligen kurzfristigen Grenzkosten** verkauft werden könnten, nicht am Markt oder nur zu einem so hohen Preis anbiete, dass die Kapazitäten bei der Zusammenführung von Angebot und Nachfrage nicht zum Zuge kämen. Hin-

207 BKartA, Sektoruntersuchung Stromerzeugung und -großhandel, Januar 2011, S. 21f., abrufbar unter http://www.BKartA.de/SharedDocs/Publikation/DE/Sektoruntersuchungen/Sektoruntersuchung%20Stromerzeugung%20Stromgrosshandel%20-%20Abschlussbericht.pdf?__blob=publicationFile&v=3.

208 Monopolkommission, Sondergutachten 77, Rn. 65.

sichtlich der tatsächlichen Verfügbarkeit seien technische Restriktionen sowie die Vorhaltung von Regel- und Reserveenergie zu berücksichtigen.[209]

129 Der **Nachweis einer Kapazitätszurückhaltung** kann aus Sicht des Bundeskartellamtes anhand unternehmensinterner Unterlagen, die eine entsprechende Strategie des Unternehmens belegen, oder anhand einer Überprüfung des tatsächlichen Kraftwerkseinsatzes erfolgen. Das Bundeskartellamt geht davon aus, dass eine **Überprüfung einzelner Gebote** im Stromgroßhandel weder erfolgversprechend noch sinnvoll wäre, da ein solcher Ansatz sämtliche Stromhandelsaktivitäten des betroffenen Unternehmens umfassend abbilden müsste. Einzelne Handelsaktivitäten von Stromerzeugungsunternehmen könnten in der Regel – insbesondere auch an der Strombörse – nicht einzelnen Kraftwerken zugeordnet werden.[210] Zudem wäre ein bloßes Anknüpfen an die Höhe einzelner Gebote oder an die Höhe der Deckungsbeiträge wenig aussagekräftig und entsprechend fehlerträchtig. Notwendiges und hinreichendes Kennzeichen einer Kapazitätszurückhaltung sei der Nichteinsatz tatsächlich verfügbarer Stromerzeugungskapazitäten, die zu einem Preis über den jeweiligen kurzfristigen Grenzkosten hätten verkauft werden können. Das Bundeskartellamt hat im Rahmen der Sektoruntersuchung einen Algorithmus entwickelt, der retrospektiv die optimale Fahrweise jedes einzelnen Blockes ermitteln sollte; ein Abweichen von dieser Fahrweise könne als Indiz für eine missbräuchliche Kapazitätszurückhaltung interpretiert werden.[211] Angesichts der **Unsicherheiten der Kraftwerksplanungen** erscheint allerdings dieser Ansatz als sehr verkürzt und für die Feststellungen von missbräuchlichem Verhalten nicht sachgerecht. Das Bundeskartellamt geht deswegen selbst davon aus, dass nur erhebliche Mindereinsätze von Kraftwerken in wesentlichen Zeiträumen als valider Hinweis auf missbräuchliche Zurückhaltungen von Kraftwerkskapazität angesehen werden können.[212]

---

209 BKartA Konsultation zur Erstellung eines Leitfadens für die kartellrechtliche Missbrauchsaufsicht in der Stromerzeugung, S. 6, abrufbar unter http://www.BKartA.de/SharedDocs/Publikation/DE/Sonstiges/Fragebogen_Konsultation_Leitfaden_Stromerzeugung.pdf?__blob=publicationFile&v=2. Ausführlich dazu: Monopolkommission, Sondergutachten 77 Rn. 66 f., vgl. dazu auch Schneider/Theobald/*Becker*/*Blau*, Recht der Energiewirtschaft, § 12 Rn. 77.

210 BKartA, Konsultation zur Erstellung eines Leitfadens für die kartellrechtliche Missbrauchsaufsicht in der Stromerzeugung, S. 6, abrufbar unter http://www.BKartA.de/SharedDocs/Publikation/DE/Sonstiges/Fragebogen_Konsultation_Leitfaden_Stromerzeugung.pdf?__blob=publicationFile&v=2.

211 BKartA, Sektoruntersuchung Stromerzeugung und -großhandel, Januar 2011, S. 135 f., 148, abrufbar unter http://www.BKartA.de/SharedDocs/Publikation/DE/Sektoruntersuchungen/Sektoruntersuchung%20Stromerzeugung%20Stromgrosshandel%20-%20Abschlussbericht.pdf?__blob=publicationFile&v=3.

212 BKartA, Sektoruntersuchung Stromerzeugung und -großhandel, Januar 2011, S. 148, abrufbar unter http://www.BKartA.de/SharedDocs/Publikation/DE/Sektoruntersuchungen/Sektoruntersuchung%20Stromerzeugung%20Stromgrosshandel%20-%20Abschlussbericht.pdf?__blob=publicationFile&v=3.

Auch das **starre Abstellen auf die Grenzkosten** zur Bestimmung einer Kapazitätszurückhaltung führt zu nicht sachgerechten Ergebnissen. Alle Kraftwerke haben – in unterschiedlichem Maße – auch Fixkosten, die gedeckt werden müssen. Gerade die im Rahmen der Energiewende notwendigen Flexibilitäten in der Erzeugung können nur von Kraftwerken mit einem hohen Fixkostenanteil erbracht werden, die also darauf angewiesen sind, bei ihren Einsätzen Erlöse über den Grenzkosten zu erzielen. Die Monopolkommission weist deswegen darauf hin, dass ein Wettbewerbsgleichgewicht, bei dem sich ausschließlich Preise auf Höhe der Grenzkosten des letzten Kraftwerks einstellen, nicht zu **auskömmlichen Investitionsanreizen** in Kraftwerkskapazität führen würde. Denn ein entsprechender Preis könnte insbesondere die Finanzierung der bei maximaler Last preissetzenden Grenzkraftwerke grundsätzlich nicht sicherstellen, da diese niemals Deckungsbeiträge erwirtschaften könnten. Entsprechend würden Investitionen in diese Kraftwerke ausbleiben und eine Produktionslücke wäre die Folge.[213] Ein **Preis über den Grenzkosten des teuersten Kraftwerkes** könne deswegen marktkonform sein und sogar notwendig, um die erforderlichen Investitionsanreize zu geben.[214] 130

Das Bundeskartellamt sieht die Vollkostendeckung als **mögliche Rechtfertigung einer Kapazitätszurückhaltung**, bislang ist allerdings nicht deutlich, unter welchen Umständen diese Rechtfertigung aus Sicht des Amtes eingreifen kann. 131

b) Grundversorgung

Derzeit geht das Bundeskartellamt in Bezug auf die Belieferung von Endkunden davon aus, dass alle Märkte bis auf die **Belieferung von Strom und Gas als Grundversorger und die Lieferung von Heizstrom** bundesweit abzugrenzen sind.[215] Angesichts der Verhältnisse in den deutschen Energiemärkten sind marktbeherrschende Stellungen also im Wesentlichen nur noch für diese Märkte denkbar. Grundversorger haben aufgrund der Marktdefinition in ihrem Grundversorgungsgebiet eine marktbeherrschende Stellung. Das Bundeskartellamt begründet den eigenen Markt für die Grundversorgung damit, dass – anders als Sonderverträge – die Grundversorgung dem Kunden eine Belieferung in einem **rechtlich abgesicherten Rahmen bietet** und preislich über einem Sondervertrag liegt; für den Kunden fielen auch keine Suchkosten an. Die räumliche Begrenzung ergibt sich aus 132

---

213 Monopolkommission, Sondergutachten 77, Rn. 63.

214 Zur weiteren Kritik vgl. Stellungnahme des BDEW zur Konsultation zum Leitfaden Missbrauchsaufsicht Stromerzeugung, abrufbar unter http://www.BKartA.de/SharedDocs/Publikation/DE/Stellungnahmen/Stellungnahme%20-%20Konsultation_Leitfaden_Missbrauchsaufsicht_Strom erzeugung_BDEW_2016.pdf?__blob=publicationFile&v=3.

215 BKartA, Entsch. v. 8.12.2011 – B8-94/11, Rn. 38 f. – RWE/Stadtwerke Unna; BKartA, Entsch. v. 23.10.2014 – B8-69/14, Rn. 167 f. – EWE/VNG.

der rechtlichen Vorgabe, dass nur ein einziges Unternehmen im festgelegten Netz die Grundversorger-Eigenschaft erhält.[216] Die Begrenzung des sachlichen Marktes auf die Grundversorgung begegnet allerdings Zweifeln. Der weit überwiegende Teil der Kunden in der Grundversorgung könnte ohne Probleme in Sonderverträge wechseln,[217] dem Grundversorger ist damit keine Preisgestaltung unabhängig von der Preisgestaltung auf dem Sonderkundenmarkt möglich. Eine **separate Bepreisung** der „gefangenen Kunden" ist nicht möglich, die Verluste, die bei einer Preisüberhöhung durch problemlos mögliche Kundenwechsel entstünden, könnten nicht durch Zusatzerlöse bei den Kunden, die nicht wechseln können, aufgewogen werden.[218]

133 Preisunterschiede zwischen Sonderverträgen und Grundversorgung haben ihren Grund darin, dass die Grundversorgung für **den Lieferanten mit höheren Kosten** verbunden ist. Der Lieferant ist im Rahmen seiner Grundversorgungspflicht gesetzlich verpflichtet, Kunden zu übernehmen, damit treffen ihn regelmäßig **höhere Inkassorisiken.** Die Kunden können sich auch innerhalb von zwei Wochen von der Grundversorgung lösen, § 20 GasGVV/StromGVV. Sonderverträge haben in der Regel längere Kündigungsfristen, die eine bessere Planbarkeit für den Lieferanten zur Folge haben.[219]

134 Im März 2008 hat das Bundeskartellamt Missbrauchsverfahren gegen 35 Gasversorger wegen des Verdachts missbräuchlich überhöhter Gaspreise für Haushalts- und Gewerbekunden eingeleitet.[220] Die Verfahren betrafen die Preisgestaltung in den Jahren 2007 und 2008. Das Bundeskartellamt wandte dabei für die beiden Jahren unterschiedliche Methoden an: Für das Jahr 2007 stellte es einen **Erlösvergleich** der Erlöse der Gasversorger an, die im Segment der Standardlastprofilkunden erzielt worden waren, das Amt stützte sich auf § 19 GWB.[221] Für das Jahr 2008 nahm es dagegen einen **Tarifvergleich** vor, da mit einem Vergleich der Erlöse das Verfahren erst 2009 abgeschlossen werden hätte können, hier kam § 29 GWB zur Anwendung. Das Bundeskartellamt stützte den Tarifvergleich 2008 auf fünf Muster-Abnahmefälle.[222]

216 BKartA, Tätigkeitsbericht 2009/2010, BT-Drucks. 17/6640, S. 113.

217 BKartA, Entsch. v. 23.10.2014 – B8-69/14, Rn. 176 – EWE/VNG.

218 Vgl. zu den hier relevanten Prinzipien der Marktabgrenzung Europäische Kommission, Bekanntmachung über die Definition des relevanten Marktes im Sinne des Wettbewerbsrechts der Gemeinschaft (ABl EU 1997 Nr. C 372 S. 5, Rn. 43).

219 BKartA, Tätigkeitsbericht 2013/14, BT-Drucks. 18/5210, S. 101. Das BKartA schließt ein flächendeckendes Preishöhenproblem bei der Stromgrundversorgung aus.

220 Ausführlich zum Folgenden BKartA, Tätigkeitsbericht 2007/2008, BT-Drucks. 16/13500, S. 114 f.

221 Zum damaligen Zeitpunkt ging das BKartA noch von einem einheitlichen (netzgebietsbezogenen) Markt für die Belieferung von SLP-Kunden mit Erdgas aus.

222 Rasbach/Baumgart/*Schmiedle*/*Gitzbrecht*, Vertragshandbuch Gaswirtschaft, Kap. 8.F III Rn. 68 f.; *Becker*/*Blau*, Preismissbrauchsnovelle, Rn. 119 f.

Sowohl beim Tarifvergleich als auch beim Erlösvergleich wurden die Endkundenpreise bereinigt. Wegen § 111 Abs. 3 EnWG wurden die **Netzentgelte bzw. Netzerlöse herausgerechnet, ebenso Umsatzsteuer und Erdgassteuer.**[223] Das Bundeskartellamt hat auch die Konzessionsabgabe in Abzug gebracht, allerdings nicht immer in der tatsächlich erhobenen Höhe. Beim Tarifvergleich 2008 wurden für die standardisierten Abnahmefälle ab 20.000 kWh/a stets nur die Sondervertrags-Konzessionsabgabe in Abzug gebracht, auch wenn tatsächlich die höhere Tarif-Konzessionsabgabe gezahlt wurde. Damit sollte eine vom Bundeskartellamt befürchtete Benachteiligung von nicht-kommunalen Unternehmen gegenüber kommunal beherrschten Unternehmen vermieden werden.[224] Die Thematik wurde vom Bundeskartellamt im Rahmen einer **Untersuchung Gas-Konzessionsabgaben** für die Belieferung von Haushaltskunden aufgegriffen.[225] Aufgrund der derzeitigen Marktabgrenzung, die zwischen Grundversorgung und Versorgung mit Sonderverträgen unterscheidet, kann dieses Problem in folgenden Verfahren nicht mehr entstehen.[226] 135

Im Rahmen des Tarifvergleichs nahm das Bundeskartellamt noch eine Mengengewichtung vor. Auf der Grundlage der abgefragten, monatsbezogenen Arbeits- und Leistungspreise der standardisierten Abnahmefälle wurden Netto-Monatspreise berechnet. Diese Preise wurden dann mit **Hilfe von Gradtagszahlen mengengewichtet**, sodass die einzelnen Monate entsprechend ihrem Gewicht beim Gasverbrauch einfließen konnten.[227] 136

Der Erheblichkeitszuschlag wurde vom Bundeskartellamt auf der **Grundlage der Wettbewerbsintensität** im jeweiligen Versorgungsgebiet gewährt, das Amt stellte auf die Wechselquote ab. Ob ein durchschnittlicher Erheblichkeitszuschlag von 1% den Anforderungen der Rechtsprechung genügt, bleibt offen.[228] 137

Im Rahmen der sachlichen Rechtfertigung ließ das Bundeskartellamt den Einwand gelten, dass die im Rahmen der Preismissbrauchskontrolle gefundene Preis- bzw. Erlösobergrenze nicht unter den **Kosten des Unternehmens** liegen darf.[229] Dem Marktbeherrscher wird allerdings dabei auferlegt, dass er etwaige **Rationalisierungsreserven** ausschöpft. Das Bundeskartellamt hat deswegen nur die Gasbezugs- 138

---

223 *Becker/Blau*, Preismissbrauchsnovelle, Rn. 143 f.

224 *Becker/Blau*, Preismissbrauchsnovelle, Rn. 157.

225 BKartA, Untersuchung Gas-Konzessionsabgaben für die Belieferung von Haushaltskunden, 2012, abrufbar unter http://www.BKartA.de/SharedDocs/Publikation/DE/Sektoruntersuchungen/tersuchung%20Konzessionsabgaben%20-%20Bericht.pdf?__blob=publicationFile&v=3.

226 Die hohe Tarif-Konzessionsabgabe kann nur im Rahmen der Grundversorgung erhoben werden, BGH, Beschl. v. 6.11.2012 – KVR 54/11 – Gasversorgung Ahrensburg.

227 BKartA, Tätigkeitsbericht 2007/2008, BT-Drucks 16/13500, S. 115; *Becker/Blau*, Preismissbrauchsnovelle, Rn. 160.

228 Vgl. Rasbach/Baumgart/*Schmiedle/Gitzbrecht*, Vertragshandbuch Gaswirtschaft, Kap. 8.F III Rn. 89 f.; Wiedemann/*Scholz*, Handbuch Kartellrecht, § 34 Rn. 100 f.

229 BGH, Beschl. v. 2.2.2010 – KVR 66/08, Rn. 70 f. – NJW 2010, 2573.

kosten anerkannt, die durchschnittlich in dem betreffenden oder vergleichbaren Marktgebiet anfielen. Als **weitere Vertriebskosten** wurde bei jedem Unternehmen ein Betrag von 0,2 ct/kWh anerkannt, der aus Sicht des Bundeskartellamtes einen effizienten Durchschnittswert für derartige Kosten darstellt.[230]

139 Auf der Ebene der Landeskartellbehörden wurden in den nachfolgenden Jahren verschiedene **Sektoruntersuchungen zu Strom- und Gasversorgung** durchgeführt.[231] Das Thema ist wegen der Wettbewerbsentwicklung zwischenzeitlich in den Hintergrund gerückt.

c) Heizstromversorgung

140 Das Bundeskartellamt unterscheidet einen eigenen Markt für Elektrizitätslieferungen zum Betrieb elektrischer (Nacht-)Speicherheizungen und elektrischer Wärmepumpen. **Heizstromlieferungen** unterschieden sich von Haushaltsstromlieferungen insbesondere aufgrund des unterschiedlichen Abnahmeverhaltens in zeitlicher und saisonaler Hinsicht und der nach Ansicht des Bundeskartellamtes daraus resultierenden Vorteile bei der Heizstrombeschaffung gegenüber der Haushaltsstrombeschaffung. Heizstrom kann auch von niedrigeren Netzentgelten und Konzessionsabgaben profitieren.[232]

141 In räumlicher Hinsicht grenzt das Bundeskartellamt die Heizstrommärkte nach den **etablierten Versorgungsgebieten** der Heizstrom anbietenden Energievertriebsunternehmen ab.[233]

142 Im September 2009 leitete das Bundeskartellamt auf der Grundlage von §§ 19, 29 GWB gegen 19 Heizstromanbieter Verfahren wegen des Verdachts des Missbrauchs einer marktbeherrschenden Stellung durch das Fordern überhöhter Preise ein. Die Prüfung führte das Bundeskartellamt auf der Grundlage eines **mengengewichteten Erlösvergleichs** für die Kalenderjahre 2007–2009 durch. 2007 wurde die Prüfung

230 BKartA, Tätigkeitsbericht 2007/2008, BT-Drucks 16/13500, S. 116. Zur Kritik: Rasbach/Baumgart/*Schmiedle*/*Gitzbrecht*, Vertragshandbuch Gaswirtschaft, Kap. 8.F III Rn. 94.

231 Exemplarisch der Abschlussbericht der Landeskartellbehörde Niedersachsen 2010, abrufbar unter https://www.mw.niedersachsen.de/download/61249/Ergebnisbericht_Strom_2010_der_Landeskartellbehoerde_Niedersachsen_nach_32e_Abs._3_GWB.pdf.

232 BKartA, Sektoruntersuchung Heizstrom – Marktüberblick und Verfahren, 2010, S. 6, abrufbar unter http://www.BKartA.de/SharedDocs/Publikation/DE/Sektoruntersuchungen/Sektoruntersuchung%20Heizstrom%20-%20Marktueberblick%20und%20Verfahren.pdf?__blob=publicationFile&v=3.

233 BKartA, Sektoruntersuchung Heizstrom – Marktüberblick und Verfahren, 2010, S. 6, abrufbar unter http://www.BKartA.de/SharedDocs/Publikation/DE/Sektoruntersuchungen/Sektoruntersuchung%20Heizstrom%20-%20Marktueberblick%20und%20Verfahren.pdf?__blob=publicationFile&v=3.

auf der Grundlage von § 19 GWB durchgeführt, 2008 und 2009 auf der Grundlage des dann anwendbaren § 29 GWB.

Die Erlöse wurden wieder von Netzentgelten, Steuern und Abgaben sowie Konzessionsabgaben bereinigt. Als Konzessionsabgabe hielt das Bundeskartellamt hier nur die **Sonderkunden-Konzessionsabgabe von 0,11 ct/kWh** für zulässig, die Erhebung einer höheren Konzessionsabgabe dagegen für missbräuchlich.[234] Angesichts des Wortlauts des § 2 Abs. 7 S. 3 KAV scheint dies eine zu **pauschale Behauptung**. Die Belieferung mit Heizstrom ist sehr unterschiedlich ausgestaltet, nicht in allen Fällen haben Nachtspeicherheizung oder Wärmepumpe einen eigenen Zähler. Gerade bei Zweitarifzähler-Belieferungen erscheint auch eine Konzessionsabgabe von 0,61 ct/kWh möglich und geboten.[235] Auch das Bundeskartellamt kommt letztlich zu dem Ergebnis, dass die Rechtslage insoweit unklar sei.[236] 143

Auch in diesem Verfahren war im Rahmen der sachlichen Rechtfertigung die Frage relevant, ob die vom Bundeskartellamt **geforderten Preise kostendeckend** seien. Das Bundeskartellamt erkannte hier Beschaffungs- und Vertriebskosten nur in Höhe des Durchschnitts der Kosten der betroffenen Unternehmen an.[237] Insgesamt waren die Margen in den Heizstrommärkten auch aus Sicht des Bundeskartellamtes vergleichsweise moderat.[238] Die Monopolkommission beurteilte die Verfahren kritisch. Insbesondere merkte sie an, dass die Ahndung von Ausbeutungsmissbräuchen in Märkten, die für Wettbewerber wegen des dort herrschenden niedrigen Preisniveaus wenig attraktiv sind, nicht notwendigerweise wettbewerbsfördernd wirkt, sondern gegebenenfalls **Markteintrittsschranken vergrößert**.[239] 144

Das Bundeskartellamt geht mittlerweile von einer **positiven Wettbewerbsentwicklung** auf dem Heizstrommarkt aus: Die Transparenz für Heizstromkunden habe sich erhöht, das Angebot bundesweit tätiger Heizstromanbieter habe sich verbreitert, entsprechend gebe es auch bundesweit eine signifikante **Zunahme der** 145

---

234 BKartA, Sektoruntersuchung Heizstrom – Marktüberblick und Verfahren, 2010, S. 12, abrufbar unter http://www.BKartA.de/SharedDocs/Publikation/DE/Sektoruntersuchungen/Sektoruntersuchung%20Heizstrom%20-%20Marktueberblick%20und%20Verfahren.pdf?__blob=publicationFile&v=3.

235 Vgl. BGH, Urt. v. 20.6.2017 – EnZR 32/16 – Schwachlasttarif.

236 BKartA, Sektoruntersuchung Heizstrom – Marktüberblick und Verfahren, 2010, S. 17, abrufbar unter http://www.BKartA.de/SharedDocs/Publikation/DE/Sektoruntersuchungen/Sektoruntersuchung%20Heizstrom%20-%20Marktueberblick%20und%20Verfahren.pdf?__blob=publicationFile&v=3.

237 BKartA, Sektoruntersuchung Heizstrom – Marktüberblick und Verfahren, 2010, S. 14 f., abrufbar unter http://www.BKartA.de/SharedDocs/Publikation/DE/Sektoruntersuchungen/Sektoruntersuchung%20Heizstrom%20-%20Marktueberblick%20und%20Verfahren.pdf?__blob=publicationFile&v=3.

238 BKartA, Tätigkeitsbericht 2009/2010, BT-Drucks. 17/6640, S. 117.

239 Monopolkommission, Sondergutachten 59, Rn. 736 f.

Wechselaktivitäten.[240] Auf der Ebene der Landeskartellbehörden werden verschiedentlich noch Sektoruntersuchungen zum Heizstrom durchgeführt.[241]

II. Sonderfall Preisspaltung

146 Gem. § 19 Abs. 2 S. 1 Nr. 3 GWB kann ein Missbrauch auch darin liegen, dass das marktbeherrschende Unternehmen ungünstigere Entgelte fordert, als es selbst auf **vergleichbaren Märkten von gleichartigen Abnehmern** fordert und diese Abweichung nicht rechtfertigen kann. Es handelt sich also um eine Ausprägung des Vergleichsmarktkonzepts durch Vergleich der Preisstellung des gleichen Unternehmens auf zwei unterschiedlichen Märkten. Eine **Preisspaltung** kann darauf hindeuten, dass der höhere Preis allein wegen des Versagens der Wettbewerbskräfte auf dem beherrschten Merkt zulasten der Kunden durchgesetzt werden kann, während das Unternehmen auf dem vergleichbaren Markt durch den hier bestehenden Wettbewerbsdruck zur Zurückhaltung bei der Ausübung seiner Marktmacht gezwungen ist.[242] Auch das europäische Kartellrecht kennt ein entsprechendes methodisches Vorgehen bei Art. 102 AEUV.[243]

147 Bei einer **preislichen Diskriminierung zwischen Abnehmern** auf einem beherrschten Markt ist § 19 Abs. 2 S. 1 Nr. 3 GWB nicht anwendbar. Der BGH nimmt hier allerdings an, dass hier ein Fall des Missbrauchs gem. § 19 Abs. 1 GWB vorliegt.[244]

148 Marktbeherrschende Unternehmen, die ihre Leistungen auch außerhalb des Gebiets anbieten, in dem sie marktbeherrschend sind, müssen ihre **Preisstellung daraufhin überprüfen**, ob eine missbräuchliche Preisspaltung vorliegen könnte.

149 In einem vom BGH entschiedenen Fall hatte ein Gasversorger auch außerhalb seines angestammten Versorgungsgebietes (über ein Tochterunternehmen) Gas für Letztverbraucher angeboten.[245] Die Preisstellung war dort günstiger. Der BGH ging zunächst davon aus, dass das andere Netzgebiet vergleichbar i.S.d. § 19 Abs. 2 S. 1 Nr. 3 GWB war, da auf den ersten Blick zwischen den Märkten keine so signifikanten Unterschiede bestanden, dass sich ihre Einordnung als vergleichbar verbiete. Die Vergleichbarkeit dient nur einer **groben Sichtung.**[246] Die sachliche Rechtfertigung

---

240 BKartA, Tätigkeitsbericht 2013/2014, BT-Drucks. 18/12760, S. 110.

241 Die Landeskartellbehörde Thüringen hat nach einer Untersuchung 2014 den Schluss gezogen, dass zwischenzeitlich ausreichende Wechselmöglichkeiten bestünden.

242 BGH, Urt. v. 7.12.2010 – KZR 5/10, Rn. 24 – Entega II.

243 Loewenheim/Meessen/Riesenkampf/Kersting/Meyer-Lindemann/*Huttenlauch*/*Lübbig*, Art. 102 AEUV Rn. 183.

244 BGH, Urt. v. 7.12.2010 – KZR 5/10, Rn. 54 – Entega II.

245 Zu diesem Zeitpunkt wurde der Markt für die Lieferung von Gas an SLP-Kunden noch netzbezogen abgegrenzt.

246 BGH, Urt. v. 7.12.2010 – KZR 5/10, Rn. 18 – Entega II.

unterschiedlicher Preise muss aber aufgrund einer Abwägung aller beteiligten Interessen unter Berücksichtigung der auf die Freiheit des Wettbewerbs gerichteten Zielsetzung des GWB beantwortet werden. Das Verbot der Preisspaltung bedeutet **keine allgemeine Meistbegünstigungsklausel** für Kunden. Auch dem marktbeherrschenden Unternehmen ist es nicht verwehrt, auf unterschiedliche Marktbedingungen differenziert zu reagieren.[247] Hier sah der BGH vor allem die Notwendigkeit des marktbeherrschenden Unternehmens, für einen Markteintritt in einen neuen räumlichen Markt vorübergehend günstigere Preise zu verlangen, als valide Rechtfertigung.[248]

Im Rahmen der Prüfung der Preisspaltung sind zudem die Unterschiede in **Netzentgelten und Konzessionsabgaben** rechtfertigend zu berücksichtigen. Die Feststellung eines Missbrauchs setzt auch hier wieder eine erhebliche Abweichung voraus, der BGH billigte einen Erheblichkeitszuschlag von 5%.[249] 150

Der BGH hat klargestellt, dass eine **Preisspaltung zwischen Grundversorgungskunden und Sondervertragskunden** gem. § 36 Abs. 1 EnWG zulässig und kartellrechtlich nicht verboten ist.[250] Hier dürfte es schon daran fehlen, dass die Abnehmer nicht gleichartig sind. Unterschiedliche Preise in Grundversorgung und Sonderverträgen bieten also für sich keinen Anhaltspunkt für einen kartellrechtlichen Anspruch. Eine Überprüfung gem. §§ 19 Abs. 2 Nr. 2, 29 GWB bleibt natürlich möglich. 151

D. Vergleichsportale

I. Marktabgrenzung

Auch im Energievertrieb spielen Vergleichsportale eine immer stärkere Rolle. Neben den traditionellen Vertriebswegen gibt es nunmehr **Online-Plattformen**, die verschiedene Verbraucher und Versorger zusammenbringen. Die Plattformen bieten dabei nicht selbst Energie an, sondern sie fungieren als Vermittler, ihr Produkt ist das **sog. Matchmaking.** Die Online-Präsenz führt dabei zu wettbewerblichen Fragestellungen, die umfassender sind als diejenigen, die bei traditionellen Maklern bestehen. Hier sind vor allem die Netzwerkeffekte relevant.[251] 152

Das Bundeskartellamt hat sich im Rahmen eines Fusionskontrollverfahrens mit dem Bereich der Online-Vergleichsplattformen beschäftigt. Es geht bei den Online- 153

247 BGH, Urt. v. 7.12.2010 – KZR 5/10, Rn. 23 f. – Entega II.
248 BGH, Urt. v. 7.12.2010 – KZR 5/10, Rn. 27 f. – Entega II.
249 BGH, Urt. v. 7.12.2010 – KZR 5/10, Rn. 32 – Entega II.
250 BGH, Urt. v. 7.3.2017 – EnZR 56/15, Rn. 25.
251 *Hamelmann/Haucap*, DICE Ordnungspolitische Perspektiven Nr. 78, S. 3.

Plattformen davon aus, dass es sich hierbei um einen oder mehrere zweiseitige Märkte in Form von sog. **Transaktionsplattformen** handelt.[252] Es spreche viel dafür, **einheitliche Plattformmärkte** anzunehmen und nicht jede Marktseite (z.B. Anbieter und Nachfrager bei Stromversorgungsverträgen) getrennt zu behandeln. Die Tätigkeit der Online-Vergleichsplattformen besteht in der Vermittlung von bestimmten Produkten zwischen Anbietern und Nachfragern. Das Bundeskartellamt ließ offen, ob Online-Vergleichsplattformen für Verbraucherverträge nach den verschiedenen Produkten (Strom, Gas, Versicherungen etc.) differenziert werden müssten.[253] In anderen Branchen haben Bundeskartellamt und OLG Düsseldorf einen **produktspezifischen Plattformmarkt** angenommen.[254]

154 Von Online-Vergleichsplattformen im oben genannten Sinn sind die Möglichkeiten der Online-Buchungen direkt bei Anbietern und **reine Preissuchmaschinen ohne eigene Buchungsmöglichkeit** zu unterscheiden.[255] Ob diese Teil eines relevanten sachlichen Marktes sind, muss anhand der Wettbewerbsgegebenheiten und der Verbraucherpräferenzen entschieden werden. Preissuchmaschinen ohne Buchungsmöglichkeit können gegebenenfalls als potenzielle Wettbewerber auf einem Markt der Online-Vergleichsplattformen angesehen werden, wenn sie ohne größeren Aufwand zu Online-Vergleichsplattformen ausgebaut werden könnten.[256]

II. Wettbewerbsprobleme der Online-Vergleichsplattformen

155 Plattformmärkte sind häufig durch **indirekte Netzwerkeffekte** gekennzeichnet: Die Entscheidungen bestimmter Nutzer können sich auf den Nutzen anderer verschiedener, miteinander verbundener Gruppen auswirken. So wirkt eine Vergröße-

252 Zu Charakteristika zweiseitiger Märkte: Bundeskartellamt, Digitale Ökonomie – Internetplattformen zwischen Wettbewerbsrecht, Privatsphäre und Verbraucherschutz, S. 8 f., abrufbar unter https://www.bundeskartellamt.de/SharedDocs/Publikation/DE/Diskussions_Hintergrundpapier/AK_Kartellrecht_2015_Digitale_Oekonomie.pdf?__blob=publicationFile&v=2.

253 BKartA, Fallbericht v. 5.8.2015 – B8-76/15 – Erwerb der Online-Vergleichsplattform Verivox durch ProSiebenSat.1 freigegeben, abrufbar unter http://www.bundeskartellamt.de/SharedDocs/Meldung/DE/AktuelleMeldungen/2015/05_08_2015_Fallbericht_Verivox_ProSiebenSat1.html. Zu der Schwierigkeit der Marktabgrenzung auf Online-Märkten vgl. *Hamelmann/Haucap*, DICE Ordnungspolitische Perspektiven Nr. 78, S. 9.

254 Zu dem Hotelportalmarkt vgl. BKartA, Beschl. v. 22.12.2015 – B9-121/13 – Booking.com; OLG Düsseldorf, Beschl. v. 9.1.2015 – VI Kart 1/14 (V), Rn. 28 – HRS.

255 Eine genaue Analyse der verschiedenen Plattformtypen bietet Bundeskartellamt, Digitale Ökonomie – Internetplattformen zwischen Wettbewerbsrecht, Privatsphäre und Verbraucherschutz, S. 8 f., abrufbar unter https://www.bundeskartellamt.de/SharedDocs/Publikation/DE/Diskussions_Hintergrundpapier/AK_Kartellrecht_2015_Digitale_Oekonomie.pdf?__blob=publicationFile&v=2.

256 Zu dem Hotelportalmarkt vgl. BKartA, Entsch. v. 22.12.2015 – B9-121/13, Rn. 145 – Booking.com.

rung der Anbieterzahl bei Transaktionsplattformen als Anreiz für die Nachfrager, diese Plattform stärker zu nutzen, was wiederum die Plattform auch wieder für die Anbieter attraktiver macht. Die Märkte können deswegen eine starke Konzentrationstendenz aufweisen, die nicht notwendigerweise die Wettbewerbsintensität beeinträchtigen muss, solange der Markt nicht umkippt („Tipping"). Beim **Tipping** erreicht ein Anbieter eine Größe, die anderen Anbietern die Nutzung von Netzwerkeffekten nicht mehr ermöglicht, der Markt wird dann nur noch von einer Plattform bedient und die übrigen Anbieter scheiden aus.[257] Im Rahmen der kartellrechtlichen Prüfung ist also insbesondere zu prüfen, ob die fragliche Verhaltensweise ein solches Umkippen des Marktes bewirken könnte.

1. Bestpreisklauseln

Wettbewerbsbeschränkende Wirkungen können sich insbesondere aus **Bestpreis-** 156
klauseln ergeben. Online-Vergleichsplattformen haben ein Interesse daran, dass Anbieter ihre Waren oder Dienstleistungen nicht auf anderen Online-Vergleichsplattformen oder Vertriebswegen billiger anbieten. Die Attraktivität der Online-Vergleichsplattformen wird gesteigert, wenn der Kunde weiß, dass er dort immer auch das günstigste Angebot erhält.[258] Das OLG Düsseldorf identifizierte verschiedene wettbewerbsbeschränkende Wirkungen entsprechender Klauseln. Zum einen schränken entsprechende Klauseln den **Preis- und Provisionswettbewerb** zwischen den Online-Vergleichsplattformen ein. Ohne entsprechende Klauseln könnten die Vergleichsplattformen den Anbietern günstigere Konditionen (niedrigere Provisionen) anbieten, wenn diese besonders attraktive Preise einstellen. Soweit andere Vergleichsplattformen Bestpreisklauseln mit den Anbietern vereinbart haben, geht ein solcher Vorstoß ins Leere, da auch sie von dem günstigen Preis profitieren. Dies kann auch marktabschottend wirken; der **Markteintritt neuer Vergleichsplattformen** wird dadurch erschwert, da diese Newcomer für entsprechend mit Bestpreisklauseln gebundene Anbieter keine besseren Preise anbieten können

---

257 Bundeskartellamt, Digitale Ökonomie – Internetplattformen zwischen Wettbewerbsrecht, Privatsphäre und Verbraucherschutz, S. 19, abrufbar unter https://www.bundeskartellamt.de/SharedDocs/Publikation/DE/Diskussions_Hintergrundpapier/AK_Kartellrecht_2015_Digitale_Oekonomie.pdf?__blob=publicationFile&v=2; BKartA, Fallbericht v. 5.8.2015 – B8-76/15 – Erwerb der Online-Vergleichsplattform Verivox durch ProSiebenSat.1 freigegeben, abrufbar unter http://www.bundeskartellamt.de/SharedDocs/Meldung/DE/AktuelleMeldungen/2015/05_08_2015_Fallbericht_Verivox_ProSiebenSat1.html.

258 Vgl. OLG Düsseldorf, Beschl. v. 9.1.2015 – VI Kart 1/14 (V), Rn. 104 f. – HRS. Zu einem Beispiel bei Energie-Vergleichsplattformen, vgl. BKartA, Verivox verzichtet auf die Verwendung von Bestpreisklauseln, Pressemitteilung v. 3.6.2015, abrufbar unter http://www.bundeskartellamt.de/SharedDocs/Meldung/DE/Pressemitteilungen/2015/03_06_2015_Verivox.html.

und tendenziell nicht mit günstigeren Angeboten werben können.[259] Je nach Reichweite der Online-Vergleichsplattform und der Bestpreisklausel kann die Klausel auch zu einer Schwächung des Preiswettbewerbs auf dem zugrundeliegenden Produktmarkt führen.[260]

157 Fraglich ist, ob die Vereinbarungen einer Online-Vergleichsplattform von der Gruppenfreistellung der VO (EU) 330/2010 profitieren kann. Voraussetzung hierfür ist, dass es sich um eine **Vertikalvereinbarung i.S.d. Verordnung** handelt. Gem. Art. 1 Abs. 1 lit. a VO (EU) 330/2010 ist dies eine Vereinbarung, die zwischen zwei oder mehr Unternehmen, von denen jedes für die Zwecke der Vereinbarung auf einer anderen Ebene der Produktions- oder Vertriebskette tätig ist, geschlossen wird und die Bedingungen betrifft, zu denen die beteiligten Unternehmen Waren oder Dienstleistungen beziehen, verkaufen oder weiterverkaufen dürfen. Das OLG Düsseldorf geht davon aus, dass zwar ein Vertikalverhältnis zwischen Anbieter und Online-Vergleichsplattform besteht, die Bestpreisklausel sich jedoch weder auf den Bezug der Vermittlungsdienstleistungen noch auf einen Weiterverkauf der Vermittlungsdienstleistungen bezieht, sondern lediglich eine Einschränkung des Anbieters beim Absatz seiner Waren darstellt.[261] Dieses Verständnis scheint zu eng im Hinblick auf die Zielsetzung der Verordnung, die grundsätzlich vertikale Vereinbarungen als wettbewerbsfördernd ansieht.[262] In vielen Fällen wird aber die grundsätzliche Anwendbarkeit der VO (EU) 330/2010 nicht weiterhelfen, weil die Marktanteilsschwellen des Art. 3 Abs. 1 VO (EU) 330/2010 überschritten werden. Bestpreisklauseln sind vor allem für bereits etablierte Plattformen interessant.

158 Das Bundeskartellamt ließ in den Hotelportalfällen offen, ob Bestpreisklauseln auch **Kernbeschränkungen** gem. Art. 4 VO (EU) 330/2010 sein können, bei denen ohnehin keine Freistellung möglich wäre.[263] Relevant kann hier nur Art. 4 lit. a VO (EU) 330/2010 sein, der Beschränkungen der Möglichkeit des Abnehmers, seinen Verkaufspreis selbst festzusetzen, als Kernbeschränkung ansieht. Bestpreisklauseln beschränken unmittelbar nicht die Möglichkeit, Preise festzusetzen, sie verhindern aber die Preisdifferenzierung zwischen verschiedenen Vertriebskanälen. Die Europäische Kommission beschreibt in den Vertikalleitlinien, dass die Verpflichtung, gegenüber Kunden eine Meistbegünstigungsklausel zu vereinbaren, den Anreiz zur Senkung eines Weiterverkaufspreises vermindern kann.[264] Die Wirkungen einer

---

259 Vgl. OLG Düsseldorf, Beschl. v. 9.1.2015 – VI Kart 1/14 (V), Rn. 103f. – HRS; BKartA, Beschl. v. 22.12.2015 – B9-121/13, Rn. 166 – Booking.com.

260 BKartA, Beschl. v. 22.12.2015 – B9-121/13, Rn. 224f. – Booking.com.

261 OLG Düsseldorf, Beschl. v. 9.1.2015 – VI Kart 1/14 (V), Rn. 164 – HRS.

262 LG Köln, Urt. v. 16.2.2017 – 88 O (Kart) 17/16 – WuW 2017, 208, Rn. 99; ausführlich *Tamke*, WuW 2015, 594.

263 BKartA, Entsch. v. 22.12.2015 – B9-121/13, Rn. 253 – Booking.com.

264 Europäische Kommission, Leitlinien für vertikale Beschränkungen (ABl EU 2010 Nr. C 130 S. 1, Rn. 48).

Bestpreisklausel werden nur bei Hinzutreffen weiterer Umstände vergleichbar sein, sodass **grundsätzlich keine Kernbeschränkung** vorliegt.[265]

Bestpreisklauseln können, Marktmacht der Online-Vergleichsplattformen vorausgesetzt, auch **eine unbillige Behinderung** i.S.d. § 20 Abs. 1 i.Vm. § 19 GWB darstellen.[266] 159

2. Marktmachtmissbrauch

Soweit Internetplattformen auch eigene Angebote haben, besteht die Gefahr, dass sie dritte Anbieter schlechter behandeln als die eigenen Angebote auf der Plattform. Dies ist, jenseits von Marktmacht oder Marktbeherrschung, kein kartellrechtliches Problem. Auch Marktbeherrscher sind aber grundsätzlich nicht gezwungen, Wettbewerbern eine günstige Ausgangslage zu verschaffen. Die Bevorzugung eigener Dienste ist grundsätzlich nur in Konstellationen, in denen ein **natürliches Monopol** vorliegt, § 19 Abs. 2 S. 1 Nr. 4 GWB, oder wenn es ein **spezialgesetzliches Diskriminierungsverbot** gibt, kartellrechtlich problematisch. Inwieweit und unter welchen Umständen auch für Internetplattformen ein entsprechendes Diskriminierungsverbot gelten sollte, ist gerade Gegenstand der Diskussion.[267] 160

Online-Vergleichsplattformen sind zumeist für die Verbraucher kostenlos. Der Nutzer muss aber häufig in den AGB der Plattform einer **Nutzung und Erhebung seiner Daten zu weitreichenden Zwecken** zustimmen. Nach Datenschutzrecht müssen entsprechende Einwilligungen zwar widerruflich sein und es dürfen keine Einwilligungen zwingend verlangt werden, die für das zugrundeliegende Rechtsverhältnis nicht notwendig sind, die Praxis sieht oftmals anders aus. Es gibt Überlegungen, ob auch solche Gestaltungen einen Ausbeutungsmissbrauch in Form eines Konditionenmissbrauchs gem. § 19 Abs. 2 S. 1 Nr. 2 GWB darstellen kann.[268] Faktisch werden solche Gestaltungen aber nur durch eine **stärkere Durchsetzung des Datenschutzrechtes** oder im Rahmen von Verfahren gem. UWG aufgegriffen werden. Das Bundeskartellamt hat seit der letzten GWB-Novelle gem. § 32e Abs. 5 GWB die Möglichkeit, Sektoruntersuchungen auch wegen wiederholter Verstöße gegen ver- 161

---

265 *Tamke*, WuW 2015, 594, 603; im Ergebnis auch LG Köln, Urt. v. 16.2.2017 – 88 O (Kart) 17/16 – WuW 2017, 208, Rn. 108 f.

266 BKartA, Entsch. v. 22.12.2015 – B9-121/13, Rn. 307 – Booking.com.

267 Bundeskartellamt, Digitale Ökonomie – Internetplattformen zwischen Wettbewerbsrecht, Privatsphäre und Verbraucherschutz, S. 29, abrufbar unter https://www.bundeskartellamt.de/SharedDocs/Publikation/DE/Diskussions_Hintergrundpapier/AK_Kartellrecht_2015_Digitale_Oekonomie.pdf?__blob=publicationFile&v=2.

268 Bundeskartellamt, Digitale Ökonomie – Internetplattformen zwischen Wettbewerbsrecht, Privatsphäre und Verbraucherschutz, S. 31 f., abrufbar unter https://www.bundeskartellamt.de/SharedDocs/Publikation/DE/Diskussions_Hintergrundpapier/AK_Kartellrecht_2015_Digitale_Oekonomie.pdf?__blob=publicationFile&v=2.

braucherrechtliche Vorschriften durchzuführen. Die erste Anwendung dieser Norm war die Eröffnung einer Sektoruntersuchung zu Vergleichsportalen im Internet aus den Bereichen Reise, Versicherungen, Finanzdienstleistungen, Telekommunikation und Energie.[269]

E. Markttransparenz im Energiehandel

I. Hintergrund und Grundkonzeption der Regelungen

162 2012 wurde mit dem sog. Gesetz zur Einrichtung einer Markttransparenzstelle für den Großhandel mit Strom und Gas[270] die Markttransparenzstelle bei der Bundesnetzagentur etabliert.[271] Unmittelbarer Anstoß dafür war zum einen die Notwendigkeit der **Umsetzung der REMIT**,[272] aber auch die Wahrnehmung der Politik, dass die bestehende Aufsicht über die Energiegroßhandelsmärkte noch nicht ausreichend ist. Die Monopolkommission hatte bereits 2007 eine umfassendere Aufsicht über die Großhandelsmärkte angemahnt.[273] Durch eine zentrale, behördliche und kontinuierliche Marktbeobachtung sollten bestehende Informationsdefizite beseitigt und das **Vertrauen in die Integrität der Märkte** sowie den Wettbewerb auf den Großhandelsmärkten zum Wohle der Verbraucher gestärkt werden.[274]

163 Vor der **Einsetzung der Markttransparenzstelle** waren – in unterschiedlichem Ausmaß und mit unterschiedlicher Schwerpunktsetzung – bereits Bundeskartellamt, Bundesnetzagentur, Bundesanstalt für Finanzdienstleistungsaufsicht, Landesbörsenaufsichtsbehörden sowie die Handelsüberwachungsstellen der Börsen mit der Aufsicht über die Großhandelsmärkte für Gas und Strom befasst.[275] Gemäß der REMIT sind die Mitgliedstaaten verpflichtet, ihre nationale Regulierungsbehörde

---

269 BKartA, Bundeskartellamt startet Untersuchung von Vergleichsportalen, Pressemitteilung v. 24.10.2017, abrufbar unter http://www.bundeskartellamt.de/SharedDocs/Meldung/DE/Pressemitteilungen/2017/24_10_2017_Vergleichsportale.html.

270 Gesetz zur Einrichtung einer Markttransparenzstelle für den Großhandel mit Strom und Gas (Strom/GasMTransStG) v. 5.12.2002 (BGBl. I S. 2403), zuletzt geändert durch Gesetz v. 15.4.2015 (BGBl.I S. 578).

271 BT-Drucks. 17/10060.

272 VO (EU) Nr. 1227/2011 v. 25.10.2011 über die Integrität und Transparenz des Energiegroßhandelsmarkts (ABl EU 2011 Nr. L 326 S. 1).

273 Monopolkommission, Sondergutachten 49, Rn. 211: Vorschlag eines Market Monitorings; Loewenheim/Meessen/Riesenkampff/Kersting/Meyer-Lindemann/*Lüdemann*/*Lüdemann*, Vor § 47a GWB Rn. 2.

274 BT-Drucks. 17/10060, S. 3.

275 *Säcker*, Marktabgrenzung, S. 87 f., gibt einen Überblick über die verschiedenen Rechtsvorgaben für Marktmissbrauch und die verschiedenen Akteure.

mit den Befugnissen auszustatten, die zur Erfüllung ihrer Aufgaben nach der Verordnung erforderlich sind.

Der Gesetzgeber hat die bei der Bundesnetzagentur eingerichtete Markttranspa- 164
renzstelle als **nationale Marktüberwachungsstelle** i.S.d. Art. 7 Abs. 2 REMIT eingesetzt, § 47b Abs. 2 GWB. Die Markttransparenzstelle arbeitet damit unmittelbar mit der europäischen ACER zusammen und erhält gegenüber ACER die gleichen Informations- und Datenzugriffsrechte wie die Bundesnetzagentur.[276] Die Markttransparenzstelle ist bei der Bundesnetzagentur angesiedelt, die Aufgaben der Markttransparenzstelle werden aber **einvernehmlich von Bundesnetzagentur und Bundeskartellamt** wahrgenommen, § 47a Abs. 2 GWB.[277] Die Markttransparenzstelle sammelt, gemeinsam mit der Bundesnetzagentur, alle relevanten Daten und Informationen aus dem Handel mit Elektrizität und Gas, einschließlich der Daten aus dem Erzeugungsbereich und wertet sie aus. Nach Vorstellung des Gesetzgebers lassen sich damit Wechselwirkungen zwischen den Waren- und Finanzmärkten erfassen, sodass die zuständigen Behörden Rechtsverstöße zeitnah untersuchen und sanktionieren können.[278] Neben der Markttransparenzstelle für den Großhandel mit Strom und Gas wurde auch noch eine Markttransparenzstelle für die Marktbeobachtung im **Bereich Kraftstoffe** eingerichtet, die beim Bundeskartellamt angesiedelt ist, § 47k GWB.[279] Nach dem ursprünglichen Gesetzesentwurf sollten beide Markttransparenzstellen beim Bundeskartellamt angesiedelt werden.[280]

Die Befugnisse zur Durchsetzung der Marktmissbrauchsverbote der REMIT müs- 165
sen jedoch den nationalen Regulierungsbehörden übertragen werden, Art. 13 REMIT. Die Regelungen zur Durchsetzung der Marktmissbrauchsverbote der REMIT wurden entsprechend in das EnWG eingefügt, die Verfahrens-, Bußgeld- und Strafvorschriften des EnWG wurden entsprechend ergänzt. Die **Bundesnetzagentur** ist damit unmittelbar zur Durchsetzung der Vorschriften zum **Verbot von Insiderhandel und Marktmanipulation** verpflichtet, sie übernimmt – neben Finanz- und Börsenaufsicht und Kartellbehörden – Verantwortung für die Sicherstellung einer transparenten und wettbewerbskonformen Preisbildung bei der Vermarktung und beim Handel mit Elektrizität und Gas auf der Großhandelsstufe.[281] Dies entspricht

276 Loewenheim/Meessen/Riesenkampff/Kersting/Meyer-Lindemann/*Lüdemann*/*Lüdemann*, § 47b GWB Rn. 3.

277 Die Einzelheiten der Zusammenarbeit sind in der Kooperationsvereinbarung zwischen BNetzA und BKartA v. 12.5.2015 festgelegt, abrufbar unter http://www.bundeskartellamt.de/SharedDocs/Publikation/DE/Sonstiges/MTS-Kooperationsvertrag.pdf;jsessionid=325F8A33B4D85E7570DB393BB40996DE.2_cid362?__blob=publicationFile&v=3.

278 BT-Drucks. 17/10060, S. 3.

279 Kritisch dazu Loewenheim/Meessen/Riesenkampff/Kersting/Meyer-Lindemann/*Lüdemann*/*Lüdemann*, Vor § 47a GWB Rn. 7.

280 Kritisch dazu *Lüdemann*/*Lüdemann*, WuW 2012, 917.

281 Zu den Befugnissen der BNetzA zur Durchsetzung der REMIT: *Bachert*, RdE 2014, 361.

der europäischen Konzeption der Regulierungsbehörden, die auch die Überwachung des Großhandelsmarktes innehaben sollen,[282] durchbricht aber das deutsche Konzept der Bundesnetzagentur als Regulierungsbehörde für Infrastrukturen, die essential facilities darstellen.

II. Befugnisse der Markttransparenzstelle

166 Die Markttransparenzstelle in der vorliegenden Konzeption hat fast ausschließlich **Monitoringfunktionen**. Ihre Aufgabe ist die Datenerfassung und -auswertung. Über ihre Tätigkeit erstattet sie alle zwei Jahre Bericht, § 47h Abs. 2 GWB. Der erste eigenständige Bericht ist für 2018 vorgesehen, derzeit enthält nur der gemeinsame Monitoringbericht von Bundesnetzagentur und Bundeskartellamt einen Abschnitt über die Markttransparenzstelle.

167 Um die Daten sammeln zu können, hat die Markttransparenzstelle gegenüber den Marktteilnehmern **Befugnisse wie die Kartellbehörden gem. § 59 GWB**, § 47d GWB. Sie kann also Auskünfte verlangen und Durchsuchungen vornehmen, soweit die Voraussetzungen dafür vorliegen. Bei Nicht- oder Falschbeantwortung von Auskunftsersuchen stehen der Markttransparenzstelle auch Bußgeldsanktionen zur Verfügung, § 81 Abs. 2 Nr. 6 GWB.[283] Da die Markttransparenzstelle anders als die Kartellbehörde eine **kontinuierliche und umfassende Monitoringtätigkeit** hat, hat sie auch die Möglichkeit, Allgemeinverfügungen in Form von Festlegungen zu treffen, mit denen Datenkategorien, Zeit und Form der Übermittlung der Daten gem. § 47g GWB festgelegt werden. Entsprechende Festlegungen liegen derzeit noch nicht vor.

168 Falls sich aus den Daten ein Anhaltspunkt auf einen Gesetzesverstoß in Bezug auf Kartell-, Wertpapierhandels- oder Börsenrecht oder in Bezug auf die REMIT ergeben sollte, ist die Markttransparenzstelle verpflichtet die **Informationen an die zuständigen Behörden** weiterzugeben. Die Markttransparenzstelle soll also vor allem eine gute Datenbasis für die zuständigen Behörden schaffen, die dann gegebenenfalls Aufsichtsverfahren eröffnen. In Bezug auf Kartellrecht bedeutet dies, dass die Markttransparenzstelle die Datenbasis für die Tätigkeit des Bundeskartellamtes im Bereich des Großhandels mit Energie schafft und gegebenenfalls auch selbst auf das Bundeskartellamt zugeht, wenn sich aus ihren Erhebungen ein Anhaltspunkt für einen Kartellrechtsverstoß ergibt.

---

282 *Lüdemann/Lüdemann*, WuW 2012, 917, 925.
283 Auch andere Verstöße gegen Mitwirkungspflichten sind in § 81 Abs. 2 GWB sanktioniert.

Kapitel 4
Netzanschluss und Zugang zu Energieversorgungsnetzen und Speichereinrichtungen*

„Der Zugang zu Infrastrukturen ist für die Integration der Gasmärkte, den Preiswettbewerb und die allgemeine Versorgungssicherheit in der Europäischen Union von entscheidender Bedeutung.“[1]

Die Energieversorgung im deutschen Strom- und Gasbereich war bis zum Ende des letzten Jahrhunderts durch geschlossene Versorgungsgebiete gekennzeichnet. Demarkationsverträge und langjährige Konzessionsverträge sicherten die Versorgungsgebiete ab.[2] Begünstigt wurde die Marktabschottung darüber hinaus durch Bestrebungen zur Vermeidung von Doppelinvestitionen.[3] 1

Durch die Elektrizitäts-[4] und Erdgasbinnenmarktrichtlinien[5] von 1996 und 1998 und das „Gesetz zur Neuregelung des Energiewirtschaftsrechts“ von 1998[6] kam es zu ersten Liberalisierungsmaßnahmen auf dem Energiemarkt. Das Netzzugangsrecht, die Möglichkeit fremde Leitungen zur Durchleitung von Energie zwecks Kundenbelieferung zu nutzen, wurde auf Basis des „verhandelten Netzzugangs“ eingeführt.[7] Der **„verhandelte Netzzugang“** verlangte zwar von den Netzbetreibern ihre Netze zu öffnen, die Ausgestaltung der konkreten Netzzugangsmodalitäten überließ man aber der **Privatautonomie.**[8] 2

---

* Besonderer Dank gilt an dieser Stelle Herrn Sebastian Freimuth, der im Rahmen seiner Tätigkeit als Rechtsreferendar bei Becker Büttner Held wertvolle Unterstützung und Mitarbeit bei der Erstellung dieses Kapitels geleistet hat.

1 Europäische Kommission, Pressemitteilung v. 29.9.2010 – IP/10/1197/ *Joaquín Almunia, ehemaliger EU-Kommissar und Kommissionsvizepräsident*. Gleiches lässt sich letztendlich auch für die Strommärkte sagen.

2 Wiedemann/*Scholz*, Handbuch Kartellrecht, § 34 Rn. 3.

3 Wiedemann/*Scholz*, Handbuch Kartellrecht, § 34 Rn. 3.

4 Elektrizitätsbinnenmarktrichtlinie 1996 (EltRL 1996 – RL 1996/92/EG) v. 19.12.1996 (ABl EG Nr. L 27 S. 20).

5 Erdgasbinnenmarktrichtlinie 1998 (GasRL 1998 – RL 1998/30/EG) v. 22.6.1998 (ABl EG Nr. L 204 S. 1).

6 Gesetz zur Neuregelung des Energiewirtschaftsrechts v. 24.4.1998, BGBl. I Nr. 23 S. 730.

7 Wiedemann/*Scholz*, Handbuch Kartellrecht, § 34 Rn. 4.

8 Wiedemann/*Scholz*, Handbuch Kartellrecht, § 34 Rn. 5.

https://doi.org/10.1515/9783110286847-004

3 Schließlich lösten die Nachfolgerichtlinien von 2003[9] und das EnWG 2005[10] das System des „verhandelten Netzzugangs“ für Elektrizitäts- und Gasnetze durch unmittelbare **staatliche Netzzugangsregulierung** ab.[11] Die Ausgestaltung des Netzzugangs erfolgte nunmehr durch staatliche Festsetzungen. Ausgenommen von dieser Regulierung waren jedoch sog. „vorgelagerte Rohrnetzleitungen“ – Transporteinrichtungen im Gasgewinnungsbereich – und Speicheranlagen.[12] Mit Einführung der Netzzugangsregulierung wurde auch das Gebot der getrennten Rechnungslegung zum Gebot der vertikalen Entflechtung von Netzbetrieb und anderen Geschäftsbereichen der Energieversorgung ausgeweitet, sog. **Unbundling.**[13]

4 Das „Dritte Liberalisierungspaket“ des Europäischen Parlaments und des Rates, in Form der Elektrizitäts-[14] und Erdgasbinnenmarktrichtlinien von 2009,[15] der ACER-VO,[16] StromhandelsVO[17] und ErdgasZVO,[18] bildete die Grundlage für die eigentumsrechtliche Entflechtung („Ownership Unbundling“), die zur Wahrung der Verhältnismäßigkeit des Eingriffs durch drei Wahlmöglichkeiten durchgeführt werden kann (vgl. §§ 8, 9 und 10–10e EnWG).[19] Die europäischen Vorgaben wurden durch das EnWG 2011, und den aufgrund des EnWG erlassenen Rechtsverordnungen (StromNZV,[20] StromNEV,[21] GasNZV,[22] GasNEV,[23] ARegV[24]) umgesetzt.

---

9 Elektrizitätsbinnenmarktrichtlinie 2003 (EltRL 2003 – RL 2003/54/EG) v. 26.6.2003 (ABl EG Nr. L 176 S. 37); Erdgasbinnenmarktrichtlinie 2003 (GasRL 2003 – RL 2003/55/EG) v. 26.6.2003 (ABl EG Nr. L 176 S. 57).

10 Energiewirtschaftsgesetz (EnWG) v. 7.7.2005 (BGBl. I S. 1970, 3621), zuletzt geändert durch Gesetz v. 20.7.2017 (BGBl. I S. 2808).

11 Wiedemann/*Scholz*, Handbuch Kartellrecht, § 34 Rn. 5.

12 Wiedemann/*Scholz*, Handbuch Kartellrecht, § 34 Rn. 5, 10.

13 Wiedemann/*Scholz*, Handbuch Kartellrecht, § 34 Rn. 6.

14 Elektrizitätsbinnenmarktrichtlinie 2009 (EltRL 2009 – RL 2009/72/EG) v. 13.7.2009 (ABl EG Nr. L 211 S. 55).

15 Erdgasbinnenmarktrichtlinie 2009 (GasRL 2009 – RL 2009/73/EG) v. 13.7.2009 (ABl EG Nr. L 211 S. 1).

16 VO (EG) Nr. 713/2009.

17 VO (EG) Nr. 714/2009.

18 VO (EG) Nr. 715/2009.

19 Wiedemann/*Scholz*, Handbuch Kartellrecht, § 34 Rn. 7.

20 VO v. 25.7.2005 (BGBl. I S. 2243).

21 VO v. 25.7.2005 (BGBl. I S. 2225).

22 VO v. 3.9.2010 (BGBl. I S. 1261).

23 VO v. 25.7.2005 (BGBl. I S. 2197).

24 VO v. 29.10.2007 (BGBl. S. 2529).

A. Kartellrechtliche Vorgaben

I. Wettbewerbspolitische Ziele und Grundlagen der Öffnung des Energieversorgungsmarktes

Mit der Öffnung der Märkte wurde der Abbau staatlicher Wettbewerbsbeschränkungen und spiegelbildlich, im Interesse allgemeiner wettbewerbspolitischer Ziele, der Ausbau wirtschaftlicher Freiräume der Marktteilnehmer verfolgt. Die bezweckten Wettbewerbsergebnisse ließen sich jedoch nicht ausschließlich durch die ursprünglichen Liberalisierungsmaßnahmen[25] herbeiführen, da es sich bei den streitgegenständlichen Infrastrukturen, den Gas- und Stromleitungen, um natürliche Monopole handelt. 5

Ein natürliches Monopol rechtfertigt allerdings lediglich das **Monopol im Infrastrukturbereich**, das die Betriebsfähigkeit und die Vorhaltung der Infrastruktureinrichtung umfasst. Der **Dienstleistungsbereich**, der den Bereich der Nutzung der wesentlichen Einrichtung zur Erbringung der Leistung an Dritte erfasst, ist hingegen den Wettbewerbern zugänglich zu machen.[26] Aufgrund der Tatsache, dass jeglicher Güterwettbewerb auf der bestehenden Netzstruktur aufbaut bzw. eine Duplikation dieser Netzstruktur nur mit unwirtschaftlichem Aufwand möglich ist, besteht konsequenter Weise bei natürlichen Monopolen eine starke Tendenz, die eigene Machtposition auszunutzen.[27] 6

II. Begriffsbestimmungen – Netzanschluss und Netzzugang, was ist das überhaupt?

Für den Laien nicht gleich ersichtlich ist, dass es sich bei den Begriffen „Netzanschluss" und „Netzzugang" um zwei bedeutungsverschiedene Begriffe handelt. Die Unterscheidung und genaue Abgrenzung ist allerdings von entscheidender Bedeutung bei der Bestimmung der konkret anzuwendenden Vorschriften. 7

25 Zuvor fand § 19 Abs. 4 Nr. 4 GWB a.F. Anwendung; nun sind der Anspruch auf Netzanschluss und Netzzugang zu Energieversorgungsnetzen und Speicheranlagen durch regulierungsrechtliche Vorschriften geregelt, vgl. §§ 17, 18, 20 EnWG.

26 *Müller*, EuZW 1998, 232, 234.

27 *Säcker*, EnWZ 2015, 531, 532.

Checkliste
- Netzanschluss: technische Anbindung an ein Netz der allgemeinen Versorgung[28]
- Netzzugang: Nutzung des Netzes für die Beförderung/den Transport von Energie[29]

8 Im Hinterkopf behalten werden soll mithin, dass es hinichtlich des Netzanschlusses und des Netzzugangs unterschiedliche rechtliche Grundlagen gibt. Dieses gilt insbesondere im Hinblick auf die Vorschriften des EnWG.

9 Die leitungsgebundene Energieversorgung erfolgt überwiegend über bereits vorhandene Infrastruktureinrichtungen bzw. Netze. Ihr **Neu- und Ausbau** ist mit hohen Investitionskosten verbunden und darüber hinaus planungsrechtlich komplex. Ein paralleler Leitungsbau in der Branche der Strom- und Gasversorgung ist daher meist unwirtschaftlich. Ein Wettbewerb in den nachgelagerten Märkten ist mithin nur möglich, wenn auch Dritten der Zugang zu diesen Netzen bzw. Infrastruktureinrichtungen gewährt wird.[30]

III. Essential-Facilities-Doktrin als übergeordnetes Prinzip

> „(...) generell [sollte] jedes Unternehmen, – ob marktbeherrschend oder nicht – das Recht haben [...], seine Handelspartner frei zu wählen und frei über sein Eigentum zu entscheiden. Jedes Eingreifen aus wettbewerbsrechtlichen Gründen muss daher sorgfältig erwogen werden, wenn die Anwendung von Artikel [102] dazu führen würde, dass dem marktbeherrschenden Unternehmen eine Lieferpflicht[31] auferlegt wird. Die Existenz einer solchen Verpflichtung kann – selbst bei angemessener Vergütung – die Investitions- und Innovationsanreize für ein Unternehmen verringern und infolgedessen zum Schaden der Verbraucher sein."[32]

10 Wie sich diesen Ausführungen der Kommission entnehmen lässt, liegt es auf der Hand, dass der Netzanschluss und der Netzzugang zu eigenen Netzen für fremde, nicht dem Konzern angehörige Unternehmen, bei den Netzbetreibern nicht gerade auf Gegenliebe stießen. Denn schließlich wurde nicht nur im Vorfeld in den Bau

---

28 Vgl. auch Säcker/*Säcker*/*Boesche*, Energierecht Bd. 1, § 17 EnWG Rn. 20f.; Danner/Theobald/*Hartmann*, Energierecht, § 17 B 1 EnWG Rn. 22.

29 Vgl. Danner/Theobald/*Hartmann*, Energierecht, § 17 B 1 EnWG Rn. 22.

30 Wiedemann/*Scholz*, Handbuch Kartellrecht, § 34 Rn. 78.

31 Das Konzept der Lieferverweigerung steht der Weigerung des Zugangs zu wesentlichen Einrichtungen gleich, vgl. Mitteilung der Kommission, Erläuterungen zu den Prioritäten der Kommission bei der Anwendung von Art. 82 des EG-Vertrags auf Fälle von Behinderungsmissbrauch durch marktbeherrschende Unternehmen – ABl EU 2009 Nr. C 45 S. 7, Rn. 78.

32 Mitteilung der Kommission, Erläuterungen zu den Prioritäten der Kommission bei der Anwendung von Art. 82 des EG-Vertrags auf Fälle von Behinderungsmissbrauch durch marktbeherrschende Unternehmen, ABl EU Nr. C 45 S. 7, Rn. 75.

bzw. Ausbau der Netze investiert, sondern auch zukünftig werden Instandhaltungskosten anfallen.

Dementsprechend mag es auch nicht verwundern, dass aufgrund der in der Eu- 11
ropäischen Union (EU) geltenden Eigentums- und Wirtschaftsordnung die Weigerung der Zugänglichmachung des Eigentums an andere Unternehmen oder ggf. sogar Wettbewerber als zunächst rechtmäßig anzusehen ist, besteht doch ein primäres Ziel darin, weitere Investitionen auch in Zukunft zu sichern.[33]

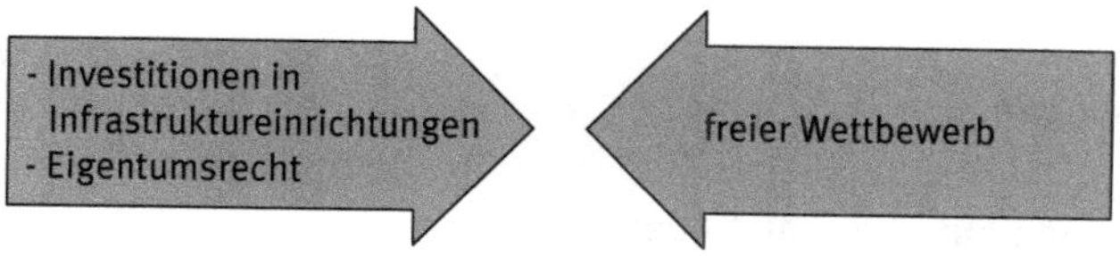

Abb. 1: Widerstreitende Interessen betr. Netzanschluss und Zugangsrecht zu Energieversorgungsnetzen[34]

Dennoch kann eine strikte Nichtzurverfügungstellung der Infrastruktureinrichtun- 12
gen zur Folge haben, dass die Netzbetreiber aufgrund ihrer Vormachtstellung den gesamten Wettbewerb auf den betroffenen Märkten unterbinden, was jeglichen wettbewerblichen Grundsätzen widerspräche. Infolgedessen bedarf es eines Anspruchs auf Zugänglichkeitsmachung dieser Einrichtungen, der allerdings aufgrund des Eingriffs in die subjektiven Rechte der Netzbetreiber besonderer Rechtfertigung bedarf.[35]

An dieser Stelle kommt die den kartellrechtlichen Regelungen im Hinblick 13
auf den Netzanschluss und Zugang zu Energieversorgungsnetzen und Speichereinrichtungen zugrundeliegende **Essential-Facilities-Doktrin** ins Spiel, die dem **essential facilities concept des US-amerikanischen Rechts** nachempfunden ist.[36] Bei der Essential-Facilities-Doktrin handelt es sich um einen von der Rechtsprechung entwickelten Missbrauchstatbestand nach Art. 102 Abs. 1 AEUV[37]. Wie der Name dieser Doktrin bzw. deren Übersetzung bereits verrät, ist unter bestimmten Voraussetzungen ein Zugang zu **wesentlichen Einrichtungen** zu gewähren.

Vereinfacht ausgedrückt besagt die Doktrin, dass Unternehmen, die den jewei- 14
ligen Markt beherrschen, Zugang zu solchen Einrichtungen des Marktes gewähren müssen, deren Inanspruchnahme für den Zugangspetenten unerlässlich ist, um auf

33 Vgl. Wiedemann/*de Bronett*, Handbuch Kartellrecht, § 22 Rn. 83.

34 Quelle: Eigene Darstellung.

35 EuGH, Urt. v. 26.11.1998 – C-7/97 – Slg. 1998, I-7791 – Bronner/Mediaprint.

36 Wiedemann/*de Bronett*, Handbuch Kartellrecht, § 22 Rn. 64; Loewenheim/Meessen/Riesenkampff/Kersting/Meyer-Lindemann/*Loewenheim*, § 19 GWB Rn. 82.

37 Vertrag über die Arbeitsweise der Europäischen Union (AEUV) konsolidierte Fassung, ABl EU 2012 Nr. C 326 S. 1 ff., in Kraft getreten am 1.12.2009.

dem **vor- oder nachgelagerten Markt** mit dem beherrschenden Unternehmen in Wettbewerb zu treten.[38] Das bedeutet, dass der Inhaber der wesentlichen Einrichtung aufgrund seiner Monopolstellung auch den benachbarten Markt – sollte er hierauf auch tätig sein – mittelbar beherrscht. Durch Ausschluss der Wettbewerber kann er jeglichen Wettbewerb auf diesem Markt unterbinden. Geprägt wurde die Essential-Facilities-Doktrin durch die europarechtliche Rechtsprechung, auf die an späterer Stelle noch näher eingegangen werden soll.[39]

IV. Kartellrechtliche Regelungen

1. Kartellrechtliche Regelungen auf nationaler Ebene

a) § 111 EnWG – das Verhältnis des GWB zum EnWG

15 Vor der Energierechtsnovelle 2005 fanden für das Begehren auf Netzanschluss und Netzzugang die kartellrechtlichen Vorschriften des § 19 Abs. 1, Abs. 4 Nr. 4, 20 GWB a.F. Anwendung.[40] Dieser Rückgriff ist heute aufgrund **§ 111 EnWG** weitestgehend ausgeschlossen, demzufolge die §§ 19, 20 und 29 GWB nicht mehr anzuwenden sind, wenn durch das EnWG selbst oder seiner erlassenen Rechtsverordnungen ausdrückliche abschließende Regelungen getroffen werden. Infolgedessen kommt der § 19 Abs. 2 Nr. 4 GWB, der eine Konkretisierung der Essential-Facilites-Doktrin darstellt, bei wesentlichen Einrichtungen, die unter das EnWG fallen, nicht mehr zur Anwendung.

16 Vom Anwendungsbereich der §§ 17, 18 und 20 EnWG werden **Energieversorgungsnetze** umfasst, welche wiederum in § 3 Nr. 16 EnWG definiert werden.

---

i **Checkliste**

Energieversorgungsnetze (§ 3 Nr. 16 EnWG):

Elektrizitätsversorgungsnetze und Gasversorgungsnetze über eine oder mehrere Spannungsebenen oder Druckstufen mit Ausnahme von Kundenanlagen im Sinne der Nummern 24 a und 24 b.

---

17 Zudem regelt das EnWG nur die **leitungsgebundene Energieversorgung**, vgl. insofern § 1 Abs. 1 EnWG. § 28 EnWG wiederum regelt den **Zugang zu Speicheranlagen**, deren Definition sich in § 3 Nr. 31 EnWG finden lässt.

38 Danner/Theobald/*Judith*, Energierecht, MbA-EnW 160 Rn. 64.
39 vgl. Rn. 88 ff.
40 Vgl. auch Wiedemann/*Scholz*, Handbuch Kartellrecht, § 34 Rn. 92.

Checkliste
Speicheranlage (§ 3 Nr. 31 EnWG):
Eine einem Gasversorgungsunternehmen gehörende oder von ihm betriebene Anlage zur Speicherung von Gas, einschließlich des zu Speicherzwecken genutzten Teils von LNG-Anlagen, jedoch mit Ausnahme des Teils, der für eine Gewinnungstätigkeit genutzt wird, ausgenommen sind auch Einrichtungen, die ausschließlich Betreibern von Leitungsnetzen bei der Wahrnehmung ihrer Aufgaben vorbehalten sind.

Somit entfallen Strom- und Gasversorgungsnetze aus dem Anwendungsbereich des GWB. Auf den Anschluss und Zugang zu diesen Netzen und Speicheranlagen finden daher ausschließlich §§ 17, 18, 20 und 28 EnWG Anwendung.[41] Im Bereich der **Fernwärme**, die kein Energieversorgungnetz im Sinne des EnWG darstellt, greift § 19 GWB hingegen nach wie vor. 18

Gleiches gilt für **Kundenanlagen nach § 3 Nr. 24a und Nr. 24b EnWG**,[42] die explizit aus dem Bereich des Energieversorgungsnetzes herausgenommen worden sind. Mithin sind auch auf diese die Regelungen des GWB im Zusammenhang mit Netzanschluss und Netzzugang anzuwenden. 19

Checkliste
Kundenanlagen (§ 3 Nr. 24a EnWG):
Energieanlagen zur Abgabe von Energie,
a) die sich auf einem räumlich zusammengehörenden Gebiet befinden,
b) mit einem Energieversorgungsnetz oder mit einer Erzeugeranlage verbunden sind,
c) für die Sicherstellung eines wirksamen und unverfälschten Wettbewerbs bei der Versorgung mit Elektrizität und Gas unbedeutend sind und
d) jedermann zum Zwecke der Belieferung der angeschlossenen Letztverbraucher im Wege der Durchleitung unabhängig von der Wahl des Energielieferanten diskriminierungsfrei und unentgeltlich zur Verfügung gestellt werden.

§ 3 Nr. 24b EnWG wiederum definiert Kundenanlagen zur betrieblichen Eigenversorgung. 20

Auch wenn die sektorspezifischen Regelungen des EnWG aufgrund ihrer Spezialität bei Energieversorgungsnetzen vorrangig anzuwenden sind, soll dennoch zunächst auf die allgemeinen Regeln des GWB eingegangen werden. Grund hierfür ist, dass im Rahmen des § 19 Abs. 2 Nr. 4 die Tatbestandsvoraussetzungen konkretisiert und herausgearbeitet wurden, die mittelbar auch in §§ 17, 18 und 20 EnWG Be- 21

41 Siehe auch Danner/Theobald/*Däuper*, Energierecht, § 28 Rn. 54; Säcker/*Barbknecht*, Energierecht Bd. 1, § 28 Rn. 2.
42 Ausführlicher zur Thematik des Zugangs zu Kundenanlagen, vgl. Ortlieb/Staebe/*Klinge*/*Schwintowski*, Praxishandbuch geschlossene Verteilernetze und Kundenanlagen, Berlin 2014, Kap. 3 Rn. 65 ff.; *Gussone*/*Wünsch*, WuW 2013, 464 ff.

rücksichtigung finden. Das gilt insbesondere auch mit Blick auf die hierzu ergangene Rechtsprechung. Zum anderen stellt § 19 Abs. 2 Nr. 4 GWB im Verhältnis zu den sondergesetzlichen Vorschriften einen allgemeinen Tatbestand dar, auf welchen in solchen Fällen zurückzukommen ist, für die keine sondergesetzlichen Vorschriften greifen, z.B. Kundenanlage.[43] Daher werden sich Überschneidungen bei der Aufarbeitung der gesetzlichen Regelungen insbesondere hinsichtlich §§ 17, 18 und 20 EnWG und § 19 Abs. 2 Nr. 4 GWB nicht vermeiden lassen. Dies gilt umso mehr als § 19 Abs. 4 Nr. 4 GWB a.F. solche Sachverhalte erfasste, die nun unter §§ 17, 18 und 20 EnWG fallen.

22 Allerdings sind bei der Verweigerung des Netzanschlusses sowie des Netzzugangs sind **stets europarechtliche Vorschriften** zu beachten, die neben denen des EnWG und des GWB uneingeschränkte Anwendung finden.[44]

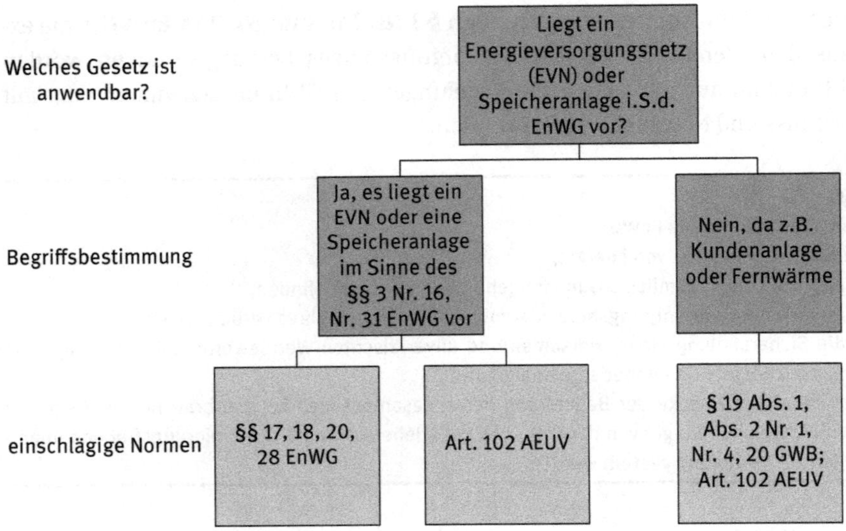

Abb. 2: Einschlägige Normen im energiekartellrechtlichen Bereich[45]

b) § 19 Abs. 2 Nr. 4 GWB

aa) Geschichte/Kontext

23 Die Regelung des § 19 Abs. 2 Nr. 4, vormals § 19 Abs. 4 Nr. 4 GWB, wurde durch die 6. GWB-Novelle 1998[46] eingeführt und qualifiziert die ungerechtfertigte Zugangsver-

43 Loewenheim/Meessen/Riesenkampff/Kersting/Meyer-Lindemann/*Loewenheim*, § 19 GWB Rn. 84.
44 Vgl. Kap. 2.
45 Quelle: Eigene Darstellung.
46 BGBl. I 1998 S. 2521.

weigerung zu Netzen und sonstigen Infrastruktureinrichtungen als Behinderungstatbestand.

Die Einführung des § 19 Abs. 2 Nr. 4 GWB trug der rasant anwachsenden volks- 24
wirtschaftlichen Bedeutung der Netz- und Infrastruktureinrichtungen Rechnung. Ziel war es, das Vakuum, welches durch den Wegfall sektorspezifischer Regulierung entstanden ist, durch wettbewerblich Kontrolle auszufüllen. § 19 Abs. 2 Nr. 4 GWB soll so den Bestrebungen der Inhaber nach alleiniger Nutzung der Infrastruktureinrichtungen entgegenwirken.[47]

Die Verabschiedung der Novelle samt des § 19 Abs. 2 Nr. 4 GWB zielte insbeson- 25
dere auf Unternehmen im Energiebereich ab, für die nunmehr vorrangig die Spezialvorschriften des EnWG abschließend gelten, vgl. insofern § 111 EnWG.

Konsequenterweise stellt sich die Frage, ob und wofür es des § 19 Abs. 2 Nr. 4 26
GWB überhaupt noch bedarf. Trotz des großen Bedeutungsverlustes durch die sektorspezifischen Regelungen ist § 19 Abs. 2 Nr. 4 GWB als sektorübergreifende Auffangregelung zu verstehen ist. Wie bereits erwähnt, findet § 19 Abs. 2 Nr. 4 GWB zudem im energierechtlichen Bereich **auf Kundenanlagen** und **Fernwärmenetze** Anwendung.[48]

§ 19 Abs. 2 Nr. 4 GWB ist als Konkretisierung der im Lichte des Art. 102 AEUV 27
entwickelten Essential-Facilities-Doktrin zu verstehen und demnach auch nach der Entscheidungspraxis auszulegen.[49] In der Fassung des Regierungsentwurfs wurde ursprünglich lediglich ein Kausalzusammenhang zwischen dem begehrten Netzzugang und einer Wettbewerbsaufnahme vorausgesetzt.[50] Die verabschiedete gesetzliche Fassung des § 19 Abs. 2 Nr. 4 GWB stellt nun aber klar, dass es den Zugangspetenten ohne (Mit-)Benutzung der Infrastruktureinrichtung nicht möglich ist, auf dem vor- oder nachgelagerten Markt in ein Wettbewerbsverhältnis zum marktbeherrschenden Unternehmen zu treten.

Folglich bezweckt § 19 Abs. 2 Nr. 4 GWB, dass das marktbeherrschende Unter- 28
nehmen bzw. der Inhaber der Infrastruktureinrichtung seine Marktposition durch die Verweigerung eines erforderlichen Zugangs nicht absichern kann.

47 MüKo-GWB/*Wolf*, Bd. 2, § 19 Rn. 144.
48 Im Hinblick auf Regelungen betreffend der Fernwärmeversorgung wird auf Kap. 8 verwiesen.
49 MüKo-GWB/*Wolf*, Bd. 2, § 19 Rn. 145.
50 Langen/Bunte/*Nothdurft*, Kartellrecht, § 19 Rn. 334.

bb) Tatbestandsvoraussetzungen

1. • Netze oder andere Infrastruktureinrichtungen
2. • Zugangsverweigerung
3. • Anderes Unternehmen als (potentieller) Wettbewerber auf dem vor- oder nachgelagerten Markt
4. • Notwendigkeit der Mitbenutzung
5. • Angemessenheit des Entgelts und der Zugangsbedingungen
6. • Sachliche Rechtfertigung: Unmöglichkeit bzw. Unzumutbarkeit der Mitbenutzung auf Seiten des Infrastrukturinhabers

Abb. 3: Tatbestandsvoraussetzungen des § 19 Abs. 2 Nr. 4 GWB[51]

– Zugangsobjekt: Netze oder andere Infrastruktureinrichtungen

29 Voraussetzung ist zunächst das Vorliegen eines **Netzes oder einer Infrastruktureinrichtung**. Ein **Netz** ist die physische oder virtuelle Verbindung zwischen mehreren Orten zur Leistungserbringung. Hierunter fallen beispielsweise Strom- und Gasnetze, aber auch Telefon-, Schienen- oder Straßennetze. Das Netz wird gemeinhin als **Unterfall der Infrastruktureinrichtung** verstanden, mithin geht letztere über die Bedeutung des Netzes hinaus.[52] Es muss sich hier allerdings nicht um eine Verbindung zwischen mehreren Orten zur Leistungserbringung handeln. Vielmehr genügt, dass die Einrichtung zur Vornahme einer Wettbewerbshandlung in Anspruch genommen werden muss.[53] Auch **Kundenanlagen** können wesentliche Einrichtungen sein.[54] Die **Stromeinspeisung nach dem EEG** selbst soll hingegen nicht als Nutzung von Stromversorgungsnetzen angesehen werden.[55]

30 Der Begriff **„Infrastruktureinrichtung"** ist bis jetzt nicht abschließend geklärt. Einigkeit besteht lediglich in dem Punkt, dass durch die Einführung des Begriffs gewerbliche Schutzrechte vom Anwendungsbereich des § 19 Abs. 2 Nr. 4 GWB aus-

---

51 Quelle: Eigene Darstellung.

52 Loewenheim/Meessen/Riesenkampff/Kersting/Meyer-Lindemann/*Loewenheim*, § 19 GWB Rn. 87; im Folgenden beinhaltet der Begriff „Infrastruktureinrichtung" auch das Netz.

53 *Bechtold/Bosch*, GWB, § 19 Rn. 69.

54 *Gussone/Wünsch*, WuW 2013, 464, 466.

55 Langen/Bunte/*Nothdurft*, Kartellrecht, § 19 Rn. 342 mit Verweis auf OLG Hamm, Urt, v. 12.9.2003 – 29 U 14/03 – ZNER 2003, 335 ff.

genommen werden sollten.[56] Netze und Infrastruktureinrichtungen haben gemeinsam, dass sie eine **Grundlage zur Erbringung einer Dienstleistung** bilden. Sie selbst erbringen aber keine Dienstleistungen und mit ihnen wird auch keine Ware produziert.[57] Ob die Infrastruktureinrichtung im Eigentum eines oder mehrerer Unternehmen steht, ist nicht entscheidungsrelevant, sofern die Eigentümer einem Unternehmensverbund angehören.[58] Weitere Beispiele für Netze und Infrastruktureinrichtungen sind See- und Flughäfen,[59] Systeme für bargeldlosen Zahlungsverkehr sowie Reservierungs- und Buchungssysteme.[60]

– Zugangsverweigerung

Der Missbrauchstatbestand des § 19 Abs. 2 Nr. 4 GWB setzt voraus, dass das markt- 31
beherrschende Unternehmen einem anderen Unternehmen den Zugang zu einer Infrastruktureinrichtung verweigert. Folglich muss der Betreiber der Einrichtung eine **marktbeherrschende Stellung** innehaben, welche sich wiederum nach der jeweiligen Marktabgrenzung bemisst. Die sachliche Marktabgrenzung hat nach dem sog. **Bedarfsmarktkonzept** zu erfolgen.[61]

Der sachliche Markt umfasst 32

> „sämtliche Erzeugnisse, die sich nach ihren Eigenschaften, ihrem wirtschaftlichen Verwendungszweck und ihrer Preislage so nahe stehen, dass der verständige Verbraucher sie als für die Deckung eines bestimmten Bedarfs geeignet in berechtigter Weise abwägend miteinander vergleicht und als gegeneinander austauschbar ansieht".[62]

---

56 Vgl. auch Immenga/Mestmäcker/*Fuchs/Möschel*, Bd. 2 Teil 1, § 19 GWB Rn. 318, Langen/Bunte/*Nothdurft*, Kartellrecht, § 19 Rn. 344 ff.

57 *Bechtold/Bosch*, GWB, § 19 Rn. 69.

58 BKartA, Beschl. v. 21.12.1999 – B9-63220-199/97, B9-63220-T-16/98 – Umdr. – Puttgarden; *Bechtold/Bosch*, GWB, § 19 Rn. 70.

59 BGH, Beschl. v. 11.12.2012 – KVR 7/12 – WuW/E DE-R 3821-3829 – Fährhafen Puttgarden II; OLG Düsseldorf, Beschl. v. 10.6.2010 – VI-Kart 1/10 (V) – WuW/E DE-R 2941-2947 – Fährhafen Puttgarden II; BGH, Beschl. v. 24.9.2002 – KVR 15/01 – BGHZ 152, 84 – Fährhafen Puttgarden; OLG Düsseldorf, Beschl. v. 7.12.2011 – VI-Kart 1/10 (V) – WuW/E DE-R 3467-3478 – Fährhafen Puttgarden.

60 Loewenheim/Meessen/Riesenkampff/Kersting/Meyer-Lindemann/*Loewenheim*, § 19 GWB Rn. 87.

61 Vgl. Kap. 1.

62 Zitiert nach *Jansen/Haus*, ZWeR 2006, 412, 414 mit Verweis auf KG, Beschl. v. 18.2.1969 – Kart V 34/67 – WuW/E OLG 995 ff. – Handpreisauszeichner; BGH, Beschl. v. 3.7.1976 – KVR 4/75 – BGHZ 67, 104 – Vitamin B 12; BGH, Beschl. v. 25.6.1985 – KVR 3/84 – WuW/E BGH 2150-2158 – Edelstahlbestecke; BGH, Urt. v. 19.3.1996 – KZR 1/95 – NJW 1996, 2656 – Pay-TV-Durchleitung.

33 In *Arealnetz/Mainova*[63] musste sich der BGH im Rahmen des damaligen § 19 Abs. 4 Nr. 4 GWB mit Fragen hinsichtlich Marktabgrenzung und -beherrschung beschäftigen.

34 Zwar wird dieser Entscheidung aufgrund der nur kurz nach Verkündung in Kraft getretenen spezialgesetzlichen Regelung im EnWG im energierechtliche Bereich unmittelbar nur noch eine geringere Bedeutung zugesprochen, allerdings können die Ausführungen des BGH zum **Tatbestandsmerkmal der Zumutbarkeit** im Rahmen des § 17 Abs. 2 EnWG herangezogen werden.[64]

35 Jedenfalls stellte der BGH in *Arealnetz/Mainova* fest, dass es für die Einschlägigkeit des § 19 Abs. 2 Nr. 4 GWB ausreiche, wenn der Normadressat eine beherrschende Stellung auf dem **Markt der Infrastruktureinrichtung** einnehme.[65]

36 Nicht notwendig ist hingegen, und das war lange Zeit umstritten, das Vorliegen einer marktbeherrschenden Stellung auf dem vor- oder nachgelagerten Markt. So führte der BGH in *Arealnetz/Mainova* aus, dass

> „[i]m Rahmen des § 19 Abs. [2] Nr. 4 GWB (...) es zumindest ausreichend [ist], da[ss] die beherrschende Stellung auf dem Markt für die **Mitbenutzung der Infrastruktureinrichtung** besteht. Sinn und Zweck der Bestimmung des § 19 Abs. [2] Nr. 4 GWB ist es, den Zugang zu wesentlichen Einrichtungen zu ermöglichen, wenn sich das den Zugang verweigernde Unternehmen auf diese Weise auf einem vor- oder nachgelagerten Markt vor Wettbewerb schützt."[66]

37 Die räumliche Marktabgrenzung hat einzelfallabhängig zu erfolgen und kann ggf. zu der Feststellung des Vorliegens eines natürlichen Monopols führen.[67]

38 Neben einer marktbeherrschenden Stellung des Unternehmens muss zusätzlich eine Zugangsverweigerung vorliegen. Erfasst werden Zugangsverweigerungen, die auf **ausdrückliche als auch konkludente Ablehnungen** zurückgehen. Gleichwohl kann eine Weigerung aber auch dann vorliegen, wenn der Zugang mit **unangemessenen Bedingungen** einhergeht. Die Behinderung muss in solchen Fällen aber von erheblichem Gewicht sein.[68]

---

63 BGH, Beschl. v. 28.6.2005 – KVR 27/04 – BGHZ 163, 296-310 – Arealnetz.

64 *Jansen/Haus*, ZWeR 2006, 412, 413.

65 Loewenheim/Meessen/Riesenkampff/Kersting/Meyer-Lindemann/*Loewenheim*, § 19 GWB Rn. 85ff.; *Jansen/Haus*, ZWeR 2006, 412, 412ff.

66 BGH, Beschl. v. 28.6.2005 – KVR 27/04, Rn. 35 – BGHZ 163, 296-310 – Arealnetz; kritisch: *Gussone/Wünsch*, WuW 2013, 464, 467, welche die vom BGH vorgenommene sachliche Marktabgrenzung als zu eng ansehen.

67 Im Hinblick zur Marktabgrenzung bei Kundenanlagen, vgl. *Gussone/Wünsch*, WuW 2013, 464, 467ff.

68 Langen/Bunte/*Nothdurft*, Kartellrecht, § 19 Rn. 345; BGH, Beschl. v. 24.9.2002 – KVR 15/01 – BGHZ 152, 84 – Fährhafen Puttgarden; vgl. auch weitere Fallbeispiele im energierechtlichen Bereich: OLG Naumburg, Urt. v. 25.6.2001 – 1 U (Kart) 1/01 – NJW-RR 2001, 1617 – MEAG (Erhebung

Checkliste
Arealnetz/Mainova-Entscheidung des BGH:
- **marktbeherrschende Stellung** des Unternehmens auf dem Markt der „essential facility", nicht notwendig auf dem vor- oder nachgelagertem Markt;[69]
- **Möglichkeit des Wettbewerbs** zwischen dem Zugangspetenten und dem Unternehmen auf dem vor- oder nachgelagertem Markt; eine tatsächliche Wettbewerbskonkurrenz ist hingegen nicht notwendig.[70]

– Persönlicher Schutzbereich: (potentieller) Wettbewerber auf dem vor- oder nachgelagerten Markt

Vom persönlichen Schutzbereich des § 19 Abs. 2 Nr. 4 GWB sind nur **andere Unternehmen** erfasst. Eine private Inanspruchnahme der Infrastruktur wird daher von § 19 Abs. 2 Nr. 4 GWB nicht geschützt, kann unter bestimmten Umständen aber unter die Generalklausel fallen.[71] Ferner ist erforderlich, dass ein Interesse des Zugangsbegehrenden besteht, auf dem vor – oder nachgelagerten Markt tätig zu werden. Mithin werden vom Schutzbereich des § 19 Abs. 2 Nr. 4 GWB **nur aktuelle oder potentielle Wettbewerber des Infrastrukturinhabers** erfasst.[72] Es ist allerdings nicht erforderlich, dass das den Zugang begehrende Unternehmen die Absicht verfolgt, auf dem vor- oder nachgelagertem Markt **neuartige Leistungen** anzubieten, die sich von denen des Inhabers der Einrichtung unterscheiden.[73] 39

– Notwendigkeit der Mitbenutzung: Unmöglichkeit des Tätigwerdens auf dem vor- oder nachgelagerten Markt aufgrund rechtlicher oder tatsächlicher Gründe

Darüber hinaus muss gegeben sein, dass der Marktzugang für den Zugangspetenten ohne die (Mit-)Nutzung des Netzes oder der Infrastruktur unmöglich ist. 40

Von großer Bedeutung bei diesem Prüfungspunkt ist also die **Wesentlichkeit des Zugangsobjekts.** Hierbei ist zu prüfen, ob das Netz bzw. die Infrastruktureinrichtung weder **duplizierbar** noch **substituierbar** ist.[74] 41

---

von Wechselentgelten); OLG Dresden, Urt. v. 13.9.2001 – U 1693/01 Kart – GRUR-RR 2002, 85 – und OLG Schleswig, Urt. v. 9.10.2001 – 6 U Kart 38/01 – RdE 2002, 75; Langen/Bunte/*Nothdurft*, Kartellrecht, § 19 Rn. 346 mit Verweis auf OLG Jena, 28.8.2002 – 2 Kart 1/02 (Angriffe auf die Seriösität des Zugangs begehrenden Unternehmens).

69 BGH, Beschl. v. 28.6.2005 – KVR 27/04, Rn. 35 ff. – BGHZ 163, 296-310 – Arealnetz.

70 Danner/Theobald/*Judith*, Energierecht, MbA-EnW 160 Rn. 64; BGH, Beschl. v. 28.6.2005 – KVR 27/04, Rn. 42 ff. – BGHZ 163, 296-310 – Arealnetz.

71 Loewenheim/Meessen/Riesenkampff/Kersting/Meyer-Lindemann/*Loewenheim*, § 19 GWB Rn. 92.

72 Langen/Bunte/*Nothdurft*, Kartellrecht, § 19 Rn. 347; Loewenheim/Meessen/Riesenkampff/Kersting/Meyer-Lindemann/*Loewenheim*, § 19 GWB Rn. 92.

73 Langen/Bunte/*Nothdurft*, Kartellrecht, § 19 Rn. 347.

74 Immenga/Mestmäcker/*Fuchs/Möschel*, Bd. 2 Teil 1, § 19 GWB Rn. 326.

Checkliste
Fehlende Duplizierbarkeit:
- Hierunter versteht man, dass die Infrastruktureinrichtung nicht aus eigenen Kräften erreicht werden kann.

Fehlende Substituierbarkeit:
- Hierunter versteht man, dass der Zugang nicht auf eine andere Art oder Weise möglich ist.[75]

42 Unter diesem Punkt sind keine Zumutbarkeitserwägungen zu erörtern. Vielmehr ist zu prüfen, ob es dem Zugangspetenten ohne die Mitbenutzung des Netzes bzw. der Infrastruktureinrichtung **rechtlich oder tatsächlich unmöglich** ist, auf dem streitgegenständlichen Markt tätig zu werden.[76] Dabei ist zu beachten, ob ersatzweise auf andere Einrichtungen ausgewichen werden kann. Ferner ist der Frage nachzugehen, ob eine Errichtung einer weiteren oder neuen Infrastruktureinrichtung durch den Zugangspetenten ausgeschlossen ist.

43 Der Zugangsbegehrende kann auf den Bau eines eigenen Netzes bzw. einer eigenen Infrastruktureinrichtung verwiesen werden. Dieses gilt aber nur, wenn die neu zu errichtende Infrastruktureinrichtung eine gewisse Leistungsfähigkeit vorweisen kann, d.h., wenn sie nur unwesentlich weniger leistungsfähig wäre als die bestehende Infrastruktur.[77] So wird die Errichtung einer eigenen Infrastruktureinrichtung meist aufgrund rechtlicher Gründe absolut unmöglich sein. Das Fehlen notwendiger behördlicher Genehmigungen kann zur Bejahung rechtlicher Gründe allerdings nicht ohne Weiteres herhalten. Die Annahme einer rechtlichen Unmöglichkeit kann erst dann angenommen werden, wenn prognostiziert wird, dass die Fertigung einer solchen Einrichtung von Anfang an nicht genehmigungsfähig oder eine Erlangung der Genehmigung endgültig ausgeschlossen ist.[78] Die Annahme einer Unmöglichkeit ist aber auch bei ausufernden Errichtungskosten nicht zwangsläufig gegeben. In einer solchen Konstellation ist allenfalls dann von einer Unmöglichkeit auszugehen, wenn sich begründen ließe, dass das Netz bzw. die Infrastruktureinrichtung sich nicht innerhalb eines **angemessenen Zeitraums** errichten lassen.[79]

44 Gleichzusetzen sind hingegen solche Konstellationen, in denen die Errichtung eigener Infrastruktureinrichtungen für den Zugangspetenten oder einen Dritten unter Zugrundelegung **kaufmännischer Vernunft** nicht sinnvoll erscheint (**wirt-**

75 Immenga/Mestmäcker/*Fuchs/Möschel*, Bd. 2 Teil 1, § 19 GWB Rn. 326.
76 Bechtold/Bosch, GWB, § 19 Rn. 73.
77 Langen/Bunte/*Nothdurft*, Kartellrecht, § 19 Rn. 349; vgl. auch weiterführend *Theobald/Zenke*, Strom- und Gasdurchleitung S. 86 ff.
78 Langen/Bunte/*Nothdurft*, Kartellrecht, § 19 Rn. 350; BGH, Beschl. v. 11.12.2012 – KVR 7/12 Rn. 36 – Fährhafen Puttgarden II.
79 Vgl. OLG München, Urt. v. 15.11.2001 – U (K) 3825/01 – GRUR-RR 2002, 181 – Nordbayrische Stromdurchleitung; *Theobald/Zenke*, Strom- und Gasdurchleitung, S. 86 f.; Langen/Bunte/*Nothdurft*, Kartellrecht, GWB § 19 Rn. 350.

schaftliche Unmöglichkeit). Das ist insbesondere dann der Fall, wenn mit der Amortisation der Investitionskosten in naher Zukunft nicht zu rechnen ist.[80] In jedem Fall zu prüfen bleibt aber, ob der Zugang bzw. die Mitbenutzung der Infrastruktureinrichtung zwingend notwendig ist, um auf dem streitgegenständlichen Markt tätig zu sein.[81]

Im Hinblick auf **Speicheranlagen** ergibt sich das Problem, ob sie überhaupt als 45 wesentliche Einrichtung zu qualifizieren sind, da sie in der Regel duplizierbar und substituierbar sein dürften.[82]

– Angemessenheit des Entgelts und der Zugangsbedingungen

Der Inhaber der Infrastruktureinrichtung kann als Gegenleistung für die Mitbenut- 46 zung der eigenen Einrichtungen eine **angemessene Gegenleistung** verlangen. Diese Gegenleistung ist nicht zuletzt durch die Mitbenutzung und damit die Beschränkung im Eigentumsrecht gerechtfertigt. Ein Missbrauch liegt mithin also erst dann vor, wenn das Entgelt als unangemessen zu qualifizieren ist.

Es stellt sich folglich die Frage nach der Angemessenheit des Entgelts, wobei 47 schon die Verwendung des unbestimmten Rechtsbegriffs der Angemessenheit auf eine **„gewisse[n] Bandbreite“**[83] hindeutet, in der sich Entgeltforderungen bewegen können, was **einzelfallabhängige Prüfungen** unabdingbar macht.[84]

Der Angemessenheit liegt zudem der **regulierungsrechtliche Grundsatz der** 48 **Gleichbehandlung mit sich selbst** zugrunde. Hiernach darf der Inhaber der Infrastruktureinrichtung das Zugang begehrende Unternehmen bei der Entgeltfestsetzung nicht anders als sich selbst behandeln. Dieser Grundsatz findet sich auch in den sektoralen Regulierungsgesetzen, wie im **§§ 21 Abs. 1, 30 Abs. 1 S. 1 Nr. 4 EnWG**, wieder.[85]

Die Bewertung erfolgt anhand **betriebswirtschaftlicher Gesichtspunkte.**[86] Als 49 Maßstab kann das **Als-Ob-Konzept** herangezogen werden, welches auch § 19 Abs. 2 Nr. 2 GWB zugrunde liegt.[87] In dieser Konstellation wird bei der Bemessung der Nutzungsentgelte ein effektiver Wettbewerb unterstellt.

80 *Bechtold/Bosch*, GWB, § 19 Rn. 73; Loewenheim/Meessen/Riesenkampff/Kersting/Meyer-Lindemann/*Loewenheim*, § 19 GWB Rn. 89 ff.; vgl. auch weiterführend Langen/Bunte/*Nothdurft*, Kartellrecht, § 19 Rn. 350 ff.

81 *Bechtold/Bosch*, GWB, § 19 Rn. 73.

82 Vgl. auch *Heller*, N&R 2015, 66, 73 ff.

83 Langen/Bunte/*Nothdurft*, Kartellrecht, § 19 Rn. 353.

84 Langen/Bunte/*Nothdurft*, Kartellrecht, § 19 Rn. 353; BGH, Beschl. V. 24.9.2002 – KVR 15/01 – BGHZ 152, 84 – Fährhafen Puttgarden.

85 Langen/Bunte/*Nothdurft*, Kartellrecht § 19 Rn. 352; Immenga/Mestmäcker/*Fuchs/Möschel*, Bd. 2 Teil 1, § 19 GWB Rn. 344.

86 *Bechtold/Bosch*, GWB, § 19 Rn. 74.

87 Immenga/Mestmäcker/*Fuchs/Möschel*, Bd. 2 Teil 1, § 19 GWB Rn. 344.

50 Entscheidend ist, welches Nutzungsentgelt sich der Inhaber einer Infrastruktureinrichtung selbst in Rechnung stellen würde, wenn er zwei separate Rechnungskreise, d.h. einen für den Betrieb der Infrastruktureinrichtung und einen weiteren für die damit verbundene marktrelevante Tätigkeit, aufstellen müsste.[88]

51 Das Entgelt ist nur dann als angemessen zu bewerten, wenn auch bei Einzelfallbetrachtung des Betriebes der Infrastruktureinrichtung kein Verstoß gegen § 19 Abs. 2 Nr. 2 oder Nr. 3 GWB vorläge.[89] Bei der Überprüfung der Angemessenheit kommen sowohl die **Vergleichsmarktmethode** als auch die **Kostenkontrolle** in Betracht.[90] Allerdings stößt die Vergleichsmarktmethode im Rahmen des § 19 Abs. 2 Nr. 4 GWB auf ihre Grenzen, da sich „aufgrund des besonderen Charakters wesentlicher Einrichtungen"[91] de facto keine Vergleichsmärkte finden lassen. Möglich bleibt aber der Vergleich bestimmter Indikatoren.[92]

52 Bei der Entgeltberechnung lassen sich sowohl die Abschreibungen für die Errichtung als auch die Unterhaltskosten der Infrastruktureinrichtung ansetzen.[93]

53 Die **Beweislast** liegt beim Zugangspetenten. Allerdings kann den Normadressaten unter bestimmten Umständen eine **Aufklärungspflicht oder sekundäre Darlegungslast** treffen, beispielsweise wenn ihm ohne Weiteres möglich und zumutbar ist, konkretere Angaben zu machen oder wenn der Zugangspetent außerhalb des betroffenen Geschehensablaufs steht und mithin keine nähere Kenntnis der streitgegenständlichen Tatsachen hat.[94]

– Sachliche Rechtfertigung: Unmöglichkeit bzw. Unzumutbarkeit der Mitbenutzung auf Seiten des Infrastrukturinhabers

> „Denn im Rahmen des § 19 Abs. [2] Nr. 4 GWB ist der für den Behinderungswettbewerb nach § 19 Abs. 1 und § 20 Abs. 1 GWB von der Rechtsprechung entwickelte **Grundsatz eingeschränkt, auch der Normadressat sei nicht verpflichtet, einen Wettbewerber zum eigenen Nachteil zu fördern**; ihm stehe es grundsätzlich frei, eine bestimmte Ware oder Leistung Dritten überhaupt nicht anzubieten (...)."[95]

88 *Bechtold/Bosch*, GWB, § 19 Rn. 74.

89 *Bechtold/Bosch*, GWB, § 19 Rn. 74.

90 Langen/Bunte/*Nothdurft*, Kartellrecht, § 19 Rn. 354; *Bechtold/Bosch*, GWB, § 19 Rn. 74.

91 Langen/Bunte/*Nothdurft*, Kartellrecht, § 19 Rn. 354.

92 Langen/Bunte/*Nothdurft*, Kartellrecht, § 19 Rn. 354 mit Verweis auf BGH, Beschl. v. 28.6.2005 – KVR 17/04 – BGHZ 163, 282 – Stadtwerke Mainz; Immenga/Mestmäcker/*Fuchs/Möschel*, Bd. 2 Teil 1, § 19 GWB Rn. 344.

93 *Bechtold/Bosch*, GWB, § 19 Rn. 74.

94 *Bechtold/Bosch*, GWB, § 19 Rn. 76; Immenga/Mestmäcker/*Fuchs/Möschel*, Bd. 2 Teil 1, § 19 GWB Rn. 350; BGH, Urt. v. 20.1.1961 – I ZR 79/59 – NJW 1961, 826; BGH, Urt. v. 21.9.2000 – I ZR 135/98 – BGHZ 145, 170 ff.

95 BGH, Beschl. v. 28.6.2005 – KVR 27/04, Rn. 53 – BGHZ 163, 296-310 – Arealnetz.

In bestimmten Konstellationen kann die Verweigerung des Zugangs zu Netzen oder Infrastruktureinrichtungen sachlich gerechtfertigt sein und damit als nicht missbräuchlich angesehen werden. Das ist dann der Fall, wenn der Zugang aus betriebsbedingten oder sonstigen Gründen unmöglich oder unzumutbar ist.[96] 54

Dem Gesetzeswortlaut des § 19 Abs. 2 Nr. 4 GWB ist eine **Beweislastumkehr** zu entnehmen. Der Inhaber des Netzes oder Infrastruktur hat die Unmöglichkeit oder Unzumutbarkeit der Mitbenutzung aus betriebsbedingten oder sonstigen Gründen nachzuweisen. Dieses **Regel-Ausnahme-Verhältnis** verdeutlicht die Tendenz zu einem Mitbenutzungszwang.[97] 55

Mit der Prüfung der sachlichen Rechtfertigung geht die einer **Interessenabwägung** einher. Diese orientiert sich am Verhältnismäßigkeitsgrundsatz und hat das Ziel des § 19 Abs. 2 Nr. 4 GWB zu berücksichtigen, nämlich die Schaffung eines freien Wettbewerbs auf dem abgeleiteten Markt.[98] 56

> „Über die Zumutbarkeit eines Anschlusses ist im Wege einer Abwägung der gegenüberstehenden unternehmensindividuellen Interessen zu entscheiden, bei der die auf die Freiheit des Wettbewerbs gerichtete Zielsetzung des Gesetzes zu berücksichtigen ist. Die Wertungen des Energiewirtschaftsgesetzes sind bei der Interessenabwägung insoweit zu beachten, als sie anerkennenswerte Gründe für die Verweigerung eines Netzanschlusses darstellen können (...).“[99]

Nicht wettbewerbsbezogene Interessen, z.B. industriepolitische und sektorspezifische Ziele, aber auch die Interessen Dritter sind bei der Abwägung unbeachtlich. Im **energierechtlichen Bereich** wären die Interessen Dritter zum Beispiel solche der Empfänger der durchzuleitenden Leistungen.[100] Neben dem Schutzzweck des § 19 Abs. 2 Nr. 4 GWB sind bei der Interessenabwägung auch noch höherrangiges Recht sowie sonstige gesetzliche Verbote zu berücksichtigen.[101] Hinzunehmen hat der Normadressat, dass ihm der Mitbenutzer durch die Ermöglichung des Zugangs lukrative Kunden abwirbt, sog. ***Rosinenpicken***.[102] 57

---

96 *Bechtold/Bosch*, GWB, § 19 Rn. 77.

97 Immenga/Mestmäcker/*Fuchs/Möschel*, Bd. 2 Teil 1, § 19 GWB Rn. 332; Loewenheim/Meessen/Riesenkampff/Kersting/Meyer-Lindemann/*Loewenheim*, § 19 GWB Rn. 97.

98 OLG Düsseldorf, Beschl. v. 23.6.2004 – VI-Kart 35/03 (V) – WuW/E DE-R 1307-1314; Immenga/Mestmäcker/*Fuchs/Möschel*, Bd. 2 Teil 1, § 19 GWB Rn. 332; Langen/Bunte/*Nothdurft*, Kartellrecht, § 19 Rn. 357; Loewenheim/Meessen/Riesenkampff/Kersting/Meyer-Lindemann/*Loewenheim*, § 19 GWB Rn. 96.

99 OLG Düsseldorf, Beschl. v. 23.6.2004 – VI-Kart 35/03 (V) – juris, Rn. 26 mit Verweis auf BGH, Beschl. v. 15.11.94 – KVR 29/93 – BGHZ 128, 17, 33 – Verbundnetz II; BGH, Urt. v. 6.10.1992 – KZR 10/91 – BGHZ 119, 335, 345 – Stromeinspeisung; bestätigt durch BGH, Beschl. v. 28.6.2005 – KVR 27/04, Rn. 15 ff. – BGHZ 163, 296-310 – Arealnetz.

100 Immenga/Mestmäcker/*Fuchs/Möschel*, Bd. 2 Teil 1, § 19 GWB Rn. 332.

101 Immenga/Mestmäcker/*Fuchs/Möschel*, Bd. 2 Teil 1, § 19 GWB Rn. 332.

102 Loewenheim/Meessen/Riesenkampff/Kersting/Meyer-Lindemann/*Loewenheim*, § 19 GWB Rn. 96.

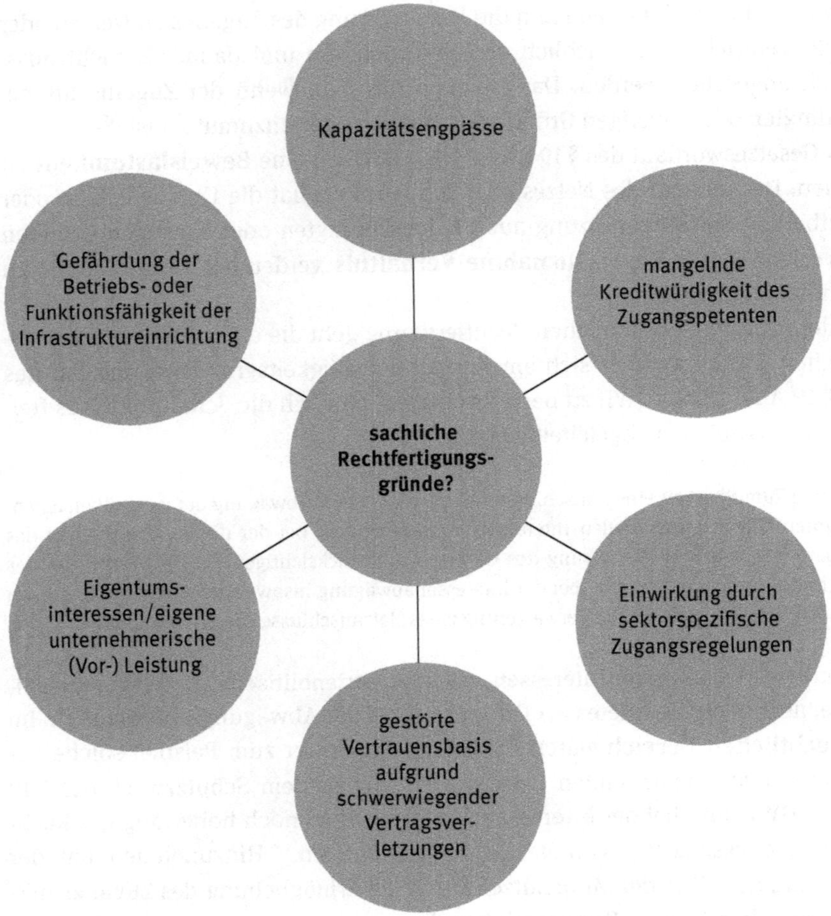

Abb. 4: Prüfung möglicher sachlicher Rechtfertigungsgründe[103]

58 Einer der Hauptanwendungsfälle der Unmöglichkeit ist der der **Kapazitätsengpässe.**[104]

Praxisbeispiel
Bei sogenannten **Kapazitätsengpässe** handelt es sich zumeist um Fälle, in denen kleine oder ausländische Strom- oder Gasanbieter ohne eigenes Netz, von den Netzbetreibern durch Verweigerung der Strom- bzw. Gasdurchleitung daran gehindert werden, ihre Kunden zu beliefern.

---

103 Quelle: Eigene Darstellung.
104 Wiedemann/*Wiedemann*, Handbuch Kartellrecht, § 23 Rn. 237.

Ein solcher Kapazitätsengpass kann aber auch durch rechtliche Gründe gegeben sein.[105] 59

Zunächst stellt sich bei Kapazitätsengpässen die Frage, ob überhaupt eine Verpflichtung des Inhabers zum **Ausbau der Infrastruktureinrichtung** und mithin zur Schaffung von Kapazität besteht. Grundsätzlich ist dies im Rahmen des § 19 Abs. 2 Nr. 4 GWB nicht der Fall.[106] Nur ausnahmsweise besteht eine Verpflichtung zur Vornahme von unternehmensinternen Hilfs- oder Umstrukturierungsmaßnahmen des Inhabers der Infrastruktureinrichtung gegen anteilige Kostenübernahme durch den Zugangspetenten, um Kapazitäten zu schaffen.[107] Das ist insbesondere in solchen Konstellationen der Fall, in denen der Inhaber der Infrastruktureinrichtung, die Kapazitäten vollumfänglich für sich selbst in Anspruch nimmt und diese bereits im Voraus für sich alleine bucht (sog. **Kapazitätshortung**). Die Tolerierung eines solchen Verhaltens würde dazu führen, dass es Dritten nahezu unmöglich ist, Zugang zu den Netzen zu erhalten, da der Inhaber der Netze die Kapazitäten stets vollumfänglich für sich selbst reservieren würde, unabhängig davon, ob er diese tatsächlich in Anspruch nimmt oder nur beabsichtigt, sie in Anspruch zu nehmen. 60

Daher gilt grundsätzlich zunächst die **Gleichrangigkeit der Nutzungsinteressen.**[108] Bereits an dieser Stelle soll kurz erwähnt werden, dass das **EnWG** kein vorrangiges Nutzungsinteresse des Netzinhabers sieht.[109] 61

Auch genießt die **Eigennutzung** der Infrastruktureinrichtung nach **Art. 14 GG** aufgrund des primären Ziels des § 19 Abs. 2 Nr. 4 GWB, der Schaffung von Wettbewerb, grundsätzlich keinen Vorrang.[110] 62

Infolgedessen unterliegen Konstellationen, in denen es durch die eigene Inanspruchnahme zu Kapazitätsengpässen kommt, nicht automatisch der Unmöglichkeit. Begründet wird dieses damit, dass die Inhaber der Netze oder Infrastruktureinrichtungen eine Erweiterung der Einrichtungen oder eine anderweitige Organisation der Nutzung vornehmen können.[111] 63

---

105 Langen/Bunte/*Nothdurft*, Kartellrecht, § 19 Rn. 356; BKartA, Beschl. v. 30.8.1999 – B8-40100-T-99/99 – Umdr. – Berliner Stromdurchleitung; MüKoGWB/Wolf, Bd. 2, § 19 Rn. 160.

106 Vgl. aber § 11 Abs. 1 EnWG.

107 Immenga/Mestmäcker/*Fuchs/Möschel*, Bd. 2 Teil 1, § 19 GWB Rn. 333; vgl. zudem Wiedemann/*Scholz*, Handbuch Kartellrecht, § 34 Rn. 85, der darauf hinweist, dass selbst dann keine Kapazitätserweiterungspflicht besteht, wenn längerfristige Kapazitätsengpässe vorliegen.

108 Immenga/Mestmäcker/*Fuchs/Möschel*, Bd. 2 Teil 1, § 19 GWB Rn. 334; BKartA, Beschl. v. 30.8.1999 – B8-40100-T-99/99 – Umdr. – Berliner Stromdurchleitung.

109 Langen/Bunte/*Nothdurft*, Kartellrecht, § 19 Rn. 356; OLG Düsseldorf, Beschl. v. 23.6.2004 – VI-Kart 35/03 (V) – VI-Kart 35/03 (V).

110 Immenga/Mestmäcker/*Fuchs/Möschel*, Bd. 2 Teil 1, § 19 GWB Rn. 334.

111 Langen/Bunte/*Nothdurft*, Kartellrecht, § 19 Rn. 356; BKartA, Beschl. v. 27.1.2010 – B9-188/05 – WuW/E DE-V 1879 – Puttgarden.

64 Sollte das Zugangsbegehren einmal über die Kapazität hinausgehen, so ist eine **Repartierung** vorzunehmen.[112]

Checkliste
Unter **Repartierung** ist die gleichmäßige Aufteilung der freien Kapazitäten auf die Nutzungsinteressenten und Inhaber der Infrastruktureinrichtung zu verstehen, die bei vorliegenden gleichberechtigten Nutzungswünschen nicht vollumfänglich befriedigt werden können.[113]

---

65 Das **Eigentumsinteresse** des Infrastrukturinhabers sollte als sachlicher Rechtfertigungsgrund keinesfalls voreilig ausgeschlossen werden, kann es doch unter bestimmten Umständen als sachliche Rechtfertigung der Zugangsverweigerung herhalten. Allerdings steigen die Anforderungen an einen solchen Rechtfertigungsgrund, wenn der Bau der Infrastruktureinrichtung oder des Netzes unter Inanspruchnahme gesetzlich abgesicherter Privilegien und Monopole erfolgte. Unter solchen Umständen erscheint die Mitbenutzung der Einrichtung als zumutbar.[114]

66 Anders verhält es sich, wenn der Inhaber der Infrastruktur bei der Errichtung oder beim Betrieb eine eigenständige **unternehmerische Leistung** erbracht hat. Eine derartige Konstellation kann unter bestimmten Umständen die Zugangsverweigerung rechtfertigen, weil, rechtspolitisch gesehen, nur zukünftige Investitionen in die Infrastruktur und deren Betrieb durch die Gewährung eines gewissen Schutzes vor dem Zugangsbegehren Dritter abgesichert werden. Da die Idee des freien Wettbewerbs mit dem Eigentumsinteresse in Einklang zu bringen ist, kann die unternehmerische Leistung bzw. das Eigentumsinteresse als Rechtfertigungsgrund nur für eine bestimmte Zeitspanne herangezogen werden, also nur so lange bis sich die Investition rentiert hat (*return of investment*).[115]

67 Daneben können sich aber auch noch weitere Rechtfertigungsgründe ergeben. So kann eine Unzumutbarkeit der Zugangsgewährung auch aus Gründen erfolgen, die in der **Person des Zugangspetenten** oder seines Sphärenbereichs liegen. **Mangelnde Kreditwürdigkeit** aber auch ein **zerstörtes Vertrauensverhältnis** aufgrund schwerwiegender Vertragsverletzungen können u.a. als Rechtsfertigungsgründe herangezogen werden.[116]

68 Das gleiche gilt auch für Verweigerungsgründe, die im **Verhältnis des Infrastrukturinhabers mit dem Zugangspetenten** begründet sind, wie im Verfahren

---

112 Langen/Bunte/*Nothdurft*, Kartellrecht, § 19 Rn. 356.
113 Immenga/Mestmäcker/*Fuchs/Möschel*, Bd. 2 Teil 1, § 19 GWB Rn. 336.
114 *Bechtold/Bosch*, GWB, § 19 GWB Rn. 80.
115 Vgl. auch die Ausführungen von Immenga/Mestmäcker/*Fuchs/Möschel*, Bd. 2 Teil 1, § 19 GWB Rn. 337; *Bechtold/Bosch*, GWB, § 19 GWB Rn. 80.
116 Immenga/Mestmäcker/*Fuchs/Möschel*, Bd. 2 Teil 1, § 19 GWB Rn. 338; Langen/Bunte/*Nothdurft*, Kartellrecht, § 19 Rn. 358; Wiedemann/*Scholz*, Handbuch Kartellrecht, § 34 Rn. 90.

Münchener Fernwärme.[117] Hier war der zu beliefernde Dritte mit dem Inhaber der Infrastruktureinrichtung bereits vor dem Zugangsbegehren einen Vertrag über die Belieferung mit Fernwärme eingegangen, der einem anderweitigen Bezug entgegenstand. Der BGH stellte in diesem Zusammenhang fest, dass im streitgegenständlichen Verfahren das Belieferungsbegehren der Klägerin nicht zur Öffnung des Marktzugangs beitragen würde, da sich die Klägerin ausschließlich als Abnehmerin am Hausanschluss zwischenschalten wollte.[118] Die Prüfung der Wirksamkeit der Liefervereinbarung wiederum unterliegt §§ 19 Abs. 1, Abs. 2 Nr. 1 GWB.[119]

Bei der Interessensabwägung unberücksichtigt bleibt möglicherweise anfallender 69
organisatorischer Aufwand, der ggf. durch eine angemessene Berücksichtigung bei der Entgeltfestlegung zu kompensiert werden kann.[120]

Bezogen auf den konkreten Einzelfall kann die **Gefährdung der Betriebs- oder** 70
Funktionsfähigkeit der Infrastruktureinrichtung als sachlicher Rechtfertigungsgrund herhalten. In einem solchen Fall sind dann aber konkrete Anhaltspunkte vorzutragen.[121]

Im **energiewirtschaftlichen Bereich** sind darüber hinaus vor allem die **Wer-** 71
tungen des EnWG in die Waagschale zu werfen, nicht zuletzt auch deshalb, weil es **spezielle Rechtfertigungsgründe** für eine Zugangsverweigerung beinhaltet.[122] Diese Interessensabwägung hat dann allerdings im Rahmen der **§§ 17, 18, 20 EnWG** zu erfolgen.[123]

cc) Rechtsfolgen

Anders als die Vorschriften des EnWG umfasst § 19 Abs. 2 Nr. 4 GWB wie Art. 102 72
AEUV nicht nur einen Anspruch auf **Netzzugang**, sondern bereits auch den auf **Netzanschluss.**[124]

Bereits im Vorfeld ist der Inhaber der Infrastruktureinrichtungen verpflichtet, 73
Verhandlungen mit dem Zugangspetenten zu führen und sie in angemessener Weise zu fördern. Daher sollte in der Praxis Zurückhaltung gegenüber bestimmten **Verzö-**

117 BGH, Beschl. v 25.9.2007 – KZR 33/06 – WuW/E DE-R 2267-2268 – Münchener Fernwärme; Langen/Bunte/*Nothdurft*, Kartellrecht, § 19 Rn. 358.

118 BGH, Beschl. v. 25.9.2007 – KZR 33/06 – juris, Rn. 4 – Münchner Fernwärme.

119 Langen/Bunte/*Nothdurft*, Kartellrecht, § 19 GWB Rn. 358.

120 Vgl. auch Langen/Bunte/*Nothdurft*, Kartellrecht, § 19 GWB Rn. 358.

121 Immenga/Mestmäcker/*Fuchs/Möschel*, Bd. 2 Teil 1, § 19 GWB Rn. 338; Loewenheim/Meessen/Riesenkampff/Kersting/Meyer-Lindemann/*Loewenheim*, § 19 GWB Rn. 96.

122 *Bechtold/Bosch*, GWB, § 19 Rn. 78 mit Verweis auf BGH, Beschl. v. 15.11.94 – KVR 29/93 – BGHZ 128, 17 – Verbundnetz II; OLG Düsseldorf, Beschl. v. 23.6.2004 – VI-Kart 35/03 (V) – WuW/E DE-R 1307, 1311 – GETECnet.

123 Vgl. Rn. 104 ff.

124 Wiedemann/*Scholz*, Handbuch Kartellrecht, § 34 Rn. 94.

gerungstaktiken oder ähnlich wirkendem Verhalten geübt werden, da diese unter Umständen bereits als Zugangsverweigerung gewertet werden können.[125] Anhand der folgenden Abbildung sollen kurz die möglichen Rechtsfolgen eines Verstoßes gegen § 19 Abs. 2 Nr. 4 GWB dargestellt werden.

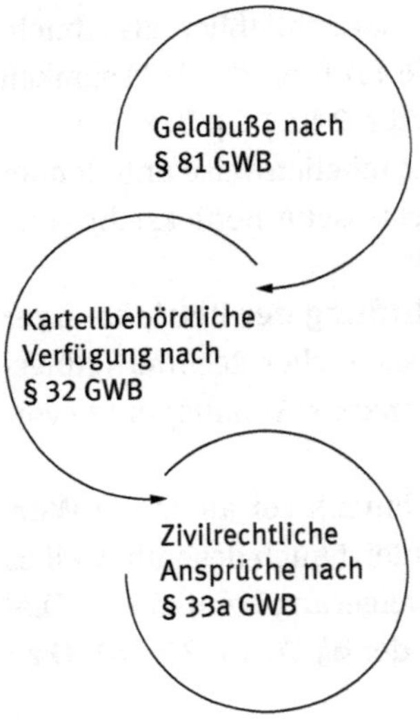

Abb. 5: mögliche Rechtsfolgen eines Verstoßes gegen § 19 Abs. 2 Nr. 4 GWB[126]

74 Insbesondere die Geltendmachung von potentiellen Schadenersatzansprüchen, die auch bei einem Missbrauch nach § 19 Abs. 2 Nr. 4 GWB vorgebracht werden können, hat durch die jüngst verabschiedete 9. GWB-Novelle[127] und die in ihr enthaltenden Auskunfts- und Offenlegungsansprüche[128] eine Stärkung erfahren.

c) § 19 Abs. 2 Nr. 1 GWB, § 20 GWB

75 Weiterhin kann sich ein Anspruch auf Netzanschluss und Netzzugang auch nach § 19 Abs. 1 i.V.m § 19 Abs. 2 Nr. 1 GWB ergeben. In der Praxis kann man davon ausgehen, dass dieser allgemeine Behinderungstatbestand nach § 19 Abs. 2 Nr. 1 GWB grundsätzlich auch immer dann vorliegen wird, wenn § 19 Abs. 2 Nr. 4 GWB gege-

125 Immenga/Mestmäcker/*Fuchs*/*Möschel*, Bd. 2 Teil 1, § 19 GWB Rn. 344.
126 Quelle: Eigene Darstellung.
127 Neuntes Gesetz zur Änderung des Gesetzes gegen Wettbewerbsbeschränkungen v. 1.6.2017 (BGBl. I S. 1416); vgl. auch Kap. 11.
128 Vgl. §§ 33g Abs. 1, 89c GWB.

ben ist.[129] Es wäre aber ein Trugschluss, im umgekehrten Fall das gleiche anzunehmen. Nach § 19 Abs. 2 Nr. 1 GWB liegt ein Missbrauchstatbestand dann vor, wenn das marktbeherrschende Unternehmen ein anderes Unternehmen unmittelbar oder mittelbar unbillig behindert oder dieses unmittelbar oder mittelbar ohne sachlich gerechtfertigten Grund anders behandelt als gleichartige Unternehmen. Allerdings kommt dem § 19 Abs. 2 Nr. 4 GWB aufgrund der förmlichen Beweislastumkehr hinsichtlich möglicher Rechtfertigungsgründe eine größere praktische Bedeutung zu.[130]

Zu beachten ist ferner § 20 GWB, aus dem sich ebenfalls ein Anspruch auf Netzanschluss und Netzzugang ergeben kann. Durch § 20 Abs. 1 GWB werden auch Unternehmen mit **relativer Marktmacht** vom Behinderungs- und Diskriminierungsverbot des § 19 Abs. 2 Nr. 1 GWB erfasst.[131] 76

Bei der Prüfung der Voraussetzungen des § 19 Abs. 2 Nr. 1 GWB sowie des § 20 GWB ist im Rahmen des Tatbestandmerkmals der **Unbilligkeit** jeweils eine Interessensabwägung vorzunehmen, bei der die Interessen der Beteiligten zu berücksichtigen sind. Zu beachten ist, dass, anders als bei der Essential-Facilties-Doktrin, im § 19 Abs. 2 Nr. 1 GWB dem Grundsatz der Vertragsfreiheit eine größere Bedeutung zukommt, die hier nur dann beschränkt werden darf, wenn es der Sicherung des Wettbewerbs auf dem betroffenen Markt dient.[132] 77

2. Kartellrechtliche Regelungen auf EU-Ebene

a) Anwendungsbereich der kartellrechtlichen Regelungen sowie deren Verhältnis zum Regulierungsrecht

Der leitungsgebundene Energiewirtschaftssektor befindet sich aufgrund der Liberalisierungsbestrebungen der EU seit den 1990er Jahren im Umbruch.[133] Wie auf nationaler Ebene war im Zusammenhang mit diesen Liberalisierungsmaßnahmen die **Zugangsgewährung zu Netzen unter angemessenen Bedingungen** von entscheidender Bedeutung. 78

Mit *Fuchs/Möschel* darf bezweifelt werden, dass das Kartellrecht, wie letztendlich auch auf nationaler Ebene, den Zugang zu Infrastruktureinrichtungen ausrei- 79

129 Vgl. auch *Gussone/Wünsch*, WuW 2013, 464, 475.

130 Immenga/Mestmäcker/*Markert*, Bd. 2 Teil 1, § 19 GWB Rn. 236; vgl. auch *Gussone/Wünsch*, WuW 2013, 464 ff.

131 *Bechtold/Bosch*, GWB, § 20 Rn. 2.

132 *Gussone/Wünsch*, WuW 2013, 464, 476; zu den einzelnen Tatbestandmerkmalen sowie deren Besonderheiten sowie Unterschiede zu § 19 Abs. 2 Nr. 4 GWB wird auf die einschlägige Fachliteratur verwiesen.

133 Immenga/Mestmäcker/*Fuchs/Möschel*, Bd. 1 Teil 1, Art. 102 AEUV Rn. 392.

chend regeln kann.[134] Das gilt insbesondere mit Blick auf den Regelungsgehalt des Art. 102 AEUV, der wettbewerbliches Verhalten *ex post* überprüft und damit vornehmlich dem **Schutz eines bereits bestehenden Wettbewerbs** dient und nicht der Öffnung der Märkte.[135]

80 Zur Öffnung der Märkte etablierte man zunächst regulierungsspezifische Vorschriften, welche nach und nach durch wettbewerbliche Vorschriften verdrängt werden sollten. Auf EU-Ebene handelt es sich hierbei momentan im energierechtlichen Bereich um die Elektrizitätsbinnenmarktrichtlinie 2009 (Richtlinie 2009/72/EG) für den **Strombereich** und um die Gasbinnenmarktrichtlinie 2009 (Richtlinie 2009/73/EG) für den **Gasbereich.**[136]

81 *Fuchs/Möschel* sprechen in diesem Zusammenhang von einem „Sonderwettbewerbsrecht mit eigenen Regulierungsbehörden"[137] und weisen darauf hin, dass das Bestehen der beiden Rechtsbereiche zu praktischen Problemen, wie widersprechende Entscheidungen der unterschiedlichen Behörden, führen kann.[138]

82 Zu berücksichtigen ist ferner, dass Art. 102 AEUV, anders als die GWB-Vorschriften, neben dem sektorspezifischen Regulierungsrecht Anwendung findet.[139] So fand er im Bereich der Energieversorgung zuletzt verstärkt Beachtung.

83 Zunächst soll auch hier ein kurzer Einblick in das einschlägige kartellrechtliche Regelwerk gewährt werden.

b) Kartellrechtliche EU-Regelungen

84 Wie bereits erwähnt, wurde die Einführung der Essential-Facilities-Doktrin insbesondere durch die Entwicklungen auf EU-Ebene geprägt, hier wiederum vor allem durch deren Rechtsprechung. Den Nährboden für die Entwicklung der Essential-Facilities-Doktrin bildet der heutige Art. 102 AEUV. Über die europarechtliche Entwicklung gelangte die Doktrin mittelbar auch in das deutsche Recht, vgl. insofern die Ausführungen zu § 19 Abs. 2 Nr. 4 GWB.[140]

85 Das Augenmerk soll im Folgenden vornehmlich auf den energiekartellrechtlichen Aspekten der anzuwendenden Normen sowie der dazugehörigen Rechtsprechung und Entscheidungen der Kommission liegen.

134 Immenga/Mestmäcker/*Fuchs/Möschel*, Bd. 1 Teil 1, Art. 102 AEUV Rn. 393.
135 Immenga/Mestmäcker/*Fuchs/Möschel*, Bd. 1 Teil 1, Art. 102 AEUV Rn. 393.
136 Siehe auch: VO (EG) Nr. 714/2009 v. 13.7.2009, ABl EG Nr. L 211/15, sowie VO (EG) Nr. 715/2009 v. 13.7.2009, ABl EG Nr. L 211/36; Immenga/Mestmäcker/*Fuchs/Möschel*, Bd. 1 Teil 1, Art. 102 AEUV, Rn. 393 sowie Fn. 1562.
137 Immenga/Mestmäcker/*Fuchs/Möschel*, Bd. 1 Teil 1, Art. 102 AEUV Rn. 393.
138 Immenga/Mestmäcker/*Fuchs/Möschel*, Bd. 1 Teil 1, Art. 102 AEUV Rn. 393.
139 Immenga/Mestmäcker/*Fuchs/Möschel*, Bd. 1 Teil 1, Art. 102 AEUV Rn. 394.
140 Vgl. Rn. 23ff.

c) Art. 102 AEUV in Verbindung mit der Essential-Facilities-Doktrin

Die entscheidende Norm zur Erlangung von Netzanschluss und Netzzugang zu 86
Energieversorgungsnetzen und Speicheranlagen ist Art. 102 AEUV in Verbindung mit der Essential-Facilities-Doktrin. Hiernach ist die missbräuchliche Ausnutzung einer beherrschenden Stellung auf dem Binnenmarkt oder auf einem wesentlichen Teil desselben durch ein oder mehrere Unternehmen verboten, soweit dieses zu einer Beeinträchtigung des Handels zwischen den Mitgliedstaaten führen kann.

aa) Anwendbarkeit – Zwischenstaatlichkeitsklausel

Zunächst ist zu prüfen, ob das EU-Recht überhaupt Anwendung findet. Denn von 87
Art. 102 AEUV werden nur solche Sachverhalte erfasst, in denen die missbräuchliche Ausnutzung einer beherrschenden Stellung zu einer Beeinträchtigung des Handels zwischen den Mitgliedstaaten führen kann, sog. **Zwischenstaatlichkeitsklausel.**[141] Dabei sollte immer auch im Hinterkopf behalten werden, dass Art. 102 AEUV auch neben und vorrangig vor dem GWB und EnWG Anwendung findet, sofern die Zwischenstaatlichkeit des Eingriffs gegeben ist.

bb) Regelwerk sowie seine Voraussetzungen

Bis dato sind die konkreten Voraussetzungen der Essential-Facilities-Doktrin im 88
Rahmen des Art. 102 AEUV noch **nicht abschließend herausgearbeitet** und werden weiterhin durch die Rechtsprechung der EU-Gerichte und das Handeln der EU-Institutionen fortentwickelt.[142] Drei Entscheidungen der Kommission im Zusammenhang mit der **Nutzung von Hafenanlagen** verliehen der Doktrin Gestalt, die dann durch die Rechtsprechung des EuGH in *Magill*[143], *Bronner*[144] und *IMS Health*[145] sowie die EuG-Entscheidung in *Clearstream./.Kommission*[146] weiter entwickelt wurde.[147] In Textform niedergeschlagen hat sich die Essential-Facilities-Doktrin allerdings in einer Mitteilung der Kommission, die den Zugang zu wesentlichen Einrichtungen als einen **Unterfall der Lieferverweigerung** behandelt.[148]

---

141 Vgl. auch Immenga/Mestmäcker/*Fuchs/Möschel*, Bd. 1 Teil 1, Art. 102 AEUV Rn. 22; Loewenheim/Meessen/Riesenkampff/Kersting/Meyer-Lindemann/*Meessen/Kersting*, Einführung Rn. 89 ff.

142 Immenga/Mestmäcker/*Fuchs/Möschel*, Bd. 1 Teil 1, Art. 102 AEUV Rn. 333.

143 EuGH, Urt. v. 6.4.1995 – C-241/91 P – Slg. 1995, I-743.

144 EuGH, Urt. v. 26.11.1998 – C-7/97 – Slg. 1998, I-7791.

145 EuGH, Urt. v. 29.4.2004 – C-418/01 – Slg. 2004, I-5039-5088.

146 EuG, Urt. v. 9.9.2009 – T-301/04 – Slg. 2009, II-3155-3232.

147 Immenga/Mestmäker/*Fuchs/Möschel*, Bd. 1 Teil 1, Art. 102 AEUV Rn. 332; Wiedemann/*Wiedemann*, Handbuch Kartellrecht, § 23 Rn. 232; Loewenheim/Meessen/Riesenkampff/Kersting/Meyer-Lindemann/*Huttenlauch/Lübbig*, Art. 102 Rn. 276 ff.

148 KOM, Mitteilung v. 24.2.2009, ABl EU Nr. C 45 S. 7 ff. Rn. 78.

– Beherrschende Stellung auf dem Binnenmarkt oder einem wesentlichen Teil desselben

89 Zunächst wird das Vorliegen einer **marktbeherrschenden Stellung** vorausgesetzt. Wie auf nationaler Ebene bedarf es hierfür einer Bestimmung bzw. Abgrenzung des streitgegenständlichen Marktes in räumlicher und sachlicher Hinsicht. Im Hinblick auf den räumlich betroffenen Markt ist maßgeblich, dass ein **wesentlicher Teil des Binnenmarktes** betroffen ist. Insofern kann auf die oben zur Zwischenstaatlichkeitsklausel gemachten Ausführungen verwiesen werden. Die sachliche Marktabgrenzung erfolgt auch hier nach dem **Bedarfsmarktkonzept**. Sie richtet sich danach, ob die Marktgegenseite befindet, dass bestimmte Waren oder gewerbliche Leistungen untereinander austauschbar sind, sog. **funktionelle Austauschbarkeit.**[149] Nach diesen Kriterien hat wie nach nationalen Regelungen die Prüfung zu erfolgen, welcher Markt im Einzelfall betroffen ist.

– Ungerechtfertigte Zugangsverweigerung als Missbrauch im Sinne des Art. 102 AEUV

90 Wie bereits gesagt, finden sich die Essential-Facilities-Doktrin und ihre konkreten Voraussetzungen weder in der EU-Gesetzgebung wieder, noch hat sich eine eigenständige Essential-Facilities-Rechtsprechung auf EU-Ebene gebildet, abgesehen von der Rechtsprechung zur Geschäfts- oder Leistungsverweigerung.[150] Allerdings begegnet man im Zusammenhang mit der Frage, ob die Zugangsverweigerung als Missbrauch im Sinne des Art. 102 AEUV anzusehen ist, in der **Mitteilung der Kommission**[151] **drei von ihr aufgestellten Prüfungskriterien**, an denen man sich orientieren kann. Die Kommission prüft vorrangig nur solche Praktiken, deren Voraussetzungen der folgenden Checkliste zu entnehmen sind.

i Checkliste

Voraussetzungen für eine vorrangige Prüfung durch die Kommission:
- die Zugangsverweigerung betrifft ein Produkt bzw. eine Dienstleistung, das bzw. die objektiv notwendig ist, um auf einem nachgelagerten Markt wirksam konkurrieren zu können,
- die Zugangsverweigerung wird wahrscheinlich den wirksamen Wettbewerb auf dem nachgelagerten Markt ausschalten und
- die Zugangsverweigerung wird wahrscheinlich den Verbrauchern schaden.[152]

---

149 *Bechtold/Bosch*, GWB, § 18 Rn. 7.

150 Langen/Bunte/*Bulst*, Kartellrecht, Art. 102 Rn. 305.

151 KOM, Mitteilung v. 24.2.2009, ABl EU Nr. C 45 S. 7 ff.

152 KOM, Mitteilung v. 24.2.2009, ABl EU Nr. C 45 S. 7 ff. Rn. 81; die Prüfungspunkte orientieren sich an der zur Geschäfts- und Leistungsverweigerung ergangenen Rechtsprechung; siehe auch *Bechtold/Bosch/Brinker*, EU-Kartellrecht, Art. 102 Rn. 54 mit Verweis auf die einschlägige Rechtsprechung.

Kurz gefasst bedeutet das, dass der Zugang zu der jeweiligen wesentlichen Einrichtung unerlässlich sein muss, es durch die Zugangsverweigerung zu einer Verhinderung des Wettbewerbs auf dem nachgelagerten Markt kommt und keine objektiven Rechtfertigungsgründe gegeben sind. Die Prüfung ähnelt ansonsten der des § 19 Abs. 2 Nr. 4 GWB und seinen Tatbestandvoraussetzungen, sodass, insbesondere auch im Hinblick auf die sachlichen Rechtfertigungsgründe, auf die oben gemachten Ausführungen zu § 19 Abs. 2 Nr. 4 GWB verwiesen werden kann.[153] Es kann auf die einschlägige Rechtsprechung der EU verwiesen werden.[154] 91

cc) EU-Rechtsprechung und Verfahren der KOM im energierechtlichen Bereich

Im **energierechtlichen Bereich** hatte sich die Kommission im Zusammenhang mit Art. 102 AEUV und der Essential-Facilities-Doktrin in der Vergangenheit des Öfteren mit Verfahren zu beschäftigen, in denen marktbeherrschende Netzbetreiber die Transportkapazitäten für Erdgas zurückgehalten hatten. Die Verfahren wurden aber allesamt im Wege von Verpflichtungszusagen beendet. Bereits zuvor teilte die Kommission in ihrer Pressemitteilung zum Abschlussbericht über die Untersuchung des Energiesektors vom 10.1.2007[155] mit, dass sie fehlende Investitionen in die Infrastruktur befürchtet. Diese seien aufgrund der **hohen Marktkonzentration** sowie der vertikalen Integration von Infrastruktur, Versorgung und Erzeugung, die **einen diskriminierungsfreien Zugang** behinderten, gefährdet. Darüber hinaus nahm sie explizit Stellung zum Problem **„Zugang zu Infrastrukturen“**: 92

> „Mangelnder (insbesondere grenzüberschreitender) Zugang zu Infrastrukturen wie Übertragungs- und Verteilungsnetzen und/oder Speicheranlagen können Wettbewerbsprobleme verursachen, weil dadurch die Marktintegration erschwert wird. In diesem Zusammenhang müssen vor allem **langfristige Kapazitätsbuchungen** und ihre Auswirkungen auf den nachgelagerten Wettbewerb geprüft werden.“[156]

Hierauf folgten Beschlüsse der Kommission, insbesondere im Rahmen der bereits erwähnten sog. **Verpflichtungszusagen.** 93

Darüber hinaus verhängte die Kommission im Zusammenhang mit ihrer Initiative „Energiesektoruntersuchung“ auch **Geldbußen gegen *E.ON und GDF Suez***[157] 94

---

153 Vgl. auch Ausführungen zur objektiven Rechtfertigung: *Heller*, N&R 2015, 66 ff.

154 EuGH, Urt. v. 6.4.1995 – C-241/91 P – Slg. 1995, I-743 – Magill; EuGH, Urt. v. 26.11.1998 – C-7/97 – Slg. 1998, I-7791 – Bronner/Mediaprint; EuGH, Urt. v. 29.4.2004 – C-418/01 – Slg. 2004, I-5039-5088 – IMS Health; EuG, Urt. v. 9.9.2009 – T-301/04 – Slg. 2009, II-3155-3232 -Clearstream ./.Kommission.

155 KOM, Pressemitteilung v. 10.1.2007; vgl. zudem http://www.spiegel.de/wirtschaft/kartellverfahren-eu-verhaengt-milliardenstrafe-gegen-e-on-und-gdf-a-634971.html.

156 KOM, Pressemitteilung v. 10.1.2007; vgl. zudem http://www.spiegel.de/wirtschaft/kartellverfahren-eu-verhaengt-milliardenstrafe-gegen-e-on-und-gdf-a-634971.html.

157 KOM, Entsch. v. 8.7.2009 – COMP/39.401 – *E.ON/GDF*.

und damit erstmals eine kartellrechtliche Strafe im Energiebereich.[158] Die beiden Unternehmen hatten sich beim Bau der gemeinsamen MEGAL-Pipeline darauf verständigt, über diese kein Gas auf dem Markt des jeweils anderen Unternehmens zu verkaufen. Diese Vereinbarung wurde von E.ON und GDF auch noch nach Liberalisierung des EU-Energiemarkts im Jahr 2000 aufrechterhalten. Hierin sah die Kommission einen Verstoß gegen Art. 101 AEUV.[159]

95 Auch im Hinblick auf die Themenfelder Netzanschluss und Netzzugang im energierechtlichen Sektor wurde die Kommission verstärkt tätig. Die Entscheidungen ergingen allerdings allesamt in Gestalt von Verpflichtungszusagen nach **Art. 9 Abs. 1 VO 1/2003,**[160] sodass es zu keiner **förmlichen Feststellung** des Missbrauchs im Sinne des Art. 102 AEUV kam. Der Vorwurf bestand zumeist in der **Zurückhaltung von Netztransportkapazitäten** sowie der **Unterlassung von Investitionen**, um die Transportkapazitäten zu erhöhen. Darüber hinaus warf man den Unternehmen teils eine **missbräuchliche Diskriminierung** vorgeworfen. So haben gewisse Unternehmen die eigenen konzernverbundenen Unternehmen auf dem nachgelagerten Markt externen Nachfragern von Transportkapazitäten zu deren Nachteil vorgezogen.[161] Exemplarisch sollen an dieser Stelle zwei Beschlüsse der Kommission näher ausgeführt werden.[162]

---

158 http://www.spiegel.de/wirtschaft/kartellverfahren-eu-verhaengt-milliardenstrafe-gegen-e-on-und-gdf-a-634971.html.

159 KOM, Entsch. v. 8.7.2009 – COMP/39.401 – *E.ON/GDF*.

160 VO (EG) Nr. 1/2003 v. 16.12.2002 (ABl EG Nr. L 1 S. 1).

161 Immenga/Mestmäker/*Fuchs/Möschel*, Bd. 1 Teil 1, Art. 102 AEUV, Fn. 1567.

162 Von weiterem Interesse dürften auch noch der Beschluss der KOM v. 14.4.2010 – COMP/39.351 – *Swedish Interconnectors* sein. Hier nahm die KOM den Missbrauch einer marktbeherrschenden Stellung auf dem **schwedischen Stromübertragungsmarkt** an. Konkret wurde die Vermutung geäußert, dass der Übertragungsnetzbetreiber *Svenska Kraftnät* inländische Stromübertragungsdienste hinsichtlich des Stromexports anders behandelt und so den europäischen Binnenmarkt segmentiert habe. Durch die Verpflichtungszusagen sei eine bessere Ressourcenverteilung und niedrigere Preise für die Abnehmer und Endverbraucher gewährleistet, vgl. insofern Pressemitteilung der KOM v. 14.4.2010, IP/10/425. Darüber hinaus soll in diesem Zusammenhang auf die folgenden Beschlüsse verwiesen werden: KOM, Beschl. v. 11.10.2007 – COMP/B-1/37966 – *Distrigaz*; KOM, Beschl. v. 26.11.2008 – COMP/39.388 sowie COMP/39.389 – *Deutscher Stromgroßhandelsmarkt und Deutscher Regelenergiemarkt*; KOM, Beschl. v. 4.5.2010 – COMP 39.317 – *E.ON Gas*; KOM, Beschl. v. 3.12.2009 – COMP/39.316 – *Gaz der France*; KOM, Beschl. v. 17.3.2010 – COMP/39.386 – *Langfristige Stromlieferverträge Frankreich*; vgl. zudem: Das Verfahren der KOM im sogenannten **„Marathon"-Verfahren**, das in den **90er Jahren** begann. Fünf europäische Gasunternehmen hatten der norwegischen Tochtergesellschaft des amerikanischen Öl- und Gasproduzenten *Marathon* keinen Zugang zu ihren kontinentaleuropäischen Gasleitungen gewährt. Auch hier legte die KOM nach Verpflichtungszusagen das Verfahren gegen die fünf Unternehmen bei. Zu diesen zählten die deutschen Unternehmen *BEB*, *Ruhrgas* und *Thyssengas*, das niederländische Unternehmen *Gasunie* sowie das französische Unternehmen *Gaz de France* (COMP/36.246).

– Beschluss der Kommission vom 18.3.2009, Comp/39.402 – Gasmarktabschottung durch RWE[163]

Im Fall „Gasmarkabschottung durch RWE“[164] bewertete die KOM das **Kapazitätsmanagement** für das Fernleitungsnetz von RWE als Missbrauch marktbeherrschender Stellung zur Abschottung des nachgelagerten Vertriebsmarktes, auf dem „RWE Energy“ – die Vertriebsgesellschaft von RWE – tätig war.[165] 96

„RWE Energy“ hatte den Großteil der verfügbaren Kapazitäten des Fernleitungsübertragungsnetzes (von RWE) langfristig gebucht, sodass die **Zugangsanfragen Dritter** unter Berufung auf fehlende Kapazitäten abgelehnt wurden. Außerdem waren Langstreckengastransporte aufgrund der bis August 2006 bestehenden starken Fragmentierung des Fernleitungsnetzes von RWE nur unter hohen Kosten möglich.[166] 97

Nach Ansicht der KOM **hat RWE weniger Kapazitäten ausgewiesen als tatsächlich genutzt wurden**, um Zugangsanfragen Dritter bewusst zu reduzieren.[167] In den nicht bedarfsgerechten Kapazitäten sah die KOM die Möglichkeit eines **ineffizienten (Kapazitäts-)Engpassmanagements** durch RWE.[168] Mit diesen Erwägungen begründete die KOM den Verdacht der Beeinträchtigung des Gaslieferungsmarktes durch Ausnutzung der marktbeherrschenden Stellung von RWE auf dem Gastransportmarkt.[169] 98

Das Kartellverwaltungsverfahren wurde allerdings gegen eine Verpflichtungszusage seitens RWE nach Art. 9 VO 1/2003 eingestellt, sodass keine Rechtsverbindlichkeit für die Bewertungen der KOM besteht. 99

– Beschluss der Kommission vom 29.9.2010, COMP/39.315 – *ENI*[170]

Der Beschluss der Kommission im Verfahren *ENI* ist im Lichte der bereits zuvor ergangen Beschlüsse in *E.ON*[171], *RWE* und *GDF Suez*[172] zu sehen. 100

Auch hier wurde das Verfahren nach Verpflichtungszusagen von *ENI* durch Beschluss der Kommission beendet. Bereits im März 2009 ließ die KOM in ihrer förmlichen Mitteilung der Beschwerdepunkte verlauten, dass sie im Verhalten von *ENI* einen Missbrauch einer marktbeherrschenden Stellung auf den Erdgastransportmärkten sehe. 101

---

163 KOM, Beschl. v. 18.3.2009 – Comp/39.402 – Gasmarktabschottung durch RWE.
164 KOM, Entsch. v. 18.3.2008 – Comp/39.402 – Gasmarktabschottung durch RWE.
165 KOM, Entsch. v. 18.3.2008 – Comp/39.402, Rn. 28 – Gasmarktabschottung durch RWE.
166 KOM, Beschl. v. 18.3.2008 – Comp/39.402 Rn. 23–25 – Gasmarktabschottung durch RWE.
167 KOM, Beschl. v. 18.3.2008 – Comp/39.402 Rn. 26 – Gasmarktabschottung durch RWE.
168 KOM, Beschl. v. 18.3.2008 – Comp/39.402 Rn. 27 – Gasmarktabschottung durch RWE.
169 KOM, Beschl. v. 18.3.2008 – Comp/39.402 Rn. 28 – Gasmarktabschottung durch RWE.
170 KOM, Beschl. v. 29.9.2010 – Comp/39.315 – ENI.
171 KOM, Beschl. v. 4.5.2010 – Comp/39.317 – E.ON Gas.
172 KOM, Beschl. v. 3.12.2009 – Comp/39.316 – Gaz der France.

102 Konkret wurde *ENI* vorgeworfen, den Wettbewerbern den **Zugang zu verfügbaren Netzkapazitäten** zu verweigern oder zumindest den gewährten Zugang erschwert zu haben. Für die Kommission stand fest, dass für die Einfuhr von Erdgas und den Wettbewerb auf den **italienischen Gasversorgungsnetzen** der Zugang zum Transportnetz von *ENI* objektiv notwendig sei. Darüber hinaus habe *ENI* **Investitionen in sein internationales Gasfernleitungsnetz** strategisch begrenzt. Da eine große Nachfrage hinsichtlich kurzfristigem und langfristigem Pipelinezugang bestehe, sei nach Auffassung der KOM eine **unrechtmäßige Kapazitätshortung, Kapazitätsverschlechterung** und eine **strategische Unterinvestition** gegeben. Zudem erklärte die KOM in der Mitteilung der Beschwerdepunkte, dass ein gewisser Anreiz seitens der *ENI* bestehe, Wettbewerber vom streitgegenständlichen Markt auszuschließen, um auf den nachgelagerten Gasversorgungsmärkten die eigene Gewinnspanne aufrechtzuerhalten. *ENI* gab daraufhin Verpflichtungszusagen ab. Unter anderem verpflichtete sich *ENI* zum Verkauf der eigenen Anteile an den internationalen Pipelines.

dd) Rechtsfolgen

103 Wie auf nationaler Ebene deckt Art. 102 AEUV sowohl den Netzzugang als auch den Netzanschluss ab. Abschließend sei nochmals der Hinweis erlaubt, dass die europarechtlichen Vorschriften stets neben den Regelungen des EnWG und auch den regulierungsrechtlichen EU-Regelungen Anwendung finden. Ein Verstoß gegen Art. 102 AEUV kann neben der Verhängung eines Bußgeldes durch die Kommission nach Art. 23 VO 1/2003 auch kartellrechtliche Ansprüche nach § 33a GWB nach sich ziehen. Die VO 1/2003 stellt für die Kommission auch die Grundlage dar, ein Unterlassen des wettbewerbswidrigen Handelns einzufordern.[173]

B. Regulierungsrechtliche Vorgaben

104 Der folgende Abschnitt widmet sich den regulierungsrechtlichen Vorgaben des EnWG, die hinsichtlich des Netzanschlusses und des Netzzugangs zu Gas- und Stromnetzen Vorrang genießen.

173 *Bechtold/Bosch/Brinker*, EU-Kartellrecht, Art. 102 AEUV Rn. 70 ff.

I. EnWG – spezialgesetzliche Regelungen im Regulierungsrecht zum Netzanschluss und Zugang zu Energieversorgungsnetzen und Speicheranlagen

Die folgende Darstellung soll einen ersten Überblick über die Netzzugangs- und 105
Netzanschlussregelungen des EnWG geben.

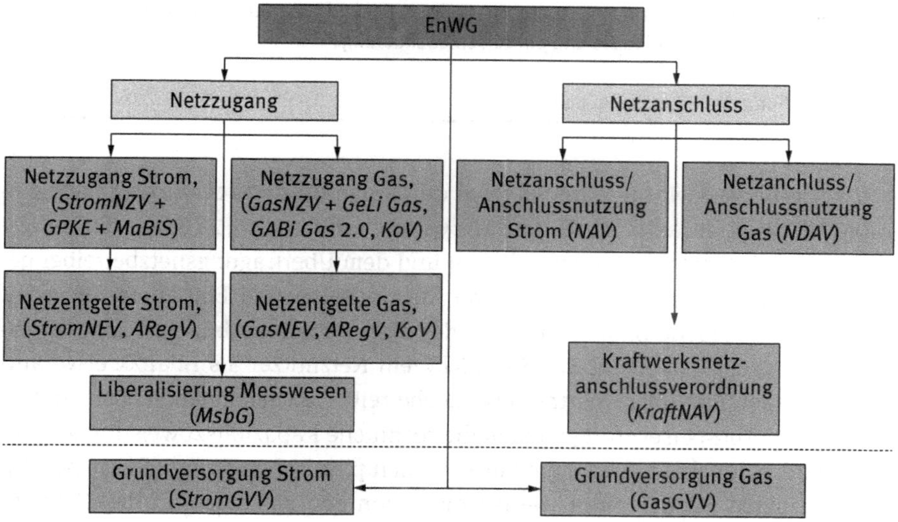

Abb. 6: Übersicht über die Netzzugangs- und Netzanschlussregelungen des EnWG[174]

1. Zugang zu Strom- und Gasversorgungsnetzen

Das Netzzugangsrecht ist in **§§ 20 bis 28 EnWG** geregelt. Es ist Ausdruck der kar- 106
tellrechtlichen **Essential-Facilities-Doktrin.**[175]

Das EnWG regelt nur die leitungsgebundene Energieversorgung, vgl. § 1 Abs. 1 107
EnWG. Gemäß § 20 Abs. 1 EnWG sind die Betreiber von Energieversorgungsnetzen verpflichtet, Zugang zu ihren Netzen nach sachlichen und diskriminierungsfreien Kriterien zu gewähren. § 21 EnWG konkretisiert die Netzzugangspflicht des § 20 Abs. 1 EnWG dahingehend, dass die Netzzugangsbedingungen **angemessen, diskriminierungsfrei und transparent** sein müssen. Sie dürfen insbesondere für Dritte nicht ungünstiger sein, als die Bedingungen, die der Netzbetreiber innerhalb seines Unternehmens oder gegenüber verbundenen oder assoziierten Unternehmen gewährt.

174 Quelle: BBH.
175 Danner/Theobald/*Judith*, Energierecht, MbA-EnW 160 Rn. 64.

108 Das **„Ob“** der Zugangsgewährung wird durch § 20 Abs. 1 EnWG geregelt, wohingegen die Absätze 1a und 1b das **„Wie“** des Zugangs zu den Elektrizitäts- und Gasnetzen ausgestalten.[176]

---

i **Checkliste**

Der Anspruch auf Netzzugang nach § 20 EnWG hat **drei Voraussetzungen**:
- Abschluss eines Netznutzungsvertrages bzw. eines Ein- und Ausspeisevertrages,
- Regelung des Netzanschlusses und der Anschlussnutzung

sowie
- Sicherstellung des Bilanzausgleiches.

---

109 Die Bilanzierbarkeit wird im Strombereich durch den **Bilanzkreisvertrag** nach § 26 StromNZV[177] sichergestellt. Der Bilanzkreisvertrag wird nach § 26 Abs. 1 StromNZV zwischen dem Bilanzkreisverantwortlichen und dem Übertragungsnetzbetreiber geschlossen. Nach § 4 Abs. 1 StromNZV sind für Einspeise- und Entnahmestellen auf Übertragungsnetzebene Bilanzkreise von den Netznutzern zu bilden. Für jeden Bilanzkreis ist gemäß § 4 Abs. 2 S. 1 StromNZV ein Netznutzer als Bilanzkreisverantwortlicher gegenüber dem Übertragungsnetzbetreiber zu benennen. Netznutzungs- bzw. Ein- und Ausspeiseverträge bilden die rechtliche Kapazitätszuweisung ab, wohingegen der Bilanzkreisvertrag die tatsächlichen physischen Energieflüsse betrifft. In den einzelnen Bilanzkreisen werden die – von den einzelnen an das Netz angeschlossenen Anlagen – eingespeisten und entnommenen Energiemengen den einzelnen Netzanschlüssen zugeordnet.[178] Im Bilanzkreis werden die Verbrauchsprognosen für die einzelnen Entnahmestellen und der tatsächliche Verbrauch gegenübergestellt. Der Ausgleich des sich aus dieser Gegenüberstellung ergebenden Defizits ist Aufgabe der jeweiligen Bilanzkreisverantwortlichen.[179]

110 In § 3 Abs. 1 S. 3 und Abs. 2 GasNZV wird die Pflicht zum Abschluss von Bilanzkreisverträgen geregelt. Die Ausgestaltung der Bilanzkreisverträge erfolgt durch §§ 22–26 GasNZV, die KoV[180] und die GaBi Gas 2.0[181].

---

176 Vgl. auch Danner/Theobald/*Neveling*, Energierecht, § 20 Abs. 1 EnWG Rn. 30.

177 Stromnetzzugangsverordnung (StromNZV) v. 25.7.2005 (BGBl. I S. 2243), zuletzt geändert durch Verordnung v. 19.12.2017 (BGBl. I S. 3988).

178 Danner/Theobald/*Lüdtke-Handjery*, Energierecht, §§ 4, 5 StromNZV Rn. 1.

179 Danner/Theobald/*Lüdkte-Handjery*, Energierecht, §§ 4, 5 StromNZV Rn. 2.

180 Kooperationsvereinbarung zwischen den Betreibern von in Deutschland gelegenen Gasversorgungsnetzen in der Fassung vom 27.10.2017 (KoV 9.3), in Kraft ab 1.1.2018, abrufbar unter: http://www.geode-eu.org/uploads/GEODE%20Germany/KoV%20IX.3/171027_KoV_IX_3_Gesamtdokument.pdf.

181 BNetzA, Beschl. v. 19.12.2014 – BK7-14-020.

a) Netznutzung im Strombereich

Der Netzzugang zu Übertragungs- und Verteilernetzen für Elektrizität wird durch § 20 Abs. 1a EnWG und die StromNZV durch Netznutzungsverträge inhaltlich ausgestaltet. Nach § 20 Abs. 1a S. 1 EnWG ist Voraussetzung des Anspruchs auf Netzzugang u.a. der Abschluss eines Netznutzungsvertrages von Letztverbrauchern und Lieferanten mit dem Netzbetreiber, zu dessen Netz Zugang beansprucht werden soll. Der Netznutzungsvertrag ist vom Netzanschluss- und Anschlussnutzungsvertrag zu unterscheiden. Der **Netznutzungsvertrag** wird in § 20 Abs. 1a S. 1 EnWG als Vertrag zwischen Letztverbraucher oder Lieferant und Energieversorgungsunternehmen, aus dessen Netz die Entnahme und in dessen Netz die Einspeisung von Energie erfolgen soll, legal definiert. 111

Die Netznutzung im Strombereich erfolgt aufgrund **eines transaktionsunabhängigen Punktmodells.**[182] 112

Nach § 3 Abs. 1 StromNZV vermitteln der Netznutzungsvertrag oder Lieferantenrahmenvertrag (LRV) Zugang zum gesamten Elektrizitätsversorgungsnetz, soweit dieses freie Kapazitäten zur Verfügung hat. Der jeweilige Netzbetreiber ist aufgrund des § 24 Abs. 1 S. 1 StromNZV geregelten Anspruchs der Netznutzer zum Abschluss eines Netznutzungsvertrages verpflichtet. Der Anspruch auf Abschluss eines LRV als besondere Form des Netzzugangsvertrages ergibt sich aus § 25 Abs. 1 StromNZV. 113

Im Gegensatz zu Netznutzungsverträgen nach § 20 Abs. 1a S. 1 EnWG, müssen sich LRV nach § 20 Abs. 1a S. 2 EnWG nicht auf bestimmte Entnahmestellen beziehen. Bei Abschluss eines LRV i.S.v. §§ 20 Abs. 1a S. 2 EnWG, 25 Abs. 1 StromNZV, kann der Netzbetreiber für die Zugangsgewährung nach § 20 Abs. 1 EnWG, gemäß § 24 Abs. 1 S. 2 StromNZV nicht noch zusätzlich den Abschluss von Netznutzungsverträgen zwischen sich und den belieferten Letztverbrauchern verlangen. Für den Abschluss gesonderter Netznutzungsverträge mit den Letztverbrauchern im Falle von LRV besteht beim Netzbetreiber aufgrund von § 17 Abs. 1 StromNEV auch kein Bedürfnis, da der Lieferant als Netznutzer Schuldner der dem Netzbetreiber zustehenden Netzentgelte ist. 114

Sind Übertragungsnetzleitungen überlastet, bestehen also Kapazitätsengpässe, dürfen Übertragungsnetzbetreiber nach Art. 16 Abs. 5 StromhandelsVO[183] Transkationen, die zu einer Entlastung der Leitung führen, aufgrund Netzsicherheitserwägungen nicht ablehnen. Zu diesem Zweck und der effizienteren Kapazitätsnutzung der Leitung sind die Übertragungsnetzbetreiber zur Saldierung der technischen gegenläufig beanspruchten Kapazitäten verpflichtet. 115

---

182 Danner/Theobald/*Hartmann*, Energierecht, § 20 EnWG Rn. 14.
183 StromhandelsVO (VO (EG) Nr. 714/2009) v. 13.7.2009 (ABl EU Nr. L 211 S. 15 ff.).

b) Netznutzung im Gasbereich

116 Der Netzzugang zu Fernleitungs- und Verteilernetzen für Gas erfolgt nach Maßgabe des § 20 Abs. 1b EnWG und der GasNZV.[184] Die Netznutzung im Gasbereich erfolgt anders als im Strombereich nicht aufgrund eines transaktionsunabhängigen Punktmodells, sondern nach Maßgabe von § 20 Abs. 1b S. 1, 2, 3 EnWG durch ein **transportpfadunabhängiges und transaktionsunabhängiges Zwei-Vertrags-Modell.**[185]

2. Zugangsanspruch zu Speicheranlagen im Gasbereich

117 **Leitungsgebundene Speicheranlagen** nehmen gegenüber anderen Energieversorgungsanlagen eine Sonderstellung ein. Gemäß § 26 EnWG erfolgt der Zugang zu Speicheranlagen nicht nach §§ 20–24 EnWG, sondern nach **§ 28 EnWG.**

---

i **Checkliste**

Speicheranlagen (§ 3 Nr. 31 EnWG):

– eine einem Gasversorgungsunternehmen gehörende oder von ihm betriebene Anlage zur Speicherung von Gas, einschließlich des zu Speicherzwecken genutzten Teils von LNG-Anlagen, jedoch mit Ausnahme des Teils, der für eine Gewinnungstätigkeit genutzt wird, ausgenommen sind auch Einrichtungen, die ausschließlich Betreibern von Leitungsnetzen bei der Wahrnehmung ihrer Aufgaben vorbehalten sind.

---

118 Die Definition der Gasversorgungsnetze des § 3 Nr. 20 EnWG schließt jedoch „Speicheranlagen, die für den Zugang zur Fernleitung, zur Verteilung und zu LNG-Anlagen erforderlich sind“, ein.

119 Einen Anspruch auf Zugang zu Speicheranlagen ist gemäß § 28 Abs. 1 S. 1 EnWG von der **technischen oder wirtschaftlichen Erforderlichkeit des Zugangs** für einen effizienten Netzzugang im Hinblick auf die Kundenbelieferung abhängig.

120 Ausweislich der Gesetzesbegründung zu § 28 EnWG wollte der Gesetzgeber mit dieser Regelung Art. 33 GasRL 2009 umsetzen.[186] Art. 33 Abs. 1, 3 und 4 GasRL 2009 eröffnet den Mitgliedsstaaten die Möglichkeit den Zugang zu Speicheranlagen, die für einen effizienten Netzzugang technisch und/oder wirtschaftlich erforderlich sind, dem regulierten und/oder dem verhandelten Zugang zu unterwerfen. Der deutsche Gesetzgeber hat sich beim Speicherzugang für letzteren entschieden, vgl. § 28 Abs. 1 S. 3 EnWG.[187]

---

184 Gasnetzzugangsverordnung (GasNZV) v. 3.9.2010 (BGBl. I S. 1261), zuletzt geändert durch Verordnung v. 11.8.2017 (BGBl. I S. 3194).

185 Danner/Theobald/*Neveling*, Energierecht, § 20 Abs. 1b EnWG Rn. 52; BNetzA, Beschl. v. 17.11. 2006 – BK7-06-074 – Umdr.

186 BR-Drucks. 343/11, S. 205.

187 BR-Drucks. 343/11, S. 207.

Die Gesetzesbegründung geht von einem Rückgang der Bedeutung von Speicher für den Ausgleich saisonaler Gasbezugsschwankungen und einer wachsenden Speicherbedeutung für den kurzfristigen Ausgleich von Spitzenlasten aus.[188] Aufgrund der wachsenden Liquidität von virtuellen Handelspunkten und der fortschreitenden Gasmarktzusammenlegung ist der Ausgleich saisonaler Gasbezugsschwankungen im Fernleitungsnetz zunehmend weniger von der Nutzung von Untergrundspeichern abhängig und die geografische Lage von diesen Speichern verliert an Bedeutung.[189] Bisher erfolgte der Ausgleich von saisonalen Schwankungen auf Verteilernetzebene ebenfalls durch das vorgelagerte Fernleitungsnetz, die Speichernutzung auf Verteilernetzebene dient i.d.R. nur dem Ausgleich kurzfristiger Lastspitzen.[190] Aufgrund der günstigen geologischen Gegebenheiten in Deutschland, seiner zentralen Lage in Europa und der wachsenden Gasimportabhängigkeit des Kontinents, sowie der wachsenden Zahl von Speicheranlagen geht der Gesetzgeber von der Etablierung eines eigenständigen Speichermarktes aus, dessen Bedeutung im Ausgleich von kurzfristigen Lastspitzen liegt.[191] 121

Die Vermutung der technischen und wirtschaftlichen Erforderlichkeit des Zugangs zu Untergrundspeichern nach § 28 Abs. 1 S. 2 EnWG begründet der Gesetzgeber mit dem – im Vergleich zu Übertagespeichern – hohen Ein- und Ausspeisevolumen von Untergrundspeichern, der hauptsächlichen Einbindung von Untergrundspeichern auf Fernleitungsnetzebene und in einem Fernleitungsmarkt unproblematischen Transportmöglichkeit.[192] Diese Aspekte ermöglichen es Lieferanten, Nachfrageschwankungen zeitnah und effektiv auszugleichen, was die Erforderlichkeit des Speicherzugangs für einen effizienten Netzzugang begründet.[193] 122

Hieraus folgt, dass der Zugang zu Speichern für einen effizienten Netzzugang i.d.R. nur auf Fernleitungsebene erforderlich ist, da die saisonal bedingten Gasbezugsschwankungen auf Verteilernetzebene durch die vorgelagerten Fernleitungsnetze effektiver ausgeglichen werden können. Auch die Gesetzesbegründung zu der Vermutung des § 28 Abs. 1 S. 2 EnWG[194] zeigt, dass die Effizienz des Netzzugangs, zur Kundenbelieferung, durch Speicherzugang auf die – im Verhältnis zur Verteilerleitungen – leichtere Transportmöglichkeit großer Kapazitäten über Fernleitungen zurückzuführen ist. 123

188 BR-Drucks. 343/11, S. 206.
189 BR-Drucks. 343/11, S. 206.
190 BR-Drucks. 343/11, S. 206.
191 BR-Drucks. 343/11, S. 206, 207.
192 BR-Drucks. 343/11, S. 207.
193 BR-Drucks. 343/11, S. 207.
194 BR-Drucks. 343/11, S. 207.

3. Verweigerung des Netzzugangs nach § 20 Abs. 2 S. 1 EnWG

124 Der Anspruch auf Netzzugang findet gemäß § 20 Abs. 2 S. 1 EnWG dort seine Grenzen, wo die Gewährung des Anspruchs für den Netzbetreiber unter Beachtung der Zwecke des § 1 EnWG aus **betrieblichen oder sonstigen Gründen** nicht zumutbar ist. Aus den gleichen Gründen kann nach **§ 28 Abs. 2 EnWG** auch der **Zugang zu Speicheranlagen** verweigert werden.

125 Die Zugangsverweigerung durch den Netzbetreiber muss nach § 20 Abs. 2 S. 2 EnWG in **Textform** begründet werden und ist der zuständigen Regulierungsbehörde zu **übermitteln.** Die Verweigerung des **Zugangs zu Speicheranlagen** nach § 28 Abs. 2 EnWG bedarf anders als die Netzzugangsverweigerung nach § 20 Abs. 2 EnWG jedoch **keiner Mitteilung an die Regulierungsbehörde.**[195]

126 Das Vorliegen der Zugangsverweigerungsgründe des § 20 Abs. 2 EnWG ist im Rahmen einer **Abwägung** der jeweiligen Interessen des Netzbetreibers und des Anfragenden zu ermitteln. Wie in § 19 Abs. 2 Nr. 4 GWB trägt der Netzbetreiber die **Beweislast** für das Vorliegen der Verweigerungsgründe.[196]

---

i **Praxistipp**

Die von der BNetzA bereitgestellten Musterformulare zur Mitteilung der Zugangsverweigerung nach § 20 Abs. 2 EnWG sind in diesem Zusammenhang von besonderem Interesse.[197] Hier sind im Einzelnen folgende Angaben zu machen:

- Kontaktdaten des Netzbetreibers,
- Art des Netzes für das der Zugang verweigert wird (Übertragungs-, Fernleitungs-, Verteilernetz für Strom/Gas),
- Name des Netzzugangspetenten,
- Eckdaten der Anfrage – Datum, Kapazitätsmenge, Zeitraum für die Kapazitätsnutzung, Einspeise-/Ausspeise-/Entnahmestelle,
- **Individuelle Begründung** des Zugangsverweigerungsgrundes,
- **Kapazitätssituation** während des angefragten Zeitraums,
- Genaue Angabe der monatlichen Kapazitäten,
- Gegenüberstellung der angefragten und verfügbaren (freien) Kapazitäten;
- Im Fall des Marktgebietswechsels des Netzzugangspetenten: Angabe der Netzebene(n) mit Kapazitätsengpässen; bei Engpässen auf vorgelagerten Netzebene(n) sind alle für den Transportweg in Betracht kommende Netze anzugeben.

---

195 Danner/Theobald/*Däuper*, Energierecht, § 20 EnWG Rn. 44.

196 Wiedemann/*Scholz*, Handbuch Kartellrecht, § 34 Rn. 84.

197 Siehe: https://www.bundesnetzagentur.de/DE/Sachgebiete/ElektrizitaetundGas/Unter nehmen_Institutionen/NetzzugangundMesswesen/Netzanschluss/Zugangsverweigerung/zugangs verweigerung-node.html.

a) Betriebsbedingte Unzumutbarkeit

Als betriebsbedingter Verweigerungsgrund nach § 20 Abs. 2 EnWG können die bereits unter § 19 Abs. 2 Nr. 4 GWB thematisierten **Kapazitätsengpässe** greifen. Ein solcher Verweigerungsgrund liegt vor, wenn die gesamte vorhandene Kapazität des Netzes bereits zur Versorgung von Vertriebsgesellschaften oder Erfüllung von Netzzugangsvereinbarungen mit anderen Durchleitungsinteressenten benötigt wird.[198] Aufgrund der **Neutralitätspflicht** der Netzbetreiber gegenüber den Netzzugangsanfragen darf der Zugang nicht wegen Kapazitätsanfragen von **verbundenen oder assoziierten Unternehmen** des Netzbetreibers verweigert werden.[199] 127

Regelmäßig berechtigen Kapazitätsengpässe im Rahmen von § 20 Abs. 2 EnWG nur zur vorübergehenden Netzzugangsverweigerung. Denn die Pflicht der Netzbetreiber zum bedarfsgerechten Netzausbau umfasst auch die Erweiterung von Kapazitäten, sodass der Netzzugang aufgrund von **Kapazitätsengpässen** nur **temporär** verweigert werden darf. Allenfalls die **wirtschaftliche Unzumutbarkeit** des bedarfsgerechten Netzausbaus kann ein **dauerhaftes Netzzugangsverweigerungsrecht** begründen.[200] Art. 15 und 16 StromhandelsVO verpflichten die Übertragungsnetzbetreiber, Kapazitätsanfragen während Kapazitätsengpässen auf transparente und diskriminierungsfreie Weise zu behandeln. Nach Art. 16 Abs. 1 StromhandelsVO sind Kapazitätsengpässe vorzugsweise durch nichttransaktionsbezogene Maßnahmen zu bewältigen, d.h. Maßnahmen die unterschiedslos auf die einzelnen Verträge zwischen Netzbetreiber und Netznutzern wirken. Eingriffe in spezifische Durchleitungsvorgänge sind demnach subsidiär zu nichttransaktionsbezogenen Maßnahmen. Nach Art. 16 Abs. 2 StromhandelsVO sind solche subsidiären transaktionsbezogenen Maßnahmen nur zulässig, wenn Maßnahmen wie „Redispatching“ oder „Countertrading“ den Kapazitätsengpass nicht schnell genug beseitigen würden. 128

– „Bewag/RWE“

Die Netzzugangsverweigerung des Netzbetreibers aufgrund von **eigenbedarfsbedingten Kapazitätsengpässen** hat das Bundeskartellamt (BKartA) 1999 im Fall „Bewag/RWE“ als Missbrauch marktbeherrschender Stellung i.S.v. **§ 19 Abs. 1, 2 Nr. 4 GWB** gewertet.[201] 129

Der Netzbetreiber hatte die nicht bereits gebuchten verfügbaren Restkapazitäten zur möglichen Nutzung durch das mit dem Unternehmen des Netzbetreibers verbundenen Versorgungsunternehmen reserviert (**Kapazitätshortung**). Der Netzbetreiber ging von einem Vorrang des möglichen Eigenbedarfs gegenüber Zugangs- 130

198 Wiedemann/*Scholz*, Handbuch Kartellrecht, § 34 Rn. 85.
199 Wiedemann/*Scholz*, Handbuch Kartellrecht, § 34 Rn. 89.
200 Danner/Theobald/*Hartmann*, Energierecht, § 20 EnWG Rn. 193.
201 BKartA, Beschl. v. 30.8.1999 – B8-40100 -T-99/99 – Umdr. – Berliner Stromdurchleitung.

begehren Dritter aus. Hilfsweise für den Fall, dass die Eigeninteressen und Zugangsinteressen Dritter gleichwertig seien, machte der Netzbetreiber eine frühere Buchungsanfrage des mit ihm verbundenen Versorgungsunternehmens geltend. Dies hatte zur Folge, dass keine Kapazitäten für Dritte zur Verfügung standen.

131 **Eigenbedarf** des Netzbetreibers an der Nutzung seiner Netzkapazitäten lehnte das BKartA mit Verweis auf die Entflechtungsverpflichtung des § 6 Abs. 1 EnWG (§ 4 Abs. 4 EnWG a.F.) ab, da eine vorrangige Berücksichtigung der Interessen des mit dem Netzbetreiber verbundenen Versorgungsunternehmens im Widerspruch zum Diskriminierungsverbot in Bezug auf Netzzugangsanfragen aus § 20 Abs. 1 S. 1 EnWG (§ 6 Abs. 1 S. 1 EnWG a.F.) steht.[202] Das **Diskriminierungsverbot** gebietet grundsätzlich vorhandene Kapazitäten gleichmäßig auf die Zugangspetenten aufzuteilen.[203] Zur Begründung führte das BKartA weiter aus, dass eine vorrangige Berücksichtigung verbundener Versorgungsunternehmen bei der Kapazitätszuweisung, die **Gefahr der Monopolisierung vor- oder nachgelagerter Märkte** begründe und Anreize zum Kapazitätsrückbau durch den Netzbetreiber schaffen würde.[204]

132 In diesem Zusammenhang ist auch die Entscheidung der KOM in Sachen *Gasmarktabschottung durch RWE*[205] *zu nennen*, die bereits bei den kartellrechtlichen Regelungen auf EU-Ebene angesprochen worden ist.[206]

133 Letztendlich können diesen Entscheidungen aber Verhaltensanforderungen bei Kapazitätsengpässen entnommen werden, die an dieser Stelle nochmals kurz aufgelistet werden sollen.

i **Checkliste**
- Bestehende Netznutzungsverträge sind vorrangig, soweit die vertraglich vereinbarten Kapazitäten auch tatsächlich genutzt werden.[207]
- Nutzungsverträge, deren Kapazitäten nicht genutzt werden (Reservierungen) haben keinen Vorrang.[208]
- Verfügbare Kapazitäten sind im Rahmen der Erfüllung bestehender Netznutzungsverträge transparent und diskriminierungsfrei anteilig zu verteilen.[209]
- Wiederkehrenden Kapazitätsengpässen ist durch effektives und effizientes Kapazitätsmanagement zu begegnen.
- Das Kapazitätsmanagement darf keine Anreize für einen Kapazitätsrückbau erzeugen.

202 BKartA, Beschl. v. 30.8.1999 – B8-40100-T-99/99, S. 14 f. – Umdr. – Berliner Stromdurchleitung.
203 BKartA, Beschl. v. 30.8.1999 – B8-40100-T-99/99, S. 18 – Umdr. – Berliner Stromdurchleitung.
204 BKartA, Beschl. v. 30.8.1999 – B8-40100-T-99/99, S. 17 – Umdr. – Berliner Stromdurchleitung.
205 KOM, Entsch. v. 18.3.2008 – Comp/39.402 – Umdr.
206 Vgl. Rn. 97 ff.
207 Wiedemann/*Scholz*, Handbuch Kartellrecht, § 34 Rn. 86.
208 Wiedemann/*Scholz*, Handbuch Kartellrecht, § 34 Rn. 86.
209 BKartA, Beschl. v. 30.8.1999 – B8-40100-T-99/99, S. 18 – Umdr. – Berliner Stromdurchleitung.

b) Sonstige Unzumutbarkeitsgründe

134 Ein sonstiger Grund für die Zugangsverweigerung nach § 20 Abs. 2 EnWG kann darüber hinaus in der **Person des Zugangspetenten** begründet sein. Auch hier kann größtenteils auf die Ausführungen zu § 19 Abs. 2 Nr. 4 EnWG verwiesen werden.

135 Der folgenden Checkliste lassen sich Verweigerungsgründe entnehmen.

Checkliste[210]

Hierzu zählen u.a.:
- die Verweigerung der Zahlung eines angemessenen Durchleitungsentgeltes,
- das Fehlen der erforderlichen Zuverlässigkeit des Zugangspetenten,
- wiederholte Vertragsverletzungen des Netzzugangspetenten.

136 Zu beachten ist, dass im Gasbereich darüber hinaus die **Inkompatibilität der Gasquellen** einen sonstigen Zugangsverweigerungsgrund darstellen kann.[211]

c) Sonderfall der Unzumutbarkeit der Netzzugangsgewährung im Gasbereich (§ 25 EnWG)

137 Für Fälle in denen ein Betreiber von Gasnetzen Gaslieferungsvereinbarungen mit unbedingter Zahlungspflicht (des Netzbetreibers) unterliegt, regelt **§ 25 EnWG einen speziellen Fall der Zugangsverweigerung** nach § 20 Abs. 2 EnWG. Trotz vorhandener freier Kapazitäten kann die Gewährung des Netzzugangs für den Betreiber eines Fernleitungsnetzes unzumutbar sein, wenn der Betreiber bei Zugangsgewährung nicht mehr in der Lage wäre, von ihm, aufgrund eines Liefervertrages mit unbedingter Zahlungsverpflichtung, bezogene Gasmengen abzusetzen. Die Netzzugangsgewährung müsste also dazu führen, dass die verbleibenden Kapazitäten nicht ausreichen, um die vom Netzbetreiber unter unbedingter Zahlungsverpflichtung bezogenen Gasmengen abzusetzen. Weiterhin müsste die Nichtabsetzbarkeit zu ernsthaften wirtschaftlichen und finanziellen Schwierigkeiten beim Verteilernetzbetreiber führen.

138 Aufgrund der nach der Vorschrift des § 25 EnWG eingeführten Entflechtungsvorschriften der §§ 7 ff. EnWG ist der Anwendungsbereich des § 25 EnWG nur noch in Fällen vorstellbar, in denen weniger als 100.000 Kunden unmittelbar oder mittelbar an das Verteilernetz des Betreibers angeschlossen sind.

---

210 Wiedemann/*Scholz*, Handbuch Kartellrecht, § 34 Rn. 90.
211 Danner/Theobald/*Hartmann*, § 20 EnWG Rn. 187.

Praxistipp

Ob die **Voraussetzungen des § 25 EnWG** vorliegen, prüft die Regulierungsbehörde in einer **Ermessensentscheidung**, insbesondere unter Beachtung der in **Art. 48 Abs. 3 GasRL 2009** genannten Kriterien:

- Ziel der Vollendung eines wettbewerbsbestimmten Gasmarktes;
- Notwendigkeit (EU-)gemeinwirtschaftliche Verpflichtungen zu erfüllen und die Versorgungssicherheit zu gewährleisten;
- Stellung des Erdgasunternehmens auf dem Gasmarkt und die tatsächliche Wettbewerbslage auf diesem Markt;
- Schwere der aufgetretenen wirtschaftlichen und finanziellen Schwierigkeiten von Erdgasunternehmen und Fernleitungsunternehmen bzw. zugelassenen Kunden;
- Zeitpunkt der Unterzeichnung sowie die Bedingungen des betreffenden Vertrags oder der betreffenden Verträge und inwieweit diese Marktänderungen berücksichtigen;
- zur Lösung des Problems unternommene Anstrengungen;
- inwieweit das Unternehmen beim Eingehen der betreffenden unbedingten Zahlungsverpflichtungen unter Berücksichtigung der Erdgasbinnenmarktrichtlinie 2009 vernünftigerweise mit dem wahrscheinlichen Auftreten von ernsten Schwierigkeiten hätte rechnen können;
- das Ausmaß, in dem das Netz mit anderen Netzen verbunden ist, sowie den Grad an Interoperabilität dieser Netze, und
- Auswirkungen, die die Genehmigung einer Ausnahme für die korrekte Anwendung dieser Richtlinie in Bezug auf das einwandfreie Funktionieren des Erdgasbinnenmarktes haben würde.

139 Verträge, die **vor dem** 4.8.2003 geschlossen wurden, sind bei der Ermessensausübung besonders zu berücksichtigen. Hier soll das Ergebnis der Überprüfung nicht zur Unmöglichkeit von wirtschaftlich tragfähigen Absatzalternativen für den Netzbetreiber führen.

Checkliste

Für den Betreiber bestehen keine ernsthaften wirtschaftlichen und finanziellen Schwierigkeiten, wenn:

- die Gasverkäufe das vertraglich garantierte Mindestabnahmemaß nicht unterschreiten,
- der Vertrag mit der unbedingten Zahlungsverpflichtung angepasst werden kann

oder

- Absatzalternativen für den Betreiber möglich sind.

140 Im Falle einer Ausnahmegenehmigung nach § 25 EnWG durch die nationale Regulierungsbehörde, muss die Entscheidung zudem durch die Europäische Kommission genehmigt werden. Grundsätzlich orientiert sich die Prüfung der nationalen Regulierungsbehörde und der Europäischen Kommission aufgrund der Verweisung von § 25 S. 3 EnWG auf Art. 48 der GasRL 2009 an den gleichen Kriterien.

141 Die Kriterien sind jedoch **nicht abschließend**, sodass die Europäische Kommission in ordnungsgemäßer Ermessensausübung zu einem anderen Ergebnis als die nationale Regulierungsbehörde gelangen kann.

4. Ausnahmen von der Verpflichtung zur Netzzugangsgewährung

a) Befreiung von der Netzzugangsverpflichtung im Strombereich

In Art. 17 Abs. 1 lit. a)–f) StromhandelsVO sind abschließend die Voraussetzungen geregelt, unter denen Betreiber „neuer **Gleichstrom-Verbindungsleitungen**" zeitweise u.a. von der Verpflichtung zur Gewährung des Netzzugangs befreit werden können. **„Neue Verbindungsleitungen"** sind nach Art. 2 Abs. 2 lit. g) i.V.m. Art. 2 Abs. 1 StromhandelsVO nur Übertragungsleitungen, die eine Grenze zwischen Mitgliedsstaaten überqueren oder überspannen und die nationalen Übertragungsnetze der Mitgliedstaaten verbinden, wobei sie nicht vor dem 4.8.2003 fertiggestellt sein durften. Gemäß Art. 17 Abs. 3 StromhandelsVO können ebenso „erhebliche Kapazitätserhöhungen bei vorhandenen Verbindungsleitungen" befreit werden. Art. 17 Abs. 1 StromhandelsVO befreit von der Verpflichtung des Art. 32 GasRL 2009, der in § 20 Abs. 1, 1a EnWG umgesetzt ist. 142

Checkliste i

Die Voraussetzungen für die Befreiung sind:

- durch die Investition wird der Wettbewerb in der Stromversorgung verbessert;
- das mit der Investition verbundene Risiko ist so hoch, dass die Investition ohne die Gewährung einer Ausnahme nicht getätigt würde;
- die Verbindungsleitung muss Eigentum einer natürlichen oder juristischen Person sein, die zumindest der Rechtsform nach von den Netzbetreibern getrennt ist, in deren Netzen die entsprechende Verbindungsleitung gebaut wird;
- von den Nutzern dieser Verbindungsleitungen werden Entgelte verlangt;
- seit der teilweisen Marktöffnung gemäß Art. 19 EltRL 1996 dürfen keine Anteile der Kapital- oder Betriebskosten der Verbindungsleitung über irgendeine Komponente der Entgelte für die Nutzung der Übertragungs- oder Verteilernetze, die durch diese Verbindungsleitung miteinander verbunden werden, gedeckt worden sein;

und

- die Ausnahme darf sich nicht nachteilig auf den Wettbewerb oder das effektive Funktionieren des Elektrizitätsbinnenmarkts oder das effiziente Funktionieren des regulierten Netzes auswirken, an das die Verbindungsleitung angeschlossen ist.

Unter den gleichen Voraussetzungen sind nach Art. 17 Abs. 2 StromhandelsVO auch **„Wechselstrom-Verbindungsleitungen"** zu befreien, sofern die Kosten und die Risiken der betreffenden Investition im Vergleich zu den Kosten und Risiken, die normalerweise bei einer Verbindung zweier benachbarter nationaler Übertragungsnetze durch eine Wechselstrom-Verbindungsleitung auftreten, besonders hoch sind. Nach Art. 17 Abs. 4 StromhandelsVO entscheidet die national zuständige Regulierungsbehörde unter Berücksichtigung der Einzelfallumstände über die beantragte Befreiung. 143

b) Befreiung von der Netzzugangsverpflichtung im Gasbereich

144 Im Gasbereich können gemäß § 28a Abs. 1, 2 EnWG auf Antrag die dort genannten sog. **„neuen Infrastrukturen"** u.a. zeitweise von der Netzzugangsverpflichtung der §§ 20–28 EnWG ausgenommen werden. Zwar erfasst der Wortlaut des § 28a Abs. 1 EnWG „Verbindungsleitungen" nach der Definition des § 3 Nr. 34 EnWG auch den Elektrizitätsbereich, aber der Verweis des § 28a Abs. 1 Nr. 2 EnWG auf die Richtlinie 2009/73/EG (Erdgasbinnenmarktrichtlinie 2009) zeigt, dass nur **„große neue Erdgasinfrastrukturen"** (Verbindungsleitungen, LNG- und Speicheranlagen) von § 28a EnWG erfasst sind. Aufgrund der unmittelbaren Geltung der StromhandelsVO im nationalen Recht bedarf es überdies auch keiner gesonderten nationalen Ausnahmeregelung für „neue Infrastrukturen" im Elektrizitätsbereich.

145 Gemäß § 3 Nr. 29a EnWG gelten als „neue Infrastrukturen" nur solche, die nach dem 12.7.2005 in Betrieb genommen wurden. Inbetriebnahme liegt erst bei Aufnahme des Leitungs- bzw. Netzbetriebs vor, nicht schon bei Prüfung nach Abschluss der Baumaßnahmen.[212] Für die Ausnahme müssen die „neuen Infrastrukturen" kumulativ die in § 28a Abs. 1 Nr. 1–5 EnWG genannten Voraussetzungen erfüllen.

---

i **Checkliste**

Nach § 28a Abs. 1 EnWG sind „Verbindungsleitungen" i.S.v. § 3 Nr. 34 EnWG ausnahmefähig, wenn:
- durch die Investitionen der Wettbewerb bei der Gasversorgung und die Versorgungssicherheit verbessert werden,
- es sich um „größere neue Erdgasinfrastrukturanlagen" handelt, bei denen insbesondere das mit der Investition verbundene Risiko so hoch ist, dass die Investition ohne eine Ausnahmegenehmigung nicht getätigt würde,
- die Infrastruktur Eigentum einer natürlichen oder juristischen Person ist, die entsprechend der §§ 8 bis 10e EnWG von den Netzbetreibern getrennt ist, in deren Netzen die Infrastruktur geschaffen wird,
- von den Nutzern dieser Infrastruktur Entgelte erhoben werden und
- die Ausnahme sich nicht nachteilig auf den Wettbewerb oder das effektive Funktionieren des Erdgasbinnenmarktes oder das effiziente Funktionieren des regulierten Netzes auswirkt, an das die Infrastruktur angeschlossen ist.

146 Nach § 28 Abs. 2 i.V.m. Abs. 1 EnWG besteht eine **Ausnahmefähigkeit weiterhin** für:
- Kapazitätsaufstockungen bei vorhandenen Infrastrukturen, die insbesondere hinsichtlich ihres Investitionsvolumens und des zusätzlichen Kapazitätsvolumens bei objektiver Betrachtung wesentlich sind

und
- Änderungen dieser Infrastrukturen, die die Erschließung neuer Gasversorgungsquellen ermöglichen.

---

212 Danner/Theobald/*Theobald*, Energierecht, § 3 EnWG Rn. 229.

5. Netzanschluss und Anschlussnutzung im Strom- und Gasbereich

Der Netzanschluss sichert die Erreichbarkeit der Adressaten der Energielieferungen und wird grundsätzlich durch **§§ 17 und 18 EnWG** geregelt. Im Gasbereich ermöglicht der Netzanschluss auch die Gaseinspeisung in das Netz.[213] 147

Während der Netzanschluss nur den technischen Anschluss an das Netz und die technische Funktion des Anschlusses für die Möglichkeit der Energieentnahme aus den Netzen darstellt, regelt die Anschlussnutzung den Gebrauch dieser Möglichkeit.[214] 148

Die Unterscheidung zwischen Netzanschluss und Anschlussnutzung ist relevant, da Anschlussnehmer und Anschlussnutzer oftmals auseinanderfallen. Dies ist z.B. der Fall in Mehrfamilienwohnhäusern. Hier ist der Gebäudeeigentümer der Anschlussnehmer, während die Nutzung des Anschlusses durch die einzelnen (Miet-) Wohnparteien des Gebäudes erfolgt. 149

Nach § 17 Abs. 1 EnWG sind Energieversorgungsnetzbetreiber verpflichtet Anschluss an ihre Netze zu technisch und wirtschaftlich angemessenen, diskriminierungsfreien und transparenten Bedingungen zu gewähren. Diese Bedingungen dürfen dabei im Vergleich zu den Bedingungen für Leistungen in vergleichbaren Konstellationen innerhalb ihres Unternehmens oder gegenüber mit ihnen verbundenen oder assoziierten Unternehmen nicht ungünstiger sein. Die Anspruchsberechtigten des § 17 Abs. 1 EnWG sind Letztverbraucher, gleich- oder nachgelagerte Netzbetreiber, Betreiber für Elektrizitäts- oder Gasversorgungsleitungen, Betreiber von Ladepunkten für Elektromobile, Erzeugungs- und Speicheranlagenbetreiber, sowie Betreiber von Speicheranlagen für elektrische Energie. 150

Nach § 18 Abs. 1 S. 1 EnWG besteht für Betreiber von „Energieversorgungsnetzen der allgemeinen Versorgung“ (§ 3 Nr. 17 EnWG) in Gemeindegebieten eine Anschlusspflicht gegenüber „jedermann“. Die Pflicht umfasst den Netzanschluss und die Anschlussnutzung auf der Niederspannungs- oder Niederdruckebene. Für den Netzanschluss und die Anschlussnutzung auf diesen Ebenen müssen die nach § 18 Abs. 1 S. 1 EnWG verpflichteten Netzbetreiber allgemeine Bedingungen veröffentlichen. Aufgrund von § 18 Abs. 3 EnWG sind diese allgemeinen Bedingungen des Netzanschlusses und der Anschlussnutzung durch die gesetzlichen Festlegungen der NAV[215] und NDAV[216] konkretisiert.[217] Ausweislich des § 1 Abs. 1 NAV/NDA gelten die Verordnung nur für den Netzanschluss und die Anschlussnutzung nach § 18 151

---

213 Danner/Theobald/*Hartmann*, Energierecht, § 17 EnWG Rn. 22.

214 Danner/Theobald/*Hartmann*, Energierecht, § 17 EnWG Rn. 23; Säcker/*Boesche*, Energierecht, Bd. 1, § 17 EnWG Rn. 1.

215 Niederspannungsanschlussverordnung (NAV) v. 1.11.2006 (BGBl. I S. 2477), zuletzt geändert durch Gesetz v. 29.8.2016 (BGBl. I S. 2034).

216 Niederdruckanschlussverordnung v. 1.11.2006 (BGBl. I S. 2477, 2485), zuletzt geändert durch Gesetz v. 29.8.2016 (BGBl. I S. 2034).

217 Danner/Theobald/*Hartmann*, Energierecht, § 18 EnWG Rn. 38.

Abs. 1 EnWG. Für den Netzanschluss und die Anschlussnutzung nach § 17 Abs. 1 EnWG bestehen nur für Teilbereiche Regelungen in der KraftNAV und der GasNZV.

152 Auch an dieser Stelle soll nochmals auf den entscheidenden Beschluss des BGH in Sachen *Mainova/Arealnetz* eingegangen werden.

a) „Mainova"-Beschluss/„Arealnetz"-Beschluss

153 Der *Arealnetz*- bzw. *Mainova*-Beschluss des BGH[218] ist in zweifacher Hinsicht für die Verpflichtung des Netzbetreibers zum Netzanschluss relevant.

154 Erstens umfasst der **Netzanschlussanspruch** nach § 17 Abs. 1 EnWG **alle Spannungs- bzw. Druckstufen**, sodass der Anschluss an eine höhere Spannungs-/Druckstufe nicht unter Verweis auf die Anschlussmöglichkeit an eine niedrigere Stufe verweigert werden kann.

155 Zweitens stellt der BGH klar, dass „Arealnetze" grundsätzlich auch Netze i.S.v. § 3 Nr. 16 EnWG sind und damit den Regelungen zum Netzzugang und Netzanschluss unterliegen. Der BGH definiert Arealnetze wie folgt:

> „Unter einem Areal versteht man in diesem Zusammenhang eine aus einem oder mehreren Grundstücken bestehende, zu Wohn- oder gewerblichen Zwecken genutzte private Liegenschaft, die zur Versorgung der im Areal ansässigen Letztverbraucher über ein eigenes Niederspannungs-Verteilernetz verfügt. Dieses Netz ist i.d.R. über eine eigene Umspannanlage an die Mittelspannungsebene des vorgelagerten Netzes angeschlossen. Das Arealnetz wird von Unternehmen betrieben, die es entweder selbst errichtet haben oder die es vom Eigentümer erworben oder gepachtet haben."[219]

156 Die vom BGH in dieser Entscheidung noch zugrunde gelegte allgemeine Anschlusspflicht des Arealnetzbetreibers für Endkunden,[220] gilt aufgrund des später eingeführten § 110 EnWG jedoch nicht mehr ausnahmslos. „Arealnetze" unterliegen der Netzanschlussverpflichtung des § 18 Abs. 1 EnWG nur wenn, sie keine **„geschlossenen Verteilernetze"** i.S.v. § 110 Abs. 2 EnWG darstellen. In § 110 Abs. 2 EnWG sind die Anforderungen an ein „geschlossenes Verteilernetz" abschließend geregelt. Grundsätzlich kennzeichnet sich ein „geschlossenes Verteilernetz" i.S.v. § 110 Abs. 2 EnWG dadurch aus, dass nur Kunden in einem räumlich begrenzten Industrie- oder Gewerbegebiet versorgt werden oder die Energieverteilung in einem Gebiet mit gemeinsamer Leistungsnutzung erfolgt. Die Versorgung privater Haushalte ist nur ausnahmsweise in geringer Zahl zulässig, wenn die Letztverbraucher dieser Haushalte in einem Beschäftigungsverhältnis oder einer vergleichbaren Beziehung zum Eigentümer oder Betreiber des Netzes stehen.

218 BGH, Beschl. v. 28.6.2005 – KVR 27/04 – BGHZ 163, 296-310 – Arealnetz.
219 BGH, Beschl. v. 28.6.2005 – KVR 27/04, Rn. 2 – BGHZ 163, 296-310 – Arealnetz.
220 BGH, Beschl. v. 28.6.2005 – KVR 27/04, Rn. 2 – BGHZ 163, 296-310 – Arealnetz.

Die Entscheidung über das Vorliegen der Voraussetzungen des § 110 Abs. 2 EnWG trifft die Regulierungsbehörde. Für die Zeit zwischen Antragsstellung nach § 110 Abs. 3 S. 1 EnWG und Entscheidung durch die Regulierungsbehörde, besteht zugunsten des Antragsstellers nach § 110 Abs. 3 S. 3 EnWG eine Vermutung für die Eigenschaft als „geschlossenes Verteilernetz". 157

b) Unterscheidung der Netzanschlussansprüche nach §§ 17 Abs. 1 und 18 Abs. 1 S. 1 EnWG

Die Ansprüche nach §§ 17 Abs. 1 und 18 Abs. 1 S. 1 EnWG unterscheiden sich in mehrfacher Hinsicht: 158

1) Der Netzanschlussanspruch aus § 17 Abs. 1 EnWG besteht für alle Spannungs- und Druckebenen und gibt dem Anspruchsberechtigten ein Wahlrecht an welche Ebene er angeschlossen werden soll, sowie das Recht einen Wechsel der Ebene zu verlangen.[221]
2) Der Netzanschlussanspruch aus § 18 Abs. 1 EnWG besteht nur für die Niederspannungs- oder Niederdruckebene und nur gegenüber Netzbetreibern der allgemeinen Versorgung.
3) Der Netzanschluss und die Anschlussnutzung aufgrund des § 18 Abs. 1 EnWG erfolgen nach den gesetzlichen Bestimmungen der NAV/NDAV (§ 1 Abs. 1 NAV/NDAV).

6. Verweigerung des Netzanschlusses

Der Netzanschluss nach § 17 Abs. 1 EnWG kann gemäß § 17 Abs. 2 EnWG aufgrund **betriebsbedingter oder sonstiger wirtschaftlicher oder technischer Gründe** verweigert werden. Der Netzanschluss nach § 18 Abs. 1 S. 1 EnWG kann im Gegensatz zu dem nach § 17 Abs. 1 EnWG gemäß § 18 Abs. 1 S. 2 EnWG **nur aufgrund wirtschaftlicher Unzumutbarkeit** verweigert werden. 159

Trotz des ähnlichen Wortlauts von § 17 Abs. 2 EnWG und § 20 Abs. 2 EnWG (Netzzugangsverweigerung), sind die **Verweigerungsgründe im Hinblick auf die Zwecke von Netzzugang und Netzanschluss verschieden auszulegen.** 160

Das Fehlen verfügbarer **Netzkapazitäten** kann zwar zur vorübergehenden Verweigerung des Netzzugangs nach § 20 Abs. 2 EnWG berechtigen, nicht aber zur Netzanschlussverweigerung nach § 17 Abs. 2 EnWG. Die Erreichbarkeit für durch das Netz transportierte Energie kann auch bei Verweigerung des Netzzugangs aufgrund von Kapazitätsmängeln des Netzes erzielt werden.[222] 161

---

221 BGH, Beschl. v. 23.6.2009 – EnVR 48/08 – WuW/E DE-R 2692-2695 – Netzanschluss.
222 Danner/Theobald/*Hartmann*, Energierecht, § 17 EnWG, Rn. 126 f.

162 Eine Verweigerung des Netzanschlusses nach § 17 Abs. 2 EnWG ist jedoch aufgrund **fehlender Anschlusskapazitäten** möglich, beispielsweise wenn es baurechtlich nicht möglich ist, einen Anschluss bei dem Anschlussbegehrenden zu installieren oder wenn bereits bestehende Anschlussanlagen technisch nicht erweiterbar sind.[223]

163 Die Anschlussverweigerung aus **betriebsbedingten Gründen** nach § 17 Abs. 2 EnWG ist aufgrund der Verpflichtung des Netzbetreibers zur Behebung von Mängeln in seinem Betriebsablauf nur ein zeitweise vorübergehender Verweigerungsgrund.[224]

164 Die Anschlussverweigerung aus **technischen Gründen** erscheint vor dem Hintergrund der aktuellen technischen Möglichkeiten **nicht vorstellbar.**[225] Die Installation von Anschlüssen und die Verlegung von Leitungen ist in jedem Terrain möglich. Die Wirtschaftlichkeit dieser Maßnahmen ist im Rahmen der Anschlussverweigerung aus technischen Gründen unbeachtlich. In § 17 Abs. 2 EnWG ist die Anschlussverweigerung aus **wirtschaftlichen Gründen** ein eigenständiger Verweigerungsgrund. Die wirtschaftliche Zumutbarkeit des Netzanschlusses ist unter Zugrundelegung des individuellen Vertragsverhältnisses zwischen Netzbetreiber und Anschlussnehmer zu beurteilen, die wirtschaftliche Gesamtsituation des Netzbetreibers ist nicht entscheidend.[226] Durch die Verweigerung des Netzanschlusses aus wirtschaftlichen Gründen soll ein Ungleichgewicht zwischen Leistung und Gegenleistung im konkreten Verhältnis vermeiden werden. Ein Ungleichgewicht zwischen Leistung und Gegenleistung ist dann gegeben, wenn die Kosten des Netzanschlusses auch langfristig nicht durch die individuellen Netzentgelte gedeckt werden.[227] In Fällen der wirtschaftlichen Unzumutbarkeit des Netzanschlusses ist es dem Anschlusspetenten jedoch möglich, das Missverhältnis zwischen Leistung und Gegenleistung durch zusätzliche Leistungen seinerseits auszugleichen.[228] Diese Möglichkeit ergibt sich, nach § 17 Abs. 2 S. 3 EnWG aus dem Anspruch des Anschlusspetenten gegenüber dem Netzbetreiber auf Information über die Kosten eines konkreten Netzanschlusses, der wegen Kapazitätsmängeln verweigert wird.[229]

165 Die fehlende Deckung der Kosten eines Netzanschlusses durch die Netzentgelte berechtigt den Netzbetreiber über die Verweigerung des Neuanschlusses hinaus

---

223 Danner/Theobald/*Hartmann*, Energierecht, § 17 EnWG, Rn. 12; Britz/Hellermann/Hermes/*Stölzel*, EnWG, § 17 Rn. 29.

224 Danner/Theobald/*Hartmann*, Energierecht, § 17 EnWG, Rn. 129.

225 Danner/Theobald/*Hartmann*, Energierecht, § 17 EnWG, Rn. 130.

226 Danner/Theobald/*Hartmann*, Energierecht, § 17 EnWG, Rn. 13; Säcker/*Boesche*, Energierecht Bd. 1, § 17 Rn. 63.

227 Danner/Theobald/*Hartmann*, Energierecht, § 17 EnWG, Rn. 132.

228 Danner/Theobald/*Hartmann*, Energierecht, § 17 EnWG, Rn. 132, 137; Britz/Hellermann/Hermes/*Stölzel*, EnWG, § 17 Rn. 42.

229 Danner/Theobald/*Hartmann*, Energierecht, § 17 EnWG, Rn. 132, 136.

auch zur Stilllegung eines bestehenden Netzanschlusses. Dies kann der Fall sein, wenn die Nutzung eines konkreten Anschlusses dauerhaft abgenommen hat und daher die laufenden Kosten für Betrieb und Wartung des Anschlusses in keinem Gleichgewicht mehr zu den von den konkreten Anschlussnutzern gezahlten Netzentgelten stehen. Eine solche Stilllegung resultiert aus der Netzbetreiberpflicht nach § 11 Abs. 1 S. 1 EnWG, das Netz bedarfsgerecht zu optimieren.[230] Solche Stilllegungen können zudem zu einer Steigerung des nach der ARegV[231] zu bestimmenden Effizienzwertes des konkreten Netzbetreibers führen, da für dessen Ermittlung Anschlusspunkte und Leitungslänge des Netzes relevant sind.[232]

7. Netzentgelte

Die Entgelte, die Netzbetreiber für die Nutzung ihres Netzes verlangen können, unterliegen der Regulierung durch die Netzagenturen. Maßstab für die Entgeltberechnung sind die StromNEV und GasNEV. Strikt von den Netzentgelten zu trennen sind die Kosten für den Messstellenbetrieb, der grundsätzlich auch dem Netzbetreiber obliegt. Dies wird in § 7 Abs. 2 MsbG[233] klargestellt. 166

Nach § 3 StromNEV setzen sich die Netzentgelte für den Netzzugang zu den Übertragungsnetzen und (Strom)Verteilernetzen auf Grundlage der §§ 4–11 StromNEV zusammen. Für die Fernleitungsnetze und (Gas)Verteilernetze regelt § 3 GasNEV die Zusammensetzung der Netzentgelte aufgrund der §§ 4–10 GasNEV. Nach § 4 Abs. 1 StromNEV/GasNEV sind bei den Netzentgelten bilanzielle und kalkulatorische Kosten des Netzbetriebes nur zu berücksichtigen, soweit sie den Kosten eines effizienten und strukturell vergleichbaren Netzbetreibers entsprechen. Bei den Netzentgelten sollen danach keine Kosten berücksichtigt werden können, die sich nicht auch bei einem ordnungsgemäßen Wettbewerb einstellen würden.[234] Maßstab für die Beurteilung sind zunächst die Kriterien der StromNEV und GasNEV, wobei diese Kriterien nicht abschließend sind.[235] 167

Die Vermeidbarkeit von Kosten im Rahmen der Netzentgelte lässt sich auf verschiedene Weise beurteilen. In Betracht kommt das räumliche Vergleichsmarktkonzept, in dem die Kosten eines vergleichbaren Netzbetreibers als Maßstab herangezogen werden, wobei bereits der Vergleich mit einem einzigen Netzbetreiber 168

---

230 Danner/Theobald/*Hartmann*, Energierecht, § 17 EnWG, Rn. 150.

231 Anreizregulierungsverordnung (ARegV) v. 29.10.2007 (BGBl. I S. 2529), zuletzt geändert durch Gesetz v. 17.7.2017 (BGBl. I S. 2503).

232 Danner/Theobald/*Hartmann*, Energierecht, § 17 EnWG, Rn. 150.

233 Messstellenbetriebsgesetz (MsbG) v. 29.8.2016 (BGBl. I S. 2034), zuletzt geändert durch Gesetz v. 22.12.2016 (BGBl. I S. 3106).

234 Loewenheim/Meesen/Riesenkampff/Kersting/Meyer-Lindmann/*Schwensfeier*, § 29 GWB Rn. 27.

235 Loewenheim/Meesen/Riesenkampff/Kersting/Meyer-Lindmann/*Schwensfeier*, § 29 GWB Rn. 27.

ausreichend sein kann.[236] Strukturbedingte Unterschiede zwischen den verglichenen Netzen können mittels Zuschlägen ausgeglichen werden.[237]

169 Eine weitere Möglichkeit neben dem Vergleich der Kosten ist der Vergleich der Erlöse der Netzbetreiber.[238]

II. Unterschiede zwischen den kartellrechtlichen und regulierungsrechtlichen Netzanschluss- und Zugangsregelungen

170 Die Unterschiede zwischen kartellrechtlichen und regulierungsrechtlichen Netzanschluss- und Netzzugangsregelungen sollen hier nochmals auf einen Blick dargestellt werden.

236 Danner/Theobald/*Judith*, Energierecht, MbA-EnW 160 Rn. 55, 57

237 Danner/Theobald/*Judith*, Energierecht, MbA-EnW 160 Rn. 58.

238 Wiedemann/*Scholz*, Handbuch Kartellrecht, § 34 Rn. 59.

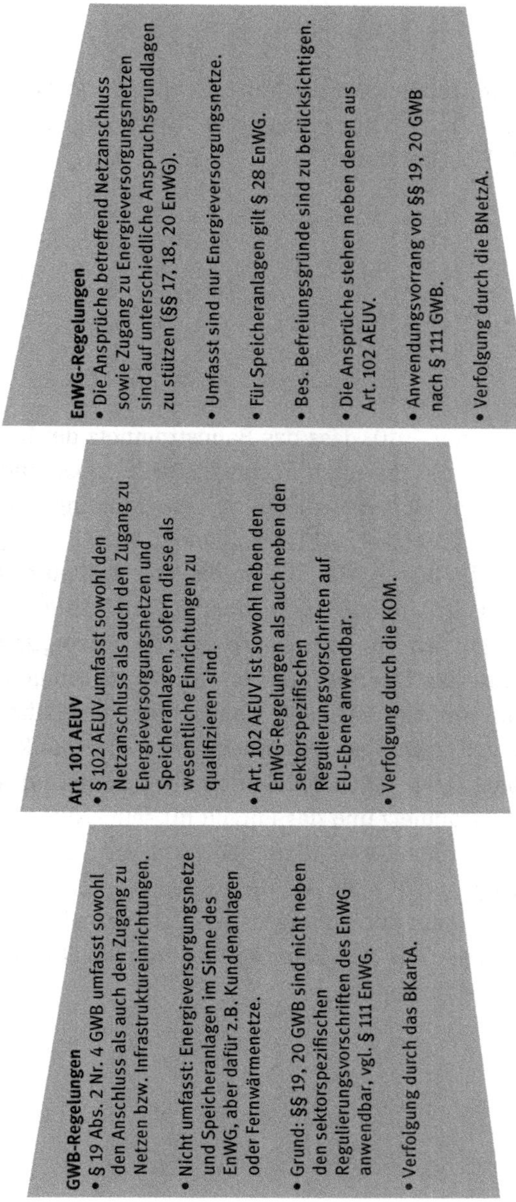

Abb. 7: Unterschiede zwischen den einzelnen Anspruchsgrundlagen[239]

239 Quelle: Eigene Darstellung; Europäische Regulierungsvorschriften ausgenommen. Diese fanden im Rahmen der Ausführungen zu §§ 17, 18, 20 EnWG eingehendere Berücksichtigung, vgl. Rn. 105 ff.

C. Sonderfälle

171 Im Folgenden sollen drei Sonderfälle im Hinblick auf die Netzanschluss- und Netzzugangsproblematik behandelt werden, die sich nur schwer dem EnWG oder GWB zuordnen lassen. Behandelt werden soll im Einzelnen:
- Bahnstrom
- Ladesäulen – Elektromobilität
- Offshore-Windenergie

I. Bahnstrom

172 Der BGH entschied durch Beschluss im Jahr 2010, dass das Bahnstromnetz der Regulierung des EnWG unterliegt.[240] Obwohl das Eisenbahnrecht eigene Zugangs- und Entgeltregelungen enthalte, beschränkten sich diese aber auf die Nutzung von Schienenwegen und den Gebrauch der in § 2 Abs. 3 c AEG a.F. (§ 2 Abs. 9 AEG[241] n.F.) genannten Serviceeinrichtungen. Nach § 4 Abs. 3 AEG fänden die Vorschriften des AEG allerdings auf die Versorgung mit Fahrtstrom über sogenannte Fahrdrähte Anwendung. Sofern im Eisenbahnrecht nicht anders geregelt, sei bei der Versorgung von Eisenbahnen mit **leitungsgebundener Energie** unterschiedlich zu urteilen, wie sich aus **§ 3a EnWG** ergebe. Dem Eisenbahnrecht seien hinsichtlich des Bahnstromnetzes keine Zugangs- sowie Entgeltregelungen zu entnehmen, sodass die Regelungen der §§ 20 ff. EnWG einschlägig seien. Auch sei es nicht die Intention des § 14 Abs. 1 AEG, den Zugang zum Bahnstromnetz und das Entgelt für seine Nutzung zu regeln. Für ein solches Verständnis würden der Wortlaut der Norm, die Systematik des Gesetzes und der daraus hervorgehende Wille des Gesetzgebers sprechen.[242] Abschließend lässt sich damit festhalten, dass der Zugang zu den Bahnstromleitungen nach dem EnWG reguliert wird, solange das AEG keine spezielleren Regeln vorsieht. Infolgedessen findet das GWB keine Anwendung.

---

240 BGH, Beschl. v. 9.11.2010 – EnVR 1/10 – WuW/E DE-R 3157-3162 – Bahnstromfernleitungen.

241 Allgemeines Eisenbahngesetz (AEG) v. 27.12.1993 (BGBl. I S. 2378, 2396; 1994 I S. 2439), zuletzt geändert durch Gesetz v. 20.7.2017 (BGBl. I S. 2808).

242 Vgl. insofern auch Säcker/*Säcker/Boesche*, Energierecht, Bd. 1, § 20 Rn. 32; *Grün/Berschin*, N&R, Beilage 2011, Nr. 1, S. 1, 4.

II. Ladesäulen – Elektromobilität

Die Elektromobilität wächst und mit ihr die rechtlichen Probleme und Fragestellungen. Die Bundesregierung hat sich zum Ziel gesetzt, dass Deutschland „zum Leitmarkt und Leitanbieter bei der Elektromobilität“[243] wird. Bis zum Jahr 2020 sollen eine Million Elektroautos in Deutschland gemeldet sein. 173

Da die beste Förderung der Elektroautos verpuffen wird, wenn man sie bei Bedarf nicht laden kann, ist die Voraussetzung für das Erreichen solch ambitionierter Ziele der Ausbau einer funktionierenden Ladeinfrastruktur. Neben der kontinuierlichen Bereitstellung von Ladestationen im öffentlichen Straßenraum, muss aber auch der Energiepreis stimmen. Sollte der Preis an den Ladesäulen zu hoch sein oder den von herkömmlichem Benzin übersteigen, wird der Kauf eines Elektrofahrzeugs nicht attraktiv sein. 174

Das Problem der Errichtung eines flächendeckenden Netzes von Ladestationen wurde von der Bundesregierung erkannt. Im Mai 2016 stellte sie ihr neues Förderprogramm zum Aufbau der Ladestationen vor, das in den Jahren von 2017 bis 2020 mit einem Gesamtbetrag von insgesamt 300 Mio. Euro bedacht werden soll.[244] 175

Bereits zuvor, im März 2016, trat die Ladesäulenverordnung (LSV)[245] in Kraft, welche Regelungen zu den „technischen Mindestanforderungen an den sicheren und interoperablen Aufbau und Betrieb von öffentlich zugänglichen Ladepunkten für Elektromobilität“ statuiert.[246] 176

---

243 Vgl. Fakten zur Regierungspolitik, abrufbar unter: https://www.bundesregierung.de/Content/DE/Infodienst/2016/05/2016-05-18-elektromobilitaet1/2016-05-18-elektromobilitaet.html.

244 Vgl. hierzu Fakten zur Regierungspolitik, abrufbar unter: https://www.bundesregierung.de/Content/DE/Infodienst/2016/05/2016-05-18-elektromobilitaet1/2016-05-18-elektromobilitaet.html; Artikel in „Zeit Online“, abrufbar unter: http://www.zeit.de/thema/elektromobilitaet.

245 Ladesäulenverordnung (LSV) v. 9.3.2016 (BGBl. I S. 457), zuletzt geändert durch Verordnung v. 1.6.2017 (BGBl. I S. 1520).

246 BNetzA/BKartA, Monitoringbericht 2017 über die Entwicklungen auf den deutschen Elektrizitäts- und Gasmärkten, S. 429.

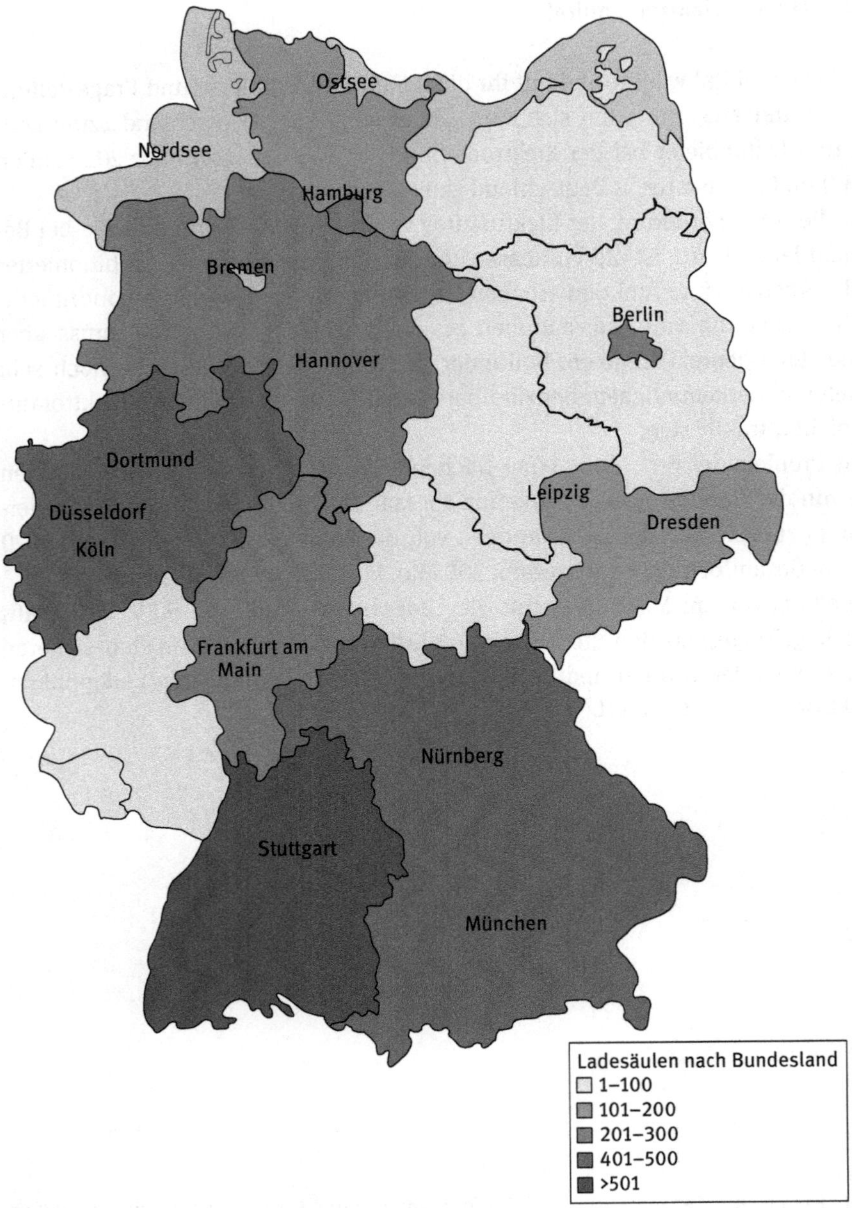

Abb. 8: Ladesäulenregister/Ladesäulenkarte der BNetzA (Stand: 18.9.2017)[247]

247 Herausgeber: Bundesnetzagentur, Verwaltungsgebiete: © GeoBasis-DE/BKG (2017); abrufbar unter: https://www.bundesnetzagentur.de/DE/Sachgebiete/ElektrizitaetundGas/Unternehmen_Institutionen/HandelundVertrieb/Ladesaeulenkarte/Karte/Ladesaeulenkarte-node.html.

Grundvoraussetzung ist in diesem Zusammenhang, dass Stromkunden bzw. Elektromobilisten und Stromlieferanten Zugang zu den Ladesäulen gewährt wird. 177

Die im Jahr 2014 von der Europäischen Union verabschiedete Richtlinie 2014/94/EU[248] regelt in Art. 2 Nr. 7, dass allen Nutzern aus der Union nichtdiskriminierend Zugang zu den öffentlich zugänglichen Ladepunkten oder öffentlich zugänglichen Tankstellen gewährt werden muss. Darüber hinaus soll die Möglichkeit eines **punktuellen Ladens** geschaffen werden, um einer dauerhaften Vertragsbeziehung mit dem jeweiligen Mobilitätsanbieter an der Ladesäule entgegenzuwirken.[249] Gleichzeitig stellt die Richtlinie jedoch klar, dass der nichtdiskriminierende Zugang verschiedene Arten der Authentifizierung, Nutzung und Bezahlung umfassen kann. Dem lässt sich die Forderung entnehmen, dass die Nutzung aller öffentlich zugänglichen Ladestationen durch den Fahrzeugnutzer gewährleistet sein muss. Hiermit geht allerdings noch nicht einher, dass der jeweilige Fahrzeugnutzer seinen eigenen Stromlieferanten zur Ladesäule mitbringen kann. Eine solche Möglichkeit würde darüber hinaus zum jetzigen Zeitpunkt eher kontraproduktiv wirken, da Anreize für Investitionen und damit der Ausbau der notwendigen Infrastruktur eingedämmt werden würden. Ferner ist eine solche Auswahl zwischen den Lieferanten im energiewirtschaftlichen Rahmen auch noch nicht möglich.[250] 178

Checkliste i

Punktuelles Laden (§ 2 Nr. 13 LSV):

Das Laden eines Elektromobils, welches nicht als Leistung im Rahmen eines Dauerschuldverhältnisses zwischen dem Nutzer und einem Elektrizitätsversorgungsunternehmen oder einem Betreiber eines Ladepunktes erbracht wird.

Wie dem auch sei, wichtig in diesem Zusammenhang ist darüber hinaus, dass nicht die Ladesäule als „Einheit“ für die rechtliche Einordnung anzusehen ist, sondern der Ladepunkt, vgl. insofern die Begriffsbestimmung in Art. 2 Nr. 3 RL 2014/94/EU. 179

Während der Netzanschluss von Ladepunkten für Elektromobile an das Energieversorgungsnetz in § 17 Abs. 1 EnWG explizit geregelt wird und damit dem Regulierungsrecht des EnWG unterfällt,[251] fehlt es an Regelungen zum „Zugang“ zu den Ladesäulen bzw. Ladepunkten selbst. Für die Ermittlung der einschlägigen Normen ist die Einstufung der jeweiligen Ladesäule von Bedeutung. 180

248 AFI-Richtlinie (RL 2014/94/EU) v. 22.10.2014 (ABl EU Nr. L 307 S. 1).

249 *Berger/Linnemann/Nagel/Höner/Kellermann*, et 2017, 67.

250 *Boesche*, RdE 2015, 453.

251 Infolgedessen ist auch § 20 EnWG bei Netzzugangsbegehren anwendbar.

i **Checkliste**

Hierbei kann zwischen den folgenden Konstellationen unterschieden werden:[252]
- **Private, nicht öffentlich zugängliche Ladesäule**, z.B. Wallbox in der Garage
- **Öffentlich zugängliche Ladesäule:**[253]
  - Ladesäule auf Privatgrundstücken, sofern der zum Ladepunkt gehörende Parkplatz von einem unbestimmten oder nur nach allgemeinen Merkmalen bestimmbaren Personenkreis tatsächlich befahren werden kann, z.B. Parkhäuser (halböffentliche Ladesäulen).
  - Ladesäule im öffentlichen Straßenraum, sofern der zum Ladepunkt gehörende Parkplatz von einem unbestimmten oder nur nach allgemeinen Merkmalen bestimmbaren Personenkreis tatsächlich befahren werden kann (öffentliche Ladesäulen).

181 Von Interesse sind insbesondere die öffentlich zugänglichen Ladesäulen, die im Folgenden eine besondere Betrachtung erfahren sollen. In der Vergangenheit ergaben sich hinsichtlich der öffentlich zugänglichen Ladesäulen Abgrenzungsschwierigkeiten. So stellte sich die Frage nach der rechtlichen Einordnung der Ladesäule. Man zog hierbei die Kategorisierung als **Kundenanlage, Direktleitung, Objektnetz, Bestandteil des Energieversorgungsnetzes** oder gar **Anlage *sui generis*** in Betracht.[254] Je nach Zuordnung wäre dann auch die Bestimmung des anzuwendenden Rechts erfolgt. Wie bereits an anderer Stelle erwähnt, findet auf Kundenanlagen das GWB, auf Bestandteile eines Energieversorgungsnetzes hingegen das EnWG Anwendung.[255] Neben den Regelungen des EnWG wäre allerdings weiterhin Art. 102 AEUV anwendbar gewesen. Nach heute herrschender Ansicht ist die Ladesäule als Letztverbraucher zu qualifizieren. Dieses lässt sich nun auch dem § 3 Nr. 25 EnWG entnehmen, der den Strombezug der Ladepunkte für Elektromobilität dem Letztverbrauch im Sinne des EnWG und den aufgrund des EnWG erlassenen Verordnungen gleichsetzt. Die Frage der Einstufung der Ladesäulen ist damit abschließend geklärt.[256] Infolgedessen greifen die Vorschriften des EnWG hinsichtlich Netzanschluss und Netzzugang nicht. Dieses wiederum hat unmittelbar die Anwendbarkeit des GWB zur Folge.

---

252 Vgl. *Feller/de Wyl/Missling*, ZNER 2010, 240.

253 Vgl. zur Definition der öffentlichen Zugänglichkeit § 2 Nr. 9 LSV.

254 *Feller/de Wyl/Missling*, ZNER 2010, 240, 241; *Adam*, ZNER 2016, 189, 190 ff.; vgl. auch ergänzend Säcker/*Boesche*, Energierecht, Bd. 1, § 3 Rn. 121 ff.

255 Vgl. auch Rodi/*de Wyl/Ringwald/Sinnig*, Die Eisenbahn im Zeitalter der Elektromobilität, S. 33, 35.

256 Vgl. insofern auch *Boesche*, RdE 2015, 449 ff.

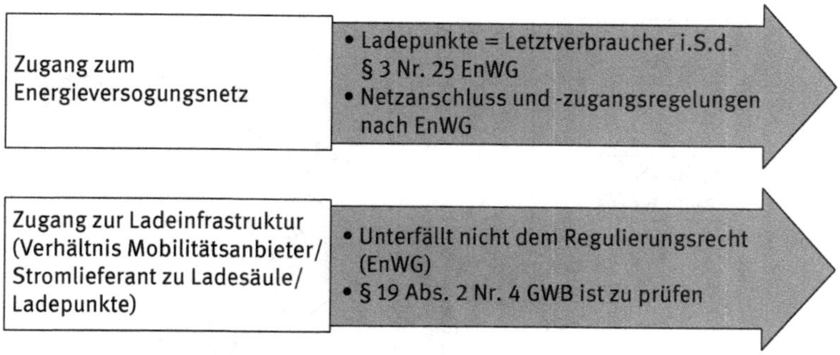

Abb. 9: Einschlägige gesetzliche Regelungen im Hinblick auf öffentlich zugängliche Ladesäulen[257]

Also muss auch hier nach § 19 Abs. 2 Nr. 4 GWB geprüft werden. Zuvor bedarf es **182**
aber der Klärung des Status Quo im Bereich der Elektromobilität.

Die Ladepunkte werden derzeitig größtenteils von Stromlieferanten bzw. ihren **183**
Tochtergesellschaften betrieben, die den Strom von ihren Muttergesellschaften beziehen. Zwischen den Elektromobilisten und den Betreibern zwischengeschaltet sind sogenannte Mobilitätsdienstleister, die allerdings nicht ausschließlich aus der Strombranche stammen. So können als Beispiel BMW und VW genannt werden. So ermöglicht BMW mit seiner ChargeNow-Karte von BMW i das Aufladen an Ladesäulen seiner assoziierten Partner (Roaming-Modell). Zu nennen ist auch das Beispiel ladenetz.de. Hierbei handelt es sich um einen Verbund von deutschlandweit 33 Stadtwerken, die das diskriminierungsfreie Laden der Elektromobile an den Ladesäulen der Partner-Stadtwerke und Kooperationspartner anderer Ladesäulen basierend auf einer gemeinsamen IT-Lösung ermöglichen (auch Roaming-Modell). Solche Roaming-Modelle erfreuen sich momentan besonderer Beliebtheit, allerdings auch nicht ganz grundlos. Zumeist wird als Gegenleistung für die Gewährung von staatlichen Fördermitteln der Zugang anderer Mobilitätsanbieter zu den Ladesäulen vereinbart. Mithin werden durch die staatlichen Förderbedingungen solche Roaming-Modelle derzeit, ob gewollt oder ungewollt, gefördert. Interessant und kritisch wird es allerdings dann, wenn die Förderbedingungen abgegolten sind oder durch einen stetigen Auf- und Ausbau der Ladeinfrastruktur (gesättigter Markt) zukünftig keine staatlichen Fördermittel mehr zur Verfügung gestellt werden. Erst dann wird sich zeigen, wie sich der Markt durch freien Wettbewerb entwickeln wird.

Zunächst soll verdeutlicht werden, an welchen Stellen dieses Ladekonstrukts **184**
Zugangsproblematiken entstehen könnten oder bestehen.

257 Quelle: Eigene Darstellung.

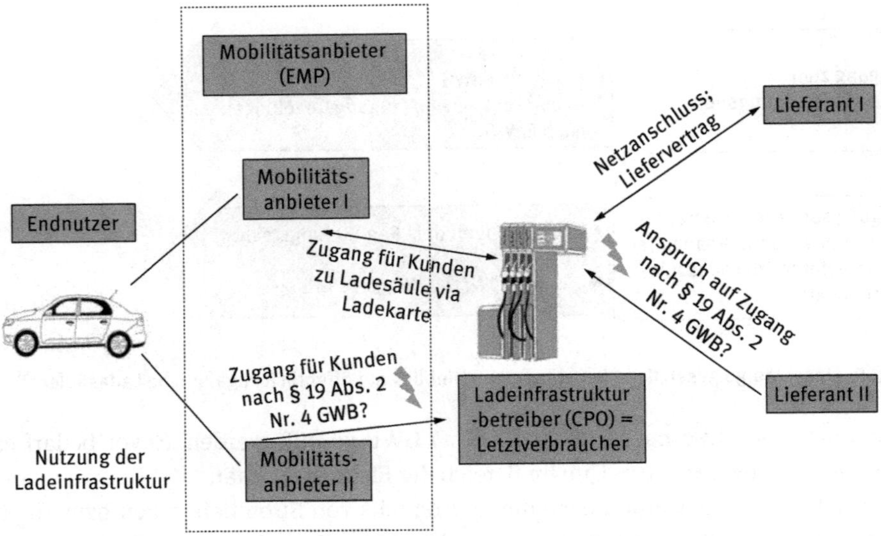

Abb. 10: Zugangsproblematik bei öffentlich zugänglichen Ladepunkten[258]

Beispiel

Konstellation I:

Zum einen könnte man daran denken, dass ein weiterer Stromlieferant (in Abbildung 10 Stromlieferant II) Zugang zu der einzelnen Ladesäule begehrt um seinen Kunden, den jeweiligen Elektroautomobilisten bzw. Mobilitätsanbieter, mit Strom beliefern zu können. Der Ladensäulenbetreiber verwehrt allerdings dem Stromlieferanten II den Zugang, weil Stromlieferant I exklusiver Stromlieferant[259] ist.

Angemerkt sei, dass die Belieferung mit Strom momentan durch einen weiteren Stromlieferanten aus energiewirtschaftlichen Gründen noch nicht möglich ist. Hierfür wäre eine Rechtsänderung notwendig.

Konstellation II:

Zum anderen sollte man in Betracht ziehen, dass ein weiterer Mobilitätsanbieter Zugang zu der Ladesäule begehrt bzw. Mitglied des Roaming-Modells werden will. Auch hier könnte § 19 Abs. 2 Nr. 4 GWB greifen.

---

185 Im Folgenden soll mit Blick auf die Zugangs- und Anschlussproblematik ein besonderes Augenmerk auf Konstellation II liegen. Die Ladesäule bzw. die Ladepunkte müssten zunächst eine **Infrastruktureinrichtung** im Sinne des GWB darstellen. Bei weiterem Ausbau der Ladeinfrastruktur könnte man zudem daran denken, dass das Ladesäuleninfrastrukturnetz selbst als Infrastruktureinrichtung bzw. Netz im Sinne des GWB zu qualifizieren ist. Teilweise wird die Kategorisierung als Infrastruktureinrichtung bei Ladepunkten jedoch bezweifelt. Da ihnen die Eigenschaft fehle, Märkte

258 Quelle: Eigene Darstellung.

259 Eine solche exklusive Liefervereinbarung kann bereits selbst einen Verstoß gegen das Kartellrecht darstellen und mittelbar zu einem Verstoß gegen § 19 Abs. 2 Nr. 4 GWB führen.

miteinander zu verbinden, würden die Ladepunkte eher eine Verkaufsstelle darstellen.[260]

Des Weiteren müsste eine marktbeherrschende Stellung der Ladesäulenbetreiber vorliegen, was unweigerlich zur **sachlichen Marktabgrenzung** führt. Die Marktabgrenzung hat auch hier nach dem Bedarfsmarktkonzept zu erfolgen. Allerdings besteht in diesem Zusammenhang noch Klärungsbedarf. So stellt sich zum einen die Frage, ob zwischen den Arten der jeweiligen Ladestationen zu unterscheiden ist, d.h. zwischen privaten, öffentlichen und halböffentlichen Ladesäulen. Zum anderen muss geklärt werden, ob der Vertrieb von Strom über die Ladesäulen vom Vertrieb von Strom im Generellen bei der Bestimmung des einschlägigen sachlichen Marktes abzugrenzen ist.[261] Darüber hinaus kann auch eine sachliche Marktabgrenzung zwischen Ladesäulen zum Schnellladen mit Gleichstrom und solchen mit Wechselstrom angedacht werden.[262] Den Markt für den Zugang zu Elektromobilisten über private Ladesäulen und über die öffentlichen und halböffentlichen Ladesäulen als einheitlichen Markt anzusehen ist nach der hiervertretenen Auffassung allerdings nicht zu folgen. So stehen die privaten Ladesäulen nicht im Austauschverhältnis zu öffentlichen oder halböffentlichen Ladesäulen – zumindest derzeit noch nicht. Momentan und wohl auch zukünftig ist man abhängig von den Lademöglichkeiten im öffentlichen Straßenraum und halb-öffentlichen Bereich, um größere Distanzen mit dem Elektromobil zurücklegen zu können. Zudem wird im städtischen Bereich der Auf- bzw. Ausbau privater Ladesäulen auch infrastrukturell nur begrenzt möglich sein. 186

Im Hinblick auf die **räumliche Marktabgrenzung** lässt sich auch am Kriterium der Austauschbarkeit anknüpfen. Abzustellen ist hierbei allerdings nicht auf die Sicht der einzelnen Elektromobilisten, sondern auf die der Mobilitätsanbieter.[263] Für diese ist primär entscheidend, dass sie ihren Endkunden eine auf deren Bedarfsverhalten konzipierte Versorgung anbieten können. Zu berücksichtigen sind dabei die auf den Bedarf ausgerichteten Vertriebskonzepte sowie die Reichweite der Ladebatterien. Infolgedessen kann derzeitig noch von regionalen Märkten in Gestalt von „Clusterregionen“ ausgegangen werden.[264] Mit dem rasant weitergehenden Ausbau und Zusammenwachsen des Ladesäulennetzes sowie dem technischen Fortschritt ist aber mit einer Ausweitung des räumlichen Marktes auf einen bundesweiten Markt zu rechnen.[265] 187

---

260 Boesche/Franz/Fest/Gaul/*Haas*, Berliner Handbuch zur Elektromobilität, S. 221f.
261 Boesche/Franz/Fest/Gaul/*Haas*, Berliner Handbuch zur Elektromobilität, S. 224.
262 *Adam*, ZNER 2016, 189, 195.
263 Boesche/Franz/Fest/Gaul/*Haas*, Berliner Handbuch zur Elektromobilität, S. 225.
264 Boesche/Franz/Fest/Gaul/*Haas*, Berliner Handbuch zur Elektromobilität, S. 225.
265 Boesche/Franz/Fest/Gaul/*Haas*, Berliner Handbuch zur Elektromobilität, S.225; vgl. insgesamt zur Marktabgrenzung *Kühling/Sackmann*, IR 2017, 172, 175ff.; vgl. auch *Adam*, ZNER 2016, 189, 195, dieser geht bereits von einem bundesweiten räumlichen Markt aus Elektromobilistensicht aus.

188 Schließlich muss auf dem jeweils einschlägigen Markt eine **marktbeherrschende Stellung des Infrastrukturinhabers** bestehen. An dieser Stelle hat eine einzelfallabhängige Prüfung anhand von Marktstatistiken zu erfolgen.

189 Ferner muss der Zugang auch notwendig sein, um auf dem vor- oder nachgelagerten Markt tätig zu werden, d.h. der Zugang zu den Ladesäulen darf nicht substituierbar und duplizierbar sein.

190 Im Hinblick auf die **Substituierbarkeit** der öffentlich und halböffentlich zugänglichen Ladeinfrastruktur lässt sich mit Blick auf die Ausführungen zur sachlichen Marktabgrenzung sagen, dass diese derzeit nicht ersetzbar sind, zumindest nicht durch private Ladesäulen. Es wäre momentan widersinnig, etwas anderes anzunehmen, da zurzeit der Aus- und Aufbau der Ladeinfrastruktur stattfindet. Eine andere Ansicht wäre damit zum jetzigen Zeitpunkt zumindest nicht ganz nachvollziehbar.[266] Im Hinblick auf eine mögliche **Duplizierbarkeit** der Ladeinfrastruktureinrichtung hat eine einzelfallabhängige Prüfung zu erfolgen, „ob an einer anderen Stelle weitere Ladesäulen unter tatsächlichen und wirtschaftlichen Gesichtspunkten errichtet werden können und diese mit der vorhandenen Ladeinfrastruktur langfristig konkurrieren können."[267] Hierbei ist insbesondere auch die Notwendigkeit einer **öffentlich-rechtlichen Sondernutzungserlaubnis** zu beachten.[268] Weitaus relevanter und umstrittener in diesem Zusammenhang ist, ob die Errichtung alternativer Ladesäulen der Fallgruppe der **wirtschaftlichen Unmöglichkeit** zuzuordnen ist.[269] Wie bereits zuvor ausgeführt, gilt es hier zu prüfen, ob die Errichtung eigener Infrastruktureinrichtungen für den Zugangspetenten oder einen Dritten unter Zugrundelegung kaufmännischer Vernunft nicht sinnvoll erscheint. Das ist insbesondere dann der Fall, wenn mit der Amortisation der Investitionskosten in naher Zukunft nicht zu rechnen ist.[270]

191 Obgleich der Auf- und Ausbau der Ladeinfrastruktur sehr kostspielig und derzeit auch noch nicht amortisierbar ist, kann man vorliegend noch keine wirtschaft. liche Unmöglichkeit annehmen. Da man sich momentan in einer Aufbauphase befindet, wäre eine wirtschaftliche Unmöglichkeit für jedes Unternehmen vorliegen würde. Die Annahme einer wirtschaftlichen Unmöglichkeit würde dieser Entwicklung entgegenwirken. Gegen eine Duplizierbarkeit der Ladesäulen spricht derzeit auch der faktische und empirisch nachweisbare kontinuierliche Ausbau der Lade-

---

266 Vgl. auch Boesche/Franz/Fest/Gaul/*Haas*, Berliner Handbuch zur Elektromobilität, S. 226; *Adam*, ZNER 2016, 189, 197 ff.

267 Boesche/Franz/Fest/Gaul/*Haas*, Berliner Handbuch zur Elektromobilität, S. 226.

268 Boesche/Franz/Fest/Gaul/*Haas*, Berliner Handbuch zur Elektromobilität, S. 226.

269 Die wirtschaftliche Unmöglichkeit bejahend *Adam*, ZNER 2016, 189, 198.

270 *Bechtold/Bosch*, GWB, § 19 Rn. 73; Loewenheim/Meessen/Riesenkampff/Kersting/Meyer-Lindemann/*Loewenheim*, § 19 GWB Rn. 89 ff.; vgl. auch weiterführend Langen/Bunte/*Nothdurft*, Kartellrecht, § 19 Rn. 350 ff.

säuleninfrastruktur.[271] Sollte sich diese Beurteilung zukünftig ändern, gilt es zu prüfen, ob der Zugangspetent auf dem vor- bzw. nachgelagerten Markt tätig ist und ob zum Betreiber der Ladeinfrastruktur zumindest ein potentielles Wettbewerbsverhältnis besteht. An dieser Stelle kann auf die zwei oben beschriebenen Konstellationen verwiesen werden.[272] Während in Konstellation I der Stromlieferant auf dem vorgelagerten Markt tätig ist, sind in Konstellation II die Mobilitätsanbieter auf dem nachgelagerten Markt tätig.

Vor diesem Hintergrund wird die zukünftige technische und rechtliche Entwicklung zu beobachten sein. 192 Aufgrund der begrenzten räumlichen Kapazitäten im öffentlichen Raum besteht allerdings die Gefahr einer Monopolbildung im Ladesäulenbetrieb, welcher durch Zugangsansprüche zumindest entgegengewirkt werden kann. Im Hinblick auf Konstellation I unter Berücksichtigung der fortschreitenden technischen Entwicklung kann an dieser Stelle der Anspruch formuliert werden, dass es den Stromanbietern zukünftig diskriminierungsfrei möglich sein sollte, ihre Kunden zu dem zwischen den Vertragsparteien festgesetzten Strompreis an jeder öffentlich zugänglichen Ladesäule zu beliefern.

III. „Offshore"-Windenergie

Bei Offshore-Windenergie handelt es sich um einen weiteren Sonderfall, der an dieser Stelle kurz skizziert werden soll. 193 Wie der Name schon verrät, handelt es sich bei **Offshore-Windanlagen** um Windanlagen, die **vor der Küste** zur Energiegewinnung errichtet worden sind. Die Windenergie insgesamt trägt einen beträchtlichen, nicht zu vernachlässigenden Teil, zur nationalen Stromversorgung bei, wie der nachstehenden Abbildung zu entnehmen ist.

---

271 Vgl. u.a. Statistik von Statista (Stand: Anfang 2016), abrufbar unter: https://de.statista.com/infografik/8572/ladestationen-fuer-elektrofahrzeuge/.

272 Vgl. Rn. 185.

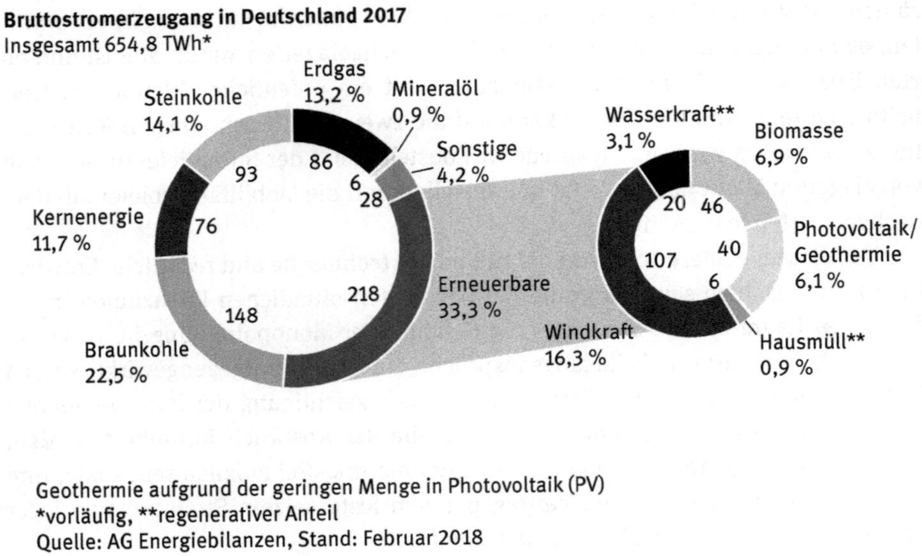

Abb. 11: Bruttostromerzeugung in Deutschland im Jahr 2017[273]

194 Die Gewinnung von Energie durch Windkraft ist in der Gruppe der erneuerbaren Energien der Spitzenreiter bei der Bruttostromerzeugung. Attraktiv sind Offshore-Windenergieanlagen durch ihr hohes Energiegewinnungspotential, bedingt durch den stark und stetig wehenden Wind auf See. Aufgrund der Vollaststunden ist die Energiegewinnung von Offshore-Windenergieanlagen doppelt so hoch wie die von vergleichbaren Onshore-Windenergieanlagen.[274] Messungen durch die Messstation FINO 1 in der Nordsee haben ergeben, dass die durchschnittliche Windgeschwindigkeit um 10 Meter pro Sekunde liegt und damit deutlich höher ist als die an Land gemessene.[275] Aber auch hier gilt, ohne die richtigen Infrastruktureinrichtungen bzw. Netze geht gar nichts. Der erzeugte Strom muss in die Netze eingespeist werden können. Mit anderen Worten, der Ausbau der Netze bedingt den Umstieg auf erneuerbare Energien und damit auch der Offshore-Anlagen. Bislang hapert es aber an zur Verfügung stehenden Netzen, was auch der Gesetzgeber erkannte und entsprechend reagierte.[276]

---

273 Quelle: Bundesministerium für Wirtschaft und Energie mit Verweis auf AG Energiebilanzen, abrufbar unter: https://www.bmwi.de/Redaktion/DE/Downloads/l/Infografiken/bruttostromerzeugung-in-deutschland.pdf?_blob=publicationFile&v=19.

274 Bundesverband WindEnergie (BWE), abrufbar unter: https://www.wind-energie.de/themen/offshore.

275 Bundesministerium für Wirtschaft und Energie (BMWi), Broschüre „Die Energiewende – ein gutes Stück Arbeit – Offshore-Windenergie – Ein Überblick über die Aktivitäten in Deutschland", Februar 2015, S. 5.

276 Vgl. Säcker/*von Daniels*/*Uibeleisen*, Bd. 1, Vorbemerkungen zu §§ 17l–17j EnWG.

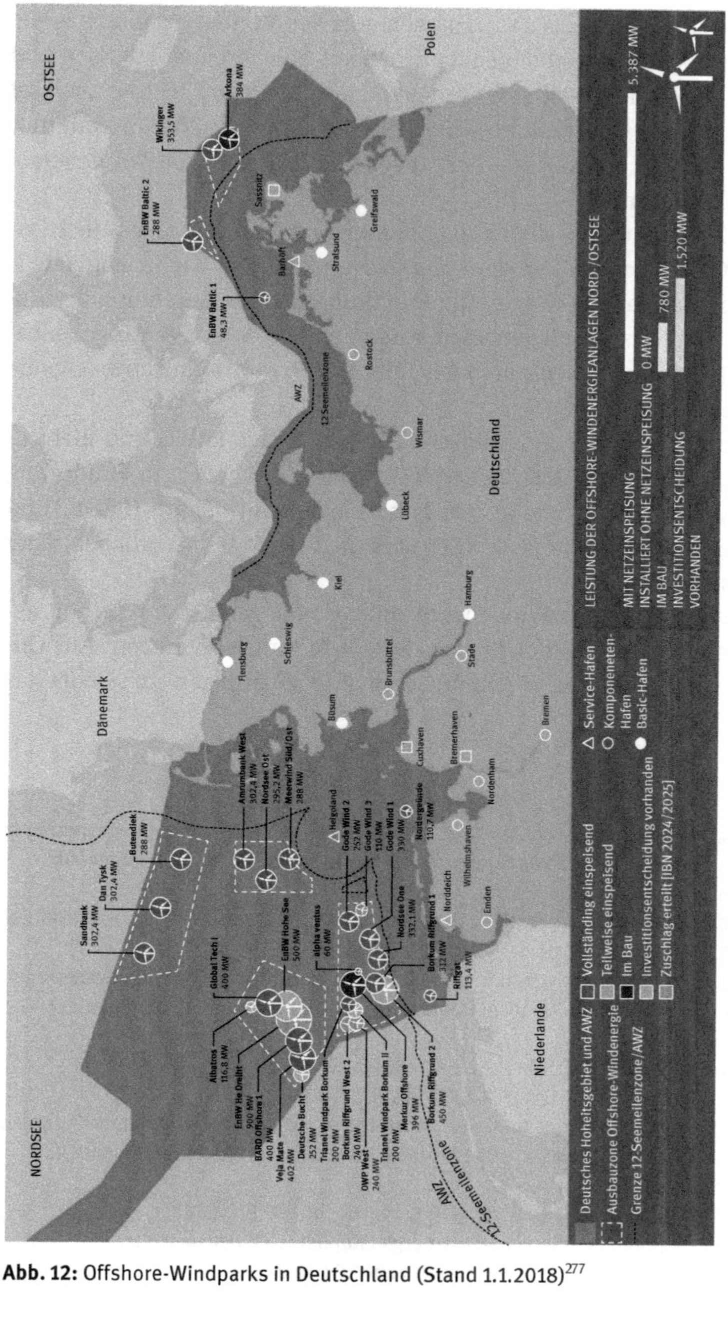

Abb. 12: Offshore-Windparks in Deutschland (Stand 1.1.2018)[277]

277 Quelle: Stiftung OFFSHORE-WINDENERGIE, abrufbar unter: https://www.offshore-stiftung.de/sites/offshorelink.de/files/mediaimages/Grafik%20%CE%9Cbersicht%20%Offshore%20Wind parks_2018.jpg.

195 Im Juli 2016 kam es zum Abschluss des parlamentarischen Verfahrens über das Gesetz zur Einführung von Ausschreibungen für Strom aus erneuerbaren Energien und zu weiteren Änderungen des Rechts der erneuerbaren Energien.[278] Dieses umfasst das **Windenergie-auf-See-Gesetz**, kurz WindSeeG[279], das zum **1.1.2017** in Kraft trat, welches – wie der Name schon verrät – den Ausbau der Nutzung von Windenergie auf See zum Gegenstand hat.[280]

196 Vor dem Jahr 2000 galt, dass die Netzanbindung von den Anlagebetreibern zu organisieren war. Geregelt war allein die Abnahmeverpflichtung nach dem damaligen StromEsG,[281] auf das das EEG folgte. Die Errichtung und die Bezahlung der Anschlussleitung bis zum Netz der allgemeinen Versorgung fielen in den Aufgabenbereich des Kraftwerksbetreibers. Erst durch das EEG 2000[282] wurde eine abweichende Sonderregelung getroffen.[283]

197 Schließlich wurden spezielle Anschlussregelungen in das EnWG und nicht in das EEG aufgenommen, vgl. **§ 17 Abs. 2a EnWG.**[284] Ende 2012 kam es zur Einführung der **§§ 17a–17j EnWG.**[285] Entsprechend des Bundesfachplan-Offshore (BFO)[286] und des Offshore-Netzentwicklungsplans (O-NEP) wies die BNetzA dem Vorhabenträger Anschlusskapazitäten zu.[287]

198 Die Errichtung von Offshore-Windenergieanlagen, die ab 2021 in Betrieb genommen werden sollen, wird nunmehr von der BNetzA ausgeschrieben. Auf Offshore-Windenergieanlagen, deren Inbetriebnahme **ab 2026** erfolgen soll, findet das **„zentrale Modell“** Anwendung.[288]

---

278 Vgl. BNetzA zu „Windenergieanlagen auf See“, abrufbar unter: https://www.bundesnetzagentur.de/DE/Sachgebiete/ElektrizitaetundGas/Unternehmen_Institutionen/Ausschreibungen/Offshore/offshore-node.html.

279 Windenergie-auf-See-Gesetz (WindSeeG) v. 13.10.2016 (BGBl. I S. 2258, 2310), zuletzt geändert durch Gesetz v. 20.7.2017 (BGBl. I S. 2808).

280 Vgl. BNetzA zu „Windenergieanlagen auf See“, abrufbar unter: https://www.bundesnetzagentur.de/DE/Sachgebiete/ElektrizitaetundGas/Unternehmen_Institutionen/Ausschreibungen/Offshore/offshore-node.html.

281 Stromeinspeisungsgesetz (StromEsG) v. 7.12.1990 (BGBl. I S. 2633).

282 Erneuerbare-Energien-Gesetz (EEG) v. 29.3.2000 (BGBl. I S. 305).

283 Vgl. BNetzA zu „Windenergieanlagen auf See“, abrufbar unter: https://www.bundesnetzagentur.de/DE/Sachgebiete/ElektrizitaetundGas/Unternehmen_Institutionen/Ausschreibungen/Offshore/offshore-node.html.

284 Vgl. ausführlicher Danner/Theobald/*Hartmann*, Energierecht, § 17 Rn. 157 ff.

285 Vgl. hier auch Schulz/*Schulz*, Handbuch Windenergie, Kapitel 1, VI. Netzanschluss, Rn. 343 ff.

286 Abrufbar unter: http://www.bsh.de/de/Meeresnutzung/BFO/index.jsp.

287 Vgl. BNetzA zu „Windenergieanlagen auf See“, abrufbar unter: https://www.bundesnetzagentur.de/DE/Sachgebiete/ElektrizitaetundGas/Unternehmen_Institutionen/Ausschreibungen/Offshore/offshore-node.html.

288 Vgl. ausführlicher: BNetzA zu „Windenergieanlagen auf See“, abrufbar unter: https://www.bundesnetzagentur.de/DE/Sachgebiete/ElektrizitaetundGas/Unternehmen_Institutionen/Ausschreibungen/Offshore/offshore-node.html.

Im Hinblick auf den Netzanschluss ist entscheidend, dass mit Erteilung des Zuschlags ein Anspruch auf Netzanschluss einhergeht, vgl. **§ 24 Abs. 1 Nr. 3 a) WindSeeG i.V.m. § 17 d Abs. 2 S. 9 EnWG.** Dieser Anspruch ist allerdings durch die im Ausschreibungsverfahren bezuschlagte Gebotsmenge eingegrenzt. Die Einführung dieses Ausschreibungssystems soll die Übertragungsnetzbetreiber in die Lage versetzen, sich auf die jeweilige Gebotsmenge einzustellen und den Ausbau der Netze entsprechend voranzutreiben.[289] Es lässt sich somit festhalten, dass das deutsche Kartellrecht aufgrund der abschließenden Regelungen im EnWG insoweit nicht einschlägig sein dürfte. 199

D. Messwesen und „smart metering"

Das Messwesen stand in jüngster Zeit in zunehmenden Maße im Fokus. Grund hierfür war nicht zuletzt die vom Bundeskartellamt veröffentlichte **Sektoruntersuchung zum Submetering,**[290] in der es die Wettbewerbsverhältnisse bei den Ablesediensten für Heiz- und Wasserkosten darstellt und analysiert. Auch der Wandel in der Technologie führt zu einer Umstellung im Messwesen und hat Eingang im **Messstellenbetriebsgesetz (MsbG)** gefunden. Das sog. Smart Meter soll die herkömmliche Messweise revolutionieren. Ein Markt, dessen Entwicklung – das kann man vorwegnehmen – in Zukunft zu beobachten sein wird. 200

I. Submetering

Im Mai 2017 veröffentlichte das Bundeskartellamt seine Sektoruntersuchung zum Submetering, die bereits am 1.7.2015 aufgrund von Hinweisen möglicher kartellrechtlicher Fragen in diesem Bereich eingeleitet wurde.[291] 201

---

289 Vgl. BNetzA zu „Windenergieanlagen auf See", abrufbar unter: https://www.bundesnetzagentur.de/DE/Sachgebiete/ElektrizitaetundGas/Unternehmen_Institutionen/Ausschreibungen/Offshore/offshore-node.html.

290 BKartA, „Sektoruntersuchung Submetering – Darstellung und Analyse der Wettbewerbsverhältnisse bei Ablesediensten für Heiz- und Wasserkosten", Mai 2017, abrufbar unter: https://www.bundeskartellamt.de/SharedDocs/Publikation/DE/Sektoruntersuchungen/Sektoruntersuchung%20Submetering.pdf?__blob=publicationFile&v=3.

291 BKartA, „Sektoruntersuchung Submetering – Darstellung und Analyse der Wettbewerbsverhältnisse bei Ablesediensten für Heiz- und Wasserkosten", Mai 2017, abrufbar unter: https://www.bundeskartellamt.de/SharedDocs/Publikation/DE/Sektoruntersuchungen/Sektoruntersuchung%20Submetering.pdf?__blob=publicationFile&v=3.

202 Doch was ist überhaupt unter dem eingedeutschten Fachterminus „Submetering“ zu verstehen? Das Bundeskartellamt beantwortet diese Frage bereits in seiner Einleitung zur Sektoruntersuchung.

---

i **Checkliste**
Submetering:
Umfasst werden „die verbrauchsabhängige Messung und Abrechnung von Heiz-, Warmwasser- und Kaltwasserkosten in Gebäudeeinheiten zur privaten oder gewerblichen Nutzung (Wohngebäude, Bürogebäude etc.) sowie die Überlassung der dafür benötigten messtechnischen Ausstattung, namentlich Heizkostenverteiler, Wärmezähler, Warmwasserzähler und Kaltwasserzähler.“[292]

---

203 Das Submetering stellt eine Untergruppe des Meterings dar, welches Dienstleistungen im Hinblick auf die Erfassung und Abrechnung von Wasser- und Energiekosten am Hausanschluss umfasst.[293]

204 In seiner Sektoruntersuchung stellte das Bundeskartellamt fest, dass die Anbieterseite hoch konzentriert ist. Allein im Jahr 2014 machten die Marktführer *Techem* und *ista* gemeinsam einen Marktanteil von über 50% aus. Das Bundeskartellamt kam zum Ergebnis, dass im streitgegenständlichen Markt ein **wettbewerbsloses Oligopol** vorliegt, welches wenigstens aus den beiden Marktführern, wenn nicht aus weiteren der fünf größten Anbieter besteht. Zwischen den Marktführern bestehe zudem kein ausreichender Binnen- und Außenwettbewerb. Stillschweigende Koordinierungen würden aufgrund des hohen Konzentrationsgrades, der hohen Nachfragestabilität und dem im Markt bestehenden Dreiecksverhältnis (Submetering-Unternehmen, seinem Vertragspartner und dem Nutzer) auf fruchtbaren Boden im Wirtschaftszweig Submetering fallen. Darüber hinaus wurden hinsichtlich der regelmäßigen Preiserhöhungen eine weitreichende Transparenz und zahlreiche Marktzutrittsschranken festgestellt, die einen potentiellen Wettbewerbsdruck durch weitere (neue) Wettbewerber erschwerten. Bedenklich seien insbesondere auch die langen Vertragslaufzeiten, die den Kunden an einem rascheren Anbieterwechsel hinderten. Interessanterweise schloss das Bundeskartellamt nicht aus, weitere marktabschottende Verhaltensweisen der Submetering-Unternehmen eingehender zu prüfen. Nicht auszuschließen sind insoweit Missbrauchsverfahren, aber auch solche Verfahren, die das Kartellverbot

---

292 BKartA, „Sektoruntersuchung Submetering – Darstellung und Analyse der Wettbewerbsverhältnisse bei Ablesediensten für Heiz- und Wasserkosten“, Mai 2017, S. 3, abrufbar unter: https://www.bundeskartellamt.de/SharedDocs/Publikation/DE/Sektoruntersuchungen/Sektoruntersuchung%20Submetering.pdf?__blob=publicationFile&v=3.

293 BKartA, „Sektoruntersuchung Submetering – Darstellung und Analyse der Wettbewerbsverhältnisse bei Ablesediensten für Heiz- und Wasserkosten“, Mai 2017, S. 3, abrufbar unter: https://www.bundeskartellamt.de/SharedDocs/Publikation/DE/Sektoruntersuchungen/Sektoruntersuchung%20Submetering.pdf?__blob=publicationFile&v=3.

nach § 1 GWB tangieren könnten. Folglich wird dieser Wirtschaftsbereich in den kommenden Jahren in kartellrechtlicher Hinsicht genauer zu beobachten sein.[294]

II. Smart metering

Das smart metering ist momentan in aller Munde und stellt die Praxis vor neue Herausforderungen, insbesondere im Hinblick auf die Umsetzung der neuen Vorgaben des Messstellenbetriebsgesetzes. Doch zunächst stellt sich auch hier die Frage, was überhaupt unter einen Smart Meter zu verstehen ist. 205

Checkliste
Smart Meter:
Hierunter fällt „eine über ein Smart-Meter-Gateway in ein Kommunikationsnetz eingebundene moderne Messeinrichtung zur Erfassung elektrischer Energie, das den tatsächlichen Energieverbrauch und die tatsächliche Nutzungszeit widerspiegelt und den besonderen Anforderungen nach den §§ 21 und 22 genügt, die zur Gewährleistung des Datenschutzes, der Datensicherheit und Interoperabilität in Schutzprofilen und Technischen Richtlinien festgelegt werden können[.]“[295]

Zu beachten ist, dass das MsbG nur im Hinblick auf leitungsgebundene Energieversorgung anwendbar ist. 206

1. Grundlagenwissen zum MsbG

Nach § 3 Abs. 1 i.V.m. § 2 Nr. 1 MsbG wird der Messstellenbetrieb grundsätzlich durch den jeweiligen Netzbetreiber geregelt. Abweichend hiervon kann auf Verlangen des jeweiligen Anschlussnutzers über § 5 MsbG jedoch auch ein Dritter den Messstellenbetrieb übernehmen. Den Umfang des Messstellenbetriebes bestimmt § 3 Abs. 2 MsbG. Die Mindestanforderungen an einen „Smart Meter“ lassen sich § 21 MsbG entnehmen. Die jederzeitige Abrufbarkeit von Informationen im Hinblick auf den tatsächlichen Energieverbrauch und der Nutzungszeit wird durch die Einbindung in das **Smart-Meter-Gateway** gewährleistet, welches den sicherheitstechnischen Anforderungen des § 22 MsbG unterliegt und zertifiziert werden muss. Die **Pflicht der Messstellenbetreiber zur Umstellung auf „Smart Meter“** wird in den §§ 29 ff. MsbG geregelt. Sie ist abhängig vom Jahresstromverbrauch an den jeweiligen Anschlusspunkten zeitlich gestaffelt. Voraussetzung ist jedoch stets die techni- 207

294 Vgl. hier auch *Jacobshagen/Jung/Hoch/Lesinska*, Bundeskartellamt sieht Wettbewerbsprobleme im Submetering-Markt, abrufbar unter: http://www.derenergieblog.de/alle-themen/wettbewerbs-und-kartellrecht/bundeskartellamt-sieht-wettbewerbsprobleme-im-submetering-markt/.
295 § 2 Nr. 7 MsbG.

sche Möglichkeit und wirtschaftliche Vertretbarkeit der Ausstattung eines Anschlusses mit einem „Smart Meter". Diese Voraussetzungen werden in den §§ 30–32 MsbG näher ausgestaltet. Die **technische Möglichkeit** liegt nach **§ 30 MsbG** dann vor, wenn am Markt drei voneinander unabhängige Unternehmen die intelligenten Messsysteme anbieten. Etwas verklausuliert, aber dennoch niedergeschrieben, findet hier das Wettbewerbsrecht und mithin auch das Kartellrecht im MsbG Berücksichtigung. Hierzu mehr im späteren Abschnitt.[296] Die wirtschaftliche Vertretbarkeit ist nach § 31 MsbG in Abhängigkeit vom Jahresverbrauch oder der Leistung der angeschlossenen Anlagen zeitlich gestaffelt. Nach § 32 MsbG darf der „Smart-Meter"-Einsatz pro Jahr und je Zählpunkt nicht mit mehr als 20 Euro brutto abgerechnet werden.

2. § 30 MsbG und das Ziel der Etablierung einer wettbewerblichen Marktstruktur

208 Mit der Einführung des § 30 MsbG und des Begriffs „technische Verfügbarkeit" verfolgt der Gesetzgeber neben Zielen aus dem Bereich des Datenschutzes und der Datensicherheit vor allem auch solche aus dem wettbewerblichen Bereich.

209 Bis auf die sich in § 30 MsbG befindliche Definition der technischen Möglichkeit, befindet sich keine weitergehende Konkretisierung dieses Begriffs im Gesetz.[297] Eine Einbaupflicht der intelligenten Messgeräte besteht aber nur dann, wenn am Markt die Verfügbarkeit geeigneter Einbindungslösungen in IT-Infrastrukturen gewährleistet ist.[298] Indem § 30 MsbG die technische Möglichkeit erst dann für gegeben ansieht, wenn **drei voneinander unabhängige Anbieter** intelligenter Messsysteme auf dem Markt existieren, werden Mindestanforderungen an den Wettbewerb gesetzt.[299] Die intelligenten Messsysteme der Anbieter müssen in einem **wirtschaftlichen Konkurrenzverhältnis** zueinander stehen.

210 Nicht nur mit § 30 MsbG, sondern auch mit § 31 MsbG, der eine feste Preisobergrenze statuiert, wirkt der Gesetzgeber einem Szenario entgegen, in welchem die Verwender von intelligenten Messsystemen einem **Monopol oder Duopol** von Anbietern gegenüberstehen.[300]

211 Ob die gesetzlich festgeschriebenen Voraussetzungen im MsbG dem Missbrauch marktbeherrschender Unternehmen genügend entgegenwirken, kann stark bezweifelt werden und wird sich erst in Zukunft zeigen. Insofern bleibt die tatsächliche Einführung der intelligenten Messsysteme bei Vorliegen der Voraussetzungen der

---

296 Vgl. Rn. 209 ff.
297 Säcker/*Schmidt*, Energierecht, Bd. 4, § 30 Rn. 2.
298 Säcker/*Schmidt*, Energierecht, Bd. 4, § 30 Rn. 2.
299 Zur Bestimmung der Unabhängigkeit, vgl. eingehender Säcker/*Schmidt*, Energierecht, Bd. 4, § 30 Rn. 5 ff.
300 Säcker/*Schmidt*, Energierecht, Bd. 4, § 30 Rn. 3.

§§ 29, 30 ff. MsbG abzuwarten. So äußert *Schmidt* nachvollziehbare Zweifel daran, dass die Festsetzung auf lediglich (mindestens) drei Anbieter (bzw. Wettbewerber) auf dem Markt nicht zwangsläufig eine „gesunde Marktstruktur" gewährleistet.[301] Das sei auch vor dem Hintergrund bedenklich, dass der Gesetzgeber selbst mit § 19 GWB eine andere Ansicht vertrete. Nach der in § 18 Abs. 6 GWB niedergelegten **Oligopolvermutung** ist nämlich die Gesamtheit von Unternehmen bereits dann als marktbeherrschend anzusehen, wenn drei oder weniger Unternehmen einen gemeinsamen Marktanteil von 50% innehalten, bzw. 5 oder weniger Unternehmen vorhanden sind, die gemeinsam einen Marktanteil von 2/3 ausmachen.[302] Daher wird zukünftig für Unternehmen die Vereinbarkeit ihres Handelns mit §§ 19, 20 GWB auf dem Prüfstand stehen.

Zusammenfassend lässt sich sagen, dass die Entwicklung in diesem neu entste- 212
henden Markt unter Beobachtung stehen wird. Dieses gilt allein schon im Hinblick auf die genaue Marktabgrenzung.[303] Ob die vom Gesetzgeber angestrebte Wettbewerbssituation allerdings durch die in § 30 MsbG aufgenommene Klausel zur Entstehung bzw. Verbesserung des Wettbewerbs auf diesem Markt führen wird, kann allerdings – wie oben bereits dargestellt[304] – bezweifelt werden. Interessant dürfte in diesem Zusammenhang sein, ob sich ein **vor- bzw. nachgelagerter Markt für die Strom- und Gasmarktdaten** bilden wird und wie dieser wiederum zu umgrenzen ist. Die Zukunft wird zeigen, wie die gesetzlichen Vorgaben letztlich umgesetzt werden.

---

301 Säcker/*Schmidt*, Energierecht, Bd. 4, § 30 Rn. 4.

302 Säcker/*Schmidt*, Energierecht, Bd. 4, § 30 Rn. 4.

303 Der räumliche Markt ist allerdings als deutschlandweit zu verstehen (vgl. hierzu auch Handelsblatt, „Smart Meter verändern Marktstruktur – Umfrage zum neuen, wettbewerblichen Messstellenbetrieb", abrufbar unter: http://veranstaltungen.handelsblatt.com/energie/smart-meter-veraendern-marktstruktur-umfrage-messstellenbetrieb/.

304 Vgl. Rn. 208.

Kapitel 5
Kooperationen in der Energiewirtschaft

A. Grundlagen und Einführung

1 Positive Effekte von Kooperationen können sich auf andere Unternehmen am Markt auch negativ auswirken. Aus kartellrechtlicher Sicht stellt sich deshalb die Frage, inwieweit bestimmte Kooperationsformen den Wettbewerb unzulässig beschränken. Dem möchte ich in diesem Kapitel nachgehen. Hierzu werde ich nach der Darstellung der Grundlagen und der Einführung in das Thema Kooperationen im Energiesektor,[1] allgemein die Maßstäbe des Kartellverbots, seiner Ausnahmen und das Verhältnis zur Fusionskontrolle im Zusammenhang mit Kooperationen darstellen.[2] Sodann erfolgen eine kartellrechtliche Einordnung verschiedener Kooperationsformen sowie der Schwerpunkt des Kapitels mit einer Beurteilung einzelner, typisch energiewirtschaftlicher Kooperationstypen.[3] Nach einer Andeutung möglicher Sanktionen eines Kartellrechtsverstoßes[4] wird im abschließenden Teil ein Fazit gezogen und ein kurzer Ausblick gewährt.[5]

I. Einführung und Begriff der Kooperation

2 Bereits in der Vergangenheit wurden Kooperationen in der Energiewirtschaft auf allen Wertschöpfungsstufen gebildet und auch gegenwärtig werden immer wieder verschiedenste Arten von Kooperationen umgesetzt.

3 Für die kartellrechtliche Beurteilung der Kooperationen ist es maßgeblich, welcher Zweck mit der Kooperation verfolgt wird. Für die energiewirtschaftliche Kooperation kann es daher darauf ankommen, auf welcher Wertschöpfungsstufe kooperiert wird. Die rein kartellrechtliche Betrachtung reicht jedoch nicht aus. Es bedarf eines Verständnisses der Energiewirtschaft und des Verhältnisses von Kartellrecht und Energiewirtschaftsrecht.

4 Die **Energiewirtschaft und ihre Entwicklung sind von einigen Besonderheiten** geprägt, die sie von anderen Wirtschaftszweigen stark unterscheidet. Diese Besonderheiten sollte man sich noch einmal vergegenwärtigen, wenn man energie-

1 Vgl. Rn. 2ff.
2 Vgl. Rn. 28ff.
3 Vgl. Rn. 63ff.
4 Vgl. Rn. 129ff.
5 Vgl. Rn. 132ff.

Doms
https://doi.org/10.1515/9783110286847-005

wirtschaftliche Kooperationen untersucht. So ist die Sicherstellung der Energieversorgung als Aufgabe der Daseinsvorsorge zu qualifizieren,[6] unabhängig davon, ob sie privatwirtschaftlich organisiert ist. In der Energiewirtschaft ist somit der Konflikt zwischen Liberalisierung und staatlichem Zugriff besonders ausgeprägt.[7] Auch dürfte die Entwicklung vom reinen Monopolbereich über die Liberalisierung bis hin zu den heutigen Herausforderungen der Energiewende mit dem Ausstieg aus der Kernenergie (zumindest in Deutschland) und der Dekarbonisierung der Energieversorgung beispiellos sein.

Beim **Verhältnis von Kartellrecht und Energiewirtschaftsrecht** ist zu beachten, dass zahlreiche spezialgesetzliche Vorschriften – auch wenn sie kartellrechtlichen Überlegungen und Grundsätzen entstammen – vorrangig anzuwenden sind. Die mit der Liberalisierung einhergehende Regulierung der Netzinfrastrukturen (z.B. diskriminierungsfreier Netzbetrieb, Netzzugang für Dritte zu gleichen Bedingungen, „Unbundling“) ermöglicht überhaupt erst Wettbewerb in den sogenannten Wettbewerbsbereichen der Energieversorgung. Damit wird auch deutlich, dass das (allgemeine) Kartellrecht in der Energiewirtschaft grundsätzlich zunächst nur auf die Bereiche Anwendung findet, die tatsächlich im Wettbewerb miteinander stehen (Erzeugung, Handel und Vertrieb) und nicht der Regulierung unterliegen.[8] Im Netzbereich findet das Kartellrecht in der Regel nur dann Anwendung, wenn im Rahmen von Konzessionsverfahren der Wettbewerb um das Netz (regelmäßig spätestens alle 20 Jahre) eröffnet ist.[9] Im Übrigen hat die Regulierung der Netze gem. §§ 30 ff. EnWG[10] bei missbräuchlichem Verhalten von Netzbetreibern Vorrang vor dem allgemeinen Kartellrecht. 5

Kooperationen in der Energiewirtschaft wurden kartellrechtlich bisher nur selten detailliert untersucht. Es gibt wenige Anhaltspunkte in der Rechtsprechung, in behördlichen Verfahren oder sonstige Äußerungen und Leitfäden der Kartellbehörden, dass in der Vergangenheit eine intensive kartellrechtliche Auseinandersetzung mit Kooperationen in der Energiewirtschaft stattgefunden hätte. Auch die Literatur zu diesem Thema ist überschaubar. Daher muss in diesem Kapitel mitunter auf kartellrechtliche Sachverhalte im Zusammenhang mit Kooperationen zurückgegriffen werden, die außerhalb der Energiewirtschaft zu verorten sind. Es wird sodann versucht, Ableitungen für Kooperationen in der Energiewirtschaft aus allgemeinen Grundsätzen und gegebenenfalls branchenfremden Untersuchungen zu treffen. Über die Gründe, weshalb sich energiewirtschaftliche Kooperationen jenseits der Fusionskontrolle einer kartellrechtlichen Betrachtung bisher weitestge- 6

6 Vgl. *Held/Wiesner*, Energierecht und Energiewirklichkeit, S. 60.
7 Vgl. *Held/Wiesner*, Energierecht und Energiewirklichkeit, S. 88.
8 Vgl. Kap. 2 Rn. 10, 89 ff.
9 Vgl. Kap. 7 Rn. 4, 16, 59 ff.
10 Vgl. Kap. 2 Rn. 10, 89 ff.

hend entzogen haben, kann nur spekuliert werden. Gründe könnten die konsequente Durchsetzung der Regulierung in den Monopolbereichen der Energiewirtschaft sein, die zumindest dort gesonderte kartellrechtliche Untersuchungen entbehrlich machten. Denkbar sind auch die historisch gewachsenen, zahlreichen Beteiligungen der Energieversorgungsunternehmen untereinander, die im Rahmen des Transformationsprozesses des ehemaligen Monopolbereiches entstanden sind und daher als in der Energiewirtschaft selbstverständlich wahrgenommen werden. Viele dieser Beteiligungen dürften zudem schon vor der Erweiterung des Zusammenschlussbegriffs auf den wettbewerblich erheblichen Einfluss im Jahr 1990[11] bestanden haben.

7 Unabhängig von den Besonderheiten der Energiewirtschaft ist aber zu klären, was unter dem **Begriff der Kooperation** verstanden wird. Eine Kooperation ist jede auf freiwilliger Basis beruhende, vertraglich geregelte Zusammenarbeit rechtlich und wirtschaftlich selbstständiger Unternehmen zum Zwecke der Verbesserung ihrer Leistungsfähigkeit. Kooperationen können horizontal oder vertikal ausgestaltet sein, abhängig davon, ob die Kooperationspartner auf vor- bzw. nachgelagerten Wirtschaftsstufen oder auf derselben Stufe angesiedelt sind.[12] Als kooperationsfähiges „Unternehmen" können grundsätzlich auch Kommunen auftreten, sodass in diesem Kapitel auch die Zusammenarbeit zwischen einem Unternehmen und einer Kommune als Kooperation zu verstehen ist, sofern sich die Kommune wirtschaftlich betätigt. Gerade in der Energiewirtschaft kommt es durchaus zu Kooperationen zwischen Kommunen und Energieversorgungsunternehmen (meistens im Zusammenhang mit der (Re-)Kommunalisierung). Der Begriff der Kooperation ist sehr weit gefasst. Unter den Begriff der Kooperation als Oberbegriff lassen sich daher auch andere Formen der Zusammenarbeit, wie z.B. strategische Allianzen fassen.[13] Die eher akademische Frage, ob Arbeits- und Bietergemeinschaften ebenfalls eine Form der Kooperation darstellen oder ob sie einer separaten Einordnung bedürfen, wird nicht aufgelöst. Vielmehr werden in diesem Kapitel auch Arbeits- und Bietergemeinschaften unter dem Begriff der Kooperation abgehandelt, da es immerhin in allen Fällen um die Zusammenarbeit von Unternehmen geht.[14]

---

11 § 37 Abs. 1 Nr. 1 Nr. 4 GWB in der Fassung der 6. GWB Novelle, BGBl. I 1998, 2521, zuvor § 23 Abs. 2 Nr. 6 GWB in der Fassung der 5. GWB Novelle, BGBl. 1 1989, 2486, sowie Sektorenuntersuchung Walzasphalt, S. 57.

12 Vgl. Langen/Bunte/*Krauß*, Kartellrecht, Bd. 1, 13. Aufl. 2018, § 1 GWB, Rn. 223.

13 Vgl. dazu Langen/Bunte/*Krauß*, Kartellrecht, Bd. 1, 13. Aufl. 2018, § 1 GWB, Rn. 224.

14 Die nähere kartellrechtliche Einordnung des Kooperationsbegriffs wird unten Rn. 63ff. vorgenommen.

II. Entstehung von Kooperationen im Energiesektor

Jahrzehnte lang war der Energiesektor von natürlichen Monopolen einzelner Unternehmen geprägt, die mittels ihrer Marktmacht Preise und Lieferkonditionen nahezu beliebig bestimmen konnten.[15] Meist deckte ein Unternehmen die ganze Wertschöpfungskette ab und vertrieb die selbst erzeugte Energie über das eigene Netz an den Endverbraucher. 8

Seit Beginn der Liberalisierung des Energiesektors im Jahr 1998 steht der Netzzugang jedem Unternehmen offen. Vor allem für kleine Unternehmen ist ein Einstieg als Netzbetreiber attraktiv, da über das natürliche Monopol „Netz" nur alle 20 Jahre Wettbewerb herrscht und somit eine gewisse wirtschaftliche Planbarkeit gegeben ist. Kooperationen können es diesen Unternehmen erleichtern, entsprechende Konzessionen für sich zu gewinnen. Mittlerweile sind etwa zwei Drittel der im Energiesektor tätigen Kommunalunternehmen Teil einer Kooperation (Abbildung 1), wobei etwa die Hälfte dieser Kooperationen zu 100% im Eigentum der Kommune steht, während an der anderen Hälfte auch andere Unternehmen beteiligt sind (Abbildung 2). 9

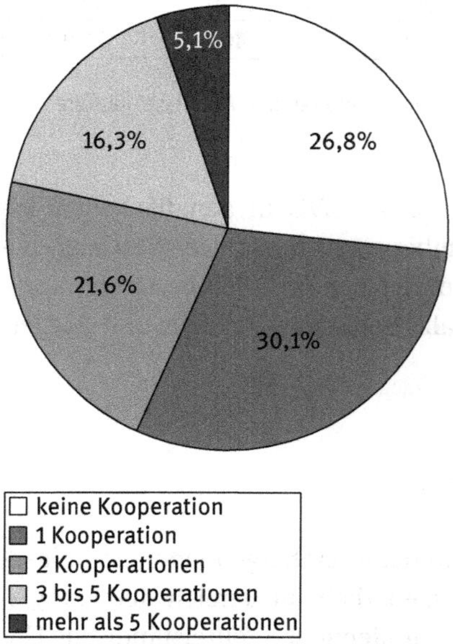

Abb. 1: Anzahl der Unternehmenskooperationen im Energiesektor je EVU[16]

---

15 Vgl. *Templin*, Recht der Konzessionsverträge, 2009, S. 114 f.

16 Die Abbildung ist der Studie von *Sander*, Kooperationen kommunaler Energieversorger, 2009, S. 12 entnommen, der einen Datensatz von 820 kommunalen Energieversorgern ausgewertet hat. Es handelt sich dabei um Unternehmen, die im Bereich Strom und/oder Gas tätig sind (S. 9).

Bundesland	Anzahl EVU gesamt	... davon zu 100% im Besitz der Kommune	... davon haben Anteile verkauft	
			Häufigkeit	Anteil
Baden-Württemberg	127	75	52	40,9%
Bayern	181	120	61	33,7%
Brandenburg	26	8	18	69,0%
Hessen	51	28	23	45,1%
Mecklenburg-Vorpommern	24	10	14	58,3%
Niedersachsen	67	43	24	35,8%
Nordrhein- Westfalen	131	58	73	54,2%
Rheinland-pfalz	55	37	18	32,7%
Saarland	26	2	24	92,3%
Sachsen	34	12	22	64,7%
Sachen-Anhalt	24	7	17	70,8%
Schleswig-Holstein	43	28	15	34,9%
Thüringen	31	2	29	93,5%
Summe insgesamt	**820**	**430**	**390**	**47,6%**
Summe alte Bundesländer	681	391	290	42,6%
Summe neue Bundesländer	139	39	100	71,9%

Abb. 2: Von der Studie von Sander erfasste Unternehmen nach Regionen und Anteilsverkäufen[17]

10 Die Abbildung 2 zeigt, dass sich über die Hälfte der EVU in den flächenstärksten Bundesländern wie Bayern, Baden-Württemberg und Nordrhein-Westfalen befinden. Die meisten kommunalen Unternehmen, die sich im Alleinbesitz der Kommune befinden, sind in Bayern, Rheinland-Pfalz, Schleswig-Holstein und Niedersachsen zu finden.[18]

III. Gründe für die Entstehung von Kooperationen

11 Mit wachsenden rechtlichen Anforderungen und damit einhergehenden komplexeren Erfüllungsverantwortungen hat die Zusammenarbeit im Bereich der Energiewirtschaft in den letzten Jahren daher vor allem für kleine und mittelständische Unternehmen an Bedeutung gewonnen. Aktuelle Herausforderungen wie die Bewältigung der Energiewende, die Dezentralisierung und (Re-)Kommunalisierung der

17 *Sander*, Kooperationen kommunaler Energieversorger, 2009, S. 10, wobei Stadtstaaten fehlen in dieser Tabelle, da es dort keine mehrheitlich kommunalen EVU gibt (vgl. *Sander*, Kooperationen kommunaler Energieversorger, 2009, Fn. 32).

18 Auch so bewertet *Sander*, Kooperationen kommunaler Energieversorger, 2009, S. 11.

Energieversorgung sowie neue technische und wirtschaftliche Rahmenbedingungen, Richtlinien und Gesetze fordern umfassende Kompetenzerweiterungen der Energieversorger, denen kleinere Unternehmen oft nur durch Zusammenarbeit mit anderen Unternehmen nachkommen können. Dieses Umfeld hat für viele Unternehmen die Möglichkeit der Kooperation attraktiv werden lassen. Das gilt insbesondere auch für Stadtwerke, bei denen eine Neustrukturierung zu beobachten ist und bei denen sich Kooperationen als wichtige Strategie gegenüber Stand-alone-Lösungen etabliert haben. In kooperativen Strukturen kann vielfach die gewünschte Eigenständigkeit und Wahrnehmbarkeit der kommunalen Unternehmen gewahrt bleiben, während gleichzeitig Größen- und Know-How-Vorteile zur Stärkung der Wettbewerbsfähigkeit genutzt werden können.[19]

Für die Bildung von Kooperationen spielt eine maßgebliche Rolle, dass Ge- 12
meinden zunehmend selbst die Erfüllungsverantwortung der Energieversorgung übernehmen möchten, nachdem sie zuvor die Aufgaben der Daseinsversorgung weitgehend an private Unternehmen übertragen haben. Damit hängt die Entstehung von Kooperationen in der Energiewirtschaft auch mit den Bestrebungen der (Re-)Kommunalisierung zusammen.[20] Allerdings können die Kommunen den Netzbetrieb nicht ohne weiteres wieder an sich ziehen, sondern sind gem. § 46 EnWG verpflichtet, den am besten geeigneten Bewerber einem transparenten und diskriminierungsfreien auszuwählen. Um im Konzessionswettbewerb eine günstigere Ausgangsposition zu erlangen, gründen die Gemeinden daher kommunale Unternehmen, die sie vollständig oder mehrheitlich beherrschen.[21]

Darüber hinaus liegen der Bildung von Kooperationen verschiedene Motive zu- 13
grunde. In einer empirischen Untersuchung von *Theurl/Sander*[22] gaben alle 122 befragten Unternehmen an, dass für sie die Erzielung von Kostenvorteilen durch die Zusammenarbeit mit anderen Unternehmen eine extrem hohe Bedeutung habe. So können etwa günstigere Konditionen durch das gemeinsame größere Kaufvolumen von Strom oder Gas verhandelt werden[23] oder es können durch die Zusammenlegung von einzelnen Bereichen z.B. von Marketing- und Personalabteilung von vornherein weniger Kosten anfallen.

---

19 Vgl. *Sander*, Aktuelle Herausforderungen kommunaler Energieversorgungsunternehmen Kooperationen kommunaler Energieversorger – eine empirische Bestandsaufnahme, 2009, S. 10; *Theurl/Sander*, Erfolgsfaktor für Stadtwerke-Kooperationen, 2011, S. 1.

20 *Schulz/Tischer*, GewArch 2014, 1.

21 Vgl. *Tugendreich*, ZfBR 2014, 547, 548.

22 Vgl. *Theurl/Sander*, Erfolgsfaktor für Stadtwerke-Kooperationen 2011, S. 14.

23 *ewi Energy Research & Scenarios gGmbH*, Die Energiewirtschaft im Wandel, 2015, S. 8.

Kooperationzziele der Energieversorger	Bedeutung der Ziele (Mittelwerte)	Std. abw
Erzielung von Kostenvorteilen	5,28	0,884
Aufbau/Zugang zu Technologie u. Know-how	4,69	1,213
Stärkung der Unabhängigkeit	4,67	1,399
Konzentration auf Kernkompetenz	3,95	1,366
Zeitersparnisse	3,72	1,658
Wachstum in bestehenden Bereichen	3,71	1,613
Senkung des Investitionsrisikos	3,67	1,540
Außenwirkung (Öffentlichkeit, Kommune, andere EVU)	3,41	1,675
Erschließung neuer Geschäftsfelder	3,34	1,902
bessere Auslastung Personalkapazitäten	3,32	1,833
Erfüllen von Regulierungsvorgaben (z.B. Unbundling)	3,20	2,212
	0 (gar keine Bedeutung) – 3,0 – 4,0 – 5,0 – 6,0 (extrem hohe Bedeutung)	

Abb. 3: Kooperationsziele[24]

14 Seit der Klimawandel in der jüngeren Vergangenheit das Bedürfnis nach einer umweltverträglichen und nachhaltigen Energieversorgung hervorgerufen hat,[25] hat auch der Aufbau und Zugang zu neuen Technologien für Unternehmen an Bedeutung gewonnen. Im Rahmen von Wissenstransfer profitiert ein Kooperationspartner vom Fachwissen des anderen, was auch die Erschließung neuer Märkte erleichtert. Die Möglichkeit der Konzentration auf Kernkompetenzen, Zeitersparnisse, Wachstum in bestehenden Bereichen und Senkung des Investitionsrisikos wurden von den befragten Unternehmen jeweils mit hohem bis mittlerem Wichtigkeitsgrad bewertet.

15 Insbesondere für kleine Unternehmen bieten sich Zusammenschlüsse mit größeren Unternehmen an, um aus deren Erfahrungsschatz zu schöpfen oder um ein wirtschaftlich attraktiveres Angebot erarbeiten zu können. Auch bereichsübergreifende Kooperationen, z.B. zwischen Verteilernetzbetreiber, Energielieferant, Energiezwischenhändler, Übertragungsnetzbetreiber und Energieproduzent können für kleinere Unternehmen von Vorteil sein, um gegenüber großen Unternehmen eine bessere Verhandlungsposition einnehmen zu können.

---

24 *Theurl/Sander*, Erfolgsfaktoren für Stadtwerke-Kooperationen, 2011, S. 14.

25 *ewi Energy Research & Scenarios gGmbH*, Die Energiewirtschaft im Wandel, 2015, S. 11 f.

IV. Typische Kooperationsformen

Der Gesetzgeber sieht eine Vielzahl unterschiedlicher Tätigkeiten für Energieversorgungsunternehmen vor. Nach § 3 Nr. 18 EnWG sind Energieversorgungsunternehmen natürliche oder juristische Personen, die Energie an andere liefern, ein Energieversorgungsnetz betreiben oder an einem Energieversorgungsnetz als Eigentümer Verfügungsbefugnis besitzen. Damit kommen auch Kooperationen von Energieversorgungsunternehmen auf allen Wertschöpfungsstufen in Betracht (Abbildung 4). 16

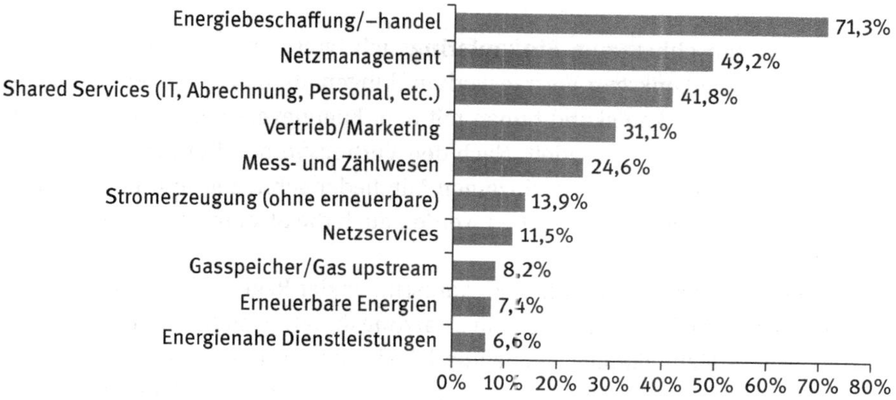

Abb. 4: Kooperationsfelder[26]

Abbildung 4 zeigt, dass im Bereich Energiebeschaffung und -handel mit 71,3% die meisten Kooperationen tätig sind. Die konkrete Ausgestaltung einer Kooperation unterliegt grundsätzlich der freien Vertragsgestaltung der Parteien, sodass sich abhängig von den Umständen des Einzelfalls unterschiedliche rechtliche Strukturen hierfür anbieten können. Im Energiesektor sind eine Vielzahl von Kooperationsformen denkbar: 17

Einkaufskooperationen können eine bessere Marktposition dadurch erlangen, dass sie durch eine gebündelte und damit höhere Nachfragemenge (von Strom oder Gas) in der Lage sind, einen geringeren Einkaufspreis auszuhandeln.[27] Innerhalb der Einkaufskooperationen wird zwischen Bündelkunden und Einkaufsgemeinschaften unterschieden. 18

Bündelkunden bestehen aus Unternehmen, die – anders als die Mitglieder von Einkaufsgemeinschaften – gesellschaftsrechtlich bereits miteinander verbunden 19

26 *Theurl/Sander*, Erfolgsfaktoren für Stadtwerke-Kooperationen, 2011, S. 3.
27 Immenga/Mestmäcker/*Fuchs*, Bd. 2 Teil 1, § 2 GWB Rn. 164 f.

sind,[28] ihren Strom jedoch von verschiedenen Energieversorgungsunternehmen beziehen. Durch Bündelung der Nachfrage kann der Strom auch in dieser Kooperationsform zu günstigeren Konditionen eingekauft werden. Vorteilhaft gegenüber der Einkaufsgemeinschaft ist, dass die Unternehmen aufgrund der von vornherein bestehenden gesellschaftsrechtlichen Verbindung eine einheitliche Unternehmensführung haben, wodurch eine bessere Abstimmung der Unternehmen untereinander gewährleistet ist.

20 Die **Einkaufsgemeinschaft** kann wiederum entweder als Einkaufsring auf eine nur kurzfristige oder als Einkaufsgesellschaft auf eine langfristige Zusammenarbeit ausgerichtet sein.

21 Der Zusammenschluss zum **Einkaufsring** zielt typischerweise auf die gemeinsame Durchführung konkreter Vertragsverhandlungen ab. Dabei fungiert er als eine Art Makler, der die Einkaufskonditionen mit dem Energieversorgungsunternehmen für alle seine Mitglieder aushandelt. Nach den Vertragsverhandlungen löst sich der Einkaufsring regelmäßig auf, die einzelnen Mitglieder schließen ihre Belieferungsverträge einzeln ab und jedem Mitglied werden auch die Stromkosten individuell in Rechnung gestellt.[29]

22 Als Rechtsform wird sich für den Einkaufsring in der Regel die GbR anbieten, da hier keine hohen Anforderungen an den Satzungsinhalt gestellt werden[30] und zudem kein Mindeststammkapitel notwendig ist, sie somit schnell und kostengünstig gegründet werden kann. Je nach konkreter Ausgestaltung des Einkaufsrings, Häufigkeit von Gesellschafterwechseln und Dauer der Kooperation kann jedoch auch die Gründung einer Kapitalgesellschaft, z.B. einer GmbH, vorzuziehen sein, um Haftungsrisiken effektiver abzusichern.[31]

23 Als Gegenstück zum Einkaufsring ist die **Einkaufsgesellschaft** auf den langfristigen gemeinsamen Bezug von Strom oder Gas gerichtet. Die Einkaufsgesellschaft schließt den Stromlieferungsvertrag selbst ab. Da die Einkaufsgesellschaft aufgrund der höheren Nachfragemenge günstigere Konditionen erhält, können ihre Mitglieder ihr den Strom günstiger abkaufen als wenn sie die Verträge mit dem Stromlieferanten einzeln abgeschlossen hätten. Nachteilig im Verhältnis zum Einkaufsring ist, dass die Mitglieder zur Abnahme des von der Gesellschaft gekauften Stroms verpflichtet sind und somit einerseits das Risiko tragen, zu viel gekaufte Energie zu niedrigeren Preisen anbieten oder zu wenig gekaufte Energie nachträglich zu höheren Preisen beibringen zu müssen.[32]

---

28 Schneider/Theobald/*Jung*/*Theobald*, Recht der Energiewirtschaft, § 6, Rn. 314.
29 Schneider/Theobald/*Jung*/*Theobald*, Recht der Energiewirtschaft, § 6, Rn. 312.
30 Ausführlich zur GbR in MüKoBGB/*Kohler*, 7. Aufl. 2017, § 873 Rn. 23 ff.
31 *Theobald*/*Theobald*, Grundzüge des Energiewirtschaftsrechts, 2. Aufl. 2008, S. 189.
32 Schneider/Theobald/*Jung*/*Theobald*, Recht der Energiewirtschaft, § 6, Rn. 313.

Liefergemeinschaften sind darauf ausgerichtet, dass sich zwei oder mehrere Unternehmen vertraglich zusammenschließen, um gemeinsam einen Kunden mit Strom oder Gas zu beliefern.[33] 24

Darüber hinaus schließen sich Unternehmen zu **Handelskooperationen** und **Vertriebspartnerschaften** zusammen, um über gemeinsame Handelsplattformen Verlustgefahren zu minimieren[34] und darüber hinaus auch Vertriebsdienstleistungen miteinander zu gestalten. 25

Im **Netzbereich** findet sich eine Vielzahl unterschiedlicher Kooperationsmodelle, z.B. das Netzpachtmodell ohne gemeinsame Gesellschaft sowie gemeinsame Netzgesellschaften, die ihrerseits unterschiedlich bewirtschaftet werden können (ebenfalls Netzpachtmodell, Betriebsführungsmodell, Dienstleistungsmodell). 26

Auch eine Zusammenarbeit in Form eines **kooperativen Gemeinschaftsunternehmens** kommt im Energiesektor in Betracht. Diese zeichnen sich dadurch aus, dass sie von zwei oder mehreren anderen Unternehmen gemeinsam beherrscht werden.[35] Dabei geht es gerade um gesellschaftsrechtliche Kooperationen. Rein (zivil-)vertragliche Kooperationsformen sind begrifflich nicht erfasst.[36] Die gemeinsame Beherrschung eines Gemeinschaftsunternehmens liegt vor, wenn mindestens zwei Gesellschafter das Verhalten des Unternehmens am Markt eigenständig beeinflussen können. Dies kann etwa dadurch entstehen, dass Stimmrechte nur gemeinsam ausgeübt oder aufgrund von Vetorechten Entscheidungen in wichtigen Bereichen blockiert werden können.[37] 27

B. Maßstäbe für die kartellrechtliche Bewertung von Kooperationen

Neben den positiven Implikationen von Kooperationen für die Wettbewerbsfähigkeit von Unternehmen, sind auch negative Auswirkungen auf den Wettbewerb denkbar. Im Folgenden möchte ich daher zunächst einen Überblick über die Voraussetzungen des Kartellverbots des Art. 101 Abs. 1 AEUV bzw. § 1 GWB und die einschlägigen Freistellungsmöglichkeiten geben, bevor ich in einem zweiten Schritt einzelne Kooperationsformen nach ihrer kartellrechtlichen Relevanz beurteilen werde. 28

---

33 *Böwing/Rosin*, ET 2000, 74, 78.

34 *Theobald/Theobald*, Grundzüge des Energiewirtschaftsrechts, 2. Aufl. 2008, S. 192.

35 Grabitz/Hilf/Nettesheim/*Schröder*, Das Recht der Europäischen Union, 61. EL April 2017, Art. 101 AEUV, Rn. 468; Sektorenuntersuchung Zement und Transportbeton, Rn. 490.

36 Sektorenuntersuchung Zement und Transportbeton, Rn. 490.

37 Grabitz/Hilf/Nettesheim/*Schröder*, Das Recht der Europäischen Union, 61. EL April 2017, Art. 101 AEUV Rn. 474.

I. Das Kartellverbot, Art. 101 Abs. 1 AEUV

1. Vorrang des Unionsrechts

29 Obwohl europäisches und nationales Wettbewerbsrecht weitgehend parallel laufen (Art. 101 Abs. 1 AEUV und § 1 GWB), muss vor der wettbewerblichen Überprüfung von Kooperationen zunächst die Frage nach dem anwendbaren Recht geklärt werden. In Deutschland erfolgt die Abgrenzung von nationalem und europäischem Recht nach dem Auswirkungsprinzip (§ 185 Abs. 2 GWB), auf Ebene der europäischen Union aus der Rechtsprechung des EuGH.[38] Da auf den meisten Produktionsstufen des deutschen Energiemarkts zumindest potentieller Wettbewerb mit grenzüberschreitenden Auswirkungen stattfindet, wird es in der Regel vorrangig auf die europarechtliche Vorschrift des Art. 101 Abs. 1 AEUV ankommen, der das Kartellverbot und die Ausnahmen dazu normiert. Da die Voraussetzungen dieser Vorschrift weitestgehend denen des § 1 GWB entsprechen, werden wir uns im Folgenden auf die Darstellung des Art. 101 Abs. 1 AEUV konzentrieren.[39]

2. Die einzelnen Voraussetzungen des Art. 101 Abs. 1 AEUV

30 Als Vorfrage einer jeden kartellrechtlichen Prüfung nach Art. 101 AEUV ist zu klären, ob die beteiligten Gesellschafter aktuell oder zumindest potentiell in einem Wettbewerbsverhältnis stehen. Nur dann kommen Wettbewerbsbeschränkungen überhaupt in Betracht. Nach Art. 101 AEUV sind verboten

- „alle Vereinbarungen zwischen Unternehmen, Beschlüsse von Unternehmensvereinigungen und aufeinander abgestimmte Verhaltensweisen,[40]
- welche den Handel zwischen Mitgliedstaaten zu beeinträchtigen geeignet sind[41] und
- eine Verhinderung, Einschränkung oder Verfälschung des Wettbewerbs innerhalb des Binnenmarkts bezwecken oder bewirken“.[42]

31 Liegt eine der drei Voraussetzungen nicht vor, ist eine Kooperation kartellrechtlich zulässig.

38 EuGH, Urt. v. 27.9.1988 – 89/85 – NJW 1988, 3086 ff. – Zellstoff.
39 Kap. 2 Rn. 20 ff.
40 Vgl. Rn. 32 ff.
41 Vgl. Rn. 37 ff.
42 Vgl. Rn. 40.

a) Vereinbarung, Beschluss, abgestimmte Verhaltensweise

Der Begriff der **Vereinbarung** ist nach gemeinschaftsrechtlicher Definition weit zu verstehen und umfasst auch sog. Gentlemen's Agreements und unverbindliche Absprachen und geht somit über eine zivilrechtliche Vereinbarung hinaus.[43] Kartellrechtlich relevant ist die Vereinbarung, wenn sie ein abgestimmtes Verhalten bezogen auf den Markt enthält. 32

„**Beschluss**" meint die Bildung eines Gesamtwillens aufgrund autonomer Verfahrensregelungen, z.B. einer Satzung, die Wettbewerbsbezug hat.[44] 33

Wo die Grenzen zwischen unternehmenspolitisch zulässigem und unzulässigem **abgestimmten Verhalten** verlaufen, ist nicht pauschal darstellbar. Der EuGH definiert den Begriff als 34

> „Form der Koordinierung zwischen Unternehmen [...] die zwar noch nicht bis zum Abschluss eines Vertrages im eigentlichen Sinne gediehen ist, jedoch bewusst eine praktische Zusammenarbeit an die Stelle des mit Risiken verbundenen Wettbewerbs treten lässt".[45]

Eine rein faktische Zusammenarbeit genügt danach. Es muss aber jedenfalls ein marktbezogenes Verhalten vorliegen.[46] 35

Nebenabreden sind dann zulässig, wenn sie mit einer nicht den Wettbewerb beschränkenden Hauptleistung unmittelbar verbunden und für die Umsetzung der Hauptleistung erforderlich sind.[47] 36

b) Wettbewerbsbeschränkung

Ausgehend vom Selbständigkeitspostulat, das von Unternehmen fordert, im Wettbewerb autonom und nicht in Zusammenarbeit mit anderen Unternehmen zu agieren, definiert der EuGH den Begriff der Wettbewerbsbeschränkung i.S.d. Art. 101 Abs. 1 AEUV als die Entstehung von Wettbewerbsbedingungen, 37

> „die im Hinblick auf die Art der Waren oder erbrachten Dienstleistungen, die Bedeutung und Zahl der beteiligten Unternehmen sowie den Umfang des in Betracht kommenden Marktes nicht den normalen Bedingungen dieses Marktes entsprechen."[48]

---

43 Ffk-KartellR/*Roth*/*Ackermann*, 88. Lieferung 4.2017, Grundfragen des Art. 81 Abs. 1 EG, Rn. 150.
44 Ffk-KartellR/*Roth*/*Ackermann*, 88. Lieferung 4.2017, Grundfragen des Art. 81 Abs. 1 EG, Rn. 141.
45 EuGH, Urt. v. 14.7.1972 – 48/69 – Slg. 1972, 619 Rn. 54 – ICI („ICI – Teerfarbenkartell").
46 Ffk-KartellR/*Roth*/*Ackermann*, 88. Lieferung 4.2017, Grundfragen des Art. 81 Abs. 1 EG, Rn. 198.
47 Leitlinien zur Anwendung von Art. 81 Abs. 3 EG-Vertrag, Bekanntmachung der Kommission (2004/C 101/08), Rn. 29. (Vertiefend Kap. 2 Rn. 26 ff.).
48 EuGH, Urt. v. 28.5.1998 – C-7/95, BeckRS 2004, 77716.

38 Ob ein marktbeeinflussendes Verhalten vorliegt, das nicht den normalen Bedingungen des Marktes entspricht, misst die Kommission anhand der sog. Marktstrukturanalyse. Hierfür werden die konkreten Marktumstände, wie die jeweiligen Marktanteile der beteiligten Unternehmen, das Bestehen von Marktzutrittsschranken, die Mächtigkeit der anderen Wettbewerber und die Möglichkeit des Zugangs neuer Wettbewerber beurteilt.[49] Die Marktbeeinflussung ist danach unwahrscheinlich, wenn die Märkte bereits reguliert sind.[50] Zudem wird sie eher abzulehnen sein, wenn der Anteil des gemeinsamen Unternehmens an den gesamten Produktionskosten gering ist.[51]

39 Es wird zwischen horizontalen und vertikalen Wettbewerbsbeschränkungen unterschieden. Beide Formen fallen unter Kartellverbot des Art. 101 Abs. 1 AEUV.[52] Bedeutung hat die Unterscheidung insoweit, als horizontale Kooperationen grundsätzlich unter das Kartellverbot fallen, da sie wettbewerbsschädliche wechselseitige Beziehungen und Abhängigkeiten hervorrufen. Vertikale Kooperationen können im Gegensatz dazu verschiedene Auswirkungen haben und sind somit nicht per se verboten. In der Energiewirtschaft stehen Unternehmen, die auf unterschiedlichen Stufen der Wertschöpfungskette tätig sind, in einem vertikalen Verhältnis zueinander (§ 3 Nr. 38 EnWG). Betrachtet man nur einen Markt für sich, z.B. den Markt der Stromerzeuger, so stehen die einzelnen Marktteilnehmer zueinander in einem Horizontalverhältnis.

c) Spürbare Beeinträchtigung zwischenstaatlichen Handels

40 Nach der Rechtsprechung des EuGH muss die Wettbewerbsbeschränkung geeignet sein, den Handel zwischen den Mitgliedstaaten spürbar[53] zu beeinträchtigen. Dies ist dann der Fall, wenn sich nach objektiven tatsächlichen und rechtlichen Gesichtspunkten, eine Beeinträchtigung des Marktes im Sinne einer hypothetischen Kausalität voraussehen lässt.[54] Eine tatsächliche Marktbeeinträchtigung ist nicht erforderlich.[55]

---

49 Grabitz/Hilf/Nettesheim/*Schröder*, Das Recht der Europäischen Union, 61. EL April 2017, Art. 101 AEUV, Rn. 498.
50 Grabitz/Hilf/Nettesheim/*Schröder*, Das Recht der Europäischen Union, 61. EL April 2017, Art. 101 AEUV, Rn. 498
51 Grabitz/Hilf/Nettesheim/*Schröder*, Das Recht der Europäischen Union, 61. EL April 2017, Art. 101 AEUV, Rn. 497.
52 Ffk-KartellR/*Roth*/*Ackermann*, 88. Lieferung 4.2017, § 1 GWB, Rn. 4.
53 Ffk-KartellR/*Roth*/*Ackermann*, 88. Lieferung 4.2017, § 1 GWB, Rn. 95.
54 Ffk-KartellR/*Roth*/*Ackermann*, 88. Lieferung 4.2017, Grundfragen des Art. 81 Abs. 1 EG, Rn. 435.
55 Ffk-KartellR/*Roth*/*Ackermann*, 88. Lieferung 4.2017, Grundfragen des Art. 81 Abs. 1 EG, Rn. 435.

d) Spürbarkeitsgrenze

Die Störung des Wettbewerbs darf nach der Rechtsprechung des EuGH nicht nur geringe Auswirkungen auf den Markt haben. Nach der für Gerichte unverbindlichen De-minimis-Bekanntmachung hat die Europäische Kommission[56] die Spürbarkeitsgrenze deutlich heraufgesetzt. Danach sollen Vereinbarungen zwischen Wettbewerbern kartellrechtlich unbedenklich sein, wenn ihr gemeinsamer Marktanteil 10% nicht überschreitet, bzw. bei Vereinbarungen zwischen Nichtwettbewerbern die Schwelle von 15% Marktanteil nicht überschritten wird.[57] Eine Vereinbarung die eine Wettbewerbsbeschränkung bezweckt, sieht der EuGH stets als spürbar an.[58] 41

II. Legalausnahmen

Ist der Verbotstatbestand des Art. 101 Abs. 1 AEUV erfüllt, ist auf einer zweiten Stufe zu prüfen, ob nicht im Einzelfall eine Freistellung vom Kartellverbot in Betracht kommt. Die Möglichkeit der Kommission zum Erlass von Gruppenfreistellungsverordnungen sowie die Legalausnahmen des Art. 101 Abs. 3 AEUV und der §§ 2 und 3 GWB tragen dabei dem Umstand Rechnung, dass Kooperationen neben ihrer wettbewerbsbeschränkenden Wirkung auch wettbewerbsfördernd sein können. Die Darlegungslast für das Vorliegen der entsprechenden Voraussetzungen liegt jeweils bei den Unternehmern. 42

1. Gruppenfreistellungsverordnungen

Gem. Art. 103 Abs. 1 AEUV kann die Kommission durch Gruppenfreistellungsverordnung den Verstoß gegen Art. 101 AEUV bzw. § 1 GWB legalisieren.[59] Ursprünglich sollte der Erlass von Gruppenfreistellungsverordnungen die Kommission vor der Bearbeitung „massenhafter" individueller Freistellungsanträge bewahren. Seit Einführung der Legalausnahmen schaffen sie hauptsächlich Rechtssicherheit für die Unternehmen, die sich auf Art. 101 Abs. 3 AEUV berufen möchten.[60] 43

---

56 Europäische Kommission, Bekanntmachung über Vereinbarungen von geringer Bedeutung, die den Wettbewerb nicht spürbar beschränken (de minimis), ABl EG 2001 Nr. C 368, 1, abgedr. in FK, T B III 615, Rn. 2.

57 Mitteilung der Europäischen Kommission, De-minimis-Bekanntmachung, v. 25.6.2014 (Abl EU Nr. C 291 S. 1).

58 EuGH, Urt. v. 21.1.1999 – C-215/96 und C-216/96 – Slg. 1999, I-135 Rn. 34 f. – Bagnasco und andere. Vgl. hierzu auch Kap. 2, Rn. 25 ff.

59 Grabitz/Hilf/Nettesheim/*Schröder*, Das Recht der Europäischen Union, 61. EL April 2017, Art. 101 AEUV, Rn. 512. Vgl. hierzu Kap. 2 Rn. 26 ff.

60 Dauses/*Hoffmann*, EU-WirtschaftsR-HdB, H. Wettbewerbsregeln H. I. Kartellrecht § 1. Art. 101 und 102 AEUV im Überblick, 2017, Rn. 19, 22.

2. Ausnahme nach Art. 101 Abs. 3 AEUV

44 Die Legalausnahme des Art. 101 Abs. 3 AEUV bzw. § 2 GWB bei Anwendung des nationalen Kartellrechts, liegt vor, wenn die Vereinbarungen, Beschlüsse oder abgestimmte Verhaltensweisen

- „unter angemessener Beteiligung der Verbraucher an dem entstehenden Gewinn [entweder]
- zur Verbesserung der Warenerzeugung oder -verteilung oder
- zur Förderung des technischen oder wirtschaftlichen Fortschritts beitragen,
- ohne dass den beteiligten Unternehmen Beschränkungen auferlegt werden,
- die für die Verwirklichung dieser Ziele nicht unerlässlich sind oder
- Möglichkeiten eröffnet werden, für einen wesentlichen Teil der betreffenden Waren den Wettbewerb auszuschalten."

45 Die **Warenerzeugung- bzw. -verteilung** kann quantitativ, z.B. durch kostengünstigere Herstellung von Waren aufgrund besserer Kapazitätsauslastung, oder qualitativ, z.B. durch Produktentwicklung oder Vertriebsoptimierung, verbessert werden.[61] **Technischer und wirtschaftlicher Fortschritt** wird durch Kostenersparnisse und Entwicklungen neuer Produkte gefördert.[62]

46 Zentrales Tatbestandsmerkmal ist die **angemessene Beteiligung** des **Verbrauchers am Gewinn.** Mit Verbraucher ist dabei nicht nur der Verbraucher i.S.v. § 13 BGB gemeint, sondern alle, auch gewerbliche, Abnehmer der Produkte.[63] Gewinn ist jeder aus der Kooperation folgende ökonomische Vorteil[64] und umfasst somit sowohl Preissenkungen und größere Versorgungssicherheit, als auch eine höhere Produktqualität.[65] Die Beteiligung am Gewinn muss nur angemessen sein, kann unter Umständen also auch nur teilweise an den Verbraucher weitergeleitet werden.[66] Dementsprechend wird die angemessene Beteiligung bereits dann angenommen, wenn die an den Verbraucher weitergeleiteten Vorteile die mit der Wettbewerbsbeschränkung verbundenen Nachteile mindestens kompensieren.[67]

47 Die Wettbewerbsbeschränkung muss zudem **unerlässlich** sein. Sie darf damit nicht weitergehen, als es die Herbeiführung des Zwecks erfordert. Im Rahmen ihrer Prognoseentscheidung wird die Kommission jedoch nur die Fälle zurückweisen, in denen es realistisch durchführbare weniger wettbewerbsbeschränkende Alternativen zu der betreffenden Verhaltensweise gibt. Für die betroffenen Unternehmen

61 Ffk-KartellR/*Heyers*, 88. Lieferung 4.2017, § 2 GWB, Rn. 58.
62 Ffk-KartellR/*Heyers*, 88. Lieferung 4.2017, § 2 GWB, Rn. 59.
63 Ffk-KartellR/*Heyers*, 88. Lieferung 4.2017, § 2 GWB, Rn. 61.
64 Ffk-KartellR/*Heyers*, 88. Lieferung 4.2017, § 2 GWB, Rn. 62.
65 Ffk-KartellR/*Heyers*, 88. Lieferung 4.2017, § 2 GWB, Rn. 62.
66 Ffk-KartellR/*Heyers*, 88. Lieferung 4.2017, § 2 GWB, Rn. 63.
67 *Bien*, Europäisches und deutsches Kartellrecht, Skript, WS 2012/2013, S. 31.

reicht es insoweit aus, wenn sie darlegen, warum mögliche Alternativen für sie erheblich weniger effizient wären.[68]

Darüber hinaus darf durch die Vereinbarung der Wettbewerb **nicht wesentlich beschränkt** werden. Ob die Wesentlichkeitsschwelle überschritten ist, richtet sich nach dem noch bestehenden Grad an Wettbewerbsdruck, der Intensität der Beschränkung, ihren konkreten Auswirkungen und dem Marktanteil der involvierten Unternehmen. Ein Marktanteil von über 40% gilt als kritischer Wert.[69] Damit ist die Freistellung des § 101 Abs. 3 AEUV vor allem für Unternehmen relevant, die darunter liegen. 48

3. Ausnahme nach § 3 GWB

Schließlich kommt § 3 GWB als Legalausnahme vom Kartellverbot in Betracht. Die Vorschrift soll die Wettbewerbsfähigkeit kleinerer und mittlerer Unternehmen stärken. Allerdings können auch große Unternehmen von § 3 GWB profitieren, wenn durch deren Beteiligung der Wettbewerb für kleinere und mittlere Unternehmen erst ermöglicht wird.[70] 49

Wichtig ist, dass § 3 GWB nur bei **rein nationalen Sachverhalten** anwendbar ist. Denn aufgrund des Vorrangs des Unionsrechts darf eine Norm des nationalen Kartellrechts einen Sachverhalt nicht erlauben, wenn er unionsrechtlich verboten und nicht freigestellt ist, vgl. auch die Konvergenzklausel des Art. 3 Abs. 2 KartellVO.[71] Bei kleinen Stadtwerkekooperationen wird ein nationaler Sachverhalt in der Regel zu bejahen sein.[72] 50

Die Norm setzt voraus, dass die Kooperation 51
- „die Rationalisierung wirtschaftlicher Vorgänge durch zwischenbetriebliche Zusammenarbeit zum Gegenstand hat,
- dadurch der Wettbewerb auf dem Markt nicht wesentlich beeinträchtigt wird und
- die [der Kooperation zugrundeliegende] Vereinbarung oder der Beschluss dazu dient, die Wettbewerbsfähigkeit kleiner oder mittlerer Unternehmen zu verbessern."

Nach dem Bundeskartellamt ist eine **Maßnahme der Rationalisierung wirtschaftlicher Vorgänge** eine Maßnahme der beteiligten (kleinen und mittleren) Unter- 52

---

68 Leitlinien zur Anwendung von Art. 81 Abs. 3 EG-Vertrag, Bekanntmachung der Kommission (2004/C 101/08), Rn. 75.

69 Ffk-KartellR/*Heyers*, 88. Lieferung 4.2017, § 2 GWB, Rn. 67 f.

70 Merkblatt des Bundeskartellamtes über Kooperationsmöglichkeiten für kleinere und mittlere Unternehmen (Stand März 2007), Rn. 37.

71 Kartellverordnung (KartellVO – VO EG Nr. 1/2003) v. 16.12.2002 (ABl EG Nr. L 001 S. 1 ff).

72 Vgl. Schneider/Theobald/*Jung*/*Theobald*, Recht der Energiewirtschaft, § 6, Rn. 343.

nehmen, durch die „das Verhältnis des betrieblichen Aufwands für wirtschaftliche Vorgänge zum Ertrag, gerechnet in Produktionseinheiten, verbessert wird".[73] Nicht darunter fallen bloße Preisabstimmungen oder Quotenregelungen, da diese nicht per se zu einer Verbesserung führen.[74]

53 Der Wettbewerb darf durch die Kooperation **nicht wesentlich beeinträchtigt** werden. Ob dies der Fall ist, beurteilt sich anhand des jeweiligen Einzelfalls. Das Bundeskartellamt geht jedoch grundlegend davon aus, dass die kritische Grenze bei einem Marktanteil zwischen 10% und 15% liegt.[75] Dabei gilt, dass der gemeinsame Marktanteil der beteiligten Unternehmen desto größer sein kann, je weniger der Markt durch die Maßnahme beeinflusst wird.[76] Schließlich muss der Zweck der Kooperation darauf gerichtet sein, die Wettbewerbsfähigkeit kleiner oder mittlerer Unternehmen zu verbessern.

III. Verhältnis zur Fusionskontrolle

54 Die Kontrolle von Unternehmenszusammenschlüssen hat zum Ziel, eine Beeinträchtigung des Wettbewerbs durch übermäßige Marktmacht infolge externen Unternehmenswachstums zu verhindern.[77] Bei Kooperationen, also der Zusammenarbeit von Unternehmen, denkt man unweigerlich auch an die Fusionskontrolle. Die Fusionskontrolle kann auch für die Beteiligung von Kommunen relevant sein, da sie sich auch auf die öffentliche Hand erstreckt.[78] Somit kann die Fusionskontrolle z.B. eingreifen, wenn beispielsweise Kommunen die Kontrolle oder Anteile an Unternehmen erwerben.

55 Grundsätzlich findet im Rahmen der Fusionskontrolle die kartellrechtliche Prüfung von Kooperationen selbstverständlich nur im Rahmen der formellen und materiellen Untersagungsvoraussetzungen i.S.d. §§ 35 und 36 Abs. 1 GWB bzw. auf europäischer Ebene im Rahmen der FKVO[79] statt.[80]

56 Eine Vielzahl von Kooperationen fällt jedoch schon gar nicht unter den Anwendungsbereich der Fusionskontrolle und wird deshalb regelmäßig unter kartell-

73 Merkblatt des Bundeskartellamtes über Kooperationsmöglichkeiten für kleinere und mittlere Unternehmen (Stand März 2007), Rn. 28.
74 Merkblatt des Bundeskartellamtes über Kooperationsmöglichkeiten für kleinere und mittlere Unternehmen (Stand März 2007), Rn. 32f.
75 Merkblatt des Bundeskartellamtes über Kooperationsmöglichkeiten für kleinere und mittlere Unternehmen (Stand März 2007), Rn. 35.
76 Ffk-KartellR/*Bunte*, 88. Lieferung 4.2017, § 3 GWB, Rn. 105.
77 Langen/Bunte/*Kallfaß*, Kartellrecht, Bd. 1, 13. Aufl. 2018, § 35 GWB, Rn. 1.
78 Vgl. Langen/Bunte/*Kallfaß*, Kartellrecht, Bd. 1, 13. Aufl. 2018, § 35 GWB, Rn. 15.
79 Fusionskontrollverordnung (FKVO – VO EG Nr. 139/2004) v. 29.1.2004 (ABl EU Nr. L 24 S. 1ff.).
80 Vgl. zum Anwendungsbereich und den Voraussetzungen der Fusionskontrolle Kap. 6.

rechtlichen Gesichtspunkten nicht ohne weiteres geprüft. Es kann häufig schon am Überschreiten der Umsatzschwellen oder am Vorliegen des „Zusammenschlusstatbestandes" mangeln.

Beispielsweise ist bei Unternehmen, die rechtlich und wirtschaftlich selbstständig bleiben sowie im Fall von Minderheitsbeteiligungen und bei Gemeinschaftsunternehmen sehr differenziert zu prüfen, ob überhaupt ein „Zusammenschluss" i.S.d. § 36 Abs. 1 GWB als Untersagungsvoraussetzung vorliegt.[81] 57

In einem Fall aus der Energiewirtschaft hat sich der BGH bereits im Jahre 1978 in der Entscheidung „Strom und Gas, Erdgas Schwaben"[82] mit Fragen der Fusionskontrolle bei Gründung eines Gemeinschaftsunternehmens befasst. 58

Weiterhin befasste sich der BGH – ebenfalls in einem Fall aus der Energiewirtschaft – in der Entscheidung „VEW-Gelsenwasser"[83] im Jahre 1983 mit der Frage des Vorliegens des Zusammenschlusstatbestandes. 59

Gleichwohl müssen die Kooperationen sich an § 1 GWB bzw. Art. 101 Abs. 1 AEUV messen lassen und kartellrechtlich zulässig sein. Es ist sogar denkbar, dass zwar nach den Maßstäben der Fusionskontrolle die Freigabe erteilt wird, nach § 1 GWB jedoch kartellrechtliche Bedenken gegen die Kooperation bzw. Zusammenarbeit der beteiligten Unternehmen bestehen. 60

In dem energiewirtschaftlichen Fusionskontrollverfahren „trac-x"[84] stellte das Bundeskartellamt ausdrücklich klar, dass ein im Rahmen der Fusionskontrolle unbedenkliches, d.h. freizugebendes Zusammenschlussvorhaben gleichwohl gegen § 1 GWB bzw. den damaligen Art. 81 Abs. 1 EGV verstoßen kann. Bei der trac-x Transport Capacity Exchange GmbH[85] ging es um eine Gesellschaft, deren Unternehmensgegenstand insbesondere in der Errichtung und dem Betrieb einer elektronischen Handelsplattform für den (Sekundär-)Handel mit Kapazitätsrechten im Gasfernleitungs- und Gasverteilernetz bestand und an der verschiedene andere Energieversorgungsunternehmen beteiligt waren. Das Bundeskartellamt gab das Zusammenschlussvorhaben frei und kündigte zugleich ein separates Verfahren zur Prüfung der Frage an, ob die im Rahmen von „trac-x" zwischen den beteiligten Unternehmen getroffenen Vereinbarungen gegen § 1 GWB bzw. Art 81 Abs. 1 EGV verstoßen. Wörtlich führt das Bundeskartellamt in seiner Begründung aus: 61

> „Die angestrebte Prüfung, ob das Zusammenschlussvorhaben gegen § 1 GWB bzw. Art. 81 Abs. 1 EG verstößt, impliziert jedoch nicht, dass ein offenkundiger Verstoß vorliegt. Vielmehr sind die kartellrechtliche Prüfung und die Zusammenschlusskontrolle nicht deckungsgleich, so dass aus der in Aussicht gestellten Prüfung nach § 1 GWB bzw. Art. 81 Abs. 1 EGV nicht abge-

---

81 Vgl. Langen/Bunte/*Kallfaß*, Kartellrecht, Bd. 1, 13. Aufl. 2018, § 36 GWB, Rn. 7.

82 BGH, Beschl. v. 12.12.1978 – KVR 6/77 – BGHZ 73, 65 ff. – Strom und Gas, Erdgas Schwaben.

83 BGH, Beschl. v. 19.4.1983 – KVR 1/82 – juris – VEW-Gelsenwasser.

84 BKartA, Beschl. v. 12.10.2017 – B8-59/07.

85 Seit Januar 2013 Prisma European Capacity Platform GmbH.

leitet werden kann, dass das Zusammenschlussvorhaben im Rahmen der Zusammenschlusskontrolle nicht freigegeben werden kann."[86]

62 Somit kann festgehalten werden, dass zwar zwischen dem Kartellverbot nach § 1 GWB und der Zusammenschlusskontrolle vielfach Berührungspunkte bestehen und zahlreiche Vorgänge im Grenzbereich zwischen Kartellierung und Konzentration angesiedelt sind,[87] aber kein allgemeiner Vorrang der Fusionskontrolle gegenüber dem Kartellverbot besteht. Daher müssen sich Kooperationen auch immer am Maßstab des Kartellverbots messen lassen.

C. Kartellrechtliche Einordnung der typischen Kooperationsformen in der Energiewirtschaft

63 In diesem Abschnitt sollen bestimmte Kooperationsformen des Energiesektors kartellrechtlich eingeordnet werden. Dabei ist noch einmal darauf hinzuweisen, dass sich die kartellrechtliche Praxis außerhalb des Anwendungsbereichs der Fusionskontrolle bisher wenig mit Kooperationen im Energiesektor auseinandergesetzt hat. Zunächst wird in diesem Abschnitt allgemein auf den Kooperationsbegriff und verschiedene Abwandlungen und Ausformungen von Kooperationen eingegangen. Im Anschluss wird – soweit möglich – jeweils ein Bezug bestimmter Kooperationen zur Energiewirtschaft hergestellt.

I. Kooperationsbegriff im Lichte des Kartellrechts

64 Wie bereits eingangs definiert, ist eine Kooperation eine auf freiwilliger Basis beruhende, vertraglich geregelte Zusammenarbeit rechtlich und wirtschaftlich selbstständiger Unternehmen zum Zwecke der Verbesserung ihrer Leistungsfähigkeit. Kooperationen können horizontal oder vertikal ausgestaltet sein, abhängig davon, ob die Kooperationspartner auf vor- bzw. nachgelagerten Wirtschaftsstufen oder auf derselben Stufe angesiedelt sind.[88] Kooperationen können den Wettbewerb auf den sachlich räumlich relevanten Märkten aufheben oder einschränken, sie können aber den Wettbewerb auch unterstützen und in vielen Fällen erst ermöglichen. Kooperationen schaffen häufig gerade die Voraussetzungen für einen leistungsgerechten Wettbewerb oder beleben den Wettbewerb und dienen der Sicherung und Fortent-

86 BKartA, Beschl. v. 12.10.2017 – B8-59/07, S. 17.
87 Vgl. Langen/Bunte/*Kallfaß*, Kartellrecht, 13. Aufl. 2018, § 1 GWB, Rn. 306.
88 Vgl. Langen/Bunte/*Krauß*, Kartellrecht, 13. Aufl. 2018, § 1 GWB, Rn. 223.

wicklung wettbewerblicher Marktstrukturen als Grundbedingung für wirksamen Wettbewerb.[89]

Es ist anerkannt, dass nicht nur Vereinbarungen, die Beschränkungen des Wettbewerbsprozesses explizit zum Gegenstand haben, diesen beeinträchtigen können. Deshalb werden als Wettbewerbsbeschränkungen auch solche Vereinbarungen, abgestimmte Verhaltensweisen und Beschlüsse angesehen, die mittelbar zu einer Beeinträchtigung des Wettbewerbsprozesses führen, indem sie etwa finanzielle Anreize zu einem koordinierten Verhalten setzen, die Ausübung von Handlungsoptionen wirtschaftlich beeinträchtigen oder aber ein kollusives Verhalten sehr wahrscheinlich machen, weil es kaufmännisch vernünftig erscheint.[90] Bei der Abgrenzung von Kooperationen bzw. den ihnen zugrundeliegenden Vereinbarungen besteht eine gewisse Unsicherheit bzgl. der Rechtfertigung, weshalb bestimmte Fallgruppen von Vereinbarungen zwischen Unternehmen, die von der deutschen und europäischen Rechtsprechung von vorneherein und ohne ausführliche Analyse ihrer Wirkungen, nicht als Verstoß gegen § 1 GWB bzw. Art. 101 Abs. 1 AEUV angesehen werden, obwohl sie die wirtschaftliche Handlungsfreiheit der Unternehmen beschränken. Einige dieser Kooperationen werden damit gerechtfertigt, dass sie den Beteiligten erst die Betätigung auf einem Markt ermöglichen, indem sie etwa durch Zusammenlegung von Ressourcen (Arbeitsgemeinschaft) oder eine gerechte Risikoverteilung zwischen den Vertragspartnern (selektives Vertriebssystem) die Überwindung von Zutrittsschranken ermöglichen, die ohne Kooperationen nicht möglich gewesen wäre.[91] 65

Die Kooperationen in der Energiewirtschaft lassen sich gut danach einteilen, auf welcher Wertschöpfungsstufe sie agieren bzw. in welcher Marktrolle sie tätig sind (z.B. Vertrieb, Handel, Beschaffung, Erzeugung, Netzbetrieb). 66

Im ohnehin regulierten Monopolbereich der Netze dürfte nach Maßstäben des allgemeinen Kartellrechts kartellrechtlich relevantes Verhalten regelmäßig eher im Rahmen von Konzessions- und Kooperationsverfahren beim Wettbewerb um die Netze, das heißt im Rahmen von Konzessionsverfahren relevant werden. Hier stehen einerseits die vergebenden Kommunen im Fokus, anderseits sind natürlich auch kooperative Absprachen zwischen (potentiellen) Bewerbern um Konzessionen denkbar. Auf Bieterseite kann es sich dabei um in der Regel zulässige gemeinsame Bewerbungen in Form von Arbeits- und Bietergemeinschaften handeln. Es sind aber auch unzulässige Absprachen unter verschiedenen Bietern zu Lasten der vergebenden Kommune denkbar. Der im Konzessionsverfahren grundsätzlich geltende Geheimwettbewerb soll unter anderem solche Absprachen unter (eigentlich konkurrierenden) Bietern verhindern. 67

89 Vgl. Langen/Bunte/*Krauß*, Kartellrecht, 13. Aufl. 2018, § 1 GWB, Rn. 223.
90 Vgl. Langen/Bunte/*Krauß*, Kartellrecht, 13. Aufl. 2018, § 1 GWB, Rn. 24.
91 Vgl. Langen/Bunte/*Krauß*, Kartellrecht, 13. Aufl. 2018, § 1 GWB, Rn. 25.

68 Im laufenden regulierten Netzbetrieb sind insoweit kartellrechtliche Absprachen und missbräuchliches kooperatives Zusammenwirken zum Nachteil des Wettbewerbs und des Marktes regelmäßig nicht möglich, da hier die vorrangige Regulierung greift.

69 Kooperationen unterliegen daher grundsätzlich eher dann der kartellrechtlichen Kontrolle, wenn sie im Bereich der sog. Wettbewerbsbereiche tätig sind.

II. Arbeits- und Bietergemeinschaften

70 Als **Arbeitsgemeinschaft** wird die Zusammenarbeit mehrerer Unternehmen zur Ausführung eines meist größeren Auftrages verstanden. Außerhalb der Energiewirtschaft hat die Arbeitsgemeinschaft vor allem bei größeren Industrieaufträgen und Aufträgen im Anlagen-, Hoch- und Tiefbau, z.B. zur Abwicklung größerer „Baulose" eine besondere Bedeutung.[92]

71 Als prominentes Beispiel einer zunächst zulässigen Arbeitsgemeinschaft mit späteren kartellrechtswidrigen Folgen in der Energiebranche ist der Fall MEGAL zu nennen. Die beiden Unternehmen Ruhrgas AG (dann E.ON Ruhrgas, schließlich Auflösung durch Verschmelzung) und Gaz de France (heute Engie SA) hatten sich 1975 zur Errichtung der Mitteleuropäischen Gasleitung (MEGAL) zusammengeschlossen. Die MEGAL dient dem Gastransport von Russland nach Deutschland und Frankreich. Im Rahmen dieses Zusammenschlusses vereinbarten die Unternehmen auch, das durch die MEGAL transportierte Gas jeweils nicht im anderen Land zu verkaufen. Soweit hierdurch der Wettbewerb beschränkt wurde, war diese Absprache kartellrechtswidrig. Über den Zeitpunkt, ab wann ein solcher Wettbewerb vorlag, wurde später vor dem EuG (Gericht der Europäischen Union) gestritten. Hierbei ging es hinsichtlich des deutschen Marktes insbesondere um die Frage, ob auf diesem bereits vor dem Inkrafttreten des den Energiemarkt liberalisierenden EnWG am 24.4.1998 ein potentieller Wettbewerb herrschen konnte (so die Europäische Kommission) oder ob der deutsche Markt bis zu diesem Zeitpunkt aufgrund verschiedener durch Freistellung gedeckte Demarkations- und ausschließliche Konzessionsverträge durch das Bestehen zulässiger faktischer Gebietsmonopole gekennzeichnet war (so das EuG).[93] Die Europäische Kommission verhängte am 8.7.2009 Bußgelder gegenüber E.ON und GDF Suez in Höhe von jeweils 553 Mio. Euro, welche durch das EuG am 29.6.2012 auf jeweils 320 Mio. Euro herabgesetzt wurden.

72 Der Gedanke der Arbeitsgemeinschaft spielt aber auch bei Ausschreibungen von Aufträgen eine bedeutende Rolle, wo man von einer **Bietergemeinschaft**

---

92 Vgl. Langen/Bunte/*Krauß*, Kartellrecht, 3. Aufl. 2018, § 1 GWB, Rn. 213.

93 Vgl. EuG, Pressemitteilung v. 29.6.2012, Rs. T-360/09 und T-370/09.

spricht. Von einer Bietergemeinschaft ist auszugehen, wenn sich Unternehmen im Rahmen einer Ausschreibung zur Abgabe eines gemeinsamen Angebotes zusammenschließen und um die Erteilung des Zuschlags bemühen. In der Regel vereinbaren die Unternehmen nicht nur die Abgabe eines gemeinsamen Angebotes, sondern zugleich, im Falle der Zuschlagserteilung, auch den Auftrag als Arbeitsgemeinschaft erledigen zu wollen. Insoweit handelt es sich bei einer Bietergemeinschaft regelmäßig um eine kombinierte Bieter- und Arbeitsgemeinschaft.[94]

Wenn Unternehmen die Zusammenarbeit in einer Bieter- und Arbeitsgemeinschaft vereinbaren, umfasst dies in der Regel auch eine Verpflichtung, keine selbständigen Angebote abzugeben und nicht mit anderen Unternehmen zusammen zu arbeiten. Eine solche Vereinbarung stellt daher in der Regel eine Wettbewerbsbeschränkung i.S.v. § 1 GWB bzw. Art. 101 Abs. 1 AEUV dar.[95] Arbeitsgemeinschaften können kleinere Unternehmen bei größeren Aufträgen aber auch erst in die Lage versetzen, sich um die Aufträge zu bewerben und sie arbeitsteilig zu erledigen. Insoweit kann der Arbeits- und Bietergemeinschaft auch wettbewerbsfördernde Wirkung zukommen, weil so mehr Bieter in die Lage versetzt werden, sich auf bestimmte Aufträge zu bewerben. Der Gedanke der Arbeitsgemeinschaft kann zudem interessant werden, wenn beispielsweise ein Unternehmen über ein bestimmtes Know-How und ein anderes Unternehmen über eine besondere Finanzkraft verfügt. Insoweit können für Arbeits- und Bietergemeinschaften Ausnahmen vom Kartellverbot gelten. Insbesondere, wenn die beteiligten Unternehmen allein nicht über die erforderlichen Kapazitäten verfügen oder erst die Arbeitsgemeinschaft sie in die Lage versetzt, ein gutes Angebot im Ausschreibungsverfahren abzugeben.[96] Bieter- und Arbeitsgemeinschaften unterschiedlicher Branchen und Wirtschaftszweige sind in der Regel kartellrechtlich wenig problematisch. Kartellrechtlich problematischer wird die Rechtfertigung einer Bieter- und Arbeitsgemeinschaft bei Unternehmen, die eigentlich miteinander im Wettbewerb stehen und ggfs. selbständige Angebote in einem Ausschreibungsverfahren abgegeben könnten.[97] Auch hier bedarf es einer Prüfung des Einzelfalls. 73

Häufig ist bei Arbeits- und Bietergemeinschaften davon auszugehen, dass sie in der Rechtsform der Gesellschaft bürgerlichen Rechts (GbR) organisiert sind. Dabei können sie sowohl vorübergehend als auch auf lange Zeit eingegangen werden, wobei der häufigere Fall wohl eine auftragsbezogene Arbeitsgemeinschaft sein dürfte. Gleichwohl kann je nach Umfang des Auftrags eine Bieter- und Arbeitsgemeinschaft auch von längerer Dauer sein, die mit Erledigung des umfangreichen Auftrags en- 74

94 Vgl. Langen/Bunte/*Krauß*, Kartellrecht, 13. Aufl. 2018, § 1 GWB, Rn. 213.
95 Vgl. Langen/Bunte/*Krauß*, Kartellrecht, 13. Aufl. 2018, § 1 GWB, Rn. 214.
96 Vgl. Langen/Bunte/*Krauß*, Kartellrecht, 13. Aufl. 2018, § 1 GWB, Rn. 214.
97 Vgl. Langen/Bunte/*Krauß*, Kartellrecht, 13. Aufl. 2018, § 1 GWB, Rn. 215 f.

det. Schließlich existieren in Form von institutionalisierter Arbeitsgemeinschaften auch solche, die über sehr lange Zeiträume zusammenarbeiten.[98]

75 In der Energiewirtschaft treten Bieter- und Arbeitsgemeinschaften mittlerweile häufig in Konzessionsverfahren gem. §§ 46ff. EnWG für Energieversorgungsnetze auf. Mit den zunehmenden Anforderungen an die Sicherstellung des künftigen Netzbetriebs in diesen Verfahren, sind einige Unternehmen aufgrund ihrer Unternehmensstrukturen mitunter nicht mehr dazu in der Lage, die für den Netzbetrieb erforderlichen Bestandteile alleine anzubieten und sicherzustellen. In der Praxis tritt hinzu, dass aufgrund der (gesellschafts-)rechtlichen Entflechtung des Verteilernetzbetreibers von den Wettbewerbsbereichen (Vertrieb, Erzeugung und Handel von Energie) des Energieversorgungsunternehmens gemäß § 7 EnWG (auch „Unbundling") häufig Konzessionsnehmer und Netzeigentümer einerseits und Netzbetreiber anderseits auseinanderfallen. In diesen Fällen kann sich das Bestreiten eines Konzessionsverfahrens als Bietergemeinschaft anbieten.

Praxisbeispiel

Eine Stadtwerkemuttergesellschaft ist Konzessionsnehmerin und Netzeigentümerin in ihrem Bestandsgebiet. Aufgrund der Vorgaben zur rechtlichen Entflechtung (§ 7 EnWG) musste sie den Netzbetrieb auf eine Netztochtergesellschaft auslagern. Dies bewerkstelligte sie im sog. „Pachtmodell", sodass das Energieversorgungsnetz an die Netztochtergesellschaft verpachtet wird. Die Netztochtergesellschaft ist weder Konzessionsnehmerin noch Netzeigentümerin, sie ist aber Netzbetreiberin und stellt mit eigenem Personal und Know-How den Netzbetrieb sicher. Der Konzessionsvertrag läuft aus und es findet ein Konzessionsverfahren statt. Die Stadtwerkemuttergesellschaft kann sich mit ihrer Netztochtergesellschaft hier zulässigerweise in Form einer Bietergemeinschaft bewerben.

III. Einkaufskooperationen

76 Eine Einkaufskooperation kann sich auf mehreren Marktstufen negativ auswirken und den Handel von Einkaufsunternehmen, absetzenden Unternehmen und sogar den Handel der an ihr beteiligten Unternehmen beeinträchtigen,[99] weil die Kooperation die Stromnachfrage bündelt, mit der Folge, dass der Wettbewerb zwischen den Stromlieferanten reduziert wird.[100] Da hierdurch aber in der Regel die wirtschaftliche Handlungsfreiheit der Mitglieder nicht beeinträchtigt wird, hat der EuGH die horizontale Wettbewerbsbeschränkung allein durch die Einkaufskooperation bislang

98 Vgl. Langen/Bunte/*Krauß*, Kartellrecht, 13. Aufl. 2018, § 1 GWB, Rn. 214.
99 Grabitz/Hilf/Nettesheim/*Schröder*, Das Recht der Europäischen Union, 61. EL April 2017, Art. 101 AEUV, Rn. 546.
100 Schneider/Theobald/*Gussone*/*Theobald*, Recht der Energiewirtschaft, § 6 Rn. 338.

nur in einem Fall als kartellrechtlich gem. Art. 101 Abs. 1 AEUV relevant angesehen.[101] Etwas anderes gilt bei vertikalen Wettbewerbsbeschränkungen, die anzunehmen sind, wenn die Mitglieder der Einkaufsgemeinschaft Bezugszwänge vereinbaren und sich verpflichten, entweder bestimmte Stromlieferverträge abzuschließen oder jedenfalls Mindestmengen abzunehmen. Da die Mitgliederhier in ihrer wirtschaftlichen Selbstbestimmung eingeschränkt werden, liegt eine unzulässige Wettbewerbsbeschränkung vor.[102] Gleiches gilt im Falle mittelbaren Bezugszwangs, das heißt wenn im Falle des Nichtbezugs bestimmter Mengen von Strom Nachteile in Kauf genommen werden müssen.[103]

Allerdings gehen Europäische Kommission und Bundeskartellamt davon aus, dass Einkaufskooperationen überhaupt erst ab einem Marktanteil von mehr als 15% kartellrechtlich bedenklich sein können.[104] 77

Da nur knapp über 20% des Strompreises von den Unternehmen beeinflussbar sind,[105] unterliegt zudem auch nur dieser Teil der kartellrechtlichen Missbrauchskontrolle. 78

101 Schneider/Theobald/*Gussone*/*Theobald*, Recht der Energiewirtschaft, § 6 Rn. 338.

102 KommE, ABl EG Nr. L 178 1991 S. 31, Rn. 29; Grabitz/Hilf/Nettesheim/*Schröder*, Das Recht der Europäischen Union, 61. EL April 2017, Art. 101 AEUV, Rn. 549.

103 Schneider/Theobald/*Gussone*/*Theobald*, Recht der Energiewirtschaft, § 6 Rn. 339 f.

104 Europäische Kommission, Leitlinien zur Anwendbarkeit von Art. 81 EG-Vertrag auf Vereinbarungen über horizontale Zusammenarbeit, Rn. 130; BKartA, Bagatellbekanntmachung v. 13.3.2007, Fn. 2.

105 Die restlichen 80% bestehen aus nicht durch die Unternehmen beeinflussbare Kosten wie Steuern, EEG-Umlagen, Netz- und Messentgelte; vgl. auch Bundeskartellamt, Sektorenuntersuchung Stromerzeugung und -großhandel, S. 16 damals im Verhältnis ca. 25% zu 75%.

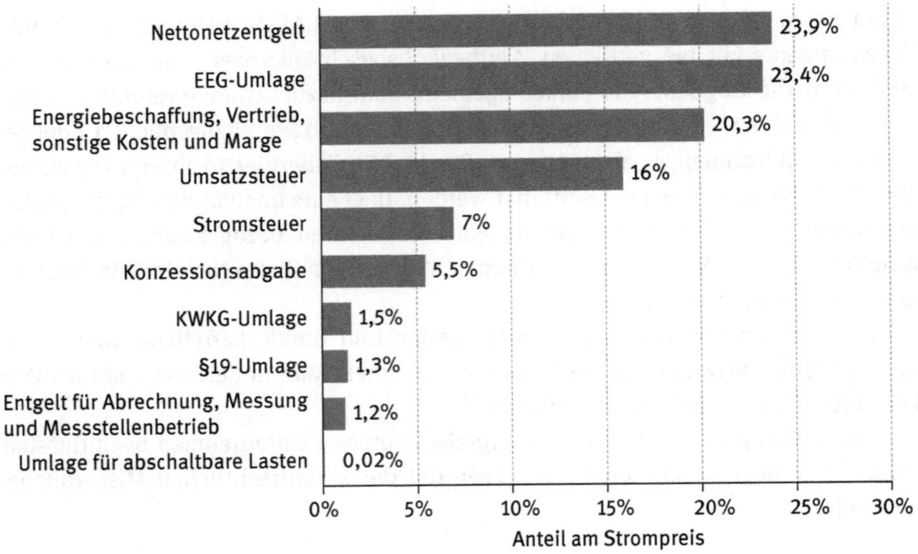

Abb. 5: Zusammensetzung des Strompreises

79 Freistellungen kommen in Betracht, wenn durch die Kooperation der Wettbewerb erst gefördert wird, etwa wenn die kooperierenden Unternehmen sich den Markt erst durch günstigere Konditionen beim Einkauf erschließen und so ein Gegengewicht zu großen Energieversorgungsunternehmen auf dem Markt bilden.[106]

80 Im Hinblick auf die Freistellung gem. Art. 101 Abs. 3 AEUV wird das Merkmal der Unerlässlichkeit regelmäßig einen höheren Begründungsaufwand erfordern, wenn die Mitglieder der Kooperation einem vollständigen Bezugszwang unterliegen, da Effizienzgewinne oft schon bei weniger strengen Bezugsverpflichtungen erreicht werden können.[107] Nach der Kommission kann die Unerlässlichkeit aber dennoch zu bejahen sein, wenn das für Preisvorteile erforderliche Bezugsvolumen erst durch den umfassenden Bezugszwang erreicht werden kann.[108]

81 Problematisch kann auch das Kriterium der Beteiligung der Verbraucher am Gewinn sein. Je mehr Marktmacht die Einkaufskooperation hat, desto weniger wahrscheinlich ist es, dass niedrigere Einkaufspreise in einem Maße an die Ver-

---

106 Schneider/Theobald/*Gussone*/*Theobald*, Recht der Energiewirtschaft, § 6 Rn. 341.
107 Schneider/Theobald/*Gussone*/*Theobald*, Recht der Energiewirtschaft, § 6 Rn. 341.
108 Europäische Kommission, Mitteilung zur Anwendbarkeit von Art. 101 des Vertrags über die Arbeitsweise der Europäischen Union auf Vereinbarungen über horizontale Zusammenarbeit, Rn. 218.

braucher weitergegeben werden, dass sie die wettbewerbsbeschränkenden Auswirkungen überwiegen.[109]

Für kleine und mittlere Unternehmen, die als horizontale Einkaufskartelle eingeordnet werden müssten, enthält § 3 GWB ausdrücklich einen Freistellungstatbestand. 82

IV. Liefergemeinschaften

Die kartellrechtliche Bewertung von Lieferkooperationen entspricht weitgehend der Bewertung von Einkaufskooperationen.[110] Entsprechend wirken sich auch hier solche Kooperationen nicht wettbewerbsbeschränkend sondern wettbewerbsfördernd aus, wenn die Lieferanten jeder für sich den Auftrag nicht hätte erbringen können.[111] Darüber hinaus liegt nach dem BGH keine Wettbewerbsbeschränkung vor, wenn der Zusammenschluss aus wirtschaftlichen Gründen zweckmäßig oder kaufmännisch vernünftig ist.[112] 83

Eine Vereinbarung wird hingegen regelmäßig gegen das Kartellverbot verstoßen, wenn sie den Preiswettbewerb beeinträchtigt. Dies wird bei Preisabstimmungen regelmäßig der Fall sein.[113] Kartellrechtlich problematisch kann auch der Informationsaustausch zwischen den Mitgliedern sein, ebenso wie eine Marktaufteilung, wenn die Mitglieder von vornherein in getrennten Märkten tätig sind.[114] 84

V. Handelskooperationen und Vertriebspartnerschaften

Der seit Liberalisierung der Energiewirtschaft mögliche Handel mit Strom und Gas erfordert, den Einkauf von Strom und Gas abhängig von Preiserwartungen und Absatzprognosen zu planen.[115] Fehlerhafte Einkaufsstrategien bergen hohe Kostenrisiken, nämlich das Risiko, nachträglich ungedeckte Energiemengen zu einem höhe- 85

---

109 Europäische Kommission, Mitteilung zur Anwendbarkeit von Art. 101 des Vertrags über die Arbeitsweise der Europäischen Union auf Vereinbarungen über horizontale Zusammenarbeit, Rn. 219.

110 Schneider/Theobald/*Jung/Theobald*, Recht der Energiewirtschaft, 3. Aufl. 2011 § 6, Rn. 367.

111 Schneider/Theobald/*Gussone/Theobald*, Recht der Energiewirtschaft, § 6 Rn. 341.

112 BGH, Urt. v. 13.12.1983 – KRB 3/83 – Rn. 15, juris.

113 Europäische Kommission, Mitteilung zur Anwendbarkeit von Art. 101 des Vertrags über die Arbeitsweise der Europäischen Union auf Vereinbarungen über horizontale Zusammenarbeit, Rn. 234.

114 Schneider/Theobald/*Gussone/Theobald*, Recht der Energiewirtschaft, § 6 Rn. 350.

115 *Theobald/Theobald*, Grundzüge des Energiewirtschaftsrechts, 2. Aufl. 2008, S. 192.

ren Preis beschaffen oder zu viel gekaufte Energie zu einem geringen Preis veräußern zu müssen.[116]

86 Um sich hiergegen besser abzusichern, schließen sich Unternehmen zu Handelskooperationen und Vertriebspartnerschaften zusammen, um über gemeinsame Handelsplattformen Verlustgefahren zu minimieren[117] und darüber hinaus auch Vertriebsdienstleistungen gemeinsam zu gestalten. Dadurch können sonst notwendige dritte Stellen wie ein Makler oder ein eigener Verwaltungsbereich „eingespart"[118] oder die Bereiche wie Marketing, Projektentwicklung und Marktnutzung effektiver organisiert werden.[119] In der Regel besteht hier zwischen den einzelnen Mitgliedern der Kooperation keine gesellschaftsrechtliche, sondern nur eine vertragliche Verbindung.

VI. Plattformmärkte

87 Der **Begriff der Plattform** oder des Plattformmarktes erfährt in Zeiten zunehmender Digitalisierung erhöhte Aufmerksamkeit. Das BKartA definiert Plattformen aus kartellrechtlicher Sicht als „Unternehmen, die als Intermediäre die direkte Interaktion zweier oder mehr Nutzerseiten, zwischen denen indirekte Netzwerkeffekte bestehen, ermöglichen."[120]

88 **Netzwerkeffekte** sind Effekte, bei welchen der Nutzen eines Gutes sich mit steigender Nutzerzahl verändert (entweder positiv oder negativ).[121]

Beispiel
Als Beispiel aus der Energiewirtschaft ist hier die bereits zuvor genannte Plattform Prisma European Capacity Platform GmbH[122] zu nennen, die europäische Handelsplattform für Gastransportkapazitäten. Entsprechende Plattform im Strombereich ist die JAO (Joint Allocation Office). Zu nennen sind hier aber auch die Strom- und Gasanbietervergleichsportale Verivox und Check24.

116 *Theobald/Theobald*, Grundzüge des Energiewirtschaftsrechts, 2. Aufl. 2008, S. 192.
117 *Theobald/Theobald*, Grundzüge des Energiewirtschaftsrechts, 2. Aufl. 2008, S. 192.
118 *Theobald/Theobald*, Grundzüge des Energiewirtschaftsrechts, 3. Aufl. 2008, S. 193.
119 *Theobald/Theobald*, Grundzüge des Energiewirtschaftsrechts, 2. Aufl. 2008, S. 193.
120 Arbeitspapier „Marktmacht von Plattformen und Netzwerken", Juni 2016, S. 14, abrufbar über die Internetseite des BKartA.
121 Langen/Bunte/*Bardong*, Kartellrecht, 13. Aufl. 2018, § 18 Rn. 154.
122 Nachfolgerin der trac-x, vgl. bereits Rn. 60.

VII. Kooperationen im Netzbereich

Unter Netzbetreibern sind Kooperationen vielfach erwünscht, um gemeinsam Synergien heben oder Informationen und Know-How austauschen zu können. Darüber hinaus ist eine Zusammenarbeit auch bei der Erfüllung von Teilaufgaben des Netzbetriebs oder des Messstellenbetriebes denkbar. 89

So sollen Kooperationen zwischen Übertragungsnetzbetreibern gefördert werden, um den fairen Netzzugang im Interesse Dritter zu gewährleisten.[123] Entsprechend hat die Kommission festgestellt, dass ein Zusammenschluss von sieben europäischen Übertragungsnetzbetreibern kartellrechtlich unproblematisch ist.[124] 90

Auch Kooperationen zwischen Verteilernetzbetreibern sollen gefördert werden, um Kosteneinsparungen im Interesse der Netzbetreiber zu ermöglichen. Solange andere Netzbetreiber jederzeit zu fairen und nicht-diskriminierenden Konditionen der Kooperation beitreten können, ist ein Verstoß gegen das Kartellverbot daher zu verneinen.[125] 91

Daneben findet sich im Netzbereich aber auch eine Vielzahl unterschiedlicher Kooperationsmodelle zwischen Netzbetreibern und Netzeigentümern bzw. auch Kommunen und strategischen Partnern, bei denen über die Kooperation der Netzbetrieb überhaupt erst sichergestellt wird bzw. wirtschaftlich betrieben werden kann. 92

Hier kommt das sogenannte **Netzpachtmodell** (ohne gemeinsame Gesellschaft) in Betracht, bei dem ein meist kleineres Energieversorgungsunternehmen (i.d.R. ein Stadtwerk) die eigenen Netze an einen größeren Verbundnetzbetreiber verpachtet (vertikale Netzpacht).[126] 93

Dieses Modell war eine Folge der mit der Reform des EnWG im Jahr 2005 eingeführten gesetzlichen Entflechtungsvorgaben und der Kürzungen der Netzentgelte. Für einige kleinere Energieversorger und Stadtwerke lohnte sich der Netzbetrieb teilweise nicht mehr.[127] Dieser Entwicklung wurde mit dem Netzpachtmodell begegnet. Dabei ist der Verbundnetzbetreiber unter Umständen bereit, dem Verpächter einen über den abgesenkten Netzentgelten liegenden Pachtzins zu zahlen, den das Stadtwerk als Netzbetreiber selbst erzielen könnte. Der Vorteil für den Verbundnetzbetreiber liegt darin, seine eigenen Netzentgelte auf das gepachtete Netz erstrecken zu können, Synergien im Netzbetrieb zu heben und gegebenenfalls mittelbaren Einfluss auf das Stadtwerk zu erlangen.[128] Die Verpachtung ist jedoch in diesen Fällen 94

123 Schneider/Theobald/*Gussone*/*Theobald*, Recht der Energiewirtschaft, § 6 Rn. 328.

124 Europäische Kommission, Pressemitteilung v. 14.8.2008, IP/08/1259 – CASC; abrufbar unter http://europa.eu/rapid/press-release_IP-08-1259_de.htm.

125 Schneider/Theobald/*Gussone*/*Theobald*, Recht der Energiewirtschaft, § 6 Rn. 329.

126 Schneider/Theobald/*Gussone*/*Theobald*, Recht der Energiewirtschaft, § 6 Rn. 327.

127 Vgl. Schneider/Theobald/*Gussone*/*Theobald*, Recht der Energiewirtschaft, § 6 Rn. 327.

128 Vgl. Schneider/Theobald/*Gussone*/*Theobald*, Recht der Energiewirtschaft, § 6 Rn. 327.

gegebenenfalls sogar nach den Vorschriften der kartellrechtlichen Zusammenschlusskontrolle gem. §§ 35 ff. GWB zu beurteilen.[129]

95 Davon zu unterscheiden sind Kooperationsmodelle zwischen einer Kommune und einem strategischen Partner-Energieversorgungsunternehmen, bei denen die **Gründung einer neuen gemeinsamen Netzgesellschaft** zwischen den Kooperationspartnern erfolgt (auch Kooperationsgesellschaft), meist in der Rechtsform einer GmbH & Co. KG. Zu Kooperationen mit der Gründung einer gemeinsamen Netzgesellschaft unter Beteiligung einer Kommune kommt es in der Praxis insbesondere im Zusammenhang mit sog. **(Re-)Kommunalisierungen** der örtlichen Verteilernetze. Anlass für (Re-)Kommunalisierungsvorhaben sind häufig Konzessionsverfahren.[130] Je nach Vereinbarung halten die Gemeinde und der strategische Partner verschieden große Anteile an der Netzgesellschaft, wobei sich in der Praxis die Gemeinde regelmäßig mittels hinreichender Stimmrechte oder Mehrheitsbeteiligung mindestens einen bestimmenden oder gar beherrschenden Einfluss sichert.[131] Die Gründung der gemeinsamen Netzgesellschaft ist für Kommunen sinnvoll, da sie von Fachwissen und Finanzstärke ihres privaten Partners profitieren, gleichzeitig aber aufgrund ihres weitreichenden Einflusses auf die Gesellschaft unter Umständen die Unternehmensführung selbst gestalten und dadurch kommunale Interessen bei der Energieversorgung durchsetzen können. In vielen Fällen wird eine (Re-)Kommunalisierung der örtlichen Verteilernetze überhaupt erst dadurch ermöglicht, dass der Netzbetrieb über die Kooperation mit einem erfahrenen Energieversorgungsunternehmen sichergestellt wird.

96 Regelmäßig wird bei allen (Re-)Kommunalisierungsmodellen die gemeinsame Netzgesellschaft Konzessionsinhaber und Netzeigentümer.

97 Unterschiedlich wird dagegen die Frage beantwortet, wie die Netzbewirtschaftung erfolgen soll. Wie der Netzbetrieb also nach Gründung der gemeinsamen Netzgesellschaft, Konzessionierung und Übertragung des Netzeigentums sichergestellt wird, hängt wiederum vom gewählten **Netzbewirtschaftungsmodell** ab. Auch bei der **gemeinsamen Netzgesellschaft** sind sowohl die Netzverpachtung, als auch Betriebsführungs- und Dienstleistungsmodelle möglich.

98 Im **Netzpachtmodell** verpachtet die gemeinsame Netzgesellschaft das Netz zum Netzbetrieb an das strategische Partner-Energieversorgungsunternehmen, welches dadurch Netzbetreiber wird. Die gemeinsame Netzgesellschaft vereinnahmt den Pachtzins.

---

129 Vgl. Schneider/Theobald/*Gussone*/*Theobald*, Recht der Energiewirtschaft, § 6 Rn. 351.

130 Vgl. Kap. 7.

131 Vgl. *Tugendreich*, ZfBR 2014, 547, 548.

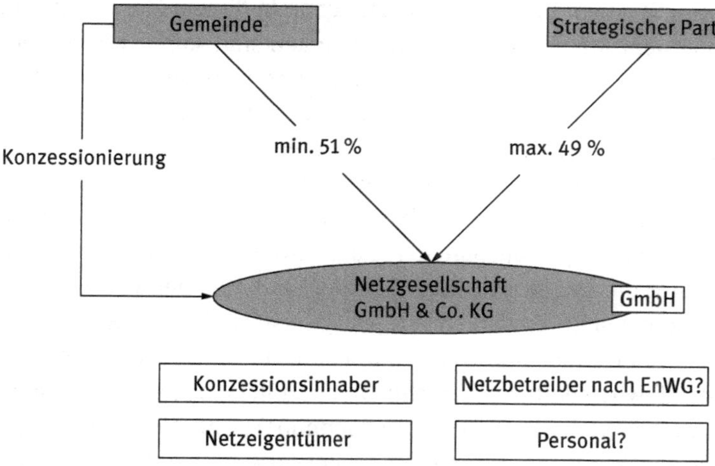

Abb. 6: Möglicher Aufbau einer Netzgesellschaft GmbH & Co. KG[132]

Im **Betriebsführungs- oder Dienstleistungsmodell** hingegen, wird die gemeinsame Netzgesellschaft bzw. Kooperationsgesellschaft selbst Netzbetreiber. Sie schließt mit dem strategischen Partner-Energieversorgungsunternehmen einen Dienstleistungs- oder Betriebsführungsvertrag zur entgeltlichen technischen und/oder kaufmännischen Betriebsführung des Energieversorgungsnetzes. 99

Die beschriebenen Kooperationsmodelle im Netzbereich bedürfen zwar ebenfalls einer kartellrechtlichen Prüfung des Einzelfalls. Jenseits der Frage, ob und wie bestimmte Bestandteile der Kooperationsmodelle ausgeschrieben werden müssen (z.B. die Leistungen im Betriebsführungs- oder Dienstleistungsmodell) und wie sie im Verhältnis zur Konzessionsvergabe stehen, dürften derartige Kooperationen kartellrechtlich aber eher unbedenklich sein. Schließlich würde die beteiligte Kommune in der Regel wohl nicht wettbewerblich ohne den Partner hinsichtlich der auf die Kooperationsgesellschaft übertragenen Aufgabe antreten bzw. sich im Wettbewerb zu dem Kooperationspartner wirtschaftlich betätigen. 100

VIII. Kooperation zum Zwecke des Informationsaustauschs

Der Informationsaustausch gehört nicht zu einer Kooperation im engeren Sinne, in der Praxis ist jedoch auch eine solche Zusammenarbeit denkbar. Möchte sich ein Energieunternehmen spezialisieren oder in neue Marktsegmente vordringen, kann 101

132 Quelle BBH.

eine Zusammenarbeit mit einem Unternehmen, das schon in diesem Markt aktiv ist, vorteilhaft sein. Unter dem Arbeitsgemeinschaftsgedanken sind solche Kooperationen dann kartellrechtlich unbedenklich, wenn das Unternehmen wirtschaftlich oder technisch alleine nicht in der Lage wäre, in das betreffende Marktsegment vorzudringen und mithin selbst nie potentieller Wettbewerber war.[133]

102 Grundsätzlich ist aber mit dem Informationsaustausch unter Wettbewerbern regelmäßig die Gefahr der Angleichung des Verhaltens der Wettbewerber verbunden. Diese Gefahr ist umso größer, je transparenter, konzentrierter und symmetrischer die Märkte sind, da dort die Ungewissheiten über das Verhalten der Marktteilnehmer von vornherein gering sind; entsprechend geringer ist der Koordinierungsaufwand.[134] Vor diesem Hintergrund kann der Informationsaustausch unter Wettbewerbern in der Energiewirtschaft kartellrechtlich besonders brisant sein. Denn aufgrund der Besonderheiten der natürlichen Netzmonopole und des hohen Regulierungsgrades sowie der Energieversorgung als Daseinsvorsorge handelt es sich um Märkte, auf denen der Wettbewerb von vornherein in beschränktem Rahmen und nur auf bestimmten Wertschöpfungsstufen stattfindet.

103 Informationsaustausch findet in der Energiewirtschaft insbesondere auch in den einschlägigen Verbänden, z.B. Bundesverband der Energie- und Wasserwirtschaft (BDEW) und Verband kommunaler Unternehmen (VKU) statt. Soweit diese **Verbände** Empfehlungen an ihre Mitglieder aussprechen, sind diese kartellrechtlich an § 1 GWB zu messen, bei dessen Auslegung die Rechtsprechung zu Art. 101 AEUV berücksichtigt werden muss.[135] Danach stellt eine Verbandsempfehlung u.a. dann einen kartellrechtswidrigen Beschluss einer Unternehmensvereinigung dar, wenn sie trotz ihrer Bezeichnung als unverbindlich oder als Empfehlung – faktisch verbindlich ist oder wenn die Annahme der Empfehlung durch Unternehmen an die sie gerichtet ist, einen spürbaren Einfluss auf den Wettbewerb auf dem betreffenden Markt ausübt.[136]

104 Bei der kartellrechtlichen Beurteilung derartigen Informationsaustauschs auf Verbandsebene sind die Besonderheiten der Energiewirtschaft zu bedenken, die einen großen Bedarf an Informations- und Know-How-Austausch erfordern. Die rechtlichen, regulatorischen und technischen Grundlagen ändern sich laufend und werden zunehmend komplexer, sodass die Unternehmen vielfach auf Verbandsempfehlungen angewiesen sind, um wirtschaftlich erfolgreich zu sein, ihr Geschäftsmodell umsetzen zu können und am Wettbewerb teilzunehmen. Entsprechendes gilt für die kartellrechtliche Beurteilung der von diesen Verbänden herausgegebenen Standardverträgen, Formulierungshilfen und sonstigen verein-

133 *Kühling/Sackmann*, IR 2017, 172, 175.
134 Langen/Bunte/*Hengst*, Kartellrecht, 13. Aufl. 2018, Art. 101 AEUV Rn. 364.
135 Langen/Bunte/*Krauß*, Kartellrecht, 13. Aufl. 2018, § 1 GWB, Rn. 123.
136 Langen/Bunte/*Krauß*, Kartellrecht, 13. Aufl. 2018, § 1 GWB, Fn. 118.

heitlichten **Regelwerken,** welche aus kartellrechtlicher Sicht eine faktische wettbewerbsbeschränkende Angleichung der Verkaufs- oder Vertriebsbedingungen zur Folge haben kann.[137]

IX. Kooperative Gemeinschaftsunternehmen

Von einem Gemeinschaftsunternehmen wird allgemein gesprochen, wenn zwei oder 105
mehrere Unternehmen (Muttergesellschaften) die Verfolgung gemeinsamer Zwecke in einem weiteren Unternehmen betreiben. In der Praxis manifestiert sich eine vertiefte Zusammenarbeit durchaus häufig gesellschaftsrechtlich und führt zur Gründung eines Gemeinschaftsunternehmens. Daher wird das Gemeinschaftsunternehmen auch ausführlicher erörtert. Auch die zuvor erörterten Netzkooperationen[138] beinhalten häufig Gemeinschaftsunternehmen.

Ein sogenanntes paritätisches Gemeinschaftsunternehmen ist gegeben, wenn 106
die Muttergesellschaften zu je gleichen Teilen an der Tochtergesellschaft beteiligt sind, insbesondere bei einer Beteiligung von je 50% zweier gleichberechtigter Muttergesellschaften. Gemeinschaftsunternehmen können den Zusammenschlusstatbestand erfüllen und unter die Fusionskontrolle fallen.[139] Die Gründung bzw. Entstehung eines Gemeinschaftsunternehmens kann aber wegen der Auswirkungen auf das Wettbewerbsverhältnis zwischen den Mutterunternehmen oder auch zwischen einem – nicht beherrschenden – Mutterunternehmen und dem Gemeinschaftsunternehmen unter § 1 GWB fallen.[140]

Es wird zwischen Vollfunktions-Gemeinschaftsunternehmen und Teilfunktions- 107
Gemeinschaftsunternehmen unterschieden. In einem Vollfunktions-Gemeinschaftsunternehmen schließen sich mindestens zwei Wettbewerber zusammen. Dadurch entsteht ein dritter Wettbewerber, der seinerseits sämtliche Funktionen eines eigenständigen Unternehmens erfüllt und diese auch mit eigenen Ressourcen selbst wahrnimmt.[141] Bei einem Teilfunktions-Gemeinschaftsunternehmen erstreckt sich die unternehmerische Tätigkeit nur auf einen Produktionssektor, etwa Einkauf, Produktion oder Vertrieb.

Die Unterscheidung entspricht teilweise der Unterscheidung von konzentrati- 108
ven und kooperativen Gemeinschaftsunternehmen in der Fusionskontrolle:[142] In

137 Langen/Bunte/*Krauß*, Kartellrecht, 13. Aufl. 2018, § 1 GWB, Rn. 264.
138 Rn. 87.
139 Vgl. dazu bereits oben unter Rn. 54.
140 Vgl. Langen/Bunte/*Krauß*, Kartellrecht, 13. Aufl. 2018, § 1 GWB, Rn. 310.
141 Sektorenuntersuchung Zement und Transportbeton, Rn. 491. (VO 139/2004).
142 Sektorenuntersuchung Zement und Transportbeton, Rn. 492.

Abgrenzung zu konzentrativen Gemeinschaftsunternehmen ist der Zusammenschluss kooperativ, wenn das Unternehmen nicht dauerhaft alle Funktionen einer selbständigen wirtschaftlichen Einheit erfüllt, also ein Teilfunktions-Unternehmen ist oder durch den Zusammenschluss Wettbewerbsverhalten der Mitglieder des Gemeinschaftsunternehmens aufeinander abgestimmt wird.[143] Wichtig ist, dass nur bei kooperativen Gemeinschaftsunternehmen neben der Fusionskontrolle auch das Kartellverbot gem. Art. 101 AEUV bzw. § 1 GWB geprüft wird. Die kartellrechtliche Beurteilung eines Gemeinschaftsunternehmens kann dabei zu einem anderen Ergebnis führen als die Fusionskontrolle. So können Minderheitsbeteiligungen an Gemeinschaftsunternehmen z.B. fusionsrechtlich unterhalb des (im Gegensatz zum im Kartellrecht weiteren) Beherrschungskriteriums liegen. Daneben kann das Gemeinschaftsunternehmen aber etwa auch vor der Einführung der Fusionskontrolle im Jahre 1973 gegründet worden sein oder die nach § 35 Abs. 1 GWB erforderliche Umsatzschwelle nicht erreichen und der Fusionskontrolle damit überhaupt nicht unterliegen.[144]

109 Für Kommunen sind kooperative Gemeinschaftsunternehmen insbesondere dann attraktiv, wenn sie sich weitgehenden Einfluss auf das Unternehmen vorbehalten möchten, aber zur eigenständigen Handhabung der Aufgabe nicht ausreichend Fachwissen und oder Personal aufbringen können.[145]

1. Typisierung von Gemeinschaftsunternehmen in Orientierung an der „Sektorenuntersuchung Walzasphalt" des Bundeskartellamts

110 Die kartellrechtliche Praxis hat sich bisher wenig mit Gemeinschaftsunternehmen im Energiesektor, mit Ausnahme der Beaufsichtigung der großen Energieversorgungsunternehmen, auseinandergesetzt. Da vom Bundeskartellamt oder der Rechtsprechung noch keine näheren Kriterien für eine kartellrechtliche Beurteilung von Energiekooperationen aufgestellt wurden, soll im Folgenden am Beispiel der Sektorenuntersuchung Walzasphalt des Bundeskartellamts die kartellrechtliche Beurteilung von Gemeinschaftsunternehmen veranschaulicht werden.

111 Um die kartellrechtliche Beurteilung zu erleichtern, hat das Bundeskartellamt im Rahmen der Sektorenuntersuchung Walzasphalt eine Typisierung von Gemeinschaftsunternehmen vorgenommen, die die kartellrechtliche Beurteilung erleichtern soll, wobei die Typisierung nicht abschließend ist.[146] Die Differenzierung beruht auf der Rechtsprechung des BGH, in der dieser für verschiedene Marktkonstellationen eine Regelvermutung für das Bestehen einer Wettbewerbs-

143 Schneider/Theobald/*Jung*/*Theobald*, Recht der Energiewirtschaft, § 6 Rn. 326.
144 Sektorenuntersuchung Walzasphalt, Rn. 125.
145 Schneider/Theobald/*Jung*/*Theobald*, Recht der Energiewirtschaft, § 6 Rn. 326.
146 Sektorenuntersuchung Walzasphalt, Rn. 149.

beschränkung aufgestellt hat. Danach ist eine Beschränkung des Wettbewerbs regelmäßig zu erwarten, wenn die Muttergesellschaften weiterhin auf dem gleichen sachlichen und räumlichen Markt wie das Gemeinschaftsunternehmen tätig bleiben.[147]

Hintergrund der Regelvermutung ist, dass die Gründung eines Gemeinschafts- 112
unternehmens häufig die Aufgabe der vollständigen Beherrschung über die individuellen Ressourcen und das individuelle Wettbewerbspotential mit sich bringt, was aus Sicht der Mutterunternehmen typischerweise nur dann sinnvoll ist, wenn mit der Gründung eine Wettbewerbsdämpfung einhergeht.[148]

Die Regelvermutung wird anhand einer Gesamtbetrachtung im Einzelfall bestä- 113
tigt oder widerlegt, wobei insbesondere das strategische oder wirtschaftliche Interesse an der Zusammenarbeit vor dem Hintergrund des konkreten Marktes bewertet werden.[149] Strategische Ziele werden nach objektiven Kriterien und subjektiven Motiven der Gesellschafter beurteilt. Sie sind auf Dauer angelegt und können beispielsweise in Krisensituationen darauf gerichtet sein, den Wettbewerb zu beruhigen.[150] Für die wirtschaftliche Bedeutung wird geprüft, ob die Kooperation eine gewisse Geeignetheit zur Marktbeeinflussung besitzt,[151] wobei nicht nur auf das Gemeinschaftsunternehmen abzustellen, sondern auch der Marktanteil der Gesellschafter relevant ist.

Das Bundeskartellamt legt die Entscheidung des BGH restriktiv aus und versteht 114
unter „tätig sein", dass der Gesellschafter unmittelbar selbst oder durch ein i.S.d. § 36 Abs. 2 GWB verbundenes Unternehmen auf dem relevanten Markt aktiv ist.[152] Im Rahmen der Sektorenuntersuchung Walzasphalt hat das Bundeskartellamt zwischen den folgenden Kooperationstypen differenziert. Zu unterscheiden sind die wettbewerbsrechtlich unkritischen Typ-U-Fälle,[153] von den Typen-A, -B und -C, bei denen eine Wettbewerbsbeschränkung nach den oben herausgearbeiteten Kriterien vorliegt. Bei den Typ-A-Fällen ist die Regelvermutung erfüllt.[154] Bei den Typ-B-Fällen, sind einzelne Voraussetzungen der Regelvermutung nicht erfüllt, sie sind aber dennoch kartellrechtlich problematisch.[155] Bei den Typ-C-Fällen entstehen Wettbewerbsbeschränkungen in der Regel durch Informationsaustausch zwischen

---

147 Vgl. BGH, Beschl. v. 8.5.2001 – KVR 12/99 – juris, Rn. 34 – Ost-Fleisch; BGH, Beschl. v. 4.3.2008 – KVZ 55/07 – juris, Rn. 14 – Nord-KS.
148 Sektorenuntersuchung Walzasphalt, Rn. 165.
149 Sektorenuntersuchung Walzasphalt, Rn. 173f.
150 Sektorenuntersuchung Walzasphalt, Rn. 173f.
151 Sektorenuntersuchung Walzasphalt, Rn. 175.
152 Sektorenuntersuchung Walzasphalt, Rn. 162.
153 Vgl. Rn. 115.
154 Vgl. Rn. 116.
155 Vgl. Rn. 117.

dem Gemeinschaftsunternehmen und den Gesellschaftern.[156] Die Typisierung durch das Bundeskartellamt ist jedoch nicht abschließend.[157]

2. Typ-U-Fälle: Kartellrechtlich unkritische Fälle

115 Nach dem Bundeskartellamt begründen die sog. unkritischen Typ-U-Fälle von vornherein keine Wettbewerbsbeschränkung. Voraussetzung ist, dass

- „kein Gesellschafter auf dem gleichen sachlich und/oder räumlich relevanten Markt oder auf vor- oder nachgelagerten Märkten des Gemeinschaftsunternehmens in erheblichem Umfang tätig ist,
- das Gemeinschaftsunternehmen von einem Gesellschafter beherrscht wird und die anderen Gesellschafter weder auf dem sachlichen und/oder räumlichen Markt oder auf vor- oder nachgelagerten Märkten des Gemeinschaftsunternehmens tätig sind, oder
- die Gesellschafter des Gemeinschaftsunternehmens kleinere oder mittelständische Unternehmen sind, die auf denselben räumlichen Märkten wie das Gemeinschaftsunternehmen und/oder auf vor- oder nachgelagerten Märkten des Gemeinschaftsunternehmens tätig sind, wobei weder das Gemeinschaftsunternehmen noch die kleineren oder mittelständischen Gesellschafter auf ihren jeweiligen Märkten über relevante Marktstellungen verfügen."[158]

3. Typ-A-Fälle: Regelvermutung unproblematisch erfüllt

116 Als Typ-A-Fälle hat das Bundeskartellamt die Fälle eingeordnet, in denen die Regelvermutung unproblematisch erfüllt ist, also die Muttergesellschaften auf dem gleichen sachlichen und räumlichen Markt wie das Gemeinschaftsunternehmen tätig bleiben.

156 Vgl. Rn. 121.
157 Sektorenuntersuchung Walzasphalt, Rn. 179.
158 Sektorenuntersuchung Walzasphalt, Rn. 157.

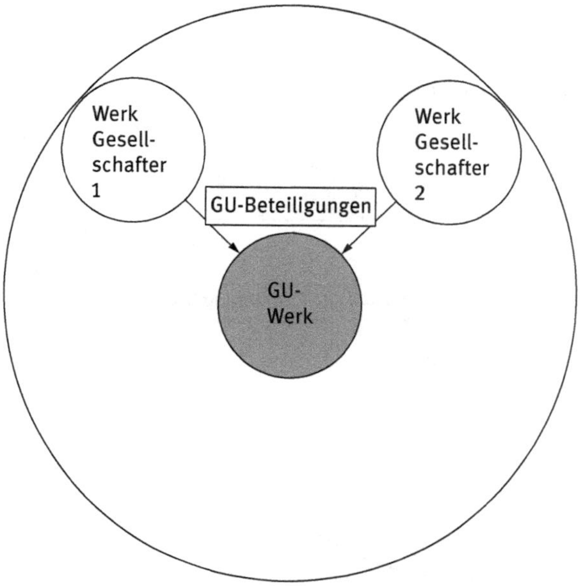

Abb. 7: Typ-A-Fall[159]

4. Typ-B-Fälle: Einzelne Voraussetzungen der Regelvermutung nicht erfüllt, aber dennoch kartellrechtlich problematisch

Darüber hinaus können auch horizontale Gemeinschaftsunternehmen, gegen das Kartellverbot verstoßen, obwohl einzelne Voraussetzungen der Regelvermutung nicht erfüllt sind. Das Bundeskartellamt unterscheidet die Typ-B-Fälle abhängig davon, welche der drei oben genannten Voraussetzungen[160] (vgl. Typ-U-Fälle) nicht erfüllt sind. 117

Die **B1-Konstellation** betrifft Fälle, in denen eine nicht von den Gesellschaftern des Gemeinschaftsunternehmens beherrschte Beteiligungsgesellschaft auf demselben Markt wie das Gemeinschaftsunternehmen tätig ist.[161] Der Zusammenschluss kann in diesem Fall dennoch kartellrechtlich relevant sein, abhängig von den rechtlichen und faktischen Einflussmöglichkeiten dieses Gesellschafters, wobei wiederum strategische Interessen und wirtschaftliche Bedeutung der Beteiligungsgesellschaft für den betroffenen Gesellschafter geprüft werden.[162] 118

159 Sektorenuntersuchung Walzasphalt, Abbildung 7 (Typ-A-Fall), Rn. 161.
160 C.IX.2. Rn. 115.
161 Sektorenuntersuchung Walzasphalt, Rn. 180.
162 Sektorenuntersuchung Walzasphalt, Rn. 183.

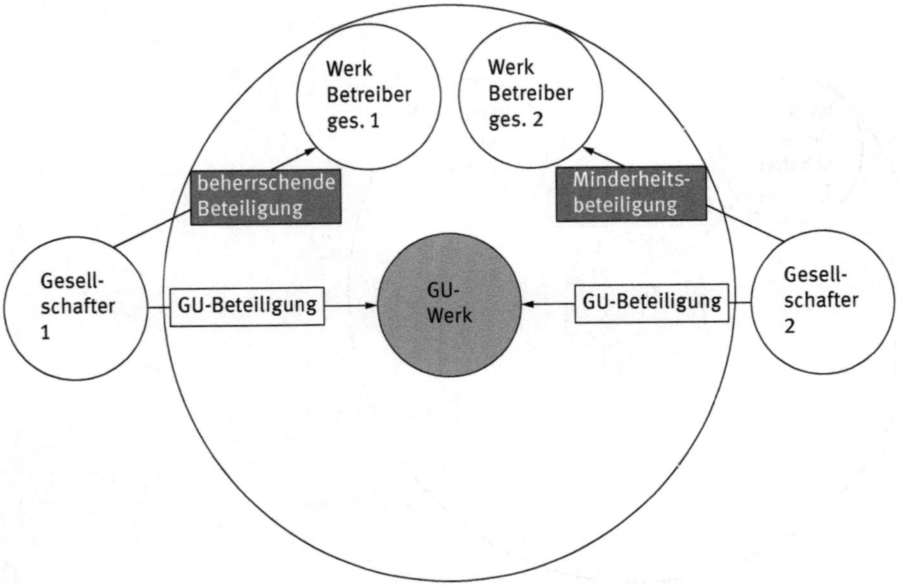

Abb. 8: Typ-B1-Fall[163]

119 In der **B2-Konstellation** ist ein Gesellschafter nur auf einem räumlich benachbarten Markt tätig und somit nur ein potentieller Wettbewerber des Gemeinschaftsunternehmens.[164] Für die kartellrechtliche Bewertung ist in diesem Fall insbesondere ausschlaggebend, wie hoch der potentielle Wettbewerbsdruck dieses Gesellschafters auf den Markt des Gemeinschaftsunternehmens und anders herum ist. Das Bundeskartellamt geht davon aus, dass der Wettbewerbsdruck unzulässig hoch ist, wenn das Gemeinschaftsunternehmen nicht (mehr) auf den Markt des Gesellschafters einliefert.[165]

163 Sektorenuntersuchung Walzasphalt, Abbildung 8, (Typ-B1-Fall), Rn. 181.
164 Sektorenuntersuchung Walzasphalt, Rn. 180.
165 Sektorenuntersuchung Walzasphalt, Rn. 187 f.

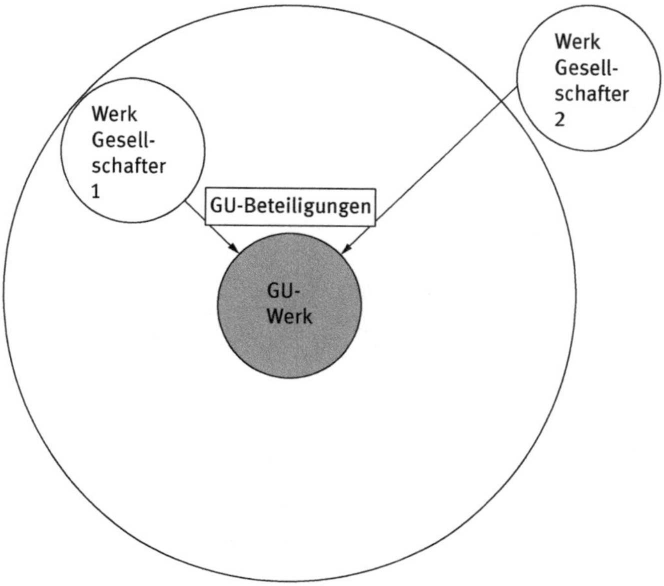

Abb. 9: Typ-B2-Fall[166]

Die **B3-Konstellation** betrifft Fälle, in denen mindestens zwei Gesellschafter eines Gemeinschaftsunternehmens, zwar nicht im selben Markt oder in eng benachbarten Märkten des Gemeinschaftsunternehmens tätig sind, aber in anderen Märkten wettbewerblich aufeinander treffen.[167] Wettbewerbsbeschränkungen können sich hier z.B. daraus ergeben, dass die Gesellschafter aus Rücksicht auf die gegenseitigen Interessen auf eigenständige wirtschaftliche Tätigkeit auf dem Markt des Gemeinschaftsunternehmens verzichten.[168] 120

166 Sektorenuntersuchung Walzasphalt, Abbildung 9 (Typ-B2-Fall), Rn. 184.
167 Sektorenuntersuchung Walzasphalt, Rn. 190.
168 Sektorenuntersuchung Walzasphalt, Rn. 191 f.

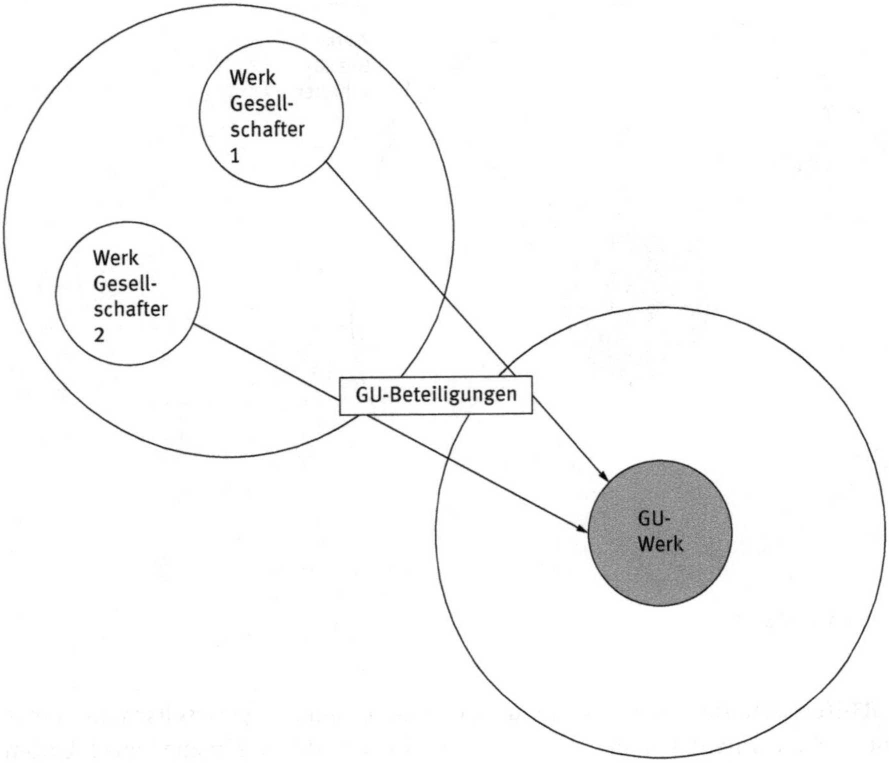

Abb. 10: Typ-B3-Fall[169]

5. Typ-C-Fälle: Wettbewerbsbeschränkungen durch Informationsaustausch

121 Typ-C-Fälle umfassen solche Wettbewerbsbeschränkungen, die durch Informationsaustausch, etwa über nicht öffentliche Informationen über Geschäftsabschlüsse, künftige Preisentwicklungen oder Strategien, zwischen dem Gemeinschaftsunternehmen und den Gesellschaftern entstehen.[170] Häufig fallen Typ-C-Fälle auch unter Typ-A- oder B-Fälle.

122 Merkmal der Typ-C-Fälle ist der tatsächlich wettbewerbsbeschränkende Informationsfluss, unabhängig von einer beherrschenden Stellung im Gemeinschaftsunternehmen.[171] Dabei ist einseitiger Informationsfluss vom Kartellverbot umfasst. Es kommt hauptsächlich darauf an, dass Unsicherheiten, wie sich ein Marktteilnehmer verhalten wird, zwischen den am Informationsfluss teilnehmenden Unternehmen aufgehoben oder vermindert werden. Diese Unsicherheiten sind aus der

169 Sektorenuntersuchung Walzasphalt, Abbildung 9 (Typ-B3-Fall), Rn. 190.
170 Sektorenuntersuchung Walzasphalt, Abbildung 9 (Typ-B3-Fall), Rn. 194.
171 Sektorenuntersuchung Walzasphalt, Abbildung 9 (Typ-B3-Fall), Rn. 200.

Perspektive des Geheimwettbewerbs erforderlich, da nur Wettbewerb zwischen konkurrierenden Teilnehmern tatsächlich funktionieren kann.[172] Insbesondere bei engen gesellschaftsrechtlichen Beziehungen kann ein hohes Risiko von faktischem Datenaustausch bereits in personellen Verflechtungen bestehen.

Beispiel
Im Jahr 2008 sowie im Jahr 2013 verhängte das BKartA ein Bußgeld gegen Luxuskosmetik- und Drogerieartikelhersteller.[173] Grund hierfür war ein regelmäßiger Informationsaustausch in sogenannten Schlussrunden über unternehmensinterne Daten. Ausgetauscht wurden unter anderem Umsatzzahlen, Werbeausgaben, Retouren, Preisanhebungen und Verhalten gegenüber Vertragspartnern.

Durch diesen Informationsaustausch wurde der Wettbewerb unter den Herstellern nachhaltig eingeschränkt. Es bestand die Gefahr, dass es zu einer Koordinierung des Marktverhaltens kam. Hierdurch wurde gegen Art. 101 Abs. 1 AEUV und § 1 GWB verstoßen. Ein Informationsaustausch oder eine vertragliche Zusammenarbeit stellt keine Kooperation im Sinne eines Gemeinschaftsunternehmens dar, doch kann es auch im Rahmen einer solchen Kooperation im weiteren Sinne zu einer verbotenen Koordinierung des Marktverhaltens kommen. Gerade bei einer engen gesellschaftsrechtlichen Verflechtung besteht ein hohes Risiko eines faktischen Datenaustauschs zum Beispiel durch personelle Verflechtungen. 123

X. Wettbewerbsbeschränkungen in Gesellschaftsverträgen (von Gemeinschaftsunternehmen)

Eine besondere Fallgruppe der horizontalen Wettbewerbsbeschränkung sind Wettbewerbsverbote und wettbewerbsbeschränkende Absprachen in Gesellschaftsverträgen. Dabei handelt es sich streng genommen nicht um eine bestimmte Art von Kooperation oder Gemeinschaftsunternehmen. Es sind vielmehr all jene (Kooperations-)Fälle erfasst, in denen sich die Zusammenarbeit soweit verfestigt hat, dass sie sich durch Gründung einer gemeinsamen „Kooperationsgesellschaft" (häufig also ein Gemeinschaftsunternehmen) durch die Kooperationspartner auch gesellschaftsrechtlich manifestiert hat. Sobald in Umsetzung einer Kooperation eine gemeinsame Gesellschaft gegründet wird, sind selbstverständlich auch kartellrechtlich relevante Wettbewerbsverbote und Absprachen im Gesellschaftsvertrag möglich. 124

172 Sektorenuntersuchung Walzasphalt, Abbildung 9 (Typ-B3-Fall), Rn. 209.
173 BKartA, Millionenbußgelder gegen Hersteller von Drogerieartikeln wegen wettbewerbsbeschränkendem Informationsaustausch, Meldung v. 18.3.2013; BKartA, Bundeskartellamt verhängt Millionenbußen gegen Luxuskosmetikhersteller wegen Marktinformationssystem, Meldung v. 10.7. 2008.

125 **Wettbewerbsverbote** sind grundsätzlich nach § 1 GWB zu beurteilen.[174] Wettbewerbsbeschränkende Bestimmungen in Gesellschaftsverträgen sind regelmäßig nur zulässig, wenn sie und soweit sie notwendig sind, um das im Übrigen kartellrechtsneutrale Gesellschaftsunternehmen in seinem Bestand und seiner Funktionsfähigkeit zu erhalten.[175] Weiterhin darf ein Wettbewerbsverbot nur demjenigen Gesellschafter auferlegt werden, der die Geschäftsführung der Gesellschaft maßgeblich beeinflussen kann, denn nur bei diesem besteht die Gefahr einer inneren Aushöhlung des Unternehmens zugunsten der eigenen Konkurrenztätigkeit. Ist ein Gesellschafter mit einem Geschäftsanteil von 1/3 bloßer Minderheitsgesellschafter ohne einen bestimmenden Einfluss, so kann zu seinen Lasten nicht ein Wettbewerbsverbot vereinbart werden.[176] Anderes gilt, wenn der Minderheitsgesellschafter in der Lage ist, strategisch wichtige Entscheidungen zu blockieren.[177]

126 Von den Fällen der Wettbewerbsverbote zulasten eines Gesellschafters eines Gemeinschaftsunternehmens sind die Fälle zu unterscheiden, in denen eine soggenannte **„kartellrechtswidrige Verhaltenskoordination"** der Muttergesellschaften untereinander oder auch zwischen einer nicht beherrschenden Mutter und dem Gemeinschaftsunternehmen im Wettbewerb bewirkt wird.[178] Grundsätzlich scheidet eine gegen § 1 GWB verstoßende Wettbewerbsbeschränkung im Verhältnis zwischen Gemeinschaftsunternehmen und seiner Muttergesellschaft aus, wenn diese einen (mit-)beherrschenden Einfluss ausübt, da das Gemeinschaftsunternehmen mit dem Gesellschafter dann nach § 36 Abs. 2 GWB eine Unternehmenseinheit bildet und die Wettbewerbsbeschränkung lediglich Ergebnis ausgeübter gesellschaftsrechtlicher Leitungsmacht wäre.[179] Der Fall liegt aber anders, wenn die Muttergesellschaft gerade keinen beherrschenden Einfluss ausüben kann. In derartigen Fällen ist die Rechtsprechung in der Vergangenheit bereits von einer kartellrechtswidrigen Koordinierung zwischen Muttergesellschaft und dem Gemeinschaftsunternehmen ausgegangen.[180]

---

174 Langen/Bunte/*Krauß*, Kartellrecht, 13. Aufl. 2018, § 1 GWB, Rn. 209.

175 BGH, Urt. v. 23.6.2009 – KZR 58/07 – „Gratiszeitung Hallo" – WuW/E DE-R 2742, 2744 Rn. 17; Langen/Bunte/*Krauß*, Kartellrecht, 13. Aufl. 2018, § 1 GWB, Rn. 209.

176 OLG Frankfurt am Main, Urt. v. 17.3.2009 – 11 U 61/08 – „Musikalienhandel" – WuW/E DE-R 2603, 2604; Langen/Bunte/*Krauß*, Kartellrecht, 13. Aufl. 2018, § 1 GWB, Rn. 209.

177 BGH, Urt. v. 23.6.2009 – KZR 58/07 – „Gratiszeitung Hallo" – WuW/E DE-R 2742, 2744 Rn. 17; Langen/Bunte/*Krauß*, Kartellrecht, 13. Aufl. 2018, § 1 GWB, Rn. 209.

178 Vgl. Langen/Bunte/*Krauß*, Kartellrecht, 13. Aufl. 2018, § 1 GWB, Rn. 310.

179 Vgl. BGH, Urt. v. 1.12.1981 – KRB 3/79 – „Transportbeton-Vertrieb II" – WuW/E BGH 1901, 1903; Langen/Bunte/*Krauß*, Kartellrecht, 13. Aufl. 2018, § 1 GWB, Rn. 311.

180 Vgl. BGH, Beschl. v. 4.3.2008 – KVZ 55/07 – „Nord-KS/Xella" – WuW/E DE-R 2361; OLG Düsseldorf, Beschl. v. 20.6.2007 – VI-Kart 14/06 (V) – „Nord-KS/Xella" – WuW/E DE-R 2146; Langen/Bunte/*Krauß*, Kartellrecht, 13. Aufl. 2018, § 1 GWB, Rn. 311.

Es ist darauf hinzuweisen, dass die Rechtsprechung des BGH, die Kartellamtspraxis und die herrschende Meinung in der Literatur bei der kartellrechtlichen Beurteilung die Gesamtumstände des Einzelfalls, wie z.B. die Ausgestaltung des Gesamtvertragswerks als maßgeblich ansehen, was unter anderem der Vielzahl möglicher Ausgestaltungen bei gesellschaftsrechtlichen Verflechtungen und Gemeinschaftsunternehmen geschuldet ist.[181] Die Verankerung einer kartellrechtswidrigen Koordinierung lässt sich in der Praxis aber durchaus in den Gesellschaftsverträgen eines Gemeinschaftsunternehmens finden. 127

Interessanterweise sind – gerade in der **Energiewirtschaft** – derartige Wettbewerbsverbote und Wettbewerbsbeschränkungen bzw. gesellschaftsvertragliche Vetorechte von Minderheitsgesellschaftern praxisrelevant. Die Energiewirtschaft zeichnet sich durch viele, teils verschachtelte Beteiligungen verschiedener Unternehmen untereinander aus. Viele große Energieversorgungsunternehmen sind Minderheitsgesellschafter zahlreicher Stadtwerke. Gleichzeitig konkurrieren diese großen Energieversorgungsunternehmen auf verschiedenen Märkten mit den Stadtwerken, an denen sie beteiligt sind. Im Rahmen ihrer Minderheitsbeteiligungen ohne beherrschenden Einfluss, haben sie dann sich häufig zugleich wettbewerbsrelevante gesellschaftsrechtliche Vetorechte in den Gesellschaftsverträgen der Stadtwerke gesichert. Derartige Konstellationen bedürfen zwar einer Prüfung des Einzelfalls, sie können aber kartellrechtlich problematisch und unzulässig sein. 128

Praxisbeispiel i

Ein großer Regionalversorger, der zahlreiche Konzessionen für Energieversorgungsunternehmen hält und Netzbetreiber ist, ist an einem Stadtwerk mit 24,9% beteiligt. Das Stadtwerk ist selbst Konzessionsnehmer und Netzbetreiber im eigenen Stadtgebiet. Es laufen nunmehr Konzessionen in umliegenden Ortschaften aus, sodass dort der Wettbewerb um die Netze grundsätzlich eröffnet ist. Der große Regionalversorger ist jedoch zugleich Altkonzessionär und versucht, seine Bestandskonzessionen zu verteidigen. Das Stadtwerk hat zwar selbst Interesse an einer Konzessions- und Netzgebietserweiterung und würde sich daher in den Konzessionsverfahren der umliegenden Ortschaften bewerben. Dies scheitert jedoch daran, dass dem großen Regionalversorger qua Gesellschaftsvertrag ein Vetorecht hinsichtlich der Bewerbung des Stadtwerkes um Konzessionen außerhalb des eigenen Stadtgebietes zusteht und er die Zustimmung versagt.

D. Sanktionen

Die Europäische Kommission kann gegen einen Kartellverstoß mittels Verfügung nach Art. 7 Abs. 1 S. 1 VO Nr. 1/2003[182] und §§ 81ff. GWB oder d urch Festsetzung eines 129

181 Vgl. Langen/Bunte/*Krauß*, Kartellrecht, 13. Aufl. 2018, § 1 GWB, Rn. 312.
182 Kartellverordnung (KartellVO – VO (EG) Nr. 1/2003) v. 16.12.2002 (ABl EG Nr. L 001 S. 1ff.).

Bußgeldes nach Art. 23 Abs. 2 lit. a VO Nr. 1/2003 vorgehen. Häufig verhängt sie Bußgelder gegen alle beteiligten Unternehmen, die als Gesamtschuldner haften.[183] Statthaftes Rechtsmittel gegen eine solche Busgeldentscheidung der Kommission ist die Nichtigkeitsklage (Art. 263 AEUV).

130 Das Bundeskartellamt kann Verstöße gegen das GWB nach den §§ 81ff. GWB ahnden. Für die Ermessensentscheidung über die Bußgeldbemessung hat das Bundeskartellamt Leitlinien herausgegeben.[184] Maßgeblich sind danach Gewinn- und Schadenspotential auf der einen und der Gesamtumsatz des Unternehmens auf der anderen Seite.

131 Der Bußgeldrahmen liegt nach § 17 Abs. 1 OWiG[185] zwischen 5 Euro und – gem. § 81 Abs. 4 S. 2 GWB bei vorsätzlichen Verstößen – 10% des Gesamtumsatzes des vor der Behördenentscheidung liegenden Geschäftsjahres.[186]

E. Fazit und Ausblick

132 Energiewirtschaftliche Kooperationen werden angesichts der bevorstehenden Herausforderungen in der Energiewirtschaft noch an Bedeutung gewinnen. Immer mehr Bereiche und Wertschöpfungsstufen sowie Dienstleistungen in der Energiewirtschaft, deren Profite mitunter schon jetzt überschaubar sind, werden entweder immer noch schärfer reguliert oder den Wettbewerbsbereichen zugeordnet (wie z.B. im Bereich des Messwesens) und damit dem Wettbewerb ausgesetzt.

133 Die Energiewirtschaft ist mittlerweile geprägt von steigenden (auch technischen) Anforderungen der Energiewende, einer Überregulierung und einer Verschärfung bzw. Ausweitung des Wettbewerbs, einem komplexen Rechtsrahmen und einem hohen administrativen Aufwand für die Energieversorgungsunternehmen. In diesem Umfeld werden in bestimmten Bereichen entweder nur große Energieversorgungsunternehmen wirtschaftlich bestehen können (derzeit z.B. im Bereich der Direktvermarktung von Erneuerbaren Energien) oder solche, die sich zu Kooperationen zusammenschließen. Die Kooperationen versetzen sie in die Lage, Synergien zu heben, Wissenstransfer zu gewährleisten und den administrativen Aufwand zu bewältigen sowie organisatorisch größere Einheiten zu bilden. Da in einigen Bereichen auch im Rahmen von Ausschreibungen die Anforderungen massiv erhöht wurden

183 Ffk-KartellR/*Kindhäuser*/*Meyer*, 88. Lieferung 4.2017, Art. 23 VO 1/2003, Rn. 173ff.

184 Bundeskartellamt, Leitlinien für die Bußgeldbemessung in Kartellordnungswidrigkeitsverfahren (Stand: 25 Juni 2013).

185 Ordnungswidrigkeitengesetz (OWiG) v. 19.2.1987 (BGBl. I S. 602), zuletzt geändert durch Gesetz v. 27.8.2017 (BGBl. I S. 3295).

186 Im Übrigen wird bzgl. der weiteren Sanktionen und behördlichen Handlungsinstrumente auf das Kapitel 9 verwiesen.

und sich der Wettbewerb verschärft hat (z.B. Konzessionierungsverfahren betreffend die Energieversorgungsnetze, Windparks) werden Bietergemeinschaften, Arbeitsgemeinschaften und Konsortien ebenfalls an Bedeutung gewinnen, die im Ergebnis Kooperationen darstellen, wenn ihnen der Zuschlag erteilt wird.

Die kartellrechtliche Untersuchung von Kooperationen in der Energiewirtschaft 134
jenseits der Fusionskontrolle war und ist gegenwärtig noch nicht besonders ausgeprägt. Die energiekartellrechtlichen Untersuchungen befassten sich in der Vergangenheit eher mit ganz klassischen kartellrechtlichen Fragen, wie z.B. Preisgestaltungen bei Gasendkundenlieferanten im Oktober 2007 und Heizstromtarifen 2009.[187] Eher vereinzelt wurden energiewirtschaftliche Kooperationen und Gemeinschaftsunternehmen der Energiebranche untersucht. Angesichts der Notwendigkeit zunehmender Kooperationen ist aber künftig ein Balanceakt sowohl für die kooperativ handelnden Energieversorgungsunternehmen als auch die Kartellbehörden zu erwarten. Der Balanceakt wird vor allem darin bestehen, einerseits wettbewerbsschädliche Maßnahmen, Absprachen und (häufig gesellschaftsrechtliche) Vereinbarungen zu identifizieren, zugleich aber die Zusammenarbeit kleiner und mittlerer Energieversorgungsunternehmen grundsätzlich zuzulassen und sinnvolle sowie dringend benötigte energiewirtschaftliche Kooperationen nicht im Keim zu ersticken, die einen wichtigen Beitrag zur Energiewende leisten können. Die sinnvollen und erforderlichen Kooperationen können im Wettbewerb mit großen Unternehmen sogar wettbewerbsfördernd wirken sowie Synergien und Effizienzen ermöglichen. Eine besondere Herausforderung dabei dürfte für die Energieversorgungsunternehmen darin liegen, dass sie grundsätzlich selbst die kartellrechtliche Zulässigkeit ihrer Kooperationen prüfen müssen.

---

187 Vgl. *Held/Wiesner*, Energierecht und Energiewirklichkeit, S. 323, bezugnehmend auf Fallbericht des BKartA: Missbrauchsverfahren gegen Gasversorgungsunternehmen aus dem Jahr 2008 („Gasverfahren" 2008), Überprüfung der Zusagen betroffener Versorger durch das Bundeskartellamt und Gaspreisentwicklung, Stand 26.8.2009, abrufbar unter http://www.bundeskartellamt.de/w.Deutsch/download/pdf/Kartell/Kartellog/Fallberichte/B10-16-56-08-Fallbeschreibung.pdf.

Kapitel 6
Fusionskontrolle in der Energiewirtschaft

1 Die Liberalisierung der Energiewirtschaft hat zu einer vergleichsweise starken Zersplitterung der Branche geführt und auf diese Weise die Möglichkeit und – aus ökonomischer Sicht – sogar die Notwendigkeit von Unternehmenszusammenschlüssen befördert.[1] Die so gestiegenen Konzentrationsbemühungen der Branchenteilnehmer spiegeln sich seitdem in einer regen Fusionskontrollpraxis sowohl der Europäischen Kommission als auch des BKartA wider.[2] Ein sehr aktuelles Beispiel, das zu einer umfassenden Marktstrukturveränderung führt, bildet die im März dieses Jahres öffentlich gemachte Einigung zwischen E.ON SE und RWE AG über den Erwerb der von RWE gehaltenen 76,8%-Beteiligung an der innogy SE durch E.ON, die mit einer Übernahme des Strom- und Gasvertriebs sowie Netzbetriebs von innogy sowie einer Zahlung von 1,5 Milliarden Euro von RWE verbunden ist und mit deren Prüfung die Kommission befasst sein wird. Als Gegenleistung soll RWE eine Beteiligung an der E.ON in Höhe von durchgerechnet 16,67% erhalten (mittels Sachkapitalerhöhung), einen weitgehenden Teil des erneuerbaren Energiegeschäfts der E.ON und der innogy bündeln und die von der E.ON-Tochter PreussenElektra gehaltenen Minderheitsbeteiligungen an den von RWE betriebenen Kernkraftwerken Emsland und Gundremmingen übernehmen. Des Weiteren soll RWE auch innogys Gasspeichergeschäft und innogys Anteil am österreichischen Energieversorger Kelag behalten.[3]

---

1 Wiedemann/*Scholz*, Handbuch Kartellrecht, § 34 Rn. 170.

2 Wiedemann/*Scholz*, Handbuch Kartellrecht, § 34 Rn. 170; über die Seite der Generaldirektion Wettbewerb, abrufbar unter: http://ec.europa.eu/competition/elojade/isef/index.cfm?fuseaction=dsp_merger_ongoing, können Informationen zu allen Fusionen abgerufen werden, die Gegenstand eines Fusionskontrollverfahrens von der Europäischen Kommission gewesen sind. Vergleichbar sind auf der Seite des BKartA sowohl laufende Verfahren als auch Entscheidungen und Fallberichte zu abgeschlossenen Verfahren, darunter auch Verfahren der für das Energierecht zuständigen Beschlussabteilung 8, abrufbar unter: https://www.bundeskartellamt.de/DE/Fusionskontrolle/fusionskontrolle_node.html.

3 Vgl. gemeinsame Pressemitteilung von E.ON und RWE vom 12.3.2018, abrufbar unter https://www.eon.com/de/ueber-uns/presse/pressemitteilungen/2018/eon-und-rwe-zwei-europaeische-energieunternehmen-fokussieren-ihre-aktivitaeten.html.

Lesinska-Adamson
https://doi.org/10.1515/9783110286847-006

A. Abgrenzung zwischen europäischer und deutscher Fusionskontrolle

I. Ziele

Die deutsche Fusionskontrolle ist eine Marktstrukturkontrolle: Strukturen, welche die Funktionsfähigkeit des Wettbewerbs beeinträchtigen, sollen gar nicht erst entstehen (Gefährdungstatbestand).[4] Dies wird erreicht, indem übermäßige Unternehmenskonzentrationen und damit möglicherweise auch nicht mehr kontrollierbare Verhaltensspielräume verhindert werden. Dazu gehört insbesondere eine ex post mit dem Kartellverbot nicht greifbare oligopolistische Reaktionsverbundenheit. Energiemärkte sind ein klassisches Beispiel solcher Oligopol-geneigter Märkte.[5] Darüber hinaus soll die Fusionskontrolle auch den Eintritt neuer Wettbewerber in den Markt erleichtern.[6] Sie ist also insgesamt ein präventives Mittel gegen Wettbewerbsbeschränkungen und greift deshalb vor Vollzug des Zusammenschlusses.[7] Die Prüfung der Marktwirkungen eines geplanten Zusammenschlusses erfordert Prognosen hinsichtlich der Entwicklung der Marktstrukturen, bei denen meist ein Zeitraum von drei bis fünf Jahren zugrunde gelegt wird.[8] Die Gefahr der Verschlechterung der Wettbewerbsstrukturen kann dabei von horizontalen, vertikalen oder konglomeraten Zusammenschlüsse ausgehen.[9] 2

Ähnliche Ziele verfolgt auch die FKVO, deren Anwendung einen Beitrag zu der gemeinschaftlichen Bestrebung der Schaffung eines europaweiten, wettbewerbsorientierten Elektrizitäts- und Binnenmarktes leistet.[10] Dabei sind gerade die liberalisierten Energiemärkte, die durch jahrzehntelange Monopolstrukturen geprägt wurden, für Beeinträchtigungen verschiedener Art besonders anfällig.[11] Ein anschauliches Beispiel ist die Aufteilung der nationalen Märkte zwischen GDF und E.ON Ruhrgas, die trotz Liberalisierung weiter andauerte.[12] 3

Durch horizontale Zusammenschlüsse verringert sich die Anzahl der Wettbewerber auf einem Markt und damit steigt die Gefahr der oligopolistischen Reaktionsverbundenheit, die ex post mit dem Kartellverbot nicht greifbar ist.[13] Auch die 4

4 BGH, Beschl. v. 21.2.1978 – KVR 4/77 – BGHZ 71, 102, 115 f. – Sachs/GKN; BGH, Beschl. v. 29.5.1979 – KVR 2/78 – BGHZ 74, 322, 326 – Organische Pigmente.

5 Schneider/Theobald/*Gussone*/*Theobald*, Recht der Energiewirtschaft, Rn. 72, 118.

6 *Zenke*/*Neveling*/*Lokau*, Konzentration in der Energiewirtschaft, S. 65 ff.

7 *Emmerich*, Kartellrecht, § 34 Rn. 2.

8 Langen/Bunte/*Ruppert*, Kartellrecht, Bd. 1, § 36 GWB Rn. 45.

9 Vgl. zum Ganzen *Emmerich*, § 34 Rn. 34 ff.

10 Vgl. *Pauweber*/*Weinand*, EuZW 2001, 232, 234.

11 Vgl. *Pauweber*/*Weinand*, EuZW 2001, 232, 234.

12 Vgl. EuG, Urt. v. 29.6.2012 – T-360/09 – WuW/E EU-R 2429-2511 – E.ON Ruhrgas.

13 Schneider/Theobald/*Gussone*/*Theobald*, Recht der Energiewirtschaft, Rn. 120.

FKVO ist laut ihrem Erwägungsgrund 25 darauf angelegt, solche Oligopol-Sachverhalte zu erfassen. Aber auch vertikale Unternehmenszusammenschlüsse bergen eine Gefahr für den Wettbewerb, weil sie den beteiligten Unternehmen besseren Zugang zu den Beschaffungs- und Absatzmärkten eröffnen als ihren Wettbewerbern und möglicherweise zur Ausdehnung der Marktmacht auf vor- oder nachgelagerte Märkte führen. Wie zahlreiche BKartA Verfahren der Vergangenheit, an denen große integrierte Energieversorger einerseits und Stadtwerke andererseits beteiligte waren, zeigen, spielten derartige Zusammenschlüsse auf den Energiemärkten früher eine wichtige Rolle.[14] Konglomerate Zusammenschlüsse, d.h. solche von Unternehmen auf verschiedenen nicht unmittelbar vertikal zusammenhängenden Märkten können den beteiligten Unternehmen schließlich Größen- und Diversifizierungsvorteile verschaffen und im Ergebnis zu einer Verdrängung ihrer Wettbewerber führen.[15]

II. Anwendungsbereich

5 Das Verhältnis der deutschen zur europäischen Fusionskontrolle bestimmt sich nach den im § 35 GWB und in Art. 1 FKVO geregelten Schwellenwerten. Ihre Rechtfertigung finden sie in der Tatsache, dass marktstrukturrelevant nur Konzentrationsvorgänge von mehr als unerheblicher Bedeutung sind.[16] Sind europäische Schwellenwerte erreicht, begründet dies die alleinige Zuständigkeit der Europäischen Kommission und die Anwendung des Prüfungsmaßstabs der FKVO (vgl. § 35 Abs. 3 GWB). Die Mitgliedstaaten dürfen also ihr innerstaatliches Kartellrecht auf solche Zusammenschlüsse nicht anwenden (vgl. Art. 21 Abs. 3 FKVO).

1. FKVO

a) Schwellenwerte

6 Die Europäische Kommission ist für die Prüfung aller Zusammenschlussvorhaben von gemeinschaftsweiter Bedeutung zuständig (vgl. Art. 1 Abs. 1 FKVO). Ob ein Zusammenschluss gemeinschaftsweite Bedeutung hat, wird dabei anhand der Schwellenwerte in Art. 1 Abs. 2 und 3 FKVO (sog. **Aufgreifkriterien**) bestimmt.

---

14 Schneider/Theobald/*Gussone*/*Theobald*, Recht der Energiewirtschaft, Rn. 122; inzwischen haben alle großen Energieversorger ihr Übertragungsnetz veräußert und E.ON sowie RWE sich auch von zahlreichen Weiterverteilern getrennt; vgl. Leitlinien zur Bewertung nichthorizontaler Zusammenschlüsse v. 18.10.2008, ABl EG Nr. C 265, S. 6 ff.

15 Schneider/Theobald/*Gussone*/*Theobald*, Recht der Energiewirtschaft, Rn. 122.

16 Schneider/Theobald/*Gussone*/*Theobald*, Recht der Energiewirtschaft, Rn. 148.

Checkliste

i

- Nach Art. 1 Abs. 2 FKVO ist dies der Fall, wenn
- alle beteiligten Unternehmen zusammen einen weltweiten Gesamtumsatz von mehr als 5 Mrd. € aufweisen und zusätzlich
- der gemeinschaftsweite Gesamtumsatz von mindestens zwei beteiligten Unternehmen jeweils mehr als 250 Mio. € beträgt.
- Werden diese Schwellenwerte nicht erreicht, so bestimmt Art. 1 Abs. 3 FKVO aus Gründen der Vereinfachung, Vereinheitlichung und Beschleunigung, dass unter den folgenden Voraussetzungen Zusammenschlüsse doch der ausschließlichen Zuständigkeit der Europäischen Kommission unterfallen:
- Der weltweite Gesamtumsatz aller beteiligten Unternehmen muss zusammen mehr als 2,5 Mrd. € betragen.
- Der Gesamtumsatz aller beteiligten Unternehmen in mindestens drei Mitgliedstaaten muss jeweils 100 Mio. € übersteigen.
- In den von Art. 1 Abs. 3b FKVO erfassten Mitgliedstaaten muss der Gesamtumsatz von mindestens zwei beteiligten Unternehmen jeweils mehr als 25 Mio. € betragen.
- Der gemeinschaftsweite Gesamtumsatz von mindestens zwei beteiligten Unternehmen muss jeweils 100 Mio. € übersteigen.

b) Ausnahmen

Die gemeinschaftsweite Bedeutung und damit die Zuständigkeit der Europäische Kommission zur Prüfung des Zusammenschlusses wird sowohl im Falle des Art. 1 Abs. 2 als auch 3 FKVO ausnahmsweise verneint, wenn die am Zusammenschluss beteiligten Unternehmen jeweils mehr als zwei Drittel ihres gemeinschaftsweiten Gesamtumsatzes in ein und demselben Mitgliedstaat erzielen (Art. 1 Abs. 2 S. 2, Abs. 3 S. 3 FKVO). Dabei richten sich die Einzelheiten der Umsatzberechnung nach Art. 5 FKVO. Die **Zwei-Drittel-Ausnahme** dient allein dazu, rein inländische Transaktionen von der Fusionskontrolle durch die Europäische Kommission auszuschließen.[17] Beispiele für energierechtliche Fälle, in denen die Kommission aufgrund der Zwei-Drittel-Ausnahme unzuständig gewesen ist, bilden die Zusammenschlussvorhaben RWE/VEW und Gas Natural/Endesa.[18] 7

Praxistipp

i

Die Zwei-Drittel-Ausnahme, die im Ergebnis zur Unzuständigkeit der Europäischen Kommission führt, greift regelmäßig dann, wenn an dem Zusammenschlussvorhaben Unternehmen beteiligt sind, die allesamt nur in einem Mitgliedsstaat tätig sind und ist in der Regel nicht einschlägig, sobald ausländische Unternehmen involviert sind.[19]

---

17 BKartA, Beschl. v. 3.7.2000 – B8-U-309/99 – WuW/E DE-V 301 – RWE/VEW; Europäische Kommission, Entsch. v. 15.11.2005 – COMP/M.3986, Rn. 74 – Gas Natural/Endesa.

18 BKartA, Beschl. v. 3.7.2000 – B8-U-309/99 – WuW/E DE-V 201 – RWE/VEW; Europäische Kommission, Entsch. v. 15.11.2005 – COMP/M.3986, Rn. 74 – Gas Natural/Endesa.

19 Wiedemann/*Scholz*, Handbuch Kartellrecht, § 34 Rn. 208; Bartsch/Röhling/Salje/Scholz/*Röhling*, Stromwirtschaft, Kap. 25 Rn. 3.

2. GWB

a) Schwellenwerte

8 In den Anwendungsbereich der deutschen Fusionskontrolle fallen ebenfalls nur Zusammenschlüsse von Unternehmen mit bestimmten Umsätzen.

Checkliste

Gemäß § 35 Abs. 1 GWB

- müssen die an einem Zusammenschluss beteiligten Unternehmen in ihrem letzten Geschäftsjahr vor dem Zusammenschluss insgesamt **Umsatzerlöse** in Höhe von mehr als 500 Mio. € weltweit erzielt haben;
- zusätzlich müssen die Umsatzerlöse mindestens eines der beteiligten Unternehmen in Deutschland mehr als 25 Mio. € und die eines anderen beteiligten Unternehmens mehr als 5 Mio. € betragen haben.

Die genannten Schwellen müssen kumulativ erreicht sein, damit die deutsche Fusionskontrolle zur Anwendung kommt.

9

Seit der 9. GWB-Novelle regelt § 35 Abs. 2 GWB daneben einen **neuen Aufgreiftatbestand der deutschen Fusionskontrolle**, welcher diejenigen Zusammenschlussvorhaben erfassen soll, bei denen das zu erwerbende Unternehmen zwar nur geringe Umsätze (unter 5 Mio. €) generiert, der Käufer jedoch bereit ist, für den Erwerb **eine Gegenleistung von mehr als 400 Mio. €** zu erbringen. Daneben müssen jedoch weiterhin die oben erwähnte 500 Mio. € Schwelle und die 25 Mio. € Schwelle erreicht sein. Schließlich muss das zu erwerbende Unternehmen in erheblichem Umfang im Inland tätig sein.

b) Beteiligte Unternehmen

10 Welche Unternehmen i.S.d. § 35 Abs. 1 GWB als am Zusammenschluss beteiligt anzusehen sind, hängt zunächst vom betroffenen Zusammenschlusstatbestand ab.

Checkliste

- Beteiligtes Unternehmen ist im Fall eines Zusammenschlusses durch **Vermögenserwerb** (§ 37 Abs. 1 Nr. 1 GWB) neben dem Erwerber auch der Veräußerer (§ 39 Abs. 2 Nr. 2 GWB); beachte hier jedoch die Klarstellung in § 38 Abs. 5 GWB.[20]
- Im Falle des **Kontrollerwerbs** (§ 37 Abs. 1 Nr. 2 GWB) sind nur das oder die Unternehmen beteiligt, welche die Kontrolle über ein anderes Unternehmen erwerben und das Beteiligungsunternehmen;
- Am **Anteilserwerb** sind allein der Erwerber und das Beteiligungsunternehmen beteiligt, nicht hingegen der Anteilsveräußerer; entsteht ein Gemeinschaftsunternehmen (§ 37 Abs. 1 Nr. 2,

20 Siehe unten Rn. 15.

Nr. 1, Nr. 3, Abs. 4 Nr. 4 GWB), so ist neben dem Erwerber auch der (weiterhin an dem GU beteiligte) Veräußerer Beteiligungsunternehmen.[21]

Um zu verhindern, dass eine Entscheidung über die Auswirkungen eines Konzentrationsvorhabens auf die Wettbewerbsstruktur von der letztlich willkürlichen internen Organisation einer Unternehmensgruppe abhängt,[22] wird der Begriff des Unternehmens durch § 36 Abs. 2 S. 1 GWB auf wirtschaftliche Einheiten erweitert.[23] Damit werden die wirtschaftlichen Ressourcen verbundener Unternehmen in ihrer Gesamtheit der wettbewerblichen Analyse zugrunde gelegt.[24] § 36 Abs. 2 S. 1 GWB bestimmt, dass abhängige und herrschende Unternehmen i.S.v. § 17 AktG sowie Konzernunternehmen i.S.v. § 18 AktG als ein „einheitliches Unternehmen“ anzusehen sind. Die Bezugnahme auf das AktG qualifiziert dabei nur die Art der Verbundenheit.[25] Dergestalt verbundene Unternehmen sind also auch dann als wettbewerbliche Einheit erfasst, wenn keines von ihnen die Rechtsformen des AktG besitzt.[26] 11

Abhängig i.S.v. § 17 Abs. 1 AktG sind rechtlich selbständige Unternehmen, auf die ein anderes Unternehmen (herrschendes Unternehmen) unmittelbar oder mittelbar einen beherrschenden Einfluss ausüben kann. Entscheidendes Kriterium ist dabei nicht die Kapitalmehrheit. Vielmehr kann sich die Abhängigkeit z.B. aus der Befugnis zur Besetzung der Leitungsorgane des abhängigen Unternehmens ergeben.[27] 12

- Dennoch wird nach § 17 Abs. 1 AktG von einem in Mehrheitsbesitz stehenden Unternehmen vermutet, dass es von dem an ihm mit Mehrheit beteiligten Unternehmen abhängig ist.
- Darüber hinaus gilt nach § 36 Abs. 2 S. 2 GWB (**Mehrmütterklausel**) jedes Unternehmen, welches im Zusammenwirken mit anderen Unternehmen gemeinsam beherrschenden Einfluss auf ein drittes Unternehmen ausüben kann als herrschend i.S.v. § 17 AktG gegenüber dem GU. Allein eine paritätische 50:50-Beteiligung, die faktischen Einigungszwang erzeugt, genügt für die Annahme eines gemeinsamen beherrschenden Einfluss allerdings nicht.[28] Erforderlich ist vielmehr eine **gesicherte Erwartung tatsächlicher gemeinsamer Einfluss-**

21 *Emmerich*, § 32 Rn. 7.

22 Langen/Bunte/*Ruppelt*, Kartellrecht, Bd. 1, § 36 GWB Rn. 58.

23 Diese Einheitsbetrachtung gilt übrigens nach dem neutralen Wortlaut des neuen § 36 Abs. 2 S. 1 GWB für alle Bereiche des GWB, vgl. Immenga/Mestmäcker/*Mestmäcker*/*Veelken*, Bd. 2, § 36 GWB Rn. 37, 40.

24 Schneider/Theobald/*Gussone*/*Theobald*, Recht der Energiewirtschaft, Rn. 158.

25 Schneider/Theobald/*Gussone*/*Theobald*, Recht der Energiewirtschaft, Rn. 158.

26 Immenga/Mestmäcker/*Mestmäcker*/*Veelken*, Bd. 2, § 36 GWB Rn. 42 m.w.N.

27 Schneider/Theobald/*Gussone*/*Theobald*, Recht der Energiewirtschaft, Rn. 158.

28 Langen/Bunte/*Ruppelt*, Kartellrecht, Bd. 1, § 36 GWB Rn. 68; BGH, Beschl. v. 8.5.1979 – KVR 1/78 – WuW/E BGH 1608, 1611 – WAZ und BGH, Beschl. v. 30.9.1986 – KVR 8/85 – WuW/E BGH 2321 f. – Mischguthersteller.

nahme auf Dauer. Dauerhaft gemeinsam beherrschender Einfluss liegt vor allem dann nahe, wenn Gesellschaftervereinbarungen oder sonstige Verträge zwischen den Mutterunternehmen existieren, aus denen sich ein ständiger Einigungszwang in den wichtigsten Fragen der Geschäftsführung ergibt.[29] Die Muttergesellschaften müssen sich allerdings jeweils nur die Ressourcen des GU, nicht auch die der anderen Muttergesellschaft zurechnen lassen.[30]

13 Maßgeblich für die Einordnung als **Konzern** i.S.v. § 18 AktG ist die **einheitliche Leitung** durch ein drittes (ggf. herrschendes) Unternehmen. Ob eine solche einheitliche Leitung vorliegt, muss nach den Umständen des Einzelfalls beurteilt werden.[31] § 18 Abs. 1 S. 2 und 3 AktG stellt hierbei ebenfalls Vermutungen auf:
- Unternehmen, zwischen denen ein Beherrschungsvertrag (§ 291 AktG) besteht oder von denen das eine in das andere eingegliedert ist (§ 319 AktG), sind als unter einheitlicher Leitung zusammengefasst anzusehen und
- von einem abhängigen Unternehmen wird vermutet, dass es mit dem herrschenden Unternehmen einen Konzern bildet.

14 Anders als bei verbundenen Unternehmen i.S.v. § 17 AktG setzt die Konzernverbundenheit gem. § 18 AktG voraus, dass die einheitliche Leitungsmacht tatsächlich ausgeübt wird.[32]

---

i **Praxistipp**
Ist am Zusammenschlussvorhaben ein kommunales Unternehmen beteiligt, was in der Energiewirtschaft nicht selten vorkommt, so ist die Kommune als ein i.S.d. § 36 Abs. 2 S. 1 GWB herrschendes Unternehmen anzusehen, mit der Folge, dass bei der Bestimmung der Umsätze „auf der Seite" des kommunalen Unternehmens alle kommunalen Unternehmen und Eigenbetriebe der Kommune zu berücksichtigen sind.[33]

---

c) Bestimmung der Umsatzerlöse

15 Für die Ermittlung der Umsatzerlöse gilt nach § 38 GWB der § 277 Abs. 1 HGB, welcher eine Definition des Begriffs der Umsatzerlöse für die handelsrechtliche Gewinn- und Verlustrechnung enthält. Danach sind als **Umsatzerlöse** die Erlöse aus dem Verkauf und der Vermietung oder Verpachtung von Produkten sowie aus der Erbringung von Dienstleistungen der Kapitalgesellschaft nach Abzug von Erlös-

29 Schneider/Theobald/*Gussone*/*Theobald*, Recht der Energiewirtschaft, Rn. 161.
30 BGH, WuW/E BGH 2620, 2623 – Springer/Kieler Zeitung.
31 *Emmerich*, § 32 Rn. 15; BGH, Beschl. v. 19.1.1.1993 – KVR 32/91 – BGHZ 121, 137, 144 ff. – WAZ/IKZ.
32 Immenga/Mestmäcker/*Mestmäcker*/*Veelken*, Bd. 2, § 36 GWB Rn. 36.
33 Wiedemann/*Scholz*, Handbuch Kartellrecht, § 34 Rn. 171.

schmälerungen und der Umsatzsteuer sowie sonstiger direkt mit dem Umsatz verbundener Steuern auszuweisen.

Checkliste

§ 38 GWB enthält weitere Klarstellungen, von denen nur die folgenden im Energiebereich relevant sind:

- Umsatzerlöse aus Lieferungen und Leistungen zwischen verbundenen Unternehmen (Innenumsatzerlöse) sowie Verbrauchsteuern bleiben bei der Bestimmung der Umsatzerlöse außer Betracht (§ 38 Abs. 1 S. 2 GWB).
- Für den Handel mit Waren sind nur drei Viertel der Umsatzerlöse in Ansatz zu bringen (§ 38 Abs. 2 GWB), denn der Gesetzgeber geht davon aus, dass von Zusammenschlüssen im Handel weniger Gefahren für den Wettbewerb ausgehen als von Zusammenschlüssen bei Warenherstellern.[34]
- Bei einem Unternehmenszusammenschluss durch **Vermögenserwerb** i.S.v. § 37 Abs. 1 Nr. 1 GWB ist schließlich die Besonderheit zu beachten, dass nur die Umsatzerlöse des veräußerten Unternehmensteils (z.B. der Strom- und Gasversorgungssparte) in die Berechnung einbezogen werden (§ 38 Abs. 5 GWB). Etwas anderes gilt nur dann, wenn der Veräußerer nach der Transaktion mit einer Beteiligung von 25% der Anteile oder Stimmrechte an dem Unternehmen beteiligt bleibt, welches die veräußerte Sparte erwirbt. In diesem Fall liegt die Gründung eines GU vor (§ 37 Abs. 1 Nr. 3 S. 3 GWB), bei der die Umsätze von Veräußerer und Erwerber insgesamt einberechnet werden müssen.[35] Dasselbe gilt dann, wenn der Veräußerer über seine Beteiligtenstellung unmittelbare oder mittelbare Kontrolle i.S.d. § 37 Abs. 1 Nr. 2 S. 1 GWB ausüben kann.[36]

d) Ausnahmen

In § 35 Abs. 2 GWB sind Fallsituationen genannt, in denen trotz Überschreitens der in § 35 Abs. 1 GWB genannten Umsatzschwellen eine kartellrechtliche Kontrolle bestimmter Unternehmenszusammenschlüsse nicht erfolgt. Dem liegt die Erwägung zugrunde, dass unter den dort genannten Voraussetzungen Zusammenschlussvorhaben entweder unternehmenspolitisch sinnvoll sind oder wettbewerbspolitisch nicht die Bedeutung besitzen, die ein Eingreifen des Kartellrechts rechtfertigen würde.[37] 16

Für die Energiemärkte relevant ist nur die Ausnahme nach § 35 Abs. 2 S. 1 GWB **(De-minimis-Klausel).** Danach finden die Fusionskontrollvorschriften des GWB keine Anwendung, wenn ein selbstständiges, also konzernunabhängiges Unternehmen, das im letzten Geschäftsjahr weltweit Umsatzerlöse von weniger als 10 Mio. € erzielt hat, sich mit einem anderen Unternehmen – gleich welcher Größe – 17

34 Vgl. Begr. zum RegE eines Sechsten Gesetzes zur Änderung des Gesetzes gegen Wettbewerbsbeschränkungen, BT-Drucks. 13/9720, S. 57 f.

35 Säcker/*Paschke*, Energierecht, Bd. 2, § 35 GWB Rn. 10; Bartsch/Röhling/Salje/Scholz/*Röhling*, Stromwirtschaft, Kap. 24 Rn. 1; Langen/Bunte/*Kallfaß*, Kartellrecht, Bd. 1, § 35 GWB Rn. 22; Wiedemann/*Scholz*, Handbuch Kartellrecht, § 34 Rn. 172.

36 Säcker/*Paschke*, Energierecht, Bd. 2, § 35 GWB Rn. 10; Wiedemann/*Scholz*, Handbuch Kartellrecht, § 34 Rn. 172.

37 Immenga/Mestmäcker/*Mestmäcker*/*Veelken*, Bd. 2, § 35 GWB Rn. 13.

zusammenschließt. Diese Vorschrift zielt auf die **Abmilderung von Härten** aus der Fusionskontrolle für kleine und mittlere Unternehmen ab und soll ihnen ermöglichen, sich ungehindert an Großunternehmen anschließen zu können, da hierfür oftmals nachvollziehbare Gründe sprechen.[38]

III. Zusammenschlusstatbestände

1. FKVO

18 Erreichen die an einem geplanten Zusammenschluss beteiligten Unternehmen die Schwellen der FKVO, so ist weiter zu prüfen, ob ein Zusammenschluss i.S.d. Art. 3 FKVO vorliegt. Ist das nicht der Fall, so kann auch hieran die Anwendbarkeit der FKVO scheitern.

a) Fusion und Kontrollerwerb

19 Die FKVO unterscheidet hierbei zwischen Fusionen auf der Ebene der Gleichordnung und Fällen der Über-/Unterordnung.[39]

---

i **Checkliste**
- Ein tatbestandsmäßiger Zusammenschluss wird zum einen durch eine **Fusion bislang unabhängiger Unternehmen** (Art. 3 Abs. 1a FKVO) bewirkt.
- Zum anderen liegt im alleinigen oder gemeinsamen **Erwerb der Kontrolle über ein anderes Unternehmen** (Art. 3 Abs. 1b FKVO) ein der europäischen Fusionskontrolle unterfallender Zusammenschluss vor.
- Schließlich wird die **Gründung eines Vollfunktions-GU** vom europäischen Gesetzgeber nach Art. 3 Abs. 4 FKVO als Variante des gemeinsamen Kontrollerwerbs eingeordnet.

---

20 Ein prominentes Beispiel einer Fusion nach Art. 3 Abs. 1a) FKVO im Energiebereich ist die Verschmelzung der Veba AG und der VIAG AG, aus der der E.ON-Konzern entstanden ist.[40]

b) Voraussetzungen des Kontrollerwerbs

21 Der Fall des **Kontrollerwerbs** stellt in der Prüfungspraxis der Europäischen Kommission allerdings den deutlich häufigeren Fall als die Fusion unabhängiger Unter-

---

38 *Emmerich*, § 32 Rn. 24; BT-Drucks. 6/2520, S. 32.

39 Wiedemann/*Scholz*, Handbuch Kartellrecht, § 34 Rn. 209; Immenga/Mestmäcker/*Körber*, Bd. 1, Art. 3 FKVO Rn. 14.

40 Europäische Kommission, Entsch. v. 13.6.2000 – COMP/M.1673 – ABl EG L 188/1, Rn. 7 – VEBA/VIAG.

nehmen dar.[41] Der Kontrollerwerb nach europäischem Recht setzt nach Art. 3 Abs. 2 FKVO voraus, dass einem Unternehmen die Möglichkeit gewährt wird, **bestimmenden Einfluss** auf die Tätigkeit eines anderen Unternehmens auszuüben. Dies kann nach Art. 3 Abs. 2 FKVO insbesondere auf folgendem Weg erfolgen: durch den Erwerb von Eigentums- oder Nutzungsrechten an der Gesamtheit bzw. an Teilen des Vermögens des Unternehmens oder durch Rechte bzw. Verträge, die einen bestimmenden Einfluss auf die Zusammensetzung, die Beratungen oder Beschlüsse der Organe des Unternehmens gewähren. In der bisherigen Kommissionpraxis wurden Einflussmöglichkeiten auf der Grundlage von langfristigen Lieferverträgen jedenfalls zusammen mit strukturellen Verflechtungen dem Kontrollerwerb zugeordnet.[42]

aa) Alleiniger Kontrollerwerb

Alleiniger Kontrollerwerb kann insbesondere durch rechtliche oder faktische 22
Stimmrechtsmehrheit begründet werden.[43] So ist z.B. der derzeit geplante Erwerb der bislang von RWE gehaltenen 76,8%-Beteiligung an der innogy SE durch E.ON, der mit einem weitreichenden Tausch von Geschäftsaktivitäten und Beteiligung einhergeht, ein klassischer Fall des alleinigen Kontrollerwerbs gemäß Art. 3 FKVO. Beispielsweise im Fall „Siemens/Elektrowatt" wurde von der Europäischen Kommission aber auch schon der Erwerb von 44,9% Aktien als Kontrollerwerb eingestuft, weil die Hauptversammlungspräsenz im Zeitraum vor dem Vorhaben deutlich unter 70% lag und die übrigen Anteile im Streubesitz waren, was eine faktische Stimmrechtsmehrheit begründete.[44] Demgegenüber soll die im Rahmen des oben genannten Vorhabens ebenfalls geplante 16,67% Beteiligung von RWE an E.ON als eine reine Finanzbeteiligung ausgestaltet sein, da vertraglich abgesichert werden soll, dass RWE (auch bei geringer Beteiligung in der Hauptversammlung) faktisch nicht die Mehrheit der Stimmrechte ausüben kann.[45]

bb) Gemeinsamer Kontrollerwerb

Gemeinsame Kontrolle entsteht dagegen, wenn mehrere Unternehmen aufgrund 23
der Beteiligungsverhältnisse oder auf sonstige Weise nur gemeinsam in der Lage

41 Wiedemann/*Scholz*, Handbuch Kartellrecht, § 34 Rn. 209.

42 Wiedemann/*Wiedemann*, Handbuch Kartellrecht, § 15 Rn. 36a.

43 Wiedemann/*Scholz*, Handbuch Kartellrecht, § 34 Rn. 210.

44 Europäische Kommission, Entsch. v. 18.11.1997 – IV/M.913 – ABl EG L 88/1, Rn. 8f. – Siemens/Elektrowatt.

45 Vgl. gemeinsame Pressemitteilung von E.ON und RWE vom 12.3.2018, abrufbar unter https://www.eon.com/de/ueber-uns/presse/pressemitteilungen/2018/eon-und-rwe-zwei-europaeische-energieunternehmen-fokussieren-ihre-aktivitaeten.html.

sind, das GU zu führen.[46] So war z.B. im Fall des Zusammenlegens der Stromaktivitäten der EnergieAllianz und des Verbunds in zwei für den gemeinsamen Stromvertrieb neugegründete GU APT und E&S für die Feststellung des bestimmenden Einflusses der Mütter auf die GU ausschlaggebend, dass sie dem Abschluss wichtiger Bezugs- und Lieferverträge durch die GU jeweils zustimmen mussten.[47]

Praxistipp
Auch Veränderungen von gemeinsamer Kontrolle sind nach Art. 3 Abs. 2 FKVO zu beurteilen.[48] So erfüllt z.B. die Ausweitung der Zahl der kontrollierenden Gesellschafter den Tatbestand des Kontrollerwerbs. Hierzu gehört auch der Fall, dass zwei oder mehr Unternehmen gemeinsam die Kontrollrechte von anderen Unternehmen erwerben. Ebenso ist der Wechsel von gemeinsamer Kontrolle zur Allein-Kontrolle an Art. 3 Abs. 2 FKVO zu messen. Wettbewerbliche Bedenken werden in einem solchen Fall allerdings in der Regel nur entstehen, wenn zum Zeitpunkt der Ausführung des Vorhabens zumindest die Wahrscheinlichkeit eines nennenswerten potentiellen Wettbewerbs zwischen den Beteiligten anzunehmen ist.[49]

c) Vollfunktions-GU

24 Den dritten Zusammenschlusstatbestand nach der FKVO bildet die Gründung eines Vollfunktions-GU. Für den Anwendungsbereich der FKVO ist dabei seit der Novelle 1997 allein die dauerhafte Selbständigkeit des GU am Markt entscheidend (Art. 3 Abs. 4 FKVO).

Praxistipp
Der Anreiz für die Beteiligten die Gründung eines GU den Anforderungen des Art. 3 Abs. 4 FKVO entsprechend auszugestalten, besteht nicht zuletzt darin, dass sie im Rahmen eines Fusionskontrollverfahrens und damit innerhalb derselben kurzen Frist auch in den Genuss einer kartellbehördlichen Entscheidung zur Vereinbarkeit des GU mit Art. 101 AEUV kommen (vgl. Art. 2 Abs. 4 FKVO).[50] Handelt es sich bei dem zu prüfenden GU hingegen nicht um ein Vollfunktions-GU (so insbesondere bei einem sog. Teilfunktions-GU)[51], so richtet sich die Beurteilung nicht nach der FKVO, sondern allein nach Art. 101 AEUV[52] und obliegt der Selbsteinschätzung der Beteiligten.

---

46 Europäische Kommission, Entsch. v. 11.6.2003 – COMP/M.2947 – ABl EU L 92/91, Rn. 8 – Verbund/EnergieAllianz.
47 Europäische Kommission, Entsch. v. 11.6.2003 – COMP/M.2947 – ABl EU L 92/91, Rn. 8 – Verbund/EnergieAllianz.
48 Langen/Bunte/*Käseberg*, Kartellrecht, Bd. 2, Art. 3 FKVO Rn. 40.
49 Europäische Kommission, Entsch. v. 17.6.2010 – COMP/M.5802 – ABl EU C171/2, Rn. 26 – RWE Energy/Mitgas (dort verneint).
50 Langen/Bunte/*Käseberg*, Kartellrecht, Bd. 2, Art. 3 FKVO Rn. 88.
51 GU, die lediglich als Hilfsinstrumente für die wirtschaftliche Tätigkeit der Muttergesellschaften dienen, vgl. Konsol. Mitteilung über Zuständigkeitsfragen gemäß der Verordnung (EG) Nr. 139/2004 Rn. 94.
52 Langen/Bunte/*Käseberg*, Kartellrecht, Bd. 2, Art. 3 FKVO Rn. 94.

Erst im Rahmen der materiellen Bewertung spielt die Unterscheidung zwischen konzentrativen und kooperativen GU eine Rolle, denn während konzentrative GU allein nach den Kriterien der FKVO zu beurteilen sind, unterliegen kooperative GU einer zusätzlichen Kontrolle anhand des Art. 101 AEUV.[53] 25

Die Gründung eines Vollfunktions-GU kann entweder durch die Neugründung eines GU oder durch die Einbringung weiterer Vermögenswerte erfolgen.[54] Ein Zusammenschluss i.S.d. Art. 3 Abs. 4 FKVO liegt darüber hinaus auch dann vor, wenn sich die Tätigkeit eines bestehenden Teilfunktions-GU so ändert, dass es zu einem Vollfunktions-GU im Sinne von Art. 3 Abs. 4 FKVO wird,[55] oder wenn ein bestehendes GU neue Aufgaben und Ressourcen erhält und diese Ausweitung als weitere Gründung eines Vollfunktions-GU anzusehen ist.[56] 26

2. GWB

Welche Zusammenschlusstatbestände der deutschen Fusionskontrolle unterfallen folgt abschließend aus § 37 GWB. Es handelt sich um den Vermögenserwerb, den Kontrollerwerb, den Anteilserwerb und die Herbeiführung sonstiger Verbindungen mit wettbewerblich erheblichem Einfluss. 27

a) Vermögenserwerb

Nach § 37 Abs. 1 Nr. 1 GWB liegt ein Zusammenschluss vor, wenn ein Unternehmen das Vermögen eines anderen Unternehmens ganz oder zu einem wesentlichen Teil erwirbt. Unter Vermögen eines Unternehmens ist die Gesamtheit aller geldwerten Güter und Rechte eines Unternehmens (Aktivvermögen) ohne Rücksicht auf Art, Verwendung und gesonderte Verwertbarkeit zu verstehen.[57] Ein wesentlicher Teil des Vermögens liegt vor, wenn annähernd das gesamte Unternehmen übertragen wird oder wenn der erworbene Teil bedeutend für die Marktstellung des Veräußerers war und abstrakt geeignet ist, die Stellung eines bereits auf dem relevanten Markt tätigen Erwerbers zu verändern.[58] 28

Von dem Vermögenserwerbstatbestand sind als Unterfälle des Vermögenserwerbs auch eine **Verschmelzung** von Personenhandels- und Kapitalgesellschaften 29

---

53 Langen/Bunte/*Käseberg*, Kartellrecht, Bd. 2, Art. 3 FKVO Rn. 93.

54 Konsol. Mitteilung über Zuständigkeitsfragen gemäß der Verordnung (EG) Nr. 139/2004 Rn. 92.

55 Konsol. Mitteilung über Zuständigkeitsfragen gemäß der Verordnung (EG) Nr. 139/2004 Rn. 109 mit Beispielen.

56 Konsol. Mitteilung über Zuständigkeitsfragen gemäß der Verordnung (EG) Nr. 139/2004 Rn. 107.

57 Langen/Bunte/*Ruppelt*, Kartellrecht, Bd. 1, § 37 GWB Rn. 7.

58 BGH, Beschl. v. 7.7.1992 – KVR 14/91 – WuW/E BGH 2783 – Warenzeichenerwerb.

gem. §§ 39 bis 122 UmwG sowie eine **Vermögensübertragung** nach §§ 174 bis 189 UmwG erfasst.[59] Bei dem Vermögenserwerb kann es sich sowohl um Fälle der Gesamtrechtsnachfolge als auch der Einzelübertragung von Rechten handeln.[60] Der Zusammenschlusstatbestand des Vermögenserwerbs erfasst allerdings nur den unmittelbaren Erwerb.[61]

Beispiel
Ein Beispiel für den Vermögenserwerb i.S.d. § 37 Abs. 1 Nr. 1 GWB bildet die Einbringung der Netz- oder Vertriebssparte eines Energieversorgungsunternehmens in ein anderes Unternehmen, wenn sie die „tragende Grundlage" der Marktstellung des Veräußerers darstellt und dem Erwerber die Möglichkeit bietet, in dessen Marktstellung einzutreten.[62]
Ein Gegenbeispiel bildet der Abschluss eines Konzessionsvertrages. Hierbei handelt es sich nicht um einen Vermögenserwerb, da kein Vermögen übertragen, sondern lediglich Wegenutzungsrechte zur Leitungsverlegung unentgeltlich bereitgestellt werden.[63] Die Übereignung der Verteilungsanlagen nach § 46 Abs. 2 S. 2 EnWG nach Ablauf des Konzessionsvertrages an den neuen Konzessionär stellt in der Regel ebenfalls keinen Vermögenserwerb i.S.d. § 37 Abs. 1 Nr. 1 GWB dar, weil sie regelmäßig nicht die Übertragung der Marktstellung des Veräußerers umfasst, der weiterhin die Kunden im betreffenden Gebiet versorgen kann (anders aber z.B. bei der Vereinbarung eines Wettbewerbsverbots).[64] Ist der neue Konzessionär ein GU, so ist die Bildung dieses GU unter Umständen fusionskontrollpflichtig.[65]

---

b) Kontrollerwerb

30 Der deutschen Fusionskontrolle unterfällt auch der **Erwerb der unmittelbaren oder mittelbaren Kontrolle** durch ein oder mehrere Unternehmen über die Gesamtheit oder Teile eines oder mehrerer anderer Unternehmen (§ 37 Abs. 1 Nr. 1 GWB). Der Begriff des Unternehmensteils entspricht dabei dem des „wesentlichen

59 *Bechtold/Bosch*, GWB, § 37 Rn. 2
60 *Bechtold/Bosch*, GWB, § 37 Rn. 2.
61 *Bechtold/Bosch*, GWB, § 37 Rn. 6.
62 Vgl. BGH, Beschl. v. 7.7.1992 – KVR 14/91 – WuW/E BGH 2783, 2785 f. – Warenzeichenerwerb; BKartA, Entsch. v. 2.8.2004 – B6 26/04 – WuW/E DE-V 947, 950 – National Geographic, aufgehoben durch OLG Düsseldorf, Beschl. v. 15.6.2005 – VI-Kart 24/04 (V) – WUW/E DE-R 1540 – National Geographic.
63 Wiedemann/*Scholz*, Handbuch Kartellrecht, § 34 Rn. 173.
64 Bartsch/Röhling/Salje/Scholz/*Röhling*, Stromwirtschaft, Kap. 24 Rn. 8 mit Verweis auf BGH, Beschl. v. 15.7.1997 – KVR 33/96 – WuW/E DE-R 24, 26 = NJW 1998, 2440 – Stromversorgung Aggertal; Wiedemann/*Scholz*, Handbuch Kartellrecht, § 34 Rn. 173.
65 Im Übrigen sieht sich das BKartA zuständig für die Überprüfung des Konzessionsverfahrens im Rahmen der Kartell- und Missbrauchsaufsicht, vgl. Gemeinsamer Leitfaden von Bundeskartellamt und Bundesnetzagentur zur Vergabe von Strom- und Gaskonzessionen und zum Wechsel des Konzessionsnehmers vom 15.10.2010, abrufbar unter https://www.bundeskartellamt.de/SharedDocs/Publikation/DE/Leitfaden/Leitfaden%20-%20Vergabe%20von%20Strom-%20und%20Gaskonzessionen.html?nn=4151538.

Teils" des Vermögens in § 37 Abs. 1 Nr. 1 GWB.[66] Ein Kontrollerwerb über mehrere Unternehmen setzt voraus, dass die Verbindung zwischen den erworbenen Unternehmen schon vor dem Kontrollerwerb bestand.[67]

Ein Kontrollerwerb kann insbesondere beim Erwerb von Anteilen gegeben sein. 31 So hat z.B. das BKartA im Fall E.ON/Ruhrgas hinsichtlich des Erwerbs der Anteile an der Gelsenberger AG durch die E.ON AG und im Fall E.ON/Ruhrgas II im Verhältnis zwischen E.ON und der Bergmann GmbH einen Kontrollerwerb i.S.d. § 37 Abs. 1 Nr. 2 GWB angenommen.[68] Derartige vertikale Zusammenschlüsse müssen kritisch betrachtet werden, weil hierdurch die Regionalversorger und Stadtwerke wesentlich enger an ihre Lieferanten gebunden werden.[69]

Praxistipp

i

Der Tatbestand des Kontrollerwerbs kann sich insbesondere im Erwerb einer Mehrheitsbeteiligung verwirklichen. Allerdings ist darauf hinzuweisen, dass der Erwerb einer 100%igen Beteiligung anlässlich der Gründung eines Unternehmens als interne Umstrukturierungsmaßnahme fusionskontrollfrei bleibt.[70] Ebenso reicht die rechtliche oder faktische Verstärkung einer bereits vorhandenen Kontrolle zur Erfüllung des Kontrollerwerbstatbestandes nicht aus.[71]

Eine eigentumsrechtliche, dingliche oder unmittelbar gesellschaftsrechtliche Ver- 32 bindung zwischen kontrollierenden und kontrollierten Unternehmen ist für die Annahme eines Kontrollerwerbs i.S.d. § 37 Abs. 1 Nr. 1 GWB nicht erforderlich.[72] Entscheidend ist vielmehr die Möglichkeit eines bestimmenden Einflusses auf die Tätigkeit eines Unternehmens, der einzeln oder zusammen unter Berücksichtigung aller tatsächlichen und rechtlichen Umstände durch Rechte, Verträge oder andere Mittel begründet werden kann. Maßgeblich ist, dass die Beherrschung auf Dauer angelegt ist, so z.B. im Falle eines Bündels von langfristigen Leistungsaustauschverträgen, im Falle auf Dauer angelegter personeller Verbindungen oder im Falle einer langfristigen Betriebspacht oder Betriebsüberlassung.[73]

---

66 Langen/Bunte/*Kallfaß*, Kartellrecht, Bd. 1, § 37 GWB Rn. 17.

67 *Bechtold/Bosch*, GWB, § 37 Rn. 19.

68 BKartA, Beschl. v. 17.1.2002 – B8 109/01 – WuW/E DE-V 511 – E.ON/Ruhrgas und BKartA, Beschl. v. 26.2.2002 – B8 149/01 – WuW/E DE-V 533f. – E.ON/Ruhrgas II.

69 Schneider/Theobald/*Gussone*/*Theobald*, Recht der Energiewirtschaft, Rn. 247.

70 *Bechtold/Bosch*, GWB, § 37 Rn. 11, 13.

71 *Bechtold/Bosch*, GWB, § 37 Rn. 20.

72 *Bechtold/Bosch*, GWB, § 37 Rn. 10.

73 *Bechtold/Bosch*, GWB, § 37 Rn. 12.

Praxistipp
Hinsichtlich der Anforderungen an den gemeinsamen Kontrollerwerb kann nach oben auf die Ausführungen zur Mehrmütterklausel (§ 36 Abs. 2 S. 2 GWB) verwiesen werden.[74] Ergänzend sei an dieser Stelle darauf hinzuweisen, dass nicht nur eine Umwandlung von Allein-Kontrolle in gemeinsame Kontrolle sondern auch ein Übergang von gemeinsamer Kontrolle zur Allein-Kontrolle und schließlich auch die Ausweitung des Kreises kontrollierender Unternehmen den Tatbestand des Kontrollerwerbs erfüllen.[75]

c) Anteilserwerb

33 Ein **Anteilserwerb** nach § 37 Abs. 1 Nr. 3 GWB erfasst den Erwerb einer 25%igen oder 50%igen Kapitalbeteiligung bzw. eine entsprechende Aufstockung bereits bestehender Anteile, unabhängig davon, welche Stimmrechte damit verbunden sind.[76] Zur Erfüllung dieses Zusammenschlusstatbestandes genügt sogar eine entsprechende Stimmrechtsbeteiligung ohne jeden Erwerb von Kapitalanteilen.[77] Ob auch ein mittelbarer Erwerb erfasst wird, ist umstritten.[78] Zugerechnet werden jedoch auch Anteile der mit dem Erwerber verbundenen Unternehmen, sowie solche die ein Dritter für seine Rechnung oder eines mit ihm verbundenen Unternehmen hält (vgl. § 37 Abs. 1 Nr. 3 S. 2 GWB).[79]

aa) GU

34 Auch der **Erwerb von Anteilen i.H.v. 25 bzw. 50%** durch mehrere Unternehmen gleichzeitig oder nacheinander **an einem** (ausgegründeten oder neugegründeten) **GU** erfüllt den Tatbestand des Anteilserwerbs i.S.d. § 37 Abs. 1 Nr. 3 GWB. Ein sog. paritätisches GU ist gegeben, wenn die Muttergesellschaften zu je gleichen Anteilen an der gemeinsamen Tochtergesellschaft beteiligt sind.[80] Das GU wird in diesem Fall in der Regel von den Muttergesellschaften gemeinsam kontrolliert.[81]

---

74 Siehe oben Rn. 12.
75 *Bechtold/Bosch*, GWB, § 37 Rn. 14.
76 Langen/Bunte/*Kallfaß*, Kartellrecht, Bd. 1, § 37 GWB Rn. 34.
77 *Bechtold/Bosch*, GWB, § 37 Rn. 23.
78 Dafür z.B.: Langen/Bunte/*Kallfaß*, Kartellrecht, Bd. 1, § 37 GWB Rn. 17, *Emmerich*, 8. Aufl., S. 291; dagegen: *Bechtold/Bosch*, GWB, § 37 Rn. 24.
79 *Bechtold/Bosch*, GWB, § 37 Rn. 30.
80 Langen/Bunte/*Krauß*, Kartellrecht, Bd. 1, § 1 GWB Rn. 291.
81 Langen/Bunte/*Krauß*, Kartellrecht, Bd. 1, § 1 GWB Rn. 291.

Praxistipp

i

Das Gesetz fingiert in S. 3 in diesem Fall einen zusätzlichen **Zusammenschlusstatbestand der Mütter** auf den Märkten des GU, um eine Bewertung der Koordinierung der Mütter auf diesen Märkten zu ermöglichen.[82]

So hatte z.B. das BKartA im Fall Easyplus, in dem verschiedene Stadtwerke zum 35 Zwecke der zentralisierten Abrechnung und Kundenverwaltung eine gemeinsame Tochter gründeten, einen Anteilserwerb im Vertikalverhältnis (§ 37 Abs. 1 Nr. 3 S. 1 lit. b GWB) und einen Horizontalzusammenschluss angenommen (§ 37 Abs. 1 Nr. 3 S. 3 GWB).[83]

bb) Anwendbarkeit des § 1 GWB

Ist das GU geeignet, eine Verhaltenskoordination der Muttergesellschaften unter- 36 einander oder auch zwischen einer nicht beherrschenden Mutter und dem GU im Wettbewerb zu bewirken,[84] so kann die Gründung bzw. Entstehung des GU in den Anwendungsbereich des § 1 GWB fallen.[85]

Die Rechtsprechung, die Kartellamtspraxis und die herrschende Meinung in der 37 Literatur machen es von den Gesamtumständen des Einzelfalls abhängig, ob die Errichtung eines GU allein der Fusionskontrolle unterfällt oder auch dem Kartellverbot unterliegt.[86] Nur im letzteren Fall erfolgt eine Doppelkontrolle nach den Kartell- und Fusionsvorschriften.[87] Eine Abgrenzungshilfe bildet dabei die von der Rechtsprechung vorgenommene Differenzierung zwischen kooperativen und konzentrativen Unternehmen. Ein konzentratives Unternehmen liegt danach vor,

> „wenn es sämtliche Funktionen eines selbständigen Unternehmens wahrnimmt, marktbezogene Leistungen erbringt und nicht ausschließlich oder überwiegend auf einer vor- oder nachgelagerten Stufe für die Muttergesellschaften sowie nicht auf demselben Markt wie die Mütter tätig ist".[88]

---

82 *Bechtold/Bosch*, GWB, § 37 Rn. 32.

83 Wiedemann/*Scholz*, Handbuch Kartellrecht, § 34 Rn. 175 mit Verweis auf BKartA, Beschl. v. 28.2.2001 – B8-279/00 – WuW/E DE-V 467, 469 – Easyplus.

84 Eine Koordinierung zwischen der Muttergesellschaft und dem GU stellte z.B. das OLG Düsseldorf in seinem Beschluss vom 20.6.2007 in der Sache VI-Kart 14/06 (V) – WuW/E DE-R 2146 – Nord-KS/Xella fest, bestätigt durch BGH, Beschl. v. 4.3.2008 – KVR 55/07 – WuW/E DE-R 2361 – Nord-KS/Xella.

85 Langen/Bunte/*Krauß*, Kartellrecht, Bd. 1, § 1 GWB Rn. 291.

86 Langen/Bunte/*Krauß*, Kartellrecht, Bd. 1, § 1 GWB Rn. 291 m.w.N.

87 Vgl. BGH, Beschl. v. 22.6.1981 – KVR 7/80 – WuW/E BGH 1810 – Transportbeton Sauerland; BGH, Beschl. v. 1.10.1985 – KVR 6/84 – WuW/E BGH 2169 – Mischwerke.

88 BGH, Beschl. v. 8.5.2001 – KVR 12/99 – WuW/E DE-R 711, 716 – Ost-Fleisch.

38 Die Anwendbarkeit des § 1 GWB ist bei einem konzentrativen GU, bei dem die Muttergesellschaften ihre selbständige Unternehmenstätigkeit auf den Märkten des GU, bzw. diesen benachbarten, vor- oder nachgelagerten Märkten vollständig aufgegeben haben und das deshalb keine Koordinierung des Marktverhaltens der Muttergesellschaften bewirken kann, grundsätzlich ausgeschlossen.[89] Bei kooperativen GU schließt die Sonderregelung über die Fusionskontrolle die Anwendbarkeit des § 1 GWB hingegen nicht aus.[90] Ist die Gründung eines GU nach § 1 GWB verboten, ist es an sich überflüssig zu prüfen, ob sie auch nach § 36 Abs. 1 GWB zu untersagen ist.[91] Kann sie nach § 36 Abs. 1 GWB freigegeben werde, ist eine Prüfung des § 1 GWB im selben Prüfungsverfahren nicht zwingend.[92] Das ist kritikwürdig. Denn das Fehlen einer Verfahrenshöchstdauer für die Prüfung nach § 1 GWB führt zu unnötigen Investitionshindernissen und einem ebenso unnötigen Maß an Rechtsunsicherheit.[93]

d) Erwerb von wettbewerblich erheblichem Einfluss

39 Der Zusammenschlusstatbestand des § 37 Abs. 1 Nr. 4 GWB erfasst schließlich jede sonstige Verbindung von Unternehmen, aufgrund derer ein oder mehrere Unternehmen unmittelbar oder mittelbar einen **wettbewerblich erheblichen Einfluss** auf ein anderes Unternehmen ausüben können. Mit dem Begriff „sonstige Verbindung" soll eine gesellschaftsrechtlich vermittelte Einflussmöglichkeit gemeint sein.[94] Ein wettbewerblich erheblicher Einfluss auf ein anderes Unternehmen liegt vor, wenn das Unternehmen darin beschränkt wird, selbständig über sein wettbewerbliches Verhalten zu entscheiden.[95] Das Vorhandensein gesicherter Einflussrechte ist für die Frage, ob ein Unternehmen durch den Zusammenschluss einen wettbewerblich erheblichen Einfluss auf ein anderes Unternehmen erhält, nicht entscheidend. Vielmehr kommt es nach Aussage des BKartA darauf an, ob durch den Zusammenschluss die Möglichkeit einer Einflussnahme vermittelt wird, wobei diese Einflussmöglichkeit auch in tatsächlichen Umständen und Vorteilen bestehen kann.[96]

---

89 Langen/Bunte/*Krauß*, Kartellrecht, Bd. 1, § 1 GWB Rn. 295.

90 BGH, Beschl. v. 8.5.2001 – KVR 12/99 – WuW/E DE-R 711, 716 – Ost-Fleisch.

91 BGH, Beschl. v. 8.5.2001 – KVR 12/99 – WuW/E DE-R 711, 716 – Ost-Fleisch.

92 *Bach*, ZWeR 2003, 187, 196, laut dem dies allerdings bei einer gleichzeitigen Prüfung anhand des Art. 81 EG (jetzt Art. 101 AEUV) wegen Art. 3 VO 1/2003 anders sei.

93 *Bach*, ZWeR 2003, 187, 196.

94 So Begr. RegE zur 6. GWB-Novelle, BT-Drucks. 13/9720, S. 57; BGH, Beschl. v. 21.11.2000 – KVR 16/99 – WuW/E DE-R 607 – Springer/Stilke; BGH, Beschl. v. 21.12.2004 – KVR 26/03 – WuW/E DE-R 1419, 1420 ff. – trans-o-flex; OLG Düsseldorf, Beschl. v. 24.11.2004 – VI-2 Kart 10/04 (V) – WuW/E DE-R 1390, 1395 – KG Wochenkurier.

95 Langen/Bunte/*Kallfaß*, Kartellrecht, Bd. 1, § 37 GWB Rn. 57.

96 BKartA, Beschl. v. 26.8.2003 – B8 83/03 – WuW/E DE-V 831 – Wuppertaler Stadtwerke (RWE).

Praxistipp

Bei § 37 Abs. 1 Nr. 4 GWB handelt es sich um einen Auffangtatbestand, der nur subsidiär anwendbar ist, wenn § 37 Abs. 1 Nr. 1, Nr. 2 oder Nr. 3 GWB nicht einschlägig sind, und einer Umgehung dieser Tatbestände entgegenwirken soll.[97]

Hauptanwendungsfall ist der Anteilserwerb unter 25%. Laut dem BKartA können Minderheitsbeteiligungen unter 25%, wenn sie mit weiteren Einflussmöglichkeiten verbunden sind, den Wettbewerb zwischen miteinander im Wettbewerb stehenden Unternehmen erheblich beschränken.[98] Über das reine Beteiligungsrecht hinaus müssen also besondere Umstände vorliegen, welche eine Gleichsetzung mit dem Anteilserwerb von 25% rechtfertigen.[99] Hierzu gehört insbesondere eine der aktienrechtlichen Sperrminorität vergleichbare Stellung, die sowohl faktisch als auch rechtlich erlangt werden kann.[100]

Faktischer Einfluss kann aufgrund geringer Hauptversammlungspräsenz entstehen. Beispiele für rechtliche Einwirkungsmöglichkeiten sind etwa besondere Beschlussquoren, satzungsrechtliche Zustimmungserfordernisse oder Entsendungsrechte in die Unternehmensorgane.[101] Es kommt hierbei auf eine wertende Betrachtung aller dem Erwerber eingeräumten Befugnisse an.[102]

Eine Beteiligungsgrenze, deren Unterschreitung der Annahme dieses Zusammenschlusstatbestandes entgegenstehende würde,[103] hat das BKartA inzwischen aufgegeben und stellt vielmehr auf eine Entscheidung im Einzelfall ab.[104]

Auch in der Fusionskontrollpraxis in der Energiewirtschaft hatte dieser Zusammenschlusstatbestand in der Vergangenheit aufgrund der Akquisition von Beteiligungen von einzelnen Verbundunternehmen von weniger als 25% am Kapital oder an den Stimmrechten von Stadtwerken oder Regionalverteilern besondere Bedeutung erlangt.[105] 40

So hat das BKartA z.B. in seiner Untersagungsentscheidung „Mainova AG/Aschaffenburger Versorgungs GmbH" die Beteiligung der Mainova AG in Höhe von 17,5% an der Aschaffenburger Versorgungs GmbH unter Berücksichtigung der konkreten Umstände als einen Erwerb von wettbewerblich erheblichem Einfluss qualifiziert.[106] Denn das Vorhaben beschränkte sich nach Einschätzung des BKartA nicht 41

97 Langen/Bunte/*Kallfaß*, Kartellrecht, Bd. 1, § 37 GWB Rn. 48.
98 BKartA, Beschl. v. 8.12.2011 – B8-94/11 – RWE AG/Stadtwerke Unna – n.v.
99 Langen/Bunte/*Kallfaß*, Kartellrecht, Bd. 1, § 37 GWB Rn. 50; ausführlicher zu den Fallgruppen siehe: *Kuhn*, ZWeR 2011, 258, 267.
100 Langen/Bunte/*Kallfaß*, Kartellrecht, Bd. 1, § 37 GWB Rn. 50.
101 Langen/Bunte/*Kallfaß*, Kartellrecht, Bd. 1, § 37 GWB Rn. 51.
102 Langen/Bunte/*Kallfaß*, Kartellrecht, Bd. 1, § 37 GWB Rn. 54.
103 In der früheren Praxis hat das BKartA eine 20%-Grenze gezogen, unterhalb der es einen wettbewerblich erheblichen Einfluss nur bei Vorliegen besonderer Gesellschaftsrechte angenommen hat, vgl. BKartA, TB 97/98, S. 122 – n.v.; BKartA, Pressemitteilung v. 1.2.2002 – RWE/GEW – n.v.
104 Vgl. BKartA Beschl. v. 25.2.2002 – B8-144/02, S. 10 – E.ON Bayern/Stadtwerke Straubing – n.v.
105 Wiedemann/*Scholz*, Handbuch Kartellrecht, § 34 Rn. 176; Schneider/Theobald/*Gussone*/*Theobald*, Recht der Energiewirtschaft, Rn. 168.
106 BKartA, Beschl. v. 22.7.2004 – B8-40200-Fa-27/4, S. 11f. – Mainova AG/AVG – n.v.

auf eine reine Finanzbeteiligung, sondern war eine unternehmerische Beteiligung, mit der strategische Ziele verfolgt wurden (gemeinsame Absatzsicherung im Tarifkundenbereich, gemeinsame Versorgung von Bündelkunden und überregional operierenden Kunden sowie die gemeinsame Marktbearbeitung und Vertriebspartnerschaft bei überregionalen Kunden). Damit repräsentierte die Beteiligung von Mainova nach Aussage des BKartA modellhaft eine Situation in der das sich beteiligende Unternehmen und das Beteiligungsunternehmen nicht mehr unabhängig am Markt auftreten.

42 Auch im Fall „Gazprom/VNG"[107] hat das BKartA durch das Vorhaben des Erwerbs einer Minderheitsbeteiligung des Erdgaskonzerns Gazprom am größten ostdeutschen Gasversorger VNG den Zusammenschlusstatbestand des § 37 Abs. 1 Nr. 4 GWB als erfüllt angesehen, darin jedoch keine Verstärkung der marktbeherrschenden Stellung der Gazprom erkannt.[108]

43 Ebenfalls nicht untersagt hat das BKartA das Vorhaben der Entfristung der bis zum 31.12.2010 befristeten Beteiligung von RWE in Höhe von 24% an den Stadtwerken Unna. Das Vorhaben umfasste neben dem unbefristeten Anteilserwerb auch das Recht, zwei Positionen im Aufsichtsrat der Stadtwerke Unna zu besetzen, sowie damit verbundene Mitwirkungsmöglichkeiten, die zudem konsortialvertraglich abgesichert bzw. erweitert wurden. Das BKartA stellte fest, dass § 37 Abs. 1 Nr. 4 GWB solche Vorhaben der Zusammenschlusskontrolle unterwirft, da auch Minderheitsbeteiligungen, wenn sie mit weiteren Einflussmöglichkeiten verbunden sind, als „wettbewerblich erheblichen Einfluss" vermittelnde Beteiligungen anzusehen sind.[109] Auf keinem der betroffenen relevanten Märkte in den Bereichen Strom, Gas und Fernwärme sah das BKartA jedoch die materiellen Untersagungsvoraussetzungen als erfüllt an.[110] Bemerkenswert ist an dieser Entscheidung, dass die Freigabe der Beteiligung eines großen Energieerzeugers an einem Stadtwerk von keinen Auflagen abhängig gemacht wurde.[111] Allerdings wies das BKartA hierbei auf die Besonderheit hin, dass die Prognose der Zusammenschlusswirkungen auf positive Erfahrungen mit der Beteiligung gestützt werden kann, da sich die Stadtwerke Unna in der Vergangenheit beschaffungsseitig sehr eigenständig zeigten.[112]

---

107 BKartA, Beschl. v. 31.1.2012 – B8-116/11 – Gazprom/VNG – n.v.
108 Vgl. aber auch schon bereits BKartA, TB 1995, 1996, S. 121 – VEBA/SWB – n.v.
109 BKartA, Beschl. v. 8.12.2011 – B8-94/11, Rn. 17 – RWE/Stadtwerke Unna – n.v.
110 BKartA, Beschl. v. 8.12.2011 – B8-94/11, Rn. 20 – RWE/Stadtwerke Unna – n.v.
111 Schneider/Theobald/*Gussone*/*Theobald*, Recht der Energiewirtschaft, Rn. 271.
112 BKartA, Beschl. v. 8.12.2011 – B8-94/11, Rn. 81 – RWE/Stadtwerke Unna – n.v.

IV. Verweisungsmöglichkeiten

Dem Erwägungsgrund 11 der FKVO ist zu entnehmen, dass die FKVO für bedeutsame Strukturveränderungen gelten soll, deren Auswirkungen auf den Markt die Grenzen eines Mitgliedstaats überschreiten. Weiter heißt es dort, dass solche Zusammenschlüsse nach dem Prinzip der einzigen Anlaufstelle und im Einklang mit dem Subsidiaritätsprinzip ausschließlich auf Gemeinschaftsebene geprüft werden sollen. Wie sich aus dem Erwägungsgrund 14 der FKVO ergibt, verfolgt der europäische Gesetzgeber gleichzeitig den Anspruch, dass jeder Fusionskontrollfall unter Beachtung des Subsidiaritätsprinzips von der für ihn am besten geeigneten Behörde behandelt wird und Mehrfachanmeldungen weitestgehend ausgeschlossen werden. Dieser Zielsetzung dienen zum einen die bereits behandelten Schwellenwerte und zum anderen – als Korrektiv hierzu – das in der FKVO geregelte Verweisungssystem von der Europäischen Kommission an die Mitgliedstaaten und von den Mitgliedstaaten an die Kommission.[113] 44

1. Leitsätze der Europäischen Kommission

Der Mitteilung der Kommission über die Verweisung von Fusionssachen[114] ist zu entnehmen, dass es sich bei der Entscheidung der Europäischen Kommission bzw. der Mitgliedstaaten eine Verweisung vor- oder anzunehmen um eine Ermessensentscheidung handelt. In ihrem Rahmen sind laut der Kommission neben der Frage, welche Behörde für die Prüfung geeigneter ist, auch die Vorteile einer einmaligen Prüfung und die Bedeutung der Rechtssicherheit in Zuständigkeitsfragen zu berücksichtigen und fallspezifisch gegeneinander abzuwägen.[115] 45

Bei der Bestimmung der für die Prüfung am besten geeigneten Behörde wird eine besondere Bedeutung der Frage beigemessen, wo etwaige Wettbewerbsfolgen einer Fusion am wahrscheinlichsten auftreten werden. Darüber hinaus kann auch der aus einer Verweisung resultierende Verwaltungsaufwand berücksichtigt werden. Als besonders zweckmäßig wird die Verweisung dann erachtet, wenn ein bestimmtes Vorhaben erhebliche Wettbewerbsfolgen nach sich zu ziehen droht und deswegen besonders sorgfältig untersucht werden sollte. 46

Vor dem Hintergrund der Vorteile des fusionsrechtlichen Grundsatzes einer einzigen Anlaufstelle, sollen Verweisungen, die zur Aufspaltung einer Sache auf mehrere Behörden führen, so weit wie möglich vermieden werden, es sei denn, der 47

---

113 FKVO, Erwägungsgrund 10 f.

114 Mitteilung der Kommission über die Verweisung von Fusionssachen v. 5.3.2005, ABl EG Nr. C 56/2.

115 Mitteilung der Kommission über die Verweisung von Fusionssachen v. 5.3.2005, ABl EG Nr. C 56/2, Rn. 8 ff.

Schutz des Wettbewerbs auf sämtlichen durch das Vorhaben betroffenen Märkten kann durch mehrere Behörden offensichtlich besser gewährleistet werden. Auch Teilverweisungen sollten vermieden werden.

48 Schließlich soll vor dem Hintergrund der Bedeutung der Rechtssicherheit und insbesondere für Verweisungen nach der Anmeldung eine Verweisung nur dann vorgenommen werden, wenn es in der fraglichen Sache einen zwingenden Grund für ein Abweichen von der „ursprünglichen Zuständigkeit“ gibt. Ebenso sollte, wenn die Sache bereits vor ihrer Anmeldung einmal verwiesen wurde, eine spätere erneute Verweisung unbedingt vermieden werden

2. Verweisungen vor Anmeldung

49 Bereits vor Anmeldung des Zusammenschlusses steht den am Zusammenschluss Beteiligten die Möglichkeit offen, durch einen begründeten Antrag das Verfahren für eine Verweisung auszulösen. Den Beteiligten obliegt es dabei zu prüfen, ob der einschlägige Verweisungstatbestand der Fusionskontrollverordnung erfüllt ist, und ob eine Verweisung vor der Anmeldung mit den von der Europäischen Kommission aufgestellten Leitsätzen in Einklang zu bringen ist.

a) Verweisung an nationale Kartellbehörde

50 Die Verweisung einer Fusionssache von der Kommission an einen oder mehrere Mitgliedstaaten erfordert den Nachweis, dass der Zusammenschluss den Wettbewerb in einem oder mehreren Märkten erheblich beeinträchtigen kann und der fragliche Markt oder die fraglichen Märkte sich in einem Mitgliedstaat befinden sowie alle Merkmale eines gesonderten Marktes aufweisen (Art. 4 Abs. 4 FKVO). In Bezug auf die erste Voraussetzung ist der Nachweis ausreichend, dass sich das Vorhaben möglicherweise auf den Wettbewerb in einem gesonderten Markt in einem Mitgliedstaat so erheblich auswirkt, dass eine genaue Untersuchung angezeigt ist.[116] Neben diesen rechtlichen Voraussetzungen haben die Beteiligten unter Berücksichtigung der oben dargestellten Leitsätze auch zu prüfen, ob eine Verweisung als sachlich gerechtfertigt eingestuft werden dürfte.[117] Im derzeit geplanten E.ON/RWE-Deal haben die Beteiligten bereits angekündigt, eine Verweisung an das BKartA nicht beantragen zu wollen.

51 Die Eignung eines Zusammenschlusses von gemeinschaftsweiter Bedeutung, der den Wettbewerb in mehreren nationalen oder noch kleineren Märkten in mehr als

116 Mitteilung der Kommission über die Verweisung von Fusionssachen v. 5.3.2005, ABl EG Nr. C 56/2, Rn. 17.

117 Mitteilung der Kommission über die Verweisung von Fusionssachen v. 5.3.2005, ABl EG Nr. C 56/2, Rn. 19.

einem Mitgliedstaat beeinträchtigen könnte, für eine Verweisung an den oder die betreffenden Mitgliedstaaten wird von fallspezifischen Umständen abhängen.[118] Hierzu gehören die Zahl der potenziell erheblich betroffenen Märkte, die Aussicht auf die Beseitigung aller Wettbewerbsbedenken durch verhältnismäßige, einander nicht widersprechende Abhilfemaßnahmen und der zu erwartende Prüfungsaufwand.[119] Sind Wettbewerbsprobleme in mehreren Mitgliedstaaten zu erwarten und koordinierte Untersuchungen und Abhilfemaßnahmen erforderlich, so kann es angebracht sein, dass die Kommission ihre Zuständigkeit für die Gesamtheit des Falles beibehält.[120]

b) Verweisung an die Europäische Kommission

Ist das geplante Vorhaben ein Zusammenschluss i.S.v. Art. 3 FKVO, ohne dass es die 52
in Art. 1 FKVO geregelten Schwellen erreicht, und könnte es nach dem innerstaatlichen Wettbewerbsrecht von mindestens drei Mitgliedstaaten geprüft werden, so können die Beteiligten bereits im Stadium vor der Anmeldung eine Verweisung an die Europäische Kommission beatragen (vgl. Art. 4 Abs. 5 FKVO). Auch hier haben sie neben diesen rechtlichen Voraussetzungen anhand der Leitsätze auch die sachliche Rechtfertigung der Verweisung zu prüfen. Die Verweisung eines Zusammenschlusses ohne gemeinschaftsweite Bedeutung an die Europäische Kommission kann unter den oben genannten Voraussetzungen Sinn machen, weil in diesen Fällen insbesondere Untersuchungen in mehreren Ländern und entsprechende Vollstreckungsbefugnisse erforderlich sein können.[121]

Sämtliche Mitgliedstaaten werden von der Europäischen Kommission von dem 53
Antrag in Kenntnis gesetzt. Die „zuständigen Mitgliedstaaten“, d.h. solche, in deren Hoheitsgebiet das Vorhaben prüfbar ist, können innerhalb von 15 Arbeitstagen nach Erhalt dieses Antrags die beantragte Verweisung ablehnen. Die Prüfbarkeit eines Zusammenschlusses durch einen Mitgliedstaat sollte als gegeben angesehen werden, wenn er im Hoheitsgebiet dieses Mitgliedstaates unter das innerstaatliche, auf Unternehmensfusionen anwendbare Wettbewerbsrecht fällt. Die „Zuständigkeit“ des Mitgliedstaates setzt nicht voraus, dass der Zusammenschluss nach dem innerstaatlichen Recht „anmeldepflichtig“ ist.[122] Bei Ablehnung seitens eines zuständigen

---

118 Mitteilung der Kommission über die Verweisung von Fusionssachen v. 5.3.2005, ABl EG Nr. C 56/2, Rn. 22.

119 Mitteilung der Kommission über die Verweisung von Fusionssachen v. 5.3.2005, ABl EG Nr. C 56/2, Rn. 22.

120 Mitteilung der Kommission über die Verweisung von Fusionssachen v. 5.3.2005, ABl EG Nr. C 56/2, Rn. 22.

121 Mitteilung der Kommission über die Verweisung von Fusionssachen v. 5.3.2005, ABl EG Nr. C 56/2, Rn. 28.

122 Mitteilung der Kommission über die Verweisung von Fusionssachen v. 5.3.2005, ABl EG Nr. C 56/2, Rn. 28.

Mitgliedstaates innerhalb der Frist wird der Fall nicht verwiesen, wovon die Europäische Kommission unverzüglich alle betroffenen Mitgliedstaaten und die Beteiligten unterrichtet. Läuft die Frist ab, ohne dass die beantragte Verweisung abgelehnt wird, so wird die gemeinschaftsweite Bedeutung des Zusammenschlusses vermutet und er ist gem. Art. 4 Abs. 1 und 2 FKVO bei der Europäischen Kommission, die die ausschließliche Zuständigkeit über diesen Zusammenschluss erlangt, anzumelden.

54 Als besonders angebracht wird ein Verweisungsantrag angesehen, wenn der betreffende Zusammenschluss den Wettbewerb über das Hoheitsgebiet eines Mitgliedstaats hinaus beeinträchtigen würde.[123] Das dürfte insbesondere dann der Fall sein, wenn die von etwaigen Wettbewerbsfolgen betroffenen räumlichen Märkte über die Staatsgrenzen hinausreichen und die wichtigsten wirtschaftlichen Folgen für den Zusammenschluss mit diesen Märkten in Zusammenhang stehen.[124] Ebenso dürfte sich eine Prüfung durch die Kommission anbieten, wenn Vorhaben Wettbewerbsprobleme in einer ganzen Reihe nationaler oder noch kleinerer Märkte in mehreren Mitgliedstaaten verursachen könnten.[125] Unabhängig von der geographischen Ausdehnung der denkbaren Wettbewerbsfolgen, sind die Beteiligten berechtigt, zwingende Gründe für eine Prüfung des Vorhabens durch die Kommission, wie z.B. den Kosten- und Zeitaufwand einer Anmeldung bei mehreren Mitgliedstaaten anzuführen.[126]

3. Verweisungen nach Anmeldung

55 Auch nach erfolgter Anmeldung des Zusammenschlusses kann es zu einer Verweisung an die nationale Kartellbehörde bzw. die Kommission kommen.

a) Verweisung an nationale Kartellbehörde

56 Nach Art. 9 Abs. 2a) FKVO kann die Europäische Kommission auf Antrag seitens eines oder mehrere Mitgliedstaaten einen bei ihr angemeldeten Zusammenschluss an eine oder mehrere nationale Kartellbehörden verweisen, wenn er den Wettbewerb auf einem Markt innerhalb des antragstellenden Mitgliedstaats erheblich zu

123 Mitteilung der Kommission über die Verweisung von Fusionssachen v. 5.3.2005, ABl EG Nr. C 56/2, Rn. 26.

124 Mitteilung der Kommission über die Verweisung von Fusionssachen v. 5.3.2005, ABl EG Nr. C 56/2, Rn. 28.

125 Mitteilung der Kommission über die Verweisung von Fusionssachen v. 5.3.2005, ABl EG Nr. C 56/2, Rn. 29.

126 Mitteilung der Kommission über die Verweisung von Fusionssachen v. 5.3.2005, ABl EG Nr. C 56/2, Rn. 32.

beeinträchtigen droht und dieser Markt alle Merkmale eines gesonderten Marktes aufweist. Vergleichbar dem Art. 4 Abs. 4 FKVO muss in Bezug auf die erste Voraussetzung der antragstellende Mitgliedstaat lediglich nachweisen, dass nach einer vorläufigen Analyse ein wirkliches Risiko besteht, dass das Vorhaben erhebliche nachteilige Auswirkungen auf den Wettbewerb hat und daher genau geprüft werden sollte.[127] Auch hier ist neben den rechtlichen Voraussetzungen zu berücksichtigen, ob eine Verweisung voraussichtlich als gerechtfertigt angesehen wird.[128] Würde der Zusammenschluss den Wettbewerb auf einem solchen Markt beeinträchtigen und stellt dieser keinen wesentlichen Teil des gemeinsamen Marktes dar (Art. 9 Abs. 2b) FKVO), so ist die Europäische Kommission hingegen verpflichtet, den Fall ganz oder teilweise auf Antrag an den betroffenen Mitgliedstaat zu verweisen.[129]

b) Verweisung an die Europäische Kommission

Nach Art. 22 Abs. 1 FKVO kann die Europäische Kommission auf Antrag[130] eines 57
oder mehrerer Mitgliedstaaten jeden Zusammenschluss prüfen, der keine gemeinschaftsweite Bedeutung i.S.v. Art. 1 FKVO hat, aber den Handel zwischen Mitgliedstaaten beeinträchtigt und den Wettbewerb im Hoheitsgebiet des bzw. der antragstellenden Mitgliedstaaten erheblich zu beeinträchtigen droht. Da Verweisungen an die Kommission nach der Anmeldung für die fusionierenden Unternehmen einen zusätzlichen Kosten- und Zeitaufwand nach sich ziehen können, sollten sie sich nach Auffassung der Kommission auf Fälle beschränken, die eine wirkliche Gefahr nachteiliger Folgen für Wettbewerb und zwischenstaatlichen Handel in sich bergen, denen am besten auf Gemeinschaftsebene begegnet werden kann.[131] Hierzu gehörten Vorhaben, bei denen ernste Wettbewerbsbedenken über die Staatsgrenzen hinausreichen oder bei denen ernste Wettbewerbsbedenken in Bezug auf eine Reihe nationaler oder noch kleinerer Märkte in mehreren Mitgliedstaaten bestehen.[132]

---

127 Mitteilung der Kommission über die Verweisung von Fusionssachen v. 5.3.2005, ABl EG Nr. C 56/2, Rn. 35.

128 Vgl. oben Rn. 50.

129 Mitteilung der Kommission über die Verweisung von Fusionssachen v. 5.3.2005, ABl EG Nr. C 56/2, Rn. 41; Erwägungsgrund 15 FVKO.

130 Der Antrag muss innerhalb von 15 Arbeitstagen, nachdem der Zusammenschluss bei dem betreffenden Mitgliedstaat angemeldet oder, falls eine Anmeldung nicht erforderlich ist, ihm anderweitig zur Kenntnis gebracht worden ist, gestellt werden.

131 Mitteilung der Kommission über die Verweisung von Fusionssachen v. 5.3.2005, ABl EG Nr. C 56/2, Rn. 45.

132 Mitteilung der Kommission über die Verweisung von Fusionssachen v. 5.3.2005, ABl EG Nr. C 56/2, Rn. 45.

B. Ablauf des Fusionskontrollverfahrens

I. Verfahrensphasen

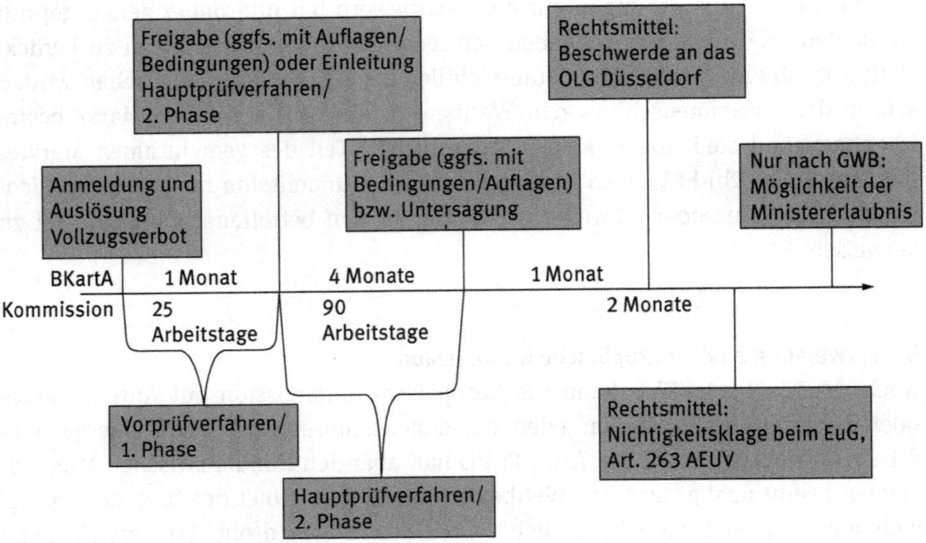

Abb. 1: Ablauf des Fusionskontrollverfahrens[133]

1. GWB

58 Das Verfahren der deutschen Fusionskontrolle beginnt mit der Anmeldung des geplanten Zusammenschlussvorhabens beim BKartA (§ 39 GWB), konkret der für den jeweiligen Sektor zuständigen Beschlussabteilung.[134] Zur Anmeldung verpflichtet sind die am geplanten Zusammenschluss beteiligten Unternehmen.[135]

59 Eine Form der Anmeldung gibt das Gesetz nicht vor. In der Praxis erfolgt sie jedoch schriftlich. Daneben ist auch eine Anmeldung per E-Mail an eine für den Empfang elektronischer Anmeldungen vom BKartA eingerichtete zentrale De-Mail-Adresse oder, für E-Mails mit qualifizierter elektronischer Signatur, an eine vom BKartA hierfür eingerichtete zentrale E-Mail-Adresse möglich.

133 Quelle: Eigene Darstellung.
134 Vgl. Organigramm des BKartA, abrufbar unter: https://www.Bundeskartellamt.de/SharedDocs/Publikation/DE/Sonstiges/Organigramm.html?nn=3590798.
135 Siehe oben Rn. 7.

Praxistipp

Diejenigen Angaben, die die Anmeldung zwingend enthalten muss, sind in § 39 Abs. 3 GWB geregelt: beteiligte Unternehmen, Form des Zusammenschlusses. Art des Geschäftsbetriebes, Umsatzerlöse und Marktanteile.

Die Vollständigkeit der Anmeldung liegt im Interesse der Zusammenschlussbeteiligten. Denn das BKartA entscheidet nur dann innerhalb einer Frist von einem Monat seit Eingang der Anmeldung, ob der Zusammenschluss bedenkenlos erscheint und deshalb freigegeben wird, oder eine eingehende Prüfung des Zusammenschlusses erforderlich ist, wenn ihm eine vollständige Anmeldung vorliegt.

Im Fall des Erfordernisses einer weitergehenden Prüfung teilt das BKartA den Beteiligten mit, dass ein Hauptprüfungsverfahren eingeleitet wird. Nur unter der Voraussetzung dieser Mitteilung kann es binnen vier Monaten seit Eingang der vollständigen Anmeldung einen Zusammenschluss untersagen. Das Hauptprüfverfahren kann aber ebenso gut mit einer Freigabe (ggf. unter Auflagen) enden (§ 40 Abs. 2 S. 2 GWB). Wird die Untersagungs- bzw. Freigabeverfügung nicht innerhalb von vier Monaten nach Eingang der vollständigen Anmeldung den anmeldenden Unternehmen zugestellt, gilt der Zusammenschluss als freigegeben (§ 40 Abs. 2 S. 1 GWB). 60

Dem fristgemäßen Abschluss des Fusionskontrollverfahrens können aber insbesondere unrichtige Angaben oder nicht rechtzeitig erteilte Auskünfte im Wege stehen (in diesem Fall wird nach § 40 Abs. 2 S. 5 GWB die 4-Monatsfrist gehemmt). Ein Zusammenschluss hat somit umso mehr Aussicht auf zügige Freigabe, je intensiver die anmeldenden Unternehmen mit dem BKartA kooperieren. Die 4-Monatsfrist kann sich andererseits auch durch Vorschläge für Bedingungen oder Auflagen nach § 40 Abs. 3 GWB seitens der anmeldenden Unternehmen verlängern (§ 40 Abs. 2 S. 7 GWB), die jedoch auch im Interesse der am geplanten Zusammenschluss beteiligten Unternehmen liegen, um ggf. eine Untersagung zu verhindern. 61

2. FKVO

Im Gegensatz zur deutschen Fusionskontrolle ist die Anmeldung einer Fusion nach europäischem Recht an bestimmte Formvorgaben gebunden, die dem Formblatt CO, Annex I und II, zu der Verordnung (EG) Nr. 802/2004, zu entnehmen sind.[136] 62

Durch die Anmeldung wird zunächst das sog. Vorprüfverfahren nach Art. 6 FKVO ausgelöst, welches grundsätzlich innerhalb von 25 Tagen beendet werden muss. Kommt die Europäische Kommission im Rahmen dieser Vorprüfung zu dem Ergebnis, dass gegen den Zusammenschluss keine Bedenken hinsichtlich seiner Vereinbarkeit mit dem Gemeinsamen Markt bestehen, so ergeht eine Freigabeentscheidung (Art. 6 Abs. 1b FKVO). Andernfalls leitet sie das Hauptprüfungsverfahren ein (Art. 6 Abs. 1c FKVO). Bieten die beteiligten Unternehmen der Europäischen 63

136 ABl EU v. 30.4.2004, Nr. L 133/1, zuletzt geändert durch die Durchführungsverordnung (EU) Nr. 1269/2013 der Kommission v. 5.12.2013, ABl EU Nr. L 336/1.

Kommission gemäß § 6 Abs. 2 FKVO an, Verpflichtungen einzugehen, um den Zusammenschluss in einer mit dem Gemeinsamen Markt zu vereinbarenden Weise zu gestalten, so beträgt die Frist, innerhalb der die Kommission eine der oben genannten Entscheidung treffen muss, 35 Tage.

64 Die das Hauptprüfungsverfahren abschließenden Entscheidungen, mit denen die Europäische Kommission den Zusammenschluss entweder untersagt oder freigibt, müssen ihrerseits innerhalb von 90 Tagen nach der Einleitung des Vorprüfverfahrens ergehen (Art. 10 Abs. 3 FKVO). Die Kommission kann ihre Freigabeentscheidung mit Bedingungen und Auflagen verbinden, um sicherzustellen, dass die beteiligten Unternehmen den Verpflichtungen nachkommen, die sie gegenüber der Kommission hinsichtlich einer mit dem Gemeinsamen Markt zu vereinbarenden Gestaltung des Zusammenschlusses eingegangen sind (Art. 8 Abs. 2 S. 2 FKVO). Im Übrigen stehen ihr in jeder Phase des Verfahrens umfangreiche Auskunftsansprüche und Nachprüfungsbefugnisse zu (Art. 11–13 FKVO).

II. Verfahrensgrundsätze

65 Gemeinsam sind der deutschen und europäischen Fusionskontrolle ferner bestimmte Verfahrensgrundsätze.

66 Zunächst besteht in beiden Fällen eine **Anmeldepflicht vor Vollzug** (Art. 4 Abs. 1 FKVO, § 39 Abs. 1 GWB).[137] Das europäische Recht präzisiert allerdings, dass Zusammenschlüsse von gemeinschaftsweiter Bedeutung grundsätzlich erst nach Vertragsabschluss, Veröffentlichung des Übernahmeangebots oder Erwerb einer die Kontrolle begründenden Beteiligung bei der Europäischen Kommission anzumelden sind (Art. 4 Abs. 1 S. 1 FKVO). Alternativ ist eine Anmeldung auch dann möglich, wenn die beteiligten Unternehmen der Europäischen Kommission gegenüber glaubhaft machen, dass sie gewillt sind, einen Vertrag zu schließen, oder im Fall eines Übernahmeangebots öffentlich ihre Absicht zur Abgabe eines solchen Angebots bekundet haben, sofern der beabsichtigte Vertrag oder das beabsichtigte Angebot zu einem Zusammenschluss von gemeinschaftsweiter Bedeutung führen würde (Art. 4 Abs. 1 S. 2 FKVO). Allerdings sind die Anforderungen der Kommission hieran streng. Insbesondere wird eine hinreichende Konkretisierung des Zusammenschlusses und ein fester Bindungswille aller Vertragspartner verlangt.[138]

67 Einen weiteren wichtigen Verfahrensgrundsatz bildet sowohl in der deutschen als auch in der europäischen Fusionskontrolle das **Vollzugsverbot.** Danach darf ein Zusammenschluss solange nicht vollzogen werden, bis das BKartA, bzw. die Euro-

137 Keine Anmeldung beim BKartA bedarf es lediglich im Falle einer Verweisung von der Europäischen Kommission an das BKartA (§ 39 Abs. 4 GWB).

138 Langen/Bunte/*Bardon*/*Maass*, Kartellrecht, Bd. 2, Art. 4 FKVO Rn. 10.

päische Kommission die Freigabe erteilt hat (Art. 7 FKVO, § 42 Abs. 1 S. 1 GWB). Eine Ausnahme vom Vollzugsverbot gilt nach europäischem Recht allerdings bei sämtlichen Erwerbsvorgängen, die über die Börse unter der Beteiligung einer Vielzahl von Veräußerern erfolgen, solange die Erwerber die mit den Anteilen verbundenen Stimmrechte nicht ausüben (vgl. Art. 7 Abs. 2 FKVO).[139]

Nach erfolgtem Vollzug besteht schließlich im deutschen Recht die Pflicht, **den** 68
Vollzug des Zusammenschlusses dem BKartA gegenüber **anzuzeigen**. (§ 39 Abs. 6 GWB). Der Anforderung der „Unverzüglichkeit" der Anzeige beim BKartA wird genügt, wenn sie innerhalb von sechs bis acht Wochen erfolgt.[140]

III. Sanktionen

Während die Unterlassung einer Anmeldung folgenlos ist, weil es den Beteiligten 69
überlassen bleibt, wenn sie den Zusammenschluss anmelden,[141] stellt eine nicht richtige oder nicht vollständige Anmeldung nach deutschem Recht eine Ordnungswidrigkeit dar (vgl. § 81 Abs. 2 Nr. 3 GWB), die seitens des BKartA mit einem Bußgeld sanktioniert wird (§ 30 OWiG).[142] Dasselbe gilt auch für den Verstoß gegen das Vollzugsverbot (vgl. § 81 Abs. 2 Nr. 1 GWB) und die Anzeigepflicht (vgl. § 81 Abs. 2 Nr. 4 GWB). Ein unter Verstoß gegen das Vollzugsverbot vollzogener Zusammenschluss muss angezeigt werden (§ 41 Abs. 1 S. 3 Nr. 3 GWB i.V.m. § 81 Abs. 2 Nr. 4 GWB). In diesem Fall leitet das BKartA ein Entflechtungsverfahren ein, indem es den Zusammenschluss darauf prüft, ob er die Untersagungsvoraussetzungen des § 36 GWB erfüllt (§ 41 Abs. 3 GWB). Wird das Entflechtungsverfahren eingestellt, weil die Untersagungsvoraussetzungen nicht vorlagen, bleibt der Zusammenschluss wirksam (§ 41 Abs. 1 S. 3 Nr. 3 GWB). Andernfalls kann das BKartA die zur Auflösung des Zusammenschlusses erforderlichen Maßnahmen anordnen (§ 41 Abs. 3 S. 2 GWB).

Ebenso hat auch die Europäische Kommission die Möglichkeit, Verstöße gegen 70
die FKVO mit Geldbußen zu ahnden (Art. 14 FKVO), die max. 1% des von dem beteiligten Unternehmen oder der beteiligten Unternehmensvereinigung erzielten Gesamtumsatzes i.S.v. Art. 5 bzw. max. 10% des von den beteiligten Unternehmen erzielten Gesamtumsatzes i.S.v. Art. 5 betragen dürfen. Daneben kann sie nach Art. 15 FKVO mit Hilfe von Zwangsgeldern i.H.v. max. 5% des durchschnittlichen täglichen Gesamtumsatzes des beteiligten Unternehmens oder der beteiligten Unternehmensvereinigung i.S.v. Art. 5 für jeden Arbeitstag des Verzugs von dem in ihrer Entscheidung bestimm-

---

139 Schneider/Theobald/*Gussone*/*Theobald*, Recht der Energiewirtschaft, Rn. 85.
140 *Bechtold*/*Bosch*, GBW, § 39 Rn. 26.
141 *Bechtold*/*Bosch*, GBW, § 39 Rn. 5.
142 In den letzten Jahren hat das BKartA bei unterlassener Anmeldung auch durchaus Bußgelder in signifikanter Höhe verhängt, vgl. Entsch. v. 31.1.2013 – B11-11/08 – Herstellung von Süßwaren – n.v.

ten Zeitpunkt auch bestimmte Verhaltensweisen erzwingen. Die Wirksamkeit eines entgegen dem Vollzugsverbot vollzogenen Zusammenschlusses hängt von der Untersagungs- oder Freigabeentscheidung der Kommission ab (Art. 7 Abs. 4 FKVO).

C. Materielle Prüfung

I. FKVO

71 Der materielle Maßstab der europäischen Fusionskontrolle ist seit 2004 der in Art. 2 Abs. 2 bzw. 3 FKVO verankerte **SIEC-Test** (significant impediment to effective competition). Der ehemalige Prüfungsmaßstab ist als Regelbeispiel erhalten geblieben. Eine erhebliche Behinderung wirksamen Wettbewerbs kann damit insbesondere aus der **Begründung oder Verstärkung einer marktbeherrschenden Stellung** resultieren (Art. 2 Abs. 3 FKVO).

72 Von der Europäischen Kommission wird der neue Prüfungsmaßstab im Gegensatz zum alten Marktbeherrschungstest, der auf Marktabgrenzung und Marktanteile abstellt, begrüßt, weil er ihr mehr Flexibilität ermöglicht.[143] An bestimmte Marktanteile anknüpfende Marktbeherrschungsvermutungen kennt das europäische Recht nicht. Erreichen die Zusammenschlussbeteiligten allerdings einen Marktanteil von weniger als 25%, nimmt die Kommission in der Regel eine Vereinbarkeit des Zusammenschlusses mit dem gemeinsamen Markt an.[144]

II. GWB

1. SIEC-Test

73 Auch im deutschen Recht ist nun seit der 8. GWB-Novelle ausdrücklich geregelt, dass ein Zusammenschluss vom BKartA zu untersagen ist, sofern zu erwarten ist, dass durch ihn wirksamer Wettbewerb erheblich behindert, insbesondere eine marktbeherrschende Stellung i.S.d. § 18 GWB entsteht oder verstärkt wird (§ 36 Abs. 1 S. 1 GWB). Da das BKartA – auch im Bereich der Energiewirtschaft – bereits zuvor schon auf eine umfassende Prüfung der wettbewerblichen Auswirkungen abgestellt hat, bringt diese Neuerung jedoch keine wesentlichen Veränderungen mit sich.[145] Der Prognosezeitraum beträgt dabei regelmäßig zwischen drei und fünf Jahren.[146] Eine

143 *Kokkoris*, ECLR 2005, 37, 42.

144 Leitlinien zur Bewertung horizontaler Zusammenschlüsse gemäß der Ratsverordnung über die Kontrolle von Unternehmenszusammenschlüssen v. 5.2.2004, ABl EG Nr. C 31, S. 5 ff. Rn. 18.

145 Wiedemann/*Scholz*, Handbuch Kartellrecht, § 34 Rn. 170; *Heallmigk/Pelka*, RdE 2013, 1, 3 m.w.N.

146 MüKo-GWB/*Mäger*, Bd. 2, § 39 Rn. 7; Langen/Bunte/*Ruppelt*, Kartellrecht, Bd. 1, § 39 GWB Rn. 3.

sich rasch verändernde Marktstruktur kann jedoch auch einen kürzeren Prognosezeitraum gebieten.[147] Dies wird für Zusammenschlüsse im Energiesektor in der nahen Zukunft vor dem Hintergrund der Neuausschreibung der Konzessionsverträge zu berücksichtigen sein.[148]

Das Tatbestandsmerkmal der erheblichen Behinderung des wirksamen Wettbe- 74
werbs wurde im Rahmen der 8. GWB-Novelle eingeführt, um den bereits 2004 auf europäischer Ebene erfolgten Wechsel von dem sog. Dominance-Test zum insofern innovativen SIEC-Test[149] zu vollziehen. Dank des SIEC-Tests werden von der Fusionskontrolle nunmehr auch solche Zusammenschlüsse erfasst, die zwar nicht die Voraussetzungen der Marktbeherrschung erfüllen, dennoch aber potentiell wettbewerblich kritisch sind, darunter vertikale und konglomerate Zusammenschlüsse.[150] Die Begründung oder Verstärkung einer marktbeherrschenden Stellung stellt demgegenüber stets eine erhebliche Behinderung wirksamen Wettbewerbs dar.

2. Marktbeherrschende Stellung

Ein Unternehmen ist nach § 18 Abs. 1 GWB dann marktbeherrschend, soweit es als 75
Anbieter oder Nachfrager einer bestimmten Art von Waren oder gewerblichen Leistungen ohne Wettbewerber ist oder keinem wesentlichen Wettbewerb ausgesetzt ist oder eine im Verhältnis zu seinen Wettbewerbern überragende Marktstellung innehat. Besteht zwischen zwei oder mehr Unternehmen für eine bestimmte Art von Waren oder gewerblichen Leistungen kein wesentlicher Wettbewerb und erfüllen sie in ihrer Gesamtheit die Voraussetzungen des § 18 Abs. 1 GWG, so sind nach § 18 Abs. 5 GWB alle zusammen marktbeherrschend.

a) Marktanteile

Bei der Bewertung der Marktstellung eines Unternehmens im Verhältnis zu seinen 76
Wettbewerbern sind mehrere in § 18 Abs. 3 GWB genannten Faktoren zu berücksichtigen. Den Ausgangspunkt der Betrachtung bilden die **Marktanteile.** Sie geben wichtige Hinweise darauf, über welches Ausmaß an Marktmacht die am Zusammenschluss beteiligten Unternehmen verfügen, weil sie abbilden, in welchem Umfang die Nachfrage auf dem relevanten Markt im Bezugszeitraum von einem Unterneh-

---

147 OLG Düsseldorf, Beschl. v. 6.9.2006 – VI-Kart 13/05 (V) – WuW/E DE-R 1835, 1836 – Deutsche Börse/London Stock Exchange. Zu den Schwierigkeiten einer zuverlässigen Prognose im Zusammenhang mit der Dynamik im Gasbereich, vgl. BKartA, Beschl. v. 6.7.2009 – B8–96/08, Rn. 94 – EnBW/EWE/VNG – n.v.

148 Schneider/Theobald/*Gussone*/*Theobald*, Recht der Energiewirtschaft, Rn. 111.

149 Vgl. oben Rn. 71.

150 Vgl. Begr. zum RegE eines Achten Gesetzes zur Änderung des Gesetzes gegen Wettbewerbsbeschränkungen (8. GWB-ÄndG), BT-Drucks. 17/9852, S. 28.

men tatsächlich bedient wurde.[151] Sie ermöglichen darüber hinaus eine erste Einschätzung darüber, inwiefern ein Zusammenschluss potentiell wettbewerblich problematisch sein könnte; bei nur geringen Marktanteilen der beteiligten Unternehmen bzw. geringer Marktkonzentration ist in der Regel keine eingehende Ermittlung erforderlich.[152] Sind Marktanteile bekannt, so können die in § 18 Abs. 4 und 6 GWB an bestimmte Marktanteilsschwellen anknüpfenden widerlegbaren **Vermutungen der Marktbeherrschung** herangezogen werden.[153] Die Einzelmarktbeherrschungsvermutung greift bei einem Marktanteil von mindestens 40% (§ 18 Abs. 4 GWB). Eine Gesamtheit von Unternehmen, die aus drei oder weniger Unternehmen besteht, gilt als marktbeherrschend, wenn sie zusammen einen Marktanteil von 50% erreichen (§ 18 Abs. 6 Nr. 1 GWB). Und schließlich wird auch bei fünf oder weniger Unternehmen, die zusammen einen Marktanteil von zwei Dritteln haben, vermutet, dass sie gemeinsam marktbeherrschend sind.

b) Gesamtbetrachtung der wettbewerblichen Verhältnisse

77 Das Erreichen bzw. Überschreiten der genannten Marktanteilsschwellen ist allerdings für sich allein noch kein hinreichendes Kriterium für die Feststellung der Marktbeherrschung.[154] Vielmehr ist das BKartA aufgrund des Amtsermittlungsgrundsatzes zu einer **umfassenden Untersuchung der wettbewerblichen Verhältnisse** verpflichtet.[155] Die Feststellung hoher Marktanteile erübrigt damit nicht die umfassende wettbewerbliche Analyse und eine abwägende Gesamtbetrachtung aller relevanten Umstände.[156] Hierzu gehören die Finanzkraft, Zugang zu den Beschaffungs-

---

151 BKartA, Leitfaden zur Marktbeherrschung in der Fusionskontrolle vom 29.3.2012, Rn. 25, abrufbar unter: https://www.bundeskartellamt.de/SharedDocs/Publikation/DE/Leitfaden/Leitfaden%20-%20Marktbeherrschung%20in%20der%20Fusionskontrolle.html?nn=4151538.

152 BKartA, Leitfaden zur Marktbeherrschung in der Fusionskontrolle vom 29.3.2012, Rn. 25, abrufbar unter: https://www.bundeskartellamt.de/SharedDocs/Publikation/DE/Leitfaden/Leitfaden%20-%20Marktbeherrschung%20in%20der%20Fusionskontrolle.html?nn=4151538.

153 BKartA, Leitfaden zur Marktbeherrschung in der Fusionskontrolle vom 29.3.2012, S. 11, abrufbar unter: https://www.bundeskartellamt.de/SharedDocs/Publikation/DE/Leitfaden/Leitfaden%20-%20Marktbeherrschung%20in%20der%20Fusionskontrolle.html?nn=4151538.

154 BKartA, Leitfaden zur Marktbeherrschung in der Fusionskontrolle vom 29.3.2012, Rn. 26, abrufbar unter: https://www.bundeskartellamt.de/SharedDocs/Publikation/DE/Leitfaden/Leitfaden%20-%20Marktbeherrschung%20in%20der%20Fusionskontrolle.html?nn=4151538; BGH, Beschl. v. 29.6.1982 – KVR 7/81, Rn. 15 (juris) – WuW/E BGH 1949, 1951 f. – Braun/Almo.

155 BKartA, Leitfaden zur Marktbeherrschung in der Fusionskontrolle vom 29.3.2012, Rn. 26, abrufbar unter: https://www.bundeskartellamt.de/SharedDocs/Publikation/DE/Leitfaden/Leitfaden%20-%20Marktbeherrschung%20in%20der%20Fusionskontrolle.html?nn=4151538; BGH, Beschl. v. 2.12.1980 – KVR 1/80, Rn. 32 (juris) – WuW/E BGH 1749, 1753 – Klöckner/Becorit; BGH, Beschl. v. 19.12.1995 – KVR 6/95, Rn. 11 (juris) m.w.N. – WuW/E BGH 3037, 3039 – Raiffeisen.

156 BGH, Beschl. v. 11.11.2008 – KVR 60/07 – WuW/E DE-R 2451, 2457 – E.ON/Stadtwerke Eschwege.

und Absatzmärkten, (rechtliche, wirtschaftliche oder personelle) Verflechtungen mit anderen Unternehmen, rechtliche oder tatsächliche Marktzutrittsschranken, potenzieller Wettbewerb, Produktionsumstellungsflexibilität sowie Ausweichmöglichkeit der Marktgegenseite (§ 18 Abs. 3 GWB).[157] Ist ein mindestens marktstarkes Unternehmen nicht nur auf dem betroffenen Markt, sondern zugleich auf einem wichtigen vor- oder nachgelagerten Markt tätig und nimmt es auch auf diesem Markt eine zumindest marktstarke Stellungen ein, kann auch hierdurch ein Marktschließungseffekt eintreten.[158] So verzeichnete das BKartA nach der Liberalisierung der Strommärkte eine Strategie der großen Stromkonzerne (insbesondere von RWE und E.ON) zur Beteiligung an zahlreichen Stadtwerken, die das Amt als Bestandteil einer Strategie der Stromkonzerne ansah, Absatzmärkte für Wettbewerber zu verschließen.[159]

Im Fall „E.ON/Ruhrgas" beispielsweise untersagte das BKartA deshalb den u.a. 78
über den Erwerb der Mehrheit der Anteile der Gelsenberg AG vermittelten Zusammenschluss der E.ON AG mit der Ruhrgas AG wegen der befürchteten Verstärkung marktbeherrschender Stellungen sowohl beim Absatz vom Gas als auch beim Absatz von Strom.[160] Das BKartA begründete die marktbeherrschende Stellung der Ruhrgas mit deren überragenden Marktanteilen gegenüber anderen Ferngasunternehmen und mit deren hervorragendem Zugang zu den Beschaffungs- und Absatzmärkten und sah die Verstärkung dieser Stellung in der Sicherung und Erhöhung des Absatzes von Gas an den E.ON-Konzern und die Beteiligungsunternehmen.[161] Im Strombereich ging das BKartA von einer marktbeherrschenden Stellung der E.ON (im Duopol mit der RWE) aus, die vor dem Hintergrund der vom BKartA angenommenen Prämisse, dass die Stromerzeugung immer stärker auf dem Einsatz gasbetriebener Kraftwerke beruhen werde, durch den Zusammenschluss mit Ruhrgas weiter verstärkte würde.[162] Aus demselben Grund untersagte das BKartA auch den Zusammenschluss der E-ON. AG mit der Bergmann AG, der zugleich ebenfalls einen Zusammenschluss im Verhältnis E.ON/Ruhrgas verwirklichte.[163]

Die „E.ON/Ruhrgas" Entscheidungen waren der Beginn einer kritischen Prü- 79
fungspraxis des BKartA in Bezug auf vertikale Beteiligungen von großen Energie-

---

157 BKartA, Leitfaden zur Marktbeherrschung in der Fusionskontrolle vom 29.3.2012, Rn. 27, abrufbar unter: www.bundeskartellamt.de (→ Fusionskontrolle → Materialien).

158 Schneider/Theobald/*Gussone*/*Theobald*, Recht der Energiewirtschaft, Rn. 187.

159 Vgl. BKartA, Beschl. v. 12.9.2003 – B8 – 21/03, S. 15-17 – WuW 2004, 61 ff. – E.ON/Eschwege; bestätigt durch: OLG Düsseldorf, Beschl. v. 6.6.2007 – VI-2 Kart 7/04, Rn. 96 – WuW 2007, 1252 ff.; BGH, Beschl. v. 11.11.2008 – KVR 60/07, Rn. 63 – WuW 2009, 49 ff.

160 Wiedemann/*Scholz*, Handbuch Kartellrecht, § 34 Rn. 202 mit Verweis auf BKartA, Beschl. v. 17.1.2002 – B8-109/01 – WuW/E DE-V 511, 513 – E.ON/Ruhrgas.

161 BKartA, Beschl. v. 17.1.2002 – B8-109/01 – WuW/E DE-V 511, 516 – E.ON/Ruhrgas.

162 BKartA, Beschl. v. 17.1.2002 – B8-109/01 – WuW/E DE-V 511, 288 ff. – E.ON/Ruhrgas.

163 Wiedemann/*Scholz*, Handbuch Kartellrecht, § 34 Rn. 202 mit Verweis auf BKartA, Beschl. v. 26.2.2002 – B8 – 149/01 – WUW/E DE-V 533 – E.ON/Ruhrgas II.

versorgern an Stadtwerken. So hat das BKartA beispielsweise die Minderheitsbeteiligung der E.ON Hanse an den Stadtwerken Lübeck wegen des befürchteten Verschlusses der Strom- und Gasabsatzmärkte für Wettbewerber und der Absicherung des eigenen Absatzes als Vorlieferant wegen der Verstärkung einer marktbeherrschenden Stellung untersagt.[164] Aus denselben Gründen erfolgte auch eine Untersagung der Minderheitsbeteiligung der E.ON über die EAM an den Stadtwerken Eschwege.[165] Ebenso untersagte das BKartA die Übernahme der Saar Ferngas AG durch die RWE Energy AG mit der Begründung, dass das Zusammenführen von Beteiligungen der Unternehmen an Weiterverteilern zu einer zusätzlichen Absicherung des Strom- und Gasabsatzes und zu einer Verstärkung der marktbeherrschenden Stellung von E.ON und RWE geführt hätte.[166]

80 Eine wettbewerbsfördernde Reduzierung der vertikalen Integration des E.ON-Konzerns erfolgte dank der Veräußerung sämtlicher Aktien der Thüga AG, die Beteiligungen an knapp 90 Energieversorgungsunternehmen hielt, an die Integra Energie GmbH & Co. KGaA, die als Erwerbsgesellschaft von ihren Gesellschaftern, N-ERGIE Aktiengesellschaft, Mainova Aktiengesellschaft, Stadtwerke Hannover Aktiengesellschaft und Kom9 GmbH & Co. KG, ausschließlich zu dem Zweck des Erwerbs der Thüga gegründet wurde.[167]

81 Seitdem sieht das BKartA Minderheitsbeteiligungen von größeren Energieversorgern nicht mehr so kritisch, weil es davon ausgeht, dass eine Strategie der großen Stromkonzerne (insbesondere von RWE und E.ON) zur Beteiligung an zahlreichen Stadtwerken angesichts der erfolgten bzw. angekündigten Veräußerungen inzwischen nicht mehr verfolgt wird.[168] Außerdem sei aufgrund der Marktentwicklung (gestiegene Bedeutung der Großhandelsmärkte und kein Erfordernis eines persönlichen Kundenzugangs der Stromerzeuger) nicht zu erwarten, dass eine erfolgreiche Kundenabschottungsstrategie durch den Erwerb von Stadtwerksbeteiligungen derzeit erfolgreich praktiziert werden könnte.[169]

164 BKartA, Beschl. v. 20.11.2003 – B8-84/03 – E.ON Hanse/Stadtwerke Lübeck – n.v.

165 BKartA, Beschl. v. 12.9.2003 – B8-Fa-21/03, S. 16 – WuW 2004, 61ff. – E.ON/EAM/Stadtwerke Eschwege, bestätigt vom OLG Düsseldorf, Beschl. v. 6.6.2007 – VI -2 Kart 7/04 (V) – WuW 2007. 1252ff., die wiederum vom BGH, Beschl. v. 11.11.2008 – KVR 60/07 – WuW 2009, 49ff. – E.ON/Stadtwerke Eschwege bestätigt wurde.

166 Wiedemann/*Scholz*, Handbuch Kartellrecht, § 34 Rn. 202 mit Verweis auf BKartA, Beschl. v. 12.3.2007 – B8-62/06 – RWE/Saar Ferngas – n.v.

167 BKartA, Beschl. v. 30.11.2009 – B8-107/09 – Integra/Thüga – n.v.

168 Siehe die Freigaben der Entfristung bisher befristeter Minderheitsbeteiligungen beispielsweise im Fall BKartA, Beschl. v. 17.10.2014 – B8-119/14, – RWE/Dortmunder Energie- und Wasserversorgungs GmbH – n.v.; BKartA, Beschl. v. 24.6.2013 – B8-92/13 – RWE/Stadtwerke Ahaus GmbH – n.v.; BKartA, Beschl. v. 8.12.2011 – B8-94/11, – RWE/Stadtwerke Unna – n.v.; BKartA Beschl. v. 30.4.2010 – B8-109/09, S. 19, Rn. 66ff. – RWE/Stadtwerke Lingen/Stadtwerke Radevormwald – n.v.

169 BKartA, Beschl. v. 17.10.2014 – B8-119/14, Fallbericht, S. 2. – RWE/Dortmunder Energie- und Wasserversorgungs GmbH – n.v.

3. Kausalität des Zusammenschlusses für die Wettbewerbsbehinderung

Ein Zusammenschluss ist nur dann vom BKartA zu untersagen, sofern zu erwarten ist, dass er ursächlich für die erhebliche Wettbewerbsbehinderung ist. Ein Zusammenschluss ist dann nicht kausal für die Entstehung oder Verstärkung einer marktbeherrschenden Stellung, wenn die prognostizierte Verschlechterung der Marktverhältnisse auch ohne den Zusammenschluss einträte.[170] 82

Besonders hinzuweisen ist darauf, dass die Anforderungen an den Nachweis einer Verstärkung der marktbeherrschenden Stellung (das im Gesetz genannte Regelbeispiel der erheblichen Wettbewerbsbehinderung) umso geringer sind, je umfassender der betroffene Markt bereits beherrscht wird.[171] Bei bereits bestehender hoher Konzentration reichen damit schon geringe Verschiebungen der die Marktmacht bestimmenden Größen (z.B. Ressourcenzugewinne, Finanzkraftzugewinne) aus, um die Verstärkungswirkung zu bejahen.[172] So hat der BGH im Energiesektor bei Vertikalzusammenschlüssen in den Entscheidungen „Stromversorgung Aggertal“[173] und „Stadtwerke Garbsen“[174] aufgrund des hier hohen Konzentrationsgrads schon geringe Strukturveränderungen, bspw. durch die gesellschaftsrechtliche Absicherung bestehender Lieferverträge, als ausreichende Verstärkungselemente erachtet.[175] Auch eine Intensivierung der Einflussnahme auf ein Zielunternehmen, z.B. der Wechsel von gemeinsamer zu alleiniger Kontrolle, kann eine marktbeherrschende Stellung insofern verstärken, als die Ressourcen des allein herrschenden Unternehmens nunmehr noch stärkere Wettbewerbswirkungen entfalten.[176] 83

Interessant ist auch der Fall des Erwerbs der gemeinsamen Kontrolle über das Gasversorgungsunternehmen Gás de Portugal durch den Stromversorger Energias de Portugal und das italienische Energieversorgungsunternehmen ENI. In dem der Untersagungsentscheidung nachfolgenden Klageverfahren hat das EuG zwar die Entscheidung der Kommission bestätigt. Gleichzeitig erkannte es jedoch einen Rechtsfehler in der Feststellung der Verstärkung einer marktbeherrschenden Stel- 84

---

170 BKartA, Leitfaden zur Marktbeherrschung in der Fusionskontrolle vom 29.3.2012, S. 73, abrufbar unter: www.bundeskartellamt.de (→ Fusionskontrolle → Materialien).

171 BKartA, Grundsatzabteilung, Auslegungsgrundsätze, S. 9 unter Bezugnahme auf BGH, Beschl. v. 21.2.1978 – KVR 4/77 – WuW/E 1501, 1509 – KFZ-Kupplungen; BGH, Beschl. v. 18.12.1979 – KVR 2/79 – WuW/E 1685, 1691 f. – Springer/Elbe Wochenblatt; BGH, Beschl. v. 10.12.1991 – KVR 2/90 – WuW/E 2731, 2737 – Inlandstochter; KG, Beschl. v. 18.10.1995 – Kart 18/93 – WuW/E 5549, 5560 – Fresenius/Schiwa; BKartA, Beschl. v. 12. 1. 2000 – B6–22131-118/98, Rn. 28 – WAZ/Otz – n.v.; u.a.

172 Schneider/Theobald/*Gussone*/*Theobald*, Recht der Energiewirtschaft, Rn. 210.

173 BGH, Beschl. v. 15.7.1997 – KVR 33/96 – WuW 1998, 170 ff. – Stromversorgung Aggertal.

174 BGH, Beschl. v. 15.7.1997 – KVR 21/96 – WuW 1998, 178 f. – Stadtwerke Garbsen.

175 Schneider/Theobald/*Gussone*/*Theobald*, Recht der Energiewirtschaft, Rn. 211 mit Hinweis auf BGH, Beschl. v. 15.7.1997 – KVR 33/96 – WuW 1998, 170 ff. – Stromversorgung Aggertal; BGH, Beschl. v. 15.7.1997 – KVR 21/96 – WuW 1998, 178 f. – Stadtwerke Garbsen.

176 Schneider/Theobald/*Gussone*/*Theobald*, Recht der Energiewirtschaft, Rn. 111 mit Hinweis auf BKartA, Beschl. v. 12.1.2000 – B6-22131-118/98, Rn. 28 – WAZ/Otz – n.v.

lung auf dem Gasmarkt, weil die zum relevanten Zeitpunkt geltende gesetzliche Absicherung der Monopolstellung der GDP eine zusammenschlussbedingte Verschlechterung der Wettbewerbsbedingungen ausschloss.[177]

85 Im Falle einer Sanierungsfusion wird die Kausalität für die erhebliche Wettbewerbsbehinderung dann verneint, wenn das sanierungsbedürftige Unternehmen ohne die Fusion nicht überlebensfähig wäre, keine Alternative zu der Übernahme durch das marktbeherrschende Unternehmen besteht und beim Ausscheiden des sanierungsbedürftigen Unternehmens das noch verbleibende Potenzial ohnehin dem erwerbenden Unternehmen zufallen würde.[178] Die Beweislast für das Vorliegen der Voraussetzungen der Sanierungsfusion liegt bei den beteiligten Unternehmen.[179]

4. Verbesserungen der Wettbewerbsbedingungen

86 Nach § 36 Abs. 1 Hs. 2 GWB ist ein Zusammenschluss trotz der zu erwartenden erheblichen Behinderung des Wettbewerbs dann nicht vom BKartA zu untersagen, wenn mit ihm auch Verbesserungen der Wettbewerbsbedingungen verbunden sind. Diesen vom BKartA bei seiner Entscheidung zu berücksichtigenden Gesichtspunkt haben die beteiligten Unternehmen nachzuweisen.[180]

5. Bagatellmarktklausel

87 Eine Untersagungsentscheidung ergeht nach § 36 Abs. 1 S. 2 Nr. 2 GWB ferner dann nicht, wenn die Untersagungsvoraussetzungen des § 36 Abs. 1 S. 1 GWB auf einem Markt vorliegen, auf dem seit mindestens fünf Jahren Waren oder gewerbliche Leistungen angeboten werden und auf dem im letzten Kalenderjahr weniger als 15 Millionen Euro umgesetzt wurden (sog. Bagatellmarktklausel). Die Einschränkung „seit mindestens fünf Jahren“ wurde eingeführt, um zu verhindern, dass durch diese Ausnahmebestimmung Märkte in der Entstehungs- und Entwicklungsphase den

---

177 Vgl. EuG, Urt. v. 21.9.2005 – T-87/05 – WuW/E EU-R 943, Rn. 116 ff. – Energias de Portugal/Kommission.

178 BKartA, Leitfaden zur Marktbeherrschung in der Fusionskontrolle vom 29.3.2012, S. 73, 74, abrufbar unter: www.bundeskartellamt.de (→ Fusionskontrolle → Materialien); BKartA, Beschl. v. 11.4.2006 – B6-142/05 – RTL/n-tv – n.v.

179 BKartA, Leitfaden zur Marktbeherrschung in der Fusionskontrolle vom 29. 3. 2012, S. 73, abrufbar unter: www.bundeskartellamt.de (→ Fusionskontrolle → Materialien). Die Anforderungen an den Nachweis eines Sanierungsfalls im Pressebereich sind durch die 8. GWB-Novelle speziell geregelt worden. Die neu geschaffene sektorspezifische Regelung lässt die Beurteilung von Sanierungsfusionen in anderen Wirtschaftsbereichen jedoch unberührt, vgl. Beschlussempfehlung und Bericht des Ausschusses für Wirtschaft und Technologie, BT-Drucks. 17/11053, S. 7 und 25.

180 *Emmerich*, § 34 Rn. 53.

Schutz der Fusionskontrolle verlieren.[181] Sind von dem Zusammenschlussvorhaben noch weitere Märkte betroffen, die nicht die Voraussetzungen des § 36 Abs. 1 S. 2 Nr. 2 GWB erfüllen, so wird das Vorhaben vom BKartA der Zusammenschlusskontrolle unterzogen, die Bagatellmärkte dabei jedoch außer Acht gelassen.[182]

Die Bagatellmarkteigenschaft bejaht das BKartA regelmäßig für Fernwärmemärkte.[183] Die Zusammenschlusskontrolle bleibt laut § 36 Abs. 1 S. 2 Nr. 2 Hs. 2 GWB allerdings dann auf Bagatellmärkte anwendbar, wenn es sich um einen Markt i.S.v. § 18 Abs. 2a (Markt auf dem eine Leistung unentgeltlich erbracht wird) oder einen Fall des § 35 Abs. 1a (Umsatzschwellen nicht erreicht, aber Transaktionswert höher als 400 Millionen Euro) handelt. 88

Praxistipp i
Während die sog. Bagatellklausel bis zur 8.GWB-Novelle noch Teil der Prüfung der Anmeldepflichtigkeit eines Zusammenschlussvorhabens war, ist sie jetzt Bestandteil der materiellen Zusammenschlusskontrolle. Das Zusammenschlussvorhaben muss also bei Überschreiten der Schwellenwerte des § 35 GWB angemeldet werden, kann aber ggf. aus der materiellen Zusammenschlusskontrolle ausscheiden.

D. Verfahrensbeendigung

I. Beendigungsmöglichkeiten

Das Fusionskontrollverfahren kann mit einer Freigabe oder einer Untersagung des Zusammenschlusses enden. Eine dritte Verfahrensbeendigungsmöglichkeit bildet die Freigabe mit Bedingungen und Auflagen. Sie kommt dann in Betracht, wenn die beteiligten Unternehmen gegenüber dem BKartA bzw. der Europäischen Kommission Verpflichtungen eingehen, um eine Untersagung abzuwenden. 89

1. FKVO

Die Möglichkeit, die Freigabeentscheidung mit Auflagen zu verbinden, ergibt sich im europäischen Recht aus Art. 10 Abs. 2 FKVO, wonach Freigabeentscheidungen nach Art. 8 Abs. 2 FKVO zu erlassen sind, sobald offenkundig ist, dass die ernsthaften Bedenken i.S.d. Art. 6 Abs. 1c FKVO – insbesondere durch von beteiligten Unternehmen 90

181 Schneider/Theobald/*Gussone/Theobald*, Recht der Energiewirtschaft, Rn. 152.
182 Wiedemann/*Scholz*, Handbuch Kartellrecht, § 34 Rn. 172, mit Verweis auf: BKartA, Beschl. v. 12.9.2003 – B8-21/03 – E.ON/Stadtwerke Eschwerge – n.v.; Beschl. v. 26.8.2003 – B8-83/03, Rn. 21 – RWE/Wuppertaler Stadtwerke – n.v.
183 Vgl. z.B. BKartA, Beschl. v. 8.3.2009 – B8-34/09, S. 13 – *RWE/Exxon Mobil* – n.v.

vorgenommene Änderungen – ausgeräumt sind. Das Ziel der Auflagen im Bereich der europäischen Fusionskontrolle wird also darin gesehen, wettbewerbsrechtliche Bedenken, die einer Freigabeentscheidung entgegenstehen, aus dem Weg zu räumen.[184] In den letzten Jahren konnte daher insgesamt eine geradezu explosionsartige Zunahme an Zusagenentscheidungen beobachtet werden.[185]

91 Die Kommission unterscheidet dabei zwischen Veräußerungen, anderen Abhilfemaßnahmen struktureller Art, z.B. Gewährung des Zugangs zu wichtiger Infrastruktur oder wichtigen Vorleistungen zu diskriminierungsfreien Bedingungen, und Verpflichtungen hinsichtlich des künftigen Verhaltens des aus dem Zusammenschluss hervorgegangenen Unternehmens.[186] Nach Auffassung der Kommission werden Abhilfemaßnahmen struktureller Art den Zielen der FKVO am ehesten gerecht und haben den Vorteil, dass sie keine mittel- oder langfristigen Kontrollmaßnahmen erfordern.[187] Hinsichtlich der Frage, ob die Zusagen die ernsthaften wettbewerblichen Bedenken ausräumen, hat die Europäische Kommission einen weiten Beurteilungsspielraum. Damit eine Verpflichtungszusageentscheidung aufgehoben werden kann, muss der Europäischen Kommission daher ein offenkundiger Fehler nachgewiesen werden.[188]

a) Veräußerungszusagen

92 Ein Beispiel für eine Veräußerungszusage bildet der Fusionsfall „Verbund/Energie Allianz“, den die Kommission u.a. unter der Zusage seitens Verbund freigab, Beteiligungen an der Stromvertriebstochter APV zu veräußern. Ferner sagte Verbund zu, den mittelfristigen Bedarf des Käufers von APC und dessen Zugang zur Regelenergie sicherzustellen. Hierdurch konnten die Befürchtungen der Kommission hinsichtlich der Begründung einer marktbeherrschenden Stellung auf dem Großkundenmarkt ausgeräumt werden.[189]

---

184 Schwarze/*Bär-Bouyssière*, Europäisches Wettbewerbsrecht, Baden-Baden 2001 S. 119.

185 Zwischen 2005 und 2012 insgesamt 27 Zusagenentscheidungen, davon drei im Energiesektor: Europäische Kommission, Entsch. v. 21.12.2005 – COMP/M. 3696 – ABl EG Nr. L 253, S. 20 – E.ON/MOL; Europäische Kommission, Entsch v. 14.3.2006 – COMP/M. 3868 – ABl EG Nr. L 133, S. 24 – DONG/ELSAM/ENERGI E2 C; Europäische Kommission, Entsch. v. 14.11.2006 – COMP/M. 4180 – ABl EG Nr. L 88, S. 47 – GAZ DE FRANCE/SUEZ.

186 Mitteilung der Kommission über nach der Verordnung (EG) Nr. 139/2004 des Rates und der Verordnung (EG) Nr. 802/2004 der Kommission zulässige Abhilfemaßnahmen, ABl EG 2008 Nr. C 267/01, Rn. 17.

187 Mitteilung der Kommission über nach der Verordnung (EG) Nr. 139/2004 des Rates und der Verordnung (EG) Nr. 802/2004 der Kommission zulässige Abhilfemaßnahmen, ABl EG 2008 Nr. C 267/01, Rn. 15.

188 EuG, Urt. v. 21.9.2005 – Rs. T-87/05, Rn. 220, 228 – EDP.

189 Vgl. Europäische Kommission, Entsch. v. 11.6.2003 – COMP/M.2947 – ABl EU Nr. L 92/91, Rn. 163 – Verbund/EnergieAllianz.

Den vertikalen Zusammenschluss zwischen der auf den Märkten für Gaserzeugung, -transport, -speicherung und Großhandel agierenden MOL und der im Strom- und Gaseinzelhandel tätigen E.ON bewilligte die Kommission u.a. unter Auflagen, die auf eine Entbündelung der Eigentumsverhältnisse zwischen dem bei MOL verbleibenden Gastransport einerseits und dem von E.ON übernommenen Großhandel andererseits sowie auf eine völlig Entflechtung der Gasspeicherungssparte von MOL hinausliefen.[190] 93

Eine Veräußerungszusage seitens Vattenfall ermöglichte die Übernahme von Nuon.[191] In dem Verfahren „Vattenfall/Nuon" hatte die Kommission, die zum damaligen Zeitpunkt noch von regionalen Stromeinzelkundenmärkten (im Gegensatz zu einem deutschlandweiten Endkundenmarkt) ausging, die Befürchtung, dass der Zusammenschluss den Wegfall eines aktuellen Wettbewerbers von Vattenfall in Berlin und Hamburg führen würde. Die Zusage richtete sich daher auf den Verkauf des Endkundengeschäfts Nuons in Berlin und Hamburg. 94

Zur Ausräumung der Wettbewerbsbedenken im Hinblick auf die Übernahme der beiden regionalen Stromerzeuger sowie von zwei Stromversorgern in Dänemark durch den Gasversorger DONG, musste Letzterer neben einem Gasfreigabeprogramm die Veräußerung einer Gasspeicheranlage zusagen.[192] 95

Eine Veräußerungszusage kam auch im Fall „RWE/Essent" zum Einsatz.[193] Dieser Fall betraf die Übernahme der alleinigen Kontrolle durch RWE über das niederländische Unternehmen Essent, welches neben dem niederländischen auch auf dem deutschen und belgischen Energieversorgungsmarkt tätig war. Die Bedenken der Kommission beschränkten sich auf die marktbeherrschende Stellung von RWE auf dem deutschen Stromerzeugungs- und -großhandelsmarkt, die durch den Zusammenschluss verstärkt worden wäre. Sie konnten jedoch durch Zusagen seitens RWE und Essent, ihre jeweilige Beteiligung an den Stadtwerken Bremen zu veräußern, ausgeräumt werden. 96

Vergleichbar konnte das Zusammenschlussvorhaben von EdF mit Segebel, das die Mehrheitsbeteiligung am zweitgrößten Energieversorger in Belgien hielt, dank einer Beteiligungsveräußerungszusage seitens EdF trotz ursprünglicher Bedenken der Kommission hinsichtlich des belgischen Strommarkts genehmigt werden. 97

190 Vgl. Europäische Kommission, Entsch. v. 21.12.2005 – COMP/M.3696, Rn. 28ff.; 734ff. – WuW 2006, 1183ff. – E.ON/MOL.

191 Europäische Kommission, Entsch. v. 22.6.2009 – COMP/M.5496 – ABl EU Nr. C 212/16 – Vattenfall/Nuon.

192 Vgl. Europäische Kommission, Entsch. v. 14.3.2006 – COMP/M.3868 – ABl EU Nr. L 133/24 – DONG/Elsam/Energi E2.

193 Vgl. Europäische Kommission, Entsch. v. 23.6.2009 – COMP/M.5467 – ABl EU Nr. C 222/1 – RWE/Essent.

b) Andere Abhilfemaßnahmen

98 Die Veräußerung eines Geschäfts und die Zerschlagung von Bindungen zu Mitbewerbern sind zwar die bevorzugten, aber nicht die einzigen Abhilfemaßnahmen zur Beseitigung wettbewerbsrechtlicher Bedenken.[194] So hat die Kommission z.B. auch den beabsichtigten gemeinsamen Kontrollerwerb der EnBW und der Gruppo Villar Mir des viertgrößten spanischen Stromerzeugers und -verteilers Hidroeléctrica del Cantábrico freigegeben, nachdem sich EdF verpflichtete, das grenzüberschreitende Handelsvolumen von Frankreich nach Spanien deutlich zu erhöhen. Die ursprüngliche Befürchtung, dass das Vorhaben die Anreize von EdF aufgrund ihrer indirekten Beteiligung gesenkt hätte, den Wettbewerb durch Stromimporte zu beleben, sah die Kommission durch diese Verpflichtung ausgeräumt.[195]

99 Im Fall der Fusion von EdF und EnBW ging EdF Verpflichtungen in Bezug auf den Zugang zu Stromerzeugungskapazitäten in Frankreich ein, was letztendlich die Bedenken der Kommission zerstreute, dass das Vorhaben die marktbeherrschende Stellung der EdF weiter verstärken könnte.[196]

100 Eine Reihe von Zusagen betreffend den Netzzugang Dritter erlaubte es der Kommission auch die Fusion von Total und Gaz de France freizugeben, weil sie ursprünglich befürchtet hatte, dass das Vorhaben den Anreiz und die Möglichkeiten zu missbräuchlichen Netzzugangsverweigerungen verschafft hätte.[197]

101 Eine Freigabe im Fall „EnBW/ENI/GVS“ erfolgte, nachdem den Gas-Weiterverteilern, die Gas bei der GVS bezogen hatten, Sonderkündigungsrechte für langfristige Bezugsverträge eingeräumt wurden.[198]

c) Positive Auswirkungen von Zusage auf Marktstrukturen

102 Verpflichtungszusagen können aber nicht nur wettbewerbliche Bedenken ausräumen, sondern sogar **positive Auswirkungen auf Marktstrukturen** haben. So wurde z.B. durch den freigegebenen Zusammenschluss von VEBA und Viag, die insbesondere mit ihren Tochterunternehmen PreussenElektra AG und Bayernwerk AG in

194 Mitteilung der Kommission über nach der Verordnung (EG) Nr. 139/2004 des Rates und der Verordnung (EG) Nr. 802/2004 der Kommission zulässige Abhilfemaßnahmen, ABl EU Nr. C 267/01, Rn. 61.

195 Vgl. Europäische Kommission, Entsch. v. 26.9.2001 – COMP/M.2434 – ABl EU Nr. L 48/86, Rn. 32ff. – Gruppo Villar Mir/EnBW/Hidroeléctrica del Cantábrico.

196 Vgl. Europäische Kommission, Entsch. v. 7.2.2001 – COMP/M.1853 – ABl EG Nr. L 59/1, Rn. 54ff. – EdF/EnBW.

197 Vgl. Europäische Kommission, Entsch. v. 8.10.2004 – COMP/M.3410, Rn. 53ff. und 74ff. – ABl EU Nr. C 4/3 – Total/Gaz de France.

198 Vgl. Europäische Kommission, Entsch. v. 17.12.2002 – COMP/M.2822 – ABl EU 2003 Nr. L 248/51, Rn. 61ff. – EnBW/ENI/GVS.

verschiedenen Bereichen der Energiewirtschaft tätig waren,[199] ein Marktteilnehmer beseitigt. Die weitreichenden Auflagen, zu denen u.a. umfangreiche Beteiligungsveräußerungen gehörten, zielten jedoch auf die Schaffung eines neuen Marktteilnehmers ab. Nach Ansicht der Kommission werden die Marktstrukturen durch den Zusammenschluss unter Auflagen deshalb sogar verbessert.[200] Vergleichbar waren auch die Zusagen in den oben erwähnten Verfahren „E.ON/MOL" und „DONG/Elsam/Energie E2" auf die Schaffung von neuen Marktteilnehmern gerichtet.[201]

Praxistipp

i

Zu sog. **„zulässigen Abhilfemaßnahmen"**, die aus Sicht der Kommission grundsätzlich geeignet sind, wettbewerbsrechtliche Bedenken zu beseitigen, hat die Europäische Kommission eine **Mitteilung** herausgegeben. Sie soll den beteiligten Unternehmen als **Orientierungshilfe** dienen.
Die Kommission informiert in ihrer Mitteilung über die allgemeinen Grundsätze für Abhilfemaßnahmen, die für die Kommission annehmbar sind, die wichtigsten Arten von Verpflichtungen, die von der Kommission in Fusionskontrollsachen genehmigt werden können, die besonderen Voraussetzungen für Verpflichtungen in beiden Phasen des Verfahrens und die wichtigsten Bestimmungen über die Umsetzung der eingegangenen Verpflichtungen. Die Kommission betont jedoch, dass sie in jedem Fall die besonderen Umstände des Einzelfalls berücksichtigen wird.[202]

2. GWB

Nach § 40 Abs. 3 GWB dienen die mit der Freigabeentscheidung verbundenen Auflagen und Bedingungen dazu, sicherzustellen, dass die beteiligten Unternehmen ihren Verpflichtungen nachkommen. Allerdings dürfen sie sich nicht darauf richten, die beteiligten Unternehmen einer laufenden Kontrolle zu unterwerfen. 103

a) Geeignete Zusagen

Denkbar sind drei Arten von Auflagen: Veräußerungs-, Einflussbegrenzungs- und Öffnungszusagen.[203] 104

In der Entscheidung „RWE/VEW" beispielsweise, wurde die Fusionsfreigabe des BKartA hinsichtlich des horizontalen Zusammenschlusses der RWE AG mit der 105

199 Wiedemann/*Scholz*, Handbuch Kartellrecht, § 34 Rn. 198.

200 Europäische Kommission, Entsch. v. 13.6.2000 – COMP/M.1673 – WuW/E EU-V 509 = WuW 2000, 1147 – VEBA/VIAG.

201 Wiedemann/*Scholz*, Handbuch Kartellrecht, § 34 Rn. 239.

202 Mitteilung der Kommission über nach der Verordnung (EG) Nr. 139/2004 des Rates und der Verordnung (EG) Nr. 802/2004 der Kommission zulässige Abhilfemaßnahmen, ABl EU 2008 Nr. C 267/01, Rn. 3.

203 Immenga/Mestmäcker/*Mestmäcker*/*Veelken*, Bd. 2, § 40 GWB Rn. 86 ff.

VEW AG unter anderem an umfassende Veräußerungszusagen geknüpft.[204] Denn das BKartA sah zunächst den Wettbewerb durch das Entstehen einer duopolistischen Marktstellung durch die Gruppierungen RWE/VEW und PreussenElektra AG/ Bayernwerk AG (nunmehr: E.ON AG) wesentlich behindert.[205] Unter anderem dank der angebotenen Veräußerungszusagen hat das BKartA jedoch die Untersagungsvoraussetzungen verneinen können, weil sie auf die Schaffung eines neuen Mitbewerbers aus der ehemaligen VEAG, der BEWAG und der HES abzielten.[206] Dieselben Zusagen gaben VEBA und VIAG, die insbesondere mit ihren Tochterunternehmen PreussenElektra AG und Bayernwerk AG in verschiedenen Bereichen der Energiewirtschaft tätig waren, in ihrem Fusionsverfahren vor der Europäischen Kommission ab.[207]

106 Durch die Auflage der alternativen Veräußerung des Beteiligungsunternehmens GESO der EnBW oder des Beteiligungsunternehmens VNG der EWE konnte aus Sicht des BKartA auch die befürchtete Absatzsicherung der VNG, von der die beiden Beteiligungsunternehmen DREWAG und Enso der GESO ihr Gas beschafften, verhindert werden. Der Erwerb eines Anteils von 26% an der EWE durch EnBW wurde unter dieser Bedingung freigegeben.[208]

107 Auch eine Freigabe des mittelbaren Beteiligungserwerbs der RWE an der noch zu gründenden Energieversorgung Plauen GmbH und die Entfristung der bestehenden mittelbaren RWE-Beteiligungen an der Stadtwerke Lingen GmbH und an der Stadtwerke Radevormwald GmbH konnten unter der aufschiebenden Bedingung der Veräußerung einer 30%-igen Beteiligung der RWE an der Energieversorgung Halle GmbH freigegeben werden.[209]

108 Eine wichtige Rolle spielen neben Veräußerungs- auch Öffnungszusagen.[210] Im Fall „RWE/VEW" beispielsweise stellten im Gasbereich neben Veräußerungszusagen der RWE[211] weitere Auflagen sicher, dass in Nordrhein-Westfalen (NRW) die von RWE mitbeherrschte Thyssengas GmbH, Duisburg (Thyssengas) und die VEW-Tochter WFG den Zugang zu ihren Gasversorgungsnetzen verbessern.[212] Die verbleibenden Verschlechterungen auf den betroffenen Gasmärkten in NRW wurden im Sinne der Abwägungsklausel durch Auflagen gelöst, wonach REW/VEW für ihr

---

204 BKartA, Beschl. v. 3.7.2000 – B8–309/99, Rn. 4 – WuW/E DE-V 301, 307 – RWE/VEW.

205 Vgl. BKartA, Beschl. v. 3.7.2000 – B8–309/99 – WuW/E DE-V 301, 307 – RWE/VEW.

206 Wiedemann/*Scholz*, Handbuch Kartellrecht, § 34 Rn. 198 mit Hinweis darauf, dass es dazu später in Gestalt der Vattenfall auch gekommen ist.

207 *Säcker*, BB 2001, 2329, 2332.

208 BKartA, Beschl. v. 6.7.2009 – B8-96/08 – EnBW/EWE/VNG – n.v.

209 BKartA, Beschl. v. 30.4.2010 – B8-109/09, S. 19 Rn. 107 ff. – RWE/Stadtwerke Lingen/Stadtwerke Radevormwald – n.v.

210 Schneider/Theobald/*Gussone*/*Theobald*, Recht der Energiewirtschaft, Rn. 218.

211 BKartA, Beschl. v. 3.7.2000 – B8-309/99, S. 12 f. – WuW/E DE-V 301, 307 – RWE/VEW.

212 BKartA, Beschl. v. 3.7.2000 – B8-309/99, S. 13 f. – WuW/E DE-V 301, 307 – RWE/VEW.

Stromnetzgebiet die bislang monopolistisch strukturierten Regelenergiemärkte für den Wettbewerb öffnet (Minimierung des Regelenergiebedarfs durch Schaffung einer einheitlichen Regelzone (= RWE/VEW-Gebiet), Ersetzung des RWE/VEW-Bereitstellungsmonopols durch wettbewerbliche Beschaffung dieser Energieart auch bei anderen Anbietern, Ersetzung der intransparenten Preiskalkulation durch transparente Preisstellung für die Stromlieferanten als Bezieher von Regelenergie).[213] Die gleichen Auflagen in Bezug auf die Zusammenfassung der Regelzonen und die Beschaffung und Abrechnung der Regelenergie, die ebenfalls i.S.d. Abwägungsklausel des § 36 Abs. 1 S. 2 GWB im Gasbereich verbleibenden Wettbewerbsverschlechterungen aufwiegen sollten, wurden später auch der E.ON auferlegt.[214]

b) Ungeeignete Zusagen

Ein Beispiel für ungeeignete Zusagen bildet der bereits erwähnte Fall „E.ON/ 109
Ruhrgas",[215] in dem das BKartA erstmals bei einer Fusionskontrollentscheidung im Energiebereich davon ausging, dass die von den beteiligten Unternehmen angebotenen Auflagen keine der festgestellten Verstärkungswirkungen im Gas- und Strombereich beseitigen würden.[216] Die Zusagen zur Verbesserung des Durchleitungswettbewerbs hätten angesichts ihrer Begrenzung auf die E.ON – Konzerngesellschaften Schleswag, Heingas/HEW, Hansegas und Avacon von vornherein nur eine sehr begrenzte geographische Reichweite, seien teilweise „bereits verbraucht", da sie bereits Bestandteil der Freigabeentscheidung im Verfahren „E.ON/HGW"[217] gewesen sind und sind im Übrigen z.T. bereits Gegenstand der Verbändevereinbarung Gas und ihrer Nachträge. Die Durchleitungsauflagen seien ohne Einbeziehung des größten inländischen Gasunternehmens Ruhrgas ohnehin von vornherein nicht ausreichend gewichtig, um die durch das Zusammenschlussvorhaben auftretenden schwerwiegenden Verschlechterungen der Wettbewerbsbedingungen auf Gasmärkten zu kompensieren. Die wettbewerblichen Auswirkungen der von E.ON angebotenen Veräußerung von Beteiligungen an Bayerngas, GASAG und VNG hätten kaum wettbewerbliche Wirkungen, da angesichts der weiterhin bestehenden Beteiligungen der Ruhrgas an diesen Unternehmen (Bayerngas: 22%, GASAG: 11,95%, VNG: 36,8%) nicht geeignet seien, die für Ruhrgas absatzsichernde Wirkung des Zusammenschlussvorhabens abzumildern oder gar zu beseitigen.

---

213 BKartA, Beschl. v. 3.7.2000 – B8-309/99, S. 11f. und Rn. 298 – WuW/E DE-V 301, 307 – RWE/VEW.

214 BKartA, Beschl. v. 4.9.2000 – B8-132/00, Rn. 3, 34f. – E.ON/Hein Gas – n.v.

215 BKartA, Beschl. v. 17.1.2002 – B8-109/01 – WuW 2002, 281ff. – E.ON/Ruhrgas.

216 BKartA, Beschl. v. 17.1.2002 – B8-109/01, Rn. 69 – WuW 2002, 281ff. – E.ON/Ruhrgas.

217 BKartA, Beschl. v. 4.9.2000 – B8-132/00 – E.ON/Hein Gas – n.v.

110 In der Entscheidung „E.ON Hanse/Stadtwerke Lübeck“[218] stellte das BKartA fest, dass die angebotenen Kompensationen mehrheitlich qualitativ nicht vergleichbar seien mit der geplanten Minderheitsbeteiligung der E.ON an dem Stadtwerk und deshalb keine adäquate Gegenleistung darstellten.[219] Besonders hinzuweisen ist auch auf die Zurückweisung des Angebots von E.ON, in Schleswig-Holstein bezüglich ihrer noch längerfristigen Strombezugsverträge Sonderkündigungsrechte einzuräumen, da nach Auffassung des BKartA die wettbewerblichen Rückwirkungen dieses Zugeständnisses aufgrund erheblicher Bedenken an der rechtlichen Wirksamkeit längerfristiger Bindungen als äußerst gering einzuschätzen seien.[220] Insgesamt ließ das BKartA also in vielen Fällen erkennen, dass es eine Freigabe bei weiteren Erwerben der E.ON AG einerseits und der RWE AG andererseits im Vertikalverhältnis nur unter strengen Auflagen erteilen würde.[221]

111 Als weiteres Beispiel können schließlich die im Fall „Mainova AG/Aschaffenburger Versorgungs-GmbH“[222] angebotenen Kompensationen genannt werden. Nach Auffassung des BKartA sind sie sämtlichst nicht geeignet gewesen, die durch den Zusammenschluss zu erwartende Verstärkung der marktbeherrschenden Stellung von Mainova auf dem regionalen Gasweiterverteilermarkt und von AVG auf dem lokalen „Aschaffenburger“ Markt für die Belieferung von Kleinkunden mit Gas aufzuwiegen.[223] Auch hier erklärte das BKartA, dass das Angebot der Mainova, der AVG zu gestatten, bis zu 20% der nach dem zwischen ihnen bestehenden Gasliefervertrag jährlich zu liefernden Gasmenge von Dritten zu beziehen angesichts der Zweifel an der Wirksamkeit des bis zum Jahr 2013 laufenden Gesamtbedarfsdeckungsvertrages keine wettbewerbliche Wertigkeit habe. Auch das Angebot der Mainova, sich mit allen ihr zur Verfügung stehenden Kräften zu bemühen, ihre Vertragsposition einschließlich aller Rechte und Pflichten aus dem mit der AVG bestehenden Gasliefervertrag vollständig auf die Gas-Union zu übertragen, sei ungeeignet, die dargelegten wettbewerblich schädlichen Wirkungen des Zusammenschlusses auszuglei-

---

218 BKartA, Beschl. v. 20.11.2003 – B8-84/03 – E.ON Hanse/SW Lübeck – n.v.; vgl. auch *Zenke/Neveling/Lokau*, Konzentration in der Energiewirtschaft, S. 56 ff.

219 BKartA, Beschl. v. 20.11.2003 – B8-84/03, Rn. 57 – E.ON Hanse/SW Lübeck – n.v.; ebenso im Beschl. v. 12.9.2003 – B8-Fa-21/03 – WuW/E DE-V 823 – E.ON/Stadtwerke Eschwege, bestätigt vom OLG Düsseldorf, Beschl. v. 6.6.2007 – VI-2 Kart 7/04 (V) – WuW/E DE-R 2094 – E.ON/Stadtwerke Eschwege und vom BGH, Beschl. v. 11.11.2008 – KVR 60/07 – WuW/E DE-R 2451, 2458 f. – E.ON/Stadtwerke Eschwege; vgl. demgegenüber die Freigabeentscheidung BKartA, Beschl. v. 26.8.2003 – B8-83/03 – WuW/E DE-V 831 – Wuppertaler Stadtwerke (RWE).

220 BKartA, Beschl. v. 20.11.2003 – B8-84/03, Rn. 59 – E.ON Hanse/SW Lübeck – n.v.

221 Wiedemann/*Scholz*, Handbuch Kartellrecht, § 34 Rn. 203; *Zenke/Neveling/Lokau*, Konzentration im Energiemarkt – Politische und rechtliche Fusionskontrolle, 58 f.

222 BKartA, Beschl. v. 22.7.2004 – B8-27/04 – Mainova AG/Aschaffenburger Versorgungs GmbH – n.v.

223 BKartA, Beschl. v. 22.7.2004 – B8-27/04, Rn. 52 ff. – Mainova AG/Aschaffenburger Versorgungs GmbH – n.v.

chen. Eine derartige Auflage wäre bereits unzulässig, weil sie eine weiträumige unerlaubte Verhaltenskontrolle der Mainova zum Inhalt hätte, da beobachtet werden müsste, ob Mainova sich tatsächlich „nach besten Kräften" um eine derartige Vertragsübernahme durch die Gas-Union bemüht (vgl. § 40 Abs. 3 S. 2 GWB). Darüber hinaus würde eine derartige Übertragung des Vertragsverhältnisses auf die Gas-Union keinerlei wettbewerbliche Impulse auslösen.

c) Marktübergreifende Zusagen

Wie das Beispiel „E.ON/Ruhrgas" zeigt, akzeptiert das BKartA im Energiebereich jedenfalls in engen Grenzen auch **marktübergreifende Kompensationsangebote**, d.h. solche Zusagen, die sich auf andere ebenfalls beherrschte Märkte wettbewerbsverbessernd auswirken. In diesem Zusammenhang ist auch der Fusionsfall „E.ON/WEVG" zu nennen, in dem das BKartA eine Aufstockung der E.ON-Avacon-Beteiligung an der WEVG Salzgitter im Gasmarkt freigab, weil sie unter der Bedingung erfolgte, dass E.ON Anteile an stromabsatzbeteiligten Stadtwerken abgab. Die befürchtete erhebliche Behinderung des Wettbewerbs auf dem Gasmarkt wurde mit Verbesserungen auf dem Strommarkt aufgewogen und sollte zu einem Überwiegen im Sinne einer Gesamtwürdigung nach § 36 Abs. 2 S. 2 Nr. 1 GWB führen.[224] 112

Praxistipp i

Auch das BKartA hat, vergleichbar wie die Kommission, einen Leitfaden zu Zusagen in der Fusionskontrolle herausgegeben,[225] der die Zielsetzung verfolgt, darüber aufzuklären, unter welchen Voraussetzungen das BKartA einen Zusammenschluss unter Bedingungen und Auflagen (Nebenbestimmungen) freigeben kann. Der Leitfaden stellt die wichtigsten Arten von Verpflichtungszusagen dar und erläutert die diesbezüglichen Anforderungen. Schließlich beschreibt der Leitfaden auch das Verfahren bei der Entgegennahme und der Umsetzung von Zusagen.

II. Ministererlaubnis

Eine gegenüber dem europäischen Recht besondere Möglichkeit der Beendigung eines Fusionskontrollverfahrens sieht § 42 Abs. 1 GWB vor. Danach kann die Bundesministerin oder der Bundesminister für Wirtschaft und Energie einen vom BKartA bereits untersagten Zusammenschluss erlauben, wenn im Einzelfall die Wettbewerbsbeschränkungen infolge des Zusammenschlusses von **gesamtwirtschaftlichen Vorteilen** des Zusammenschlusses aufgewogen werden oder der Zu- 113

---

224 Vgl. BKartA, Beschl. v. 19.12.2007 – B8-123/07, S. 9 f. Rn. 29 f. – E.ON/WEVG – n.v.

225 Leitfaden Zusagen in der Fusionskontrolle, abrufbar unter: https://www.bundeskartellamt.de/SharedDocs/Publikation/DE/Leitfaden/Leitfaden%20-%20Zusagen%20in%20der%20Fusionskontrolle.html.

sammenschluss durch ein **überragendes Interesse der Allgemeinheit** gerechtfertigt ist.[226]

1. Verfahren

114 Dies setzt einen hierauf gerichteten und innerhalb eines Monats seit Zustellung der Untersagungsverfügung oder einer Auflösungsanordnung (Anordnung der Entflechtung eines bereits vollzogenen Zusammenschlusses, § 41 Abs. 3 GWB) bzw. seit rechtskräftigem Abschluss des Beschwerdeverfahrens (§ 42 Abs. 3 GWB) gestellten Antrag voraus. Die Bundesministerin oder der Bundesminister für Wirtschaft und Energie soll über den Antrag innerhalb von vier Monaten entscheiden. Allerdings ist zuvor eine Stellungnahme der Monopolkommission einzuholen und den obersten Landesbehörden, in deren Gebiet die beteiligten Unternehmen ihren Sitz haben, Gelegenheit zur Stellungnahme zu geben (§ 42 Abs. 4 S. 2 GWB).

115 Die Entscheidung ergeht aufgrund einer öffentlichen mündlichen Verhandlung, es sei denn die Beteiligten stimmen einer Entscheidung ohne mündliche Verhandlung zu (§ 56 Abs. 3 S. 3 i.V.m. § 42 GWB). Liegen die gesetzlichen Voraussetzungen der Ministererlaubnis vor, so haben die beteiligten Unternehmen hierauf einen Rechtsanspruch (es handelt sich mithin um eine sog. gebundene Entscheidung).[227] Ansonsten ist der Bundesminister jedenfalls berechtigt, durch geeignete Bedingungen und Auflagen i.S.d. § 42 Abs. 2 GWB dafür zu sorgen, dass die Gemeinwohlvorteile die wettbewerblichen Nachteile aufwiegen.[228] Gegen die Ministererlaubnis können die Beigeladenen nach § 63 Abs. 1, 2 GWB Beschwerde beim zuständigen OLG Düsseldorf einlegen.

116 Im Rahmen der 9. GWB-Novelle sind einige Änderungen bezüglich des Verfahrens eingeführt worden: Danach hat die Monopolkommission nun das Recht, im Verfahren der Ministererlaubnis in der öffentlichen mündlichen Verhandlung gehört zu werden und ihre Stellungnahme zu erläutern (§ 56 Abs. 3 S. 4 i.V.m. § 42 GWB). Weicht die Entscheidung der Bundesministerin oder des Bundesministers für Wirtschaft und Energie von dem Votum der Monopolkommission ab, so ist dies in der Verfügung nun gesondert zu begründen (§ 41 Abs. 1 S. 4 GWB). Um der wirtschaftspolitischen Bedeutung der Ministererlaubnis und ihrem Ausnahmecharakter Rechnung zu tragen und die Transparenz des Verfahrens zu verbessern, muss nun das Bundeswirtschaftsministerium dem Bundestag unverzüglich schriftlich die Gründe mitteilen, wenn es die Viermonatsfrist für die Ministererlaubnis überschreitet (§ 42 Abs. 4 S. 2 GWB). Zur Optimierung des Verfahrens wird schließlich eine Höchstfrist von sechs Monaten eingeführt, wobei nach Ablauf der Frist ohne Ent-

---

226 Vgl. ausführlich *Zenke/Neveling/Lokau*, Konzentration in der Energiewirtschaft, S. 253 ff.
227 OLG Düsseldorf, Beschl. v. 25.7.2002 – Kart 25/02 (V) – WuW/E DE-R 926, 928 – E.ON/Ruhrgas.
228 Wiedemann/*Scholz*, Handbuch Kartellrecht, § 34 Rn. 206.

scheidung die Ministererlaubnis als abgelehnt gilt, es sei denn das Unternehmen beantragt eine Fristverlängerung (§ 42 Abs. 4 S. 3 GWB).

2. Voraussetzungen

Die Befugnisse des Bundesministers für Wirtschaft und Technologie sind dabei – 117
wie in der Mehrzahl der EU-Mitgliedstaaten – auf die Anwendung politischer Gesichtspunkte beschränkt. Dies sorgt zum einen für Transparenz der hinter einer Zusammenschlussuntersagung stehenden Überlegungen.[229] Zum anderen hat dies aber auch zur Folge, dass die gerichtliche Kontrolle des zuständigen OLG Düsseldorf[230] – aufgrund einer von den formell beteiligten Dritten eingelegten Anfechtungsbeschwerde nach § 63 Abs. 1, 2 GWB – stark eingeschränkt ist: Prüfungsgegenstand ist im Wesentlichen nur die Frage, ob die der Würdigung zugrunde liegenden Tatsachen ohne Verfahrensverstoß richtig und vollständig ermittelt worden sind.[231] Hinsichtlich der materiellen Kriterien des § 42 Abs. 1 GWB steht dem Bundesminister hingegen ein gerichtlich nicht nachprüfbarer Beurteilungsspielraum zu.[232] Im europäischen Kartellrecht bedarf es einer spezifisch politischen Erlaubnismöglichkeit nicht, weil die Erwägungen der Europäischen Kommission als eines politisch besetzten Entscheidungsgremiums zwangsläufig mit politisch motiviert sind.[233]

Das Arbeitsplatzargument hat sich in der Praxis als wenig stichhaltig erwie- 118
sen.[234] Das gilt auch für Rationalisierungsvorteile, die grundsätzlich unternehmensindividuell wirken und deshalb nur in Ausnahmefällen geeignet sind, die Erlaubnis eines Zusammenschlusses aus übergeordneten politischen Gründen zu rechtfertigen.[235] Gemäß § 42 Abs. 1 S. 2 GWB ist auch die internationale Wettbewerbsfähigkeit der beteiligten Unternehmen zu berücksichtigen. In der früheren Entscheidungspraxis des BKartA wurde dieses Merkmal dahin ausgelegt, dass der Zusammenschluss unerlässlich sein muss, um dauerhaft die internationale Wettbewerbsfähigkeit der Unternehmen zu sichern und damit sehr restriktiv gehandhabt.[236] Es wurde

229 Schneider/Theobald/*Gussone*/*Theobald*, Recht der Energiewirtschaft, Rn. 229.

230 Vgl. § 63 Abs. 4 GWB, § 92 Abs. 1 GWB i. V. m. der Verordnung über die Bildung gemeinsamer Kartellgerichte vom 22.11.1994, GVBl. NRW 1994, S. 1067.

231 Immenga/Mestmäcker/*Mestmäcker*/*Veelken*, § 42 GWB Rn. 57.

232 OLG Düsseldorf, Beschl. v. 25.7.2002 – Kart 25/02 (V) – WuW/E DE-R 926, 928 – E.ON/Ruhrgas; KG, Beschl. v. 7.2.1978 – Kart 15/77 – WuW/E OLG 1937, 1938 f. – Thyssen-Hüller; Säcker/*Paschke*, Energierecht, Bd. 2, § 42 GWB Rn. 15; *Bechtold*/*Bosch*, GWB, § 42 Rn. 6; Schulte/Just/*Schulte*, § 42 GWB Rn. 1.

233 Schneider/Theobald/*Gussone*/*Theobald*, Recht der Energiewirtschaft, Rn. 229.

234 BMWi, Erfahrungsbericht über Ministererlaubnis, WuW 1992, 925, 927 ff.

235 Immenga/Mestmäcker/*Mestmäcker*/*Veelken*, § 42 GWB Rn. 43.

236 *Bechtold*/*Bosch*, GWB, § 42 Rn. 10 mit Verweis auf BMWi, WuW/E 225, 227 – Kali + Salz/PCS; BMWi, WuW/E 213, 223 – BayWa AG/WLZ Raiffeisen AG; BMWi, WuW/E 177, 179 f. – IBH/WIBAU.

dabei allein darauf abgestellt, ob der Zusammenschluss die beteiligten Unternehmen in die Lage versetzt, überhaupt am internationalen Wettbewerb teilzunehmen.[237] Im Fall E.ON/Ruhrgas II hat der Bundesminister aber einen großzügigeren Maßstab angelegt und die Möglichkeit ausreichen lassen, dass die beteiligten Unternehmen ihre Marktposition durch vorstoßenden Wettbewerb auf ausländischen Märkten zu verbessern vermögen, sich z.B. neue Absatzmärkte erschließen.[238]

119 Gemäß § 42 Abs. 1 S. 3 GWB darf die Erlaubnis nicht erteilt werden, wenn durch das Ausmaß der Wettbewerbsbeschränkungen die marktwirtschaftliche Ordnung gefährdet ist. Eine Gefährdung der marktwirtschaftlichen Ordnung liegt vor, wenn auf Bedarfsmärkten, „die wegen ihrer Größe und der Dringlichkeit, mit der ihre Produkte (...) benötigt werden, eine erhebliche Bedeutung für die Gesamtgemeinschaft haben, die Substitutionsbeziehungen grob verfälscht oder dem Wettbewerb entzogen" werden.[239] Zu solchen kritischen Bedarfsmärkten wird auch der Energiemarkt gezählt.[240]

3. Praxis des BKartA

120 Bisher hat der Bundesminister für Wirtschaft und Technologie in drei Fällen im Bereich der Energiewirtschaft eine Ministererlaubnis erteilt: VEBA/Gelsenberg (1974), VEBA/BP (1979) und E.ON/Ruhrgas (2002).[241]

121 Im Fall VEBA/Gelsenberg sah der Bundesminister den gesamtwirtschaftlichen Vorteil und ein überragendes Interesse der Allgemeinheit in der langfristigen Sicherung der Mineralölversorgung der Bundesrepublik Deutschland.[242]

122 Die mit dem Zusammenschlussvorhaben VEBA/BP verfolgte Aufrechterhaltung und Umstrukturierung von Raffineriekapazitäten hat der Bundesminister als geeignet erachtet, der hohen Importabhängigkeit im Mineralölsektor entgegenzuwirken und damit die Versorgungssicherheit der Bundesrepublik Deutschland zu erhöhen.[243]

123 Die sichere Versorgung mit Erdgas war schließlich ein hinreichend gewichtiger Gemeinwohlbelang, welcher den Bundesminister zu einer Erlaubnis im Fall E.ON/

---

237 Wiedemann/*Scholz*, § 34 Rn. 207 mit Verweis auf BMWi, WuW/E 225, 227 – Kali + Salz/PCS; BMWi WuW/E DE-V 573, 584 – E.ON/Ruhrgas.

238 Wiedemann/*Scholz*, Handbuch Kartellrecht, § 34 Rn. 207.

239 Monopolkommission, Wettbewerbliche und strukturelle Aspekte einer Zusammenfassung von Unternehmen im Energiebereich (VEBA/Gelsenberg), Sondergutachten 2, 1975, Rn. 21.

240 *Emmerich*, § 35 Rn. 10; Langen/Bunte/*Ruppelt*, Kartellrecht, Bd. 1, § 42 GWB Rn. 11; Immenga/Mestmäcker/*Mestmäcker*/*Veelken*, § 42 GWB Rn. 56.

241 BMWi, WuW/E 147 – Veba-Gelsenberg II; BMWi, WuW/E 165 – Veba-BP; BMWi, WuW/E DE-V 573 – *E.ON/Ruhrgas;* Vgl. auch die aktuelle Übersicht zu allen bisherigen Ministererlaubnisverfahren im XXI Hauptgutachten der Monopolkommission, Wettbewerb 2016, S. 473 f.

242 Vgl. BMWi, WuW/E 147 f. – Veba-Gelsenberg II.

243 Vgl. BMWi, WuW/E BWM 165, 171 – VEBA/BP.

Ruhrgas bewegte.[244] Die Entscheidung wurde mit Auflagen verbunden, um die wettbewerblichen Nachteile des Zusammenschlusses auf den Inlandsmärkten, die zur Untersagung durch das BKartA und zur negativen Bewertung durch die Monopolkommission geführt hatten, zu kompensieren. Wegen formeller Fehler wurde der Vollzug des Zusammenschlusses vom OLG Düsseldorf gestoppt. Im September 2002 wurde jedoch eine zweite Ministererlaubnis mit leicht verschärften Auflagen erteilt. Letztlich beendete ein außergerichtlicher Vergleich den Rechtsstreit mit der Folge, dass der Zusammenschluss vollzogen werden konnte.[245]

244 BMWi, WuW/E DE-V 573, 589 – E.ON/Ruhrgas.
245 Schneider/Theobald/*Gussone*/*Theobald*, Recht der Energiewirtschaft, Rn. 241.

Kapitel 7
Konzessionierungsverfahren/Netzübernahmen*

1 Konzessionierungsverfahren im Energiesektor sind Verfahren zur Vergabe von Wegenutzungsrechte für den Betrieb von **Strom- und Gasverteilernetzen.** Netzbetreiber sind bei dem Betrieb von örtlichen Energieversorgungsnetzen auf das Recht zur Nutzung kommunaler Straßen und Wege angewiesen, um ihre Leitungen zur Elektrizitäts- bzw. Gasversorgung im Versorgungsgebiet verlegen und betreiben zu können. Zu diesem Zweck schließen Netzbetreiber und Gemeinde sog. **Konzessionsverträge.**

2 Dabei handelt es sich um privatrechtliche Verträge,[1] welche die Nutzung der öffentlichen Wege und Straßen zum Betrieb eines Energieverteilernetzes der allgemeinen Versorgung gegen Zahlung von Konzessionsabgaben regeln.

3 Aufgrund des natürlichen Monopols des Netzes ist ein Wettbewerb um die örtlichen Energieverteilernetze nur möglich, wenn er gesetzlich vorgeschrieben und durch die jeweilige Gemeinde als Hoheitsträgerin ihrer Wegerechte administriert wird.[2] Sowohl der europäische als auch der deutsche Gesetzgeber sind diesem **Regulierungsauftrag** nachgekommen und haben versucht, über rechtliche Vorgaben Wettbewerb auf den verschiedenen Ebenen der Energieversorgung zu schaffen. Dem Gesetzgeber stehen dabei verschiedene Regulierungsinstrumente zur Verfügung, um dem Wettbewerbsversagen zu begegnen. Wettbewerb auf der **Ebene des natürlichen Monopols** selbst ist nur im Sinne eines „Wettbewerbs um den Markt" möglich, also im Sinne eines Ausschreibungswettbewerbs.

4 Mit der Einführung einer Laufzeitbegrenzung für Konzessionsverträge auf 20 Jahre in § 103a GWB 1980 kam es erstmals zu einem Wettbewerb um den Abschluss von Konzessionsverträgen. Dieser nahm jedoch erst mit der Energierechtsreform von 1998, welche den Wegfall der kartellrechtlichen Freistellung und die Einführung der für die Versorgung über fremde Netzgebiete hinweg erforderlichen Durchleitungsrechte mit sich brachte an Fahrt auf. Heute regeln die §§ 46 ff. EnWG den Ausschreibungswettbewerb um die Vergabe von Wegenutzungsrechten durch die jeweilige Gemeinde.

---

* Besonderer Dank gilt an dieser Stelle Frau Sophia Steffensen, die im Rahmen ihrer Tätigkeit als wissenschaftliche Mitarbeiten bei Becker Büttner Held einen ersten Entwurf für dieses Kapitel erstellt hat.

1 Vgl. § 8 Abs. 10 Bundesfernstraßengesetz v. 28.6.2007 (BGBl. I S. 1206), zuletzt geändert durch Gesetz v. 14.8.2017 (BGBl. I S. 3122). Ausnahmen sind in den Landesstraßengesetzen von Hamburg und Berlin zu finden. Hier werden Wegenutzungsrechte in öffentlich-rechtlicher Handlungsform vergeben.

2 BT-Drucks. 18/8184, S. 8.

https://doi.org/10.1515/9783110286847-007

Beim Ausschreibungswettbewerb tritt der Staat in zeitlichen Intervallen stellvertretend für die Wirtschaftssubjekte als Ausschreibungsinstanz auf.[3] Vorteil des Ausschreibungswettbewerbs ist es, dass das natürliche Monopol mit seinen wohlfahrtsökonomischen Effekten nicht zerschlagen werden muss, sondern nur einer wettbewerblichen Vergabe unterstellt wird.[4] Durch die zeitliche Befristung der Monopolbetreiberstellung werden künstlich **Marktzutrittsmöglichkeiten** geschaffen, was den Monopolbetreiber zu marktkonformen Verhalten veranlassen soll. Man verspricht sich Disziplinierungseffekte auf den gegenwärtigen Monopolisten, vergleichbar der Situation bei potentiellem Wettbewerb.[5] 5

Ein solcher Ausschreibungswettbewerb unterliegt jedoch gewissen **Anwendungsvoraussetzungen**, um die gewünschten Disziplinierungseffekte tatsächlich entfalten zu können. Insbesondere muss die Vergabe **transparent** und **diskriminierungsfrei** erfolgen. Es muss eine realistische Chance bestehen, dass ein anderes Unternehmen in die Position des jetzigen Monopolbetreibers eintritt,[6] was bei Energienetzen nur der Fall ist, wenn ein **Anlagentransfer** vom Alt- und den Neubetreiber vorgesehen ist, da die Errichtung einer parallelen Infrastruktur ausscheidet.[7] 6

Gemäß § 46 Abs. 1 EnWG muss die Gemeinde ihre Wege und Straßen für den Betrieb von Strom- und Gasversorgungsleitungen diskriminierungsfrei zur Verfügung stellen. Damit der Wettbewerb nicht zum Selbstzweck verkommt, ist die Gemeinde bei der Auswahl des Netzbetreibers den **Ziele des § 1 EnWG** (Versorgungssicherheit, Preisgünstigkeit, Verbraucherfreundlichkeit, Effizienz, Umweltverträglichkeit, Erneuerbare Energien) verpflichtet, § 46 Abs. 4 EnWG.[8] Die Absätze 2ff. des § 46 EnWG enthalten Verfahrensvorschriften für die diskriminierungsfreie Vergabe und regeln den Anlagentransfer auf ein neues Energieversorgungsunternehmen im Falle eines Wechsels des Konzessionsvertragspartners. Die §§ 46a, 47, 48 EnWG sowie die Vorgaben der Konzessionsabgabenverordnung (KAV)[9] ergänzen die Regelungen. 7

Die Vorgaben zur Durchführung von Konzessionierungsverfahren gelten aufgrund der mit diesen Verträgen einhergehenden Ausschließlichkeitswirkung nur für sog. **qualifizierte Wegenutzungsverträge** (Wegenutzungsverträge zur allgemeinen Versorgung gem. § 46 Abs. 2 S. 1 EnWG). Daneben gibt es **einfache Wegenut-** 8

---

3 *Sauer*, Vergabe von Strom- und Gaskonzessionsverträgen im EnWG, S. 80.

4 *Sauer*, Vergabe von Strom- und Gaskonzessionsverträgen im EnWG, S. 80.

5 *Sauer*, Vergabe von Strom- und Gaskonzessionsverträgen im EnWG, S. 81; vgl. auch OLG Schleswig, Urt. v. 13.7.2017 – 16 U 32/17 Kart, S. 18.

6 Vgl. hierzu ausführlich *Sauer*, Vergabe von Strom- und Gaskonzessionsverträgen im EnWG, S. 89 ff.

7 *Sachse*, Vom Monopolpreis zur wirtschaftlich angemessenen Vergütung, S. 12f. m.w.N.

8 BGH, Urt. v. 17.12.2013 – KZR 66/12 – Stromnetz Berkenthin.

9 Konzessionsabgabenverordnung (KAV) v. 9.1.1992 (BGBl. I S. 12, 407), zuletzt geändert durch Verordnung v. 1.11.2006 (BGBl. I S. 2477).

zungsverträge nach § 46 Abs. 1 EnWG, welche einen Wettbewerb durch parallelen Leitungsbau ermöglichen sollen.[10] § 46 Abs. 1 EnWG wird in der Rechtsprechung als Grundtatbestand, § 46 Abs. 2 EnWG als Qualifikation verstanden.[11]

9 Bei §§ 46 ff. EnWG handelt es sich zwar um ein eigenständiges gesetzliches Regelungsregime, das jedoch nach Aufhebung des § 103 GWB a.F. für den Strom- und Gasbereich auch dem **Kartellrecht** unterfällt.[12] So kommt es, dass die Vorgaben der §§ 46 ff. EnWG immer auch im Lichte des Kartellrechts betrachtet werden müssen.

10 Im Folgenden sollen die kartellrechtlich relevanten Aspekte des Verfahrens für die Vergabe qualifizierter Wegenutzungsverträge (im Folgenden: Konzessionsverträge) und der sich ggf. anschließenden Netzübernahme für Strom- und Gasverteilnetze erörtert werden.

11 Dabei soll zunächst anhand der Historie und des Ziels des Konzessionierungsverfahrens dessen Charakter als spezielles Kartellvergabeverfahren aufgezeigt werden.[13] Anschließend werden die rechtlichen Rahmenbedingungen für das Konzessionierungsverfahren und Netzübernahmen dargestellt,[14] worauf ein Gesamtüberblick über den Verfahrensablauf folgt.[15] Dieser stellt die Grundlage für die dann folgende kartellrechtliche Betrachtung dar,[16] welche eine Zuordnung zu kartellrechtlichen Begrifflichkeiten ermöglicht. Danach stehen Netzübernahmen und ein möglicherweise kartellrechtswidriges Verhalten des zur Netzübertragung verpflichteten Altkonzessionärs im Fokus.[17] Im Anschluss werden schließlich die verschiedenen Rechtsschutzmöglichkeiten bei Verstößen gegen die gesetzlichen Vorgaben vorgestellt.[18]

A. Konzessionierungsverfahren als spezielle Kartellvergabeverfahren

12 Das Konzessionierungsverfahren ist im aktuellen Rechtsrahmen als spezielles Kartellvergabeverfahren ausgestaltet. Trotz Verortung im EnWG bleiben die Aufgaben

---

10 Danner/Theobald/*Theobald*, 92. EL März 2017, § 46 EnWG Rn. 20 ff.
11 BGH, Urt. v. 17.12.2013 – KZR 66/12 – Rn. 26 ff. – Berkenthin.
12 BGH, Beschl. v. 15.4.1986 – KVR 6/85 – WuW/E BGH 2247, 2248 ff. = NJW-RR 1986, 880 – Wegenutzungsrecht; BGH, Urt. v. 7.7.1992 – KZR 2/91 – WuW/E BGH 2777, 2779 = NJW 1992, 2888 – Freistellungsende; so auch die Begr. des RegE zum NeuregelungsG 1998, BT-Drucks. 13/7274, S. 24.
13 Rn. 12 ff.
14 Rn. 43 ff.
15 Rn. 59 ff.
16 Rn. 95 ff.
17 Rn. 169 ff.
18 Rn. 205 ff.

und Zuständigkeiten der Kartellbehörden gem. § 46 Abs. 7 EnWG unberührt. Damit steht das Konzessionierungsverfahren nach § 46 EnWG der kartellrechtlichen Überprüfung offen und muss den allgemeinen Grundsätzen des Kartellrechts genügen: **Diskriminierungsfreiheit** und **Transparenz**.[19] Das bedeutet, dass sich die Inhalte des Konzessionsvertrags selbst, die Konzessionsvergabe, aber auch das Vorgehen der Energieversorgungsunternehmen im Zusammenhang mit Netzübernahmen an den Anforderungen des Kartellrechts messen lassen müssen.

I. Historie

Konzessionsverträge im Energiebereich datieren bereits in das 19. Jahrhundert zurück. Zu dieser Zeit gab es noch keine gesetzlichen Vorgaben zum Konzessionierungsverfahren.[20] Eine Kodifizierung erfuhr das Recht der Konzessionsverträge erst mit der auf der Grundlage des ersten EnWG von 1935[21] erlassenen Konzessionsabgabenanordnung (A/KAE) von 1943,[22] welche im Jahre 1992 durch die noch heute gültige KAV ersetzt wurde. 13

Konzessionsverträge zeichneten sich durch **lange Laufzeiten** und Ausschließlichkeitsabsprachen aus. Den Gemeinden dienten die Konzessionsverträge als Einnahmequelle, wie auch der Sicherung und dem Ausbau von Netzstrukturen.[23] Neben der Gewährung von ausschließlichen Wegerechten durch die Gemeinden,[24] schlossen die Energieversorgungsunternehmen untereinander sog. **Demarkationsverträge**, die eine Absicherung des jeweils ausschließlichen Rechts zur Versorgung eines bestimmten Gebiets vorsahen. Dadurch entstanden **geschlossene Versorgungsgebiete**, die den Marktzugang anderer Unternehmen ausschlossen.[25] 14

Mit Inkrafttreten des **GWB 1957**[26] durch alliierte Dekartellierungsbestreben bedurften diese Ausschließlichkeitsabsprachen einer Ausnahmeregelung, da sie ge- 15

---

19 BGH, Urt. v. 17.12.2013 – KZR 65/12 – Stromnetz Heiligenhafen; BGH, Urt. v. 17.12.2013 – KZR 66/12 – Stromnetz Berkenthin; Danner/Theobald/*Theobald*, 78. EL 2013, § 46 EnWG Rn. 27.

20 *Templin*, Recht der Konzessionsverträge, S. 43 ff.

21 Gesetz zur Förderung der Energiewirtschaft (Energiewirtschaftsgesetz 1935 – EnWG 1935) v. 13.12.1935 (RGBl. I S. 1451). *Templin*, Recht der Konzessionsverträge, S. 92 ff.; *Kehrberg*, Die Entwicklung des Elektrizitätsrecht in Deutschland: der Weg zum Energiewirtschaftsgesetz von 1935, 1997, S. 165 ff.

22 Anordnung über die Zulässigkeit von Konzessionsabgaben der Unternehmen und Betriebe zur Versorgung mit Elektrizität, Gas und Wasser an Gemeinden und Gemeindeverbände" (KAE) v. 4.3.1941, RAnz 1941, Nr. 57, Nr. 120.

23 *Templin*, Recht der Konzessionsverträge, S. 114 f.

24 Wiedemann/*Scholz*, Handbuch Kartellrecht, § 34 Rn. 247.

25 BGH, Urt. v. 16.11.1999 – KZR 12/97 = BGHZ 143, 128 = juris Rn. 50 – Endschaftsbestimmung.

26 Gesetz gegen Wettbewerbsbeschränkungen (GWB) v. 27.7.1957 (BGBl. I S. 1081).

gen das neue Kartellverbot des § 1 GWB 1958 verstießen.[27] Der deutsche Gesetzgeber legalisierte mit der **Ausnahmeregelung** des § 103 GWB 1958 das System der monopolistischen Versorgungsstrukturen. Die Ausnahmeregelung wurde mit den technischen Besonderheiten der Energiewirtschaft begründet.[28]

16 Die erste wettbewerbsrechtliche Einschränkung erfuhren Konzessionsverträge durch die **Kartellrechtsreform von 1980.**[29] Danach bestand die Freistellung nach § 103a GWB 1980 nur noch für eine **Höchstlaufzeit von 20 Jahren.** Zudem wurde eine Anmeldung von Konzessionsverträgen erforderlich, § 103a GWB 1980. Damit war der Grundstein für die Schaffung von Wettbewerb im Bereich der Konzessionsverträge gelegt. Da das Gesetz nicht vorgab, wie im Falle der Nicht-Verlängerung eines Konzessionsvertrages mit den Eigentumsverhältnissen der Versorgungsanlagen zu verfahren sei, wurde ein Anspruch der Kommune auf Übernahme der Anlagen in der Regel durch die Konzessionsvertragspartner selbst geregelt. Oftmals wurde in sog. **Endschaftsklauseln** für den Fall des Auslaufens oder der Kündigung eines Vertrages Regelungen vereinbart, wie der Netzübergang durchgeführt werden sollte.[30]

17 Mit der **Novelle des EnWG von 1998** kam der deutsche Gesetzgeber den europäischen Anforderungen der Elektrizitätsbinnenmarktrichtlinie (EltRL)[31] und der Gasbinnenmarktrichtlinie (GasRL)[32] nach. Die Richtlinien sahen die europaweite Liberalisierung der leitungsgebundenen Energieversorgung vor. Ziel der Richtlinien war es, jedem Energieversorgungsunternehmen einen Anspruch auf diskriminierungsfreie Durchleitung von Energie zur Versorgung von Letztverbrauchern zu ermöglichen.[33] Dabei wählte der deutsche Gesetzgeber das System des **Durchleitungswettbewerbs.**

18 Infolgedessen wurde mit der EnWG-Novelle von 1998 die Freistellung für den Energiesektor nach §§ 103, 103a GWB 1980 für den Strom- und Gassektor aufgehoben. Die Ausnahmeregelung gilt heute nur noch für den Bereich der Wasserversorgung.[34] Ausschließlichkeitsvereinbarungen und Demarkationsverträge im Strom- und Gas-

---

27 BGH, Beschl. v. 15.4.1986 – KVR 6/85 = WuW/E BGH 2247, 2248 ff. – Wegenutzungsrecht; BGH, Urt. v. 7.7.1992 – KZR 2/91 = WuW/E BGH 2777, 2779 – Freistellungsende; so auch die Begr. des RegE zum NeuregelungsG 1998, BT-Drucks. 13/7274, S. 24.

28 *Becker*, Aufstieg und Krise der deutschen Stromkonzerne, Bochum 2011, S. 45.

29 Vgl. Viertes zur Änderung des Gesetzes gegen Wettbewerbsbeschränkungen (4. GWB-Novelle) v. 26.4.1980 (BGBl. I S. 1761).

30 *Sachse*, Vom Monopolpreis zur wirtschaftlich angemessenen Vergütung, S. 19.

31 Elektrizitätsbinnenmarktrichtlinie (EltRL 2009 – Richtlinie 2009/72/EG) v. 13.7.2009 (ABl EU Nr. L 211 S. 55 ff.).

32 Gasbinnenmarktrichtlinie (GasRL 2009 – Richtlinie 2009/73/EG) v. 13.7.2009 (ABl EU Nr. L 211 S. 94 ff.).

33 Vgl. ErwGr. 3 und 4 EltRL 2009.

34 Vgl. zur Ausschließlichkeit von Wasserkonzessionsverträgen *Büdenbender*, WuW 2008, 441.

bereich waren von nun an nach § 1 GWB i.V.m. § 134 BGB nichtig. Für bestehende Konzessionsverträge sah eine Übergangsregelung vor, dass die Verträge noch bis Ablauf der vorgegebenen 20 Jahre weiter laufen konnten, etwaige Ausschließlichkeitsabsprachen jedoch entfielen.[35] § 13 Abs. 1 S. 1 EnWG 1998 verpflichtete die Gemeinden, die öffentlichen Verkehrswege zur Verlegung und für den Betrieb von Leitungen im Gemeindegebiet **diskriminierungsfrei** durch Vertrag zur Verfügung zu stellen. Mit dieser Regelung wurde erstmals der **parallele Leitungsbau** ermöglicht und dadurch neben dem Wettbewerb um das Netz, auch ein Wettbewerb zwischen den Netzen gefördert,[36] der in der Praxis jedoch nur eine geringe Relevanz hat. Das EnWG 1998 legte außerdem Verfahrensvorschriften für das Konzessionierungsverfahren fest. So waren die Gemeinden von nun an verpflichtet, zwei Jahre vor Vertragsende das Auslaufen des Konzessionsvertrages öffentlich bekanntzumachen.[37]

Durch das **EnWG 2005** wurden die **Entflechtungsvorschriften** eingeführt (sog. 19
Unbundling). Für den Wettbewerb um Energieverteilernetze bedeutete das, dass die Gemeinde mit ihrem Konzessionsvertragspartner künftig nur noch den Netzbetreiber, nicht mehr den „allgemeinen Versorger" ihrer Einwohner auswählte. Der Grundversorger wird seitdem gem. § 36 Abs. 2 EnWG nicht mehr durch die Gemeinde, sondern im Markt bestimmt. **Grundversorger** ist derjenige Energielieferant, der im jeweiligen Netzgebiet der allgemeinen Versorgung die meisten Haushaltskunden beliefert. Dieser weitgehende Einschnitt der kommunalen Selbstbestimmung gem. **Art. 28 Abs. 2 GG**[38] wurde durch weitere Konkretisierungen der Verfahrensvorschriften zum Konzessionierungsverfahren flankiert.

Der sich aufgrund der gesetzgeberischen Vorgaben entwickelnde Wettbewerb 20
um Energieversorgungsnetze, der seit der Jahrtausendwende von einem starken **Rekommunalisierungstrend** geprägt war, veranlasste das Bundeskartellamt und die Bundesnetzagentur zur Veröffentlichung eines **„Gemeinsamen Leitfadens zur Vergabe von Strom- und Gaskonzessionen und zum Wechsel des Konzessionsnehmers"**.[39] Hier wurden erstmalig die kartellrechtlichen Anforderungen an die Vergabe von Strom- und Gaskonzessionen formuliert und insbesondere die Rolle der Kommune als marktbeherrschende Unternehmen bei der Vergabe von Konzessionen für Gas- und Stromverteilnetze und damit ihre Eigenschaft als Normadressatin der kartellrechtlichen Missbrauchskontrolle in den Mittelpunkt gerückt.[40] Zudem

---

35 BT-Drucks. 8/3690, S. 19 f.

36 BT-Drucks. 13/7274, S. 20 ff., wo von „alternativem Leitungsbau" gesprochen wird (im Text wird sich auf § 8 EnWG bezogen, der später wiederum zu § 13 EnWG 1998 umbenannt wurde).

37 *Theobald*, DÖV 2009, 356 ff.

38 *Templin*, Recht der Konzessionsverträge.

39 Gemeinsamer Leitfaden von BKartA und BNetzA zur Vergabe von Strom- und Gaskonzessionen und zum Wechsel des Konzessionsnehmers, 1. Aufl. 2010.

40 Gemeinsamer Leitfaden von BKartA und BNetzA zur Vergabe von Strom- und Gaskonzessionen und zum Wechsel des Konzessionsnehmers, 1. Aufl. 2010, Rn. 16 ff.

stellten die Behörden fest, dass die Kommunen bei der Auswahl des Konzessionsvertragspartners den Ziele des § 1 EnWG verpflichtet seien.[41]

21 Mit dem Gesetz zur Neuregelung von energiewirtschaftlichen Vorschriften vom **26.7.2011**[42] nahm der Gesetzgeber eine entsprechende „Klarstellung" auch in das Gesetz auf. Durch die Vorgabe, die **Ziele des § 1 EnWG** bei der Auswahl des Netzbetreibers zu berücksichtigen, schuf der Gesetzgeber eine Regelung, die den Entscheidungsspielraum der Gemeinden weiter eingrenzte und das **Recht auf kommunale Selbstverwaltung** erneut erheblich einschränkte.

22 Mit dieser „Klarstellung" durch den Gesetzgeber und der bereits zuvor veröffentlichten „Interpretationshilfe" durch das Bundeskartellamt und die Bundesnetzagentur kam plötzlich eine Vielzahl rechtlicher Fragen auf, etwa zur Gewichtung und Ausgestaltung von Auswahlkriterien, zum Umfang der Berücksichtigung der Ziele des § 1 EnWG oder der Auswertung von Angeboten. Die Anzahl gerichtlicher Entscheidungen über die Rechtmäßigkeit der Konzessionsvergabe schnellte in die Höhe. Während die Gerichte zuvor vorrangig mit Fragen der Netzübernahmen befasst waren,[43] standen ab 2011 zunehmend die Konzessionierungsverfahren im Mittelpunkt der Gerichtsentscheidungen.

23 Einen wahren Bruch stellten schließlich die Entscheidungen des BGH in Sachen **Berkenthin** und **Heiligenhafen** vom 17.12.2013 dar. Mit Bekanntwerden der Entscheidungsgründe im Frühjahr 2014 kamen Netzübernahmen weitestgehend zum Erliegen. Konzessionierungsverfahren mussten wegen Verstößen gegen die „neu" aufgestellten Verfahrensanforderungen zurückgesetzt und wiederholt werden. Vor diesem Hintergrund sind bis heute Konzessionierungsverfahren mit mehrjährigen Verfahrensdauern bundesweit nicht selten.[44]

24 Im Anschluss an die Grundsatzentscheidungen des BGH zeigte sich in vielen Verfahren, dass die Rechtsprechung zur Klärung von Gesetzeslücken im Regelungssystem des § 46 EnWG **Analogien zu kartellrechtlichen Grundsätzen** heranzog.[45] Dadurch entwickelte sich das energiewirtschaftsrechtliche Verfahren immer stärker zu einem energiekartellrechtlichen Verfahren.

---

41 Gemeinsamer Leitfaden von BKartA und BNetzA zur Vergabe von Strom- und Gaskonzessionen und zum Wechsel des Konzessionsnehmers, 1. Aufl. 2010, Rn. 21.

42 Gesetz zur Neuregelung von energiewirtschaftlichen Vorschriften v. 26.7.2011 (BGBl. I S. 1584).

43 OLG Frankfurt, Urt. v. 14.6.2011 – 11 U 36/10 (Kart); LG Hannover, Teilurt. v. 22.2.2011 – 18 O 383/06; OLG Koblenz, Hinweis- und Beweisbeschl. v. 11.11.2010 – U 646/08 Kart; BGH, Urt. v. 29.9.2009 – EnZR 14/08; BGH, Urt. v. 29.9.2009 – EnZR 15/08 – Endschaftsbestimmung II; BGH, Urt. v. 7.2.2006 – KZR 24/04 – Rückforderungsvorbehalt; BGH, Urt. v. 16.11.1999 – KZR 12/97 – Endschaftsbestimmung.

44 Vgl. etwa die neuen Bekanntmachungen der Stadt Heiligenhafen, BAnz v. 26.10.2016, sowie der Gemeinde Berkenthin, BAnz v. 30.5.2016.

45 Vgl. BGH, Urt. v. 17.12.2013 – KZR 65/12 – Stromnetz Heiligenhafen; BGH, Urt. v. 17.12.2013 – KZR 66/12 – Stromnetz Berkenthin.

Mit den Änderungen des **§ 46 EnWG** von **2017** wollte der Gesetzgeber schließlich auf die Vielzahl gerichtlicher Streitigkeiten reagieren.[46] Die Novelle zeichnet sich daher insbesondere durch die Einführung einer Rügeobliegenheit für Verfahrensfehler aus, § 47 EnWG. Diese Obliegenheit verpflichtet Bieter im Konzessionierungsverfahren, Rügen während des Verfahrens vorzubringen. Anderenfalls tritt Präklusion (also ein Rügeausschluss) ein. Die Verpflichtung der Gemeinden zur Berücksichtigung der in § 1 EnWG vorgeschriebenen Ziele wurden durch die Klarstellung erweitert, dass auch „Angelegenheiten der öffentlichen Gemeinschaft" Berücksichtigung finden können, § 46 Abs. 4 S. 2 EnWG. Zudem konkretisierte der Gesetzgeber den **Informationsanspruch** der Gemeinde, § 46a S. 2 EnWG. Schließlich legte er endlich fest, dass sich die „angemessene Vergütung" als Gegenleistung für die Netzherausgabe im Wege des objektivierten **Ertragswertverfahren** (§ 46 Abs. 2 S. 4 EnWG) berechnet. 25

Ob die gesetzgeberischen Vorgaben zum Rügeregime die gewünschte Rechtssicherheit für die Gemeinden bei der Durchführung von Konzessionierungsverfahren bringen werden, bleibt abzuwarten. Die Klarstellung hinsichtlich der Kaufpreisermittlung ist jedenfalls zu begrüßen.[47] 26

46 BT-Drucks. 18/8184, S. 1.

47 Vgl. hierzu bereits *Sachse*, Vom Monopolpreis zur wirtschaftlich angemessenen Vergütung, S. 207 ff.

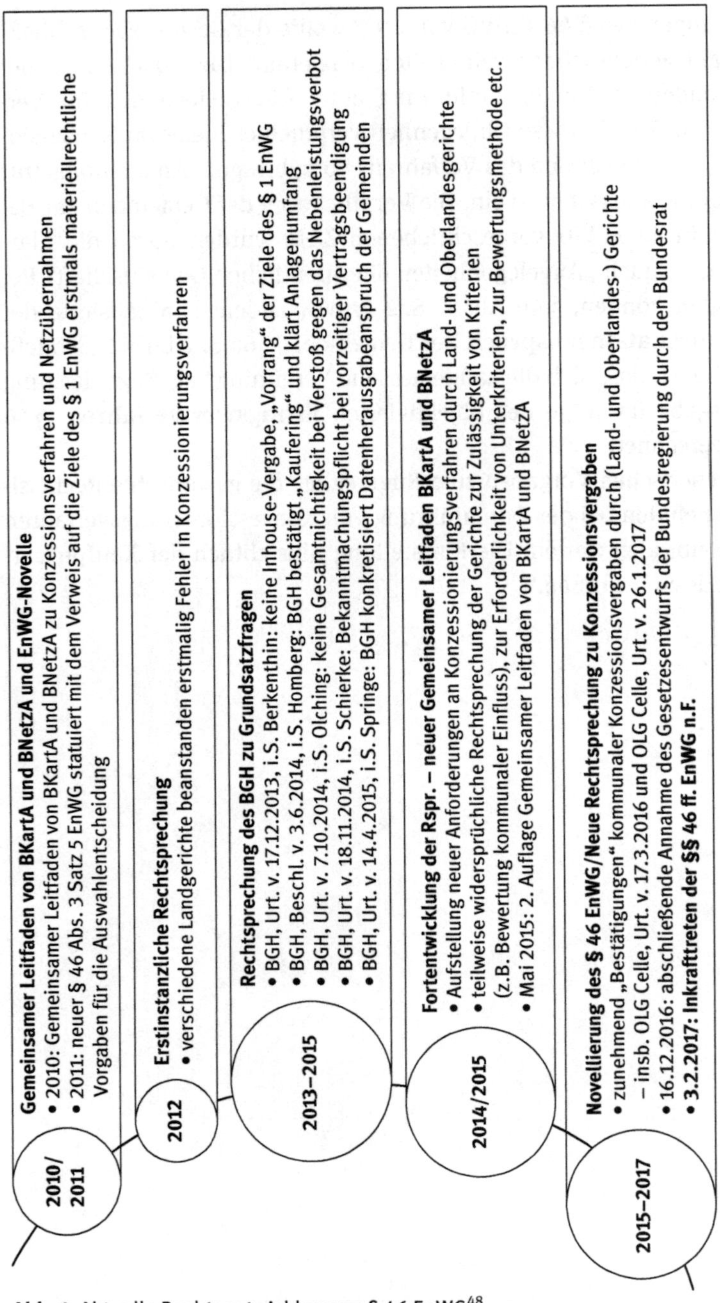

Abb. 1: Aktuelle Rechtsentwicklung zu § 46 EnWG[48]

---

48 Quelle: BBH.

Sachse

II. Sinn und Zweck des Konzessionierungsverfahrens

27 Der deutsche Gesetzgeber verfolgt mit den Regelungen zum Konzessionierungsverfahren den Zweck trotz der grundsätzlich wettbewerbsfeindlichen Ausgangsstrukturen der leitungsgebundenen Energieversorgung zum Wohle der Allgemeinheit und insbesondere zum Wohle des Letztverbrauchers einen weitestgehend unverfälschten Wettbewerb um die örtlichen Energieverteilnetze zu ermöglichen. Der Wettbewerb soll dabei der Umsetzung einer sicheren, preisgünstigen, verbraucherfreundlichen, effizienten und umweltverträglichen leitungsgebundenen Versorgung mit Elektrizität und Gas dienen, die zunehmend auf Erneuerbaren Energien beruht, § 1 Abs. 1 EnWG.

28 Dabei steht der Gesetzgeber im Spannungsfeld widerstreitender Interessen, was das viele Vor- und Zurückrudern der letzten Novellierungsanstrengungen belegt. Zudem ist seine eigene Handlungsfreiheit durch die europarechtlichen Vorgaben der **Art. 101ff. AEUV** wie auch durch die **Grundfreiheiten** eingeschränkt.

III. Widerstreitende Interessen

29 Bei einem Konzessionierungsverfahren stehen sich unterschiedliche Interessen der verschiedenen Beteiligten gegenüber. Es handelt sich um die Interessen der **Gemeinde**, des **Altkonzessionärs**, eines möglichen **Drittbewerbers** und der **Letztverbraucher**. Im Folgenden sollen die unterschiedlichen Interessen kurz dargestellt werden.

1. Gemeinde

30 **Art. 28 Abs. 2 S. 2 GG** beinhaltet das Recht der Gemeinde, alle Angelegenheiten der örtlichen Gemeinschaft im Rahmen der Gesetze in eigener Verantwortung zu bestimmen.[49] Damit geht das **Recht auf wirtschaftliche Betätigung** der Gemeinde einher.[50] Gegenüber ihren Einwohnern obliegt ihr die **Gewährleitungspflicht** hinsichtlich der örtlichen Energieversorgung.[51] Zum Verantwortungsbereich der Gemeinde im Rahmen der **Daseinsvorsorge** gehört dabei auch die Sicherheit und Zuverlässigkeit der Energieversorgung.[52] § 46 Abs. 4 S. 1 EnWG verpflichtet die Ge-

---

49 BVerfG, Beschl. v. 23.11.988 – 2 BvR 1619/83, 2 BvR 1628/83 – BVerfGE 79, 127, Rn. 44 – Rastede; bestätigt durch BVerfG, Beschl. v. 18.5.2004 – 2 BvR 2374/99 – BVerfGE 110, 370, Rn. 134 – Klärschlamm.

50 Maunz/Dürig/*Mehde*, 78. EL Dezember 2016, Art. 28 Abs. 2 GG Rn. 43 ff.; *Burmeister/Staebe*, EuR 2004, 810.

51 *Hoch/Theobald*, KSzW 2011, 300, 303.

52 Danner/Theobald/*Theobald*, 92. EL März 2017, § 46 EnWG Rn. 10; *Templin*, Recht der Konzessionsverträge, S. 213, 244; *Kühne*, N&R Beilage 3/2010, 6, 8.

meinde zugunsten ihrer Einwohner, ihre Kompetenzen im Rahmen des Konzessionierungsverfahrens für die Sicherstellung einer möglichst sicheren, preisgünstigen, verbraucherfreundlichen, effizienten und umweltverträglichen leitungsgebundenen Versorgung mit Elektrizität und Gas einzusetzen.

31 Die Gemeinde nimmt im Konzessionierungsverfahren verschiedene Positionen ein. Sie ist Inhaberin der Wegerechte und damit Vertragspartnerin für den Netzbetreiber. Die Gemeinde ist gleichzeitig Vergabestelle zur Abwicklung des Konzessionierungsverfahrens. Schließlich kann die Gemeinde auch unmittelbar selbst oder als Anteilsinhaberin an einem kommunalen Versorgungsunternehmen als Bieterin im Konzessionierungsverfahren auftreten.[53]

32 In ihrer Position als **Inhaberin der Wegenutzungsrechte**, wie auch Vertragspartnerin, muss die Gemeinde sowohl ihrer staatlichen Gemeinwohlverpflichtung (als Hüterin über die Verwirklichung der Ziele des § 1 EnWG) als auch allgemeinen zivilrechtlichen Grundsätzen gerecht werden.[54] Gleichzeitig ist sie ihren Einwohnern (Letztverbrauchern) durch das Sozialstaatsprinzip gegenüber zur Daseinsvorsorge und damit auch zur durchgängigen Energieversorgung verpflichtet.[55]

33 Im Rahmen ihrer Funktion als **Vergabestelle** ist die Gemeinde verpflichtet, ihre wirtschaftliche (durch Art. 28 Abs. 2 S. 2 GG gewährte) Entscheidungskompetenz teilweise einzuschränken und einen Konzessionsvertrag mit dem am besten geeigneten Netzbetreiber abzuschließen.

34 Die Teilnahme kommunaler **Eigenbetriebe** am Konzessionierungsverfahren ist in § 46 Abs. 6 EnWG ausdrücklich vom Gesetzgeber vorgesehen. Tritt die Gemeinde in einer Doppelrolle als Vergabestellung und Bieter im Konzessionierungsverfahren auf, muss sie auf eine personelle und organisatorische Trennung achten,[56] um den Anforderungen an die diskriminierungsfreie und transparente Konzessionsvergabe gerecht zu werden. Sie darf ihr eigenes Unternehmen nicht bevorzugen, sondern muss den besten Bewerber auswählen.[57]

---

53 Danner/Theobald/*Theobald*, 92. EL März 2017, § 46 EnWG Rn. 151.

54 Vgl. BGH, Urt. v. 2.4.1998 – III ZR 91/95 – BGHZ 138, 266, 274: „Es ist in Rechtsprechung und Schrifttum allgemein anerkannt, dass die Inanspruchnahme der öffentlichen Straßen durch die Errichtung und den Betrieb von Versorgungsleitungen regelmäßig keine erlaubnispflichtige Sondernutzung i. S. d. § 8 Abs. 1 bis 9 FStrG darstellt, sondern als erlaubnisfreie Benutzung des Straßeneigentums i. S. d. § 8 Abs. 10 FStrG anzusehen ist, die dem bürgerlichen Recht unterstellt ist und der freien Vereinbarung der Beteiligten unterliegt (vgl. BVerwGE 29, 248, 250 ff. = VkBl. 1968, 488 ff. m.w.N.; BGHZ 37, 353, 354 f. und BGHZ 51, 319, 320 f. jeweils m. w. N.; Kodal/*Krämer/Bauer*, Straßenrecht, Kap. 27, Rn. 17 ff. zu Pflichten bei einer Sondernutzungserlaubnis; auch BGHZ 132, 198, 203."

55 Danner/Theobald/*Grünewald*, 92. EL März 2017, B.200 Rn. 59; Maunz/Dühria/*Mehde*, 79. EL Dezember 2016, Art. 28 Abs. 2 Rn. 92 ff.; detailliert zum Konzept der Daseinsvorsorge: *Knauff*, EnWZ 2015, 51.

56 BGH, Beschl. v. 18.10.2016 – KZB 46/15 – juris Rn. 39 f. – Landesbetrieb Berlin Energie.

57 BGH, Urt. v. 17.12.2013 – KZR 65/12, Rn. 31 ff. – Stromnetz Heiligenhafen; BGH, Urt. v. 17.12.2013 – KZR 66/12, Rn. 33 ff. – Stromnetz Berkenthin.

Durch die unterschiedlichen Rollen steht die Gemeinde im Mittelpunkt des Konzessionierungsverfahrens. Ihr obliegt es die kollidierenden Interessen im Konzessionierungsverfahren ausreichend zu trennen und Beeinträchtigungen zu vermeiden. Mangels klarer gesetzlicher Vorgaben kommt es dabei immer wieder zu langwierigen **Rechtsstreitigkeiten.**[58] Dies hat auch der Gesetzgeber erkannt und nunmehr die Regelung des § 48 Abs. 4 EnWG über die Fortzahlung von Konzessionsabgaben im konzessionsvertragslosen Zustand zeitlich unbegrenzt bis zum Zeitpunkt einer eventuellen Netzübernahme ausgestaltet.[59] Dennoch drohen der Gemeinde im konzessionsvertragslosen Zustand erhebliche Nachteile, was die Qualität des Netzbetriebs anbelangt. 35

2. Altkonzessionär

Der Altkonzessionär ist in seiner unternehmerischen Tätigkeit durch die Berufsfreiheit aus **Art. 12 Abs. 1 GG**[60] wie auch in seinem Eigentum durch **Art. 14 Abs. 1 GG** geschützt – wenn es sich beim Netzeigentum wegen der Laufzeitbeschränkung für die Wegenutzungsrechte nach § 46 Abs. 2 S. 1 EWG auch nur um „Eigentum auf Zeit" handelt.[61] In den Schutz des Eigentums wird dadurch eingegriffen, dass das Unternehmen am Ende der Laufzeit des Konzessionsvertrages verpflichtet ist, das Netz zu übertragen und es hierfür „nur" eine Ausgleichszahlung erhält, die den gesetzlichen Anforderungen an die wirtschaftlich angemessene Vergütung entspricht.[62] 36

Die bestehenden Rechtsunsicherheiten im Zusammenhang mit der Konzessionsvergabe und Netzübertragung sowie die daraus resultierenden **langen Verfahrensdauern** führten in der Vergangenheit oft dazu, dass der jeweilige Altkonzessionär sein Netz lange über die Laufzeit des Konzessionsvertrages hinaus betreiben konnte. In dieser Zeit stehen dem Altkonzessionär – unbeachtlich etwaiger Schadenersatzansprüche – die Einnahmen aus dem Netzbetrieb weiter zu.[63] 37

---

58 Zum Prozessrisiko für Gemeinden beim Konzessionierungsverfahren: *Marnich*, EnWZ 2015, 62, 36 ff.

59 Vgl. BT-Drucks. 18/8184, vgl. hierzu auch OLG Düsseldorf, Urt. v. 16.11.2016 – VI-2 U (Kart) 1/15.

60 BVerfGE 32, 311, 317; BVerfGE 46, 128, 137.

61 *Sachse*, Vom Monopolpreis zur wirtschaftlich angemessenen Vergütung, S. 189 m.w.N.

62 *Theobald/Mau*, RdE 2012, 315 ff.; *Sachse/Ellerbrok*, DVBl. 2014, 615 ff.; *Jacob*, RdE 2011, 212, 213; *Säcker/Jaecks*, BB 2001, 997, 1001 f.; *Weiß*, NVwZ 2014, 1415, 1419.

63 Gemeinsamer Leitfaden von BKartA und BNetzA zur Vergabe von Strom- und Gaskonzessionen und zum Wechsel des Konzessionsnehmers, 2. Aufl. 2015, Rn. 63, 64.

3. Drittbewerber

38 Der Drittbewerber zielt darauf ab, neuer Konzessionsvertragspartner der Gemeinde zu werden und das Versorgungsnetz zu betreiben. Sein Recht auf eine faire Verfahrensgestaltung und auf die Chance mit dem besten Angebot neuer Netzbetreiber im Versorgungsgebiet zu werden, ist durch die Berufsfreiheit nach **Art. 12 Abs. 1 GG** geschützt.[64]

39 Die **langen Verfahrensdauern** bis zur Übernahme des Netzes durch einen Neubewerber gehen regelmäßig zu seinen Lasten, da sich die Laufzeit seines Konzessionsvertrages nicht entsprechend verlängert und ihm mithin wertvolle Jahre zur **Refinanzierung** des Kaufpreises abhandenkommen. Dies wiegt angesichts der weiterhin bestehenden Streitigkeiten zur Berechnung des „objektivierten Ertragswertes“ und zum Umfang des Herausgabegegenstandes umso schwerer.

4. Letztverbraucher

40 Der Letztverbraucher ist der schwächste aller Beteiligten. Er ist weder am Konzessionierungsverfahren noch an der Netzübernahme unmittelbar beteiligt. Allein über die **Kommunalpolitik** kann er Einfluss auf die Konzessionsentscheidung nehmen. Seine Interessenwahrung obliegt der Gemeinde.

41 Er ist auf eine sichere und kostengünstige Energieversorgung angewiesen.[65] Der Verbraucher muss darauf vertrauen, dass der Gesetzgeber und die Aufsichtsbehörden sicherstellen, dass die Energieversorgung nach den Vorgaben des § 1 Abs. 1 EnWG gewährleistet wird und die Gemeinde bei der Auswahl des Netzbetreibers der bestmöglichen Gewährleistung dieser Ziele sowie den örtlichen Belangen Rechnung trägt, § 46 Abs. 4 S. 1 EnWG.

42 Als **Steuerzahler und Energiekunde** trägt er letztlich alle Verfahrenskosten, die im Zusammenhang mit der Konzessionsvergabe entstehen. Er hat insofern ein originäres Interesse an kurzen Verfahrensdauern und der rechtssicheren Umsetzung der Konzessionsentscheidung.

B. Rechtsrahmen

43 Neben dem einschlägigen Rechtsrahmen des EnWG und der dazugehörigen Verordnungen wird die Zuordnung des Konzessionierungsverfahrens zum Kartellrecht diskutiert.

64 BVerfG, NVwZ 2011, 113, 114 (i.V.m. Art. 3 Abs. 1 GG).

65 Vgl. *Sachse*, Vom Monopolpreis zur wirtschaftlich angemessenen Vergütung, S. 34 f. bzgl. des Netznutzers als Letztverbraucher.

I. EnWG und KAV

44 Lange war der gesamte Themenkomplex „Konzessionierungsverfahren und Netzübernahme" allein in einer Norm, dem § 46 EnWG a.F. geregelt. Daneben gab es nur noch § 48 EnWG, welcher die Zahlung von Konzessionsabgaben regelt und die Ermächtigungsgrundlage für die KAV darstellt.

45 Mit der EnWG-Novelle von 2017 wurde der gesetzliche Regelungsumfang deutlich erweitert. Die §§ 46, 46a und 47 EnWG stellten in immer fortschreitender Regelungsdichte die Anforderungen an eine rechtmäßige Konzessionsvergabe sowie die Bedingungen der Netzübernahme auf.

46 Das Konzessionsrecht hat mit der Novelle von 2017 auch Eingang in das Zivilprozessrecht gefunden. Im Gerichtskostengesetz (GKG)[66] ist nunmehr eine Streitwertbegrenzung für Rechtsstreitigkeit um gerügte Verfahrensverstöße enthalten, § 53 Abs. 1 Nr. 4 GKG.

47 Die zentrale Regelung für den Wettbewerb um Energieverteilernetze und damit für die kartellrechtliche Betrachtung des Themenkomplexes ist jedoch weiterhin die **Laufzeitbeschränkung** in § 46 Abs. 1 S. 2 EnWG.[67] Einer Abschaffung der Regelung, wie teilweise gefordert,[68] steht neben vielen anderen Gründen auch das **europäische Primärrecht** entgegen. Die mit dem Abschluss von Konzessionsverträgen einhergehenden faktischen Ausschlusswirkungen stellen nur dann einen verhältnismäßigen Eingriff in die Grundfreiheiten dar, wenn die Beschränkung des Wettbewerbs in zeitlicher Hinsicht nicht weiter geht, als die Amortisierung erforderlicher Investitionen und eine angemessene Verzinsung des eingesetzten Kapitals es erfordern.[69] Dies muss über eine gesetzliche Höchstlaufzeit sichergestellt werden.[70]

II. Anwendbarkeit des Kartellrechts

48 Die Anwendung der Missbrauchsvorschriften des GWB sowie der entsprechenden EU-rechtlichen Vorgaben wird nicht durch die Missbrauchsvorschriften des EnWG verdrängt. Nach **§ 185 Abs. 3 GWB** stehen die Vorschriften des EnWG der Anwendung der §§ 19, 20 GWB und § 29 GWB nicht entgegen, soweit in § 111 EnWG keine

---

66 Gerichtskostengesetz (GKG) v. 27.2.2014 (BGBl. I S. 154), zuletzt geändert durch Gesetz v. 18.7.2017 (BGBl. I S. 2739).

67 *Sachse*, Vom Monopolpreis zur wirtschaftlich angemessenen Vergütung, S. 71 ff.

68 Ballwieser/Lecheler/*Lecheler*, Die angemessene Vergütung für Netze nach § 46 Absatz 2 EnWG, Baden-Baden 2007, S. 34 f.; *Keller-Herder*, Der Konzessionsvertrag unter dem neuen Energiewirtschaftsrecht, Baden-Baden 2009, S. 215 ff.

69 EuGH, Rs. C-323/03 – Kommission/Spanien, Slg. 2006, I-2161, Rn. 44 ff.; *Sachse*, Vom Monopolpreis zur wirtschaftlich angemessenen Vergütung, S. 89 m.w.N.

70 *Sachse*, Vom Monopolpreis zur wirtschaftlich angemessenen Vergütung, S. 71 ff.

anderweitige Regelung getroffen ist. Für das Recht der Wegenutzungsverträge ist im EnWG ein **abschließender Charakter** nicht ausdrücklich angeordnet, sodass die Aufgaben und Zuständigkeiten der Kartellbehörden nach dem GWB unberührt bleiben, § 46 Abs. 7 EnWG.[71]

III. Anwendbarkeit der §§ 97 ff. GWB

49 Im GWB finden sich auch die Vorschriften zum Vergaberecht, §§ 97 ff. GWB. Dort wird die **Vergabe öffentlicher Aufträge** geregelt. Nach § 97 Abs. 1 GWB beschaffen öffentliche Auftraggeber Waren, Bau- und Dienstleistungen nach Maßgabe der dortigen Vorschriften im Wettbewerb und im Wege transparenter Vergabeverfahren. Gemäß § 103 Abs. 1 GWB sind öffentliche Aufträge entgeltliche Verträge zwischen öffentlichen Auftraggebern und Unternehmen über die Beschaffung von Leistungen, die die Lieferung von Waren, die Ausführung von Bauleistungen oder die Erbringung von Dienstleistungen zum Gegenstand haben.

50 Dem Konzessionsvertrag liegt hingegen kein Beschaffungsvorgang zugrunde. Es handelt sich vielmehr um eine Dienstleistungskonzession, bei der das Unternehmen für die Betrauung mit der Dienstleistung kein Entgelt, sondern nur ein Verwertungsrecht erhält und seinerseits das wirtschaftliche Risiko trägt.[72] Konzessionierungsverfahren nach § 46 EnWG werden deshalb nach einhelliger Meinung nicht als Aufträge i.S.d. § 103 Abs. 1 GWB verstanden.[73] Auch der **EuGH** hat Konzessionsverträge im Strom- und Gassektor in seiner Grundsatzentscheidung ASM Brescia SpA/Comune di Rodengo Saiano[74] nicht dem Kartellvergaberecht, sondern den allgemeinen kartellrechtlichen Grundsätzen wie Transparenz und Diskriminierungsfreiheit unterworfen. Danach darf das Konzessionierungsverfahren im Energiesektor nur an den Art. 101 ff. AEUV gemessen werden.

51 Viele Gerichte wenden trotzdem Einzelregelungen des Kartellvergaberechts analog zur Schließung von Gesetzeslücken an (z.B. §§ 101a, 107 GWB a.F. oder § 16 VgV[75]).

---

71 BKartA, Beschl. v. 28.1.2015 – B8-175/11, Umdruck Rn. 69; *Krater*, Kap. 9.

72 Vgl. Danner/Theobald/*Grünewald*, 93. EL Juni 2017, B.200 Rn. 72; Immenga/Mestmäcker/*Dreher*, Bd. 2 Teil 2, § 99 GWB Rn. 205, 210.

73 Britz/Hellermann/Hermes/*Hellermann*, EnWG, 2. Aufl. 2010, § 46 Rn. 66; *Pippke/Gaßner*, RdE 2006, 33, 36.

74 EuGH, Urt. v. 17.7.2008 – C-437/06 – Slg. 2008, I-5641, 5681, Rn. 57, 58 – ASM Brescia SpA/Comune di Rodengo Saiano.

75 Vgl. zur Anlehnung an den Rechtsgedanken des § 16 VgV: BKartA, Beschl. v. 28.1.2015 – B8 175/11, LG Dortmund, Urt. v. 3.7.2015 – 10 O 63/15 EnW, OLG Brandenburg, Urt. v. 19.7.2016 – Kart U 1/15, OLG Karlsruhe, Urt. v. 3.4.2017 – 6 U 153/16 Kart; a.A. OLG Stuttgart, Urt. v. 5.1.2017 – 2 U 66/16 – juris Rn. 126 f.

IV. Anwendbarkeit der Konzessionsrichtlinie

Eine noch ungeklärte Anwendungsfrage bezieht sich auf die Richtlinie 2014/23/EU, die sog. **Konzessionsrichtlinie.**[76] Diskutiert wird, ob die Vergabe kommunaler Wegenutzungsrechte als Dienstleistungskonzession i.S.d. Art. 5 Nr. 1b KonzessionsRL verstanden werden kann. 52

Eine Meinung in der **Literatur** geht von einer Anwendbarkeit der EU-Konzessionsrichtlinie aus.[77] Auch das OLG Düsseldorf prüfte 2015 die Vorwirkung der Richtlinie auf eine Konzessionsvergabe nach § 46 EnWG und zog die Anwendbarkeit der Richtlinie nicht in Zweifel.[78] Dagegen geht die **Bundesregierung** in ihrem Gesetzentwurf zur Neuregelung der Vorschriften über die Strom- und Gaskonzessionsvergabe davon aus, dass die EU-Konzessionsrichtlinie nicht anwendbar sei.[79] Sie verweist insofern auf den Erwägungsgrund 16 der KonzessionsRL.[80] 53

Die europäische KonzessionsRL wurde im deutschen Recht durch die **Konzessionsvergabeverordnung** (KonzVgV)[81] umgewandelt. Sofern man – entgegen der Ansicht der Bundesregierung – von einer Anwendbarkeit der Richtlinie und damit auch der Vergabeverordnung auf Strom- und Gaskonzessionierungsverfahren ausgeht, stellt sich die Frage nach dem Verhältnis zu den Regelungen der §§ 46 ff. EnWG.[82] 54

Exkurs: Inhouse-Vergabe

Die Möglichkeit der Inhouse-Vergabe von Strom- und Gaskonzession ist ein viel diskutiertes Thema.[83] Nach der heutigen Rechtslage dürfte sie wegen der Regelung in 55

---

76 Konzessionsrichtlinie (KonzessionsRL – Richtlinie 2014/23/EU) v. 26.2.2014 (ABl EU Nr. L 94 S. 1 ff.).

77 Vgl. zuletzt *Hofmann/Zimmermann*, NZBau 2016, 71, und *Mohr*, RdE 2016, 269 jeweils m.w.N.; *Theobald/Wolkenhauer*, DÖV 2016, 724 ff.

78 OLG Düsseldorf, Beschl. v. 15.7.2015 – VI-2 Kart 1/15 (V) – juris Rn. 58 ff.

79 BR-Drucks. 18/8184, S. 10; so auch *Kühling/Seiler*, EnWZ 2017, 99, 102.

80 ErwGr. 16 KonzessionsRL: „Außerdem sollten Vereinbarungen über die Gewährung von Wegerechten hinsichtlich der Nutzung öffentlicher Liegenschaften für die Bereitstellung oder den Betrieb fester Leitungen oder Netze, über die eine Dienstleistung für die Allgemeinheit erbracht werden soll, ebenfalls nicht als Konzessionen im Sinne dieser Richtlinie gelten, sofern derartige Vereinbarungen weder eine Lieferverpflichtung auferlegen, noch den Erwerb von Dienstleistungen durch den öffentlichen Auftraggeber oder den Auftraggeber für sich selbst oder für Endnutzer vorsehen."

81 Verordnung über die Vergabe von Konzessionen (Konzessionsvergabeverordnung – KonzVgV) v. 12.4.2016 (BGBl. I S. 624, 683), zuletzt geändert durch Gesetz v. 18.7.2017 (BGBl. I S. 2745).

82 *Michaels/Kohler*, ZNER 2012, 29, 32.

83 *Theobald/Wolkenhauer*, DÖV 2016, 724 ff.; *Kühling/Seiler*, EnWZ 2017, 99, 100; *Hofmann/Zimmermann*, NZBau 2016, 71.

§ 46 Abs. 6 EnWG ausgeschlossen sein.[84] Es stellt sich jedoch die Fragen, warum die kommunale Selbstverwaltung nach **Art. 28 Abs. 2 S. 2 GG** beim Betrieb von Strom- und Gasnetzen weitergehend eingeschränkt wird, als zum Beispiel bei der Wasser- und Fernwärmeversorgung,[85] wo eine Inhouse-Vergabe mangels einer § 46 Abs. 6 EnWG entsprechenden Regelung möglich ist.

56 Auch nach allgemein kartellrechtlichen Grundsätzen wäre eine Inhouse-Vergabe von Strom- und Gaskonzessionen durchaus möglich. Der **EuGH** erkennt die Möglichkeit einer Inhouse-Vergabe für öffentliche Dienstleistungskonzessionen unter den Voraussetzungen des Kontroll- und des Wesentlichkeitskriteriums an.[86]

57 Nach den Maßstäben der **Schilderpräger-Rechtsprechung** des BGH[87] käme eine Inhouse-Vergabe ebenfalls in Betracht. Der BGH untersagt eine Bevorzugung eines kommunalen Betriebs im Sinne des kartellrechtlichen **Konzernprivilegs** nur, bei Ausnutzung einer „durch die Hoheitsverwaltung bewirkten marktbeherrschende Stellung", wenn die Gemeinde „die durch die Verwaltungstätigkeit erzeugte Nachfrage nach Gütern unter Verdrängung leistungsbereiter privater Wettbewerber befriedigt, um auf diese Weise für sich den größten wirtschaftlichen Vorteil zu erzielen".[88]

58 Bei der Leistung „Betrieb von Strom- und Gasverteilnetzen" erzeugt die Gemeinde die Nachfrage jedoch nicht selbst. Die Letztverbraucher sind unabhängig von der Verwaltungs- bzw. Hoheitstätigkeit der Gemeinde auf die netzseitige Versorgung mit Strom und ggf. Gas angewiesen. Zum anderen kommt es auch nicht zu einer Wettbewerbsverzerrung auf einem nachgelagerten Markt, wie bei der bevorzugten Mietraumvergabe an kommunale Schilderpräger gegenüber privaten Schilderprägebetrieben. Der Markt um die Dienstleistung „Netzbetrieb" ist ohnehin monopolistisch und damit nicht schutzbedürftig i.S.d. Kartellrechts.[89] Vielmehr steht die Wahrnehmung der Daseinsvorsorge durch die Gemeinde bzw. ein mit ihr konzernverbundenes Unternehmen – anders als die Tätigkeit eines kommunalen Schilderprägebetriebs – unter dem besonderen Schutz des Art. 28 Abs. 2 S. 2 GG und erfolgt insofern nicht allein mit der Zielsetzung des größtmöglichen wirtschaftlichen Vorteils. In seinen Entscheidungen vom 17.12.2013 hat der BGH sich mit der Schilderpräger-Rechtsprechung nicht auseinandergesetzt.[90] Im Falle einer Streichung von § 46 Abs. 6 EnWG käme eine Inhouse-Vergabe nach allgemeinen kartellrechtlichen Grundsätzen also durchaus in Betracht.

---

84 Vgl. BT-Drucks. 18/8184 S. 9; ebenfalls bereits BGH, Urt. v. 17.12.2013 – KZR 65/12 – Stromnetz Heiligenhafen; BGH, Urt. v. 17.12.2013 – KZR 66/12 – Stromnetz Berkenthin.
85 *Theobald*, EnWZ 2017, 1, 2; vgl. Albrecht, Kap. 8.
86 EuGH, Urt. v. 13.10.2005 – C-458/03, Rn. 61f. – Parking Brixen.
87 BGH, Urt. v. 24.9.2002 – KZR 4/01 – Kommunaler Schilderprägebetrieb.
88 BGH, Urt. v. 24.9.2002 – KZR 4/01, 1. Leitsatz – Kommunaler Schilderprägebetrieb.
89 *Hoch/Theobald*, KSzW 2011, 300, 305f.
90 BGH, Urt. v. 17.12.2013 – KZR 65/12 – Stromnetz Heiligenhafen; BGH, Urt. v. 17.12.2013 – KZR 66/12 – Stromnetz Berkenthin.

C. Ablauf des Konzessionierungsverfahrens

Nachfolgend soll ein schematischer Überblick über den Ablauf eines Konzessionierungsverfahrens i.S.d. § 46 EnWG gegeben werden. Das Konzessionierungsverfahren teilt sich in drei große Abschnitte. Es beginnt mit der Vorbereitungsphase. Danach folgt das eigentliche Konzessionierungsverfahren, abschließend die Umsetzungsphase ggf. mit anschließender Netzübernahme. 59

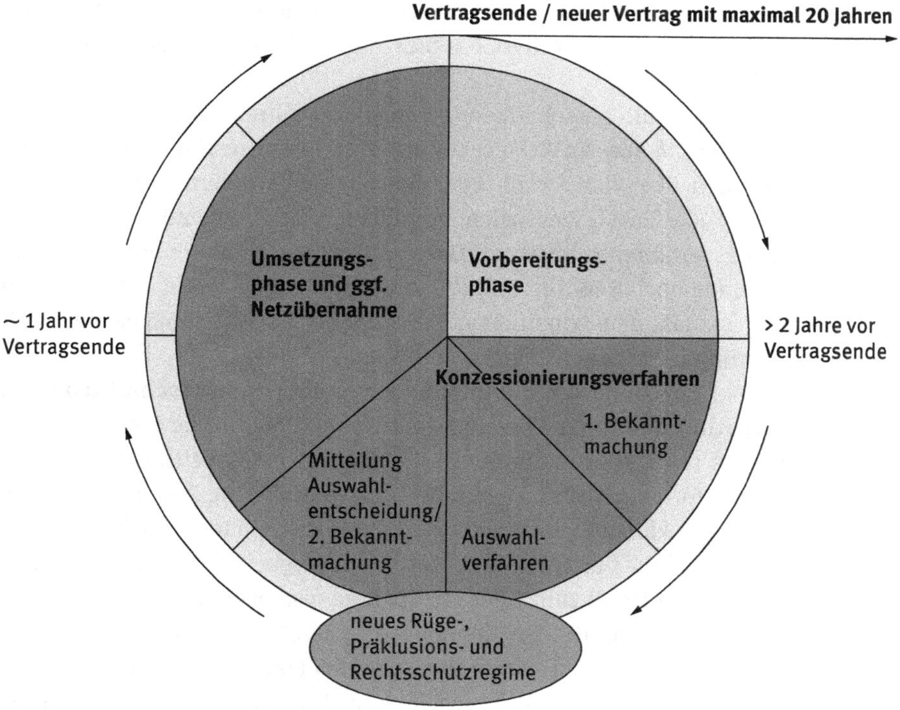

Abb. 2: Ablauf des Konzessionierungsverfahrens[91]

I. Vorbereitungsphase/Datenherausgabe nach § 46a EnWG

Die **Vorbereitungsphase** beschreibt die Phase vor dem Beginn des eigentlichen Konzessionierungsverfahrens. 60

Hier steht eine umfassende Prüfung der Ausgangslage durch die Gemeinde an. 61
Die Laufzeit des auslaufenden Konzessionsvertrages sowie etwaige Sonderkündi-

91 Quelle: BBH.

gungsrechte müssen geprüft werden. Möglicherweise bietet sich die **Harmonierung** der Laufzeiten unterschiedlicher, im Gemeindegebiet geltender Konzessionsverträge an.[92] Hieran ist insbesondere im Falle von Eingemeindungen bzw. kommunalen Zusammenschlüssen zu denken. Weitere Vorgaben für die Beendigung des Vertragsverhältnisses können sich aus den konzessionsvertraglichen **Endschaftsbestimmungen** ergeben. Hierzu zählen typischerweise vertragliche Auskunfts- und Erwerbsansprüche der Gemeinde sowie Regelungen zu den Modalitäten einer Netzübertragung.[93]

62 Die Gemeinde muss sich zudem entscheiden, ob sie die Konzessionsvergabe mit der Suche nach einem **strategischen Partner** für ein Kooperationsunternehmen verbinden will.[94]

63 In jedem Fall muss die ausschreibende Gemeinde während der Vorbereitungsphase ihr Recht gem. **§ 46a EnWG** gegenüber dem Altkonzessionär geltend machen, Informationen über das Strom- oder Gasnetz einzufordern. Der Altkonzessionär ist gem. § 46a EnWG gesetzlich verpflichtet der Gemeinde die für das Konzessionierungsverfahren **relevanten Daten** spätestens ein Jahr vor Bekanntmachung der Gemeinde nach § 46 Abs. 3 EnWG zur Verfügung zu stellen. Hintergrund dieser Regelung ist, dass dem potentiellen Bieter vor der Angebotsabgabe eine Wirtschaftlichkeitsprüfung ermöglicht werden soll.[95]

64 Nach § 46a S. 1 EnWG müssen die Informationen über die **wirtschaftliche** und **technische Situation des Netzes** bereitgestellt werden, die für die Bewertung des Netzes im Rahmen einer Bewerbung auf den Abschluss eines Vertrages nach § 46 Abs. 2 S. 1 EnWG erforderlich sind. Durch die Gesetzesänderung 2017 hinzugekommen ist der Satz 2, der klarstellt, dass zu diesen Daten insbesondere auch die kalkulatorischen Daten zählen. Der **BGH** hatte die Notwendigkeit der kalkulatorischen Daten bereits in seinem Urteil zum **Gasnetz Springe** festgestellt.[96] Der Gesetzgeber zeigt durch die Verwendung des Begriffs „insbesondere", dass die Aufzählung in Satz 2 nicht abschließend ist. Solange die Bundesnetzagentur von ihrer Festlegungskompetenz des § 46a S. 3 EnWG nicht Gebrauch macht, dient die Auflistung im **Gemeinsamen Leitfaden** zur Orientierung. Dort stehen die Daten, die – nach Auffassung der Behörden – im Rahmen des Auskunftsanspruchs gem. § 46a EnWG mindestens herauszugeben sind:[97]

---

92 DStGB, Auslaufende Konzessionsverträge, 3. Aufl. 2017, S. 6.
93 DStGB, Auslaufende Konzessionsverträge, 3. Aufl. 2017, S. 29.
94 vgl. Kap. 5.
95 BGH, Urt. v. 14.4.2005, EnZR 11/14 – juris Rn. 14 – Gasnetz Springe.
96 BGH, Urt. v. 14.4.2005, EnZR 11/14 – juris Rn. 14 ff. – Gasnetz Springe.
97 Gemeinsamer Leitfaden von BKartA und BNetzA zur Vergabe von Strom- und Gaskonzessionen und zum Wechsel des Konzessionsnehmers, 2. Aufl. 2015, Rn. 40.

1. Allgemeine Angaben zu Art, Umfang, Alter und Oberflächenstruktur der zu überlassenden Anlagegüter des Elektrizitäts- bzw. Gasversorgungsnetzes, insbesondere auch Art und Zugehörigkeit der jeweiligen Messeinrichtungen;
2. Originäre historische Anschaffungs- und Herstellungskosten der Anlagegüter des zu überlassenden Elektrizitäts- bzw. Gasversorgungsnetzes und der Grundstücke, aufgeteilt nach Anlagengruppen gem. Anlage 1 zu § 6 Abs. 5 S. 1 StromNEV/GasNEV und Anschaffungsjahren;
3. in der Netzkostenkalkulation gem. § 6 Abs. 5 S. 1 StromNEV/GasNEV verwendete Nutzungsdauern je Anlagengruppe und etwaige Nutzungsdauerwechsel, unter Angabe des Jahres des Nutzungsdauerwechsels und der bis zum und ab dem Nutzungsdauerwechsel verwendeten Nutzungsdauern;
4. Art und Besonderheiten des Elektrizitäts- bzw. Rohrleitungsnetzes (z.B. verbaute Materialien, herausragende Schadensereignisse) und der sonstigen Anlagegüter,
5. Höhe der nicht aufgelösten Netzanschlussbeiträge und Baukostenzuschüsse;
6. kalkulatorische Restwerte, kalkulatorische Nutzungsdauern laut Genehmigungsbescheid, aufwandsgleiche Kostenpositionen i.S.d. § 5 StromNEV/GasNEV, kalkulatorische Abschreibungen i.S.d. § 6 StromNEV/GasNEV, kalkulatorische Eigenkapitalverzinsung i.S.d. § 7 StromNEV/GasNEV, kalkulatorische Gewerbesteuer i.S.d. § 8 StromNEV/GasNEV, kostenmindernde Erlöse und Erträge i.S.d. § 9 StromNEV/GasNEV;
7. Netzabsatzmengen im Konzessionsgebiet;
8. zugehörige Bilanz- und GuV-Werte des jeweiligen Konzessionsgebietes, soweit diese vorliegen, Auskünfte über die auf das Konzessionsgebiet bezogene mehrjährige Vermögens-, Ertrags-, Finanz- und Investitionsplanung;
9. neutrale Schadensberichte (soweit vorhanden);
10. Angaben zum Konzessionsgebiet einschließlich eines Netzplans mit Kennzeichnung z.B. der Netzverknüpfungspunkte und derjenigen Leitungen, welche nicht vom Überlassungsanspruch nach § 46 Abs. 2 S. 2 EnWG erfasst werden;
11. Strukturdaten gem. § 27 Abs. 2 Strom- bzw. GasNEV (Veröffentlichungspflichten des Netzbetreibers) bezogen auf das Konzessionsgebiet.

Die **Veröffentlichungspflicht** bezüglich der Daten soll Transparenz schaffen, damit 65
mögliche Bewerber beurteilen können, ob die Teilnahme am Konzessionierungsverfahren für sie von Interesse ist.

Da der Altkonzessionär als Einziger über die notwendigen Daten verfügt, könn- 66
te im Fall der Verweigerung oder unvollständigen Datenherausgabe über einen Marktmissbrauch nach den §§ 19, 20 GWB nachgedacht werden.[98]

98 Vgl. hierzu unten Rn. 95ff.

II. Konzessionierungsverfahren

67 An die Vorbereitungsphase schließt sich das eigentliche Konzessionierungsverfahren an (ca. zwei bis drei Jahre vor Vertragsende). Das Konzessionierungsverfahren kann wiederum in drei separate Unterabschnitte aufgeteilt werden.

1. Erste Bekanntmachung

68 Nach **§ 46 Abs. 3 S. 1 EnWG** sind die Gemeinden verpflichtet, spätestens zwei Jahre vor Auslaufen des bestehenden Konzessionsvertrages das Vertragsende und einen Hinweis auf die nach § 46a EnWG von der Gemeinde in geeigneter Form zu veröffentlichenden Daten sowie den Ort der Veröffentlichung im **Bundesanzeiger** bekannt zu machen. Wenn im Gemeindegebiet mehr als 100.000 Kunden unmittelbar oder mittelbar an das Versorgungsnetz angeschlossen sind, hat die Bekanntmachung zusätzlich im **Amtsblatt der Europäischen Union** zu erfolgen, § 46 Abs. 3 S. 2 EnWG. Auch bei der vorzeitigen Beendigung des Konzessionsvertrages besteht eine solche Bekanntmachungspflicht, § 46 Abs. 3 S. 3 EnWG. Die Bekanntmachung dient der Eröffnung des Wettbewerbs um die Konzession.[99]

69 Eine **frühere Bekanntmachung** als zwei Jahre vor Auslaufen des Konzessionsvertrages ist ebenso möglich. Genaue Vorgaben, wann eine Bekanntmachung frühestens erfolgen darf, macht § 46 Abs. 3 EnWG nicht. Teilweise wurde eine Bekanntmachung erheblich vor dem regulären Bekanntmachungszeitpunkt ohne sachliche Gründe als Missbrauch der marktbeherrschenden Stellung nach §§ 19, 20 GWB verstanden.[100] Mangels gesetzlicher Stütze dieser Ansicht ist sie jedoch kritisch zu hinterfragen. Wenn der Gesetzgeber eine zeitliche Beschränkung gewollt hätte, hätte er diese im Gesetz verankert. Da er das aber nicht getan hat, darf nicht ohne weiteres eine derart restriktive Auslegung herangezogen werden. Der Missbrauch einer marktbeherrschenden Stellung kann allenfalls bejaht werden, wenn konkrete Anhaltspunkte für eine Bevorteilung einzelner Bewerber besteht.[101]

---

i **Tipp**
Wegen der umfangreichen Prüfungs- und Entscheidungsprozesse ist es regelmäßig empfehlenswert, die Bekanntmachung möglichst frühzeitig (z.B. drei Jahre vor Vertragsänderung) einzuleiten.[102]

---

99 DStGB, Auslaufende Konzessionsverträge, 3. Aufl. 2017, S. 7.

100 Kermel/Bruckner/Baumann/*Keller*, Wegenutzungsverträge und Konzessionsabgaben in der Energieversorgung, Frankfurt am Main 2012, S. 64.

101 A.A. *Säcker/Mohr/Wolf*, Konzessionsverträge im System des europäischen und deutschen Wettbewerbsrechts, Bern 2011, S. 89, die für eine Veröffentlichung früher als drei Jahre vor dem gesetzlich geforderten Zeitpunkt einen sachlichen Grund verlangen.

102 *Theobald*, DÖV 2009, 356, 363; *Tischmacher*, IR 2011, 246, 248.

Zu beachten ist weiterhin, dass sich bei Änderungen von bestehenden Konzessionsverträgen gegebenenfalls Neuausschreibungspflichten ergeben können. Dies gilt bei allen wesentlichen **Vertragsänderungen**, etwa der Erweiterung der Konzession auf andere Gebiete aufgrund von Neuerschließungen oder Eingemeindungen oder sonstige wesentliche Änderungen der vertraglichen Pflichten. Hinsichtlich der Bestimmung der Wesentlichkeit ist auf das Konzessionierungsverfahren abzustellen. Im Sinne einer Faustregel gilt, dass wesentlich ist, was Auswahlkriterium war.[103] 70

Da das Gesetz in § 46 Abs. 3 EnWG für die Bekanntmachung im Bundesanzeiger nicht den **Inhalt** vorschreibt, sind die Gemeinden grundsätzlich frei, was sie in der Bekanntmachung angeben. 71

Tipp
Einen beispielhaften Bekanntmachungstext hat u.a. die niedersächsische Landeskartellbehörde veröffentlicht.[104]

Die **Bekanntmachungsfrist** muss gem. § 46 Abs. 4 S. 4 EnWG mindestens drei Monate betragen. Sofern innerhalb dieser Frist nur ein Unternehmen sein Interesse am Neuabschluss des Konzessionsvertrages bekundet, kann der neue Konzessionsvertrag unmittelbar mit diesem Unternehmen verhandelt und abgeschlossen werden. Anderenfalls muss die Gemeinde den neuen Netzbetreiber in einem transparenten und diskriminierungsfreien Verfahren auswählen. 72

2. Auswahlverfahren

Muss die Gemeinde ein Auswahlverfahren durchführen, sollte sie den Zeitraum zwischen Bekanntmachung und Auslaufen der Interessenbekundungsfrist nutzen, um Eignungs- und Auswahlkriterien festzulegen und durch den Gemeinderat beschließen zu lassen.[105] 73

Nach Eingang der Interessenbekundung holt die Gemeinde mit dem **Verfahrensbrief** die Eignungsnachweise von den Bietern ein, teilt die Auswahlkriterien mit und fordert Angebote ab. Zudem informiert die Gemeinde über den weiteren Ablauf des Verfahrens. 74

---

103 Zur insofern vergleichbaren Systematik zur Kausalität von § 3 KAV-Verstößen: BGH, Urt. v. 7.10.2014 – EnZR 86/13 – juris Rn. 48 ff. – Stromnetz Olching.

104 Vgl. Musterbekanntmachung in dem Hinweispapier der niedersächsischen Landeskartellbehörde zur Durchführung eines wettbewerblichen Konzessionsvergabeverfahrens nach § 46 EnWG v. 25.8.2015, S. 30, abrufbar unter www.mw.niedersachsen.de/download/11072/Hinweise_der_Landeskartellbehoerde_Niedersachsen_zur_Durchfuehrung_eines_wettbewerblichen_Konzessionsvergabe verfahrens_nach_46_EnWG.pdf+&cd=1&hl=de&ct=clnk&gl=de.

105 OLG Schleswig, Urt. v. 13.7.2017 – 16 U 32/17 Kart.

75 Auf der Grundlage der Eignungs- bzw. Auswahlkriterien stellen die Bewerber die Unterlagen zum Nachweis der Eignung zusammen und bereiten ein Angebot vor, das bis zum Ende der Bewerbungsfrist bei der Gemeinde oder einer von ihr bestimmten verfahrensleitenden Stelle eingereicht werden muss. In der Regel wird zunächst ein indikatives und dann nach einer **Verhandlungsrunde** mit einem zweiten Verfahrensbrief ein verbindliches Angebot abgefordert.

76 Der Prüfung der Angebote ist eine **Eignungsprüfung** durch die Gemeinde voranzustellen, im Rahmen derer ermittelt wird, ob alle Bieter die grundsätzliche Fähigkeit haben, den Netzbetrieb zu übernehmen.[106] Die Eignungsprüfung ist nicht Teil des Auswahlverfahrens. Es findet kein Vergleich der Unternehmen untereinander statt.[107]

77 Die Regelung in § 11 EnWG verpflichtet den Netzbetreiber, ein sicheres, zuverlässiges und leistungsfähiges Energieversorgungsnetz diskriminierungsfrei zu betreiben, zu warten und bedarfsgerecht zu optimieren, zu verstärken und auszubauen, soweit es wirtschaftlich zumutbar ist. Ebenso gibt § 4 Abs. 2 S. 1 EnWG vor, dass der Netzbetreiber nur dann die behördliche Genehmigung erhält, wenn er die erforderliche personelle, technische und wirtschaftliche Leistungsfähigkeit und Zuverlässigkeit besitzt.[108] Hieraus lässt sich der Maßstab für die Eignungsprüfung ableiten.

---

i **Praxishinweis**

Negativmaßstab nach dem OLG Düsseldorf:[109]

Es dürfen keine Konzessionen an Unternehmen vergeben werden, die aufgrund gesicherter Erkenntnisse:

1. nicht fachkundig und/oder
2. nicht leistungsfähig oder
3. aus rechtlichen Gründen gehindert sind, die vertraglichen Verpflichtungen zu erfüllen.

---

78 Sofern ein Bewerber bislang nicht im Strom- bzw. Gasnetzbetrieb tätig war und daher nicht auf entsprechende Erfahrungen verweisen kann (sog. **Newcomer**), muss das Unternehmen durch ein plausibles und schlüssiges Konzept darlegen, dass es ihm möglich sein wird, das Netz nach den Vorgaben der §§ 4 und 11 EnWG zu bewirtschaften.[110] Es ist nicht notwendig, dass die **Genehmigung nach § 4 EnWG** be-

---

106 OLG Düsseldorf, Beschl. v. 17.4.2014 – VI-2 Kart 2/13; OLG Schleswig, Urt. v. 13.7.2017 – 16 U 32/17 Kart.

107 OLG Celle, Urt. v. 17.3.2016 – 13 U 141/15 – juris Rn. 130ff; LG Berlin, Urt. v. 14.11.2017 – 16 O 160/17 Kart, Umdruck, S. 17ff. (nicht rechtskräftig).

108 Umkehrschluss aus § 4 Abs. 2 S. 1 EnWG, auch so OLG Düsseldorf, Beschl. v. 17.4.2014 – VI-2 Kart 2/13 – juris Rn. 62f.

109 OLG Düsseldorf, Beschl. v. 17.4.2014 – VI-2 Kart 2/13 (V) – juris Rn. 63.

110 OLG Celle, Urt. v. 17.3.2016 – 13 U 141/15 (Kart) – juris Rn. 135; OLG Brandenburg, Urt. v. 22.8.2017 – 6 U 1/17 Kart, Umdruck S. 31.

reits zum Zeitpunkt Eignungsprüfung vorliegt. Es bedarf der Genehmigung erst mit Aufnahme des Netzbetriebs.[111]

Die Angebotsunterlagen der Bewerber setzen sich in der Regel aus einem **Netzbewirtschaftungskonzept** und einem **Konzessionsvertrag** zusammen. 79

Das **Netzbewirtschaftungskonzept** enthält konzeptionelle Aussagen zu Erfüllung der Ziele des §1 EnWG im Konzessionsgebiet. Dabei sollten alle relevanten Unternehmensbereiche präsentiert und eine konzeptionelle Darstellung der Durchführung des zukünftigen Netzbetriebs hinsichtlich aller Ziele des §1 EnWG für das konkrete ausgeschriebene Netzgebiet vorgelegt werden. Bei der Erstellung des Netzbewirtschaftungskonzepts muss sich der Bewerber an den von der Gemeinde aufgestellten Auswahlkriterien orientieren. Eine Leistungsdifferenzierung zwischen verschiedenen Netzbewirtschaftungskonzepten ist zudem anhand ihrer Vollständigkeit, Plausibilität, Verbindlichkeit (i.V.m. dem Konzessionsvertrag) möglich. Zudem ist auf Übersichtlichkeit, Form und Lesbarkeit des Netzbewirtschaftungskonzeptes zu achten. 80

Versorgungssicherheit	Preisgünstigkeit und Kosteneffizienz	Verbraucherfreundlichkeit	Umweltverträglichkeit/ Erneuerbare Energien
• Netz- und Investitionsplanung • Instandhaltung • Netzführung • schnelle Störungsbeseitigung	• Prognose der Netznutzungsentgelte • langfristige Kosteneffizienz • Höhe der Netzanschlusskosten • Höhe der Baukostenzuschüsse	• Kundencenter • Telefonservice/ Internetservice • Beschwerdemanagement • Netzanschlussbereitstellung	• systematischer Umweltschutz • Energieeffizienz • umweltschonende Materialien • Schonung von Umwelt/Ortsbild • Mobilität • Klimaschutz und Energiekonzepte

Abb. 3: Mögliche Inhalte eines Netzbewirtschaftungskonzepts[112]

Daneben gehört der **Konzessionsvertrag** zum Angebot eines Bewerbers. Häufig müssen die Bewerber ihr Konzessionsvertragsangebot auf der Grundlage eines Vertragsmusters von der Gemeinde erstellen. Es geht dann darum, Verbesserung zugunsten der Gemeinde an dem Vertragsentwurf vorzunehmen. Alternativ kann die Gemeinde auch die Erstellung eines eigenen Vertragsentwurfs durch die Bewerber abfragen. 81

Neben der kommunalfreundlichen Gestaltung der Kernregelungen liegt der Fokus bei der Erstellung eines Konzessionsvertragsangebots in der Aufnahme kom- 82

111 OLG Düsseldorf, Beschl. v. 17.4.2014 – VI-2 Kart 2/13 (V); OLG Celle, Urt. v. 17.3.2016 – 13 U 141/15 (Kart) – juris Rn. 135; LG Berlin, Urt. v. 14.11.2017 – 16 O 160/17 Kart, Umdruck, S. 18. (nicht rechtskräftig).

112 Quelle: BBH.

munalfreundlicher Regelungen, die anhand der von der Gemeinde aufgestellten Kriterien positiv bewertet werden können. Dabei sollten Konzessionsvertrag und Netzbewirtschaftungskonzept aufeinander abgestimmt sein, d.h. konzeptionelle Zusagen im Netzbewirtschaftungskonzept sollten durch vertraglichen Regelungen untermauert werden.

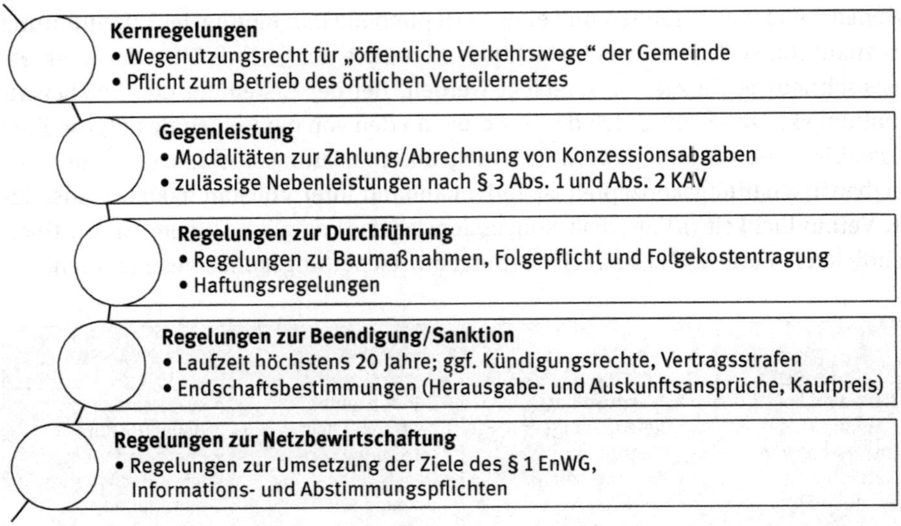

Abb. 4: Typische Regelungen des Konzessionsvertrages[113]

83 Die Gemeinde prüft die Angebotsunterlagen der Bewerber anhand der von ihr zuvor bestimmten Kriterien und bestimmt nach Vorlage der verbindlichen Angebote, wer der beste Bewerber ist. Daraufhin fällt sie ihre **Auswahlentscheidung**.

84 Zur Wahrung eines transparenten Verfahrens verpflichtet § 46 Abs. 5 S. 1 EnWG die Gemeinde, die Unternehmen, deren Angebote nicht angenommen werden sollen, über die Gründe der vorgesehenen Ablehnung ihres Angebots und über den frühesten Zeitpunkt des beabsichtigten Vertragsschlusses in Textform zu informieren. Dies eröffnet den unterlegenen Bietern eine **Überprüfungsmöglichkeit** der Auswahlentscheidung auf Diskriminierungs- und Transparenzgesichtspunkte.[114] Die **Mitteilung** an die unterlegenen Bieter muss die Gründe für die Entscheidung enthalten und die Bewertung des eigenen Angebots für den unterlegenen Bieter nachvollziehbar machen. Die vollständige Offenlegung der Auswertungsdokumentation oder gar eine Offenlegung der konkurrierenden Angebo-

113 Quelle: BBH.
114 BGH, Urt. v. 17.12.2013 – KZR 65/12, Rn. 45 – Stromnetz Heiligenhafen.

te kommt aufgrund der **Geheimniswahrungspflichten** der Gemeinde nicht in Betracht.[115]

3. Rügeregime

Das 2017 neu eingeführte Rügeregime sieht gem. § 47 EnWG nunmehr vor, dass etwaige **Verfahrensfehler** durch Nichtbeachtung der Grundsätze eines transparenten und diskriminierungsfreien Verfahrens nach § 46 Abs. 1 bis 4 EnWG während des Verfahrens gerügt werden müssen. Zweck der Neuregelung in § 47 EnWG ist es, von den Bietern strukturierte und verfahrenskonstruktive Rügen zu verlangen: 85

> „Durch eine Pflicht der beteiligten Unternehmen, auch im laufenden Verfahren aktiv auf die Vermeidung und Ausräumung von Rechtsfehlern hinzuwirken, erhöhen sich die Qualität und die Rechtssicherheit von Verfahren nach § 46 EnWG zum Vorteil aller Beteiligten. [...] Auch die Gerichte werden entlastet, da sie nicht erst am Ende eines Verfahrens nach § 46 EnWG das gesamte Verfahren aufarbeiten müssen, sondern sich auf die rechtzeitig gerügten Streitpunkte konzentrieren können."[116]

§ 47 Abs. 2 EnWG ordnet sämtliche Rügen strikt den **drei verschiedenen Verfahrensabschnitten** (Bekanntmachung, Mitteilung der Auswahlkriterien, Auswahlentscheidung) zu. Rechtsverletzungen, die aufgrund einer Bekanntmachung nach § 46 Abs. 3 EnWG erkennbar sind, sind innerhalb der Interessenbekundungsfrist zu rügen. Rechtsverletzungen, die aus der Mitteilung der Auswahlkriterien erkennbar sind, sind innerhalb von 15 Kalendertagen ab deren Zugang zu rügen. Rechtsverletzungen im Rahmen der Auswahlentscheidung, die aus der Information der unterlegenen Bieter nach § 46 Abs. 5 S. 1 EnWG erkennbar sind, sind innerhalb von 30 Kalendertagen ab deren Zugang zu rügen. 86

Im Zusammenhang mit Rügen der Auswahlentscheidung steht den unterlegenen Bietern gem. § 47 Abs. 3 EnWG ein **Akteneinsichtsrecht** zu. Innerhalb einer Woche ab Zugang der Informationsschreiben nach § 46 Abs. 5 S. 1 EnWG kann ein entsprechender Antrag gestellt werden. Damit verschiebt sich zugleich der Beginn der Rügefrist, § 47 Abs. 2 S. 4 EnWG. Das Akteneinsichtsrecht dient der Informationen der unterlegenen Bieter über sämtliche Tatsachen, die eine Verletzung ihrer Rechte begründen können.[117] 87

Bei der Gewährung von Akteneinsicht müssen die Gemeinden jedoch die **Betriebs- oder Geschäftsgeheimnisse** der anderen Unternehmen wahren, § 47 Abs. 3 88

115 LG Stuttgart, Urt. v. 30.6.2016 – 11 O 78/16 – juris Rn. 39; OLG Celle, Urt. v. 26.1.2017 – 13 U 9/16 (Kart) – juris Rn. 161; LG Leipzig, Urt. v. 17.6.2015 – 5 O 1339/15 – juris Rn. 46f.

116 BT-Drucks. 18/8184, S. 16 zu § 47.

117 BT-Drucks. 18/8184, S. 17.

S. 3 EnWG. Liegt ein Betrieb- oder Geschäftsgeheimnis vor, muss die Gemeinde die Einsicht verweigern.[118] Es sind insofern Schwärzungen der Verfahrensakte vorzunehmen.

89 Die Gemeinde hat über die Rügen zu entscheiden. Sie kann ihnen entweder abhelfen und das Verfahren entsprechend zurücksetzen[119] oder dem rügenden Bieter eine begründete Nicht-Abhilfeentscheidung übermitteln. Die Zurücksetzung erfolgt vor den Verfahrensschritt, bei dem sich der Verfahrensfehler erstmalig ausgewirkt hat. Auch dabei ist auf eine transparente und diskriminierungsfreie Information aller Bieter zu achten.[120]

90 Die Entscheidung über eine Abhilfe der Rüge durch die Gemeinde, ist nicht fristgebunden.[121] Die Gemeinde hat insofern Steuerungsmöglichkeiten hinsichtlich des Beginns der Frist zur gerichtlichen Geltendmachung der Rügen durch die unterlegenen Bieter und hat es somit in der Hand – entgegen der oben beschriebenen Dreiteilung[122] – eine einheitliche gerichtliche Entscheidung über alle dann nicht abgeholfenen Rügen herbeizuführen.

---

i **Praxishinweis**

Da im gesamten Rügeregime die Fristen jeweils durch Handlungen der Gemeinde ausgelöst werden (Bekanntmachung, Mitteilung der Auswahlkriterien bzw. der Auswahlentscheidung, Nicht-Abhilfeschreiben) sollte die Gemeinde hier jeweils auf die Sicherstellung der Nachweisbarkeit des Zugangs entsprechender Schreiben achten.

---

91 Der Bieter kann gerügte Rechtsverletzungen, denen die Gemeinde nicht abhilft, innerhalb von 15 Kalendertagen ab Zugang der Nicht-Abhilfeentscheidung vor den ordentlichen Gerichten im Wege eines **Verfahrens auf Erlass einer einstweiligen Verfügung** geltend machen. Ein Verfügungsgrund, also die Eilbedürftigkeit der Entscheidung, braucht nicht glaubhaft gemacht zu werden, § 47 Abs. 5 S. 3 EnWG.

---

118 LG Hannover, Urt. v. 7.12.2017 – 25 O 29/17, S. 10; vgl. hierzu unter Rn. 211.

119 Vgl. zur Zurücksetzung eines Konzessionierungsverfahrens vor Einführung des Rügeregimes: LG Leipzig, Urt. v. 6.10.2015 – 05 O 3243/14.

120 Vgl. DStGB, „Auslaufende Konzessionsverträge“, 3. Aufl., S. 12f.

121 BT-Drucks. 18/8184, S. 17.

122 Rn. 86.

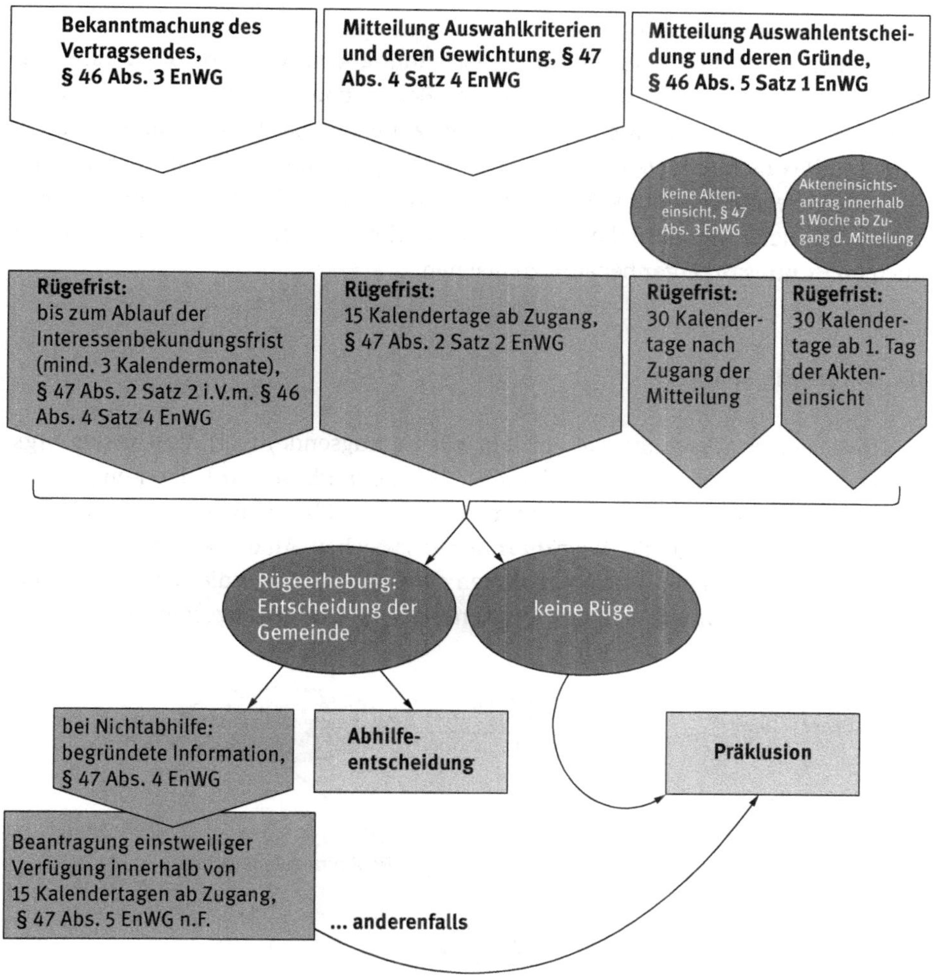

Abb. 5: Das Rügeregime des § 47 EnWG[123]

Für **sonstige Rügen**, etwa Rügen der mangelnden Neutralität oder der Eignungsanforderungen, gilt das Rügeregime und damit die Fristenregelung sowie die Dringlichkeitsvermutung des § 47 Abs. 5 S. 3 EnWG nicht.[124] 92

123 Quelle: Eigene Darstellung.
124 LG Berlin, Urt. v. 14.11.2017 – 16 O 160/17 Kart, Umdruck, S. 16ff. (nicht rechtskräftig).

4. Zweite Bekanntmachung

93 Schließlich muss die Gemeinde ihre Entscheidung gem. § 46 Abs. 5 S. 2 EnWG öffentlich bekannt machen. Mit dieser zweiten Bekanntmachung ist das Konzessionierungsverfahren abgeschlossen. Im Gegensatz zur ersten Bekanntmachung ist in § 46 Abs. 3 EnWG nicht geregelt, wo die Entscheidung bekannt gegeben werden muss. Die zweite Bekanntmachung dient vorrangig der Information der betroffenen Netznutzer. Es bietet es sich daher an, die Auswahlentscheidung **ortsüblich** und ggf. auch im **Bundesanzeiger** bekannt zu machen.

III. Umsetzungsphase

94 In einem letzten Abschnitt (ca. ein Jahr vor Vertragsende) folgt die **Umsetzungsphase** des Konzessionierungsverfahrens. In dieser Phase wird der Konzessionsvertrag zwischen der Gemeinde und dem ausgewählten Bieter abgeschlossen. Gegebenenfalls erfolgt die **Netzübernahme** zwischen Altkonzessionär und Neukonzessionär, wenn ein Drittunternehmen gewonnen hat. Für die Gemeinde ist das Verfahren mit der Unterzeichnung des Konzessionsvertrages abgeschlossen.

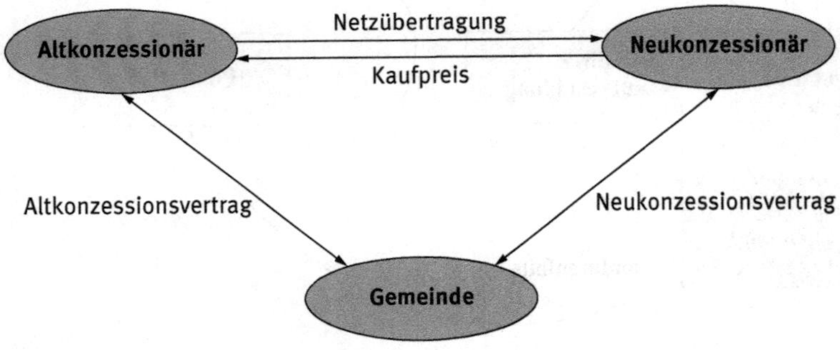

Abb. 6: Beteiligtenverhältnisse nach § 46 EnWG[125]

125 Quelle: BBH.

D. Kartellrechtliche Betrachtung

Seit der Veröffentlichung des Leitfadens von Bundeskartellamt und Bundesnetzagentur[126] sowie der Grundsatzentscheidungen des BGH vom 17.12.2013[127] werden Konzessionierungsverfahren durch die Gerichte regelmäßig an kartellrechtlichen Maßstäben überprüft. Etwaige Verstöße gegen die Grundsätze eines transparenten und diskriminierungsfreien Verfahrens nach §§ 46 ff. EnWG werden als Missbrauch der marktbeherrschenden Stellung der Gemeinde gem. §§ 19, 20 GWB behandelt.[128] 95

I. Missbrauch der marktbeherrschenden Stellung durch die Gemeinde

Die Rechtsprechung stellt darauf ab, dass die Gemeinden 96

> „[a]ls marktbeherrschende Anbieter der Wegenutzungsrechte in ihrem Gebiet [...] gemäß § 19 Abs. 2 Nr. 1 GWB (§ 20 Abs. 1 GWB aF) und § 46 Abs. 1 EnWG verpflichtet [sind], den Konzessionär für den Betrieb eines Energieversorgungsnetzes in einem diskriminierungsfreien Wettbewerb auszuwählen [...].“[129]

Im Folgenden sollen nach einer kurzen Herleitung der kartellrechtlichen Tatbestandsvoraussetzungen die typischen Verfahrensfehler bei der Vergabe von Strom- und Gaskonzessionen aufgezeigt werden, welche zu einer unbilligen Behinderung der Bewerber und damit zu einem Marktmachtmissbrauch durch die Gemeinde führen können. 97

1. Gemeinde als Unternehmen

Die herrschende Meinung nimmt an, dass Gemeinden beim Abschluss von Konzessionsverträgen als **Unternehmen** i.S.d. Kartellrechts handeln. Dies ist auch in der Rechtsprechung allgemein anerkannt und wird in den Gerichtsentscheidungen nicht weiter problematisiert.[130] 98

---

126 Gemeinsamer Leitfaden von BKartA und BNetzA zur Vergabe von Strom- und Gaskonzessionen und zum Wechsel des Konzessionsnehmers, 1. Aufl. 2010.

127 BGH, Urt. v. 17.12.2013 – KZR 65/12 – Stromnetz Heiligenhafen; BGH, Urt. v. 17.12.2013 – KZR 66/12 – Stromnetz Berkenthin.

128 OLG Brandenburg, Urt. 22.8.2017 – 6 U 1/17 Kart; OLG Schleswig, Urt. v. 13.7.2017 – 16 U 32/17 Kart; OLG Karlsruhe; Urt. v. 3.4.2017 – 6 U 153/16 Kart; OLG Celle, Urt. v. 26.1.2017 – 13 U 9/16; OLG Stuttgart, Urt. v. 5.1.2017 – 2 U 66/16; OLG Dresden, Urt. 29.11.2016 – U 1/16 Kart; OLG Celle, Urt. v. 17.3.2016 – 13 U 141/15 (Kart).

129 BGH, Urt. v. 17.12.2013 – KZR 66/12 – juris Rn. 16 – Stromnetz Berkenthin.

130 BGH, Urt. v. 11.11.2008 – KZR 43/07 – Neue Trift; BGH, Urt. v. 17.12.2013 – KZR 65/12 – juris Rn. 18 ff. – Stromnetz Heiligenhafen; BGH, Urt. v. 17.12.2013 – KZR 66/12 – juris Rn. 16 ff. – Stromnetz

99 Mit Blick darauf, dass es sich bei der Vergabe von Konzessionen für die leitungsgebundene Energieversorgung um eine von Art. 28 Abs. 2 GG geschützte **Selbstverwaltungsangelegenheit** der Gemeinde handelt, könnte ein unternehmerisches Handeln der Gemeinden bei der Vergabe von Konzessionen allerdings in Frage gestellt werden.[131]

2. Marktabgrenzung und Marktbeherrschung

100 Die Rechtsprechung stellt hinsichtlich des sachlich **relevanten Marktes** auf das Angebot von Wegenutzungsrechten zur Verlegung und zum Betrieb von Leitungen, die zum Netz der allgemeinen Versorgung mit Strom oder Gas gehören, ab.[132] Damit wird auf das Angebot solcher Leitungsrechte und nicht etwa auf die Nachfrage entsprechender Netzbetriebsdienstleistungen abgestellt.[133] Der Markt wird angebotsbezogen abgegrenzt, weil davon ausgegangen wird, dass die Netze verschiedener Gemeinden aus der Sicht der Netzbetreiber nicht austauschbar seien.[134]

101 Alternativ könnte man jedoch auch darauf abstellen, dass die Gemeinden um die Leistung „Netzbetrieb" durch ein bestimmtes Unternehmen in Konkurrenz miteinander treten, sodass der Markt nachfragebezogen abzugrenzen wäre.[135] Damit entfiele eine marktbeherrschende Stellung der Gemeinden. Marktbeherrschend wäre vielmehr der jeweilige Altkonzessionär.[136]

102 Stellt man mit der herrschenden Meinung auf einen Angebotsmarkt ab, ist dieser **örtlich** auf das Gemeindegebiet beschränkt, für das der Konzessionsvertrag abgeschlossen werden soll, da die jeweilige Gemeinde nur über die Wegenutzungsrechte für ihr Hoheitsgebiet verfügen kann.[137]

Berkenthin; BVerfG, Beschl. v. 22.8.2016 – 2 BvR 2953/14 – Titisee-Neustadt; BVerwG, Beschl. v. 21.11.2016 – 10 AV 1.16 – juris Rn. 8.

131 *Hellermann*, EnWZ 2014, 339, 345.

132 Jüngst: OLG Celle, Urt. v. 26.1.2017 – 13 U 9/16 – juris Rn. 26; BGH, Beschl. v. 6.11.2012 – KVR 54/11 – juris Rn. 17 – GAG Ahrensburg; BGH, Beschl. v. 15.4.1986 – KVR 6/85 – WuW/E BGH 2247, 2249 – Wegenutzungsrecht; BGH, Beschl. v. 11.3.1997 – KZR 2/96 – RdE 1997, 197, 198 – Erdgasdurchgangsleitung.

133 BGH, Urt. v. 17.12.2013 – KZR 65/12 – juris Rn. 20 – Stromnetz Heiligenhafen; BGH, Urt. v. 17.12.2013 – KZR 66/12 – juris Rn. 21 – Stromnetz Berkenthin.

134 Gemeinsamer Leitfaden von BKartA und BNetzA zur Vergabe von Strom- und Gaskonzessionen und zum Wechsel des Konzessionsnehmers, 2. Aufl. 2015, Rn. 18.

135 Anderer Ansicht BGH, Urt. v. 17.12.2013 – KZR 66/12 – juris Rn. 21 – Stromnetz Berkenthin.

136 *Sachse*, Vom Monopolpreis zur wirtschaftlich angemessenen Vergütung, S. 211 f.; *Schau*, RdE 2011, 1, 7.

137 BGH, Urt. v. 17.12.2013 – KZR 65/12 – juris Rn. 21 – Stromnetz Heiligenhafen; BGH, Urt. v. 17.12.2013 – KZR 66/12 – juris Rn. 22 – Stromnetz Berkenthin; BGH, Beschl. v. 11.3.1997 – KZR 2/96 – RdE 1997, 197, 198 = juris Rn. 18 f. – Erdgasdurchgangsleitung; *Säcker/Mohr/Wolf*, Konzessionsver-

Zeitlich eröffnet sich der relevante Markt mit der Bekanntmachung des Auslaufens des alten Konzessionsvertrages im Bundesanzeiger. Ab diesem Zeitpunkt greift der Schutz des Kartellrechts. 103

Auf diesem Markt ist die Gemeinde **Monopolist** und insofern Normadressat der kartellrechtlichen Missbrauchstatbestände. 104

3. Missbräuchliches Verhalten

Verfahrensfehler der konzessionsvergebenden Gemeinde können eine unbillige Behinderung eines oder mehrerer Bewerber um die Konzession i.S.v. **§ 19 Abs. 2 Nr. 1 GWB** darstellen. 105

Nach § 19 Abs. 2 Nr. 1 GWB ist ein Missbrauch insbesondere dann gegeben, wenn ein marktbeherrschendes Unternehmen als Anbieter oder Nachfrager einer bestimmten Art von Waren oder gewerblichen Leistungen ein anderes Unternehmen unmittelbar oder mittelbar unbillig behindert oder ohne sachlich gerechtfertigten Grund unmittelbar oder mittelbar anders, als gleichartige Unternehmen behandelt. Hierbei ist eine Gesamtwürdigung und Abwägung aller beteiligten Interessen unter Berücksichtigung der auf die Freiheit des Wettbewerbs gerichteten Zielsetzung des Gesetzes gegen Wettbewerbsbeschränkungen vorzunehmen.[138] 106

Der BGH hat in seinen Grundsatzentscheidungen vom 17.12.2013[139] festgestellt, dass diese kartellrechtlichen Anforderungen mit denen des energiewirtschaftsrechtlichen Diskriminierungsverbots gem. **§ 46 Abs. 1 EnWG** übereinstimmen.[140] Die Gerichte stellen daher in ihren Entscheidungen regelmäßig auf das Diskriminierungsverbot des § 46 Abs. 1 EnWG ab und leiten daraus ab, dass die Auswahlentscheidung in einem transparenten Verfahren erfolgen muss und vorrangig an Kriterien auszurichten ist, die die Ziele des § 1 Abs. 1 EnWG konkretisieren.[141] Auch ein Neutralitätsgebot wird aus dem Diskriminierungsverbot hergeleitet.[142] Genügt die Konzessionsvergabe all diesen Anforderungen nicht, liegt möglicherweise eine un- 107

---

träge im System des europäischen und deutschen Wettbewerbsrechts, Bern 2011, S. 54 ff.; *Salje*, EnWG, 2006, § 46 Rn. 184.

138 OLG Celle, Urt. v. 26.1.2017 – 13 U 9/16 Kart, mit Verweis auf BGH, Urt. v. 17.12.2013 – KZR 65/12 – Heiligenhafen – juris Rn. 52; BGH, Urt. v. 24.10.2011 – KZR 7/10 – juris Rn. 37.

139 BGH, Urt. v. 17.12.2013 – KZR 65/12 – Heiligenhafen; BGH, Urt. v. 17.12.2013 – KZR 66/12 – Stromnetz Berkenthin.

140 BGH, Urt. v. 17.12.2013 – KZR 66/12 – juris Rn. 26 f. – Stromnetz Berkenthin.

141 BGH, Urt. v. 17.12.2013 – KZR 66/12 – juris Rn. 41 – Stromnetz Berkenthin; OLG Brandenburg, Urt. v. 22.8.2017 – 6 U 1/17 Kart, Umdruck S. 14; OLG Celle, Urt. v. 26.1.2017 – 13 U 9/16 Kart = juris Rn. 32.

142 BGH, Beschl. v. 18.10.2016 – KZB 46/15 – juris Rn. 39 – Landesbetrieb Berlin Energie; OLG Celle, Urt. v. 26.1.2017 – 13 U 9/16 Kart – juris Rn. 38.

billige Behinderung derjenigen Bewerber vor, deren Chancen auf die Konzession dadurch beeinträchtigt worden sind.[143]

108 Die gleichen Anforderungen an die transparente Vorab-Mitteilung sachlicher Auswahlkriterien ließen sich auch aus dem Kartellrecht selbst herleiten. Im Rahmen des Diskriminierungsverbots des § 19 Abs. 2 Nr. 1, 2. Alt. GWB stellt die Differenzierung zwischen Unternehmen anhand – vorher offengelegter, mithin transparenter – sachlicher Kriterien ebenso eine sachliche Rechtfertigung für eine Ungleichbehandlung dar,[144] wie die Rechtsprechung sie in das Diskriminierungsverbot des § 46 Abs. 1 EnWG hineinliest.

109 Die Anforderungen an Transparenz, sachliche Auswahlkriterien und Neutralität werden durch das EnWG weiter konkretisiert, sodass sich schließlich konkrete Verfahrensvorgaben für Strom- und Gaskonzessionierungsverfahren ableiten lassen:

	Diskriminierungsverbot		
Ableitungen aus dem Diskriminierungsverbot	Transparenz	sachliche Auswahlkriterien	Neutralität
Konkretisierung durch das EnWG	Vorab-Mitteilung der Kriterien und ihrer Gewichtung	Ausrichtung an § 1 EnWG Grenzen der KAV	Unabhängigkeit der am Verfahren beteiligten Personen
Verfahrensgrundsätze	Das Auswahlverfahren muss so gestaltet sein, dass die am Netzbetrieb interessierten Unternehmen erkennen können, worauf es der Gemeinde bei der Auswahlentscheidung ankommt.	Kriterien müssen entweder die zulässige Gestaltung des Konzessionsvertrages oder die Verwirklichung der Vorgaben des § 1 EnWG verfolgen.	organisatorische und personelle Trennung bei Bewerbung von mit der Gemeinde personenidentischen Unternehmen keine pol. Vorfestlegung

Abb. 7: Ableitungen aus dem Diskriminierungsverbot gem. § 46 Abs. 1 EnWG[145]

143 BGH, Urt. v. 17.12.2013 – KZR 66/12 – juris Rn. 54 – Stromnetz Berkenthin.

144 BGH, Urt. v. 7.11.2006 – KZR 2/06 – WUW/E DE-R 1951, 1952f. = GRUR 2007, 616, 617 – Behindertenwerkstatt.

145 Quelle: Eigene Darstellung.

Anhand dieser Verfahrensgrundsätze überprüft die Rechtsprechung die ordnungsgemäße Durchführung von Konzessionierungsverfahren. In der Rechtsprechung haben sich typische Verfahrensfehler herausgebildet, welche nachfolgend erörtert werden sollen. 110

a) Unzulässige Auswahlkriterien

Auswahlkriterien dienen der Abfrage vergleichbarer und auf das jeweilige Konzessionsgebiet zugeschnittener Angebote. Anhand der von ihr aufgestellten Auswahlkriterien wertet die Gemeinde die Angebote der Bewerber aus. 111

Auswahlkriterien sind von sog. **Mindestanforderungen** abzugrenzen. Diese dienen nicht der Auswahl des besten Bieters, sondern geben vor, welche Anforderungen, die Angebote aller Bieter erfüllen müssen, um überhaupt einer Auswertung zugeführt werden zu können. Zulässige Mindestanforderungen sind jedenfalls die Zahlung der Höchstsätze nach KAV, § 46 Abs. 1 EnWG,[146] sowie legitime Einflussnahmemöglichkeiten, die die Gemeinde für unverzichtbar hält.[147] 112

Die Gemeinden haben bei der Aufstellung von Auswahlkriterien grundsätzlich einen **weiten Beurteilungsspielraum**, der gerichtlich nur eingeschränkt überprüfbar ist.[148] Er ist geboten, weil die Gemeinde durch ihre **Verwaltungshoheit** und die kommunale Aufgabe der **Daseinsvorsorge** die Gewährleistungsverantwortung für die Sicherstellung der örtlichen Versorgungsinfrastruktur innehat.[149] Sie handelt bei der Konzessionsvergabe insofern im Rahmen ihrer kommunalen Selbstverwaltungsgarantie, Art. 28 Abs. 2 S. 2 GG. 113

Der BGH geht in seiner Entscheidung vom 17.12.2013[150] davon aus, dass Kriterien zur Abbildung der **Ziele des § 1 EnWG** vorrangig bei der Auswahlentscheidung Berücksichtigung finden müssen, hat aber im Übrigen davon abgesehen, den Beurteilungsspielraum durch jeweils verbindliche Zielgrößen zu verengen. Er hat ausdrücklich klargestellt, dass die Gemeinde mit ihrer Auswahlentscheidung auch **fiskalische Interessen** verfolgen kann, solange diese im Zusammenhang mit dem Konzessionsvertrag stehen und sich an die Grenzen des konzessionsabgabenrechtlichen Nebenleistungsverbots gem. § 3 KAV halten.[151] 114

---

146 BGH, Urt. v. 17.12.2013 – KZR 66/12 – juris Rn. 29 – Stromnetz Berkenthin; a.A. noch *Lecheler*, WuW 2009, 1249, 1254, der einen Preishöhenmissbrauch prüft und eine Abwägungspflicht der Gemeinden vor der Forderung der KA-Höchstsätze nach § 46 Abs. 1 EnWG annimmt.

147 BGH, Urt. v. 17.12.2013 – KZR 66/12 – Stromnetz Berkenthin.

148 BGH, Urt. v. 17.12.2013 – KZR 66/12 – juris Rn. 49 – Stromnetz Berkenthin; OLG Brandenburg, Urt. 22.8.2017 – 6 U 1/17 Kart, Umdruck S.18.

149 *Tischmacher*, IR 2011, 246, 250.

150 BGH, Urt. v. 17.12.2013 – KZR 66/12 – Stromnetz Berkenthin.

151 BGH, Urt. v. 17.12.2013 – KZR 66/12 – juris Rn. 75ff. – Stromnetz Berkenthin

115 Durch die Gesetzesnovelle des §46 Abs. 4 S. 2 und 3 EnWG hat der Gesetzgeber 2017 trotz gängiger Praxis klargestellt,[152] dass auch **„Angelegenheiten der örtlichen Gemeinschaft"** sowie **„Anforderungen des jeweiligen Netzgebietes"** bei den Auswahlkriterien berücksichtigt werden können. Der Gesetzgeber hat damit die Rechtsprechung des BGH berücksichtigt und will den Entscheidungsspielraum der Gemeinde bestärken.[153] Er schränkt ihn jedoch gleichzeitig dadurch wieder ein, dass die Kriterien nur unter Beachtung netzwirtschaftlicher Anforderungen, insbesondere der **Versorgungssicherheit** und der **Kosteneffizienz**, berücksichtigt werden dürfen.

116 Zulässige Auswahlkriterien können insofern zum einen der Abbildung der § 1 EnWG-Ziele dienen und zum anderen die zulässige Gestaltung des Konzessionsvertrages zum Gegenstand haben. In der Rechtsprechung wurde mittlerweile eine Vielzahl von Kriterien als zulässig bestätigt:

Kriterium	Unterkriterien	gerichtliche Bestätigung durch …
Kriterien zu den Zielen des § 1 EnWG		
Sicherheit	Anzahl und Qualifikation der eingesetzten Mitarbeiter	OLG Celle[154]
	Investitionskonzept	OLG Celle[155] OLG Dresden[156] LG Kiel[157]
	Instandhaltungskonzept	LG Köln[158]
	Konzept zur Störungsbeseitigung/ schnelle Störungsbeseitigung	OLG Celle[159] LG Köln[160] LG Kiel[161]

152 Schon das BVerfG gab vor, dass Gemeinden Angelegenheiten der örtlichen Gemeinschaft in eigener Verantwortung regeln können, BVerfG, Beschl. v. 9.5.1972 – 1 BvR 518/62.
153 BT-Drucks. 18/8184, S. 19 ff.
154 OLG Celle, Urt. v. 26.1.2017 – 13 U 9/16 (Kart) – juris Rn. 87.
155 OLG Celle, Urt. v. 26.1.2017 – 13 U 9/16 (Kart) – juris Rn. 108; OLG Celle, Urt. v. 17.3.2016 – 13 U 141/15 (Kart) – juris Rn. 90, 167.
156 OLG Dresden, Urt. 29.11.2016 – U 1/16 Kart – juris Rn. 22.
157 LG Kiel, Urt. v. 30.6.2017 – 14 HKO 67/17 Kart, Umdruck S. 12.
158 LG Köln, Urt. v. 22.12.2015 – 88 O (Kart) 64/15 – juris Rn. 135 f.
159 OLG Celle, Urt. v. 26.1.2017 – 13 U 9/16 (Kart) – juris Rn. 107, 176.
160 LG Köln, Urt. v. 22.12.2015 – 88 O (Kart) 64/15 – juris Rn. 138 f.
161 LG Kiel, Urt. v. 13.2.2015 – 14 O 111/14 – juris Rn. 25.

Kriterium	Unterkriterien	gerichtliche Bestätigung durch ...
Preisgünstigkeit	Prognose der Netznutzungsentgelte, Hausanschlusskosten und Baukostenzuschüsse	BGH[162] OLG Brandenburg[163] OLG Dresden[164] OLG München[165] OLG Celle[166] u.v.w.
Verbraucherfreundlichkeit	Lage, Öffnungszeiten und Besetzung des Kundencenters	OLG Celle[167] LG Leipzig[168]
	Frist für die Bearbeitung von Kundenanfragen/-beschwerden	LG Leipzig[169]
Effizienz	effiziente Ressourcennutzung	LG Dortmund[170] LG Köln[171]
	Mitverlegung von Leerrohren	BGH[172] OLG Celle[173]
	regulatorischer Effizienzwert[174]	OLG Düsseldorf[175] OLG Celle[176]

162 BGH, Urt. v. 17.12.2013 – KZR 66/12 – juris Rn. 52.
163 OLG Brandenburg, Urt. v. 22.8.2017 – 6 U 1/17 Kart, Umdruck S. 18.
164 OLG Dresden, Urt. v. 29.11.2016 – U 1/16 Kart – juris Rn. 23.
165 LG München, Urt. v. 29.2.2016 – 37 O 3123/16 – juris Rn. 67f., bestätigt durch OLG München, Beschl. v. 16.3.2016 – W 481/16.
166 OLG Celle, Urt. v. 17.3.2016 – 13 U 141/15 (Kart) – juris Rn. 73; OLG Celle, Urt. v. 26.1.2017 – 13 U 9/16 (Kart) – juris Rn. 64, 115.
167 OLG Celle, Urt. v. 17.3.2016 – 13 U 141/15 (Kart) – juris Rn. 105; OLG Celle, Urt. v. 26.1.2017 – 13 U 9/16 (Kart) – juris Rn. 128.
168 LG Leipzig, Urt. v. 17.6.2015 – 5 O 1339/15 – juris Rn. 41.
169 LG Leipzig, Urt. v. 17.6.2015 – 5 O 1339/15 – juris Rn. 41.
170 LG Dortmund, Urt. v. 28.5.2015 – 16 O 98/14 – juris Rn. 41.
171 LG Köln, Urt. v. 21.12.2017 – 88 O (Kart) 45/17, Umdruck, S. 22.
172 BGH, Urt. v. 17.12.2013 – KZR 66/12 – juris Rn. 49 – Stromnetz Berkenthin.
173 OLG Celle, Urt. v. 26.1.2017 – 13 U 9/16 (Kart) – juris Rn. 71.
174 Da sich der regulatorische Effizienzwert jeweils auf das gesamte Netzgebiet eines Bewerbers bezieht und nicht auf das ausgeschriebene Konzessionsgebiet und zudem ein Großteil der Netzbetreiber in Deutschland keinen eigenen, rechnerisch ermittelten Effizienzwert haben, sondern am sog. vereinfachten Verfahren teilnehmen, im Rahmen dessen ihnen ein pauschaler Effizienzwert zugewiesen wird, ist die Eignung des regulatorischen Effizienzwertes als Auswahlkriterium umstritten, vgl. Säcker/*Wegner*, Energierecht, Bd. 2, § 46 EnWG Rn. 128; Danner/Theobald/*Theobald*, Energierecht, EL 78 September 2013, § 46 EnWG Rn. 143; LG Kiel, Urt. v. 30.6.2017 – 14 HKO 67/17 Kart, Umdruck S. 14 (nicht rechtskräftig).
175 OLG Düsseldorf, Urt. v. 23.12.2015 – VI-2 U (Kart) 4/15 – juris Rn. 21-30.
176 OLG Celle, Urt. v. 26.1.2017 – 13 U 9/16 – juris Rn. 72.

Kriterium	Unterkriterien	gerichtliche Bestätigung durch ...
		LG Kiel[177]
Umweltverträglichkeit/ Erneuerbare Energien	Bereitschaft zur Erdverkabelung	BGH[178] OLG Düsseldorf[179]
	netzbezogener Beitrag zum Ausbau und der Nutzung Erneuerbarer Energien	OLG Celle[180] OLG München[181]
	Vermeidung von CO_2-Emissionen	OLG Celle[182]
	Verwendung umweltschonender Materialien	OLG Celle[183]
	Beratungsleistungen	BGH[184]
vertragliche Gewährleistungsrechte	Informationsrechte Nachverhandlungspflichten Mitwirkungs- und Konsultationsrechte (sofern nicht Mindestanforderung)	BGH[185] OLG Brandenburg[186] OLG Karlsruhe[187] OLG Celle[188] OLG Düsseldorf[189]
konzessionsvertragsbezogene Kriterien		
Konzessionsabgabe	Höhe der Konzessionsabgabe (sofern nicht Mindestanforderung)	BGH[190] OLG Stuttgart[191] LG Köln[192]
	Modalitäten der Konzessionsabgabenzahlungen (Abschlagszahlungen)	BGH[193]

177 LG Kiel, Urt. v. 30.6.2017 – 14 HKO 67/17 Kart, Umdruck S. 14.
178 BGH, Urt. v. 17.12.2013 – KZR 66/12 – Stromnetz Berkenthin.
179 OLG Düsseldorf, Beschl. v. 17.4.2014, VI-2 Kart 2/13 – juris Rn. 145.
180 OLG Celle, Urt. v. 26.1.2017 – 13 U 9/16 (Kart) – juris Rn. 92.
181 LG München, Beschl. v. 29.2.2016 – 37 O 2132/16, Umdruck S. 26, bestätigt durch OLG München, Beschl. 16.3.2016 – W 481/16 Kart.
182 OLG Celle, Urt. v. 19.10.2017 – 13 U 38/17 (Kart), Umdruck S. 12.
183 OLG Celle, Urt. v. 26.1.2017 – 13 U 9/16 (Kart) – juris Rn. 130.
184 BGH, Urt. v. 17.12.2013 – KZR 66/12 – juris Rn. 90 – Stromnetz Berkenthin.
185 BGH, Urt. v. 17.12.2013 – KZR 66/12 – juris Rn. 52 – Stromnetz Berkenthin.
186 OLG Brandenburg, Urt. 22.8.2017 – 6 U 1/17 Kart, Umdruck S. 19 f.
187 OLG Karlsruhe; Urt. v. 3.4.2017 – 6 U 153/16 Kart – juris Rn. 119.
188 OLG Celle, Urt. v. 26.1.2017 – 13 U 9/16 (Kart) – juris Rn. 61, 64; OLG Celle, Urt. v. 17.3.2016 – 13 U 141/15 (Kart) – juris Rn. 52, 55.
189 OLG Düsseldorf, Beschl. v. 17.4.2014, VI-2 Kart 2/13 – juris Rn. 149.
190 BGH, Urt. v. 17.12.2013 – KZR 66/12 – juris Rn. 74 ff. – Stromnetz Berkenthin.
191 OLG Stuttgart, Urt. v. 5.1.2017 – 2 U 66/16 – juris Rn. 82.
192 LG Köln, Urt. v. 21.12.2017 – 88 O (Kart) 45/17, Umdruck S. 21.
193 BGH, Urt. v. 17.12.2013 – KZR 66/12 – juris Rn. 77 – Stromnetz Berkenthin.

Kriterium	Unterkriterien	gerichtliche Bestätigung durch ...
zulässige Nebenleitungen	Kommunalrabatt	LG Köln[194] OLG Celle[195] OLG München[196]
	Folgepflicht und Folgekosten	BGH[197] LG Köln[198] OLG Celle[199] OLG München[200]
Baumaßnahmen	Koordinierung und Abstimmung von Baumaßnahmen	OLG Celle[201] OLG München[202]
	Abnahme von Baumaßnahmen	LG Potsdam[203]
	Mängelbeseitigung, Gewährleistung	OLG Celle[204] OLG München[205]
	Rückbau stillgelegter Anlagen	BGH[206] OLG Celle[207]
Endschaftsregelungen	Umfang der zu übertragenden Anlagen, Kaufpreis, Entflechtung, Auskunftsrechte	BGH[208] OLG Brandenburg[209] OLG Celle[210]

194 LG Köln, Urt. v. 22.12.2015 – 88 O (Kart) 64/15 – juris Rn. 105; ; LG Köln, Urt. v. 21.12.2017 – 88 O (Kart) 45/17 Umdruck S. 21.
195 OLG Celle, Urt. v. 17.3.2016 – 13 U 141/15 – juris Rn. 202.
196 LG München, Beschl. v. 29.2.2016 – 37 O 3123/16 – juris Rn. 40, bestätigt durch OLG München, Beschl. 16.3.2016 – W 481/16 Kart.
197 BGH, Urt. v. 17.12.2013 – KZR 66/16 – juris Rn. 77 – Stromnetz Berkenthin.
198 LG Köln Urt. v. 22.12.2015 – 88 O (Kart) 64/15 – juris Rn. 109 ff.
199 OLG Celle, Urt. v. 17.3.2016 – 13 U 141/15 (Kart) – juris Rn. 206.
200 LG München, Beschl. v. 29.2.2016 – 37 O 3123/16 – juris Rn. 47, bestätigt durch OLG München, Beschl. 16.3.2016 – W 481/16 Kart.
201 OLG Celle, Urt. v. 17.3.2016 – 13 U 141/15 (Kart) – juris Rn. 204.
202 LG München, Beschl. v. 29.2.2016 – 37 O 3123/16 – juris Rn. 44, bestätigt durch OLG München, Beschl. 16.3.2016 – W 481/16 Kart.
203 LG Potsdam, Urt. v. 31.5.2017 – 52 O 42/17, Umdruck S. 10 (nicht rechtskräftig).
204 OLG Celle, Urt. v. 26.1.2017 – 13 U 9/16 (Kart) – juris Rn. 76.
205 LG München, Beschl. v. 29.2.2016 – 37 O 3123/16 – juris Rn. 44, bestätigt durch OLG München, Beschl. 16.3.2016 – W 481/16 Kart.
206 BGH, Urt. v. 17.12.2013 – KZR 66/12 – juris Rn. 89 – Stromnetz Berkenthin.
207 OLG Celle, Urt. v. 17.3.2016 – 13 U 141/15 (Kart) – juris Rn. 64; OLG Celle, Urt. v. 26.1.2017 – 13 U 9/16 (Kart) – juris Rn. 77; OLG Celle, Urt. v. 19.10.2017 – 13 U 38/17 (Kart), Umdruck S. 13.
208 BGH, Urt. v. 17.12.2013 – KZR 66/12 – juris Rn. 78 – Stromnetz Berkenthin.
209 OLG Brandenburg, Urt. v. 22.8.2017 – 6 U 1/17 Kart, Umdruck S. 20.
210 OLG Celle, Urt. v. 26.1.2017 – 13 U 9/16 (Kart) – juris Rn. 81/138; OLG Celle, Urt. v. 17.3.2016 – 13 U 141/15 (Kart) – juris Rn. 115; OLG Celle, Urt. v. 19.10.2017 – 13 U 38/17 (Kart), Umdruck S. 13.

Kriterium	Unterkriterien	gerichtliche Bestätigung durch ...
		OLG München[211]
	Abstimmung von Baumaßnahmen vor Auslaufen des Vertrages	OLG Celle[212]
Haftungsregelungen	Beweislastumkehr	OLG Celle[213] OLG Schleswig[214]
Zustimmungsvorbehalte und Kündigungsrechte	Zustimmungsvorbehalt bei Übertragung von wesentlichen Netzteilen	OLG Celle[215]
	Change-of-Control-Klausel	OLG Schleswig[216] OLG Frankfurt[217] LG Berlin[218]
	Laufzeit, Sonderkündigungsrechte	BGH[219] OLG Celle[220] OLG Karlsruhe[221]

117 Zulässig sind ausdrücklich auch sog. **vertragliche Gewährleistungsrechte** (vertragliche Zusagen, Informations- und Mitwirkungsrechte sowie Sanktionen), die der Absicherung der konzeptionellen Zusagen im Netzbewirtschaftungskonzept durch konzessionsvertragliche Regelungen dienen.[222] Mit der Aufstellung vertraglichen Gewährleistungsrechte als Auswahlkriterien stellt die Gemeinde sicher, dass die Ein-

211 Für Kostentragung für Netzentflechtung und Netzeinbindung vgl. LG München, Beschl. v. 29.2.2016 – 37 O 3123/16 – juris Rn. 50, bestätigt durch OLG München, Beschl. 16.3.2016 – W 481/16 Kart.
212 OLG Celle, Urt. v. 26.1.2017 – 13 U 9/16 (Kart) – juris Rn. 81.
213 OLG Celle, Urt. v. 17.3.2016 – 13 U 141/15 (Kart) – juris Rn. 215.
214 OLG Schleswig, Urt. v. 13.7.2017 – 16 U 32/17 Kart, Umdruck, S. 23.
215 OLG Celle, Urt. v. 26.1.2017 – 13 U 9/16 (Kart) – juris Rn. 78; OLG Celle Urt. v. 17.3.2016 – 13 U 141/15 (Kart) – juris Rn. 65.
216 OLG Schleswig, Urt. v. 13.7.2017 – 16 U 32/17 Kart, Umdruck, S. 23.
217 OLG Frankfurt, Urt. v. 3.11.2017 – II U 51/17 (Kart), Umdruck S. 18 f.
218 LG Berlin, Urt. v. 14.11.2017 – 16 O 160/17 Kart, Umdruck S. 24 f. (nicht rechtskräftig).
219 BGH, Urt. v. 17.12.2013 – KZR 66/12 – juris Rn. 52 – Stromnetz Berkenthin.
220 OLG Celle, Urt. v. 26.1.2017 – 13 U 9/16 (Kart) – juris Rn. 78; OLG Celle, Urt. v. 17.3.2016 – 13 U 141/15 (Kart) – juris Rn. 65, OLG Celle, Urt. v. 19.10.2017 – 13 U 38/17 (Kart), Umdruck, S. 13 f.
221 OLG Karlsruhe, Urt. v. 3.4.2017 – 6 U 151/16 Kart – juris Rn. 189.
222 BGH, Urt. v. 17.12.2013 – KZR 66/12 – juris Rn. 52 – Stromnetz Berkenthin; OLG Karlsruhe, Urt. v. 3.4.2017 – 6 U 152/16 Kart; OLG Celle, Urt. v. 26.1.2017 – 13 U 9/16 (Kart) – juris Rn. 61, 64; LG Hannover, Urt. v. 4.8.2016 – 25 O 21/16; OLG Celle, Urt. v. 17.3.2016 – 13 U 141/15 (Kart) – juris Rn. 52, 55; LG München I, Beschl. v. 29.2.2016 und 10.3.2016, jeweils Az. 37 O 3123/16, bestätigt durch OLG München, Beschl. v. 16.3.2016 – W 481/16 Kart; LG Köln, Urt. v. 21.1.2016 – 88 O (Kart) 83/15; LG Köln, Urt. v. 22.12.2015 – 88 O (Kart) 64/15.

haltung vorgelegter Konzepte durch sie während der Vertragslaufzeit in ausreichendem Maße kontrolliert und soweit erforderlich auch auf der Grundlage vertraglicher Zusagen durchgesetzt werden kann. Vertragliche Gewährleistungsrechte können dabei als Mindestanforderungen formuliert werden, soweit die Gemeinde sie für unverzichtbar hält, oder aber als Auswahlkriterium.[223] Abzugrenzen sind konzessionsvertragliche von gesellschaftsrechtlichen Einflussnahmemöglichkeiten. Letztere sind kein zulässiges Kriterium.[224]

Teilweise wurde versucht Auswahlkriterien einem weiteren Prüfungsmaßstab zu unterstellen, dem **Konditionenmissbrauch** gem. § 19 Abs. 2 Nr. 2 GWB.[225] 118

Dieser Ansatz überzeugt im Ergebnis nicht. Zum einen sind Auswahlkriterien in der Regel schon keine Geschäftsbedingungen i.S.v. § 19 Abs. 2 Nr. 2 GWB. Geschäftsbedingungen sind zwar grundsätzlich weit zu fassen,[226] erfordern aber, dass es sich um vertragliche Regelungen handelt.[227] Sie sind insofern von unverbindlichen Hinweisen, Bitten oder bloßen Informationen ohne rechtlichen Regelungsgehalt abzugrenzen.[228] 119

Zum anderen werden durch die Gemeinde keine Vertragsbedingungen „gefordert".[229] Ein Fordern ist nur zu bejahen, wenn ein entsprechendes Angebot vom marktbeherrschenden Unternehmen geäußert wird und andere Angebote als diejenigen des marktbeherrschenden Unternehmens für interessierte Unternehmen keine Alternative darstellen.[230] 120

Die Auswahlkriterien der Gemeinde sind entgegen dieser beiden Voraussetzungen gerade keine vorgegebenen Bedingungen für einen Vertragsschluss, sondern enthalten lediglich Zielformulierungen, an denen sich die Bieter bei der Erstellung ihrer Angebote ausrichten sollen.[231] Allenfalls **Mindestanforderungen** könnten in den Prüfungsrahmen des Konditionenmissbrauchs fallen. 121

Schließlich müsste sich im Wege der Anwendung des **Vergleichsmarktprinzips** herleiten lassen, dass die geforderten Geschäftsbedingungen mit hoher Wahr- 122

223 BGH, Urt. v. 17.12.2013 – KZR 66/12 – juris Rn. 52 – Stromnetz Berkenthin; OLG Celle, Urt. v. 26.1.2017 – 13 U 9/16 (Kart) – juris Rn. 65 ff.; OLG Celle, Urt. v. 17.3.2016 – 13 U 141/15 (Kart) – juris Rn. 55, 56.

224 BGH, Urt. v. 17.12.2013 – KZR 66/12 – juris Rn. 53 – Stromnetz Berkenthin.

225 So etwa bzgl. sog. Change-of-Control-Klauseln: *Scholtka/Keller-Herder*, N&R 2014, 186, 189 ff.

226 Vgl. *Bechtold*, GWB, 7. Aufl., 2013, § 19, Rn. 53; Immenga/Mestmäcker/*Fuchs/Möschel*, Bd. 2 Teil 1, § 19 GWB Rn. 253.

227 Vgl. Immenga/Mestmäcker/*Fuchs/Möschel*, Bd. 2 Teil 1, § 19 GWB Rn. 253; OLG München, Urt. v. 15.1.2015 – U 1110/14 KArt.

228 BGH, Urt. v. 3.7.1996 – VIII ZR 221/95 – juris Rn. 18 in Bezug auf die Abgrenzung von AGB zu unverbindlichen Hinweisen, Bitten oder bloßen Informationen.

229 LG Berlin, Urt. v. 14.11.2017 – 16 O 160/17 Kart, Umdruck S. 29 (nicht rechtskräftig).

230 BGH, Beschl. v. 26.5.1987 – KVR 4/86 – juris Rn. 21 ff.

231 LG Berlin, Urt. v. 14.11.2017 – 16 O 160/17 Kart, Umdruck S. 29 (nicht rechtskräftig).

scheinlichkeit von solchen abweichen, die sich bei wirksamem Wettbewerb ergeben würden. Maßstab für die Feststellung eines Konditionenmissbrauchs durch die Gemeinde könnte insofern nur sein, was in anderen Konzessionierungsverfahren üblicherweise als Auswahlkriterien aufgestellt und in Konzessionsverträgen vereinbart wird.

123 Als Vergleichsmärkte zum jeweils relevanten Markt der Vergabe von Wegenutzungsrechten im Gemeindegebiet kommen andere räumliche Märkte um die Vergabe von Wegenutzungsrechten für den Betrieb von Strom- bzw. Gasversorgungsnetzen in Betracht. Dass es sich bei den Vergleichsmärkten ebenfalls um Monopolmärkte handelt, steht ihrer Heranziehung im Sinne des Vergleichsmarktprinzips nicht entgegen.[232] Zum Abgleich könnte beispielsweise auf die einschlägigen Gerichtsurteile und die veröffentlichten **Musterkriterienkataloge und -konzessionsverträge**[233] zurückgegriffen werden, welche Aufschluss über üblicherweise angewendete Auswahlkriterien und Vertragsinhalte geben.

b) Intransparenz der Kriterien

124 Die von der Gemeinde aufgestellten Kriterien müssen transparent und verständlich sein.

125 Entscheidend für die Beurteilung der Transparenz und Verständlichkeit der Auswahlkriterien in Konzessionierungsverfahren ist der **Empfängerhorizont eines fachkundigen Bieters.**[234] Die Rechtsprechung zur Konzessionsvergabe stützt sich dabei auf die ständige Rechtsprechung des EuGH, wonach es bei der Beurteilung der Transparenz von Zuschlagskriterien im Vergaberecht darauf ankommt, ob der

---

232 Vgl. BGH, Beschl. v. 21.10.1986 – KVR 7/85 – Glockenheide; Wettbewerbskommission, Entscheidung v. 14.7.2003 – GRUR Int 2004, 966 – Verwertungsgesellschaft AEPI.

233 Vgl. etwa: Musterkonzessionsvertrag Bayern (http://www.gesetze-bayern.de/Content/Document/BayVwV295734/true?AspxAutoDetectCookieSupport=1); Musterkonzessionsvertrag Gas des Gemeinde- und Städtebundes Thüringen 2015 (http://www.gstb-thueringen.de/ gstb/cms_de.nsf/($UNID)/FDE2E4FBA1E6DEC3C1257DCC005473E0/$File/Entwurf+Gas-KV+C8.doc); Alternativer Musterkonzessionsvertrag der Grünen (http://www.buerger-begehren-klimaschutz.de/images/stories/Alternativer_Musterkonzessionsvertrag_der_Gruenen.pdf); Musterkriterienkatalog der Landeskartellbehörde Baden-Württemberg (https://www.versorger-bw.de/fileadmin/BENUTZERDATEN/Bildmaterial/Kartell/Musterkriterienkatalog_als_Orientierungshilfe.pdf); Musterkriterienkatalog Schleswig-Holstein (http://www.schleswig-holstein.de/DE/Landesregierung/V/Presse/PI/PDF/2015/Konzessionsvergabe_Hinweispapier.pdf?__blob=publicationFile&v=2); Musterkriterienkatalog Niedersachsen (file:///C:/Users/User/Downloads/150825_aktualisiert_EndV_Hinweise_Stand_25.08.15.pdf.

234 OLG Brandenburg, Urt. v. 22.8.2017 – 6 U 1/17 Kart, Umdruck S. 22; LG Hannover, Urt. v. 23.2.2017 – 25 O 47/16 – juris Rn. 35; LG München I, Beschl. v. 29.2.2016 – 37 O 3123/16 – juris Rn. 72, bestätigt durch OLG München, Beschl. v. 16.3.2016 – W 481/16 Kart; OLG Naumburg, Urt. v. 29.1.2015 – 2 W 67/14 – juris Rn. 80; OLG Schleswig Urt. v. 16.4.2018 – 16 U 110/17 Kart, Umdruck S. 19 f.

Bieter tatsächlich in der Lage war, ein Angebot zu unterbreiten.[235] Das Transparenzgebot setzt also voraus,

> „dass alle Bedingungen und Modalitäten des Vergabeverfahrens klar, präzise und eindeutig u.a. in der Vergabebekanntmachung zu formulieren sind, sodass zum einen alle gebührend informierten und mit der üblichen Sorgfalt handelnden Bieter die genaue Bedeutung dieser Bedingungen und Modalitäten verstehen und sie in gleicher Weise auslegen können und zum anderen der Auftraggeber tatsächlich überprüfen kann, ob die Angebote der Bieter die für den betreffenden Auftrag geltenden Kriterien erfüllen."[236]

Nur wenn die Auswahlkriterien klar und deutlich erkennen lassen, worauf es der Gemeinde ankommt, ist gewährleistet, dass die Auswahlentscheidung diskriminierungsfrei zugunsten des Bewerbers ausfällt, dessen Angebot den Auswahlkriterien am besten entspricht. 126

Praxishinweis
Es bietet sich für die Gemeinde an, die mitgeteilten Auswahlkriterien im Einzelnen zu erläutern.[237] i

---

Eine **Bekanntmachung** der Kriterien im Bundesanzeiger ist nicht notwendig. Es ist ausreichend, wenn die Kriterien, ihre Gewichtung und der Verfahrensablauf den Bewerbern in einem Verfahrensbrief mitgeteilt werden.[238] 127

c) Verstoß gegen das Nebenleistungsverbot

Weiterer wichtigster Maßstab für die Zulässigkeit von Auswahlkriterien ist immer noch § 3 KAV obwohl die Regelung seit 1992 nicht mehr grundlegend geändert wurde. § 3 KAV unterscheidet zwischen zulässigen (Abs. 1) und unzulässigen (Abs. 2) Nebenleistungen. Nach seiner Zielrichtung ist § 3 KAV darauf ausgerichtet, den Letztverbraucher vor überteuerten Energiepreisen zu schützen.[239] 128

---

235 EuGH, Urt. v. 12.3.2015 – C-538/13 – juris Rn. 54 ff.

236 OLG Celle, Urt. v. 17.3.2016 – 13 U 141/15 (Kart) – juris Rn. 79; bestätigt durch OLG Celle, Urt. v. 26.1.2017 – 13 U 9/16 (Kart) – juris Rn. 97 mit Verweis auf EuGH, Urt. v. 10.5.2012 – C-368/10 – juris Rn. 87, 109.

237 OLG Celle, Urt. v. 26.1.2017 – 13 U 9/16 (Kart) – juris Rn. 99; vgl. auch OLG Celle, Urt. v. 17.3.2016 – 13 U 141/15 (Kart) – juris Rn. 81.

238 BGH, Urt. v. 17.12.2013 – KZR 65/12 – juris Rn. 48 – Stromnetz Heiligenhafen.

239 Danner/Theobald/*Theobald*/*Templin*, 93. EL Juni 2017, § 3 KAV Rn. 16.

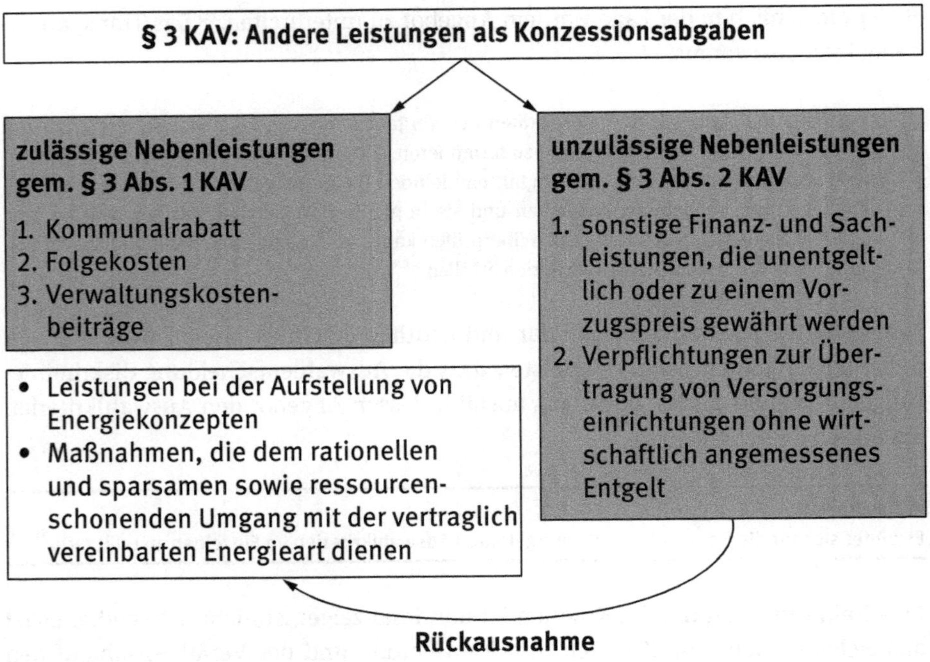

Abb. 8: Systematik des Nebenleistungsverbots gem. § 3 KAV[240]

129 Zulässig sind, in § 3 Abs. 1 KAV enumerativ aufgezählt, der Kommunalrabatt, die Folgekostenvergütung und Verwaltungskostenbeiträge.

130 Der **Kommunalrabatt** darf auf die Netzabrechnung des Eigenverbrauchs der Gemeinde in Niederspannung oder Niederdruck in Höhe von 10% gewährt werden[241] und zwar sowohl für kommunale Eigenbetriebe und eigenbetriebsähnliche Einrichtungen als auch für Eigengesellschaften, wenn diese nicht wettbewerblich tätig sind.[242]

Praxishinweis

Beispiele für öffentliche Einrichtungen:
- Rathaus,

---

240 Quelle: Eigene Darstellung.

241 Danner/Theobald/*Theobald/Templin*, 92. EL März 2017, § 3 KAV Rn. 43; der genaue Umfang dürfte insbesondere vor dem Hintergrund des Beschlusses *Netzentgeltbefreiung III* des BGH fraglich sein, da hier gesetzliche Umlagen, die Konzessionsabgabe sowie Entgelte für den Messstellenbetrieb, die Messung und die Abrechnung nicht als Netzentgelte im *eigentlichen* Sinne verstanden werden, BGH, Beschl. v. 20.6.2017 – EnVR 24/16 – Netzentgeltbefreiung III.

242 LG München I, Beschl. v. 29.2.2016 – 37 O 3123/16, bestätigt durch OLG München, Beschl. v. 16.3.2016 – W 481/16 Kart; *Missling*, EnWZ 2016, 375, 378 m.w.N.

- Schulen,
- Müllabfuhr,
- öffentliche Schwimmbäder.

Die **Folgekostenübernahme** fällt an, wenn eine Änderung der Verkehrswege eine Umlegung, Änderung oder Sicherung der Leitungen und sonstigen Versorgungsanlagen erfordert. Hier darf das Energieversorgungsunternehmen bis zu 100% der bei Veranlassung durch die Gemeinde anfallenden Kosten übernehmen. Wird die Maßnahme vom Energieversorgungsunternehmen selbst veranlasst, trägt es ohnehin die Kosten. 131

Verwaltungskostenbeiträge sind Zahlungen für Leistungen, welche die Gemeinde auf Verlangen oder im Einvernehmen mit dem Netzbetreiber vornimmt und die dem Netzbetreiber einen Vorteil erbringen. Dabei handelt es sich um die Kostenübernahme für Amtshandlungen, die die Gemeinde nicht schon aufgrund der Gebührentatbestände der Kostengesetze der Länder verlangen kann.[243] Es besteht Einigkeit darüber, dass Kosten in Zusammenhang mit der Straßennutzung bereits durch die Konzessionsabgaben abgegolten sind.[244] 132

Praxishinweis

Ein Verwaltungskostenbeitrag fällt z.B. die Abstellung eines Mitarbeiters der Behörde für bestimmte Aufgaben im Zusammenhang mit Projekten des Energieversorgungsunternehmens an.[245]

Den zulässigen Nebenleistungen aus Absatz 1 stehen die **unzulässigen Nebenleistungen** aus Absatz 2 gegenüber. Unzulässig sind danach sonstige Finanz- und Sachleistungen, die unentgeltlich oder zu einem Vorzugspreis gewährt werden und Verpflichtungen zur Übertragung von Versorgungseinrichtungen ohne wirtschaftlich angemessenes Entgelt. Leistung im Sinne dieser Norm ist – wie im Bereicherungsrecht – jede zweckgerichtete Mehrung fremden Vermögens.[246] Entscheidend für die erste Alternative ist, ob diese Leistungen unentgeltlich oder gegen einen Vorzugspreis gewährt werden. Beide Möglichkeiten stellen darauf ab, ob ein adäquater Gegenwert von der Gemeinde erbracht wurde.[247] Die Angemessenheit des Gegenwerts wird anhand der „Marktüblichkeit" der Gegenleistung bestimmt.[248] 133

Die Leistungen müssen nicht zwangsläufig an die Gemeinde erbracht werden. 134
Das Verbot umfasst ebenso Leistungen des Netzbetreibers an Dritte, wie auch Leis-

---

243 Danner/Theobald/*Theobald*/*Templin*, 91. EL Jan. 2017, § 3 KAV Rn. 72.
244 Danner/Theobald/*Theobald*/*Templin*, 91. EL Jan. 2017, § 3 KAV Rn. 69.
245 Danner/Theobald/*Theobald*/*Templin*, 91. EL Jan. 2017, § 3 KAV Rn. 78.
246 MüKoBGB/*Schwab*, 7. Aufl. 2017, § 812 BGB Rn. 1ff.
247 *Feuerborn*/*Riechmann*, KAV, 1994, § 3 Rn. 13.
248 BGH, Urt. v. 7.10.2014 – EnZR 86/13 – juris Rn. 24 – Stromnetz Olching.

tungen von Dritten, wenn ein ausreichender Zusammenhang zum Netzbetreiber gegeben ist.[249] Dagegen sind mittelbare Leistungen, die z.B. die wirtschaftlichen Einnahmen einer Gemeinde steigern, regelmäßig zulässig.

135 Eine Rückausnahme stellen **Umweltkonzepte** nach § 3 Abs. 2 Nr. 1 KAV dar. Umwelt- bzw. Energiekonzepte i.S.d. KAV sind von der Gemeinde im Rahmen ihrer kommunalen Selbstverwaltungsgarantie aufgestellte „Pläne“ und Zielvorgaben, die sich der ressourcenschonenden Nutzung von Energie widmen.[250] Dabei können in einem derartigen Konzept sowohl Themen der rationellen und sparsamen Energieanwendung wie auch Klimaschutz (z.B. durch Erneuerbare Energien oder Kraft-Wärme-Kopplung) aufgegriffen werden. Sinn und Zweck der Norm ist eine Stärkung der Zusammenarbeit zwischen Versorgungsunternehmen und Gemeinde, um die genannten Ziele effektiver und schneller erreichen zu können.[251]

136 Leistungen für **Maßnahmen**, die dem rationellen und sparsamen sowie ressourcenschonenden Umgang mit der vertraglich vereinbarten Energieart dienen, sind überwiegend finanzielle und auch konkret investive Leistungen des Konzessionsnehmers.[252] Nach der Rechtsprechung stehen beide Arten von Leistungen (Umweltkonzepte und Maßnahmen) unter der Einschränkung, dass ihre Gewährung nicht im Zusammenhang mit dem Abschluss oder der Verlängerung von Konzessionsverträgen stehen dürfen.[253]

i **Praxishinweis**
Welche konkreten Leistungen im Zusammenhang mit Umweltkonzepten angeboten werden dürfen, ist in der aktuellen Rechtslage schwer festzustellen. Nach den Urteilen des OLG München[254] und des BGH[255] in Sachen Stromnetz Olching ist es unklar, wie die Grenzen des Nebenleistungsverbots zu bestimmen sind.

137 Zudem stellt der BGH die Wirksamkeit des § 3 Abs. 2 Nr. 1 KAV insgesamt in Frage. Die Vorschrift könnte durch die Entflechtung des Netzbetriebs von der Stromversorgung ihre Wirksamkeit verloren haben, denn der Konzessionär sei kein „langfristig versorgungsberechtigtes und versorgungsverpflichtetes Unternehmen“ mehr.[256]

249 Danner/Theobald/*Theobald*/*Templin*, 91. EL Jan. 2017, § 3 KAV Rn. 112 f.
250 Danner/Theobald/*Theobald*/*Templin*, 92. EL März 2017, § 3 KAV Rn. 182.
251 BGH, Urt. v. 7.10.2014 – EnZR 86/13 – juris Rn. 33 – Stromnetz Olching.
252 Danner/Theobald/*Theobald*, 93. EL Juni 2017, § 3 KAV, Rn. 192.
253 BGH, Urt. v. 7.10.2014 – EnZR 86/13 – juris Rn. 29 f. – Stromnetz Olching.
254 OLG München, Urt. v. 26.9.2013 – U 3587/12 Kart.
255 BGH, Urt. v. 7.10.2014 – EnZR 86/13 – juris Rn. 33 – Stromnetz Olching.
256 BGH, Urt. v. 7.10.2014 – EnZR 86/13 – juris Rn. 34 ff. – Stromnetz Olching.

d) Unzulässige Gewichtung der Kriterien

Die größten Gestaltungsmöglichkeiten für die Gemeinde bestehen bei der Gewichtung der einzelnen Kriterien. Die Gemeinde hat nach § 46 Abs. 4 S. 3 EnWG die Möglichkeit, aufgrund ihrer Kenntnisse der örtlichen Gegebenheiten eine optimale Gewichtung im Hinblick auf die bestehenden Herausforderungen und die Anforderungen des Netzgebietes zu treffen.[257] 138

Die Rechtsprechung hat für die Gewichtung der **Auswahlkriterien** durch die Gemeinde teilweise Vorgaben aufgestellt. 139

Der BGH hat in seinen Grundsatzurteilen vom 17.12.2013 entschieden, dass die Auswahl des Netzbetreibers vorrangig an den Zielen des § 1 EnWG auszurichten ist.[258] Was unter **„vorrangig"** zu verstehen ist, ist umstritten. Nach dem Gemeinsamen Leitfaden des Bundeskartellamts und der Bundesnetzagentur müssen die Ziele des § 1 Abs. 1 EnWG mit 50 bis 70% (sog. safe harbour) gewichtet werden,[259] was aber nur eine Empfehlung darstellt.[260] Teilweise wurde der Vorrang erst bei einer Gewichtung der an § 1 EnWG orientierten Auswahlkriterien mit 85% bejaht.[261] Zutreffend stellt das OLG Celle fest, dass eine vorrangige Gewichtung der Ziele des § 1 EnWG bereits vorliegt, wenn auf die Kriterien mit Bezug zu den Zielen des § 1 EnWG eine Gewichtung von **mehr als 50%** der Gesamtpunktzahl entfällt: 140

> „Den Urteilen des Bundesgerichtshofs vom 17. Dezember 2013 ist im Ergebnis nur zu entnehmen, dass die Gewichtung der Auswahlkriterien mit Bezug zu den Zielen des § 1 EnWG jedenfalls über 50% liegen muss (vgl. BGH KZR 66/12, a. a. O., Rn. 84)."[262]

Für das Kriterium des **sicheren Netzbetriebes** verweist der BGH zur Orientierung auf den Musterkriterienkatalog des Bundeslandes Baden-Württemberg, welcher eine Gewichtung mit mindestens **25%** vorsieht.[263] Weitere Vorgaben für die Gewichtung in Bezug auf die Ziele des § 1 EnWG hat der BGH nicht gemacht. Es darf ledig- 141

---

257 OLG Celle, Urt. v. 26.1.2017 – 13 U 9/16 – juris Rn. 36; so auch OLG Brandenburg, Urt. v. 22.8.2017 – 6 U 1/17 Kart, Umdruck S. 23.

258 BGH, Urt. v. 17.12.2013 – KZR 66/12 – juris Rn. 36 – Stromnetz Berkenthin.

259 Gemeinsamer Leitfaden von BKartA und BNetzA zur Vergabe von Strom- und Gaskonzessionen und zum Wechsel des Konzessionsnehmers, 2. Aufl. 2015, Rn. 32.

260 OLG Celle, Urt. v. 17.3.2016 – 13 U 141/15 (Kart) – juris Rn. 45.

261 Musterkriterienkatalog Baden-Württemberg, S. 6; *Säcker*, RdE 2015, 1, 10; *Kermel/Vennewald*, VersorgW 2016, 181, 183; *Höch*, RdE 2014, 159, 162.

262 OLG Celle, Urt. v. 17.3.2016 – 13 U 141/15 (Kart) – juris Rn. 44, 45; bestätigt durch OLG Celle, Urt. v. 26.1.2017 – 13 U 9/16 (Kart) – juris Rn. 52; OLG Düsseldorf, Urt. v. 23.12.2015 – VI-2 U Kart 4/15 – juris Rn. 16; LG Leipzig, Urt. v. 17.6.2015 – 5 O 1339/15; LG Köln, Urt. v. 22.12.2015 – 88 O (Kart) 64/15 – juris Rn. 102ff.; OVG Lüneburg, Urt. v. 11.9.2013 – 10 ME 87/12 und 10 ME 88/12 – juris Rn. 44, 45.

263 BGH, Urt. v. 17.12.2013 – KZR 66/12 – juris Rn. 84 – Stromnetz Berkenthin mit Verweis auf Musterkriterienkatalog Baden-Württemberg, S. 2.

lich nicht zu einer willkürlichen Untergewichtung eines der § 1 EnWG-Ziele kommen.[264]

142 Offen ist, ob die Rechtsprechung aus der Aufnahme der „**Kosteneffizienz**" neben der Versorgungssicherheit in den Wortlaut des § 46 Abs. 4 S. 2 EnWG weitere Gewichtungsanforderungen, etwa an die Ziele der Preisgünstigkeit und Effizienz, ableiten wird.[265] Der Gesetzgeber betonte bislang jedenfalls den den Gemeinden zustehenden Beurteilungsspielraum.[266] Die Grenzen dieses Beurteilungsspielraums sind erst dann überschritten, wenn die Gewichtung die Annahme nahelegt, dass nur ein Unternehmen realistische Aussichten auf den Zuschlag hat, während andere Bieter von vornherein chancenlos sind.[267]

e) Fehlende Gewichtung von Unter-/Unterunterkriterien

143 Häufig haben die Gerichte Konzessionsentscheidungen als fehlerhaft eingestuft, bei denen durch die Gemeinde Unter- bzw. Unterunterkriterien aufgestellt wurden, die nicht einzeln gewichtet wurden.[268]

144 Grundsätzlich kann eine Gemeinde im Rahmen ihres Beurteilungsspielraums selbst entscheiden, ob sie einen wertungsrelevanten Aspekt zum eigenständigen Auswahlkriterium macht oder ob sie mehrere einzelne Aspekte in die Bewertung eines Unterkriteriums einfließen lassen will,[269] deren Zusammenfassung darf dann aber nach dem jeweiligen Begriffsverständnis der Einzelaspekte nicht zu unüberbrückbaren Widersprüchen führen.[270] Eine bloße Wiedergabe der Gesetzesziele nach § 1 Abs. 1 EnWG ist jedoch nicht ausreichend, da für den Interessenten nicht erkennbar wird, wie die Ausgestaltung der Kriterien im Einzelnen von der Gemeinde beabsichtigt ist.[271] Vielmehr ist es erforderlich die einzelnen § 1 EnWG-Ziele in **Unterkriterien** aufzuteilen und deren Gewichtung ebenfalls mitzuteilen.[272]

---

264 BGH, Urt. v. 17.12.2013 – KZR 66/12 – juris Rn. 83 – Stromnetz Berkenthin.

265 LG Potsdam, Urt. v. 31.5.2017 – 52 O 42/17. Umdruck S. 7, bestätigt durch OLG Brandenburg, Urt. v. 20.3.2018 – 6 U 41/17 Kart – juris Rn. 86 ff. a.A. OLG Celle, Urt. v. 19.10.2017 – 13 U 38/17 Kart, Umdruck, S. 12.

266 BT-Drucks. 13/7274, S. 21.

267 OLG Brandenburg, Urt. v. 22.8.2017 – 6 U 1/17 Kart, Umdruck S. 23 mit Verweis auf BGH, Beschl. v. 4.4.2017 – X ZB 3/17 – juris Rn. 38.

268 OLG Düsseldorf, Beschl. v. 17.4.2014, VI-2 Kart 2/13 – juris Rn. 126; OLG Karlsruhe, Urt. v. 3.4.2017 – 6 U 153/16 Kart – juris Rn. 127.

269 LG München I, Beschl. v. 29.2.2016 – 37 O 3123/16 – juris Rn. 78 ff., bestätigt durch OLG München, Beschl. v. 16.3.2016 – W 481/16 Kart.

270 LG Hannover, Urt. v. 7.12.2017 – 25 O 29/17, S. 13 ff.

271 LG Kiel, Urt. v. 13.2.2015 – 111/14 (Kart) – juris Rn. 24; LG München, Beschl. v. 29.2.2016 – 37 O 3123/16 – juris Rn. 80, bestätigt durch OLG München, Beschl. 16.3.2016 – W 481/16 Kart.

272 OLG Frankfurt, Beschl. v. 9.3.2015 – 11 W 47/14 – juris Rn. 23.

Eine Pflicht zur Bildung noch weiter differenzierender **Unterunterkriterien** besteht hingegen nicht, da dadurch eine zu weitgehende Konkretisierung und Fixierung von Erwartungen erfolgen könnte, die letztlich die Einbringung neuer Ideen im Wettbewerb verhindert.[273] 145

f) Fehlerhafte Bewertungsmethode

Vielfach diskutiert wird die Bewertungsmethode für die Auswertung der eingereichten Angebote. Zwar hat die Gemeinde auch hier einen Beurteilungsspielraum, welche Bewertungsmethode sie für geeignet hält und auswählt. Die Bewertungsmethode muss jedoch nachvollziehbar und vertretbar sein.[274] 146

Es wird zwischen der absoluten und der relativen Bewertungsmethode unterschieden. Bei der **relativen Bewertungsmethode** werden die Angebote miteinander verglichen und das beste Angebot erhält die volle Punktzahl. Die schlechteren Angebote erhalten eine dem Grad der Abweichung entsprechende schlechtere Punktzahl. Bei der **absoluten Bewertungsmethode** werden die Angebote an einem von der Gemeinde ermittelten und zuvor mitgeteiltem Erwartungshorizont gemessen und erhalten jeweils gemessen an diesem Erwartungshorizont eine entsprechend niedrigere Punktzahl. 147

In mehreren gerichtlichen Verfahren wurde bis vor kurzem noch die Auffassung vertreten, die relative Bewertungsmethode sei intransparent und diskriminierend.[275] Es sei – insbesondere bei der Angabe von festen Abstufungskorridoren[276] – unklar, wie der Erfüllungsgrad im Verhältnis zum Angebot des besten Bieters bestimmt werde, also in welchem Umfang Punktabzüge gerechtfertigt werden könnten.[277] Zudem könne es zu Verschiebungen kommen, wenn ein schlechtes Angebot die Höchstpunktzahl erhielte, nur weil andere Angebote noch schlechter seien.[278] 148

---

273 OLG Brandenburg, Urt. v. 22.8.2017 – 6 U 1/17 Kart, Umdruck S. 21; OLG Celle, Urt. 26.1.2017 – 13 U 9/16 – juris Rn. 99; Gemeinsamer Leitfaden von BKartA und BNetzA zur Vergabe von Strom- und Gaskonzessionen und zum Wechsel des Konzessionsnehmers, 2. Aufl. 2015, Rn. 33; vgl. bzgl. der entsprechenden Problematik im Vergaberecht auch BGH, Beschl. v. 4.4.2017 – X ZB 3/17.

274 BT-Drucks. 18/8184, S. 27; BGH, Urt. v. 4.4.2017 – X 2B 3/17, juris Rn. 33.

275 LG Stuttgart, Beschl. v. 21.11.2015 – 11 O 180/14; LG Berlin, Urt. v. 9.12.2014 – 16 O 224/14; OLG Stuttgart, Urt. v. 19.11.2015 – 2 U 60/15; anders dann bereits OLG Stuttgart, Urt. v. 5.1.2017 – 2 U 66/16, S. 27.

276 Etwa i.S.v. „Geringfügig schlechtere Erfüllung: 20% Abschlag; schlechtere Erfüllung: 40% Abschlag; wesentlich schlechtere Erfüllung: 60% Abschlag“, vgl. OLG Stuttgart, Urt. 19.11.2015 – 2 U 60/15 – juris Rn. 71/76.

277 LG Stuttgart, Beschl. v. 21.11.2014 – 11 O 180/14 – juris Rn. 100; LG Berlin, Urt. v. 9.12.2014 – 16 O 224/14 – juris Rn. 92; OLG Stuttgart, Urt. v. 19.11.2015 – 2 U 60/15 – juris Rn. 75.

278 LG Stuttgart, Urt. v. 5.4.2016 – 41 O 43/14 KfH – juris Rn. 48; LG Stuttgart, Beschl. v. 21.11.2014 – 11 O 180/14 – juris-Rn. 102.

149 Diese Sichtweise verkennt aber, dass ein relativer Bewertungsmaßstab, anders als ein absoluter, der zwingend ein maximal zu erreichendes Ergebnis vorgibt, Raum für den **Ideenwettbewerb** schafft.[279] Gerade wenn noch keine festen Vorstellungen darüber bestehen, was das Optimum ist, wird die relative Bewertungsmethode dem Wettbewerbsziel und der bestmöglichen Umsetzung der § 1 EnWG-Ziele besser gerecht.[280] Es ist ohnehin zweifelhaft, ob es überhaupt sinnvoll möglich ist, derart aufgeschlüsselte Auswahlkriterien aufzustellen, dass diese den Anforderungen an eine absolute Bewertung gerecht würden.[281] Der relative Bewertungsmaßstab erscheint insofern vorzugswürdig und setzt sich in der Praxis zunehmend durch. In der Rechtsprechung ist er allgemein anerkannt.[282]

150 Eine **Vorab-Mitteilung** der Bewertungsmethode ist nicht erforderlich.[283] Wird die Bewertungsmethode jedoch mitgeteilt, muss diese Mitteilung transparent und nachvollziehbar sein.[284] Es ist jedoch nicht erforderlich, dass die Bieter erkennen können, welchen genauen Erfüllungsgrad ihre Angebote jeweils aufweisen müssen, um mit den in den Verfahrensunterlagen mitgeteilten Noten oder Punktwerten bewertet zu werden.[285] Andere Anforderungen stellen sich auch nicht bei der Beteiligung kommunaler Unternehmen am Wettbewerb.[286]

---

279 LG Leipzig, Urt. v. 17.6.2015 – 5 O 1339/15 – juris Rn. 36; OLG Celle, Beschl. v. 17.3.2016 – 13 U 141/15 (Kart) – juris Rn. 127 f.; Gemeinsamer Leitfaden von BKartA und BNetzA zur Vergabe von Strom- und Gaskonzessionen und zum Wechsel des Konzessionsnehmers, 2. Aufl. 2015, Rn. 67.

280 OLG Celle, Urt. v. 17.3.2016 – 13 U 141/15 (Kart) – juris Rn. 128.

281 OLG Schleswig, Urt. v. 13.7.2017 – 16 U 32/17 Kart, Umdruck, S. 19.

282 OLG Brandenburg, Urt. v. 22.8.2017 – 6 U 1/17 Kart, Umdruck S. 26; OLG Schleswig, Urt. v. 13.7.2017 – 16 U 32/17 Kart, Umdruck S. 18 ff.; OLG Karlsruhe, Urt. v. 3.4.2017 – 6 U 151/16 Kart – juris Rn. 125; OLG Celle, Urt. v. 26.1.2017 – 13 U 9/16 (Kart) – juris Rn. 146, 149; OLG Stuttgart, Urt. v. 5.1.2017 – 2 U 66/16 – juris Rn. 150; LG München I, Urt. v. 5.8.2016 – 3 HK O 7668/16; OLG Celle, Urt. v. 17.3.2016 -13 U 141/15 (Kart) – juris Rn. 125 ff.; LG München I, Beschl. v. 29.2.2016 – 37 O 3123/16; bestätigt vom OLG München, Beschl. v. 16.3.2016 – W 481/16 (Kart); LG Leipzig, Urt. v. 17.8.2016 – 4 HK O 1006/16 – juris Rn. 65; LG Köln, Urt. v. 22.12.2015 – 88 O (Kart) 64/15 – juris Rn. 55 ff.; LG Leipzig, Urt. v. 17.6.2015 – 05 O 1339/15 – juris Rn. 35 ff.

283 OLG Düsseldorf, Beschl. v. 8.3.2017 – VII-Verg 39/16; EuGH, Urt. v. 14.7.2016 – C-6/15 – VergabeR 2016, 721 – Dimarso; BGH, Beschl. v. 4.4.2017 – X ZB 3/17 – juris Rn. 47.

284 OLG Düsseldorf, Beschl. v. 8.3.2017 – VII-Verg 39/16 – juris Rn. 47; OLG Celle, Urt. v. 5.12.2017 – 13 U 55/17 (Kart) Umdruck, S. 18.

285 OLG Düsseldorf, Beschl. v. 8.3.2017 – VII-Verg 39/16 – juris Rn. 45; OLG Schleswig, Urt. v. 16.4.2018 – 16 U 110/17 Kart, Umdruck, S. 19; OLG Frankfurt, Urt. v. 3.11.2017 – 11 U 51/17 (Kart) Umdruck, S. 15 f.

286 BGH, Beschl. v. 18.10.2016 – KZB 46/15 – juris Rn. 39 f., a.A. OLG Karlsruhe, Urt. v. 3.4.2017 – 6 U 151/16 Kart; vgl. hierzu wiederum OLG Celle, Urt. v. 19.10.2017 – 13 U 38/17 (Kart) Umdruck, S. 17 f., wonach die Rechtsauffassung des OLG Karlsruhe überholt ist.

g) Fehlerhafte Auswertung der Angebote

Die Gemeinde als Vergabestelle hat bei der Auswertung der Angebote ebenso ie bei der Aufstellung der Kriterien nach pflichtgemäßem Ermessen zu handeln.[287] Ihr steht ein weiter Beurteilungsspielraum zu.[288] Die gerichtliche Kontrolle ist auf Beurteilungsfehler beschränkt.[289] 151

> „Gegenstand der Überprüfung ist, ob das vorgeschriebene Verfahren eingehalten, von keinem unzutreffenden oder unvollständig ermittelten Sachverhalt ausgegangen worden ist, keine sachwidrigen Erwägungen in die Entscheidung eingeflossen sind und sich die Wertungsentscheidung im Rahmen der Gesetze und der allgemein gültigen Beurteilungsmaßstäbe hält. [...] Eine [...] vollständige gerichtliche Nachprüfung ist weder geboten noch zweckmäßig."[290]

Mittlerweile liegt eine Vielzahl von Gerichtsentscheidungen vor, die die Angebotsauswertung durch die Gemeinde anhand dieses Maßstabs überprüfen.[291] 152

Das OLG Brandenburg stellte jüngst die Transparenzanforderungen an die Auswertungsdokumentation in den Mittelpunkt seiner Überprüfung.[292] Bei der Abfrage von Konzepten und einer Auswertung nach der relativen Bewertungsmethode hält es den vom BGH für das förmliche Vergabeverfahren entwickelten Maßstab für eine transparente Auswertungsdokumentation für einschlägig. Danach muss der Auftraggeber seine für die Zuschlagserteilung maßgeblichen Erwägungen in allen Schritten so eingehend dokumentieren, dass nachvollziehbar ist, welche konkreten qualitativen Eigenschaften der Angebote mit welchem Gewicht in die Benotung eingegangen sind.[293] 153

Praxishinweis

Der Inhalt der Angebote muss im Auswertungsvermerk vergleichend gegenübergestellt und die für die Entscheidung maßgeblichen Punkte nachvollziehbar dargestellt werden. Dies schließt die Dokumentation der Überprüfung von Zusagen auf ihre Realisierbarkeit und Validität mit ein.[294]

---

287 *Weiß*, EnWZ 2014, 435, 438.

288 OLG Düsseldorf, Beschl. v. 27.5.2015 – VII Verg 2/15 – juris Rn. 39.

289 OLG Celle, Beschl. v. 17.3.2016 – 13 U 141/15 (Kart) – juris Rn. 48; a.A. OLG Schleswig, Urt. v. 16.4.2018 – 16 U 110/17 Kart, Umdruck, S. 24 ff.

290 OLG Celle, Urt. v. 17.3.2016 – 13 U 141/15 (Kart) – juris Rn. 137.

291 OLG Celle, Urt. v. 26.1.2017 – 13 U 9/16 (Kart) – juris Rn. 159; LG Leipzig, Urt. v. 17.8.2016 – 4 HK O 1006/16 – juris Rn. 64; LG München I, Urt. v. 5.8.2016 – 3 HK O 7668/16; OLG Hamm, Urt. v. 26.9.2012 – I-12 U 142/12 – juris Rn. 90 zu einer Wasserkonzessionsvergabe; LG Köln, Urt. v. 22.12.2015 – 88 O (Kart) 64/15 – juris Rn. 155 ff.

292 OLG Brandenburg, Urt. v. 22.8.2017 – 6 U 1/17 Kart, Umdruck S. 26 ff; a.A. OLG Schleswig, Urt. v. 16.4.2018 – 16 U 110/17 Kart, Umdruck, S. 27; OLG Dresden, Urt. v. 10.1.2018 – U 4/17 Kart, Umdruck, S. 17.

293 BGH, Beschl. v. 4.4.2017 – X ZB 3/17.

294 OLG Brandenburg, Urt. v. 22.8.2017 – 6 U 1/17 Kart, Umdruck S. 28.

h) Verstoß gegen das Neutralitätsgebot

154 Das Neutralitätsgebot ist zwar nicht gesetzlich vorgeschrieben, wird aber von den Gerichten bei der Überprüfung von Konzessionierungsverfahren herangezogen. Die Herleitung des Konzepts ist umstritten.[295] Die Verletzung des Neutralitätsgebots wird in verschiedenen Zusammenhängen diskutiert, etwa im Sinne einer politischen Vorfestlegung, bei der Bewerbung von mit der Gemeinde personenidentischen Bietern sowie im Zusammenhang mit sog. Doppelmandaten.

155 Häufig wird von unterlegenen Bietern vorgetragen, die Gemeinde sei von Vornherein auf die Auswahl eines bevorzugten Bieters – meist einem kommunalen Unternehmen – festgelegt gewesen (**„politische Vorfestlegung"**). Dabei wird auf politische Äußerungen zurückgegriffen und Presseartikel, Interviews oder Koalitionsverträge vorgelegt.[296]

156 Entsprechende Äußerungen können aber nicht einfach der Gemeinde als verfahrensleitende Stelle zugerechnet und dadurch eine Voreingenommenheit der handelnden Personen unterstellt werden. Politische Äußerungen zur Vergabe der Strom- und Gasnetzkonzessionen können von der Vergabestelle nicht verhindert werden. Nach der aktuellen Rechtsprechung genügt „allein der politische Wille zur Rekommunalisierung" nicht, um einen Verstoß gegen das Neutralitätsgebot durch die verfahrensleitende Stelle zu begründen.[297]

157 Nehmen gemeindliche Eigenbetriebe am Konzessionierungsverfahren teil, wird zur Wahrung des Geheimwettbewerbs und des Neutralitätsgebots eine **personelle und organisatorische Trennung** zwischen Gemeinde als Vergabestelle und Gemeinde als Bieter vorausgesetzt.[298] Teilweise wurde zur Herleitung dabei auf den Rechtsgedanken des § 6 Vergabeverordnung (VgV)[299] abgestellt.[300] Die herrschende Meinung geht jedoch von der Nichtanwendbarkeit der Norm aus.[301] Interessenkollisionen dürfen demnach nur am kartellrechtlichen Diskriminierungsverbot und gemeinderechtlichen Befangenheitsvorschriften gemessen werden. Der BGH hat ausdrücklich festgestellt, dass auch bei Beteiligung eines kommunalen Eigenbetriebs

---

295 *Kermel/Vennewald*, EWeRK 2016, 335; *Reimann/Kallweit*, EWeRK 2016, 336; *Theobald*, EnWZ 2017, 1, 2.

296 Vgl. OLG Karlsruhe, Urt. v. 3.4.2017 – 6 U 153/ 16 Kart – juris Rn. 86; OLG Celle, Urt. v. 17.3.2016 – 13 U 141/15 (Kart) – juris Rn. 142.

297 OLG Karlsruhe, Urt. v. 3.4.2017 – 6 U 152/16 Kart – juris Rn. 87 ff.; OLG Stuttgart, Urt. v. 5.1.2017 – U 66/16 – juris Rn. 104; OLG Schleswig, Urt. v. 16.4.2018 – 16 U 110/17 Kart, Umdruck, S. 15.

298 OLG Celle, Urt. v. 26.1.2017 – 13 U 9/16 – juris Rn. 40; BGH, Beschl. v. 18.10.2016 – KZB 46/15 – juris Rn. 39 f. – Landesbetrieb Berlin Energie; OLG Schleswig, Urt. v. 16.4.2018 – 16 U 110/17 Kart, Umdruck, S. 12.

299 Verordnung über die Vergabe öffentlicher Aufträge (Vergabeverordnung – VgV) v. 12.4.2016 (BGBl. I S. 624), geändert durch Gesetz v. 18.7.2017 (BGBl. I S. 2745).

300 Früher § 16 VgV a.F.; vgl. auch OLG Brandenburg, Urt. v. 19.7.2016 – Kart U 1/15 – juris Rn. 49.

301 OLG Stuttgart, Urt. v. 5.1.2017 – 2 U 66/16 – juris Rn. 127.

am Konzessionierungsverfahren keine höheren Anforderungen an die Transparenz und Diskriminierungsfreiheit zu stellen sind.[302]

Hiervon zu unterscheiden ist die Situation bei sog. **Doppelmandaten.** Diese lie- 158
gen vor, wenn z.B. ein Ratsmitglied, das an der Konzessionsentscheidung beteiligt ist, gleichzeitig in den Aufsichtsrat eines sich bewerbenden kommunalen Unternehmens entsendet ist. Es gibt keine Rechtsnorm, die die Beteiligung von Stadträten mit sog. Doppelmandaten in Konzessionierungsverfahren verbietet. Im Gegenteil erlaubt der Gesetzgeber mit § 46 Abs. 6 EnWG ausdrücklich die Entscheidung über Angebote von Eigenbetrieben, was dann erst recht für Eigengesellschaften gelten muss.[303] Entscheidend für die Teilnahme von Stadträten an Ratsentscheidungen sind die jeweiligen Vorgaben des Kommunalrechts.[304]

In jedem Fall ist für die Darlegung eines Neutralitätsverstoßes die **Glaubhaft-** 159
machung einer konkreten Diskriminierung erforderlich. Nach der Rechtsprechung reicht nicht schon ein „böser Schein" für die Beanstandung einer unbilligen Behinderung.[305]

II. Rechtsfolge

Liegt ein Verfahrensverstoß vor, stellt sich zunächst die Frage, ob es sich um eine 160
unbillige Behinderung eines Bieters handelt. Wird dies bejaht und liegt damit ein Verstoß gegen § 46 Abs. 1 EnWG bzw. §§ 19, 20 GWB vor, stellt sich die Frage nach der Rechtsfolge. Die Rechtsfolge von Verstößen nach §§ 19, 20 GWB richten sich nach § 134 BGB. Für § 46 Abs. 1 EnWG hat der BGH dies offengelassen.[306]

Infolge der Nichtigkeit des abgeschlossenen Konzessionsvertrages hat der Ge- 161
winner des Auswahlverfahrens keinen Anspruch auf **Eigentumsübertragung** oder Besitzeinräumung.[307] Er ist nicht „neues Energieversorgungsunternehmen" i.S.v. § 46 Abs. 2 S. 2 EnWG geworden.

---

302 BGH, Beschl. v. 18.10.2016 – KZB 46/15 – juris Rn. 36 – Landesbetrieb Berlin Energie.

303 OLG Stuttgart, Urt. v. 5.1.2017 – 2 U 66/16 – juris Rn. 91, 109 ff.; LG Leipzig, Urt. v. 17.8.2016 – 4 HK O 1006/16.

304 OLG Stuttgart, Urt. v. 5.1.2017 – 2 U 66/16 – juris Rn. 129 ff.; gemeinsamer Leitfaden von BKartA und BNetzA zur Vergabe von Strom- und Gaskonzessionen und zum Wechsel des Konzessionsnehmers, 2. Aufl. 2015, Rn. 25.

305 OLG Karlsruhe, Urt. v. 3.4.2017 – 6 U 152/16 Kart – juris Rn. 100; OLG Celle, Urt. v. 26.1.2017 – 13 U 9/16 (Kart) – juris Rn. 40; OLG Stuttgart, Urt. v. 5.1.2017 – 2 U 66/16 – juris Rn. 91; OLG Naumburg, Urt. v. 29.1.2015 – 2 W 67/14 – juris Rn. 85 ff.

306 BGH, Urt. v. 17.12.2013 – KZR 66/12 – juris Rn. 72 – Stromnetz Berkenthin.

307 BGH, Urt. v. 17.12.2013 – KZR 66/12 – juris Rn. 59, 122 – Stromnetz Berkenthin.

1. Unbillige Behinderung

162 Nach der Rechtsprechung zu Konzessionierungsverfahren stellt eine etwaige Fehlerhaftigkeit des Auswahlverfahrens eine unbillige Behinderung dar, wenn die Verfahrensfehler Einfluss auf die Platzierung der Bewerber hatten. Nach Auffassung des BGH ist eine unbillige Behinderung aufgrund der Fehlerhaftigkeit des Auswahlverfahrens hingegen zu verneinen, wenn

> „zweifelsfrei feststeht, dass sich die Fehlerhaftigkeit des Auswahlverfahrens nicht auf dessen Ergebnis ausgewirkt haben kann, weil derselbe Bewerber die Konzession auf jeden Fall auch ohne Verfahrensfehler erhalten hätte [...]. Dies kommt etwa bei einer geringfügigen Fehlgewichtung im Kriterienkatalog in Betracht, die ersichtlich keinen Einfluss auf die Platzierung der Bewerber haben konnte.“[308]

2. Rechtsfolge: Nichtigkeit

163 Gemäß § 134 BGB sind verbotswidrige Rechtsgeschäfte nichtig, soweit sich aus dem Gesetz nicht etwas anders ergibt. Maßgeblich ist, ob das jeweilige Verbotsgesetz sich gegen die privatrechtliche Wirksamkeit des Rechtsgeschäfts und damit gegen seinen wirtschaftlichen Erfolg als solchen wendet.[309]

164 Wird eine unbillige Behinderung bejaht, tritt die Rechtsfolge der Nichtigkeit gem. § 134 BGB jedoch nur dann ein, wenn der angreifende Bewerber den Anforderungen des **Rügeregimes** gerecht geworden ist und den Verfahrensverstoß rechtzeitig gerügt hat.[310] Ist dies der Fall, wird der Konzessionsvertrag als nichtig angesehen.

---

308 BGH, Urt. v. 17.12.2013 – KZR 66/12 – juris Rn. 99 – Stromnetz Berkenthin.

309 BGH, NJW 2002, 3015, 3016; BGH Urt. v. 12.12.2013 – KZR 66/12 Rn. 102; vgl. auch Palandt/*Ellenberger*, 76. Aufl. 2017, § 134 BGB Rn. 6.

310 Vgl. Rn. 92.

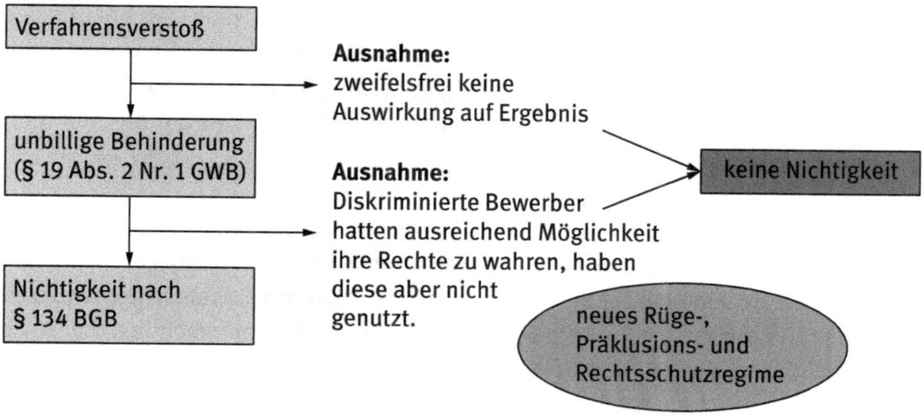

Abb. 9: Rechtsfolgensystematik bei Verfahrensverstößen[311]

Der BGH begründet die Nichtigkeitsfolge damit, dass Konzessionsverträge nach § 46 Abs. 2 EnWG zu einem **langfristigen faktischen Ausschluss** aller anderen Bewerber um den Netzbetrieb führen und es faktisch nicht möglich ist, während der Laufzeit entsprechende Verträge mit weiteren Bewerbern abzuschließen. Die mit einem Verfahrensverstoß einhergehende Diskriminierung oder unbillige Behinderung kann daher nur durch die Nichtigkeit des infolge des rechtswidrigen Konzessionierungsverfahrens abgeschlossenen Konzessionsvertrages beseitigt werden, weil der Konzessionsvertrag sonst die Marktwirkungen des Verbotsverstoßes perpetuieren würde.[312] 165

3. Rechtsfolge bei Verstößen gegen § 3 Abs. 2 KAV

Liegt ein Verstoß gegen das **Nebenleistungsverbot** nach **§ 3 Abs. 2 KAV vor**, sind diese gesetzeswidrigen vertraglichen Regelungen gem. § 134 BGB nichtig.[313] Ob der Verstoß darüber hinaus eine Gesamtnichtigkeit des Konzessionsvertrages nach sich zieht, ist nach § 139 BGB vom Einzelfall abhängig. Grundsätzlich gilt, dass ein Verstoß gegen § 3 Abs. 2 KAV nur die Teilnichtigkeit der Klausel zur Folge hat, denn die Regelung betrifft nur eine Bestimmung des Preisrechts.[314] Verstöße gegen Höchstpreisregelungen führen nach ständiger Rechtsprechung[315] nur zur Teilnichtigkeit der Preisabrede, § 134 Hs. 2 BGB. 166

---

311 Quelle: BBH.

312 BGH, Urt. v. 18.11.2014 – EnZR 33/13 – Stromnetz Schierke.

313 Danner/Theobald/*Theobald*, 93. EL Juni 2017, § 3 KAV, Rn. 202ff.

314 BGH, Urt. v. 7.10.2014 – EnZR 86/13 – juris Rn. 39 – Stromnetz Olching.

315 BGH, Beschl. v. 11.1.1984 – VIII ARZ 13/83 – juris Rn. 11, BGH, Urt. v. 11.10. 2007 – VII ZR 25/06 – juris Rn. 14.

167 Eine Gesamtnichtigkeit kommt nur dann in Betracht, wenn die unzulässige Leistung kausal für die Auswahlentscheidung der Gemeinde war.[316] Kausalität kann angenommen werden, wenn die unzulässigen Leistungen nach § 3 Abs. 2 KAV zum Auswahlkriterium erhoben wurde oder in anderer Weise Einfluss auf die Auswahlentscheidung hatte.[317]

4. Rechtsfolge bei Verstößen gegen die Bekanntmachungsvorschriften

168 Anders ist die Rechtsfolge bei Verstößen gegen die Bekanntmachungsvorschriften zu beurteilen. Versäumt die Gemeinde eine rechtzeitige Bekanntmachung, kann sie diese **nachholen** und mit dem bisherigen Netzbetreiber bei Bedarf einen **Interimsvertrag** mit Übergangsregelungen für einen möglichen vertragslosen Zeitraum abschließen.[318] Wird ein Konzessionsvertrag hingegen komplett **ohne vorherige Bekanntmachung** geschlossen, ist dieser grundsätzlich nichtig. Weil hier der Wettbewerb noch nicht einmal eröffnet wurde, führen Verstöße gegen die Bekanntmachungsvorschriften unmittelbar zur **Nichtigkeit**, unabhängig von einer etwaigen Kausalität.[319]

E. Netzübernahmen als kartellrechtlich relevante Umsetzung der Konzessionsentscheidung

169 Im Rahmen der Netzübernahme verhandeln Alt- und Neukonzessionär den Übergang des Netzes. Das bedeutet: die Übertragung der das örtliche Versorgungsnetz bildenden Leitungen und Anlagen einschließlich aller für den Netzbetrieb erforderlichen Rechte, Informationen, Daten und Unterlagen sowie die Übertragung der netzbezogenen Vertragsverhältnisse.[320] Die Netzübernahme ähnelt insofern einem Unternehmenskauf.[321]

170 Zwischen den Beteiligten streitig sind dabei in der Regel der Umfang der zu übertragenen Anlagen und Leitungen sowie ihre technische Entflechtung,[322] der Umfang der herauszugebenen Daten, Informationen und Unterlagen sowie allen voran die Kaufpreisberechnung einschließlich der Übertragung der für die Netzent-

---

316 BGH, Urt. v. 7.10.2014 – EnZR 86/13 – juris Rn. 48 – Stromnetz Olching; OLG Karlsruhe; Urt. v. 3.4.2017 – 6 U 153/16 Kart – juris Rn. 317.

317 BGH, Urt. v. 7.10.2014 – EnZR 86/13 – juris Rn. 48 – Stromnetz Olching.

318 DStGB, Auslaufende Konzessionsverträge, 3. Aufl. 2017, S. 8.

319 OLG Düsseldorf, Urt. v. 12.3.2008 – VI-2 U 8/07 (Kart); BGH, Urt. v. 18.11.2014 – EnZR 33/13 – juris Rn. 21 – Stromnetz Schierke.

320 *Sachse*, Vom Monopolpreis zur wirtschaftlich angemessenen Vergütung, S. 28.

321 BGH, Urt. v. 16.11.1999 – KZR 12/97 – juris Rn. 86 – Endschaftsbestimmung.

322 *Sachse*, Vom Monopolpreis zur wirtschaftlich angemessenen Vergütung, S. 40 ff. m.w.N.

geltkalkulation maßgeblichen Erlösobergrenze (EOG) gem. § 26 Abs. 2 Anreizregulierungsverordnung (ARegV).[323]

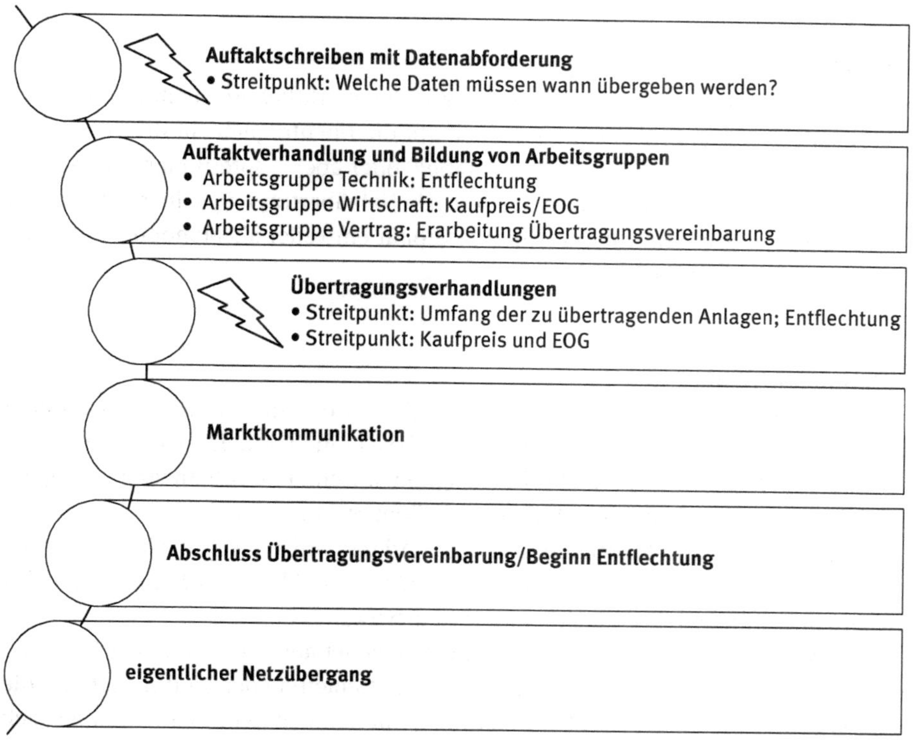

Abb. 10: Ablauf von Netzübernahmeverhandlungen und typische Streitpunkte[324]

I. Missbrauch der marktbeherrschenden Stellung durch den Altkonzessionär

Neben der Gemeinde hat auch der Altkonzessionär eine marktbeherrschende Stellung i.S.d. §§ 19, 20 GWB, sodass er ebenfalls Normadressat der kartellrechtlichen Missbrauchstatbestände ist. Der Altkonzessionär ist Unternehmer i.S.d. §§ 19, 20 GWB. Ein Missbrauch seiner marktbeherrschenden Stellung kommt einerseits in der Vorbereitungsphase des Konzessionierungsverfahrens bezüglich der **Datenherausgabe** an die Gemeinde nach § 46a EnWG in Betracht, andererseits nach Abschluss des (rechtmäßigen) Konzessionierungsverfahrens gegenüber dem Neukonzessio- 171

323 *Sachse*, Vom Monopolpreis zur wirtschaftlich angemessenen Vergütung, S. 43 ff.; Verordnung über die Anreizregulierung der Energieversorgungsnetze (Anreizregulierungsverordnung – ARegV) v. 29.10.2007 (BGBl. I S. 2529), zuletzt geändert durch Gesetz v. 17.7.2017 (BGBl. I S. 2503).
324 Quelle: BBH.

När.[325] Problematisch ist allein die Identifizierung des jeweiligen Marktes, in den missbräuchlich eingegriffen wird.[326]

1. Marktbeherrschende Stellung

172 Der Altkonzessionär ist auf verschiedenen Märkten marktbeherrschend. Neben dem Netzdienstleistungsmarkt[327] kann man auch auf die Nachfragemacht des Altkonzessionärs im Markt um die Konzessionsvergabe[328] oder aber – sofern man die Wettbewerbsrelevanz bejaht – auf einen Markt um die Netzübertragung selber[329] abstellen. Auf allen diesen Märkten tritt der Altkonzessionär entweder als Monopolist oder als marktbeherrschender Nachfrager auf.

2. Betroffener Markt

173 Eine Beeinträchtigung i.S.d. § 19 GWB kann sich auf demselben oder einem anderen als demjenigen sachlichen Markt, auf dem der Missbrauch erfolgt, auswirken.[330]

174 Eine Verweigerung der **Datenherausgabe** durch den Altkonzessionär gem. **§ 46a EnWG** wirkt sich auf den Markt um die Konzessionsvergabe aus.

175 Schwieriger ist die Identifizierung des Marktes, auf dem sich ein womöglich missbräuchliches Verhalten des Altkonzessionärs gegenüber dem Neukonzessionär im Zusammenhang mit der Netzübernahme auswirkt.

176 Der **Markt um die Konzessionsvergabe** scheidet aus zeitlichen Gesichtspunkten aus, da mit der Zuschlagserteilung durch die Gemeinde der Wettbewerb um die Konzession beendet ist, sodass Behinderungen im Rahmen der Netzübernahme sich nicht mehr kausal auswirken können.[331]

177 Auf dem **Netzdienstleistungsmarkt** mit den Energielieferanten als Nachfrager der Leistung Netzbetrieb dürften konkrete Wettbewerbsverzerrungen aufgrund einer verweigerten oder herausgezögerten bzw. unwirtschaftlichen Netzübernahme nicht nachweisbar sein.[332] Auf diesen Markt könnte man allenfalls abstellen, wenn man den Wechsel des Monopolinhabers – sprich der Netzbetreiberstellung – durch die

325 Danner/Theobald/*Theobald*/*Templin*, 92. EL März 2017, § 46 EnWG Rn. 110.
326 Vgl. hierzu auch *Krater*, Kap. 9; sowie grundlegend zur Thematik: *Sachse*, Vom Monopolpreis zur wirtschaftlich angemessenen Vergütung, S. 210 ff.
327 BGH, Beschl. v. 6.11.2012 – KVR 54/11 – juris Rn. 16 – GAG Ahrensburg; vgl. *Krater*, Kap. 9.
328 *Schau*, RdE 2011, 1,7.
329 *Sachse*, Vom Monopolpreis zur wirtschaftlich angemessenen Vergütung, S. 214 ff.
330 BGH, Beschl. v. 6.11.2012 – KVR 54/11 – juris Rn. 38 – GAG Ahrensburg; BGH, Urt. v. 30.3.2004 – KZR 1/03 = BGHZ 158, 334, 338 f. mwN.
331 *Sachse*, Vom Monopolpreis zur wirtschaftlich angemessenen Vergütung, S. 214; a.A. *Krater*, Kap. 9.
332 *Sachse*, Vom Monopolpreis zur wirtschaftlich angemessenen Vergütung, S. 214.

Übernahme des Netzes durch den Neukonzessionär als wettbewerbsrelevante Markttransaktion versteht.[333]

Schließlich kann man ein vermeintlich missbräuchliches Verhalten des Altkon- 178
zessionärs in Bezug auf die Netzübernahme als kartellrechtsrelevant erachten, wenn man die **Netzübertragung** selbst als Wettbewerbsmarkt anerkennt.

Abb. 11: Marktabgrenzung bzgl. der Netzübernahme[334]

Bundeskartellamt und Bundesnetzagentur haben in der ersten Auflage ihres **Ge- 179
meinsamen Leitfadens** ein wettbewerbliches Verhältnis zwischen Neu- und Altkonzessionär und damit den Anwendungsbereich der §§ 19, 20 GWB abgelehnt.[335] Die Netzübernahme müsse als **Annex der Konzessionsvergabe** verstanden werden, in welcher die Gemeinde eine marktbeherrschende Stellung innehat. Begründet wird diese Zuordnung damit, dass zumindest für eine Marktseite ein Austauschverhältnis bezüglich Vertragspartner oder Vertragsparameter bestehen muss. Durch den Zuschlag der Gemeinde im Konzessionierungsverfahren reduziert sich die Bewerberzahl auf den ausgewählten Neukonzessionär, weshalb für den Altkonzessionär keine Wahlmöglichkeit besteht. Da die Gemeinde weiterhin Anspruchsdisponent bleibe, sei sie auch nach dem Kartellrecht der maßgebliche Anbieter des Netzes.[336]

Es gibt jedoch gewichtige Argumente, die dafür sprechen, die Netzübertragung 180
zwischen Alt- und Neukonzessionär als Marktverhältnis einzustufen:

---

333 So *Krater*, Kap. 9.

334 Quelle: Eigene Darstellung.

335 Gemeinsamer Leitfaden von BKartA und BNetzA zur Vergabe von Strom- und Gaskonzessionen und zum Wechsel des Konzessionsnehmers, 1. Aufl. 2010, Rn. 19.

336 Gemeinsamer Leitfaden von BKartA und BNetzA zur Vergabe von Strom- und Gaskonzessionen und zum Wechsel des Konzessionsnehmers, 1. Aufl. 2010, Rn. 20.

- Der Neukonzessionär steht zwei verschiedenen unabhängigen Rechtsinhabern gegenüber, von denen er zwei unterschiedliche Güter nachfragt: Zum einen die Wegenutzungsrechte, welche die Gemeinde ihm gewähren kann, zum anderen die Energieverteilungsanlagen, die er entweder vom Altkonzessionär gem. § 46 Abs. 2 S. 2 EnWG erwerben oder – theoretisch – auch selbst neu errichten kann.
- Der Altkonzessionär hat einen eigenen – von der Gemeinde unabhängigen – Vergütungsanspruch gem. § 46 Abs. 2 S. 2 EnWG.
- Trotz Auswahl des Marktpartners durch die Gemeinde verbleiben dem Altkonzessionär Wahlmöglichkeiten und damit Verhandlungsfreiheit hinsichtlich der Anspruchsinhalte (z.B. Umfang der zu übertragenden Anlagen, Höhe der Gegenleistung sowie sonstige technische und wirtschaftliche Aspekte der Netzübertragung). Stellt man dementsprechend auf einen Angebotsmarkt ab, wäre die Figur des „Anspruchsdisponenten" schon gar nicht anwendbar.
- Die Tatsache, dass die Netzübernahme auf einem gesetzlichen Schuldverhältnis beruht, steht der Annahme eines Marktes nicht entgegen. Gerade in der Energiewirtschaft beruhen eine Vielzahl der Markttransaktionen auf gesetzlichen Schuldverhältnissen, welche dann durch privatrechtliche Verträge näher ausgestaltet werden, so z.B. die Rechtsbeziehungen aufgrund des Durchleitungsanspruchs gem. § 20 EnWG sowie ohnehin alle gesetzlich kodifizierten Fälle der Essential-Facilites-Doktrin.[337] Die Marktqualität wird hier jeweils nicht in Frage gestellt.
- Die gesetzliche Ausgestaltung der Essential-Facilites-Doktrin in § 19 Abs. 2 Nr. 3 GWB selbst spricht für die Qualifikation der Netzübertragung als eigenständigen Markt. Sie stellt auf die Marktbeherrschung durch die Beherrschung der Infrastruktur ab. Die schädlichen Auswirkungen auf vor- bzw. nachgelagerten Märkten soll verhindert werden. Eine Marktbeherrschung ist daher nur gegeben, wenn man das Innehaben der Infrastruktur selbst als Markt definiert.[338] Die Überlassung der Infrastruktur, wie in § 46 Abs. 2 S. 2 EnWG, muss dann Marktqualität aufweisen.[339]
- Schließlich spricht jedenfalls die anderenfalls eintretende Schutzlosstellung des Neukonzessionärs gegenüber der überragenden Machtstellung des Altkonzessionärs dafür, dem Neukonzessionär den Schutz des Kartellrechts zu gewähren.[340]

---

337 *Bechtold*/Bosch, GWB, 2010, § 19 Rn. 102.
338 *Bechthold*/Bosch, GWB 2010, § 19 Rn. 102
339 *Sachse*, Vom Monopolpreis zur wirtschaftlich angemessenen Vergütung, S. 218.
340 So auch *Krater*, Kap. 9.

3. Missbräuchliches Verhalten

Viele in der Praxis anzutreffende Verhaltensweisen der Altkonzessionäre sind in ihrer 181
Marktmacht begründet, haben erhebliche wettbewerbsschädliche Auswirkungen auf den Netzübernehmer und dürften mithin als missbräuchlich einzustufen sein. Eine Beeinträchtigung i.S.d. § 19 GWB kann sich aus jeder nachteiligen Beeinflussung der wettbewerblichen Betätigungsfreiheit eines anderen Unternehmens ergeben.[341]

a) Verweigerung von Netzübernahmeverhandlungen

Aktuell erscheint insbesondere die vollständige Verweigerung von Netzübernahme- 182
verhandlungen durch den Altkonzessionär, selbst nach rechtskräftiger Bestätigung des Konzessionierungsverfahrens, relevant.

Während in den letzten Jahren in der Regel Netzübernahmeverhandlungen 183
stattfanden und sich die Marktmacht der Altkonzessionäre vorrangig im Rahmen dieser Verhandlungen auswirkte, ist in jüngerer Zeit zu beobachten, dass die im Konzessionierungsverfahren unterlegenen Altkonzessionäre die Aufnahme von Netzübernahmeverhandlungen komplett verweigern. Sie begründen ihr Verhalten vornehmlich mit der vermeintlichen Rechtswidrigkeit des Konzessionierungsverfahrens und bestreiten damit die Aktivlegitimation des Neukonzessionärs i.S.v. § 46 Abs. 2 S. 2 EnWG.

Dieses Verhalten ist selbst dann noch anzutreffen, wenn im Wege des einstwei- 184
ligen Rechtsschutzes ein Anspruch des Altkonzessionärs auf Unterlassung der Konzessionsvertragsunterzeichnung zwischen Neukonzessionär und Gemeinde mangels Verfahrensverstoß rechtskräftig verneint wurde. Ein Hauptsacheverfahren gegen die Gemeinde auf Feststellung der Nichtigkeit des Konzessionsvertrages strengen die Altkonzessionäre in der Regel nicht an, sondern zwingen den Neukonzessionär, sie auf Herausgabe des Netzes zu verklagen. Im Rahmen dieses Prozesses kommt der Neukonzessionär dann in die absurde Position, prozessual ein Konzessionierungsverfahren verteidigen zu müssen, an dem er selbst, ebenso wie der Altkonzessionär, nur als Bieter teilgenommen hat.[342]

Die Absurdität dieser prozessualen Rollenverteilung zeigt sich auch in der 185
Rechtsfolge. Selbst wenn der Altkonzessionär mit seinem Begehren obsiegen sollte, würde prozessual allein im Verhältnis zwischen Alt- und Neukonzessionär feststе-

---

341 BGH, Beschl. v. 6.11.2012 – KVR 54/11, Rn. 38 – GAG Ahrensburg; Langen/Bunte/*Notdurft*, Kartellrecht, 11. Aufl., GWB § 19 Rn. 144.

342 Vgl. hierzu beispielhaft LG Magdeburg, Teilurt. v. 10.5.2017 – 36 O 15/16 (nicht rechtskräftig); OLG Schleswig, Urt. v. 16.4.2018 – 16 U 110/17 Kart, Umdruck, S. 25, das von „Rechtsschutz am rechten Ort“ spricht, sowie OLG Dresden, Urt. v. 10.1.2018 – U 41/17 Kart, Umdruck, S. 17, das zu Recht erkennt, dass der Neukonzessionär nicht die erforderlichen Informationen besitzt und ihn insofern auch keine sekundäre Darlegungslast trifft.

hen, dass letzterer mangels wirksamen Konzessionsvertrages nicht zur Übernahme des Netzes berechtigt ist. Im Verhältnis zwischen Altkonzessionär und Gemeinde würde mangels Rechtskrafterstreckung der gleiche Vertrag hingegen weiterhin als wirksam gelten, sodass der Altkonzessionär gegenüber der Gemeinde keinen Anspruch auf Wiederholung des Konzessionierungsverfahrens hätte. Für den Verbleib seiner Energieverteilungsanlagen in den gemeindlichen Straßen und Wegen fehlten ihm mithin die entsprechenden Wegenutzungsrechte. Er wäre dem Beseitigungsanspruch der Gemeinde gem. § 1004 BGB ausgesetzt.

186 Es bleibt abzuwarten, ob das neue Rüge- und Präklusionsregime diese Situation nachhaltig ändern und das Missbrauchspotential insofern beseitigen kann.

b) Zurückhaltung relevanter Daten

187 Typisch ist auch der Missbrauch der marktbeherrschenden Stellung durch Vorenthaltung von Daten und Informationen nach Abschluss des Konzessionierungsverfahren, die der Neukonzessionär für Verhandlungen der Netzübernahme auf Augenhöhe benötigt.[343] Dies umfasst technische Daten und Netzpläne im Zusammenhang mit der Entflechtung sowie wirtschaftliche und kaufmännische Daten im Zusammenhang mit der EOG-Übertragung und Kaufpreisermittlung. Schließlich werden auch Daten, die der neue Netzbetreiber für die Marktkommunikation[344] zu festen Terminen braucht, als Pfand zurückgehalten, um Verhandlungspositionen durchzusetzen. Teilweise fordern die Altkonzessionäre für die Bereitstellung von Daten ein weiteres Entgelt, etwa für die Übertragung elektronischer GIS-Daten, obwohl entsprechende Kosten bereits aktiviert und damit über die Netzentgelte refinanziert wurden.

188 Gerichtlich festgestellt ist mittlerweile, dass der Anspruch des Neukonzessionärs auf Datenherausgabe nach § 46 Abs.2 S. 2 EnWG i.V.m. § 242 BGB ab Unterzeichnung des neuen (wirksamen) Konzessionsvertrages gilt und neben technischen insbesondere auch kalkulatorische Netzdaten umfasst, die eine Bestimmung der erzielbaren Erträge nach dem Ertragswertverfahren ermöglichen.[345]

343 Gemeinsamer Leitfaden von BKartA und BNetzA zur Vergabe von Strom- und Gaskonzessionen und zum Wechsel des Konzessionsnehmers, 2. Aufl. 2015, Rn. 45ff.; *Sachse*, Vom Monopolpreis zur wirtschaftlich angemessenen Vergütung, 2013, S. 42.

344 Verbände-Leitfaden, Prozessbeschreibung Netzbetreiberwechsel v. 30.6.2014, abrufbar unter https://www.bundesnetzagentur.de/DE/ServiceFunktionen/Beschlusskammern/Beschlusskammer 6/BK6_31_GPKE_und_GeLiGas/Mitteilung_Nr_43/Anlagen/Leitfaden_Netzbetreiberwechsel.pdf?__blob=publicationFile&v=2.

345 OLG Naumburg, Urt. v. 11.9.2014 – 2 U 122/13; LG Stuttgart, Urt. v. 20.12.2016 – 41 O 58/15 KfH.

c) Fordern überhöhter Kaufpreise

Zentraler Streitpunkt jeder Netzübernahme ist und bleibt der Kaufpreis. Hier besteht erhebliches Missbrauchspotential. 189

Letztlich geht es hier immer um den gleichen **Interessenkonflikt** zwischen Alt- und Neukonzessionär, in dessen Mittelpunkt der unbestimmte Rechtsbegriff der wirtschaftlich angemessenen Vergütung steht. Der Altkonzessionär, für den sich der Verkauf seines Netzes als „Zwangsverkauf" darstellt, will einen möglichst hohen Kaufpreis erzielen. Der Neukonzessionär will das Netz zu einem möglichst günstigen, auf jeden Fall aber refinanzierbaren Kaufpreis übernehmen.[346] Zudem sind die Interessen der Letztverbraucher zu berücksichtigen, zu deren Gunsten in jedem Fall gewährleistet sein muss, dass Netzübernahmen nicht zu einer Steigerung der Netzentgelte führen. (Dies gewährleistet im aktuellen Regulierungsrahmen die Norm des § 6 Abs. 6 und 7 StromNEV/GasNEV[347]). 190

Dieser Zielkonflikt kann letztlich nur zulasten eines der drei Pole aufgelöst werden, wobei die herrschende Meinung von einem angemessenen Interessenausgleich zugunsten des Altkonzessionärs ausgeht, wenn dessen Eigentumsverlust mit der Zahlung einer wirtschaftlich angemessenen Vergütung in der Höhe des objektivierten Ertragswertes ausgeglichen wird.[348] 191

Auch nach Beilegung des Streits zwischen Sachzeitwert und Ertragswert durch die Festschreibung des objektivierten Ertragswertes durch den Gesetzgeber mit der EnWG-Novelle von 2017, besteht jedoch weiterhin Streit- und damit Missbrauchspotential. Der Streit hat sich von der Frage der Zulässigkeit des Sachzeitwertes i.S.d. Kaufering-Rechtsprechung[349] hin zu den Parametern der Ertragswertberechnung[350] verlagert. 192

---

346 *Sachse/Ellerbrok*, DVBl. 2014, 615, 616.

347 BGH, Beschl. v. 14.8.2008 – KVR 35/07 – juris Rn. 43 ff.; Stromnetzentgeltverordnung (StromNEV) v. 25.7.2005 (BGBl. I S. 2225), zuletzt geändert durch Gesetz v. 17.7.2017 (BGBl. I S. 2503); Gasnetzentgeltverordnung (GasNEV) v. 25.7.2005 (BGBl. I S. 2197), zuletzt geändert durch Gesetz v. 29.3.2017 (BGBl. I S. 626).

348 BGH, Urt. v. 16.11.1999 – KZR 12/97 – Endschaftsbestimmung, bestätigt durch BGH, Beschl. v. 3.6.2014 – EnVR 10/13 – juris Rn. 45 – Stromnetz Homberg; Gemeinsamer Leitfaden von BKartA und BNetzA zur Vergabe von Strom- und Gaskonzessionen und zum Wechsel des Konzessionsnehmers, 2. Aufl., Rn. 59 ff.; *Kühling*, EnWZ 2012, 7 ff.; *Gänten/Krämer/Theobald/Wolkenhauer*, RdE 2014, 2, 3 ff.; *Theobald/ Mau*, RdE 2012, 315 ff.; *Sachse/Ellerbrok*, DVBl. 2014, 615 ff.; a.A. *Papier/Schröder*, RdE 2012, 125 ff.; Kermel/*Jacob*, 2012, Kap. 7 Rn. 76 ff.

349 BGH, Urt. v. 16.11.1999 – KZR 12/97 – Endschaftsbestimmung.

350 Vgl. LG Magdeburg, Beschl. v. 10.5.2017 – 36 O 15/16 *003*; LG Leipzig, Beschl. v. 12.11.2014 – 2 HK 2204/13; LG Hannover, Beschl. v. 27.3.2014 – 25 O 29/13; LG Leipzig, Beschl. v. 2.8.2013 – 5 O 1923/12; LG Osnabrück, Beschl. v. 31.10.2013 – 10 O 3207/10; OLG Karlsruhe, Beschl. v. 24.10.2012 – 6 U 168/10 (Kart.); OLG Koblenz, Beschl. v. 11.11.2010 – U 646/08 KArt.

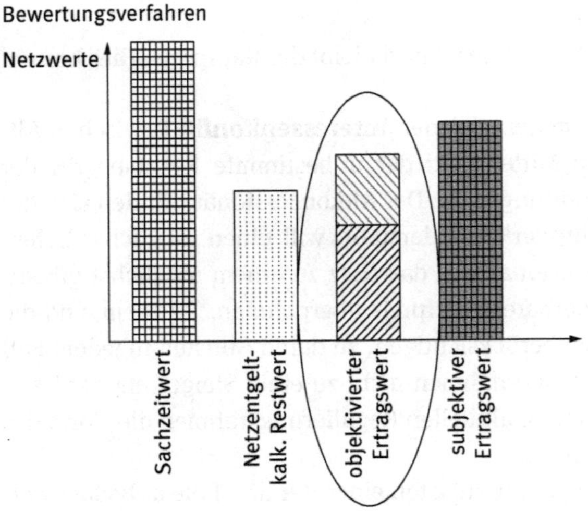

Abb. 12: Kaufpreisberechnung gem. § 46 Abs. 2 S. 2 EnWG[351]

193 Offene Fragen der Ertragswertberechnung sind insbesondere:[352]
- Wer ist der typisierte Erwerber? Betreibt er ein Netz in räumlicher Nähe zum Bewertungsgegenstand? Ist es ein 100% effizienter Netzbetreiber?
- Welche Synergien sind bei der Ertragswertberechnung einzubeziehen (z.B. Ansatz von Vertriebs- oder Finanzierungssynergien) und wie sind sie zu berechnen (Bestimmung der OPEX-Synergien)?
- Wie sind Entflechtungskosten zu berücksichtigen? Wie hoch ist das Risiko der nicht vollständigen Anerkennung durch die Regulierungsbehörden und wie ist dieses bei der Ertragswertberechnung abzubilden?
- Ist die nach § 26 Abs. 2 ARegV übertragene Erlösobergrenze kostendeckend?

194 In der Praxis wird versucht, die wettbewerbsschädlichen Auswirkungen überhöhter Kaufpreisforderungen des Altkonzessionärs über einen sog. **Vorbehaltskaufs** abzufedern. Hier beugt sich der Neukonzessionär zunächst den Kaufpreisvorstellungen des Altkonzessionärs, zahlt den geforderten Kaufpreis unter Vorbehalt und macht dann nach der Netzübernahme gerichtlich die Rückzahlung eines ggf. rechtswidrig überhöhten Anteils der Kaufpreiszahlung geltend. Dies hat den Vorteil, dass der Neukonzessionär schneller an das Netz kommt und die Wettbewerbsentscheidung der Gemeinde somit umgesetzt werden kann.

---

351 Quelle: BBH.

352 Vgl. hierzu *Büttner/Straßer*, ZNER 2012, 7 ff.; *Straßer/Fimpel/Storp*, Bewertungs-Praktiker 2014 50 ff.; Kermel/*Jacob*, 2012, Kap. 7 Rn. 38 ff.

Der BGH betont, dass der Altkonzessionär es hinnehmen muss, wenn der Neukonzessionär den geforderten Kaufpreis für überhöht hält, aber zur Zahlung unter Vorbehalt der Teilrückforderung bereit ist.[353] Jedenfalls in diesem Fall darf er die Übergabe des Netzes mit Ende des alten Wegenutzungsvertrages nicht verweigern.[354] Die Verweigerung wäre wiederum als missbräuchliches Verhalten zu qualifizieren. 195

d) Verweigerung der Übertragung sog. gemischt-genutzter Anlagen

Der Altkonzessionär handelt ebenfalls missbräuchlich, wenn er entgegen der eindeutigen Rechtsprechung, die Übertragung sog. gemischt-genutzter Anlagen verweigert. 196

Das Gesetz verpflichtet den Altkonzessionär zur Übertragung aller für die örtliche Energieversorgung notwendigen Leitungen und Anlagen. Was „notwendig" ist, ist funktional und nicht etwa nach Druck- oder Spannungsebenen zu bestimmen. Der BGH stellt in seiner Entscheidung zum **Stromnetz Homberg** darauf ab, dass „alle Anlagen, die nicht hinweg gedacht werden können, ohne dass der neue Konzessionsnehmer seine Versorgungsaufgabe nicht mehr wie der frühere Netzbetreiber erfüllen könnte" für die allgemeine Versorgung notwendig seien.[355] Die nachfolgende Instanzrechtsprechung hat herausgearbeitet, dass es dabei auf einen unmittelbaren Anschluss von Kunden oder eine „überwiegende" Nutzung für die örtliche Versorgung nicht ankommt und insofern alle Leitungen zu übertragen sind, die nicht **reine Durchgangsleitungen** sind.[356] 197

e) Fordern unwirtschaftlicher Entflechtungslösungen

Eng verknüpft mit der Frage des Umfangs der zu übertragenden Anlagen ist die Gestaltung der technischen Netzentflechtung. Die Netzentflechtung kann erhebliche wirtschaftliche Bedeutung haben. Selbst bei kleinen Netzen entstehen hier häufig Kosten in Millionenhöhe. 198

Dabei ist die vom Altkonzessionär aufgrund seiner besseren Netzkenntnis oft einseitig vorgegebene Entflechtungslösung ebenfalls auf ihre Missbräuchlichkeit 199

---

353 BGH, Urt. v. 7.2.2006 – KZR 24/04 – Rückforderungsvorbehalt; BGH, Beschl. v. 3.6.2014 – EnVR 10/13 – Stromnetz Homberg.

354 Gemeinsamer Leitfaden von BKartA und BNetzA zur Vergabe von Strom- und Gaskonzessionen und zum Wechsel des Konzessionsnehmers, 2. Aufl., Rn. 64.

355 BGH Urt. v. 3.6.2014 – EnVR 10/13 – juris Rn. 31- Stromnetz Homburg.

356 OLG Naumburg, Urt. v. 11.9.2014 – 2 U 122/13; LG Magdeburg, Beschl. v. 10.5.2017 – 36 O 15/16 *003* (nichts rechtskräftig). Ebenfalls nicht erfasst sind Übertragungs- und Fernleitungsnetz auf dem Gemeindegebiet sowie Gasspeicheranlagen und LNG-Anlagen, LG Stuttgart, Urt. v. 20.12.2016 – 41 O 58/15 KfH.

hin zu überprüfen. Häufig können teure galvanische, also physische Trennungen durch kostengünstigere messtechnische Entflechtungslösungen ersetzt werden.[357] Auch die Einteilung einzelner Baumaßnahmen in Einbindungs- und Entflechtungsmaßnahmen ist vor dem Hintergrund der Kostenteilung zu hinterfragen.

200 Der BGH hat bereits in einer seiner ersten Entscheidungen zum Konzessionsrecht festgestellt, dass die **Einbindungskosten** – dem Rechtsgedanken des **§ 448 BGB** folgend – vom neuen Netzbetreiber und die **Entflechtungskosten** vom Altkonzessionär zu tragen sind, sofern keine anderweitige vertragliche Regelung vorhanden ist.[358] Diese Kostenteilung ist auch bei Netzübernahmen nach § 46 Abs. 2 EnWG einschlägig.[359]

f) Übertragung der Erlösobergrenze

201 Schließlich besteht erhebliches Missbrauchspotential bei der Bestimmung der mit einem Teilnetzübergang einhergehenden Übertragung eines Anteils der Erlösobergrenze nach § 26 Abs. 2 ARegV. Streitig sind häufig der Aufteilungsmaßstab und die im Einzelnen verwendeten Aufteilungsschlüssel.[360] Hier wirkt sich wieder die Informationsasymmetrie zwischen Alt- und Neukonzessionär aus.[361] Einen Informationsanspruch des Neukonzessionärs aus § 26 Abs. 2 ARegV lehnt die Rechtsprechung ab.[362]

202 Es bleibt abzuwarten, wie sich die Änderung der ARegV nach der Entscheidung des BGH vom 6.10.2015[363] auswirken wird, wonach nunmehr die zuständige Regulierungsbehörde von Amts wegen entscheidet, wenn Alt- und Neukonzessionär innerhalb von sechs Monaten keine einvernehmliche Regelung über die EOG-Aufteilung gefunden haben.[364]

---

357 Gemeinsamer Leitfaden von BKartA und BNetzA zur Vergabe von Strom- und Gaskonzessionen und zum Wechsel des Konzessionsnehmers, 2. Aufl., Rn. 58.

358 BGH, Urt. v. 7.7.1992 – KZR 2/91 – juris Rn. 29 – Freistellungsende.

359 LG München, Beschl. v. 29.2.2016 – 37 O 3123/16 – juris Rn. 51, bestätigt durch OLG München, Beschl. 16.3.2016 – W 481/16 Kart.

360 Gemeinsamer Leitfaden von BKartA und BNetzA zur Vergabe von Strom- und Gaskonzessionen und zum Wechsel des Konzessionsnehmers, 2. Aufl., Rn. 66.

361 Gemeinsamer Leitfaden von BKartA und BNetzA zur Vergabe von Strom- und Gaskonzessionen und zum Wechsel des Konzessionsnehmers, 2. Aufl., Rn. 63.

362 BGH, Beschl. v. 6.10.2015 – EnVR 18/14.

363 BGH, Beschl. v. 6.10.2015 – EnVR 18/14.

364 Vgl. BNetzA, Verwaltungsverfahren nach § 26 Abs. 3-5 ARegV i.V.m. § 29 Abs. 1 EnWG, § 32 Abs. 1 Nr. 10 und § 4 ARegV – Az. BK 8-16/7117-75.

II. Rechtsfolge

Ein Marktmissbrauch durch den Altkonzessionär kann verschiedene Rechtsfolgen nach sich ziehen. Zum einen ermächtigt er die Kartellbehörden zum Erlass entsprechender Abstellungsverfügungen gem. § 32 Abs. 1 GWB. Der Neukonzessionär könnte gem. § 33 GWB Schadenersatz geltend machen.[365] Schließlich ist der kartellrechtliche Missbrauchstatbestand gem. § 81 Abs. 2 Nr. 1 GWB ordnungswidrig und bußgeldbedroht. 203

Zivilrechtliche Folge eines Marktmissbrauchs ist die Nichtigkeit eines hierauf beruhenden Netzübernahmevertrages gem. § 134 BGB.[366] 204

F. Rechtsschutz

Rechtsschutz kommt sowohl seitens der Bieter gegen die Gemeinde im Rahmen des Konzessionierungsverfahrens als auch zwischen Neu- und Altkonzessionär im Zusammenhang mit der Netzübernahme in Betracht. 205

I. Gerichtlicher Rechtsschutz

Die beteiligten Bieter am **Konzessionierungsverfahren** können ihre Interessen gerichtlich geltend machen. Das neue Rügeregime wurde bereits oben im Zusammenhang mit dem Ablauf eines Konzessionierungsverfahrens dargestellt.[367] Hieran schließt sich das zivilgerichtliche Verfahren um den Erlass einer einstweiligen Verfügung an, **§§ 935 ff. ZPO.** Die gerichtliche Zuständigkeit ergibt sich aus § 102 EnWG und verweist zum Landgericht. Fragen des Konzessionierungsverfahrens werden in erster Linie im Rahmen des einstweiligen Rechtsschutzes erörtert, obwohl es den Bietern offensteht, auch eine Hauptsacheklage auf Feststellung der Nichtigkeit des Konzessionsvertrages zu erheben. 206

Da der Instanzenzug im einstweiligen Rechtsschutz mit dem OLG endet, gab es seit den Grundsatzurteilen des BGH vom 17.12.2013 (Heiligenhafen und Berkenthin)[368] sowie der Entscheidung in Sachen Stromnetz Schierke[369] keine weiteren BGH-Entscheidungen zu Konzessionierungsverfahren, wohl aber eine Fülle erst- 207

---

365 *Sachse*, Vom Monopolpreis zur wirtschaftlich angemessenen Vergütung, S. 235 ff.

366 *Sachse*, Vom Monopolpreis zur wirtschaftlich angemessenen Vergütung, S. 221.

367 Rn. 356.

368 BGH, Urt. v. 17.12.2013 – KZR 65/12 – Stromnetz Heiligenhafen; BGH, Urt. v. 17.12.2013 – KZR 66/12 – Stromnetz Berkenthin.

369 BGH, Urt. v. 18.11.2014 – EnZR 33/13 – Stromnetz Schierke.

und zweitinstanzlicher Urteile, welche sich nicht selten widersprechen. Da, wie bereits beschrieben,[370] die Rechtmäßigkeit des Konzessionierungsverfahrens jedoch auch regelmäßig zum Streitgegenstand von Netzherausgabeklagen gemacht wird, ist früher oder später mit weiteren Konkretisierungen des BGH zu Fragen des Konzessionierungsverfahren zu rechnen.

208 Seit der EnWG-Novelle 2017 ist in **§ 53 Abs. 1 Nr. 4 GKG** festgeschrieben, dass der Streitwert im Verfahren um Erlass einer einstweiligen Verfügung gegen die konzessionsvergebende Gemeinde auf 100.000 € gedeckelt ist.

209 Zentraler Streitpunkt im Zusammenhang mit der gerichtlichen Überprüfung der kommunalen Auswahlentscheidung ist die Frage der **Offenlegung** der Auswertungsdokumentation („Auswertungsvermerk") und der Konkurrenzangebote.

210 Hier gerät das Interesse des angreifenden Bieters an einer effektiven Überprüfung der Vergabeentscheidung und damit an effektivem Rechtsschutz in Konflikt mit den Geheimhaltungsinteressen des obsiegenden Bewerbers und mit dem Schutz des Geheimwettbewerbs.

211 Der Schutz von **Betriebs- und Geschäftsgeheimnissen** in den Angeboten der Bieter ist in der Rechtsprechung anerkannt.[371] In der Regel muss das Rechtsschutzinteresse des angreifenden Bieters insoweit zurücktreten, wie der Konkurrent sich auf Betriebs- und Geschäftsgeheimnisse beruft. Die Zusagen in den Netzbewirtschaftungskonzepten sowie die zu deren Plausibilisierung vorgelegten Konzepte und Prognosen stellen regelmäßig Betriebs- und Geschäftsgeheimnisse dar. Der Geheimnisschutz ist gerade auch deshalb gerechtfertigt, weil Netzbetreiber immer wieder um Konzessionen in direkten Wettbewerb miteinander treten.[372]

---

i **Praxishinweis**

Der Schutz von Betriebs- und Geschäftsgeheimnissen erstreckt sich auch auf die Wiedergabe von Angebotsinhalten im Auswertungsvermerk der Gemeinde. Hier sind ggf. entsprechende Schwärzungen vorzunehmen.

Die Gemeinden sollten bereits während des Verfahrens abfragen, welche Teile ihrer Angebote die Bewerber als Betriebs- und Geschäftsgeheimnisse qualifizieren.

---

370 Vgl. Rn. 182ff.

371 OLG Celle, Urt. v. 26.1.2017 – 13 U 9/16 (Kart) – juris Rn. 161; OLG Celle, Urt. v. 17.3.2016 – 13 U 141/15 (Kart) – juris Rn. 140.; LG Leipzig, Urt. v. 17.6.2015 – 5 O 1339/15 – juris Rn. 46; OLG Düsseldorf, Beschl. v. 28.10.2013 – VI-2 Kart 4/13 (5) – juris Rn. 5, 7; OLG Schleswig, Urt. v. 16.4.2018 – 16 U 110/17 Kart, Umdruck, S. 24; OLG Dresden, Urt. v. 10.1.2018 – U 4/17 Kart, Umdruck, S. 16f., 19f; LG Köln, Urt. v. 21.12.2017 – 88 O (Kart) 45/17 Umdruck, S. 11ff.; OLG Celle, Urt. v. 19.10.2017 – 13 U 38/17 (Kart), Umdruck, S. 17; OLG Frankfurt, Urt. v. 3.11.2017 11 U 51/17 (Kart), Umdruck, S. 22ff., Hinweise der Landeskartellbehörde Niedersachsen zu Konzessionsverfahren nach § 46 EnWG v. 25.8.2015, S. 7; Gemeinsamer Leitfaden von BKartA und BNetzA zur Vergabe von Strom- und Gaskonzessionen und zum Wechsel des Konzessionsnehmers, 2. Aufl., Rn. 24.

372 OLG Schleswig, Urt. v. 16.4.2018 – 16 U 110/17 Kart, Umdruck, S. 24.

Der **Auskunftsanspruch** der Gemeinde nach § 46a EnWG kann als Auskunftsklage gem. § 102 Abs. 1 EnWG vor den zuständigen Landgerichten geltend gemacht werden.[373] 212

Die Zivilgerichte sind auch für Auseinandersetzungen über **Netzübernahmen** zuständig. Diese Gerichtsverfahren sind meist zeit- und kostenintensiv, weil das Gericht zur Bestimmung der Kaufpreishöhe sowie ggf. auch zur Bestimmung des Umfangs der zu übereignenden Anlagen kaufmännische und technische **Sachverständige** heranziehen muss und sich der Streitwert nach dem zu zahlenden Kaufpreis bestimmt.[374] Bis zur Entscheidung in erster Instanz vergehen oftmals mehrere Jahre. Insgesamt sind mit Berufung und Revision Verfahrensdauern von fünf und mehr Jahren nicht auszuschließen. 213

Je nach Datenlage bezüglich der heraus zu klagenden Netzanlagen und für die Berechnung der Gegenleistung kommen für den Neukonzessionär unterschiedliche Klagearten mit dem Ziel „Netzübernahme" in Betracht: 214

Herausgabeklage	Stufenklage	Auskunftsklage	Feststellungsklage
Die Herausgabeklage ist unmittelbar auf die Netzübernahme gerichtet. Auskunftsklage kann integriert werden. Dies ermöglicht Zeitgewinn gegenüber der Stufenklage. Das Urteil ist hinsichtlich des Herausgabe- und des Auskunftsanspruchs rechtskraftfähig und vollstreckbar.	Stufenklage kann erhoben werden, wenn Datenlage eine Bestimmung des Herausgabegegenstandes nicht zulässt.	Klage auf Mitteilung der für die Bestimmung des Herausgabegegenstandes und die Berechnung der Gegenleistung relevanten Daten	Klage auf Feststellung des Bestehens eines Netzherausgabe- und ggf. auch eines Auskunftsanspruchs aus § 46 Abs. 2 EnWG
Herausgabegegenstand muss bestimmt und Gegenleistung beziffert werden.	Langwieriges Verfahren, weil jede einzelne Stufe rechtsmittelfähig ist. Fraglich ob Herausgabegegenstand nach Auskunft hinreichend bestimmt werden (da immer wieder Zeitersatz und -abgänge)	Alleinige Auskunftsklage würde zwar auch den Anspruch über Netzherausgabe dem Grunde nach beurteilen, aber insofern keine Rechtskraft/Vollstreckbarkeit.	Feststellungsklage ist nur subsidiär zulässig und mangels Vollstreckbarkeit nicht empfehlenswert.

Abb. 13: Mögliche Klageformen, § 46 Abs. 2 S. 2 EnWG[375]

---

373 Vgl. BGH, Urt. v. 14.4.2015 – EnZR 11/14 – Gasnetz Springe.

374 *Boos/Templin*, EnWZ 2016, 59, 59 f.

375 Quelle: BBH.

II. Behördlicher Rechtsschutz

215 Ebenso besteht die Möglichkeit, behördlichen Rechtsschutz zu suchen, § 46 Abs. 7 EnWG. Dabei können sowohl das **Bundeskartellamt** bzw. die Landeskartellbehörden als auch die **Bundesnetzagentur** zuständig sein.[376]

216 Im Zusammenhang mit einem Tätigwerden der Bundesnetzagentur ist unklar, ob neben der allgemeinen Ermächtigungsgrundlage des § 65 EnWG[377] auch die speziellen energiewirtschaftsrechtlichen **Missbrauchstatbestände der §§ 30 ff. EnWG** einschlägig sind. Aus systematischen Gesichtspunkten könnte man annahmen, die speziellen Missbrauchstatbestände seien nur dort anwendbar, wo das EnWG die Anwendung des GWB sperrt, § 111 EnWG. Folgt man jedoch der Auffassung des Bundeskartellamts, wonach die Netzübertragung vom Alt- auf den Neukonzessionär nicht marktrelevant sei, würde dies im Ergebnis dazu führen, dass das Verhalten des Altkonzessionärs vollständig einer Missbrauchsaufsicht entzogen würde. Verneint man die Anwendbarkeit von §§ 19, 20 GWB, erscheint es daher geboten, das Verhalten des Altkonzessionärs subsidiär einer Überprüfung durch die Regulierungsbehörden anhand des Maßstabs des § 30 EnWG zu unterstellen.[378]

217 Da die aufsichtsbehördlichen Verfahren im Zusammenhang mit Netzübernahmen grundsätzlich eine zeitnähere Entscheidungsfindung versprechen als die soeben beschriebenen zivilgerichtlichen Verfahren, ist es für die Praxis bedauerlich, dass die – insofern bislang als ausschließlich zuständig erachtete – Bundenetzagentur seit ihrem Beschluss in Sachen **Stromnetz Homberg**[379] die Annahme neuer Fälle im Rahmen ihres Aufgreifermessen gem. § 65 Abs. 1 EnWG abgelehnt hat.

---

376 Vgl. *Krater*, Kap. 9.

377 Bestätigt durch BGH, Beschl. v. 3.6.2014 – EnVR 10/13 – Stromnetz Homberg.

378 Vgl. hierzu ausführlich: *Sachse*, Vom Monopolpreis zur wirtschaftlich angemessenen Vergütung, 2013, S. 221 ff.

379 BNetzA, Beschl. v. 26.1.2012 – BK6-11-052.

Kapitel 8
Die Fernwärmeversorgung aus der Sicht des Kartellrechts*

A. Einleitung

I. Die Fernwärmeversorgung in Deutschland[1]

Die Fernwärmeversorgung[2] ist ein wirtschaftlich bedeutender Teil der Energieversorgung. Etwa 14% des deutschen Wohnungsbestands wird mit Fernwärme versorgt. In den östlichen Bundesländern ist der Anteil mit 32% wesentlich höher als in den westlichen Bundesländern mit 9%.[3] Bei Neubauten ist die Bedeutung der Fernwärme größer als im Gebäudebestand. Im Jahr 2014 wurden 21,5% der neuerbauten Wohnungen an Fernwärmeversorgungssysteme angeschlossen.[4] 1

Von Bedeutung ist auch die **Verbindung der Fernwärme- zur Stromversorgung**. Etwa 80% der Fernwärme wird in Kraft-Wärme-Kopplungs-Anlagen erzeugt, die gleichzeitig Strom und Wärme produzieren.[5] Die besonders effiziente und damit weniger umweltbelastende Kraft-Wärme-Kopplung ist eine gute Ergänzung zur fluktuierenden Stromerzeugung mit Windkraft- und Photovoltaikanlagen. Wärme lässt sich in „isolierten Wassertanks“ kostengünstig speichern. Die kostengünstigen Wärmespeicher machen es möglich, den Einsatz der KWK-Anlagen nicht nur auf 2

---

* Der Verfasser dankt der Rechtsreferendarin Frau Katharina Bader für die wertvolle inhaltliche Mitarbeit an diesem Beitrag.

1 Das BKartA hat im August 2012 eine „Sektoruntersuchung Fernwärme“ vorgelegt, die diesen Wirtschaftszweig umfassend beleuchtet. Abrufbar unter: http://www.bundeskartellamt.de/SharedDocs/Publikation/DE/Sektoruntersuchungen/Sektoruntersuchung%20Fernwaerme%20-%20Abschlussbericht.pdf?__blob=publicationFile&v=3.

2 Der BGH definiert den Begriff „Fernwärme“ wie folgt: „Wird aus einer nicht im Eigentum des Gebäudeeigentümers stehenden Heizungsanlage von einem Dritten nach unternehmenswirtschaftlichen Gesichtspunkten eigenständig Wärme produziert und an andere geliefert, so handelt es sich um Fernwärme. Auf die Nähe der Anlage zu dem versorgenden Gebäude oder das Vorhandensein eines größeren Leitungsnetzes kommt es nicht an.“ (BGH, Urt. v. 25.10.1989 – VIII ZR 229/88 – NJW 1990, 1181, Leitsatz).

3 AGFW-Branchenreport 2006.

4 BMWi, Newsletter Ausgabe 15/2015, abrufbar unter: https://www.bmwi-energiewende.de/EWD/Redaktion/Newsletter/2015/15/Meldung/infografik-so-heizt-deutschland-heute.html (zul. besucht am 20.6.2017).

5 http://www.umweltbundesamt.de/daten/energiebereitstellung-verbrauch/kraft-waerme-kopplung-kwk#textpart-4

https://doi.org/10.1515/9783110286847-008

den jeweils aktuellen Wärmebedarf auszurichten (sog. „wärmegeführte Fahrweise"), sondern auch auf den Strommarkt (sog. „stromgeführte Fahrweise"). Die KWK-Anlagen können ihre Erzeugung also in einem gewissen Umfang in die Zeiten verlegen, in denen Windkraftanlagen und Photovoltaikanlagen weniger Strom erzeugen. Teilweise werden bereits „überdimensionierte" KWK-Anlagen mit einer Erzeugungsleistung, die über dem Bedarf des jeweiligen Netzes liegt, in Kombination mit großen Wärmespeichern errichtet, um in Zeiten mit hohen Strompreisen mehr Strom erzeugen zu können. Allerdings setzen die Notwendigkeit, im Winter wie im Sommer stets bedarfsgerecht Wärme bereitzustellen, und die Anlagenkosten der stromgeführten Fahrweise wirtschaftliche Grenzen.

3 Noch unklar ist, wie sich der weitere Ausbau der Stromerzeugung aus Erneuerbaren Energien und der **Zubau von Stromspeichern** auf die Kraft-Wärme-Kopplung und damit die Fernwärmeversorgung auswirken werden. Werden Stromspeicher deutlich günstiger und kommt es zu einem massiven Ausbau der Stromspeicherkapazitäten, kann das zusammen mit dem Ausbau der Stromerzeugung aus Erneuerbaren Energien erhebliche Auswirkungen auf die Kraft-Wärme-Kopplung und damit die Fernwärmeversorgung haben.[6]

4 Aus wettbewerblicher Sicht ist diese **Kopplung der Sektoren** von Interesse, weil die marktbeherrschenden Stellungen der Fernwärmeversorger auf den Wärmemärkten auch Auswirkungen auf die Strommärkte haben könnten.

5 Die Fernwärmeversorgung ist in Deutschland, wie in anderen Ländern auch, durch **lokale Gebietsmonopole** gekennzeichnet.[7] Fernwärmenetze sind, ohne Ausnahme, räumlich begrenzte, in sich geschlossene Versorgungssysteme. Überregionale Leitungsverbindungen zwischen den lokalen Versorgungssystemen bestehen in der Regel nicht. Dabei haben die Netzgebiete der Fernwärmeversorgungsunternehmen zum Teil eine beträchtliche Größe. Das größte Fernwärmeversorgungssystem in Deutschland ist das Berliner Fernwärmenetz der Vattenfall Europe Wärme AG. Über das Netz werden mit seinen etwa 1.900 km Rohrleitungen 1,2 Mio. Wohneinheiten versorgt.[8]

6 Die Fernwärmeunternehmen sind in der Regel **„vertikal integriert"**, d.h. sie betreiben die örtlichen Wärmeverteilernetze, sie erzeugen die Wärme in eigenen Heiz-

6 Die Unternehmensberatung Roland Berger spricht in ihrer Studie „Wärmewende in Sicht" von möglichen „disruptiven Veränderungen", die auch die Erzeugung von Fernwärme mit KWK-Anlagen betreffen könnten, vgl.: https://www.presseportal.de/pm/32053/3638749.

7 BKartA, Sektoruntersuchung Fernwärme, Rn. 1ff.

8 Derzeit werden im Raum Duisburg zwei benachbarte Fernwärmegebiete mit einer 25 km langen „Fernwärmeschiene Rhein-Ruhr" zum größten Fernwärmenetz Europas verbunden. Ab 2019 werden die zusammengeführten Netze das größte Fernwärmeversorgungssystem in Europa sein. Siehe: https://www.derwesten.de/staedte/duisburg/duisburg-haengt-am-groessten-fernwaermenetz-europas-id11877123.html.

werken oder Heizkraftwerken (Kraft-Wärme-Kopplungs-Anlagen) und sie beliefern die an ihr Netz angeschlossenen Verbraucher.[9]

Die Fernwärmeversorger sind also auf mehreren Märkten tätig. Auf dem räumlich begrenzten Markt für den **Wärmetransport** in ihrem Netzgebiet und auf den Märkten für die **Belieferung der Wärmeverbraucher**. Dabei ist zu unterscheiden zwischen **Großverbrauchern** (Industriekunden, große Weiterverteiler, große Gewerbebetriebe) und **Kleinverbrauchern** (Haushaltskunden, Kleingewerbe).[10] 7

Wettbewerb über parallele Leitungen gibt es im Bereich der Fernwärme praktisch nicht. Die Fernwärmeunternehmen verfügen auf dem Markt für den Wärmetransport in ihrem Netzgebiet über **uneingeschränkte Monopolstellungen.**[11] 8

Denkbar ist aber, wie bei Strom- und Gasversorgungsnetzen (vgl. § 46 Abs. 2 bis 6 EnWG), ein **Wettbewerb um die Stellung als Netzbetreiber**, wenn das von der Gemeinde eingeräumte Wegenutzungsrecht endet. Spezialgesetzliche Regelungen, die das Entstehen eines regelmäßigen **„Wettbewerbs um die Netze"** anordnen, wie § 46 Abs. 2 bis 6 EnWG für die örtlichen Strom- und Gasverteilernetze, gibt es für Fernwärmenetze aber nicht. 9

Denkbar ist auch ein Wettbewerb um neue noch nicht für die Fernwärmeversorgung erschlossene Gebiete. Dabei ist allerdings zu bedenken, dass die für die Fernwärmeversorgung attraktiven Gebiete mit einer hohen Verbrauchsdichte (Mehrfamilienhäuser, Gebiete mit älteren Gebäuden, Industriegebiete) häufig bereits durch die etablierten Fernwärmeversorger erschlossen sind. 10

Ein **„Durchleitungswettbewerb"** zwischen mehreren miteinander im Wettbewerb stehenden Fernwärmelieferanten in den Fernwärmenetzen findet, trotz des bestehenden **Anspruchs auf Netzzugang**, ebenfalls nicht statt.[12] 11

Auf dem **Markt für die Belieferung von Kleinverbrauchern** verfügen die etablierten Fernwärmeversorger über beherrschende Stellungen. Bei Kleinverbrauchern, die bereits an die Versorgungsnetze angeschlossen sind, ist ein **Substitutionswettbewerb** mit anderen Formen der Wärmeversorgung (Gas- oder Ölheizungen, Wärmepumpen, Solarthermie, Kohleheizungen) nur sehr eingeschränkt möglich.[13] Mieter können den Wärmelieferanten in der Regel nicht selbst auswählen. Die Vermieter profitieren nicht von einer Veränderung der Wärmeversorgung. Bei ihnen fehlt also der wirtschaftliche Anreiz für einen Wechsel. Darüber hinaus ist ein 12

---

9 BKartA, Sektoruntersuchung Fernwärme, Rn. 2; Monopolkommission, 20. Hauptgutachten, 2012/2013, Rn. 797.

10 BKartA, Sektoruntersuchung Fernwärme, Rn. 173 ff., 178.

11 BKartA, Sektoruntersuchung Fernwärme, Rn. 226; in der „DALKIA-Entscheidung" der EU-Kommission heißt es: „Although district heating networks are considered ‚natural' monopolies", EU-Kommission, Case No COMP/M.5793 – DALKIA CZ/NWR ENERGY, S. 5.

12 § 19 Abs. 1 i.V.m. Abs. 2 Nr. 4 GWB. Vgl. dazu BKartA, Sektoruntersuchung Fernwärme, Rn. 223 ff.

13 BKartA, Sektoruntersuchung Fernwärme, Rn. 190ff.

Wechsel von der Fernwärme zu einem anderen Energieträger zumeist wirtschaftlich uninteressant, weil die Kosten des Wechsels, insbesondere die Investitionen in eine neue Heizungsanlage und beim Erdgas zusätzlich in einen neuen Hausanschluss, die absehbaren Einsparmöglichkeiten übersteigen. Nicht selten fehlt in den Gebäuden auch der Platz für eine Heizungsanlage. Es besteht also kein sog. **„einheitlicher Wärmemarkt"**, d.h. kein Wettbewerb zwischen den unterschiedlichen Formen der Wärmebereitstellung.[14] Zu einem Wettbewerb des Fernwärmeversorgers mit anderen Energieträgern kommt es deshalb allenfalls bei der erstmaligen Entscheidung eines Kunden für ein Heizsystem.[15]

13 Auf dem **Markt für die Belieferung von Großverbrauchern** stellt sich die Situation anders dar. Größere Wärmeverbraucher haben in der Regel die Möglichkeit, auf eigene Wärmeerzeugungsanlagen umzustellen. Die eigene Wärme- und Stromerzeugung (Eigenversorgung) ist für Großverbraucher wegen der Förderung durch das EEG und das KWKG, den Entlastungen bei der EEG-Umlage, den Entlastungen bei der Strom- und Energiesteuer sowie der eingesparten Netzentgelte mit den darin enthaltenen Umlagen häufig eine wirtschaftlich interessante Alternative zum Fernwärmebezug.[16]

II. Das wettbewerbliche Potential im Bereich der Fernwärme

14 Im Jahre 1998 hat der deutsche Gesetzgeber mit der Liberalisierung der Strom- und Gasmärkte begonnen.[17] Der erste wesentliche Schritt war die Aufhebung der in § 103f. GWB a.F. geregelten Freistellung wettbewerbsbeschränkender Vereinbarungen vom Verbot des § 1 GWB, z.B. der bis 1998 üblichen Demarkationsvereinbarungen zwischen den Strom- und Gasversorgungsunternehmen. Inzwischen wurde ein umfangreiches Regelungssystem geschaffen, das einen funktionierenden Wettbewerb ermöglichen soll. Dass mehr Wettbewerb im Bereich der Strom- und Gasversorgung möglich und sinnvoll ist, bestreitet heute niemand mehr.[18] Dabei verfügen die Strom- und Gasnetzbetreiber, wie die Fernwärmeversorgungsunternehmen, unverändert über Transportmonopole, weil auch bei Strom- und Gasnetzen ein paralleler Leitungsbau (Infrastrukturwettbewerb) wirtschaftlich unmöglich ist. Der Wettbewerb zwischen den Lieferanten im Bereich der Strom- und Gasversorgung ist also

14 BGH, Urt. v. 9.7.2002 – KZR 30/00 – WuW, 2003, 162, 165 – Fernwärme Börnsen; OLG Düsseldorf, Beschl. v. 4.8.2010 – VI-2 Kart 8/09 (V), juris Rn. 31.
15 BKartA, Sektoruntersuchung Fernwärme, Rn. 175 ff.
16 BKartA, Sektoruntersuchung Fernwärme, Rn. 178 ff.
17 Gesetz zur Neuregelung des Energiewirtschaftsrechts v. 24.4.1998, BGBl. I S. 730.
18 Vgl. für die Zeit vor 1998: *Büdenbender*, Kartellaufsicht über die Energiewirtschaft, Baden-Baden 1995, S. 13 ff.

ein **Wettbewerb in den Netzen**. Der Energietransport ist auch bei der Strom- und Gasversorgung weiterhin ein natürliches Monopol.

Eine Freistellung der Fernwärmeversorgung von den allgemeinen Regelungen des GWB oder des UWG besteht nicht. Im Unterschied zur Strom- und Gasversorgung hat der Gesetzgeber aber bisher keinen speziellen Ordnungsrahmen geschaffen, der das Entstehen von Wettbewerb im Bereich der Fernwärmeversorgung anstoßen und fördern könnte. Daraus kann aber nicht geschlossen werden, der Gesetzgeber wolle keinen Wettbewerb im Bereich der Fernwärme. Gewünscht ist der Wettbewerb wie in jedem anderen Wirtschaftszweig auch. 15

Allerdings gehen viele davon aus, dass ein Wettbewerb zwischen mehreren Wärmelieferanten in den Fernwärmenetzen, wegen der Besonderheiten der Fernwärmeversorgung nur begrenzt möglich ist. Im Folgenden soll der Frage nachgegangen werden, ob und inwieweit diese Einschätzung richtig ist. 16

1. Wettbewerb durch parallelen Leitungsbau (Infrastrukturwettbewerb)

Wettbewerb über parallele Fernwärmenetze oder einzelne parallele Leitungen **(Infrastrukturwettbewerb)** ist – bis auf sehr wenige Ausnahmen – ausgeschlossen. Auf dem Markt für den Wärmetransport in ihren Netzgebieten verfügen die Fernwärmenetzbetreiber über **natürliche Transportmonopole.**[19] Das hat folgende Gründe: 17

– Der Aufbau von Fernwärmenetzen erfordert sehr hohe Investitionen. Die isolierten Fernwärmerohre sind deutlich teurer als Gasleitungen oder Stromkabel. Es bedarf stets eines Vorlaufs für den Transport des heißen Wassers vom Heizkraftwerk oder Heizwerk zum Verbraucher und eines Rücklaufs für das beim Verbraucher abgekühlte Wasser zur Wärmeerzeugungsanlage. Zusätzlich bedarf es eines Systems vom Umwälzpumpen, einer Wasseraufbereitung, eines Korrosionsschutzes, einer Leitzentrale usw. Die Leitungsgräben müssen wegen der großen Dimensionen der Fernwärmeleitungen deutlich breiter sein als bei Strom-, Gas- oder Telekommunikationsleitungen. Außerdem sind bei Fernwärmeleitungen wegen der Temperaturschwankungen U-förmige Ausdehnungsschleifen im Netz erforderlich, die zusätzlichen Platz in den Wegegrundstücken benötigen. Die Grabungsarbeiten bei der Verlegung und Reparatur von Fernwärmeleitungen und die Wiederherstellung der Oberflächen nach der Leitungsverlegung sind dadurch deutlich aufwendiger und teurer als bei anderen Leitungssystemen. Die Verlegung von Fernwärmeleitungen ist auch deshalb besonders kostenintensiv, weil es wegen der Größe der Fernwärmeleitungen zu besonders vielen „Konflikten“ mit anderen in den Wegegrundstücken verlegten Leitungen 18

19 BKartA, Sektoruntersuchung Fernwärme, Rn. 226 ff.

oder sonstigen Wegenutzungen kommt (Kanalisation, Wasserleitungen, Stromkabel, Gasleitungen, Telekommunikationsleitungen, Datenleitungen, Straßenbeleuchtungsleitungen, Straßenlaternen, Signalanlagen, Straßenbahnschienen usw.). Oft müssen andere Leitungen und Anlagen verlegt werden, um Platz für Fernwärmeleitungen zu schaffen, oder es sind während der Bauzeit provisorische Umlegungen oder Sicherungen anderer Leitungssysteme erforderlich. Nach einer Faustformel sind Fernwärmenetze deshalb etwa achtmal so teuer wie Gasnetze. Kostspielig sind nicht nur der Aufbau und die Unterhaltung von Fernwärmenetzen. Auch der Betrieb der Netze ist deutlich teurer als der Betrieb von Strom- und Gasnetzen. Das liegt in erster Linie an den Kosten der Elektrizität für den Betrieb der Umwälzpumpen, den „Konflikten" mit anderen Leitungssystemen und dem aufwendigen Korrosionsschutz. Die hohen Kosten führen dazu, dass parallele Leitungsnetze und ein Wettbewerb mehrerer Fernwärmenetzbetreiber um Anschlusskunden in derselben Straße oder demselben Netzgebiet wirtschaftlich ausgeschlossen sind. Mehrere Netze könnten in demselben Gebiet nicht wirtschaftlich betrieben werden, und sie können im Wettbewerb mit anderen Energieträgern (Gas, Heizöl und Elektrizität) nicht bestehen. Ein **Transportwettbewerb** zwischen parallelen Fernwärmenetzen (**Infrastrukturwettbewerb**) ist deshalb **wirtschaftlich ausgeschlossen**. Denkbar sind allenfalls einzelne Direktleitungen zur Versorgung von besonders attraktiven Großverbrauchern (Industriekunden) im Wettbewerb zum bestehenden Netz, d.h. ein „**Rosinenpicken**" im Netz der allgemeinen Versorgung mit sog. Direktleitungen, wie es auch bei Strom- und Gasnetzen vorkommt.

19 – Von den Gemeinden kann nicht verlangt werden, dass sie Wegenutzungsrechte für parallele Fernwärmeleitungen in denselben Wegegrundstücken einräumen. Fernwärmeleitungen nehmen sehr viel Raum in den Wegegrundstücken ein. Da in den Wegegrundstücken auch andere Leitungssysteme verlegt sind, wird der Platz für parallele Fernwärmeleitungen häufig fehlen. Aber selbst wenn die Verlegung paralleler Fernwärmeleitungen möglich ist, wird die Errichtung und Unterhaltung der anderen Leitungssysteme durch die Fernwärmeleitungen deutlich teurer. Das gilt in besonderem Maße für die kommunale Kanalisation, die häufig unterhalb der Fernwärmeleitungen liegt oder diese an zahlreichen Stellen kreuzt und ebenfalls viel Platz in den Wegegrundstücken benötigt. Bei jeder Baumaßnahme an der Kanalisation müssen andere Leitungen, die sich in den Wegegrundstücken befinden, gesichert werden. Die Grabungsarbeiten werden deutlich komplizierter und teurer. Parallele Fernwärmeleitungen würden den Aufwand für die Unterhaltung der Kanalisation wegen ihrer Dimensionen deutlich vergrößern. Aber auch die Verlegung anderer Leitungssysteme (Wasser, Strom, Gas, Straßenbeleuchtung, Telekommunikation) würde durch zusätzliche Fernwärmeleitungen teurer. Die zusätzlichen Kosten müssten letztlich die Verbraucher tragen. Außerdem würden parallele Leitungen dazu führen, dass der Verkehr häufiger durch Baumaßnahmen behindert wird.

- Fernwärmeunternehmen sind nicht im Sinne der §§ 6ff. EnWG entflochten. Die Wärmeerzeugung und der Wärmetransport erfolgen in Deutschland bis auf wenige Ausnahmen (z.B. Karlsruhe, Speyer und Aachen) durch dasselbe Unternehmen. In Großstädten ist es schwierig, Standorte für zusätzliche Wärmeerzeugungsanlagen zu finden. Die etablierten Fernwärmeunternehmen werden daher auf absehbare Zeit die einzigen größeren Anbieter von Wärme sein, die über Leitungen zu den Verbrauchern transportiert werden muss. Die derzeitigen Produzenten der Wärme werden die von ihnen erzeugte Wärme natürlich über ihr eigenes Fernwärmenetz transportieren. Deshalb hätten neu errichtete parallele Netze keine Chance, in einem nennenswerten Umfang Transportkunden zu gewinnen. Auch aus diesem Grund ist es ausgeschlossen, dass ein neu zu errichtendes paralleles Netz oder eine parallele Fernwärmeversorgung im Wettbewerb mit einem bestehenden Netz bestehen kann. 20
- Ein Unternehmen, das im Wettbewerb zu einem bestehenden Fernwärmenetz Fernwärmeleitungen errichten möchte, müsste erreichen, dass die Anschlussnehmer einen zweiten Fernwärmeanschluss für ihre Gebäude errichten lassen. Fernwärmenetzbetreiber verlangen in der Regel, dass die Anschlussnehmer den Anschluss bezahlen, d.h. die Leitungen von der Fernwärmeleitung in der Straße bis in das Gebäude hinein. Außerdem beanspruchen Fernwärmenetzbetreiber von neuen Anschlussnehmern häufig sog. Baukostenzuschüsse für das Fernwärmeversorgungsnetz, mit denen bis zu 70% der Kosten des Fernwärmenetzes finanziert werden dürfen, vgl. § 8 AVBFernwärmeV. Anschlussnehmer, die bereits Anschlusskosten und Baukostenzuschüsse für einen Anschluss an ein bestehendes Netz gezahlt haben, werden nicht noch einmal Anschlusskosten und Baukostenzuschüsse für einen weiteren Anschluss an ein paralleles Fernwärmenetz bezahlen wollen. Etwas anderes wäre nur denkbar, wenn hinzukommende Wettbewerber den Transport der Wärme und/oder die Wärme selbst deutlich günstiger anbieten würden als die bereits etablierten Unternehmen. Dadurch würde das zusätzliche Netz aber unwirtschaftlich. Ein zusätzliches Fernwärmenetz, das ohne Baukostenzuschüsse und Anschlusskostenerstattungen auskommen müsste, kann mit einem bestehenden Netz, das zu einem großen Teil über Baukostenzuschüsse und Anschlusskostenerstattungen finanziert wurde, nicht konkurrieren. 21
- Bei den bestehenden Fernwärmenetzen handelt es sich häufig um ältere Netze. Das bedeutet, die Investitionen in die Fernwärmenetze sind bereits zu einem großen Teil abgeschrieben (refinanziert). Für die etablierten Fernwärmeversorger wäre es deshalb sehr leicht, neue Wettbewerber zu unterbieten, die ein neues Netz aufbauen und refinanzieren müssen. 22

Wettbewerb durch parallele Netze (Infrastrukturwettbewerb) ist im Bereich der Fernwärme also ausgeschlossen. 23

2. Wettbewerb zwischen mehreren Lieferanten in den Fernwärmenetzen (Durchleitungswettbewerb)

24 Die rechtlichen Voraussetzungen für das Entstehen von Wettbewerb in den Fernwärmenetzen sind grundsätzlich gegeben. Nach § 19 Abs. 1 i.V.m. Abs. 2 Nr. 4 GWB besteht ein Anspruch auf Netzzugang.[20]

25 Das Entstehen von Wettbewerb zwischen mehreren Lieferanten in den bestehenden Fernwärmenetzen **(Durchleitungswettbewerb)** ist durch die Besonderheiten der Fernwärmeversorgung aber ebenfalls erschwert.

26 Fernwärmenetze sind stets auf die Teile einer Stadt oder Gemeinde begrenzt, die eine hohe Abnahmedichte aufweisen (Mehrfamilienhäuser, große Verwaltungsgebäude, Industrie mit großem Wärmebedarf, Altbauten mit hohem Energieverbrauch). Überregionale Verbindungsleitungen zwischen den lokalen Fernwärmenetzen bestehen praktisch nicht. Wegen der Wärmeverluste und den Kosten für den Pumpstrom ist ein Wärmetransport über größere Entfernungen ökonomisch in der Regel auch nicht sinnvoll.[21] Schon deshalb ist der räumliche Markt auf das jeweilige Netzgebiet beschränkt.

27 Hinzu kommt, dass die **hydraulischen Möglichkeiten der Fernwärmenetze** und die **Temperaturanforderungen** die Möglichkeiten der Aufnahme von Wärme in die Netze begrenzen. Es kann nicht an jeder Stelle eines Fernwärmenetzes eine beliebige Menge Wärme mit einer beliebigen Temperatur eingespeist werden. Schon bei der Planung der Netze werden die Querschnitte der Leitungen, die Lage der Pumpstationen und die Leistungsfähigkeit der Pumpen auf bestimmte Einspeiseorte (die Standorte der Heizwerke und Heizkraftwerke des etablierten Fernwärmeunternehmens) ausgerichtet. Teilweise sind die Fernwärmenetze auch in hydraulische Teilnetze unterteilt, die jeweils von einer Erzeugungsanlage mit Wärme versorgt werden. Die Fernwärmeversorgungsunternehmen müssen im Sommer, bei niedrigem Wärmebedarf, und im Winter, bei hohem Wärmebedarf, an allen Abnahmestellen ihres Netzes den Wärmebedarf der Verbraucher bereitstellen, d.h. eine bedarfsgerechte Leistung und ein bedarfsgerechtes Temperaturniveau. Das führt dazu, dass nicht an jeder Stelle des Netzes Wärme mit einer beliebig hohen Temperatur und einem beliebigen Druck eingespeist werden kann.

28 Unkomplizierter ist das **Einspeisemanagement** bei Fernwärmenetzen mit einer oder mehreren zentralen Transportleitungen (sog. „Fernwärmeschienen"), die mehrere große Erzeugungsanlagen verbinden. Beispiele sind das Fernwärmenetz in Stuttgart und die gerade entstehende „Fernwärmeschiene Rhein-Ruhr". An diese

20 BKartA, Sektoruntersuchung Fernwärme, Rn. 226 ff.

21 Eine Ausnahme ist die Abwärmenutzung großer Kraftwerke. So wird beispielsweise Wärme aus dem Braunkohlekraftwerk Weisweiler über eine 17,5 km lange Fernwärmeleitung bis zum Verteilnetz der Stadtwerke Aachen transportiert. Wirtschaftlich ist das nur sinnvoll, weil die Wärme sonst ungenutzt bliebe.

„Fernwärmeschienen" sind nachgelagerte Wärmeverteilernetze angeschlossen. Die Fernwärmeschienen ermöglichen die Lastverlagerung zwischen den Erzeugungsanlagen. Die Organisation von Einspeisungen in diese Fernwärmeschienen ist wenig kompliziert. Es gibt lediglich Temperatur- und Druckanforderungen. Aus den Schienen lässt sich auch der Bedarf der nachgelagerten Verteilernetze bedarfsgerecht bedienen, wenn dort dezentrale Einspeisungen erfolgen.

Die beschriebenen Besonderheiten der Fernwärmeversorgung führen dazu, 29
dass die Organisation von Wettbewerb in Fernwärmenetzen anspruchsvoll ist. Ein Unternehmen, das mit einer neu zu errichtenden Erzeugungsanlage in den Wettbewerb mit einem etablierten Fernwärmeunternehmen treten möchte, muss einen geeigneten Standort für seine Erzeugungsanlage finden, und es muss die technischen Anforderungen des Netzes an die Wärmeeinspeisung erfüllen.

Wegen der **Komplexität des „Einspeisemanagements"** liegt es auf der Hand, 30
dass die Behinderungsmöglichkeiten des etablierten vertikal integrierten Fernwärmeunternehmens, dessen eigene Wärmeerzeugung durch Wettbewerber teilweise verdrängt würde, immens sind.

Andererseits gibt es aber auch erhebliche Potentiale für das Entstehen von 31
Wettbewerb zwischen mehreren Lieferanten in den Fernwärmenetzen. Fernwärme wird sehr häufig in älteren Heizwerken und Heizkraftwerken erzeugt, die ersetzt werden müssen, wenn die Ziele der Energiewende erreicht werden sollen.[22] Kämen dabei nicht nur die etablierten Fernwärmeunternehmen zum Zuge, könnte mehr Wettbewerb entstehen.

Zu mehr Wettbewerb könnte auch durch die verstärkte **Nutzung der Abwärme** 32
von Industrieunternehmen führen oder kleinere KWK-Anlagen, die dezentral Strom für die Elektromobilität erzeugen, z.B. an städtischen Busdepots.

Ein Potential für mehr Wettbewerb bieten auch neue Technologien. So ist zu 33
erwarten, dass künftig (wieder) mehr Wärme mit Strom erzeugt wird **(Power-to-Heat).**[23] Der Grund hierfür ist, dass es durch den Ausbau der Stromerzeugung aus Erneuerbaren Energien immer mehr Zeiten mit einem Überangebot an Strom und niedrigen Strompreisen geben wird. Auch Wärmepumpen könnten in Zukunft eine größere Rolle bei der Fernwärmeversorgung spielen. Denkbar ist mit Wärmepumpen aus Strom und Umgebungswärme dezentral Wärme zu produzieren und in die Fernwärmenetze einzuspeisen. Auch industrielle Abwärme kann mit Wärmepumpen für die Fernwärmeversorgung nutzbar gemacht werden. Der Vorteil von Wärmepumpen

---

22 *Maaß/Sandrock/Weyland*, ZUR 2015, 78, 79; Roland Berger GmbH, Studie „Wärmewende in Sicht", S. 9, abrufbar unter: https://www.rolandberger.com/publications/publication_pdf/roland_berger_waermewende_in_sicht.pdf.

23 Am Kraftwerk Reuter in Berlin Spandau entsteht derzeit eine Power-to-Heat-Anlage mit einer Wärmeleistung von 100 MW. Vgl.: https://corporate.vattenfall.de/newsroom/pressemeldungen/2016/berliner-energiewende-geht-voran/.

und anderen Power-to-Heat-Anlagen ist, dass sie die Wärme bedarfsgerecht auf das Temperaturniveau anheben können, dass an der jeweiligen Stelle des Fernwärmenetzes benötigt wird. Die hydraulischen und temperaturbedingten Hemmnisse für dezentrale Einspeisungen und das Entstehen von Wettbewerb in den Fernwärmenetzen können also durch Power-to-Heat-Anlagen überwunden werden.

34 Eine Möglichkeit, überschüssigen Strom zu nutzen, ist die Erzeugung von Wasserstoff und in einem Folgeprozess Methan (**Power-to-Gas**). Bei diesem Prozess wird ein größerer Anteil der elektrischen Energie nicht im produzierten Gas gespeichert, sondern fällt als Abwärme auf einem hohen Temperaturniveau an. Wird diese Wärme nicht genutzt, ist die Power-to-Gas-Technologie womöglich unattraktiv. Auch die Abwärme von Power-to-Gas-Anlagen kann aber genutzt werden, wenn diese Anlagen dort errichtet werden, wo größere Fernwärmenetze bestehen.

35 Eine weitere Entwicklung, die mehr Wettbewerb ermöglichen könnte, ist die Umstellung der Netze auf niedrigere Temperaturen, sog. **„kalte Fernwärmenetze“**.[24] Dabei handelt es sich um Fernwärmenetze, die mit 8 °C bis 20 °C nicht das Temperaturniveau erreichen, dass die Verbraucher benötigen. Kalte Fernwärmenetze sind besonders geeignet, um Restwärme (z.B. industrielle Abwärme) oder Wärme aus Solarthermie aufzunehmen. Ein weiterer Vorteil ist, dass die Wärmeverluste geringer sind. Da kalte Wärmenetze kein festes Temperaturniveau erreichen müssen, stellen sie geringere Anforderungen an die Einspeisung als herkömmliche „heiße Fernwärmenetze“. Um die Wärme aus den „kalten Fernwärmenetzen“ nutzen zu können, benötigen die Verbraucher Wärmepumpen, die die Wärme aus dem „kalten Fernwärmenetz“ auf das benötigte Temperaturniveau anheben. Kalte Wärmenetze können die Effizienz der Fernwärmeversorgungssysteme steigern und die Integration von dezentralen Wärmeerzeugungsanlagen in die Fernwärmeversorgung erleichtern.[25]

36 Das Potential für mehr Wettbewerb im Bereich der Fernwärmeversorgung könnte deutlich besser genutzt werden, wenn der Netzbetrieb nach dem Vorbild der §§ 6 ff. EnWG von der Wärmeerzeugung und Wärmelieferung entflochten würde (sog. **„Unbundling“**). Dann wäre sichergestellt, dass sich die Netzbetreiber im Wettbewerb zwischen den Lieferanten „neutral“ verhalten. Die Entflechtung und die Gewährleistung eines diskriminierungsfreien Durchleitungswettbewerbs könnte die dezentrale Einspeisung von Wärme aus Erneuerbaren Energien (Solarthermie und Biomasse) entscheidend fördern. Vorbilder dafür gibt es in Dänemark.[26]

---

24 Vgl. *Hangartner/Sulzer*, „Kalte Wärmenetze vs. herkömmliche Wärmenetze“, abrufbar unter: https://www.carmen-ev.de/biogene-festbrennstoffe/waermenetze/2033-kalte-waermenetze.

25 Zu den Möglichkeiten die Fernwärmeversorgung auf Erneuerbare Energien umzustellen: Hamburg-Institut, Gutachten Erneuerbare Energien im Fernwärmenetz Hamburg, Dezember 2016, abrufbar unter: http://www.hamburg-institut.com/images/pdf/studien/161207%20%20Bericht%20BUE.pdf; *Maaß/Sandrock/Weyland*, ZUR 2015, 78, 79.

26 Vgl. *Sandrock/Weisleben/Maaß*, EuroHEAT&Power 2016, 34 ff.

Gegen eine Entflechtung spricht, dass die Steuerung der Fernwärmenetze und die Steuerung der Wärmeerzeugungsanlagen aufeinander abgestimmt werden müssen. Die Entflechtung und eine Vielzahl von Wärmeerzeugern, die Wärme in das Fernwärmenetz einspeisen, würde die Komplexität der Fernwärmeversorgung vergrößern. Das ist bei der Stromerzeugung und dem Stromnetzbetrieb allerdings auch der Fall. 37

Die Entflechtung kann nur vom Gesetzgeber vorgeschrieben werden. Zu einer eigentumsrechtlichen Entflechtung kann es aber auch kommen, wenn die Gemeinden nach dem Auslaufen eines Wegenutzungsvertrages verlangen, dass ihnen das in ihren Wegegrundstücken verlegte Fernwärmenetz übereignet wird.[27] 38

3. Wettbewerb um die Fernwärmenetze

Für die örtlichen Strom- und Gasverteilernetze der allgemeinen Versorgung hat der Gesetzgeber in § 46 Abs. 2 bis 6 EnWG ein Regelungssystem geschaffen, das zu einem regelmäßigen **Wettbewerb um die Netze** führen soll. Folgende Bedingungen sind für das Entstehen des Wettbewerbs um die Strom- und Gasnetze wesentlich: 39

- Die Laufzeit der Wegenutzungsverträge und damit die Stellung als Netzeigentümer und Netzbetreiber ist auf 20 Jahre begrenzt.
- Die Gemeinden müssen rechtzeitig vor dem Auslaufen eines Wegenutzungsvertrages bekannt machen, dass ein Wegenutzungsrecht endet.
- Alle Interessenten erhalten Informationen über das Netz.
- Die Gemeinden müssen ein transparentes und diskriminierungsfreies Auswahlverfahren durchführen. Eine Inhouse-Vergabe ist nicht möglich.
- Das ausgewählte Unternehmen hat einen gesetzlich begründeten Anspruch auf Übertragung des Netzeigentums. Die Gemeinden wählen also den künftigen Netzeigentümer und Netzbetreiber aus.
- Der Kaufpreis für die Netze richtet sich nach dem objektivierten Ertragswert.

Es stellt sich daher die Frage, ob auch die allgemeinen Regelungen des Kartellrechts und des Zivilrechts zu einem regelmäßigen Wettbewerb um die Fernwärmenetze führen. Voraussetzung dafür ist, dass die Gemeinden in regelmäßigen Abständen über die Fernwärmenetze verfügen können und dass auch nach den allgemeinen Regelungen des Vergabe- und Kartellrechts eine Ausschreibungspflicht besteht.[28] 40

---

27 Vgl. dazu Rn. 242 ff.
28 Vgl. Rn. 143 ff.

B. Kartellrechtliche Kontrolle der Fernwärmepreise

I. Einführung

41 § 19 Abs. 1 i.V.m. Abs. 2 Nr. 2 GWB verbietet marktbeherrschenden Unternehmen Entgelte zu fordern, die von denjenigen abweichen, die sich bei wirksamen Wettbewerb mit hoher Wahrscheinlichkeit ergeben würden. § 19 Abs. 1 i.V.m. Abs. 2 Nr. 2 GWB soll abhängige Nachfrager vor der Ausbeutung durch marktbeherrschende Anbieter schützen. Damit dient die Regelung dem **Verbraucherschutz.**[29] Die Kartellbehörden können Verstöße gegen § 19 Abs. 1 i.V.m. Abs. 2 Nr. 2 GWB untersagen, § 32 Abs. 1 GWB. Die Verbraucher können Unterlassung verlangen, § 33 GWB.

II. Marktabgrenzung

42 Die Anwendung des § 19 GWB setzt eine marktbeherrschende Stellung des Fernwärmeversorgungsunternehmens im Sinne des § 18 GWB voraus. Vor der Beurteilung, ob ein Unternehmen marktbeherrschend ist, ist der sachlich und räumlich relevante Markt zu bestimmen.

1. Kleinverbraucher (Haushaltskunden und kleine Gewerbekunden)

a) Sachlich relevanter Markt

43 Die sachliche Marktabgrenzung erfolgt nach dem sog. **Bedarfsmarktkonzept.**[30] Demnach umfasst ein Markt alle Produkte und Dienstleistungen, die aus Sicht des verständigen Nachfragers bezüglich ihrer Verwendung ohne Umstellungsaufwand und -kosten funktionell austauschbar sind.[31]

44 Im Hinblick auf die Wärmeversorgung von Kleinverbrauchern war zu entscheiden, ob die verschiedenen Arten der Wärmeerzeugung und Wärmebereitstellung (z.B. dezentrale Gas-, Öl- und Holzpelletheizungen, dezentrale Wärmepumpen, Solarthermieanlagen und Fernwärme) „funktionell austauschbar" sind, d.h. zueinander im Wettbewerb stehen (sog. **„einheitlicher Wärmemarkt"**) oder ob es sich um

29 MüKo-GWB/*Wolf*, Band 2, § 19 Rn. 83.

30 BGH, Beschl. v. 10.12.2008 – KVR 2/08 – GRUR 2009, 514, 514 – Stadtwerke Uelzen; BGH, Urt. v. 29.4.2008 – KZR 2/07 – NJW 2008, 2172, 2172f. – Erdgassondervertrag; BGH, Beschl. v. 4.3.2008 – KVR 21/07 – NJW-RR 996, 996f. – Soda-Club II; BKartA, Beschl. v. 13.2.2017 – B8-13/30 – S. 7; Immenga/Mestmäcker/*Fuchs*/*Möschel*, Bd. 2 Teil 1, § 18 Rn. 32; *Körber*/*Fricke*, N&R 2009, 222, 225.

31 Vgl. ständ. Rspr. z.B. BGH, Beschl. v. 4.3.2008 – KVR 21/07 – NJW-RR 2008, 996, 997 – Soda Club II; BGH, Beschl. v. 3.7.1976 – KVR 4/75 – GRUR 1977, 169, 172 – Vitamin B12; BGH, Beschl. v. 16.12.1976 – KVR 2/76 – GRUR 1977, 269, 272f. – Valium I.

getrennte sachliche Märkte handelt. Die Versorgung mit Fernwärme ist ein eigener sachlicher Markt, falls kein Wettbewerb mit den anderen Arten der Wärmeerzeugung und Wärmebereitstellung besteht.

Nach der Rechtsprechung des BGH[32] und der Auffassung des BKartA[33] ist zu unterscheiden zwischen einem Kunden, der sich neu für ein Heizungssystem entscheiden kann, und einem Bestandskunden. 45

aa) Vor der Entscheidung für ein Heizsystem

Befindet sich ein Kunde in einer Situation, in der er sich neu für ein Heizsystem entscheiden kann, und stehen die Alternativen im Wettbewerb zueinander, so ist von einem einheitlichen Markt auszugehen. Das ist z.B. der Fall, wenn der Kunde ein Eigenheim errichtet und sich – im Rahmen einer **Systementscheidung** – frei für einen Anschluss an die Fernwärmeversorgung oder eine dezentrale Gas-, Öl- oder Pelletheizung entscheiden kann. Besteht für die Fernwärme ein von der Gemeinde durch Satzung festgelegter **Anschluss- und Benutzungszwang**, ist das nicht der Fall. 46

bb) Nach der Entscheidung für ein Heizsystem

Anders ist die Situation, nachdem sich ein Kunde bereits für ein Heizsystem entschieden hat. Die hohen Investitionskosten in die Heizungsanlage oder den Fernwärmeanschluss, die lange Nutzungsdauer der Anlagen von 15 bis 20 Jahren und, im Falle der Fernwärme, die vertragliche Bindung an einen Wärmelieferanten[34] führen zu einer langfristigen Bindung des Kunden.[35] 47

Ist ein Kunde an das Fernwärmenetz angeschlossen und hat er die Hausanschlusskosten und einen Baukostenzuschuss für den Anschluss bezahlt, werden die Umstellungskosten, z.B. die Kosten eines Anschlusses an das Gasnetz und die Errichtung einer Gasheizung, in der Regel deutlich höher sein als die durch den Wechsel des Heizsystems zu erreichenden Einsparungen. Darüber hinaus kann der Kunde die Einsparungen nur schwer abschätzen, weil sich die Preisentwicklung der Fernwärme und des alternativen Energieträgers (z.B. Erdgas) nicht längerfristig vorhersehen lässt. Ein wirtschaftlich vernünftig handelnder Kunde wird also bei der 48

---

32 BGH, Urt. v. 9.7.2002 – KZR 30/00 – S. 12 – WuW/E DE-R 1006 ff. – Fernwärme für Börnsen; BGH, Urt. v. 29.4.2008 – KZR 2/07, Rn. 12 – WuW/E DE-R 2295 ff. – Erdgassondervertrag; BGH, Beschl. v. 10.12.2008 – KVR 2/08 – WuW/E DE-R 2538 ff. – Stadtwerke Uelzen.

33 BKartA, Sektoruntersuchung Fernwärme, Rn. 190 ff.; BKartA, Beschl. v. 8.5.2009 – B 8 – 34/09, S. 9 f. – Favorit; BKartA, Beschl. v. 15.10.2015 – B 8 – 34/13, Rn. 20 – Stadtwerke Leipzig.

34 § 32 Abs. 1 AVBFernwärmeV erlaubt für Fernwärmeversorgungsverträge eine Anfangslaufzeit von zehn Jahren und automatische Verlängerungen um jeweils fünf Jahre.

35 BKartA, Sektoruntersuchung Fernwärme, Rn. 175.

Fernwärme bleiben, wenn er sich für einen Anschluss entschieden hat. Nach der **„Systementscheidung“** besteht also ein eigenständiger Markt für das ausgewählte Heizsystem Fernwärme.[36]

b) Räumliche Marktabgrenzung

49 Da Fernwärme nur über Leitungen transportiert werden kann, ist der räumlich relevante Markt auf das jeweilige lokale Netzgebiet des Fernwärmeunternehmens begrenzt.[37] Verfügt ein Fernwärmeunternehmen über mehrere Netze ohne eine physikalische Verbindung, ist es auf mehreren räumlich relevanten Märkten tätig, die unabhängig voneinander zu betrachten sind.

2. Großverbraucher (Industriekunden, Wohnungsunternehmen, Weiterverteiler)

a) Sachliche Marktabgrenzung

50 **Industrielle Wärmeverbraucher mit sehr hohen Verbräuchen** überprüfen laufend, wie sie ihren Wärmebedarf kostengünstig decken können. Ein Wechsel von der Fernwärmeversorgung zu einer anderen Form der Wärmeversorgung amortisiert sich wegen des hohen Verbrauchs nicht selten innerhalb kurzer Zeit. Das ist insbesondere dann der Fall, wenn große Wärmeverbraucher die Möglichkeit der **Eigenversorgung mit KWK-Anlagen** nutzen können. Eigenversorger haben zahlreiche Vorteile: Durch die eigene Stromerzeugung sparen sie Netznutzungsentgelte mit den darin enthaltenen Umlagen (KWK-Umlage, § 19 StromNEV-Umlage, Offshorehaftungs-Umlage, Abschaltbare-Lasten-Umlage). Speisen sie Strom in das Netz ein, erhalten sie für den Strom eine Vergütung und sog. „vermiedene Netzentgelte“, § 18 StromNEV. KWK-Anlagen bis 100 kW_{el} oder KWK-Anlagen stromkostenintensiver Unternehmen erhalten auch im Falle der Eigenversorgung einen KWK-Zuschlag, §§ 6, 7 KWKG. Eigenversorger sind ganz (Bestandsanlagen) oder teilweise (Neuanlagen) von der EEG-Umlage befreit, § 61 ff. EEG. Eigenversorgungsanlagen bis 2 MW sind von der Stromsteuer befreit, § 9 Abs. 1 Nr. 3 StromStG. Die in Stromerzeugungsanlagen eingesetzten Brennstoffe sind von der Energiesteuer befreit oder entlastet, §§ 53 ff. EnergieStG.

51 Da die Umstellung vom Fernwärmebezug auf die Eigenversorgung bei Großverbrauchern innerhalb kurzer Zeiträume zu wirtschaftlichen Vorteilen führen kann, ist es nicht sachgerecht, bei industriellen Großverbrauchern die Fernwärmversor-

36 BGH, Urt. v. 9.7.2002 – KZR 30/00 – GRUR 2003, 77, 79 Fernwärme für Börnsen; BGH, Urt. v. 29.4.2008 – KZR 2/07 – NJW 2008, 2172, 2172 – Erdgassondervertrag; BGH, Beschl. v. 10.12.2008 – KVR 2/08 – GRUR 2009, 514, 514 – Stadtwerke Uelzen.

37 OLG Düsseldorf, Beschl. v. 4.8.2010, VI 2 (Kart) 8/09 (V) – Rn. 5 n.v.; BKartA, Beschl. v. 13.2.2017 – B8-30/13 – Rn. 24; BKartA, Beschl. v. 15.10.2015 – B8-34/13 – Rn. 23.

gung als einen eigenständigen sachlichen Markt zu betrachten. Es ist vielmehr im Einzelfall zu untersuchen, wie sich die Wettbewerbssituation mit alternativen Heizsystemen darstellt.

Größere Vermieter (Wohnungsunternehmen) beziehen zwar große Wärme- 52 mengen, sie können beim Wärmebezug aber nicht von den Vergünstigungen für Eigenversorger profitieren. Darüber hinaus geben sie die Kosten des Wärmebezugs an ihre Mieter weiter. Sie haben also selbst kein Interesse, von der Fernwärme zu einer anderen Form der Wärmeversorgung zu wechseln. Das spricht gegen einen Wettbewerb mit anderen Heizsystemen, sobald die Entscheidung für die Fernwärme gefallen ist.

Das BKartA hat auch die Belieferung **großer Weiterverteiler**, die ihrerseits 53 Kunden mit Fernwärme beliefern als eigenständigen Markt definiert.[38] Das ist sicher richtig, wenn die Belieferung auf der Grundlage langfristiger Verträge erfolgt und nicht ohne Weiteres durch eigene Wärmeerzeugungsanlagen ersetzt werden kann. Die Errichtung eigener Wärmeerzeugungsanlagen erfordert große Investitionen und benötigt schon wegen der Genehmigungsverfahren einen längeren zeitlichen Vorlauf. Teilweise sind Fernwärmenetze auch nur aufgebaut worden, weil die Möglichkeit besteht, Abwärme eines nahe gelegenen Kraftwerks oder eines Industriebetriebs zu nutzen. In diesen Fällen besteht kein Wettbewerb zwischen mehreren Alternativen des Wärmebezugs.

b) Räumliche Marktabgrenzung

Besteht kein Wettbewerb mit anderen Formen des Wärmebezugs oder der Eigenver- 54 sorgung, ist auch bei Großverbrauchern der räumliche Markt auf das Netzgebiet des Fernwärmeunternehmens beschränkt.

III. Marktbeherrschende Stellung

1. Kleinverbraucher (Haushaltskunden und kleine Gewerbekunden)

Innerhalb seines Netzgebiets ist das etablierte Fernwärmeunternehmen auf dem 55 Markt für die Belieferung der angeschlossenen Kleinverbraucher marktbeherrschend. Das OLG Düsseldorf spricht von einem **„idealtypischen Monopolmarkt“**.[39]

Die Hürden für einen Wechsel des Heizsystems sind sehr hoch. Mieter haben 56 nicht die Möglichkeit, sich für einen Wechsel des Heizsystems zu entscheiden. Vermieter haben daran kein Interesse, weil sie die Kosten an die Mieter weitergeben.

38 BKartA, Beschl. v. 8.5.2009 – B 8-35300-Fa-34/09 – S. 9 – Favorit.

39 OLG Düsseldorf, Beschl. v. 4.8.2010 – VI 2 (Kart) 8/09 (V) – Rn. 38 n.v.; BKartA, Sektoruntersuchung Fernwärme, Rn. 190; *Büdenbender*, Kontrolle Fernwärmepreise, S. 47.

57 Die Umstellungskosten sind wegen der erforderlichen Investitionen in eine neue Heizungsanlage und bei einer Gasheizung in einen neuen Anschluss an das Gasnetz hoch. Dabei ist auch zu berücksichtigen, dass die Kunden die Preisentwicklung nicht absehen können. Sie können also nicht wissen, ob Fernwärme langfristig teurer ist als z.B. eine Gasheizung. Teilweise fehlen die baulichen Voraussetzungen für ein alternatives Heizsystem, d.h. der Platz für eine Heizungsanlage oder einen Schornstein.

58 Die nach § 32 Abs. 1 AVBFernwärmeV zulässigen Erstlaufzeiten der Versorgungsverträge von zehn Jahren und die möglichen automatischen Verlängerungen um jeweils fünf Jahre wirken ebenfalls wettbewerbshemmend. Allerdings wird ein Kunde, der Anschlusskosten und Baukostenzuschüsse bezahlt hat, ohnehin nicht kurzfristig zu einer anderen Art der Wärmeversorgung wechseln.

59 Besteht ein **Anschluss- und Benutzungszwang** sind die etablierten Fernwärmeversorgungsunternehmen auch auf dem Markt für Neukunden, die noch nicht an das Fernwärmenetz angeschlossen sind, marktbeherrschend.[40]

60 An der marktbeherrschenden Stellung der Fernwärmeunternehmen ändert bisher auch der Anspruch auf Netzzugang nach 19 Abs. 2 Nr. 4 GWB nichts. Wegen der bereits beschriebenen Hemmnisse[41] findet nahezu kein **Durchleitungswettbewerb** statt. Dasselbe gilt für den Wettbewerb mit parallelen Leitungen (Infrastrukturwettbewerb).[42]

2. Großverbraucher (Industriekunden, Wohnungsunternehmen, Weiterverteiler)

61 Bei Großverbrauchern ist im Einzelfall zu untersuchen, ob für den Wechsel zu einem alternativen Heizsystem Hemmnisse bestehen. Bei **großen industriellen Wärmeverbrauchern** wird das häufig nicht der Fall sein. Die Eigenversorgung mit KWK-Anlagen ist, auch wegen der Vielzahl von Vergünstigungen, eine Alternative.[43]

62 Bei **Weiterverteilern** stellt sich die Situation häufig anders dar. Sie können die Vorteile der Eigenversorgung nicht nutzen. Nicht selten sind Wärmeversorgungsnetze aufgebaut worden, um die Abwärme eines Industriebetriebs oder eines Kraftwerks zu nutzen. In diesen Fällen besteht – mangels wirtschaftlicher Alternative – eine Abhängigkeit von der Wärmeerzeugungsanlage und den beim Aufbau des Netzes zugrunde gelegten Preisvereinbarungen.

63 Bei großen **Wohnungsunternehmen** besteht regelmäßig eine marktbeherrschende Stellung des Fernwärmelieferanten, weil das Wohnungsunternehmen selbst kein Interesse an günstigen Preisen hat. Es kann die Kosten des Wärmebe-

40 BKartA, Sektoruntersuchung Fernwärme, Rn. 190 m.w.N.

41 Vgl. Rn. 94 ff.

42 BKartA, Sektoruntersuchung Fernwärme, Rn. 195; *Körber*, Drittzugang Fernwärmenetze S. 15.

43 Vgl. Rn. 50 ff.

zugs auf die Mieter umlegen. Die Errichtung von KWK-Anlagen durch Wohnungsunternehmen und die Versorgung der Mieter mit Strom und Wärme sind wirtschaftlich nicht so attraktiv, dass sie von den Wohnungsunternehmen in großem Umfang praktiziert werden. Das Mieterstromgesetz[44] wird daran nichts ändern, weil es nur die Mieterstromversorgung mit Photovoltaikanlagen fördert.

IV. Ermittlung einer Missbrauchssituation

Ob ein marktbeherrschendes Unternehmen seine Stellung missbraucht um überhöhte 64
Preise durchzusetzen, beurteilt sich gem. § 19 Abs. 2 Nr. 2 GWB nach dem Maßstab des sog. **Als-Ob-Wettbewerbs.**[45] Eine Methode zur Ermittlung einer Missbrauchssituation ist das ausdrücklich in § 19 Abs. 2 Nr. 2 GWB genannte **Vergleichsmarktkonzept.**[46] Als weiteres Konzept zur Ermittlung eines Preismissbrauchs stehen die **Kostenkontrolle** und das Konzept der **Gewinnbegrenzung** zur Verfügung.

1. Kostenkontrolle

Diese ist, obwohl sie in § 19 Abs. 2 Nr. 2 GWB keine ausdrückliche Erwähnung findet, 65
dem Vergleichsmarktkonzept nicht nachrangig.[47] Vielmehr kann die prüfende Stelle (Kartellbehörde oder Gericht) frei wählen, auf welche Methode sie ihre Ermittlung stützt. Das Konzept der Kostenkontrolle verfolgt – unter Bezugnahme effizienter Kosten und eines angemessen Gewinns – eine Begrenzung des „erlaubten" Erlöses.[48] Bemängelt wird, dass diese Art der Missbrauchsermittlung eine Form der Preisregulierung darstellt, die dem Staat zu großen Einfluss auf die Unternehmen gewährt und eben dies mit einer freien Marktwirtschaft nicht vereinbar wäre.[49]

Im Rahmen der Kostenkontrolle muss die Angemessenheit der Kosten beurteilt 66
werden. Bei Unternehmen, die keinem wirksamen Wettbewerb ausgesetzt sind, fehlt der Anreiz zur Effizienz. Ob die Kosten bei wirksamem Wettbewerb niedriger wären,

---

44 Das Mieterstromgesetz wurde am 28.6.2017 endgültig vom Bundestag verabschiedet (vgl. BT-Drucks. 18/12988).

45 BGH, Beschl. v. 15.5.2012 – KVR 51/11 – NJW 2012, 3243, 3244 – Wasserwerke Calw; BGH, Beschl. v. 21.10.1986 – KVR 7/85 – GRUR 1987, 310, 311 – Glockenheide; BGH, Beschl. v. 16.12.1976 – KVR 2/76 – GRUR 1977, 269, 273 – Valium; MüKo-GWB/*Wolf*, Bd. 2, § 19 Rn. 84; Langen/Bunte/*Nothdurft*, Kartellrecht § 19 Rn. 102.

46 Langen/Bunte/*Nothdurft*, Kartellrecht § 19 Rn. 105; MüKo-GWB/*Wolf*, Bd. 2, § 19 Rn. 91; Immenga/Mestmäcker/*Fuchs*/*Möschel*, Bd. 2 Teil 1, § 19 Rn. 260.

47 BGH, Beschl. v. 15.5.2012 – KVR 51/11 – NJW 2012, 3243, 3243 f. – Wasserpreise Calw.

48 BGH, Beschl. v. 15.5.2012 – KVR 51/11 – NJW 2012, 3243, 3244 – Wasserpreise Calw; Immenga/Mestmäcker/*Fuchs*/*Möschel*, Bd. 2 Teil 1, § 19 Rn. 261.

49 MüKo-GWB/*Wolf*, Bd. 2, § 19 Rn. 109; Langen/Bunte/*Nothdurft*, Kartellrecht, Bd. 1, § 19 Rn. 130.

wird in der Praxis häufig durch einen Kostenvergleich mit Unternehmen ermittelt, die wirksamem Wettbewerb ausgesetzt sind (Heranziehung von Benchmarks). Insofern ist der Kern der Kostenkontrolle oft ebenfalls ein Vergleich.

67 Denkbar ist auch ein Vergleich mit regulierten Märkten, die vergleichbare Kostenpositionen aufweisen. Ähnliches gilt für die Bestimmung der angemessenen Eigenkapitalverzinsung.

68 Im Bereich der Fernwärmeversorgung bietet sich – zumindest teilweise – ein Rückgriff auf die Regulierung der Strom- und Gasnetze an. Wesentliche Grundgedanken der Regulierung der Strom- und Gasnetzentgelte sind auf Fernwärmenetze übertragbar. Das gilt z.B. für das Verbot der Abschreibung unter null, §§ 6 Abs. 6, 7 Strom-/GasNEV. Auch die risikoangemessene Eigenkapitalverzinsung dürfte bei Fernwärmenetzen nicht anders sein als bei Gasnetzen.

69 Ein wesentliches Problem der Kostenkontrolle bei Fernwärmeunternehmen ist die Zurechnung der Gemeinkosten bei Kraft-Wärme-Kopplungs-Anlagen. Hier bedarf es belastbarer Kriterien zur Verteilung der Brennstoff- und Anlagenkosten sowie der Effizienzvorteile. Ein Vergleich mit den Kosten der Wärmeerzeugung in (fiktiven) Kesselanlagen kann eine Argumentationshilfe sein. Höher als die Kosten der alternativen Wärmeerzeugung in Kesselanlagen dürfen die zurechenbaren Kosten jedenfalls nicht sein.

2. Vergleichsmarktkonzept

70 Das BKartA bediente sich im Bereich der Fernwärme zumeist der Vergleichsmarktmethode.[50] Dabei wird geprüft, ob die Entgelte des verdächtigen Unternehmens in unangemessener Weise von vergleichbaren Unternehmen abweichen. Dabei kommt es grundsätzlich nicht darauf an, ob das Vergleichsunternehmen im Wettbewerb mit anderen Unternehmen steht.[51]

71 Allerdings dürfte das Vergleichsmarktkonzept bei natürlichen Monopolen wie dem Wärmetransport an seine Grenzen stoßen, weil kein Vergleichsobjekt zur Verfügung steht, das einem wirksamen Wettbewerb ausgesetzt ist.[52] Nicht anders wird es bei der Fernwärmeversorgung insgesamt sein, alle Fernwärmeversorgungsunternehmen sind nur einem sehr beschränkten Wettbewerbsdruck ausgesetzt.

---

50 BKartA, Sektoruntersuchung Fernwärme, Rn. 196; z.B. BKartA, Beschl. v. 13.2.2017 – B8-30/13 – Rn. 29 ff.; BKartA, Beschl. v. 15.10.2015 – B8-34/13 – Rn. 29 ff.

51 BGH, Beschl. v. 28.6.2005 – KVR 17/04 – NVwZ 2006, 853, 855 – Stadtwerke Mainz; BGH, Beschl. v. 21.10.1986 – KVR 7/85 – GRUR 1987, 310, 311 – Glockenheide.

52 Langen/Bunte/*Nothdurft*, Kartellrecht, Bd. 1, § 19 Rn. 130.

a) Vergleichskonzepte

Im Rahmen des Vergleichsmarktkonzepts kann auf zwei verschiedene Vergleichskonzepte abgestellt werden. Es kann entweder ein Abgleich der Erlöse oder der Preise vorgenommen werden. 72

aa) Preisvergleich

Wählt man das Konzept des Preisvergleiches, ist auf den Gesamtpreis für die Fernwärmeleistung des Unternehmens abzustellen, nicht auf die Preise für einzelne Verbrauchergruppen.[53] Einzelne Verbrauchergruppen, z.B. Großkunden, könnten von dem Fernwärmeunternehmen auf Kosten einer anderen Verbrauchergruppe, z.B. Kleinkunden, begünstigt werden. Würde man nur auf die Preise für einzelne Verbrauchergruppen abstellen, könnte ein Unternehmen im Vergleich zu einem anderen Unternehmen deutlich ungünstigere Preise aufweisen, obwohl diese an anderer Stellen wieder ausgeglichen werden. Eine umfassende Betrachtung der gesamten Preisstruktur ist daher geboten. 73

Bei der Kontrolle von Fernwärmeversorgern hat sich das BKartA gegen einen Preisvergleich und für die Erlöskontrolle entschieden.[54] Der Grund sind die komplexe Preisbildung und Heterogenität der Preisgestaltung aus Grundpreisen (teilweise abhängig von Wohnungsgrößen), Leistungspreisen (abhängig von der Anschlussleistung nicht von der Jahreshöchstleistung) und Arbeitspreisen.[55] Darüber hinaus hängt die Höhe der Fernwärmepreise von der Größe und Siedlungsstruktur des jeweiligen Gebietes ab. Unternehmen mit einer günstigen Abnahmestruktur (dicht besiedelte Gebiete, Industriekunden, die auch im Sommer Wärme benötigen, ein hoher Anteil von Altbauten mit geringer Energieeffizienz) haben niedrigere Kosten als Unternehmen mit einer ungünstigen Abnahmestruktur. Fernwärmeunternehmen mit großen Versorgungsgebieten haben in vielen Bereichen (Verwaltungskosten, Abrechnung, Materialbeschaffung, Vorratshaltung) Kostenvorteile durch Skaleneffekte. Ein Preisvergleich ist wegen der Strukturunterschiede im Bereich der Fernwärmeversorgung also äußerst schwierig. 74

bb) Erlösvergleich

Bei einem Erlösvergleich werden nicht die Preise verglichen, was bei komplexen Preisgestaltungen schwierig ist, sondern die Erlöse je Kilowattstunde, die an be- 75

53 MüKo-GWB/*Wolf*, Bd. 2, § 19 Rn. 97; *Büdenbender*, Kontrolle Fernwärmepreise, S. 63.

54 Vgl. BKartA, Beschl. v. 13.2.2017 – B8-30/13 – Rn. 29; BKartA, Beschl. v. 13.2.2017 – B8-31/13 – Rn. 35; BKartA, Beschl. v. 15.10.2015 – B8-34/13 – Rn. 28; BKartA, Sektoruntersuchung Fernwärme, Rn. 198.

55 BKartA, Sektoruntersuchung Fernwärme, Rn. 198.

stimme Verbrauchergruppen geliefert wurden[56], oder bei Netzentgelten die Erlöse je km Leitungslänge. Der BGH hat den Erlösvergleich bei Netzentgelten ausdrücklich gebilligt. Dies führe bei Netzentgelten zu Vergleichszahlen, die eine effektive Missbrauchskontrolle ermöglichen.[57]

b) Korrekturzuschläge bzw. -abschläge

76 Alle Vergleichskonzepte zwingen zu Korrekturzuschlägen bzw. -abschlägen, da die Vergleichsmärkte mit dem beherrschten Markt nicht uneingeschränkt vergleichbar sind.[58] Im Fernwärmebereich sind Korrekturzuschläge bzw. -abschläge vorzunehmen, da die Versorgungsgebiete sehr unterschiedliche Strukturen und Bedingungen aufweisen. Das BKartA hält Zuschläge oder Abschläge in folgenden Fällen für geboten:

aa) Unterschiedliche Beschaffungskosten

77 Die Fernwärmeunternehmen haben nicht in jedem Fall die Möglichkeit, Wärme zu den gleichen Konditionen zu beschaffen.

78 Teilweise können die Unternehmen auf preisgünstige Abwärme von Industrieunternehmen oder nahe gelegenen Kraftwerken zurückgreifen. Teilweise müssen sie bei der Wärmeerzeugung höhere Kosten in Kauf nehmen, z.B. weil sie aus emissionsschutzrechtlichen Gründen nicht berechtigt sind, kostengünstige Brennstoffe (Abfall, Kohle oder Öl) einzusetzen.

bb) Abnahmedichte

79 Die Abnahmedichte der Fernwärmenetze (Abnahmemenge je km Leitungslänge) ist sehr unterschiedlich. Netze in Industriegebieten oder dicht besiedelten Innenstädten weisen regelmäßig eine höhere Abnahmedichte auf als in dünn besiedelten Gebieten.

56 BKartA, Sektoruntersuchung Fernwärme, Rn. 200; BKartA, Beschl. v. 1.12.2008 – B 10-21/08 – WuW DE-V 1704, Rn. 19 ff. – Gaspreise RheinEnergie; BKartA, Beschl. 17.4.2003 – ZNER 2003, 263 ff. – Netzentgelte Stadtwerke Mainz.

57 BGH, Beschl. v. 28.6.2005 – KVR 17/04 – WuW DE/R 1513, 1516 a.E. = NVwZ 2006, 853, 855 – Stadtwerke Mainz.

58 BGH, Beschl. v. 12.2.1980 – KVR 3/79 – GRUR 1980, 742, 745 – Valium II; BKartA, Beschl. v. 15.10.2015 – B8-34/13 – Rn. 34; MüKo-GWB/*Wolf*, Bd. 2, § 19 Rn. 99.

cc) Unterschiedliche Netzkosten

Die Errichtung, Unterhaltung und der Betrieb von Fernwärmenetzen verursachen unterschiedlich hohe Kosten. Diese sind abhängig von der Bodenbeschaffenheit, den Oberflächen, Hindernissen wie Flussläufen, Höhenunterschieden usw. 80

dd) Sondersituation in Ostdeutschland

Bei den Netzen in Ostdeutschland bestand nach der Wiedervereinigung ein Investitionsstau, der abgebaut werden musste und den Abschreibungsbedarf erhöht hat. Hinzu kommt die zunehmende Verschlechterung der Abnahmedichte in manchen Gebieten durch die Bevölkerungsabwanderung. 81

ee) Kundenstruktur

Die Kundenstruktur kann bei Fernwärmeversorgungssystemen sehr unterschiedlich sein. Vorteilhaft ist ein großer Anteil an Industriekunden, mit einem hohen Bedarf an Prozesswärme, die nicht nur in den Wintermonaten große Wärmemengen abnehmen, sondern auch im Sommer. Der dadurch mögliche verstätigte Wärmeabsatz kommt insbesondere KWK-Anlagen zugute. 82

ff) Pachtzinsen

Wärmeerzeugungsanlagen und teilweise auch Netze werden von den Fernwärmeunternehmen teilweise gepachtet. 83

Ist der Verpächter ein verbundenes Konzernunternehmen akzeptiert das BKartA keine höheren Kosten als im Eigentumsmodell. Die Entscheidung für das Pachtmodell sei ein unternehmensindividueller Umstand, der im Rahmen des Vergleichsmarktkonzepts keine Berücksichtigung finden könne. Das stimmt mit der Behandlung von Pachtmodellen in der Netzentgeltregulierung bei Strom- und Gasnetzen überein. Wird das Netz von einem konzernfremden Unternehmen gepachtet, berücksichtigt das BKartA, ob der Pachtzins marktüblich ist. 84

gg) Leistungsumfang

Der Leistungsumfang der Fernwärmeversorgungsunternehmen kann unterschiedlich sein, z.B. sind die Kosten der Übergabestation und der Messung teilweise in den Fernwärmepreisen enthalten. Teilweise werden diese Leistungen gesondert abgerechnet. 85

c) Erheblichkeitszuschlag

86 Nach der Rechtsprechung des BGH stellt ein Unterschied der Preise nicht per se einen „Missbrauch" dar.[59] Das in § 19 GWB zum Ausdruck kommende **Unwerturteil** sei erst gerechtfertigt, wenn eine Erheblichkeitsschwelle überschritten ist.[60] Gering überhöhte Preise reichten hierfür nicht aus. Darüber hinaus müssten die im Rahmen der Vergleichsmethode auftretenden Unschärfen ausgeglichen werden.[61] Andererseits müsse aber auch dafür Sorge getragen werden, dass die Höhe des Zuschlags eine effektive Preishöhenkontrolle nicht faktisch unmöglich mache.[62]

87 Ein allgemein gültiger Erheblichkeitszuschlag wurde höchstrichterlich nicht festgelegt.[63] In der Praxis werden Zuschläge von 5–10% angesetzt. Innerhalb dieser Spanne wird von einem angemessenen Ausgleich zwischen der Notwendigkeit einer effektiven Preishöhenkontrolle und der Verhältnismäßigkeit ausgegangen.[64]

d) Rechtfertigungsgründe

88 Führt die Preishöhenkontrolle auch nach der Berücksichtigung von besonderen Umständen durch Korrekturzuschläge und dem Erheblichkeitszuschlag zu dem Ergebnis, dass ein Missbrauch vorliegen könnte, so steht dem Unternehmen nach der Rechtsprechung des BGH noch die Möglichkeit offen, seine Preise zu rechtfertigen.[65] Die **Beweislast** für das Vorliegen eines Rechtfertigungsgrundes liegt allerdings bei dem betroffenen Unternehmen.[66]

V. Würdigung der Preishöhenkontrolle im Bereich der Fernwärme

89 Die Preishöhenkotrolle begegnet im Bereich der Fernwärme besonderen Schwierigkeiten. Die Unternehmen sind wegen der unterschiedlichen Versorgungsstrukturen (Abnahmedichte im Netz, Kundendurchmischung, Geologie, Topographie der Versorgungsgebiete, unterschiedliche Möglichkeiten der Wärmeerzeugung) nur sehr

---

59 BGH, Beschl. v. 15.5.2012 – KVR 51/11 – NJW 2012, 3243, 3244 – Wasserpreise Calw; BGH, Beschl. v. 16.12.1976 – KVR 2/76 – GRUR 1977, 269, 274 – Valium I; BGH, Beschl. v. 28.6.2005 – KVR 17/04 – NVwZ 2006, 853, 856 – Stadtwerke Mainz.
60 BGH, Beschl. v. 28.6.2005 – KVR 17/04 – NVwZ 2006, 853, 856 – Stadtwerke Mainz; Langen/Bunte/*Nothdurft*, Kartellrecht § 19 Rn. 121; *Büdenbender*, Kontrolle Fernwärmepreise, S. 66.
61 BGH, Beschl. v. 28.6.2005 – KVR 17/04 – NVwZ 2006, 853, 856 – Stadtwerke Mainz.
62 *Büdenbender*, Kontrolle Fernwärmepreise, S. 67.
63 Immenga/Mestmäcker/*Fuchs*/*Möschel*, Bd. 2 Teil 1, § 19 Rn. 277.
64 *Büdenbender*, Kontrolle Fernwärmepreise, S. 67.
65 BGH, Beschl. v. 16.12.1976 – KVR 2/76 – GRUR 1977, 269, 274 f. – Valium I.
66 *Büdenbender*, Kontrolle Fernwärmepreise, S. 70; Immenga/Mestmäcker/*Fuchs*/*Möschel*, Bd. 2 Teil 1, § 19 Rn. 280.

schwer miteinander zu vergleichen. Zusätzliche Schwierigkeiten entstehen durch die Verbindung mit dem Strommarkt, falls die Wärme in KWK-Anlagen erzeugt wird. Es gibt bisher noch kein schlüssiges System, mit dem die Gemeinkosten sachgerecht auf die Wärme- und Stromsparte verteilt werden können.

VI. Ist eine Einbeziehung der Fernwärme in den Anwendungsbereich des § 29 GWB sinnvoll?

Wegen der Schwierigkeiten bei der Preishöhenkontrolle fordert das BKartA die Ein- 90
beziehung der Fernwärme in den Anwendungsbereich des § 29 GWB.[67] Die Behörde ist der Ansicht, dass das Problem der Kostenermittlung und -zuordnung durch die in § 29 GWB normierte **Beweislastumkehr** gelöst werden könnte.

Dieser Vorschlag wurde vom Gesetzgeber bisher nicht aufgegriffen.[68] Ein Grund 91
dafür war, dass die permanenten Monopole auf den Fernwärmemärkten nicht unter eine Übergangsvorschrift gefasst werden sollen.[69] Gegen eine Ausweitung des § 29 GWB spricht zudem, dass die Beweislastumkehr das Problem der Komplexität und in den Fällen der Wärmeerzeugung mit KWK-Anlagen das Problem der Zuordnung der Gemeinkosten nicht löst. Die Fernwärmeunternehmen wären also nicht gehindert, die Gemeinkosten der KWK-Anlagen in unangemessener Weise der Wärmeerzeugung zuzuschreiben.[70]

VII. Ist eine Preisregulierung sinnvoll?

Die **Monopolkommission** empfiehlt, die Kontrolle der Fernwärme- (und Wasser-) 92
entgelte in einer gesonderten Regulierungsvorschrift zu regeln, die von den zuständigen Regulierungsbehörden umgesetzt wird. Dazu verweist sie auf ihre Vorschläge für die Trinkwasserversorgung im 18. Hauptgutachten aus dem Jahre 2010.[71] Im Bereich der Wasserversorgung hält die Monopolkommission eine Vollkostenkontrolle wegen der Strukturunterschiede nicht für praktikabel. Sie schlägt vielmehr vor, eine Anreizregulierung einzuführen, die auf einem Benchmarksystem beruht. Darü-

67 BKartA, Sektoruntersuchung Fernwärme, Rn. 286 ff.

68 Die Bundesregierung wies den Vorschlag des BKartA zurück und entschied sich im Rahmen der 8. GWB-Novelle abermals gegen eine Ausweitung des § 29 auf die Fernwärme; ebenfalls ablehnend *Haellmigk/Pelka*, RdE 2013, 1, 4.

69 BT-Drucks. 17/9852, S. 50.

70 Monopolkommission, 63. Sondergutachten, Rn. 110, abrufbar unter: http://www.monopolkommission.de/images/PDF/SG/s63_volltext.pdf.

71 BT-Drucks. 17/2600, S. 52 ff. (Rn. 22).

ber hinaus regt die Monopolkommission an, vermehrt Ausschreibungswettbewerbe durchzuführen.[72]

93 Die Enquete-Kommission „Neue Energie für Berlin“ spricht sich in ihrem Abschlussbericht im November 2015 ebenfalls für eine **Entgeltregulierung** im Fernwärmebereich aus. Ihr Vorschlag ist, einen Wettbewerb mit einer Gasversorgung zu simulieren.[73] Diese Art der Regulierung sei weniger komplex und folglich leicht durchzuführen.[74]

C. Netzzugang

I. Tatsächliche Hemmnisse für das Entstehen eines Durchleitungswettbewerbs

94 Die Organisation eines Durchleitungswettbewerbs in den Fernwärmenetzen ist mit Schwierigkeiten verbunden.

95 Die Leitungsquerschnitte sowie die Lage und die Leistung der Pumpstationen werden schon bei der Planung der Netze auf bestimmte Einspeisepunkte (Standorte der Heizwerke und Heizkraftwerke) und die Verteilung des Wärmebedarfs im jeweiligen Netzgebiet ausgerichtet. Es kann also nicht beliebig viel Wärme von einem beliebigen Ort des Netzgebiets (Einspeisestelle) zu einem anderen Ort (Entnahmestelle) transportiert werden.

96 Darüber hinaus ist eine sichere Wärmeversorgung nur möglich, wenn die Temperaturen und Drücke im Netz so gesteuert werden, dass bei geringen Verbräuchen im Sommer und hohen Verbräuchen im Winter an jeder Stelle des Netzgebiets genügend Wärme bereitgestellt werden kann. Gleichzeitig ist es zur Begrenzung der Wärmeverluste und des Pumpstrombedarfs erforderlich, dass die Temperatur im Netz nicht unnötig hoch ist und die Zirkulation auf das notwendige Maß begrenzt wird.

97 Die Etablierung eines Durchleitungswettbewerbs stößt also auf tatsächliche Schwierigkeiten. Diese sind allerdings nicht größer als die Organisation des Wettbewerbs in den Strom- und Gasnetzen.

98 Es besteht aber ein wesentlicher Unterschied zum Wettbewerb in Strom- und Gasnetzen: Die Netzgebiete der Fernwärmeversorger sind abgeschlossene lokale

---

72 BT-Drucks. 17/2600, S. 52ff. (Rn. 24).

73 Enquete-Kommission „Neue Energie für Berlin“, Abschlussbericht, S. 58, abrufbar unter: https://www.parlament-berlin.de/C1257B55002AD428/vwContentbyKey/7CFF13202F561CEEC12580C60052561E/$FILE/Enquete_Abschlußbericht_Web.pdf.

74 Enquete-Kommission „Neue Energie für Berlin“, Abschlussbericht, S. 58, abrufbar unter: https://www.parlament-berlin.de/C1257B55002AD428/vwContentbyKey/7CFF13202F561CEEC12580C60052561E/$FILE/Enquete_Abschlußbericht_Web.pdf.

Märkte, die wegen der fehlenden Leitungsverbindungen kein einheitliches System bilden. Es ist daher nicht möglich, ein **einheitliches Netzzugangsregime** einzuführen, bei dem wenige große Netzbetreiber, wie bei den Strom- und Gasnetzen, zentrale Steuerungsaufgaben übernehmen. Es bedarf vielmehr einer eigenen Organisation des Netzzugangs für jedes Fernwärmenetzgebiet.

Es bedarf also jeweils einer Stelle, die entscheidet, welche Anforderungen Wär- 99
meerzeugungsanlagen erfüllen müssen, damit sie an das Netz angeschlossen werden können (Anschlussvoraussetzungen). Diese Anforderungen werden, in Abhängigkeit von der Lage im Netz und den Eigenschaften der Erzeugungsanlage (Leistung, Einspeisetemperatur und Einspeisedruck), sehr unterschiedlich sein.

Darüber hinaus muss diese Stelle entscheiden, welche Erzeugungsanlage zu 100
welchem Zeitpunkt in das Netz einspeisen darf **(Einspeisemanagement)**. Das Einspeisemanagement kann nicht nur den Bedarf der von dem jeweiligen Einspeiser versorgten Kunden berücksichtigen, die Einspeisung muss auch „systemverträglich sein, d.h. sie darf die Aufrechterhaltung der Versorgungsaufgabe des Netzes insgesamt nicht gefährden.

Die Stelle, die den Netzzugang organisiert, kann nur der Netzbetreiber sein. Nun 101
sind aber praktisch alle Fernwärmeunternehmen in Deutschland „vertikal integriert“, d.h. sie sind Betreiber der Netze und sie erzeugen und vertreiben Fernwärme an Letztverbraucher. Die Verflechtung von Wärmeerzeugung und Netzbetrieb spiegelt sich auch in der Anlagenkonfiguration wider. Sehr häufig befinden sich wesentliche Anlagen, die für den Netzbetrieb erforderlich sind, in den Kraft- und Heizwerken oder auf demselben Grundstück, z.B. Umwälzpumpen, Wasseraufbereitungsanlagen, Anlagen für den kathodischen Korrosionsschutz und die Netzleitzentrale. Teilweise befinden sich die Leitzentrale für die Erzeugungsanlage und das Netz sogar in demselben Raum.

Für den Fernwärmesektor bestehen keine gesetzlichen Regelungen, die gewähr- 102
leisten, dass sich die Betreiber der Fernwärmenetze im Wettbewerb zwischen mehreren Wärmelieferanten „neutral“ verhalten.

Die tatsächlichen Schwierigkeiten bei der Organisation eines Durchleitungs- 103
wettbewerbs und die fehlenden Entflechtungsvorgaben machen es wenig wahrscheinlich, dass sich in allen deutschen Fernwärmenetzen ein Durchleitungswettbewerb etablieren kann. In einigen Netzgebieten bestehen aber auch günstigere Voraussetzungen. Zu nennen sind insbesondere Konstellationen, bei denen die Gemeinden die Möglichkeit haben, die Netze nach dem Auslaufen eines Wegenutzungsvertrages zu übernehmen. Dadurch kann es zu der am weitesten gehenden Entflechtung kommen, nämlich der Trennung des Netzeigentums und des Netzbetriebs von der Wärmeerzeugung. Günstig ist die Situation auch, wenn eine große Fernwärmeleitung (eine sog. Fernwärmeschiene) besteht oder ein Netz aus großen Leitungen, die es möglich machen, Einspeiseleistungen von einer Erzeugungsanlage zu einer anderen Anlage zu verlagern, ohne das Netzengpässe der Verlagerung entgegenstehen.

104 Vorteilhaft für das Entstehen von Wettbewerb ist es auch, wenn große Wärmeerzeugungsanlagen ersetzt werden müssen. Das ist in Deutschland vielfach der Fall. In diesen Fällen könnte sich im Wettbewerb entscheiden, wer die neuen Anlagen errichtet. Fernwärme wird häufig in veralteten kohlebetriebenen Anlagen erzeugt, die im Zuge der Energiewende ersetzt werden müssen. Der Kohleausstieg bietet also eine Chance für mehr Wettbewerb im Bereich der Fernwärmeversorgung.

II. Der gesetzliche Anspruch auf Netzzugang

105 § 19 Abs. 1. i.V.m. Abs. 4 Nr. 4 GWB begründet einen Zugangsanspruch[75] zu Netzen und Infrastruktureinrichtungen, ohne deren Mitbenutzung ein Wettbewerber des Netzbetreibers auf dem nachgelagerten Markt (hier den Märkten für die Lieferung von Wärme) nicht aktiv werden kann.

1. Marktbeherrschung/Notwendigkeit der Mitbenutzung

106 Bei Fernwärmenetzen steht außer Frage, dass Wettbewerber des Netzbetreibers ohne den Zugang zum Fernwärmenetz nicht auf den nachgelagerten Märkten für die Kundenbelieferung tätig werden können.

107 Die Errichtung paralleler Netze (Infrastrukturwettbewerb) ist ebenso wenig möglich, wie das Ausweichen auf eine andere Form der Wärmebereitstellung. Das Fernwärmenetz ist also weder duplizierbar noch substituierbar.[76] Die marktbeherrschende Stellung der Fernwärmenetzbetreiber steht deshalb außer Frage. Die Fernwärmenetzbetreiber verfügen auf dem jeweiligen Markt für den Wärmetransport über ihr Netz über uneingeschränkte **(natürliche) Monopole (Transportmonopole)**.[77]

2. Möglichkeit und Zumutbarkeit des Netzzugangs

108 Die Netzbetreiber sind nach § 19 Abs. 2 Nr. 4 Hs. 2 berechtigt, den Netzzugang zu verweigern, wenn sie nachweisen **(Beweislastumkehr)**,[78] dass die Mitbenutzung ihres Fernwärmenetzes im konkreten Fall aus betriebsbedingten, rechtlichen oder wirtschaftlichen Gründen nicht möglich oder nicht zumutbar ist.[79] Aus der Beweis-

---

75 Vgl. zu Folgenden insbesondere *Körber*, Drittzugang Fernwärmenetze.

76 Vgl. zu diesen Anforderungen: *Säcker*/*Wolf*, RdE 2011, 277, 279; MüKo-GWB/*Wolf*, Bd. 2, § 19 Rn. 154.

77 So auch BKartA, Sektoruntersuchung Fernwärme, Rn. 226;

78 BGH, Urt. v. 11.12.2012 – KVR 7/12 – Rn. 26, 35 – Fährhafen Puttgarden II.

79 MüKo-GWB/*Wolf*, Bd. 2, § 19 Rn. 160; Langen/Bunte/*Nothdurft*, Bd. 2 Teil 1, § 19 Rn. 356; Immenga/Mestmäcker/*Fuchs*/*Möschel*, Kartellrecht § 19 Rn. 332.

lastumkehr ergibt sich, dass die Gewährung des Netzzugangs den Regelfall darstellen muss.[80]

a) Möglichkeit des Netzzugangs

Eine Unmöglichkeit des Netzzugangs kommt insbesondere in Betracht, wenn die Transportkapazität des Netzes nicht ausreicht oder die Form, in der die Wärmeenergie in das Netz eingespeist werden soll (Aggregatzustand, Temperatur und Druck), die Funktionsfähigkeit des Netzbetriebs und damit die Versorgungssicherheit gefährdet. 109

Bei **Kapazitätsengpässen** ist der Netzbetreiber zu Netzerweiterungen grundsätzlich nicht verpflichtet.[81] Beruht der Engpass, wie es bei Fernwärmenetzen stets der Fall sein wird, allerdings auf der eigenen Inanspruchnahme des Netzbetreibers, so ist er verpflichtet, seine eigene Netznutzung so zu optimieren, dass die Mitbenutzung durch Wettbewerber möglich wird. Führt die Optimierung nicht zu einer ausreichenden Transportkapazität des Netzes, ist ein **Kapazitätsmanagement** erforderlich, das alle Nutzungsinteressen in einen angemessenen Ausgleich bringt. Eigene Nutzungsinteressen des Netzbetreibers haben dabei keinen Vorrang, es ist vielmehr von einer Gleichrangigkeit der Nutzungsinteressen auszugehen.[82] Der Netzbetreiber muss seine eigene Netznutzung also ggf. zurückfahren, um anderen Zugangspetenten die Mitbenutzung seines Netzes zu ermöglichen **(Repartierung)**.[83] 110

Die Organisation des Durchleitungswettbewerbs in Fernwärmenetzen wird es erforderlich machen, dass Wärmemengen innerhalb des Netzes „abgetauscht" werden. Bei einem Netz, das mit heißem Wasser betrieben wird, wird es in der Regel nicht möglich sein, dass genau das von dem Einspeiser erhitzte und in das Netz eingespeiste Wasser bei dem Wärmekunden des jeweiligen Einspeisers „ankommt". 111

Wie bei den Strom- und Gasnetzen werden die Betreiber von Fernwärmenetzen deshalb **Bilanzierungssysteme** einführen müssen. In solchen Systemen werden auf **Bilanzkonten** der im Wettbewerb stehenden Lieferanten jeweils deren Einspeisungen und die ihnen zuzurechnenden **zeitgleichen** Entnahmen gegenübergestellt. Die Lieferanten sind verpflichtet, die Konten in jedem Zeitintervall (beim Stromnetz 15 Minuten) ausgeglichen zu halten. 112

---

80 BGH, Urt. v. 11.12.2012 – KVR 7/12 – Rn. 33 – Fährhafen Puttgarden II; Langen/Bunte/*Nothdurft*, Kartellrecht § 19 Rn. 356.

81 Grundlegend: BGH, Urt. v. 11.12.2012 – KVR 7/12 – Rn. 29 f. – Fährhafen Puttgarden II.

82 BKartA, Beschl. v. 30.8.1999 – B8-40100-T-99/99 – WuW/E DE-V 149, 153 ff. – Berliner Stromdurchleitung; Immenga/Mestmäcker/*Fuchs*/*Möschel*, Bd. 2 Teil 1, § 19 Rn. 333.

83 Langen/Bunte/*Nothdurft*, Kartellrecht § 19 Rn. 357; Immenga/Mestmäcker/*Fuchs*/*Möschel*, Bd. 2 Teil 1, § 19 Rn. 332.

113 In einem Bilanzierungssystem werden die physikalischen Vorgänge im Netz (die tatsächliche Verteilung des heißen Wassers) von den vertraglichen Lieferbeziehungen abstrahiert. Grundsätzlich wird also unterstellt, dass beliebig viel Wärme von jedem Einspeisepunkt zu jedem Ausspeisepunkt transportiert werden kann.

114 Im Ergebnis muss aber jeder Kunde tatsächlich versorgt werden. Es sind daher Festlegungen erforderlich, wie **Unter- und Überdeckungen der Bilanzkonten** ausgeglichen werden und **Regelenergie** bereitgestellt wird. Das ist bei Fernwärmenetzen in ähnlicher Weise möglich wie bei Strom- und Gasnetzen.[84]

115 Bei Stromnetzen werden die physikalischen Möglichkeiten der Netze weitgehend außer Acht gelassen. Netzengpässe werden durch sog. Redispatch-Maßnahmen der Übertragungsnetzbetreiber ausgeglichen.[85]

116 Nur bei großen Kraftwerken ab 100 MW Leistung gelten Einschränkungen. Nach § 6 Abs. 1 der Kraftwerks-Netzanschlussverordnung (KraftNAV) ist die Gewährung eines Netzanschlusses nach § 17 Abs. 2 des EnWG bei großen Kraftwerken insbesondere dann unzumutbar,

> „wenn der begehrte Netzanschlusspunkt technisch nicht zur Aufnahme des erzeugten Stroms geeignet ist und die Eignung nicht durch dem Netzbetreiber mögliche und zumutbare Maßnahmen zur Ertüchtigung des Netzanschlusspunktes oder zum Ausbau des Netzes bis zum nächsten Netzknoten hergestellt werden kann."

117 Aus § 19 Abs. 2 Nr. 4 GWB kann im Unterschied zum EnWG und der KraftNAV kein Anspruch auf einen Netzausbau abgeleitet werden.[86] Bei Fernwärmenetzen wird man aber ebenfalls von dem Leitungsabschnitt ausgehen können, von dem aus die eingespeiste Wärme ohne Weiteres verteilt werden kann.

118 Im Hinblick auf das Wettbewerbsziel des GWB erscheint es angemessen, wenn die etablierten Fernwärmenetzbetreiber jede Einspeisung in größere Leitungen hinnehmen müssen, die die Temperatur- und Druckanforderungen erfüllen, selbst wenn die Wärmeabnehmer des Einspeisers physikalisch über den jeweiligen Einspeisepunkt nicht erreicht werden können. In diesen Fällen ist die **Aufnahme der Wärme in das Versorgungssystem** möglich.

---

84 Vgl. dazu die Regelungen der Strom- und Gasnetzzugangsverordnung (StromNZV und GasNZV).

85 Beim Stromversorgungsnetz wird in dem bestehenden Marktgebiet, das über Deutschland hinausgeht, unterstellt, dass jeder Transport möglich ist. Netzengpässe werden durch sog. **Redispatch-Maßnahmen** der Übertragungsnetzbetreiber ausgeglichen, d.h. soweit es zur Erhaltung der Versorgungssicherheit erforderlich ist, erhalten Erzeugungsanlagen von den Übertragungsnetzbetreibern eine Vergütung, wenn sie ihre Leistung herauf- oder herunterfahren. Stromhandelsverträge bleiben davon unberührt. So kann Strom im gesamten Marktgebiet gehandelt werden, auch wenn ein physikalischer Transport nicht möglich ist.

86 Vgl. BGH, Urt. v. 11.12.2012 – KVR 7/12 – Rn. 29f. – Fährhafen Puttgarden II; Langen/Bunte/*Nothdurft*, Kartellrecht, § 19 Rn. 356; Immenga/Mestmäcker/*Fuchs*/*Möschel*, Bd. 2 Teil 1, § 19 Rn. 332ff.

b) Zumutbarkeit des Netzzugangs

Bei der Beurteilung, ob dem Fernwärmenetzbetreiber zugemutet werden kann, 119 Wettbewerbern den Zugang zu seinem Netz zu ermöglichen, ist eine Abwägung der Interessen unter Berücksichtigung der auf die Freiheit des Wettbewerbs gerichteten Zielrichtung des GWB vorzunehmen.[87]

Der Zielrichtung des § 19 Abs. 2 Nr. 4 GWB kann entnommen werden, dass den 120 marktbeherrschenden Fernwärmenetzbetreibern zugemutet wird, auch den **Wettbewerb gegen sich selbst** zu fördern. Das Interesse des Netzbetreibers an dem Erhalt seiner Vormachtstellung bleibt bei der Abwägung also unberücksichtigt.[88]

Dem Wettbewerb ist immanent, dass er sich zunächst auf die besonders attrak- 121 tiven Verbraucher (Industriekunden mit einem gleichmäßigen Bedarf) ausrichtet. Neue Anbieter werden also zunächst „Rosinen picken“. Auch diesen Umstand muss der Netzbetreiber hinnehmen.[89]

Abwägungsgesichtspunkte können aber zusätzliche Kosten und Belastungen 122 sein, die beim Netzbetreiber anfallen. So wird der Netzbetreiber **Kapazitätserweiterungen (Netzausbaumaßnahmen)** zur Ermöglichung des Wettbewerbs grundsätzlich nicht vornehmen müssen.[90] Eine andere Frage ist, ob er dulden muss, dass seine Wettbewerber Netzerweiterungsmaßnahmen oder sonstige Investitionen (z.B. den Bau von Pumpstationen, Messeinrichtungen, einer geeigneten Leitzentrale) vornehmen, die ihnen den Netzzugang ermöglichen. Das ist sicher der Fall, wenn andere Nutzungsinteressen nicht beeinträchtigt werden.

Etwas anderes gilt für den **organisatorischen Aufwand**, der mit der Gewäh- 123 rung des Netzzugangs verbunden ist, insbesondere die Schaffung eines Netzzugangs- und Kapazitätsmanagementsystems (die Festlegung von Anforderungen an den Netzzugang), die Einführung eines Bilanzierungssystems, die Berechnung von Netzentgelten, die Abrechnung der Netznutzung usw. Der organisatorische Aufwand ist eine notwendige Folge des Anspruchs auf Netzzugang.

Inwieweit bei der Abwägung neben dem Wettbewerbsziel **Allgemeinwohlbe- 124 lange**, wie z.B. die Umweltbelastung durch die jeweilige Wärmeerzeugungsanlage, zu berücksichtigen sind, ist umstritten.[91] Gegen eine Berücksichtigung spricht, dass die Verringerung der Umweltbelastung nicht zu den Zielen des GWB gehört. Es könnte also argumentiert werden, dass es der Systematik der Gesetzgebung wi-

---

87 Langen/Bunte/*Nothdurft*, Kartellrecht § 19 Rn. 356; Immenga/Mestmäcker/*Fuchs*/*Möschel*, Bd. 2 Teil 1, § 19 Rn. 332ff.

88 BKartA, Sektoruntersuchung Fernwärme, Rn. 234.

89 Vgl. BGH, Beschl. v. 28.6.2005 – KVR 27/04 – S. 17 ff. – Anschluss Arealnetz; gleiche Interessenlage: BGH, Beschl. v. 23.6.2009 – EnVR 48/08 – Agrarfrost.

90 Langen/Bunte/*Nothdurft*, Kartellrecht § 19 Rn. 356.

91 Gegen eine Berücksichtigung: BKartA, Sektoruntersuchung Fernwärme, Rn. 237; Wiedemann/*Wiedemann*, § 23 Rn. 70b; für eine Berücksichtigung: *Körber*, Drittzugang Fernwärmenetze, S. 80.

derspräche, wenn Wärmeerzeugungsanlagen, die alle umweltrechtlichen Vorgaben erfüllen, im Rahmen der Abwägung beim Netzzugang benachteiligt würden. Andererseits ist das **Staatsziel „Schutz der natürlichen Lebensgrundlagen"**, Art. 20a GG, auch bei der Auslegung des GWB zu berücksichtigen. Auch nach der Rechtsprechung des BGH müssen Gemeinwohlbelange bei der Abwägung im Rahmen des § 19 GWB Berücksichtigung finden.[92]

125 In der Praxis würde eine Berücksichtigung von Gemeinwohlbelangen, insbesondere des Umweltschutzes, zu sehr schwierigen Abwägungsfragen führen, die von den Kartellbehörden wohl kaum zu bewältigen sind. Rechtsunsicherheit wäre die Folge. Insofern ist die Position des BKartA nachvollziehbar, wonach nur die Interessenlagen des Netzbetreibers und des Zugangspetenten zu berücksichtigen seien und die zu berücksichtigenden Interessen gesetzlich klar determiniert sein müssten.[93]

126 Der Autor dieses Beitrags ist deshalb ebenfalls der Meinung, dass insbesondere Umweltgesichtspunkte nur zu berücksichtigen sind, wenn sie klar determiniert wurden. Denkbar ist beispielsweise, dass die Gemeinden derartige Vorgaben in ihre Wegenutzungsverträge für Fernwärmenetze aufnehmen, z.B. einen vorrangigen Anspruch auf Netzzugang für regenerativ erzeugte Wärme oder Abwärme.

127 Das Wettbewerbsziel des GWB dürfte aber einem Schutz bestehender Erzeugungsanlagen entgegenstehen, wenn deren Erzeugung durch Wettbewerber verdrängt wird, die die Wärme ebenso umweltschonend erzeugen. Es kann also keinen Schutz der wirtschaftlichen Interessen eines etablierten Fernwärmeversorgungsunternehmens geben.

III. Angemessenes Zugangsentgelt

128 Der Fernwärmenetzbetreiber ist nur verpflichtet, Wettbewerbern den Netzzugang zu ermöglichen, wenn diese bereit sind, ein angemessenes Entgelt für die Nutzung des Fernwärmenetzes zu zahlen. Der Zugangspetent kann den Anschluss seiner Erzeugungsanlage an das Fernwärmenetz selbst herstellen. Der Netzbetreiber kann diese Aufgabe aber ebenfalls übernehmen und dafür die Kosten in Rechnung stellen.[94]

129 Bei der Berechnung der Netznutzungsentgelte kann in weiten Teilen auf die Grundsätze zurückgegriffen werden, die der Gesetzgeber für die Berechnung der

---

92 BGH, Urt. v. 9.7.2002 – KZR 30/00 – S. 13 – Fernwärme Börnsen; BGH, Urt. v. 11.11.2008 – KZR 43/07 – WuW/E DE-R 2581, 2584 – Neue Trift; BGH, Urt. v. 13.11.2007 – KZR 22/06 – WuW/E DE-R 2163, 2164f.; BGH, Urt. v. 7.11.2006 – KZR 2/06 – WuW/E DE-R 1951, 1952f. – Bevorzugung einer Behindertenwerkstatt und BGH, Urt. v. 10 2.1987 – KZR 1/86 – WuW/E BGH 2370, 2376.

93 BKartA, Sektoruntersuchung Fernwärme, Rn. 238f.

94 BKartA, Sektoruntersuchung Fernwärme, Rn. 240; *Säcker/Wolf*, RdE 2011, 277, 286.

Netznutzungsentgelte für Strom- und Gasnetze festgelegt hat.[95] Diese Grundsätze sind durch die Monopolstellung der Strom- und Gasnetzbetreiber gerechtfertigt. Damit ist die Stellung der Fernwärmenetzbetreiber weitgehend vergleichbar. Zu nennen sind beispielsweise folgende Grundsätze:

Das **Verbot der Abschreibung unter null.** § 6 Abs. 6 und 7 Strom-/GasNEV. 130
Dieser Grundsatz ist gerechtfertigt, weil die Monopolstellungen der Netzbetreiber dazu führen, dass diese ihre Investitionen mehrfach über die Netzentgelte refinanzieren können. Im Wettbewerb führen abgeschriebene Produktionsanlagen zu sinkenden Preisen.

Die **Begrenzung des Eigenkapitalanteils** auf 40%, § 7 Abs. 1 Strom-/GasNEV. 131
Wegen der niedrigeren Verzinsung des Fremdkapitals wäre es unangemessen, einen Eigenkapitalanteil zu akzeptieren, der in vergleichbaren Wirtschaftszweigen unüblich ist.

Die Methoden zu Ermittlung des **Eigenkapitalzinssatzes.** § 7 Strom-/GasNEV 132
geben vor, wie ein für Netze risikoadäquater Eigenkapitalzinssatz zu ermitteln ist. Diese Methode ist auf Fernwärmenetze übertragbar.

Anrechnung von Baukostenzuschüssen und sonstigen kostenmindernden Er- 133
trägen. Auch diese würden in einem wettbewerblichen System preismindernd wirken.

Unterschiede ergeben sich allerdings bei den **kalkulatorischen Abschreibun-** 134
gen, weil Fernwärmeversorgungsanlagen andere Nutzungsdauern haben als die Anlagen, die Strom- und Gasnetze bilden. Hier bietet es sich an, hilfsweise die tatsächlich vom Netzbetreiber angesetzten Abschreibungszeiträume zugrunde zu legen.

In der Praxis werden sich bei der Netzentgeltberechnung Probleme ergeben, 135
weil für die vertikal integrierten Fernwärmeunternehmen keine gesetzliche Verpflichtung besteht, in ihrer internen Rechnungslegung jeweils getrennte Konten für die Wärmeerzeugung, den Wärmevertrieb und das Fernwärmenetz zu führen.

Vertikal integrierte Strom- und Gasnetzbetreiber sind verpflichtet, für die Netz- 136
bereiche getrennte Konten zu führen, so wie dies erforderlich wäre, wenn diese Tätigkeiten von rechtlich selbstständigen Unternehmen ausgeführt würden, § 6b EnWG. Ohne eine solche Verpflichtung fehlt die erforderliche Transparenz für die Prüfung, ob ein beanspruchtes Netzentgelt angemessen ist. Diskriminierung und Quersubventionierungen zu Gunsten des eigenen Vertriebs werden sich nur schwer verhindern lassen.

---

95 Vgl. dazu *Säcker/Wolf*, RdE 2011, 277, 286.

D. Verpflichtung zur Abnahme von Wärme

137 Die Betreiber von Fernwärmenetzen, die in der Regel auch die marktbeherrschenden Wärmelieferanten in ihren Netzgebieten sind, verfügen auch als Abnehmer von Wärme (z.B. industrieller Abwärme) über marktbeherrschende Stellungen, da außer ihnen niemand in der Lage ist, Wärme zu entfernt liegenden Verbrauchern zu transportieren.[96]

138 Die marktbeherrschende Stellung der Fernwärmeversorger bei der Abnahme von Wärme wird auch nicht dadurch in Frage gestellt, dass die Wärmeerzeuger über einen Anspruch auf Netzzugang verfügen und die Wärme deshalb auch selbst vertreiben könnten. Der Anspruch auf Netzzugang kann in der Regel nicht durchgesetzt werden, weil die Netzbetreiber die dafür erforderlichen organisatorischen Voraussetzungen nicht geschaffen haben. Darüber hinaus werden die Einspeisungen, z.B. die Abwärme eines Industrieunternehmens, in der Regel nicht mit dem Verbrauch eines oder mehrerer Abnehmer übereinstimmen oder die Einspeisungen sind nicht zuverlässig genug, um Verbraucher sicher zu versorgen. Die zusätzlich benötigte Wärme und die notwendige Redundanz kann zu wirtschaftlich vertretbaren Bedingungen nur der etablierte Fernwärmeversorger bereitstellen.

139 Die Verweigerung der Abnahme von Wärme könnte eine Diskriminierung und unbillige Behinderung im Sinne des § 19 Abs. 2 Nr. 1 GWB darstellen. Eine Diskriminierung liegt nicht vor, falls der Fernwärmeversorger anderen „gleichartigen Unternehmen“ noch keine Wärme abgenommen hat. Eine Verpflichtung zur „Gleichbehandlung mit sich selbst“ besteht grundsätzlich nicht.[97] Allerdings ist die Abnahme von Wärme nach den Feststellungen des BKartA keine Ausnahme. Etwa ein Viertel ihres Wärmebedarfs beziehen die Fernwärmeversorger von Dritten.[98]

140 Die Verweigerung der Wärmeabnahme stellt aber häufig eine Behinderung der Wettbewerbsmöglichkeiten der Wärmeerzeuger dar, weil diese über keine alternativen Absatzmöglichkeiten verfügen.[99] Es ist also zu fragen, ob die Behinderung unbillig ist. Dazu ist eine umfassende Interessenabwägung vorzunehmen.

141 Gegen eine Behinderung spricht, dass eine Abnahmepflicht einen besonders starken Eingriff in die Vertragsfreiheit und Dispositionsbefugnis des Fernwärmeunternehmens darstellt. Das gilt insbesondere dann, wenn das Fernwärmeunternehmen nicht nur Wärme aufnehmen muss, die die Wärmeerzeugung in eigenen Erzeugungsanlagen verdrängt, sondern auch Zusatz- und Reservemengen bereitstellen und dafür Erzeugungskapazitäten vorhalten muss. Das BKartA und Körber kommen

---

96 BKartA, Sektoruntersuchung Fernwärme, August 2012, Rn. 245.

97 Vgl. dazu Langen/Bunte/*Nothdurft*, Kartellrecht, Bd. 1, 12. Aufl., § 19, Rn. 210f.

98 BKartA, Sektoruntersuchung Fernwärme, August 2012, Rn. 196.

99 Zum sehr weit verstanden Behinderungsbegriff vgl. Langen/Bunte/*Nothdurft*, Kartellrecht, Bd. 1, 12. Aufl., § 19 Rn. 197.

deshalb zu dem Ergebnis, dass die Interessenabwägung grundsätzlich zu Gunsten des Fernwärmeunternehmens ausfallen muss.[100] Dagegen könnte angeführt werden, dass auch sehr gewichtige öffentliche Interessen für eine Abnahmepflicht der Fernwärmeversorger sprechen. Neben dem Ziel, den Wettbewerb – soweit das möglich ist – auch im Bereich der Fernwärme zu etablieren, spricht insbesondere das Ziel, die benötigte Wärme umweltschonend bereitzustellen, für eine Abnahmepflicht.

Ein wichtiges Ziel der Energiewende ist die Nutzung von Abwärme, insbesondere der Industrie.[101] Das wird in vielen Fällen nur möglich sein, wenn die Abwärme in die Fernwärmenetze aufgenommen wird. Darüber hinaus führt der Ausbau der Stromerzeugung aus Erneuerbaren Energien zunehmend zu zeitweiligen Stromüberschüssen, die mit Power-to-Heat-Anlagen für die Wärmeversorgung genutzt werden könnten. Auch die dezentrale Errichtung von Wärmepumpen oder Anlagen zur Erzeugung von Wärme aus Erneuerbaren Energien (Solarthermie) ist sinnvoll. Besteht keine Abnahmepflicht der Fernwärmeversorger, ist es möglich, dass diese Anlagen nur von den Fernwärmeversorgern selbst errichtet werden. Das würde die marktbeherrschenden Stellungen der Fernwärmeversorger weiter ausdehnen. Es ist auch zu befürchten, dass sich die Einführung neuer Technologien verzögert, weil die Fernwärmeversorger selbst kein Interesse daran haben, bestehende Erzeugungsanlagen zu ersetzen. 142

E. Besteht eine Verpflichtung der Gemeinden, Wegenutzungsrechte für Fernwärmenetze auszuschreiben?

I. Einführung[102]

Die in der Regel vertikal integrierten Fernwärmeversorgungsunternehmen verfügen in ihren Netzgebieten über natürliche Monopolstellungen beim Wärmetransport **(Transportmonopole)** und, wegen des nicht funktionierenden Durchleitungswettbewerbs, über an Monopole heranreichende Stellungen bei der Versorgung von Verbrauchern, die nicht die Möglichkeit einer alternativen Wärmeversorgung haben. 143

100 BKartA, Sektoruntersuchung Fernwärme, August 2012, Rn. 247 f.; *Körber*, Drittzugang Fernwärmenetze, S. 106.

101 Vgl. die im August 2017 geänderte Richtlinie für die Förderung der Abwärmevermeidung und Abwärmenutzung in gewerblichen Unternehmen: http://www.bmwi.de/Redaktion/DE/Downloads/A/abwaermerichtlinie.pdf?__blob=publicationFile&v=16.

102 An dieser Stelle sei darauf hingewiesen, dass der Autor dieses Beitrags in einem Rechtsstreit als Rechtsanwalt für die Landeshauptstadt Stuttgart tätig ist. Die Landeshauptstadt Stuttgart möchte das in ihren Wegegrundstücken verlegte Fernwärmenetz von der EnBW AG übernehmen. Vor dem LG Stuttgart ist eine Klage auf Übereignung des Fernwärmenetzes anhängig.

144 Wettbewerb über parallele Fernwärmenetze in denselben Gebieten ist tatsächlich und wirtschaftlich unmöglich. Denkbar sind allenfalls einzelne Leitungen von den Wärmeerzeugungsanlagen zu besonders attraktiven Großverbrauchern.[103] Das ist bereits dargelegt worden.[104] Die wesentlichen Gründe für die „faktischen Ausschließlichkeitsstellungen“ der Fernwärmeversorger seien an dieser Stelle nochmals zusammengefasst:

- Viele Wegegrundstücke können aus Platzgründen nicht mehr als ein Fernwärme-Versorgungssystem aufnehmen.
- Den Gemeinden kann nicht zugemutet werden, mehrere Fernwärmenetze in den Wegegrundstücken zuzulassen, weil dadurch die Unterhaltung der übrigen Infrastruktur deutlich kostenaufwendiger wird, z.B. der Kanalisation.
- Besteht bereits ein Fernwärmenetz ist ein zweites Netz aus wirtschaftlichen Gründen unmöglich:
- Bestehende Fernwärmenetze sind häufig weitgehend abgeschrieben, d.h. bereits über die Vergütungen für die Wärme refinanziert. Das bedeutet, die Betreiber bestehender Netze können Wettbewerber, die ihre Netze noch vollständig refinanzieren müssen, ohne Weiteres unterbieten.
- Die angeschlossenen Kunden haben oftmals Baukostenzuschüsse für die Bereitstellung der Wärmeleistungen bezahlt. Mit den Baukostenzuschüssen wurden die bestehenden Fernwärmenetze (mit-)finanziert. Fernwärmenetze dürfen bis zu einem Anteil von 70% über Baukostenzuschüsse finanziert werden, § 9 AVBFernwärmeV. Die Anschlussnehmer werden nur bereit sein, einen weiteren Baukostenzuschuss zu zahlen, wenn der neue Anbieter die Wärme deutlich günstiger anbietet. Dadurch wird es wirtschaftlich unattraktiv, parallele Wärmenetze zu errichten.
- Vermieter haben kein Interesse an einem Wechsel des Wärmelieferanten, weil die Wärme von den Mietern zu bezahlen ist.
- Da die etablierten Fernwärmeunternehmen in der Regel nicht entflochten sind, d.h. Netz und Wärmeerzeugungsanlagen in einer Hand sind, und Standorte für neue (Heiz-)Kraftwerke häufig schwer zu finden sind, wird ein zusätzliches Netz kaum Transportkunden finden.

145 Die **faktisch ausschließliche Stellung** der vertikal integrierten Fernwärmeversorger auf dem Markt für den Wärmetransport und die marktbeherrschende Stellung

103 Das Recht zur Verlegung einer einzelnen Direktleitung von einer Wärmeerzeugungsanlage zu einem besonders attraktiven Großverbraucher ist mit der Einräumung eines Rechts für die Nutzung von Wegegrundstücken für ein umfassendes Fernwärmenetz funktionell nicht vergleichbar. So auch *Sauer*, IR 2018, 4, 5; vgl. auch BKartA, Sektoruntersuchung Fernwärme, Rn. 249 ff.; BGH, Urt. v. 17.12.2013 – KZR 66/12 – Rn. 20 – Berkentin; *Säcker/Mohr/Wolf*, Konzessionsverträge, S. 53 f.

104 Siehe Rn. 17 ff. und *Riedel/Albrecht*, EWeRK 2016, 190, 192 f.

bei der Versorgung von Verbrauchern, die nicht die Möglichkeit einer alternativen Wärmeversorgung haben, wird durch die **Wegenutzungsrechte** begründet, die den Fernwärmeunternehmen von den Gemeinden eingeräumt werden.

Begründen staatliche Stellen Ausschließlichkeitsstellungen oder überragende Marktstellungen, drängt sich dem Juristen der Gedanke auf, dass die staatlichen Stellen bei der Einräumung der Wegenutzungsrechte nicht gegen den **Gleichheitssatz, Art. 3 Abs. 1 GG**, und rechtsstaatliche Grundsätze (**Rechtsschutz durch Verfahren**)[105] verstoßen dürfen. Das gilt auch dann, wenn die staatlichen Stellen, wie es bei der Einräumung von Wegenutzungsrechten zumeist der Fall ist, privatrechtlich handeln.[106] Die Einräumung von Wegenutzungsrechten für Fernwärmenetze darf also nicht willkürlich erfolgen.[107] Damit ist schon ein wesentliches Ergebnis vorweggenommen. Bei mehreren Interessenten an einem Wegenutzungsrecht ist von der handelnden Gemeinde grundsätzlich ein transparentes und diskriminierungsfreies Auswahlverfahren durchzuführen. Es besteht grundsätzlich eine **Ausschreibungspflicht**. 146

Aber besteht eine Ausschreibungspflicht auch, falls in den Wegegrundstücken einer Gemeinde bereits ein Fernwärmenetz verlegt ist und das befristete Wegenutzungsrecht des bisherigen Fernwärmenetzbetreibers endet, oder hat der Inhaber des bereits vorhandenen Fernwärmenetzes einen Anspruch auf die erneute Einräumung des Nutzungsrechts? Ein Anspruch auf die erneute Einräumung des Wegenutzungsrechts würde, weil der etablierte Fernwärmeversorger diesen Anspruch immer wieder geltend machen könnte, faktisch zu einem Anspruch auf ein **„ewiges Wegenutzungsrecht“** führen. Andere Unternehmen oder, nach einer Fremdvergabe, die Gemeinde selbst, hätten keine Möglichkeit mehr, in dem betreffenden Gebiet tätig zu werden. Das würde selbst dann gelten, wenn der etablierte Netzbetreiber seine Aufgabe nicht (mehr) zufriedenstellend erfüllt. Der Verlust des Wegenutzungsrechts und damit auch des Fernwärmenetzes würde andererseits in die durch Art. 14 GG **geschützte Eigentumsposition des bisherigen Netzbetreibers** eingreifen. 147

Falls bei bestehenden Netzen kein Anspruch auf die erneute Einräumung eines Wegenutzungsrechts besteht: Eine Ausschreibung des Wegenutzungsrechts würde wenig Sinn machen, wenn der Eigentümer des bestehenden Netzes dieses nicht an die Gemeinde oder ein von der Gemeinde neu ausgewähltes Unternehmen herausgeben **(übereignen)** müsste. Es stellt sich deshalb die Frage, ob der Inhaber des bestehenden Netzes sein Fernwärmenetz an die Gemeinde oder ein von der Gemeinde neu ausgewähltes Unternehmen übereignen muss, damit die Gemeinde das Wegenutzungsrecht und das Fernwärmenetz in einem transparenten und diskrimi- 148

105 Grundlegend die Mühlheim-Kärlich-Entscheidung des BVerfG BVerfGE 53, 30 (65 f.).

106 BVerfG, Urt. v. 22.2.2011 – 1 BvR 699/06, Rn. 46.

107 Dazu: Kodal/*Stahlhut*, Straßenrecht, Kap. 28, Rn. 6.1; Mückenhausen/Sauthoff/Müller/*Sauthoff*, FStrG, 1. Aufl. München 2008, § 8 Rn. 82.

nierungsfreien Verfahren vergeben kann? Daran schließt sich die Frage an, wie der **Kaufpreis** für die Fernwärmenetze bei einem solchen „unfreiwilligem Verkauf" zu ermitteln ist?

149 Besteht eine Ausschreibungspflicht, ist zu fragen, für welchen **Zeitraum** Gemeinden **Wegenutzungsrechte** einräumen dürfen. Werden faktisch ausschließliche Wegenutzungsrechte für lange Zeiträume eingeräumt, greift dies stärker in die Wettbewerbsmöglichkeiten anderer Interessenten an dem ausschließlichen Recht ein als kurze Laufzeiten. Auch der Wettbewerb wird stärker beeinträchtigt. Andererseits benötigt ein Unternehmen, dass in den Aufbau oder die Übernahme eines Fernwärmenetzes investiert, eine gewisse Zeit, bis sich die Investition amortisiert hat.

150 Eine weitere wesentliche Frage ist, ob eine Ausschreibungspflicht auch dann besteht, wenn eine Gemeinde das Wegenutzungsrecht nicht an ein „Fremdunternehmen" vergeben möchte, sondern selbst oder mit einem eigenen Unternehmen tätig werden will (sog. **„Inhouse-Vergabe"**). Es stellt sich also die Frage, ob eine „Pflicht zur Gleichbehandlung mit sich selbst" besteht oder ob die Gemeinden über privilegierte Stellungen verfügen, die es ihnen ermöglichen, die Fernwärmenetze ohne Ausschreibungen zu übernehmen, wenn vertraglich eingeräumte Wegenutzungsrechte auslaufen.

151 Für Strom- und Gasnetze hat der Gesetzgeber diese Fragen mit den Regelungen in § 46 Abs. 2 bis 6 EnWG beantwortet. Danach müssen die Wegenutzungsrechte für die örtlichen Strom- und Gasverteilernetze regelmäßig, spätestens nach dem Ablauf von 20 Jahren, in transparenten und diskriminierungsfreien Verfahren ausgeschrieben werden. Wird der bisherige Netzbetreiber nicht erneut ausgewählt, hat das neu ausgewählte Unternehmen einen eigenen gesetzlichen Anspruch auf Übertragung des Netzeigentums. Der Kaufpreis für das Netz ist der objektivierte Ertragswert. Eine Inhouse-Vergabe ist unzulässig.

152 Entsprechende spezielle gesetzliche Regelungen existieren für Fernwärmenetze nicht. Es stellt sich deshalb die Frage, ob eine analoge Anwendung des § 46 EnWG möglich ist oder ob sich das Gleiche aus allgemeinen Regelungen ergibt. Neben Art. 3 Abs. 1 GG sind das insbesondere das deutsche und europäische Vergaberecht, das EU-Primärrecht und das deutsche Kartellrecht.

153 Die Rechtsprechung hat die aufgeworfenen Fragen bisher nicht geklärt. Vor dem LG Stuttgart und dem OVG Berlin sind aber derzeit Verfahren anhängig, die möglicherweise zu ersten Entscheidungen führen werden.[108] Das VG Berlin[109] hat die

108 LG Stuttgart, Landeshauptstadt Stuttgart/EnBW AG, Az.: 11 O 225/16 (führend) und 11 O 245/16, ein Urteil liegt noch nicht vor; OVG Berlin, Nichtzulassungsbeschwerde, Az.: OVG 11 N 103.17, eine Entscheidung steht noch aus.

109 VG Berlin, Urt. v. 30.6.2017 – 4 K 16.16, veröffentlicht bei juris.

aufgeworfenen Fragen nicht entschieden. Das BKartA[110] hat sich nicht eindeutig positioniert. In der Literatur wird überwiegend die Auffassung vertreten, dass keine Ausschreibungspflicht besteht.[111]

II. Grundlagen

1. Einräumung der Wegenutzungsrechte auf privatrechtlicher Grundlage

Die Gemeinden sind im privatrechtlichen Sinne Eigentümer der Wegegrundstücke 154
in ihren Gebieten.[112] Die Nutzung der Wegegrundstücke für die Verlegung von Versorgungsleitungen ist in den meisten Bundesländern eine sog. „sonstige Nutzung" der Wegegrundstücke, die sich ausschließlich nach bürgerlichem Recht richtet.[113] Nutzungsrechte für Versorgungsleitungen werden daher in den meisten Bundesländern nicht durch einen Verwaltungsakt oder öffentlich-rechtlichen Vertrag begründet, sondern durch einen zivilrechtlichen Wegenutzungsvertrag. Ausnahmen sind die Länder Hamburg und Berlin. Dort erfolgt die Einräumung der Wegenutzungsrechte für Leitungsnetze öffentlich-rechtlich. An der Anwendbarkeit des Vergaberechts- und des Kartellrechts ändert sich dadurch nichts. Das ergibt sich bereits aus Art. 31 GG. Die zivilrechtlichen Wegenutzungsverträge werden häufig als „Gestattungsverträge" oder, wenn sie zusätzlich die Übertragung der Versorgungsaufgabe regeln, als „Konzessionsverträge" bezeichnet. Der Autor dieses Beitrags ist der Meinung, dass der Begriff „Wegenutzungsvertrag" den Regelungsgegenstand zutreffender beschreibt.

---

110 In der „Sektoruntersuchung Fernwärme" aus dem Jahre 2012 vertritt das BKartA unter Rn. 254, 255 die Auffassung, dass eine Ausschreibungspflicht besteht, wenn die Gemeinde dem Fernwärmeversorger eine „Ausschließlichkeitsstellung" verschafft. Das sei insbesondere der Fall, wenn ein Anschluss- und Benutzungszwang oder eine privatrechtliche Abnahmeverpflichtung zu Gunsten des Wegerechtsinhabers dazu führte, dass dieser in dem betroffenen Netzgebiet keinem oder nur sehr eingeschränktem Wettbewerb ausgesetzt ist. Diese zurückhaltende Einschätzung steht allerdings im Widerspruch zu den Ausführungen unter Rn. 226. Dort heißt es, dass die Fernwärmenetzbetreiber auf dem Markt für den Wärmetransport über ihr Netz natürliche Monopole innehaben. Natürliche Monopole sind Ausschließlichkeitsstellungen.

111 Eine Ausschreibungspflicht wird verneint von: *Haellmigk/Wippich*, RdE 2011, 248 ff.; *Körber/Kühling*, Ausschreibung von Fernwärmenetzen; *Körber*, EWeRK 2016, 155 ff.; *Topp*, EuroHeat&Power 4/2013, 21 ff.; *Reidt*, RdE 2012, 265 ff. Dass eine Ausschreibung zu erfolgen hat, wird vertreten von *Sauer*, IR 2018, 4 ff.

112 Vgl. z.B. § 10 StrG BW, § 23 StrWG NRW. Das gilt auch für die Grundstücke, auf denen Bundesstraßen verlaufen, die durch Gemeinden hindurchführen, § 5 Abs. 2 i.V.m. § 6 Abs.1 Bundesfernstraßengesetz.

113 Vgl. z.B. § 21 Abs. 1 StrG BW, § 23 StrWG NRW. Ausnahmen sind die Länder Hamburg und Berlin, vgl. § 12 BerlStrG und § 19 Hamburgisches Wegegesetz. Dort ist vorgesehen, dass die Wegenutzungsrechte öffentlich-rechtlich durch Verwaltungsakt eingeräumt werden.

2. Keine Analoge Anwendung des § 46 Abs. 2 EnWG

155 Voraussetzung für eine Analogie ist, dass das Gesetz eine **planwidrige Regelungslücke** aufweist und der zu beurteilende Sachverhalt in rechtlicher Hinsicht so weit mit dem Tatbestand vergleichbar ist, den der Gesetzgeber geregelt hat, dass angenommen werden kann, der Gesetzgeber wäre, bei einer Interessenabwägung, bei der er sich von denselben Grundsätzen hätte leiten lassen wie bei dem Erlass der herangezogenen Gesetzesvorschrift, zu dem gleichen Abwägungsergebnis gekommen.[114]

156 Der Anwendungsbereich des EnWG ist auf die Strom- und Gasversorgung beschränkt, § 1 EnWG. Der Gesetzgeber hat bei der Novelle des EnWG im Jahre 2005 in der Gesetzesbegründung ausdrücklich angegeben, dass der Anwendungsbereich des EnWG nicht auf andere Energieträger ausgedehnt werden soll.[115] Für eine analoge Anwendung des § 46 EnWG fehlt es also bereits an einer planwidrigen Regelungslücke. Dem Gesetzgeber war die Lücke bewusst. Eine analoge Anwendung des § 46 EnWG auf Fernwärmenetze ist deshalb nicht möglich. Sie würde dem Willen des Gesetzgebers widersprechen.[116]

3. Eigentumsübertragungsanspruch ist Voraussetzung für eine Ausschreibung

157 Eine Ausschreibung eines Wegenutzungsrechts ergibt keinen Sinn, wenn das ausgewählte Unternehmen nicht die Möglichkeit hat, das bestehende Fernwärmenetz zu übernehmen. Die Entfernung des bestehenden Netzes aus den Wegegrundstücken und die Errichtung eines neuen Netzes sind unsinnig. Darüber hinaus hätte ein Interessent, der ein neues Netz errichten muss, bei einem Ausschreibungsverfahren im Wettbewerb mit dem Inhaber eines bestehenden Netzes keine Aussichten auf Erfolg. Bestehende Netze sind häufig bereits zu einem großen Teil abgeschrieben oder über Baukostenzuschüsse der Anschlussnehmer mitfinanziert. Die Inhaber bestehender Netze können deshalb in einem Ausschreibungsverfahren stets niedrigere Netzentgelte in Aussicht stellen als Wettbewerber, die ein neues Netz errichten müssen. Voraussetzung für die Möglichkeit der Ausschreibung von Wegenutzungsrechten für bestehende Fernwärmenetze ist also, dass entweder der Gemeinde ein Anspruch auf Übertragung des Netzeigentums zusteht, damit sie über das Netz verfügen kann, oder dass durch die Ausschreibung ein Anspruch des von der Gemeinde neu ausgewählten Unternehmens entsteht. Letzteres hat der Gesetzgeber in § 46 Abs. 2 EnWG für Strom- und Gasnetze vorgesehen. Darüber hinaus darf die Vergütung für das zu übernehmende Netz nicht über dem Ertragswert des Netzes liegen, weil es nicht zu einem Wettbewerb um das Netz kommen kann, wenn das von der Gemeinde ausgewählte Unternehmen einen Netzkaufpreis zahlen müsste, der sich

---

114 BGH, Urt. v. 4.8.2010 – XII ZR 118/08 – Rn. 11.

115 BT-Drucks. 613/04, S. 78.

116 So auch: *Körber/Kühling*, Ausschreibung von Fernwärmenetzen, S. 12.

nicht über die späteren Erträge aus dem Netzbetrieb refinanzieren lässt.[117] Auf die Frage, ob nach dem Auslaufen eines Wegenutzungsvertrages ein Eigentumsübertragungsanspruch der jeweiligen Gemeinde besteht und wie der Kaufpreis für ein Fernwärmenetz zu bemessen ist, soll unter F. und G. näher eingegangen werden.

III. Ausschreibungspflicht nach Art. 3 Abs. 1 GG

1. Grundsätzliche Ausschreibungspflicht

Wegenutzungsrechte für Leitungsnetze sind, weil sie Monopolstellungen begründen, ein **„knappes Gut“**. Die Zuteilung knapper Güter führt unvermeidlich zu einem Gleichheitsproblem, dessen Lösung den Anforderungen genügen muss, die sich aus Art. 3 Abs. 1 GG ergeben.[118] 158

In seiner Entscheidung zum Vergaberechtsschutz[119] hat das BVerfG die Dimensionen des Gleichheitssatzes und des sich daraus ergebenden Willkürverbots bei Verteilungsentscheidungen ausgeleuchtet. Es besteht eine materielle und eine verfahrensrechtliche Dimension. In materieller Hinsicht fordert Art. 3 Abs. 1 GG die Festlegung sach-(gerechter) Verteilungskriterien, die den Gegebenheiten der jeweiligen Materie, der „Natur der Sache“, Rechnung tragen müssen. Die unterschiedliche Erfüllung sachgerechter Verteilungskriterien bildet den „sachlichen Grund“ für die Ungleichbehandlung, die in der Auswahl eines Bewerbers liegt.[120] Die verfahrensrechtliche Dimension führt zu einer „Konzeptpflicht“. Die Vergabestelle muss ein Auswahlverfahren konzipieren, dass den Anforderungen des Gleichheitssatzes Rechnung trägt. Dazu gehört, dass sie durch eine Bekanntmachung der Ausschreibung und hinreichende Informationen über den Ausschreibungsgegenstand Partizipationsmöglichkeiten eröffnet. Die Auswahlkriterien müssen hinreichend bestimmt sein. Die selektive Bereitstellung von Informationen ist unzulässig. Die Vergabeentscheidung muss aussagekräftig begründet und dokumentiert werden. 159

2. Steht das Eigentumsrecht des Inhabers eines bestehenden Netzes einer Ausschreibung entgegen?

In Wegenutzungsverträgen für Fernwärmenetze ist häufig vorgesehen, dass die Gemeinden berechtigt und verpflichtet sind, das Netzeigentum gegen Zahlung einer Vergütung zu übernehmen, falls das befristete Wegenutzungsrecht endet und nicht erneuert wird (sog. **„Heimfallklauseln“**). In diesen Fällen stellt sich die Frage, ob 160

117 BGH, Urt. v. 16.11.1999 – KZR 2/97 – BGHZ 143, 128 – Kaufering, vgl. insbesondere S. 153 ff.
118 Vgl. zum Folgenden *Wollenschläger*, Verteilungsverfahren, Tübingen 2010, S. 34 ff.
119 BVerfGE 116, 135 (153).
120 BVerfGE 116, 135 (161).

das Eigentumsrecht des bisherigen Netzbetreibers einer Ausschreibung entgegensteht, nicht.

161 Der Autor dieses Beitrags ist darüber hinaus der Auffassung, dass die Gemeinden, nachdem ein Wegenutzungsrecht ausgelaufen ist, auch ohne ausdrückliche vertragliche Grundlage die Übereignung der in ihren Wegegrundstücken verlegten Leitungen beanspruchen können. Zumeist wird sich der Anspruch bereits aus einer ergänzenden Auslegung des ausgelaufenen Wegenutzungsvertrages ergeben. Daneben ergibt sich der Übereignungsanspruch aus § 1004 Abs. 1 BGB (die Übereignung beseitigt die Eigentumsstörung) und in Anlehnung an ein Urteil des OLG Frankfurt aus einer analogen Anwendung der §§ 552 Abs. 1 und 997 Abs. 2 BGB.[121]

162 Darüber hinaus ist die Eigentumsposition eines Netzeigentümers, der über kein Wegenutzungsrecht (mehr) verfügt, sehr schwach. Nach der Rechtsprechung des BGH kann eine Gemeinde, falls ein Wegenutzungsrecht endet, auf der Grundlage von § 1004 Abs. 1 BGB die Beseitigung der Fernwärmeleitungen aus ihren Wegegrundstücken verlangen.[122] Mit dem Auslaufen des vertraglichen Wegenutzungsrechts entfällt die vertraglich begründete Duldungspflicht im Sinne des § 1004 Abs. 2 BGB. Zu bedenken ist auch, dass der bisherige Netzbetreiber im Falle einer Ausschreibung selbst die Möglichkeit hat, sich erneut um das Wegenutzungsrecht zu bewerben. Er verliert seine Eigentumsposition also nur, falls ein anderer Bewerber die Aufgabe besser erfüllen kann. Verliert ein Netzbetreiber seine Eigentumsposition, erhält er eine wirtschaftlich angemessene Vergütung. Sein Verlust beschränkt sich also auf Erwerbschancen in der Zukunft.

163 Der Eigentumsposition des bisherigen Netzbetreibers steht das Ziel gegenüber, in einem Ausschreibungsverfahren den Bewerber auszuwählen, der die Aufgabe, das Fernwärmenetz zu betreiben, am besten erfüllen kann. An der Ausschreibung besteht also ein öffentliches Interesse. Hinzu kommt das durch Art. 28 Abs. 2 GG geschützte Gestaltungsrecht der Gemeinden im Bereich der Daseinsvorsorge, zu der auch die Fernwärmeversorgung gehört[123], und das durch Art. 3 Abs. 1 GG geschützte Recht anderer Interessenten auf Gleichbehandlung, d.h. die Möglichkeit, wie der bisherige Inhaber des Wegenutzungsrechts in dem jeweiligen Netzgebiet als Betreiber des Fernwärmenetzes tätig zu werden. Diese Interessen haben ein deutlich höheres Gewicht als die sehr geschwächte Eigentumsposition eines Netzeigentümers, dessen Wegenutzungsrecht ausgelaufen ist. Die Eigentumsposition des bisherigen Netzbetreibers steht einer Ausschreibung deshalb nicht entgegen.

---

121 Vgl. dazu Rn. 250–278. Vgl. dazu auch *Riedel/Albrecht*, EWeRK 2016, 190 ff.

122 BGH, Beschl. v. 3.6.2014 – EnVR 10/13 – Rn. 29 – Homberg (Efze); BGH, Urt. v. 28.1.2011 – V ZR 141/10 – Rn. 9; BGH, Urt. v. 28.4.2010 – VIII ZR 223/09 – Rn. 7; BGH, Urt. v. 19.12.1975 – V ZR 38/74 – NJW 1976, 416.

123 Vgl. BGH, Urt. v. 9.7.2002 – KZR 30/00 – S. 9 – Fernwärme Börnsen.

IV. Ausschreibungspflicht nach Vergaberecht

1. Ausschreibungspflicht nach EU-Sekundärvergaberecht

a) Richtlinie 2014/24/EU vom 26. Februar 2014 (Vergaberichtlinie)

Öffentliche Aufträge sind in Art. 2 Nr. 5 Richtlinie 2014/24/EU[124] definiert als „zwi- 164
schen einem oder mehreren Wirtschaftsteilnehmern und einem oder mehreren öffentlichen Auftraggebern schriftlich geschlossene entgeltliche Verträge über die Ausführung von Bauleistungen, die Lieferung von Waren oder die Erbringung von Dienstleistungen. Danach ist die Einräumung eines Wegenutzungsrechts keine Vergabe eines „öffentlichen Auftrags". Es fehlt bereits an der „Beschaffung" einer Bauleistung, Ware oder Dienstleistung. Darüber hinaus fehlt es an der Gegenleistung in der Form einer Geldleistung der Gemeinde an den Auftragnehmer, hier das Fernwärmeversorgungsunternehmen.[125]

b) Richtlinie 2014/23/EU vom 26. Februar 2014 (Konzessionsrichtlinie)

Nach Art. 5 Nr. 1 a) der Richtlinie 2014/23/EU[126] ist eine **„Baukonzession"** ein entgelt- 165
licher, schriftlich geschlossener Vertrag, mit dem ein oder mehrere öffentliche Auftraggeber einen oder mehrere Wirtschaftsteilnehmer mit der Erbringung von Bauleistungen beauftragen, wobei die Gegenleistung entweder allein in dem Recht zur Nutzung des vertragsgegenständlichen Bauwerks oder in diesem Recht zuzüglich einer Zahlung besteht. Eine **„Dienstleistungskonzession"** ist nach Art. 5 Nr. 1 b) der Richtlinie 2014/23/EU ein entgeltlicher, schriftlich geschlossener Vertrag, mit dem ein oder mehrere öffentliche Auftraggeber einen oder mehrere Wirtschaftsteilnehmer mit der Erbringung und der Verwaltung von Dienstleistungen betrauen, wobei die Gegenleistung entweder allein in dem Recht zur Verwertung der vertragsgegenständlichen Dienstleistungen oder in diesem Recht zuzüglich einer Zahlung besteht. Mit der Vergabe einer Bau- oder Dienstleistungskonzession geht auf den Konzessionsnehmer das Betriebsrisiko für die Verwertung der Bau- oder Dienstleistung über, wobei es sich um ein Nachfrage- und/oder ein Angebotsrisiko handeln kann. Der Unterschied zwischen einer Bauleistung bzw. einer Dienstleistung und einer Bau- oder Dienstleistungskonzession besteht also darin, dass die Gegenleistung für die Bauleistung oder die Dienstleistung eine Geldzahlung des öffentlichen Auftraggebers ist, während bei einer Bau- oder Dienstleistungskonzession die Einräumung eines **Verwertungsrechts** im Vordergrund steht, ggf. ergänzt durch eine Geldleistung.

---

124 Vergaberichtlinie (Richtlinie 2014/24/EU) v. 26.2.2014 (ABl EU Nr. L 94 S. 65 ff.).
125 *Körber/Kühling*, Ausschreibung von Fernwärmenetzen, S. 20 ff.; *Sauer*, IR 2018, 4, 5.
126 Konzessionsrichtlinie (KonzessionsRL – Richtlinie 2014/23/EU) v. 26.2.2014 (ABl EU Nr. L 94 S. 1 ff.).

166 Dem Erwägungsgrund 15 der Richtlinie 2014/23/EU lässt sich entnehmen, dass es bei Bau- und Dienstleistungskonzessionen im weiteren Sinne um die Beschaffung von Bau- und Dienstleistungen geht. Der öffentliche Auftraggeber muss zumindest selbst ein Interesse an der Erbringung der Dienstleistung oder der Errichtung des Bauwerks haben. Auch wenn er die wirtschaftliche Verwertung des Bauwerks oder der Dienstleistung dem Konzessionsnehmer überlässt. Die Verpachtung eines Grundstücks, ohne dass der öffentliche Auftraggeber damit im weiteren Sinne ein „Beschaffungsinteresse" verbindet, stellt danach keine Konzessionsvergabe dar.

167 Dem Erwägungsgrund 16 der Richtlinie 2014/23/EU lässt sich entnehmen, unter welchen Voraussetzungen die Einräumung von Wegenutzungsrechten für Leitungsnetze zu einer Konzessionsvergabe wird. Dort heißt es:

> „Außerdem sollten Vereinbarungen über die Gewährung von Wegerechten hinsichtlich der Nutzung öffentlicher Liegenschaften für die Bereitstellung oder den Betrieb fester Leitungen oder Netze, über die eine Dienstleistung für die Allgemeinheit erbracht werden soll, ebenfalls nicht als Konzessionen im Sinne dieser Richtlinie gelten, sofern derartige Vereinbarungen weder eine Lieferverpflichtung auferlegen, noch den Erwerb von Dienstleistungen durch den öffentlichen Auftraggeber oder den Auftraggeber für sich selbst oder für Endnutzer vorsehen."

168 Danach liegt keine Konzession im Sinne der Konzessionsrichtlinie vor, wenn eine Gemeinde lediglich ein Wegenutzungsrecht an ihren Wegegrundstücken einräumt, um einem Fernwärmeversorgungsunternehmen den Aufbau und/oder den Betrieb eines Fernwärmenetzes zu ermöglichen.[127] Wird die Einräumung des Wegenutzungsrechts dagegen mit einer vertraglichen Lieferverpflichtung oder dem Erwerb von Dienstleistungen für die Gemeinde oder einen Endnutzer verbunden, liegt eine Konzession vor.

2. Ausschreibungspflicht nach deutschem Vergaberecht

169 § 103 Abs. 1 GWB definiert **öffentliche Aufträge** als

> „entgeltliche Verträge zwischen öffentlichen Auftraggebern oder Sektorenauftraggebern und Unternehmen über die Beschaffung von Leistungen, die die Lieferung von Waren, die Ausführung von Bauleistungen oder die Erbringung von Dienstleistungen zum Gegenstand haben."

Die Einräumung eines Wegenutzungsrechts stellt keinen entgeltlichen **Beschaffungsvorgang** im Sinne dieser Definition dar.

170 § 105 Abs. 1 GWB definiert **Konzessionen** – angelehnt an die Konzessionsrichtlinie – als entgeltliche Verträge, mit denen ein oder mehrere Konzessionsgeber ein oder mehrere Unternehmen mit der Erbringung von Bauleistungen oder Dienstleis-

127 So auch *Körber/Kühling*, Ausschreibung von Fernwärmenetzen, S. 53 ff.

tungen betrauen, wobei die Gegenleistung entweder allein in dem Recht zur Nutzung des Bauwerks oder in diesem Recht zuzüglich einer Zahlung besteht. In Abgrenzung zur Vergabe öffentlicher Aufträge geht bei der Vergabe einer Bau- oder Dienstleistungskonzession das Betriebsrisiko für die Nutzung des Bauwerks oder für die Verwertung der Dienstleistungen auf den Konzessionsnehmer über.

Der Begründung des Gesetzentwurfs der Bundesregierung[128] lässt sich entnehmen, dass diese die Anwendbarkeit des deutschen Konzessionsvergaberechts nicht über die Konzessionsrichtlinie hinaus ausdehnen wollte. In der Begründung heißt es: 171

> „Erwägungsgrund 16 macht deutlich, dass die Gewährung von Wegerechten hinsichtlich der Nutzung öffentlicher Liegenschaften für die Bereitstellung oder den Betrieb fester Leitungen oder Netze, über die eine Dienstleistung für die Allgemeinheit erbracht werden soll, ebenfalls nicht als Konzession im Sinne der Richtlinie 2014/23/EU gelten, sofern derartige Verpflichtungen weder eine Lieferverpflichtung auferlegen noch den Erwerb von Dienstleistungen durch den Konzessionsgeber für sich selbst oder für den Endnutzer vorsehen. Diese Ausführungen betreffen vor allem Wegenutzungsverträge im Sinne des § 46 des Energiewirtschaftsgesetzes zu Strom- und Gasleitungen sowie Wegenutzungsverträge zu Fernwärmeleitungen."

Auch das GWB-Konzessionsvergaberecht ist danach nicht anzuwenden, wenn eine Gemeinde lediglich ein Wegenutzungsrecht an ihren Wegegrundstücken einräumt, um einem Fernwärmeversorgungsunternehmen den Aufbau und/oder den Betrieb eines Fernwärmenetzes zu ermöglichen. Wird die Einräumung des Wegenutzungsrechts dagegen mit weiteren Pflichten verbunden, insbesondere der Verpflichtung, Verbraucher mit Wärme zu beliefern, liegt eine Konzessionsvergabe vor. 172

In der Literatur[129] wird, entgegen der Begründung des Gesetzentwurfs, die Auffassung vertreten, dass Wegenutzungsverträge nach § 46 Abs. 2 EnWG (im Unterschied zu einfachen Wegenutzungsverträgen nach § 46 Abs. 1 EnWG) regelmäßig als Dienstleistungskonzessionsverträge einzustufen seien. Die Gemeinden würden mit den qualifizierten Wegenutzungsverträgen regelmäßig „Infrastrukturleistungen" beschaffen. Zur Begründung wird angeführt, die Bindung der Gemeinden an die Ziele des § 1 EnWG (möglichst sichere, preisgünstige, verbraucherfreundliche, effiziente und umweltverträgliche Energieversorgung) führe dazu, dass sich die Gemeinden in den Wegenutzungsverträgen nicht auf die Einräumung von Grundstücksnutzungsrechten beschränkten. Den Energieversorgungsunternehmen würden vielmehr regelmäßig vertragliche (Dienstleistungs-)Pflichten auferlegt. 173

Für die Vergabe von Wegenutzungsrechten für Strom- und Gasnetze hat der deutsche Gesetzgeber in § 46 Abs. 2–6 EnWG spezielle Regelungen getroffen. Damit 174

128 BT-Drucks. 18/6281, S. 76.
129 *Hoffmann/Zimmermann*, NZBau 2016, 71, 73 f.

wurde klargestellt, dass daneben das GWB-Vergaberecht keine Anwendung finden soll.

175 Bei der Einräumung von Wegenutzungsrechten für Fernwärmenetze besteht keine Bindung an die Ziele des § 1 EnWG, weil der Anwendungsbereich des EnWG insgesamt auf die Strom- und Gasversorgung begrenzt ist. Die Fernwärmeversorgung gehört auch nicht zu den Pflichtaufgaben der Gemeinden. Die Gemeinden können sich deshalb auf die schlichte Einräumung von Wegenutzungsrechten beschränken. Auf der Grundlage ihrer Zuständigkeit für die Angelegenheiten der örtlichen Gemeinschaft, die auch die örtliche Infrastruktur und die Energieversorgung umfasst, können die Gemeinden aber auch weitergehende Regelungen treffen. Nur wenn die Einräumung des Wegenutzungsrechts mit der Begründung von Lieferpflichten oder dem Erwerb von Dienstleistungen verbunden wird, handelt es sich um die Vergabe einer Konzession im Sinne des Vergaberechts.

V. Ausschreibungspflicht nach EU-Primärrecht

176 Das EU-Primärrecht, insbesondere die Grundfreiheiten nach den Art. 28 ff. AEUV und das allgemeine Diskriminierungsverbot (Art. 18 AEUV) können eine Ausschreibungspflicht begründen, falls die öffentliche Hand exklusive Nutzungsrechte begründet.

177 Das ergibt sich aus dem Engelmann-Urteil des EuGH aus dem Jahre 2010.[130] In diesem Urteil geht es um die Einräumung von Konzessionen für Spielbanken, die nach österreichischem Recht inländischen Unternehmen vorbehalten waren. In den Urteilsgründen führt der EUGH unter Rn. 51 aus:

> „Die ohne jede Transparenz erfolgende Vergabe einer Konzession an einen Wirtschaftsteilnehmer, der in dem Mitgliedstaat niedergelassen ist, dem der öffentliche Auftraggeber zugehört, stellt eine Ungleichbehandlung zum Nachteil von in anderen Mitgliedstaaten niedergelassenen Wirtschaftsteilnehmern dar, die keine reale Möglichkeit haben, ihr Interesse an der fraglichen Konzession zu bekunden. Eine derartige Ungleichbehandlung verstößt gegen den Gleichbehandlungsgrundsatz und das Verbot der Diskriminierung ..."

178 Mit den Wegenutzungsrechten begründen die Gemeinden Monopolstellungen der Fernwärmeunternehmen auf dem Markt für den Wärmetransport und an Monopolstellungen heranreichende Stellungen auf dem Markt für die Belieferung der bereits an das Netz angeschlossenen Kleinverbraucher.[131] Dem Engelmann-Urteil lässt sich entnehmen, dass bei der Einräumung derartiger Stellungen kein Unternehmen aus

130 EuGH, Urt. v. 9.10.2010 – Rs. C-64/08, Slg. 2010-8219 – Engelmann = EuZW 2010, 821 ff.
131 Vgl. dazu bereits Rn. 41 ff. und 94 ff.

einem anderen Mitgliedstaat willkürlich ausgeschlossen werden darf. Das ist aber der Fall, wenn kein transparentes Vergabeverfahren durchgeführt wird. Nach europäischem Primärrecht besteht deshalb grundsätzlich eine Ausschreibungspflicht.

VI. Ausschreibungspflicht nach deutschem Kartellrecht

Eine Ausschreibungspflicht nach deutschem Kartellrecht könnte sich insbesondere 179
aus § 19 Abs. 1 i.V.m. Abs. 2 Nr. 1 GWB ergeben. Danach missbraucht ein Unternehmen seine marktbeherrschende Stellung, wenn es „ein anderes Unternehmen unmittelbar oder mittelbar unbillig behindert oder ohne sachlich gerechtfertigten Grund unmittelbar oder mittelbar anders behandelt als gleichartige Unternehmen."

1. Anwendbarkeit des Kartellrechts

Gemeinden handeln bei der vertraglichen Einräumung von Wegenutzungsrechten 180
für Leitungsnetze als Unternehmen im Sinne des Kartellrechts.[132] Das Kartellrecht ist daher anwendbar.

2. Marktbeherrschende Stellungen der Gemeinden bei der Einräumung von Wegenutzungsrechten

Wegegrundstücke sind besonders für die Verlegung von Versorgungsnetzen geeig- 181
net, weil sie nicht mit Gebäuden überbaut sind und das gesamte Gemeindegebiet erschließen. Außerdem müssen die Netzunternehmen nur mit einem Grundstückseigentümer Nutzungsrechte vereinbaren. Ohne die Nutzung der Wegegrundstücke der Gemeinden ist es deshalb nicht möglich, Versorgungsnetze aufzubauen. Als Eigentümer sämtlicher Wegegrundstücke verfügen die Gemeinden deshalb auf dem „Markt für die Einräumung von Wegenutzungsrechten für Elektrizitäts-, Gas- und Fernwärmenetze in ihrem Gebiet" über marktbeherrschende Stellungen im Sinne des § 18 GWB.[133] Die Gemeinden sind damit Adressaten des Behinderungs- und Diskriminierungsverbots nach § 19 GWB, wenn sie über die Einräumung von Wegenutzungsrechten zu entscheiden haben.[134]

---

132 BGH, Urt. v. 17.12.2013 – KZR 66/12 – Rn. 19 – Berkentin; BKartA, Sektoruntersuchung Fernwärme, Rn. 249.

133 BGH, Urt. v. 17.12.2013 – KZR 66/12- Rn. 20 ff. – Berkentin; BKartA, Sektoruntersuchung Fernwärme, Rn. 242 ff.

134 So auch das OLG Düsseldorf zur vergleichbaren Situation bei Wasserversorgungsnetzen: OLG Düsseldorf, Urt. v. 21.3.2018 – VI-2 U (Kart) 6/16 – S. 10, n.v.

3. Wegenutzungsrechte begründen faktische Ausschließlichkeitsstellungen

182 Es ist bereits dargelegt worden, dass parallele Fernwärmenetze in denselben Gebieten tatsächlich und wirtschaftlich unmöglich sind. Denkbar sind allenfalls einzelne Leitungen von einer Wärmeerzeugungsanlage zu einem besonders attraktiven Großkunden.[135] Die Fernwärmenetzbetreiber verfügen deshalb in ihren Netzgebieten über uneingeschränkte Transportmonopole und, wegen des nicht funktionierenden Durchleitungswettbewerbs, über nahezu monopolistische Stellungen bei der Wärmeversorgung von Verbrauchern, bei denen der Wechsel zu einem anderen Energieträger ausgeschlossen ist. Mit der Einräumung von Wegenutzungsrechten verschaffen die Gemeinden den Fernwärmeunternehmen also **faktisch ausschließliche Stellungen.**[136]

4. Diskriminierungs- und Behinderungsverbot, § 19 Abs. 2 Nr. 1 GWB

183 Eine unzulässige Diskriminierung im Sinne des § 19 Abs. 2 Nr. 1 GWB liegt vor, wenn wirtschaftlich gleiche Sachverhalte unterschiedlich behandelt werden oder einzelne Unternehmen gegenüber der Mehrheit der anderen Unternehmen benachteiligt oder im Verhältnis zur Mehrheit bevorzugt werden. Eine Ungleichbehandlung ist danach keine unzulässige Diskriminierung, wenn wirtschaftlich unterschiedliche Sachverhalte vorliegen oder die Differenzierung sachlich gerechtfertigt ist.[137] Ob ein Differenzierungsgrund die Ungleichbehandlung rechtfertigt, ist im Rahmen einer umfassenden Abwägung der beteiligten Interessen unter Berücksichtigung der auf die Freiheit des Wettbewerbs gerichteten Zielsetzung des GWB zu ermitteln.

184 Eine Behinderung im Sinne des § 19 Abs. 2 Nr. 1 GWB liegt vor, wenn die Betätigungs- und Wettbewerbsmöglichkeiten andere Unternehmen durch das Verhalten eines marktbeherrschenden Unternehmens beeinträchtigt werden (sog. „weiter Behinderungsbegriff“).[138] Ob eine Behinderung unbillig ist, ist ebenfalls im Rahmen einer umfassenden Abwägung der beteiligten Interessen unter Berücksichtigung der auf die Freiheit des Wettbewerbs gerichteten Zielsetzung des GWB zu ermitteln. Dabei ist der Verhältnismäßigkeitsgrundsatz zu beachten.[139]

---

135 Siehe Rn. 17 ff.; *Riedel/Albrecht*, EWeRK 2016, 190, 192 f.; *Sauer*, IR 2018, 4, 5 ff.

136 *Sauer*, IR 2018, 4 ff. spricht von einer „physisch-faktischen Ausschließlichkeit des Wegerechts“.

137 Langen/Bunte/*Nothdurft*, Kartellrecht, Bd. 1, § 19 Rn. 201 ff.

138 Langen/Bunte/*Nothdurft*, Kartellrecht, Bd. 1, § 19, Rn. 197.

139 Langen/Bunte/*Nothdurft*, Kartellrecht, Bd. 1, § 19 Rn. 214 ff.

a) §§ 19 Abs. 2 Nr. 1 i.V.m § 33 GWB begründen keinen Anspruch auf ein Wegenutzungsrecht

In der Literatur wird geltend gemacht, das Diskriminierungs- und Behinderungsverbot des § 19 Abs. 2 Nr. 1 GWB begründe mit dem Unterlassungsanspruch aus § 33 GWB für jedes interessierte Unternehmen einen Anspruch auf Einräumung eines Wegenutzungsrechts für den Aufbau und den Betrieb von Fernwärmenetzen. Es könne also jedes Unternehmen in jedem Gebiet ein Fernwärmenetz aufbauen. Ist ein Gebiet schon erschlossen, könnten weitere Unternehmen zusätzliche parallele Fernwärmenetze aufbauen. Wegerechte für Fernwärmenetze seien ein „nicht-knappes Gut“, auf dessen Einräumung jedermann einen Anspruch habe. Die Gemeinden dürften dieses nicht-knappe Gut nicht durch exklusive Ausschreibungen künstlich verknappen.[140] 185

Diese Argumentation verkennt die Wirklichkeit. Verfügt in einem Gebiet ein Fernwärmeunternehmen über ein bestehendes Wegenutzungsrecht, ist – wie bereits begründet wurde – der Aufbau paralleler Netze tatsächlich und wirtschaftlich unmöglich. Könnte dieses Unternehmen geltend machen, § 19 Abs.1 i.V.m. Abs. 2 Nr. 1 GWB begründe für jedes interessierte Unternehmen, also auch für sich selbst, ein Wegenutzungsrecht, so würde § 19 Abs. 2 Nr. 1 GWB faktisch ein ausschließliches und ewiges Wegenutzungsrecht allein für dieses bereits etablierte Fernwärmeunternehmen begründen. Mit anderen Worten: Die Anwendung des § 19 GWB würde die bestehende Monopolstellung der etablierten Fernwärmeunternehmen auf ewig festschreiben. Das ist nicht der Zweck des Kartellrechts. 186

b) Ausschreibungspflicht nach § 19 Abs. 2 Nr. 1 GWB

Die Einräumung eines Wegenutzungsrechts zugunsten eines Unternehmens führt zu einer Ungleichbehandlung und zu einer Beeinträchtigung der Betätigungs- und Wettbewerbsmöglichkeiten anderer Unternehmen, die ebenfalls an dem Fernwärmenetz in dem betreffenden Gebiet interessiert sind, weil das Wegenutzungsrecht für das begünstigte Unternehmen eine Ausschließlichkeitsstellung begründet. 187

Sachlich gerechtfertigt sind die Beeinträchtigung der Wettbewerbsmöglichkeiten und die Ungleichbehandlung der nicht begünstigten Unternehmen, wenn sich das begünstigte Unternehmen in einem transparenten und diskriminierungsfreien Auswahlverfahren durchgesetzt hat. Hat die Gemeinde auf der Grundlage sachgerechter Kriterien entschieden, bildet die unterschiedliche Erfüllung der Auswahlkriterien die Rechtfertigung für die Ungleichbehandlung und die Beschränkung der Wettbewerbsmöglichkeiten der unterlegenen Bewerber. 188

---

140 *Körber*, EWeRK 2016, 155 ff.; *Körber/Kühling*, Ausschreibung von Fernwärmenetzen, S. 63 ff.; *Topp*, EuroHeat&Power 4/2013, 21 ff.; *Reidt*, RdE 2012, 265 ff.; *Haellmigk/Wippich*, RdE 2011, 248 ff.

189 Dieses Ergebnis wird durch die Rechtsprechung des BGH in den sog. „Schilderprägerfällen" gestützt.[141] Dort hat der BGH festgestellt, dass die Landratsämter berechtigt sind, Räume in KFZ-Zulassungsstellen an private Unternehmen zu vermieten, die Nummernschilder prägen. Der sachlich-relevante Markt sei die Vermietung von Räumen für Schilderpräger. Wegen des Verfahrens der KFZ-Zulassung beschränke sich der räumlich-relevante Markt auf die unmittelbare Nähe der jeweiligen Zulassungsstelle. Auf dem so definierten relevanten Markt seien die Landratsämter als Vermieter von Räumen für Schilderpräger marktbeherrschend. Die räumliche Nähe zu den Zulassungsstellen verschaffe den ausgewählten Mietern einen erheblichen Wettbewerbsvorteil. Die marktbeherrschenden Landratsämter seien deshalb verpflichtet, die Mieter in diskriminierungsfreien Ausschreibungsverfahren auszuwählen und die Mietverträge seien zu befristen, damit die unterlegenen Bewerber in späteren Verfahren wieder eine Gelegenheit hätten, sich um die Räume zu bewerben.

190 Dagegen kann nicht geltend gemacht werden, die Einräumung von Wegenutzungsrechten für Fernwärmenetze, ohne dass die Gemeinden das begünstigte Unternehmen in einem transparenten und diskriminierungsfreien Auswahlverfahren ausgewählt haben, sei nicht diskriminierend, weil die nicht berücksichtigten Unternehmen an einem anderen Ort ein Fernwärmenetz aufbauen könnten.

191 Das ist nicht überzeugend, weil in den Gemeinden stets zwischen Gebieten zu unterscheiden ist, die attraktiv für die Fernwärmeversorgung sind, und Gebieten, die unattraktiv sind. Attraktiv sind Gebiete mit einer hohen Abnahmedichte (dicht bebaute Innenstadtgebiete mit Altbauten und Industriegebiete mit Großverbrauchern). Unattraktiv sind z.B. Gebiete mit Einfamilienhäusern, insbesondere falls diese neu und energieeffizient sind. In vielen Städten und Gemeinden sind die attraktiven Gebiete bereits für die Fernwärmeversorgung erschlossen. Das Argument, die Wettbewerber der bereits etablierten Unternehmen können in andere Gebiete ausweichen, liefe deshalb darauf hinaus, dass der Markt bereits weitgehend verschlossen ist. Es ist deshalb sachgerechter, die bestehenden Netzgebiete und Gebiete, die wegen ihrer Abnahmedichte für die Fernwärmeversorgung interessant sind, jeweils als eigenständige räumlich-relevante Märkte zu qualifizieren. Auch das Argument, die Wettbewerber könnten in andere Gemeindegebiete ausweichen, ist nicht überzeugend. Würden sich alle Gemeinden auf dieses Argument berufen, liefe das Diskriminierungsverbot ins Leere.

192 Darüber hinaus wird geltend gemacht, es sei nicht kartellrechtswidrig, sondern wettbewerbskonform, wenn ein etabliertes Fernwärmeunternehmen, das bereits über ein Fernwärmenetz verfügt, einen Vorteil hat, denn dieser Vorteil basiere nicht

141 BGH, Urt. v. 14.7.1998 – KZR 1/97 – WuW/E DE-R 201, 202 – Schilderpräger im Landratsamt; BGH, Urt. v. 24.9.2002 – KZR 4/01 – WuW/E DE-R 1003, 1004 – Kommunaler Schilderprägebetrieb; BGH, Urt. v. 8.11.2005 – KZR 21/04 – WuW/E DE-R 1724, Rn. 12 – Hinweis auf konkurrierende Schilderpräger.

auf einer Sonderbehandlung durch die Gemeinde, sondern darauf, dass das Fernwärmeversorgungsunternehmen die durch den Wettbewerb eröffneten Chancen als Erstes genutzt hat (sog. **„first mover advantage“**). Deshalb müsse diesem Unternehmen ein Anspruch auf ein (ewiges) Wegenutzungsrecht zustehen. Die Weigerung, einem etablierten Fernwärmeversorger das Wegenutzungsrecht zu gestatten oder das Wegenutzungsrecht auszuschreiben, sei auch nicht mit Art. 14 GG vereinbar, weil die Ausschreibung zu einer Entwertung der Wärmeerzeugungsanlagen führen würde.[142]

Auch diese Argumentation ist nicht überzeugend. Ihr wurde auch bereits vom BGH in den Schilderprägerfällen widersprochen.[143] Dort hat der BGH festgestellt, dass die Mietverträge mit den Schilderprägern im Interesse des Wettbewerbs zu befristen seien, damit unterlegene Bewerber eine Möglichkeit erhalten, in einem späteren Ausschreibungsverfahren zum Zuge zu kommen. 193

Darüber hinaus sind die Eigentümer bestehender Fernwärmenetze, deren Wegenutzungsrechte ausgelaufen sind, nicht in einer Position, die eine Bevorzugung im Vergleich zu anderen Unternehmen rechtfertigt, die ebenfalls an dem Wegenutzungsrecht interessiert sind. Besteht kein Wegenutzungsrecht mehr, können die Gemeinden auf der Grundlage von § 1004 Abs. 1 BGB die Beseitigung der Netzanlagen aus ihren Wegegrundstücken verlangen.[144] Nach der Beseitigung der Netze befänden sich die Unternehmen in der gleichen Situation wie alle anderen Interessenten an dem Wegenutzungsrecht. Eine Bevorzugung, die zu einer dauerhaften Monopolstellung führt, wäre auch nicht angemessen. Zwar mag der Aufbau eines Fernwärmenetzes auch mit unternehmerischen Risiken verbunden sein. Der Inhaber eines Fernwärmenetzes hat durch seine Monopolstellung aber auch große Vorteile. Die Einnahmen sind durch die Monopolstellung nahezu sicher. 194

Darüber hinaus kann ein Unternehmen, das den Aufbau eines Fernwärmenetzes plant, die Investitionsentscheidung davon abhängig machen, dass die betreffende Gemeinde ihm ein Wegenutzungsrecht für einen Zeitraum einräumt, der eine vollständige Refinanzierung der Investitionen und eine angemessene Verzinsung des eingesetzten Kapitals ermöglicht. Die kartellrechtlich zulässige Laufzeit von Wegenutzungsrechten für Fernwärmenetze wird nicht kürzer anzusetzen sein als die zulässige Laufzeit von Wegenutzungsrechten für Strom- und Gasnetze, d.h. mindestens 20 Jahre, § 46 Abs. 2 EnWG. Denkbar ist auch eine Endschaftsklausel, die die Gemeinde verpflichtet, den Wert des Fernwärmenetzes zu erstatten, falls dem Unternehmen das Wegenutzungsrecht nicht erneut eingeräumt wird. Zu be- 195

142 *Körber*, EWeRK 2016, 155 ff.

143 BGH, Urt. v. 14.7.1998 – KZR 1/97 – jurion Rn. 29 – Schilderpräger im Landratsamt.

144 Vgl. BGH, Beschl. v. 3.6.2014 – EnVR 10/13, Rn. 29 – Homberg (Efze); BGH, Urt. 28.1.2011 – V ZR 141/10, Rn. 9; BGH, Urt. v. 28.4.2010 – VIII ZR 223/09, Rn. 7; BGH, Urt. v. 19.12.1975 – V ZR 38/74 – NJW 1976, 416.

rücksichtigen ist auch, dass der Gesetzgeber bei der Schaffung der Regelung des § 46 Abs. 2 bis 4 EnWG davon abgesehen hat, die bisherigen Eigentümer von Strom- und Gasnetzen zu bevorzugen. Der Gesetzgeber hat also zum Ausdruck gebracht, dass er eine „first mover advantage“ zu Gunsten der Eigentümer bestehender Strom- und Gasnetze nicht für angemessen hält. Es ist nicht ersichtlich, warum für Fernwärmenetze etwas anderes gelten soll.[145]

VII. Zulässige Laufzeit von Wegenutzungsverträgen für Fernwärmenetze

196 Die unbillige Behinderung und Diskriminierung der Interessenten an einem Wegenutzungsrecht für eine Fernwärmeversorgung kann nur ausgeschlossen werden, wenn die Wegenutzungsrechte für Fernwärmenetze regelmäßig neu ausgeschrieben werden.[146] Die Bevorzugung des ausgewählten Unternehmens, das die Auswahlkriterien am besten erfüllt hat, ist nicht auf unbegrenzte Dauer gerechtfertigt, weil es möglich ist, dass das ausgewählte Unternehmen nicht auf Dauer der beste Netzbetreiber ist. Auch das Wettbewerbsziel lässt sich nur erreichen, wenn die Wegenutzungsrechte regelmäßig neu ausgeschrieben werden.

197 Es ist aber auch zu berücksichtigen, dass der Aufbau und die Übernahme eines Fernwärmenetzes große Investitionen erfordern, die sich erst nach einem längeren Zeitraum amortisieren. Zu bedenken ist auch, dass Netzübernahmen jedenfalls vorübergehend zu Effizienzverlusten führen können. Denkbar ist auch, dass Entflechtungskosten entstehen. Das wird insbesondere der Fall sein, wenn die Netzübernahme mit der Entflechtung eines vertikal-integrierten Fernwärmeunternehmens verbunden ist. Auch wenn ein Netzbetreiber bei einem Verlust des Wegenutzungsrechts einen angemessenen Kaufpreis in Höhe des Ertragswertes für das Netz erhält, besteht aus den genannten Gründen ein berechtigtes Interesse der Fernwärmenetzbetreiber an Wegenutzungsrechten mit längeren Laufzeiten.

198 Die zulässige Laufzeit der Wegenutzungsrechte für Strom- und Gasnetze hat der Gesetzgeber auf 20 Jahre begrenzt, § 46 Abs. 2 EnWG. Der Aufbau von Fernwärmenetzen erfordert deutlich höhere Investitionen als der Aufbau von Strom- und Gasnetzen. Allerdings führen diese bei einem Wechsel des Netzbetreibers auch zu

---

145 Das OLG Düsseldorf ist im Hinblick auf Wasserversorgungsnetze ebenfalls zu dem Ergebnis gekommen, dass Gemeinden andere Interessenten an dem Wegenutzungsrecht für ihr Gemeindegebiet i.S.d. § 19 Abs. 2 Nr. 1 GWB unbillig behindern, wenn sie das Wegenutzungsrecht ohne vorherige Ausschreibung an einen Interessenten vergeben (OLG Düsseldorf, Urt. v. 21.3.2018 – VI-2 U (Kart) 6/16 – S. 11 f., n.v.) Die tatsächliche und rechtliche Situation ist bei Wasser- und Fernwärmeversorgungsnetzen nahezu identisch. Bei bestehenden Netzen begründen die Wegenutzungsrechte in beiden Fällen ausschließliche Marktstellungen.

146 Vgl. dazu BGH, Urt. v. 14.7.1998 – KZR 1/97 – JurionRS 1998, 15477, Rn. 29 – Schilderpräger im Landratsamt.

einem höheren Übernahmeentgelt (Kaufpreis). Die höheren Investitionen rechtfertigen eine längere Laufzeit deshalb nicht. Das Gleiche gilt für die längeren betriebsgewöhnlichen Nutzungsdauern der Anlagen, die bei Fernwärmeleitungen über 50 Jahre betragen können.

Eine längere Laufzeit könnte aber durch höhere Anlaufkosten oder Übernahme- 199
kosten gerechtfertigt sein. Höhere Anlaufkosten oder Übernahmekosten würden bei der gleichen Laufzeit zu einer niedrigeren Rendite auf das eingesetzte Kapital führen. Es ist aber nicht ersichtlich, dass bei Fernwärmenetzen bezogen auf die Gesamtinvestition höhere Anlaufkosten oder Übernahmekosten entstehen als bei Strom- und Gasnetzen. Insofern erscheint auch bei Fernwärmenetzen eine Begrenzung der Laufzeit von Wegenutzungsrechten auf 20 Jahre angemessen.

VIII. Ist eine Inhouse-Vergabe der Wegenutzungsrechte für Fernwärmenetze zulässig?

1. Vereinbarkeit der Inhouse-Vergabe mit dem Behinderungs- und Diskriminierungsverbot des § 19 Abs. 2 Nr. 1 GWB

a) Konzernprivileg

§ 19 Abs. 2 Nr.1 GWB verbietet marktbeherrschenden Unternehmen eine ungerecht- 200
fertigte Ungleichbehandlung **„gleichartiger Unternehmen“**. Unternehmen, die mit dem marktbeherrschenden Unternehmen eine wirtschaftliche Einheit bilden, werden nicht als gleichartig angesehen. Ihre Bevorzugung stellt daher grundsätzlich keine Ungleichbehandlung oder unbillige Behinderung im Sinne des § 19 Abs. 2 Nr.1 GWB dar.[147] Der Gesetzgeber hat die Vergabe von Wegenutzungsrechten für Fernwärmenetze nicht vom Konzernprivileg ausgenommen. Der Anwendungsbereich des § 46 Abs. 6 EnWG ist auf Strom- und Gasnetze beschränkt. Die Inhouse-Vergabe von Wegenutzungsrechten für Fernwärmenetze an Eigengesellschaften oder Eigenbetriebe der Gemeinden fällt deshalb grundsätzlich nicht in den Anwendungsbereich des § 19 Abs. 2 Nr. 1 GWB.

In der Entscheidung „Schilderpräger im Landratsamt“ hat der BGH die Anwen- 201
dung des Konzernprivilegs allerdings für die wirtschaftliche Betätigung der öffentlichen Hand eingeschränkt. Dort heißt es:

> Der Streitfall zeichnet sich jedoch dadurch aus, dass es sich bei der Beklagten nicht allein um eine marktbeherrschende Vermieterin handelt; vielmehr leitet sich die überragende Stellung, über die die Beklagte auf dem fraglichen Markt verfügt, unmittelbar aus ihrer öffentlichen

147 BGH, Urt. v. 12.11.1991 – KZR 2/90 – WuW/E 2755, 2759 – Aktionsbeträge; BGH, Urt. 24.9.2002 – KZR 4/01 – S. 9 – Schilderpräger im Landratsamt.

Aufgabe ab. Die öffentliche Hand, die sich privatwirtschaftlich betätigt, darf sich bei der Wahrnehmung ihrer erwerbswirtschaftlichen Betätigung nicht dadurch einen unsachlichen Vorsprung vor ihren Mitbewerbern verschaffen, dass sie ihre hoheitlichen Befugnisse zur Durchsetzung ihrer privatwirtschaftlichen Interessen und zur Förderung ihres Wettbewerbs einsetzt oder die privaten Mitbewerber mit Mitteln verdrängt, die diesen nicht zugänglich sind, ihr dagegen aufgrund ihrer öffentlich-rechtlichen Sonderstellung zur Verfügung stehen, etwa indem sie eine öffentlich-rechtliche Monopolstellung ausnutzt.[148]

202 Daraus wird in der Literatur geschlossen, dass eine Inhouse-Vergabe von Wegenutzungsrechten für Fernwärmenetze nicht möglich sei.[149] Rechtsprechung liegt zu dieser Frage bisher nicht vor. Zwar hat der BGH die Anwendung des Konzernprivilegs für die Vergabe von Strom- und Gasnetzen ausgeschlossen. Die Begründung bezieht sich aber allein auf § 46 Abs. 6 EnWG.[150]

203 Gegen eine Übertragung der Schilderpräger-Rechtsprechung spricht, dass die Gemeinden bei der Einräumung von Wegenutzungsrechten für Fernwärmenetze, anders als die Landkreise bei der Zulassung von Kraftfahrzeugen, keine hoheitlichen Befugnisse wahrnehmen. Die meisten Landesstraßengesetze bestimmen vielmehr, dass sich die Einräumung von Wegenutzungsrechten für Leitungsnetze ausschließlich nach bürgerlichem Recht richtet.[151] Es sind also nicht hoheitliche Befugnisse, die den Gemeinden die Möglichkeit verschaffen, Wegenutzungsrechte für Fernwärmenetze einzuräumen, sondern ihre Stellung als Eigentümer der Wegegrundstücke. Die von den Landesgesetzgebern im Rahmen ihrer Gesetzgebungskompetenz vorgenommene Zuordnung der Einräumung von Wegenutzungsrechten zum bürgerlichen Recht führt im Kartellrecht zur Anwendung des Konzernprivilegs.

b) Abwägung der Interessen unter Berücksichtigung der auf die Freiheit des Wettbewerbs gerichteten Zielsetzung des GWB

204 Geht man mit der Mehrheit der Stimmen in der Literatur davon aus, dass sich Gemeinden bei der Vergabe von Wegenutzungsrechten nicht auf das Konzernprivileg berufen können, so ist zu fragen, ob die bei einer Inhouse-Vergabe vorliegende Bevorzugung kommunaler Unternehmen durch sachliche Gründe gerechtfertigt ist. Dazu ist eine Interessenabwägung unter Berücksichtigung der auf die Freiheit des Wettbewerbs gerichteten Zielsetzung des GWB vorzunehmen.[152]

---

148 BGH, Urt. 24.9.2002 – KZR 4/01 – S. 10 – Schilderpräger im Landratsamt.

149 *Körber*, EWeRK 2016, 155, 156; *Haellmigk/Wippich*, RdE 2011, 248, 251; vgl. auch *Sauer*, IR 2018, 4, 7 f.

150 BGH, Urt. v. 17.12.2013 – KZR 65/12 – Rn. 31 – Stromnetz Heiligenhafen.

151 Vgl. z.B. § 21 Abs. 1 Straßengesetz Baden-Württemberg; Art. 22 Abs. 1 Bayerisches Straßen- und Wegegesetz; § 23 Abs. 1 Straßen- und Wegegesetz des Landes NRW.

152 Vgl. Langen/Bunte/*Nothdurft*, Kartellrecht, § 19 GWB Rn. 214.

Eine generelle Bevorzugung kommunaler Unternehmen mit dem Argument, die Gemeinden würden stets im öffentlichen Interesse handeln, ist nicht möglich. Wie die Schilderpräger-Rechtsprechung des BGH zeigt, können sich aus den hoheitlichen Kompetenzen sogar besondere Pflichten der öffentlichen Hand ergeben, den Wettbewerb zu ermöglichen und zu fördern.[153] Auch eine „Pflicht zur Gleichbehandlung mit sich selbst" ist denkbar. Das gilt insbesondere dann, wenn die öffentliche Hand im Wettbewerb mit privaten Unternehmen, wie ein privates Unternehmen agiert, d.h. vornehmlich mit dem Ziel, Gewinne zu erzielen.[154] 205

Gemeinwohlziele und soziale Interessen können eine Ungleichbehandlung und eine Behinderung aber rechtfertigen.[155] Allerdings rechtfertigt ein Gemeinwohlziel nicht per se den Verzicht auf eine Ausschreibung, wenn das Gemeinwohlziel auch durch eine entsprechende Ausgestaltung der Ausschreibungsbedingungen (Auswahlkriterien) erreicht werden kann. Das hat der BGH in der Entscheidung „Bevorzugung einer Behindertenwerkstatt" festgestellt. Den Verzicht auf eine Ausschreibung hielt der BGH in diesem Fall nicht für zulässig. Mit dem Diskriminierungs und Behinderungsverbot sei jedoch eine Bevorzugung von Unternehmen, die verstärkt behinderte Menschen beschäftigen, in dem Ausschreibungsverfahren vereinbar.[156] 206

In der Entscheidung „Fernwärme für Börnsen" hat der BGH die Verknüpfung des Verkaufs von Grundstücken der Gemeinde mit der Verpflichtung, Wärme aus einem Blockheizkraftwerk eines kommunalen Unternehmens zu beziehen, dagegen für zulässig erachtet. Die dadurch entstehende Behinderung konkurrierender Heizölanbieter wurde als gerechtfertigt angesehen. Als Rechtfertigungsgrund hat der BGH u.a. angeführt, die Gemeinde Börnsen nehme durch ihre Beteiligung an einem zur Erzeugung von Fernwärme bestimmten Blockheizkraftwerk in privatwirtschaftlicher Form eine Aufgabe der **Daseinsvorsorge** wahr.[157] 207

Das Gestaltungsrecht, das Art. 28 Abs. 2 GG den Gemeinden bei den Angelegenheiten der örtlichen Gemeinschaft, z.B. den Aufgaben der Daseinsvorsorge, zuweist, kann also eine Behinderung der Wettbewerbsmöglichkeiten (anderer) Unternehmen rechtfertigen. Das gilt, wie die Entscheidung „Fernwärme für Börnsen" zeigt, insbe- 208

---

153 BGH, Urt. v. 14.7.1998 – KZR 1/97 – WuW/E DE-R 201, 202 – Schilderpräger im Landratsamt; BGH, Urt. v. 24.9.2002 – KZR 4/01 – WuW/E DE-R 1003, 1004 – Kommunaler Schilderprägebetrieb; BGH, Urt. v. 8.11.2005 – KZR 21/04 – WuW/E DE-R 1724, Rn. 12 – Hinweis auf konkurrierende Schilderpräger.

154 Vgl. Langen/Bunte/*Nothdurft*, Kartellrecht, § 19 GWB Rn. 66.

155 Vgl. Langen/Bunte/*Nothdurft*, Kartellrecht, § 19 GWB Rn. 227; Immenga/Mestmäcker/*Markert*, Wettbewerbsrecht, Bd. 2 Teil 1, § 19 GWB Rn. 139.

156 BGH, Urt. v. 7.11.2006 – KZR 02/06 – Rn. 16 – Behindertenwerkstatt.

157 BGH, Urt.v. 9.7.2002 – KZR 30/00 – S. 9, 13 – Fernwärme für Börnsen; vgl. auch BGH, Urt. v. 19.6.1986 – I ZR 54/84 – GRUR 1987, 116, 118 = WRP 1987, 22 – Kommunaler Bestattungswirtschaftsbetrieb I; BGH, Urt. v. 26.3.1998 – I ZR 222/95 – GRUR 1999, 256, 257 = WRP 1998, 857 – 1.000 DM Umwelt-Bonus.

sondere für die Gestaltung der örtlichen Energieversorgung und die Gestaltung der örtlichen Infrastruktur, zu der auch Fernwärmenetze gehören. Fernwärmeversorgungsnetze weisen wegen ihrer räumlichen Beschränkung und wegen ihrer Verbindung mit den Wegegrundstücken der Gemeinden sogar eine besonders enge Verbindung zu dem durch Art. 28 Abs. 2 GG geschützten Wirkungskreis der Gemeinden auf.

209 Darüber hinaus ist zu berücksichtigen, dass die Freiheit des Wettbewerbs durch die Einräumung von Wegenutzungsrechten für Fernwärmenetze nur in einem begrenzten Umfang beeinflusst wird. Die Gemeinden können mit der Vergabe der Wegenutzungsrechte nur über die künftigen Eigentümer und Betreiber der Fernwärmenetze entscheiden. Sie entscheiden nicht über die Betreiber der Wärmeerzeugungsanlagen. Die Einräumung der Wegenutzungsrechte ändert, jedenfalls bei bestehenden Netzen, deshalb zunächst nichts an den Marktverhältnissen im Bereich der Wärmeversorgung.

210 Da es sich bei den etablierten Fernwärmeversorgern in der Regel um vertikal integrierte Unternehmen handelt, kann es durch eine Inhouse-Vergabe des Wegenutzungsrechts sogar zu einer Belebung des Wettbewerbs auf den Wärmemärkten kommen. Übernimmt eine Gemeinde nach einer Inhouse-Vergabe des Wegenutzungsrechts nur das Fernwärmenetz, kommt es zu einer Entflechtung der Wärmeerzeugung und des Wärmevertriebs vom Netzbetrieb, d.h. zu einer **Auflösung der vertikalen Integration**. Der Durchleitungswettbewerb wird gefördert, weil ein Netzbetreiber, der selbst keine oder nur wenige Erzeugungsanlagen betreibt, kein Interesse daran hat, Wettbewerber auf den Märkten für die Belieferung mit Wärme beim Netzzugang zu behindern.

211 Zu bedenken ist auch, dass es sachgerecht ist, Wegenutzungsrechte für Leitungsnetze für längere Zeiträume zu vergeben. Investitionen in Leitungsnetze und Netzübernahmen benötigen lange Amortisationszeiten. Bei Strom- und Gasnetzen erlaubt der Gesetzgeber deshalb Laufzeiten von bis zu 20 Jahren die in der Praxis zumeist ausgeschöpft werden. Da die Errichtung von Fernwärmenetzen mit höheren Investitionen verbunden ist als die Errichtung von Strom- und Gasnetzen, könnten auch längere Laufzeiten gerechtfertigt sein. Bei der Einräumung von Wegenutzungsrechten für Fernwärmenetze kommt es deshalb auch bei einer Ausschreibungspflicht nur in größeren zeitlichen Abständen zu einer Wettbewerbssituation.

212 Auf dem Markt für den Wärmetransport in einem Netzgebiet wird durch die Auswahlentscheidung der Gemeinde also in erster Linie ein Transportmonopolist durch einen anderen ersetzt. Daraus ergibt sich, dass die Freiheit des Wettbewerbs auf dem Markt für den Wärmetransport in einem Netzgebiet und den Märkten für die Belieferung mit Wärme über das jeweilige Leitungsnetz durch eine Inhouse-Vergabe nur wenig beeinträchtigt wird.

213 Vor diesem Hintergrund ist eine Inhouse-Vergabe, auch unter Berücksichtigung des Wettbewerbsziels des GWB, gerechtfertigt, falls die betreffende Gemeinde mit der Übernahme des Fernwärmenetzes im Interesse des Gemeinwohls ein **kommunales Energieversorgungskonzept** verwirklichen möchte, dessen Umsetzung ei-

nen langfristigen Einfluss der Gemeinde auf die Gestaltung des Fernwärmenetzes und den Netzbetrieb erfordert. Eine Inhouse-Vergabe ist insbesondere gerechtfertigt, falls eine Gemeinde das örtliche Fernwärmenetz und die örtliche Fernwärmeversorgung im Interesse des Gemeinwohls ausbauen und/oder umgestalten möchte. Denkbar ist z.B. die Verwirklichung eines kommunalen Energieversorgungskonzepts, das darauf abzielt, die benötigte Wärme nicht mehr in großen zentralen Kohleheizkraftwerken zu erzeugen, sondern in kleineren dezentralen Anlagen. Dadurch kann der Anteil der Wärmeerzeugung aus regenerativen Energieträgern und der Anteil der Wärmeerzeugung in effizienten Kraft-Wärme-Kopplungs-Anlagen vergrößert werden. Denkbar ist auch ein Versorgungskonzept, das auf die Verbindung von dezentralen Wärmeerzeugungsanlagen, die Nutzung industrieller Abwärme und den Einsatz von Wärmepumpen setzt.

Ein kommunales Energiekonzept kann auch beinhalten, die vertikale Integra- 214
tion von Wärmeerzeugung und Wärmetransport aufzulösen, um den Durchleitungswettbewerb, d.h. den Wettbewerb durch neue Anbieter auf dem lokalen Wärmemarkt zu fördern. Das kann besonders interessant sein, wenn in einem Netzgebiet die Wärmeerzeugung noch in alten umweltschädlichen Wärmeerzeugungsanlagen erfolgt und sich nach dem Willen der Gemeinde im Wettbewerb entscheiden soll, von wem die veralteten Anlagen ersetzt werden.

Der Einfluss der Gemeinden auf die Fernwärmenetze ist für die Umsetzung eines 215
Energieversorgungskonzepts von großer Bedeutung. Von den Netzbetreibern hängt es ab, in welchem Umfang dezentrale Wärmeeinspeisungen durch eine Anpassung des Netzes und eine Veränderung der Netzsteuerung ermöglicht werden. Darüber hinaus verfügt der Netzbetreiber über das Know-how, die Mitarbeiter und die technischen Fähigkeiten, die für eine Umgestaltung einer Fernwärmeversorgung erforderlich sind.

Möchte eine Gemeinde ein kommunales Energieversorgungsnetz verwirklichen, 216
kann ihr nicht entgegengehalten werden, dass dazu auch ein Auswahlverfahren zur Vergabe des Wegenutzungsrechts genutzt werden könnte, d.h. die Ausgestaltung der Auswahlkriterien.[158] Die Umgestaltung einer größeren Fernwärmeversorgung ist ein langfristiger Prozess, den eine Gemeinde nicht durch eine einmalige Auswahlentscheidung gestalten kann. Die Übernahme des Netzes verschafft der Gemeinde einen langfristigen Einfluss auf die Gestaltung der Fernwärmeversorgung, der für eine Umgestaltung erforderlich ist.

Im Ergebnis ist eine Inhouse-Vergabe also gerechtfertigt, falls eine Gemeinde 217
die Übernahme eines Fernwärmenetzes anstrebt, um im Rahmen ihrer Verantwortung für die Daseinsvorsorge und im Interesse des Gemeinwohls ein kommunales Energieversorgungskonzept zu verwirklichen.

---

158 Anderer Auffassung ist Langen/Bunte/*Nothdurft*, Kartellrecht, § 19 GWB, Rn. 227, der allerdings nicht die Besonderheiten der Vergabe von Wegenutzungsrechten für Fernwärmenetze berücksichtigt.

2. Inhouse-Vergabe und Vergaberecht

218 Wird die Einräumung des Wegenutzungsrechts für ein Fernwärmenetz mit dem Erwerb von Leistungen oder einer Lieferpflicht verbunden, handelt es sich also um einen öffentlichen Auftrag oder eine Konzessionsvergabe, so ist das Vergaberecht ausnahmsweise nicht anwendbar, wenn eine Form der öffentlich-öffentlichen Zusammenarbeit vorliegt, die in § 108 GWB im Einklang mit den Bestimmungen der Richtlinien (2014/23/EU, 2014/24/EU und 2014/25/EU) definiert wurden. Die Bestimmungen, die in den Richtlinien gleichlautend sind, gelten, wie in § 108 Abs. 8 GWB explizit festgehalten wird, auch bei der Vergabe von Konzessionen. Die Voraussetzungen sind der Rechtsprechung des EuGH nachgebildet, weichen aber teilweise auch davon ab.

219 Gleichsam als Grundtatbestand der öffentlich-öffentlichen Zusammenarbeit normiert § 108 Abs. 1 Nr. 1–3 GWB, dass das Vergaberecht auf die Vergabe von öffentlichen Aufträgen nicht anzuwenden ist, die von einem öffentlichen Auftraggeber im Sinne des § 99 Nr. 1 bis 3 GWB an eine juristische Person des öffentlichen oder privaten Rechts vergeben werden, wenn

- „der öffentliche Auftraggeber über die juristische Person eine ähnliche Kontrolle wie über seine eigenen Dienststellen ausübt (Kontrollkriterium),
- mehr als 80 Prozent der Tätigkeiten der juristischen Person der Ausführung von Aufgaben dienen, mit denen sie von dem öffentlichen Auftraggeber oder von einer anderen juristischen Person, die von diesem kontrolliert wird, betraut wurde (Wesentlichkeitskriterium), und
- an der juristischen Person keine direkte private Kapitalbeteiligung besteht, mit Ausnahme nicht beherrschender Formen der privaten Kapitalbeteiligung und Formen der privaten Kapitalbeteiligung ohne Sperrminorität, die durch gesetzliche Bestimmungen vorgeschrieben sind und die keinen maßgeblichen Einfluss auf die kontrollierte juristische Person vermitteln."

a) Kontrollkriterium

220 Das Kontrollkriterium wird durch 108 Abs. 2 GWB konkretisiert. Danach wird die Ausübung einer Kontrolle im Sinne des § 108 Abs. 1 Nr. 1 GWB vermutet, wenn der öffentliche Auftraggeber einen ausschlaggebenden Einfluss auf die strategischen Ziele und die wesentlichen Entscheidungen der Gesellschaft ausübt.[159] Der öffentliche Auftraggeber muss letztlich ohne Einschränkung in der Lage sein, strukturelle und funktionelle Kontrolle auszuüben.[160] Dafür ist aber keine Beteiligung an der Ge-

159 Die Anforderungen gehen auf die Rechtsprechung des EuGH zurück. Vgl. EuGH, Urt. v. 13.10.2005 – Rs. C-458/03 – Parking Brixen und Urt. v. 13.11.2008 – Rs. C-324/07 – Coditel Brabant; Urt. v. 10.9.2009 – Rs. C-573/07 – Sea.

160 Vgl. EuGH, Urt. v. 29.11.2012 – verb. Rs. C-182/11 und C-183/1 – Econord.

schäftsführung erforderlich.[161] Ausreichend ist, dass die Kontrolle im vorgenannten Sinne gemeinschaftlich durch mehrere öffentliche Auftraggeber nach § 108 Abs. 4 Nr. 1 und Abs. 5 GWB ausgeübt wird.[162]

b) Wesentlichkeitskriterium

Nach dem Wesentlichkeitskriterium des § 108 Abs.1 Nr. 2 GWB ist eine Inhouse-Vergabe nur zulässig, wenn **mehr als 80% der Tätigkeiten** des zu beauftragenden Unternehmens **„der Ausführung von Aufgaben dienen,** mit denen das Unternehmen **von dem öffentlichen Auftraggeber** oder von einer anderen juristischen Person, die von diesem kontrolliert wird, **betraut wurde"**. 221

Die Festlegung der Schwelle für den unschädlichen Drittumsatz auf 20% ist erst 222 durch das Vergaberechtsmodernisierungsgesetz vom 18.4.2016 erfolgt.[163] Nach der bisher maßgeblichen Rechtsprechung des EuGH war es erforderlich, dass die zu beauftragende juristische Person ihre Tätigkeit „im Wesentlichen für die Gebietskörperschaft oder die Gebietskörperschaften (Auftraggeber) verrichtet, die ihre Anteile halten".[164] Nach der Rechtsprechung zur bisherigen Rechtslage lag die Schwelle für den unschädlichen Drittumsatz bei 10%.[165]

Zur Bestimmung des prozentualen Anteils des Umsatzes mit Dritten wird gemäß 223 § 108 Abs. 7 GWB der durchschnittliche **Gesamtumsatz** der letzten drei Jahre vor Vergabe des betreffenden öffentlichen Auftrags oder ein anderer geeigneter tätigkeitsgestützter Wert herangezogen. Liegen für die letzten drei Jahre keine Angaben über den Umsatz oder einen geeigneten alternativen tätigkeitsgestützten Wert, wie z.B. Kosten vor, oder sind diese nicht aussagekräftig, verlangt § 108 Abs. 7 Satz 3 GWB, dass der tätigkeitsgestützte Wert durch Prognosen über die Geschäftsentwicklung belegt wird.

Die Bezugnahme auf den Gesamtumsatz bedeutet, dass es nicht ausschließlich 224 auf den Umsatz im Bereich der Fernwärmeversorgung ankommt. Bei einem Mehrspartenunternehmen, z.B. einem Stadtwerk, das auch in der Strom- und Gasversorgung und im Verkehrsbereich tätig ist, kommt es auf den **Gesamtumsatz aller Sparten** an. Allerdings wird jede **juristische Person** nach dem Wortlaut des § 108 Abs. 1 Nr. 2 GWB gesondert betrachtet.

---

161 Vgl. OLG Düsseldorf, Beschl. v. 2.11.2016 – VII-Verg 23/16.

162 Vgl. EuGH, Urt. v. 19.4.2007 – Rs. C-295/05 – Asemfo und Urt. v. 13.11.2008 – Rs. C-324/07 – Coditel Brabant.

163 BGBl. I S. 203 v. 17.2.2016.

164 Grundlegend in der bisherigen Rechtsprechung: EuGH, Urt. v. 18.11.1999 – Rs. C -107/98, Rn. 50 – Teckal; EuGH Urt. v. 13.10.2005 – Rs. C- 458/03 – Rn. 62 – Parking Brixen; EuGH, Urt. 11.5.2006 – C-340/04 – Rn. 60 ff. – Carbotermo.

165 EuGH, Urt. v. 19.4.2007 – Rs. C-295/05 – Asemfo.

225 Bei der Auslegung des Wesentlichkeitskriteriums ist dessen Zweck zu berücksichtigen. Nach der Rechtsprechung des EuGH[166] soll das Vergaberecht anwendbar bleiben, wenn ein von der öffentlichen Hand kontrolliertes Unternehmen „auf dem Markt tätig ist, und daher mit anderen Unternehmen in Wettbewerb treten kann". Bezugspunkt ist also das Auftreten des von der öffentlichen Hand kontrollierten Unternehmens im Wettbewerb mit anderen Unternehmen auf dem Markt.

aa) Zurechnung von Drittumsätzen

226 Dass mehr als 80% der Tätigkeiten des zu beauftragenden Unternehmens der Ausführung von Aufgaben dienen muss, mit denen es von dem öffentlichen Auftraggeber betraut wurde, bedeutet nicht, dass das zu beauftragende Unternehmen zu mehr als 80% ausschließlich für den öffentlichen Auftraggeber tätig sein muss oder dass der öffentliche Auftraggeber mehr als 80% der Tätigkeiten des zu beauftragenden Unternehmens vergüten muss.

227 Die Verwendung des Begriffs **„betraut"** macht vielmehr deutlich, dass es nicht darauf ankommt, für wen das beauftragte Unternehmen die Leistungen erbringt und wer diese vergütet. Entscheidend ist vielmehr, dass der Umsatz aufgrund der Vergabeentscheidung der kontrollierenden Körperschaft erzielt wird. Der relevante Umsatz von 80% muss also nicht mit der kontrollierenden Körperschaft erzielt worden sein, er muss durch einen **Betrauungsakt** von ihr veranlasst sein.[167]

228 Das entspricht der bisherigen Rechtsprechung des EuGH. Auch danach wurde dem öffentlichen Auftraggeber der Umsatz mit Dritten zugerechnet, den das zu beauftragende Unternehmen „aufgrund der **Vergabeentscheidung der kontrollierenden Körperschaft** erzielt, einschließlich des Umsatzes, der in Aufführung solcher Entscheidungen mit Nutzern erzielt wird".[168]

229 Wird die Entscheidung über die Auftragsvergabe also von der öffentlichen Körperschaft getroffen und nicht von dem tatsächlichen Nutzer der Leistung, so sind die Umsätze der Körperschaft zuzurechnen, auch wenn ein Dritter (der „Nutzer") die Leistung erhält und zu vergüten hat.

230 Portz[169] weist zusätzlich auf den „Gleichklang" mit Art. 106 Abs. 2 AEUV hin. In Art. 106 Abs. 2 AEUV geht es um die Freistellung von Unternehmen, die mit Dienstleistungen von allgemeinem wirtschaftlichem Interesse betraut sind, von den Wettbewerbsregeln. Es geht dort also ebenfalls um eine Bevorzugung im Wettbewerb. Auch hier hängt die Bevorzugung von einem Betrauungsakt ab. Der Gleichklang deutet darauf hin, dass die Betrauung mit der Erbringung einer Leistung, an der ein

166 EuGH, Urt. v. 11.5.2006 – Rs. C-340/04 – Rn. 60.
167 Vgl. dazu Kulartz/Kus/Portz/Prieß/*Portz*, GWB § 108 Rn. 78 ff.
168 EuGH, Urt. 11.5.2006 – C-340/04 – Rn. 65 – Carbotermo.
169 Kulartz/Kus/Portz/Prieß/*Portz*, GWB § 108 Rn. 88.

öffentliches Interesse besteht, in besonderem Maße eine Zurechnung des Umsatzes zu der öffentlichen Körperschaft ermöglicht, auch wenn die Leistung zu Gunsten eines Dritten erbracht und von dem Dritten vergütet wird.

Beispiele sind die Betrauung eines Unternehmens mit dem öffentlichen Nahverkehr oder der Abfallentsorgung. In diesen Fällen erfolgt die Betrauung durch eine öffentliche Körperschaft. Die Leistung wird aber für Dritte (die Bürger) erbracht und ist von diesen zu vergüten. Der Umsatz ist nach § 108 Abs. 1 Nr. 2 GWB der öffentlichen Körperschaft zuzurechnen, die das Unternehmen mit der Aufgabe des öffentlichen Nahverkehrs oder der Abfallentsorgung „betraut hat". 231

bb) Entscheidungen der Oberlandesgerichte Hamburg und Frankfurt zur Zurechnung von Drittumsätzen in der Energieversorgung

Das OLG Hamburg[170] hat Drittumsätze, die ein von der Stadt Hamburg kontrolliertes kommunales Unternehmen mit Privatkunden durch die Belieferung von Elektrizität erzielte, von der Zurechnung zum öffentlichen Auftraggeber ausgeschlossen, obwohl das kommunale Unternehmen nach seiner Satzung der kommunalen Daseinsvorsorge und dem Klimaschutz dienen sollte. 232

Das OLG Hamburg nahm unter Bezugnahme auf das Carbotermo-Urteil des EuGH an, dass stets ein Kausalzusammenhang zwischen der Rechtsbeziehung Kommune – Kommunales Unternehmen und dem Drittumsatz bestehen müsse. Der öffentlichen Körperschaft könnten nur solche Umsätze zugerechnet werden, die sie auch tatsächlich herbeigeführt hat. Bei Stromlieferungen verneinte das OLG Hamburg diesen Kausalzusammenhang, weil die Stromkunden zwischen zahlreichen Anbietern auf dem Strommarkt auswählen könnten. Das OLG Frankfurt[171] nahm, ebenfalls unter Bezugnahme auf das Carbotermo-Urteil des EuGH, an, dass die Umsätze, die ein Eigenbetrieb mit der nicht liberalisierten Trinkwasserversorgung erzielte, der Stadt zugerechnet werden könnten, nicht aber die Umsätze, die im Bereich der Strom- und Gasversorgung mit privaten Abnehmern erzielt wurden. 233

Portz[172] ist der Auffassung, dass die Argumentation der Oberlandesgerichte Hamburg und Frankfurt nicht auf die Anwendung des § 108 GWB übertragen werden kann, weil es danach nur noch auf die Veranlassung der Leistung an einen Dritten durch einen Betrauungsakt ankomme und nicht mehr auf die Kausalität zwischen der Rechtsbeziehung Kommune – Kommunales Unternehmen und dem Drittumsatz. 234

---

170 Vgl. OLG Hamburg, Beschl. v. 14.12.2010 – 1 Verg 5/10 – VergabeR 2011, 614, 619 f.
171 OLG Frankfurt, Beschl. v. 30.8.2011 – 11 Verg 3/11 – VergabeR 2012, 47 ff.
172 Kulartz/Kus/Portz/Prieß/*Portz*, GWB § 108 Rn. 111 ff.

cc) Zurechnung von Drittumsätzen in der Fernwärmeversorgung

235 Die Einräumung von Wegenutzungsrechten für Fernwärmenetze begründet die natürlichen Monopolstellungen der Fernwärmenetzbetreiber auf dem Markt für den Wärmetransport. Die Nutzer der Netze haben wegen der Monopolstellungen der Fernwärmenetzbetreiber keine Wahlmöglichkeit zwischen mehreren Anbietern. Insofern ist der Umsatz, den die Fernwärmenetzbetreiber mit den Transportkunden erzielen, allein durch die „Betrauung", d.h. die Vergabe des Wegenutzungsrechts, veranlasst. Daraus ergibt sich, dass die Umsätze, die ein Fernwärmenetzbetreiber mit Transportkunden erzielt, nach den oben beschriebenen Maßstäben in den Urteilen des EuGH und wohl auch nach den Maßstäben der Oberlandesgerichte Hamburg und Frankfurt der Gemeinde zuzurechnen sind, die das Wegenutzungsrecht eingeräumt hat. Ist das begünstigte kommunale Unternehmen (die juristische Person) nur als Betreiber des Fernwärmenetzes tätig, und nicht gleichzeitig als Wärmelieferant oder auf anderen Geschäftsfeldern, sind seine gesamten Umsätze deshalb der Gemeinde zuzurechnen, die ihm das Wegenutzungsrecht eingeräumt hat.

236 Da vertikal integrierte Fernwärmenetzbetreiber auf dem Markt für die Belieferung von Kleinverbrauchern, wegen des nicht funktionierenden Durchleitungswettbewerbs, ebenfalls über an Monopole heranreichende Marktpositionen verfügen, ist den Gemeinden, die diese Stellungen mit den Wegenutzungsrechten begründen, auch dieser Umsatz zuzurechnen. Insofern ist die Situation im Bereich der Fernwärme ähnlich wie die Situation im Bereich der Wasserversorgung oder der Abfallentsorgung.

237 Etwas anderes gilt nach den Maßstäben der Oberlandesgerichte Hamburg und Frankfurt für die Umsätze mit Großverbrauchern, bei denen der Wechsel zu einem anderen Energieträger häufig möglich ist.

238 Allerdings ist der Umsatz der Fernwärmeunternehmen mit großen Wärmeverbrauchern ebenfalls nur möglich, weil die Fernwärmeunternehmen über ein Wegenutzungsrecht verfügen. Insofern besteht auch bei Großverbrauchern ein Kausalzusammenhang zwischen der Rechtsbeziehung Kommune – Kommunales Unternehmen, d.h. der Einräumung des Wegenutzungsrechts, und dem Drittumsatz.

239 Im Bereich der Fernwärmeversorgung kommt man daher bei allen Konstellationen zu dem Ergebnis, dass den Gemeinden sowohl die Umsätze aus den Transportleistungen als auch die Umsätze aus den Wärmelieferungen zugerechnet werden können.

c) Private Kapitalbeteiligungen

240 Zu beachten ist noch die dritte Voraussetzung für eine Inhouse-Vergabe. Nach § 108 Abs. 1 Nr. 3 GWB darf bei dem zu beauftragenden Unternehmen keine beherrschende Form der privaten Kapitalbeteiligung bestehen und keine private Beteiligung mit Sperrminorität. Ohne Sperrminorität sind private Kapitalbeteiligungen möglich, sofern sie durch gesetzliche Bestimmungen vorgeschrieben sind und keinen maßgeblichen Einfluss vermitteln.

d) Ergebnis

Im Bereich der Fernwärmeversorgung ist eine Inhouse-Vergabe von Wegenutzungsrechten durch die Gemeinden in der Regel möglich.[173] Betätigt sich das begünstigte Unternehmen nur als Netzbetreiber ist die Rechtslage eindeutig, weil die Umsätze mit Transportkunden ausschließlich durch die Einräumung des Wegenutzungsrechts veranlasst werden. Eine Wahlmöglichkeit der Netzkunden besteht nicht. Die Umsätze sind deshalb der Gemeinde zuzurechnen. Bei der Vergabe von Wegenutzungsrechten an vertikal integrierte Fernwärmeversorger gilt dasselbe auch für die Umsätze aus der Wärmelieferung. Kleinverbraucher haben, wegen des nicht funktionierenden Durchleitungswettbewerbs, keine Möglichkeit den Wärmelieferanten auszuwählen. Der Wechsel zu einem anderen Energieträger ist ihnen ebenfalls versperrt. Der Umsatz der Fernwärmeunternehmen mit großen Wärmeverbrauchern ist ebenfalls nur möglich, weil die Fernwärmeunternehmen über ein Wegenutzungsrecht verfügen. Sämtliche Umsätze der Fernwärmeversorger beruhen also auf der Einräumung des Wegenutzungsrechts durch die Gemeinden. 241

F. Können Gemeinden nach dem Auslaufen von Wegenutzungsverträgen die Übertragung des Eigentums an den Fernwärmenetzen verlangen?

I. Einführung

Verträge, mit denen die Gemeinden Fernwärmeversorgungsunternehmen das Recht einräumen, Wegegrundstücke für die Verlegung und den Betrieb von Wärmeversorgungsanlagen zu nutzen („Wegenutzungsverträge“ oder „Gestattungsverträge“) sind häufig befristet. Eine Erhebung des BKartA hat ergeben, dass in 10,3% der Verträge eine Laufzeit zwischen 10 und 19 Jahren vereinbart wurde. Ein Drittel der Verträge hat eine Laufzeit zwischen 20 und 29 Jahren. 14,3% der Verträge enden nach 30 bis 50 Jahren. In 26,2% der Fälle wurde die Laufzeit auf die Dauer der Wärmeversorgung begrenzt. Nur 11,9% der Verträge sind unbefristet.[174] 242

Darüber hinaus ist die zulässige Laufzeit auch durch das Kartellrecht begrenzt, 243
weil die Monopolstellungen der Fernwärmenetzbetreiber auf dem Transportmarkt

---

173 Bei der in tatsächlicher und rechtlicher Hinsicht vergleichbaren Einräumung von Wegenutzungsrechten für Wasserversorgungsnetze hält das OLG Düsseldorf eine Inhouse-Vergabe offenbar ebenfalls für möglich, falls die gesetzlichen Anforderungen erfüllt werden, wie sie der Gesetzgeber in § 108 GWB festgelegt hat. Vgl. OLG Düsseldorf, Urt. v. 21.3.2018 – VI-2 (Kart) 6/16 – S. 13 f., n.v. Direkt ist § 108 GWB wegen der Ausnahmeregelung in § 149 Nr. 9 GWB allerdings nicht anwendbar.

174 BKartA, Sektorenuntersuchung Fernwärme, August 2012, S. 70.

und die an Monopole heranreichenden Stellungen auf den Märkten für die Lieferung von Wärme begründet. Die Gemeinden sind deshalb verpflichtet, die Wegenutzungsrechte regelmäßig neu auszuschreiben. Der Autor dieses Beitrags ist der Auffassung, dass die Laufzeit, wie bei Strom- und Gasnetzen, 20 Jahre nicht überschreiten darf. Das ist bereits dargelegt worden.[175]

244 Aus der Begrenzung der Laufzeit kann aber nicht geschlossen werden, dass die Fernwärmeversorgung nach den Vorstellungen der Vertragsparteien nicht auf Dauer angelegt ist. Dafür gibt es keinen Grund, weil die Fernwärmeversorgung in den meisten Gemeinden langfristig wirtschaftlich erfolgreich sein kann. Darüber hinaus erfordert der Aufbau von Fernwärmenetzen hohe Investitionen, die sich erst über einen langen Zeitraum amortisieren. Außerdem haben die Versorgungsanlagen lange Nutzungsdauern. Bei Fernwärmeleitungen geht man von mindestens 50 Jahren aus.

245 Wegenutzungsverträge für Fernwärmenetze enthalten häufig Endschaftsregelungen mit sog. **„Heimfallklauseln"**, die die Gemeinden verpflichten und berechtigen, die Fernwärmenetze nach dem Auslaufen des Wegenutzungsvertrages zu übernehmen. Als Kaufpreis wurde häufig der Sachzeitwert der zu übereignenden Anlagen zum Zeitpunkt der Übertragung vereinbart oder eine nicht näher bestimmte „angemessene Vergütung".

246 Teilweise enthalten die auslaufenden Verträge auch keine Regelung, aus der sich ergibt, was mit dem Fernwärmenetz nach dem Auslaufen des Wegenutzungsrechts geschehen soll. Im Folgenden wird dargestellt, dass die Gemeinden nach dem Auslaufen eines Wegenutzungsvertrages die Übereignung der Fernwärmenetze beanspruchen können. Das gilt auch dann, wenn der ausgelaufene Wegenutzungsvertrag diesen Anspruch nicht ausdrücklich in einer Endschaftsregelung begründet. Anspruchsgrundlagen sind:

- Der ausgelaufene Wegenutzungsvertrag. Das ergibt sich aus einer ergänzenden Vertragsauslegung[176],
- § 1004 Abs. 1 BGB[177] und
- eine analoge Anwendung der §§ 997 Abs. 2, 552 Abs. 2 BGB[178].

247 Dabei erstreckt sich der Übereignungsanspruch nicht nur auf Netzanlagen, die in den Grundstücken der Gemeinden verlegt sind, sondern auch auf Netzanlagen, die sich auf oder in Grundstücken des bisherigen Netzeigentümers oder Dritter befinden, beispielsweise Pumpen, die Leitzentrale, die Wasseraufbereitung usw. Das folgt aus § 947 Abs. 2 BGB[179].

---

175 Siehe Rn. 196 ff.
176 Dazu Rn. 250–266.
177 Dazu Rn. 267–275.
178 Dazu Rn. 276–278.
179 Dazu Rn. 279–284.

Die genannten Anspruchsgrundlagen setzen voraus, dass die bisher durch den ausgelaufenen Wegenutzungsvertrag berechtigten Unternehmen nicht mehr beanspruchen können, die Wegegrundstücke der Gemeinden für die Verlegung und den Betrieb von Fernwärmeleitungen zu nutzen. 248

Es ist bereits dargelegt worden, dass ein solcher Anspruch nicht besteht. Die Gemeinden sind vielmehr grundsätzlich verpflichtet, die Wegenutzungsrechte für Fernwärmenetze in transparenten und diskriminierungsfreien Verfahren zu vergeben. Unter bestimmten Voraussetzungen kann auch eine Inhouse-Vergabe der Wegenutzungsrechte zulässig sein.[180] 249

II. Anspruch auf Eigentumsübertragung aus dem ausgelaufenen Konzessionsvertrag

Enthält ein ausgelaufener Wegenutzungsvertrag für ein Fernwärmeversorgungsnetz keine Endschaftsregelung, die nach dem Auslaufen des Vertrages einen Anspruch der Gemeinde auf Übertragung des Netzeigentums ausdrücklich begründet, so kann sich dieser Anspruch dennoch aus einer ergänzenden Auslegung des ausgelaufenen Wegenutzungsvertrages ergeben. 250

Voraussetzung für eine ergänzende Vertragsauslegung ist eine Regelungslücke, d.h. eine planwidrige Unvollständigkeit des Vertrages. Sie ist gegeben, wenn der Vertrag eine Bestimmung vermissen lässt, die erforderlich ist, um den ihm zugrundeliegenden Regelungsplan zu verwirklichen. Das heißt, ohne die Vervollständigung des Vertrages muss eine angemessene, interessengerechte Lösung nicht zu erzielen sein. Aufgabe der ergänzenden Vertragsauslegung ist es also, den Vertrag „zu Ende zu denken". Darüber hinaus muss die Regelungslücke ausfüllungsbedürftig sein, d.h. ohne Schließung der Lücke muss die Erreichung des Vertragszwecks gefährdet sein.[181] 251

Bei der Ausfüllung einer Regelungslücke durch eine ergänzende Vertragsauslegung ist nach der Rechtsprechung zu untersuchen, was redliche und verständige Parteien in Kenntnis der Regelungslücke nach dem Vertragszweck und bei sachgemäßer Abwägung ihrer beiderseitigen Interessen nach Treu und Glauben vereinbart hätten. Insoweit haben der Sinn und der Zweck des Vertrages und die Interessenlage der Parteien eine zentrale Bedeutung. Bei der ergänzenden Vertragsauslegung ist auf die subjektiven Interessen der Beteiligten einzugehen. Daneben ist die objektive Sinnhaftigkeit des durch Auslegung ergänzten Geschäfts also der Vertragstypus und der Vertragszweck zu würdigen.[182] Nach der Rechtsprechung des BGH ist bei der Er- 252

180 Siehe Rn. 158 ff.
181 MüKo-BGB/*Busche*, § 157 Rn. 26 ff.
182 MüKo-BGB/*Busche*, § 157 Rn. 44 ff.

mittlung des hypothetischen Parteiwillens auf den Zeitpunkt des Vertragsschlusses abzustellen.[183]

253 Bei der Beurteilung der Frage, ob ein ausgelaufener Konzessionsvertrag ohne Endschaftsregelung eine planwidrige Regelungslücke aufweist, wie sich die Interessenlage der Parteien darstellt und wie die Lücke nach dem hypothetischen Willen der Parteien zu schließen ist, spielen auch die gesetzlichen Regelungen eine Rolle, die die vertraglich geschaffene Situation mitgestalten. Ein wichtiger Aspekt wurde bereits dargestellt. Die bisher nutzungsberechtigten Fernwärmeversorger können von der Gemeinde nicht verlangen, dass ihnen erneut Wegenutzungsrechte eingeräumt werden.[184]

254 Hinzu kommt nach der Rechtsprechung des BGH die Anwendbarkeit des § 1004 Abs. 1 BGB. Nach § 903 BGB können Grundstückseigentümer andere von jeder Einwirkung auf ihre Grundstücke ausschließen. Leitungen, die sich in fremden Grundstücken befinden, stellen, wie die Errichtung eines Gebäudes auf einem fremden Grundstück, eine Beeinträchtigung des Grundstückseigentums im Sinne des § 1004 Abs. 1 BGB dar. Der Eigentümer des Grundstücks kann von dem Störer auf der Grundlage von § 1004 Abs. 1 BGB die Beseitigung der Beeinträchtigung verlangen. Dieser Anspruch ist nur ausgeschlossen, wenn der Eigentümer des Grundstücks zur Duldung verpflichtet ist, § 1004 Abs. 2 BGB. Mit dem Auslaufen eines Wegenutzungsvertrages entfällt die Verpflichtung der Gemeinden, die in ihren Wegegrundstücken verlegten Leitungen zu dulden. Die Gemeinden können daher die Beseitigung der durch die Leitungen verursachten Eigentumsstörungen verlangen.[185]

255 Fernwärmeleitungen haben, wenn sie ordnungsgemäß gepflegt und betrieben werden, eine Nutzungsdauer von mindestens 50 Jahren. Das bedeutet, Fernwärmenetze können zum Zeitpunkt des Auslaufens der Wegenutzungsverträge noch einen Wert haben, wenn die Verträge eine deutlich kürzere Laufzeit als 50 Jahre haben. Hinzu kommt, dass die meisten Fernwärmenetzbetreiber ihre Netze kontinuierlich erneuern und teilweise auch noch ausbauen.

256 Versteht man unter „Beseitigung" im Sinne des § 1004 Abs. 1 BGB, dass die Netze aus den Wegegrundstücken entfernt werden müssen, würden den bisher Nutzungsberechtigten extrem hohe Kosten durch das Aufgraben der Wegegrundstücke und die Wiederherstellung der Oberflächen entstehen. Die herausgerissenen Anlagen würden wegen problematischer Materialien Entsorgungskosten verursachen, die über dem Materialwert der Anlagen liegen können.

257 Die Fernwärmeversorgungsunternehmen mit zeitlich befristeten Wegenutzungsverträgen haben also ein großes Interesse daran, dass sie die Fernwärmenetze nicht aus den Wegegrundstücken entfernen müssen, wenn die Verträge auslaufen

183 BGHZ 123, 281, 285.
184 Vgl. oben Rn. 185 f.
185 BGH, Urt. v. 3.6.2014 – EnVR 10/13 – Rn. 29 – Homberg (Efze).

und nicht verlängert oder durch neue Verträge ersetzt werden. Da jeder Netzeigentümer ein Wegenutzungsrecht der betreffenden Gemeinde benötigt, können die Netzeigentümer, deren Wegenutzungsrecht endet, das Netz auch nicht einfach an einen Dritten veräußern.

Netzeigentümer mit befristeten Wegenutzungsrechten müssen deshalb daran 258
interessiert sein, dass die Gemeinden verpflichtet sind, die Netze zu erwerben, wenn die Wegenutzungsrechte enden. Darüber hinaus haben sie ein Interesse an einem möglichst hohen Kaufpreis für die Netze.

Frei von Vermögensminderungen wären die (bisherigen) Netzeigentümer, wenn 259
die Gemeinden verpflichtet wären, für die Netze einen Kaufpreis zu zahlen, der dem noch nicht über die Fernwärmepreise refinanzierten Anteil der Anschaffungs- und Herstellungskosten der Netzanlagen entspricht, d.h. dem **„kalkulatorischen Restwert“** der Anlagen.

Es kann davon ausgegangen werden, dass die Fernwärmeversorger während 260
der Laufzeit der Wegenutzungsverträge mit der Vergütung für die Fernwärme auch eine angemessene Verzinsung auf das eingesetzte Kapital erzielen konnten. Dafür spricht die Monopolstellung der Fernwärmeversorger. Insofern würde ein Kaufpreis in Höhe des noch nicht refinanzierten Anteils der Anschaffungs- und Herstellungskosten (kalkulatorischer Restwert) das Netzgeschäft dieser Unternehmen in der betreffenden Gemeinde zwar beenden, sie würden aber nicht geschädigt. Der Verkauf eines Netzes an die jeweilige Gemeinde würde wie die Rückzahlung eines angelegten Geldbetrages wirken.

Der zum Zeitpunkt des Vertragsendes noch nicht refinanzierte Anteil der An- 261
schaffungs- und Herstellungskosten kann zum Zeitpunkt des Vertragsendes sehr unterschiedlich sein. Das ergibt sich aus den unterschiedlichen Laufzeiten der Wegenutzungsverträge, den Zeitpunkten der Investitionen und den unterschiedlichen Kalkulationen, d.h. den bei der Wärmepreiskalkulation angesetzten Refinanzierungsdauern.

Dem hypothetischen Willen der Fernwärmeunternehmen würde also eine Rege- 262
lung entsprechen, die die Gemeinden verpflichtet, das jeweilige Netz zu einem möglichst hohen Kaufpreis zu erwerben. Die Interessen der Fernwärmeunternehmen sind angesichts des entfallenen Wegerechts und des Beseitigungsanspruchs der Gemeinden aus § 1004 Abs. 1 BGB aber bereits hinreichend gewahrt, wenn sich die Vergütung für das Netz nach dem noch nicht über die Fernwärmepreise refinanzierten Anteil der Anschaffungs- und Herstellungskosten, d.h. dem „kalkulatorischen Restwert“ der Netzanlagen, richtet.

Die Gemeinden sind für die örtliche Infrastruktur und die sichere Energiever- 263
sorgung verantwortlich.[186] Sie haben ein Interesse daran, dass funktionierende und

186 BGH, Urt. v. 7.7.1992 – KZR 2/91 – NJW 192, 2088, 2089 – Freistellungsende.

sinnvolle Infrastruktureinrichtungen erhalten bleiben. Außerdem folgt aus der Verantwortung der Gemeinden für die örtliche Infrastruktur, dass sie ein Interesse an einer Stellung haben, die es ihnen erlaubt, die Infrastruktur und Energieversorgung nach ihren Vorstellungen zu gestalten. Keinesfalls haben die Gemeinden ein Interesse daran, dass die Versorgung der angeschlossenen Verbraucher mit Fernwärme gefährdet wird.

264 Wenn eine Gemeinde mit einem Fernwärmeversorgungsunternehmen ein zeitlich befristetes Wegenutzungsrecht vereinbart, hat sie also ein Interesse daran, nach dem Auslaufen des Wegenutzungsvertrages über das Netz verfügen zu können. Der hypothetische Wille der Gemeinden ist also auf eine Verpflichtung des Netzeigentümers gerichtet, das Netzeigentum nach dem Auslaufen des Wegenutzungsvertrages auf die jeweilige Gemeinde zu übertragen, wenn die Gemeinde dies verlangt.

265 Darüber hinaus haben die Gemeinden ein Interesse an einem möglichst niedrigen Kaufpreis. Der Kaufpreis darf jedenfalls nicht so hoch sein, dass sich mit dem Netz keine angemessene Verzinsung des für den Kauf eingesetzten Kapitals erzielen lässt. Die Gemeinden haben also ein Interesse daran, dass der Kaufpreis nicht über dem Ertragswert der Netze liegt.

266 Aus den Interessen und dem hypothetischen Willen der Vertragsparteien ergibt sich also, dass die Regelungslücke durch eine Verpflichtung der Netzeigentümer zu schließen ist, das Netzeigentum auf die Gemeinden zu übertragen, und eine Verpflichtung der Gemeinden, das Netzeigentum zu übernehmen. Da die Fernwärmenetze zum Zeitpunkt des Auslaufens der Wegenutzungsverträge in der Regel noch einen Wert haben, ist davon auszugehen, dass die Parteien eine wirtschaftlich angemessene Vergütung für die Netze vereinbart hätten. Angemessen erscheint eine Vergütung, die sich an der Höhe des noch nicht refinanzierten Anteils der Anschaffungs- und Herstellungskosten der Netzanlagen orientiert, d.h. dem „kalkulatorischen Restwert" der Anlagen. Damit wird den Interessen der Fernwärmeunternehmen angemessen Rechnung getragen. Die Beachtung der Interessen der Gemeinden führt dazu, dass die Vergütung den Ertragswert des jeweiligen Netzes nicht übersteigen darf.

III. Anspruch auf Eigentumsübertragung aus § 1004 Abs. 1 BGB

267 Es ist bereits dargelegt worden, dass die in den Wegegrundstücken verlegten Fernwärmeleitungen von den Gemeinden nicht mehr geduldet werden müssen, wenn das in einem Wegenutzungsvertrag vereinbarte Nutzungsrecht endet.

268 Nach § 1004 Abs. 1 BGB können die Gemeinden in einem solchen Fall von dem Netzeigentümer die „Beseitigung der Beeinträchtigung" verlangen.[187]

187 BGH, Urt. v. 3.6.2014 – EnVR 10/13 – Rn. 29 – Homberg (Efze).

Die Entfernung eines Fernwärmenetzes aus den Wegegrundstücken, das für die Versorgung der Verbraucher benötigt wird und das für die Wirtschaftlichkeit der Wärmeerzeugungsanlagen unabdingbar ist, wäre unsinnig. 269

Eine solche Auslegung des Beseitigungsanspruchs aus § 1004 Abs. 1 BGB stünde auch im Widerspruch zu anderen Regelungen des Gesetzes, die wertzerstörende Wegnahmen oder Beseitigungen verhindern sollen. Zu nennen sind insbesondere die §§ 552, 912, 947 und 997 Abs. 2 BGB. 270

Auf der Grundlage von § 552 BGB kann der Vermieter einer Wohnung das Wegnahmerecht des Mieters aus § 539 BGB abwenden, wenn er dem Mieter eine angemessene Entschädigung für eine Einrichtung zahlt, die der Mieter mit der Mietsache verbunden hat. Nach § 912 BGB hat ein Nachbar einen unverschuldeten Überbau zu dulden. Er kann aber eine Entschädigung verlangen. § 947 Abs. 1 BGB bestimmt, dass im Falle der Verbindung mehrerer beweglicher Sachen Miteigentum der Eigentümer der bisher getrennten Sachen entsteht. Ist eine der Sachen als Hauptsache anzusehen, so erwirbt ihr Eigentümer das Alleineigentum, § 947 Abs. 2 BGB. Hat ein Besitzer mit der Sache eine andere Sache als wesentlicher Bestandteil verbunden, so kann er die Sache abtrennen und sich aneignen, § 997 Abs. 1 BGB. Das Recht zur Abtrennung ist aber ausgeschlossen, wenn ihm mindestens der Wert ersetzt wird, den der Bestandteil nach der Abtrennung für ihn haben würde, § 997 Abs. 2 BGB. 271

Den §§ 552, 912, 947 und 997 Abs. 2 BGB lässt sich der Rechtsgedanke entnehmen, dass **wertzerstörende Wegnahmen und Beseitigungen** vermieden werden sollen. Die Erhaltung wirtschaftlicher Werte, die im Zusammenwirken mehrerer Vermögensträger geschaffen wurden, hat Vorrang vor einem Wegnahmerecht oder einem Beseitigungsanspruch. 272

Dieser Rechtsgedanke kann auch bei der Auslegung des § 1004 Abs. 1 BGB nützlich sein. Nach § 1004 Abs. 1 BGB hat der Eigentümer einen Anspruch darauf, dass die „Beeinträchtigung seines Eigentums" beseitigt wird. Befinden sich Leitungen in einem Wegegrundstück, kann dies dadurch geschehen, dass diese aus den Wegegrundstücken entfernt werden. Das wäre aber unsinnig, weil Werte sinnlos zerstört würden. Die Beseitigung der Beeinträchtigung des Eigentums kann aber auch durch eine Übertragung des Eigentums an den Leitungen auf den Eigentümer des Grundstücks erfolgen. Der Wortlaut des § 1004 Abs. 1 BGB lässt diese Auslegung zu. Der Rechtsgedanke, der den §§ 552, 912, 947 und 997 Abs. 2 BGB zugrunde liegt, legt eine solche Interpretation nahe. 273

Eine ähnliche Situation liegt vor, wenn ein Gebäude vollständig auf einem fremden Grundstück errichtet wird. In diesem Fall wäre ein Wahlrecht des Grundstückseigentümers zwischen der Entfernung und dem Erwerb des Gebäudes sinnvoll. In der Literatur wird deshalb eine analoge Anwendung des gesamten Eigentümer-Besitzer-Verhältnisses auf den Beseitigungsanspruch aus § 1004 BGB vorgeschlagen.[188] 274

---

188 *Baur*, AcP 160, 465, 490 ff.; *Kümmerle*, JR 2013, 47 ff.; MüKo-BGB/*Baldus*, § 1004 Rn. 233.

275 Das ist auch in den hier besprochenen Fällen auslaufender Wegenutzungsrechte für Fernwärmenetze erwägenswert. Allerdings könnte der Eigentümer des Fernwärmenetzes auf der Grundlage von § 997 Abs. 2 BGB nur den Materialwert der herausgerissenen Fernwärmeleitungen als Wertersatz beanspruchen. Insofern erscheint eine analoge Anwendung des §§ 552 Abs. 1 BGB (angemessene Entschädigung) oder des § 951 BGB (Verweis auf das Bereicherungsrecht) interessengerechter. Bei der analogen Anwendung des § 552 Abs. 1 BGB ist allerdings zu beachten, dass nach der Rechtsprechung in den Mietrechtsfällen vom Verkehrswert der Sache (hier des Fernwärmenetzes), die Kosten des Ausbaus, der Wertverlust durch den Ausbau und die Aufwendungen für die Wiederherstellung des früheren Zustands zu berücksichtigen wären. Das wäre in den hier besprochenen Fällen nicht sachgerecht, weil der Wert der Fernwärmenetze vollständig aufgezehrt würde. Zu angemessen Ergebnissen führt eine analoge Anwendung des § 951 BGB.

IV. Anspruch auf Eigentumsübertragung aus §§ 552 Abs. 1, 997 Abs. 2 BGB (analog)

276 Das OLG Frankfurt hat sich in einem vergleichbaren Fall für eine analoge Anwendung der §§ 552 Abs. 1 (damals noch 547a Abs. 2 BGB), 997 Abs. 2 BGB entschieden.[189] Zur Begründung beruft sich das OLG Frankfurt ebenfalls auf den Rechtsgedanken, wonach wertzerstörende Wegnahmen vermieden werden sollen. Die entscheidende Passage in den Urteilsgründen lautet:

277 „Im Streitfall ist die Notwendigkeit der Vermeidung wertzerstörender Wegnahmen offenkundig. Das streitgegenständliche Leitungsnetz der Beklagten bezieht seinen wirtschaftlichen Wert nur zu einem geringen Teil aus den zu seiner Herstellung verwandten Gegenständen, wie etwa der Stromkabel. Wie bei allen Arten leitungsgebundener Energieversorgung sind vielmehr die für die Installation des Netzes gemachten Aufwendungen entscheidend, insbesondere die Verlegungskosten im öffentlichen Straßenraum. Der hierin begründete Wert des Leitungsnetzes würde bei einer Wegnahme der Versorgungsanlagen vollständig zerstört, während der geringe Wert der demontierten Leitungen und sonstigen Einrichtungen schwerlich selbst nur die Kosten der Wegnahme – die jedenfalls nach Errichtung eines neuen Verteilungsnetzes nicht durch § 6 EnergG zu verhindern wäre – decken könnte. Der außergewöhnlich hohe Kostenaufwand für die Herstellung eines Leitungsnetzes war so auch mit ein Grund für die gesetzlichen Regelungen auf dem Gebiet der Energiewirtschaft; es ist insbesondere das Ziel des EnergG, den Bau und den Ausbau gerade auch der Energieverteilungsanlagen in die Richtung eines rationellen Wirtschaftens zu lenken. Mit diesem Anliegen des Gesetzgebers wäre es nicht zu vereinbaren, wenn bei einem Wechsel des Versorgungsunternehmens ein vorhandenes funktionsfähiges

189 OLG Frankfurt, Urt. v. 11.2.1997 – 11 U (Kart) 38/96 – JurionRS 1997, 17826 = RdE 1997, 146 ff. Streitgegenstand war ein Elektrizitätsversorgungsnetz vor der Einführung des § 13 EnWG a.F. bzw. des § 46 EnWG.

Leitungsnetz mit beträchtlichem Kostenaufwand entfernt würde und ein neues Netz installiert werden müsste."

Aus der analogen Anwendung der §§ 552 Abs. 1, 997 Abs. 2 BGB folgert das OLG Frankfurt auch, dass die Beklagte für die Überlassung des Stromnetzes eine Geldleistung verlangen kann. Allerdings hält es die Anwendung der Entschädigungsregelungen der §§ 552 Abs.1, 997 Abs. 2 BGB ebenfalls nicht für sachgerecht. Stattdessen hält das OLG Frankfurt eine Bestimmung der Gegenleistung gemäß § 315 BGB, d.h. nach billigem Ermessen für richtig. 278

V. Erstreckung des Übereignungsanspruchs auf Anlagen, die sich nicht in den Grundstücken der Gemeinden befinden

Fernwärmeleitungen, die die örtlichen Fernwärmenetze bilden, sind ganz überwiegend in den Wegegrundstücken oder anderen sog. „fiskalischen Grundstücken" (Schulhöfe, Sportplätze usw.) der Gemeinden verlegt. Teile der Leitungsnetze befinden sich aber auch in oder auf den Grundstücken Dritter. Dazu gehören z.B. die Hausanschlüsse, die teilweise in den Grundstücken der Anschlussnehmer verlegt sind.[190] Häufig verlaufen Fernwärmeleitungen auch entlang von Bahnlinien und befinden sich auf Grundstücken der Verkehrsunternehmen. 279

Das „Transportsystem Fernwärmenetz", das dem Transport von Wärme von den Erzeugungsanlagen (Kraft- und Heizwerke) zu den Verbrauchern dient, besteht aber nicht nur aus Leitungen, d.h. isolierten Rohren, und Ventilen. Zu einem solchen Transportsystem gehören auch Pumpen, Druckregelstationen, Übergabestationen zwischen vor- und nachgelagerten Netzteilen, Signal- und Steuereinrichtungen, die Netzleitzentrale, die Wasseraufbereitung, Messstationen u.s.w. Diese Anlagen befinden sich häufig nicht auf den Grundstücken der Gemeinden, sondern auf den Grundstücken, auf denen sich auch die Erzeugungsanlagen (Kraft- und Heizwerke) befinden, oder auf anderen Grundstücken, deren Eigentümer das Fernwärmeversorgungsunternehmen ist. 280

Nach der Rechtsprechung des BGH und der herrschenden Meinung sind alle Netzanlagen nur zu einem vorübergehenden Zweck mit den Grundstücken verbunden. Die Netzanlagen seien daher „Scheinbestandteile" der Grundstücke im Sinne des § 95 BGB.[191] 281

190 Vgl. § 10 Abs. 4 AVBFernwärmeV.

191 BGH, Urt. v. 2.12.2005 – V ZR 35705; MüKo-BGB/*Stresemann*, Bd. 1, § 95 Rn. 26ff.; Palandt/*Ellenberger*, § 95 Rn. 6.

282 Das wird zwar mit guten Argumenten in Frage gestellt.[192] Die Auffassung des BGH und der herrschenden Meinung haben aber den Vorteil, dass Versorgungsleitungen sonderrechtsfähig und unabhängig vom Grundstückseigentum verkehrsfähig sind. Darüber hinaus können die Netzanlagen, die sich auf zahlreichen Grundstücken unterschiedlicher Eigentümer befinden, einem einzelnen Fernwärmeunternehmen gehören. Wären die Leitungen im Sinne des § 94 BGB „wesentliche Bestandteile" der Grundstücke, würde ein „fragmentiertes" Netzeigentum bestehen. Das wäre nicht sachgerecht. Deshalb ist dem BGH und der herrschenden Meinung in der Literatur zu folgen, auch wenn sie etwas ergebnisorientiert erscheint.[193]

283 Dass die Netzanlagen zusammen eine einheitliche Sache, nämlich das örtliche „Transportsystem Fernwärmenetz" bilden, führt zur Anwendung des § 93 BGB. Das Transportsystem Fernwärmenetz wäre zerstört und in seinem Wesen verändert, wenn die Anlagen, die das System bilden, voneinander getrennt würden. Nach § 93 BGB können die einzelnen Anlagen, die das „Transportsystem Fernwärmenetz" bilden, deshalb „nicht Gegenstand eigener Rechte sein". Aus § 93 BGB folgt also, dass die Netzanlagen, die in den Wegegrundstücken der Gemeinden verlegt sind, eigentumsrechtlich nicht von den Netzanlagen getrennt werden können, die sich auf den Grundstücken der Fernwärmeunternehmen oder Dritter befinden.

284 Wer nach dem Auslaufen eines Wegenutzungsrechts Eigentümer des gesamten Transportsystems Fernwärmenetz wird, folgt aus § 947 Abs. 2 BGB. Danach erwirbt der Eigentümer der Hauptsache das Alleineigentum an den miteinander verbundenen Sachen. Die Hauptsache eines Fernwärmeversorgungsnetzes ist das Leitungsnetz, das überwiegend in den Wegegrundstücken der jeweiligen Gemeinde verlegt ist. Mit dem Eigentum an den in den Wegegrundstücken verlegten Fernwärmeleitungen erwerben die Gemeinden also auch das Eigentum an den Anlagen, die sich auf den Grundstücken des Fernwärmeversorgungsunternehmens und den Grundstücken Dritter befinden.

G. Der Kaufpreis für Fernwärmenetze

285 Endet ein Wegenutzungsvertrag, können die Gemeinden von dem bisher berechtigten Unternehmen die Übereignung des Fernwärmenetzes beanspruchen. Das ist soeben dargestellt worden. Im Folgenden soll dargestellt werden, welche Vorgaben sich aus dem Kartellrecht für die Ermittlung des Kaufpreises ergeben.

192 Siehe die Dissertation von *Mahne*; *Fritsche*, BeckOK BGB, § 95 Rn. 9.

193 Wünschenswert wäre eine spezielle gesetzliche Regelung für Versorgungsnetze, die unzweifelhaft klarstellt, dass an den Netzen zusammenhängendes Eigentum möglich ist, das unabhängig vom Grundstückseigentum ist.

I. Die Kaufering-Rechtsprechung des BGH

Der BGH hat in seinem „Kaufering-Urteil" festgestellt, dass eine vertragliche Regelung in einem ausgelaufenen Wegenutzungsvertrag für ein Elektrizitätsversorgungsnetz, die für die Übernahme des Netzes durch die Gemeinde einen Kaufpreis vorsieht, der den Ertragswert des Netzes mehr als unerheblich übersteigt, wegen Verstoßes gegen § 1 GWB nach § 134 BGB unwirksam ist.[194] 286

Der Grund für die Unzulässigkeit von Kaufpreisen für Elektrizitätsversorgungsnetze, die den Ertragswert der Netze mehr als unerheblich übersteigen, ist die Verpflichtung der Gemeinden, die Wegenutzungsrechte für Elektrizitätsversorgungsnetze in transparenten und diskriminierungsfreien Verfahren zu vergeben, d.h. der vom Gesetzgeber angestrebte „Wettbewerb um die Netze". 287

Zu einem Wettbewerb um die Netze kann es aber nur kommen, wenn die Bewerber in der Lage sind, die Kaufpreise für die Netze mit den späteren Erlösen aus den Netzen (den Netznutzungsentgelten) zu refinanzieren. Kaufpreise für Netze, die den Ertragswert mehr als unerheblich übersteigen, haben also eine „prohibitive", d.h. den Wettbewerb um die Netze ausschließende, Wirkung. 288

In den Urteilsgründen hat der BGH darüber hinaus begründet, dass ein „objektivierter Ertragswert" maßgeblich ist, d.h. ein Ertragswert, bei dessen Ermittlung die subjektiven Verhältnisse des abgebenden und übernehmenden Unternehmens außer Acht zu lassen sind.[195] Die Maßstäbe des Kaufering-Urteils wurden inzwischen in die Regelung des § 46 Abs. 2 EnWG für Strom- und Gasnetze übernommen. 289

Es ist bereits festgestellt worden, dass Art. 3 Abs. 1 GG, das EU-Primärrecht und § 19 Abs. 2 Nr. 1 GWB die Gemeinden grundsätzlich verpflichten, auch die Wegenutzungsrechte für Fernwärmenetze in wettbewerblichen Verfahren zu vergeben.[196] Damit ist die Argumentation des BGH im Kaufering-Urteil auf Fernwärmenetze übertragbar. Wie bei Strom- und Gasnetzen darf der Kaufpreis für Fernwärmenetze den „objektivierten" Ertragswert nicht mehr als unerheblich übersteigen. 290

II. Ermittlung des Ertragswertes für Fernwärmenetze

Die Betreiber von Fernwärmenetzen verfügen auf dem Markt für den Wärmetransport in ihrem Netzgebiet über Monopolstellungen. 291

Hält ein Transportkunde die geforderten Netznutzungsentgelte für überhöht, kann er eine Beschwerde an die zuständige Kartellbehörde richten und die Höhe der Netznutzungsentgelte auf der Grundlage von § 19 Abs. 1 i.V.m. Abs. 2 Nr. 2 und 4 292

---

194 BGH, Urt. v. 16.11.1999 – KZR 2/97 – BGHZ 143, 128 – Kaufering. Vgl. insb. S. 153ff.

195 BGH, Urt. v. 16.11.1999 – KZR 2/97 – BGHZ 143, 128 (156f.) – Kaufering.

196 Siehe Rn. 143ff.

GWB überprüfen lassen. Denkbar ist auch, dass der Transportkunde eine gerichtliche Überprüfung der Netznutzungsentgelte herbeiführt.

293 Bei einer „Preishöhenkontrolle" auf der Grundlage von § 19 GWB ist zu erwarten, dass die Kartellbehörden und Gerichte sich an den Grundsätzen orientieren, die der Gesetzgeber für die Genehmigung der Netznutzungsentgelte von Strom- und Gasnetzen festgelegt hat.

294 Die Regelungen zur Ermittlung der Netzentgelte im EnWG, der StromNEV, der GasNEV und der ARegV sind spezialgesetzliche Konkretisierungen des abstrakten Begriffs **„angemessenes Entgelt"** in § 19 Abs. 2 Nr. 4 GWB. Das ergibt sich bereits aus § 21 Abs. 1 EnWG, der unmittelbar an den Wortlaut des § 19 Abs. 2 Nr. 4 GWB anknüpft.[197]

295 Es ist auch nicht ersichtlich, warum für die Netznutzungsentgelte von Fernwärmenetzen etwas anderes gelten soll als bei Strom- und Gasnetzen. Fernwärmenetze sind genauso wie Strom- und Gasnetze dadurch gekennzeichnet, dass sie in den jeweiligen Netzgebieten über **Transportmonopole** verfügen.[198]

296 Auswirkungen auf den Ertragswert eines Versorgungsnetzes hat insbesondere das **Verbot der Abschreibung unter null** (§ 6 Abs. 6 Strom-/GasNEV). Es führt dazu, dass nur die historischen Anschaffungs- und Herstellungskosten abgeschrieben, d.h. in die Netznutzungsentgelte „eingepreist", werden dürfen. Ist das in die Anlagen investierte Kapital über die Netznutzungsentgelte an den Netzbetreiber zurückgeflossen, sind keine weiteren Abschreibungen mehr zulässig.[199] Der Netzbetreiber erhält auch keine Verzinsung mehr, weil das in das Netz investierte Kapital vollständig an ihn zurückgeflossen ist.

297 Das Verbot der Abschreibung unter null gilt weiter, wenn ein Versorgungsnetz veräußert wird (vgl. § 6 Abs. 7 Strom-/GasNEV). Der Käufer eines Netzes kann nach der Netzübernahme also nicht den gezahlten Kaufpreis abschreiben, sondern (nur) den sog. **„kalkulatorischen Restwert"**,[200] wie er sich aus den Anschaffungs- und Herstellungskosten der Anlagen und den bereits erfolgten Abschreibungen des bisherigen Netzeigentümers ergibt.[201]

298 Die Fortführung der Abschreibungsbasis bei einem Wechsel des Netzeigentümers schützt den Netznutzer und letztlich den Energieverbraucher. Da Netzbetreiber über Transportmonopole verfügen, könnten sie auch Abschreibungen unter null

---

197 Vgl. dazu *Kühling*, EnWZ 2012, 7, 9.

198 Zur mangelnden Rentabilität paralleler Fernwärmenetze vgl. oben Rn. 17 ff.; Im Strom- und Gasbereich fehlt es wegen der regen Möglichkeit des Durchleitungsverkehrs an Parallelnetzen.

199 Danner/Theobald/*Missling*, Band 2, § 32 StromNEV Rn. 19.

200 BGH, Beschl. v. 14.8.2008 – KVR 35/07 – NVwZ 2008, 1392, 1392; OLG Frankfurt, Urt. v. 14.6.2011 – 11 U 36/10 – RdE 2011, 422, 425; *Riedel/Albrecht*, EWeRK 2016, 190, 196.

201 Vgl. Danner/Theobald/*Missling*, Band 2, § 32 StromNEV Rn. 27; *Riedel/Albrecht*, EWeRK 2016, 190, 196.

durchsetzen, d.h. einen Kapitalrückfluss über die getätigten Investitionen hinaus. Das wäre bei einem Monopolisten, dessen Preise sich nicht im Wettbewerb bilden, aber nicht **„angemessen"** im Sinne des § 19 Abs. 2. Nr. 4 GWB.

Aus den **Grundsätzen der Netzentgeltregulierung** ergibt sich also, dass der Käufer eines Fernwärmenetzes bei der Berechnung der künftigen Netznutzungsentgelte (nur) einen Kaufpreis für das Fernwärmenetz in Höhe des kalkulatorischen Restwertes ansetzen kann (vgl. § 6 Abs. 6 Strom-/GasNEV). 299

Eine weitere wichtige Einflussgröße sind die von dem bisherigen Netzbetreiber vereinnahmten Ertragszuschüsse, insbesondere die von den Anschlussnehmern gezahlten **Baukostenzuschüsse und Anschlusskosten.** Die AVBFernwärmeV ermöglicht den Fernwärmenetzbetreibern bis zu 70% der Kosten des Netzes über Baukostenzuschüsse der Anschlussnehmer zu finanzieren, § 9 Abs. 1 AVBFernwärmeV. Die Kosten der Anschlüsse, d.h. die Kosten der Rohrleitungen von den Fernwärmeleitungen in den Straßen in die Gebäude und die Übergabeeinrichtungen in den Gebäuden (Wärmetauscher, Messeinrichtungen und Ventile), wurden ebenfalls von den Anschlussnehmern bezahlt, obwohl sie Eigentum des FVU wurden, § 10 Abs. 4 und 5 AVBFernwärmeV. 300

Der Regelung in § 9 Strom-/GasNEV lässt sich der Rechtsgedanke entnehmen, dass es unangemessen ist, wenn sich Netzbetreiber die Netze (teilweise) doppelt bezahlen lassen, einmal über Baukostenzuschüsse und Anschlusskostenerstattungen und ein zweites Mal über die Netznutzungsentgelte. „Angemessen" im Sinne des § 19 Abs. 2 Nr. 4 GWB sind daher nur Netznutzungsentgelte, bei deren Berechnung die vereinnahmten Baukostenzuschüsse und Anschlusskostenerstattungen von der kalkulatorischen Abschreibungsbasis abgezogen wurden. Dadurch verringert sich der kalkulatorische Restwert und objektivierte Ertragswert der Netze erheblich. 301

Kapitel 9
Schwerpunkte und Verfahrensrecht der deutschen Kartellaufsicht

A. Einführung

I. Kartellaufsicht im Allgemeinen

1 Ein funktionierender Wettbewerb ist grundlegende Voraussetzung einer marktwirtschaftlich ausgerichteten Wirtschaftsordnung. Wettbewerb kann durch eine Vielzahl von unlauteren Wettbewerbshandlungen eingeschränkt beziehungsweise behindert werden, unter anderem durch Kartellbildung, Preisabsprachen, missbräuchliche Preisbildung (bei Monopolstellung). Wettbewerbsbeschränkungen zu verhindern, ist Aufgabe einer Kartellbehörde. Rechtliche Grundlage der deutschen Kartellbehörden ist das Gesetz gegen Wettbewerbsbeschränkungen (GWB).

II. Kartellaufsicht im Energiebereich

2 Die Energiekartellbehörden – auf Bundes- wie auf Landesebene – beschäftigen sich unter anderem mit Bürger- und Verbraucheranfragen bei Problemen mit leitungsgebundener Energie wie Strom, Gas, Fernwärme und Wasser. Außerdem prüfen sie die Verfahren zur **Gestattung von Wegerechten** für Gas-, Strom- und Wasserversorgungnetze.[1] Letztere zeitigt besondere Beteiligte am Verfahren, nämlich **Kommunen**, die hier ihre Aufgaben der **Daseinsvorsorge** wahrnehmen.[2]

3 Adressaten sind überwiegend **Kommunen** und Stadtwerke. Diese können recht groß mit einem hohen Marktanteil über die Stadtgrenzen hinweg (z.B. Köln, Düsseldorf, München, Stuttgart), aber auch sehr kleine Versorger sein. Hinzu kommen Regionalversorger, die sich über die Stadtgrenzen einer Kommune hinweg ins Umland ausdehnen, an den umliegenden Versorgern Anteile halten, aber sonst im Kundenverkehr nicht sichtbar sind. In der jüngeren Vergangenheit standen auch bundesweit tätige Energielieferanten wegen diskriminierender Lieferverträge im Fokus des Bundeskartellamtes.[3]

---

1 Zu den Einzelheiten des Verfahrens vgl. Kap. 7.

2 BGH, Urt. v. 16.3.2017 – I ZR 13/16 – Rn. 26.

3 http://www.bundeskartellamt.de/SiteGlobals/Forms/Suche/Entscheidungssuche Formular.html ?nn=3589936&cl2Categories_Format=Entscheidungen&cl2Categories_Arbeitsbereich=Kartellverbot

Krater
https://doi.org/10.1515/9783110286847-009

Die Stadtwerke haben – wie der Name schon sagt – überwiegend auch kommunale Anteilseigner, die in den Unternehmensgremien vertreten sind, meistenteils sind sie auch die sog. Grundversorger. Vertraglich vereinbarte Gewinnausschüttungspflichten mit den **Kommunen** sind keine Seltenheit, das Verhältnis zwischen Versorger und Kommune ist mithin ein enges und sensibles. Diese Unternehmen sind mithin meist auch mehr oder weniger mit der Kommunalpolitik verbunden. Daraus folgt für die Landeskartellbehörden, dass in welchen Verfahren auch immer die Bürgermeisterinnen und Bürgermeister, wenn nicht in persona bei Verfahren zur **Gestattung von Wegerechten** für Energienetze, dann zumindest unsichtbar – bei Preisprüfungen – mit am Tisch sitzen. 4

Bei Verfahren zur **Gestattung der Wegerechte** sind die **Kommunen** sogar selbst das kartellrechtlich im Fokus stehende Unternehmen (§ 185 GWB), also sind immer auch die kommunalen Vertreter und Gremien von einem evtl. Kartellverwaltungsverfahren betroffen. 5

Diese (landes-)politischen Verquickungen gepaart mit der **Daseinsvorsorge** bei Strom und Gas unterscheidet das Energiekartellrecht wesentlich von Kartellverfahren gegen reine Marktunternehmen, die z.B. Bier, Schienen, Mehl oder mit anderen austauschbaren Produkten am Wirtschaftsleben teilnehmen und in den Fokus der Kartellbehörden geraten. 6

B. Kartellverfahren nach deutschem Recht

Zuständige Kartellbehörden in Deutschland können das für Wirtschaft zuständige Bundesministerium, das Bundeskartellamt sowie die Landeskartellämter sein. 7

I. Zuständigkeitsabgrenzung zwischen Bundeskartellamt und Landeskartellämtern

Für die Kartellaufsicht in Deutschland sind gem. § 48 Abs. 1 GWB das für Wirtschaft zuständige Bundesministerium – derzeit Bundesministerium für Wirtschaft und Energie (BMWi) – das Bundeskartellamt (BKartA) als obere Bundesbehörde mit Sitz in Bonn und die Kartellbehörden der Länder zuständig. Diese Aufgabenzuweisung spiegelt den föderalen Aufbau Deutschlands wider. Das Bundeskartellamt ist nicht übergeordnete oder weisungsbefugte Behörde der Landeskartellbehörden. Die Lan- 8

&resultsPerPa-ge=15&sortOrder=score+desc%2C+dateOfIssu-e_dt +desc&cl2Categories _Wirtschafts bereich=Energiewirtschaft_Formular.html?nn=3589936&cl2Categories_Format=Entscheidungen&cl 2Categories_Arbeitsbereich=Kartellverbot&resultsPerPage=15&sortOrder=score+desc%2C+dateOfIs su-e_dt +desc&cl2Categories _Wirtschaftsbereich=Energiewirtschaft.

deskartellbehörden sind organisatorisch in allen Bundesländern den jeweils für Wirtschaft zuständigen obersten Landesbehörden – Ministerien in Flächen- und Senate in Stadtstaaten – zugeordnet und damit selbst oberste Landesbehörden.

9 Die Zuständigkeit des Bundeskartellamtes ist nach § 48 Abs. 2 S. 1 GWB immer dann gegeben, wenn die Wirkung des kartellwidrigen Verhaltens über das Gebiet eines Landes hinausreicht (sog. **Auswirkungsprinzip**). Das Bundeskartellamt ist für überregionale Wettbewerbsbeschränkungen zuständig, für die ein wirtschaftliches Gewicht vermutet wird. Grundsätzlich ist die Zuständigkeit des Bundeskartellamtes gegeben, wenn der Markt für den die Wettbewerbsbeschränkung gilt, über das Gebiet eines Bundeslandes hinausreicht oder die gesamte Bundesrepublik erfasst.[4]

10 Nach Sinn und Zweck der gesamten Vorschrift soll § 48 Abs. 2 S. 1 GWB aber nicht über die sachliche Notwendigkeit hinaus die Zuständigkeit des Bundes begründen, sondern auch dem föderalistischen Aufbau der Bundesrepublik Rechnung tragen.[5]

11 Die Landeskartellbehörde ist gem. § 48 Abs. 2 S. 2 GWB für die Überprüfung von Zuwiderhandlungen gegen die Vorschriften des GWB zuständig, soweit die Wirkungen der Wettbewerbsregel nicht über das Gebiet des Landes hinausreichen. Anknüpfungspunkt der Wettbewerbsaufsicht ist einerseits das sog. Kartellverbot nach § 1 GWB und andererseits die kartellrechtliche **Missbrauchsaufsicht** nach den §§ 18, 19 Abs. 1 GWB, nämlich der Missbrauch einer marktbeherrschenden Stellung sowie das Ausnutzen einer marktbeherrschenden, relativen oder überlegenen Marktmacht (§ 20 GWB).

12 Da entscheidender Anknüpfungspunkt die Wirkung des beanstandeten Verhaltens ist, hängt die Zuständigkeit nicht davon ab, wo das Versorgungsunternehmen insgesamt tätig oder in welchem räumlichen Umfang es marktbeherrschend ist oder wo es seinen Geschäftssitz hat.[6] Der betroffene Markt definiert sich über die unmittelbaren Wirkungen eines wettbewerbsbeschränkenden oder diskriminierenden Verhaltens im konkreten Fall. Bloße mittelbare über das Gebiet eines Landes hinausreichende Auswirkungen, Reflexe oder auch die bloße Eignung, Marktverhältnisse länderübergreifend zu beeinflussen, reichen nicht. Die tatsächliche Auswirkung muss festgestellt werden.[7]

13 Bei einem Energielieferanten, der seinen Sitz z.B. in Bayern hat, die Abnahme-/Lieferstelle jedoch in NRW liegt, ist z.B. das Bundeskartellamt zuständig,

4 Loewenheim/Meessen/Riesenkampf/*Quellmalz*, § 48 Rn. 4 ff.; Immenga/Mestmäcker/*Klaue*, Bd. 2 Teil 1, § 48 GWB Rn. 14; MüKo-GWB /*Pfeiffer*, Bd. 2, § 48 Rn. 16, 17 f.; Schulte/Just/*Staebe*, § 48 Rn. 7, 10.

5 Immenga/Mestmäcker/*Klaue*, Bd. 2 Teil 1, § 48 GWB Rn. 6; MüKo-GWB/*Pfeiffer*, Bd. 2, § 48 Rn. 16.

6 BGH, Beschl. v. 15.11.1994 – KVR 29/93 (KG) – NJW 1995, 2718, 2719; Immenga/Mestmäcker/*Klaue*, Bd. 2 Teil 1, § 48 GWB Rn. 7; MüKo-GWB/*Pfeiffer*, § 48 Rn. 18.

7 Immenga/Mestmäcker/*Klaue*, Bd. 2 Teil 1, § 48 GWB Rn. 8.

insbesondere wenn die Geschäftsbedingungen des Energieversorgers missbräuchlich sein können. Dieser Missbrauch wirkt nicht nur bei dem Kunden in NRW, sondern bei allen Kunden im Bundesgebiet, die von diesem Unternehmen beliefert werden. Für Verfahren gegen Grundversorger ist hingegen grundsätzlich die jeweilige Landeskartellbehörde zuständig, weil Grundversorger nach § 36 Abs. 2 S. 1 EnWG ist, wer die meisten Haushaltskunden in einem Netzgebiet der allgemeinen Versorgung beliefert. Die Zuständigkeit des Bundeskartellamtes kann sich hier nur ergeben, wenn sich dieses Netzgebiet länderübergreifend erstreckt.

Für die Einräumung eines **Wegerechts** zur Nutzung der öffentlichen Verkehrs- 14
wege – ungeachtet der straßenrechtlichen Wirkung – zum Betrieb des Strom- bzw. Gasversorgungsnetzes der allgemeinen Versorgung im Konzessionsgebiet für einen Betreiber gem. § 46 Abs. 2 S. 1 EnWG (sog. Konzessionsvertrag) ist allein die jeweilige Kommune zuständig. Für Verfahren zur **Gestattung von Wegerechten** heißt dies, dass wegen der diesbezüglichen marktbeherrschenden Stellung der jeweiligen Gemeinde bei der Vergabe von Konzessionen für den Strom- und/oder den Gasnetzbetrieb nach § 46 Abs. 2 EnWG für die örtliche Bevölkerung und die Dauer der Laufzeit, der räumlich relevante Markt für die Gestattung der Wegerechte nach § 46 EnWG abzugrenzen und auf das Gemeindegebiet beschränkt ist.[8]

Mithin ist aufgrund dieser räumlichen Abgrenzung die jeweilige Landeskartell- 15
behörde für die Überprüfung von Verfahren zur **Gestattung der Wegerechte** zuständig. Nur ausnahmsweise könnte bei einem länderübergreifenden Versorgungsgebiet, bei dem außerdem benachbarte **Kommunen** das Konzessionsverfahren gemeinsam durchführen und damit die Wirkung eines evtl. Wettbewerbsverstoßes durch die Verfahrensgestaltung über Ländergrenzen hinweg hinausgeht, die Zuständigkeit des Bundeskartellamtes in Betracht kommen.

Exkurs i

Zuständigkeit für die Gestattung von Wegerechten

Die **Gestattung der Wegerechte** unterliegt auch weiterhin nach Inkrafttreten der Richtlinie 2014/23/EU vom 26.2.2014 über die Konzessionsvergabe[9] und deren Umsetzung in nationalstaatliches Recht durch das Vergaberechtsmodernisierungsgesetz vom 18.4.2016 nicht dem Vergaberecht und dessen spezifischen Regelungen.[10] Dies folgt bereits aus Erwägungsgrund 16 der Dienstleistungskonzessionsrichtlinie sowie der Begründung zum Vergaberechtsmodernisierungsgesetz.[11] Der Be-

---

8 BGH, Urt. v. 17.12.2013 – KZR 65/12 – Rn. 15 ff. – Stromnetz Heiligenhafen; BGH, Urt. v. 17.12.2013 – KZR 66/12 – Rn. 16 ff. – Stromnetz Berkenthin.

9 Konzessionsrichtlinie (KonzessionsRL – Richtlinie 2014/23/EU) v. 26.2.2014 (ABl EU Nr. L 94 S. 1 ff.).

10 A.A. *Sauer*, EWeRK 2017, 49, 59 ff.; nur für einfache Wegerechte nach § 46 Abs. 1 EnWG *Brück von Oertzen/Kreggenfeld*, EWeRK 2016, 12, 14, 16; *Hofmann/Zimmermann*, NZBau 2016, 71, 75 f.

11 BR-Drucks. 367/15, S. 86; RL 2014/23/EU, ABl EG Nr. L 94 S. 3.

schlusslage des Bundesrates, dies auch noch einmal ausdrücklich im Gesetz zu formulieren,[12] entgegnete die Bundesregierung lediglich mit einem Prüfvorbehalt im weiteren Verfahren. Daraus folgt, dass die Bundesregierung die Klarstellung in der Gesetzesbegründung für ausreichend klar hält, mithin weiterhin die Kartellbehörden für die Prüfung der Verfahren zur **Gestattung der Wegerechte** zuständig sind und nicht die Vergabekammern nach den §§ 155 ff. GWB.

1. Gegenseitige Benachrichtigungs- und Abgabepflichten sowie Abgabe auf Antrag

16 Das Bundeskartellamt und die Landeskartellämter unterrichten sich gegenseitig über ihre Verwaltungs- und Bußgeldverfahren (§ 49 Abs. 1 GWB). Soweit sich aus einem Verfahren die Zuständigkeit des Bundes- oder eines Landeskartellamtes nach § 48 Abs. 2 GWB ergibt, hat die betreffende Kartellbehörde das Verfahren nach § 49 Abs. 2 GWB an die zuständige Kartellbehörde abzugeben (Abgabepflicht). Auf Ersuchen einer Kartellbehörde kann ein Verfahren aufgrund der Sachumstände auch an eine andere Kartellbehörde abgegeben werden. Das Bundeskartellamt kann Kartellverfahren an Landeskartellbehörden abgeben und diese Kartellverfahren an das Bundeskartellamt (§ 49 Abs. 3 S. 1 und Abs. 4 S. 1 GWB). Die das Verfahren aufnehmende Kartellbehörde wird nach der Abgabe zuständige Kartellbehörde (§ 49 Abs. 3 S. 2 und Abs. 4 S. 2 GWB).[13] Soweit eine Landeskartellbehörde der Abgabe vom Bundeskartellamt an eine andere Landeskartellbehörde widerspricht, bleibt das Bundeskartellamt zuständig (§ 49 Abs. 4 S. 3 und 4 GWB).

2. Zuständigkeitsrüge

17 Soweit die örtliche oder sachliche Zuständigkeit einer Kartellbehörde von einem Beteiligten[14] angezweifelt wird, kann dieser nach § 55 Abs. 1 GWB eine Vorabentscheidung hierüber, jedoch nicht mehr im Beschwerdeverfahren herbeiführen. Dazu sieht § 55 Abs. 2 GWB einen sog. Rügeverlust[15] vor. Weiterhin streitig ist der Anwendungsbereich hinsichtlich der Abgrenzung zur Zuständigkeit der Regulierungsbehörden. Das OLG Düsseldorf hat diese Vorschrift auch hier in Anwendung gesehen, die folgende BGH Entscheidung hat die Frage offen gelassen.[16]

18 Die Rüge ist formlos, eine ablehnende Entscheidung der Kartellbehörde über ihre gerügte sachliche und örtliche Zuständigkeit kann der Rügenden nach § 55 Abs. 1 S. 2 GWB mit der Beschwerde anfechten, die aufschiebende Wirkung hat. Im

---

12 BR-Drucks. 367/1/15, Nr. 3.

13 BKartA, Beschl. v. 21.11.2011 – B10-17/11.

14 Vgl. Rn. 107 ff.

15 Schulte/Just/*Peter*, § 55 Rn. 1.

16 OLG Düsseldorf, Beschl. v. 19.10.2011 – VI-3 Kart 1/11 (V) – IR 2012, 12 f.; BGH, Beschl. v. 6.11.2012 – KVR 54/11 – EnWZ 2013, 263 ff. – GAG Ahrensburg.

Übrigen gelten die Vorschriften des Beschwerdeverfahrens nach den §§ 63ff. GWB.[17] Durch die aufschiebende Wirkung kann keine abschließende Sachentscheidung getroffen werden, falls der Rügende Rechtsmittel gegen die ablehnende Entscheidung der Kartellbehörde geltend macht. Soweit die Kartellbehörde die Rüge negativ bescheidet, kann der Rügende die Zuständigkeitsrüge weiterhin im Hauptsacheverfahren erheben, er ist dann nicht damit präkludiert. Soweit die Zuständigkeitsrüge im Hauptsacheverfahren erfolgreich ist, ist dieses von der zuständigen Kartellbehörde komplett zu wiederholen.[18]

II. Fusionskontrolle

Für Fusionskontrollen nach den §§ 35ff. GWB sowie für die Mitwirkung an Verfahren 19
der Europäischen Kommission oder Wettbewerbsbehörden anderer Mitgliedstaaten nach § 50 Abs. 3 GWB ist ausschließlich das Bundeskartellamt zuständig. Die Ministererlaubnis nach § 42 GWB erteilt immer das Bundeswirtschaftsministerium.[19]

III. Abgrenzung der Kartellaufsicht zur Energieaufsicht und zu den Regulierungsbehörden[20]

Wettbewerbs- und Regulierungsbehörden verfolgen das gleiche Ziel mit unter- 20
schiedlichen komplementären Instrumenten.[21] Während das Regulierungsrecht der unternehmerischen Ex-ante-Bewertung dient, sanktioniert das Wettbewerbsrecht ex post missbräuchliches Marktverhalten im Einzelfall.[22] Diese Wettbewerbskontrolle wird durch § 111 EnWG begrenzt. Die Abgrenzung der Regulierungsbehörden von der kartellrechtlichen Wettbewerbsaufsicht folgt aus § 46 Abs. 7 EnWG, § 185 Abs. 3 GWB. Die kartellrechtliche Aufsicht erstreckt sich mithin nach § 32 i.V.m. §§ 19, 20 GWB wegen der marktbeherrschenden Stellung der **Kommunen** bei Wegerechten[23] auch auf das Verfahren zu **Gestattung der Wegerechte**.

Die allgemeine Energieaufsicht ergibt sich aus den §§ 65, 54 Abs. 1 und 3 EnWG. 21
Die Entscheidung des BKartA in Sachen GAG Ahrensburg[24] ist bei Behinderungs-

---

17 Schulte/Just/*Peter*, § 55 Rn. 1.
18 Schulte/Just/*Peter*, § 55 Rn. 1.
19 Schulte/Just/*Staebe*, § 48 Rn. 2, 8, vgl. zur Fusionkontrolle insgesamt Kap. 6.
20 Vgl. dazu auch Kap. 2 Rn. 89ff. und Kap. 7 Rn. 169ff.
21 *Säcker*, EnWZ 2015, 531, 532.
22 *Säcker*, EnWZ 2015, 531, 534.
23 BGH, Urt. v. 17.12.2013 – KZR 66/12 – Rn. 16ff. – Stromnetz Berkenthin; BGH, Urt. v. 17.12.2013 – KZR 65/12 – Rn. 15ff. – Stromnetz Heiligenhafen.
24 BGH, Beschl. v. 6.11.2012 – KVR 54/11.

missbrauch durch einen Netzbetreiber, hier: Höhe der Konzessionsabgabe, bestätigt.

22 Nach h.M. ist die Kartellbehörde nicht zuständig, wenn der Altkonzessionär die Herausgabe des Netzes verweigert. Dies fiele allein in die Zuständigkeit der Regulierungsbehörden bzw. der BNetzA.[25] Diese Auffassung wird zunehmend kritisch gesehen.[26]

IV. Kommunalaufsicht

23 Die Energie- und Wasserversorgung obliegt als Teil der **Daseinsvorsorge** den **Kommunen,**[27] die sie auf Dritte übertragen können.[28] Bei der **Gestattung von Wegerechten** für den Betrieb von Gas- und Stromnetzen sowie die Wasserversorgung sind die Kommunen als Gebietskörperschaften unternehmerisch tätig (§ 185 Abs. 1 GWB). Damit sind sie Adressaten des GWB und unterfallen der Aufsicht der Kartellbehörden.

24 Die Kommunalaufsicht ist in diesen Fällen neben den Kartellbehörden für die Frage zuständig, ob die jeweiligen Ratsbeschlüsse innerhalb des Konzessionsvergabeverfahrens rechtmäßig waren und kann gegebenenfalls rechtswidrige Ratsbeschlüsse im Rahmen der Kommunalaufsicht beanstanden.[29] Die Kartellbehörden besitzen die fachliche Kompetenz, um die Rechtmäßig- oder Rechtswidrigkeit dieser Ratsbeschlüsse bzw. des durchgeführten Verfahrens, über das der Rat entschieden hat, festzustellen. Auf diese Expertise kann die Kommunalaufsicht für die rechtliche Prüfung des Verfahrens zurückgreifen und das Ergebnis der kartellrechtlichen Prüfung für ihre Entscheidung über den Ratsbeschluss berücksichtigen. Die Kartellbehörde wird damit jedoch weder Teil der Kommunalaufsicht, noch ist sie aus Rechtsgründen gehalten, den kommunalaufsichtsrechtlichen Zuständigkeitsstrang zu berücksichtigen. Vielmehr kann sie auf der Rechtsgrundlage des GWB gegen die Kommune als Unternehmen i.S.d. GWB selbst vorgehen, während die Kommunalaufsicht im Rahmen ihrer Aufsicht gegen die **Kommune** als Gebietskörperschaft tätig werden kann. Beide Verfahren stehen nebeneinander, können jedoch aus Effizienzgründen hinsichtlich der rechtlichen Prüfung des Verfahrens verbunden werden, z.B. indem Amtshilfe nach § 35 VwVfG erbeten und geleistet wird.

---

25 BGH, Beschl. v. 3.6.2014 – EnVR 10/13 – Stromnetz Homberg; vgl. auch Gemeinsamer Leitfaden von Bundeskartellamt und Bundesnetzagentur zur Vergabe von Strom- und Gaskonzessionen und zum Wechsel des Konzessionsnehmers, 2. Aufl. vom 21.5.2015.

26 Vgl. dazu Rn. 86 ff. und Kap. 7 Rn. 36 ff.

27 BGH, Urt. v. 4.11.2003 – KZR 16/02; BGH, Urt. v. 16.3.2017 – I ZR 13/16 – Rn. 26.

28 *Wieland*, DÖV 2015, 169.

29 OVG Niedersachsen, Beschl. v. 11.9.2013 – 10 ME 88/12 – Rn. 42.

V. Kartellbehördliche Praxis im Energiesektor

Der Schwerpunkt der kartellbehördlichen Kontrolle im Energiebereich liegt in der **Missbrauchsaufsicht.** Verstöße gegen Kartellverbote nach § 1 GWB waren in den letzten Jahren Energielieferverträge mit langen Laufzeiten und Wiederverkaufsverbot.[30] In Einzelfällen gab es Verstöße gegen § 1 GWB durch Konsortialverträge von **Kommunen** mit Konzessionsnehmern für Wegerechte für Energienetze. Mittlerweile wurden auch Verträge zwischen (unterlegenen) Alt- und (obsiegenden) Neukonzessionären bekannt, die zur Vermeidung weiterer Rechtsstreitigkeiten und zur Befriedung des streitigen Netzherausgabeanspruchs, Verträge über die weitere Betriebsführung durch den Altkonzessionär abschließen. Der Konzessionsvertrag wird wiederum zwischen Stadt und Neukonzessionär geschlossen. Hier gilt es im Einzelfall einen Verstoß gegen § 1 GWB zu prüfen, nämlich ob trotz des von der Kommune durchgeführten Konzessionsvergabeverfahrens eine Einschränkung oder Verfälschung des Wettbewerbs vorliegt bzw. ein Verstoß gegen die 20-jährige Höchstlaufzeit des § 46 Abs. 2 S. 1 EnWG. 25

1. Energieträger

a) Strom und Gas

Der Energiemarkt wurde in Deutschland am 29.4.1998 liberalisiert. Die Aufhebung der Monopolstellung in der Energieversorgung für Strom und Gas kam einer Revolution in der Energiebranche gleich. Im bundesweiten Durchschnitt stehen einem Haushaltskunden mehr als 130 Strom- und 105 Gasanbieter zur Verfügung. Insgesamt sind auf dem deutschen Energiemarkt fast 1100 Stromanbieter sowie 854 Gasanbieter tätig und bieten die unterschiedlichsten Strom- und Gastarife an.[31] Eine Monopolstellung auf einem sachlich und räumlich relevanten Markt, die unter den Anwendungsbereich des GWB fällt und somit eine Zuständigkeit der Kartellbehörden begründen könnte, ist deshalb bei Strom und Gas auf dem Endkundenmarkt kaum noch anzunehmen. 26

Das Bundeskartellamt hat seit Ende 2014 eine **neue Marktabgrenzung in der Gasversorgung** vorgenommen[32] und geht seitdem von einem deutschlandweiten einheitlichen Großhandelsmarkt aus. Die Letztverbraucherstufe ist dreigeteilt in die Belieferung von leistungsgemessenen Letztverbrauchern (= Industriekunden) sowie 27

30 Abrufbar unter: http://www.bundeskartellamt.de/SiteGlobals/Forms/Suche/Entscheidungssuche_Formular. html?nn=3589936&cl2Categories_Format=Entscheidungen&cl2Categories_Arbeitsbereich=Kartellverbot&resultsPerPa-ge=15&sortOrder=score+desc%2C+dateOfIssu-e_ dt+ desc&cl2Categories_ Wirtschaftsbereich=Energiewirtschaft.

31 Monitoringbericht 2017, S. 209 und 359.

32 BKartA, Beschl. v. 23.10.2014 – B 8-69/14 – Rn. 79 ff. – Freigabe EWE/VNG.

im Standardlastprofil an Sondervertrags- und Haushaltskunden in der Grundversorgung. Erstere bilden einen deutschlandweiten Markt, letztere werden netzbezogen betrachtet. Daraus folgt für die Zuständigkeit, dass für erstere das Bundes- und für letztere grundsätzlich das jeweilige Landeskartellamt zuständig ist.[33]

b) Grundversorgung

28 Etwas anders ist die Situation im sog. **Grundversorgerbereich. Grundversorger** ist nach § 36 Abs. 2 EnWG das Energieversorgungsunternehmen, das die meisten Haushaltskunden in einem Netzgebiet der allgemeinen Versorgung beliefert. Die **Grundversorgung** hat weiterhin einen Marktanteil von knapp 31% bei Strom und knapp 22% bei Gas[34]. Der größte Anteil dieser Kundinnen und Kunden könnte auch – sogar beim selben Energieversorger – zumindest in einen günstigeren Tarif wechseln. Obgleich einige Energieversorger ihren Kundinnen und Kunden jährlich die mögliche Ersparnis beim Tarifwechsel mitteilen, machen gleichwohl nicht alle Gebrauch davon.

29 Außerdem werden in der **Grundversorgung** insbesondere Haushalte mit Energie versorgt, die aufgrund ihrer schlechten Bonität bei günstigeren Energieversorgern, die keinen **Grundversorgerstatus** haben, keine Versorgungsverträge abschließen können. Die **Grundversorger** hingegen unterliegen einem Kontrahierungszwang.[35] Sie müssen auch mit Haushalten Energielieferverträge abschließen, die keine gute Bonität aufweisen. Für dieses Kundensegment in der klassischen **Grundversorgung** ist mithin von einer relativen Marktmacht der **Grundversorgung** nach § 20 Abs. 1 GWB auszugehen. Damit wäre grundsätzlich die Zuständigkeit der Kartellbehörden in diesen Fällen gegeben.

aa) Kontrahierungszwang

30 Die Grundversorger handeln wettbewerbswidrig i.S.d. § 19 GWB, wenn sie den Abschluss eines **Grundversorgungsvertrages** wegen „wirtschaftlicher Unzumutbarkeit" gem. § 36 Abs. 1 S. 2 EnWG ablehnen. Die **Grundversorger** unterliegen einem **Kontrahierungszwang (sog. Versorger letzter Instanz).**[36] Dies folgt aus den europarechtlichen Vorgaben nach Art. 3 Abs. 3 EltRL 2009[37] und Art. 3 Abs. 5 GasRL 2009,[38]

---

33 Vgl. Rn. 8 ff.

34 Monitoringbericht 2017, S. 215, 366.

35 BGH, Urt. v. 7.3.2017 – EnZR 56/15 – Rn. 22; Schneider/Theobald/*de Wyl*, Recht der Energiewirtschaft, § 14 Rn. 3; Säcker/*Busche*, Energierecht, Bd. 2, § 36 Rn. 40; Hempel/Franke/*Hempel*, § 36 Rn. 29.

36 EuGH, Urt. v. 23.10.2014 – C-359/11, C-400/11, Nr. 44; Schlussanträge des Generalanwalts Nils Wahl v. 8.5.2014, ZNER 2014, 246, 249 ff; BNetzA, Bschl. v. 26.3.2018 – BK6-16-161.

37 Elektrizitätsbinnenmarktrichtlinie (EltRL 2009 – Richtlinie 2009/72/EG) v. 13.7.2009 (ABl EU Nr. L 211 S. 55 ff.).

im Zuge der Liberalisierung des Energiebinnenmarktes, die sog. vulnerable households in den Mitgliedstaaten zu schützen.[39] In Deutschland wird dies durch die Grundversorgung nach § 36 EnWG sichergestellt. Die Grundversorger, die sich weigern, dem Kontrahierungszwang zu folgen, missbrauchen mithin ihre marktbeherrschende Stellung, die ihnen der Grundversorgerstatus verschafft. Hier wird das „ob" mit dem „wie" verwechselt: Wirtschaftlich nachvollziehbar ist, dass die **Grundversorger** bei wiederholtem Zahlungsausfall und entsprechenden Außenständen nicht mehr in Vorleistung treten wollen und müssen.[40] Der **Grundversorger** kann vielmehr nach den §§ 14 und 15 StromGVV[41]/GasGVV[42] Vorleistung bzw. Sicherheitsleistung des Kunden verlangen, soweit die **Grundversorgungsleistung** gegenüber dem Kunden wirtschaftlich unzumutbar ist, weil dieser bereits mehrfach, nachhaltig und in erheblicher Höhe seiner Leistungspflicht nicht nachgekommen ist. Eine solche Vorgehensweise ist mit dem **Grundversorgerstatus** vereinbar, die Ablehnung des Vertragsschlusses auch konkludent hingegen nicht. Da der **Grundversorger** Monopolist ist,[43] ist die Weigerung des Vertragsabschlusses das Ausnutzen einer Monopolstellung. Insbesondere dürfen noch ausstehende Forderungen nicht herangezogen werden, um den Abschluss eines **Grundversorgungsvertrages** zu verweigern.[44] Ein sachlicher Rechtfertigungsgrund dafür liegt wegen des Zurückbehaltungsrechts nach § 19 StromGVV/GasGVV, der Vorleistung oder der Sicherheitsleistung nach den §§ 14 und 14 StromGVV/GasGVV für die Energielieferung nicht vor. Mithin könnte die Kartellbehörde bei verweigertem Vertragsabschluss durch den Grundversorger kartellrechtliche Maßnahmen gegen den Grundversorger hinsichtlich Diskriminierung und Behinderung i.S.d. § 19 Abs. 1 GWB prüfen.[45]

Fettnapf !

Die **„wirtschaftliche Unzumutbarkeit"** in der **Grundversorgung** bezieht sich auf „Wie" des **Grundversorgungsvertrages**, nicht auf das „Ob". Der Kontrahierungszwang des Grundversorgers besteht uneingeschränkt, nicht jedoch die Versorgungspflicht.

38 Gasbinnenmarktrichtlinie (GasRL 2009 – Richtlinie 2009/73/EG) v. 13.7.2009 (ABl EU Nr. L 211 S. 94 ff.).

39 EuGH, Urt. v. 23.10.2014 – C-359/11, C-400/11, Nr. 42; BGH, Urt, v. 28.10.2015 – VIII ZR 158/11 – Rn. 31; Schneider/Theobald/*de Wyl*, Recht der Energiewirtschaft, § 14 Rn. 9; Säcker/*Busche*, Energierecht, Bd. 2, § 36 Rn. 1, 2.

40 Schneider/Theobald/*de Wyl*, Recht der Energiewirtschaft, § 14 Rn. 105.

41 Stromgrundversorgungsverordnung (StromGVV) v. 26.10.2006 (BGBl. I S. 2391), zuletzt geändert durch Gesetz v. 29.8.2016 (BGBl. I S. 2034).

42 Gasgrundversorgungsverordnung (GasGVV) v. 26.10.2006 (BGBl. I S. 2396), zuletzt geändert durch Gesetz v. 29.8.2016 (BGBl. I S. 2034).

43 BGH, Urt. v. 7.3.2017 – EnZR 56/15 – Rn. 25.

44 Säcker/*Busche*, Energierecht, Bd. 2, § 36 Rn. 23.

45 Schneider/Theobald/*de Wyl*, Recht der Energiewirtschaft, § 14 Rn. 113; Hempel/Franke/*Hempel*, § 36 Rn. 266; a.A. Säcker/*Busche*, Energierecht, Bd. 2 § 36 Rn. 51.

31 Die Vorteile der **Grundversorgung**, nämlich immer einen auch liquiden – trägen und wechselunwilligen[46] – Kundenstamm zu weit höheren Preisen „auf dem Silbertablett" geliefert zu bekommen, geht mit der Pflicht, auch mit Kunden schlechter Bonität einen Energieliefervertrag abschließen zu müssen, einher. Unbestritten stellt diese wiederum einen Wettbewerbsnachteil gegenüber den Energieversorgern dar, die keine **Grundversorger** sind und Kunden mit schlechter Bonität ablehnen können. Dieser wird kompensiert durch die höheren **Grundversorgungspreise**, die jedoch aufgrund der höheren Forderungsmanagementkosten der Grundversorger innerhalb dieses Marktsegments einen sachlichen Rechtfertigungsgrund darstellen können.[47]

32 Dem interessanten und sich aufzwingenden Gedanken, ob ein Energieversorger, der die Kriterien des § 36 EnWG erfüllt, mithin **Grundversorgerstatus** erhält, diesen wegen der damit einhergehenden Pflichten auch ablehnen kann, soll hier nicht nachgegangen werden.

bb) Preishöhenkontrolle

33 Aufgrund der oben genannten Wettbewerbssituation[48] auf dem Gas- und Strommarkt liegen die kartellrechtlichen Voraussetzungen für ein Eingreifen im **Grundversorgungsbereich** grundsätzlich nicht mehr vor. Allerdings besteht für das Kundensegment, das auf den Grundversorger aus den genannten Gründen[49] angewiesen ist, eine Monopolstellung des jeweiligen Grundversorgers. Hier wäre kartellrechtliches Eingreifen hinsichtlich der hohen **Grundversorgerpreise** durchaus denkbar. Der durchschnittliche Strompreis in der **Grundversorgung** liegt bei knapp 0,31 ct/kWh (durchschnittl. Strompreis: 29,86 ct/kWh), der für Gas bei 6,73 ct/kWh (durchschnittl. Gaspreis: 6,15 ct/kWh).[50] Verstöße gegen § 19 Abs. 2 Nr. 2 und Nr. 3 sowie § 29 GWB kämen in Betracht.

34 Bei § 19 Abs. 2 Nr. 3 GWB ist zu bedenken, dass die höheren **Grundversorgungstarife** im Vergleich zu den Tarifen, die der Grundversorger sonst auf dem gleichen räumlichen Markt von Strom- bzw. Gaskunden fordert, mit den Kosten für das Forderungsmanagement, die überwiegend bei Kunden mit schlechter Bonität entstehen, begründet werden. Mithin bestünde im Zweifelsfall dem Grunde nach eine sachliche Rechtfertigung für den höheren Grundversorgungstarif.

---

46 Für Gas: *Klaue*, ZNER 2011, 278, 279; Schneider/Theobald/*deWyl*, Recht der Energiewirtschaft, § 14 Rn. 7.

47 Rn. 36.

48 Rn. 26 ff.

49 Rn. 30.

50 Monitoringbericht 2017, S. 240, 9, 393, 12.

Bei § 19 Abs. 2 Nr. 2 GWB ist auf den fiktiven wirksamen Wettbewerb abzustellen 35 und auf die Verhaltensweisen von Unternehmen auf vergleichbaren Märkten mit wirksamen Wettbewerb. Das ist der Energiemarkt, wie er sich nach der Liberalisierung außerhalb des **Grundversorgungssegmentes** herausgebildet hat. Auf diesem Markt stehen den Kundinnen und Kunden mit schlechter Bonität keine abweichenden Entgelte oder sonstigen Geschäftsbedingungen zur Verfügung, da die Energieversorger, die keine **Grundversorger** sind, mit diesen Kundinnen und Kunden keine Vertragsverhältnisse abschließen bzw. bei Nichtzahlung sofort kündigen, ohne die Voraussetzungen der StromGVV/GasGVV einhalten zu müssen, wie z.B. eine Versorgungssperre nach § 19 StromGVV/GasGVV statt Kündigung.[51] Ein fiktiver wirksamer Wettbewerb ist hier also schwer konstruierbar.

Daraus folgt, dass bezüglich hoher **Grundversorgungstarife** nur dann ein Tat- 36 bestand nach dem GWB erfüllt sein kann, wenn sie der einzelne **Grundversorger** weder dem Grund noch der Höhe nach mit höheren Forderungsmanagementkosten für das besondere Kundensegment rechtfertigen kann.

c) Heizstrom

Heizstrom[52] ist ein eigener sachlicher und räumlicher Markt, der einerseits vom 37 Markt für Haushaltsstrom, andererseits von einem einheitlichen, brennstoffübergreifenden Wärmemarkt abzugrenzen ist.[53] In der Regel ist das Netzgebiet des Grundversorgers i.S.d. § 36 EnWG der jeweilige räumliche Markt.[54] Der Marktanteil lag nach Angaben des BKartA bei 99 bis 100% im Jahr 2010.[55]

Heizstrom ist Strom, mit dem unterbrechbare Verbrauchseinrichtungen betrie- 38 ben werden, die der Raumheizung dienen. Solche Einrichtungen sind elektrische Nachtspeicherheizungen und elektrische Wärmepumpen.[56] Heizstrompreise setzen sich ähnlich wie Haushaltsstrompreise aus Energiebeschaffung, Vertrieb, Marge (40 bis 50%), Steuern und Abgaben (35 bis 40%) und Netzentgelten (15 bis 20%) zusammen.[57]

Obgleich vermehrt Wechselaktivitäten erkennbar sind, liegt die Quote mit 4% 39 weit unter der für Haushaltstrom und Nicht-Haushaltskunden.[58] Die Wechselquote differiert nach Netzgebiet. Die Auffassung, dass mittlerweile die Marktzutritts-

---

51 LG Frankenthal, Urt. v. 9.11.2016 – 2 S 74/16 – EWeRK 2017, 101, 103.

52 Vgl. dazu auch Kap. 3.

53 BGH, Beschl. v. 10.12.2008 – KVR 2/08 – Stadtwerke Uelzen; BKartA, Abschlussbericht Sektoruntersuchung Heizstrom, Nr. 2.1 (S. 6); 1.1, September 2010.

54 BKartA, Abschlussbericht Sektoruntersuchung Heizstrom, 2.3, September 2010.

55 BKartA, Abschlussbericht Sektoruntersuchung Heizstrom, 2.3, September 2010.

56 BKartA, Abschlussbericht Sektoruntersuchung Heizstrom, 1.1, September 2010.

57 BKartA, Abschlussbericht Sektoruntersuchung Heizstrom, 1.1, September 2010.

58 Monitoringbericht 2017, S. 10, 246/247.

schranken für andere Anbieter im Heizstrommarkt sehr gering seien, ist deshalb differenziert zu betrachten. Aus Sicht der in der kartellrechtlichen Praxis bei Beschwerden über Heizstrompreise gewonnenen Erfahrung zeigt sich, dass trotz einer gewissen Anzahl von Anbietern, ein Wechsel zu einem anderen Anbieter oftmals aus praktischen bzw. finanziellen Erwägungen des anderen Anbieters scheitert.

40 Solange sich die hierzu erworbene praktische Kenntnis der Landeskartellbehörden für das jeweilige Netzgebiet nicht ändert, bleibt es deshalb dabei, dass ein Wechsel im Heizstrommarkt kaum möglich ist und damit Wettbewerb nicht besteht. Der Nachweis über bestehenden Wettbewerb mit tatsächlicher Wechselmöglichkeit im jeweiligen Netzgebiet ist dann im Einzelfall durch den Heizstromlieferanten zu erbringen (§ 29 GWB).

41 Bei Heizstrom sind die Heizstromanbieter deshalb derzeit grundsätzlich (noch) Monopolisten, da für die Verbraucherinnen und Verbraucher in diesem Markt Tarif- und Anbieterwechsel (kaum) möglich sind. Deshalb sind diese Anbieter weiter im Fokus der Kartellbehörden.

d) Fernwärme[59]

42 Fernwärmeversorgungsunternehmen (FVU) haben eine echte Monopolstellung inne.[60] Das Bundeskartellamt hat mit seiner im Jahr 2012 abgeschlossenen Sektoruntersuchung[61] die Fernwärmepreise einer umfänglichen kartellrechtlichen Überprüfung unterzogen.

43 Im Jahr 2013 hat die nordrhein-westfälische Energiekartellbehörde die Tarife der nordrhein-westfälischen FVU überprüft. Dabei wurden 42 FVU mit 59 Versorgungsgebieten ermittelt, die eine Netz- oder Trassenlänge von mehr als einem Kilometer haben und mehr als 5 Mio. kWh/a abgeben.

44 Die Landeskartellbehörde hatte sich in einem ersten Schritt anhand eines Musterfalls, den auch der Fachverband AGFW | Der Energieeffizienzverband für Wärme, Kälte und KWK e.V., Frankfurt/M. anwendet, einen Überblick über das Preisniveau von FVU ab der oben genannten Größe verschafft. Untersucht wurden die Preise eines Abnahmefalls mit einer Anschlussleistung von 15 kW mit 1.500 Benutzungsstunden pro Jahr. Dieser entspricht dem Wärmebedarf für Heizung und Warmwasserbereitung eines mittleren Einfamilienhauses mit rund 120 m² Gesamtfläche. Vergleichbare Abnahmefällen lagen der Strukturuntersuchung der Fernwärme-

59 Vgl. dazu ausführlich Kap. 8.
60 Hempel/Franke/*Hampel*, II. 2 a).
61 BKartA (2012), Abschlussbericht, Sektoruntersuchung Fernwärme, www.bundeskartellamt.de.

versorgung in Schleswig-Holstein[62] oder auch der Landeskartellbehörde Niedersachsen zur Marktuntersuchung des „Fernwärmemarktes Niedersachsen“[63] zugrunde.

Die Fernwärmeversorger fallen mithin weiterhin grundsätzlich als Monopolisten in den Anwendungsbereich der Missbrauchskontrolle des GWB. 45

e) Gestattung von Wegenutzungsrechten für Gas- und Stromnetze[64]

Nach § 185 Abs. 1 BGB ist die öffentliche Hand als Unternehmen i.S.d. GWB anzusehen, soweit sie sich als Anbieter oder Nachfrager von Leistungen am Wirtschaftsleben beteiligt.[65] Die **Kommunen** handeln danach bei der Vergabe von Wegenutzungsrechten als Unternehmen mit marktbeherrschender Stellung i.S.d. deutschen Kartellrechts.[66] 46

Sachlich relevanter Markt ist das Angebot von Wegenutzungsrechten zur Verlegung und den Betrieb von Leitungen, die zum Netz der allgemeinen Versorgung mit Energie gehören. Die Gemeinde verwertet ihre Wegerechte dabei wirtschaftlich.[67] Der relevante Markt ist örtlich durch das Gemeindegebiet beschränkt und umfasst alle Wege, die sich zur Versorgung von Letztverbrauchern eignen.[68] 47

Praxistipp

Für die **Gestattung von Wegenutzungsrechtenrechten** sind nicht die §§ 97 ff. GWB anwendbar. Die Gestattung ist kein Vergabeverfahren, auch nicht nach der Konzessionsvergaberichtlinie.[69]

---

62 https://www.schleswig-holstein.de/DE/Fachinhalte/E/energiewirtschaft/Downloads/fernwaermebericht.pdf, Rn. 5, 190 ff.

63 http://www.mw.niedersachsen.de/startseite/energiekartellrecht/energiekartellrecht-16017.html.

64 Vgl. ausführlich Kap. 7; zur Gestattung von Wegenutzungsrechte für Fernwärmeleitungen vgl. Kap. 8 Rn. 41 ff.

65 Für den bis zur Vergaberechtsnovelle gleichlautenden § 130 GWB: Berg/Mäsch/*Mäsch*, § 130, Rn. 2; Loewenheim/Meessen/Riesenkampff/*Schwensfeier*/*Knauff* § 130 Rn. 25; *Bechtold*, § 130 Rn. 5.

66 BGH, Urt. v. 17.12.2013 – KZR 65/12 – Rn. 16, 20 – Stromnetz Heiligenhafen; BGH, Urt. v. 17.12.2013 – KZR 66/12 – Rn. 16, 22 – Stromnetz Berkenthin; Schneider/Theobald/*Albrecht*, Recht der Energiewirtschaft, § 19 Rn. 25.

67 BGH, Urt. v. 17.12.2013 – KZR 65/12 – Rn. 22 – Stromnetz Heiligenhafen; BGH, Urt. v. 17.12.2013 – KZR 66/12 – Rn. 24 – Stromnetz Berkenthin.

68 BGH, Urt. v. 17.12.2013 – KZR 65/12 – Rn. 23 – Stromnetz Heiligenhafen; BGH, Urt. v. 17.12.2013 – KZR 66/12 – Rn. 25 – Stromnetz Berkenthin.

69 Vgl. Rn. 15.

2. Missbrauch

a) Behinderungsmissbrauch durch falsche Kundeneinstufung[70] bei Gas

48 Wettbewerbsbehindernd und damit ein Fall für die Kartellämter ist bei Gas die falsche Einstufung als Sonder- oder Tarifkunde und damit eine preissteigernde höhere Konzessionsabgabe. Hier ist primär – wie bei Strom – die materiell-rechtliche Kundenstruktur maßgeblich, nicht die Tarifstruktur des verbundenen Unternehmens.[71] In dem Fall GAG Ahrensburg hatte das die Monopolstellung als Netzbetreiber innehabende und mit der Kommune eine wirtschaftliche Einheit bildende Unternehmen gegenüber durchleitenden Drittlieferanten die viel höhere Konzessionsabgabe für Tarif-, statt die wesentlich niedrigere für Sondervertragskunden abgerechnet. Damit hatte der Versorger die Wettbewerbsmöglichkeiten anderer Unternehmen auf dem Endkundenmarkt mit Gas ohne sachlich gerechtfertigten Grund beeinträchtigt. Hierin liegt ein Behinderungsmissbrauch gemäß § 19 Abs. 4 Nr. 1 GWB (a.F.).[72]

b) Heizstrom

49 Bei der Versorgung mit Heizstrom kommen verschiedene Varianten wettbewerbswidrigen Verhaltens in Betracht:

aa) Verbraucherinnen und Verbraucher

50 Soweit Heizstromtarife, die fast ausschließlich von den Grundversorgern angeboten werden, für Heizstromkunden keine Wechselmöglichkeit für den Haushaltsstrom (einen anderen Tarif oder Anbieter zu wählen) vorsehen, ist dies in dreifacher Hinsicht missbräuchlich:

51 Grundversorger bieten neben dem **Grundversorgungstarif** verschiedene weitere Haushaltsstromtarife an, zwischen denen Stromkunden, die ausschließlich Haushaltsstrom beziehen, wählen können. Heizstromkunden stehen teilweise diese Tarifoptionen für ihren Haushaltsstrom nicht zur Verfügung. Sie sind laut den Geschäftsbedingungen des Stromlieferanten für den Bezug von Heizstrom, an die tariflichen Bedingungen des Heizstromtarifs gebunden. Eine sachliche Rechtfertigung für diese tarifliche Ungleichbehandlung ist regelmäßig nicht ersichtlich. Mithin handelt es sich um eine missbräuchliche, wettbewerbswidrige Tarifgestaltung nach § 19 Abs. 1 und 2 Nr. 2 und 3 GWB sowie § 29 S. 1 GWB

52 Des Weiteren können Heizstromkunden für ihren Haushaltsstrom auch nicht zu einem Drittanbieter wechseln. Die Wechselmöglichkeiten sind den Kundinnen und

---

70 Vgl. dazu auch Kap. 7.

71 BGH, Beschl. v. 6.11.2012 – KVR 54/11 – GAG Gasversorgung Ahrensburg.

72 Vgl. dazu Kap. 7.

Kunden jedoch gem. § 20a EnWG rechtlich zugesichert und wesentlicher Bestandteil des liberalisierten Endkundenmarktes im europäischen Binnenmarkt.[73] Auch hierin liegt mithin eine Diskriminierung der Heizstromkunden nach § 19 Abs. 2 Nr. 2 und 3 sowie § 29 S. 1 GWB.

Allerdings kommt in bestimmten Konstellationen ein sachlicher Rechtfertigungsgrund aus technischen Gründen in Betracht: Soweit bei Heizstromkunden eine gemeinsame Messung von Haushalts- und Heizstrom erfolgt, müssten, um einen Wechsel zu ermöglichen, entsprechende technische Voraussetzungen geschaffen werden, die eine separate Erfassung des Haushaltsstroms ermöglichen. 53

In bestimmten Tarifkonstellationen existiert für die Stromentnahme nur ein Stromzähler (sog. Doppel- bzw. Zweitarifzähler), bei dem eine getrennte Erfassung des Bedarfs an Heiz- und Haushaltsstrom technisch nicht realisierbar ist. Da nach § 2 Nr. 12 Messstellenbetriebsgesetzes (MsbG)[74] der grundzuständige Messstellenbetreiber oder ein Dritter, der die Aufgabe des Messstellenbetriebs durch Vertrag nach § 9 MsbG wahrnimmt, jedem Zähler exakt einen sog. Zählpunkt zuordnet, ist nur ein sog. Zählpunkt vorhanden, mit dem der verbrauchte Strom (Haushalts- und Heizstrom) insgesamt gemessen wird. Ein Zählpunkt kann nur von einem Lieferanten beliefert werden. Für eine getrennte Messung von Heiz- und Haushaltsstrom wäre ein weiterer Zählpunkt erforderlich. Daraus folgt, dass bei einem Doppel- bzw. Zweitarifzähler der Lieferant bzgl. Heiz- und Haushaltsstrom notwendigerweise identisch und ein Wechsel zu einem Drittanbieter für Haushaltsstrom nicht möglich ist. Die fehlende Wechselmöglichkeit zu einem Drittanbieter ist folglich allein auf die technische Ausstattung beim Kunden vor Ort zurückzuführen, die im Aufgaben- und Verantwortungsbereich des Netzbetreibers und nicht des Energieversorgers liegt. Da bei der Erfassung des Stromverbrauchs über einen Zähler es aus technischen Gründen nicht möglich ist, zwischen dem Verbrauch des allgemeinen Stroms und des Heizstroms zu differenzieren, liegt hierin ein sachlicher Grund dafür vor, dass der Wechsel zu einem Drittlieferanten unmöglich ist. 54

Soweit also der Anschlussnutzer nur einen Zählpunkt hat, kommt nur ein Wechsel sowohl des Heizstrom- als auch des Haushaltsstromlieferanten in Betracht. Auch bei diesem Wechsel wären aber Heiz- und Haushaltsstromlieferant identisch. Ob dies möglich ist, muss im Einzelfall, je nach Marktsituation in dem jeweiligen Versorgungsgebiet geprüft werden. 55

Mithin ist festzustellen, dass die fehlende Wechselmöglichkeit bei Haushaltsstrom für **sog. doppelt gefangene Kundinnen und Kunden** von Heiz- und Haushaltsstrom bei einem Stromlieferanten durch die technischen Gegebenheiten bei nur einem Zählpunkt sachlich gerechtfertigt ist. 56

73 Schneider/Theobald/*deWyl*/*Soetebeer*, Recht der Energiewirtschaft, § 11 Rn. 6.

74 Messstellenbetriebsgesetz (MsBG) v. 29.8.2016 (BGBl. I S. 2034), zuletzt geändert durch Gesetz v. 22.12.2016 (BGBl. I S. 3106).

bb) Andere Anbieter

57 Eine weitere Variante des Behinderungsmissbrauchs liegt gegenüber anderen Stromanbietern vor, wenn Heizstromkunden, die gleichzeitig Haushaltsstrom bei dem Grundversorger beziehen, dafür nicht zu einem anderen Anbieter wechseln können. Heizstromkunden in der Tarifkonstellation,[75] sind nicht nur hinsichtlich des Heizstroms an ihren Grundversorger gebunden, sondern auch bezüglich des Haushaltsstroms. Die fehlende Möglichkeit hinsichtlich des Haushaltsstroms den Anbieter wechseln zu können, führt zu einer Diskriminierung anderer Haushaltsstromanbieter und behindert deren Wettbewerbsmöglichkeiten. Ein sachlicher Rechtfertigungsgrund hierfür liegt jedoch nur vor, wenn die entsprechenden technischen Voraussetzungen fehlen. Wie oben beschrieben kommt bei einem sog. Doppel- bzw. Zweitarifzähler aus technischen Gründen nur ein Wechsel sowohl für Haushalts- als auch für Heizstrom in Betracht. Bietet der Drittlieferant „nur" Heiz- oder Haushaltsstrom an, ist ein Wechsel technisch zwar auch möglich, aber vielleicht für den Kunden wegen des Aufwands nicht rentierlich. Die fehlende Wechselmöglichkeit zu einem Drittanbieter wäre dann ebenfalls aus technischen Gründen sachlich gerechtfertigt.

c) Fernwärme[76]

58 Aus der Monopolstellung der Fernwärmeversorger[77] folgt, dass ein Wechsel zwischen verschiedenen Fernwärmeversorgern für die Kundinnen und Kunden oder zu einer anderen Wärmeerzeugungsart im Regelfall nur unter Einsatz erheblicher Mittel und Kosten möglich ist. Häufig ist auch ein Anschluss- und Benutzungszwang in Fernwärmenetzen gegeben.

59 Das Bundeskartellamt hat in seinem Abschlussbericht zur „Sektoruntersuchung Fernwärme"[78] festgestellt, dass bei Fernwärme im Vergleich zu Strom und Gas wesentlich mehr potentielle Rechtfertigungsgründe zu berücksichtigen und neben der „normalen" Missbrauchsprüfung in größerem Umfang Kostennachteile oder -vorteile aufgrund objektiver Faktoren zu analysieren sind, die allein das betroffene Unternehmen erläutern kann. Die Missbrauchsaufsicht durch die Kartellbehörden ist – wie das BKartA zutreffend festgestellt hat – wegen der Heterogenität des Fernwärmemarktes schwieriger, da wegen der strukturellen Besonderheiten der einzelnen Fernwärmeanbieter gegebenenfalls eine Vielzahl von kostenrelevanten Aspekten betrachtet werden müssen. Fernwärme wird mittels verschiedener Technologien mit

---

75 Vgl. Rn. 50ff.

76 Im Wesentlichen vgl. Kap. 8.

77 Vgl. Rn. 42ff.

78 https://www.bundeskartellamt.de/SharedDocs/Publikation/DE/Sektoruntersuchungen/Sektoruntersuchung%20Fernwaerme%20-%20Abschlussbericht.pdf; jsessionid= 98A70526E623CA89F693DBC5F2DCD3A5.2_cid387?__blob=publicationFile&v=3.

unterschiedlichen Brennstoffen erzeugt, sodass häufig eine Aufschlüsselung und Begründung der Brennstoffkosten – als größtem Kostenfaktor – geboten ist. Zum einen variieren die Verteilungskosten je nach Netzqualität, Bodengegebenheiten, Versorgungsdichte, Siedlungs- und Kundenstruktur etc. stark. Zum anderen sind die eingesetzten Brennstoffe, die im Regelfall den Hauptbestandteil der Kosten darstellen, vielfältig, z.B. Gas, Kohle, Heizöl, aber auch Müll, Biomasse und andere.

Das Vergleichsmarktkonzept kommt hier schnell an seine Grenzen, da praktisch 60 kein FVU aufgrund der unterschiedlichen Strukturen mit einem anderen vergleichbar ist.[79] Hier ist der Besonderheit des jeweiligen Unternehmens individuell und im Detail Rechnung zu tragen. Je detaillierter und plausibler nachvollziehbar ein FVU hier seine Sondersituation nachweisbar darlegt, desto eher kann die Kartellbehörde diese Besonderheiten als sachlichen Rechtfertigungsgrund anerkennen. Dies können z.B. besonders teure Primärenergie sein, Investitionskosten in effiziente, klimafreundliche Technologien und/oder Infrastruktur, besondere Bodenklassen, Besonderheiten in der Topographie, ungünstige Versorgungsdichte/Leitungslängen.

Aber selbst dann ist weiter zu prüfen, ob für die Preisgestellung sachliche 61 Rechtfertigungsgründe vorliegen, die die höheren Preise rechtfertigen. Dies ist bei Fernwärme umso wichtiger, da Fernwärmepreise, anders als Strom- oder Gaspreise, die im Wesentlichen aus Arbeits- und Grundpreis bestehen, nicht ohne weiteres vergleichbar sind. Um die Vergleichbarkeit herzustellen, müssen bei den FVU weitere Informationen abgefragt werden:

1. Abnahmefälle,
2. Brennstoff,
3. Erzeugung,
4. Abnehmerstruktur (Verbrauch) und
5. Nebenleistungen (Dienstleistung).

Der in einer Untersuchung der Landeskartellbehörde NRW von den Fernwärmever- 62 sorgern geltend gemachte unterschiedliche Leistungsumfang bei der Fernwärmelieferung, wie z.B. Wartung, Lieferung bis ins Haus, 24-h-Service u.ä., der ursächlich für höhere Preise sein sollte, konnte hingegen in einer dazu gesonderten Untersuchung von den Unternehmen nicht nachgewiesen bzw. beziffert werden. Eine angeblich höhere Vertragsleistung wird mithin als sachlicher Rechtfertigungsgrund für höhere Preise bei Fernwärmeversorgern zukünftig nur dann in Betracht kommen, wenn diese Leistung im Einzelnen kalkuliert nachgewiesen wird.

Allgemeine Hinweise auf die Schwierigkeiten am Markt im allgemeinen und der 63 Energiewende im Besonderen, Bevölkerungsrückgang oder damit einhergehend rückläufige Abnahmemengen sind ebenfalls ungeeignete sachliche Rechtfertigungs-

79 *Büdenbender*, Kontrolle Fernwärmepreise, S. 65.

gründe, da sie jeden Fernwärmeversorger gleich treffen. Hier kann nur die Darlegung im Einzelfall, dass der Versorger im besonders hohen Maße davon betroffen ist, helfen.

Exkurs

Anwendbarkeit des § 29 GWB

Hinsichtlich der aus dem oben genannten[80] folgenden Informationsasymmetrie wäre die Einbeziehung des Fernwärmesektors in § 29 GWB für die Kartellaufsicht über Fernwärmeversorger mit seiner Beweislastumkehr ein notwendiges und sinnvolles Instrument.[81]

64 § 29 GWB regelt u.a., dass es einem Unternehmen verboten ist, als Anbieter von Elektrizität oder leitungsgebundenem Gas (Versorgungsunternehmen) auf einem Markt, auf dem es allein oder zusammen mit anderen Versorgungsunternehmen eine marktbeherrschende Stellung hat, diese Stellung missbräuchlich auszunutzen, indem es Entgelte oder sonstige Geschäftsbedingungen fordert, die ungünstiger sind als diejenigen anderer Versorgungsunternehmen oder von Unternehmen auf vergleichbaren Märkten, oder Entgelte fordert, die die Kosten in unangemessener Weise überschreiten. Wesentliches Merkmal und Unterschied zu § 19 GWB ist, dass ein marktbeherrschendes Unternehmen die materielle Beweislast trägt, ob Abweichungen in den Entgelten oder sonstigen Geschäftsbedingungen gegenüber anderen Versorgungsunternehmen sachlich gerechtfertigt sind.[82] Er sollte und soll die kartellrechtliche Preismissbrauchskontrolle bei überhöhten Energiepreisen verschärfen.[83]

65 Für die Begründung des Missbrauchsverdachts kann die Kartellbehörde nach § 29 S. 1 Nr. 1 GWB andere Versorgungsunternehmen als Maßstab heranziehen. Das marktbeherrschende Unternehmen trägt die materielle Beweislast, ob Abweichungen in den Entgelten oder sonstigen Geschäftsbedingungen sachlich gerechtfertigt sind.

66 Eine Beweiserleichterung im Vergleichsmarktkonzept und die entsprechende Beweislastumkehr stellt ein effektives Vorgehen der Kartellbehörden gegen Preismissbräuche im Energiemarkt sicher. Aufgrund der oben genannten Konkurrenzsituation[84] auf dem Gas- und Strommarkt für Endkunden mit hunderten von Versor-

80 Rn. 59 ff.

81 So auch BKartA, Sektorbericht Fernwärme, Rn. 17 u. 286 ff.

82 Schulte/Just/*Just*, § 29 Rn. 3, 29, 32; *Bunte/Stancke*, § 9, II, Nr. 8. Die folgenden Ausführungen entsprechen in weiten Teilen der Begründung zum Antrag Niedersachsens und Brandenburgs im Antrag zur Erweiterung des Anwendungsbereichs des § 29 GWB auf die Fernwärme: BR-Drucks. 606/16.

83 *Bunte/Stancke*, § 9, II, 8.

84 Rn. 26 ff.

gern im jeweiligen Versorgungsgebiet,[85] ist der Anwendungsbereich des GWB in diesem Marktsegment jedoch überhaupt nicht mehr eröffnet. Kartellaufsicht über Strom- und Gaspreise sowie Geschäftsbedingungen kann nur noch in der **Grundversorgung** in Betracht kommen.[86] Somit ist § 29 GWB zumindest auf den Endkundenmärkten für Strom und Gas praktisch obsolet.

Diese Beweislastverteilung bei Prüfung von Fernwärmepreisen wäre jedoch geboten, weil im Rahmen der **Missbrauchskontrolle** u.a. eine Preiskalkulation des Fernwärmeversorgers heranzuziehen ist, die mitunter lange vor dem Prüfungszeitraum erstellt worden ist. Fernwärmepreise werden im Allgemeinen nicht regelmäßig neu kalkuliert, sondern bei Vertragsbeginn festgelegt und mit Hilfe von Preisanpassungsklauseln an die voraussichtliche Entwicklung der wichtigsten Kosten der Fernwärmeversorgung angepasst. Da die Verträge auf die Dauer von zehn Jahren oder in Einzelfällen sogar noch länger abgeschlossen werden, ist nicht auszuschließen, dass sich die ursprüngliche Gewichtung der Kostenarten später als unzutreffend herausstellen und sich der im Laufe der Zeit ergebende Preis nicht mehr einem angemessenen Preis entsprechen wird, der sich bei regelmäßiger Neukalkulation bzw. unter Wettbewerbsbedingungen ergeben würde. 67

Mit Rücksicht auf die in der Praxis vorkommenden Mehrspartenunternehmen ist es weiter notwendig, dass Fernwärmeversorger u.a. im Rahmen der Prüfung der Angemessenheit der Überschreitung ihrer Entgelte über die notwendigen Kosten nach § 29 S. 1 Nr. 2 GWB die den Fernwärmebereich betreffenden Einnahmen und Kosten in einer Spartenrechnung aufzuschlüsseln und im Einzelfall ggf. sachlich zu rechtfertigen haben. 68

Hinzu kommt, dass ein nicht unerheblicher Teil der Fernwärmeversorgungsunternehmen von einer Veröffentlichung seiner allgemeinen Preise und Preisregelungen entgegen § 1 Abs. 4 AVBFernwärmeV[87] absieht, sodass Abnehmern ein Preisvergleich bzw. bei Vertragsende auch Neuverhandlungen über den Preis erschwert werden. Die fehlende Preistransparenz begünstigt zugleich, dass Unternehmen innerhalb ihres Versorgungsgebietes bei gleichen Anschlusswerten sehr unterschiedliche Preise (Grundpreis pro kW) erheben, was im Einzelfall ebenfalls sachlicher Rechtfertigung bedarf. Auch steht für eine Missbrauchsprüfung regelmäßig nur eine sehr begrenzte Auswahl an Vergleichsunternehmen bzw. vergleichbaren Versorgungsgebieten zur Verfügung. 69

Auf den Fernwärmesektor findet § 29 GWB mit der Umkehrung der Beweislast jedoch auch weiterhin keine Anwendung[88]. Die Bundesregierung hat zum wieder- 70

85 Vgl. Rn. 26.
86 Vgl. Rn. 28 ff.
87 AVBFernwärmeV v. 20.6.1980 (BGBl. I S. 742), zuletzt geändert durch Gesetz v. 25.7.2013 (BGBl. I S. 2722).
88 Schulte/Just/*Just*, § 29 Rn. 6.

holten Male auch in der 9. GWB Novelle die Erstreckung des Anwendungsbereichs auf den Fernwärmesektor abgelehnt, obgleich im Bundesratsverfahren ein entsprechender Antrag Niedersachsens und Brandenburgs eine breite Mehrheit bei den Ländern gefunden hatte.[89] Die Bundesregierung lehnte den Antrag in ihrer Stellungnahme dazu mit dem Hinweis ab, dafür bestünde kein Bedarf, da für Fernwärme die allgemeine Missbrauchsaufsicht nach dem GWB ausreiche.[90] Außerdem sei § 29 GWB eine Übergangsvorschrift (§ 186 Abs. 1 GWB).[91] Dies sei für den Fernwärmemarkt unpassend, da sich dort ein Strom und Gas vergleichbarer Wettbewerb nicht entwickeln würde.

71 Diese Argumentation überzeugt nicht: Warum für den liberalisierten Strom- und Gasmarkt, auf dem mittlerweile nur noch der Grundversorgermarkt und auch nur für die finanzschwachen Kundinnen und Kunden monopolisiert ist,[92] ein solcher Bedarf noch bestehen soll, für den weiterhin jedoch monopolisierten Fernwärmemarkt nicht, bleibt schwer nachvollziehbar. § 29 GWB für den Fernwärmesektor zu entfristen und damit der dortigen Marktentwicklung adäquat zu begegnen, wäre nur ein Federstrich des Gesetzgebers gewesen. Honi soit qui mal y pense!

Praxistipp

Für Strom – damit auch Heizstrom – und Gas gilt für die Kartellbehörde die erleichterte Beweislast des § 29 GWB, für Fernwärme jedoch nicht!

72 Mithin kommt als Anwendungsbereich für § 29 GWB der Erstabsatz für Strom (inkl. Importe) und die Endkundenmärkte für Großkunden in Betracht. Hier ist im Zweifelsfalle das Bundeskartellamt zuständig, da die Auswirkung dieser Märkte sicherlich bundesweit, über Landesgrenzen hinweggeht.

73 Im Ergebnis ist festzustellen, dass bei § 29 GWB die praktische Anwendbarkeit für die Landeskartellbehörden mittlerweile eher unwahrscheinlich ist.

d) Behinderungsmissbrauch bei der Gestattung von Wegenutzungsrechten für Strom- und Gasnetze

74 Als Behinderung gilt jedes Verhalten des marktbeherrschenden Unternehmens, das die Wettbewerbsmöglichkeiten eines anderen (potenziellen) Wettbewerbers durch leistungsfremde Mittel behindert.[93] Im Energiekartellverfahren stehen hier die Verfahren zur **Gestattung von Wegerechten** für Energienetze im Fokus. Die missbräuchliche Ausnutzung der marktbeherrschenden Stellung nach § 19 Abs. 2 Nr. 1

89 BR-Drucks. 606/16.
90 BT-Drucks. 18/10650, S. 11.
91 Befristet bis 31.12.2022.
92 Vgl. Rn. 29.
93 Schulte/Just/*Deister*, § 19 Rn. 36; *Bunte/Stancke*, § 9, I, 1.

GWB ist bei einer unbilligen Behinderung oder einer sachlich nicht gerechtfertigten Andersbehandlung anzunehmen. Als Behinderung wird aufgrund der weiten Auslegung jedes Marktverhalten erfasst, das objektiv nachteilige Auswirkungen auf die wettbewerbliche Entfaltungsfreiheit der Betroffenen hat. Die Unbilligkeit ist anhand einer Interessenabwägung zu bestimmen. Eine missbräuchliche Ausnutzung könnte vorliegen, wenn es die Kommune unterlässt, ein ausgelaufenes Wegerecht auszuschreiben. Es müsste zunächst eine Pflicht der **Kommunen** zur Ausschreibung bestehen. Eine generelle Pflicht zur Ausschreibung des Wegerechts ist nicht konkret in § 46 Abs. 2 EnWG geregelt,[94] sie ergibt sich jedoch anhand verschiedener Erwägungen aus der Norm.

Jedenfalls ist eine einfache Verlängerung oder Neuvergabe dieser Verträge 75
rechtlich nicht möglich. Zuvor muss vielmehr ein wettbewerbliches Verfahren zur **Gestattung der Wegerechte** für den Netzbetrieb nach den §§ 46ff. EnWG[95] durchgeführt werden. In diesem können auch kommunale Unternehmen mit überregionalen Anbietern aus dem gesamten Bundesgebiet um die sog. Strom- bzw. Gasnetzkonzession einer Gemeinde konkurrieren.

Damit einher geht der Trend Richtung **sog. Rekommunalisierung**, d.h. die 76
Übernahme des Netzbetriebs durch die Kommune selbst. Das Wuppertal Institut spricht in einer Sondierungsstudie von September 2013 von 72 bundesweit neu gegründeten Stadtwerken seit 2005. Die meisten davon in Baden-Württemberg, gefolgt von Nordrhein-Westfalen und Niedersachsen.[96]

Die rechtlichen Vorgaben für die Konzessionsvergabe zur Einräumung des 77
Rechts zur Benutzung öffentlicher Verkehrswege für die Verlegung und den Betrieb von Leitungen, die der unmittelbaren Versorgung von Letztverbrauchern mit Elektrizität und Gas im Gemeindegebiet dienen, waren bis Anfang 2017 nur rudimentär im EnWG geregelt.

e) Verstöße gegen die (Verfahrens-)Vorschriften zu Gestattung der Wegerechte

Aufgrund der Rechtslage und vor dem Hintergrund der aktuellen Rechtsprechung 78
zu der Konzessionsvergabe, z.B. an kommunale Netzgesellschaften oder Stadtwerke, ist sowohl die Neugründung von kommunalen Unternehmen zur Netzübernahme und die Vergabe von Wegerechten an bereits bestehende kommunale Unternehmen, wie z.B. Stadtwerke, möglich. Vorfestlegung auf oder Bevorzugung des kommunalen Unternehmens oder eines Unternehmens, an dem die Kommune beteiligt ist, ist auf jeden Fall zu vermeiden.

94 VGH Baden-Württemberg, Beschl. v. 22.8.2013 – 1 S 1047/13 – Rn. 23.

95 Energiewirtschaftsgesetz (EnWG) v. 7.7.2005 (BGBl. I S. 1970), zuletzt geändert durch Gesetz v. 20.7.2017 (BGBl. I S. 2808).

96 https://wupperinst.org/uploads/tx_wupperinst/Stadtwerke_Sondierungsstudie.pdf.

79 Die **Kommunen** können bei der Vergabe der Wegerechte gemäß dem aus Art. 28 GG folgenden Recht auf kommunale Selbstverwaltung kommunal(wirtschaftlich)e Interessen gemäß der aktuellen Rechtsprechung[97] in zweiter Linie – nach den Zielen des § 1 EnWG – berücksichtigen. Die kommunale Selbstverwaltung verschafft ihnen aber keine rechtliche Sonderstellung. Soweit sich die Kommunen in dem Verfahren zur Einräumung der Wegerechte an die rechtlichen Vorgaben und die Rahmenbedingungen halten, die die Rechtsprechung aufgezeigt hat, d.h. ein transparentes und diskriminierungsfreies Verfahren, primär orientiert an den Zielen des § 1 EnWG ohne unzulässige Vorfestlegungen oder Bevorzugungen, durchführen, bestehen grundsätzlich aus kartell- und wettbewerbsrechtlichen Gründen keine Bedenken gegen das Verfahren zur Konzessionsvergabe.

80 Ein Verfahren zur **Gestattung von Wegerechten** für Energienetze muss im unverfälschten Wettbewerb nach sachlichen Kriterien und diskriminierungsfrei zugunsten desjenigen Bewerbers erfolgen, dessen Angebot den Auswahlkriterien am besten entspricht.[98] Das Verfahren ist transparent und diskriminierungsfrei durchzuführen. Dies ist nur dann der Fall, wenn die Kommunen

1. Das Auslaufen des Vertrages rechtzeitig bekannt machen.
2. Die vom Gemeinderat beschlossenen Auswertungskriterien und deren Gewichtung allen Bewerbern gleichzeitig bekannt geben.
3. Die Auswertungskriterien und deren Gewichtung im laufenden Verfahren nicht mehr verändern.
4. Das Auswahlverfahren als Geheimwettbewerb ausgestalten.
5. Die Befangenheitsvorschriften insbesondere der Gemeindeordnungen berücksichtigen.

81 Eine Reihe von – u.a. höchstrichterlichen – Entscheidungen sind mittlerweile ein Orientierungsrahmen, um ein rechtmäßiges Verfahren durchzuführen. Da mittlerweile selbst die Oberlandesgerichte in Süddeutschland[99] die **relative Bewertungsmethode** als zulässigen Maßstab gebilligt haben, ist derzeit auch hierzu keine unterschiedliche Rechtsprechung in wesentlichen Punkten mehr erkennbar.

82 Die Kartellbehörden haben die Möglichkeit, die Verfahren zur Gestattung der Wegerechte auf die Einhaltung der rechtlichen Vorgaben zu prüfen. Die zur Prüfung notwendigen Unterlagen werden zumeist vom Beschwerdeführer soweit möglich übersandt, die Kartellbehörde kann weitere Unterlagen bei der ausschreibenden

---

97 BGH, Urt. v. 17.12.2013 – KZR 65/12 – Rn. 24 – Stromnetze Heiligenhafen; BGH, Urt. v. 17.12.2013 – KZR 66/12 – Rn. 25 – Stromnetz Berkenthin.

98 BGH, Urt. v. 17.12.2013 – KZR 66/12 – Rn. 48 f. – Stromnetz Berkenthin; LG Köln, Urt. v. 21.1.2016 – 88 O (Kart) 83/15.

99 OLG Stuttgart, Urt. v. 5.1.2017 – 2 U 66/16 – EWerRK 2017, 49, 56; OLG Karlsruhe, Urt. v. 3.4.2017 – 6 U 151/16 – IR 2017, 159, 160.

Kommune anfordern, nötigenfalls mit einer Auskunftsverfügung gem. § 59 GWB deren Vorlage erzwingen.[100]

Da die Kartellbehörde sich alle Unterlagen vorlegen lassen kann, kann sie auch 83 das Verfahren insgesamt prüfen und bewerten. Berücksichtigt werden muss jedoch die kommunale Selbstverwaltung, über die den **Kommunen** ein – auch für Kartellbehörden – unantastbarer Entscheidungsspielraum zuzugestehen ist.[101] Auf keinen Fall darf die Kartellbehörde hier ihre eigenen Wertungen und Vorstellungen an ein Verfahren an die Stelle der Kommune setzen, sowie diese die rechtlichen Vorgaben eingehalten hat.[102] Der Entscheidungsspielraum der **Kommunen**, der unbedingt von Kartellbehörden und auch Gerichten zu berücksichtigen ist, spielt hier eine bedeutende und übergeordnete Rolle. Die kommunale Einschätzungsprärogative gilt es zu respektieren, mag die Entscheidung auch im Einzelfall nicht nach dem Geschmack der Behörde oder des Gerichts sein. Wenn die Auswertungskriterien und deren Gewichtung hinreichend bestimmt sind und deren Bewertung nachvollziehbar ist, geht eine Entscheidungsüberprüfung zu weit, die weitere zusätzliche Kriterien einfordert, die Qualifizierung einzelner Kriterien in Frage stellt sowie die eigene Bewertung anstelle der Kommune setzt.[103] Die Qualität der Kriterien ist vielmehr allein die Entscheidung der Kommune.[104]

Ein evtl. sog. Negativattest nach § 32c GWB, das die Kartellbehörde geben kann 84 und in dem festgestellt ist, dass das Verfahren zur Gestattung der Wegerechte nicht zu beanstanden ist, hat allerdings keinerlei gerichtliche Bindungswirkung, z.B. in einem Verfahren des einstweiligen Rechtsschutzes.[105] Hier bleibt es der Entscheidung des Gerichts überlassen, ob das Negativattest der Kartellbehörde berücksichtigt wird oder nicht. Dies könnte jedoch insbesondere unter Berücksichtigung der jeweiligen Aktenvorlage und -prüfung sinnvoll sein.

Ein weiterer wesentlicher Aspekt ist die sog. Kausalität des Fehlers.[106] Nicht 85 jeder Fehler im Verfahren führt dazu, dass dieses insgesamt rechtswidrig ist. Dies

100 Vgl. Rn. 121 ff.

101 Für die Rechtsprechung: OLG Karlsruhe, Urt. v. 3.4.2017 – 6 U 151/16 Kart; OLG Karlsruhe, Urt. v. 26.3.2014 – 6 U 68/13 Kart; LG Leipzig, Urt. v. 7.8.2016 – 04 HK O 1006/16; LG Magdeburg, Teilurt. v. 11.5.2017 – 36 O 15/16; LG Mannheim, Urt. v. 2.9.2016 – 22 O 20/16.

102 Hier viel zu weitgehend: LG Köln, Urt. v. 1.12.2016 – 90 O 57/16 – n. rechtskräftig, zu einem Verfahren für eine Wasserkonzession. Beurteilungsspielraum der Kommune begrenzend.

103 LG Köln, Urt. v. 1.12.2016 – 90 O 57/16 – nicht rechtskräftig; das Urteil erging zwar in einem Wasserkonzessionsverfahren, dies ist jedoch umso bemerkenswerter, als für diese Verfahren keine Vorgaben außer denen des europäischen Primärrechts gelten, mithin schon gar keine, wie sie die §§ 46 ff. EnWG für Strom- und Gasnetzkonzessionen vorgeben, aufgehoben durch OLG Düsseldorf, Urt. v. 13.6.2018 – VI-2 U 7/16.

104 OLG Düsseldorf, Beschl. v. 17.4.2014 – VI-2 Kart 2/13 (V).

105 Schulte/Just/*Staebe*, § 32c Rn. 6.

106 BGH, Urt. v. 17.12.2013 – KZR 66/12 – Rn. 99 – Stromnetz Berkenthin; OLG Stuttgart, Urt. v. 19.11.2015 – 2 U 60/15.

kann z.B. der Fall sein, wenn obgleich eines unzulässigen Kriteriums der Punkteabstand zwischen dem obsiegenden Bewerber und dem unterlegenen Mitbewerber gleichbleibt bzw. sowieso derart groß ist, dass der Beschwerdeführer auf jeden Fall das Verfahren nicht gewinnen würde. Eine Wiederholung des Verfahrens ist nur angezeigt, wenn das Verfahren aufgrund der gesetzlichen Vorgaben unter Berücksichtigung des Entscheidungsspielraums der Kommune rechtswidrig war und die Verfahrensfehler auch kausal für die Entscheidung zugunsten des obsiegenden Bewerbers waren. Auch kann nicht jeder kleinste (formale) Fehler zur Rechtswidrigkeit des Verfahrens führen. Vielmehr könnte die Kartellbehörde bei – auch – mehreren marginalen Fehlern in einer Gesamtschau von ihrem Aufgreifermessen absehen.

f) Verstoß des Altkonzessionärs gegen Wettbewerbsrecht durch Weigerung der Netzherausgabe

86 Ein wettbewerbswidriges Verhalten ist entgegen der h.M. auch in der Weigerung eines, in einem als rechtmäßig bewerteten Verfahren, unterlegenen Altkonzessionärs zu sehen, der das Netz an den rechtmäßigen Neukonzessionär nicht herausgibt: Soweit das Verfahren ordnungsgemäß durchgeführt worden ist, kommt hier ebenfalls ein Behinderungsmissbrauch durch den Altkonzessionär gegenüber dem Neukonzessionär in Betracht.[107] Die oben genannte scharfe, holzschnittartige Trennung[108] zwischen der Zuständigkeit der Kartellbehörde und der Regulierung lässt das juristischen „Niemandsland" in der Praxis außer Betracht, das nach verlorenem einstweiligen Rechtsschutz des Altkonzessionärs entsteht, der weder der Entscheidung folgt und das Netz herausgibt, noch das Hauptsacheverfahren verfolgt, sondern sich völlig passiv verhält und den Neukonzessionär in ein weiteres gerichtliches Verfahren treibt. Das Beharrungsvermögen des Altkonzessionärs, der rechtswidriger Weise das Netz in „Geiselhaft" hält, ist ordnungspolitisch nicht hinnehmbar. Vielmehr ist festzustellen, dass nach dem ordnungsgemäßen Wettbewerb um das Netz der – rechtmäßigerweise – obsiegende Wettbewerber in der Ausübung seiner wirtschaftlichen Betätigung durch den Altkonzessionär behindert wird.

87 Maßgeblich für diese Auffassung sind die Ausführungen des BGH im Fall Stromnetz Homberg[109] sowie zum Gasnetz Ahrensburg.[110] Die Anwendung des Kartellrechts ist nicht nach § 111 Abs. 1 EnWG ausgeschlossen. Gemäß § 185 Abs. 3 GWB stehen die Vorschriften des EnWG der Anwendung der §§ 19, 20, und 29 GWB nicht entgegen, soweit in § 111 EnWG keine andere Regelung getroffen ist. Nach § 111

107 So auch *Sachse*, Monopolpreis, S. 211.
108 Rn. 20 ff.
109 BGH, Beschl. v. 3.6.2014 – EnVR 10/13.
110 BGH, Beschl. v. 6.11.2012 – KVR 54/11.

Abs. 1 EnWG sind die kartellrechtlichen Vorschriften nicht anzuwenden, soweit durch das EnWG oder aufgrund dieses Gesetzes erlassene Rechtsverordnungen ausdrücklich abschließende Regelung getroffen werden. Um solche abschließenden Regelungen handelt es sich nach § 111 Abs. 2 EnWG bei den Bestimmungen des dritten Teils des EnWG und den auf ihrer Grundlage erlassenen Rechtsverordnungen. Dieser Anwendungsvorrang dient der Vermeidung sowohl von Überschneidungen materiell-rechtlicher Verbote als auch von Doppelzuständigkeiten der Kartell- und Regulierungsbehörden.[111] Die Anforderungen an den Netzbetreiber nach den §§ 11–28a EnWG wie auch die Bestimmung des verbotenen Missbrauchs der Stellung als Netzbetreiber und seine Rechtsfolgen nach den §§ 30–33 EnWG werden allein den Regelungen des EnWG unterworfen. Nach diesen Grundsätzen ist die Anwendung der §§ 19, 20 GWB und damit der kartellbehördlichen Eingriffsbefugnisse auf den Sachverhalt, der hier zu bewerten ist, nicht ausgeschlossen.

§ 111 Abs. 2 EnWG steht der Zuständigkeit der Kartellbehörde ebenfalls nicht 88
entgegen. Durch Bezugnahme auf Teil 3 des EnWG ist die Aufsicht über den Netzbetrieb der Anwendung der §§ 19, 20 GWB entzogen, wie Aufgaben des Netzbetriebs, Netzanschluss, Zugang zu Energieversorgungsnetzen.[112]

Vorliegend geht es jedoch nicht um den Betrieb, sondern um die Übertragung 89
des Netzes nach Durchführung eines Vergabeverfahrens für die Wegenutzungsrechte. Anknüpfungspunkt des streitigen Sachverhalts ist mithin die Frage der Rechtmäßigkeit des Konzessionierungsverfahrens. Für dessen Überprüfung ist die Kartellbehörde zuständig. Streitgegenstand ist die Frage, ob die (in Bezug auf die von Wegenutzungsrechten marktbeherrschende) Gemeinde eine diskriminierungsfreie, transparente und wettbewerbliche Gestattung dieser Wegenutzungsrechte durchgeführt hat. Ferner geht es – aus der Sicht des bezuschlagten Bieters – um die ebenfalls nach Kartellrecht zu beurteilende Frage, ob der Altkonzessionär seine faktisch noch bestehende Monopolstellung als Eigentümer der Energieverteilungsanlagen in missbräuchlicher Weise dadurch ausnutzt, dass er das Netz nicht herausgibt.

Soweit die Rechtmäßigkeit des Konzessionsvergabeverfahrens im (einstweili- 90
gen) Rechtsschutzverfahren festgestellt und gegen diese Entscheidung kein Rechtsmittel eingelegt ist, besteht formal kein Anlass an dem Herausgabeanspruch des Neukonzessionärs gegen den Altkonzessionär zu zweifeln. Soweit jedoch ein solcher Anspruch besteht, kommt der Altkonzessionär seiner Verpflichtung aus dem Energiewirtschaftsgesetz nicht nach, wenn er die Netzübergabe verweigert, vielmehr behindert er damit den Wettbewerb um das Netz.[113]

---

111 BGH, Beschl. v. 6.11.2012 – KVR 54/11 – GAG Ahrensburg; BGH, Urt. v. 15.5.2012 – EnZR 105/10; Säcker/*Säcker*, Energierecht, Bd. 2, § 111 Rn. 2.

112 Säcker/*Säcker*, Energierecht, Bd. 2, § 111 Rn. 2.

113 BGH, Beschl. v. 3.6.2014 – EnVR 10/13 – Rn. 50 – Stromnetz Homberg; *Becker/Templin*, ZNER, 2013, 10; *Sachse*, Monopolpreis, S. 212.

91 Ein solches Verhalten kann auch den Tatbestand des § 19 Abs. 1, 2 Nr. 1 GWB erfüllen.[114] Nach allgemeiner Ansicht verfügen Netzbetreiber auf den Ebenen der Übertragung und Weiterverteilung über ein natürliches Monopol für den Energietransport, sodass von einer marktbeherrschenden Stellung gem. § 18 GWB auszugehen ist.[115] Der sachliche Markt sind hier die Verteilnetzanlagen zu Zwecken der Energieversorgung u.a. im Versorgungsgebiet der betreffenden Gemeinde.

92 Der Altkonzessionär beeinträchtigt durch die Weigerung das Netz herauszugeben bzw. diesbezügliche Netzübergabeverhandlungen zu beginnen, die Wettbewerbsmöglichkeiten anderer Netzbetreiber, hier des Neukonzessionärs.[116]

93 Eine Beeinträchtigung i.S.d. § 19 GWB kann sich aus jeder nachteiligen Beeinflussung der wettbewerblichen Betätigungsfreiheit eines anderen Unternehmens ergeben, sei es auf demselben oder einem anderen als demjenigen sachlichen Markt, auf dem der Missbrauch erfolgt.[117] Dies kann auch darin liegen, dass ein marktbeherrschendes Unternehmen ein anderes durch die Verweigerung seiner Rechtsposition den Zugang zu dem Markt und damit seine Wettbewerbsstellung schwächt.[118] Dabei genügt, dass der betroffene wettbewerbliche Aktionsparameter zur Beeinträchtigung der Marktverhältnisse objektiv geeignet ist. Erfasst werden nicht nur Behinderungen auf dem beherrschten Markt, sondern auch auf Drittmärkten.[119] Die Berührung wirtschaftlicher Interessen ist dabei ausreichend.[120]

94 Mit der Weigerung, das Netz herauszugeben, wenn der Neukonzessionär einen Anspruch darauf hat, behindert der Altkonzessionär einerseits den Wettbewerb um die Netze,[121] den die Gemeinde durch das Verfahren um die Wegerechte für das jeweilige Energienetz eröffnet hatte und andererseits die Wettbewerbsposition des Neukonzessionärs als neuer Netzbetreiber, der die Einnahme dieser Rechtsposition nicht vorbereiten kann. Insofern ist die Verletzung des Tatbestands des § 19 Abs. 2 Nr. 1 GWB möglich und damit die Zuständigkeit der Kartellbehörde gegeben.

95 Die Möglichkeit des Neukonzessionärs, den Zivilrechtsweg zu beschreiten steht einer Missbrauchsverfügung nicht entgegen, da an der Verfolgung und Behebung von Missständen ein öffentliches Interesse besteht.[122] Ein dahin ausgeübtes Ermes-

---

114 *Becker/Templin*, ZNER 2013, 10, 11.

115 Säcker/*Säcker*, Energierecht, Bd. 2 § 111 Rn. 9; Schulte/Just/*Deister*, § 19 Rn. 28; *Becker/Templin*, ZNER 2013, 10, 13.

116 *Sachse*, Monopolpreis S. 214 ff., 217.

117 BGH, Beschl. v. 6.11.2012 – KVR 54/11 – Rn. 38 – GAG Ahrensburg; Langen/Bunte/*Nothdurft*, Kartellrecht § 19 Rn. 144; Schulte/Just/*Deister*, § 19 Rn. 36, 38.

118 Immenga/Mestmäcker/*Markert*, Bd. 2 Teil 1, § 19 GWB Rn. 99.

119 Loewenheim/Meessen/Riesenkampff/*Kühnen*, § 18 Rn. 4; *Becker/Templin*, ZNER, 2013, 10, 15; BGH, Urt. v. 4.11.2003 – KZR 16/02 – Strom und Telefon II; Berg/Mäsch/*Lorenz*, § 19, Rn. 12.

120 *Becker/Templin*, ZNER 2013, 10, 12; Säcker/*Weyer*, Energierecht, Bd. 2 § 3.

121 *Becker/Templin*, ZNER 2013, 10, 14, 15, 18.

122 BGH, Beschl. v. 3.6.2014 – EnVR 10/13 – Rn. 16.

sen, einen Missbrauch festzustellen kann damit begründet werden, dass der Konzessionsnehmerwechsel an der mangelnden Einigung der Beteiligten zu scheitern droht. Im Rahmen des Entschließungsermessens kann die Behörde die konkurrierende Zuständigkeit der Zivilgerichte in Betracht ziehen, darin kann jedoch kein Hinderungsgrund für den Erlass einer Missbrauchsverfügung liegen.[123] Die Möglichkeit, Zivilrechtsschutz zu erlangen, steht einem behördlichen Einschreiten nicht entgegen. Bei der Ausübung des Aufgreifermessens, kann berücksichtigt werden, inwieweit effektiver Rechtsschutz im Einzelfall vor den Zivilgerichten erlangt werden kann, von einem irgendwie gearteten Vorrang oder einer Präklusion durch den Zivilrechtsweg kann jedoch nicht ausgegangen werden.

Bezüglich der Zuständigkeit bei der Konzessionsvergabe führt die 2. überarbeitete Auflage des Gemeinsamen Leitfadens von Bundeskartellamt und Bundesnetzagentur vom 21.5.2015 in B. Zuständigkeit Nr. 9 aus, dass neben den zivilrechtlichen Ansprüchen aufsichtsbehördliche Zuständigkeiten für die Überwachung des in § 46 EnWG geregelten Wegenutzungsrechts bestehen, die zum einen grundsätzlich der Bundesnetzagentur oblägen, zum anderen bestünden teilweise überschneidende Befugnisse der Kartellbehörden; dies werde in § 46 Abs. 5 EnWG nochmals klar gestellt. 96

Aus dem oben Genannten folgt, dass die Kartellbehörde für die Einleitung eines entsprechenden Missbrauchsverfahrens zuständig wäre und auch die materiellrechtlichen Voraussetzungen dafür vorliegen, da bei einem rechtmäßig durchgeführten Verfahren kaum ein sachlicher Rechtfertigungsgrund für die Weigerung, das Netz herauszugeben bestehen kann.[124] 97

VI. Kartellverwaltungsverfahren

1. Eröffnung des Verfahrens

Die Kartellverfahren im Energiebereich sind grundsätzlich antragslose Verfahren, in denen die Kartellbehörden entscheiden, ob sie von ihrem sog. Aufgreifermessen Gebrauch machen (**sog. Opportunitätsprinzip**).[125] Die in § 54 Abs. 1 GWB abschließend aufgezählten Antragsverfahren sind hier bis auf die Beiladung irrelevant.[126] 98

Tatsächlich wird jedoch die Aufklärung eines evtl. wettbewerbswidrigen Sachverhalts nicht selten durch „Betroffene“, seien es von Preisgestellungen und/ oder -erhöhungen betroffene Kundinnen und Kunden oder auch in Verfahren zur **Gestattung von Wegerechten** meist von unterlegenen Mitbewerbern – oftmals Alt- 99

123 BGH, Beschl. v. 3.6.2014 – EnVR 10/13 – Rn. 17.
124 *Sachse*, Monopolpreis S. 213.
125 Immenga/Mestmäcker/*Bach*, Bd. 2 Teil 1, § 54 GWB Rn. 7; Schulte/Just/*Peter*, Rn. 2.
126 Zur Beiladung nach § 54 Abs. 2 Nr. 3 GWB vgl. Rn. 107 ff.

konzessionäre – angestoßen. Auch führt Zeitungslektüre oder die Bitte um Amtshilfe durch die Kommunalaufsicht zur Prüfung eventuell marktschädlichen Verhaltens.

100 Aus dem **Opportunitätsprinzip** folgt, dass kein subjektiver Anspruch auf die Prüfung eines Sachverhalts durch die Kartellbehörde besteht. Diese entscheidet vielmehr nach pflichtgemäßem Ermessen gem. § 22 VwVfG, ob sie tätig wird.[127] Dies kann sie ohne weitere Sachaufklärung tun, wenn sofort klar ist, dass kein wettbewerbswidriges Verhalten vorliegen kann, z.B. wenn bereits keine Monopolstellung erkennbar ist (Gas- oder Stromlieferant) oder auch ein Gebührentatbestand geprüft werden soll. Hier fehlt es einerseits an der Tatbestandsvoraussetzung „Monopolstellung", andererseits fehlt die Zuständigkeit der Kartellbehörde, da für die Überprüfung von Gebühren das Widerspruchsverfahren und/oder der Verwaltungsrechtsweg gegeben ist.

101 Soweit aus dem vorgetragenen Sachverhalt unklar bleibt, ob wettbewerbswidriges Verhalten in Betracht kommt, wird die Kartellbehörde das benannte Unternehmen oder die ein Konzessionsverfahren durchführende Kommune um Sachverhaltsdarstellung und eventuell um Unterlagen bitten. Die förmliche Einleitung eines Verfahrens ist zu diesem Zeitpunkt verfrüht.[128] Gleichwohl kann bei Auskunftsverweigerung eine sog. Auskunftsverfügung nach § 59 GWB[129] von der Kartellbehörde erlassen werden, die wiederum die konkludente Einleitung eines förmlichen Verfahrens ist. Hier hat es also der Adressat selbst in der Hand, auf informeller Ebene mit der Kartellbehörde zur Sachverhaltsaufklärung beizutragen oder durch die Veranlassung einer Auskunftsverfügung nach § 59 GWB ein evtl. obsoletes Kartellverfahren zu initiieren, das auch wieder formell beendet werden muss.

2. Adressat des Kartellverfahrens

102 Adressat des Kartellverfahrens sind einerseits Unternehmen und Unternehmensvereinigungen i.S.d. § 1 GWB und andererseits Marktteilnehmer oder Unternehmen, die Monopolisten sind oder eine monopolartige Stellung innehaben. Nur dementsprechend wettbewerbswidriges Verhalten kann überhaupt ein Vorgehen der Kartellbehörde auslösen.

103 Verbraucherinnen und Verbraucher missverstehen diese Voraussetzungen häufig, weil sie noch aus den Zeiten vor dem liberalisierten Binnenmarkt die allgemeine Aufsicht über Energieversorger bzw. über Energiepreise kennen.

---

127 Immenga/Mestmäcker/*Bach*, Bd. 2 Teil 1, § 54 GWB Rn. 7.
128 A.A. Schulte/Just/*Peter* § 54 Rn. 4; *Bechtold*, § 54 Rn. 2.
129 Vgl. Rn. 121 ff.

Bei Gas- und Stromlieferanten liegt jedoch – bis auf den Sonderfall **Grundversorgung** – überhaupt keine Monopolstellung mehr vor,[130] bei Heizstrom und Fernwärme ist zumeist mindestens eine relative Marktmacht gegeben. Dies ist jedoch im Einzelfall zu prüfen und führt mittlerweile immer häufiger zu Diskussionen mit diesen Versorgern über deren tatsächliche Marktmacht. 104

Weiterhin führt auch nicht jede Monopolstellung oder relative Marktmacht automatisch zu einem Kartellverfahren. Vielmehr muss das betreffende Unternehmen diese Marktmacht missbräuchlich ausnutzen. Auch hier wird von Verbraucherinnen und Verbrauchern oftmals verkannt, dass nicht jede Preisgestellung oder -erhöhung missbräuchlich ist. Dies ist sie nur dann, wenn sie im Vergleich mit den Preisen anderer Unternehmen missbräuchlich erscheint oder sich bei einem Erlösvergleich missbräuchliches Verhalten vermuten lässt. 105

Aber selbst dann ist weiter zu prüfen bzw. vom Unternehmen nachzuweisen, ob für die Preisgestellung sachliche Rechtfertigungsgründe vorliegen, die die höheren Preise rechtfertigen. 106

3. Beteiligte im Kartellverfahren

Im Kartellverfahren sind nach § 54 Abs. 2 und 3 GWB **sog. geborene** und können auch **sog. gekorene Beteiligte** möglich sein.[131] Während der in Nr. 1 genannte Antragsteller im Energiekartellverfahren keine Rolle spielt, sind die in Nr. 2 genannten diejenigen, gegen die sich die Verfahren der kartellrechtlichen Eingriffsverwaltung richten,[132] in den Energiekartellverfahren mithin **Kommunen** und/oder Energieversorgungsunternehmen. Dies sind die potentiellen Adressaten einer kartellrechtlichen Verfügung, jedoch nicht die Begünstigten des Kartellverfahrens, wie unterlegene Bewerber eines Konzessionierungsverfahrens oder Kundinnen und Kunden eines Energieversorgers. Sie können von der Kartellbehörde (faktisch) beigeladen werden.[133] 107

Das Bundeskartellamt ist in Verfahren der Landeskartellbehörden (oberste Landesbehörden) nach § 54 Abs. 3 GWB Beteiligter kraft Gesetzes.[134] 108

Aus der Beteiligtenstellung nach § 54 Abs. 2 GWB folgen die Beschwerdebefugnis nach § 66 GWB und verfahrensrechtliche Garantien, wie die **Zuständigkeitsrüge** nach § 55 GWB,[135] das Recht eine Stellungnahme abzugeben oder eine mündliche Verhandlung zu fordern sowie die Adressatenstellung der kartellbehördlichen Verfügung nach § 61 GWB. 109

---

130 Vgl. Rn. 26 ff.
131 Schulte/Just/*Peter*, § 54 Rn. 5; Immenga/Mestmäcker/*Bach*, Bd. 2 Teil 1, § 54 GWB Rn. 18.
132 Immenga/Mestmäcker/*Bach*, Bd. 2 Teil 1, § 54 GWB Rn. 24; Schulte/Just/*Peter*, § 54 Rn. 7.
133 Immenga/Mestmäcker/*Bach*, Bd. 2 Teil 1, § 54 GWB Rn. 25.
134 Schulte/Just/*Peter*, § 54 Rn. 5, 10.
135 Vgl. Rn. 17 ff.

110 Die Beiladung erfolgt auf Antrag, der nicht ausdrücklich gestellt werden muss, sondern auch konkludent gestellt werden kann, auf jeden Fall aber vor Verfahrensbeendigung erfolgen muss.[136] Am Beiladungsverfahren sind alle Beteiligten des Hauptverfahrens beteiligt, die Entscheidung darüber ist eine Verfügung nach den §§ 61 Abs. 1 GWB und § 63 Abs. 3 GWB, die mit der Beschwerde nach § 63 GWB angefochten werden kann.[137] Die Entscheidung über die Beiladung trifft die Kartellbehörde nach pflichtgemäßem Ermessen, das sich wegen subjektiver Rechte des Beizuladenden auf null, zu einer notwendigen Beiladung reduzieren kann.[138] Die Beiladungsverfügung beruht auf § 54 Abs. 2 Nr. 3 GWB. Danach sind solche Personen an einem Verfahren der Kartellbehörde beteiligt, deren Interessen durch die Entscheidung erheblich berührt werden und die die Kartellbehörde auf ihren Antrag zu dem Verfahren beigeladen hat.

111 Interessant wird die Frage der Beiladung bei einem Verfahren, das mit einem sog. Negativattest der Behörde nach § 32c GWB endet.[139]

112 Bei Verfahren zur **Gestattung von Wegerechten** kommen mindestens drei potenzielle Beizuladende in Betracht: die das Verfahren durchführende Kommune, der Alt- und der Neukonzessionär, zusätzlich sonstige unterlegene Bewerber.

113 Kommunen sind juristische Personen des öffentlichen Rechts (sog. Gebietskörperschaften) und damit beiladungsfähig nach § 77 GWB. Das insoweit erforderliche spürbare Interesse kann dabei auch insbesondere ein wirtschaftliches Interesse sein.[140] Eine Kommune als die Wegerechte gestattende Stelle ist unmittelbar und auch erheblich durch eine drohende Nichtigkeit der Konzessionsverträge sowie einer eventuell notwendig werdenden Wiederholung der Konzessionsvergabeverfahren für Strom und Gas betroffen. Eine Kommune kann insoweit als Berechtigter i.S.d. § 54 Abs. 2 Nr. 3 GWB ihre Beiladung beantragen.

114 Die Entscheidung über diesen Antrag steht im Ermessen der Kartellbehörde, wobei neben den Interessen des Antragstellers sowie der weiteren Verfahrensbeteiligten insbesondere auch das Interesse an einem schnellen Verfahrensfortgang zu berücksichtigen ist.[141] Insoweit spricht – neben den wirtschaftlichen Interessen der Antragstellerinnen – insbesondere auch die Verfahrensbeschleunigung für eine Beiladung der **Kommune**, da diese als unmittelbar Betroffene zur Erforschung des Sachverhalts beitragen kann. Überwiegende gegenteilige Interessen anderer Verfah-

136 Schulte/Just/*Peter*, § 54 Rn. 11.

137 Schulte/Just/*Peter*, § 54 Rn. 13.

138 Schulte/Just/*Peter*, § 54 Rn. 13.

139 Vgl. Rn. 133ff.

140 BGH, Beschl. v. 7.11.2006 – KVR 37/05 – NJW 2007, 607; OLG Düsseldorf, Beschl. v. 5.7.2000 – Kart 1/00 – Rn. 34f.; dies aufgreifend m.w.N. Immenga/Mestmäcker/*Schmidt*, Bd. 2 Teil 1, § 54 Rn. 38; ebenso Schulte/Just/*Peter*, § 54 GWB Rn. 8.

141 BGH, Beschl. v. 7.11.2006 – KVR 37/05 – NJW 2007, 607f. m.w.N.; dies aufgreifend Immenga/Mestmäcker/*Schmidt*, Bd. 2 Teil 1, § 54 GWB Rn. 44; Schulte/Just/*Peter*, § 54 Rn. 13.

rensbeteiligter, die eine abweichende Entscheidung bedingen könnten, sind kaum erkennbar. Insoweit wird die Kartellbehörde das ihr zustehende Ermessen regelmäßig dahingehend ausüben, antragstellende Kommunen beizuladen.

Gleiches gilt für potenzielle Neukonzessionäre, die in einem Kartellverfahren 115
diese Position gefährdet sehen. Auch hier ist das wirtschaftliche Interesse an der Übernahme der/des Energienetze/s ein spürbares Interesse, das eine Beiladung nach § 54 Abs. 2 Nr. 3 GWB rechtfertigt. In derselben Position befinden sich Altkonzessionäre, die ihre Stellung zu verlieren drohen, ebenso wie weitere unterlegene Bewerber.

Nach § 77 GWB sind außer natürlichen und juristischen Personen auch nicht- 116
rechtsfähige Personenvereinigungen im Kartellverfahren beteiligtenfähig. Somit können die Kartellämter zur besseren Sachaufklärung auch nicht rechtsfähige Gebilde gem. § 54 Abs. 2 Nr. 3 GWB beiladen. Die Beiladung dient damit vornehmlich kartellbehördlichen Ermittlungen. Aufgrund dieser besonderen Funktion ist ein Gleichlauf der Beiladung im Kartellverwaltungsverfahren mit der Parteifähigkeit im Zivilprozess um eine Konzessionsvergabe jedoch nicht geboten.[142]

Bei Preismissbrauchsverfahren kommt theoretisch auch jede Kundin und jeder 117
Kunde eines Heizstrom- bzw. Fernwärmeversorgers als Beteiligte/r nach den oben genannten Kriterien[143] in Betracht. Tatsächlich ist dies in der Praxis bislang nicht der Fall.

4. Instrumente der Kartellbehörde

Kommt die Kartellbehörde zu der Feststellung, dass eine wettbewerbsbeschrän- 118
kende Vereinbarung i.S.d. § 1 GWB vorliegt oder ein marktmächtiges Unternehmen seine Marktstellung missbraucht und/oder andere Marktteilnehmer behindert hat, kann sie zu verschiedenen Instrumenten greifen, um diesem Marktmissbrauch zu begegnen. Dies wären:

- Abstellungs- bzw. Verbotsverfügung (§ 32 GWB),
- die Zusagenentscheidung bzw. Verpflichtungszusage (§ 32b GWB),
- aber auch das sog. Negativattest nach § 32c GWB und
- die einstweiligen Maßnahmen nach § 32a GWB.

Die Auskunftsverfügung nach § 59 Abs. 1 GWB und die Durchsuchung nach § 59 119
Abs. 4 GWB sind wiederum Instrumente der Kartellbehörden zur Durchführung eines Kartellverwaltungsverfahrens.

142 BGH, Beschl. v. 18.10.2016 – KZB 46/15 – Rn. 45 – Landesbetrieb Berlin Energie.
143 Rn. 107.

120 Die nach § 60 GWB mögliche einstweilige Anordnung spielt zumindest für die Landeskartellbehörden im Energiebereich keine Rolle. Der dortige geregelte sachliche Anwendungsbereich für die Verträge der Wasserwirtschaft, die Fusionskontrolle und Ministererlaubnis sowie dem Markt für Zeitungen und Zeitschriften ist abschließend.[144]

a) Auskunftsverfügung, Durchsuchung/Beschlagnahme

121 Gemäß § 59 Abs. 1 GWB kann die Kartellbehörde, soweit es zur Erfüllung der ihr im GWB übertragenen Aufgaben erforderlich ist, von Unternehmen und Unternehmensvereinigungen u.a. die Herausgabe von Unterlagen verlangen. Gleichgestellt sind Wirtschafts- und Berufsvereinigungen (§ 59 Abs. 1 S. 2 GWB). Das Auskunftsverlangen erfolgt per Verfügung oder Beschluss (§ 59 Abs. 6 und 7 GWB), gegen die die Beschwerde, nicht jedoch die Rechtsbeschwerde beim BGH möglich ist.[145]

122 Eine solche Auskunftsverfügung kann auch gegen ein Unternehmen gerichtet werden, das sein Leistungsverhältnis öffentlich-rechtlich ausgestaltet hat, da dieses seiner Einordnung als Unternehmen i.S.d. § 59 Abs. 1 GWB nicht entgegensteht.[146]

123 Die Auskunftsverfügung ist zeitlich der Vorbereitung eventuell unten genannter[147] Verfügungen vorgelagert. Mit dem Auskunftsverlangen können Durchsuchungen (Art. 59 Abs. 3 und 4 GWB) und Beschlagnahmen einhergehen. An diesen Eingriffsbefugnissen zeigen sich Parallelen des Kartellverfahrens zu sonstigen repressiven Ermittlungsbefugnissen wie im Polizei-, Ordnungswidrigkeiten- und Strafrecht. Folgerichtig ist deshalb – weil verfassungsrechtlich als sog. Zitiergebot des Art. 19 Abs. 1 S. 2 GG erforderlich – der Eingriff in das Grundrecht der Unverletzlichkeit der Wohnung nach Art. 13 GG ausdrücklich genannt (§ 59 Abs. 3 S. 2, Abs. 4 GWB).

124 Herausgabepflichtig sind nach § 59 Abs. 2 GWB bei juristischen Personen die nach Gesetz oder Satzung zur Vertretung berufenen Personen, d.h. bei **Kommunen** der/die Bürgermeister/in (z.B. § 63 Abs. 1 GO NRW), bei Energieversorgungsunternehmen in der Regel die Geschäftsführung.

b) Verpflichtungszusage

125 Mit der Verpflichtungszusage nach § 32b GWB wird das Kartellverfahren ausgesetzt und kann jederzeit wieder aufgenommen werden. Eine solche Verfügung hat sich

144 Schulte/Just/*Peter*, § 60 Rn. 1; *Bechtold*, § 60 Rn. 2.
145 *Bunte/Stancke*, § 11, IV, 4. a).
146 BGH, Beschl. v. 18.10.2011 – KVR 9/11 – Niederbarnimer Wasserverband.
147 Rn. 125 ff.

insbesondere bei Verfahren zu **Gestattung von Wegerechten** etabliert, wenn das Verfahren nach Auffassung der Kartellbehörde nicht ordnungsgemäß durchgeführt worden ist. Aber auch in Missbrauchsverfahren wegen überhöhter Energiepreise kommt die Verpflichtungszusage zum Zuge.[148] Den Adressaten eines Kartellverfahrens gilt die Verpflichtungszusage als das mildere Mittel zur Abstellungsverfügung.

Von den Betreffenden angebotene Verpflichtungszusagen können von der Kartellbehörde für verbindlich erklärt werden, verbunden mit der Zusicherung von den kartellrechtlichen Befugnissen bezüglich des beanstandeten Verhaltens zumindest zeitlich befristet keinen Gebrauch zu machen. Soweit die Zusage nicht eingehalten wird, auf falschen Angaben beruht oder sich die tatsächlichen Verhältnisse wesentlich ändern, kann die Verfügung aufgehoben und das Verfahren von der Kartellbehörde wieder aufgenommen werden.[149] 126

Die Zusage sollte umfassend, detailliert und hinreichend bestimmt formuliert sein, damit für beide Seiten der Inhalt der Verpflichtung klar ist. Dies vermeidet Streitigkeiten, die zur Aufhebung der Verfügung und Wiederaufnahme des Verfahrens nach § 32b Abs. 2 Nr. 2 GWB führen können. Die in § 32b Abs. 2 GWB genannten Gründe sind abschließend, andere Aufhebungsgründe kommen nur nach den §§ 48, 49 ff. VwVfG in Betracht.[150] Die Verpflichtungszusagen sind nach § 62 S. 1 GWB im Bundesanzeiger bekannt zu machen (**Publizitätspflicht**). 127

c) Abstellungsverfügung

§ 32 GWB befugt die Kartellbehörde zur Abstellungsentscheidung, Anordnung von Abhilfemaßnahmen und Feststellung von Kartellverstößen u.a. gegen ein gesetzliches Verbot des GWB. Dies können das allgemeine Kartellverbot nach § 1 GWB, das Verbot des Missbrauchs einer marktbeherrschenden Stellung nach § 19 GWB und die Verbote nach den §§ 20 ff. GWB sein.[151] 128

Praktisch relevant ist diese Ermächtigungsgrundlage im Energiekartellrecht insbesondere bei Preissenkungsverfügungen gegen Energieversorgungsunternehmen, aufgrund des oben genannten[152] also bei Heizstrom und Fernwärme sowie möglicherweise Grundversorgern, aber auch bei Verfahren zur **Gestattung von Wegerechten**, die nicht den rechtlichen Vorgaben der §§ 46 ff. EnWG entsprechen. Hier ist Adressat der Verfügung die ausschreibende Kommune. 129

---

148 So zuletzt bei überhöhten Fernwärmepreisen: Beschlüsse des BKartA, Beschl. v. 13.2.2017 – B8-31/13 sowie B8-30/13.

149 Schulte/Just/*Staebe*, § 32b Rn. 1.

150 Schulte/Just/Staebe, § 32b Rn. 10.

151 Berg/Mäsch/*Mäsch*, § 32 Rn. 6; *Bechtold*, § 32 Rn. 8.

152 Rn. 37 ff. und 42 ff.

130 Mit der Verpflichtung nach § 32 Abs. 1 GWB, die Zuwiderhandlung nicht fortzusetzen, kann die Kartellbehörde vom Adressaten auch gem. § 32 Abs. 2 GWB verhaltensorientierte oder strukturelle Abhilfemaßnahmen einfordern.[153] Dies sind im Energiekartellverfahren konkret z.B. die Preissenkung für Energielieferungen oder die erneute Durchführung eines Konzessionierungsverfahrens oder Teilen davon, auch nach Maßgabe der Rechtsauffassung der Kartellbehörde.

131 Die Maßnahmen müssen – wie jedes repressive staatliche Handeln – erforderlich und verhältnismäßig sein.[154] Da bei § 32 GWB außerdem der Kartellbehörde ein Ermessensspielraum zusteht, hat sie dieses Ermessen erkennbar auszuüben und zwar sowohl bei der Einleitung des Verfahrens wie auch bei der Auswahl der Maßnahmen. Diese Ermessensausübung ist gerichtlich überprüfbar.[155]

132 Auch die Abstellungsverfügung unterliegt gem. § 62 S. 1 GWB der **Publizitätspflicht** im Bundesanzeiger.

d) Kein Anlass zum Tätigwerden (sog. Negativattest) nach § 32c GWB

133 Die Kartellbehörde kann nach § 32c GWB feststellen, dass bei einem bestimmten Sachverhalt ihrerseits kein Anlass zum Tätigwerden besteht. Durch eine Entscheidung der Kartellbehörde in der diese nach § 32c GWB zusichert, in Bezug auf den vorliegenden Sachverhalt nicht tätig zu werden, kann insbesondere die mittelständische Wirtschaft durch die damit einher gehende formale Bindungswirkung deutlich mehr Rechtssicherheit bezüglich ihrer möglicherweise kartellrelevanten Verhaltensweisen erlangen.[156]

134 Ein Antrag auf eine Entscheidung nach § 32c GWB ist nicht erforderlich. Diese Auffassung wird nicht mehr vertreten, mittlerweile herrscht in der Literatur Konsens, dass ein Antrag für eine Entscheidung nach § 32c GWB nicht notwendig ist.[157] Die Entscheidung nach § 32c GWB, mit der die Kartellbehörde zum Ausdruck bringt, dass für sie kein Anlass zum Tätigwerden besteht, kommt vor allem in Verfahren in Betracht, die nicht auf die Initiative des Adressaten der Entscheidung zurückgehen, sondern auf Beschwerden Dritter.[158]

135 Im Rahmen ihres Ermessens, das § 32c GWB der Landeskartellbehörde einräumt,[159] kann diese entscheiden, ob und in welcher Form, eine Entscheidung erlas-

---

153 Berg/Mäsch/Mäsch, § 32 Rn. 11, 14; *Bechtold*, § 32 Rn. 3, 16.

154 *Bechtold*, § 32 Rn. 14, 15.

155 Berg/Mäsch/*Mäsch*, § 32 Rn. 5, 44, 45.

156 Berg/Mäsch/*Mäsch*, § 32c Rn. 1; *Engelhoven/Meinhold-Heerlein*, WuW 2014, 575, 581; Immenga/Mestmäcker/*Bach*, Bd. 2 Teil 1, § 32c GWB Rn. 2.

157 Langen/Bunte/*Bornkamm*, Kartellrecht § 32c Rn. 6; Berg/Mäsch/*Mäsch*, § 32c Rn. 6; Immenga/Mestmäcker/*Bach*, Bd. 2 Teil 1, § 32c GWB Rn. 6; a.A. MüKo/*Keßler*, § 32c Rn. 3.

158 Langen/Bunte/*Bornkamm*, Kartellrecht, § 32c Rn. 5.

159 *Bechtold*, § 32c Rn. 3; Langen/Bunte/*Bornkamm*, Kartellrecht, § 32c Rn. 8.

sen wird. Da kein Anspruch auf eine Entscheidung nach § 32c GWB besteht, ist eine Ermessensreduzierung auf null zwar theoretisch, aber nicht praktisch vorstellbar.[160]

Zwar kann die Kartellbehörde anstelle einer förmlichen Verfügung gemäß der Gesetzesbegründung des § 32c GWB dem betroffenen Unternehmen auch eine rein informelle Mitteilung zukommen lassen.[161] Eine solche Maßnahme findet sich im Wortlaut des § 32c GWB jedoch nicht. Die zusätzliche Möglichkeit führt keinesfalls zu einer Beschränkung des Ermessensspielraums, wenn die Voraussetzungen des § 32c GWB vorliegen.[162] 136

Eine informelle Mitteilung der Kartellbehörde an die betroffenen Unternehmen hat gleichwohl eine faktische Wirkung. In diesem Fall erhöht die Mitteilung die Rechtssicherheit der betroffenen Unternehmen, da auch nach einer informellen Mitteilung nicht mehr zu erwarten ist, dass die Kartellbehörde in Bezug auf denselben Sachverhalt ein Kartellverhalten einleitet. Zudem kann eine informelle Mitteilung im Rahmen einer gerichtlichen Überprüfung oder der Entscheidungsbeeinflussung ebenfalls berücksichtigt werden, auch wenn sie keine direkte Selbstbindung der Kartellbehörde auslöst.[163] Sie ist insofern nicht weniger oder mehr geeignet, andere Kartellbehörden oder Gerichte in ihrer Beurteilung desselben Verhaltens zu beeinflussen. Vielmehr führt die Entscheidung nach § 32c GWB zu einer Selbstbindung der Kartellbehörde, wonach die Einleitung eines Verfahren – vorbehaltlich neuer Erkenntnisse – nach den §§ 32, 32a GWB rechtswidrig wäre.[164] 137

Das Negativattest ist im Energiekartellrecht eher selten.[165] Die Intention des Gesetzgebers mit der 7. Novelle des GWB war es jedoch, durch förmliche Verfügungen der Kartellbehörden nach § 32c GWB, ein System von Leitentscheidungen zu errichten und betroffenen Unternehmen auch im Einzelfall zu mehr Rechtssicherheit zu verhelfen.[166] Die Kartellbehörden sind dem Grunde nach berufen, ihr Ermessen, wenn auch nicht in jedem Einzelfall, in der Summe deutlich dahingehend auszuüben, dass sie förmliche Verfügungen nach § 32c GWB erlassen.[167] Dies umso mehr, als ein Negativattest geeignet erscheint, z.B. eine Kommune in einem angegriffenen Konzessionierungsverfahren sowohl gegen die Beschwerdeführer, als auch in der gerichtlichen Auseinandersetzung zu unterstützen, obgleich die Gerichte an Negativatteste der Kartellbehörden nicht gebunden sind.[168] 138

160 *Engelhoven/Meinhold-Heerlein*, WuW 2014, 575, 580; Immenga/Mestmäcker/*Bach*, Bd. 2 Teil 1, § 32c GWB Rn. 13; Langen/Bunte/*Bornkamm*, Kartellrecht, § 32c Rn. 15.
161 Immenga/Mestmäcker/*Bach*, Bd. 2 Teil 1, § 32c GWB Rn. 4.
162 *Engelhoven/Meinhold-Heerlein*, WuW 2014, 575, 581.
163 *Bechtold*, § 32c Rn. 2; *Engelhoven/Meinhold-Heerlein*, WuW 2014, 575, 582.
164 Langen/Bunte/*Bornkamm*, Kartellrecht, § 32c Rn. 10; *Bechtold*, § 32c Rn. 2, 4, 7.
165 Langen/Bunte/*Bornkamm*, Kartellrecht, § 32c Rn. 3.
166 *Engelhoven/Meinhold-Heerlein*, WuW 2014, 575, 581.
167 *Engelhoven/Meinhold-Heerlein*, WuW 2014, 575, 581.
168 *Bechtold*, § 32c Rn. 5; Langen/Bunte/*Bornkamm*, Kartellrecht, § 32c Rn. 14.

139 Voraussetzung ist auch dass die Sachverhalte Breitenwirkung aufweisen und ein über die Interessen der Parteien des konkreten Rechtsstreites hinausgehendes öffentliches Interesse an einer Entscheidung nach § 32c GWB besteht.[169] Die Kartellbehörde ist nach den verwaltungsrechtlichen Grundsätzen jedenfalls dazu verpflichtet, bei neuartigen Sachverhalten, deren Bedeutung über den Einzelfall hinaus geht, und bei Sachverhalten, deren Bedeutung für die betroffenen Unternehmen erheblich ist, eine Verfügung nach § 32c GWB zu erlassen.[170] Denn in diesen Fällen entfaltet eine Maßnahme nach § 32c GWB eine gewisse Breitenwirkung, die für eine Vielzahl von vergleichbaren Fällen maßgeblich ist.

e) Einstweilige Maßnahmen nach § 32a GWB

140 Anlässlich der Rechtsprechung des BGH von Dezember 2013[171] beantragten unterlegene Bewerber einstweilige Maßnahmen gegen die Vertragsunterzeichnung mit dem Neukonzessionär bei den Kartellbehörden nach § 32a GWB.

141 Einstweilige Maßnahmen nach § 32a GWB müssen darauf gerichtet sein, einen Kartellrechtsverstoß zu beseitigen oder zu verhindern, sodass die im Gesetz angesprochene Gefahr für den Wettbewerb mindestens verringert, bestenfalls beseitigt und im Fall bevorstehender Verstöße vermieden wird.[172] Mit der einstweiligen Maßnahme bezogen auf die Unterzeichnung des Vertrages können diese Ziele jedoch nicht erreicht werden, denn der Wettbewerbsverstoß liegt nicht in der Vertragsunterzeichnung an sich, sondern in dem der Vertragsunterzeichnung zeitlich vorgelagerten Verfahren, z.B. in einer unzulässigen Vorfestlegung, fehlenden oder rechtswidrigen Auswahlkriterien. Die Untersagung der Vertragsunterzeichnung würde diese Verstöße nicht verringern oder beseitigen, das Verfahren bliebe fehlerhaft. Außerdem ist der auf einem rechtswidrigen Verfahren beruhende Vertrag nach der BGH-Rechtsprechung[173] gem. § 134 BGB (sowieso) nichtig. Mithin ist eine weitere Gefahr für den Wettbewerb allein durch die Unterzeichnung des – nichtigen – Vertrages nicht zu erkennen. Der Konzessionsvertrag, der durch intransparentes, wettbewerbswidriges Verfahren zustande gekommen ist, zeitigt also für sich genommen keinen eigenen Wettbewerbsverstoß. Deshalb fehlt es auch an der nach GWB nachzuweisenden Eilbedürftigkeit.

---

169 *Langen/Bunte/Bornkamm*, Kartellrecht, § 32c Rn. 8; Berg/Mäsch/*Mäsch*, 32c Rn. 8.

170 Langen/Bunte/*Bornkamm*, Kartellrecht, § 32c Rn. 8.

171 BGH, Urt. v. 17.12.203 – KZR 65/12 – Stromnetz Heiligenhafen; BGH, Urt. v. 17.12.203 – KZR 66/12 – Stromnetz Berkenthin.

172 *Bechtold*, § 32a Rn. 4; MüKo-GWB/*Keßler*, § 32a Rn. 6.

173 BGH, Urt. v. 17.12.203 – KZR 66/12 – Rn. 105 – Stromnetz Berkenthin.

Aus dem oben Genannten folgt,[174] dass in diesen Fällen eine einstweilige Maßnahme nach § 32a GWB nicht in Betracht kommt. Außerdem sind die spezielleren Regelungen zu den Rüge- und Präklusionsfristen nach § 47 EnWG zu beachten, die Vorrang hätten. Mit einem Antrag nach § 32a GWB wird möglicherweise eine Umgehung dieser Regelungen versucht, z.B. wenn die Rügefrist nicht eingehalten wurde. 142

Insgesamt betrachtet ist bei diesen Sachverhalten entweder einstweiliger Rechtsschutz auf dem Zivilrechtsweg zu suchen und/oder das Rüge- und Präklusionsregime des § 47 EnWG auszuschöpfen. 143

VII. Bußgeldverfahren

Ein Bußgeldverfahren im Rahmen des GWB dient – wie alle Bußgeldverfahren – der Sanktionierung eines wettbewerbsrechtlichen Fehlverhaltens. Insbesondere der Gedanke der Gewinnabschöpfung spielt hier eine Rolle. Die Verhängung eines Bußgeldes ist eines der schwierigsten Verfahren nach dem GWB, muss doch das wettbewerbswidrige Verhalten einer konkreten (juristischen) Person zugeordnet werden können. Die diesbezügliche Problematik zeigt insbesondere in der 9. GWB Novelle die Notwendigkeit, die sog. „Wurstlücke" zu schließen. Dies war notwendig geworden, da in einem Fall durch Umfirmierung das gegen einen Wursthändler verhängte Bußgeld nicht mehr vollstreckbar war und dieser sich somit dem Bußgeld komplett entziehen konnte. Die in der 8. GWB Novelle normierte Änderung des § 30 Abs. 2a und § 30 Abs. 6 OWiG[175] sowie die Rechtsprechung zum § 30 OWiG waren hierfür nicht ausreichend. 144

Im Energiekartellrecht können Bußgeldadressaten Energieversorgungsunternehmen und auch **Kommunen** sein.[176] In beiden Fällen ist über § 30 OWiG die Haftung der juristischen Person oder Personenvereinigung zu begründen, denen das Handeln ihrer Organe und Vertreter zugerechnet wird.[177] Während bei Energieversorgungsunternehmen dies die jeweils vertretungsberechtigten Vorstände oder Geschäftsführungen sein können, kommen bei Kommunen insbesondere die Bürgermeisterinnen und Bürgermeister in Betracht. Diese sind nach den jeweiligen Gemeindeordnungen (z.B. § 63 Abs. 1 GO NRW) die vertretungsberechtigten Organe der Kommune. Bei Energieversorgungsunternehmen kann durchaus eine Bereicherung durch das bebußte Verhalten ihrer vertretungsberechtigten Organe eintreten, bei Verfahren gegen Kommune werden hingegen überwiegend Pflichtverletzungen aus 145

---

174 Rn. 140 f.

175 Ordnungswidrigkeitengesetz (OWiG) v. 19.2.1987 (BGBl. I S. 602), zuletzt geändert durch Gesetz v. 27.8.2017 (BGBl. I S. 3295).

176 MüKo-GWB/*Vollmer*, § 81 Rn. 40.

177 Schulte/Just/*Künstner*, vor § 81 Rn. 6.

gesetzlichen Vorgaben im Vordergrund stehen, z.B. durch die Verweigerung einfache Wegenutzungsrechte (§ 46 Abs. 1 EnWG) für den Anschluss eines Windrades zu gewähren oder qualifizierte Wegenutzungsrechte überhaupt auszuschreiben.

1. Bußgeld bei ordnungswidrigem Handeln

146 Das Bußgeld hat seinen Sinn und Ursprung im ordnungspolitischen Ansatz des Kartellrechts. Die Verfolgung von Ordnungswidrigkeiten unterliegt nach § 47 Abs. 1 OWiG dem **Opportunitätsprinzip**. Die Entscheidung, ein Bußgeldverfahren einzuleiten liegt im Ermessen der Kartellbehörde. Diese Ermessensentscheidung ist der gerichtlichen Kontrolle entzogen.[178] Hinsichtlich der verstärkten Diskussion und Fortentwicklung des Kartellrechts zu einem Teil des Verbraucherschutzrechts, stellt sich allerdings die Frage nach der Sinnhaftigkeit des Bußgeldverfahrens, jedenfalls für den Bereich Preiskontrolle. Stellt die Kartellbehörde überhöhte Preise bei einem Energieversorgungsunternehmen fest, sollte die prioritäre Ausrichtung des Kartellrechts die Preissenkungsverfügung mit Rückzahlungen an die Kundschaft sein. Das Bußgeld kann bei besonders groben Verstößen als zusätzliche Sanktion hinzukommen.

147 Das GWB regelt bezüglich des Bußgeldverfahrens die Zuständigkeit und den Instanzenzug in den §§ 83ff. GWB, im Übrigen gelten die Vorschriften des OWiG. Lediglich § 82 GWB enthält einen Sondertatbestand für eine Ordnungswidrigkeit, die zugleich einen Straftatbestand erfüllt.[179] Die Strafverfolgung z.B. wegen Submissionsbetrug nach § 298 StGB, Bestechlichkeit und Bestechung im geschäftlichen Verkehr nach § 299 StGB, Vorteilsgewährung nach § 333 StGB, Bestechung nach § 334 StGB und Betruges nach § 263 StGB gehen einem Bußgeldverfahren vor, ohne es auszuschließen.[180] Für die Verfolgung dieser Straftaten ist die Staatsanwaltschaft zuständig, an die die Kartellbehörde, als für das Bußgeldverfahren zuständige Verwaltungsbehörde, das Verfahren abgibt, sobald Anhaltspunkte für eine Straftat vorliegen. Umgekehrt gibt die Staatsanwaltschaft das Verfahren wieder zurück oder erstmals ab, wenn sie kein Strafverfahren einleitet oder ein solches einstellt.[181]

148 Die Zuständigkeit der Kartellbehörde in Bußgeldsachen ergibt sich grundsätzlich aus § 48 GWB,[182] § 81 Abs. 10 Nr. 3 GWB i.V.m. § 36 Abs. 1 Nr. 1 OWiG.

---

178 Schulte/Just/*Künstner*, vor § 81 Rn. 2.
179 *Bunte/Stancke*, § 11, IV, 2.
180 Schulte/Just/*Künstner*, vor § 81, Rn. 8.
181 Schulte/Just/*Künster*, vor § 81 Rn. 8.
182 Zur Zuständigkeitsabgrenzung zwischen Bundeskartellamt und Landeskartellämtern vgl. Rn. 8ff.

Ordnungswidrig handelt, wer nach § 81 GWB gegen gesetzliche Verbote, behördliche Verfügungen oder Anmelde- und Anzeigepflichten verstößt.[183] Hierbei kommt vorsätzliches und fahrlässiges Handeln in Betracht. Gesetzliche Verbote sind beispielweise 149
- solche in den §§ 1, 19, 20 und 21 GWB sowie die §§ 36–41 GWB,
- behördliche Verfügungen, insbesondere die Abstellungsverfügung nach § 32 GWB (oftmals Preissenkungsverfügungen),
- die Zusagenentscheidung nach § 32b GWB (Verstoß gegen Preissenkungszusage oder die Zusage, ein Verfahren zur **Gestattung von Wegerechten** neu durchzuführen oder nach Maßgabe fortzusetzen).

2. Bußgeld bei Unterlassen

Da der Tatbestand einer Ordnungswidrigkeit auch durch Unterlassen erfüllt werden 150 kann, wenn damit Pflichten verletzt werden, kommt ein Bußgeldverfahren auch in Betracht, wenn z.B. eine Kommune ein Verfahren zur **Gestattung von Wegerechten** für das Gas- und/oder Stromnetz nach den § 46 EnWG unterlässt. Bereits mit der EnWG-Novelle 1998 wurde eine Beschränkung der Laufzeit von Gas- und Stromnetzkonzessionen auf maximal 20 Jahre in § 13 EnWG a.F. festgelegt, die Übertragung der Netze an den neuen Konzessionär bestimmt und Bekanntmachungspflichten geregelt. Nach § 46 Abs. 2 S. 1 EnWG dürfen Verträge von Energieversorgungsunternehmen mit Gemeinden über die Nutzung öffentlicher Verkehrswege für die Verlegung und den Betrieb von Leitungen, die zu einem Energieversorgungsnetz der allgemeinen Versorgung im Gemeindegebiet gehören, höchstens für eine Laufzeit von 20 Jahren abgeschlossen werden. Eine automatische oder Dauerverlängerung sowie eine vertragslose faktische Weiternutzung des Wegerechts ist ausgeschlossen, da sich daraus eine Laufzeit von mehr als 20 Jahren ergibt, ein Wettbewerb damit unmöglich würde und dem Sinn des Gesetzes zuwiderliefe.[184]

Die Kartellbehörde kann gegen **Kommunen**, die eine Ausschreibung entgegen 151 § 46 Abs. 2 EnWG unterlassen, mit einem Bußgeld nach den §§ 81 Abs. 4, 81 Abs. 2 Nr. 1 i.V.m. § 19 Abs. 2 Nr. 1 GWB vorgehen. Es besteht die Pflicht, den nach 20 Jahren auslaufenden Vertrag, die Auswahlkriterien und deren Gewichtung bekannt zu machen sowie die Auswahlentscheidung an den Zielen des § 1 EnWG vorrangig zu orientieren. Nach den BGH-Entscheidungen zu den Stromnetzen Berkenthin und Heiligenhafen[185] sowie der Novellierung der §§ 46ff. EnWG im Jahr 2017[186] ist auch

---

183 Schulte/Just/*Künstner*, § 81 Rn. 3, 5; *Bunte/Stancke*, § 11, II, 2.

184 OLG Düsseldorf, Urt. v. 12.3.2008 – VI-2 U (Kart) 8/07 – Rn. 32.

185 BGH, Urt. v. 17.12.203 – KZR 65/12 – Stromnetz Heiligenhafen; BGH, Urt. v. 17.12.203 – KZR 66/12 – Stromnetz Berkenthin.

186 BGBl. I 2017 S. 2808.

nicht mehr ernsthaft in Zweifel zu ziehen, dass ein echter Wettbewerb um die Netze zu ermöglichen ist, so „dass jeder Bewerber um eine Konzession eine reale und formal gleiche Chance hat, den Zuschlag zu erhalten".

152 § 81 Abs. 2 Nr. 1 i.V.m. § 19 GWB ist grundsätzlich ein Tätigkeitsdelikt, ein besonderer Erfolgseintritt ist nicht erforderlich.[187] Bei den Tätigkeitsdelikten liegt der abzuwendende Erfolg in dem durch die Tätigkeit geschaffenen rechtswidrigen Zustand.[188] Nach § 8 OWiG liegt ein ordnungswidriges Verhalten auch vor, wenn der Täter unterlässt, einen Erfolg abzuwenden, für den er rechtlich einzustehen hat[189] und dies der Verwirklichung des Tatbestandes durch ein Tun entspricht. Die Garantenstellung der Kommune leitet die h.M. aus § 19 Abs. 2 Nr. 1 GWB her, mit der sich eine für die Ahndung des Unterlassens notwendige Garantenpflicht aus § 8 OWiG ergibt.[190] Die Begriffe „Behinderung" und „Ungleichbehandlung" umfassen zwar nicht selbstverständlich auch die Untätigkeit. Die bußgeldbewährte Handlungspflicht ergibt sich vielmehr aus den besonderen Anforderungen, die die Garantenstellung i.S.d. § 8 OWiG umschreiben.[191] Die Garantenstellung folgt aus der Position als marktbeherrschendes oder marktstarkes Unternehmen in einem Geschäftsverkehr, der gleichartigen Unternehmen üblicherweise ebenfalls zugänglich ist.[192]

153 Unterlässt die Gemeinde ein Verfahren zur **Gestattung der Wegerechte**, beschränkt sie den Wettbewerb auf null und diskriminiert Unternehmen, die grundsätzlich ein mögliches Interesse an einer Konzession hätten. Sie handelt ohne Ausschreibung intransparent, da mögliche Bewerber keine Kenntnisse über die Vergabe und ihrer Kriterien erlangen können. Die Gemeinden missbrauchen durch die unterlassene Ausschreibung der Wegerechte ihre Stellung als marktbeherrschendes Unternehmen, indem sie Wettbewerb um die zu gestattenden Wegerechte verhindern bzw. gar nicht erst eröffnen. Sie behindern dadurch unbillig andere Unternehmen mittelbar oder unmittelbar bzw. behandeln ohne sachlichen Grund mittelbar oder unmittelbar diese Unternehmen anders, als gleichartige Unternehmen, sprich den Altkonzessionär.

154 Mithin liegt eine Verhaltensweise durch Unterlassen vor, die als Missbrauch der marktbeherrschenden Stellung – wie erforderlich[193] – qualifiziert und konkretisiert werden kann.

---

187 Immenga/Mestmäcker/*Dannecker*/*Biermann*, Bd. 2 Teil 1, § 81 GWB Rn. 90.

188 BeckOK, OWiG/*Valerius*, § 8 Rn. 8.

189 *Bechtold*, § 81 Rn. 68.

190 Immenga/Mestmäcker/*Dannecker*/*Biermann*, Bd. 2 Teil 1, § 81 GWB Rn. 103; *Bechtold*, § 81 Rn. 68.

191 Immenga/Mestmäcker/*Dannecker*/*Biermann*, Bd. 2 Teil 1, § 81 GWB Rn. 103.

192 Immenga/Mestmäcker/*Dannecker*/*Biermann*, Bd. 2 Teil 1, § 81 GWB Rn. 103.

193 Immenga/Mestmäcker/*Dannecker*/*Biermann*, Bd. 2 Teil 1, § 81 GWB Rn. 93; Langen/Bunte/*Raum*, Kartellrecht, § 81 Rn. 97.

Die **Kommunen** sind sich ihrer Stellung bei der Vergabe von Wegerechten bewusst, die Entscheidung, nicht auszuschreiben wird in dem Wissen getroffen, bei der Vergabe von Wegerechte eine besondere Entscheidungsbefugnis zu besitzen. Letztlich folgt daraus auch die rechtliche Einstandspflicht (die sog. Garantenstellung), die sich insbesondere aus einer Beschützer- oder Überwachungsposition ergibt[194] sowie die notwendige Vorhersehbarkeit eines Bußgeldes wegen einer unterlassenen Ausschreibung und eines damit einhergehenden Verstoßes gegen § 19 GWB. 155

Weiterhin muss dem Täter das Handeln rechtlich und tatsächlich möglich sein sowie ein Kausalzusammenhang zwischen dem Unterlassen und dem nicht abgewendeten Erfolg bestehen.[195] Die Handlungsbefugnis und -pflicht der **Kommunen** ergibt sich aus den §§ 46 ff. EnWG. Den **Kommunen** wird darin vorgegeben, dass und im Wesentlichen wie sie das Verfahren zu **Gestattung der Wegerechte** durchzuführen haben. Insofern besteht für die Gemeinden die Vorgabe, überhaupt eine Auswahl zu treffen und einen Wettbewerb zu ermöglichen. Sie sind damit rechtlich befugt und sogar verpflichtet zu handeln. Der Kausalzusammenhang zwischen dem abzuwendenden Erfolg und dem Unterlassen besteht mithin durch das Unterlassen der Ausschreibung, mit dem die Gemeinde einen Wettbewerb um die Netze verhindert und damit andere interessierte Unternehmen diskriminiert. 156

Die unterlassene Ausschreibung der Wegerechte durch die Gemeinde führt danach zu einer ebensolchen Verletzung des § 19 Abs. 2 Nr. 1 GWB, wie ein aktives Handeln. Die Verhängung eines Bußgeldes ist somit bei einem solchen Unterlassen rechtlich möglich. 157

Praxistipp

Bei einem Verstoß gegen § 19 GWB, der sich bei einer fehlenden Ausschreibung ergibt, kann die Kartellbehörde nach § 81 Abs. 4 und Abs. 2 Nr. 1 GWB ein Bußgeld zu verhängen.[196]

---

3. Weitere Voraussetzungen

Wie im Strafrecht sind Vorsatz oder Fahrlässigkeit sowie Tatbestands- und Verbotsirrtum im Einzelfall aufgrund des vorliegenden Sachverhalts zu prüfen. 158

a) Bußgeldhöhe

Die Bußgeldhöhe folgt aus § 81 Abs. 4–6 GWB, der Bußgeldrahmen liegt zwischen 1 Mio. € für schwere und 100 € für leichte Vergehen. Fahrlässigkeit ist mit der jewei- 159

194 BeckOK, OWiG/*Valerius*, OWiG § 8, Rn11; Göhler/*Gürtler*, § 8 Rn. 3.
195 BeckOK, OWiG/*Valerius*, § 8 Rn. 9, 10; Göhler/*Gürtler*, § 8 Rn. 4.
196 Säcker/*Wegner*, Energierecht, § 46 Rn. 144.

ligen Hälfte des möglichen Höchstbetrages zu ahnden. Während für Energieversorgungsunternehmen der Umsatz des Unternehmens maßgeblich ist, ist bei Kommunen fraglich, welche Parameter für die Bußgeldhöhe herangezogen werden können. Hier könnte der Haushaltsansatz der Kommune in Betracht kommen.

160 Die Geldbuße wird aufgrund des Bußgeldrahmens nach § 81 Abs. 2 Nr. 1 und Abs. 4 Satz 1 GWB unter Beachtung von § 81 Abs. 5 OWiG und § 17 OWiG festgesetzt. Grundlage für die Zumessung der Geldbuße ist die Bedeutung der Ordnungswidrigkeit sowie der Vorwurf, der die Betroffene trifft.

b) Bußgeldzumessung im Einzelnen

161 Bei der Bußgeldbemessung ist letztlich nicht nur die wirtschaftliche Bedeutung eines Vorhabens zu berücksichtigen, sondern auch die Notwendigkeit spezial- sowie generalpräventiv zu wirken. Die Geldbuße soll ihrem Wesen nach eine fühlbare Sanktion sein und dazu beitragen, vorbeugend wettbewerbsbeschränkendes Verhalten zu verhindern. Außerdem sind Dauer und Intensität der Behinderung zu berücksichtigen. Das Bundeskartellamt hat für die Bußgeldzumessung Leitlinien erlassen.[197]

VIII. Kronzeugenprogramme

162 Der Kronzeuge dient dazu, ein Kartell aufzudecken. Das BKartA arbeitet hier mit einer sog. Bonusregelung. Die rechtliche Verankerung in § 33e GWB mit der 9. GWB Novelle war heftig umstritten. Kartellabsprachen im Energiekartellrecht sind zwar denkbar, waren aber bislang praktisch nicht relevant. Ein Kronzeugenprogramm im Energiekartellrecht wird und sollte sich an den Bonusregelungen, wie sie bereits bestehen, orientieren.[198] Der Richtlinienvorschlag der EU-Kommisson vom 22.3. 2017[199] wird zukünftig weitere Anhaltspunkte bieten.[200]

---

197 Leitlinien für die Bußgeldzumessung in Kartellordnungswidrigkeitenverfahren v. 25.6.2013, abrufbar unter https://www.bundeskartellamt.de/SharedDocs/Publikation/DE/Leitlinien/Bekanntmachung%20-%20Bu%C3%9Fgeldleitlinien-Juni%202013.html.

198 Vgl. z.B. Bonusregelung des BKartA, abrufbar unter http://www.bundeskartellamt.de/SharedDocs/Publikation/DE/Bekanntmachungen/Bekanntmachung%20-%20Bonusregelung.pdf?__blob=publicationFile&v=7 oder auch der Landeskartellbehörde NRW https://www.wirtschaft.nrw/sites/default/files/asset/document/bonusregelung_nrw.pdf.

199 COM (2017) 142 final.

200 Vgl. dazu *Brömmelmeyer*, NZKart 2017, 551 ff.

IX. Rechtsmittel gegen Entscheidungen der Kartellbehörde

1. Rechtsweg

Für Rechtsstreitigkeiten über Entscheidungen der Kartellbehörden[201] im Rahmen der Energieversorgung sind die Zivilgerichte zuständig. Gegen diese Entscheidungen ist gem. § 63 Abs. 1 GWB Beschwerde bei dem am Sitz der Kartellbehörde zuständigen Oberlandesgericht gem. § 63 Abs. 4 S. 1 GWB für diese Streitigkeiten einzulegen. 163

Auch die Einräumung von Rechten zur Benutzung des Eigentums an Straßen richtet sich nach bürgerlichem Recht. Somit sind auch Wegenutzungsverträge nach den §§ 46ff. EnWG zwischen Gemeinde und Energieversorgungsunternehmen insgesamt, also auch Rechtsstreitigkeiten den Abschluss betreffend, von den Zivilgerichten zu entscheiden.[202] 164

Mithin sind sämtliche kartellrechtlichen Streitigkeiten bei den ordentlichen Gerichten zu konzentrieren. Dies folgt aus der Entstehungsgeschichte sowie dem Sinn und Zweck des § 63 Abs. 4 S. 1 GWB, er hat mithin die Wirkung einer umfassenden abdrängenden Sonderzuweisung.[203] 165

Gleiches gilt für den Rechtsweg bezüglich einer Klage auf Akteneinsicht des Altkonzessionärs gegen die Kommune in einem Verfahren zur **Gestattung von Wegerechten.** Das BVerwG[204] sieht darin rein akzessorische Nebenansprüche zur den Regelungen der §§ 46ff. EnWG. Die Gemeinde sei hier nicht Verwaltungsträger, sondern Wegeeigentümerin. 166

2. Beschwerde

Die Beschwerde hat für den hier maßgeblichen Energiesektor nach § 64 Abs. 1 GWB aufschiebende Wirkung (**sog. Suspensiveffekt**) nur für Rückerstattungsanordnungen nach § 32 Abs. 2a S. 1 GWB, also bei Verfügungen, die auch eine Preissenkung vorsehen. Mithin nicht bei Abstellungsverfügungen, die z.B. die Aufhebung eines Konzessionierungsverfahrens anordnen oder eine Preisüberhöhung feststellen. Die Kartellbehörde kann die aufschiebende Wirkung auf Antrag nach § 65 Abs. 3 GWB wiederherstellen oder die Vollziehung der Verfügung aussetzen. In Kartellverfahren für den Energiebereich, wie z.B. das Konzessionsvergabeverfahren Titisee-Neustadt, hat noch nicht einmal die Verfassungsbeschwerde der Kommune das BKartA bzw. 167

---

201 Vgl. Rn. 188ff.

202 BGH, Urt. v. 21.3.1996 – III ZR 245/943 – BGHZ 132, 198, 201; OVG Nordrhein-Westfalen, Beschl. v. 10.2.2012 – 11 B 1187/11 – Rn. 14–18; Schneider/Theobald/*Albrecht*, Recht der Energiewirtschaft, S. 469f.

203 VG Köln, Beschl. v. 5.9.2011 – 4 K 1465/11 – Berliner Wasserbetriebe.

204 BVerwG, Beschl. v. 21.11.2016 – 10 AV 1.16 – Rn. 2, 6, 9, 13.

das zuständige OLG Düsseldorf bewogen, dies zu tun.[205] Auch der BGH hat die dagegen erhobene Beschwerde mit der Begründung des fehlenden rechtlichen Gehörs zurück gewiesen.[206] Die Anhängigkeit einer Verfassungsbeschwerde begründet kein für die Anordnung oder Wiederherstellung der aufschiebenden Wirkung streitendes öffentliches Interesse.

168 Die Beschwerdearten gleichen denen aus dem Verwaltungsprozessrecht:
- Anfechtungs-,
- Verpflichtungs-,
- allgemeine Leistungs- und
- Fortsetzungsfeststellungsbeschwerde.

Sie sind innerhalb von einem Monat einzulegen (§ 66 Abs. 1 GWB).

169 Rechtsmittel gegen Bußgeldbescheide sind innerhalb von zwei Wochen nach Zustellung schriftlich oder zur Niederschrift bei der Landeskartellbehörde einzulegen (§ 67 Abs. 1 S. 1 OWiG). Der Einspruch kann auf bestimmte Beschwerdepunkte beschränkt werden (§ 67 Abs. 2 OWiG). Über den Einspruch entscheidet aber auch das Oberlandesgericht am Sitz der Kartellbehörde (§ 83 Abs. 1 GWB) aufgrund einer Hauptverhandlung, ohne an den im Bußgeldbescheid enthaltenen Ausspruch gebunden zu sein.

170 Nach § 66 Abs. 2 Nr. 1b OWiG ist zu berücksichtigen, dass der Einspruch auch eine für den Beschwerdeführer ungünstigere Entscheidung nach sich ziehen kann (sog. reformatio in peius).

3. Antrag auf vorbeugende Unterlassung

171 Außerdem kommen Anträge auf vorbeugende Unterlassung gegen die Kartellbehörde in Betracht, z.B. um eine Entscheidung nach § 32c GWB zu verhindern.[207] Dies ist ein öffentlich-rechtlicher Unterlassungsanspruch aus § 1004 BGB, der eine rechtswidrige Beeinträchtigung voraussetzt.

172 Die Entscheidung nach § 32c GWB ist die kartellverwaltungsrechtliche Ausgestaltung einer Zusicherung gem. § 38 Abs. 1 S. 1 VwVfG,[208] einen bestimmten Verwaltungsakt nicht zu erlassen, und nicht an Dritte, sondern nur an den Adressen gerichtet.

173 Die Entscheidung nach § 32c GWB kann nicht erzwungen werden, weil sie stets im Ermessen der Kartellbehörde steht.[209] Für Dritte, die ein Einschreiten der Kartell-

---

205 OLG Düsseldorf, Beschl. v. 15.7.2015 – VI-2 Kart 1/15 (V); gleiches gilt für das Verfahren VG Köln, Beschl. v. 5.9.2011 – 4 K 1465/11 – Berliner Wasserbetriebe.

206 BGH, Beschl. v. 26.1.2016 – KVZ 41/15 – Rn. 17 ff., 26.

207 Beschwerdecharakter besteht jedenfalls nicht: BGH, Beschl. v. 11.7.2006 – KVZ 41/05 – Rn. 7 f.; OLG Düsseldorf, Beschl. v. 1.2.2012 – VI-Kart 6/11 (V) – Rn. 42.

208 MüKo-GWB/*Keßler*, § 32c Rn. 13.

209 Vgl. Rn. 133 ff.

behörde erwarten und die eingetretene Selbstbindung beseitigen wollen, ist die Entscheidung der Kartellbehörde, nicht einzuschreiten, praktisch nicht überprüfbar. Wenn allerdings bereits eine Anfechtung einer erlassenen Entscheidung nach § 32c GWB nicht möglich ist, muss dies erst recht für den Antrag, eine solche nicht zu erlassen (argumentum a maijore ad minus), gelten.

Außerdem fehlt auch das für einen vorbeugenden öffentlich-rechtlichen Unter- 174
lassungsanspruch erforderliche **qualifizierte Rechtsschutzinteresse.**[210] Eine Entscheidung nach § 32c GWB hat zwar eine faktische Wirkung,[211] jedoch keine direkte Betroffenheit Dritter zur Folge, die ein Rechtsschutzinteresse begründen könnte. Die für Dritte nachteilige Rechtsansicht, die in einer Entscheidung nach § 32c GWB zum Ausdruck kommt, beschwert nicht, weil die Gerichte, die über den entsprechenden zivilrechtlichen Anspruch entscheiden, an die Ansicht der Kartellbehörde nicht gebunden sind.[212] Mithin steht auch Dritten nicht die Befugnis zu, eine Entscheidung der Kartellbehörde gem. § 32c GWB im der (Anfechtungs-)Beschwerde (gerichtlich) anzugreifen.[213]

X. Anspruch auf Akteneinsicht gegen die Kartellbehörde

Ein Anspruch auf Einsicht in kartellbehördliche Unterlagen ist differenziert je nach 175
Verfahren und Beteiligung daran zu betrachten. Hier gilt umso mehr der alte Rechtssatz: „Wer, von wem, was, woraus?".

1. Akteneinsicht nach dem Verwaltungsverfahrensgesetz

§ 29 Abs. 1 VwVfG des Bundes bzw. des jeweiligen Landes, als Ausprägung des in 176
Art. 19 Abs. 4 GG verfassungsrechtlich verankerten Grundrechts auf Gewährung effektiven Rechtsschutzes, findet mangels entsprechender (spezialgesetzlicher) Regelungen im GWB Anwendung.[214] Mittlerweile ist dies durch die 9. GWB Novelle nach § 54 Abs. 1 S. 2 GWB auch ausdrücklich gesetzlich vorgesehen. Nach den §§ 13, 29 Abs. 1 S. 1 VwVfG haben die Beteiligten eines Verwaltungsverfahrens nach § 9 VwVfG das grundsätzliche Recht, Einsicht in die das Verfahren betreffenden Akten zu nehmen, soweit dies erforderlich ist, um ihre rechtlichen Interessen im Verfahren geltend zu machen oder zu verteidigen.

---

210 BGH, Beschl. v. 11.7.2006 – KVZ 41/05 – Rn. 7 f.; OLG Düsseldorf, Beschl. v. 1.2.2012 – VI-Kart 6/11 (V) – Rn. 42.
211 Vgl. Rn. 137.
212 Vgl. Rn. 137.
213 Berg/Mäsch/*Mäsch*, §32c Rn. 36; Langen/Bunte/*Bornkamm*, Kartellrecht, § 32c Rn. 15.
214 Loewenheim/Meessen/Riesenkampff/*Kühnen*, § 72 Rn. 1; Berg/Mäsch/*Funke*, vor §§ 54–62 Rn. 1.

a) Anspruchsinhaber

177 Akteneinsicht kann jeder „Beteiligte" in einem Kartellverwaltungsverfahren sein.[215] In einem Verfahren wegen eines Verstoßes gegen das Kartellverbot des § 1 GWB sind dies die Unternehmen, die eine solche wettbewerbsbeschränkende Vereinbarung getroffen haben. In einem Missbrauchsverfahren wegen überhöhter Preise oder diskriminierender Konditionen bei **Grundversorgung**, Heizstrom oder Fernwärme sind dies die jeweiligen Versorger. In einem Verfahren gegen **Kommunen**, die im Verfahren zur **Gestattung der Wegerechte** diskriminierend und missbräuchlich gehandelt haben, diese selbst. Hinzukommen hierbei eventuell Beigeladene, also Mitbewerber. Die von diesen gestellten Akteneinsichtsgesuche dien(t)en meistenteils dem Zweck, Einsicht in die Verfahrensunterlagen zur Wegerechtsgestattung zu erlangen. Ein entsprechender spezialgesetzlicher Akteneinsichtsanspruch aller Mitbewerber („jedes beteiligte Unternehmen") gegen die Kommune ist seit der EnWG-Novelle § 47 Abs. 3 EnWG. Ein Akteneinsichtsanspruch gegen die Kartellbehörde, die möglicherweise ein Kartellverwaltungsverfahren in der Angelegenheit führt, gestützt auf § 29 VwVfG, dürfte mithin nicht mehr erforderlich sein, da dieser Anspruch nur gegeben ist, „soweit deren (= der Akten) Kenntnis zur Geltendmachung oder Verteidigung ihrer rechtlichen Interessen erforderlich ist". Weitergehende Erkenntnisse aus den Behördenakten für ein Verfahren zur Gestattung der Wegerechte, die sich nicht aus den kommunalen Akten ergeben sind denkbar, insbesondere wenn es ich um Informationen handelt, die z.B. dem Verfahren zeitlich vorgelagert, für dessen Rechtmäßigkeit jedoch relevant sind oder sein können. Dies müsste im Einzelfall geprüft werden.

178 Ein Akteneinsichtsrecht bei der Kartellbehörde kann jedoch keinen Erfolg haben, wenn damit die Rüge- und Präklusionsfristen, insbesondere des § 47 Abs. 3 S. 2 EnWG, aber auch der § 47 Abs.1 S. 1 und Abs. 2 EnWG umgangen oder „geheilt" werden sollen. Hier ist vielmehr die Sperrwirkung der spezialgesetzlichen Akteneinsichtsrechte zu beachten.

b) Zeitpunkt und Umfang der Akteneinsicht

179 Grundsätzlich gilt § 29 Abs. 1 VwVfG vom Beginn bis zum Abschluss des Verwaltungsverfahrens, sodass vom Akteneinsichtsrecht auch Vermerke, Entwürfe, Vorarbeiten sowie möglicherweise Korrespondenz mit Rechtsanwälten, der Kartellbehörden untereinander, ressortinterne oder auch Abstimmungen mit anderen Ressorts erfasst sein können.

180 Der Anspruch entsteht vom Zeitpunkt des Beginns des Verfahrens nach § 22 VwVfG, nicht schon während eines davorliegenden Zeitraums behördlicher Vorbe-

215 Zu den Beteiligten an einem Kartellverwaltungsverfahren vgl. Rn. 107 ff.

reitungsarbeiten und endet mit dem Abschluss des Verwaltungsverfahrens i.S.d. § 9 VwVfG, also mit dem Erlass des Verwaltungsaktes oder dem Abschluss des öffentlich-rechtlichen Vertrags und nicht erst mit dessen Unanfechtbarkeit.[216] Dies ist aus Gründen eines effektiver Rechtsschutzes gegen eine Rechtsverletzung durch die öffentliche Gewalt i.S.d. Art. 19 Abs. 4 GG erforderlich.

Nach § 29 Abs. 1 S. 2 VwVfG sind die Kartellbehörden bis zum Abschluss des 181
Verwaltungsverfahrens nicht verpflichtet, Einsicht in Entwürfe und vorbereitende Arbeiten zu gestatten.[217] Allerdings steht es im Ermessen der Behörde nach dem allgemeinen Akteneinsichtsrecht, dieses zu gewähren.[218] Dabei hat sie nach pflichtgemäßem Ermessen und gegebenenfalls zu begründen, warum sie die Einsicht in „Entwürfe" oder „Vorarbeiten" verwehrt.[219] Dies können einerseits die Unbefangenheit der Aktenführung und deren inhaltliche Vollständigkeit sein. Andererseits der Schutz des innerbehördlichen Entscheidungsprozesses: Beiträge zur Entscheidungsfindung bis zum Abschluss des Verwaltungsverfahrens dienen zunächst dem Interesse einer ungestörten Meinungsbildung der Behörde. Einsicht in diese kann zu Fehleinschätzungen und Irritationen bei der Akteneinsicht im laufenden Verfahren führen, wenn Entwürfe oder Vorarbeiten zum Entscheidungsprozess solche geblieben sind und zur Entscheidungsfindung nicht beigetragen haben.[220]

2. Spezialgesetzliche Akteneinsichtsrechte

Auch außerhalb des § 29 VwVfG kann ein Akteneinsichtsrecht eines nicht am Ver- 182
fahren Beteiligten, über das die Kartellbehörde nach pflichtgemäßem Ermessen (§ 40 VwVfG) zu entscheiden hat, bestehen.[221] Voraussetzung dafür ist ein eigenes, gewichtiges und auf andere Weise nicht zu befriedigendes Interesse an der Akteneinsicht. Dies kann z.B. die Vorbereitung eines (sekundären) Schadenersatzanspruchs sein.[222] Fehlende **Informationsfreiheitsgesetze** (IFG) sperren einen solch allgemeinen Anspruch nicht.[223] Der BGH hat durch diese Rechtsprechung eine Lücke im Rahmen der gesetzlichen Anspruchsgrundlagen geschlossen, um Einsicht in Akten von Kartellverwaltungsverfahren zu ermöglichen, auch wenn landesrechtlich keine dem IFG vergleichbare Rechtslage besteht.[224]

---

216 Stelkens/Bonk/Sachs/*Kallerhoff*, § 29 Rn. 38 m.w.N.
217 Bader/Ronellenfitsch/*Herrmann*, § 29 Rn. 18 f.; Stelkens/Bonk/Sachs/*Kallerhoff*, § 29 Rn. 51.
218 BGH, Beschl. v. 14.7.2015 – KVR 55/14, Rn. 14–16, 37 ff. – Trinkwasserpreise.
219 Stelkens/Bonn/Sachs/*Kallerhoff*, § 29 Rn. 51.
220 Stelkens/Bonk/Sachs/*Kallerhoff*, § 29 Rn. 51; Bader/Ronellenfitsch/*Herrmann*, § 29 Rn. 19.
221 BGH, Beschl. v. 14.7.2015 – KVR 55/14 – Rn. 14 – Trinkwasserpreise.
222 BGH, Beschl. v. 14.7.2015 – KVR 55/14 – Rn. 30 – Trinkwasserpreise.
223 BGH, Beschl. v. 14.7.2015 – KVR 55/14 – Rn. 28 – Trinkwasserpreise.
224 *Badtke/Lang*, WuW 2016, 276, 282.

183 Nach dem mit der 9. GWB Novelle eingeführten § 33g GWB besteht u.a. ein Auskunftsanspruch desjenigen, der einen Schadenersatzanspruch nach § 33a Abs. 1 GWB hat. Anspruchsgegner könnten theoretisch auch die Kartellbehörde sein. Allerdings richtet sich dieser Anspruch primär gegen die Schädiger, weitere Geschädigte sowie unbeteiligte Dritte, nicht jedoch gegen Behörden. Dies folgt aus § 89c Abs. 5 S. 3 GWB i.V.m. § 33g Abs. 10 GWB. Ansprüche gegen die Kartellbehörden nach § 33g GWB bestehen mithin nicht. Da dadurch verhindert werden soll, dass die Sondervorschriften u.a. zur Auskunftserteilung umgangen werden, sind damit auch allgemeine Ansprüche auf Akteneinsicht, wie § 29 VwVfG und den IFG gesperrt.

184 Nach § 89c GWB besteht in einem Rechtsstreit bei einem Schadenersatzanspruch auf Antrag bei Gericht ein Anspruch auf Offenlegung der Akten der Wettbewerbsbehörde, wenn die klagende Partei einen Schadenersatzanspruch hat, die Informationen nicht auf zumutbarem Weg von der anderen Partei oder Dritten erlangt werden können und die Informationsbeschaffung nicht unverhältnismäßig ist. Das Gericht entscheidet durch Beschluss nach Anhörung des Betroffenen und der Wettbewerbsbehörde (§ 89c Abs. 1 S. 2 und Abs. 2 S. 2 GWB).[225] Dieser Anspruch besteht also im gerichtlichen Verfahren, ein Anspruch gegen die Kartellbehörde besteht hiermit jedoch nicht.

185 Auch das Akteneinsichtsrecht nach § 72 GWB bezieht sich auf die Akten im gerichtlichen Verfahren gegen Verfügungen der Kartellbehörde. Anspruchsgegner ist hier das Gericht, ebenfalls nicht die Kartellbehörde.

186 Alle oben genannten[226] Auskunftsansprüche sind wie § 47 Abs. 3 EnWG als spezialgesetzliche Vorschriften zu betrachten, die den allgemeinen Akteneinsichtsanspruch nach § 29 VwVfG sperren können. Obgleich sie einen anderen Anspruchsgegner haben, beziehen sie sich auf denselben Sachverhalt: bei Preishöhenkontrollen eventuell auf Schadenersatz gegen den Energieversorger, bei Konzessionsverfahren auf die Rechtmäßigkeit des von der Kommune durchgeführten Verfahrens.

3. Ansprüche nach dem Umwelt- und Verbraucherinformationsgesetz

187 Nach dem Umweltinformationsgesetz (UIG)[227] kommen keine Ansprüche gegen Kartellbehörden in Betracht, da weder die Verfahren zur Preishöhenkontrolle noch die Verfahren zu **Gestattung von Wegerechten** Informationen i.S.d. § 2 Abs. 3 UIG

225 Im Einzelnen dazu *Klumpe/Thiede*, NZKart 2017, 332, 338.

226 Rn. 182ff.

227 Umweltinformationsgesetz (UIG) v. 27.10.2014 (BGBl. I S. 1643), zuletzt geändert durch Gesetz v. 20.7.2017 (BGBl. I S. 2808).

vorhalten. Gleiches gilt für das Verbraucherinformationsgesetz (VIG),[228] weil die Preise von Energieprodukten nicht dessen Anwendungsbereich unterfallen und die **Gestattung von Wegerechten** ebenfalls kein Produkt ist.

4. Akteneinsicht nach den Informationsfreiheitsgesetzen

In fast allen Bundesländern[229] sowie auf Bundesebene existieren **sog. Informationsfreiheitsgesetze**. Diese dienen einer erhöhten Transparenz des Verwaltungshandelns und der Stärkung der demokratischen Beteiligungsrechte ohne zeitlichen und sachlichen Zusammenhang zu einem bestimmten anderen Verwaltungsverfahren.[230] Insofern können Ansprüche nach den IFG z.B. nicht im Rahmen eines Konzessionierungsverfahrens neben dem Anspruch auf Akteneinsicht nach § 47 Abs. 3 EnWG oder § 29 VwVfG geltend gemacht werden. Der Verfahrens- und Sachzusammenhang mit einem Konzessionierungs- bzw. Kartellverwaltungsverfahren umgrenzt das Akteneinsichtsverlangen in zeitlicher wie in materiell-rechtlicher Hinsicht.[231] Mithin scheiden Akteneinsichtsansprüche nach den IFG durch Beteiligte an einem Konzessionierungs- und/oder Kartellverwaltungsverfahren aus. Dies sind im ersteren Fall die Kommune, die das Verfahren zur Gestattung der Wegerechte durchführt, und die Bewerber um diese Wegerechte. Im zweiten Fall sind es in einem Verfahren zu Gestattung der Wegerechte ebenfalls die – meist – unterlegenen Bewerber sowie in einem Missbrauchsverfahren die betreffenden Unternehmen. Bei Verfahren zur Vorbereitung eines Schadenersatzanspruchs gegen einen Energieversorger wegen überhöhter Preise oder missbräuchlicher Konditionen besteht mittlerweile ein Anspruch nach § 33g GWB gegen den Schädiger selbst. Auch dieser spezialgesetzliche Anspruch schließt nach dem Gesetzeszweck des § 89c Abs. 5 S. 3 i.V.m. § 33g Abs. 10 GWB einen Anspruch gegen die Kartellbehörde aus. 188

Nach § 3 Nr. 1d) IFG Bund[232] besteht schon gar kein Informationszugang, wenn das Bekanntwerden der Information nachteilige Auswirkungen auf die Kontroll- oder Aufsichtsaufgaben der Wettbewerbsbehörden haben kann. 189

Mithin wird der Anspruch nach IFG auf seine Ursprünge zurückgeführt, nämlich die demokratischen Beteiligungsrechte der Bürgerinnen und Bürger im Interesse einer konsensorientierten Kooperation mit staatlichen Behörden, die Akzeptanz 190

---

228 Verbraucherinformationsgesetz (VIG) v. 17.10.2012 (BGBl. I S. 2166), zuletzt geändert durch Gesetz v. 7.8.2013 (BGBl. I S. 3154).

229 Außer Bayern, Hessen und Sachsen; in Niedersachsen liegt seit Anfang 2017 ein Entwurf vor.

230 BVerwG, Beschl. v. 21.11.2016 – 10 AV 1.16 – Rn. 12.

231 BVerwG, Beschl. v. 21.11.2016 – 10 AV 1.16 – Rn. 12.

232 Informationsfreiheitsgesetz (IFG) v. 5.9.2005 (BGBl. I S. 2722), zuletzt geändert durch Gesetz v. 7.8.2013 (BGBl. I S. 3154).

behördlichen Handelns zu stärken sowie Verwaltungskontrolle i.S.v. Transparenz zu verbessern und effektive Korruptionsbekämpfung auszuweiten.[233]

a) Anspruchsinhaber

191 Nach § 4 IFG NRW[234] hat z.B. jede natürliche Person u.a. gegenüber der Landeskartellbehörde einen Anspruch auf Zugang zu den bei dieser vorhandenen amtlichen Informationen. Juristische Personen des Privatrechts, das heißt Gesellschaften, Stiftungen sowie Wirtschaftsunternehmen haben keinen unmittelbaren Anspruch auf Informationszugang.[235]

aa) Kanzleien und Rechtsanwälte

192 Im Hinblick auf das Antragsbegehren der Kanzleien, die als juristische Personen des Privatrechts gelten, versagt das IFG NRW ausdrücklich einen Informationszugangsanspruch.

193 Handelt hingegen ein Anwalt der Sozietät, hängt die Antragsberechtigung von dem Auftreten der Person ab. Möchte sie stellvertretend für die Kanzlei einen Anspruch geltend machen, handelt sie mit Vertretungsmacht (§§ 164 ff. BGB). Die Vertretungsmacht begründet jedoch keinen eigenen originären Anspruch, sondern begünstigt beziehungsweise verpflichtet den Vertretenen. Das bedeutet, die Rechtsfolgen treten gerade nicht beim Antragsteller ein. Eine Antragsberechtigung liegt mithin nicht vor.

194 Handelt der Rechtsanwalt jedoch als natürliche Person und stellt dieser einen Antrag auf Zugang zu Informationen im eigenen Namen, wird die Antragsberechtigung zu bejahen sein.

bb) Gemeinden

195 Gemeinden gelten als juristische Personen des öffentlichen Rechts. Als Gebietskörperschaft ist ihnen die Anspruchsberechtigung nach § 4 Abs. 1 IFG NRW verwehrt.

---

233 OVG Nordrhein-Westfalen, Beschl. v. 3.5.2010 – 13a F 31/09 – NVwZ 2010, 1044, 1047. Das Recht auf freien Informationszugang, Leitfaden zum Informationsfreiheitsgesetz Nordrhein-Westfalen v. 27.11.2001.

234 Informationsfreiheitsgesetz Nordrhein-Westfalen (IFG NRW) v. 27.11.2011 (GV. NRW. S. 806), zuletzt geändert durch Gesetz v. 2.10.2014 (GV. NRW. S. 622). Hier wird beispielhaft das IFG NRW herangezogen. Besonderheiten des IFG Bund werden an entsprechender Stelle angesprochen und werden nur mit IFG zitiert.

235 Anders § 1 Abs. 1 S. 1 IFG; so auch OVG Berlin-Brandenburg, Urt. v. 26.4.2018 – 12 B 6.17, Rn. 33.

cc) Energieversorgungsunternehmen

Energieversorgungsunternehmen, die als juristische Personen des Privatrechts organisiert sind, gewährt das IFG NRW ebenfalls keinen Zugang zu Informationen gegenüber der öffentlichen Verwaltung. Anspruchsberechtigt sind natürliche Personen. Das IFG NRW schließt juristische Personen des Privatrechts als Anspruchsberechtigte aus. Eine Umgehung der Anspruchsberechtigung ist jedoch ohne weiteres möglich, wenn die juristische Person des Privatrechts bzw. des öffentlichen Rechts sich einer natürlichen Person als vorgeschobenen Strohmann zur Antragstellung bedient. Mithin kann jede dort tätige natürliche Person Informationen nach dem **IFG NRW** erhalten.[236] 196

b) Konkurrenzverhältnis

§ 4 Abs. 1 IFG NRW findet jedoch nach § 4 Abs. 2 S. 1 IFG NRW keine Anwendung, soweit besondere Rechtsvorschriften über den Zugang zu amtlichen Informationen, die Auskunftserteilung oder die Gewährung von Akteneinsicht bestehen. Mithin wird bei Ansprüchen auch aufgrund spezialgesetzlicher Akteneinsichtsrechte[237] in den seltensten Fällen ein solcher gegeben sein, da dahinter aller Wahrscheinlichkeit ein Mandatsverhältnis liegt, das sich meistenteils aus Verfahren zu Preishöhenkontrolle, also zur Vorbereitung eines Schadenersatzanspruchs nach § 33g GWB oder aus einem Verfahren zur **Gestattung von Wegerechten** ergeben wird. Für beide Verfahren existieren spezialgesetzliche Auskunftsansprüche,[238] die einen Anspruch nach § 4 Abs. 2 IFG NRW sperren können. Daraus folgt jedoch nicht zwingend, dass andere Informationsansprüche einen Rückgriff auf das IFG NRW in jedem Fall verhindern. Andernfalls liefe die gesetzgeberische Intention, durch einen verfahrensunabhängigen Anspruch auf Informationszugang die Transparenz behördlicher Handelns zu steigern, weitgehend ins Leere. Konkurrenzfragen sind daher in jedem Einzelfall durch systematische, an Sinn und Zweck des Gesetzes orientierter Auslegung der jeweiligen Informationszugangsrechte zu klären. Ein Vorrang bereichsspezifischer Informationsrechte im Sinne einer verdrängenden Spezialität gilt nur dort, wo die konkurrierenden Normen auch identische Regelungsmaterien enthalten. Schon das Tatbestandsmerkmal „soweit" zeigt, dass jedenfalls nur solche Vorschriften als vorrangig in Betracht zu ziehen sind, die denselben Sachverhalt abschließend – sei es identisch, sei es abweichend – regeln.[239] 197

---

236 *Franssen/Seidel*, § 4 Rn. 415.

237 Vgl. Rn. 182ff.

238 Vgl. Rn. 177, 183.

239 OVG Nordrhein-Westfalen, Beschl. v. 19.6.2002 – 21 B 589/02 – NVwZ-RR 2003, 800, 802; OVG Nordrhein-Westfalen, Urt. v. 2.6.2015 – 15 A 1997/12 – BeckRS 2015, 50017, Rn. 52, 54; OVG Berlin-Brandenburg, Urt. v. 26.4.2018 – 12 B 6.17, Rn. 23ff.

198 Konkurrierende Ansprüche können insbesondere solche aus Verwaltungsverfahrensgesetzen sein. Mittlerweile sind § 47 Abs. 3 EnWG und § 33g GWB hinzugekommen.[240]

199 Fraglich ist, ob § 29 Abs. 1 S. 1 VwVfG eine abschließende Regelung auf Informationszugang für die am Verwaltungsverfahren Beteiligten enthält. § 29 Abs. 1 VwVfG räumt ein Akteneinsichtsrecht den an einem Verwaltungsverfahren i.S.d. § 9 VwVfG Beteiligten, für die das jeweilige Verwaltungsverfahren betreffenden Akten in der Zeit, in der das Verwaltungsverfahren läuft, ein. Nur innerhalb dieses Anwendungsbereichs stellt § 29 Abs. 1 S. 1 VwVfG eine abschließende und damit die Anwendbarkeit des IFG NRW ausschließende Regelung dar.[241]

200 Denn anders als ein Anspruch aus § 4 Abs. 1 IFG NRW unterliegt der Anspruch aus § 29 Abs. 1 S. 1 VwVfG NRW[242] nicht den Einschränkungen der §§ 6 ff. IFG NRW. Er kann also für die Beteiligten eine günstigere Regelung sein. Voraussetzung ist dafür aber ein besonderes Interesse, denn gem. § 29 Abs. 1 S. 1 VwVfG NRW besteht ein Akteneinsichtsrecht nur, soweit deren Kenntnis zur Geltendmachung oder Verteidigung der rechtlichen Interessen erforderlich ist. Dies bedeutet, dass sich der Informationsanspruch eines am Verwaltungsverfahren Beteiligten ausschließlich nach § 29 Abs. 1 S. 1 VwVfG NRW beurteilt, wenn er ein rechtliches Interesse an der Einsicht hat, denn in diesem Fall, darf sich die Behörde nicht auf die Ausschlussgründe der §§ 6 ff. IFG NRW berufen. Hat er aber kein rechtliches Interesse, darf ihm ein Anspruch aus § 4 Abs. 1 IFG NRW auch nicht verwehrt bleiben, denn er darf nicht schlechter gestellt werden als ein gänzlich am Verfahren Unbeteiligter. Ein Anspruch nach dem IFG NRW kann also durchaus neben einem spezialgesetzlichen Anspruch stehen.

201 Mithin ist im Verfahren über das Auskunftsersuchen nach IFG NRW, zunächst festzustellen, ob spezialgesetzlich Ansprüche im konkreten Fall bestehen, welchen Sinn, Zweck und Reichweite diese haben, den aufzuklärenden Sachverhalt zu identifizieren und dann festzustellen, ob dieser Sachverhalt abschließend – sei es identisch, sei es abweichend – geregelt wird.[243]

c) Ausschlussgründe nach den §§ 3–6 IFG/§§ 6–9 IFG NRW

202 Nach den oben genannten[244] Vorschriften sind die Rechtsdurchsetzung, (besondere) öffentliche Belange, behördliche Entscheidungsbildungsprozesse, **Betriebs- und Geschäftsgeheimnisse** sowie personenbezogene Daten zu schützen.

---

240 Vgl. Rn. 177, 183.

241 OVG Nordrhein-Westfalen, Beschl. v. 31.1.2005 – 21 E 1487/04 – NJW 2005, 2028, 2029.

242 Verwaltungsverfahrensgesetz Nordrhein-Westfalen (VwVfG NRW) v. 12.11.1999 (GV. NRW. S. 602), zuletzt geändert durch Gesetz v. 15.11.2016 (GV. NRW. S. 934).

243 OVG Nordrhein-Westfalen, Beschl. 31.1.2005 – 21 E 1487/04 – NJW 2005, 2028, 2029.

244 Rn. 200.

Danach ist praktisch relevant für das Energiekartellrecht der Schutz eines anhängigen Kartellverwaltungsverfahrens nach § 3 Nr. 1d IFG und § 6 S. 1b IFG NRW. Dafür bedarf es einer konkreten Feststellung im Einzelfall, dass durch die Freigabe der Informationen der Schutz des Ablaufs des jeweiligen Verfahrens tatsächlich erheblich beeinträchtigt würde. Bei der Prüfung dieser – nach Vorstellung des Gesetzgebers eng auszulegenden – Tatbestandsvoraussetzung kommt der öffentlichen Stelle – also der Kartellbehörde – weder ein Ermessens- noch ein Beurteilungsspielraum zu.[245] 203

Die Regelungen in § 4 Abs. 1 IFG und § 7 IFG NRW entsprechen § 29 Abs. 1 S. 2 204
VwVfG.[246]

Die **Offenbarung von Betriebs- und Geschäftsgeheimnissen** ist in den IFG unterschiedlich geregelt. So reicht nach Bundesrecht (§ 6 S. 2 IFG) ein Betriebs- und Geschäftsgeheimnis aus, das der Betroffene nicht offenbaren will, um den Anspruch auf Akteneinsicht zu hindern. Nach § 8 IFG NRW kann ein Antrag auf Akteneinsicht abgelehnt werden, soweit durch die Übermittlung der Informationen ein Betriebs- oder Geschäftsgeheimnis offenbart wird **und** dadurch ein wirtschaftlicher Schaden entstehen würde, es sei denn, die Allgemeinheit hätte ein überwiegendes Interesse an der Informationsgewährung und der eintretende Schaden wäre nur geringfügig. 205

Unter **Betriebs- und Geschäftsgeheimnis** werden alle auf ein Unternehmen bezogene Tatsachen, Umstände und Vorgänge verstanden, die nicht offenkundig, sondern nur einem begrenzten Personenkreis zugänglich sind und an deren Vertraulichkeit der Rechtsträger ein berechtigtes Interesse hat.[247] Ein Betriebs- bzw. Geschäftsgeheimes liegt vor, wenn 206

1. die Information einen Bezug zum Unternehmen hat: Dies haben alle Merkmale, durch die die wirtschaftlichen Verhältnisse eines Betriebes maßgeblich bestimmt werden können;
2. die Information nicht offenkundig ist: Dies ist sie, wenn ein informierter Durchschnittsfachmann sich unter Zuhilfenahme erlaubter Mittel ohne größere Schwierigkeiten Kenntnis verschaffen kann;
3. die Information vom Geheimhaltungswillen des Unternehmens erfasst ist: Dem ist genügt, wenn sich der Wille des Unternehmens aus der Natur der Information ergibt;
4. das Unternehmen ein berechtigtes Interesse an der Geheimhaltung hat: Ein solches besteht, wenn die Offenlegung der Information geeignet ist, exklusives technisches oder kaufmännisches Wissen den Marktkonkurrenten zugänglich

245 OVG Nordrhein-Westfalen, Beschl. v. 19.6.2001 – 21 B 589/02 – NVwZ-RR 2003, 800, 802.
246 Rn. 176 ff.
247 OVG Nordrhein-Westfalen, Beschl. v. 3.5.2010 – 13a F 31/09 – NVwZ 2010, 1044, 1046; OVG Nordrhein-Westfalen, Urt. v. 2.6.2015 – 15 A 1997/12 – BeckRS 2015, 50017, Rn. 105; vgl. auch Art. 2 Nr. 1 RL 2016/943 v. 8.6.2016, ABl EU Nr. L 157 S. 1, 9.

zu machen und so die Wettbewerbsposition des Unternehmens nachhaltig zu beeinflussen, wie z.B. Preiskalkulation, Ertragslage, Bezugsquellen.[248]

207 Ein Betriebs- oder Geschäftsgeheimnis ist allerdings nur dann **schutzwürdig**, wenn dessen Offenbarung einen wirtschaftlichen Schaden verursachen kann. Ein Schaden ist jede Einbuße an einem Recht oder Rechtsgut. Wirtschaftlich ist der Schaden, wenn letztlich das Vermögen eine Einbuße erleidet, wobei diese Einbuße auf verschiedene Weise möglich ist. Bei einem wirtschaftlichen Schaden durch Offenbarung von Betriebs- und Geschäftsgeheimnissen wird die Einbuße oftmals in einer Schwächung der Wettbewerbssituation bestehen, die sich erst mittelbar finanziell auswirkt.[249] Dies setzt allerdings ebenfalls voraus, dass das Unternehmen überhaupt im Wettbewerb steht. Schon bei Fernwärmeversorgern ist davon nicht generell auszugehen.

208 Außerdem ist zu berücksichtigen, dass Informationen je älter sie sind, umso weniger dem Geheimhaltungsschutz unterliegen. Allgemein wird von einer sog. Halbwertzeit von fünf Jahren ausgegangen. Bei diesen Informationen sollte das betroffene Unternehmen nachweisen, dass diese weiterhin schutzbedürftig sind.[250]

209 Die **Kartellbehörde** ist gut beraten, **Betriebs- und Geschäftsgeheimnisse** eines Unternehmens nicht selbst zu identifizieren, sondern das betroffene Unternehmen dazu und auch zur Frage der Schadenswahrscheinlichkeit um Stellungnahme zu bitten. Die Praxis hat gezeigt, dass insbesondere bei der Feststellung der Schadenswahrscheinlichkeit bzw. Nachweisen dazu, sich der Umfang der als nicht zu veröffentlichen eingestuften Informationen bzw. Betriebs- und Geschäftsgeheimnisse erheblich reduziert. Die Kartellbehörde sollte sich jedoch nicht ohne überzeugende Gründe über die Bewertung des Unternehmens hinwegsetzen, da ein tatsächlicher Schadenseintritt beim Unternehmen auch Amtshaftungsansprüche nach § 839 BGB nach sich ziehen könnte.

210 Die Entscheidung über die Erteilung von Auskünften ist ein Verwaltungsakt, soweit dadurch Betriebs- oder Geschäftsgeheimnisse berührt werden, ein solcher mit Drittwirkung. Der Verwaltungsakt wirkt in diesem Fall dem Antragsteller gegenüber begünstigend, dem Unternehmen gegenüber belastend, da eventuell seine Rechte aus Art. 12 und 14 GG beeinträchtigt sein können. Allerdings kann sich ein Energieversorgungsunternehmen, das sich in der Hand eines Trägers der öffentlichen Verwaltung befindet, nicht auf den Schutz der Grundrechte berufen.[251]

---

248 OVG Nordrhein-Westfalen, Beschl. v. 3.5.2010 – 13a F 31/09 – NVwZ 2010, 1044 1047; VG Köln, Urt. v. 25.2.2016 – 13 K 5017/13 – EnWZ, 2016, 332, 335; *Haurand/Möhring/Stollmann*, § 8, S. 66.

249 OVG Nordrhein-Westfalen, Urt.v. 2.6.2015 – 15 A 1997/12 – BeckRS 50017, 109; *Franßen/Seidel*, § 5 Rn. 878.

250 VG Köln, Urt. v. 25.2.2016 – 13 K 5017/13 – EnWZ 2016, 332, 336.

251 VG Köln, Urt. v. 25.2.2016 – 13 K 5017/13 – EnWZ 2016, 332, 334, Rn. 49.

Während die Ablehnung eines Antrags gebührenfrei ist,[252] sind Auskünfte nach § 11 Abs. 1 IFG NRW gebührenpflichtig. Die Höhe der Gebühren bestimmt sich gem. § 11 Abs. 2 S. 1 IFG NRW, § 1 Verwaltungsgebührenordnung zum IFG NRW[253] nach der Anlage der VerwGebO IFG NRW. Eine Ausnahme von der Gebührenpflicht kommt im Einzelfall aus Billigkeitsgründen gem. § 11 Abs. 2 IFG NRW i.V.m. § 2 VerwGebO IFG NRW, § 6 GebG NRW[254] in Betracht. 211

XI. Sektoruntersuchungen

1. Markterkundung

Sektoruntersuchungen nach § 32e GWB sind seit der 7. GWB Novelle 2005 möglich. Das Bundeskartellamt hat seitdem im Energiebereich Untersuchungen u.a. im Heizstrom-, Fernwärme-, Erdgas-, Stromgroßhandel, -erzeugung und zuletzt bei Ablesediensten von Heiz- und Wasserkosten ein sog. **Submetering** durchgeführt. Sektoruntersuchungen dienen dazu, einen bislang unbekannten Markt zu erkunden (z.B. Sektoruntersuchung Submetering BKartA oder Drittlieferanten Wasser NRW) oder einen bereits bekannten Markt insgesamt zu betrachten (Sektoruntersuchungen Fernwärme BKartA/Bayern/Niedersachsen oder Wasser Bayern und Brandenburg). Sie sind keine Verfahren gegen einzelne Unternehmen, sondern dienen der Markterkundung. Allerdings können aus der Sektoruntersuchung einzelne Missbrauchsverfahren gegen Unternehmen folgen, die jedoch die dafür erforderlichen oben genannten[255] gesetzlichen Voraussetzungen erfüllen müssen. 212

2. Verbraucherschutz

Mit der 9. GWB Novelle können zukünftig die Kartellbehörden nach § 32e Abs. 5 GWB auch Sektoruntersuchungen durchführen, soweit der begründete Verdacht besteht, dass gegen verbraucherrechtliche Vorschriften, wie z.B. des Gesetzes gegen den unlauteren Wettbewerb (UWG)[256] oder rechtliche Vorgaben für Allgemeine Geschäftsbedingungen verstoßen wird. Hier steht dann der Verbraucherschutz im Vordergrund. Voraussetzung ist der Verdacht, dass zahlreiche Verbraucherinnen und 213

---

252 https://www.ldi.de.

253 Verwaltungsgebührenordnung zum IFG NRW (VerwGebO IFG NRW) v. 19.2.2002 (GV. NRW. S. 88), zuletzt geändert durch Verordung v. 9.9.2014 (GV. NRW. S. 500).

254 Gebührengesetz Nordrhein-Westfalen (GebG NRW) v. 23.8.1999 (GV. NRW. S: 524), zuletzt geändert durch Gesetz v. 8.12.2015 (GV. NRW. S. 836).

255 Rn. 48 ff.

256 UWG v. 3.3.2010 (BGBl. I S. 254), zuletzt geändert durch Gesetz v. 17.2.2016 (BGBl. I S. 233).

Verbraucher durch erhebliche, dauerhafte oder wiederholte Verstöße gegen ihre Rechte beeinträchtigt werden.

214 Außerdem kann das Bundeskartellamt nunmehr nach § 90 Abs. 5 S. 1 GWB Drittpartei in entsprechenden laufenden gerichtlichen Streitigkeiten sein (sog. amicus curiae). Hiermit kann das Gericht beim Bundeskartellamt eine Stellungnahme zur durch den Kartellverstoß zu bemessende Schadenshöhe beantragen, deren Abgabe wiederum im freien Ermessen des Bundeskartellamtes liegt. Bei dieser Ermessensentscheidung wird die Verfahrensbelastung und das vorrangige Interesse der Allgemeinheit an einer Tätigkeit des Bundeskartellamtes bei der öffentlichen Kartellverfolgung zu berücksichtigen sein.[257]

215 Das Bundeskartellamt hat mittlerweile dafür eigens eine Beschlussabteilung für Verbraucherschutz geschaffen.[258] Dahinter steht der sog. more/new economic approach. Damit geht eine gewisse Neuausrichtung/Schwerpunktverlagerung der Kartellaufsicht einher: Zusätzlich zum ordnungspolitischen Ansatz gesellt sich der Verbraucherschutz daneben. Nicht wenige Gesetze sind hier als Schutzgesetze denkbar. Neben dem UWG und den §§ 305–310 BGB auch z.B. das Allgemeine Gleichbehandlungsgesetz.

216 Bereits seit einigen Jahren existiert in Niedersachen ein sog. **Marktwächter Energie für Niedersachsen,**[259] gefördert vom Ministerium für Ernährung, Landwirtschaft und Verbraucherschutz. Auch hier stand von Anfang an der Verbraucherschutz im Vordergrund.

217 Im Bereich des Energiekartellrechts hat die Kartellaufsicht bis auf die **Gestattung der Wegerechte** immer unmittelbare Auswirkung auf den Verbraucherschutz. Der Schutz vor dem Missbrauch einer Monopolstellung durch überhöhte (Verbraucher-)Preise oder diskriminierende Geschäftsbedingungen z.B. bei der Erhöhung von Energiepreisen hat in den letzten Jahren bis hin zum EuGH die Gerichte immer wieder beschäftigt und führt weiterhin zu Vorabvorlagen an den EuGH. Die Abgrenzung zu den Verfahren nach § 315 BGB wird nunmehr fließend, obgleich die Kartellaufsicht und die Billigkeitsprüfung völlig unabhängig voneinander sind.[260]

218 Die Signalwirkung der verbraucherschutzrechtlichen Regelungen insbesondere in der 9. GWB Novelle für die Entwicklung der Kartellaufsicht und des Wettbewerbsschutzes ist nicht zu unterschätzen.[261] Die weitere Entwicklung bleibt spannend und abzuwarten.

---

257 Gesetzesbegründung S. 120, BR-Drucks. 606/16.

258 Vgl. BKartA, Pressemitteilung v. 12.6.2017.

259 https://www.marktwaechter-energie.de/service/ueber-uns/.

260 BGH, Urt. v. 7.3.2017 – EnZR 56/15 – Rn. 27; LG Mönchengladbach, Urt. v. 6.4.2017 – 1 O 170/15, II., Nr. 2 (für Wasserpreise).

261 *Alexander*, NZKart 2017, 391, 397.

Kapitel 10
Grundzüge des europäischen Kartellverwaltungsverfahrens

Während im Kapitel 9 die Schwerpunkte des deutschen Kartellverwaltungs- und Bußgeldverfahrens in der Energiewirtschaft dargestellt wurden, beschäftigt sich das nun folgende Kapitel mit den Grundzügen des europäischen Kartellverwaltungsverfahrens.* Hierbei konzentriert sich die Darstellung auf die wesentlichen Unterschiede beider Verfahren. An anderer Stelle gesondert dargestellt wird zudem das Fusionskontrollverfahren.[1] 1

A. Zuständigkeit der Europäischen Kommission

Im Bereich der Kartell- und Missbrauchsaufsicht gilt grundsätzlich eine parallele **Zuständigkeit der Europäischen Kommission** und der Wettbewerbsbehörden der Mitgliedstaaten. (Art. 4 und 5 VO (EG) Nr. 1/2003[2]). Eine klare Trennung gibt es nur in der Zusammenschlusskontrolle.[3] 2

Außerhalb der Zusammenschlusskontrolle entfällt die Zuständigkeit der Wettbewerbsbehörden der Mitgliedstaaten nach Art. 11 Abs. 6 KartellVO erst, wenn die Kommission ein Verfahren zum Erlass einer Entscheidung einleitet. Ist eine Wettbewerbsbehörde eines Mitgliedstaates bereits tätig, so findet im Vorhinein eine Konsultation durch die Kommission statt. 3

B. Verfahrenseröffnung

Wie auch im deutschen Verfahren gilt für die Eröffnung des europäischen Kartellverwaltungsverfahrens der **Opportunitätsgrundsatz.**[4] Die Europäische Kommission hat Ermessen, wenn es um die Frage geht, ob sie ein Verfahren betreiben will. Hierbei ist es gleichgültig, wie sie von einem möglichen Fall Kenntnis 4

---

* Der Verfasser dankt Frau Referendarin Giulia Rizzo für die sehr wertvolle inhaltliche Mitarbeit bei der Erstellung dieses Beitrages.

1 Hierzu Kap. 6.

2 Kartellverordnung (KartellVO – VO (EG) Nr. 1/2003) v. 16.12.20002 (ABl EG Nr. L001 S. 1ff.).

3 Vgl. Kap. 6 Rn. 5ff.

4 Langen/Bunte/*Sura*, Kartellrecht, Bd. 2, Art. 7 VO 1/2003 Rn. 25; vgl. auch Art. 2 Abs. 1 VO (EG) Nr. 773/2004.

https://doi.org/10.1515/9783110286847-010

erlangt; auch eine Pflicht, Beschwerden von Wettbewerbern nachzugehen, besteht nicht.

5 Begrenzt wird dieses Ermessen jedoch zum einen durch die ausführliche Begründungspflicht der Kommission und zum anderen durch das Gemeinschaftsinteresse an der Verfolgung der Sache.[5]

6 Die Begründung der Kommission, eine Sache nicht weiter zu verfolgen, muss so genau und detailliert ausgestaltet sein, dass die Gerichte ohne weiteres die Ermessensentscheidung nachprüfen können. Insoweit findet, wie auch im deutschen Recht, nur eine teilweise Überprüfung von Ermessensentscheidungen statt. Es wird lediglich ermittelt, ob die Entscheidung der Kommission auf richtigen Tatsachen beruht, eine einwandfreie Subsumtion vorgenommen wurde und ob offensichtliche Ermessensfehler vorliegen.[6]

7 Hinsichtlich des Gemeinschaftsinteresses bedarf es einer Einzelfallbetrachtung.[7] Die Kommission muss sich ein Bild von der Schwere der Wettbewerbsbeeinträchtigungen und deren eventuell fortwährenden Wirkungen auf den Binnenmarkt machen und darf sich nicht mit der Feststellung begnügen, dass die Praktiken eingestellt wurden.[8]

8 Im Gegensatz dazu richten sich die Ermessensspielräume der deutschen Kartellbehörden hinsichtlich der Eröffnung des Verfahrens gem. § 54 Abs. 1 GWB ausschließlich nach den materiellen Vorschriften des 1. Teils des GWB aus denen sich auch eine Verpflichtung zur Verfahrenseinleitung ergeben kann.[9]

I. Adressaten des Verfahrens

9 Die Adressaten des europäischen Kartellverfahrens sind deckungsgleich mit der Adressatenstellung nach GWB (Art. 101, 102 AEUV und §§ 1, 19 Abs. 1 GWB). Dazu zählen zunächst Unternehmen und Unternehmensvereinigung i.S.d. Art. 101 AEUV sowie außerdem Unternehmen, die i.S.d. Art. 102 AEUV ihre marktbeherrschende Stellung missbräuchlich ausnutzen.

5 EuGH, Urt. v. 4.3.1999 – C-119/97 P – Rn. 89 f., 93 des Umdrucks – Ufex.
6 EuG, Urt. v. 25.5.2000 – T-77/95 – Rn. 42 des Umdrucks – Ufex II.
7 EuGH, Urt. v. 4.3.1999 – C-119/97 P – Rn. 79 des Umdrucks – Ufex.
8 EuGH, Urt. v. 4.3.1999 – C-119/97 P – Rn. 93 ff. des Umdrucks – Ufex.
9 FfK-KartellR/*Bracher*, § 54 GWB Rn. 20.

II. Beteiligte am Verfahren

Die **Beteiligten** am europäischen Kartellverfahren sind diejenigen Unternehmen und Unternehmensvereinigungen, gegen die sich das Verfahren der Kommission richtet (Art. 27 Abs. 1 KartellVO). 10

Im Unterschied zum deutschen Kartellverfahren ist der **Beschwerdeführer**, der sich mit einer Anzeige des Kartellverstoßes an die Europäische Kommission wendet (im deutschen Recht: Antragssteller), nicht Beteiligter am Verfahren.[10] Trotzdem stehen ihm während des Verfahrens besondere Rechte, wie das Recht auf Einsicht in die Unterlagen nach Art. 8 Abs. 1 VO (EG) Nr. 773/2004[11] zu, die weitreichender sind als die Einsichtsrechte bloßer Dritter.[12] Nach Abschluss des Verfahrens kann der Beschwerdeführer gegen die Zurückweisung seiner Beschwerde eine Nichtigkeitsklage einreichen.[13] 11

Weiterhin ist im europäischen Verfahren zu beachten, dass Dritte nicht beigeladen und damit nicht Partei werden können. Eine vergleichbare Regelung zu § 54 Abs. 2 Nr. 3 GWB fehlt gänzlich. Um einen Dritten nicht vollständig die Möglichkeit der Einflussnahme zu verwehren, hat er beim Vorliegen eines ausreichenden Interesses das Recht auf Anhörung gem. Art. 27 Abs. 3 KartellVO. 12

C. Instrumente der Europäischen Kommission

Die Instrumente, die die Europäische Kommission nutzen kann, um wettbewerbswidriges Verhalten festzustellen und zu unterbinden, sind vergleichbar mit denen des Bundeskartellamts (BKartA). 13

10 Vgl. § 54 Abs. 2 Nr. 1 GWB; Schluss aus Art. 13 Abs. 1 VO (EG) Nr. 773/2004.
11 VO (EG) Nr. 773/2004 v. 7.4.2004 (ABl EG Nr. L 123 S. 18 ff.).
12 Zu weiteren Rechten vgl. Art. 6 und 7 Abs. 1 VO (EG) Nr. 773/2004.
13 EuGH, Urt. v. 18.3.1997 – C-343/95 – Rn. 36 des Umdrucks.

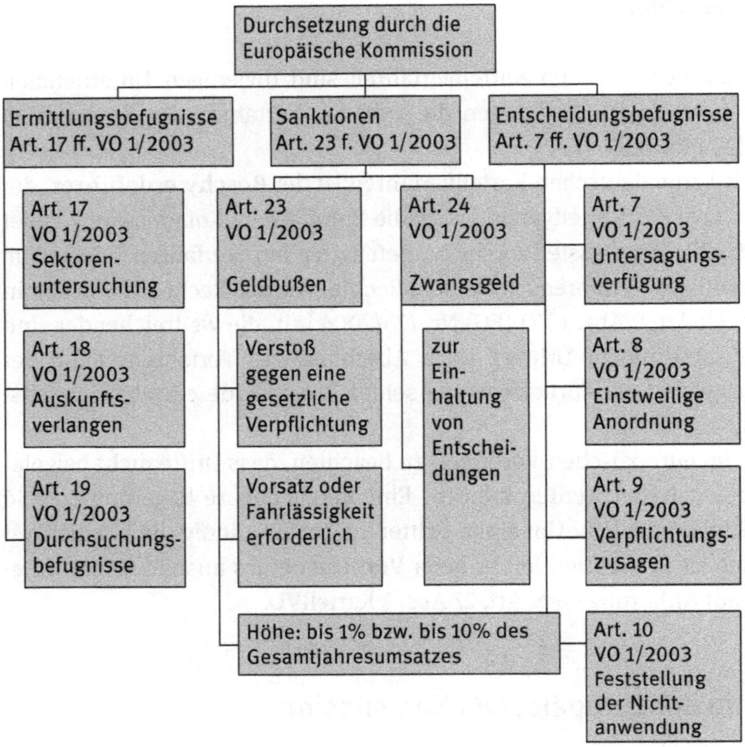

Abb. 1: Überblick über die Verfahrensinstrumente der Europäischen Kommission[14]

I. Auskunftsverlangen, Befugnis zur Befragung, Nachprüfungsbefugnisse

14 Art. 18 KartellVO regelt das **Auskunftsverlangen** der Europäischen Kommission. Hierbei muss hinsichtlich des Umfangs der Auskunftspflicht zwischen dem einfachen Auskunftsverlangen gem. Abs. 2 und der Auskunftsentscheidung (qualifizierten Auskunftsverlangen) gem. Abs. 3 unterschieden werden. Eine Verpflichtung zur Auskunftserteilung besteht nur bei der Auskunftsentscheidung. Bei dem einfachen Auskunftsverlangen können sich die Adressaten entscheiden, ob sie Auskunft geben. Für den Fall einer Auskunftserteilung sind sie jedoch – wie bei der Auskunftsentscheidung – gehalten, richtige und keine irreführenden Angaben zu machen (Art. 23 KartellVO). Gemeinsamkeit beider Alternativen ist, dass es eines Anfangsverdachts bzw. einer Vermutung der Zuwiderhandlung sowie eine Erforderlichkeit

14 Quelle: Eigene Darstellung.

der Auskünfte bedarf.[15] Der Wortlaut des Abs. 1 („oder") macht deutlich, dass die Kommission ein echtes Wahlrecht[16] zwischen den beiden Vorgehensweisen hat.

15 Die Befugnis zur **Befragung** gem. Art. 19 KartellVO basiert auf der freiwilligen Kooperation der Adressaten und umfasst nur die Zeugenvernehmung. Das Pendant im deutschen Recht stellt § 57 GWB dar. Jener ist jedoch nicht nur auf Zeugenvernehmungen beschränkt, sondern ermöglicht mit einer All-Formel umfassende Ermittlungen des BKartA sowie eine ausschöpfende Beweisaufnahme.

16 Ein **Beschlagnahmerecht**, wie es der deutschen Kartellbehörde in § 58 GWB zusteht, hat die Kommission nicht. Ein Ausgleich dafür findet sich im Recht der Kommission zur Anfertigung und Erlangung von Kopien oder Auszügen nach Art. 20 Abs. 2 lit. c) VO (EG) Nr. 1/2003.

17 Ein **Durchsuchungsrecht** vergleichbar mit § 59 Abs. 3 und 4 GWB besteht zwar in den Nachprüfungsbefugnissen der Art. 20 und 21 VO (EG) Nr. 1/2003. Jedoch kann die Kommission hierbei, anders als das Bundeskartellamt keinen Verwaltungszwang anwenden.[17]

18 Die europäischen Ermittlungsrechte sind insofern deutlich schwächer hinsichtlich der Durchsetzbarkeit als die des Bundeskartellamts.

II. Verpflichtungszusage, Abstellungsverfügung sowie Feststellung, Einstweilige Maßnahmen, Sektorenuntersuchung

19 Die Regelungen der **Verpflichtungszusage** (Art. 9 KartellVO), der **Abstellungsverfügung** und **Feststellung** von Kartellrechtsverstößen (Art. 7 KartellVO), der **einstweiligen Maßnahmen** (Art. 8 KartellVO) und der **Sektorenuntersuchung** (Art. 17 KartellVO) sind inhaltlich in weiten Teilen vergleichbar ausgestaltet.[18]

III. Feststellung der Nichtanwendbarkeit

20 Der Kommission steht darüber hinaus die Möglichkeit offen, die Nichtanwendbarkeit der Art. 101, 102 AEUV auf bestimmte Verhaltensweisen gem. Art. 10 KartellVO festzustellen. Diese sog. **Positiventscheidung**[19] soll ausschließlich dem öffentli-

15 Langen/Bunte/*Sura*, Kartellrecht, Bd. 2, Art. 18 VO Nr. 1/2003 Rn. 10 f.

16 Anders nach der alten Rechtslage gem. Art. 11 VO (EG) Nr. 17/62, der ein Stufenverhältnis anordnete.

17 Langen/Bunte/*Sura*, Kartellrecht, Bd. 2, Art. 20 VO 1/2003 Rn. 8.

18 Vgl. dazu Kap. 9 Rn. 212 ff.

19 Europäische Kommission, Weißbuch über die Modernisierung der Vorschriften der Anwendung der Art. 85 und 86 EG-Vertrag, ABl EG Nr. C 132 S. 1 Rn. 88.

chen Interesse der Gemeinschaft an der Einheit der Rechtsordnung und der Rechtsklarheit hinsichtlich der Lösung ähnlicher Probleme dienen.[20] Interessen von Unternehmen sollen grundsätzlich außen vor bleiben, weshalb auch kein Anspruch auf Erlass einer solchen Entscheidung besteht.[21] Die Europäische Kommission geht mit diesem Instrument sehr restriktiv um und hat bis jetzt keine Positiventscheidung gefällt.

21 Vor dem Inkrafttreten dieses Legalausnahmesystems bestand ein Anmelde- und Freistellungssystem nach der VO Nr. 17/62. Der Kommission standen eine förmliche Einzelfreistellungsentscheidung, die konstitutive Wirkung hatte,[22] und der sog. Negativattest mit deklaratorischer Wirkung[23] zur Wahl. Beide wurden durch die Positiventscheidung des Art. 10 KartellVO abgelöst. Insofern kann eine Verbindung zwischen der Positiventscheidung der Kommission und dem Negativattest gem. § 32c GWB gezogen werden. Die beiden Regelungen zeigen jedoch bis auf die Gemeinsamkeit der deklaratorischen Wirkung grundlegende Unterschiede auf. Art. 10 KartellVO stellt eine Konkretisierung der Befugnis nach Art. 5 S. 3 KartellVO dar.[24] Diese Ermächtigung enthält keine Feststellungsbefugnis wie Art. 10 KartellVO, der die Kommission durch die Positiventscheidung befähigt festzustellen, dass ein bestimmter Sachverhalt nicht unter die Art. 101 und 102 AEUV subsumiert werden kann.[25]

22 Ein weiterer gravierender Unterschied, wenn die Ansicht der Kommission[26] und der herrschenden Literatur[27] zugrunde gelegt wird,[28] ist die Bindungswirkung der Positiventscheidung gem. Art. 16 KartellVO, die dem Negativattest der deutschen Kartellbehörden nicht zukommt.

---

20 Vgl. Europäische Kommission, VO-Vorschlag v. 27.9.2000, Begründung S. 21f.

21 Langen/Bunte/*Sura*, Kartellrecht, Bd. 2, Art. 10 VO 1/2003 Rn. 4.

22 Vgl. Art. 6 VO Nr. 17/62, Art. 81 Abs. 3 AEUV.

23 Vgl. Art. 2 VO Nr. 17/62.

24 FfK-KartellR/*Jäger*, § 32c Rn. 1.

25 Vgl. Wortlaut des § 32c GWB; Begründung zur 7. GWB-Novelle, BT-Drucks.15/3640, S.52 li. Sp.

26 Europäische Kommission, VO-Vorschlag v. 27.9.2000, Begründung S. 22.

27 *Bechtold/Bosch/Brinker/Hirsbrunner*, Art. 10 VO 1/2003 Rn. 7; Immenga/Mestmäcker/*Ritter*, Bd. 1 Teil 1, Art. 10 VO 1/2003 Rn. 5; Langen/Bunte/*Sura*, Kartellrecht, Bd. 2, Art. 10 VO 1/2003 Rn. 8; Loewenheim/Meessen/Riesenkampff/*Anweiler*, Art. 10 VO 1/2003 Rn. 20; *Mestmäcker/Schweitzer*, Europäisches Wettbewerbsrecht, § 19 Rn. 10; MüKo-GWB/*Bauer*, Bd. 2, Art. 10 VO 1/2003 Rn. 17.

28 A.A. FfK-KartellR/*Jäger*, Art. 10 VO (EG) Nr. 1/2003 Rn. 12 wg. deklaratorischer Wirkung; dagegen Erwägungsgrund 14 der KartellVO.

D. Buß- und Zwangsgeld

I. Bußgeld

Die Einordnung von **Geldbußen** nach Art. 23 VO (EG) Nr. 1/2003 stellt sich als schwierig dar, da der Verordnungsgeber in Abs. 5 sich eindeutig gegen einen strafrechtlichen Charakter entschieden hat, weshalb das Bußgeld nur dem Verwaltungszwang zugerechnet werden kann. Jedoch müsste zumindest ein strafrechtsähnlicher Charakter wegen der nicht nur präventiven, sondern auch repressiven Züge der Regelung anerkannt werden.[29] Deshalb wäre eine Anwendung der Grundsätze des Strafverfahrensrechts, wie das Analogieverbot, das Rückwirkungsverbot[30] und der Bestimmtheitsgrundsatz,[31] angebracht. 23

Eine Parallele besteht zu den §§ 81ff. GWB, die das Bußgeld bei Wettbewerbsverstößen im deutschen Recht regeln. Jene gehören eindeutig dem Ordnungswidrigkeiten- bzw. dem Wirtschaftsstrafrecht an. Dies hat zur Folge, dass die Strafverfahrensgrundsätze anzuwenden sind. Interessant wurde dieses Problem bei der sog. Wurstlücke,[32] also der Problematik der Umstrukturierung des haftenden Unternehmens, die zur Folge hatte, dass – wenn der Adressat der Sanktion nicht mehr existierte und aufgrund fehlender gesetzlicher Regelungen Bußgelder nicht vollstreckt werden konnten – die Sanktionen ins Leere liefen. Im europäischen Recht ist die Lösung in ähnlich gelagerten Fällen auch ohne eine neue gesetzliche Regelung offenbar denkbar einfach, da eine Rechtsfortbildung durch die Gerichte nicht gegen das Analogieverbot verstoßen kann. Das Bußgeld hat dort schließlich keinen strafrechtlichen Charakter. Der EuGH entschied, dass der Nachfolger des Adressaten haftet, solange wirtschaftliche Kontinuität besteht.[33] Wirtschaftliche Kontinuität liegt insbesondere dann vor, wenn alle Rechte und Verbindlichkeiten der alten Gesellschaft auf die neue übergegangen sind.[34] Da im deutschen Recht das Bußgeld nach § 81 GWB strafrechtlichen Charakter hat, musste wegen des Analogieverbots mit der 9. GWB-Novelle das Gesetz nachjustiert werden. Mit der Novelle wurden Abs. 3b und 24

29 EuGH, Schlussanträge des GA Kokott v. 23.4.2009 – C-97/08 P – Rn. 39 des Umdrucks – Akzo Nobel; vgl. EuGH, Schlussanträge des GA Ruiz-Jarabo Colomer v. 11.2.2003 – C-217/00 P – Rn. 29 des Umdrucks – Buzzi Unichem.

30 EuG, Urt. v. 9.7.2003 – T-224/00 – Rn. 40 des Umdrucks – ADM/Kommission.

31 EuGH, Urt. v. 7.6.2007 – C-76/06 P – Rn. 79 des Umdrucks – Britannia Alloys.

32 Vgl. BKartA, Pressemitteilung v. 19.10.2016, Verfahren gegen Gesellschaften der ClemensTönnies-Gruppe eingestellt – Bußgelder in Höhe von 128 Mio. Euro entfallen in Folge von Umstrukturierungen.

33 Vgl. EuGH, Urt. v. 8.7.1999 – C-49/92 P – Rn. 145 des Umdrucks – Kommission/Anic Partecipazioni SpA.

34 EuGH, Urt. v. 16.12.1975 – 40/73 – Rn. 84 des Umdrucks – Cooeperatieve Vereniging Suiker Unie u.a./Kommission.

3c im § 81 GWB eingefügt, wodurch eine Haftung des Gesamtrechtsnachfolgers und bei wirtschaftlicher Kontinuität ergänzt und die Wurstlücke geschlossen wurde.

25 Die Entscheidung, ob und wie hoch eine Geldbuße angesetzt wird, liegt im europäischen wie im deutschen Recht[35] im Ermessen der Kartellbehörde.[36]

26 Ein in der Energiewirtschaft prominenter Fall ist die Geldbuße der Europäischen Kommission gegen die E.ON Energie AG in Höhe von 38 Mio. EUR wegen eines **Siegelbruchs.**[37] Hintergrund waren Durchsuchungen in den Räumen einer E.ON-Niederlassung im Mai 2006. Da die Untersuchungen nicht an einem Tag abgeschlossen werden konnten, wurden die Akten von den Behördenvertretern vor Ort in einem Raum gelagert und mit einem Siegel verschlossen. Dieses Siegel wies am nächsten Tag einen VOID-Schriftzug auf, der auf einen Bruch des Siegels hindeutete. Die Kommission erkannte nach Abschluss der Ermittlungen zumindest einen fahrlässigen Verstoß gegen Art. 23 Abs. 1 lit. e KartellVO. Auch die Nichtigkeitsklage der E.ON Energie AG vor dem Europäischen Gericht erster Instanz und die Rechtsbeschwerde vor dem EuGH hatten keinen Erfolg.[38]

II. Zwangsgeld

27 **Zwangsgelder** nach Art. 24 KartellVO sollen, anders als Bußgelder, die ein vergangenes Verhalten sanktionieren, ein zukünftiges Verhalten erzwingen. Aufgrund dieser unterschiedlichen Zielrichtungen können sie kumulativ zu Geldbußen verhängt werden. Als Form des Verwaltungszwangs setzt das Zwangsgeld kein Verschulden, wie es für eine Geldbuße nötig wäre, voraus.

III. Kronzeugenprogramme

28 Im europäischen Recht findet sich das **Kronzeugenprogramm** in der Mitteilung der Kommission über den Erlass und die Ermäßigung von Geldbußen in Kartellsachen.[39] Dort werden die Voraussetzungen für den Erlass geregelt. Eine gesetzliche Verankerung wie im deutschen Recht (§ 33e GWB) gibt es bislang nicht.[40]

---

35 Vgl. § 47 Abs. 1 OWiG.

36 Vgl. Art. 23 Abs. 1-3 KartellVO.

37 Europäische Kommission, Beschl. v. 30.1.2008 – COMP/B-1/39.326.

38 EuG, Urt. v. 15.12.2010 – T-141/08; EuGH, Urt. v. 22.11.2012 – C-89/11 P.

39 Mitteilung der Kommission über den Erlass und die Ermäßigung von Geldbußen in Kartellsachen (2006/C 298/11), ABl EU Nr. C 298 S. 17 ff.

40 BKartA, Bekanntmachung Nr. 9/2006 über den Erlass und die Reduktion von Geldbußen in Kartellsachen – Bonusregelung – v. 7.3.2006.

E. Rechtsmittel gegen Entscheidungen der Europäischen Kommission

Gegen Verbotsverfügungen der Europäischen Kommission nach Art. 7 KartellVO und Bußgeldentscheidungen nach Art. 23 KartellVO können sich Betroffene mit einer **Nichtigkeitsklage** an das Europäische Gericht Erster Instanz (EuG) wenden (Art. 256 Abs. 1 i.V.m. Art. 263 Abs. 4 AEUV). 29

Klagebefugt sind nach Art. 51 der Satzung des EuGH i.V.m. Art. 256 Abs. 1 AEUV sowohl Unternehmen als auch natürliche Personen. Voraussetzung dafür ist jedoch, dass der Kläger unmittelbar und individuell durch die Handlung der Kommission betroffen ist, was bei Bußgeldverfügungen regelmäßig der Fall ist. Im Übrigen ist der Kläger unmittelbar betroffen, wenn die Entscheidung der Kommission ohne weiteren Hoheitsakt auf den Betroffenen einwirkt. Individuell betroffen ist der Kläger, der an einem Verfahren nach Art. 7 KartellVO teilgenommen hat oder dessen Marktposition durch die Kommissionsentscheidung wesentlich beeinträchtigt ist.[41] 30

F. Anspruch auf Akteneinsicht gegen die Kartellbehörde

Die VO (EG) Nr. 1049/2001[42] regelt das Recht auf **Akteneinsicht** für die Dokumente der Kommission. Nach Art. 2 Abs. 1 TransparenzVO kann jeder Unionsbürger sowie jede natürliche oder juristische Person mit Wohnsitz oder Sitz in einen der Mitgliedstaaten Einsicht beantragen. Art. 4 TransparenzVO gibt der Kommission einige Ausnahmen an die Hand, mit der sie die Verweigerung der Einsicht rechtfertigen kann. Grundsätzlich bedarf es dafür einer separaten Bewertung der einzelnen Dokumente. Der EuGH geht jedoch zugunsten der Kommission von einer allgemeinen Vermutung des Vorliegens der Weigerungsgründe des Art. 4 Abs. 2, 1. und 3. Spiegelstrich TransparenzVO (Schutz des Geschäftsgeheimnisses und des Kommissionverfahrens) aus.[43] Diese Vermutung gilt solange bis die Entscheidung der Kommission bestandskräftig ist.[44] 31

---

41 Sog. Plaumann-Formel des EuGH: Hiernach „kann, wer nicht Adressat einer Entscheidung ist, nur dann geltend machen, von ihr individuell betroffen zu sein, wenn die Entscheidung ihn wegen bestimmter persönlicher Eigenschaften oder besonderer, ihn aus dem Kreis der übrigen Personen heraushebender Umstände berührt und ihn daher in ähnlicher Weise individualisiert wie den Adressaten", EuGH, Urt. v. 15.7.1963 – 25/62 – Plaumann.

42 Transparenzverordung (TransparenzVO – VO (EG) Nr. 1049/2001) v. 30.5.2001 (ABl EG Nr. L 145 S. 43ff.).

43 EuGH, Urt. v. 27.2.2014 – C-365/12 P – Rn. 93 des Umdrucks – EnBW.

44 EuGH, Urt. v. 27.2.2014 – C-365/12 P – Rn. 99 des Umdrucks – EnBW.

32 Die Klagefrist beträgt nach Art. 263 Abs. 6 AEUV zwei Monate. Gegen die Entscheidung des EuG ist gem. § 256 AEUV ein Rechtsmittel zum EuGH möglich. Die Rechtsmittelfrist beträgt nach Art. 56 der Satzung des EuGH zwei Monate seit Zustellung der Entscheidung.

Kapitel 11
Kartellzivilrecht

Verstöße gegen das Kartellverbot oder das Verbot der missbräuchlichen Ausnutzung einer marktbeherrschenden Stellung können nicht nur behördliche Maßnahmen und Sanktionen nach sich ziehen, sondern auch zwischen dem Verursacher (Rechtsverletzer) und den betroffenen Marktteilnehmern Konsequenzen haben. Eine unmittelbare Konsequenz ist die **Nichtigkeitsfolge** von vertraglichen Vereinbarungen, die gegen das Kartellverbot oder das Missbrauchsverbot verstoßen. Daneben kennt die Rechtsordnung jedoch auch einen im GWB[1] geregelten **Beseitigungs- und Unterlassungsanspruch** gegen den Rechtsverletzer sowie spezialgesetzliche **Schadenersatzregelungen.** 1

Beseitigung, Unterlassung und Schadenersatz sind Elemente der privaten Durchsetzung des Kartellrechts (engl. private-enforcement). Sie treten neben die kartellbehördliche Durchsetzung des Kartellrechts (engl. public-enforcement). Aus der Begriffswahl wird deutlich, dass es bei den maßgeblichen Regelungen nicht nur um einen gerechten Ausgleich zwischen dem Rechtsverletzer und den betroffenen Marktteilnehmern geht, sondern die Abschreckungswirkung von privatrechtlichen Sanktionen gleichermaßen die Durchsetzungskraft des Kartellrechtes verstärken sollen. Das **Private-Enforcement-Prinzip** hat der Europäische Gerichtshof (EuGH) in seiner Entscheidung zur Rechtssache Courage wie folgt zugespitzt:[2] 2

> „Die volle Wirksamkeit des Art. 85 EG-Vertrag und insbesondere die praktische Wirksamkeit des in Art. 85 Abs. 1 ausgesprochenen Verbots wäre beeinträchtigt, wenn nicht jedermann Ersatz des Schadens verlangen könnte, der ihnen durch einen Vertrag, der den Wettbewerb beschränkt oder verfälschen kann, oder durch ein entsprechendes Verhalten entstanden ist.
>
> Ein solcher Schadensersatzanspruch erhöht nämlich die Durchsetzungskraft der gemeinschaftlichen Wettbewerbsregelungen und ist geeignet, von – oft verschleierten – Vereinbarungen oder Verhaltensweisen abzuhalten, die den Wettbewerb beschränken oder verfälschen können. Aus dieser Sicht können Schadensersatzklagen vor den nationalen Gerichten wesentlich zur Aufrechterhaltung eines wirksamen Wettbewerbs in der Gemeinschaft beitragen."

Zu beachten ist also der sog. **effet-utile** der Wettbewerbsregelungen. Hierbei handelt es sich um ein Prinzip des Gemeinschaftsrechtes, wonach die europäischen Vorschriften in einer Weise Anwendung finden sollen, die ihnen zur größten praktischen Wirksamkeit verhilft. Da das deutsche Kartellzivilrecht nicht nur der nationalen, sondern auch der Durchsetzung der europäischen Wettbewerbsvorschriften 3

---

1 Gesetz gegen Wettbewerbsbeschränkungen (GWB) idF d. Bek. v. 26.6.2013 (BGBl. I S. 1750, 3245), zuletzt geändert durch Gesetz v. 30.10.2017 (BGBl. I S. 3618).

2 EuGH, Urt. v. 20.9.2011 – C-453/99 – Slg. 2001, I-6297 Rn. 27 – Courage/Crehan.

https://doi.org/10.1515/9783110286847-011

dient und spätestens seit der 9. GWB-Novelle[3] eng mit der europäischen Schadensersatzrichtlinie verbunden ist, muss der effet utile auch bei der Anwendung und Auslegung der GWB-Vorschriften berücksichtigt werden.

A. Unmittelbare zivilrechtliche Folgen

4 Die wichtigste unmittelbar eintretende Rechtsfolge ist die Unwirksamkeit der wettbewerbsbeschränkenden Vereinbarung bzw. die **Unwirksamkeit** der gegen das Missbrauchs- oder Diskriminierungsverbot verstoßenden vertraglichen Regelung.

5 Hiervon zu trennen ist die Fragestellung, ob die Unwirksamkeit einzelner kartellrechtswidriger Vertragsbestandteile auch die **Gesamtunwirksamkeit** des Vertrages zur Folge hat, in dem die problematischen Regelungen eingebunden sind. Hierbei stellt sich oft auch die Frage, inwiefern wettbewerbsbeschränkende Vertragsklauseln auf ein noch zulässiges Maß reduziert werden können (insbesondere Laufzeit-Regelungen).

6 Unmittelbare Rechtsfolgen können sich weiter auch aus Verstößen gegen das fusionskontrollrechtliche Vollzugsverbot ergeben. Im Einzelnen:

I. Kartellverbot

7 Gemäß § 134 BGB[4] ist ein Rechtsgeschäft, das gegen ein gesetzliches Verbot verstößt, nichtig, wenn sich nicht aus dem Gesetz ein anderes ergibt. Wettbewerbsbeschränkende Vereinbarungen, die z.B. gegen die Verbote des § 1 GWB oder Art. 101 AEUV[5] verstoßen, sind daher nichtig, es sei denn, sie sind nach § 2 oder § 3 GWB bzw. Art. 101 Abs. 3 AEUV freigestellt.

8 Die Nichtigkeit oder auch die Freistellung ergibt sich direkt aus dem Gesetz. Für die zivilrechtliche Beurteilung der Unwirksamkeit oder Wirksamkeit einer Abrede ist es daher gleichgültig, ob es behördliche Entscheidungen zum Wettbewerbsverstoß gibt und welchen Inhalt sie haben. Auf die Unwirksamkeit können sich beide Vertragsparteien berufen. Einen sogenannten **Arglist-Einwand**, der verhindert, dass sich diejenige Partei auf die Unwirksamkeit beruft, die von der Regelung ursprünglich profitieren sollte, gibt es nicht, weil die kartellrechtlichen Verbote objektives Recht sind, dass nicht zur Disposition der Vertragsparteien steht.

3 9. GWB-Novelle v. 1.6.2017 (BGBl. I S. 1416).

4 Bürgerliches Gesetzbuch (BGB) idF d. Bek. v. 2.1.2002 (BGBl. I S. 42, 2909; 2003 I S. 738), zuletzt geändert durch Gesetz v. 20.7.2017 (BGBl. I S. 2787).

5 Vertrag über die Arbeitsweise der Europäischen Union (AEUV) konsolidierte Fassung, ABl EU 2012 Nr. C 326 S. 1 ff., in Kraft getreten am 1.12.2009.

1. Wann führen unwirksame Regelungen zur Nichtigkeit des gesamten Vertrages?

In der Praxis besonders wichtig ist die Frage, ob aus der Unwirksamkeit einer wettbewerbsbeschränkenden Abrede auch die **Gesamtnichtigkeit** des die Abrede enthaltenden Vertrages folgt. Diese Rechtsfrage richtet sich allein nach nationalem Zivilrecht, in Deutschland nach § 139 BGB. Danach ist das ganze Rechtsgeschäft nichtig, wenn nicht anzunehmen ist, dass es auch ohne den nichtigen Teil vorgenommen sein würde. Hieraus folgt im Grundsatz Gesamtnichtigkeit, es sei denn, derjenige, der sich auf die Wirksamkeit des Rechtsgeschäftes beruft, kann darlegen und beweisen, dass das Rechtsgeschäft auch ohne die kartellrechtswidrige Absprache zustande gekommen wäre. 9

Eine besondere Rolle spielen hierbei sog. **salvatorische Klauseln**, die ggf. auch mit sog. **Ersetzungsklauseln** verbunden sind.[6] In einer salvatorischen Klausel vereinbaren die Vertragspartner, dass die Unwirksamkeit einzelner Vertragsbestimmungen die Wirksamkeit des übrigen Vertrages nicht berühren soll. In Ersetzungsklauseln verpflichten sich die Parteien weiter, eine unwirksame Klausel durch eine rechtswirksame zu ersetzen, die dem Gewollten am nächsten kommt. 10

Früher hat der BGH angenommen, dass bei Vereinbarung einer salvatorischen Klausel stets von einer Wirksamkeit des Vertrages auszugehen ist, es sei denn, diese Wirksamkeit des Vertrages sei mit dem Kartellrecht ausnahmsweise nicht vereinbar.[7] Heute hat der BGH diesen Grundsatz etwas abgeschwächt, danach führen salvatorische Klauseln nur zur **Umkehr der Darlegungs- und Beweislast**, d.h. anders als im gesetzlichen Regelfall nach § 139 BGB ist diejenige Partei, die sich auf die Gesamtnichtigkeit beruft, darlegungs- und beweispflichtig dafür, dass der Vertrag ohne die Klausel nicht zustande gekommen wäre.[8] Die Berufung auf die Gesamtnichtigkeit kann zudem nach Treu und Glauben (Arglist-Einrede) verwehrt sein, z.B. wenn der nichtige und der wirksame Teil des Vertrages in keinem unmittelbaren und ursächlichen Zusammenhang miteinander stehen.[9] 11

2. Können unwirksame Regelungen auf ein noch zulässiges Maß angepasst werden?

Gerade im Energiebereich war in der Vergangenheit sehr relevant, ob kartellrechtswidrige Abreden aufgrund von Ersetzungsklauseln auf ein noch zulässiges kartellrechtlich unbedenkliches Maß reduziert werden können. Diese Frage hat sich insbesondere bei langfristigen Energielieferverträgen gestellt, die nach dem durch 12

---

6 Vertiefend *Bunte*, GRUR 2004, 301 ff.

7 BGH, Urt. v. 8.2.1994 – KZR 2/93 – NJW 1994, 1651 – Pronuptia II.

8 BGH, Urt. v. 24.9.2002 – KZR 10/01 – NJW 2003, 1780 – Tennishallenpacht.

9 BGH, Urt. v. 10.7.1969 – KZR 12/68 – WuW/E BGH 1039 – Auto-Lok.

die Liberalisierung herbeigeführten Ende der gesetzlichen Freistellung gegen das Kartellverbot bzw. gegen das Missbrauchsverbot verstießen.[10]

13 Anders als im Recht der allgemeinen Geschäftsbedingungen, sieht der BGH im Kartellrecht kein generelles Verbot einer sog. **geltungserhaltenen Reduktion** von kartellrechtswidrigen Vertragsregelungen, vorausgesetzt es handelt sich um eine quantitative Wettbewerbsbeschränkung (z.B. überlange Vertragsdauer), die einer Reduzierung überhaupt zugänglich ist. Eine Reduktion kommt jedenfalls dann in Betracht, wenn bei Abschluss des Vertrages keine kartellrechtlichen Wirksamkeitshindernisse bestanden haben und erst während der Laufzeit des Vertrages – z.B. durch Gesetzesänderungen – sich Wirksamkeitshindernisse ergeben.[11]

3. Welche Rechtsfolgen ergeben sich für Gesellschaftsverträge oder Satzungen?

14 Anders zu beurteilen sind Wettbewerbsbeschränkungen, die sich in Gesellschaftsverträgen oder Satzungen befinden. Dort sind auf der Rechtsfolgenseite die allgemeinen Grundsätze des Gesellschaftsrechtes anwendbar.[12] Die Folge ist, dass eine rückwirkende Nichtigkeit von Gesellschaftsverträgen und -satzungen in aller Regel ausgeschlossen ist (d.h. keine sog. ex-tunc-Wirkung). Gegebenenfalls ergibt sich aber ein Anspruch der Gesellschafter bzw. sogar eine Verpflichtung, die Gesellschaft für die Zukunft wirkend aufzulösen (sog. ex-nunc-Wirkung).

II. Missbrauchs- und Diskriminierungsverbot

15 Beim Missbrauchs- und Diskriminierungsverbot der §§ 19, 20 GWB ist stets im Einzelfall zu prüfen, inwiefern die Nichtigkeitsfolge mit dem Normzweck der jeweiligen Verbotsnorm bzw. dem konkreten Verbotstatbestand in Einklang steht. Entschei-

---

10 Vgl. BGH, Urt. v. 10.2.2004 – KZR 39/02 – WuW DE-R 1305, 1306 – Restkaufpreis; BGH, Urt. v. 10.2.2009 – KVR 67/07 – BGHZ 180, 323 – Gaslieferverträge; OLG Düsseldorf, Urt. v. 7.11.2001 – U (Kart.) 31/00 – ZNER 2001, 255; OLG Düsseldorf, Beschl. v. 20.6.2006 – VI-2 Kart 1/06 – WuW 2006, 915; LG Köln, Urt. v. 7.6.2000 – 28 O (Kart.) 559/99 – ZNER 2000, 132.

11 So BGH, Urt. v. 10.2.2004 – KZR 39/02 – WuW DE-R 1305, 1306 – Restkaufpreis; vgl. ferner zur möglichen Rückführung auf ein zulässiges Maß bei zeitlichen Beschränkungen BGH, Urt. v. 29.5.1984 – KZR 28/83 – WuW/E 2090, 2095 – Stadler-Kessel; BGH, Urt. v. 3.11.1981 – KZR 33/80 – WuW/E 1898, 1900 – Holzpaneele; BGH, Urt. v. 14.1.1997 – KZR 41/95 – WuW/E 3115, 3120 – Druckgußteile. Ablehnend hingegen bei räumlich oder sachlich zu weit gehenden Wettbewerbsbeschränkungen BGH, Urt. v. 8.5.2000 – II ZR 308/98 – NJW 2000, 2584, 2585.

12 Zur sogenannten Lehre von der fehlerhaften Gesellschaft vgl. BGH, Urt. v. 16.11.1981 – II ZR 213/80 – juris Rn. 22; Herberger/Martinek/Rüßmann/Weth/*Bergmann*, jurisPK-BGB, 8. Aufl. Saarbrücken 2017, § 705 BGB, Rn. 14.

dend ist dabei, ob das konkrete Verbot zum Schutz der Konkurrenten oder zum Schutz der Marktgegenseite besteht.

Eine Unwirksamkeit kann sich insbesondere dann ergeben, wenn der Verbotstatbestand Konkurrenten des Rechtsverletzers schützen soll, denen aufgrund der missbräuchlichen Verhaltensweise oder Diskriminierung Marktchancen genommen werden. Die Unwirksamkeit kommt daher z.B. bei Verstößen gegen das Kopplungsverbot (Behinderungsmissbrauch) in Betracht. 16

Aber auch bei einer missbräuchlichen Preisüberhöhung stellt sich die Frage der geltungserhaltenden Reduktion auf einen (noch) zulässigen Preis.[13] Daneben hat der betroffene Vertragspartner jedoch auch einen Beseitigungsanspruch, d.h. er kann nach § 33 Abs. 1 und Abs. 3 GWB i.V.m. § 19 GWB verlangen, einen Vertrag zu wettbewerbsanalogen Preisen abzuschließen.[14] 17

Ebenfalls einzelfallabhängig ist die Beantwortung der Frage, ob sich nach Sinn und Zweck des Gesetzes eine Nichtigkeit von **Folgeverträgen** ergibt. Nach der Rechtsprechung des BGH sei eine normbezogene Abwägung erforderlich, 18

> „[...] ob es mit dem Sinn und dem Zweck des Verbots vereinbar oder unvereinbar wäre, die durch das Rechtsgeschäft getroffene Regelung hinzunehmen bzw. stehenzulassen".[15]
>
> „[...] sind beide Teile Adressaten des Verbots, kann regelmäßig angenommen werden, das verbotswidrige Geschäft solle keine Wirkung entfalten. Richtet sich der Verstoß dagegen nur gegen eine Partei, ist regelmäßig der gegenteilige Schluss berechtigt".[16]

Bei der Beurteilung von **Konzessionsverträgen**, die aufgrund eines diskriminierenden Verfahrens zustande gekommen sind, wich der BGH von diesem Grundsatz ab. Grund hierfür war die Vertragsdauer von Konzessionsverträgen. Da deren lange Laufzeit (im Regelfall 20 Jahre, vgl. § 46 Abs. 2 EnWG[17]) dazu führt, dass der Wettbewerb um Wegerechte nach Abschluss des Konzessionierungsverfahrens langfristig ausgeschlossen ist, könne nicht hingenommen werden, dass der Konzessionsvertrag eine diskriminierende Auswahlentscheidung umsetzt.[18] Folglich sind Konzessionsverträge, die im Anschluss an ein fehlerhaftes Verfahren zustande kommen, oft unwirksam.[19] 19

---

13 *Weyer*, AG 1999, 257, 258; zu Art. 82 EG: Pechstein/Nowak/Häde/*Baur*/*Weyer*, Frankfurter Kommentar, Tübingen 2017, Bd. 2, Art. 82 Zivilrechtsfolgen Rn. 34.

14 Immenga/Mestmäcker/*Möschel*, Bd. 2 Teil 1, 5. Aufl., § 19 GWB Rn. 248 f.

15 BGH, Urt. v. 14.12.1999 – X ZR 34/98 – BGHZ 143, 283, 286.

16 BGH, Urt. v. 14.12.1999 – X ZR 34/98 – BGHZ 143, 283, 286; vgl. auch Immenga/Mestmäcker/*Markert*, Bd. 2 Teil 1, 5. Aufl., § 20 GWB Rn. 229.

17 Energiewirtschaftsgesetz (EnWG) v. 7.7.2005 (BGBl. I S. 1970, 3621), zuletzt geändert durch Gesetz v. 20.7.2017 (BGBl. I S. 2808).

18 BGH, Urt. v. 17.3.2013 – KZR 66/12 – BGHZ 199, 289 – Stromnetz Berkenthin.

19 Vertiefend siehe Kap. 8.

III. Fusionskontrolle

20 Anmeldepflichtige Zusammenschlüsse, die ohne Anmeldung vollzogen werden, sind gem. § 41 Abs. 1 S. 2 GWB schwebend (!) unwirksam. Die Unwirksamkeit tritt ausnahmsweise nicht ein, wenn eine nachträgliche Anzeige erfolgt und ein behördliches Entflechtungsverfahren nach § 41 Abs. 3 GWB von der Kartellbehörde eingestellt worden ist. Das Rechtsgeschäft ist dann rückwirkend wirksam und eine Nachholung ist nicht erforderlich.

21 Entsprechend ist die Rechtslage bei Verstößen gegen das europäische Vollzugsverbot des Art. 7 Abs. 4 FKVO.[20]

B. Beseitigungs- und Unterlassungsanspruch

22 Nach § 33 Abs. 1 GWB ist derjenige, der gegen eine Vorschrift des ersten Teils des GWB, Art. 101 oder Art. 102 AEUV verstößt (Rechtsverletzer) gegenüber dem Betroffenen zur **Beseitigung** der Beeinträchtigung und zur Unterlassung verpflichtet. Die Beseitigung der Beeinträchtigung zielt dabei ab auf die Beendigung der Rechtsverletzung und die **Unterlassung** auf die Vermeidung zukünftiger Rechtsverletzungen (insbesondere Wiederholungen). Auf ein **Verschulden** (d.h. Vorsatz oder Fahrlässigkeit) des Rechtsverletzers kommt es nicht an.

23 Eine Beeinträchtigung liegt schon in jeder Vereitlung einer Marktchance. Der Rechtsverletzer ist gegenüber dem Anspruchsteller daher je nach Verstoß z.B. gehalten, auf die Befolgung einer wettbewerbswidrigen vertraglichen Abrede zu verzichten, einen Vertrag zu beenden, einem Marktbeteiligten Zugang zu einer wesentlichen Infrastruktureinrichtung zu gewähren oder seine Preise auf ein wettbewerbsanaloges Niveau zu senken.

24 Der Anspruch aus § 33 Abs. 1 GWB steht Mitwettbewerbern oder sonstigen Marktbeteiligten (insbesondere Abnehmer und Lieferanten des Rechtsverletzers), die durch den Verstoß beeinträchtigt sind, offen. Das GWB gewährt hingegen keine Ansprüche für private **Verbraucher**. Gemäß § 33 Abs. 4 GWB können Beseitigungs- und Unterlassungsansprüche jedoch auch von rechtsfähigen Verbänden zur Förderung gewerblicher oder selbstständiger beruflicher Interessen sowie von Einrichtungen zur Durchsetzung von Verbraucherinteressen geltend gemacht werden.

---

20 Fusionskontrollverordnung (FKVO – VO (EG) Nr. 139/2004) v. 29.1.2004 (ABl EU Nr. L 24 S. 1ff.).

C. Schadenersatz

Klassische Kartellabsprachen, wie z.B. die Festsetzung der Verkaufspreise, die Beschränkung der Produktionsmengen und die Aufteilung von Märkten führen in der Regel dazu, dass Abnehmer einen höheren Preis bezahlen als im hypothetischen Fall ohne die betreffende Kartellabsprache. Schließlich zielen die vorgenannten Abreden gerade darauf ab, die eigenen Gewinne zu Lasten der Marktgegenseite zu maximieren und wichtiger Wettbewerbsdruck, der preissenkend wirkt, geht verloren. Durch die höheren Gestehungskosten der Abnehmer der Kartellanten, müssen letztere evtl. auch höhere Preise von ihren eigenen Kunden fordern und erleiden als weitere Folge einen Absatzrückgang. Beide Effekte können unterschiedlich stark sein und hängen vom konkreten Marktumfeld ab, in denen sich die Kunden der Kartellanten befinden. Sie beschreiben jedoch folgende grundlegende Schadenspositionen: 25

- die **Vermögenseinbuße** durch höhere Bezugspreise („*klassischer*" Kartellschaden); sie entspricht der Differenz aus Kartellpreis minus dem hypothetischen Wettbewerbspreis multipliziert mit der Bezugsmenge während der Kartellperiode (Preiseffekt);
- der **entgangene Gewinn** in Folge einer durch den höheren Kartellpreis verursachten Preissteigerung auf der Marktgegenseite, die wiederum bei hoher Preiselastizität der Nachfrage zu einem Absatzrückgang auf der Marktgegenseite führt (Mengeneffekt).

Entsprechende Effekte sind nicht nur bei Kartellen auf der Lieferantenseite, sondern auch bei Absprachen zu den Ankaufsbedingungen auf der **Bezugsseite** anzutreffen. Ferner können auch **nachgelagerte Marktstufen** – mittelbar – betroffen sein. Bei allen Betroffenen kommen daneben noch Zinsansprüche dazu. 26

Geschädigte gibt es überdies nicht nur bei klassischen Kartellabreden. Auch **vertikale Absprachen** oder ein **Marktmachtmissbrauch** können zu Vermögensschäden bei anderen Marktteilnehmern führen. Evident ist dies beim Ausbeutungsmissbrauch, wenn der Rechtsverletzer aufgrund seiner marktbeherrschenden Stellung einen überhöhten Monopolpreis fordert, der weit über dem hypothetischen Wettbewerbspreis liegt. Ferner können Verdrängungspraktiken (z.B. Liefersperren oder Preis-Kosten-Scheren) Ursache von entgangenem Gewinn sein, wenn Wettbewerber aufgrund der Verdrängungspraktiken aus dem Markt ausscheiden oder Marktanteile verlieren. 27

Der Ausgleich solcher Schäden ist heute ein wichtiger Bestandteil der privaten Kartellrechtsdurchsetzung geworden. Typischerweise folgt diese Anspruchsdurchsetzung einem abgeschlossenen behördlichen Kartellverfahren nach. Man spricht dann von sogenannten **Follow-on-Klagen**. Prinzipiell denkbar sind jedoch auch isolierte Schadenersatzforderungen (**Stand-alone-Klagen**), da die privatrechtlichen Ansprüche rechtlich nicht von behördlichen Feststellungen abhängig sind. 28

I. Praxisfälle aus der Energiewirtschaft

29 In der Energiewirtschaft spielten insbesondere vier klassische Kartelle zwischen Herstellern von Energieversorgungsanlagen eine prominente Rolle. Die Absprachen betrafen gasisolierte Schaltanlagen (GIS-Anlagen), Hochspannungskabel und Leistungstransformatoren sowie Großdampferzeugungsanlagen. Die Energiewirtschaft war hier jeweils auf der Einkaufseite betroffen und hat mit Schadenersatzforderungen reagiert.

- Im Jahr 2007 verhängte die Kommission gegen zwanzig europäische und japanische Unternehmen Geldbußen in Höhe von insgesamt rund 751 Mio. € wegen ihrer Beteiligung an einem Kartell auf dem Markt für GIS-Anlagen.[21] Das Kartell wurde von 1988 bis 2004 praktiziert. Die in der Anschaffung sehr treuen **GIS-Anlagen** sind der Hauptbestandteil von Umspannwerken, die dazu dienen, elektrischen Strom mit hoher Spannung in solchen mit niedriger Spannung umzuwandeln und umgekehrt. Einige Gerichte erkannten im Nachgang eine Schadenshöhe von 54%–63% des Erwerbspreises.[22]
- Im Jahr 2009 verhängte die Kommission Geldbußen von insgesamt rund 68 Mio. € gegen das so genannte **Transformatorenkartell**, an dem sieben europäische und japanische Transformatorenhersteller beteiligt waren.[23] Das BKartA bebußte das Leistungstransformatorenkartell im Jahre 2012, und zwar mit insgesamt 24,3 Mio. €.[24]
- Im Jahr 2012 verhängte das BKartA gegen Hersteller von **Großdampferzeugern** für Braunkohlekraftwerke eine Geldbuße i.H.v. 91 Mio. € (im Jahre 2011 korrigiert auf 42 Mio. €).[25]
- Im Jahr 2014 erging die Bußgeldentscheidung der Kommission zum sog. **Hochspannungs-Energiekabelkartell**, an dem nach den Feststellungen der Kommission die weltweit größten Hersteller von Hochspannungs-Energiekabeln – sechs europäische, drei japanische und zwei koreanische Unternehmen – beteiligt waren.[26] Der Kommission zufolge bestand das Kartell von 1999 bis Januar 2009 und hatte den Markt und die Kunden weltweit unter sich aufgeteilt.

---

21 Europäische Kommission, Beschl. v. 24.1.2007 – K (2006) 6762 endg. – ABl EU Nr. C 5 S. 7; bestätigt durch EuGH, Urt. v. 19.12.2013 – C 239/11 P, C-239/11 P, C-489/11 P und C-498/11 P – ABl EU Nr. C 52 S. 5.

22 vgl. Rechtbank Gelderland, Urt. v. 10.6.2015 – 208814, Rn. 2.19; Rechtbank Oost-Nederland, Urt. v. 16.1.2013 – 208812, Rn. 4.29.

23 Europäische Kommission, Beschl. v. 7.10.2009 – COMP/39.129 – n.v.

24 BKartA, Beschl. v. 19.9.2012 – B10-101/11 – n.v.

25 BKartA, Beschl. v. 6.8.2010 – B11-26/05 – n.v.

26 Europäische Kommission, Beschl. v. 2.4.2014 – Case AT.39610 – n.v.

Einige der Hersteller haben hiergegen vor dem Europäischen Gerichtshof geklagt.[27] Die Verfahren sind noch anhängig.

Im Nachgang der vorstehenden Kartellverfahren stellt sich für viele Energieversorgungsunternehmen die Frage, ob zivilrechtliche Schadenersatzforderungen bestehen, die noch durchgesetzt werden können. 30

II. Auf welche Vorschriften können Schadenersatzansprüche gestützt werden?

Die deutsche Rechtsordnung sieht für die von Kartellen oder einem Marktmissbrauch geschädigten Marktbeteiligten drei Anspruchsgrundlagen für die Geltendmachung von Schadenersatzansprüchen vor. In Betracht kommt: 31

Checkliste i

1. ein Schadenersatzanspruch wegen Verletzung von Vertragspflichten gem. §§ 280 Abs. 1 S. 1, 241 Abs. 2 BGB;
2. ein kartellrechtlicher Anspruch aus § 33a Abs. 1 GWB;
3. ein allgemeiner deliktsrechtlicher Anspruch aus § 823 Abs. 2 BGB i.V.m. den Schutzgesetzen Art. 101 und 102 AEUV oder §§ 1, 19, 20 GWB (zeitlich beschränkt auf Ansprüche, die vor der Einführung des im GWB geregelten deliktischen Anspruchs entstanden sind)
   sowie zumindest prinzipiell ein deliktsrechtlicher Anspruch aus § 826 BGB gegen verantwortliche Mitarbeiter des rechtsverletztenden Unternehmen;
4. ein besonderer deliktsrechtlicher Anspruch mit bereicherungsrechtlichem Inhalt aus § 852 BGB.

Die Anspruchsgrundlagen stehen nicht in Konkurrenz, sondern sind bei Erfüllung der Tatbestandsvoraussetzungen ggf. auch nebeneinander anwendbar. 32

27 vgl. folgende Klageverfahren Europäische Kommission – T-475/14 – Prysmian und Prysmian cavi e sistemi; Europäische Kommission – T-455/14 – Pirelli & C.; Europäische Kommission – T-449/14 – Nexans France und Nexans ; Europäische Kommission – T-448/14 – Hitachi Metals; Europäische Kommission – T-447/14 – NKT Verwaltungs und NKT; Europäische Kommission – T-446/14 – Taihan Electric Wire; Europäische Kommission – T-445/14 – ABB; Europäische Kommission – T-444/14 – Furukawa Electric; Europäische Kommission – T-441/14 – Brugg Kabel und Kabelwerke Brugg; Europäische Kommission – T-439/14 – LS Cable & System; Europäische Kommission – T-438/14 – Silec Cable und General Cable; Europäische Kommission – T-422/14 – Viscas; Europäische Kommission – T-419/14 – The Goldman Sachs Group; Verfahrensstand dieser Verfahren ist abrufbar unter https://curia.europa.eu/jcms/jcms/j_6/de/.

1. Vertragspflichtverletzung

33 Nach § 241 Abs. 2 BGB ist in einem Schuldverhältnis jeder zur Rücksicht auf die Rechte, Rechtsgüter und Interessen des anderen Teils verpflichtet. Hiergegen verstößt der Kartellant, der einen überhöhten Kaufpreis aufgrund einer verbotenen Kartellabsprache verlangt oder ein marktbeherrschendes Unternehmen, das seine Marktstellung zur Preisüberhöhung ausnutzt.

34 Die für einen Schadenersatzanspruch gem. § 280 Abs. 1 S. 1 BGB erforderliche **Pflichtverletzung** liegt also in dem Kartellrechtsverstoß, der vom Geschädigten nachgewiesen werden muss. Zudem muss der Geschädigte darlegen und nachweisen, dass ihm ein Schaden entstanden ist, der auf den Kartellverstoß zurückzuführen ist. Spezialgesetzliche Sonderregelungen (insbesondere Vermutungstatbestände und Beweiserleichterungen, vgl. § 33a Abs. 2 GWB) aus dem GWB greifen bei Ansprüchen aus § 280 Abs. 1 BGB nicht. Der Schädiger kann sich ferner entlasten, wenn er nachweist, dass er die Rechtsverletzung nicht zu vertreten hat, wobei er jedoch bereits für die fahrlässige Rechtsunkenntnis bezüglich des Kartellverbotes einstehen muss.

35 Ein vertraglicher Schadenersatzanspruch kommt indes nur dann in Betracht, wenn der Geschädigte die Waren direkt vom Rechtsverletzer erworben hat. Hat der Geschädigte die Waren bei einem Händler bezogen, der nicht an dem Kartell oder Marktmissbrauch beteiligt war und ist er somit mittelbar Geschädigter, scheidet ein vertraglicher Schadenersatzanspruch aus. Schadenersatzberechtigt sind dagegen nicht nur **Unternehmen**, sondern auch **Verbraucher**.

36 Die **Verjährung** eines vertraglichen Schadenersatzanspruches richtet sich nach den allgemeinen Regelungen des BGB. Die kartellrechtlichen Sonderregelungen (vgl. § 33h GWB) sind hier nicht anwendbar. Maßgeblich ist danach die regelmäßige Verjährungsfrist von drei Jahren, die gem. § 199 Abs. 1 BGB mit dem Schluss des Jahres zu laufen beginnt, in dem der Anspruch entstanden ist und der Gläubiger von den Anspruch begründenden Umständen und der Person des Schuldners Kenntnis erlangt oder ohne grobe Fahrlässigkeit hätte erlangen müssen. Gemäß § 199 Abs. 3 Nr. 1 BGB verjährt ein Anspruch auch ohne Rücksicht auf die Kenntnis oder grob fahrlässige Unkenntnis in 10 Jahren nach seiner Entstehung.

2. Zentrale Anspruchsnorm des § 33a Abs. 1 GWB

37 Die heute mit Abstand wichtigste Anspruchsgrundlage zur Geltendmachung von Schadenersatzansprüchen bei Kartellrechtsverstößen findet sich in § 33a Abs. 1 GWB. Danach ist derjenige, der gegen die Kartell- oder Missbrauchsverbot des GWB bzw. Art. 101 oder 102 AEUV oder gegen Verfügungen einer Kartellbehörde vorsätzlich oder fahrlässig verstößt, zum Ersatz des daraus entstandenen Schadens verpflichtet. Tatbestandsvoraussetzungen sind daher:

Checkliste
- Verstoß gegen eine Vorschrift des ersten Teils des GWB, Art. 101 AEUV, Art. 102 AEUV oder gegen eine Verfügung einer Kartellbehörde;
- der Verstoß muss fahrlässig oder vorsätzlich begangen sein;
- der Geschädigte weist nach, dass ihm durch den Verstoß ein Schaden entstanden ist.

Eine Besonderheit der kartellrechtlichen Anspruchsnorm ist, dass der Schadenersatzanspruch von jedem geschädigten **Marktteilnehmer** geltend gemacht werden kann. Dies gilt nicht nur für die unmittelbaren Vertragspartner des Rechtsverletzers, sondern auch für mittelbar geschädigte Unternehmen. 38

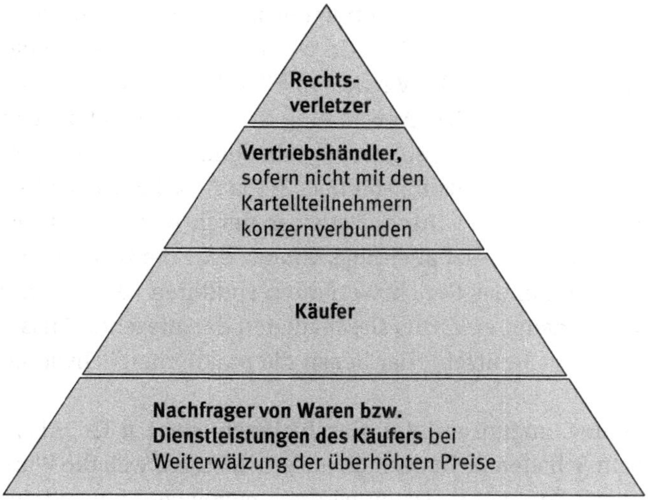

Abb. 1: Unmittelbar und mittelbare Geschädigte[28]

Zugunsten des Geschädigten sieht die kartellrechtliche Anspruchsgrundlage zudem 39 wichtige Erleichterungen der Anspruchsgeltendmachung vor. Die erste ergibt sich aus der **Bindungswirkung** des § 33b GWB. Danach ist das Gericht, das über den Schadenersatzanspruch zu entscheiden hat, an die Feststellung des Kartellverstoßes gebunden, wie sie in einer bestandskräftigen Entscheidung der Kartellbehörde getroffen wurde. Das Gleiche gilt für entsprechende Feststellungen in rechtskräftigen Gerichtsentscheidungen, die infolge der Anfechtung von kartellbehördlichen Entscheidungen ergangen sind. Der Geschädigte muss dann also nicht mehr den Kartellverstoß oder den Marktmissbrauch nachweisen. Schadenersatzansprüche

28 Quelle: Eigene Darstellung.

werden daher heute typischerweise nach Abschluss der behördlichen Kartell- oder Bußgeldverfahren, d.h. als sog. **Follow-on-Klagen** geltend gemacht.

40 Beim erforderlichen Schadensnachweis des Anspruchstellers ist bei Verstößen gegen das Kartellverbot zudem die **Vermutungsregelung** des § 33a Abs. 2 GWB bedeutsam. Danach wird widerleglich vermutet, dass ein Kartell einen Schaden verursacht. Da die Vermutungsregelung durch die 9. GWB-Novelle neu im Gesetz aufgenommen wurde, gilt sie nach den Übergangsbestimmungen des § 186 Abs. 3 GWB nur für Ansprüche, die nach dem 26.12.2016 entstanden sind. Für ältere Ansprüche kann dagegen auf die Rechtsprechung zu § 33 Abs. 3 GWB a.F. und § 823 Abs. 2 BGB Bezug genommen werden.[29]

41 Die Vermutungsregelung hilft nur beim „Ob" des Schadens (= Kartellbetroffenheit). Das heißt, der Geschädigte muss für eine erfolgreiche Anspruchsdurchsetzung weiter darlegen und gegebenenfalls beweisen, in welcher Höhe ihm ein Schaden entstanden ist. Ihm hilft dabei jedoch der Verweis in § 33a Abs. 3 GWB, wonach für die Bemessung des Schadens § 287 ZPO[30] Anwendung findet. Der Richter kann danach eine Schadenschätzung vornehmen, sofern die Schadenhöhe zwischen den Parteien streitig ist. Für die Schadenschätzung soll nach § 33a Abs. 3 S. 2 GWB insbesondere der anteilige Gewinn, den der Rechtsverletzer durch den Verstoß erlangt hat, berücksichtigt werden. Dies setzt allerdings voraus, dass der Geschädigte den anteiligen Gewinn kennt und in das Gerichtsverfahren einführen kann. Ferner muss der anteilige Gewinn überhaupt eine vom Geschädigten darzulegende Aussagekraft für die Höhe des Schadens besitzen. Hier liegen die praktischen Schwierigkeiten.

42 Eine weitere Erleichterung zugunsten des Geschädigten sieht § 33c Abs. 1 S. 1 GWB vor. Hiernach ist ein Schaden nicht deshalb ausgeschlossen, weil die Ware oder Dienstleistung weiterveräußert wurde. Damit wird ein möglicher Einwand des Rechtsverletzers angesprochen, der vortragen kann, dass bei einer Weiterveräußerung des erworbenen Gutes der Schaden an den Abnehmer des Geschädigten weitergewälzt wurde (engl. **passing-on-defense**). Nach der vorgenannten Vorschrift entsteht der Schaden beim unmittelbar Geschädigten trotz des Umstands der Weiterveräußerung. Allerdings stellt § 33c Abs. 1 S. 2 GWB klar, dass der entstandene Schaden ausgeglichen ist, soweit der Abnehmer einen Preisaufschlag, der durch einen Verstoß verursacht worden ist, an seine Abnehmer (mittelbar Geschädigte) weitergegeben hat. Hieraus folgt wiederum, dass der Einwand der Schadenabwäl-

29 Für Quotenkartelle: BGH, Beschl. v. 26.2.2013 – KRB 20/12 – WuW/E DE-R 3861 Rn. 76 f. – Grauzementkartell; ferner OLG Karlsruhe, Urt. v. 9.11.2016 – 6 U 204/15 Kart (2) – WuW 2017, 43; KG Berlin, Urt. v. 1.10.2009 – 2 U 17/03 Kart – GWR 2010, 69; KG Berlin, Urt. v. 1.10.2009 – 2 U 10/03 – NZG 2010, 420.

30 Zivilprozessordnung (ZPO) v. 5.12.2005 (BGBl. I S. 3202; 2006 I S. 431; 2007 I S. 1781), zuletzt geändert durch Gesetz v. 18.7.2015 (BGBl. I S. 2745).

zung für den Rechtsverletzer durchaus möglich ist, er jedoch hierfür und auch für die Höhe des weitergewälzten Schadens die volle Darlegungs- und Beweislast trägt.

Zugunsten des mittelbaren Abnehmers statuiert § 33c Abs. 2 GWB zudem eine weitere Vermutung, die unter gewissen Umständen dazu führt, dass eine Schadenweiterwälzung auf den mittelbaren Abnehmer anzunehmen ist. Diese Vermutung wirkt jedoch nur zugunsten des **mittelbaren Abnehmers** und nicht zugunsten des Rechtsverletzers für seinen möglichen Einwand der Schadenweiterwälzung gegenüber Ansprüchen des unmittelbar Geschädigten. 43

Ferner sieht das GWB seit der 9. GWB-Novelle in § 33h GWB besondere **Verjährungsregelungen** vor. Schadenersatzansprüche nach § 33a GWB verjähren danach erst in fünf Jahren und auch die 10-jährige Verjährungsfrist beginnt erst, wenn der Kartellrechtsverstoß insgesamt beendet wurde. Auf die Einzelheiten wird später gesondert eingegangen.[31] 44

3. Allgemeiner deliktischer Schadenersatzanspruch nach § 823 Abs. 2 BGB i.V.m. kartellrechtlichem Schutzgesetz sowie nach § 826 BGB

Für Ansprüche, die vor der Einführung der kartellrechtlichen Anspruchsnormen entstanden sind, kann ein Schadenersatzanspruch auf die allgemeine Deliktsrechtsnorm des § 823 Abs. 2 BGB gestützt werden. Demnach ist derjenige zum Ersatz des Schadens verpflichtet, der gegen ein den Schutz eines anderen bezweckendes Gesetz verstößt. Anerkannt ist, dass es sich bei den kartellrechtlichen Verbotsnormen um Schutzgesetze i.S.d. § 823 Abs. 2 BGB handelt. Weiterhin muss der Verstoß vorsätzlich oder fahrlässig erfolgt sein und der Geschädigte den Schadennachweis führen. 45

Fraglich ist, ob auch **mittelbar Geschädigte** oder **Verbraucher** einen Schadensersatzanspruch nach § 823 Abs. 2 BGB geltend machen können. Der BGH hat dies in seiner berühmten ORWI-Entscheidung zu § 823 Abs. 2 BGB i.V.m. Art. 101 AEUV für mittelbar Geschädigte bejaht.[32] Ob auch Verbraucher einen entsprechenden Schadenersatzanspruch geltend machen können, ist hingegen weiter offen. Bereits in der ORWI-Entscheidung hat der BGH eine Vermutung hergeleitet, dass Kartelle typischerweise einen Schaden verursachen. Für die Höhe des Schadens ist jedoch der Geschädigte beweispflichtig, wie auch der Rechtsverletzer darlegungs- und beweispflichtig dafür ist, dass ein etwaiger Schaden des Anspruchsstellers an seine Abnehmer weitergewälzt wurde (passing-on-defense). Der BGH hat für den Anspruch nach § 823 Abs. 2 BGB mangels gesetzlicher Regelung den Weiterwälzungseinwand aus dem allgemeinen schadensrechtlichen Prinzip der **Vorteilsaus-** 46

---

31 Unten Rn. 80 ff.

32 BGH, Urt. v. 28.6.2011 – KZR 75/10 – BGHZ 190, 145 – ORWI.

gleichung abgeleitet. Der Geschädigte muss sich danach Vorteile anrechnen lassen, die adäquat kausal auf das schädigende Ereignis zurückgehen.[33]

47 Die Verjährung richtet sich wiederum nach allgemeinen Grundsätzen. D.h., anwendbar sind die Regelverjährungsfrist von drei Jahren sowie die kenntnisunabhängige Verjährung nach 10 Jahren.

48 Deliktische Schadenersatzansprüche können sich ferner auch gegen am Kartellrechtsverstoß Beteiligte natürliche Personen richten. Anspruchsgrundlage ist hier insbesondere § 826 BGB, der eine **vorsätzliche sittenwidrige Schädigung** voraussetzt. In Betracht kommen Ansprüche aus § 826 BGB vor allem bei Hardcore-Kartellrechtsverstößen sowie bei besonders schwerwiegenden Verstöße gegen die Missbrauchsverbote. Für den Vorsatz einer sittenwidrigen Schädigung ist erforderlich, dass er sich auf den Eintritt des Schadens und die Kausalität des schädigenden Verhaltens bezieht. Weiter muss sich der Schädigungsvorsatz auch auf die Kenntnis der tatsächlichen Umstände beziehen, die das Sittenwidrigkeitsurteil begründen.[34] Ein Bewusstsein über die Sittenwidrigkeit ist hingegen nicht erforderlich. Bedeutsam kann jedoch sein, inwieweit im Vorhinein rechtsanwaltlicher Rat eingeholt wurde. Denn ein Irrtum über die Rechtmäßigkeit eines Verhaltens lässt den Vorsatz nur dann entfallen, wenn er unvermeidbar war.[35]

4. Besonderer deliktsrechtlicher Anspruch mit bereicherungsrechtlichem Inhalt aus § 852 BGB

49 Auch nach Eintritt der Verjährung hat der Geschädigte gem. § 852 BGB einen Anspruch auf Ersatz des entstandenen Schadens nach den Vorschriften über die Herausgabe einer ungerechtfertigten Bereicherung (sogenannter **Restschadenersatz**), soweit dem Rechtsverletzer ein Mehrerlös aus dem Kartellrechtsverstoß zugeflossen ist.[36] Dieser Anspruch verjährt in zehn Jahren von seiner Entstehung an bzw. ohne Rücksicht auf die Entstehung in 30 Jahren von der Begehung der letzten Verletzungshandlung.

III. Wer haftet?

50 Bei einem Kartell sind regelmäßig mehrere Unternehmen an der Absprache beteiligt. Allerdings auch beim Marktmissbrauch können im Falle der Oligopolmarktbeherrschung mehrere Unternehmen ihre gemeinsame marktbeherrschende Stellung

33 BGH, Urt. v. 28.6.2011 – KZR 75/10 – BGHZ 190, 145 – ORWI Rn. 57.
34 BGH, Urt. v. 21.4.2009 – VI ZR 304/07 – NJW-RR 2009, 1207.
35 Müko-BGB/*Wagner*, § 826 BGB Rn. 32ff.
36 OLG Karlsruhe, Urt. v. 9.11.2016 – 6 U 204/15 Kart (2) – WuW 2017, 43.

bei der Preissetzung missbräuchlich ausnutzen oder Oligopol-außenseiter behindern. Nach § 33d Abs. 1 GWB sind die an dem Verstoß beteiligten Unternehmen grundsätzlich als **Gesamtschuldner** zum Ersatz des daraus entstandenen Schadens verpflichtet, wenn sie den Verstoß i.S.d. § 33a Abs. 1 GWB gemeinschaftlich begehen. Die Gesamtschuld hat zur Folge, dass der Geschädigte den gesamten Schadensausgleich wahlweise von einem beliebigen Gesamtschuldner einfordern kann, z.B. vom Unternehmen mit den „tiefsten Taschen".

Beispiel

i

Die Energieversorgungsunternehmen A, B und C verkaufen Gas an Industrieunternehmen. Die jeweils für das Geschäftsjahr geltenden Verkaufspreise sind zwischen den Energieversorgern bei regelmäßigen Treffen abgesprochen. Das Industrieunternehmen U hat stets Erdgas vom Gasversorgungsunternehmen A bezogen und hierfür einen überhöhten Preis gezahlt. Nach einer Aufdeckung des Kartells verlangt U Schadenersatz. Den Anspruch kann er jetzt gegen den Gasversorger A, allerdings auch gegen die Versorgungsunternehmen B und/oder C geltend machen, obwohl er bei B und C keine Gaslieferungen erworben hat. Die Versorgungsunternehmen sind untereinander zum Ausgleich verpflichtet, sobald A, B oder C an U Schadenersatz geleistet hat.

Die gesamtschuldnerische Haftung kann wichtig sein, wenn eines der beteiligten 51
Unternehmen nicht ausreichend zahlungskräftig ist oder in Folge von Insolvenz sogar als Anspruchsgegner ausscheidet. Das Verhältnis, in dem die Gesamtschuldner untereinander für die Verpflichtung zum Ersatz und dem Umfang des zu leistenden Ersatzes haften, hängt gem. § 33d Abs. 2 GWB von den Umständen ab, in welchem Maß sie den Schaden verursacht haben. Anhaltspunkt hierfür können die Marktanteile zwischen den Kartellanten sein.

Auch nach der 9. GWB-Novelle ist weiter sehr umstritten, wie weit die Schaden- 52
ersatzpflicht im Konzern reicht. Das europäische Kartellrecht geht beim **Unternehmensbegriff** regelmäßig von einem weiten Verständnis der wirtschaftlichen Einheit aus. Das heißt, Unternehmen ist die gesamte wirtschaftliche Einheit, mithin alle konzernverbundenen Unternehmen. Würde man diesen Unternehmensbegriff auf das Kartellschadensrecht übertragen, so könnte ein Schadenersatzanspruch beispielsweise nicht nur gegen das bebußte Unternehmen geltend gemacht werden, sondern auch gegen die Muttergesellschaft der handelnden juristischen Person. Dem steht nach der bislang h.M. in der deutschen Lehre das gesellschaftsrechtliche Trennungsprinzip entgegen, wonach jede Gesellschaft gegenüber ihren eigenen Gläubigern selbständig haftet. Der GWB-Gesetzgeber der 9. Novelle hat die Frage des Unternehmensbegriffes im Kartellzivilrecht („wer" im Sinne des § 33a Abs. 1 GWB) offen gelassen und weder in die eine noch die andere Richtung beantwortet.[37]

37 Demgegenüber regelt § 81 Abs. 3a GWB seit der 9. GWB-Novelle die Möglichkeit der bußgeldrechtlichen Haftung der Muttergesellschaft für kartellrechtliche Verstöße ihrer Tochtergesellschaft.

Für eine weitere Auslegung des § 33a Abs. 1 GWB streitet jedoch – neben der Parallele zur bußgeldrechtlichen Haftung – insbesondere der effet utile des europäischen Gemeinschaftsrechtes, wie er der Kartellschadensersatzrichtlinie entnommen werden kann.[38] Auch das nationale Kartellrecht kennt in der Fusionskontrolle die Regelung des § 36 Abs. 2 GWB, wonach abhängige und herrschende Unternehmen i.S.d. § 17 AktG[39] oder zwei Konzernunternehmen i.S.d. § 18 AktG als einheitliches Unternehmen anzusehen sind. Dieser Grundsatz wurde vom BGH zu einem allgemeinen Grundsatz des GWB erhoben.[40]

53 Seit der 9. GWB-Novelle gibt es im Schadensrecht gem. § 33e GWB eine Privilegierung von **Kronzeugen**. Kronzeuge ist, wer als Kartellant im Rahmen eines Kronzeugenprogramms ein Kartell aufgedeckt hat (vgl. § 33e Abs. 1 GWB). Der GWB-Gesetzgeber möchte solche Selbstanzeigen von Kartellanten fördern, um die Durchsetzungskraft des Wettbewerbsrechts zu erhöhen, denn Kronzeugen spielen in der Ermittlungstätigkeit der Kartellbehörden eine sehr wichtige Rolle. Die Kartellbehörden belohnen die Aufdeckung des Kartells mit dem Erlass des Bußgeldes. Allerdings schützt die Selbstanzeige bei den Kartellbehörden den Kartellanten nicht vor den Ansprüchen der Kartellgeschädigten. Die Fortentwicklung des privaten Schadenersatzrechtes wurde daher auch von kartellbehördlicher Seite kritisch beurteilt.[41] Die Behörden fürchten, dass durch eine leichtere Durchsetzung von Schadenersatzansprüchen der Anreiz zur Kartellaufdeckung sinkt. Die Neuregelung in § 33e GWB sucht hier einen Mittelweg. Sie führt dazu, dass der Kronzeuge nur zum Ersatz des Schadens verpflichtet ist, der seinen unmittelbaren und mittelbaren Abnehmern entstanden ist. D.h., die gesamtschuldnerische Haftung ist im Außenverhältnis zu den Geschädigten eingeschränkt. Diese Einschränkung greift allerdings nicht, wenn die Geschädigten von den übrigen Rechtsverletzern keinen vollständigen Ersatz erlangen konnten.

54 Eine ähnliche Privilegierung gibt es zugunsten **kleiner und mittlerer Unternehmen (KMU).** Nach § 33d Abs. 3 GWB sind diese ebenfalls nur zum Ersatz des Schadens verpflichtet, der ihren unmittelbaren oder mittelbaren Lieferanten aus dem Verstoß entsteht. Voraussetzung ist hierfür, dass der Marktanteil des KMU während des Kartells stets unter 5% betrug und eine Ersatzpflicht die wirtschaftliche Lebensfähigkeit des KMU unwiederbringlich gefährden und seiner Aktiva jeden Werts berauben würde. Wie auch bei den Kronzeugen ergibt sich jedoch eine subsidiäre Haftung, wenn von den übrigen Rechtsverletzern kein vollständiger

38 Siehe oben Rn. 3.

39 Aktiengesetz (AktG) v. 6.9.1965 (BGBl. I S. 1089), zuletzt geändert durch Gesetz v. 17.7.2017 (BGBl. I S. 2446).

40 BGH, Urt. v. 23.6.2009 – KZR 21/08 – 2. Leitsatz – NJW-RR 2010, 618 – Entega.

41 BKartA, Private Kartellrechtsdurchsetzung, Stand, Probleme, Perspektiven, Diskussionspapier für die Sitzung des Arbeitskreises Kartellrecht am 26. September 2005, S. 25 ff.

Ersatz verlangt werden kann. Die Ausnahme ist ferner nicht einschlägig, wenn das KMU das Kartell organisiert oder andere zum Kartell gezwungen hat und bei Wiederholungstätern.

Nicht zu vergessen, wenn auch in der Praxis bislang weniger bedeutsam, ist die 55 bereits erwähnte mögliche Haftung von **Entscheidungsträgern** der für den Rechtsverstoß verantwortlichen Unternehmen.[42]

IV. Wie hoch ist der Schaden?

Regelmäßig schwer zu beurteilen ist die Frage, wie hoch der Schaden ist, den die 56 Betroffenen eines Kartells oder eines Marktmissbrauchs erlitten haben.[43] Niemand – auch nicht der Kartellant oder Marktbeherrscher – kennt den Preis einer Ware oder Dienstleistung, der bei wirksamem Wettbewerb erzielt worden wäre.

Gerade dieser **hypothetische Wettbewerbspreis** ist jedoch eine der zentralen 57 Ausgangsgrößen für die Bestimmung der Vermögenseinbuße. Denn der Geschädigte soll so gestellt werden, wie er ohne die Rechtsverletzung gestanden hätte. Bei einem Kartell ist also der Preis maßgeblich, der sich ohne die Kartellabsprache im Wettbewerb gebildet hätte. Bei einem Ausbeutungsmissbrauch ist der Preis maßgeblich, der ohne die Ausnutzung der besonderen Marktstellung bestanden hätte. Bei einem Behinderungsmissbrauch kommt es wiederum maßgeblich auf den entgangenen Gewinn an, der ohne die kartellrechtswidrige Behinderung vom betroffenen Unternehmen erzielt worden wäre.

Auch wenn die private Kartellrechtsdurchsetzung oft erst im Anschluss an Kar- 58 tellverfahren erfolgt, helfen diese nicht ohne Weiteres bei der Bestimmung der Schadenshöhe. Zwar beurteilen die Kartellbehörden bei der Festsetzung der Geldbuße die Dauer, das Ausmaß und die Schwere der Kartellabsprachen. Eine konkrete Ermittlung des hypothetischen Wettbewerbspreises ist zur Bestimmung der Bußgeldhöhe jedoch nicht erforderlich.[44] Etwas anders ist die Situation bei einem Ausbeutungsmissbrauch. Hier erlässt die Kartellbehörde gegebenenfalls eine Preissenkungsverfügung, die zumindest für die Zukunft Auskunft darüber gibt, welches Niveau der wettbewerbsanaloge Preis hat. Bei einem Behinderungsmissbrauch hin-

---

42 Hierzu bereits oben Rn. 48.

43 Vertiefend *Schwalbe*, NZKart 2017, 157.

44 Vgl. Bußgeldleitlinien des BKartA vom 25.6.2013, abrufbar unter http://www.bundeskartellamt.de/SharedDocs/Publikation/DE/Leitlinien/Bekanntmachung%20-%20Bu%C3%9Fgeldleitlinien-Juni%202013.pdf?__blob=publicationFile&v=5; Leitlinien für das Verfahren zur Festsetzung von Geldbußen gemäß Artikel 23 Absatz 2 Buchstabe a) der Verordnung (EG) Nr. 1/2003. ABl EU Nr. C 210 vom 1.9.2006, abrufbar unter http://eur-lex.europa.eu/legal-content/DE/TXT/?uri=celex:52006XC0901(01).

gegen beschäftigt sich die Kartellbehörde in der Regel nicht mit dem entgangenen Gewinn der betroffenen Unternehmen.

59 In einem Schadenersatzprozess ist daher oft entscheidend, wer welche Umstände darzulegen und gegebenenfalls zu beweisen hat. Nach der Rechtsprechung und der gesetzlichen Grundentscheidung in § 33a GWB ist für die Höhe der Vermögenseinbuße oder des entgangenen Gewinns der Geschädigte darlegungs- und beweispflichtig. Der Schädiger wiederum hat darzulegen und zu beweisen, in welcher Höhe der Schaden auf die nachgelagerte Marktstufe abgewälzt wurde (passing-on-defense).

1. Schadensgutachten

60 Auch wenn § 287 ZPO dem Richter die Möglichkeit gibt, den Schaden zu schätzen, erfordert eine solche Schadenschätzung eine hinreichend gesicherte Tatsachengrundlage, auf der der erkennende Richter seine Schätzung gründen kann.

61 Erforderlich hierfür sind konkrete Anknüpfungstatsachen. Der Verweis auf allgemeine **Studien**, die gegebenenfalls zu anderen Kartellen durchschnittliche Preiserhöhungen ermitteln, genügt dafür nicht. Sie geben für den Geschädigten jedoch einen (ersten) Anhaltspunkt:

- Schaden „bis zu 25%", Broschüre des BKartA, „Erfolgreiche Kartellverfolgung, Nutzen für Wirtschaft und Verbraucher", S. 12
- „20%", OECD-Bericht, „Report on the nature and impact of hard core cartels and sanctions against cartels under national competition laws", vom 9.4.2002, S. 7, Rn. 13
- „18%", Oxera-Studie „Quantifying antitrust damages. Towards non-binding guidance for courts", von Dezember 2009, S. 90
- „17%", Bericht der Toulouse School of Economics „How Much Do Cartels Overcharge?", Marcel Boyer/Rachidi Kotchoni, Toulouse School of Economics, vom 31.1.2014, S. 3

62 Sinnvoll ist daher die Einbringung eines **Parteigutachtens**, das auf den konkreten Fall bezogen und zu konkret betroffenen Erwerbsvorgängen einen kartellbedingten Preisaufschlag und mithin einen konkreten Schaden für den Anspruchssteller darlegt. Oft wird hierfür ein sogenanntes ökonometrisches Gutachten eingeholt, das versucht den wettbewerbstheoretischen Preis mittels insbesondere zeitlichen Vergleichsmarktkonzepten oder kostenbasierten Methoden näherungsweise zu ermitteln.

63 Trotz Einbringung eines solchen Parteigutachtens kann im Prozess ein weiteres Gutachten, nämlich dasjenige eines **gerichtlichen Sachverständigen** erforderlich werden. Dies ist insbesondere dann der Fall, wenn auch die Gegenseite ein Gutachten vorlegt, das darauf hindeutet, dass keine oder nur geringere Marktwirkungen in Folge der Rechtsverletzung entstanden sind.

Tatsächlich gibt es eine Vielzahl von Faktoren, die für die Schadenshöhe entscheidend sind. Für eine hohe Preisüberhöhung sprechen bei Kartellabsprachen insbesondere nachstehende **Marktbedingungen** während des Kartellzeitraumes:[45] 64

Checkliste i

1. Überschaubare Anzahl von Kartellmitgliedern
2. Breite Marktabdeckung des Kartells (d.h. Kartelle mit hohem Marktanteil und wenigen Unternehmen, die auf demselben Markt tätig waren, ohne am Kartell beteiligt zu sein)
3. Geringe Heterogenität der Kartellanten (d.h. ähnliche Größe der kartellbeteiligten Unternehmen)
4. Hohe Markteintrittsbarrieren
5. Lange Kartelldauer

2. Vertragliche Schadenspauschale

Trotz der gesetzlichen Hilfestellungen (z.B. Vermutungsregelungen, Auskunftsansprüche) und der zunehmend zu Gunsten der Geschädigten ergangenen Rechtsprechung[46] ist die Durchsetzung von Kartellschadenersatz vor Gericht oft mit erheblichen Unsicherheiten behaftet, die insbesondere den Nachweis der Schadenshöhe betreffen. Fordert der Kläger zu viel Schadenersatz, so muss er einen Teil der Prozesskosten tragen, die das wirtschaftliche Ergebnis der teilweise langjährigen Prozesse in Frage stellen. 65

Solchen Risiken kann jedoch unter Umständen vorgebeugt werden. Ein Mittel hierzu ist die Verwendung sogenannter **schadenspauschalisierender Klauseln** bei der Beschaffung von Gütern oder Dienstleistungen.[47] Bei öffentlichen Ausschreibungen sind solche vom Auftraggeber vorgegebenen Vertragsregelungen inzwischen zum Standard geworden. Ziel solcher Regelungen ist die Vereinbarung einer konkreten Schadensersatzhöhe (in der Regel in Prozent der Abrechnungssumme oder Auftragssumme), für den Fall, dass der Lieferant an einem Kartell teilgenommen hat und das gelieferte Gut von diesem Kartell betroffen ist. In der Vergangenheit wurde hierzu oft die nachstehende Formulierung verwendet: 66

Klauselmuster i

„Wenn der Auftragnehmer aus Anlass der Vergabe nachweislich eine Abrede getroffen hat, die eine unzulässige Wettbewerbsverschränkung darstellt, hat er 15 v. H. der Abrechnungssumme an den Auftraggeber zu zahlen, es sei denn, dass ein Schaden in anderer Höhe nachgewiesen wird. [...].“[48]

45 *Inderst/Thomas*, Schadensersatz bei Kartellverstößen, Düsseldorf 2015, S. 100 ff.
46 Vgl. nur BGH, Urt. v. 28.6.2011 – KZR 75/10 – BGHZ 190, 145 – ORWI oder BGH, Urt. v. 12.7.2016 – KZR 25/14 – BHGZ 211, 146.
47 Ausführlich *Löwenkamp/Nuys*, NZKart 2017, 61.
48 Beispiel aus LG Potsdam, Urt. v. 13.4.2016 – 2O 23/15 – WuW 2016, 502.

67 Der entscheidende Vorteil ist, dass der Abnehmer weder das „Ob“ des Schadens noch dessen konkrete Höhe nachweisen muss. Voraussetzung ist lediglich, dass dem Auftraggeber dem Grunde nach ein Schadenersatzanspruch zusteht, die Ausschreibung insbesondere im Kartellzeitraum erfolgte und die den Gegenstand des Ausschreibungsverfahrens bildende Ware oder Dienstleistung Gegenstand des Kartellrechtsverstoßes gewesen ist. Deshalb handelt es sich bei solchen Klauseln typischerweise nicht um Vertragsstrafen i.S.d. § 339 S. 2 BGB oder selbständige Garantie- bzw. Strafversprechen nach § 343 Abs. 2 BGB. Denn Vertragsstrafen bzw. Garantien oder Strafversprechen beziehen sich auf Haupt- und Nebenleistungen des Vertrages. Die Einhaltung des Wettbewerbsrechtes wird jedoch nicht als Leistungspflicht von Verträgen, sondern als allgemeine Rechtspflicht verstanden.

68 Greift die Klausel, so hat der Rechtsverletzer regelmäßig nach dem Klauselwortlaut die Möglichkeit den Gegenbeweis zu führen, dass dem Abnehmer kein oder ein geringerer Schaden entstanden ist.

69 Auch wenn solche Klauseln für die öffentliche Hand oder für andere Unternehmen, die Einkaufsbedingungen vorgeben können, als Königsweg erscheinen, muss auf einige Klippen hingewiesen werden. Diese Klippen resultieren vor allem daraus, dass selten eine individualvertragliche Vereinbarung von schadenspauschalisierenden Klauseln stattfindet. Vielmehr muss eine solche Klausel typischerweise als vorformulierte Vertragsregelung dem Recht der allgemeinen Geschäftsbedingungen (§§ 307 ff. BGB) standhalten. Nach §§ 307, 310 Abs. 1 S. 2, 309 Nr. 5 lit. a. und lit. b BGB ist die Vereinbarung eines pauschalierten Schadenersatzanspruchs unwirksam, wenn

- die Pauschale den in den von der Klausel erfassten Fällen nach dem gewöhnlichen Lauf der Dinge zu erwartenden Schaden übersteigt (lit. a.) oder
- dem Vertragspartner nicht ausdrücklich der Nachweis gestattet wird, ein Schaden sei überhaupt nicht entstanden oder wesentlich niedriger, als die Pauschale (lit. b.).

70 Zu den vorgenannten Voraussetzungen gibt es derzeit widersprüchliche Rechtsprechung. Während z.B. das OLG Karlsruhe die oben zitierte Klausel als wirksam erklärte,[49] lehnte das LG Potsdam die Vereinbarkeit mit dem AGB-Recht ab.[50]

71 **Umstritten** ist insbesondere, ob die Schadenersatzklausel im jeweiligen Einzelfall für den entstandenen Schaden oder für alle von der Klausel erfassten Fälle eine angemessene Schadenkompensation vorsehen muss. Weiter umstritten ist, wie hoch die Pauschale für einen Kartellverstoß angesetzt werden darf.

---

49 So auch neuerdings LG Hannover, Urt. v. 18.12.2017 – 18 O 8/17 – n.V.

50 OLG Karlsruhe, Urt. v. 31.7.2013 – 6U 51/12 – NZKart 2014, 366; LG Potsdam, Urt. v. 22.10.2014 – 2O 29/14 – NZKart 2015, 152 sowie LG Potsdam, Urt. v. 13.4.2016 – 2 O 23/15 – NZKart 2016, 240.

Weitgehend unstrittig ist hingegen, dass die Klausel sich nur auf Fälle beziehen 72
kann, in denen der **Vertragspartner am Kartell** beteiligt war, d.h. mittelbar bezogene Waren oder Dienstleistungen können nicht erfasst werden.

Praxistipp

Aufgrund der noch ungeklärten Rechtsfragen sollte die verwendete Klausel eine Differenzierung der Höhe der Pauschale nach Art und Schwere des Kartellverstoßes vorsehen. Jedenfalls bei Hardcore-Kartellen wird eine Pauschale von zumindest 10% überwiegend als angemessen angesehen. Möglich wäre es daher auch, die Klausel von vornherein auf Hardcore-Verstöße zu beschränken. Weiter sollte die Schadenersatzklausel nur Fälle erfassen, in denen das kartellierte Produkt unmittelbar von den Kartellanten erworben wurde.[51] Wichtig ist weiter, dass die Klausel, wie in § 309 Nr. 5 lit. b BGB vorgesehen, ausdrücklich die Möglichkeit eines Gegenbeweises vorsieht.

3. Einwand der Schadensweiterwälzung

Der neben der Anspruchsverjährung oft wichtigste Einwand des Rechtsverletzers 73
gegen einen vermeintlich Geschädigten ist der sogenannte Einwand der Schadenweiterwälzung (Passing-on-Einwand). Denn der Geschädigte soll durch den Schadensausgleich nicht bessergestellt werden, als er ohne das schädigende Ereignis gestanden hätte (Grundsatz der Vorteilsausgleichung). Letzteres wäre jedoch der Fall, wenn er einerseits vom Rechtsverletzer Schadenersatzanspruch beanspruchen könnte, er jedoch bereits im Vorhinein die Vermögenseinbuße, die er durch einen überhöhten Preis erlitten hat, vollständig durch die Preissetzung gegenüber seinen Abnehmern kompensiert hat.

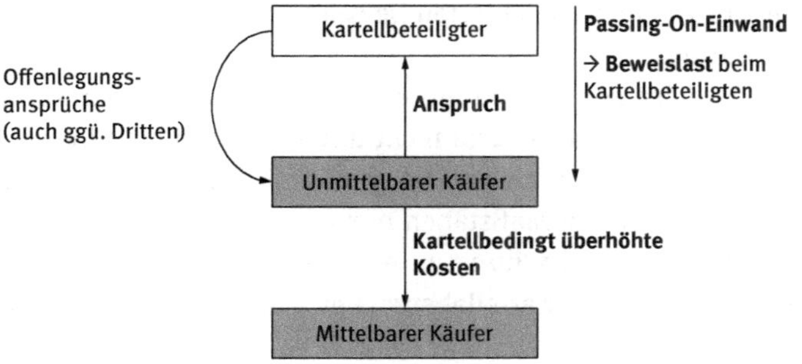

Abb. 2: Passing-on-Einwand[52]

§ 33c Abs. 1 S. 2 GWB stellt nun gesetzlich klar, dass der Rechtsverletzer diesen Ein- 74
wand geltend machen kann, wenn er die Weitergabe des Schadens darlegen und

51 Siehe vertiefend *Löwenkamp/Nuys*, NZKart 2017, 61.

52 Quelle: Darstellung BBH.

beweisen kann. Allein der Beleg, dass die kartellierte Ware weiterveräußert wurde, reicht nach § 33c Abs. 1 S. 1 GWB nicht aus. Vielmehr muss der Anspruchsgegner konkret vortragen, in welcher Höhe durch diese Weiterveräußerung der Schaden, der durch den Rechtsverstoß entstanden ist, beim Anspruchsteller ausgeglichen wurde. Um diesen Nachweis überhaupt führen zu können, steht dem Kartellanten im Prozess nach § 33g Abs. 2 GWB ein Auskunftsanspruch gegen den Geschädigten oder gegenüber Dritten (z.B. Abnehmer des unmittelbar Geschädigten) zu.[53] Ferner stellt § 33c Abs. 1 S. 3 GWB klar, dass die Geschädigten unabhängig vom Passing-on weiterhin den Ersatz des entgangenen Gewinns geltend machen können, der ggf. durch einen Mengeneffekt des Preisaufschlages verursacht worden ist.[54]

75 Der BGH hatte sich in der **ORWI-Entscheidung** sehr differenziert mit dem Passing-on-Einwand auseinandergesetzt und hohe Anforderungen gestellt.[55] Der Kartellbeteiligte müsse darlegen und ggf. beweisen, dass der Weiterwälzung keine Nachteile des Abnehmers gegenüber stehen, insbesondere kein Nachfragerückgang, durch den die Preiserhöhung (ganz oder teilweise) kompensiert worden ist.[56] Damit ist der entgangene Gewinn angesprochen, den der Geschädigte unter Umständen auch als eigenen Schaden geltend machen kann. Weiter habe der Kartellbeteiligte für den Passing-on-Einwand darzulegen, wie sich gegebenenfalls eigene Wertschöpfungsanteile des weiterverkaufenden Abnehmers auf den Vorteilsausgleich auswirken. Soweit sich Preiserhöhungen auf den eigenen Wertschöpfungsanteil des Weiterverkäufers beziehen, können sie – so der BGH – nicht als kartellbedingt angesehen werden.[57] In der Folge ist die Verteidigung des Kartellbeteiligten insbesondere gegenüber Geschädigten, die das kartellbefangene Gut weiterverarbeiten (anders im Handel) erheblich erschwert. Ob die Neuregelung der Auskunftsansprüche[58] durch die 9. GWB-Novelle hier zu einer erleichterten Beweisführung für den Rechtsverletzer führt, bleibt abzuwarten.

76 Nach den allgemeinen Grundsätzen der Vorteilsausgleichung darf der Einwand der Schadenweiterwälzung den Schädiger zudem nicht unbillig entlasten. Eine solche unbillige Entlastung könnte im Raum stehen, wenn die mittelbaren Abnehmer (insbesondere Verbraucher) in absoluten Maßstäben nur gering betroffen sind, sodass von ihnen keine Schadensgeltendmachung zu erwarten ist (z.B. im Fall von einfachen Verbrauchsgütern, bei denen Kartellabsprachen auf der Herstellerseite

53 Zu Auskunftsansprüchen näher Rn. 97 ff.

54 Zum Mengeneffekt oben Rn. 25.

55 BGH, Urt. v. 28.6.2011 – KZR 75/10 – BGHZ 190, 145 – ORWI.

56 BGH, Urt. v. 28.6.2011 – KZR 75/10 – BGHZ 190, 145 – ORWI; diese Voraussetzung hat der Gesetzgeber der 9. GWB-Novelle nicht übernommen (vgl. § 33c Abs. 2 S. 2 GWB). Allerdings verweist die Gesetzesbegründung ausdrücklich auf die vom BGH in der ORWI-Entscheidung aufgestellten Voraussetzungen, vgl. BT-Drucks. 18/10207, S. 56.

57 BGH, Urt. v. 28.6.2011 – KZR 75/10 – BGHZ 190, 145 – ORWI.

58 Hierzu näher unten Rn. 97 ff.

beim Endprodukt oft nur zu einer Preissteigerung von wenigen Cent führen). In diesem Fall könnte sich der Rechtsverletzer durch den Einwand der Schadenabwälzung zunächst gegenüber dem unmittelbar Geschädigten (z.B. Händler) entlasten und müsste keinen Regress der eigentlich betroffenen Endabnehmer befürchten. Einzelne Gerichte haben diesen Einwand der Unbilligkeit bereits bejaht.[59] Ebenso zurückgewiesen wurde der Passing-on-Einwand auch bereits mit dem Argument eines fehlenden Anschlussmarktes, auf dem auf Anbieter- oder Nachfragerseite kein Wettbewerb bestehe (so in Fällen der Daseinsvorsorge wie öffentlicher Nahverkehr[60] oder kommunale Stadtreinigung und Entsorgung[61]).

4. Ansprüche mittelbar Geschädigter und Preisschirmeffekte

Bei Kartellverstößen sind nicht nur die unmittelbaren Abnehmer oder Lieferanten 77 des Rechtsverletzers betroffen. Sind die unmittelbaren Abnehmer zum Beispiel Handelsunternehmen, so können sich kartellbedingte Preisüberhöhungen insbesondere auch auf die Abnehmer und Kunden der Händler auswirken. Diese Gruppe der Geschädigten nennt man **mittelbar Geschädigte**. Auch zu Gunsten des mittelbar Geschädigten hat die 9. GWB-Novelle in § 33c Abs. 2 GWB eine **Vermutungsregelung** eingeführt. Hier wird vermutet, dass der Preisaufschlag auf sie abgewälzt wurde, wenn es zu Lasten des unmittelbaren Abnehmers einen Preisaufschlag gab und der mittelbare Abnehmer kartellbefangene Waren oder Dienstleistungen erworben hat. Um diese Vermutung zu entkräften, muss der Rechtsverletzer glaubhaft machen, dass der Preisaufschlag nicht oder nicht vollständig an den mittelbaren Abnehmer weitergegeben wurde.

Bemerkenswert hieran ist, dass sich der Schadenersatz aufsummieren kann, 78 wenn der Rechtsverletzer in unterschiedlichen Prozessen sowohl vom unmittelbar Geschädigten als auch vom mittelbar Geschädigten in Anspruch genommen wird. Dabei kann es prinzipiell auch zu einer **Überkompensation** kommen, wenn sich die Feststellungen zur Schadenshöhe in den unterschiedlichen Prozessen widersprechen. Obwohl der europäische Richtliniengeber, den Mitgliedsstaaten aufgegeben hat, hierzu Verfahrensregelungen vorzusehen,[62] hat der deutsche Gesetzgeber im Zuge der 9. GWB-Novelle auf weitere Prozessregelungen verzichtet. Es bleibt da-

---

59 LG Dortmund, Urt. v. 21.12.2016 – 8 O 90/14 – WuW 2017, 98 und LG Frankfurt/Main, Urt. v. 30.3.2016 – 2-06 O 464/14 – n.v.

60 LG Berlin, Urt. v. 6.8.2013 – 16 O 193/11 – NZKart 2014, 37, LG Dortmund, Urt. v. 28.6.2017 – 8 O 25/16 sowie LG Dortmund, Urt. v. 21.12.2016 – 8 O 90/14 – WuW 2017, 98 und LG Frankfurt/Main, Urt. v. 30.3.2016 – 2-06 O 464/14 – n.v.

61 LG Hannover, Urt. v. 18.12.2017 – 18 O 8/17 – n.v.

62 Art. 12 Abs. 2 Kartellschadensersatzrichtlinie 2017/104/EU.

her abzuwarten, wie sich die Rechtsprechung insbesondere in Massenverfahren entwickelt.

79 Denkbar sind schließlich sogar Schadenersatzansprüche von Marktbeteiligten, die weder unmittelbar noch mittelbar Produkte oder Dienstleistungen von den Kartellanten erworben haben. Hierbei handelt es sich insbesondere um Abnehmer oder Lieferanten von **Kartellaußenseitern**. Hintergrund ist der sogenannte **Preisschirm**, den ein Kartell in bestimmten Konstellationen verursacht. Denn auch nicht am Kartell beteiligte Unternehmen richten sich oft an der Preissetzungspolitik der Kartellanten aus, wenn sie nicht über hinreichende Marktmacht verfügen, um als Kartellaußenseiter Wettbewerbsdruck zu erzeugen. Dieser folglich ebenfalls durch die Kartellabsprachen verursachte Preisschirm benachteiligt somit auch die Abnehmer und Lieferanten der Kartellaußenseiter. Die Rechtsprechung hat einen Schadenersatzanspruch der Kunden von Kartellaußenseitern gegenüber den Kartellanten im Grundsatz bereits bejaht.[63] Allerdings ist noch nicht geklärt, ob für Marktbeteiligte, die von Preisschirmeffekten betroffen sind, ebenfalls Beweiserleichterungen wie ein erster Anschein für die Kartellbetroffenheit streiten.[64] Wenn nicht, haben sie sowohl die Kartellbetroffenheit als auch den Schaden vollständig darzulegen und zu beweisen.

V. Wann verjährt der Schadenersatzanspruch?

80 Da die Aufdeckung von Kartellverstößen mitunter erst Jahre nach einer Beendigung des Kartells erfolgt bzw. die Ermittlungstätigkeiten der Kartellbehörden sich in Kartell- oder Missbrauchsverfahren oft über viele Jahre hinwegziehen, sind für kartellrechtliche Schadenersatzansprüche regelmäßig die Verjährungsregelungen sehr relevant. Zu unterscheiden ist die neuerdings **fünfjährige kenntnisabhängige Verjährungsfrist** in § 33h Abs. 1 und 2 GWB und die **zehnjährige kenntnisunabhängige Verjährungsfrist** in § 33h Abs. 3 GWB. Weniger relevant ist die **dreißigjährige kenntnisunabhängige** Verjährungsfrist des § 33h Abs. 4 GWB. Für alle Fristen muss geklärt werden, ab wann die Frist zu laufen beginnt, ob sie ggf. durch besondere Umstände gehemmt wurde und wann sie unter Einbeziehung der Hemmung endet. Für die Durchsetzbarkeit des Anspruchs entscheidend ist letztlich stets die zuerst ablaufende Frist.

---

63 OLG Karlsruhe, Urt. v. 9.11.2016 – 6 U 204/15 Kart (2) – WuW 2017, 43; EuGH, Urt. v. 5.6.2014 – C – 557/12 – n.v.

64 Das OLG Karlsruhe hat einen solchen Anscheinsbeweis im Falle eines Quotenkartells bereits bejaht, Urt. v. 31.7.2013 – 6 U 51/12 (Kart), Rn. 58 – NZKart 2014, 366 – Feuerwehrfahrzeuge; OLG Karlsruhe, Urt. v. 9.11.2016 – 6 U 204/15 Kart (2) – WuW 2017, 43.

Die **kenntnisabhängige Verjährungsfrist** beginnt gem. § 33h Abs. 2 GWB mit dem Schluss des Jahres in dem: 81
- der Anspruch entstanden ist,
- der Anspruchsberechtigte Kenntnis erlangt hat oder ohne grobe Fahrlässigkeit hätte erlangen müssen von den anspruchsbegründenden Umständen und der Kartellrechtswidrigkeit sowie von der Identität des Rechtsverletzers
- und der den Anspruch begründende Verstoß beendet worden ist.

Bedeutsam ist regelmäßig die Frage, wann ein **Kennenmüssen** vorliegt. Da die 82 Neufassung des § 33h Abs. 2 Ziffer 2 lit. a GWB u.a. auf ein Kennenmüssen der rechtlichen Bewertung abstellt, wird zukünftig ein solches Kennenmüssen in aller Regel erst nach Abschluss eines Kartellverfahrens vorliegen. Dies gilt insbesondere für Hardcore-Kartelle, die erst durch das Kartellverfahren aufgedeckt werden.

Die **kenntnisunabhängige zehnjährige Verjährungsfrist** beginnt von dem 83 Zeitpunkt, in dem der Anspruch entstanden ist und der Verstoß nach § 33 Abs. 1 GWB beendet wurde. Durch die Neufassung der 9. GWB-Novelle ist nun klargestellt, dass die zehnjährige Verjährungsfrist erst mit Beendigung der Rechtsverletzung zu laufen beginnt und nicht bereits mit Entstehung des Schadenersatzanspruches. Diese Regelung ist insbesondere bei langjährigen Kartellen, denen eine Vielzahl von wiederkehrenden Einzelabsprachen zu Grunde liegen, bedeutsam.

Hinzutritt jedoch zum Ausgleich die **dreißigjährige kenntnisunabhängige** 84 **Verjährungsfrist**, die bereits ab Entstehung des Schadenersatzanspruches zu laufen beginnt.

Die vorstehenden Fristen werden, um den Zeitraum einer etwaigen **Hemmung** 85 **der Anspruchsverjährung** gem. § 33h Abs. 6 GWB verlängert. Besonders bedeutsam ist die Hemmung durch § 33h Abs. 6 Ziffer 1 GWB. Sie greift solange eine Kartellbehörde ein Untersuchungsverfahren zum Kartellverstoß durchführt. Der Wortlaut der Hemmungsvorschrift stellt nun klar, dass für den **Beginn der Verjährungshemmung** nicht eine förmliche Verfahrenseinleitung, wie sie zum Beispiel das europäische Gemeinschaftsrecht in § 11 Abs. 6 KartVO 1/2003[65] vorsieht, erforderlich ist, sondern bereits Untersuchungsmaßnahmen der Kartellbehörde (z.B. Durchsuchungen) ausreichen.[66]

---

65 Kartellverordnung (VO (EG) Nr. 1/2003) v. 16.12.2002 (ABl EG Nr. L 1 S. 1).

66 So bereits zum bisherigen Recht die vorherrschende Ansicht, siehe *Seifert*, WuW 2017, 474, 479, Fn. 55 m.w.N.; so auch ohne weitere Begründung LG Hannover, Urt. v. 18.12.2017 – 18 O 8/17 – WuW 2018, 101; a.A. LG Köln, Urt. v. 17.1.2013 – 88 O 1/11, Rn. 121 – CR 2013, 297.

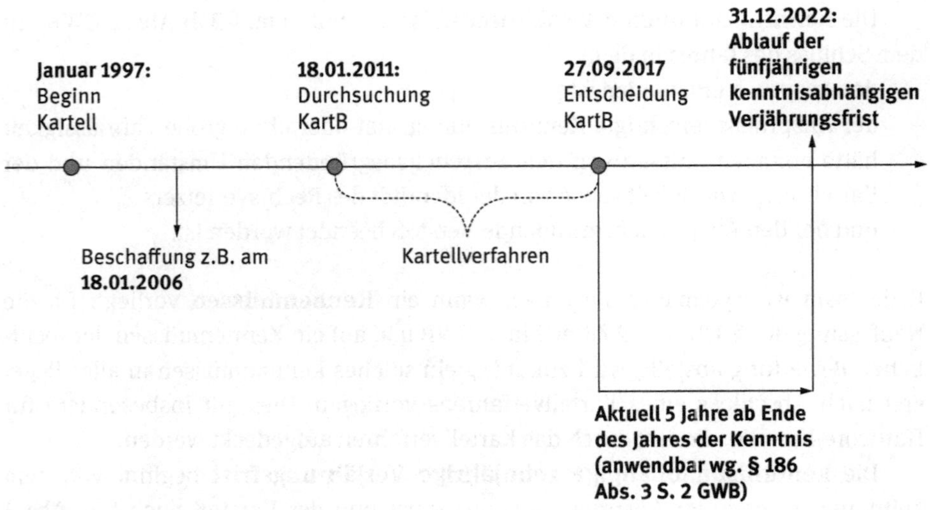

Abb. 3: Kenntnisabhängige Verjährung[67]

86 Weiter sehr bedeutsam ist die Verjährungshemmung durch eine **Klage auf Auskunft oder Herausgabe von Beweismitteln** nach § 33g GWB.

87 In beiden Fällen endet die Hemmung gem. § 33h Abs. 6 GWB erst **ein Jahr nach einer bestands- und rechtskräftigen Entscheidung** (sogenannte Nachhemmung) oder anderweitigen Erledigung des Gerichtsverfahrens.

67 Quelle: Eigene Darstellung.

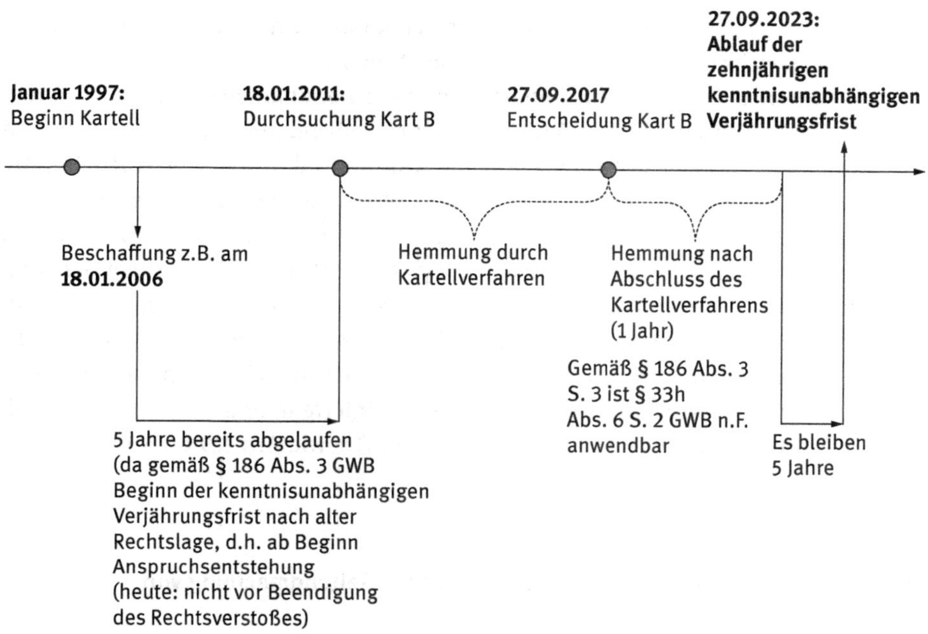

Abb. 4: Kenntnisunabhängige Verjährung[68]

Praxistipp

Bei der konkreten Ermittlung des Ablauftermins empfiehlt es sich zunächst zu ermitteln, wann die Verjährung ohne Hemmung eingetreten wäre. Danach erfolgt die Aufaddierung des Hemmungszeitraumes. Endet die so ermittelte Frist an einem Sonnabend, Sonntag oder an anderen gesetzlichen Feiertag, ist zudem die Regelung des § 193 BGB zu beachten. Die Verjährung tritt dann mit Ablauf des darauffolgenden Werktages ein.

Die vorstehenden Verjährungsregelungen sind für Geschädigte von Kartellrechtsverstößen sehr vorteilhaft. Die private Kartellrechtsdurchsetzung wird dadurch erheblich gestärkt. Allerdings wird es noch eine Weile dauern, bis die Verjährungsregeln vollständig zur Anwendung gelangen. Insbesondere bei Ansprüchen die vor Inkrafttreten der 9. GWB-Novelle entstanden sind, gelten sie aufgrund der **Überleitungsvorschriften** in § 186 GWB nur eingeschränkt: Die Regelung des § 33h GWB gilt für nach dem 26.12.2016 entstandene Ansprüche sowie für vor dem 27.12.2016 entstandene Ansprüche, die am Tag der Verkündung der 9. GWB-Novelle (9.6.2017) noch nicht verjährt waren. Der Beginn, die Hemmung, die Ablaufhemmung und der Neubeginn der Verjährung der Ansprüche, die vor dem 27.12.2016 entstanden sind, 88

68 Quelle: Eigene Darstellung.

bestimmen sich für die Zeit bis zum Tag der Verkündung nach den bisher für diese Ansprüche jeweils geltenden Verjährungsvorschriften.

89 Umstritten ist in diesem Zusammenhang die Anwendbarkeit des mit der 7. GWB-Novelle[69] eingeführten § 33 Abs. 5 GWB (Verjährungshemmungstatbestand während des kartellbehördlichen Verfahrens) auf sog. „Altfälle", d.h. solche **Ansprüche, die vor dem 1.7.2005** entstanden sind.[70] Dafür spricht insbesondere der Sinn und Zweck des mit der 7. GWB-Novelle 2005 insgesamt neu gefassten § 33 GWB, durch den der Gesetzgeber die Rechtsdurchsetzungsmöglichkeiten von Kartellgeschädigten strukturell verbessern wollte.[71] Diese Frage ist inzwischen zugunsten einer Anwendbarkeit des Verjährungshemmungstatbestandes auch auf Altfälle **höchstrichterlich entschieden.**[72] Der BGH verwies zur Begründung neben den Zielsetzungen der 7. GWB-Novelle auch auf die Grundsätze des intertemporalen Privatrechts (vgl. Art. 169 EGBGB, Art. 281 § 6 Abs. 1 S. 1 und 2 EGBGB sowie Art. 229 § 6 Abs. 1 S. 1 und 2 EGBGB).

VI. Welche Entscheidungsparameter sind für die Geltendmachung von Kartellschadenersatz wichtig?

90 Sind Unternehmen von Kartellen betroffen und potentiell geschädigt, müssen ihre Organe darüber entscheiden, ob Schäden ermittelt und ggf. Ansprüche gegen die Kartellbeteiligten geltend gemacht werden sollen. Nach überwiegender Ansicht handelt es sich hierbei, unabhängig von der Rechtsform der Gesellschaft, um eine **unternehmerische Entscheidung**, der ein weiter Ermessensspielraum zukommt

69 7. GWB-Novelle v. 7.7.2005 (BGBl. I S. 1954).

70 Dafür *Pohlmann*, WuW 2013, 357, 361ff.; *Wagner/von Olshausen*, ZWeR 2013, 121ff.; Langen/Bunte/*Stadler*, Kommentar zum Kartellrecht, Bd. 1, 11. Aufl. 2010, § 131 Rn. 25; *Zimmer/Logemann*, WuW 2006, 982, 989; ablehnend hingegen Langen/Bunte/*Bornkamm*, Kartellrecht, Bd. 1, 12. Aufl. 2014, § 33 Rn. 173; *Bien/Harke*, ZWeR 2013, 312ff.; *Bechtold/Bosch*, GWB, 8. Aufl. 2015, § 33 Rn. 38; OLG Düsseldorf, Urt. v. 29.1.2014 – VI U (Kart) 7/13 – WuW/E DE-R 4477; OLG Düsseldorf, Urt. v. 18.2.2015 – VI U (Kart) 3/14 – NZKart 2015, 201 wurde die Anwendbarkeit des §§ 33 Abs. 5 GWB zumindest auf solche Fälle **bejaht**, in denen das kartellbehördliche Verfahren erst nach dem Stichtag des 1.7.2005 beendet wurde; für die Anwendbarkeit des § 33 Abs. 5 GWB haben sich auch OLG Jena, Urt. v. 22.2.2017 – 2 U 583/15 Kart, – BeckRS 2017, 103209, Rn. 74, OLG Frankfurt a. M., Urt. v. 12.6.2018 – KZR 56/16 (Kart); OLG München, Urt. v. 14.3.2018 – U 3497/16 (Kart) – NZKart 2018, 280; LG Berlin, Urt. v. 16.12.2014 – 16 O 384/13 Kart – WuW/E DE-R 4917, LG München, Urt. v. 27.7.2016 – 37 O 24526/14 – IR 2016, 158, LG Frankfurt/Main, Urt. v. 30.3.2016 – 2-06 O 464/14 – n.v. sowie das LG Hannover, Urt. v. 31.5.2016 – 18 O 259/14 – n.v. und LG Hannover, Urt. v. 18.12.2017 – 18 O 8/17 – WuW 2018, 101 ausgesprochen; das OLG Karlsruhe, Urt. v. 9.11.2016 – 6 U 204/15 Kart (2) – WuW 2017, 43 hat sie verneint (auch hier Revision beim BGH anhängig).

71 So auch OLG Jena, Urt. v. 22.2.2017 – 2 U 583/15 Kart – BeckRS 2017, 103209, Rn. 76.

72 BGH, Urt. v. 12.6.2018 – KZR 56/16 – n.v.

(sog. business judgement rule).[73] Dieser Grundsatz gilt – auch wenn sich die nachfolgende Darstellung auf Kartellschäden bezieht – entsprechend für den Schadenersatz bei einem Verstoß gegen die Missbrauchsverbote. Ausnahmen können sich vor allem im öffentlichen Bereich ergeben, wenn für die Güterbeschaffung Fördermittel in Anspruch genommen wurden und die **Förderrichtlinien** eine obligatorische Anspruchsverfolgung vorsehen. Wichtig ist jedoch stets, dass sich die Entscheider ausreichende Kenntnis über die mögliche Schadenshöhe, die Erfolgsaussichten und ggf. weitere Entscheidungsfaktoren wie z.B. die Belastung von Kundenbeziehungen infolge der Geltendmachung der Schadenersatzansprüche verschaffen.

Abb. 5: Entscheidungsparameter[74]

Für die Einschätzung der **Schadenshöhe** muss zunächst ermittelt werden, in welchem Umfang im Kartellzeitraum kartellbetroffene Produkte erworben worden sind. 91
Mittelbar Geschädigte müssen hier prüfen, inwiefern die Produkte bzw. Dienstleistungen, die sie bezogen haben, ihrerseits von der Verwendung kartellbetroffener Produkte bzw. Dienstleistungen beeinflusst sind. Grundsätzlich sind dabei nicht nur

73 Kamann/Ohlhoff/Völcker/*Hutschneider*/*Middelschulte*, Kartellverfahren und Kartellprozess, 1. Aufl. München 2017, § 43 Rn. 1ff.
74 Quelle: Eigene Darstellung.

Produkte oder Dienstleistungen der Kartellanten, sondern auch solche von Kartellaußenseitern einzubeziehen, deren Preise durch sog. Preisschirmeffekte vom Kartell beeinflusst worden sind.[75]

92 Im nächsten Schritt muss die Schadenshöhe abgeschätzt werden. Verlässlich ist dies in der Regel nur durch ein wettbewerbsökonomisches Gutachten möglich. Einen ersten Anhaltspunkt können jedoch auch allgemeine ökonomische Studien zur Höhe von Kartellschäden bieten.[76]

93 Bei der Bewertung der **Erfolgsaussichten** stellt sich zunächst die Frage, ob der Kartellverstoß durch eine bestandskräftige kartellbehördliche Entscheidung bereits nachgewiesen wurde. In diesem Fall kommt den Geschädigten die Bindungswirkung nach § 33b GWB zugute. Weiterhin zentral für die Erfolgsaussichten sind eine Verjährungsprüfung der oft viele Jahre zurückliegenden Erwerbsvorgänge und die Prüfung der vorhandenen Dokumentation (insbesondere Bestelldaten, Vertragsunterlagen, Rechnungen und Zahlungsbelege). Nicht selten sind die steuerrechtlichen Aufbewahrungsfristen abgelaufen und ein hinreichender Nachweis der belasteten Beschaffungen im Streitfall kaum möglich. Neben der Verjährung ist in rechtlicher Hinsicht auch die Wahrscheinlichkeit eines erfolgreichen Passing-on-Einwandes wichtig.[77]

94 Besteht ein Überblick über die mögliche Schadenshöhe und die Erfolgsaussichten der Durchsetzbarkeit, sind in einem dritten Schritt die **Rechtsverfolgungskosten** einzubeziehen. Hier sind nicht nur Beratungshonorare und Gebühren einer rechtsanwaltlichen Vertretung sowie etwaige Prozesskosten, sondern auch der Aufwand der unternehmensinternen Befassung einzubeziehen. Wichtige Kostentreiber sind zudem die Anzahl der Kartellbeteiligten, die Erforderlichkeit von Recherchen und die Dauer des Kartellzeitraumes. Bereits bei einer Gegenüberstellung von Aufwand und Ertrag kann in vielen Fällen eine weitere Verfolgung von Kartellschadenersatz untunlich sein. Gleichwohl sollten bei der Kostenfrage auch Aspekte eines möglichen gemeinsamen Vorgehens mit weiteren Kartellgeschädigten (Anspruchsgemeinschaften) einbezogen werden, da hierdurch die Kosten der Schadenabschätzung und die rechtsanwaltlichen Beratungs- und Prozessvertretungskosten deutlich reduziert werden können.

95 Insbesondere bei langjährigen Geschäftsbeziehungen zu den Kartellbeteiligten oder sehr engen Märkten mit wenigen Marktbeteiligten sollten weiter auch potentielle **Belastungen der Geschäftsbeziehungen** einbezogen werden. Gute wiederkehrende oder sogar wechselseitige Geschäftsbeziehungen können einen außergerichtlichen Vergleich erleichtern, wenn die Schadenersatzleistung in Zusammenhang mit zukünftigen Geschäftsabschlüssen gebracht wird. Andererseits kann sich

---

75 Siehe oben Rn. 79.
76 Siehe oben Rn. 61.
77 Siehe oben Rn. 73 ff.

eine gerichtliche Geltendmachung von Schadenersatz wegen drohender Nachteile für den Anspruchsinhaber auch deutlich erschweren, wenn keine hinreichenden Ausweichmöglichkeiten auf andere Lieferanten bestehen.

Schließlich ist nach der Aufdeckung von Kartellen oft auch der Aspekt der **Zahlungsfähigkeit** des Kartellbeteiligten in Betracht zu ziehen. Vor allem die Entscheidung, gegen welchen Kartellbeteiligten vorgegangen wird, kann hiervon stark beeinflusst werden. 96

D. Auskunftsansprüche

Bei der Geltendmachung von kartellrechtlichen Schadenersatzansprüchen oder deren Abwehr ist das Vorliegen von Beweismitteln und Informationen regelmäßig äußerst entscheidend. Zwar werden kartellrechtliche Schadenersatzansprüche in der Regel erst nach Abschluss eines behördlichen Verfahrens (sogenannte Follow-on-Klagen) durchgesetzt, sodass zumindest Klarheit über den Verstoß gegen im GWB geregelte Verbotsvorschriften besteht. Dies besagt jedoch in der Regel nur wenig darüber, welche konkreten Marktbeteiligten auch einen Schaden durch den Rechtsverstoß erlitten haben und vor allem wie hoch dieser Schaden ausfällt. 97

Kartellgeschädigte suchen daher oft nach Informationen, die ihnen Aufschluss über die mögliche Schadenshöhe geben. Bei Preiskartellen lassen sich Erkenntnisse zum Beispiel aus der Funktionsweise der Kartellabsprachen ableiten. Ferner fehlen oft auch Unterlagen zu den betroffenen Beschaffungen im Kartellzeitraum, der nicht selten Jahre zurückliegt. 98

Allerdings spielen Informationsansprüche nicht nur auf der Geschädigtenseite eine Rolle. Auch der **Rechtsverletzer** kann einwenden, dass der Schaden nicht oder nicht mehr in voller Höhe beim Anspruchssteller vorhanden ist, sondern auf dessen Marktpartner abgewälzt wurde (Passing-on-Einwand). Voraussetzung hierfür ist zum Beispiel ein Weiterverkauf des vom Kartellanten erworbenen Gutes, zu dem nähere Informationen nur in der Sphäre des unmittelbar geschädigten Abnehmers oder dessen Kunden vorliegen. 99

Ein sehr wesentliches Ziel der **Kartellschadensersatzrichtlinie**[78] 2014/104/EU war die Stärkung solcher Auskunftsansprüche.[79] Der deutsche Gesetzgeber hat den Richtlinienvorstoß daher zum Anlass genommen, mit der **9. GWB-Novelle** nicht nur prozessuale Regelungen für Auskunftsansprüche, sondern auch eigenständige materiellrechtliche Regelungen in das GWB einzuführen. Mithin regelt nun § 33g GWB einen Anspruch auf Herausgabe von Beweismitteln und Erteilung von Auskünften sowie die §§ 89b–89e GWB ergänzend die prozessuale Behandlung solcher Ansprüche. 100

78 Kartellschadensersatzrichtlinie (RL 2014/104/EU) v. 26.11.2014 (ABl EU Nr. L 349 S. 1 ff.).

79 Erwägungsgründe 14 und 15 der Kartellschadensersatzrichtlinie 2014/104/EU.

Hervorzuheben ist, dass diese Neuregelungen nicht nur für Hardcore-Kartelle gelten, sondern auch bei anderweitigen Verletzungen des Kartellrechts einschlägig sind.

I. Wer kann von wem Auskunft verlangen?

101 Vermeintlich Geschädigte können einen Anspruch auf Herausgabe von Beweismitteln und Erteilung von Auskünften gegenüber dem Rechtsverletzer oder aber auch gegenüber Dritten auf Grund von § 33g Abs. 1 GWB geltend machen. Voraussetzung hierfür ist, dass der Anspruchssteller einen Schadenersatzanspruch glaubhaft macht und er – soweit mit zumutbarem Aufwand möglich – die verlangten Beweismittel bzw. Informationen hinreichend genau bezeichnet.[80] Dabei ist aufgrund des Wortlautes des § 33g GWB noch offen, ob der Auskunftsanspruch sich auch auf Schadenersatzansprüche beziehen kann, die vor Inkrafttreten der 9. GWB-Novelle entstanden sind.[81] Eine richtlinienkonforme Auslegung und die Gesetzesmaterialien zum neuen GWB sprechen dafür.[82] Bis zu einer (gerichtlichen) Klärung und ggf. EuGH-Vorlage bestehen hier jedoch Unwägbarkeiten, die zur Folge haben können, dass die Auskunfts- und Offenlegungsregelungen erst in einigen Jahren praktisch vollzogen werden.

102 **Dritte** im Sinne des § 33g Abs. 1 GWB sind keine **Behörden.** Dies ergibt sich aus § 89c Abs. 5 S. 3 GWB. § 89c GWB sieht spezielle Sonderregelungen für die Vorlage und Beiziehung von Unterlagen aus Behördenakten in einem Gerichtsverfahren vor und sperrt jedenfalls die allgemeinen Auskunftsansprüche gegenüber Behörden nach § 406e und § 475 StPO, die allerdings bereits in der Vergangenheit von der Praxis und Rechtsprechung sehr restriktiv gehandhabt wurden.[83]

103 Wie einleitend erwähnt, verfügt nicht nur der potentiell Geschädigte über Auskunftsansprüche, sondern auch der **Rechtsverletzer**, um seine berechtigten Einwände gegen Schadenersatzforderungen führen zu können. Besonderheit hier ist jedoch, dass dieser Anspruch erst nach Eintritt der Rechtshängigkeit einer Schadenersatzklage oder einer sogenannten Feststellungsklage, die auf Nichtbestehen des Schadenersatzanspruches ausgerichtet ist, erhoben werden kann. Hieran wird kritisiert, dass die erforderliche Waffengleichheit zwischen dem Rechtsverletzer und

---

80 Der Terminus „Glaubhaftmachung" ist im Zusammenhang mit dem materiellen Anspruch unscharf, da dieser bereits auf die prozessuale Geltendmachung der Auskunftsansprüche abzielt.

81 Vertiefend *Aufdermauer*, WuW 2017, 482. Bejahend LG Hannover, Urt. v. 18.12.2017 – 18 O 8/17 – n.V.

82 BT-Drucks. 18/11446, S. 32.

83 Noch ungeklärt ist, inwiefern die Regelung des § 89c GWB auch allgemeine Ansprüche nach den Informationsfreiheitsgesetzt (IFG) verdrängt; hierzu auch Kap. 9.

dem Geschädigten nicht mehr gegeben ist und diese Handhabung einen Vergleich eher behindert als fördert.[84]

II. Welche Einwände sind gegen die Auskunftserteilung zulässig?

Der Auskunftsanspruch gilt zudem nicht uneingeschränkt. Eine wichtige Ausnahme 104
findet sich in § 33g Abs. 4 GWB, wonach **Kronzeugenerklärungen** und Unterlagen die in **Vergleichsausführungen** zu einem kartellbehördlichen Verfahren verwendet wurden, von der Auskunft ausgenommen sind. Hintergrund ist der besondere Schutz der Kronzeugen, um die Anreizwirkung für die Aufdeckung von Kartellrechtsverstößen zu erhalten.[85]

Ferner kann ein Auskunftsanspruch zurückgewiesen werden, sofern eine Aus- 105
kunft gem. § 33g Abs. 3 GWB **unverhältnismäßig** wäre. Das Gesetz benennt hierfür einige Beispiele:
- die allgemeine Zugänglichkeit von Informationen und Beweismitteln;
- der Umfang und die Kosten der Informationsbereitstellung;[86]
- die Frage, inwiefern die verlangten Informationen oder Beweismittel für die Durchsetzung von Schadenersatzansprüchen erheblich sind;
- der Schutz von Betriebs- und Geschäftsgeheimnissen und sonstigen vertraulichen Dokumenten; hier kann sich allerdings eine Vorlagepflicht gem. § 89b Abs. 6 GWB an das Gericht ergeben.

Absoluten Schutz, d.h. auch vor Gericht, genießen Unterlagen, die sich im Besitz 106
von Geistlichen, Rechtsanwälten und anderen berufsmäßigen Geheimnisträgern und im Besitz der Presse befinden.

III. Wie wird der Auskunftsanspruch abgewickelt?

In der Abwicklung geben die Auskunftsansprüche jeweils nur einen Anspruch auf 107
Abschriften und elektronische Kopien bzw. Mitteilung der begehrten Information. Originalurkunden können ggf. im Prozess herausverlangt werden. § 33g Abs. 7 GWB

84 *Hellmann/Steinbrück*, NZKart 2017, 164, 170.

85 Zur Rechtslage vor der 9. GWB-Novelle insoweit weiter: OLG Hamm, Beschl. v. 23.11.2013 – 1 VAs 116/13 – 120/13 und 122/13 – wistra 2014, 120; BVerfG, Beschl. v. 6.3.2014 – 1 BvR 3541/13 – WM 2014, 766.

86 Der Hinweis auf die Kosten überrascht, da § 33g Abs. 7 GWB einen Kostenerstattungsanspruch des Gegners vorsieht. Es ist daher schwer vorstellbar, dass sich der Rechtsverletzer darauf berufen kann, dass ein Auskunftsanspruch auf Grund unverhältnismäßig hoher Kosten ausgeschlossen ist.

sieht zudem einen Kostenerstattungsanspruch vor. Die Höhe der zulässigen Aufwandsentschädigung birgt hohes Streitpotential und wird voraussichtlich noch Gegenstand von gerichtlichen Auseinandersetzungen sein. Bemerkenswert hierzu ist auch, dass der Kostenerstattungsanspruch in der Kartellschadensersatzrichtlinie 2014/104/EU selbst nicht vorgesehen ist. Daher wird auch vertreten, dass der Kostenerstattungsanspruch im GWB zu einer nicht richtlinienkonformen Einschränkung der Auskunftsansprüche führt. Die Folge wäre die Unwirksamkeit der Erstattungsregelung.

E. Gerichtliche Durchsetzung

108 Nachfolgend wird dargestellt, was bei der gerichtlichen Durchsetzung von Unterlassens-, Beseitigungs- und Kartellschadenersatzansprüchen allgemein zu beachten ist.

I. „Forum Shopping" bei international agierenden Kartellen?

109 Nicht selten sind an Kartellen Unternehmen aus verschiedenen Mitgliedstaaten beteiligt. Im Energiebereich war dies in den o.g. Fällen des Leistungstransformatoren-, Hochspannungskabel- und GIS-Kartells ausnahmslos der Fall. Da die Kartellanten gesamtschuldnerisch haften, stehen Kartellgeschädigte nicht nur vor der Wahl, wen sie direkt in Anspruch nehmen, sondern auch, vor welchem Gericht und in welchem Mitgliedstaat sie vorgehen (sogenanntes **Forum Shopping**).[87]

110 Da das Prozessrecht und auch das Haftungsrecht trotz der gemeinschaftsrechtlichen Bemühungen um Harmonisierung in den Mitgliedstaaten sehr stark unterschiedlich ausgestaltet sind, hat die Entscheidung erhebliche Auswirkungen insbesondere auf die Verfahrenskosten, die Prozessdauer und die Zulässigkeit von Gruppenklagen. Ferner können sich im Haftungsrecht auch die Verjährungsfristen, Beweislastregelungen und Zinsregelungen unterscheiden.

111 So ist z.B. eine Gruppenklagemöglichkeit in der Kartellschadenssatzrichtlinie nur empfohlen. Seit langem zulässig ist sie in den Niederlanden. In Deutschland gibt es sie nicht. Dort können Ansprüche nur über eine Abtretung auf ein sogenanntes Klagevehikel (Inkassozession) gebündelt werden. Die daneben mögliche subjektive Klagehäufung auf Klägerseite, d.h. mehrere Anspruchsteller verfolgen gleichzeitig ihre Ansprüche gegen denselben Beklagten in einem Prozess, ist mit Hemmnissen verbunden. Insbesondere muss für alle Ansprüche dasselbe Gericht zuständig sein und zumindest theoretisch kann das Gericht die Prozesse auch jederzeit trennen.

---

87 Vertiefend *Wurmnest*, NZKart 2017, 2.

Die Justizstandorte der Mitgliedstaaten stehen daher im Wettbewerb zueinander. Welcher Gerichtsstand überhaupt zuständig ist, ist im europäischen Zuständigkeitsrecht, d.h. insbesondere in der **Brüssel Ia-Verordnung,**[88] geregelt. In Kartellfällen sind danach regelmäßig die nachstehenden Gerichtsstände einschlägig: 112

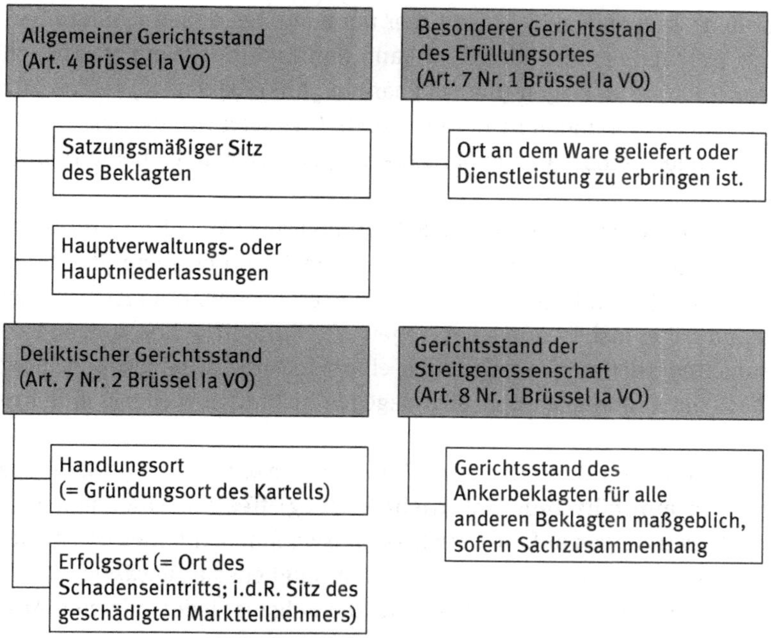

Abb. 6: Relevante internationale Gerichtsstände[89]

Der **allgemeine Gerichtsstand** (Art. 4 Abs. 1 Brüssel Ia-VO) richtet sich nach dem Sitz des Beklagten. Hierbei handelt es sich um den satzungsmäßigen Sitz sowie die Orte der Hauptverwaltung und Hauptniederlassungen. 113

Beim **deliktischen Gerichtsstand** (Art. 7 Nr. 2 Brüssel Ia-VO) kann der Kläger sowohl am sogenannten Handlungs- als auch am Erfolgsort klagen. Nach dem CDC-Urteil des EuGH[90] ist der Handlungsort der Gründungsort des Kartells. Die Bestimmung des Handlungsortes kann danach im Einzelfall sehr schwierig sein, wenn regelmäßige Absprachen stattgefunden haben oder die Absprachen allein telefonisch erfolgten.[91] Denn maßgeblich ist diejenige Kartellabsprache, die für das konkrete kartellbefangene Gut entscheidend war. Der Erfolgsort ist dagegen der Ort an dem 114

88 Brüssel Ia-Verordnung (VO (EU) Nr. 1215/2012) v. 12.12.2012 (ABl EU Nr. L 351 S. 1ff.).
89 Quelle: Eigene Darstellung.
90 EuGH, Urt. v. 21.5.2015 – C-352/13 – n.v.
91 Siehe auch *Wurmnest*, NZKart 2017, 2, 5.

der Schaden eingetreten ist und damit regelmäßig der Sitz des geschädigten Abnehmers.

115 Schließlich steht Kartellgeschädigten nach der Brüssel Ia-Verordnung auch der **Gerichtsstand der Streitgenossenschaft** (Art. 8 Nr. 1 Brüssel Ia-VO) offen. Der Gerichtsstand der Streitgenossenschaft bezieht sich sowohl auf die internationale als auch auf die örtliche Zuständigkeit. Es geht hier um Fälle, bei denen mehrere Parteien zusammen verklagt werden. Die Klage kann dann vor dem Gericht erhoben werden, bei dem einer der Beklagen (der sogenannte „Ankerbeklagte") seinen Sitz hat. Die Folge ist dann eine Bündelung der Verfahren. Dies setzt voraus, dass für die Klagen jeweils ein enger Sachzusammenhang besteht, der regelmäßig bei Kartellabsprachen gegeben sein wird.

116 Daneben gibt es den **Gerichtsstand des Erfüllungsortes** (Art. 7 Nr. 1 Brüssel Ia-VO). Er ist nur anwendbar, wenn der geltend gemachte Anspruch seine Grundlage in dem Vertrag hat, an dessen Erfüllungsort die Klage erhoben wird. Einschlägig ist dieser Gerichtstand daher insbesondere bei Fragen, ob vertragliche Regelungen kartellrechtswirksam sind oder ein Vertrag durch eine wirksame Kündigung beendet wurde. Für deliktische Ansprüche ergibt sich dagegen nicht ohne weiteres eine Annexzuständigkeit.

117 Bei international tätigen Beklagten wird daher die derzeit noch strittige Frage der Anwendung des **europäischen Unternehmensbegriffes** im nationalen Haftungsrecht auch Auswirkungen auf die Gerichtsstandswahl haben.[92] Dies ist z.B. der Fall, wenn die Muttergesellschaft in einem anderen Mitgliedstaat ansässig ist, als die am Kartell teilnehmende Tochtergesellschaft. Die Folge ist jedenfalls eine Ausweitung der möglichen Gerichtsstände.

118 Anspruchsgegner haben jedoch auch Möglichkeiten, sich gegen das Forum Shopping zur Wehr zu setzen. Zum einen müssen bei der Durchsetzung von Kartellschadenersatzansprüchen insbesondere **Gerichtsstandsvereinbarungen** beachtet werden, die unter gewissen Voraussetzungen eine Einengung der zulässigen Gerichtsstände vorsehen können. Solche Gerichtsstandsvereinbarungen sind in der Regel jedoch nur dann relevant, wenn sie sich ausdrücklich auf Kartellschadenersatzansprüche beziehen.

119 Eine weitere Möglichkeit, die Gerichtsstandwahl des Kartellgeschädigten zu durchkreuzen, besteht in der vorauseilenden **negativen Feststellungsklage** (sogenannte **Torpedoklage**). Der Kartellant würde hierbei vor einem zuständigen Gericht seiner Wahl vorgehen und den Geschädigten daraufhin verklagen, dass kein oder nur ein geringerer Schaden durch den Kartellrechtsverstoß entstanden ist.

92 Siehe bereits oben Rn. 52.

II. Besonderheiten der deutschen Kartellgerichtsbarkeit

Erfolgt die private Durchsetzung des Kartellrechtes in Deutschland, ist zunächst das allgemeine Zivilprozessrecht anwendbar. Daneben gibt es jedoch zahlreiche Spezialregelungen im GWB, die beachtet werden müssen. 120

1. Welche Gerichte sind zuständig?

Auch bei rein nationalen Kartellen stehen dem Kläger verschiedene **Gerichtsstände** zur Verfügung. In Betracht kommt auch hier der allgemeine Gerichtsstand des Beklagtensitzes (§§ 12, 17 ZPO) sowie besondere Gerichtsstände des deliktischen Handlungs- und Erfolgsortes (§ 32 ZPO) oder des Erfüllungsortes (§ 29 ZPO). Einen besonderen Gerichtsstand der Streitgenossenschaft kennt das deutsche Zivilprozessrecht hingegen nicht; allerdings besteht die Möglichkeit, dass das nächst höhere Gericht gem. § 36 Abs. 1 Nr. 3 ZPO einen einheitlichen Gerichtsstand für mehrere Beklagte festsetzt. 121

In der ersten Instanz sind dabei in Deutschland ausschließlich die **Landgerichte** gem. § 87 GWB zuständig. Auch bei sehr geringen Streitwerten besteht daher zwingend anwaltliche Vertretung. Innerhalb der Bundesländer wurde die Zuständigkeit zudem weiter konzentriert. Das heißt, die Klagen können dort nur bei besonders spezialisierten Landgerichten anhängig gemacht werden. Bei den Landgerichten ergibt sich nicht ohne weiteres eine Zuständigkeit der **Kammer für Handelssachen**. Diese besteht gem. § 95 Abs. 2 GVG nur für Beseitigungs- und Unterlassungsansprüche, nicht jedoch für Auskunfts- und Schadenersatzansprüche. 122

Auch bei bürgerlichen Rechtstreitigkeiten wird das **Bundeskartellamt** über anhängige Verfahren gem. § 90 Abs. 1 GWB informiert. Das Bundeskartellamt kann vom Gericht Abschriften von den Schriftsätzen oder Protokollen verlangen oder aber selbst Erklärungen vor dem Gericht abgeben. Neu ist die Regelung des § 90 Abs. 5 GWB, wonach das Bundeskartellamt auf Antrag eines Gerichts in Kartellschadenersatzfällen eine Stellungnahme zur Höhe des Schadens abgeben kann. Welche Bedeutung diese Regelung haben wird, bleibt abzuwarten. 123

Die **Berufung** gegen Entscheidungen des Landgerichts erfolgt bei den Kartellsenaten des zuständigen **Oberlandesgerichts**. Eine **Revision** oder eine **Nichtzulassungsbeschwerde** gegen Urteile des Oberlandesgerichts ist weiter beim Kartellsenat des **Bundesgerichtshofes** möglich. Insbesondere in den Verfahren vor dem Bundesgerichtshof nimmt das Bundeskartellamt oft wegen der grundsätzlichen Bedeutung der Rechtstreitigkeiten in der mündlichen Verhandlung Stellung (sog. amicus curiae). 124

2. Welche Klageart?

125 Die Wahl der richtigen Klageart ist abhängig vom Klageziel des Klägers.

126 Bei **Beseitigungs- und Unterlassungsansprüchen** ist dies oft die **Leistungsklage**, die auf ein Tun, Dulden oder Unterlassen gerichtet sein kann. Die Schwierigkeiten liegen hier insbesondere bei Unterlassungsklagen als Sonderform der Leistungsklage in der Formulierung eines hinreichend bestimmten Klageantrages, der auf die Zukunft ausgerichtet sein muss. Mitunter kann die erhoffte Beseitigung der Rechtsverletzung auch durch eine Feststellungsklage erreicht werden, so z.B. mit der Feststellung der Unwirksamkeit eines bestimmten Wettbewerbsverbotes. Geht es um Fälle des Kontrahierungszwangs, z.B. Zugang zu wesentlichen Einrichtungen oder die Aufhebung von Liefersperrungen, so kommen sowohl positive Leistungsanträge als auch Feststellungsanträge oder negative Unterlassungsanträge in Frage.

127 Bei der Forderung von **Kartellschadenersatz** ist in erster Hinsicht die positive Leistungsklage in Betracht zu ziehen, der wahlweise auch ein **Mahnverfahren** vorgeschaltet sein kann. Die Leistungsklage ist gerichtet auf Ersatz eines konkret zu beziffernden Schadens. Ist eine Schadensbezifferung noch nicht möglich, kann auch ein unbezifferter Zahlungsantrag in Betracht kommen, wobei jedoch zumindest eine Größenordnung des Schadens angegeben werden muss. Trotz des Vorrangs der Leistungsklage besteht daneben die Möglichkeit einer Feststellungsklage, insbesondere dann, wenn die Schadensentwicklung oder Schadensermittlung noch nicht abgeschlossen ist. Feststellungsklagen sind auch ein probates Mittel, um eine drohende **Anspruchsverjährung** zu verhindern. Insgesamt sollte jedoch zuvor außergerichtlich versucht werden, einvernehmlich mit der Gegenseite eine Vereinbarung über die **Verjährungshemmung oder einen Verjährungseinredeverzicht** zu erzielen.

128 Verjährungshemmend wirkt ferner ein sogenannter **Güteantrag** bei einer Gütestelle i.S.d. § 204 Abs. 1 Nr. 4 BGB. Dieser darf jedoch nicht rechtsmissbräuchlich sein, was der Fall ist, wenn schon vor der Einreichung des Güteantrags feststeht, dass der Antragsgegner nicht bereit ist, an einem Güteverfahren mitzuwirken und sich auf eine außergerichtliche Einigung einzulassen.[93]

129 **Auskunftsklagen** sind dagegen stets Leistungsklagen. Sie können isoliert oder auch als erste Stufe einer sogenannten Stufenklage mit darauf aufbauenden Stufen der Abgabe einer eidesstattlichen Versicherung und der konkreten Leistung versehen werden.

93 BGH, Urt. 28.10.2015 – IV ZR 526/14 – WM 2015, 2292.

3. Welche Verfahrensart?

Gerade in kartellrechtlichen Streitigkeiten kann sich das Bedürfnis nach möglichst schnellem Rechtsschutz ergeben. Nachvollziehbar ist dies insbesondere bei Liefersperren, die unter Umständen existenzbedrohende Folgen für den Abnehmer haben können. 130

Die Zulässigkeit des Eilrechtsschutzes richtet sich nach den allgemeinen Grundsätzen der §§ 935 und 940 ZPO. Erforderlich ist daher nicht nur ein materiellrechtlicher Anspruch (Verfügungsanspruch), sondern auch eine besondere Eilbedürftigkeit (Verfügungsgrund). Die **Eilbedürftigkeit** muss vom Antragsteller glaubhaft gemacht werden. Zwei Besonderheiten des Kartell- bzw. Energiekartellrechts sind an dieser Stelle hervorzuheben: 131

Gerade in der Energiewirtschaft gibt es derzeit viele Rechtstreitigkeiten über die ordnungsgemäße Durchführung von **Konzessionierungsverfahren**, mit denen die Kommunen über den zukünftigen Inhaber der Wegerechte für Strom- und Gasnetze der allgemeinen Versorgung entscheiden. Das Energiewirtschaftsgesetz enthält hierzu nunmehr in § 47 EnWG konkrete Regelungen zu Rügeobliegenheiten im Verfahren und zur Präklusion von Verfahrensrügen. § 47 Abs. 5 EnWG stellt zudem klar, dass im Verfahren auf Erlass einer einstweiligen Verfügung ein Verfügungsgrund nicht glaubhaft gemacht werden muss. Offenbar geht der Gesetzgeber hier davon aus, dass die Eilbedürftigkeit im Regelfall gegeben ist. 132

Eine weitere Sonderregelung befindet sich in § 89b Abs. 5 GWB zu **Auskunftsansprüchen** nach § 33g GWB. Die Geltendmachung von Auskunftsansprüchen im Wege des Eilrechtsschutzes scheitert oft. Grund ist weniger die fehlende Eilbedürftigkeit, als dass Eilrechtsschutz bei Auskünften in der Regel zu einer Vorwegnahme der Hauptsache führt, die prozessual unzulässig ist. Denn der Eilrechtsschutz ist nur auf eine vorläufige Regelung oder Sicherung von Ansprüchen gerichtet. Streiten jedoch die Parteien über die Frage, ob eine Auskunft zu erteilen ist oder eine Unterlage herausgegeben werden muss, so würde die vorläufige Anordnung der Herausgabe bzw. Auskunftserteilung einen Prozess in der Hauptsache erübrigen. Der Kläger hätte die von ihm begehrte Information bereits im Eilverfahren erlangt. 133

Ursprünglich sah der Gesetzesentwurf der 9. GWB-Novelle[94] sogar vor, dass bei Auskunftsklagen generell auf die Darlegung der in der ZPO bezeichneten Voraussetzungen verzichtet werden kann. Dieser Vorschlag ist auf heftige Kritik gestoßen. Seitdem gilt die Erleichterung des Eilrechtsschutzes nur auf die Herausgabe der Entscheidung der **Wettbewerbsbehörde**, um dem Geschädigten eine Einschätzung darüber zu gestatten, ob er vom Kartellrechtsverstoß betroffen ist. 134

94 Gesetzentwurf der Bundesregierung v. 7.11.2016, BT-Drucks. 18/10207.

4. Sonderregelungen für Streitwerte

135 Sehr wichtig, insbesondere bei der Durchsetzung von Kartellschadenersatz, ist die Neuregelung des § 89a Abs. 3 GWB zu den Streitwerten der **Nebenintervention.** Hintergrund sind die oft erheblichen Prozesskosten, die mit der Durchsetzung von Kartellschadenersatzansprüchen verbunden sein können. Denn auch wenn der Kläger nur gegen einen Kartellanten vorgeht, besteht die Gefahr, dass sich der Prozess auf der Beklagtenseite auf alle weiteren Kartellanten ausweitet.

136 Diese Ausweitung beruht auf der sogenannten „Nebenintervention", die zulässig ist, wenn jemand ein rechtliches Interesse daran hat, dass in einem zwischen dritten anhängigen Rechtsstreit eine Partei obsiege (§ 66 Abs. 1 ZPO). Dieses rechtliche Interesse hat jeder Kartellbeteiligte, der verhindern möchte, dass er von den anderen Kartellmitgliedern zum anteiligen Ausgleich der gesamtschuldnerischen Haftung in Anspruch genommen wird. Im Ergebnis können daher alle Kartellteilnehmer dem Prozess beitreten und sich am Prozess aktiv beteiligen. Die Nebenintervention wird oft vom ursprünglich Beklagten mittels der Streitverkündung (§§ 72ff. ZPO) ins Rollen gebracht, auch um Unterstützer zu gewinnen und in Folgeprozessen (Regress gegenüber anderen Kartellbeteiligten) dem Einwand zu entgehen, die Verteidigung im Erstprozess sein unzureichend gewesen (vgl. 68 ZPO).

137 Ein weiterer Anwendungsfall der Streitverkündung kann sich bei parallelen Schadenersatzforderungen von unmittelbar und mittelbar Geschädigten ergeben. Für den Kartellbeteiligten besteht hier die Gefahr, dass er in zwei verschiedenen Prozessen (vor ggf. unterschiedlichen Gerichten) letztlich einen höheren Schaden erstatten muss, als dieser durch das Kartell verursacht wurde (**Überkompensation**). Mittels der Einbeziehung des mittelbar Geschädigten in den Prozess des unmittelbar Geschädigten bzw. umgekehrt, kann der Beklagte Kartellant eine gewisse Verknüpfung der Gerichtsverfahren herstellen, was bestenfalls die Überkompensation verhindert. Ob das Instrument der Streitverkündung hierfür überhaupt tauglich ist, wird allerdings bezweifelt.[95] Für den Kläger erhöht die Nebenintervention insbesondere das **Prozesskostenrisiko.** Unterliegt der Kläger zumindest teilweise, so muss er die Rechtsanwaltskosten nicht nur im Verhältnis zu der beklagten Hauptpartei tragen, sondern auch in Bezug auf die Streithelfer (Nebenintervenienten). Bereits hierdurch steigt das Prozesskostenrisiko erheblich. Hinzu kam jedoch, dass bis zum Inkrafttreten der 9. GWB-Novelle unklar war, welcher Streitwert für das Rechtsverhältnis zu den Nebenintervenienten anzuwenden war. Nach **§ 3 ZPO** wird der Wert entsprechend dem mit der Klage verfolgten Interesse **nach freiem Ermessen** festgesetzt. Einige Gerichte gingen davon aus, dass hier jeweils derselbe Streitwert wie in der Hauptsache maßgeblich sei. Die Folge wäre eine Vervielfachung der entsprechenden Rechtsanwaltskosten. Nach der sowohl in Rechtsprechung als auch

---

95 So Kamann/Ohloff/Völcker/*Ulshöfer*, Kartellverfahren und Kartellprozess, 1. Aufl. München 2017, § 25 Rn. 104ff.

im Schrifttum herrschenden Meinung, bestimmte sich das Interesse i.S.d. § 3 ZPO in Bezug auf etwaige Nebenintervenienten jedoch nicht nach dem Streitwert der Hauptsache. Maßgebend war vielmehr das zu schätzende eigene Interesse des jeweiligen Nebenintervenienten am Obsiegen der von ihm unterstützten Partei.[96] Begründet wurde dies nicht zuletzt damit, dass das Abstellen auf den Streitwert der Hauptsache kostenrechtlich zu unbefriedigenden Ergebnissen führen würde. So würde der Kläger im Fall des Unterliegens immer Gefahr laufen, vom Beklagten und sämtlichen ihn unterstützenden Nebenintervenienten, jeweils nach dem Streitwert der gesamten Kosten herangezogen zu werden.[97] Aber auch für den Streithelfer wäre es im Falle des Unterliegens des unterstützten Beklagten nicht sachgerecht, wenn er, der nur einen im Verhältnis zum Hauptsachestreitwert geringfügigeren Regress zu befürchten hat, Kosten hinsichtlich des gesamten Streitwerts der Hautsache tragen müsste.[98] Das konkrete wirtschaftliche Interesse des Streithelfers wurde somit grundsätzlich danach bemessen, welche Regressansprüche er bei einem Unterliegen der Prozesspartei, der er zur Unterstützung beigetreten ist, erwarten muss.[99] In Fällen vorliegender Art, in denen es um einen kartellrechtlichen Schadenersatzanspruch geht, darf jedenfalls die Summe der einzelnen Regressansprüche der Nebenintervenienten die Summe der Klageforderung nicht überschreiten.

Diesen Gedanken nimmt auch die Neuregelung des § 89a Abs. 3 GWB auf. Sie 138
stellt einerseits, entsprechend § 3 ZPO, fest, dass das Gericht, das den Gegenstandswert für die Nebenintervention festsetzt, freies Ermessen besitzt. Andererseits gibt es eine **Streitwertobergrenze**. Bei mehreren Nebeninterventionen darf die Summe der Gegenstandswerte der einzelnen Nebeninterventionen den Streitwert der Hauptsache nicht übersteigen. Insbesondere bei einer hohen Zahl an Kartellteilnehmern wird daher das Gebührenrisiko durch die Neuregelung erheblich reduziert.

Begründet wird dies mit der gesamtschuldnerischen Haftung der Kartellanten: 139

> „Den [...] gesamtschuldnerisch haftenden Kartellanten drohen im Unterliegensfall Regressansprüche im Rahmen des Gesamtschuldnerausgleichs. Ihr Interesse am Obsiegen des Beklagten richtet sich daher nach ihrer Haftungsquote im Innenverhältnis. Maximal kommen Regressansprüche in Höhe der vollen Klageforderung in Betracht. Auch wenn die Höhe eines möglichen Regressanspruchs der unterstützten Hauptpartei zum Zeitpunkt der Wertfestsetzung nicht fest-

---

96 vgl. z.B. BGH, Beschl. v. 29.9.2011 – II ZR 256/10 – n.v.; OLG Köln, Beschl. v. 30.3.2012 – 16 W 30/11 – n.v.; OLG München, Beschl. v. 3.4.2012 – W 416/12 Kart – n.v.; OLG Schleswig, Beschl. v. 28.8.2008 – 14 W 51/08 – MDR 2009, 56; OLG Nürnberg, Beschl. v. 3.4.2006 – 4 W 137/06 – MDR 2006, 1318; OLG Köln, Beschl. v. 12.3.2004 – 11 W 13/04 – MDR 2004, 1025; Schneider/Herget/*Kurpat*, Streitwert Kommentar, 13. Aufl. Köln 2011 Rn. 4253; Zöller/*Herget*, ZPO, 29. Aufl. München 2012, § 3 Stichwort „Nebenintervention"; Thomas/Putzo/*Hüßtege*, ZPO, 32. Aufl. München 2011, Rn. 108.

97 OLG Schleswig, Beschl. v. 28.8.2008 – 14 W 51/08, zitiert nach openjur, Rn. 14 – MDR 2009, 56.

98 vgl. OLG Köln, Beschl. v. 30.3.2012 – 16 W 30/11, zitiert nach openjur, Rn. 11 – n.v.

99 OLG Köln, Beschl. v. 30.3.2012 – 16 W 30/11, zitiert nach openjur, Rn. 11 – n.v.

steht, so können die Regressansprüche gegenüber allen Mitkartellanten in der Summe die Klageforderung nicht übersteigen."[100]

140 Hinsichtlich der **konkreten Höhe der einzelnen möglichen Regressansprüche** ist grundsätzlich auf den Vortrag der Partei abzustellen, der der Streithelfer beigetreten ist.[101] Im Zweifel kann und sollte jedoch vorliegend bei der ins Ermessen des Gerichts gestellten Bemessung des Streitwerts der jeweiligen Nebenintervention der Grundgedanken des **§ 426 Abs. 1 S. 1 BGB** Berücksichtigung finden.[102] Danach sind die **Gesamtschuldner im Verhältnis zueinander zu gleichen Anteilen verpflichtet**, soweit nicht ein anderes bestimmt ist. Dies entspricht auch der im Rahmen der 9. GWB-Novelle vorgeschlagenen Lösung:

„Die Entscheidung über die Verteilung der Werte der einzelnen Nebeninterventionen wird ins Ermessen des Gerichts gestellt (vgl. § 3 ZPO). Möglich wäre es, die Haftungsquoten im Innenverhältnis bei der Wertfestsetzung zu berücksichtigen. Da diese strittig oder schlicht unbekannt sein können, ist im Rahmen der Ermessensausübung auch eine Aufteilung nach Kopfteilen möglich, was den Grundsätzen des § 100 Absatz 1 und 2 ZPO entsprechen würde."[103]

III. Welche Besonderheiten bestehen bei Auskunftsansprüchen?

141 Grundsätzlich gibt es drei Wege, wie Auskunftsansprüche prozessual durchgesetzt werden können. Der erste Weg führt über ein **einstweiliges Verfügungsverfahren** des Geschädigten gem. §§ 935 und 940 ZPO. Hier ist die bereits erwähnte Sonderregelung des § 89b Abs. 5 GWB zu beachten. Aus ihr folgt, dass für den Anspruch auf Vorlage der kartellbehördlichen Entscheidung keine Eilbedürftigkeit im einstweiligen Verfügungsverfahren glaubhaft gemacht werden muss. In der Praxis wird sich der vermeintlich Geschädigte daher nach Bekanntwerden der Entscheidung schnell an die Rechtsverletzer wenden, um die ausführliche Entscheidungsbegründung zu erhalten. Die weiteren Wege führen über ein sogenanntes **Hauptsacheklageverfahren,** das entweder isoliert auf **Herausgabe** und **Auskunft** zu den begehrten Unterlagen und Informationen gerichtet ist oder aber Teil eines Rechtsstreites über den Schadenersatzanspruch wird. Im letzteren Fall kann das Gericht gem. § 142 ZPO mittels eines Zwischenurteiles die entsprechende Auskunft oder Vorlage von Unterlagen anordnen. Gegen das Zwischenurteil kann der betroffene Berufung einlegen.

---

100 Referentenentwurf des Bundesministeriums für Wirtschaft und Energie, Entwurf eines Neunten Gesetzes zur Änderung des Gesetzes gegen Wettbewerbsbeschränkungen (9. GWB-ÄndG) v. 1.7.2016, S. 103.

101 OLG Köln, Beschl. v. 30.3.2012 – 16 W 30/11, zitiert nach openjur, Rn. 11 – n.v.

102 OLG München, Beschl. v. 3.4.2012 – W 416/12 Kart – n.v.

103 Referentenentwurf des Bundesministeriums für Wirtschaft und Energie, Entwurf eines Neunten Gesetzes zur Änderung des Gesetzes gegen Wettbewerbsbeschränkungen (9. GWB-ÄndG) vom 1.7.2016, S. 104.

Bei Unterlagen die schützenswerte **Betriebs- und Geschäftsgeheimnisse** enthalten, besteht gem. § 89b Abs. 6 und 7 GWB die Möglichkeit des Gerichts die Geheimhaltungsbedürftigkeit zu prüfen und bei überwiegendem Interesse des Geschädigten die Auskunft bzw. die Vorlage anzuordnen. Gemäß § 89b Abs. 8 GWB besteht auch eine Prüfungsmöglichkeit des Gerichts im Hinblick auf nicht vom Auskunftsanspruch umfasste **Kronzeugenerklärungen** oder **Vergleichsausführungen.** 142

Das Gericht kann schließlich gem. § 89c GWB durch Anordnung auch eine Vorlage und **Beiziehung von Behördenakten** tätigen. Diese ist allerdings unstatthaft, wenn die betreffenden Informationen auch von einer Partei oder einem Dritten verlangt werden können. Die aus einer Behördenakte erlangten Informationen können – um einen Handel mit Informationen auszuschließen – weiter nur von den Parteien des jeweiligen Schadenersatzverfahrens verwendet werden (§ 89d Abs. 3 GWB). 143

Aus den vorstehenden Ausführungen ist erkennbar, dass das neue GWB im Hinblick auf Auskunfts- und Informationsansprüche tief in die bisherige Rechtslage eingreift. Der Gesetzgeber wollte hierdurch anknüpfend an die Kartellschadenersatzrichtlinie die Geltendmachung von privaten Kartellschadenersatzansprüchen fördern. Gleichwohl bleibt abzuwarten, ob diese Förderung auch gelingt, da die Regelungen noch viele Streitfragen in sich bergen, die vermutlich durch langjährige Gerichtsprozesse erst geklärt werden müssen. 144

F. Vergaberechtliche Selbstreinigung

Auch wenn Kartellrechtsverstöße bereits Jahre zurückliegen, können sie in aktuellen öffentlichen Vergabeverfahren sehr relevant sein. Denn die Vergaberechtsnovelle 2016 hat ausgehend von Art. 57 Abs. 6 der Richtlinie 2014/24/EU[104] neue fakultative und obligatorische **Ausschlussgründe** eingeführt. Relevant ist an dieser Stelle insbesondere der Ausschlussgrund des § 124 Abs. 1 Nr. 4 GWB. 145

Danach kann ein öffentlicher Auftraggeber unter Berücksichtigung des Grundsatzes der Verhältnismäßigkeit ein Unternehmen an einem Vergabeverfahren ausschließen, wenn der öffentliche Auftraggeber über hinreichende Anhaltspunkte dafür verfügt, dass das Unternehmen mit anderen Unternehmen Vereinbarung getroffen oder Verhaltensweisen aufeinander abgestimmt hat, die eine Verhinderung, Einschränkung oder Verfälschung des Wettbewerbs bezwecken oder bewirken. Ob ein solcher Kartellrechtsverstoß vorliegt, kann der öffentliche Auftraggeber ab 2020 über das neu eingeführte bundesweite **Wettbewerbsregister**[105] deutlich leichter 146

---

104 Vergaberichtlinie für öffentliche Aufträge (RL 2014/24/EU) v. 26.2.2014 (ABl EU Nr. L 94 S. 65 ff.).

105 Wettbewerbsregistergesetz v. 18.7.2017 (BGBl. I S. 2739).

erkennen. Bis dahin können entsprechende Informationen auch über das Gewerbezentralregister eingeholt werden.

147 Der Bieter wiederum kann einen Ausschluss durch die sogenannte **Selbstreinigung** nach § 125 Abs. 1 GWB abwenden. Voraussetzung hierfür ist dessen Nachweis, dass das Unternehmen

- für jeden verursachten Schaden einen Ausgleich gezahlt oder sich zur Zahlung eines Ausgleichs verpflichtet hat,
- die Tatsachen und Umstände, die mit dem Fehlverhalten und den dadurch verursachten Schäden im Zusammenhang stehen, durch eine aktive Zusammenarbeit mit den Ermittlungsbehörden und dem öffentlichen Auftraggeber umfassend geklärt hat und
- konkrete, technische, organisatorische und personelle Maßnahmen ergriffen hat, die geeignet sind, weitere Verstöße zu vermeiden.

148 Der deutsche Gesetzgeber der 9. GWB-Novelle ist dabei – insbesondere was die Zusammenarbeit mit dem öffentlichen Auftraggeber anbelangt – über die Vorgaben der Richtlinie hinausgegangen. Ob diese Überschreitung zulässig ist, ist Gegenstand eines Vorlagebeschlusses der Vergabekammer Südbayern vom 7.3.2017.[106] Allerdings ergeben sich noch weitere Fragestellungen, die noch nicht hinreichend geklärt sind.

149 Fraglich ist unter anderem, wie weit eine Verpflichtung zum Ausgleich eines Schadens erfolgen muss. Denn überwiegend wird vertreten, dass einem Bieter das Recht zur zivilrechtlichen Streitklärung nicht genommen werden darf.[107] Als hinreichend wird es daher angesehen, dass der Rechtsverletzer sich dem Grunde nach zur Zahlung eines Schadens verpflichtet, hierfür gegebenenfalls einen Verjährungseinredeverzicht abgibt, er andererseits in einem Zivilprozess jedoch weiterhin bestreiten kann, dass überhaupt ein Schaden entstanden ist.

150 Weiter darf der Bieter gem. § 126 Ziffer 2 GWB im Falle des Ausschlussgrundes nach § 124 GWB höchstens drei Jahre ab dem „betreffenden Ereignis" ausgeschlossen werden. Umstritten ist hierbei, ob das betreffende Ereignis die Beendigung des Kartellverstoßes meint oder den Abschluss des kartellbehördlichen Verfahrens.[108] Auch diese Frage ist dem EuGH zur Beantwortung durch die VK Südbayern vorgelegt. Bis zur Entscheidung des Gemeinschaftsgerichtes ist daher die Grenze und Reichweite der vergaberechtlichen Selbstreinigung noch mit großen Unsicherheiten behaftet.

---

106 VK Südbayern, Beschl. v. 7.3.2017 – Z3-3-3194-1-45-11/16 – GRUR Int 2017, 460; Gegen die Vereinbakeit mit der Richtlinie hat sich bereits der Generalanwalt am EuGH in seinen Schlussanträgen vom 16.5.2018 geäußert (siehe Rechtssache C-214/17).

107 VK Südbayern, Beschl. v. 7.3.2017 – Z3-3-3194-1-45-11/16 – GRUR Int 2017, 460; *Palatzke/Jürschik*, NZKart 2017, 358.

108 Im letzten Sinne äußerte sich auch der Generalanwalt in den zuvor genannten Schlussanträgen.

Kapitel 12
Vergabe- und Beihilfenrecht

A. Vergaberecht

1 Das Vergaberecht, also diejenigen rechtlichen Bestimmungen, die die Vergabe öffentlicher Aufträge nach Maßgabe spezieller Bestimmungen, die die Gleichbehandlung der Unternehmen und den Wettbewerb unter den Wirtschaftsteilnehmern (Bewerbern und Bietern) sicherstellen, darf heutzutage als wichtiges Element sowohl des europäischen als auch des deutschen Wettbewerbsrechts begriffen werden. Deshalb werden zunächst die Stellung und die Bedeutung des Vergaberechts im System des EU-Wettbewerbsrechts erläutert[1] und hierauf aufbauend die Funktion des Vergaberechts im System des GWB dargestellt[2]. Sodann wird den Vergabepflichten von öffentlichen Auftraggebern und, speziell bezogen auf den Bereich der Energieversorgung, von Sektorenauftraggebern Aufmerksamkeit gewidmet.[3] Anhand der einzelnen Vergabegrundsätze sind wesentliche Grundstrukturen des „materiellen Vergaberechts" zu erläutern.[4] Auf der Grundlage dessen ist der spezielle vergaberechtliche Rechtsschutz betroffener Unternehmen darzustellen.[5] Abschließend wird das spezielle Verhältnis des Vergaberechts zum (allgemeinen) Kartellrecht einer Betrachtung unterzogen[6] und anhand spezieller, für die Praxis relevanter, Fälle beleuchtet.

I. Das Vergaberecht im System des EU-Wettbewerbsrechts

2 Das Vergaberecht als besonderer Bereich des Wettbewerbsrechts ist im europäischen Primärrecht (AEUV) nicht ausdrücklich im Titel VII, Kapitel 1 erwähnt. Zwar enthält dieses Kapitel nicht nur Vorschriften für Unternehmen[7] (Abschnitt I), sondern mit dem Recht der staatlichen Beihilfen[8] (Abschnitt II, Art. 107 bis 109 AEUV) auch Bestimmungen, die sich gerade mit den Mitgliedstaaten und deren Einwirkun-

---

1 Siehe unten Rn. 2ff.
2 Siehe unten Rn. 10ff.
3 Siehe unten Rn. 18ff.
4 Siehe unten Rn. 161ff.
5 Siehe unten Rn. 196ff.
6 Siehe unten Rn. 222ff.
7 Dass das Wettbewerbskapitel überhaupt Bestimmungen enthält, die (unmittelbar) für Unternehmen gelten, ist, historisch gesehen, ein Novum und ein besonderer Ausdruck des Charakters der Europäischen Union als einer supranationalen Organisation.
8 Hierzu unten Rn. 244ff.

https://doi.org/10.1515/9783110286847-012

gen auf den Wettbewerb befassen.[9] Dennoch kann heute das Vergaberecht durchaus auch als Teil des EU-Wettbewerbsrechts begriffen werden. Getreu der unionsprimärrechtlichen Anknüpfung der Verpflichtungen der Mitgliedstaaten bei der Vergabe öffentlicher Aufträge an die Grundfreiheiten des AEU-Vertrages (Art. 28ff. AEUV), die sich im dritten Teil ("Die internen Politiken und Maßnahmen der Union"), Titel I („Der Binnenmarkt") befinden, wird der gesamte Komplex des Vergaberechts selbst in organisatorischer Hinsicht[10] als wesentlicher Bestandteil der Verwirklichung und Ausgestaltung des EU-Binnenmarkts begriffen.

1. Vergaberechtliche Verpflichtungen aus dem EU-Primärrecht

3 Schon vor der Verabschiedung spezieller Richtlinien der Europäischen Wirtschaftsgemeinschaft/Gemeinschaft/Union wurde aus den Grundfreiheiten des E(W)G-Vertrages (heute abgelöst durch den AEU-Vertrag) Verpflichtungen der Mitgliedstaaten abgeleitet, bei der Vergabe öffentlicher Aufträge zum einen Unternehmen aus der gesamten Gemeinschaft gleich zu behandeln und Formen der (versteckten) Diskriminierung zu vermeiden und – hiermit einhergehend – den Zugang zu den nationalen Beschaffungsmärkten zu gewährleisten.[11] In diesem Zusammenhang wurde immer wieder betont, welche Bedeutung der Bereich der öffentlichen Aufträge für die innergemeinschaftliche Wertschöpfung hat.

4 Mit seiner Rechtsprechung hat der EuGH deutlich gemacht, dass die spezifisch an die Mitgliedstaaten gerichteten Grundfreiheiten sowie das allgemeine Diskriminierungsverbot des heutigen Art. 18 AEUV die Mitgliedstaaten nicht nur im hoheitlichen Bereich binden, sondern auch im Bereich des Abschlusses zivilrechtlicher Verträge.

2. Vergaberichtlinien

5 Ausgehend von der oben skizzierten Rechtsprechung des EuGH liegt mittlerweile bereits die vierte „Generation" von der Rechtsvereinheitlichung in den Mitgliedstaaten dienenden Richtlinien über die Vergabe öffentlicher Aufträge vor. Hierbei ist zwischen den die materiellen Anforderungen regelnden Richtlinien und den Richtlinien über die speziellen Nachprüfungsverfahren für öffentliche Aufträge zu unterscheiden.

---

9 Hierzu näher unten Rn. 244ff.

10 Zuständig ist die Generaldirektion Binnenmarkt und nicht die Generaldirektion Wettbewerb.

11 Vgl. zu den Zwecken des Unionsvergaberechts nur die 1. Begründungserwägung zur Richtlinie 2014/24/EU des Europäischen Parlaments und des Rates v. 26.2.2014 über die öffentliche Auftragsvergabe und zur Aufhebung der Richtlinie 2004/18/EG (ABl EU Nr. L 94 S. 65).

Was die materiellen Anforderungen an die Vergabe von öffentlichen Aufträgen und (neuerdings) Konzessionen betrifft, so sind folgende drei Richtlinien zu unterscheiden: 6
- die allgemeine Vergaberichtlinie für klassische öffentliche Auftraggeber (Richtlinie 2014/24/EU),
- die für die Sektorenauftraggeber und damit für Energieversorgungsunternehmen besonders wichtige Richtlinie 2014/25/EU[12] und
- die Richtlinie 2014/23/EU[13] über die Vergabe von Konzessionen.

Was die prozessuale Durchsetzung des Vergaberechts betrifft, so gilt für klassische öffentliche Auftraggeber die Rechtsmittelrichtlinie (Richtlinie 89/665/EWG,[14] deren Rechtsschutzbestimmungen noch einmal grundlegend durch die Richtlinie 2007/66/EG[15]) geändert wurden, und (für Sektorenaufträge) die Rechtsmittel-Richtlinie Sektoren (Richtlinie 92/13/EWG[16]), ebenfalls durch die Richtlinie 2007/66/EG wesentlich geändert. Diese Richtlinien betreffen die Vergabe öffentlicher Aufträge und – durch die letzte Änderung[17] neuerdings vollumfänglich – Konzessionen durch öffentliche Auftraggeber und Sektorenauftraggeber. 7

Die Verpflichtung auch von privatrechtlich organisierten oder – unter Umständen sogar – materiell privaten Unternehmen zur Anwendung des Vergaberechts stellt gegenüber dem vor Inkrafttreten der Richtlinien aus den 1990er Jahren bedeutsame Besonderheit dar. Für Energieversorgungsunternehmen, die sich in öffentlicher Hand befinden, sind die Bestimmungen der Sektorenrichtlinie maßgebend, die sich an sogenannte Sektorenauftraggeber richten. Wer Sektorenauftraggeber ist, wird unten[18] behandelt. Hiermit wird die Richtlinie der Europäischen Union im Wesentlichen eins 8

---

12 Richtlinie 2014/25/EU des Europäischen Parlaments und des Rates v. 26.2.2014 über die Vergabe von Aufträgen durch die Auftraggeber im Bereich der Wasser-, Energie- und Verkehrsversorgung sowie der Postdienste und zur Aufhebung der Richtlinie 2004/17/EG (ABl EU Nr. L 94 S. 243).

13 Delegierte Verordnung (EU) 2015/2172 der Kommission v. 24.11.2015 zur Änderung der Richtlinie 2014/23/EU des Europäischen Parlaments und des Rates im Hinblick auf die Schwellenwerte für Vergabeverfahren (ABl Nr. L 307 S. 9).

14 Richtlinie des Rates vom 21.12.1989 zur Koordinierung der Rechts- und Verwaltungsvorschriften für die Anwendung der Nachprüfungsverfahren im Rahmen der Vergabe öffentlicher Liefer- und Bauaufträge (ABl EG Nr. L 395 S. 33), die inzwischen mehrfach geändert wurde.

15 Richtlinie 2007/66/EG des Europäischen Parlaments und des Rates vom 11.12.2007 zur Änderung der Richtlinien 89/665/EWG und 92/13/EWG des Rates im Hinblick auf die Verbesserung der Wirksamkeit der Nachprüfungsverfahren bezüglich der Vergabe öffentlicher Aufträge (ABl EG Nr. L 335 S. 31).

16 Richtlinie 92/13/EWG des Rates vom 25.12.1992 zur Koordinierung der Rechts- und Verwaltungsvorschriften für die Anwendung der Gemeinschaftsvorschriften über die Auftragsvergabe durch Auftraggeber im Bereich der Wasser-, Energie- und Verkehrsversorgung sowie im Telekommunikationssektor (ABl EG Nr. L 76 S. 14).

17 Vgl. Art. 46 und 47 der Richtlinie 2014/23/EU.

18 Siehe unten Rn. 33 ff.

zu eins in das nationale Recht übertragen, sodass sich eine Auseinandersetzung mit der Unionsrechtsnorm an gesonderter Stelle erübrigt.

9 Für den Bereich der Energieversorgung ebenfalls relevant kann auch die Tätigkeit von Energieversorgungsunternehmen als Bieter im Vergabeverfahren klassischer öffentlicher Auftraggeber sein, etwa bei der Ausschreibung von Strom oder Gas bzw. neuartiger Energiedienstleistungen. Ebenfalls Gegenstand der Betrachtung ist die Frage, ob bzw. in welchem Umfang die seit 2014 geltende und seit 2016 umgesetzte Konzessionsrichtlinie Relevanz im Bereich der Energieversorgung aufweist.[19]

II. Das Vergaberecht im System des GWB

1. Kartellrechtliche Ausschreibungspflichten vor Einführung des Kartellvergaberechts

10 Vor der Einführung des sogenannten Kartellvergaberechts im Teil 4 des GWB zum 1.1.1999 erwuchsen Ausschreibungspflichten nicht nur aus dem Haushaltsrecht – dort regelmäßig nur mit Innenbindung –, worauf unten[20] einzugehen ist, sondern auch im Einzelfall aus dem Kartellrecht.

11 So hat etwa die Rechtsprechung die öffentliche Hand im Bereich von Abfallentsorgungsleistungen, die diese auf private Dritte übertragen wollen, auch in ihrer Eigenschaft als Nachfrager (und zugleich Anbieter) von Leistungen als Unternehmen begriffen und im Einzelfall wegen ihrer marktbeherrschenden Stellung den Beschränkungen unterworfen, die das Missbrauchsverbot des § 19 GWB dessen Handeln setzt.[21] Das bedeutet also: Ist die öffentliche Hand auf einem bestimmten Markt marktbeherrschender Nachfrager, so kann sich unabhängig vom Kartellvergaberecht eine Ausschreibungspflicht, d.h. die Pflicht zu einer diskriminierungsfreien Vergabe bereits aus dem Missbrauchsverbot des § 19 Abs. 1 GWB ergeben.

12 Für einen in der Energiewirtschaft bedeutsamen Bereich, der nicht die Vergabe öffentliche Aufträge betrifft, aber mit diesem verwandt ist, nämlich für Wegenutzungsverträge, ist dies – über die speziellen Pflichten aus § 46 EnWG – auch durch den BGH anerkannt worden.[22]

---

19 Hierzu unten Rn. 68 ff.

20 Rn. 14 f.

21 Vgl. etwa OLG Koblenz, Urt. v. 23.6.1983 – WuW/E OLG 3136; OLG München, Urt. v. 28.3.1996 – U (K) 4720/95 – WuW/E OLG 5735 (5741) – Biomüll.

22 BGH, Urt. v. 11.11.2008 – KZR 43/07 – WuW/E DE-R 2581, 2584 – Neue Trift; BGH, Urt. v. 17.12.2013 – KZR 65/12 – ZNER 2014, 168 und KZR 66/12 – RdE 2015, 177.

2. Haushaltsrechtliche Ausschreibungspflichten

Gemäß § 30 S. 1 HGrG (der erst im Jahre 2017 novelliert wurde, aber in seiner Grundstruktur schon Jahrzehnte besteht) muss dem Abschluss von Verträgen über Lieferungen und Leistungen eine Öffentliche Ausschreibung oder eine Beschränkte Ausschreibung mit Teilnahmewettbewerb[23] vorausgehen, sofern nicht die Natur des Geschäfts oder besondere Umstände eine Ausnahme rechtfertigen. Auf der Grundlage dieser allgemeinen Regel enthalten die Haushaltsordnungen des Bundes, der Länder und der Gemeinden ähnliche Regeln. Regelmäßig wird den obersten Bundes- oder Landesbehörden die Befugnis erteilt, durch Verwaltungsvorschriften bestimmte nichtgesetzliche Regelwerke, wie etwa die Vergabe- und Vertragsordnung für Bauleistungen (VOB/A), die Vergabe- und Vertragsordnung für Leistungen (VOL/A) oder – neuerdings – die Unterschwellenvergabeordnung (UVgO) anzuwenden. 13

Diesen Verwaltungsvorschriften kommt ebenso wie den Bestimmungen der Haushaltsordnungen keine Außenwirkung zu. Jedoch haben die Unternehmen im Rahmen des Gleichheitssatzes einen Anspruch auf die einheitliche Anwendung der Vorschriften. Dies bedeutet aber nicht, dass hierfür die Verwaltungsgerichtsbarkeit zuständig wäre. Vielmehr bleibt es dabei, dass es um die Art und Weise der Eingehung eines zivilrechtlichen Schuldverhältnisses geht, deren Prüfung grundsätzlich in die Zuständigkeit der ordentlichen Gerichte fällt.[24] Die Zweiteilung des Vergaberechtsschutzes verstößt auch nicht gegen das Grundgesetz, insbesondere nicht gegen den Gleichheitssatz.[25] 14

3. Kartellvergaberecht seit 1999

Seit dem 1.1.1999 ist das in Umsetzung des Gemeinschaftsrechts geschaffene Vergaberecht im GWB verortet und trägt daher auch die Bezeichnung „Kartellvergaberecht". Es wäre müßig, an dieser Stelle die spezifische Strukturänderung vollständig nachzuzeichnen, die sich im Laufe dieser Jahre ergeben hat. Schwerpunkt der Darstellung soll vielmehr die gegenwärtige Rechtslage sein. Seit der letzten Vergaberechtsreform durch das am 18.4.2016 in Kraft getretene Gesetz zur Modernisierung des Vergaberecht ist nunmehr eine stärkere „Vergesetzlichung" des Vergaberechts festzustellen, so dass sich dieses noch mehr vom früheren reinen Haushaltsvergaberecht unterscheidet, auch was den Rang der Gesetzes- bzw. Rechtsnormen betrifft. 15

---

23 Als Teilnahmewettbewerb wird in § 30 S. 2 HGrG ein Verfahren beschrieben, „bei dem der öffentliche Auftraggeber nach vorheriger öffentlicher Aufforderung zur Teilnahme eine beschränkte Anzahl von geeigneten Unternehmen nach objektiven, transparenten und nichtdiskriminierenden Kriterien auswählt und zur Abgabe von Angeboten auffordert."

24 BVerwG, Beschl. v. 2.5.2007 – 6 B 10.07.

25 BVerfG, Urt. v. 13.6.2006 – BvR 1160/03.

16 Diejenigen Bestimmungen, die die Voraussetzungen der Vergabepflicht regeln, nämlich die Bezeichnung der Auftragsgeber (§ 98 GWB) verstanden als öffentlicher Auftraggeber (§ 99 GWB) und Sektorenauftraggeber (§ 100 GWB) sowie Konzessionsgeber (§ 101 GWB), der öffentliche Auftrag (§ 103 GWB) und die Schwellenwerte (§ 106 GWB), wenn auch mit unschicklicher Verweisung auf die Richtlinien der Europäischen Union in der Fassung der jeweiligen Durchführungsverordnung der Kommission, sind, wie bisher auch, im GWB geregelt. Nunmehr sind allerdings auch die wesentlichen Eignungsanforderungen (§§ 123ff. GWB) also diejenigen Bestimmungen, die darüber entscheiden, ob ein Unternehmen überhaupt am Wettbewerb teilnehmen darf, auf Gesetzesebene zu finden, während sie früher im Rang niedriger (sog. Vergabe- und Vertragsordnungen, VOL/A[26], VOB/A[27], VOF[28]) angesiedelt waren. Auch sämtliche normative Ausnahmen von der Anwendbarkeit des Vergaberechts, die teilweise in den neuen Richtlinien erst in einer Art Kodifikation der Rechtsprechung des EuGH in das Gesetz aufgenommen wurden, finden sich nunmehr im Gesetz (§§ 107ff. GWB). Auf die Einzelheiten wird an anderer Stelle eingegangen.[29]

17 Auf diese Weise hat sich das Vergaberecht zu einem selbstständigen Rechtsgebiet entwickelt, weshalb es auch Gegenstand dieses Handbuches ist.

III. Vergabepflichten

18 Verpflichtungen zur Anwendung des Kartellvergaberechts erwachsen dann, wenn ein Auftraggeber[30] einen öffentlichen Auftrag[31] oder eine Konzession[32] vergibt, deren Auftrags – bzw. Vertragswert – den einschlägigen Schwellenwert aus der jeweiligen Richtlinie erreicht oder überschreitet.[33] Als negative Voraussetzung ist stets die Frage zu beantworten, ob im Einzelfall eine Ausnahme von der Anwendbarkeit des Vergaberechts besteht, die gleichsam wieder aus dem Anwendungsbereich hinausführt.

---

26 Vergabe- und Vertragsordnung für Leistungen, Teil A.
27 Vergabe- und Vertragsordnung für Bauleistungen, Teil A.
28 Vergabeordnung für freiberufliche Leistungen. Diese Regelung gilt inzwischen insgesamt nicht mehr.
29 Hierzu unten Rn. 91ff.
30 Hierzu unten Rn. 20ff.
31 Hierzu unten Rn. 53ff.
32 Hierzu unten Rn. 60ff.
33 Hierzu unten Rn. 85ff.

1. Adressaten des Kartellvergaberechts

Persönliche Adressaten des Vergaberechts des Teils 4 des GWB sind Auftraggeber (§ 98 GWB). In diesem Zusammenhang ist gemäß dieser Vorschrift zwischen öffentlichen Auftraggebern auf der einen Seite (§ 99 GWB) und Sektorenauftraggebern (§ 100 GWB) auf der anderen Seite zu unterscheiden. Hierbei ist jedoch darauf hinzuweisen, dass es Überschneidungen zwischen beiden Formen von Auftraggebern geben kann, d.h. einzelne öffentliche Auftraggeber auch Sektorenauftraggeber sein können. Dies ist nunmehr in besserer Entsprechung zur Sektorenrichtlinie auch verbal im Gesetz besser abgebildet. Hierzu kommen neuerdings Konzessionsgeber (§ 101 GWB). 19

a) Öffentliche Auftraggeber

Die Richtlinie 2014/24/EU richtet sich an die klassischen öffentlichen Auftraggeber. Sie sind in § 99 GWB definiert. 20

aa) Gebietskörperschaften und deren Sondervermögen

Klassische Adressaten des (Kartell-)Vergaberechts sind öffentliche Auftraggeber im Sinne des § 99 Nr. 1 GWB. Doch auch über die den klassischen Staat betreffende Gebietskörperschaften (§ 99 Nr. 1 GWB), also Bund, Länder und Gemeinden, hinaus sind zum Teil auch Unternehmen in Privatrechtsform (etwas § 99 Nr. 2 und 4 GWB) als öffentliche Auftraggeber angesprochen. Hiermit reagierte das Unionsrecht darauf, dass klassische staatliche Aufgaben oder jedenfalls Aufgaben der Daseinsvorsorge, welche früher durch staatliche Einrichtungen erfüllt wurden, teilweise auf Privatrechtssubjekte in staatlicher Hand oder mit staatlicher Finanzierung etc. ausgelagert wurden. 21

§ 99 Nr. 1 GWB bezeichnet mit „Gebietskörperschaften sowie deren Sondervermögen“ den klassischen öffentlichen Auftraggeber, den Staat als juristische Person selbst. Sondervermögen einer Gebietskörperschaft, das heißt in der Bundesrepublik Deutschland des Bundes, eines Landes oder einer Gemeinde (auch eines Landkreises), ist etwa ein Eigenbetrieb, der haushaltsmäßig getrennt wirtschaftet, aber mit der juristischen Person, Bund, Land oder Gemeinde, identisch ist. Gerade im Bereich der Energieversorgung, namentlich auf gemeindlicher Ebene, sind solche Eigenbetriebe immer noch anzutreffen, wenn auch mit abnehmender Tendenz. 22

bb) Staatliche kontrollierte Unternehmen mit Tätigkeiten im Allgemeininteresse nicht gewerblicher Art

Gemäß § 99 Nr. 2 GWB können öffentliche Auftraggeber auch juristische Personen des öffentlichen und des privaten Rechts sein, wenn sie zu dem besonderen Zweck gegründet wurden, im Allgemeininteresse liegende Aufgaben nichtgewerblicher Art 23 zu erfüllen und eine bestimmte Form der öffentlichen Kontrolle durch Finanzierung, Aufsicht oder Vertretung in den Organen vorliegt.

24 § 99 Nr. 2 GWB erweitert den Kreis der öffentlichen Auftraggeber demnach auf institutionell verselbständigte juristische Personen des öffentlichen Rechts (Anstalten, Körperschaften und Stiftungen), die außerhalb der klassischen Gebietskörperschaften öffentliche Aufgaben wahrnehmen, mitunter sogar aus gutem Grunde vom Staat separiert.[34] § 99 Nr. 2 GWB gilt darüber hinaus aber auch und gerade für privatrechtlich organisierte Einheiten der öffentlichen Hand, etwa juristische Personen des Privatrecht, z.B. eine GmbH oder eine AG.

25 Eines der beiden entscheidenden Merkmale des § 98 Nr. 2 GWB ist die Gründung zur Erfüllung einer im Allgemeininteresse liegenden Aufgabe nichtgewerblicher Art. Zunächst ist auf den besonderen Gründungszweck, dokumentiert in der jeweiligen Satzung eines Unternehmens, zurückzugreifen.

26 Der weitere Begriff „Allgemeininteresse" ist vom europäischen Richtliniengeber in Art. 2 Abs. 1 Nr. 4 lit. a Richtlinie 2014/24/EU[35] nicht näher definiert worden. Das Merkmal des Allgemeininteresses, das etwa dem öffentlichen Interesse entspricht, ist ebenfalls noch recht einfach zu bestimmen. Mitunter wird in diesem Zusammenhang darauf abgestellt, ob dem Staat in dem bestimmten Bereich ein Infrastruktur- bzw. Infrastrukturgewährleistungsauftrag zukommt.[36] Beispielsweise gehört der gesamte Bereich der Versorgung mit lebenswichtigen Gütern wie Energie, Wasser, Telekommunikation, Post, Verkehr usw. zu diesen Aufgaben im Allgemeininteresse.

27 Die Aufgabenerfüllung muss aber vor allem nichtgewerblicher Art sein. Das Merkmal soll den Begriff der im Allgemeininteresse liegenden Tätigkeiten konkretisieren[37] und den Kreis der vergabepflichtigen Unternehmen eingrenzen. Unternehmen, die demselben Wettbewerbsdruck wie ein privates Wirtschaftsunternehmen ausgesetzt sind, können sich eine Beschränkung des Bieterkreises ohnehin nicht leisten, da jede Wettbewerbsbeschränkung höhere Beschaffungspreise oder mindere Qualität mit sich bringt.[38]

28 Da es sich um einen Begriff aus dem Unionsrecht handelt, kommt es nicht auf den Gewerbebegriff des deutschen Gewerberechts, sondern darauf an, ob ein Unternehmen ganz oder teilweise außerhalb der marktmäßigen Mechanismen operieren kann oder nicht. Wichtige Anhaltspunkte einer „Gewerblichkeit" im umgekehrten Sinne sollen etwa eine erhebliche wirtschaftliche Bedeutung der Tätigkeit, das Vor-

34 Dies gilt etwa für Rundfunkanstalten, vgl. EuGH, Urt. v. 13.12.2007 – Rs. C-337/06 – Bayerischer Rundfunk u.a.

35 Ebenso wenig wird der Begriff in der 10. Begründungserwägung erklärt.

36 *Noch*, NVwZ 1999, 1083, 1084; *Dietlein*, NZBau 2002, 139 m.w.N. in Fn. 48; vgl. ferner *Hermes*, Staatliche Infrastrukturverantwortung, Tübingen 1998.

37 Vgl. EuGH, Urt. v. 10.11.1998 – Rs. C-360/96 – EuZW 1999, 16, Rn. 32ff. – Gemeente Arnhem.

38 Pünder/Schellenberg/*Pünder*, Vergaberecht, 2. Aufl., Baden-Baden 2015, § 98 GWB Rn. 31.

liegen eines entwickelten Wettbewerbs sowie wettbewerbskonformes, nachfrage- und gewinnorientiertes Verhalten sein. Allerdings kann aus dem Vorhandensein eines entwickelten Wettbewerbs auf dem Markt, auf dem das konkrete Unternehmen tätig ist, allein noch nicht der Schluss gezogen werden, dass keine im Allgemeininteresse liegende Aufgabe nichtgewerblicher Art vorliegt.[39] Hinzukommen muss etwa, dass das Unternehmen das wirtschaftliche Risiko seiner Tätigkeit selbst trägt, weil kein Mechanismus zum Ausgleich etwaiger finanzieller Verluste besteht,[40] um die Nichtgewerblichkeit zu bejahen. Dies ist jedoch nur eine hinreichende, aber keine notwendige Bedingung.

Bemerkenswert ist in diesem Zusammenhang, dass der EuGH sogar Tätigkeiten, 29 die eigentlich ausdrücklich unter die Sektorenrichtlinie fallen, namentlich die Fernwärmeversorgung, zugleich als Tätigkeit im Allgemeininteresse nicht gewerblicher Art einstuft.[41] Neben der Fernwärme wird man dies auch bei der Wasserversorgung und beim ÖPNV annehmen müssen, sofern das ÖPNV-Unternehmen als interner Betreiber i.S.d. Art. 5 Abs. 2 der Verordnung (EG) 1370/2007 tätig ist.

Ein wesentlicher Umstand verdient dabei noch Beachtung, die sogenannte **Infektionswirkung**: 30 Nach der langjährigen Rechtsprechung des EuGH[42] ist ein Unternehmen, das auch nur eine einzige Tätigkeit nach § 99 Nr. 2 GWB erbringt, insgesamt als Auftraggeber nach § 99 Nr. 2 GWB einzuordnen und hat sämtliche Aufträge, auch solche, die nicht der Tätigkeit im Allgemeininteresse nicht gewerblicher Art dienen, gemäß den Bestimmungen des allgemeinen Vergaberechts auszuschreiben, sofern kein spezielleres Recht (namentlich das Sektorenvergaberecht[43]) gilt. Selbst eine Spartenbilanzierung kann diesen ungewollten Effekt nicht verhindern.[44]

Weitere Voraussetzung ist, dass Stellen, die unter Nr. 1 oder 3 (Gebietskörper- 31 schaften, Sondervermögen oder deren Verbände) fallen, diese Personen einzeln oder gemeinsam durch Beteiligung oder auf sonstige Weise überwiegend finanzieren oder über ihre Leitung die Aufsicht ausüben oder mehr als die Hälfte der Mitglieder eines ihrer zur Geschäftsführung oder zur Aufsicht berufenen Organe bestimmt haben. Diese drei Beherrschungsformen (Finanzierung, Aufsicht oder Leitung bzw. Vertretung in den Organen) liegen mitunter kumulativ vor. Erforderlich ist aber nur eine Form der Beherrschung. Schließlich kann es auch zu einer mittelbaren Beherrschung kommen.

---

39 Vgl. EuGH, Urt. v. 27.2.2003 – Rs. C-373/00 – VergabeR 2003, 296, Rn. 66; EUGH, Urt. v. 22.5. 2003 – Rs. C-18/01 – NZBau 2003, 396, Rn. 49 – Korhonen.

40 Reidt/Stickler/Glahs/*Stickler*, Vergaberecht, 3. Aufl., Köln 2011, § 98 GWB Rn. 18; EuGH, Urt. v. 10.5.2001 – Rs. C-223/99, C-266/99 – VergabeR 2001, 281 Rn. 40 – Agora.

41 EuGH, Urt. v. 10.4.2008 – Rs. C-393/06 – Slg. 2008, I-2339 – Ing. Aigner (Fernwärme Wien).

42 EuGH, Urt. v. 15.1.1998 – Rs. C-44/96 – Österreichische Staatsdruckerei.

43 Hierzu unten Rn. 50ff.

44 EuGH, Urt. v. 10.4.2008 – Rs. C-393/06 – Slg. 2008, I-2339, Rn. 59, Ing. Aigner.

cc) Sonstige öffentliche Auftraggeber

32 Ebenfalls öffentliche Auftraggeber sind gem. § 99 Nr. 3 GWB Verbände von Gebietskörperschaften, etwa Zweckverbände. Schließlich können nach § 99 Nr. 4 GWB auch natürliche und juristische Personen des privaten Rechts oder juristische Personen des öffentlichen Rechts unter die Kategorie des öffentlichen Auftraggebers fallen, soweit sie nicht unter Nr. 2 fallen, wenn diese Personen des privaten Rechts Tiefbaumaßnahmen durchführen oder Krankenhäuser, Sport-, Erholungs- oder Freizeiteinrichtungen, Schul-, Hochschul- oder Verwaltungsgebäude errichten oder damit in Verbindung stehende Dienstleistungen und Auslobungsverfahren erbringen. Die Mittel müssen sie von Stellen gem. § 99 Nr. 1 bis 3 GWB erhalten. Hiermit soll gewährleistet werden, dass das Vergaberecht nicht dadurch ausgeschaltet werden kann, dass sonstige Einheiten, die eigentlich keine öffentlichen Auftraggeber sind, staatlich finanzierte Beschaffungen anstelle des Staates vornehmen.

b) Sektorenauftraggeber

33 Seit der Reform des Vergaberechts durch das Vergaberechtsmodernisierungsgesetz, welches zum 18.4.2016 in Kraft getreten ist, werden die öffentlichen Auftraggeber nach § 99 GWB nunmehr klar von den Sektorenauftraggebern nach § 100 GWB unterschieden, womit die klare Trennung beider Richtlinien im Gesetz nachvollzogen wird.

34 Da es aber juristische Personen gibt, die gleichzeitig beide Eigenschaften haben können, knüpft das Gesetz in einer Variante auch wieder an den Begriff des öffentlichen Auftraggebers an.

35 § 100 Abs. 1 GWB unterscheidet deshalb nunmehr zwei Arten von Sektorenauftraggebern, zum einen (§ 100 Abs. 1 Nr. 1 GWB) öffentliche Auftraggeber, die Sektorentätigkeiten durchführen, und zum anderen in § 100 Abs. 1 Nr. 2 GWB ausschließliche Sektorenauftraggeber. Beide Arten von Sektorenauftraggebern sind hier zu behandeln. Freilich kann wiederum eine juristische Person auch unter beide Spielarten fallen.

36 Zwar ist diese Unterscheidung praktisch von geringer Bedeutung, in zwei noch hier zu erörternden Zusammenhängen spielt diese Unterscheidung in der Praxis durchaus eine wesentliche Rolle.[45]

aa) Sektorenauftraggeber nach § 100 Abs. 1 Nr. 1 GWB

37 Systematisch sind zunächst die sogenannten öffentlichen Sektorenauftraggeber,[46] zu behandeln.

---

45 Vgl. unten Rn. 110 und 127.

46 Genauer müsste es heißen „die ausschließlich öffentlichen Sektorenauftraggeber", da in der Variante des § 100 Abs. 2 lit. b GWB auch der beherrschende Einfluss der öffentlichen Hand verlangt wird.

38 In personaler Hinsicht ist zunächst Voraussetzung, dass die konkrete Person ein **öffentlicher Auftraggeber** nach § 99 Nr. 1–3 GWB ist.[47]

39 Um den entscheidenden Unterschied zum öffentlichen Auftraggeber herzustellen, muss der öffentliche Auftraggeber zusätzlich eine **Sektorentätigkeit** ausführen. Was Sektorentätigkeiten sind, wird in § 102 GWB definiert. Hierbei wird in genauer Übertragung der Sektorenrichtlinie zwischen dem Sektorenbereich der Wasserversorgung (§ 102 GWB), der Elektrizitätsversorgung (§ 102 Abs. 2 GWB), der Gas- und Wärmeversorgung (§ 102 Abs. 3 GWB), des Verkehrs auf Straße und Schiene in den verschiedenen Ausprägungen (§ 102 Abs. 4 GWB), im Bereich der Häfen und Flughäfen (§ 102 Abs. 5 GWB) und im Bereich fossiler Brennstoffe (§ 102 Abs. 6 GWB) unterschieden. Für den im vorliegenden Handbuch entscheidenden Bereich der Energieversorgung spielt § 102 Abs. 2 GWB eine wesentliche Rolle.

40 Hierbei wiederum soll zunächst der Sektor der Elektrizität genauer behandelt werden. Der Sektorenbereich der Elektrizitätsversorgung wird dabei wie folgt definiert:

„1. die Bereitstellung oder das Betreiben fester Netze zur Versorgung der Allgemeinheit im Zusammenhang mit der Erzeugung, der Fortleitung und der Abgabe von Elektrizität,
2. die Einspeisung von Elektrizität in diese Netze […]"

41 Unterschieden wird also zwischen den klassischen Wertschöpfungsstufen, also dem Betrieb von Netzen auf der einen Seite (§ 102 Abs. 2 Nr. 1 GWB) und der Einspeisung von Elektrizität in diese Netze (§ 102 Abs. 2 Nr. 2 GWB) auf der anderen. Als Einspeisung in diese Netze wird sowohl die Einspeisung nach der Erzeugung bzw. im Zusammenhang damit verstanden als auch die Belieferung im Groß- und Einzelhandel über öffentliche Netze (§ 102 Abs. 7 GWB). § 102 Abs. 2 Nr. 2 lit. a und b GWB behandeln hierbei noch bestimmte Ausnahmen (etwa bei bloßer Eigenverbrauchsproduktion und geringfügiger Abgabe. Hiermit soll verhindert werden, dass solche Unternehmen, die in erster Linie für den Eigenverbrauch Strom produzieren und nur Überschussmengen einspeisen, wegen dieser Randtätigkeit vom Vergaberecht erfasst werden.[48]

42 Gleichsam spiegelbildlich hierzu unterscheidet das Gesetz auch bei der Sektorentätigkeit im Bereich von Gas und Wärme in § 102 Abs. 3 GWB zwischen dem Netzbetrieb einerseits (Nr. 1) und der Einspeisung (Nr. 2) andererseits. Hierbei ist jedoch zu beachten, dass im Bereich der Gasversorgung schon aus energiewirtschaftsrechtlichen Gründen eine Entflechtung dieser beiden Wertschöpfungsstufen stattfinden muss, im Bereich der Fernwärme dagegen nicht, auch wenn sie kaufmännisch-bilanziell möglich ist. Insoweit war es aus energiewirtschaftsrechtlicher

---

47 Hierzu oben Rn. 20 ff.

48 Die Beurteilung der Verhältnisse anhand der Schwelle von 30% ist eine Frage des Einzelfalls.

Sicht eigentlich konsequenter, früher Elektrizitäts- und Gasversorgung einerseits und Wärmeversorgung andererseits zu definieren.

43 In § 102 Abs. 1 GWB werden die Sektorentätigkeiten in dem Bereich Wasser definiert. Auch hier findet sich wiederum die Unterscheidung zwischen Netzbetrieb (Nr. 1) und Einspeisung (Nr. 2). Dabei handelt es sich ebenfalls um eine spezifisch vergaberechtliche Unterscheidung, die in sonstigen, die Wasserversorgung betreffenden Rechten keine Entsprechung findet. Dies ist auch in der vergaberechtlichen Praxis kaum relevant.

44 Der Grund für die besondere vergaberechtliche Einordnung von Sektorenauftraggebern bestand darin, dass diese Unternehmen noch zu Beginn der 1990er Jahre auf diesen Feldern entweder als private Monopolisten mit bestimmtem staatlichen Daseinsvorsorgeauftrag oder gleichsam als privatrechtlich organisierte Behörden handelten, deren Verluste der Steuerzahler zu tragen hatte. Das Verhalten von Monopolisten, die nicht dem Wettbewerbsdruck ausgesetzt sind, betrachtete man ähnlich wie dasjenige von staatlichen Behörden. Freilich ist der Effizienzdruck seit der Einführung der Regulierung der Netzentgelte mit dem EnWG 2005 sehr stark gestiegen, so dass es eigentlich keines zusätzlichen vergaberechtlichen Wettbewerbsdrucks mehr bedürfen könnte. Allerdings ist zu berücksichtigen, dass nach der Richtlinie allein der Kommission die Kompetenz zusteht, bestimmte Sektorenbereiche dem Vergaberecht zu entziehen.[49] Außerdem dürfte in bestimmten Bereichen von Kostenprüfungen durch die Bundesnetzagentur der Nachweis einer vergaberechtskonformen Ausschreibung durchaus die Vermutung der Effizienz bestimmter beeinflussbarer Kosten begründen.

45 Der Sektorenbereich des Verkehrs auf der Schiene und Straße in § 102 Abs. 4 GWB differenziert zwar nicht so stark zwischen Netz und Betrieb, jedoch ist auch hier darauf hinzuweisen, dass sowohl der Betrieb des Netzes[50] als auch der Verkehr auf der Schiene und Straße eine Sektorentätigkeit darstellt. Die Besonderheit besteht freilich darin, dass die nicht schienen- oder oberleitungsgebundenen Tätigkeiten nur in organisatorischer Hinsicht ein Netz betreiben, welches physisch nicht fassbar ist.

46 Schließlich gehört auch der weitere Verkehrsbereich des Betriebs von Häfen und Flughäfen unter den dort genannten Voraussetzungen zu den Sektorenbereichen (§ 102 Abs. 5 GWB). Dies führt dazu, dass nahezu sämtliche Flughäfen in Deutschland öffentliche Auftraggeber sind.

49 Im Einzelnen hierzu unter Rn. 122 ff.

50 Hierzu ausdrücklich EuGH, Urt. v. 16.6.2005 – Rs. C-462/03 und C-463/03 – Slg. 2005, I-5397, Rn. 37 ff. (insbes. 37, 41, 42) – Strabag.

bb) Sektorenauftraggeber nach § 100 Abs. 1 Nr. 2 GWB

Die zweite, gleichsam eigenständige, Form von Sektorenauftraggebern bilden nach § 100 Abs. 1 Nr. 2 GWB natürliche oder juristische Personen des privaten Rechts, die eine Sektorentätigkeit gem. § 102 GWB ausüben (siehe oben), wenn eine weitere von zwei alternativen Voraussetzungen erfüllt ist: Entweder (lit. b) werden diese einzeln oder gemeinsam von einem oder mehreren öffentlichen Auftraggebern nach § 99 Nr. 1–3 GWB beherrscht (die Anforderungen sind in § 100 Abs. 3 GWB definiert), oder sie üben ihre Sektorentätigkeit auf der Grundlage von besonderen oder ausschließlichen Rechten aus, die von einer zuständigen Behörde gewährt wurden (lit. a). Kommunale Stadtwerke, die häufig bereits unter § 99 Nr. 2 GWB fallen, sind deshalb nicht nur Sektorenauftraggeber nach § 100 Abs. 1 Nr. 1 GWB, wenn sie eine Sektorentätigkeit ausüben, sondern zugleich auch nach § 100 Abs. 1 Nr. 2 lit. b GWB. 47

Nach § 100 Abs. 1 Nr. 2 lit. a GWB kann zwar auch ein Unternehmen, das ganz oder mehrheitlich von Privaten gehalten wird, Sektorenauftraggeber sein, dann also, wenn es seine Tätigkeit auf der Grundlage ausschließlicher und besonderer Rechte entfaltet. Derartige ausschließliche oder besondere Rechte liegen aber nicht ohne weiteres vor. 48

Als derartige Rechte wird man wohl die Erbringung von Versorgungsleistungen betrachten müssen, für die ein Anschluss- und Benutzungszwang herrscht (beispielsweise privat kontrollierte Wasserversorgungsunternehmen). Für Energieversorgungsunternehmen gibt es derartige besondere oder ausschließliche Rechte in Deutschland nicht mehr.[51] Die Auffassung der Vergabekammer Lüneburg,[52] die einen Übertragungsnetzbetreiber in mehrheitlich privater Hand dennoch als Sektorenauftraggeber einzuordnen erwog (es kam im Fall nicht darauf an), dürfte nicht zutreffend sein. 49

cc) Sonderrecht für Sektorenauftraggeber

Sektorenauftraggeber müssen, soweit der jeweilige konkrete Auftrag auf dem Gebiet der Trinkwasser- oder Energieversorgung oder des Verkehrs vergeben wird, nicht die VgV, sondern ausschließlich die SektVO anwenden. Diese erweitert in mancherlei Hinsicht den Spielraum im Vergabeverfahren. 50

Insbesondere gibt es keine Pflicht, grundsätzlich dem offenen bzw. nicht offenen Verfahren mit Verhandlungsverbot den Vorzug zu geben. Sektorenauftraggebern stehen das offene Verfahren, das nicht offene Verfahren und das Verhandlungsverfahren mit Bekanntmachung sowie der wettbewerbliche Dialog nach ihrer freien Wahl zur Verfügung. Sektorenauftraggeber auf dem Gebiet der Energiever- 51

51 So explizit bereits Danner/Theobald/*Marx*, Energierecht, Kommentar, 80. EL, VergabeR 162, Rn. 44.

52 VK Lüneburg, Beschl. v. 30.9.2015 – VgK-30/2015.

sorgung sind allerdings bei der Beschaffung von Energie oder von Brennstoffen zur Energieerzeugung nach § 137 Abs. 1 Nr. 8 GWB von der Anwendung des Vergaberechts insgesamt befreit.

c) Konzessionsgeber

52 Da seit der Umsetzung der neuen Vergaberichtlinien 2016 Konzessionen ebenfalls vom Kartellvergaberecht erfasst sind, gehören zu den Auftraggebern nach § 98 GWB auch die Konzessionsgeber nach § 101 GWB, bei denen es sich, kurz gefasst, lediglich um öffentliche Auftraggeber, die eine Konzession vergeben (§ 101 Abs. 1 Nr. 1 GWB), oder um Sektorenauftraggeber in den beiden unterschiedlichen Ausprägungen (§ 101 Abs. 1 Nr. 2 und 3 GWB), die eine Konzession vergeben, handelt.

2. Öffentliche Aufträge und Konzessionen

53 Sachlicher Gegenstand der kartellvergaberechtlichen Ausschreibungspflichten sind öffentliche Aufträge und – seit 2016 – neben Baukonzessionen[53] auch Konzessionen.

a) Öffentliche Aufträge

54 Öffentliche Aufträge sind gem. § 103 Abs. 1 GWB alle entgeltlichen Verträge zwischen öffentlichen Auftraggebern und Unternehmen über die Beschaffung von Leistungen, die Liefer-, Bau- oder Dienstleistungen zum Gegenstand haben.

55 Maßgeblich ist mithin, dass für einen Auftraggeber eine bestimmte Leistung erbracht, er diese aber auch tatsächlich beschafft und dafür eine Vergütung zahlt. Die Abgrenzung zum Begriff der Konzession wird unten[54] erörtert. In der Vergangenheit sind Versuche zu beobachten gewesen, den Begriff des öffentlichen Auftrags über Gebühr auszudehnen. So wurden etwa bestimmte Verkaufsgeschäfte der öffentlichen Hand als vergaberechtlich relevante öffentliche Aufträge betrachtet.[55] Diese Überinterpretation des Begriffes hat jedoch der EuGH später wieder begrenzen können.[56]

56 Die Einordnung des Vertrags unter eine bestimmte Auftragsart ist insbesondere für die Berechnung der Schwellenwerte von Bedeutung, denn diese differieren zwischen Bauaufträgen einerseits und Liefer- und Lieferaufträgen andererseits.[57]

---

53 Diese waren außerhalb der Sektoren schon früher dem Kartellvergaberecht, wenn auch mit Einschränkungen bei den anzuwendenden Bestimmungen, unterworfen.

54 Rn. 60ff.

55 Beginnend mit OLG Düsseldorf, Beschl. v. 13.6.2007 – VII-Verg. 2/07 – Ahlhorn.

56 EuGH, Urt. v. 25.3.2010 – Rs. C-451/08 – Helmut Müller GmbH.

57 Siehe unten Rn. 85.

Lieferaufträge sind gem. § 99 Abs. 2 GWB Verträge zur Beschaffung von Waren, die insbesondere Kauf, Ratenkauf, Leasing, Miete oder Pacht mit oder ohne Kaufoption betreffen, wobei die Verträge auch Nebenleistungen umfassen können. 57

Der Begriff des Bauauftrags nach § 103 Abs. 3 GWB erfasst nicht nur die klassische Errichtung von Bauwerken durch Tief- und Hochbauarbeiten (S. 1 Nr. 2) bzw. bestimmten Bauleistungen im Zusammenhang mit Sektorentätigkeiten (S. 1 Nr. 1), sondern auch kompliziertere Formen, in denen nach den Erfordernissen des Auftraggebers auf eigene Rechnung eine Bauleistung erbracht wird, die dem Auftraggeber wirtschaftlich zugutekommt und auf deren Errichtung er im Wesentlichen Einfluss hat (S. 2). Dienstleistungsaufträge schließlich sind solche Aufträge, die weder Bauaufträge noch Lieferaufträge sind (§ 103 Abs. 4 GWB als Auffangvorschrift). 58

Im Bereich der Sektorenauftraggeber spielt die Frage eine wesentliche Rolle, ob der konkrete Auftrag der Durchführung von Sektorentätigkeiten dient oder nicht.[58] 59

b) Konzessionen

Vom Kartellvergaberecht ebenfalls sind nunmehr auch sämtliche Konzessionen nach § 105 Abs. 1 GWB. 60

Konzessionen unterscheiden sich strukturell von öffentlichen Aufträgen dadurch, dass regelmäßig[59] nicht nur ein zweiseitiges Rechtsverhältnis vorliegt, sondern gleichsam ein Dreiecksverhältnis. Idealerweise erhält im Fall des öffentlichen Auftrags ein Unternehmen vom Auftraggeber Geld und erbringt hierfür eine Leistung. Anders liegt es bei Konzessionen: Hier erbringt der Konzessionär keine Leistung an den Konzessionsgeber, sondern er erhält vom Konzessionsgeber das Recht, eine bestimmte Leistung zu erbringen, und hält sich hinsichtlich der Gegenleistung an die Nutzer seiner Leistung, also Dritte. Denkbar ist es aber auch, dass der Konzessionsgeber einen Zuschuss zahlt, weil dieser daran interessiert ist, dass die Leistung an die Nutzer besonders günstig abgegeben wird. Dieser Zuschuss muss allerdings von untergeordneter Bedeutung sein.[60] 61

Bei den Konzessionen unterscheidet das Gesetz zwischen Baukonzessionen (§ 105 Abs. 1 Nr. 1 GWB) auf der einen Seite und Dienstleistungskonzessionen (§ 105 Abs. 1 Nr. 2 GWB) auf der anderen Seite. Letztere waren schon vor 2016 außerhalb 62

---

58 S. hierzu Rn. 136.

59 In Ausnahmefällen kann freilich auch im Falle öffentlicher Aufträge anstelle eines strengen Synallagmas ein dreiseitiges Rechtsverhältnis vorliegen (s. bereits BGH, NZBau 2009, 201); ansonsten bedürfte es des zusätzlichen Abgrenzungskriteriums in § 105 Abs. 2 GWB nicht. Die Struktur des Rechtsverhältnisses dient vielmehr einer ersten grundsätzlichen Abgrenzung.

60 Vgl. zur Abgrenzung grundlegend BGH, Urt. v. 8.2.2011 – X ZB 4/10 – NZBau 2011, 175; s. a. OLG München, Beschl. v. 21.5.2008 – Verg 05/08, wonach bei Unsicherheit über die Finanzierungsanteile im Zweifel von einem Dienstleistungsauftrag auszugehen sei.

des Sektorenbereichs vom Kartellvergaberecht erfasst, nicht aber die Dienstleistungskonzessionen. Diese unterfielen früher nur dem Unionsprimärecht im Allgemeinen und dem Verbot der Diskriminierung der Staatsangehörigkeit im Besonderen sowie den Grundfreiheiten, woraus eine Verpflichtung erwuchs, diese nicht außerhalb aller Transparenz zu vergeben, ohne notwendig ein Vergabeverfahren durchführen zu müssen.[61]

63 Als zusätzliches – dogmatisch eigentlich nicht gerechtfertigtes[62] – aber seit es positives Recht ist, in jedem Fall zwingendes Kriterium, ist zur Abgrenzung zwischen öffentlichen Aufträgen auf der einen Seite und Konzessionen auf der anderen Seite jenseits der Vertragsbeziehungen auf die Verteilung des Betriebsrisikos zu achten (§ 105 Abs. 2 GWB): Liegt dieses Betriebsrisiko überwiegend beim Unternehmen (Konzessionär), so liegt eine Konzession vor, weil für diese typisch ist, eine auf eigene Rechnung und eigenes Risiko durchzuführende Leistung an die Nutzer abzugeben. Liegt das Risiko dagegen beim Auftraggeber, so ist von einem öffentlichen Auftrag auszugehen.

64 § 105 Abs. 2 S. 2 GWB definiert noch weiter, wann von einer Übernahme des Betriebsrisikos durch den Konzessionär auszugehen ist, und stellt darauf ab, ob unter normalen Betriebsbedingungen nicht gewährleistet ist, dass die Investitionsaufwendungen oder die Kosten für den Betrieb des Bauwerks oder die Erbringung der Dienstleistungen wieder erwirtschaftet werden können, und darauf, ob der Konzessionsnehmer den Unwägbarkeiten des Marktes tatsächlich ausgesetzt ist, so dass potentiell geschätzte Verluste des Konzessionsnehmer nicht vernachlässigbar sind.

65 Nach der bereits vor der Kodifikation der Dienstleistungskonzession einschließlich des Risikoelements in der Konzessionsrichtlinie 2014/23/EU ergangenen Rechtsprechung des EuGH ist jedoch eine sektorspezifische Betrachtung vorzunehmen, so dass nur verlangt werden muss, dass der Betreiber das branchenspezifische Risiko übernimmt.[63]

c) Nicht dem Kartellvergaberecht unterliegende Verträge

66 Nicht jeder Vertrag, der zwischen einem Auftraggeber und einem Unternehmen geschlossen wird, ist ein öffentlicher Auftrag. Für einige Verträge ist es umstritten, ob

61 Zur Rechtsprechung vgl. EuGH, Urt. v. 7.12.2000 – Rs. C-324/98 – Slg. 2000, I-10745 = NZBau 2001, 148, 151, Rn. 60 – Telaustria (für die Richtlinie 93/38/EWG, die alte SKR); ebenso EuGH, Urt. v. 30.5.2002 – Rs. C-358/00 – Buchhändler-Vereinigung; EuGH, Urt. v. 21.7.2005 – Rs. C-231/03 – Slg. 2005, I-7287, Rn. 16, 28 – Coname.

62 Vgl. hierzu noch unter der alten Rechtslage (vor Verabschiedung der Konzessionsvergaberichtlinie) *Michaels*, NVwZ 2011, 969, 971 ff.

63 EuGH, Urt. v. 10.9.2009 – Rs. C-206/08 – WAZV Gotha u. a.

diese als Dienstleistungskonzessionen i.S.d. Kartellvergaberechts anzusehen sind. Dies betrifft namentlich Konzessionsverträge i.S.d. § 46 Abs. 1 S. 2 EnWG.

Die Frage, ob ein Konzessionsvertrag i.S.d. § 46 Abs. 2 EnWG die Vereinbarung 67 einer Dienstleistungskonzession (i.S.d. heutigen § 105 Abs. 1 Nr. 2 GWB) darstellt, war schon vor der Schaffung der Konzessionsrichtlinie unklar und war seinerzeit teilweise angenommen worden.[64]

Problematisiert wird in diesem Zusammenhang regelmäßig der Beschaffungs- 68 bezug. Immerhin wird nach der jedenfalls im Bereich der Energieverteilnetze durchaus noch anwendbaren Rechtsprechung des Bundesverfassungsgerichts[65] im Bereich der Energieversorgung eine Gewährleistungsverantwortung der Gemeinden anzunehmen sein, aufgrund derer diese verpflichtet sind, ihre energiewirtschaftsrechtlichen Kompetenzen zur Sicherstellung der Energieversorgung wahrzunehmen.[66] Demgegenüber wird für die Ansicht, wonach das spezielle Konzessionsvergabesekundärrecht und damit der Teil 4 des GWB und die KonzVgV nicht auf Konzessionsverträge nach § 46 Abs. 2 EnWG anwendbar sei, auch die Begründungserwägung Nr. 16 zur Konzessionsvergaberichtlinie[67] angeführt werden, mit der offenbar gerade bezweckt worden war, dass Konzessionsverträge nicht erfasst werden.[68] Dass in einem Konzessionsvertrag gerade auch der Betrieb des Netzes konzessioniert wird, kann freilich schon nach dem Tatbestand des § 46 Abs. 2 EnWG (*„für die Verlegung und den Betrieb....“*) angenommen werden.[69]

Selbst für den Fall, dass man der 16. Begründungserwägung die ohnehin nur 69 eine von mehreren Auslegungshilfen ist, eine derartige Bedeutung einer De-facto-Ausnahme „des Konzessionsvergaberechts für Wegenutzungsverträge nach § 46 Abs. 2 EnWG“ zumisst, stellt sich die Frage, ob auch primärrechtliche Ausschreibungspflichten bestehen.[70]

---

64 Hierfür etwa *Byok*, RdE 2008, 268, 271; *Ortner*, VergabeR 2008, 608.

65 BVerfG, Beschl. v. 16.3.1971 – 1 BvR 52/66 und Beschl. v. 20.3.1984 – 1 BvL 28/82.

66 Ausführlich *Templin*, Recht der Konzessionsverträge, S. 219 ff.; Schneider/Theobald/*Albrecht*, Recht der Energiewirtschaft, 4. Aufl. 2014, § 9 Rn. 16.

67 Diese lautet: „Außerdem sollten Vereinbarungen über die Gewährung von Wegerechten hinsichtlich der Nutzung öffentlicher Liegenschaften für die Bereitstellung oder den Betrieb fester Leitungen oder Netze, über die eine Dienstleistung für die Allgemeinheit erbracht werden soll, ebenfalls nicht als Konzessionen im Sinne dieser Richtlinie gelten, sofern derartige Vereinbarungen weder eine Lieferverpflichtung auferlegen, noch den Erwerb von Dienstleistungen durch den öffentlichen Auftraggeber oder den Auftraggeber für sich selbst oder für Endnutzer vorsehen.“

68 So etwa *Kermel/Wagner*, RdE 2014, 221, 222.

69 Auf die Betriebspflicht stellt etwa auch *Weiß*, NVwZ 2014, 1415, 1419, ab; ähnlich auch *Hofmann/Zimmermann*, NZBau 2016, 71, 74.

70 Siehe oben Rn. 3 f.

d) Ausschreibungspflichtige Vertragsverlängerung und Vertragsänderung

70 Ein öffentlicher Auftrag[71] liegt nicht nur dann vor, wenn ein gänzlich neuer Vertrag geschlossen wird, sondern unter Umständen auch wenn ein bestehender Vertrag verlängert oder geändert wird. Gleiches gilt für Konzessionen.[72]

aa) Optionen, Vertragsverlängerung

71 Wird ein befristet abgeschlossener Vertrag einfach über diese Frist hinaus verlängert, so liegt auf der Hand, dass dies ebenso zu beurteilen ist wie der Neuabschluss eines Vertrages innerhalb des Verlängerungszeitraums. Anders liegt es nur, wenn der Vertrag von vornherein eine Option des Auftraggebers enthielt, den Vertrag über seine ursprüngliche Laufzeit hinaus zu verlängern. Dann wird bei Ausübung der Option weder ein Angebot unterbreitet, noch eine Annahme erklärt (zum Vertragsschluss §§ 145ff. BGB), mithin gar kein neuer Vertrag geschlossen. Deshalb sehen auch die Bestimmungen der VgV (§ 3 Abs. 1 S. 2) bzw. der SektVO (§ 2 Abs. 1 S. 2 VgV) vor, dass Optionen oder Vertragsverlängerungen bei der Beurteilung der Frage, ob der Schwellenwert überschritten wird, zu berücksichtigen sind. Die Ausübung der Option erfolgt mithin ohne Ausschreibung, andernfalls wäre die Option sinnlos.

72 In der Praxis enthalten viele Verträge, in denen Dauerschuldverhältnisse begründet werden, Vertragsverlängerungsklauseln des Inhalts, dass sich der bestehende Vertrag auch nach Ablauf seiner (Grund-)Laufzeit verlängert, wenn nicht eine der Parteien diesen mit einer bestimmten Kündigungsfrist kündigt. Ausgehend davon, dass es für einen Vertrag immer übereinstimmender Willenserklärungen der Parteien bedarf, liegt auch hier kein neuer Vertragsschluss, der ausgeschrieben werden müsste, vor, wenn durch Nichtausübung des Kündigungsrechts sich der Vertrag verlängert.[73]

bb) Vertragsänderung

73 Zu differenzieren ist auch bei der Änderung von Verträgen. Zwar bedarf es zu jeder noch so kleinen Änderung eines neuen Vertrages, dies reicht aber noch nicht, um auch eine Ausschreibungspflicht zu bejahen. Maßgeblich ist der vergaberechtsrelevante Inhalt der Änderung.

---

71 Oben Rn. 53ff.

72 Oben Rn. 60ff.

73 So bereits OLG Celle, Beschl. v. 4.5.2001 – 13 Verg 5/00 – ZNER 2002, 48 mit Anmerkung von *Heydwolff*, ZNER 2002, 51f. Demgegenüber hat das OLG Düsseldorf diese Frage ausdrücklich offengelassen: OLG Düsseldorf, Beschl. v. 14.2.2001 – Verg 13/00 – ZNER 2002, 49ff.

Rechtsprechung des EuGH

Nach der Rechtsprechung des EuGH sind Änderungen der Vertragsbestimmungen als Neuvergabe anzusehen „wenn sie wesentlich andere Merkmale aufweisen als der ursprüngliche Auftrag und damit den Willen der Parteien zur Neuverhandlung wesentlicher Bestimmungen dieses Vertrags erkennen lassen“[74] Als eine solche wesentliche Änderung sah der EuGH insbesondere an: 74

- „wenn sie Bedingungen einführt, die die Zulassung anderer als der ursprünglich zugelassenen Bieter oder die Annahme eines anderen als des ursprünglich angenommenen Angebots erlaubt hätten, wenn sie Gegenstand des ursprünglichen Vergabeverfahrens gewesen wären“[75]
- „wenn sie den Auftrag in großem Umfang auf ursprünglich nicht vorgesehene Dienstleistungen erweitert. “[76]
- „wenn sie das wirtschaftliche Gleichgewicht des Vertrags in einer im ursprünglichen Auftrag nicht vorgesehenen Weise zugunsten des Auftragnehmers ändert.“[77]

Regelung in § 132 GWB

Die 2014 verabschiedeten Richtlinien griffen die Rechtsprechung auf und normierten erstmals, unter welchen Voraussetzungen Auftragsänderungen während der Vertragslaufzeit ohne Durchführung eines neuen Vergabeverfahrens zulässig sind (Art. 72 RL 2014/24/EU). Diese Bestimmung der Richtlinien wurden in § 132 GWB übernommen. 75

Zunächst greift das Gesetz den Ansatz des EuGH auf und betrachtete wesentliche Änderungen als ausschreibungspflichtig (§ 132 Abs. 1 S. 1 GWB). Dabei handelt es sich um solche „Änderungen, die dazu führen, dass sich der öffentliche Auftrag erheblich von dem ursprünglich vergebenen öffentlichen Auftrag unterscheidet.“ (§ 132 Abs. 1 S. 2 GWB). Verglichen wird also immer der Vertrag vor und nach seiner Änderung. 76

Regelbeispiele i

Von großer praktischer Bedeutung für die Auftraggeber sind die Regelbeispiele einer wesentlichen Änderung, die in § 132 Abs. 1 S. 3 GWB normiert wurden und im Wesentlichen an die bereits oben zitierten Fälle, die der EuGH in der Rechtsache Pressetext gebildet hat, anknüpfen.

---

74 EuGH, Urt. v. 19.6.2008 – Rs C-454/06 – Slg. 2008, I-4401, Rn. 34 – pressetext.
75 EuGH, Urt. v. 19.6.2008 – Rs C-454/06 – Slg. 2008, I-4401, Rn. 35 – pressetext.
76 EuGH, Urt. v. 19.6.2008 – Rs C-454/06 – Slg. 2008, I-4401, Rn. 36 – pressetext.
77 EuGH, Urt. v. 19.6.2008 – Rs C-454/06 – Slg. 2008, I-4401, Rn. 37 – pressetext.

77 Eine wesentliche Änderung liegt insbesondere in folgenden Fällen vor:

1. Mit der Änderung werden Bedingungen eingeführt, die, wenn sie für das ursprüngliche Vergabeverfahren gegolten hätten, a) die Zulassung anderer Bewerber oder Bieter ermöglicht hätten, b) die Annahme eines anderen Angebots ermöglicht hätten oder c) das Interesse weiterer Teilnehmer am Vergabeverfahren geweckt hätten. Ein Beispiel für die hypothetische Annahmefähigkeit eines anderen Angebots (Fall c) stellt insbesondere eine Preiserhöhung dar.
2. Mit der Änderung wird das wirtschaftliche Gleichgewicht des öffentlichen Auftrags zugunsten des Auftragnehmers in einer Weise verschoben, die im ursprünglichen Auftrag nicht vorgesehen war.
3. Mit der Änderung wird der Umfang des öffentlichen Auftrags erheblich ausgeweitet.
4. Ein neuer Auftragnehmer ersetzt den bisherigen Auftragnehmer in anderen den Fällen interner Neuorganisation, die jetzt in § 132 Abs. 2 Nr. 4 GWB genau definiert werden.

„Positivliste" zulässiger Änderungen

78 § 132 Abs. 2 GWB enthält darüber hinaus eine „Positivliste" von Fällen, in denen eine Vertragsänderung zulässig ist. So ist etwa nach § 132 Abs. 2 Nr. 1 GWB eine Änderung zulässig, wenn genaue und eindeutig formulierte Überprüfungsklauseln oder Optionen vorgesehen sind, die Angaben zu Art, Umfang und Voraussetzungen möglicher Auftragsänderungen enthalten, und sich aufgrund der Änderung der Gesamtcharakter des Auftrags nicht verändert. Bei aller hierdurch eingeräumten Flexibilität wird man an die Überprüfungsklausel hohe Anforderungen setzen müssen, eine allgemeine Nachverhandlungsklausel reicht hier nicht aus. In den Richtlinien werden insbesondere Preisüberprüfungsklauseln[78] genannt.

79 Für bestimmte unvorhergesehene Fälle regelt § 132 Abs. 2 Nr. 2 GWB auch Erweiterungsmöglichkeiten und § 132 Abs. 2 Nr. 3 GWB Änderungsmöglichkeiten, wobei jedoch eine Abänderung von maximal 50% erfolgen darf. Die Änderungen des Auftrages in Anwendung des § 132 Abs. 1 Nr. 2 u. 3 GWB, in denen es also auf umfängliche Begründungen ankommt, müssen im Amtsblatt der Europäischen Union bekannt gemacht werden.

De-Minimis-Regelungen in § 133 Abs. 3 GWB

80 Es kommt in der Vergabepraxis nicht selten vor, dass öffentliche Aufträge in kleinerem Umfang erweitert werden. Auch hierauf reagiert das Gesetz: Immerhin hat auch

78 Art. 1 Abs. 1 lit a Richtlinie 2014/24/EU, Art. 89 Abs. 1 lit a Richtlinie 2014/25/EU, Art. 43 Abs. 1 lit a Richtlinie 2014/23/EU (dort „Wortüberprüfungsklauseln").

der EuGH seinerzeit nur die Erweiterung in einem wesentlichen Umfang als wesentliche Änderung angesehen. Hier leistet § 132 Abs. 3 GWB Hilfe. Für die Rechtsanwender einfach kann nunmehr von konkreten Prozentsätzen – 10% des ursprünglichen Auftragswertes bei Liefer- und Dienstleistungsaufträgen und 15% bei Bauaufträgen – ausgegangen werden, die sich als zulässige Erweiterung darstellen. Zu beachten ist jedoch, dass es sich dabei um eine zweifache Voraussetzung handelt, denn neben den Prozentsätzen des ursprünglichen Auftragswertes (§ 132 Abs. 3 S. 1 Nr. 2 GWB) darf auch der Wert der Änderung selbst für sich genommen nicht den relevanten Schwellenwert erreichen (§ 132 Abs. 3 S. 1 Nr. 2 GWB). Anders als im Rahmen des § 132 Abs. 2 GWB sind bei diesen quantitativen Erhöhungen jedoch vorangehende Auftragserweiterungen miteinzubeziehen (§ 132 Abs. 2 S. 2 GWB).[79]

cc) Austausch des Vertragspartners

Öffentliche Aufträge werden im Ergebnis eines Vergabeverfahrens an ein ganz konkretes Unternehmen vergeben, das die erforderliche Eignung aufweist und das im Ergebnis eines Vergabeverfahrens das wirtschaftlichste Angebot abgebeben hat. Dass in einem Vergabeverfahren kein anderes Unternehmen als das mit dem wirtschaftlichsten Angebot den Zuschlag erhalten kann, war schon immer geregelt. Es fragt sich aber, was passiert, wenn nach Vertragsschluss die Person des Auftragnehmers ausgetauscht werden muss. Gerade bei länger laufenden Verfahren kann dies vorkommen. 81

In Übereinstimmung mit der vorangegangen Rechtsprechung des EuGH[80] normiert nunmehr § 132 Abs. 1 S. 2 Nr. 4 GWB, dass eine ausschreibungspflichtige wesentliche Änderung grundsätzlich auch dann vorliegt, wenn ein neuer den bisherigen Auftragnehmer ersetzt. 82

Ebenfalls in Übereinstimmung mit der früheren Judikatur des Gerichtshofes[81] ist eine solche Ersetzung nach § 132 Abs. 2 S. 1 Nr. 4 GWB ausschreibungsfrei in einigen Fällen ausnahmsweise zulässig. Dies gilt zunächst dann, wenn dies entweder im Vertrag in einer klaren, genauen und eindeutigen Überprüfungsklausel vorgesehen war (lit. a), oder, was mitunter vorkommt, der öffentliche Auftraggeber selbst die Verpflichtungen des Hauptauftragnehmers gegenüber seinen Unterauftragnehmern übernimmt (lit. c). Es ist aber auch dann möglich, wenn 83

> „ein anderes Unternehmen, das die ursprünglich festgelegten Anforderungen an die Eignung erfüllt, im Zuge einer Unternehmensumstrukturierung, wie zum Beispiel durch Übernahme, Zusammenschluss, Erwerb oder Insolvenz, ganz oder teilweise an die Stelle des ursprünglichen Auftragnehmers tritt“,

---

79 Für eine sehr weitgehende Addition auf der Grundlage der bisherigen Rechtslage bereits OLG Schleswig, Beschl. v. 28.8.2015 – I Verg 1/15.

80 EuGH, Urt. v. 19.6.2008 – Rs. C-454/06 – Slg. 2008, I-4401, Rn. 40 – pressetext.

81 EuGH, Urt. v. 19.6.2008 – Rs. C-454/06 – Slg. 2008, I-4401, Rn. 45-54 – pressetext.

sofern dies keine weiteren wesentlichen Änderungen i.S.d. § 132 Abs. 1 GWB nach sich zieht.

84 Im Einzelfall kann sogar der Austausch eines Subunternehmers eine ausschreibungspflichtige wesentliche Änderung darstellen,[82] insbesondere wenn der Hauptunternehmer selbst gar nicht die notwendige Kompetenz aufweist und sich in erheblichem oder gar vollem Umfang auf diesen stützt.

3. Schwellenwerte

85 Der Anwendungsbereich des Kartellvergaberechts stimmt mit dem Anwendungsbereich der Vergaberichtlinien der EU überein (§ 106 GWB). Diese Schwellenwerte werden auf der Grundlage einer Ermächtigung in den drei Richtlinien alle zwei Jahre von der Kommission angepasst, die zu diesem Zwecke eine Delegierte Verordnung erlässt, durch die entsprechende Richtlinie und damit ihr Anwendungsbereich jeweils angepasst werden.

a) Gegenwärtig geltende Schwellenwerte

86 Gegenwärtig gelten (bis 31.12.2019)[83] die folgenden Schwellenwerte:
- für Liefer- und Dienstleistungsaufträge oberer und oberster Bundesbehörden: 144.000 €,
- für Liefer- und Dienstleistungsaufträge sonstiger öffentlicher Auftraggeber: 221.000 €,
- für Liefer- und Dienstleistungsaufträge von Sektorenauftraggebern: 443.000 €,
- für Bauaufträge:[84] 5.548.000 €
- für Konzessionsvergaben:[85] 5.548.000 €.

b) Auftragswertermittlung

87 Um zu bestimmen, ob das Kartellvergaberecht anwendbar ist oder nicht, bedarf es einer Schätzung des Auftragswertes. Die einschlägigen Bestimmungen hierzu ent-

82 EuGH, Urt. v. 13.4.2010 – Rs. C-91/08 – Wall.

83 Nach Art. 9 Abs. 4 und Abs. 2 Richtlinie 2014/23/EU, Art. 6 Abs. 5 und Abs. 2 Richtlinie 2014/24/EU sowie Art. 17 Abs. 4 und Abs. 2 Richtlinie 2014/25/EU setzte die Kommission durch Delegierte Verordnungen die Schwellenwerte neu fest. Hierbei berücksichtigt sie insbesondere die Verpflichtungen der EU aus dem Governmental Procurement Agreement, einem völkerrechtlichen plurilateralen Abkommen im Rahmen der WTO.

84 Hier besteht kein Unterschied zwischen öffentlichen Auftraggebern und Sektorenauftraggebern.

85 Hier besteht kein Unterschied zwischen Baukonzessionen und Dienstleistungskonzession.

hält § 3 VgV bzw. § 2 SektVO, die allerdings inhaltsgleich sind. Sowohl im Sektorenbereich (§ 2 Abs. 2 SektVO) als auch außerhalb des Sektorenbereichs (§ 3 Abs. 2 VgV) gilt der Grundsatz, dass ein Auftrag nicht in der Absicht aufgeteilt werden darf, ihn der Anwendbarkeit der vergaberechtlichen Bestimmungen zu entziehen. Auch für den Zuschnitt der Vertragslaufzeit ist diesem Grundsatz des § 3 Abs. 2 VgV bzw. § 2 Abs. 2 SektVO (Umgehungsverbot) Rechnung zu tragen.

Ferner ist zu beachten, dass bei der Prüfung, ob der Schwellenwert überschrit- 88
ten ist, dann, wenn ein Bau- oder Dienstleistungsauftrag aus mehreren Losen besteht, der Auftragswert aller Lose zusammengezählt werden muss (§ 3 Abs. 7 S. 1 VgV bzw. § 2 Abs. 7 S. 1 SektVO).

Praktisch höchst relevante Besonderheiten für die Auftragswertberechnung im 89
Falle von Liefer- und Dienstleistungsaufträgen mit einer längeren als 48-monatigen oder unbestimmter Laufzeit, bei denen kein Gesamtpreis angegeben wird, enthält § 3 Abs. 11 VgV bzw. § 2 Abs. 11 SektVO. Ebenso von praktischer Bedeutung ist die Möglichkeit, einzelne Lose eines Auftrags bis zu einem Wert von 20% des Gesamtauftragswert außerhalb der VgV bzw. SektVO zu vergeben, vorausgesetzt das einzelne Los hat einen Auftragswert von weniger als 80.000 € (Liefer- und Dienstleistungsaufträge) bzw. 1 Mio. € (Bauaufträge).

Maßgeblich für den Auftragswert einer Konzession sind konsequenterweise die 90
voraussichtlichen Erträge die das konzessionierte Unternehmen in der Laufzeit der Konzession erwirtschaften wird (§ 2 Abs. 3 VgV).

4. Ausnahmen vom Anwendungsbereich des Vergaberechts

In einer Reihe von Fällen ist das Kartellvergaberecht, selbst wenn es sich dem Wort- 91
laut nach um einen öffentlichen Auftrag handelt, den ein Auftraggeber oberhalb des Schwellenwertes vergibt, nicht anwendbar, weil eine Ausnahmebestimmung Anwendung findet. Hiermit werden zum Teil Fälle abgedeckt, die schon nach dem Sinn und Zweck des Vergaberechts nicht der Ausschreibungspflicht unterliegen sollen, die dem unionsweiten Wettbewerb entzogen sind etc., aber auch um solche, denen eine ausdrückliche Entscheidung der rechtssetzenden Organe zugrunde liegt, diese Vertragskonstellation dem Vergaberecht zu entziehen. Während der EuGH vor der letzten Vergaberechtsreform daneben noch ungeschriebene Ausnahmen anerkannte bzw. – besser – von einer teleologischen Reduktion des Auftragsbegriffes ausging, sind seit Inkrafttreten des neuen Vergaberechts 2016 auch diese in den Katalog der ausdrücklichen Ausnahmebestimmungen übernommen worden. Diese Fälle sind sogleich in den Blick zu nehmen.

a) Öffentlich-öffentliche Zusammenarbeit in Form von In-House-Geschäften

Geht man davon aus, dass ein öffentlicher Auftrag der Abschluss eines entgeltlichen 92
Vertrages zwischen einen öffentlichen Auftraggeber oder Sektorenauftraggeber auf

der einen Seite und einem (Dritt-)Unternehmen auf der anderen Seite ist, so erwächst die Ausschreibungspflicht aus der Überlegung, dass der Markt, den der Auftraggeber durch seine Nachfrage eröffnet, allen interessierten Wirtschaftsteilnehmern zur Verfügung stehen muss. Gleiches gilt für die Konzession, die ein Konzessionsgeber an ein Drittunternehmen vergibt. Demgegenüber kann ein öffentlicher Auftrag bzw. eine Konzession und folglich eine Ausschreibungspflicht dann fehlen, wenn das dritte Unternehmen bei wirtschaftlicher/funktionaler Betrachtung lediglich ein Instrument des Auftraggebers ist, um seine eigenen Aufgaben zu erfüllen. Die Beauftragung dieses Unternehmens stellt sich dann als Mittel dar, eine bestimmte Tätigkeit selbst vorzunehmen oder sich selbst zu versorgen.

93 Dieser Fall wurde schon vor Einführung der expliziten Ausnahmebestimmung als „In-House-Geschäft" bezeichnet. Der EuGH[86] ging damals davon aus, dass es grundsätzlich genüge, „dass der Vertrag zwischen einer Gebietskörperschaft und einer rechtlich von dieser verschiedenen Person geschlossen wurde". Etwas anderes könnte nur dann gelten,

> „wenn die Gebietskörperschaft über die fragliche Person eine Kontrolle ausübe wie über ihre eigenen Dienststellen und wenn diese Person zugleich ihre Tätigkeit im Wesentlichen für die Gebietskörperschaft oder die Gebietskörperschaften[87] verrichtet, die ihre Anteile innehaben".[88]

Der Auftragsbegriff erfuhr auf diese Weise eine teleologische Reduktion.

94 In den nachfolgenden Jahren wurde diese Rechtsprechung durch den EuGH immer weiter ausdifferenziert[89] und auch auf Dienstleistungskonzessionen übertragen.[90]

95 Mit der Umsetzung der neuen Vergaberichtlinien zum 18.4.2016 liegt eine gesetzliche Regelung dieser Frage vor, mit der im Wesentlichen die Rechtsprechung des EuGH gleichsam in positives Recht gegossen wurde. Erkennbar hat man sich dabei weitgehend auch an die Begrifflichkeiten, die der EuGH in seiner oben genannten[91] Entscheidung geprägt hat, angelehnt.

---

86 Beginnend mit EuGH, Urt. v. 18.11.1999 – Rs. C-107/98 – EuZW 2000, 246 ff. – Teckal.

87 Nach dem der Entscheidung Teckal zugrundeliegenden Sachverhalt hatten mehrere italienische Gemeinden ein Konsortium gebildet, das mit der Erbringung von Energie- und Umweltdienstleistungen für die beteiligten Gemeinden beauftragt war.

88 EuGH, Urt. v. 18.11.1999 – Rs. C-107/98 – EuZW 2000, 246, 248 – Teckal.

89 Vgl. etwa EuGH, Urt. v. 13.10.2005 – Rs. C-458/03 – Slg. 2005, I-8585, Rn. 65 – Parking Brixen; EuGH, Urt. v. 13.11.2008 – Rs. C-324/07, Rn. 50 – Coditel Brabant; angedeutet bereits im Urt. v. 11.5. 2006 – Rs. C-340/04 – Slg. 2006, I-4137, Rn. 50 – Carbotermo; vgl. EuGH, Urt. v. 29.11.2012 – Rs. C-182/11 – Econord.

90 EuGH, Urt. v. 13.10.2005 – Slg. 2005, I-8585, Rn. 61 – Parking Brixen; diesem folgend Urt. v. 6.4.2006 – Rs. C-410/04 – Slg. 2006, I-3303, Rn. 24 – ANAV.

91 EuGH, Urt. v. 18.11.1999 – Rs. C-107198 – Teckal.

Gemäß § 108 Abs. 1 GWB ist das Vergaberecht des Teils 4 des GWB nicht anzuwenden auf die Vergabe öffentlicher Aufträge von einem öffentlichen Auftraggeber nach § 99 Abs. 1 Nr. 1–3 GWB,[92] wenn 96

„1. der öffentliche Auftraggeber über die juristische Person eine ähnliche Kontrolle wie über seine eigenen Dienststellen ausübt,
2. mehr als 80 Prozent der Tätigkeiten der juristischen Person der Ausführung von Aufgaben dienen, mit denen sie von dem öffentlichen Auftraggeber oder von einer anderen juristischen Person, die von diesem kontrolliert wird, betraut wurde, und
3. an der juristischen Person keine direkte private Kapitalbeteiligung besteht, mit Ausnahme nicht beherrschender Formen der privaten Kapitalbeteiligung und Formen der privaten Kapitalbeteiligung ohne Sperrminorität, die durch gesetzliche Bestimmungen vorgeschrieben sind und die keinen maßgeblichen Einfluss auf die kontrollierte juristische Person vermitteln."

§ 108 Abs. 4 GWB erweitert diese Ausnahme auf Fälle gemeinsam kontrollierte Unternehmen. 97

aa) Kriterium: Kontrolle wie über eigene Dienststellen

Das der Rechtsprechung des EuGH[93] entnommene in § 108 Abs. 1 Nr. 1 GWB genannte Kriterium der Kontrolle der beauftragten Gesellschaft wie über eigene Dienststellen wird in § 108 Abs. 2 S. 1 GWB weiter ausdifferenziert. Das Kriterium der gemeinsamen Kontrolle in § 108 Abs. 4 Nr. 1 GWB wird in § 108 Abs. 5 GWB definiert. 98

Abstrakte Anforderungen: Die dienststellenähnliche Kontrolle wird hiernach vermutet, wenn der öffentliche Auftraggeber einen ausschlaggebenden Einfluss auf die strategischen Ziele und die wesentlichen Entscheidungen der juristischen Person ausübt (§ 108 Abs. 2 S. 1 GWB).[94] Dabei reicht nach § 108 Abs. 2 S. 2 GWB auch eine mittelbare Kontrolle aus.[95] 99

Die Kontrolle wiederum kann auch von mehreren öffentlichen Auftraggebern gemeinsam ausgeübt werden, wofür § 108 Abs. 4 GWB eine Sonderregelung für eine spezielle Form des In-House-Geschäftes enthält. Welche Anforderungen an eine gemeinsame Kontrolle zu stellen sind, wird in § 108 Abs. 5 GWB im Einzelnen festge- 100

---

92 Ausgenommen sind demnach u.a. subventionierte Bauherren, die keine Beteiligung der öffentlichen Hand aufweisen müssen.

93 Vgl. oben Rn. 90.

94 Vgl. zu dieser Anforderung schon EuGH, Urt. v. 13.10.2005 – Rs. C-458/03 – Slg. 2005, I-8585, Rn. 65 – Parking Brixen.

95 Hierzu bereits nach altem Recht EuGH Urt. v. 11.5.2006 – Rs. C-340/04 – Slg. 2006, I-4137, Rn. 39 – Carbotermo; OLG Düsseldorf, Beschl. v. 15.10.2003 – Verg 50/03 – NZBau 2004, 58.

legt. Auf diese Anforderung kann im Rahmen dieser Darstellung nicht im Detail eingegangen werden. Auch hier wird im Wesentlichen die EuGH-Rechtsprechung kodifiziert.[96] Von besonderer Bedeutung und nicht unmittelbar der Rechtsprechung des EuGH entnommen, aber mit seiner Rechtsprechung im Einklang steht im diesem Zusammenhang die Voraussetzung des § 108 Abs. 5 Nr. 3 GWB, wonach die juristische Person keine Interessen verfolgen darf, die dem Interesse der öffentlichen Auftraggeber zuwiderlaufen. Hier wird wesentlich auf die Satzungsbestimmungen abzustellen sein.

101 **Einzelfälle:** Der BGH[97] hat seinerzeit eine solche vergleichbare Kontrolle wie über eigene Dienststellen für den Fall einer GmbH bejaht, deren 100%iger Gesellschafter der öffentliche Auftraggeber war. Hierfür wurde zunächst die Rechtsform der GmbH, die dem Anteilseigner aufgrund der ihr eigenen Organisationsstruktur umfassende Einfluss- und Steuerungsmöglichkeiten biete,[98] ins Feld geführt. Ferner bezog er sich in dem zu entscheidenden Fall auch auf die Bildung eines Aufsichtsrats, dessen Mitglieder mehrheitlich aus Vertretern des Anteilseigners bestanden.[99]

102 Anders ist die Lage bei der Aktiengesellschaft.[100] Nachdem der EuGH in zwei Entscheidungen[101] Zweifel daran äußerte, ob die Verfasstheit des Auftragnehmers in der Rechtsform einer Aktiengesellschaft einer dienststellenähnlichen Kontrolle entgegenstehe, jedenfalls dann, wenn deren Verwaltungsrat über weitgehende Leitungsbefugnisse verfüge, stellte der BGH später,[102] ausgehend hiervon, ausdrücklich fest, dass eine Kontrolle einer Aktiengesellschaft durch die Aktionäre wie über eigene Dienststellen nicht möglich ist. Der BGH leitete seine Entscheidung aus der oben genannten[103] Rechtsprechung des EuGH ab. In der neueren Rechtsprechung des EuGH gibt es zwar Hinweise darauf, dass Aktiengesellschaften nicht per se der Kontrolle wie über eigene Dienststellen entzogen sein müssen.[104] Denkbar ist allerdings, dass zwischen die Aktiengesellschaft und die Stadt eine Holding GmbH geschaltet

---

96 Vgl. etwa EuGH, Urt. v. 29.11.2012 – Rs. C-182/11 – Econord.

97 BGH, Beschl. v. 12.6.2001 – X ZB 10/01 – NZBau 2001, 517 ff. = ZNER 2001, 43 ff.

98 BGH, Beschl. v. 12.6.2001 – X ZB 10/01 – NZBau 2001, 517 ff. = ZNER 2001, 43 ff.; *Faber*, DVBl. 2001, 248, 254 unter Hinweis auf § 46 Nr. 5 und 6 GmbHG (Möglichkeit zur Bestellung und Abberufung von Geschäftsführern bzw. Prüfung und Überwachung der Geschäftsführung).

99 BGH, Beschl. v. 12.6.2001 – X ZB 10/01 – NZBau 2001, 517 ff. = ZNER 2001, 43 ff. Man wird dies aber nicht als notwendige Voraussetzung ansehen müssen, weil das eigentlich steuernde Organ der GmbH die Gesellschafterversammlung ist und Aufsichtsräte im GmbHG nur fakultativ sind.

100 Gemäß § 76 Abs. 1 AktG hat der Vorstand die Gesellschaft unter eigener Verantwortung zu leiten. Einzelweisungen der Gesellschafter (Aktionäre) wie in der GmbH sind unzulässig.

101 EuGH, Urt. v. 13.10.2005 – Slg. 2005, I-8585, Rn. 67 – Parking Brixen; Urt. v. 11.5.2006 – Rs. C-340/04 – Slg. 2006, I-4137, Rn. 47 – Carbotermo.

102 Urt. v. 3.7.2008 – I ZR 145/05.

103 EuGH, Urt. v. 11.5.2006 – Rs. C-340/04 – Slg. 2006, I-4137, Rn. 47 – Carbotermo.

104 EuGH, Urt. v. 10.9.2009 – Rs. C-537/07 – Sea.

wird und diese wiederum mit der Aktiengesellschaft einen Beherrschungsvertrag abschließt.[105]

Private Beteiligung: Die Frage, ob es zulässig ist, dass an der "in-house"-beauftragten Gesellschaft Private beteiligt sein dürfen, wurde früher als Teil der Kontrolle der Gesellschaft verstanden. 103

In seinem Urteil vom 11.1.2005 knüpfte der EuGH[106] an seine Rechtsprechung in Sachen Teckal an, konkretisierte diese jedoch wie folgt: 104

> „[D]ie – auch nur minderheitliche – Beteiligung eines privaten Unternehmens am Kapital einer Gesellschaft, an der auch der betreffende öffentliche Auftraggeber beteiligt ist, [schließt] es auf jeden Fall aus, dass der öffentliche Auftraggeber über diese Gesellschaft eine ähnliche Kontrolle ausübt wie über seine eigenen Dienststellen."

Im Einklang mit der Richtlinie findet sich diese Voraussetzung als eigenständiges Kriterium in § 108 Abs. 1 Nr. 3 bzw. Abs. 4 Nr. 3 GWB wieder. Eine Besonderheit besteht darin, dass hiernach nur „direkte" private Kapitalbeteiligungen schädlich sind, was bedeutet, dass indirekte unschädlich sind.[107] Es spricht freilich viel dafür, um Umgehungen[108] zu verhindern, solche Konstruktionen auch als unmittelbare Beteiligung ansehen zu müssen, in denen lediglich zum Zwecke einer Beteiligung eine Gesellschaft zwischengeschaltet wird. Ferner werden bestimmte Formen direkter Kapitalbeteiligung, wenn sie gesetzlich vorgesehen sind (wie beispielsweise bei einigen gesetzlichen Wasser- und Bodenverbänden) und keine Sperrminorität enthalten, zugelassen. 105

bb) Kriterium: Tätigkeit im Wesentlichen für die Auftraggeber

Von besonderer Bedeutung, gerade für kommunale Energieversorgungsunternehmen, ist das in § 108 Abs. 1 Nr. 2 GWB geregelte zweite Kriterium, wonach die Tätigkeiten des beauftragten Unternehmens in einem Umfang von mindestens 80% der Ausführung von Aufgaben dienen müssen, mit denen es von dem öffentlichen Auftraggeber oder von einer anderen juristischen Person, die von diesem kontrolliert wird, betraut wurde. Es muss sich bei diesen Tätigkeiten schon nach dem Wortlaut nicht um Leistungen unmittelbar an den Auftraggeber handeln. Schon nach der früheren Rechtslage vor der Kodifikation waren nach einem Urteil des EuGH[109] nämlich: 106

---

105 *Tittel/Weinrich*, IR 2007, 29, 33.

106 EuGH, Urt. v. 11.1.2005 – Rs. C-26/03 – NZBau 2005, S. 111 ff. – Stadt Halle.

107 Hierauf wies auch die Bundesregierung ausdrücklich in der Gesetzesbegründung hin. Gesetzentwurf der Bundesregierung, Entwurf eines Gesetzes zur Modernisierung des Vergaberechts, BT-Drucks. 18/6281, S. 76 ff., Einzelbegründung zu § 108 GWB.

108 EuGH, Urt. v. 10.11.2005 – Rs. C-29/04 – Slg. 2005, I-9722 – Mödling.

109 EuGH, Urt. v. 11.5.2006 – Rs. C-340/04 – Slg. 2006, I-4137 – Carbotermo.

> „alle Tätigkeiten [zu berücksichtigen], die ein Unternehmen als Auftragnehmer im Rahmen einer Vergabe durch den öffentlichen Auftraggeber verrichtet, ohne dass die Person des Begünstigten – sei es der öffentliche Auftraggeber selbst oder der Nutzer der Leistungen – von Bedeutung wäre."[110]

107 Die Verknüpfung zwischen dem Begünstigten der Leistung und der Körperschaft konnte dabei sowohl eine „Vergabe durch den öffentlichen Auftraggeber",[111] aber auch „aufgrund von Konzessionen oder anderen von der Körperschaft eingegangenen Rechtsbeziehungen"[112] eingegangen werden. Auch kam es nicht darauf an, in welchem Gebiet diese Tätigkeit ausgeübt wird.[113]

108 Welcher Art die andere rechtliche Beziehung zu der Gesellschaft sein muss, insbesondere ob auch eine gesellschaftsvertragliche und auf öffentlich-rechtlichen Vorschriften beruhende Aufgabenzuweisung ausreicht, ist nach wie vor nicht vollständig ungeklärt. Nach der Rechtsprechung des OLG Hamburg[114] und des OLG Frankfurt am Main[115] soll der Vertrieb von Strom und Gas nicht mehr zu den Tätigkeiten für den kommunalen Gesellschafter zählen, weil die Leistungsbeziehungen zu den Strom- und Gaskunden, auch denen im Gemeindegebiet, nicht auf der Entscheidung der Gebietskörperschaft beruhten, sondern diese sich im Wettbewerb frei entscheiden könnten. Zwar wies insbesondere der Fall des OLG Hamburg Besonderheiten auf,[116] ob diese aber der Verallgemeinerung entgegenstehen, ist ungewiss. Auch liegt hierzu noch keine Rechtsprechung, namentlich des BGH oder EuGH, vor. Freilich ist durch diese Rechtsprechung die Möglichkeit der In-House-Vergabe, etwa von Stromlieferungen durch Städte an ihre eigenen Stadtwerke, in Zweifel gezogen worden.

109 Wenn nunmehr das Gesetz (§ 108 Abs. 1 Nr. 2 GWB) davon spricht, dass es sich um Aufgaben handeln muss, mit denen das beauftragte Unternehmen vom öffentlichen Auftraggeber oder einer von diesen kontrollierten juristischen Personen „betraut" wurde, ist Raum für eine weitergehende Betrachtung. Sicherheit über diese Frage besteht gewiss nicht. Es bleibt abzuwarten, ob die Rechtsprechung auch bei der Auslegung des § 108 Abs. 1 Nr. 2 GWB die Linie der beiden OLG stützen oder stärker Argumenten zuneigen wird, die den Daseinsvorsorgezweck der gemeindlichen Unternehmen, dem Umstand also, dass solche nicht vordringlich zu Wettbe-

---

110 EuGH, Urt. v. 11.5.2006 – Rs. C-314/04 – Slg. 2006, 4137, Rn. 66 – Carbotermo.

111 EuGH, Urt. v. 11.5.2006 – Rs. C-314/04 – Slg. 2006, 4137, Rn. 66 – Carbotermo.

112 EuGH, Urt. v. 11.5.2006 – Rs. C-314/04 – Slg. 2006, 4137, Rn. 65–67 – Carbotermo, Hervorhebung nur hier.

113 EuGH, Urt. v. 11.5.2006 – Rs. C-314/04 – Slg. 2006, 4137, Rn. 67 – Carbotermo.

114 Beschl. v. 14.12.2010 – 1 Verg 5/10 – ZNER 2012, 198 m. Anm. *Michaels*.

115 OLG Frankfurt a. M., Beschl. v. 30.8.2011 – 11 Verg 3/11 – KommJuR 2011, 462.

116 Das dort beauftragte Unternehmen war kein Grundversorger im Sinne des § 36 EnWG, sondern war neu gegründet worden und hatte seine Kunden überwiegend im Wettbewerb gewonnen.

werbszwecken, sondern als Versorgungseinrichtung der Bürger gegründet werden, damit öffentliche Zwecke erfüllen.[117]

Was die Berechnung des Anteils der Tätigkeiten betrifft, so ist nach § 108 Abs. 7 S. 1 GWB Maßstab der Anteil der Umsätze in den letzten drei Jahren oder „ein anderer geeigneter tätigkeitsgestützter Wert" (der in § 108 Abs. 7 S. 2 GWB näher ausformuliert wird). 110

Im Falle kooperativer In-House-Geschäfte wandelt § 108 Abs. 4 Nr. 2 GWB das Tätigkeitskriterium entsprechend ab. Hier kommt es auf den Anteil an, den die Tätigkeiten einnehmen, die „der Ausführung von Aufgaben dienen, mit denen sie von den öffentlichen Auftraggebern oder von einer anderen juristischen Person, die von diesen Auftraggebern kontrolliert wird, betraut wurde", was ebenfalls der früheren Rechtsprechung entspricht.[118] 111

b) Öffentlich-öffentliche Zusammenarbeit in Form interkommunaler bzw. innerstaatlichen Kooperation

Darüber hinaus regelt das Gesetz einen ebenfalls der Rechtsprechung nachgebildeten Ausnahmetatbestand, die sog. Interkommunale Kooperation nach § 108 Abs. 6 GWB. Hiernach ist das Vergaberecht des Teils 4 des GWB nicht anzuwenden 112

„auf Verträge, die zwischen zwei oder mehreren öffentlichen Auftraggebern im Sinne des § 99 Nummer 1 bis 3 geschlossen werden, wenn

1. der Vertrag eine Zusammenarbeit zwischen den beteiligten öffentlichen Auftraggebern begründet oder erfüllt, um sicherzustellen, dass die von ihnen zu erbringenden öffentlichen Dienstleistungen im Hinblick auf die Erreichung gemeinsamer Ziele ausgeführt werden,
2. die Durchführung der Zusammenarbeit nach Nummer 1 ausschließlich durch Überlegungen im Zusammenhang mit dem öffentlichen Interesse bestimmt wird und
3. die öffentlichen Auftraggeber auf dem Markt weniger als 20% der Tätigkeiten erbringen, die durch die Zusammenarbeit nach Nummer 1 erfasst sind."

Auch für diese besondere Ausnahme stand eine Entscheidung des EuGH Pate.[119] 113

Die Bestimmung wird im Bereich der Energieversorgung vermutlich keine besondere Wirkung entfalten, weil durch die Liberalisierung der Energiewirtschaft häufig neben öffentlichen auch kommerzielle Interessen eine Rolle spielen werden, so dass die Voraussetzung des § 108 Abs. 6 Nr. 2 GWB nicht erfüllt werden kann. 114

---

117 Siehe etwa zu dieser Auffassung *Schröder*, NVwZ 2011, 776, 779.

118 EuGH, Urt. v. 13.11.2008 – Rs. C-324/07, Rn. 44 – Coditel.

119 EuGH, Urt. v. 9.6.2009 – Rs. C-480/06 – Stadtreinigung Hamburg.

115 Sowohl die öffentlich-öffentliche Zusammenarbeit in Form der „In-House“-Ausnahme nach Maßgabe der Bestimmungen des § 108 Abs. 1–5 GWB[120] als auch in Form der interkommunalen oder innerstaatlichen Kooperation (§ 108 Abs. 6 GWB)[121] sind gem. § 108 Abs. 8 GWB nicht nur auf Sektorenauftraggeber, die gleichzeitig öffentliche Auftraggeber sind (§ 100 Abs. 1 Nr. 1 GWB) anwendbar, sondern auch auf (öffentliche) Konzessionsgeber i.S.d. § 101 Abs. 1 Nr. 1 und 2 GWB, die eine Konzession vergeben. Auch hiermit wird der Rechtsprechung des EuGH, was die In-House-Geschäfte betrifft,[122] gefolgt oder werden gleichsam, was die Ausnahme nach § 108 Abs. 6 GWB betrifft, deren Gedanken fortentwickelt.

c) Besondere Ausnahmen für Auftragsvergaben im Konzern sowie bei Gemeinschaftsunternehmen im Sektorenbereich

116 Schon vor der 2016 in Kraft getretenen Vergaberechtsreform war im Sektorenbereich eine Reihe ausdrücklicher Ausnahmebestimmungen normiert, die auch den Gedanken aufnahmen, dass eine bestimmte Aufgabe innerhalb des Konzerns oder in einem „Joint Venture“ erfüllt wird und daher nicht an den Markt gegeben wird. Dies ist auch weiterhin im Gesetz geregelt und entfaltet auch weiterhin eine selbständige Bedeutung.

117 Dies muss schon deshalb gelten, weil § 108 GWB nicht für alle Sektorenauftraggeber anwendbar ist, sondern nur für sog. solche, die gleichzeitig auch öffentliche Auftraggeber sind (§ 108 Abs. 8 GWB).

118 Insbesondere Energieversorgungsunternehmen, die Sektorenauftraggeber sind, können hiervon in weitem Umfang Gebrauch machen. Einzelheiten regeln die §§ 138 und 139 GWB.

aa) Sektorenvergaben im Konzern

119 Gem. § 138 Abs. 1 Nr. 1 GWB ist das Vergaberecht nicht anzuwenden, auf die Vergabe von öffentlichen Aufträgen, die ein Sektorenauftraggeber an ein verbundenes Unternehmen vergibt. § 138 Abs. 2 GWB definiert dabei im Einzelnen, unter welchen Voraussetzungen von verbundenen Unternehmen gesprochen werden kann, und zwar insbesondere bei Konsolidierung der Abschlüsse (Nr. 1) und in verschiedenen Fällen eines beherrschenden Einflusses (Nr. 1 lit. a–c). Hiermit sind Vergaben innerhalb von Konzernen, unabhängig davon, ob die Mutter für die Tochter oder die Tochter für die Mutter tätig wird, vom Vergaberecht befreit.

---

120 Rn. 92 bis 111.
121 Rn. 112 bis 115.
122 EuGH, Urt. v. 13.10.2005 – C-458/03 – Slg. 2005, I-8585, Rn. 67 – Parking Brixen; Urt. v. 11.5.2006 – Rs. C-340/04 – Slg. 2006, I-4137, Rn. 47 – Carbotermo.

Voraussetzung ist allerdings wieder – ähnlich wie in den verwandten Vorschriften des § 108 Abs. 1 Nr. 2 und Abs. 4 Nr. 2 GWB – ein besonderer Umsatzanteil (§ 138 Abs. 3 GWB): Zunächst sind alle Liefer-, Bau- oder Dienstleistungen, die von dem verbundenen Unternehmen während der letzten drei Jahre in der Europäischen Union erbracht wurden, zu betrachten; mindestens 80% des im jeweiligen Leistungssektor insgesamt erzielten durchschnittlichen Umsatzes dieses Unternehmens müssen dann aus der Erbringung von Liefer-, Bau- oder Dienstleistungen für den Sektorenauftraggeber oder andere mit ihm verbundene Unternehmen stammen. Hiermit wird angestrebt, dass es sich bei den für andere Konzernunternehmen tätigen Konzernunternehmen tatsächlich um solche handelt, die nicht in einem wesentlichen Umfang am Markt tätig sind. § 138 Abs. 1 Nr. 2 GWB erweitert unter denselben Voraussetzungen diese Ausnahme auch auf Fälle, in denen zwei Sektorenauftraggeber zur Durchführung von Sektorentätigkeiten ein Gemeinschaftsunternehmen gegründet haben und für dieses Gemeinschaftsunternehmen Leistungen erbringen. 120

bb) Sektorenvergaben an Gemeinschaftsunternehmen

§ 139 Abs. 1 Nr. 1 GWB regelt eine Ausnahme vom Anwendungsbereich des 4. Teils des GWB für die Vergabe von öffentlichen Aufträgen, die ein Gemeinschaftsunternehmen, das mehrere Sektorenauftraggeber ausschließlich zur Durchführung von Sektorentätigkeiten gebildet haben, an einen dieser Auftraggeber vergibt. § 139 Abs. 2 GWB normiert satzungsmäßige Voraussetzungen, die erfüllt sein müssen, damit die Ausnahmebestimmung tatsächlich Anwendung finden kann. 121

Wichtig ist in diesem Zusammenhang zunächst, dass die an dem gemeinschaftsunternehmen Beteiligten **Sektorenauftraggeber** sind. Es reicht nicht, dass ein Sektorenauftraggeber, zum Beispiel ein kommunaler Netzbetreiber, sich mit einem öffentlichen Auftraggeber, etwa einer Gemeinde, zur Gründung eines Gemeinschaftsunternehmens zusammenfindet. Das Gemeinschaftsunternehmen muss weiter eigens zu dem besonderen Zweck gegründet worden sein, dass eine Sektorentätigkeit erfüllt wird, und zwar ausschließlich, d.h. es darf darüber hinaus nicht noch sektorfremde Tätigkeiten ausführen. Dies ist dann gegeben, wenn das Gemeinschaftsunternehmen selbst diese Sektorentätigkeit erfüllt, aber auch dann, wenn es der Durchführung der Sektorentätigkeit dient, die die an dem Gemeinschaftsunternehmen Beteiligten selbst erfüllen. 122

Ferner müssen die in § 139 Abs. 2 GWB niedergelegten Voraussetzungen erfüllt sein. So muss in der Satzung festgelegt sein, dass das Unternehmen mindestens drei Jahre bestehen und die Tätigkeit durchführen muss (Nr. 1) und die Beteiligten diesem Unternehmen mindestens drei Jahre lang angehören müssen (Nr. 2). Hiermit soll eine gewisse Stabilität erreichen werden, denn das Gesetz will nur langfristige Kooperationen der Ausschreibungspflicht entheben, nicht aber kurzfristige Auftragsvergaben. Ansonsten wären Missbräuche dieser Ausnahmevorschrift leicht möglich. 123

124 Sind diese Voraussetzungen erfüllt, dann können die Gesellschafter des Gemeinschaftsunternehmens nach § 139 Abs. 1 Nr. 1 GWB ausschreibungsfrei Leistungen für ihr Gemeinschaftsunternehmen erbringen. § 139 Abs. 1 Nr. 1 GWB erlaubt die Auftragsvergabe in umgekehrter Richtung. Das heißt, die Gesellschafter können ihr Gemeinschaftsunternehmen ausschreibungsfrei beauftragen. Bemerkenswert ist im Falle des § 139 Abs. 1 Nr. 2 GWB – insbesondere im Unterschied zu § 108 Abs. 1 Nr. 2 bzw. Abs. 4 Nr. 2 GWB[123] – der Umstand, dass das ausschreibungsfrei beauftragte (Gemeinschafts-)Unternehmen nicht einen bestimmten Mindestbetrag von Umsätzen mit den beteiligten Gesellschaftern aufweisen muss, sondern ohne weiteres auch für dritte Unternehmen tätig sein kann.

125 Gemäß § 154 Nr. 6 GWB ist für die Vergabe von Konzessionen auch § 139 GWB „hinsichtlich der Vergabe von Konzessionen durch Konzessionsgeber i.S.d. § 101 Abs. 1 Nr. 2 und 3 an ein Gemeinschaftsunternehmen oder durch Gemeinschaftsunternehmen an einem Konzessionsgeber i.S.d. § 101 Abs. 1 Nr. 2 und 3 anwendbar."

d) Spezielle Ausnahmevorschriften für Energiesektorenauftraggeber

126 An dieser Stelle sollen nicht alle Ausnahmen im Einzelnen aufgezählt werden. Dies bleibt der Gesetzeslektüre vorbehalten. Eine wesentliche im Sektorenbereich geltende Ausnahme ist jedoch für Energieversorgungsunternehmen von wesentlicher Bedeutung. Gem. § 137 Abs. 1 Nr. 8 GWB gilt eine Ausnahme für die Vergabe von öffentlichen Aufträgen durch Sektorenauftraggeber zum Zweck der Ausübung einer Sektorentätigkeit, wenn es sich um die Beschaffung von Energie oder von Brennstoffen zur Energieerzeugung im Rahmen der Energieversorgung handelt. Das bedeutet, dass die an das Sektorenvergaberecht grundsätzlich gebundenen Energieversorgungsunternehmen den Strom, den sie insbesondere weiterverteilen oder den sie für den Netzbetrieb benötigen, nicht nach dem Teil 4 des GWB und der SektVO ausschreiben müssen.

5. Gänzliche Befreiung vom Anwendungsbereich des Sektorenvergaberechts

127 Gerade für den Bereich der Energieversorgung ist noch ein anderer Ausnahmetatbestand von besonderer Bedeutung, bei dem es sich nicht um eine Ausnahme ex lege handelt, sondern um eine Ausnahme, die auf einen besonderen Rechtsakt der Europäischen Kommission auf der Grundlage einer Ermächtigung aus der Sektorenrichtlinie zurückgeht: Zunächst sind in § 102 GWB die dort genannten Sektorentätigkeiten, zumal im Energiebereich, abstrakt-generell definiert.[124] Der Kreis der Tätigkeiten ist jedoch inzwischen tatsächlich eingeschränkt, so dass ein Teil der davon erfass-

123 Siehe oben Rn. 106 ff.
124 Rn. 39.

ten Unternehmen, die diese Tätigkeiten durchführen, mittlerweile nicht mehr zur Anwendung des Sektorenvergaberechts verpflichtet. Grund hierfür sind zwei Freistellungsbeschlüsse der Europäischen Kommission aus den Jahren 2012 und 2014.

a) Freistellungsverfahren

Nach § 140 Abs. 1 GWB ist der Teil 4 des GWB auf unmittelbar dem Wettbewerb aus- 128
gerichtete Sektorentätigkeiten nicht anzuwenden. Die Einzelheiten des Verfahrens regelt gem. § 140 Abs. 2 GWB die SektVO. Nach § 3 SektVO kann für Sektorentätigkeiten, die unmittelbar dem Wettbewerb ausgesetzt sind, eine Freistellung von der Anwendung der SektVO beantragt werden. Materielle Voraussetzung ist nach § 140 Abs. 1 S. 1 und § 3 Abs. 1 SektVO, dass eine Sektorentätigkeit auf Märkten mit freiem Zugang unmittelbar dem Wettbewerb ausgesetzt ist. In formeller Hinsicht ist ein Antrag bei der Europäischen Kommission, der bestimmte genannte Angaben enthält, erforderlich. Zuvor ist eine Stellungnahme des Bundeskartellamtes abzuwarten (§ 3 Abs. 2–4 SektVO).

b) Bislang freigestellte Bereiche

Momentan liegen in Bezug auf Deutschland zwei Freistelllungen im Energiesektor 129
vor.

aa) Freistellung der Energieerzeugung und des Energiegroßhandels aus konventionellen Quellen

Die Kommission stellte zunächst im Jahre 2012[125] „Aufträge, die [...] die Erzeugung 130
und den Erstabsatz von aus konventionellen Quellen erzeugtem Strom in Deutschland ermöglichen sollen“, vom Sektorenvergaberecht frei. Das bedeutet, dass Aufträge, die sich etwa auf den Betrieb konventioneller Kraftwerke beziehen, nicht mehr von den Bestimmungen des Sektorenvergaberechts erfasst sind. Strom aus erneuerbaren Quellen ist insbesondere wegen der EEG-Förderung nicht erfasst. Ferner ist auch darauf zu achten, dass ausweislich des oben wiedergegebenen Freistellungstenors der Sektorenbereich der Wärme nicht Gegenstand der Freistellung war. Dies ergibt sich zusätzlich auch aus der Begründung des Freistellungbeschlusses, in dem allein auf die Marktverhältnisse im Stromsektor abgestellt wurde. Dies hat bei-

125 Durchführungsbeschluss der Kommission vom 24.4.2012 zur Freistellung der Erzeugung und des Großhandels von Strom aus konventionellen Quellen in Deutschland von der Anwendung der Richtlinie 2004/17/EG des Europäischen Parlaments und des Rates zur Koordinierung der Zuschlagserteilung durch Auftraggeber im Bereich der Wasser-, Energie- und Verkehrsversorgung sowie der Postdienste, ABl EU Nr. L 114 S. 21.

spielsweise Folgen für Betreiber von KWK-Anlagen, in denen Strom und Wärme produziert wird. Hier wird man abzugrenzen haben, welche Tätigkeit die Anlage im Schwerpunkt dient (§ 112 Abs. 3 GWB).

bb) Freistellung des Energievertriebs außerhalb der Grundversorgung

131 Mit dem Durchführungsbeschluss (EU) 2016/1674 der Kommission vom 15.9.2016 zur Ausnahme des Elektrizitäts- und Gaseinzelhandels in Deutschland von der Anwendung der Richtlinie 2014/25/EU des Europäischen Parlaments und des Rates[126] hat die Europäische Kommission einen Teil des Strom- und Gaseinzelhandels von der Anwendung der Sektorenrichtlinie (Richtlinie 2014/25/EU) freigestellt, insbesondere denjenigen außerhalb der Grundversorgung.

cc) Folgen

132 Die von den Freistellungsbeschlüssen erfassten Unternehmen sind insoweit ihrer Pflicht zur Anwendung des Sektorenvergaberecht enthoben. Anders gewendet: Sie sind insoweit keine Sektorenauftraggeber mehr. Bei beiden Freistellungsbeschlüssen ist im Hinblick auf kommunale Unternehmen zu berücksichtigen, dass eine Ausschreibungspflicht im Hinblick auf die freigestellten Tätigkeiten dann zwar von der Verpflichtung zur Anwendung des Sektorenvergaberechts entbindet, nicht aber von der Verpflichtung zur Anwendung des allgemeinen Vergaberechts.[127] Grund hierfür ist die hierfür oben[128] bereits angesprochene Infektionswirkung im Hinblick auf Tätigkeiten nach § 99 Nr. 2 GWB.

6. Gespaltene Vergaberegime

133 Die Frage, welche Bestimmungen des Teils des GWB bzw. welche untergesetzliche Rechtsnorm (VgV, SektVO oder KonzVgV) und auch welche Verfahren anzuwenden ist, hängt maßgeblich davon ab, ob ein öffentlicher Auftraggeber, ein Sektorenauftraggeber oder ein Konzessionsgeber vergibt.

a) Auftragsvergaben im Sektorenbereich

134 Bereits oben[129] wurde ausgeführt, dass Sektorenauftraggeber, also gerade auch Energieversorgungsunternehmen in kommunaler bzw. staatlicher Hand, einem ge-

---

126 Bekanntgegeben unter C(2012) 2426 (ABl EU Nr. L 114 v. 26.4.2012, S. 21 ff.).
127 Hierzu ausführlich *Michaels*, IR 2017, 77 ff.; a.A. *Tugendreich/Heller*, NZBau 2017, 391.
128 Rn. 30.
129 Rn. 50 f.

genüber öffentlichen Auftraggebern besonderen Vergaberegime unterliegen, das in der Richtlinie 2014/25/EU seine Grundlage findet, die weniger engmaschige Vorgaben enthält als ihre Schwesterrichtlinie, die Richtlinie 2014/24/EU.

Diese Unternehmen haben die Vorschriften der Sektorenverordnung (SektVO) 135 anzuwenden, wenn sie einen Auftrag in dem jeweiligen Sektorenbereich vergeben. Dies gilt unabhängig davon, ob sie zugleich auch Auftraggeber nach § 99 Nr. 2 GWB sind, solange der Auftrag im Sektorenbereich (vgl. nur § 1 Abs. 1 SektVO[130]) vergeben wird. Außerdem gelten die speziell für Sektorenauftraggeber anwendbaren Bestimmungen des GWB (Teil 4, Abschnitt 3, Unterabschnitt 1, §§ 136ff.).

Bei der Frage, ob ein einzelner öffentlicher Auftrag in den Sektorenbereich fällt 136 oder nicht, ist keine zu enge Betrachtungsweise anzulegen. Das heißt, nicht nur die unmittelbar mit der Sektorentätigkeit zusammenhängenden Beschaffungen zum Beispiel die Beschaffung von Kabeln für einen kommunalen Stromnetzbetreiber oder die Errichtung einer Windenergieanlage durch ein Stadtwerk, ist ein Sektorenauftrag. Vielmehr ist maßgeblich, ob die konkrete Beschaffung der Durchführung der Sektorentätigkeit zu dienen bestimmt ist.[131] So ist etwa auch die Errichtung eines Verwaltungsgebäudes durch ein kommunales Stadtwerk als Sektorenauftrag zu qualifizieren.[132]

b) Auftragsvergaben im Nichtsektorenbereich

Außerhalb des Sektorenbereichs gelten die Bestimmungen, mit denen die Richtlinie 137 2014/24/EU detailliert umgesetzt wurde. Sofern der Auftragswert den jeweils einschlägigen Schwellenwert erreicht oder überschreitet, ist neben den Vorschriften des Teils 4 des GWB im Bereich der klassischen öffentlichen Auftraggeber und der hierauf bezogenen Vergaben die Vergabeverordnung (VgV) anwendbar. Für Liefer- und Dienstleistungsaufträge enthält diese dann auch, anders als früher, eine vollständige Regelung, stellt also nicht lediglich eine Verweisungsnorm mit wenigen Zusatzbestimmungen (wie vor der Reform 2016) dar.

Eine Ausnahme enthält § 2 VgV (leider) immer noch für Bauaufträge: Bei der 138 Vergabe derer sind (nur) Abschnitt 1 und Abschnitt 2, Unterabschnitt 2 der VgV anwendbar (§ 2 S. 1 VgV), im Übrigen jedoch das novellierte Regelwerk des 2. Abschnitts der VOB/A. Besondere Vorschriften enthält die VgV (anstelle der früheren

---

130 Die Vorschrift spricht bei der Bestimmung des Anwendungsbereiches der SektVO treffend von Aufträgen „zum Zwecke von Tätigkeiten auf dem Gebiet der Trinkwasser- oder Energieversorgung oder des Verkehrs (Sektorentätigkeiten) durch Sektorenauftraggeber“.

131 So hat etwa das OLG Düsseldorf, Beschl. v. 24.3.2010 – VII Verg 58/09 im Falle eines Sektorenauftraggebers im Bereich Flughäfen (§ 102 Abs. 5 GWB) für die Beschaffung Inkasso- bzw. Abschleppdienstleistungen einen Sektorenbezug zutreffender Weise bejaht.

132 OLG München, Beschl. v. 13.3.2017 – Verg 15/16.

VOF) für Planungswettbewerbe bzw. der Architekten- und Ingenieurleistungen in §§ 69ff. bzw. §§ 73ff. VgV.

c) Konzessionsvergaben

139 Die Vergabe von Konzessionen, und zwar unabhängig davon, ob dies im Sektorenbereich oder außerhalb desselben durchgeführt wird, folgt einheitlich der Konzessionsvergabeverordnung (KonzVgV).

140 Diese ist in ihrer Regelungsdichte noch weitmaschiger als die SektVO. So kennt sie etwa keine ausdrücklichen Verfahrensarten, sind die Regelungen für die Festlegung von Wertungskriterien weniger streng usw. Im Übrigen ist mit 5.548 Mio. € ein deutlich höherer Schwellenwert festgesetzt.

7. Verfahrensarten

141 Das Kartellvergaberecht kennt seit der Neufassung des Vergaberechts zum 18.4.2016 nunmehr fünf Arten des Vergabeverfahrens:

- das offene Verfahren, welches in etwa dem Verfahren der öffentlichen Ausschreibung nach nationalem Vergaberecht (1. Abschnitt der VOB/A und der schrittweise außer Kraft tretenden[133] VOL/A) entspricht,
- das nicht offene Verfahren, welches im Wesentlichen der beschränkten Ausschreibung (mit öffentlicher Bekanntmachung) entspricht,[134]
- das Verhandlungsverfahren mit öffentlicher bzw. ohne öffentliche Bekanntmachung, das teilweise der freihändigen Vergabe entspricht,[135]
- den wettbewerblichen Dialog, und zwar neuerdings auch im Sektorenbereich,
- die Innovationspartnerschaft als gänzlich neue Verfahrensart.

142 Die genannten Verfahren stehen den Auftraggebern nicht zur freien Verfügung, vielmehr herrscht ein unterschiedliches strenges Rangverhältnis.

133 An seiner Stelle tritt die Unterschwellenvergabeordnung (UVgO) v. 2.2.2017, BAnz AT v. 7.2.2001, B 1, bereinigt, Nr. 170 208, S. 1. Da es sich hierbei ebenso wie bei der VOL/A nicht um ein Gesetz im materiellen Sinne handelt, sondern nur um ein Regelwerk, für dessen Geltung ein Anwendungsbefehl erforderlich ist, müssen für den Geltungsbereich der Länder entsprechende Verwaltungsvorschiften oder gar Gesetze bzw. Rechtsverordnungen verabschiedet bzw. erlassen werden.

134 Im Unterschied zur beschränkten Ausschreibung muss im nicht offenen Verfahren zwingend eine Bekanntmachung mit Aufruf zum Teilnahmewettbewerb erfolgen. Ausnahmen sind nicht möglich.

135 Im Unterschied zur freihändigen Vergabe muss beim Verhandlungsverfahren grundsätzlich eine Bekanntmachung mit Aufruf zum Teilnahmewettbewerb vorgeschaltet werden. Ein Verhandlungsverfahren ohne Teilnahmewettbewerb ist nur ausnahmsweise zulässig.

Im Bereich der öffentlichen Auftraggeber (außerhalb der Sektoren) herrscht zwischen den Verfahrensarten ein recht strenges Vorrangprinzip: Gemäß § 119 Abs. 2 S. 1 GWB können öffentliche Auftraggeber nur frei zwischen offenem Verfahren und nicht offenem Verfahren (immer mit Teilnahmewettbewerb) wählen. Die anderen Verfahrensarten können sie aber nur anwenden, soweit dies aufgrund des GWB zulässig ist. Die Einzelheiten sind in der VgV (§§ 14 ff.) geregelt. 143

Anders liegt es bei Aufträgen im Sektorenbereich. Sektorenauftraggeber, die Aufträge im Sektorenbereich vergeben, können das offene und das nicht offene Verfahren, das Verhandlungsverfahren mit Teilnahmewettbewerb sowie den wettbewerblichen Dialog frei wählen (§ 141 Abs. 1 und 7 S. 2 GWB). Allein das Verhandlungsverfahren ohne Teilnahmewettbewerb und die Innovationspartnerschaft sind subsidiär und können nur angewendet werden, wenn es eine konkrete Bestimmung des Vergaberechts zulässt (§ 141 Abs. 2 GWB). 144

a) Das offene Verfahren

Das offene Verfahren ist ein Verfahren, in dem eine unbeschränkte Anzahl von Unternehmen öffentlich zur Abgabe von Angeboten aufgefordert wird (§ 119 Abs. 3 GWB, § 15 VgV, § 14 SektVO). In diesem Verfahren müssen die Ausschreibungsunterlagen so gefasst werden, dass darauf Angebote unterbreitet werden können, welche, ohne dass es irgendwelcher Verhandlungen und weiterer Anpassungen der Vergabeunterlagen oder der Angebote bedarf, unmittelbar geprüft, gewertet und, bezogen auf das wirtschaftlichste Angebot, bezuschlagt werden können. 145

Eine Aushandlung der Bedingungen des öffentlichen Auftrags, ob nun technischer, kommerzieller oder rechtlicher Bedingungen, ist nicht möglich. Es herrscht ein grundsätzliches Verhandlungsverbot (§ 15 Abs. 5 VgV). Im Unterschied zu den mehrstufigen Verfahren erfolgt im Vorhinein auch keine Begrenzung der Zahl derjenigen Unternehmen, die ein Angebot abgeben können, weshalb es ein „offenes" Verfahren ist. Die Eignungsprüfung findet unmittelbar im Zusammenhang mit der Angebotsprüfung statt und wird nicht vorgeschaltet. 146

b) Das nicht offene Verfahren

Im Unterschied zum offenen wird beim nicht offenen Verfahren öffentlich zur Teilnahme aufgefordert und hiernach aus dem Bewerberkreis eine beschränkte Anzahl von Unternehmen zur Angebotsabgabe aufgefordert. 147

Die Auswahl findet anhand eindeutiger und nicht diskriminierender Auswahlkriterien statt (§ 119 Abs. 4 GWB). Diese sind in der Bekanntmachung anzugeben. Die Leistungsbeschreibung ist auch hier so genau wie möglich zu erstellen (§ 31 VgV), eine Nachverhandlung findet ebenfalls grundsätzlich nicht statt (§ 16 Abs. 9 VgV). 148

Auch außerhalb des Sektorenbereiches kann seit der Neufassung des Vergaberechts zum 18.4.2016 das nicht offene Verfahren ohne Vorliegen besonderer Gründe 149 gewählt werden. Es steht somit dem offenen Verfahren gleich (§ 119 Abs. 2 S. 1 GWB). Hiermit hat der deutsche Gesetzgeber die bereits seit der alten Vergaberichtlinie (Richtlinie 2014/18/EG) geltende Gleichstellung ins deutsche Recht umgesetzt.

150 Die Vorschaltung eines Teilnahmewettbewerbs im nicht offenen Verfahren ermöglicht es dem Auftraggeber, die Angebote schneller zu prüfen, da Eignungsfragen keine Rolle mehr spielen. Etwas anderes kann allerdings dann gelten, wenn im Nachhinein etwa zwingende oder fakultative Ausschlussgründe eintreten.[136]

151 Rein praktisch kann das nicht offene Verfahren gegenüber dem offenen Verfahren Vorteile bieten, wenn mit einer unübersehbaren Zahl von Unternehmen gerechnet werden muss und deshalb im Vorhinein eine Eingrenzung des Teilnehmerkreises opportun erscheint, oder wenn die Bearbeitung der Angebote durch die Bieter trotz großem Teilnehmerkreises erheblichen Aufwand verursacht oder die Prüfung der Angebote entsprechend aufwendig wäre.

152 Der Vorteil des nicht offenen gegenüber dem offenen Verfahren liegt dann auch darin, dass unter dem Kreis der grundsätzlich geeigneten Bieter die besonders gut geeigneten ausgewählt werden können und damit möglicherweise solche Bieter ausgeschieden werden können, die zwar die Mindestvoraussetzungen für die Leistungserbringung erfüllen, aber bei geringer Erfahrung mit billigen Preisen in den Markt drängen.

153 Durch die seit 18.4.2016 anzuwendenden Vergabebestimmungen werden die Vergabefristen leicht verkürzt. Allerdings wird diese Fristverkürzung durch die neuen Pflichten zur Verfügbarmachung der Vergabeunterlagen auch im zweistufigen Verfahren (§ 41 Abs. 1 VgV, § 41 Abs. 1 SektVO, § 17 Abs. 5 KonzVgV) wieder überkompensiert.

c) Verhandlungsverfahren

154 Das Verhandlungsverfahren ist ein Verfahren, bei dem sich der öffentliche Auftraggeber mit oder ohne vorherige öffentliche Aufforderung zur Teilnahme an ausgewählte Unternehmen wendet, um mit einem oder mehreren über die Auftragsbedingungen zu verhandeln (§ 119 Abs. 5 GWB, § 17 VgV, § 15 SektVO). Hier stehen die Leistungsbeschreibung und die Vertragsbedingungen noch nicht in jedem Detail fest, sondern sind mit den Bietern zu erörtern und ggf. fortzuentwickeln.

155 Der Regelfall des Verhandlungsverfahrens ist dem Transparenzgrundsatz folgend das Verhandlungsverfahren mit Teilnahmewettbewerb. Es genießt gegenüber dem Verhandlungsverfahren ohne Teilnahmewettbewerb auch im Sektorenbereich Vorrang (§ 141 Abs. 1 GWB, § 13 Abs. 2 SektVO).

---

136 Vgl. § 123 Abs. 1 GWB und § 124 Abs. 1 GWB, wonach die dort genannten Ausschlussgründe „zu jedem Zeitpunkt des Vergabeverfahrens" angewendet werden können bzw. müssen.

In diesem Verfahren wählt der Auftraggeber zunächst auf der Grundlage objektiver und transparenter Kriterien in einem Teilnahmewettbewerb die Personen aus, die am Verhandlungsverfahren teilnehmen sollen, und, basierend auf einer Aufforderung zum Erstangebot, später mit den Bietern verhandelt. Insoweit läuft das Verfahren zunächst wie das nicht offene Verfahren ab.[137] Es weicht aber auch vom nicht offenen Verfahren durch die Möglichkeit von Verhandlungen ab. 156

Demgegenüber wird im Verhandlungsverfahren ohne Teilnahmewettbewerb auf einen öffentlichen Aufruf zum Wettbewerb generell verzichtet, sondern direkt mit ausgewählten Unternehmen verhandelt. Dieses Verfahren ist nur in wenigen Ausnahmefällen zulässig (§ 14 Abs. 4 VgV), und zwar auch im Sektorenbereich (§ 13 Abs. 2 SektVO). 157

d) Der wettbewerbliche Dialog

Der wettbewerbliche Dialog wurde zur Umsetzung des Art. 29 Richtlinie 2014/18/EG in § 119 Abs. 6 GWB und § 18 VgV eingefügt. Es handelt sich dabei um ein Verfahren, bei dem der Auftraggeber einen Dialog mit den zugelassenen Bewerbern führt, um eine oder mehrere seinen Bedürfnissen entsprechende Lösungen herauszuarbeiten, auf deren Grundlage die ausgewählten Bewerber zur Angebotsabgabe aufgefordert werden. 158

In diesen Fällen kennt der Auftraggeber zwar seine Bedürfnisse, aber er kennt noch nicht genau den Weg, auf dem er diese befriedigen will. In einer Art vorgeschaltetem technischem Dialog entwickelt er mit den Bietern Lösungen, auf die diese dann in einer späteren Phase verbindliche Angebote abgeben müssen. Diese Verfahrensart findet nur bei besonders komplexen Ausschreibungen Anwendung. Der wettbewerbliche Dialog, der unter der alten Rechtslage nur im Nichtsektorenbereich zur Verfügung stand, kann jetzt auch im Sektorenbereich angewendet werden. 159

e) Die Innovationspartnerschaft

Erst mit der Neufassung des Vergaberechts 2016 wurde das neue Verfahren der Innovationspartnerschaft eingeführt (Art. 31 Richtlinie 2014/24/EU, § 119 Abs. 7 GWB). Gegenstand dieses Verfahrens soll es sein, den Auftraggebern eine Möglichkeit an die Hand zu geben, innovative Produkte oder innovative Dienst- oder Bauleistungen, welche bislang nicht auf dem Markt verfügbar sind, mit dem Unternehmen zu entwickeln und anschließend auch die daraus hervorgehende Leistung zu erwerben. Die Innovationspartnerschaft ist zweistufig ausgestaltet: Zunächst wird eine dem Teilnahmeantrag folgende Eignungsprüfung durchgeführt; anschließend werden geeignete Bewerber zur Angebotsabgabe aufgefordert. Mit diesem Verfahren, dass nur selten zum Einsatz kommen wird, gibt es bislang noch keine praktischen Erfahrungen. 160

---

137 Siehe oben Rn. 147 f.

IV. Vergabegrundsätze

161 Das Kapitel dieses Buches kann es nicht leisten, das gesamte Vergaberecht und insbesondere sämtliche Schritte eines Vergabeverfahrens, mit den sich darin stellenden Rechtsproblemen, umfassend darzustellen. Deshalb soll an dieser Stelle, was gleichsam das „materielle Vergaberecht" betrifft, nur skizzenartig auf die wesentlichen Vergabegrundsätze eingegangen werden. Der Gesetzgeber hat bei der Gestaltung des Teils 4 des GWB die meisten[138] dieser Grundsätze prominent in § 97 GWB „Grundsätze der Vergabe" zusammengefasst. Diese sind nachfolgend zu skizzieren.

1. Transparenz- und Wettbewerbsgrundsatz

162 Die Vergabe der Aufträge und Konzessionen hat nach § 97 Abs. 1 GWB in einem transparenten Verfahren zu erfolgen, das einen echten Wettbewerb der interessierten Unternehmen um die zu vergebenden Aufträge garantiert. Mit der Festlegung auf den Wettbewerbsgrundsatz findet die normative Verankerung des Oberschwellvergaberechts im GWB auch ihren inneren Sinn. Dabei ist der Wettbewerb kein Selbstzweck. Ein Vergabeverfahren stellt gewissermaßen ein Mittel dar, um diejenigen Effekte zu erzielen, die auch der Gesetzgeber des GWB vor Augen hatte: durch gleiche Bedingungen für alle Wirtschaftsteilnehmer die Möglichkeit zu eröffnen, dass sich im Wettbewerb auch zu Gunsten der Verbraucher faire Preise einstellen und gute Produkte (Waren, Dienstleistungen) verkauft werden.

163 Dabei ist der Transparenzgrundsatz eigentlich eine Ausprägung des Gleichbehandlungsprinzips bzw. des Verbots der Diskriminierung. Transparenz und Wettbewerb stehen wiederum miteinander in einer engen Beziehung, denn nur in einem transparenten Verfahren kann echter Wettbewerb erzeugt werden.

164 Der Transparenzgrundsatz wird an erster Stelle und in erster Linie durch die Bekanntmachung der Absicht, einen Auftrag vergeben zu wollen, und damit durch die Herstellung von Öffentlichkeit, namentlich im EU-Amtsblatt, verwirklicht.[139] Zur Transparenz gehört aber auch, dass die am Ende stehende Vergabeentscheidung auf der Grundlage einer klaren Trennung der Verfahrens- und Prüfungsschritte getroffen wurde, insbesondere eine Unterscheidung zwischen der Eignungsprüfung und der Wertung der Angebote sichtbar wird.[140]

---

138 Dies betrifft nicht den Eignungsgrundsatz, Rn. 166 ff., und das Wirtschaftlichkeitsgebot, Rn. 173 ff.

139 Siehe nur Loewenheim/Meessen/u.a. *Bungenberg*, KartellR, § 97 GWB Rn. 16.

140 Pünder/Schellenberg/*Fehling*, Vergaberecht, Kommentar, 2. Aufl., Baden-Baden 2015, § 97 GWB Rn. 67; Loewenheim/Meessen/u.a. *Bungenberg*, KartellR, § 97 GWB Rn. 16.

Hält man sich diese Prinzipien vor Augen, so wird auch schnell klar, warum etwa nach den speziellen vergaberechtlichen Bestimmungen, Verfahren, in denen gerade kein Wettbewerb erzeugt wird bzw. nicht das wichtigste Mittel der Transparenz eingesetzt wird – die Bekanntmachung im Amtsblatt der EU –, eine Ausnahme sein müssen (§ 14 Abs. 4 VgV, § 13 Abs. 2 VgV). 165

Umgekehrt ist Ausdruck der Transparenz wiederum der Grundsatz des Geheimwettbewerbs[141] und die Wahrung der Vertraulichkeit (§ 5 VgV). Das erfordert nicht nur den Schutz der Betriebs- und Geschäftsgeheimnisse von Bietern, sondern auch die Wahrung der Vertraulichkeit im Hinblick auf die Beteiligung der Unternehmen selbst am Vergabeverfahren. Die gesetzliche geregelten Dokumentationspflichten des öffentlichen Auftraggebers (§ 8 VgV, § 8 SektVO)[142] sind schließlich Instrumente, um die Transparenz der Verfahren auch aktenkundig machen zu können. Transparenz bedeutet damit auch Aktenkundigkeit. 166

2. Diskriminierungsverbot

Art. 18 AEUV verbietet, gleichsam unabhängig von spezielleren Bestimmungen des Vertrages, zu denen insbesondere die Grundfreiheiten gehören, jede Diskriminierung aus Gründen der Staatsangehörigkeit. Die Grundfreiheiten des AEU-Vertrages, insbesondere die im Falle öffentlicher Aufträge und Konzessionen besonders relevanten drei Freiheiten, nämlich die Warenverkehrsfreiheit (Art. 28 AEUV), die Dienstleistungsfreiheit (Art. 56 AEUV) und die Niederlassungsfreiheit (Art. 49 AEUV), verbieten in ihrem Kern eine unterschiedliche Behandlung von inländischen und grenzüberschreitenden Sachverhalten, sofern keine besondere Rechtfertigung besteht. Ohne das bestehende Vergabesekundärrecht wären – wie bis vor kurzem im Bereich der Dienstleistungskonzessionen[143] – Gleichbehandlungspflichten im Vergabeverfahren ebenso wie Ausschreibungspflichten als solche aus eben diesen Bestimmungen des Primärrechts abzuleiten. Die Gleichbehandlung spielt in den Vergaberichtlinien konsequenterweise eine hervorragende Rolle.[144] 167

Das vergaberechtliche Gleichbehandlungsprinzip geht darüber aber hinaus und verbietet nicht mehr nur eine – ungerechtfertigte – Diskriminierung von Bietern 168

141 OLG Düsseldorf, Beschl. v. 16.9.2003 – Verg 52/03.

142 Die Dokumentationspflichten weichen in VgV und SektVO im Hinblick auf den Umfang der laufenden Dokumentation (§ 8 Abs. 1 VgV und § 8 Abs. 1 SektVO) als auch im Hinblick darauf ab, dass nur in Verfahren nach der VgV, nicht aber nach der SektVO, zusätzlich noch ein zusammenhängender Vergabevermerk anzufertigen ist (s. § 8 Abs. 1 VgV).

143 Vgl. hierzu oben Rn. 62.

144 Vgl. etwa. Art. 24 der Richtlinie über öffentliche Auftragsvergabe (2014/24/EU), Art. 42 der Sektorenrichtlinie (2014/25/EU), Art. 3 der Konzessionsrichtlinie (2014/23/EU) und die jeweiligen Erwägungsgründe.

aus einem anderen Mitgliedstaat der EU, sondern ganz allgemein zwischen Bewerbern oder Bietern.[145] Zahlreiche Vorschriften des GWB sowie von VgV, SektVO und KonzVgV sind Ausprägungen dieses Grundsatzes (§ 19 Abs. 6 S. 1 VgV), etwa bei:

– der für alle gleichen Verständlichkeit der Leistungsbeschreibung (§ 121 Abs. 1 S. 1 GWB),
– der Gleichbehandlung im Verhandlungsverfahren (§ 17 Abs. 13 S. 1 VGV) und
– im wettbewerblichen Dialog (§ 18 Abs. 5 S. 1 VgV).

169 Kein Bieter darf willkürlich bevorzugt oder benachteiligt werden (wenn dies nicht von Gesetzes wegen geboten oder gestattet[146] ist).

170 Der EuGH hat zum Beispiel eine versteckte Diskriminierung darin gesehen, dass ein öffentlicher Auftraggeber bei der Ausführung des Auftrags eine bestimmte Eigenerbringungsquote verlangt hat, welche den sogenannten „Generalübernehmer" ausschloss, weil nach Ansicht des EuGH ausländische Unternehmen eher auf Subunternehmer zurückgreifen müssen als inländische Unternehmen.[147]

3. Auftragsvergabe an qualifizierte Unternehmen

171 Öffentliche Aufträge dürfen nur an fachkundige und leistungsfähige Unternehmen vergeben werden, die nicht nach den §§ 123, 124 GWB ausgeschlossen worden sind (§ 122 Abs. 1 GWB). Der damit angesprochene Grundsatz der Eignung war früher ebenfalls in § 97 GWB normiert (§ 97 Abs. 4 GWB a.F.).

172 Die Eignungsprüfung erfolgt im offenen Verfahren im Zusammenhang mit der Angebotswertung, in den mehrstufigen Verfahren, insbesondere dem nicht offenen und den Verhandlungsverfahren dagegen gesondert. Seit der Vergaberechtsreform 2016 gibt es neben der Fachkunde und Leistungsfähigkeit kein gesondertes positives Kriterium der Zuverlässigkeit mehr. Vielmehr wird dies negativ als Nichtvorliegen von Ausschlussgründen definiert. Diese sind unterteilt in zwingende Ausschlussgründe (§ 123 GWB) und fakultative Ausschlussgründe (§ 124 GWB).

173 Während also im Falle des Vorliegens eines der in § 123 GWB genannten zwingenden Ausschlussgründe, zum Beispiel bei Bestrafung wegen gewisser krimineller Delikte (§ 123 Abs. 1 GWB), wobei auf die für juristische Personen handelnden Geschäftsführungs- oder Kontrollpersonen abzustellen ist (§ 123 Abs. 3 GWB, der Auf-

145 Diesen Grundsatz überträgt der EuGH sogar auf seinerzeit nicht vom Vergabesekundärrecht erfasste Dienstleistungskonzessionen, s. EuGH, Urt. v. 13.10.2005 – Rs. C-458/03 – Slg. 2005, I-8585, Rn. 48 – Parking Brixen.

146 Zu diesen Fällen einer Bevorzugung darf man durchaus das Prinzip der Mittelstandsförderung zählen, s. Rn. 175 ff.

147 Vgl. EuGH, Urt. v. 18.3.2004 – Rs. C-314/01 – NZBau 2004, 340 – Siemens ARGE Telekom.

traggeber den betreffenden Bewerber oder Bieter vom Wettbewerb auszuschließen hat, kommt ihm bei Vorliegen der in § 124 GWB genannten fakultativen Ausschlussgründe ein Ermessen zu. Dieses muss er unter Beachtung des Verhältnismäßigkeitsgrundsatzes[148] pflichtgemäß ausüben. Konsequenterweise ist, wiederum dem Verhältnismäßigkeitsgrundsatz gehorchend, ein Ausschluss nicht für die Ewigkeit zulässig, sondern bei den zwingenden Ausschlusstatbeständen i.S.v. § 123 GWB für höchstens fünf Jahre (§ 126 Nr. 1 GWB) und bei fakultativen Ausschlussgründen nach § 124 GWB für höchstens drei Jahre (§ 126 Nr. 2 GWB).

Bewerber oder Bieter haben die Möglichkeit, durch aktive Maßnahmen früher **174**
wieder in die Lage versetzt zu werden, öffentliche Aufträge zu erringen. Hierfür enthält das Gesetz nunmehr Regelungen über die Selbstreinigung (§ 125 GWB). Auf diese Weise kann ein Bewerber bzw. Bieter, dem bestimmte Rechtsverstöße aus § 123 und § 124 GWB vorzuwerfen sind, seine Eignung nachträglich wiederherstellen, indem er bestimmte Maßnahmen durchführt und nachweist, die die Wiederholung solcher Rechtsverstöße ausschließen bzw. den entstandenen Schaden wiedergutmachen. Dies sind insbesondere Ausgleichszahlungen für das Fehlverhalten oder die Straftat (§ 125 Abs. 1 S. 1 Nr. 1 GWB), die uneingeschränkte Mitwirkung an der Aufklärung (§ 125 S. 1 Nr. 2 GWB) sowie Maßnahmen der Verhütung weiterer Verstöße (sogenannte Compliance, § 125 Abs. 1 S. 1 Nr. 3 GWB). Schon vor der ausdrücklichen gesetzlichen Normierung dieser Selbstreinigung war dies auch schon in der Rechtsprechung[149] und Literatur[150] anerkannt.

4. Berücksichtigung mittelständischer Interessen

Vor der letzten Vergaberechtsreform war der Grundsatz einer mittelstandsfreundli- **175**
chen Vergabe ein rein nationalrechtlicher Grundsatz. Nunmehr gehört die Förderung von KMU auch zu den Vergabezielen der Union.

Auch kleinere und mittlere Unternehmen sollen also grundsätzlich die Chance **176**
haben, Aufträge der öffentlichen Hand zu erhalten. Dem trägt § 97 Abs. 4 S. 1 GWB Rechnung, nach der mittelständische Interessen bei der Vergabe öffentlicher Aufträge „vornehmlich“[151] zu berücksichtigen sind. Dies soll insbesondere durch die Aufteilung der Aufträge in Teil- und Fachlose geschehen (§ 97 Abs. 4 S. 2 GWB).[152]

---

148 Oben Rn. 185.

149 Vgl. OLG München, Beschl. v. 21.5.2010 – Verg 2/10; OLG Brandenburg, Beschl. v. 14.12.2007 – Verg W 21/7; KG, Urt. v. 17.1.2011 – 2 U 4/06 – NZBau 20121, 56, 63.

150 Umfassend *Dreher/Hoffmann*, NZBau 2014, 67 ff., 150 ff.

151 In der Fassung vor 2009 hieß es, die mittelständischen Interessen seien vornehmlich durch die Bildung von Fach – und Teillosen zu berücksichtigen. So erklärt sich die ungewöhnliche Formulierung.

152 Siehe auch BT-Drucks. 16/10117, S. 15.

Die Auftraggeber dürfen jedoch von dem Grundsatz der Losvergabe in begründeten Fällen abweichen oder auch die einheitliche Auftragsvergabe, etwa gar an einen Generalunternehmer, vorsehen, wenn besondere wirtschaftliche oder technische Gründe dies erfordern (§ 97 Abs. 4 Satz 3 GWB). In diesen Fällen muss die Abweichung vom Grundsatz einzelfallbezogen begründet werden.[153] Es hat hierbei eine umfassende Abwägung der Vor- und Nachteile einer Einzel- gegenüber einer Gesamtvergabe stattzufinden.[154] Da § 97 Abs. 4 S. 2 GWB ein klares Regel-Ausnahme-Verhältnis statuiert, kann auch der für jede Losvergabe typische allgemeine Ausschreibungs-, Prüfungs- und Koordinierungsaufwand oder höherer Aufwand für Gewährleistungen noch nicht ausreichen, um eine Gesamtvergabe zu rechtfertigen.[155] Allerdings ist umgekehrt auch nicht erforderlich, eine so starke Losaufteilung vorzunehmen, dass sich alle Mittelständler bewerben können, wenn dies für die Mehrheit derselben gewährleistet ist.[156] Erst recht besteht keine Pflicht, durch die Losaufteilung ganz spezielle Märkte zu bedienen.[157] Die Frage der Losaufteilung ist verständlicherweise immer wieder Gegenstand der Rechtsprechung.[158]

177 Eine besondere Form der Mittelstandsförderung einerseits, aber, und sogar noch mehr, der Erhaltung von Wettbewerb und zur Streuung des Risikos im Interesse des Auftraggebers andererseits stellt die sog. Loslimitierung dar. Neuerdings sind Auftraggeber ausdrücklich[159] berechtigt, „auch wenn Angebote für mehrere oder alle Lose eingereicht werden dürfen, die Zahl der Lose auf eine Höchstzahl [zu]beschränken, für die ein einzelner Bieter den Zuschlag erhalten kann." (§ 30 Abs. 1 S. 2 VgV und § 27 Abs. 1 S. 1 SektVO).

5. Wirtschaftlichkeitsgebot

178 Das früher in § 97 Abs. 5 GWB a.F. und heute in § 127 Abs. 1 S. 1 GWB normierte Prinzip, wonach das wirtschaftlichste Angebot den Zuschlag erhalten sind, verweist wiederum auf den bereits oben[160] aufgegriffenen Zusammenhang.

---

153 Immenga/Mestmäcker/*Dreher*, Bd. 2 Teil 1, § 97 GWB Rn. 151.
154 OLG Düsseldorf, Beschl. v. 23.3.2011 – VII Verg 63/10.
155 OLG Düsseldorf, Beschl. v. 23.3.2011 – VII Verg 63/10.
156 OLG Karlsruhe v. 6.4.2011 – 15 Verg 3/11 – NZBau 2011, 567.
157 OLG Düsseldorf, Beschl. v. 21.3.2012 – VII Verg 92/11 – NZBau 2012, 515.
158 S. neben den o.g. Entscheidungen etwa OLG Koblenz, Beschl. v. 4.4.2012 – 1 Verg 2/12 (Glasreinigung als besonderes Los der Gebäudereinigung).
159 Die Zulässigkeit dieser Loslimitierung war vor der gesetzlichen Regelung nicht unumstritten, war aber etwa vom OLG Düsseldorf, Beschl. v. 7.12.2011 – Verg 99/11, Beschl. v. 15.6.2000 – Verg 6/00 anerkannt worden, gerade mit dem Argument des Erhalts von Wettbewerb und der Verteilung des Risikos.
160 Oben Rn. 157.

a) Wirtschaftlichkeit als Preis-/Leistungsverhältnis

Wie nach den Vorstellungen des GWB-Gesetzgebers in der genannten Wirtschaft soll der Wettbewerb zu wirtschaftlichen öffentlichen Aufträgen und damit auch zu einer effizienten Allokationswirkung führen. Dabei wird Wirtschaftlichkeit nicht allein mit Preisgünstigkeit gleichgesetzt, sondern vielmehr als ein Preis-/Leistungsverhältnis (§ 127 Abs. 1 S. 3 GWB) verstanden. Dieses Preis-/Leistungsverhältnis wird aber nicht irgendwie bestimmt, sondern auf der Grundlage vorab festgelegter Zuschlagskriterien mit entsprechender Gewichtung (§ 127 Abs. 1 S. 2 GWB). 179

b) Wertung anhand vorab bekannt gemachter Zuschlagskriterien

Das positive Vergaberecht schreibt den öffentlichen Auftraggebern nicht vor, welche Zuschlagskriterien anzuwenden sind. Diese Kriterien werden vielmehr durch den Aufraggeber selbst festgesetzt. Nur er kann wissen, worauf es ihm bei der Beschaffung ankommt. Die Zuschlagskriterien müssen freilich mit dem Auftragsgegenstand in Verbindung stehen (§ 127 Abs. 3 S. 1 GWB). Neben dem Preis bzw. den Kosten können auch qualitative, umweltbezogene oder soziale Aspekte Berücksichtigung finden (§ 127 Abs. 1 S. 4 GWB, § 58 Abs. 2 S. 2 VgV, § 52 Abs. 2 S. 2 SektVO). Die VgV bzw. die SektVO enthalten beispielhaft mögliche qualitative Zuschlagskriterien, nämlich den technischen Wert, die Ästhetik, Zweckmäßigkeit, Zugänglichkeit der Leistung, insbesondere für Menschen mit Behinderungen, ihre Übereinstimmung mit Anforderungen des „Designs für Alle“ (§ 58 Abs. 2 S. 2 Nr. 1, § 52 Abs. 2 S. 2 Nr. 1 SektVO). Qualitative Aspekte können aber auch Gesichtspunkte des Kundendienstes, Lieferbedingungen sowie Liefertermine, Lieferverfahren und Liefer- und Ausführungsfristen sein (§ 58 Abs. 2 S. 2 Nr. 3 VgV bzw. § 52 Abs. 2 S. 2 Nr. 3 SektVO). 180

Wegen der von § 127 Abs. 3 S. 1 GWB verlangten Verbindung der Zuschlagskriterien mit dem Auftragsgegenstand dürfen Gesichtspunkte, die sich nicht auf das Angebot beziehen, sondern auf die Person des Bieters, grundsätzlich nicht Berücksichtigung finden. Diese sind vielmehr Gegenstand der Eignungsprüfung. So wäre es etwa unzulässig, Bieter mit einer höheren wirtschaftlichen Leistungsfähigkeit gegenüber anderen Bietern beim Zuschlag zu bevorzugen. Dies beschreibt der Grundsatz „Kein Mehr an Eignung“.[161] 181

Bereits nach dem bisherigen Vergaberecht modifizierte der EuGH[162] diesen Grundsatz für einige Fälle von stark personenorientierten Leistungen. Nunmehr enthält auch das positive Recht eine Regelung über die Berücksichtigung subjektiver Aspekte bei der Festlegung von Wertungskriterien. So dürfen nach § 58 Abs. 2 Nr. 2 182

161 EuGH, Urt. v. 14.2.2008 – Rs. C-532/06 – Slg. 2008, I-251, Rn. 26 ff. – Lianakis; BGH, Urt. v. 9.6. 2011 – X ZR 143/10 – NZBau 2011, 498, 500.

162 EuGH, Urt. v. 26.3.2015 – Rs. C-601/13 – Ambisig (für ein Kriterium der Teamqualität).

VgV bzw. § 52 Abs. 2 Nr. 2 SektVO „die Organisation, Qualifikation und Erfahrung des mit der Ausführung des Auftrags betrauten Personals, wenn die Qualität des eingesetzten Personals erheblichen Einfluss auf das Niveau der Auftragsausführung haben kann“, Berücksichtigung finden. Insbesondere bei der Vergabe geistig-schöpferischer Leistungen (namentlich von Architekten und Ingenieuren) wird diese Möglichkeit genutzt werden können.

c) Wertungsmethode

183 Das Gesetz trifft keine Aussage dazu, mit welcher Methode die Wertung von Angeboten erfolgt, also die einzelnen Angebote miteinander verglichen werden. Hier kommen sowohl für die Bewertung des Preises als auch für die Bewertung der qualitativen Kriterien unterschiedliche Methoden in Betracht. Diese dürfen aber nicht zu völlig zufälligen Ergebnissen führen.[163] Dem Gedanken des Wettbewerbs, auch außerhalb eines reinen Preiswettbewerbs, und zwar gerade auch in Gestalt Gedanken eines Ideenwettbewerbs, entspricht ein Auftraggeber, der nicht bereits in den Vergabeunterlagen festlegt, welche qualitativen Elemente ein Angebot aufweisen muss, wenn es eine bestimmte Punktzahl erhalten soll, sondern lediglich allgemein zu umschreibt, wie sich ein Angebot vom Bestangebot unterscheidet bzw. von einer Bestleistung abhebt.

184 Das OLG Düsseldorf hatte in mehreren Entscheidungen ein sogenanntes „Schulnotensystem“ für unzulässig erklärt, weil es der Auffassung war, dass der Bieter hier nicht genau wisse, was er anbieten müsse, um besonders hohe Zuschlagschancen zu bekommen.[164] Bald darauf klärte der EuGH diese Frage und hielt zutreffend fest, dass ein Auftraggeber nicht verpflichtet sei,

> „den potenziellen Bietern in der Auftragsbekanntmachung oder in den entsprechenden Verdingungsunterlagen die Bewertungsmethode, die er zur konkreten Bewertung und Einstufung der Angebote anwenden wird, zur Kenntnis zu bringen. Allerdings darf diese Methode keine Veränderung der Zuschlagskriterien oder ihrer Gewichtung bewirken.“[165]

Hiernach änderte auch das OLG Düsseldorf seine eigene Rechtsprechung.[166] Verbindlich entschied dann schließlich auch der BGH,[167] dass es

> „einer transparenten und wettbewerbskonformen Auftragsvergabe regelmäßig nicht entgegen(steht), wenn der öffentliche Auftraggeber für die Erfüllung qualitativer Wertungskriterien Noten mit zugeordneten Punktwerten vergibt, ohne dass die Vergabeunterlagen weitere kon-

---

163 OLG, Düsseldorf, Beschl. v. 29.4.2015 – Verg 35/14.

164 Vgl. etwa OLG Düsseldorf, Beschl. v. 16.12.2015 – VII Verg 25/15.

165 EuGH, Urt. v. 14.7.2016 – Rs. C-6/15, Rn. 37– TNS Dimarso NV.

166 OLG Düsseldorf, Beschl. v. 8.3.2017 – VII Verg 39/16.

167 BGH, Beschl. 14.4.2017 – X ZB 3/17.

kretisierende Angaben dazu enthalten, wovon die jeweils zu erreichende Punktzahl konkret abhängen soll".

Für die Auftraggeber bedeutet dies, dass sie zwar im Einklang mit der Rechtsprechung des EuGH auf eine Angabe der Bewertungsmethode verzichtet können. Möchten sie aber für eine bieterfreundliche Transparenz sorgen, sollten sie diese Methode angeben. Dies gilt insbesondere für die Frage der Bewertung des Preises.

6. Grundsatz der Verhältnismäßigkeit

Seit 2016 ist der Grundsatz der Verhältnismäßigkeit ebenfalls in den Katalog der 185 Vergabegrundsätze aufgenommen worden (§ 97 Abs. 1 S. 2 GWB). Insbesondere bei den Anforderungen an die Leistungsbeschreibung, die Eignung (ausdrücklich § 124 Abs. 1 GWB), bei den Anforderungen an die Benennung der Subunternehmer (§ 34 VgV und § 36 SektVO) und die Ausführungsbedingungen ist der Grundsatz der Verhältnismäßigkeit zu beachten.

7. Grundsatz der elektronischen Kommunikation

Erstaunlicherweise hat der Gesetzgeber mit der Vergaberechtsreform, d.h. der Um- 186 setzung der neuen EU-Richtlinien im Jahre 2016, auch die elektronische Kommunikation zum Katalog der Vergabegrundsätze in § 97 GWB hinzugefügt.[168] Auftraggeber und Unternehmer haben für das Senden, Empfangen, Weiterleiten und Speichern von Daten in einem Vergabeverfahren grundsätzlich elektronische Mittel zu verwenden.

Gemäß Art. 2 Nr. 19 RL 2014/24/EU ist ein Mittel „elektronisch", bei dem elekt- 187 ronische Geräte für die Verarbeitung (einschließlich digitaler Kompression) und Speicherung von Daten zum Einsatz kommen und bei dem Informationen über Kabel, über Funk, mit optischen Verfahren oder mit anderen elektromagnetischen Verfahren übertragen, weitergeleitet und empfangen werden. Die Einzelheiten sind in der VgV (§§ 9ff.) und der SektVO (§§ 9ff.) sowie der KonzVgV (§§ 7ff.) geregelt.

Die elektronische Kommunikation betrifft insbesondere die elektronische Erstel- 188 lung und Bereitstellung der Bekanntmachung sowie der Vergabeunterlagen, die elektronische Angebotsabgabe sowie die elektronische Erteilung des Zuschlags. Dies gilt unabhängig vom Liefer- oder Leistungsgegenstand, der der Vergabe zugrunde liegt. Am 18.10.2016[169] läuft auch die letzte Übergangsfrist für die Auftraggeber ab und wird im Vergabeverfahren nur noch elektronisch, d.h. praktisch über Vergabeplattformen, kommuniziert werden.

168 Dass dafür das Eignungsprinzip weichen musste, ist nicht ganz nachvollziehbar.
169 Vgl. § 81 VgV und § 64 SektVO.

8. Strategische Ziele

189 Gleichsam ergänzend zu dem oben erläuterten Wirtschaftlichkeitsgrundsatz (§ 127 Abs. 1 S. 2 GWB) oder auch diesen ausformend hält § 97 Abs. 3 GWB fest, dass bei der Vergabe (auch) Aspekte der Qualität und der Innovation sowie soziale und umweltbezogene Aspekte nach Maßgabe weitere Bestimmungen des Teils 4 des GWB berücksichtigt werden. Dies ist Ausdruck der in den 2014 verabschiedeten Vergaberichtlinien formulierten Gedanken, dass die Mitgliedstaaten auch sog. strategische Ziele über den reinen wirtschaftlichen Zweck der Beschaffung hinaus sollen verfolgen können.

a) Berücksichtigung nichtökonomischer Gesichtspunkte bei der Wertung

190 Der EuGH hatte schon recht früh[170] und auch später noch klarer[171] festgestellt, dass bei der Entscheidung über den Zuschlag auch zusätzliche Kriterien (wie das der Beschäftigung von Langzeitarbeitslosen) berücksichtigt werden dürfen, sofern hierdurch keine unmittelbare oder mittelbare Diskriminierung erfolgt und diese Bedingung in der Bekanntmachung der Ausschreibung angegeben wird.

191 Zu ökologischer Kriterien äußerte sich der EuGH wohl zum ersten Mal im Urteil Concordia Bus Finland,[172] in dem er die Mitberücksichtigung von Umweltschutzkriterien bei der Ermittlung des wirtschaftlich günstigsten Angebots grundsätzlich für zulässig erklärte. Aus dem Wortlaut des Art. 36 Abs. 1 lit. a RL 92/50/EWG,[173] wonach als Kriterien für das wirtschaftlich günstigste Angebot neben solchen wirtschaftlicher Art (Qualität, technischer Wert, Zweckmäßigkeit der Leistung, Kundendienst, technische Hilfe, Lieferzeitpunkt, Ausführungszeitraum- oder -frist, Preis) auch dasjenige der Ästhetik genannt werde, sei zu schließen, dass die Zuschlagskriterien nicht notwendig rein wirtschaftlicher Art sein müssten.[174] Da der EuGH das Spannungsverhältnis erkannte, in welchem die Berücksichtigung von Umweltschutzzielen zu demjenigen des Binnenmarktes steht, der durch die Vergaberichtlinien auf dem Gebiet der öffentlichen Aufträge verwirklicht werden soll, formulierte er eine Reihe von Kriterien, an denen die Zulässigkeit derartiger (Umweltschutz-)Kriterien[175]

---

170 EuGH, Urt. v. 20.9.1988 – Rs. 31/87 – Slg. 1988, 4635 = NVwZ 1990, 353, Rn. 30 f. – Beentjes (noch zur Richtlinie 71/305/EWG).

171 EuGH, Urt. v. 26.9.2000 – Rs. 225/98 – Slg. 2000, I-7445, Rn. 50 ff. – Calais.

172 EuGH, Urt. v. 17.9.2002 – Rs. C-513/99 – Slg. 2002, I-7213 = EuZW 2002, 628 m. Anm. *Steinberg* = DVBl. 2002, 1542.

173 Richtlinie 92/50/EWG des Rates v. 18.6.1992 über die Koordinierung der Verfahren zur Vergabe öffentlicher Dienstleistungsaufträge (ABl EG Nr. L 2090 S. 1 ff.) zuletzt geändert durch die Richtlinie 97/52/EG des Europäischen Parlaments und des Rates v. 13.10.1997 (ABl EG Nr. L 328 S. 1 ff.). Die Lieferkoordinierungsrichtlinie enthielt in Art. 26 Abs. 1 lit. b eine parallele Vorschrift.

174 EuGH, Urt. v. 17.9.2002 – Rs. 513/99 – Slg. 2002, I-7213, Rn. 55.

175 Das gleiche musste etwa für soziale Kriterien gelten.

zu messen ist. Erstens müssten diese Kriterien mit dem Gegenstand des Auftrags zusammenhängen, zweitens dürften diese dem Auftraggeber keine uneingeschränkte Entscheidungsfreiheit einräumen, drittens müssten diese Kriterien im Leistungsverzeichnis oder in der Bekanntmachung des Auftrags ausdrücklich genannt sein, und viertens müssten bei ihnen alle wesentlichen Grundsätze des Gemeinschaftsrechts, vor allem das Diskriminierungsverbot, beachtet werden.[176]

b) Zulässige Anknüpfung an den Herstellungsprozess

Von besonderer Bedeutung ist es, sofern etwa bestimmte Umweltanforderungen, 192 nicht nur im Rahmen von Wertungskriterien, die sich nicht unmittelbar in der Eigenschaft des Produkts, welches gekauft wird, niederschlagen, sondern lediglich im Herstellungsprozess verkörpern, einen diskriminierungsfreien Nachweis einzuführen. Für einen derartigen Fall bestätigte der EuGH in der Rechtssache Wienstrom[177] in einem die Beschaffung von Strom betreffenden Fall die Zulässigkeit solcher Gesichtspunkte. Dort hielt der EuGH die Vorgabe einer Ökostromquote grundsätzlich für vergaberechtlich zulässig, wenn sich die ökologischen Vorteile (geringere Treibhausgasemissionen) in der konkreten Stromlieferung niederschlagen.[178] Unzulässig war nach dieser Entscheidung hingegen die Würdigung des Umfangs, in dem ein Lieferant außer der konkreten Lieferung an den öffentlichen Auftraggeber weitere Verbraucher mit Strom aus erneuerbaren Energiequellen beliefert.[179]

Beschreibt der Auftraggeber gewisse außerwirtschaftliche Gesichtspunkte die 193 sich auf den Herstellungsprozess eines Produktes beziehen, etwa durch Bezugnahme auf Gütezeichen, sind jedoch die Grundsätze der Gleichbehandlung und Transparenz zu wahren.[180]

c) Ausführungsbedingungen

Zusätzlich zu reinen Wertungskriterien, die an die konkrete Lieferung oder Leistung 194 oder jedenfalls an den Herstellungsprozess desselben anknüpfen, können soziale, ökologische aber auch innovative Aspekte bei der Ausführung der Leistung auf andere Weise Berücksichtigung finden. (§ 128 GWB). Gemäß § 128 Abs. 2 S. 1 GWB sind

---

176 EuGH, Urt. v. 17.9.2002 – Slg. 2002, I-7213, Rn. 64.

177 EuGH, Urt. v. 4.12.2003 – Rs. C-448/01 – Slg. 2003, I-14527 = EuZW 2004, 81 = ZNER 2004, 59 m. Anm. *Michaels* – EVN/Wienstrom; EuGH, Urt. v. 10.5.2012 – Rs. C-368/10 – EKO/Max Havelaar.

178 Mangels physischer Unterscheidbarkeit bestimmter Strommengen wird man dabei eine kaufmännisch-bilanzielle Zuordnung der erzeugten und gelieferten Mengen als ausreichend anerkennen können.

179 EuGH, Urt. v. 4.12.2003 – Rs. C-448/01 – Slg. 2003, I-14527 – Wienstrom.

180 Urt. v. 10.5.2012 – Rs. C-368/10 – EKO/Max Havelaar (für fair gehandelten Kaffee). S. nunmehr auch die ausdrückliche Regelung zur Verwendung von Gütezeichen in § 34 VgV bzw. § 32 SektVO.

öffentliche Auftraggeber (wie schon nach § 97 Abs. 4 S. 2 GWB a.F.) befugt, Bedingungen für die Ausführung eines Auftrags (Ausführungsbedingungen) festzulegen, sofern diese mit dem Auftragsgegenstand entsprechend § 127 Abs. 3 GWB in Verbindung stehen. Sie müssten sich ferner aus der Auftragsbekanntmachung oder den Vergabeunterlagen ergeben (§ 128 Abs. 2 S. 2 GWB). Das Gesetz nennt wirtschaftliche, innovationsbezogene, umweltbezogene, soziale oder beschäftigungspolitische Belange oder den Schutz der Vertraulichkeit von Informationen[181] als mögliche Belange. Die Länder haben teilweise sehr umfänglich (wie beispielsweise Nordrhein-Westfalen[182]) von der Befugnis Gebrauch gemacht, ihre Auftraggeber dazu zu verpflichten, solche Belange zu berücksichtigen.

V. Folgen von Vergabeverstößen

195 Gemäß § 97 Abs. 6 GWB wird den Unternehmen ausdrücklich ein Anspruch darauf zugebilligt, dass die Bestimmungen über das Vergabeverfahren eingehalten werden. Diese Bestimmungen haben damit den Charakter subjektiver Rechte.[183] Subjektive Rechte müssen notfalls gerichtlich durchgesetzt werden. Die wesentlichen Instrumente zur gerichtlichen Durchsetzung in den unterschiedlichen Konstellationen und Verfahrensschritten sind Gegenstand der nachfolgenden Darstellung.

1. Vergaberechtlicher Rechtsschutz

196 Das Kartellvergaberecht sieht im Unterschied zum Haushaltsvergaberecht in Umsetzung der oben genannten Richtlinien einen spezifischen vergaberechtlichen Rechtsschutz vor. Dieser ist in den §§ 155ff. GWB normiert. Vor der Einführung dieses Rechtsschutzes bestand – etwa wie heute noch unterhalb der Schwellenwerte die einzige Möglichkeit, Vergabeverstöße rechtlich zu verfolgen, neben der Information der Rechts- bzw. Kommunalaufsicht lediglich darin, Schadensersatz etwa aus dem Gesichtspunkt der culpa in contrahendo (Verschulden bei Vertragsschluss), jetzt normiert in §§ 241 Abs. 2, 311 Abs. 2 i.V.m. § 280 BGB, zu fordern.[184]

---

181 Vgl. hierzu OLG Düsseldorf, Beschl. v. 21.10.2015 – VII 28/14 – NZBau 2016, 235 („No-Spy-Erklärung").

182 Hier steht allerdings eine Novelle an.

183 Da das Vergaberecht als solches nicht als Teil des öffentlichen Rechts begriffen wird, spricht man nicht von subjektiv-öffentlichen Rechten.

184 Vgl. etwa BGH, Urt. v. 24.4.1997 – VII ZR 106/95 – ZfBR 1997, 244; BGH, Urt. v. 17.2.1999 – X ZR 101/97 – NJW 2000, 137.

a) Vergabenachprüfungsverfahren

Gemäß § 160 Abs. 1 GWB wird ein Nachprüfungsverfahren vor der Vergabekammer nur auf Antrag eingeleitet. Insoweit bestehen Unterschiede zu einem Tätigwerden der Kartellbehörden.[185] Für die Nachprüfung sind die Vergabekammer des Bundes (für Vergabeverfahren des Bundes) und die Vergabekammern der Länder (für Vergabeverfahren der Länder bzw. von dem Landesrecht unterliegenden Vergabestellen, etwa der Kommunen, einschließlich der jeweiligen Unternehmen) zuständig (im Ergebnis § 159 GWB). 197

Ein Vergabenachprüfungsverfahren kann jedes Unternehmen einleiten, das ein Interesse am Auftrag hat und eine Verletzung in seinen Rechten nach § 97 Abs. 6 GWB durch Nichtbeachtung von Vergabevorschriften geltend macht (§ 160 Abs. 2 S. 1 GWB). Dabei muss es allerdings darlegen, dass ihm durch die behauptete Verletzung der Vergabevorschriften ein Schaden entstanden ist oder zu entstehen droht (§ 160 Abs. 2 S. 2 GWB). Die Anforderungen an eine entsprechende Behauptung des Antragstellers sind dabei gering: Es genügt, wenn ein Schadenseintritt durch die geltend gemachte Rechtsverletzung ursächlich und nicht offensichtlich ausgeschlossen ist.[186] Hierfür muss nachgewiesen werden, dass das Unternehmen in dem betreffenden Vergabeverfahren nicht evident ohne eine realistische Chance war.[187] 198

aa) Ausschluss vom Nachprüfungsverfahren wegen Verletzung der Rügeobliegenheit

Da bereits bei der Verabschiedung der Nachprüfungsrichtlinien erkannt wurde, dass es im Interesse einer schnellen und effektiven Auftragsvergabe, aber auch eines effektiven Rechtschutzes nicht sinnvoll ist, erst das Ende eines Vergabeverfahrens abzuwarten und dann Nachprüfung zu beantragen, sondern es besser ist, Korrekturen bereits während des Vergabeverfahrens zu ermöglichen, wurden den betroffenen Bietern Verpflichtungen auferlegt, einen Verstoß gegen Vergaberecht zunächst zu rügen, um Abhilfe im Verfahren zu erlangen. 199

In der Praxis der Nachprüfungsverfahren kommt der Ausschlussregelung des § 160 Abs. 3 GWB eine besondere Bedeutung zu. Nach § 160 Abs. 3 Nr. 1 GWB ist ein Antrag unzulässig, soweit der Antragsteller den gerügten Verstoß gegen Vergabevorschriften bereits im Vergabeverfahren erkannt und gegenüber dem Auftraggeber nicht innerhalb von zehn Tagen gerügt hat. 200

---

185 Siehe oben Kapitel 9.

186 BVerfG, Beschl. v. 29.7.2004 – 2 BvR 2248/03 – Rn. 27; Ziekow/Völlink/*Dicks*, Vergaberecht, Kommentar, 3. Aufl. München, 2018, § 160 GWB, Rn. 22.

187 Stickler/Glahs/*Reidt*, Vergaberecht, Kommentar, 4. Aufl., Köln 2018, § 160 Rn. 36 m.w.N. auch zur Rspr.

201 Nach § 160 Abs. 3 Nr. 2 GWB ist der Antrag weiterhin insbesondere dann unzulässig, soweit Verstöße gegen Vergabevorschriften, die aufgrund der Bekanntmachung erkennbar sind (etwa die Wahl des Verfahrens oder die Spezifizierung des Auftragsgegenstands), nicht spätestens bis zum Ablauf der in der Bekanntmachung benannten Frist zu Angebotsabgabe oder zur Bewerbung gegenüber dem Auftraggeber gerügt werden.

202 Verstöße gegen Vergaberechtsvorschriften, die erst in den Vergabeunterlagen erkennbar sind, müssen spätestens bis zum Ablauf der Frist zur Bewerbung bzw. zur Angebotsabgabe (typischer Fall) gegenüber dem Auftraggeber gerügt werden (§ 160 Abs. 3 Nr. 3 GWB). Hier kann es sich z.B. um eine diskriminierende technische Spezifikation handeln, die sich in der Leistungsbeschreibung verbirgt, oder um die Inaussichtstellung einer bestimmten Verfahrenshandlung.

203 Eine weitere Präklusionsfrist (§ 160 Abs. 3 Nr. 4 GWB) ist gleichsam auf der zweiten Stufe zu beachten, nämlich nach einer bereits erfolgten Rüge: Erhebt ein Bieter eine Rüge und teilt die Vergabestelle ihm mit, dieser nicht abzuhelfen, hat er 15 Kalendertage Zeit, ein Nachprüfungsantrag einzuleiten; nach dieser Frist ist der Antrag unzulässig. Was freilich die Erkennbarkeit von Verstößen betrifft, so herrscht eine teilweise uneinheitliche Rechtsprechung. Das OLG Düsseldorf[188] legt hierbei einen äußerst strengen Maßstab an, durch den die Präklusionsvorschrift tendenziell leerläuft. Eine Vereinheitlichung durch den BGH steht aus.

bb) Entscheidung der Vergabekammer über Rechtsverletzung

204 Gemäß § 168 Abs. 1 GWB entscheidet dann die Vergabekammer, ob der Antragsteller in seinen Rechten verletzt ist, und trifft die geeigneten Maßnahmen, um Rechtsverletzungen zu beseitigen und eine Schädigung der betroffenen Interessen zu verhindern. Dabei ist sie nicht an die gestellten Anträge gebunden, sondern kann auch unabhängig von diesen auf die Rechtmäßigkeit des Verfahrens einwirken (§ 168 Abs. 1 S. 2 GWB). Sie kann insbesondere die Vergabestelle verpflichten, die Entscheidung über den Zuschlag – unter Berücksichtigung der Auffassung der Vergabekammer – zu wiederholen bzw. ganze Abschnitte des Vergabeverfahrens erneut durchzuführen, also das Verfahren zurückzuversetzen. An dieser relativ freien Entscheidungsmöglichkeit der Vergabekammer zeigt sich auch die Besonderheit eines zunächst nicht gänzlich justizförmig ausgestalteten Nachprüfungsrechtschutzes, bei dem auch immer die effektive Auftragsvergabe Berücksichtigung findet. Der effektiven Auftragsvergabe, die häufig unter Zeitdruck steht, trägt auch der Beschleunigungsgrundsatz Rechnung: Gemäß § 167 Abs. 1 S. 1 GWB besteht die Pflicht der Vergabekammer, ihre Entscheidung schriftlich innerhalb einer Frist von fünf Wo-

188 OLG Düsseldorf, Beschl. v. 3.8.2011 – Verg 16/11 – ZfBR 2012, 72.

chen ab Eingang des Antrags zu begründen. Nur bei besonderen, tatsächlichen oder rechtlichen Schwierigkeiten kann diese Frist verlängert werden (§ 167 Abs. 1 S. 2 GWB). Leider finden in der Praxis häufig solche Verlängerungen statt.

Ein wirksam erteilter Zuschlag, d.h. ein wirksam abgeschlossener Vertrag, kann 205 allerdings nicht aufgehoben werden (§ 168 Abs. 2 S. 1 GWB). Anders liegt es bei unwirksamen Zuschlägen, etwa dann wenn zugeschlagen wurde, ohne die Vorabinformations- bzw. Wartefrist einzuhalten, bzw. eine rechtswidrige De-facto-Vergabe[189] erfolgt ist und die Nachprüfungsfrist (§ 135 Abs. 1 Nr. 2, Abs. 2 GWB) noch nicht abgelaufen ist. Hierfür gibt es ein spezielles Beanstandungsverfahren.[190]

b) Beschwerdeverfahren

Gegen die Entscheidung der Vergabekammer ist gem. § 171 Abs. 1 S. 1 GWB das 206 Rechtsmittel der sofortigen Beschwerde beim Oberlandesgericht (Vergabesenat) zulässig. Diese sofortige Beschwerde können alle am Verfahren vor der Vergabekammer Beteiligten einlegen. Dies sind neben dem Auftraggeber bzw. dem (übergangenen) Bieter auch diejenigen Unternehmen, deren Interessen durch die Entscheidung schwerwiegend berührt werden (§§ 174, 162 GWB), das heißt insbesondere das Unternehmen, das zum Zuschlag vorgesehen war und durch eine stattgebende Entscheidung der Vergabekammer auf einen Nachprüfungsantrag eines unterlegenen Bieters den Auftrag (bzw. die Anwartschaft auf diesen) verlöre.

Die sofortige Beschwerde muss innerhalb einer Notfrist von zwei Wochen vom 207 Datum der Zustellung der Entscheidung an eingelegt werden. Die sofortige Beschwerde hat gem. § 173 Abs. 1 S. 1 GWB aufschiebende Wirkung gegenüber der Entscheidung der Vergabekammer. Sie entfällt jedoch gem. § 173 Abs. 1 S. 2 GWB zwei Wochen nach Ablauf der Beschwerdefrist, kann aber auf Antrag verlängert werden (§ 173 Abs. 1 S. 3 GWB).

c) Keine zweite gerichtliche Instanz, sondern nur Divergenzvorlage an den BGH

Gegen die Entscheidung der Vergabesenate der Oberlandesgerichte ist kein Rechts- 208 mittel, also anders als im kartellrechtlichen Verfahren keine Rechtsbeschwerde, möglich. Jedoch sieht § 179 Abs. 2 GWB eine Pflicht zur Vorlage an den BGH für den

---

189 Über sogenannte De-facto-Vergaben, also Vergaben ohne jegliches Vergaberecht, hinaus, können nach § 135 Abs. 1 Nr. 2 GWB auch unzulässige Verhandlungsverfahren ohne Teilnahmewettbewerb, also Verfahren ohne eine Bekanntmachung im Amtsblatt der EU, trotz Notwendigkeit hierzu, zu Unwirksamkeitsfeststellung beantragt werden. Der Gesetzgeber hat bei der letzten Novelle eine durch die frühere Formulierung der Norm („... ohne andere Unternehmen zu beteiligen ...“), die von der Richtlinie abwich, präzisiert.

190 Siehe unten Rn. 210 ff.

Fall vor, dass ein Oberlandesgericht von der Entscheidung eines anderen Oberlandesgerichts abweichen möchte (sog. Divergenzvorlage). Hiervon ist in der Vergangenheit nur äußerst selten Gebrauch gemacht worden.

d) Bindungswirkung

209 Hervorzuheben ist eine wichtige Besonderheit des Vergabenachprüfungsverfahrens: Gemäß § 179 Abs. 1 GWB ist ein ordentliches Gericht in einen in einem später dort geführten Schadensersatzprozess an die bestandskräftige Entscheidung der Vergabekammer und die Entscheidung des Oberlandesgerichts bzw. die Entscheidung des Bundesgerichtshofs gebunden. Dies war besonders zu regeln, da die Vergabekammer selbst kein Gericht ist, sondern lediglich eine Verwaltungsbehörde. Freilich ist die Bindungswirkung bestandskräftiger Verwaltungsakte im deutschen Recht auch nicht unbekannt.

2. Unwirksamkeit von De-facto-Vergaben

210 Das Nachprüfungsverfahren gem. §§ 160ff. GWB betrifft Fehler *im* Verfahren. Der größte und wettbewerbsfeindlichste Verstoß gegen das Vergaberecht findet jedoch dann statt, wenn, obwohl dies nach dem GWB erforderlich ist, überhaupt keine Ausschreibung stattfindet, also überhaupt kein Wettbewerb durchgeführt wird, sondern der Auftrag direkt vergeben wird. Konnte nach erteiltem Zuschlag[191] lange Zeit gar nichts mehr unternommen werden (Schadenersatz war theoretisch möglich, scheiterte aber am Nachweis eines Schadens), so hat der Gesetzgeber 2009 in Umsetzung von Unionsrecht ein besonderes Feststellungsverfahren ins Gesetz aufgenommen.

211 Nach § 135 Abs. 1 Nr. 2 GWB ist ein Vertrag von Anfang an unwirksam, wenn der öffentliche Auftraggeber einen öffentlichen Auftrag ohne vorherige Veröffentlichung einer Bekanntmachung im Amtsblatt der Europäischen Union vergeben hat, ohne dass dies aufgrund Gesetzes gestattet ist. Durch das Gesetz gestattet sind etwa Fälle expliziter Ausnahmen nach §§ 107ff., 166ff., 169f. GWB oder Fälle zulässiger Verhandlungsverfahren ohne Teilnahmewettbewerb (§ 14 Abs. 4 VgV, § 13 Abs. 3 SektVO).

212 Nach § 135 Abs. 2 S. 1 GWB kann die Unwirksamkeit aber nur festgestellt werden, wenn sie in einem Nachprüfungsverfahren innerhalb von 30 Kalendertagen nach Information über die Auftragsvergabe durch den Auftraggeber an den betroffenen Bieter oder Bewerber geltend gemacht worden ist; dies wiederum darf auch nicht später als sechs Monate nach Vertragsschluss erfolgen. Eine bloß 30-tägige

191 Vgl. oben (Rn. 209), wonach neuerdings nur ein „wirksam" erteilter Zuschlag nicht aufgehoben werden kann.

Frist gilt überdies nach § 135 Abs. 2 S. 2 GWB, wenn der Auftraggeber die Auftragsvergabe im Amtsblatt der Europäischen Union bekannt gemacht hat.

3. Schadenersatz

a) Ersatz (lediglich) des Vertrauensschadens

Nach § 181 GWB kann ein Unternehmen unter gewissen Umständen Schadenersatz vom Auftraggeber verlangen, nämlich dann, wenn 1. der Auftraggeber gegen eine den Schutz von Unternehmen bezweckende Vorschrift verstoßen hat und 2. das Unternehmen ohne diesen Verstoß bei der Wertung der Angebote eine echte Chance gehabt hätte, den Zuschlag zu erhalten, diese aber durch den Rechtsverstoß beeinträchtigt wurde (Kausalität des Vergabeverstoßes). Der Schadenersatz ist jedoch regelmäßig lediglich auf den Vertrauensschaden gerichtet, also etwa die Kosten, die das Unternehmen für die Angebotsbearbeitung aufgewendet hat etc. Denn es kann regelmäßig nicht nachgewiesen werden, dass das Unternehmen ohne den Vergabefehler den Zuschlag erhalten hätte. Dies ist allenfalls dann möglich, wenn der Auftraggeber etwa dem in der Wertung ohne Zweifel wirtschaftlichsten Bieter rechtswidrig nicht den Zuschlag erteilt, sondern einem anderen Unternehmen.[192] 213

b) Weitere Ansprüche

Freilich bleiben gem. § 181 S. 2 GWB weiterreichende Ansprüche auf Schadensersatz unberührt. Hiermit sind insbesondere Ansprüche aus §§ 311 Abs. 2, 241 Abs. 2, 280 BGB (culpa in contrahendo [c.i.c.], Verschulden bei Vertragsschluss) sowie deliktische (§§ 826, 823 Abs. 1, Abs. 2 BGB) bzw. wettbewerbsrechtliche Ansprüche (§ 33a GWB i.V.m. §§ 19, 20 GWB; § 3 UWG) zu nennen. Zwar geht ein Anspruch aus §§ 311 Abs. 2, 241 Abs. 2, 280 BGB ebenfalls lediglich auf das negative Interesse (Vertrauensschaden), jedoch kann im Ausnahmefall auch einmal das positive Interesse (Erfüllungsinteresse), insbesondere Ersatz entgangenen Gewinns, gewährt werden.[193] 214

Was derartige Schadenersatzansprüche aus culpa in contrahendo (Verschulden bei Vertragsschluss) betrifft, so sind diese im allgemeinen Zivilrecht an ein bestimmtes Vertrauen des den Schaden Erleidenden geknüpft, weil die Enttäuschung dieses Vertrauens erst die zum Schadenersatzanspruch berechtigende Pflichtverletzung darstellt. Für Vergabeverfahren nach dem Teil 4 des GWB, bei dem es sich um objektives und zwingendes Recht handelt, soll jedoch nach der Rechtsprechung des BGH bei entsprechenden Rechtsverstößen des Auftraggebers kein besonderes Vertrauen des Bieters/Bewerbers erforderlich sein, um einen Schadensersatzanspruch 215

192 BGH, Urt. v. 8.9.1998 – X ZR 48/97 – NJW 1998, 3636.
193 BGH, Urt. v. 16.12.2003 – X ZR 282/02 – NZBau 2004, 283.

zu begründen.[194] Ein öffentlicher Auftraggeber oder Sektorenauftraggeber ist nämlich generell zur Einhaltung des Rechts verpflichtet; hierauf müssen alle Rechtsgenossen vertrauen können. Den Vertrauenstatbestand setzt gewissermaßen das Gesetz selbst.

216 In einem Fall spielt jedoch das Vertrauen wieder eine besondere Rolle: wenn ein Auftraggeber eigentlich nicht an vergaberechtliche Bestimmungen gebunden ist, etwa weil die Schwellenwerte unterschritten werden, er kein Auftraggeber ist etc., aber, etwa wegen der Verwendung von Vergabeformularen nach VOB etc., den Eindruck erweckt, er führe ein wirkliches Vergabeverfahren nach den dort genannten Vorschriften durch.[195] Hält er dann die von ihm selbst konkludent zur Anwendung gebrachten Vorschriften nicht ein, enttäuscht er das Vertrauen der Bieter und löst Schadensersatzansprüche aus.

217 Umgekehrt ist ein Bieter, der das Vergabenachprüfungsverfahren rechtsmissbräuchlich einsetzt, gegenüber dem Auftraggeber zum Schadenersatz verpflichtet (§ 180 GWB). Allerdings ist der Nachweis einer solchen Schädigungsabsicht des Rechtsbehelfsführers derart schwierig, dass sie im Ergebnis faktisch keine Rolle spielen.

4. Objektive Verletzung des Unionsrechts

218 Jenseits sämtlicher durch einzelne Unternehmen (Interessenten, Bewerber, Bieter) anzustrengenden Rechtsschutzverfahren und auch jenseits sämtlicher dort geltender Präklusionsfristen ist bei Verletzung des Vergaberechts in der Form, dass überhaupt keine Ausschreibung erfolgt (sog. De-facto-Vergabe[196]) auch auf die objektive Verletzung des Unionsvergaberechts hinzuweisen.

219 Nach Auffassung des EuGH liegt nicht nur in (dem einmaligen Akt) der Vergabe eines Auftrags ohne ein durch eine Bekanntmachung einzuleitendes Vergabeverfahren nach den Bestimmungen der einschlägigen Vergaberichtlinie ein Verstoß gegen das Unionsrecht in Gestalt der Richtlinie. Vielmehr dauert „[d]ie durch die Missachtung der Richtlinie [...] erfolgte Beeinträchtigung des freien Dienstleistungsverkehrs [...] nämlich während der gesamten Dauer der Erfüllung der unter Verstoß gegen diese Richtlinie geschlossenen Verträge fort“.[197] Der Mitgliedstaat ist deshalb dauernd verpflichtet, diesen Verstoß abzustellen. Hiergegen lässt der EuGH auch das Prinzip „pacta sunt servanda“ nicht gelten.[198]

---

194 BGH, Urt. v. 9.6.2011 – X ZR 143/10 – NZBau 2011, 498, 500.

195 BGH, Urt. v. 21.2.2006 – X ZR 39/03.

196 Siehe oben Rn. 210 ff.

197 EuGH, Urt. v. 18.7.2007 – Rs. C-503/04 – Rn. 29 – Kommission ./. Deutschland u.H. auf Urt. v. 10.4.2003 – Rs. C-20/01 und C-28/01 – Slg. 2003, I-3609, Rn. 36 – Kommission ./. Deutschland; bestätigt durch EuGH, Urt. v. 15.10.2009 – Rs. C-275/08 – Kommission ./. Deutschland.

198 EuGH, Urt. v. 18.7.2007 – Rs. C-503/04 – Rn. 29, Rn. 32 ff. – Kommission ./. Deutschland.

5. Gesetzliches Kündigungsrecht

Freilich bestand nach innerstaatlichem Zivilrecht immer das Problem, dass ohne ein Kündigungsrecht im Vertrag dieser nicht ohne weiteres aufgelöst werden konnte. Hier schafft seit der Reform 2016, ebenfalls in Umsetzung des Unionsrechts, das GWB Abhilfe: Gem. § 133 Abs. 1 Nr. 3 GWB können öffentliche Auftraggeber „[u]nbeschadet des § 135 [GWB]" – und damit auch und gerade unbeschadet der Fristen für die Beantragung der Feststellung der Unwirksamkeit durch Wettbewerber nach § 135 Abs. 2 GWB, deren längste sechs Monate dauert – 220

> „einen öffentlichen Auftrag während der Vertragslaufzeit kündigen, wenn [...] der öffentliche Auftrag aufgrund einer schweren Verletzung der Verpflichtungen aus dem Vertrag über die Arbeitsweise der Europäischen Union oder aus den Vorschriften dieses Teils, die der Europäische Gerichtshof in einem Verfahren nach Artikel 258 des Vertrags über die Arbeitsweise der Europäischen Union festgestellt hat, nicht an den Auftragnehmer hätte vergeben werden dürfen."

Dies betrifft gerade Fälle der De-facto-Vergabe. Voraussetzung ist freilich immer eine Entscheidung des EuGH, die den Verstoß gegen das Unionsvergaberecht festgestellt hat. Damit können öffentliche Auftraggeber also nicht im eigenen Ermessen ohne weites Verträge unter Hinweis auf die Verletzung von Ausschreibungspflichten kündigen. Hiermit wird den berechtigten Interessen des Vertragspartners und dem Eigentumsschutz nach Art. 14 GG ausreichend Rechnung getragen und zugleich das Unionsrecht effektiv durchgesetzt. Ohne vorgängige EuGH-Entscheidung ist freilich nach § 133 Abs. 1 Nr. 1 GWB eine Kündigung zulässig, wenn „eine wesentliche Änderung vorgenommen wurde, die nach § 132 ein neues Vergabeverfahren erfordert hätte". § 132 Abs. 2 GWB regelt die Rückabwicklung des Vertrages; § 132 Abs. 3 GWB lässt eventuelle Schadenersatzansprüche des Auftragnehmers unberührt. 221

VI. Verhältnis des Vergaberechts zum Kartellrecht

Das Vergaberecht, mit dem die Richtlinien der Europäischen Union umgesetzt werden, ist seit 1999 im Teil 4 des GWB geregelt und insofern integraler Bestandteil des Kartellgesetzes, weshalb es auch zu Recht als Kartellvergaberecht bezeichnet wird. Gleichwohl nimmt es eine Sonderstellung ein, weil es vornehmlich den Staat und von ihm kontrollierte Unternehmen, Verbände etc. als öffentliche Auftraggeber und in bestimmten Wirtschaftssektoren tätige, entweder staatlich kontrollierte oder auf der Grundlage besonderer oder ausschließlicher Rechte, die auch staatlich verliehen sind, tätige Unternehmen adressiert. Demgegenüber ist bei der Anwendung des „gewöhnlichen" Kartellrechts in § 185 GWB eine besondere Bestimmung normiert, um deutlich zu machen, dass Kartellrecht auch auf den Staat Anwendung findet, sobald er als Unternehmen am Markt agiert. Die staatliche Kontrolle der Normadressaten ist mithin in einem Fall die Regel, im anderen Fall eine Besonderheit. 222

223 Nachfolgend soll deshalb – freilich an dieser Stelle nicht erschöpfend, sondern eher exemplarisch – der Blick auf Überschneidungen von Vergabe- und Kartellrecht gerichtet werden, und zwar auf Überschneidungen in beiderlei Hinsicht, d.h. sowohl auf die Berücksichtigung vergaberechtlicher Prinzipien bei der Anwendung des Kartellrechts[199] als auch – in umgekehrter Richtung – auf die Berücksichtigung der Regelungsgegenstände des Kartellrechts im Vergaberecht.

1. Vergaberecht im Kartellrecht

224 Oben[200] wurde bereits ausgeführt, dass die Rechtsprechung bereits in früheren Jahren Pflichten zur bzw. Pflichten bei der Ausschreibung aus dem Missbrauchsverbot des § 19 Abs. 1 GWB abgleitet hat. Hierfür bietet nun gerade die kartellrechtliche Judikatur der letzten Jahre im Bereich der Energiewirtschaft eine wahre Fundgrube:

225 In der bereits oben angesprochenen Leitentscheidung des BGH „Stromnetz Berkenthin" unterstrich der BGH nicht nur, dass die Gemeinde mit der Konzessionsvergabe „nicht nur als Nachfrager den Bedarf nach einem sicheren und preisgünstigen Netzbetrieb im Gemeindegebiet [befriedigt], sondern [...] gleichzeitig auch – als marktbeherrschender Anbieter die kommunalen Wegerechte verwertet".[201] Die Verpflichtungen zur Gleichbehandlung und insbesondere zur Aufstellung transparenter Kriterien[202] sind in weitem Umfang dem Vergaberecht nachgebildet. Dieses Parallelen zieht auch der BGH ausdrücklich, wenn er die Vorschrift über die Vorabinformation in § 101a GWB a.F. (§ 134 GWB) entsprechend heranzieht.[203]

2. Kartellrecht im Vergaberecht

226 Umgehört kann das Kartellrecht im Zusammenhang mit vergaberechtlichen Ausschreibungen Bedeutung erlangen. Dabei ist zu unterscheiden zwischen der Kartellrechtmäßigkeit des Verhaltens der Bieter oder Bewerber und der Übereinstimmung des Handelns des Auftraggebers selbst mit dem Kartellrecht.

---

199 Siehe unten Rn. 224 ff.

200 Rn. 10 ff.

201 BGH, Urt. v. 17.12.2013 – KZR 66/12 – ZNER 2014, 168, Rn. 45; *Weiß*, NVwZ 2014, 1415, 1419, bejaht genau deshalb einen Beschaffungscharakter, was für die Frage der Einordnung solcher Verträge als Dienstleistungskonzession bedeutsam ist.

202 BGH, Urt. v. 17.12.2013 – KZR 65/12 – ZNER 2014, 168, Rn. 44 ff.; Urt. v. 17.12.2017 – KZR 66/12 – RdE 2015, 177, Rn. 35.

203 BGH, Urt. v. 17.12.2017 – KZR 66/12 – RdE 2015, 177, Rn. 109.

a) Handlungen von Bietern oder Bewerbern

So kann der öffentliche Auftraggeber gem. § 124 Abs. 1 Nr. 4 GWB ein Unternehmen jederzeit unter Berücksichtigung des Grundsatzes der Verhältnismäßigkeit von der Teilnahme am Vergabeverfahren ausschließen, wenn er über hinreichende Anhaltspunkte dafür verfügt, dass das Unternehmen mit anderen Unternehmen Vereinbarungen getroffen oder Verhaltensweisen aufeinander abgestimmt hat, die eine Verhinderung, Einschränkung oder Verfälschung des Wettbewerbs bezwecken oder bewirken. 227

In Anwendung dieses Rechtssatzes, bei dem es sich um eine Ermessensnorm handelt, stellen sich in Vergabeverfahren vielfältige Fragen. So kann sich etwa der Fall ereignen, dass miteinander verbundene Unternehmen als Bieter in einem Vergabeverfahren auftauchen. Dies kann den Vorwurf wettbewerbsbeschränkender Absprachen begründen, wobei dem natürlich auch entgegengehalten werden kann, dass jedenfalls in Verfahren ohne Beschränkung der Zahl der Bieter, die ein Angebot abgeben können, hiervon keine wettbewerbsbeschränkende Wirkung ausgeht, weil sich bei Verzicht eines der beiden verbundenen Unternehmen die Zahl der Bieter verringert. Problematischer sind bei Lichte betrachtet deshalb Fälle, in denen, wie im nicht offenen Verfahren oder Verhandlungsverfahren, nur eine beschränkte Zahl von Unternehmen zu Angeboten aufgefordert wird. Die Rechtsprechung nimmt diese Differenzierung häufig nicht vor. 228

Nach der Rechtsprechung des EuGH darf in solchen Fällen eines gleichsam doppelten Auftritts verbundener Unternehmen allerdings keineswegs ein automatischer Ausschluss erfolgen.[204] Vielmehr muss den Unternehmen ein Entlastungsbeweis möglich sein. Nach der Rechtsprechung des OLG Düsseldorf[205] begründet die Doppelbewerbung verbundener Unternehmen die widerlegliche Vermutung für wettbewerbsbeschränkende Absprache nicht erst bei inhaltlichen Übereinstimmungen in Angeboten oder personellen, räumlichen und infrastrukturellen Verflechtungen. Die verbundenen Unternehmen sind dann verpflichtet, die Vermutung konkret auszuräumen, etwa dadurch, dass sie darlegen, dass „chinese walls" errichtet wurden etc. 229

Eine grundsätzlich ähnliche Vorgehensweise ist dann zu wählen, wenn ein Unternehmen in einem Vergabeverfahren einmal allein und noch einmal als Mitglied einer Bietergemeinschaft auftritt. Hier dürfte freilich der Entlastungsbeweis nie gelingen, wenn die vertretungsberechtigte Person die Angebote des eigenen Unternehmens gesehen und unterzeichnet hat. 230

Von den vorgenannten Fällen ist allerdings derjenige zu unterscheiden, in dem ein Unternehmen ein Angebot als Bieter abgibt und zugleich als **Subunternehmer** eines anderen Bieters auftritt, denn in diesem Fall besteht nicht die Vermutung, 231

204 EuGH, Urt. v. 19.5.2009 – Rs. C-538/07 – Slg. 2009, I-4219 – Assitur.

205 OLG Düsseldorf, Beschl. v. 13.4.2011 – VII Verg 4/11 – NZBau 2011, 371 = VergabeR 2011, 732.

dass der Unterauftragnehmer das Angebot des Bieters und prospektiven Hauptauftragnehmers gesehen hat.[206]

b) Verhalten des Auftraggebers selbst

232 Auch das Verhalten des Auftraggebers selbst ist im Einzelfall an den Maßstäben des Kartellrechts zu messen. Ein in Vergabeverfahren relevantes kartellrechtliches Problem kann die **Laufzeit von Verträgen** betreffen.

233 Das positive Vergaberecht enthält lediglich im Falle von Rahmenvereinbarungen (vgl. etwa § 21 Abs. 6 VgV bzw. § 19 Abs. 3 SektVO) eine Bestimmung über die Laufzeit von öffentlichen Aufträgen. Diese können nur maximal vier[207] bzw. im Sektorenbereich acht Jahre lang laufen. § 3 Abs. 11 Nr. 2 VgV (ebenso § 2 Abs. 11 Nr. 2 SektVO) enthält sogar eine Bestimmung über die Berechnung des Auftragswertes bei unbefristeten Verträgen.

234 Anders sieht es bei **Konzessionen** aus: Gem. § 3 Abs. 1 S. 1 KonzVgV ist die Laufzeit von Konzessionen **grundsätzlich beschränkt**. Soll die Konzession länger als fünf Jahre laufen, darf die Vertragsdauer nicht länger sein als der Zeitraum, innerhalb dessen der Konzessionsnehmer nach vernünftigem Ermessen die Investitionsaufwendungen für die Errichtung, die Erhaltung und den Betrieb des Bauwerks oder die Erbringung der Dienstleistungen zuzüglich einer Rendite auf das investierte Kapital, unter Berücksichtigung der zur Verwirklichung der spezifischen Vertragsziele notwendigen Investitionen, wieder erwirtschaften kann (§ 3 Abs. 2 S. 1 KonzVgV). Eine solche Regelung enthalten VgV oder SektVO nicht.

235 Der EuGH hat ausgeführt, dass der Abschluss unbefristeter Dienstleistungsaufträge zwar „an und für sich der Systematik und den Zielen der Gemeinschaftsvorschriften [...] fremd ist“, weil „eine solche Praxis ... auf lange Sicht den Wettbewerb [...] beeinträchtigen und die Anwendung der Vorschriften der Gemeinschaftsrichtlinien über die Öffentlichkeit der Verfahren zur Vergabe öffentlicher Aufträge verhindern“ kann.[208] „Trotzdem“, so der EuGH, „verbietet das Gemeinschaftsrecht beim derzeitigen Stand nicht den Abschluss von öffentlichen Dienstleistungsaufträgen auf unbestimmte Dauer“.[209] Soweit demnach das Vergaberecht selbst keine Begrenzungswirkung entfaltet, kann sich eine solche aus dem Kartellrecht ergeben. Die kartellrechtlichen Begrenzungswirkungen des § 1 GWB werden in diesem Handbuch an anderer Stelle erläutert.[210]

---

206 Vgl. hierzu OLG Düsseldorf, Beschl. v. 13.4.2006 – Verg 10/06.

207 Im Falle sozialer oder anderer besondere Dienstleistungen liegt diese Grenze bei sechs Jahren erhöht (§ 65 Abs. 2 VgV).

208 EuGH, Urt. v. 19.6.2008 – Rs. C-454/06 – Slg. 2008, I-4401, Rn. 73 – pressetext.

209 EuGH, Urt. v. 19.6.2008 – Rs. C-454/06 – Slg. 2008, I-4401, Rn. 74 – pressetext.

210 Siehe oben Kapitel 1 Rn. 41 ff.

VII. Vergabepflichten von Energieversorgungsunternehmen außerhalb des Teils 4 des GWB

Auch außerhalb der hier ausführlicher behandelten Verpflichtungen von Energieversorgungsunternehmen zur Beachtung des Vergaberechts des Teils 4 des GWB und auch außerhalb eventueller landesvergaberechtlicher Verpflichtungen, auf die hier nicht im Einzelnen eingegangen werden kann, bestehen in solchen Bereichen, für die teilweise das Kartellvergaberecht gar keine Anwendung findet, Ausschreibungspflichten. Hiervon sollen zwei wesentliche Fälle bzw. Fallgruppen herausgehoben werden. 236

1. Ausschreibungspflicht bei Übertragung der Grundzuständigkeit als Messstellenbetreiber

Im Zusammenhang mit der sog. „Digitalisierung“ der Energiewende wurde das Messstellenbetriebsgesetz (MsbG) erlassen. Hierbei wurden die jeweilige Netzbetreiber als sog. grundzuständige Netzbetreiber festgelegt (§ 2 Nr. 4 MsbG). 237

Derartige grundzuständige Messstellenbetreiber können diese Grundzuständigkeit für den Messstellenbetrieb von modernen Messeinrichtungen und intelligenten Messsystemen in ihrem Netzgebiet auf ein anderes Unternehmen übertragen, wenn dieses gewisse Voraussetzungen erfüllt (§ 41 Abs. 1 MsbG). 238

Im Hinblick auf den Vorgang dieser Übertragung (nach Abs. 1) enthält § 41 Abs. 2 MsbG eine besondere Regelung. Hiernach soll zum einen Teil 4 des GWB „unberührt“ bleiben (S. 1). Zum anderen ist angeordnet, dass, sollte „im Einzelfall der Anwendungsbereich des Gesetzes gegen Wettbewerbsbeschränkungen nicht eröffnet sein, [...] Teil 4 des Gesetzes gegen Wettbewerbsbeschränkungen entsprechend anzuwenden“ ist. 239

Das bedeutet: Liegt bereits eine Ausschreibungspflicht nach Teil 4 des GWB vor, namentlich weil der ursprünglich grundzuständige Netzbetreiber, der die Grundzuständigkeit übertragen will, ein Sektorenauftraggeber gemäß § 100 GWB ist[211] und daher für die Vergabe öffentlicher Aufträge und Konzessionen die Bestimmungen des Teil 4 GWB anzuwenden hat, so finden diese unmittelbar Anwendung (§ 41 Abs. 2 S. 1 GWB). Dies wird oft der Fall sein, da die grundzuständigen Messstellenbetreiber die Netzbetreiber sind, und befinden diese sich in öffentlicher Hand, sind sie Sektorenauftraggeber gem. § 100 Abs. 1 i.V.m. § 102 Abs. 2 Nr. 1 GWB. Man wird die Übertragung der Grundzuständigkeit am ehesten als die Vereinbarung einer Dienstleistungskonzession[212] i.S.d. § 105 GWB anzusehen haben. Denn der grundzuständige Messstellenbetreiber würde an den neu zuständigen Übertragungsempfänger 240

---

211 Siehe oben Rn. 35.

212 Siehe oben Rn. 60 ff.

kein Entgelt zahlen, was konstitutiv für einen öffentlichen Auftrag nach § 102 Abs. 1 GWB ist. Angesichts des Umstandes, dass der neue grundzuständige Messstellenbetreiber die Messgeräte auf eigene Kosten beschaffen muss, spricht außerdem viel dafür, dass er insoweit die Refinanzierung nicht gesichert hat.[213] Sofern nach dem abzuschließenden Übertragungsvertrag das Betriebsrisiko in dem Vertrag nicht überwiegend bei dem ursprünglich grundzuständigen Messstellenbetreiber verbleibt, wird man von einer Konzession auszugehen haben.[214]

241 Für den Fall aber, dass eine solche grundsätzliche Ausschreibungspflicht nicht vorliegt, ordnet § 41 Abs. 2 S. 2 MsbG die entsprechende Anwendung des Teils 4 des GWB auch für diese an. Dies betrifft insbesondere solche Netzbetreiber, die sich in privater Hand befinden und daher, da es keine ausschließlichen und besonderen Rechte im Sinne des § 100 Abs. 1 Nr. 1 GWB im Bereich des Strom- und Gasnetzbetriebes mehr gibt, keine Sektorenauftraggeber (§ 100 Abs. 1 Nr. 2 GWB) sind.[215] Wenn aber das Gesetz eine solche entsprechende Anwendung vorsieht, so müssen natürlicherweise auch die Ausnahmevorschriften Anwendung finden,[216] namentlich diejenigen nach § 108[217] und § 138 f.[218] GWB.

2. Spezielle Verpflichtungen zur Ausschreibung von Energie nach dem EnWG

242 Im EnWG sowie in verschiedenen auf dem EnWG basierenden Rechtsverordnungen findet sich eine ganze Reihe von Ausschreibungsverpflichtungen, namentlich betreffend Energie- bzw. Erzeugungskapazitäten, die völlig unabhängig vom Kartellvergaberecht bestehen und hinsichtlich der Art und Weise unterschiedlich beschrieben sind. Zu nennen sind hier etwa

- die „diskriminierungsfreien und transparenten Ausschreibungsverfahren" bei der Beschaffung von Ab- und Zuschaltleistungen bzw. Regelenergie gem. § 13 Abs. 6 EnWG durch Übertragungsnetzbetreiber,
- das „wettbewerbliche Ausschreibungsverfahren" bei der Bildung einer Kapazitätsreserve, ebenfalls durch die Übertragungsnetzbetreiber, (§ 13e Abs. 2 EnWG),
- die Beschaffung von Energie zur Erbringung von Ausgleichsleistungen durch Netzbetreiber in einem „transparenten, auch in Bezug auf verbundene oder assoziierte Unternehmen nichtdiskriminierenden und marktorientierten Verfahren" nach § 22 Abs. 1 EnWG,

---

213 *Säcker/Zwanziger*, RdE 2016, 381, 386.
214 So auch *Säcker/Zwanziger*, RdE 2016, 381, 386.
215 Siehe oben Rn. 47.
216 Hierfür auch *Säcker/Zwanziger*, RdE 2016, 381, 387.
217 Siehe oben Rn. 96 ff.
218 Siehe oben Rn. 11 ff.

- zu letzterem zählend die Verpflichtung von Übertragungsnetzbetreibern nach § 22 Abs. 2 EnWG, ein „diskriminierungsfreies und transparentes Ausschreibungsverfahren" bei der Beschaffung von Regelenergie durchzuführen (vgl. auch § 9 StromNZV), bzw. von Verteilnetzbetreibern, „Verlustenergie in einem marktorientierten, transparenten und diskriminierungsfreien Verfahren zu beschaffen" (§ 10 Abs. 1 S. 1 StromNZV) und
- die Bestimmungen über die Ausschreibung von Verlustenergie in einem „marktorientierten, transparenten und diskriminierungsfreien Verfahren".

Diese Verpflichtung zu verschieden bezeichneten Ausschreibungspflichten ener- 243
giewirtschaftsrechtlicher Art besteht unabhängig davon, dass, wie oben[219] ausgeführt, das Kartellvergaberecht in § 137 Abs. 1 Nr. 8 GWB für Sektorenauftraggeber auf dem Gebiete der Energieversorgung die Beschaffung von Energie zum Zwecke der Durchführung der Sektorentätigkeit gerade vom Anwendungsbereich des Teils 4 des GWB und damit auch der SektVO enthebt. Sind diese Adressaten von Ausschreibungspflichten nach dem EnWG, der StromNZV o.ä., was etwa für ein kommunales Stadtwerk, das als Verteilnetzbetreiber tätig ist, gilt, so können sie sich dieser nicht unter Berufung auf § 137 Abs. 1 Nr. 8 GWB dieser Pflicht entziehen. Was die Art und Weise der Ausschreibung, insbes. die anzuwendenden rechtlichen Bestimmungen und Verfahren, so bleibt es aber dabei, dass der Teil 4 des GWB und die SektVO nicht gelten, sondern die speziellen energierechtlichen Vorschriften.[220]

B. Beihilfenrecht

Das Beihilfenrecht ist im Unterschied zum Kartellrecht nicht zugleich im nationa- 244
len Gesetz und im Unionsrecht geregelt, sondern stellt ein spezifisches Instrument zur Wahrung des Wettbewerbs im Verhältnis zwischen den Mitgliedstaaten der Europäischen Union dar. Es soll an dieser Stelle nicht mehr als skizzenhaft und um der Vollständigkeit der Darstellung willen beschrieben und eingeordnet werden.

I. Das Beihilfenrecht im System des Europäischen Wettbewerbsrechts

Das Recht der staatlichen Beihilfen im Recht der Europäischen Union ordnet 245
sich in Abschnitt 2 des mit „Wettbewerbsregeln" übertitelten Kapitels 1 des Ti-

219 Siehe oben Rn. 127.
220 Vgl. z.B. Bundesnetzagentur, Festlegung des Ausschreibungsverfahrens für Verlustenergie und des Verfahrens zur Bestimmung der Netzverluste vom 21.10.2008 – BK6-08-006.

tels VII[221] des Vertrages über die Arbeitsweise der Europäischen Union (AEUV) ein. Zu Kapitel 1 gehören auch Art. 101 AEUV über das Kartellverbot sowie Art. 102 AEUV über das Missbrauchsverbot und damit zentrale kartellrechtliche Verbotstatbestände. Das Beihilfenrecht ist damit unmittelbar Teil des Wettbewerbsrechts. Richtet sich – insoweit atypisch für einen völkerrechtlichen Vertrag, um den es sich ja beim AEUV im Kern handelt, aber typisch für eine supranationale Organisation – Art. 101, 102 AEUV unmittelbar auch an private Unternehmen, also die Wirtschaftsteilnehmer selbst, so richtet sich Art. 107 AEUV mit dem Beihilfenverbot spezifisch an die Mitgliedstaaten. Insoweit ähnelt die Vorschrift wiederum den anderen Bestimmungen des Vertrages, wie etwa den Grundfreiheiten, die den Mitgliedstaaten spezifische Pflichten auferlegen, um das Funktionieren des Gemeinsamen Marktes/Binnenmarktes zu gewährleisten.

246 Art. 107 Abs. 1 AEUV stellt dabei zunächst ein grundsätzliches Verbot staatlicher Beihilfen auf. Von diesem grundsätzlichen Verbot sind in Art. 107 Abs. 2 und 3 AEUV Ausnahmen vorgesehen, die insbesondere Zuwendungen an Verbraucher oder aus übergeordneten sozialen bzw. wirtschaftlichen Gründen im Ausnahmefall zulassen.

247 Zur Kontrolle, ob das Verbot staatlicher Beihilfen eingehalten wird, ist die Europäische Kommission berufen. Die Mitgliedstaaten sind gem. Art. 108 Abs. 3 S. 1 AEUV verpflichtet, die Kommission rechtzeitig über die geplante Erteilung von Beihilfen zu informieren. Ist die Kommission der Ansicht, dass ein mitgliedstaatliches Beihilfenvorhaben dem Verbot des Art. 107 AEUV zuwider läuft und den Binnenmarkt verfälscht, eröffnet sie ein sogenannten Prüfungsverfahren gem. Art. 108 Abs. 2 S. 1 AEUV. Ergebnis eines solchen Verfahrens kann der Beschluss sein, dass der Mitgliedstaat die Förderung aufzuheben bzw. umzugestalten hat. Bereits ausgezahlte Fördermittel und sonstige Vorteile müssen zwingend zurückgefordert werden. Ein Prüfungsverfahren kann die Kommission auch dann eröffnen, wenn sie aus anderen Quellen, beispielsweise durch eine Beschwerde von Dritten, von nicht notifizierten Beihilfen erfährt.

II. Der Beihilfentatbestand

248 Gemäß Art. 107 Abs. 1 AEUV sind, soweit im AEUV nichts anderes bestimmt ist, staatliche oder aus staatlichen Mitteln gewährte Beihilfen gleich welcher Art, die durch die Begünstigung bestimmter Unternehmen oder Produktionszweige den Wettbewerb verfälschen oder zu verfälschen drohen, mit dem gemeinsamen Markt unvereinbar, soweit sie den Handel zwischen Mitgliedstaaten beeinträchtigen.

---

221 Gemeinsame Regeln betreffend Wettbewerb, Steuerfragen und Angleichung der Rechtsvorschriften.

Die in Art. 107 Abs. 1 genannten Voraussetzungen müssen kumulativ erfüllt sein, d.h. die Anwendung von Art. 107 AEUV ist ausgeschlossen, wenn eine der genannten Voraussetzungen nicht vorliegt.[222] 249

Einen wesentlichen Anhaltspunkt für die Bestimmung des Beihilfenbegriffs bietet mittlerweile die Bekanntmachung der Kommission zum Begriff der staatlichen Beihilfe aus dem Jahre 2016 (nachfolgend: Bekanntmachung zum Beihilfenbegriff).[223] 250

1. Begünstigung

Art. 107 AEUV verbietet im Grundsatz die Gewährung von Vorteilen an ein Unternehmen, also eine Begünstigung. 251

a) Weiter Begriff

Der Begriff der Begünstigung ist nach ständiger Rechtsprechung des EuGH weit auszulegen und umfasst neben positiven Leistungen wie Subventionen auch Maßnahmen, welche in verschiedener Form die Belastungen vermindern, welche ein Unternehmen normalerweise zu tragen hat.[224] Dabei kommt es nicht auf die Form oder das Ziel der Beihilfengewährung an, ausschlaggebend ist vielmehr allein die Wirkung der Maßnahme.[225] 252

Deshalb können etwa auch **Steuererleichterungen** unter bestimmten Umständen eine Begünstigung darstellen, dann nämlich, wenn i.S.d. oben genannten[226] Definition das Unternehmen von Steuern entlastet wird, die es normalerweise zu tragen hat. Auch staatliche **Bürgschaften** können Beihilfencharakter haben, wenn die Bürgschaftsbedingungen, etwa die die Bedingungen unter denen die Bürgerschaft gewährt (etwa die Kreditfähigkeit des Schuldners) oder zu denen diese gestellt wird (etwa die zu zahlende Avalprovision) nicht den Marktbedingungen 253

---

222 Vgl. nur EuGH, Urt. v. 3.5.2005 – Rs. C-172/03 – Slg. 2005, I-1627 – Heiser, Rn. 27; EuGH, Urt. v. 15.7.2004 – Rs. C-345/02 – Slg. 2004, I-7139, Rn. 32 – Pearle; EuGH, Urt. v. 24.7.2003 – Rs. C-280/00 – Slg. 2003, I-7747, Rn. 74 – Altmark Trans; EuGH, Urt. v. 2.9.2010 – Rs. C-399/08 P – Slg. 2010, I-7831 – Kommission/Deutsche Post.

223 Bekanntmachung der Kommission zum Begriff der staatlichen Beihilfe im Sinne des Art. 107 Abs. 1 des Vertrages über die Arbeitsweise der Europäischen Union, ABl EU Nr. C v. 19.7.2016, S. 1.

224 S. bereits EuGH, Urt. v. 23.2.1961 – Rs. 30/59 – Slg. 1961, 3, 43 – Steenkolenmijnen; mit der o.g. Wendung; EuGH, Urt. v. 3.5.2005 – Rs. C-172/03 –Slg. 2005, I-1627, Rn. 46 – Heiser; EuGH, Urt. v. 29.4.2004 – Rs. C-159/01 – Slg. 2004, I-4461, Rn. 51 – Niederlande/Kommission.

225 EuGH, Urt. v. 13.10.1993 – Rs. C-387/92 – Slg. 1994, I-877, Rn. 13 ff. – Banco Exterior de España; EuGH, Urt. v. 1.12.1998 – Rs. C-200/97 – Slg. 1998, I-79/07, Rn. 34 – Ecotrade; EuGH, Urt. v. 29.6.1999 – Rs. C-256/97 – BMT – Slg. 1999, I-3913, 3933, Rn. 19.

226 Rn. 252.

entspricht. Die Europäische Kommission hat in einer Mitteilung[227] (der sog. Bürgschaftsmitteilung) bekannt gemacht, unter welchen Umständen sie davon ausgeht, dass eine solche Bürgschaft keine Beihilfe i.S.d. Art. 107 AEUV darstellt und daher nicht nach Art. 108 AEUV notifiziert werden muss.

b) Private Investor Test

254 Wenn der Begünstigungsbegriff grundsätzlich weit verstanden wird, so kann er auch das Verhältnis von Staaten oder deren Untergliederungen als Teilhaber von (privatrechtlich organisierten) Unternehmen betreffen. Hier kommt es darauf an, dass Gebaren des Staates in seiner Eigenschaft als Gesellschafter mit einem privaten Geschäftsinteresse von spezifisch staatlichem Handeln abzugrenzen. Diese Abgrenzung, die auch bei der Herkunft aus staatlichen Mitteln eine Rolle spielt,[228] ist für die Frage, ob eine Begünstigung vorliegt, von entscheidender Bedeutung.[229]

255 Wird einem Unternehmen etwa ein Darlehen durch seinen Gesellschafter gewährt, so ist nach der Rechtsprechung des EuGH im Grundsatz auch der sog. **Private Investor Test** anzuwenden. Nach diesem in der ständigen Praxis der Kommission und der europäischen Judikatur anerkannten Verfahren wird der Beihilfencharakter einer staatlichen Zuwendung in **Abgrenzung von marktgerechtem staatlichen Verhalten** durch die Anwendung des sogenannten Grundsatzes des marktwirtschaftlich handelnden Kapitalgebers (daher „Private Investor Test" oder „market economy investor principle") festgestellt.[230] Hierbei wird das staatliche Verhalten mit dem Verhalten eines umsichtigen Privatanlegers unter den gegebenen Umständen verglichen. Handelt der Staat nämlich in gleicher Weise, wie sich ein privater Investor auch verhalten hätte, kann die Beihilfenrelevanz der Maßnahme in der Regel ausgeschlossen werden.

---

227 Mitteilung der Kommission über die Anwendung der Art. 87 und 88 des EG-Vertrages auf staatliche Beihilfen in Form von Haftungsverpflichtungen und Bürgschaften (ABl EU Nr. C 155 v. 20.6.2008, S. 10).

228 Hierzu unten Rn. 260.

229 In der Kommentarliteratur wird diese Frage, obwohl sie eigentlich mit dem Begriff der staatlichen Mittel zusammenhängt, zumeist bei der Prüfung des vorliegenden Tatbestandsmerkmals der Begünstigung behandelt. Vgl. etwa Streinz/*Kühling*, EUV/AEUV, Kommentar, 2. Aufl. 2012, Art. 107 Rn. 33ff.; Calliess/Ruffert/*Cremer*, EUV/AEUV, Kommentar, 4. Aufl. 2011, Art. 107 AEUV Rn. 11.

230 S. etwa EuGH, Urt. v. 10.7.1986 – Rs. 40/85 – Slg. 1986, 2321, Rn. 13 – Belgien ./. Kommission; EuGH, Urt. v. 21.3.1991 – Rs. C-303/88 – Slg. 1991, I-1433, Rn. 21f. – Italien ./. Kommission; EuGH, Urt. v. 21.3.1991 – Rs. C 358/94 – Slg. 1996, II 2109, Rn. 70f. – Air France ./. Kommission; EuGH, Urt. v. 11.7.1996 – Rs. C-39/94 – Slg. 1996, I 3547, Rn. 60f. – SFEI ./. La Poste. Vgl. ferner Heidenhain/*Montag*/*Leibenath*, Handbuch des Europäischen Beihilfenrechts – 2003, § 6 Rn. 1ff.

2. Selektivität

Art. 107 Abs. 1 AEUV setzt weiterhin die Begünstigung „bestimmter Unternehmen oder Produktionszweige“ voraus. Dieses Tatbestandsmerkmal wird in der Rechtsprechung entweder mit dem Begriff des „spezifischen Charakters“ der staatlichen Maßnahme oder deren „selektiver“ Ausrichtung bezeichnet.[231] 256

Begünstigungen, die sich schlicht aus dem allgemeinen rechtlichen und finanziellen System eines Mitgliedstaates ergeben, können noch keine Beihilfenrelevanz aufweisen. 257

Mit diesem Merkmal wird mithin die Beihilfe von allgemeinen wirtschafts- oder sozialpolitischen Maßnahmen der Mitgliedstaaten abgegrenzt, die alle Unternehmen gleichermaßen begünstigen oder unterschiedslos der gesamten Wirtschaft offenstehen, z.B. allgemeine Infrastruktur- und Fördermaßnahmen. Entscheidend sind freilich die tatsächlichen Auswirkungen der Maßnahme, unabhängig von Formulierung, Form etc.[232] Allerdings kann die Differenzierung insbesondere bei Steuersystemen aus der Natur oder der Struktur des Systems gerechtfertigt sein.[233] Dann fehlt es gerade an der Selektivität. 258

3. Gewährung aus staatlichen Mitteln

Die Begünstigung muss gemäß Art. 107 AEUV eine „staatliche oder aus staatlichen Mitteln gewährte“ Maßnahme sein. 259

a) Weiter Begriff der Herkunft aus staatlichen Mitteln

Werden für eine finanzielle Begünstigung unmittelbar Haushaltsmittel verwendet, ist die Staatlichkeit der Begünstigung offensichtlich. 260

Die Einbeziehung von „aus staatlichen Mitteln gewährten“ neben den „staatlichen“ Begünstigungen verdeutlicht jedoch bereits, dass nicht nur unmittelbar vom Staat gewährte Begünstigungen Beihilfen sein können. Deshalb wird auch die Herkunft „aus staatlichen Mitteln“ grundsätzlich weit verstanden.[234] Insbesondere wer- 261

---

231 Vgl. EuGH, Urt. v. 3.5.2005 – Rs. C-172/03 – Slg. 2005, I-1627, Rn. 40 – Heiser.

232 Birnstiel/Bungenberg/Heinrich/*Pache/Pieper*, Europäisches Beihilfenrecht, 1. Aufl. 2013, Art. 107 AEUV, Rn. 205.

233 Grabitz/Hilf/Nettesheim/*von Wallenberg/Schütte*, Das Recht der Europäischen Union 61. EL April 2017. Vgl. zu diesen Formen von Beihilfen nur die Mitteilung der Kommission über die Anwendung der Vorschriften über staatliche Beihilfen auf Maßnahmen im Bereich der direkten Unternehmenssteuerung (ABl EG Nr. C 384 v. 10.12.1998, S. 3, Rn. 16).

234 Vgl. hierzu *Koenig/Kühling*, EStAL 2002, 7, 8, beziehen sich auf die Verbindung des Passus „gleich welcher Art“ in Art. 87 Abs. 1 EG (Art. 107 Abs. 1 AEUV), die in der englischen Fassung, wie dort zitiert wird, nach dem Passus aus staatlichen Mitteln folgt „... granted through state resources in any form whatsoever“. In der deutschen Fassung bezieht sich jedoch dieser Passus auf den Begriff „Beihilfe“.

den neben den unmittelbar vom Staat gewährten Vorteilen auch diejenigen einbezogen, die über eine vom Staat benannte oder errichtete öffentliche oder private Einrichtung gewährt werden.[235]

262 Voraussetzung ist allerdings, dass das Verhalten der konkret handelnden Einrichtungen dem Mitgliedstaat zurechenbar ist. Die Anforderungen an eine derartige Zurechenbarkeit sind indes relativ gering. Als hinreichende staatliche Beeinflussung können bereits der bloße hoheitliche Gründungsakt der Einrichtung und die gesetzliche Festlegung der Aufgaben der Einrichtung genügen.[236] Nicht erfasst sind dagegen Begünstigungen, die rein privatwirtschaftlich bewirkt werden.

b) Besonderheiten öffentlicher Unternehmen

263 Da im Unionsrecht öffentliche und private Unternehmen einander gleichstehen, kann allerdings wiederum die bloße Beteiligung des Staates an einem Unternehmen dessen Geschäftsgebaren noch nicht zur Bewirtschaftung staatlicher Mittel machen und damit jeglichen Leistungsaustausch mit diesem Unternehmen einer beihilfenrechtlichen Kontrolle unterziehen.

264 Der EuGH hat denn auch in einem mittlerweile als Leitentscheidung[237] anzusehenden Urteil[238] hervorgehoben: „Die bloße Tatsache, dass ein öffentliches Unternehmen unter staatlicher Kontrolle steht, genügt daher nicht, um Maßnahmen dieses Unternehmens wie die fraglichen finanziellen Unterstützungsmaßnahmen dem Staat zuzurechnen."[239]

265 Vielmehr verlangte der EuGH, zu prüfen „ob davon auszugehen ist, dass die Behörden in irgendeiner Weise am Erlass dieser Maßnahmen [der Kapitalzuführung] beteiligt"[240] seien. Dabei verlangte der EuGH nicht, eine genaue Anweisung im konkreten Fall nachzuweisen.[241]

---

235 EuGH, Urt. v. 13.3.2001 – Rs. C-379/98 – Slg. 2001, I-2099, Rn. 58 = EuZW 2001, 242 – PreussenElektra; EuGH, Urt. v. 22.3.1977 – Rs. 78/76 – Slg. 1977, 595, Rn. 21 = NJW 1977, 1005 – Steinike & Weinlig; EuGH, Urt. v. 30.11.1993 – Rs. C-189/91 – Slg. 1993, I-6185, Rn. 16 = EuZW 1994, 91 – Kirsammer-Hack; EuGH, Urt. v. 7.5.1998 – verb. Rs. C-52/97 u. C-54/97 – Slg. 1998, I-2629, Rn. 13 = EuZW 1998, 473 – Viscido u.a.; EuGH, Urt. v. 1.12.1998 – Rs. C-200/97 – Slg. 1998, I-7907, Rn. 35 – Ecotrade; EuGH, Urt. v. 17.6.1999 – Rs. C-295/97 – Slg. 1999, I-3735, Rn. 35 – Piaggio.

236 König/Kühling/Ritter, EG-Beihilfenrecht, 2. Aufl. 2005, S. 118.

237 Auch die Kommission zitiert diese gerade in der oben (Rn. 253) genannten Bürgschaftsmitteilung.

238 EuGH, Urt. v. 16.5.2002 – Rs. C-482/99 – Slg. 2002, I-4397, Rn. 50–52 = EuZW 2002, 468 – Kommission ./. Frankreich (Stardust Marine).

239 EuGH, Urt. v. 16.5.2002 – Rs. C-482/99 – Slg. 2002, I-4397, Rn. 52 – Kommission ./. Frankreich (Stardust Marine).

240 EuGH, Urt. v. 16.5.2002 – Rs. C-482/99 – Slg. 2002, I-4397, Rn. 52 – Kommission ./. Frankreich (Stardust Marine); *Koenig/Kühling*, EStAL 2002, 8, 14 weist gerade auf diesen Punkt besonders hin.

241 EuGH, Urt. v. 16.5.2002 – Rs. C-482/99 – Slg. 2002, I-4397, Rn. 53 – Kommission ./. Frankreich (Stardust Marine).

Stattdessen leitete der EuGH „die Zurechenbarkeit der Beihilfemaßnahme eines öffentlichen Unternehmens an den Staat aus einem Komplex von Indizien" ab, „die sich aus den Umständen des konkreten Falles und aus dem Kontext ergeben, in denen diese Maßnahme ergangen ist".[242] Als solche Indizien sollen gelten: 266

> „insbesondere seine [des Unternehmens] gewöhnlich Eingliederung in die Struktur der öffentlichen Verwaltung, die Art seiner Tätigkeit und deren Ausübung auf dem Markt unter normalen Bedingungen des Wettbewerbs mit privaten Wirtschaftsteilnehmern, der Rechtsstatus des Unternehmens, ob es also dem öffentlichen Recht oder dem allgemeinen Gesellschaftsrechts unterliegt, die Intensität der behördlichen Aufsicht über die Unternehmensführung oder jedes andere Indiz, das im konkreten Fall auf eine Beteiligung der Behörden oder auf die Unwahrscheinlichkeit einer fehlenden Beteiligung am Erlass einer Maßnahme hinweist, wobei auch deren Umfang, deren Inhalt oder deren Bedingungen zu berücksichtigen sind."[243]

Wendet man diese Indizien etwa auf die gewöhnliche Geschäftstätigkeit von Stadtwerken auf dem Gebiete der Energieversorgung, und hier auf allen Wertschöpfungsstufen, von der Erzeugung, über die Verteilung bis zum Vertrieb von Energie (Strom/Gas) an, so lässt sich feststellen, dass hiermit nicht im beihilfenrechtlichen Sinne staatliche Mittel verwaltet werden. Die Unternehmen haben zwar einen Daseinsvorsorgeauftrag, dies qualifiziert ihre Geschäftstätigkeit beihilfenrechtlich jedoch noch nicht zur Bewirtschaftung staatlicher Mittel. Anders sieht es dagegen mit gewissen privatrechtlichen Gesellschaften aus, denen ein bestimmter Förderungszweck zukommt, etwa bei den Förderbanken des Bundes und der Länder, aber auch bei Wirtschaftsförderungsgesellschaften von Kommunen. 267

c) Sonderproblem: Gesetzliche Umlagesysteme

Eine besondere Problematik, gerade im Bereich der Energiewirtschaft, stellen die spezifischen Instrumente dar, mit denen der Staat durch privatrechtliche Kontrahierungsverpflichtungen und Vergütungsregelungen die Förderung umweltschonender Energieerzeugung zu fördern sucht. 268

Unabhängig von der möglichen Kontrolle der finanziellen Mittel durch staatliche Einheiten ist eine Beihilfe jedenfalls dann ausgeschlossen, wenn keine korrespondierende Belastung öffentlicher Haushalte vorliegt. Subventionsgleiche Begünstigungen, die auf eine Maßnahme des Staates zurückzuführen sind, ohne dass eine korrespondierende Einbuße im Bereich der öffentlichen Hand gegeben ist, fallen grundsätzlich nicht in den Anwendungsbereich von Art. 107 Abs. 1 AEUV. 269

---

242 EuGH, Urt. v. 16.5.2002 – Rs. C-482/99 – Slg. 2002, I-4397, Rn. 55 – Kommission ./. Frankreich (Stardust Marine).

243 EuGH, Urt. v. 16.5.2002 – Rs. C-482/99 – Slg. 2002, I- 4397, Rn. 56 = EuZW 2002, 474 ff. – Kommission ./. Frankreich (Stardust Marine).

270 Diese Einschränkung des Beihilfenbegriffs wurde erstmals im sog. PreussenElektra-Urteil des EuGH[244] aus dem Jahr 2001 herausgearbeitet. Dieses Urteil befasste sich mit dem damaligen deutschen Stromeinspeisungsgesetz, gewissermaßen einem Vorläufer des EEG. Die damals streitgegenständlichen Regelungen des Stromeinspeisungsgesetzes bestimmten, dass Elektrizitätsversorgungsunternehmen verpflichtet waren, Strom aus erneuerbaren Energiequellen zu festgesetzten Mindestpreisen abzunehmen, welche deutlich über dem wirtschaftlichen Wert des Stroms lagen. Die Mittel wurden durch eine Sonderbelastung der Stromabnehmer finanziert. Der Subvention von Strom aus erneuerbaren Energien stand deshalb keine korrespondierende finanzielle Belastung des Staatshaushaltes gegenüber.

271 Der Gerichtshof stellte fest, dass aus diesem Grund keine „staatlichen Mittel" berührt waren. Wenn Art. 107 Abs. 1 AEUV „staatliche und aus staatlichen Mitteln gewährte Beihilfen" verbiete, solle hiermit neben unmittelbar vom Staat gewährten Beihilfen auch solche Beihilfen, die von staatlich kontrollierten sonstigen Einheiten gewährt wurden, einbezogen werden, es solle aber nicht auf das Kriterium der Herkunft aus staatlichen Mitteln insgesamt verzichtet werden.[245] Die

> „Verpflichtung privater Elektrizitätsversorgungsunternehmen zur Abnahme von Strom aus erneuerbaren Energiequellen zu festgelegten Mindestpreisen [führe] nicht zu einer unmittelbaren oder mittelbaren Übertragung staatlicher Mittel auf die Unternehmen, die diesen Strom erzeugen."[246]

Dass diese Übertragung privater Mittel einer gesetzlichen Pflicht folge, sah der Gerichtshof als unerheblich an,[247] ebenso den Umstand, dass sich die hierdurch hervorgerufene Belastung zu einer Senkung der Steuerlast führe.[248]

272 Die Verhältnisse derartiger Umlagesysteme bedürfen jedoch immer einer genauen Betrachtung. So kam der EuGH in der Entscheidung „Essent"[249] zu einer gegenteiligen Betrachtung. Darin ging es um eine niederländische Gesetzesbestimmung, wonach die Kunden der niederländischen Elektrizitätswirtschaft Tarifaufschläge an eine bestimmte Netzgesellschaft zu entrichten hatten. Hiermit sollten in der Vergangenheit bei Stromproduzenten angefallene Investitionskosten ausgeglichen werden. Auch wenn er nicht abschließend über den Beihilfencharakter der Maßnahme entscheiden konnte, so bejahte der EuGH doch aufgrund der Gesamtschau der Umstände,[250] dass

244 EuGH, Urt. v. 13.3.2001 – Rs. C-379/98 – Slg. 2001, I-2099 – PreussenElektra.
245 EuGH, Urt. v. 13.3.2001 – Rs. C-379/98 – Slg. 2001, I-2099, Rn. 58 – PreussenElektra.
246 EuGH, Urt. v. 13.3.2001 – Rs. C-379/98 – Slg. 2001, I-2099, Rn. 59 – PreussenElektra.
247 EuGH, Urt. v. 13.3.2001 – Rs. C-379/98 – Slg. 2001, I-2099, Rn. 61 – PreussenElektra.
248 EuGH, Urt. v. 13.3.2001 – Rs. C-379/98 – Slg. 2001, I-2099, Rn. 62 – PreussenElektra.
249 EuGH, Urt. v. 17.7.2008 – Rs. C-206/06 – Slg. 2008, I-5497 – Essent Netwerk Noord.
250 Das für die Einziehung der Tarifaufschläge zuständige Unternehmen stand in öffentlichem Eigentum verschiedener niederländischer Provinzen und Gemeinden. Sofern das Aufkommen aus

die staatlich vorgesehene und kontrollierte Erhebung und Verwendung des Tarifaufschlags zugunsten der Stromproduzenten durch ein öffentlich kontrolliertes Unternehmen eine Inanspruchnahme staatlicher Mittel war. Die Besonderheit bestand neben der möglichen Verknüpfung zu staatlichen Haushalten allerdings in dem Maß der Einwirkungswirkungsbefugnis des Staates auf einen speziell eingerichteten Fonds.

Aus dem gleichen Grund scheiterte auch das – inzwischen längst überholte – 273 österreichische Ökostromgesetz.[251] Im Jahre 2013 sah der EuGH[252] in einem in einem französischen Gesetz festgelegten Mechanismus, mit dem die Mehrkosten, die für Unternehmen durch eine Abnahmepflicht für Strom aus Windkraftanlagen zu einem Preis über dem Marktpreis entstehen, vollständig ausgeglichen werden und dessen Finanzierung von allen im Inland wohnhaften Stromendverbrauchern getragen wird, eine Maßnahme, die unter Inanspruchnahme staatlicher Mittel stattfindet, insbesondere weil auch hier die Verwaltung der Mittel einer staatlichen Kasse anvertraut war.

Ende 2014 eröffnete schließlich auch die Europäische Kommission auch gegen 274 Deutschland in Bezug auf das EEG ein beihilfenrechtliches Prüfverfahren.[253] Hierin kam die Kommission zu der Überzeugung, dass das EEG selbst eine staatliche Beihilfe i.S.d. Art. 107 Abs. 1 AEUV darstelle, die sie aber im Ergebnis, was die Einspeisevergütung selbst anging, als gerechtfertigt ansah. Ihr Hauptaugenmerk war dabei aber auf verschiedenen Entlastungsregelungen für energieintensive Unternehmen gerichtet, die ihrer Auffassung nach Beihilfen darstellten. Das EuG bestätigte im Wesentlichen diese Entscheidung.[254] Der EuGH hat in der Sache noch nicht entschieden. Problematisch ist die Frage, ob allein die gesetzliche Fixierung der Mehrkosten für die Vergütung des Stroms, für den eine Abnahmepflicht besteht, durch ein gesetzliches Umlagesystem zur Staatlichkeit der Mittel führt.

Allerdings hat der EuGH[255] in einem Fall, in dem die polnische KWK-Förderung 275 durch eine gesetzliche Abnahme- und Vergütungspflicht für KWK-Strom, allerdings ohne jegliche Regelung zur Umlage der Mehrkosten auf die Verbraucher in Rede stand, eine Beihilfe mangels staatlichen Mitteleinsatzes verneint und dabei darauf abgestellt, dass „diese Mehrkosten nicht vollständig auf den Endverbraucher abgewälzt werden, für ihre Finanzierung keine verbindliche vom Staat auferlegte Abgabe

---

dem Tarifaufschlag eine bestimmte Summe überstieg, war der Überschuss an den Finanzminister abzuführen.

251 Beschl. der Kommission v. 8.3.2011 über die staatliche Beihilfe in der Sache C24/09 (Österreich), Rn. 132, 136; Beschl. der Kommission v. 8.2.2012; bestätigt durch EuG, Urt. v. 11.12.2014 – Rs. T-251/11 – Österreich ./. Kommission.

252 EuGH, Urt. v. 19.12.2013 – Rs. C-262/12 – Association Vent De Colère.

253 Kommission, Beschl. v. 25.11.2014 (EU) 2015/1585 über die Beihilferegelung SA.33995 (2013/C) (ex 2013/NN) Deutschlands zur Förderung erneuerbaren Stroms und stromintensiver Unternehmen (ABl EU Nr. L 250 S. 122).

254 EuG, Urt. v. 10.5.2016 – Rs. T-47/15.

255 EuGH, Urt. v. 13.9.2017 – Rs. C-329/15 – ENEA.

erhoben wird und es auch keinen Mechanismus für ihren vollständigen Ausgleich gibt", so dass „davon auszugehen [sei], dass die Versorgungsunternehmen vom Staat nicht mit der Verwaltung staatlicher Mittel beauftragt waren, sondern eine ihnen obliegende Abnahmepflicht unter Einsatz ihrer eigenen Mittel finanzierten."

276 Um keine Gefahren für das gesamte EEG-System zu begründen, behandelt die Bundesregierung inzwischen dessen Regelungen, ohne die eigene Rechtsposition aufzugeben, faktisch wie Beihilfen und notifiziert diese bei der Europäischen Kommission gemäß dem noch unten[256] zu erläuternden Verfahren. Auf gleiche Weise geht der Gesetzgeber mit den Fördertatbeständen des KWKG[257] um.

4. Eignung zur Wettbewerbsverfälschung

277 Eine weitere Voraussetzung für das Vorliegen einer Beihilfe nach Art. 107 Abs. 1 AEUV ist, dass die Begünstigung aus staatlichen Mitteln auch den Wettbewerb verfälscht oder zu verfälschen droht. Die Wettbewerbsverfälschungsgefahr ist ja der eigentliche Grund für das Beihilfenverbot, das sich nicht ohne Grund im Wettbewerbskapitel des Titels VII des AEUV befindet.[258] Eine solche (drohende) Wettbewerbsverfälschung ist dann anzunehmen, wenn ein bestimmtes Unternehmen einen wirtschaftlichen Vorteil erhält, den es unter marktkonformen Voraussetzungen nicht erhalten hätte, und wenn dadurch die Marktbedingungen der Wettbewerber verändert werden.[259] Das heißt, die Zuwendung, die das einzelne Unternehmen erhält, muss die Stellung des Begünstigten oder eines dritten Unternehmens auf den sachlich, zeitlich und räumlich relevanten Markt zu Lasten seines (potentiellen) Konkurrenten verbessern oder jedenfalls dazu geeignet sein.[260]

278 In der Rechtsprechung der Unionsgerichte sowie der Aufsichtspraxis der Kommission werden an dieses Tatbestandsmerkmal keine sonderlich hohen Anforderungen gestellt. Vielmehr ergibt sich dies aus den Umständen, unter denen eine Beihilfe gewährt wird.

5. Eignung zur Beeinträchtigung des innergemeinschaftlichen Handels

279 Das fünfte Tatbestandsmerkmal, das der Eignung der Begünstigung zur Beeinträchtigung des Handels zwischen Mitgliedstaaten bringt in die Wettbewerbsrelevanz die zusätzliche grenzüberschreitende Komponente.

---

256 Rn. 317 ff.
257 Kraft-Wärme-Kopplungsgesetz (KWKG) v. 21.12.2015 (BGBl. S. 2498), zuletzt geändert durch Art. 3 des Gesetzes v. 17.6.2017 (BGBl. S. 2532).
258 Siehe oben Rn. 245.
259 Vgl. *Koenig/Kühling/Ritter*, EG Beihilfenrecht, Rn. 176 m. w. N.
260 Calliess/Ruffert/*Cremer*, EUV, AEUV, Kommentar, 5. Aufl., 2016, Art. 107, Rn. 32 mit zahlreichen weiteren Nachweisen.

a) Inhalt

In der Rechtsprechung des EuGH[261] wird eine Beeinträchtigung des Handels zwischen Mitgliedstaaten dann angenommen, wenn eine Maßnahme unmittelbar oder mittelbar, tatsächlich oder der Möglichkeit nach geeignet ist, die Freiheit des Handels zwischen Mitgliedstaaten in einer Weise zu gefährden, die der Verwirklichung der Ziele eines einheitlichen zwischenstaatlichen Marktes nachteilig sein kann. Im Regelfall wird die Beeinträchtigung des innergemeinschaftlichen Handels durch die Wettbewerbsbeeinträchtigung indiziert. 280

b) Ausschluss bei rein lokalem Markt

Die Eignung zur Handelsbeeinträchtigung ist zu verneinen, wenn das begünstigte Unternehmen einen reinen lokalen Markt[262] bedient und daher ausnahmsweise eine Beihilfe bereits an der Zwischenstaatlichkeitsklausel scheitert. Doch auch bei Beihilfen an Unternehmen, die rein lokale Leistungen erbringen, kann ein grenzüberschreitender Bezug vorliegen, wenn eben jener lokale Markt für andere Unternehmen (aus anderen Mitgliedstaaten) geöffnet ist.[263] 281

c) De-minimis-Beihilfe

Die Eignung einer Begünstigung, den Handel zwischen den Mitgliedstaaten zu beeinträchtigen, kann im Einzelfall auch aufgrund ihrer geringen Höhe verneint werden. Hierzu hat die Kommission in der sog. De-minimis-Verordnung bestimmte Beihilfen auf der Grundlage des Art. 2 VO (EG) Nr. 994/98 des Rates[264] von der Notifizierung nach Art. 108 Abs. 3 AEUV freigestellt. 282

Nach Art. 2 Abs. 2 Satz 1 der derzeit geltenden De-minimis-Verordnung,[265] die seit 1.7.2014 in Kraft ist, liegt der Betrag der Gesamtsumme der Beihilfen, der nicht überschritten werden darf, in einem Zeitraum von drei Steuerjahren bei 200.000 €. 283

---

261 St. Rspr. des EuGH, vgl. z.B. EuGH, Urt. v. 17.7.1997 – Rs. C-219/95 – Slg. 1997, I-4411 – Ferriere Nord.

262 Vgl. hierzu etwa Entscheidung der Kommission v. 12.1.2001 – Staatliche Beihilfe N 258/00 – Freizeitbad Dorsten. Die Eignung zur Handelsbeeinträchtigung kann mithin meistens verneint werden, wenn ein Stadtwerk, das war zwar auf dem Wettbewerbsmarkt der Strom- und Gasversorgung tätig ist, der für den Binnenmarkt geöffnet ist, ein durchschnittliche kommunales Frei- oder Hallenbad betreibt und im Querverbund finanziert.

263 EuGH, Urt. v. 24.7.2003 – Rs. C-280/00 – Slg. 2003, I-7747, Rn. 78 ff. – Altmark Trans.

264 Verordnung des Rates v. 7.5.1998 über die Anwendung der Art. 92 und 93 des Vertrags zur Gründung der Europäischen Gemeinschaft auf bestimmte Gruppen horizontaler Beihilfen (ABl EG Nr. 142 S. 1).

265 Verordnung (EG) 1998/2006 der Kommission vom 15.12.2006 über die Anwendung der Art. 87 und 88 EG-Vertrag auf „De-minimis"-Beihilfen (ABl EG Nr. L 379 S. 5).

Für Dienstleistungen, die im allgemeinem wirtschaftlichem Interesse erbracht werden (DAWI), liegt dieser Betrag gemäß einer gesonderten Verordnung[266] höher, nämlich bei 500.000 € in drei Steuerjahren (Art. 2 Abs. 2 DAWI-De-minimis-Verordnung).

284 Von Bedeutung ist jedoch, dass die De-minimis-Verordnung eine Unterscheidung zwischen sog. transparenten und intransparenten Beihilfen trifft. Gemäß Art. 2 Abs. 4 De-minimis-Verordnung gilt diese nur für sogenannte transparente Beihilfen, nämlich für solche Beihilfen, „für die das Bruttosubventionsäquivalent im Voraus genau berechnet werden kann, ohne dass eine Risikobewertung erforderlich ist."

6. Schlussfolgerung bei Erfüllung des Beihilfentatbestands

285 Sind sämtliche Tatbestandsmerkmale einer Beihilfe erfüllt, bedeutet dies nicht, dass die Beihilfe im Ergebnis auch unzulässig ist. Wenn es sich nicht um eine bereits ex lege (Art. 107 Abs. 2 AEUV) gerechtfertigte Beihilfe handelt, unterliegt diese aber der besonderen Beihilfenaufsicht der Europäischen Kommission (Art. 108 AEUV).[267]

III. Rechtfertigung von Beihilfen

286 Wenn der Beihilfentatbestand des Art. 107 AEUV erfüllt ist, weil die einzelnen oben beschriebenen Voraussetzungen vorliegen, bedeutet dies nicht, dass diese auch im Ergebnis unter gar keinen Umständen gewährt werden dürfte. Es bedeutet aber, sofern nicht ein vertraglich unmittelbar geregelter Rechtfertigungsgrund vorliegt,[268] dass diese Beihilfe gemäß dem Verfahren des Art. 108 Abs. 3 AEUV bei der Kommission zu notifizieren ist und solange nicht vollzogen werden darf, wie keine (positive) Entscheidung vorliegt.[269]

287 Bei den Rechtfertigungsgründen ist zwischen denjenigen zu unterscheiden, die bereits im AEUV vollständig niedergelegt sind und keines Vollzuges mehr bedürfen,[270] und solchen, zur Anwendung derer eine besondere Entscheidung der Kommission nowtwendig ist.[271]

---

266 Verordnung (EU) Nr. 360/2012 der Kommission vom 25.4.2012 über die Anwendung der Artikel 107 und 108 des Vertrags über die Arbeitsweise der Europäischen Union auf De-minimis-Beihilfen an Unternehmen, die Dienstleistungen von allgemeinem wirtschaftlichem Interesse erbringen (ABl EU Nr. L 114 S. 8).
267 Hierzu unten Rn. 317 ff.
268 Hierzu zugleich unten Rn. 288.
269 Hierzu unten Rn. 319.
270 Siehe unten Rn. 292.
271 Siehe unten Rn. 292 ff.

1. Rechtfertigung ex lege nach Art. 107 Abs. 2 AEUV (Legalausnahme)

Art. 107 Abs. 2 AEUV erklärt gewisse Beihilfen per se mit dem Binnenmarkt vereinbar. Hierzu gehören zunächst a) Beihilfen sozialer Art an einzelne Verbraucher, wenn „sie ohne Diskriminierung nach der Herkunft der Waren gewährt werden". Dies leuchtet ein, denn hier ist klar, dass gar keine Förderung einzelner Unternehmen vorliegt.[272] Dazu gehören aber auch, b) „Beihilfen zur Beseitigung von Schäden, die durch Naturkatastrophen oder sonstige außergewöhnliche Ereignisse entstanden sind". Dies leuchtet ebenfalls ein, weil ein langwieriges Notifikationsverfahren hier untunlich wäre. Der dritte Rechtfertigungsgrund bzw. Ausnahmetatbestand für Beihilfen, die sich aus den von der Teilung Deutschlands betroffenen Gebieten befinden, hat faktisch keinen Anwendungsbereich mehr.[273] 288

2. Rechtfertigung durch die Kommission gem. Art. 107 Abs. 3 AEUV

Von weit größerer Bedeutung sind die Rechtfertigungsgründe des Abs. 3, die einer Vollzugsentscheidung der Europäischen Kommission bedürfen. Im Unterschied zu den Rechtfertigungsgründen des Abs. 2 handelt es sich hierbei um eine Ermessensnorm („als mit dem Binnenmarkt vereinbar können angesehen werden ..."). 289

a) Die einzelnen Rechtfertigungstatbestände

Als Rechtfertigungsgründe kommen hier in Betracht: Beihilfen für unterentwickelte Gebiete in der Europäischen Union (lit. 2a), aber auch für das kulturelle Erbe (lit. d). 290

Von besonderer Bedeutung in der Beihilfenpraxis ist freilich auch der Rechtfertigungsgrund des Art. 107 Abs. 3 lit. b AEUV für „Beihilfen zur Förderung der Entwicklung gewisser Wirtschaftszweige oder Wirtschaftsgebiete, soweit sie die Handelsbedingungen nicht in einer Weise verändern, die dem gemeinsamen Interesse zuwiderläuft". Hierdurch kann die Europäische Kommission nach Maßgabe von Unionsrechtsakten bestimmen, ob die konkreten Ziele förderwürdig sind und daher auch beihilfenrechtlich Rechtfertigungsgründe darstellen können. Ebenfalls von großer Bedeutung ist der Rechtfertigungsgrund des Art. 107 Abs. 3 lit. c AEUV, wonach Beihilfen zur Förderung gewisser Wirtschaftszweige oder Wirtschaftsgebiete, soweit sie die Handelsbedingungen nicht in einer Weise verändern, die dem gemeinsamen Interesse zuwiderläuft, gerechtfertigt werden können. Auf der Grund- 291

272 Bei Lichte betrachtet fehlt es hier schon am notwenigen Kriterium der Selektivität, sodass es eigentlich gar nicht zur Rechtfertigung kommt.

273 Nach Satz 2 der Norm konnte fünf Jahre nach Inkrafttreten des Vertrages von Lissabon seine Außerkraftsetzung beschlossen werden.

lage dieser Vorschrift wurden etwa die Beihilfen im Bereich der EEG-Umlagebefreiung einer Rechtfertigungsprüfung unterworfen.[274]

b) Vereinfachte Rechtfertigung

292 Um die Anwendung des Beihilfenrechts zu vereinfachen und die eigene Verwaltungspraxis zu vereinheitlichen, hat die Kommission verschiedene Leitlinien veröffentlicht, die in der Beihilfenpraxis eine Selbstbindung auslösen. Die Mitgliedstaaten können deshalb durch Prüfung der Leitlinien selbst einschätzen, ob eine bestimmte Fördermaßnahme rechtfertigungsfähig ist bzw. ihre Beihilfenmaßnahmen an diesen Leitlinien ausrichten.

aa) Rechtfertigung nach den Umwelt- und Energiebeihilfenleitlinien

293 Gerade im Bereich des in diesem Handbuch relevanten Energiewirtschaftsrechts weisen einige Leitlinien eine hervorgehobene Bedeutung auf. Hierzu gehören etwa die Leitlinien für staatliche Umweltschutz- und Energiebeihilfen.[275] In diesen Leitlinien stützt sich die Kommission insbesondere auf den Rechtfertigungsgrund des Art. 107 Abs. 3 lit. c AEUV. Von besonderer Bedeutung in diesen Leitlinien sind die Beihilfen zur Förderung Erneuerbarer Energien,[276] solche zur Förderung von Energieeffizienzmaßnahmen einschließlich Kraft-Wärme-Koppelung, Fernwärme und Fernkälte.[277] In diesen Leitlinien werden nicht nur die unmittelbaren Fördervoraussetzungen für diese Energien selbst geregelt, sondern gerade auch die Zulässigkeit von Ausnahmen von Energiesteuern, aber auch von Umlagesystemen.[278]

294 Es ist an dieser Stelle nicht sinnvoll, die Einzelheiten der Anforderungen an die Vereinbarkeit, etwa der EEG-Förderung oder der KWK-Förderung, an diese Leitlinien auszuführen. Es darf allerdings der Hinweis nicht fehlen, dass die in den letzten Novellen des EEG[279] und des KWKG[280] eingeführten Ausschreibungsregelungen gerade zu dem Zweck erfolgten, eine Überstimmung mit den Leitlinien herzustellen. Sogar den Erfordernissen des Vollzugsverbots des Art. 108 Abs. 3 S. 3 AEUV wird Rechnung getragen.[281]

---

274 Europäische Kommission, Beschl. v. 25.11.2014 – (EU) 2015/1585, ABl Nr. L 250 S. 122, Rn. 174.

275 Mitteilung der Kommission, Leitlinien für staatliche Umweltschutz- und Energiebeihilfen 2014 bis 2020 (2014/C 200/01) (ABl C 200, S. 1).

276 Ziff. 3.3 der Umwelt- und Energieleitlinie, S. 23 ff.

277 Ziff. 3.4 der Umwelt- und Energieleitlinie, S. 28 ff.

278 Ziff. 3.7 der Umwelt- und Energieleitlinie, S. 32 ff.

279 S. die ausführlichen Ausschreibungsvorschriften in Abschnitt 3 EEG 2017.

280 S. die §§ 8a–8d KWKG.

281 In § 10 Abs. 5 KWKG wurde zum Beispiel bestimmt, dass die für die KWK-Förderung erforderliche Zulassung bestimmter KWK-Anlagen mit einer elektrischen KWK-Leistung durch das zuständige

bb) Rechtfertigung nach der Allgemeinen Gruppenfreistellungsverordnung der Kommission ohne Notifikationspflicht

Eine gleichsam flächendeckende Rechtfertigungsmethode hat sich durch die Einführung der Allgemeinen Gruppenfreistellungsverordnung (AGFVO)[282] der Kommission ergeben. Die AGFVO enthält Rechtfertigungsgründe und Rechtfertigungsanforderungen für eine ganze Vielzahl gänzlich unterschiedlicher Beihilfen wie etwa des Umweltschutzes, der Forschung, der Infrastruktur, für Regionalbeihilfen usw. Einzelheiten können auch hier nicht aufgeführt werden. In systematischer Hinsicht ist aber darauf hinzuweisen, dass solche Beihilfen, die die allgemeinen und speziellen Rechtfertigungsanforderungen an der AGFVO erfüllen, keines langwierigen Notifikationsverfahrens nach Art. 108 Abs. 3 AEUV mehr bedürfen, sondern lediglich registriert werden müssen. Die Gewährung erfasster Beihilfen wird damit deutlich vereinfacht. Allerdings haben die Mitgliedstaaten die auf diese Weise anmeldefrei gewährten Beihilfen transparent zu machen. 295

IV. Rechtfertigung nach Art. 106 Abs. 2 AEUV

Erst in den letzten Jahren hat eine besondere, gar nicht in Art. 107 Abs. 2 oder 3 AUEV verortete Unionsrechtsnorm als Rechtfertigung von Beihilfen an Bedeutung gewonnen. Es handelt sich um die Vorschrift des Art. 106 Abs. 2 AEUV. 296

1. Dienstleistungen im allgemeinen wirtschaftlichen Interesse

Art. 106 AEUV enthält Sonderregelungen im Wettbewerbsrecht in Bezug auf öffentliche Unternehmen sowie solche, denen besondere oder ausschließliche Rechte gewährt wurden (Art. 106 Abs. 1 AEUV). Gemäß § 106 Abs. 2 S. 1 AEUV gelten für Unternehmen, die mit „Dienstleistungen von allgemeinem wirtschaftlichem Interesse“ betraut sind, oder solche, die den Charakter eines Finanzmonopols haben) „die Vorschriften der Verträge, insbesondere die Wettbewerbsregeln, soweit die Anwendung dieser Vorschriften nicht die Erfüllung der ihnen übertragenen besonderen Aufgabe rechtlich oder tatsächlich verhindert“. Hiermit wird diesen eine gewisse Sonderstellung eingeräumt, ohne dass sie vom Wettbewerbsrecht des Vertrages gänzlich befreit würden. Art. 106 Abs. 2 AEUV steht dabei in unmittelbarem Zusammenhang mit 297

Bundesamt für Wirtschaft erst nach beihilfenrechtlicher Genehmigung durch die Europäische Kommission erteilt werden darf. Ähnliches regeln §§ 100 Abs. 7, 103 Abs. 7, 104 Abs. 7 EEG 2017.

282 Verordnung (EU) Nr. 651/2014 der Kommission v. 17.6.2014 zur Feststellung der Vereinbarkeit bestimmter Gruppen von Beihilfen mit dem Binnenmarkt in Anwendung der Art. 107 und 108 des Vertrages über die Arbeitsweise der Europäischen Union (ABl Nr. L 187, S. 1).

Art. 16 S. 1 AEUV, wonach „[u]nbeschadet" des Art. 4 EUV und der Art. 93, 106 und 107 AEUV und

> „in Anbetracht des Stellenwerts, den Dienste von allgemeinem wirtschaftlichem Interesse innerhalb der gemeinsamen Werte der Union einnehmen, sowie ihrer Bedeutung bei der Förderung des sozialen und territorialen Zusammenhalts [...] die Union und die Mitgliedstaaten im Rahmen ihrer jeweiligen Befugnisse im Anwendungsbereich der Verträge dafür Sorge [tragen], dass die Grundsätze und Bedingungen, insbesondere jene wirtschaftlicher und finanzieller Art, für das Funktionieren dieser Dienste so gestaltet sind, dass diese ihren Aufgaben nachkommen können."

a) Begriff der DAWI

298 Dienstleistungen im allgemeinen wirtschaftlichen Interesse sind – kurz ausgedrückt – alle wirtschaftlichen Aktivitäten zur Sicherung von Infrastruktur und Daseinsvorsorge.[283] Die Besonderheit der DAWI besteht darin, dass es keinen unionsrechtlichen Katalog der Tätigkeiten gibt, die als DAWI anzuerkennen sind. Nach der Rechtsprechung des EuGH sollen z.B. auch Energieversorgungsunternehmen (jedenfalls bei einer speziellen öffentlich-rechtlichen Konzession) im allgemeinen wirtschaftlichen Interesse tätig sein.[284] Weitere Beispiele sind etwa die Durchführung des öffentlichen Personennahverkehrs[285] nach Maßgabe der Bedürfnisse der Verbraucher und des Umweltschutzes etc. Voraussetzung ist immer ein staatlicher Betrauungsakt, d.h. ein Unternehmen kann nicht von sich aus derartige Leistungen erbringen, ohne dass dem ein staatlicher Akt vorausgeht bzw. die Grundlage dieser Tätigkeit bildet. Dem Unternehmen muss aber kraft eines Hoheitsakts der öffentlichen Gewalt die bestimmte Aufgabe übertragen worden sein.[286] Dies ist konsequent, da, wie ausgeführt, die Definition der Pflichten in die Kompetenz der Mitgliedstaaten fällt.

b) Abgrenzung zur Altmark-Trans-Rechtsprechung im Beihilfentatbestand

299 Der Begriff der Dienstleistungen im allgemeinen wirtschaftlichen Interesse i.S.d. Art. 106 Abs. 2 AEUV, der im deutschen Recht auch mit dem Begriff der Daseinsvor-

---

283 Vgl. Callies/Ruffert/*Jung*, EUV/AEUV, 5. Aufl. 2016, Art. 106 AEUV, Rn. 36 m.w.N.

284 S. etwa EuGH, Urt. v. 27.4.1994 – Rs. C-393/92 – Slg. 1994, I-1477, Rn. 47–49 – Almelo, für einen Fall, in dem einem Unternehmen eine nicht ausschließliche öffentlich-rechtliche Konzession zur Stromversorgung in einem bestimmten Teil des Staatsgebietes erteilt worden war.

285 Für diesen gibt es mit der Verordnung (EG) Nr. 1370/2007 des Europäischen Parlaments und des Rates vom 23.10.2007 über öffentliche Personenverkehrsdienste auf Schiene und Straße und zur Aufhebung der Verordnungen (EWG) Nr. 1191/69 und (EWG) Nr. 1107/70 des Rates (ABl EU Nr. L 315, S. 1) eine beihilfen- und vergaberechtliche Sonderregelung.

286 Callies/Ruffert/*Jung*, EUV/AEUV, 4. Aufl., 2011, Art. 106 AEUV, Rn. 40 m.w.N. zur Rechtsprechung.

sorge bezeichnet wird, hat durch die unionsrechtliche Rechtsprechung einen korrespondierenden Terminus erhalten, und zwar gerade im Bereich des Beihilfenrechts. Die Rede ist vom Begriff der „gemeinwirtschaftlichen Verpflichtung“, wie er vom EuGH in der Rs. Altmark Trans[287] verwendet wurde.[288] Im Ergebnis konvergieren jedoch beide Begriffe.

Die Besonderheit der Rechtsprechung des EuGH ist jedoch eine andere: Art. 106 Abs. 2 AEUV kann seinem Wortlaut gemäß gewisse Ausnahmen vom Anwendungsbereich der Wettbewerbsregeln zulassen bzw. deren Tragweite begrenzen, wenn dies zur Durchführung der Dienstleistungen im allgemeinen wirtschaftlichen Interesse erforderlich ist und, wie Art. 106 Abs. 2 S. 2 AEUV ausdrückt, die Entwicklung des Handelsverkehrs nicht in einem Ausmaß beeinträchtigt wird, das im Interesse der Union zuwider läuft (Verhältnismäßigkeitsprinzip). Es handelt sich dabei also um einen klassischen Rechtfertigungsansatz. Der EuGH griff jedoch in der Rs. **Altmark Trans** zur Beurteilung von Ausgleichsleistungen im öffentlichen Personennahverkehr für die Übernahme spezieller verkehrsbezogener gemeinwirtschaftlicher Verpflichtungen gar nicht auf diesen Rechtfertigungsmaßstab zurück, sondern definierte anstelle dessen Voraussetzungen, unter denen die Vergütung der Übernahme solcher gemeinwirtschaftlicher Verpflichtungen durch ein entsprechendes Unternehmen gar nicht den Beihilfentatbestand (!) erfüllt: 300

Der EuGH[289] hat hierfür vier Voraussetzungen aufgestellt: 301

1. Das begünstigte Unternehmen muss tatsächlich mit der Erfüllung klar definierter gemeinwirtschaftlicher Verpflichtungen betraut worden sein.
2. Die Parameter zur Berechnung des finanziellen Ausgleichs für die Erfüllung dieser Verpflichtung sind zuvor objektiv und transparent aufzustellen.
3. Der Ausgleich unter Berücksichtigung der dabei erzielten Einnahmen und eines angemessenen Gewinns für das betraute Unternehmen darf keine Überkompensation darstellen.
4. Wenn die Auswahl des Unternehmens nicht in Form des öffentlichen Ausschreibungsverfahrens erfolgt, so ist die Höhe des Ausgleichs auf der Grundlage einer Analyse der Kosten zu bestimmen, die bei einem durchschnittlichen, gut geführten Unternehmen, das auch die Eignung zur Erfüllung der Aufgabe hat, entstehen würden.

Im Ergebnis bedeutet dies, und zwar über den seitens des EuGH seinerzeit entschiedenen Fall hinaus, dass Ausgleichsleistungen, die an ein Unternehmen für die Durch- 302

287 EuGH, Urt. v. 24.7.2003 – Rs. C-280/00 – Slg. 2003, I-7747, Rn. 88 ff. – Altmark Trans.

288 Hintergrund der Begriffsverwendung ist freilich ein entsprechender Tatbestand in dem hier relevanten Personenbeförderungsgesetz (gemeinwirtschaftliche Verkehrsleistung). Der EuGH verwendete dann in der Rn. 32 den Begriff der gemeinwirtschaftlichen Verpflichtung.

289 EuGH, Urt. v. 24.7.2003 – Rs. C-280/00 – Slg. 2003, I-7747, Rn. 88 ff. – Altmark Trans.

führung von – transparent betrauten – Dienstleistungen im allgemeinem wirtschaftlichem Interesse bzw. für gemeinwirtschaftliche Verpflichtungen gezahlt werden, unter den eben genannten Voraussetzungen gar nicht als Beilhilfe begriffen werden müssen. Wenn nämlich gemäß dem oben genannten 3. Kriterium die Ausgleichsleistungen nicht über das hinausgehen, was erforderlich ist, um die Mehrkosten für die Erbringung dieser gemeinwirtschaftlichen Verpflichtung zu decken, sogar zzgl. eines angemessenen Gewinns, es also keine Überkompensation gibt, liegt keine Beihilfe vor. Es mangelt dann an einer beihilfenrelevanten Begünstigung[290] i.S.d. Art. 107 Abs. 1 AEUV. Dieser beihilfenrechtliche Tatbestandsansatz ist unmittelbar einleuchtend.

303 Die Problematik der oben genannten „Altmark Trans-Kriterien" liegt aber darin, festzustellen, welche Ausgleichsleistungen eine Überkompensation vermeiden. Als Methode der Feststellung bietet der EuGH hier zwei Möglichkeiten an: zum einen die Ausschreibung der Leistung, bei der sich in Gestalt des geringsten Zuschussbedarfs bei Erbringung de qualitativ beschriebenen Leistung eine Überkompensation vermeiden lässt, womit ein ganz allgemeiner Ansatz des Beihilfenrechts wiederkehrt,[291] und zum anderen – und dies war neu – die Berechnung des Ausgleichsmaßstabs anhand einer Art „Soll-Kosten-Ermittlung". Maßstab ist nämlich nicht derjenige Betrag, der dem Unternehmen tatsächlich als Mehrkosten aus der Erfüllung der gemeinwirtschaftlichen (Zusatz-)Verpflichtungen entsteht, sondern derjenige, der bei einem durchschnittlichen, gut geführten Unternehmen auftreten würde. Diese ergänzende Voraussetzung stellte seinerzeit gerade die Neuerung der Rechtsprechung dar.[292]

304 Die Kommission hat aber nun bei der Anwendung des Art. 106 Abs. 2 AEUV diesen Ansatz aufgegriffen und – teilweise – auf die Rechtfertigungsebene übertragen.[293]

c) Rechtfertigungsbedürfnisse und -möglichkeiten im Bereich der Energiewirtschaft

305 Im Bereich der den sachlichen Gegenstand dieses Handbuches bildenden Energiewirtschaft spielt die Rechtfertigung von Beihilfen im Allgemeinen und die Kompensation für Dienstleistungen im allgemeinen wirtschaftlichen Interesse im Besonderen, nur eine eingeschränkte Rolle.

---

290 Siehe oben Rn. 251 ff.

291 So gilt etwa bei der Vermeidung einer Unterkompensation beim Verkauf von staatlichen Grundstücken an Unternehmen die Durchführung eines bedingungsfreien Bieterwettbewerbs das bevorzugte Mittel dar, um einen Marktpreis zu erzielen, hilfsweise aber auch ein Wertgutachten. S. hierzu die auch in anderen Fällen herangezogene Mitteilung der Kommission betreffend Elemente staatlicher Beihilfen bei Verkäufen von Bauten oder Grundstücken durch die öffentliche Hand (ABl EG Nr. C 209 v. 10.7.1997, S. 3).

292 In der Entscheidung EuGH, Urt. v. 22.11.2001 – Rs. C-53/00 – Slg. 2001, I-9067 – Ferring, war noch ein Ist-Kosten-Ansatz vertreten worden.

293 S. hierzu unten Rn. 310.

Von wesentlicher Bedeutung ist das Beihilfenrecht für die Energiewirtschaft im Bereich der garantierten Vergütungssätze für die Einspeisung von Strom aus Erneuerbaren Energien nach dem EEG sowie aus Kraft-Wärme-Koppelung nach dem KWKG. Hier sind die Anforderungen der oben[294] beschriebenen Umwelt- und Energieleitlinien in Ausformung der Rechtfertigung nach Art. 107 Abs. 3 lit. c AEUV zu beachten. 306

Ausgleichsleistungen für die Erbringung gemeinwirtschaftlicher Verpflichtungen tauchen im Bereich der Energiewirtschaft nur selten auf. Freilich ist diese mittelbar betroffen, dann nämlich, wenn ein – insbesondere kommunales – Energieversorgungsunternehmen neben Tätigkeiten auf dem Gebiet der Energieversorgung, die regelmäßig eine nichtdefizitäre Tätigkeit darstellt, auch andere Tätigkeiten mit Daseinsvorsorgebezug durchführt, namentlich defizitäre Tätigkeiten wie den ÖPNV oder den Betrieb kommunaler Bäder. Regelmäßig werden dort aus den Gewinnen der Energiesparte die Verluste aus den anderen defizitären Sparten, die gemeinhin gemeinwirtschaftliche Plandefizite darstellen, kompensiert (sog. kommunaler Querverbund).[295] 307

2. Sekundärrechtliche Rechtfertigungsmöglichkeiten

Nach dem Altmark-Trans-Urteil und dem sog. „Monti-Paket" versuchte die Europäische Kommission ihre Beihilfenaufsicht an den Maßstäben des Gerichts zu orientieren. Die seinerzeitige Beschlusslage ist an dieser Stelle nicht nachzuzeichnen, da mit dem sog. „Almunia-Paket" eine Neustrukturierung der Beihilfenaufsicht bei Dienstleistungen im allgemeinem wirtschaftlichem Interesse vorgenommen wurde, die gerade für kommunale Stadtwerke von herausragender Bedeutung ist. Die Kommission hat mit ihrem sog. DAWI (Dienstleistungen von allgemeinem wirtschaftlichem Interesse) -Paket aus dem Jahre 2012 für die Mitgliedstaaten bzw. ihre Unternehmen besser handhabbare transparentere Regelungen geschaffen, an denen sich gerade kommunale Unternehmen, die solche Dienstleistungen erbringen, orientieren können. 308

a) Die DAWI-Mitteilung der Kommission

Die Kommission hat zunächst in einer Mitteilung (sog. DAWI-Mitteilung).[296] Hierin zeichnet die Kommission nicht nur die Altmark-Trans-Rechtsprechung nach,[297] sie 309

294 Rn. 293f.

295 Die steuerrechtlichen Voraussetzungen sind an dieser Stelle nicht darzustellen.

296 Mitteilung der Kommission über die Anwendung der Beihilfevorschriften der Europäischen Union auf Ausgleichsleistungen für die Erbringung von Dienstleistungen von allgemeinem wirtschaftlichem Interesse (2012/C 8/02 – DAWI-Mitteilung) (ABl EU Nr. C 8 S. 4).

297 DAWI-Mitteilung (ABl EU Nr. C 8 Rn. 42ff.).

gibt auch Hinweise dazu, wann vom Vorliegen einer DAWI auszugehen ist,[298] erläutert die Anforderungen an einen Betrauungsakt,[299] und an die Vermeidung einer Überkompensation.[300]

b) DAWI-Freistellungsbeschluss

310 Gleichsam ergänzend hierzu hat die Kommission, und zwar diesmal nicht zur Erläuterung der Anwendung des Beihilfentatbestands gemäß der Altmark-Trans-Rechtsprechung, sondern zur Erläuterung der Anwendung der Rechtfertigung nach Art. 106 Abs. 2 AEUV einen besonderen Beschluss gefasst: den DAWI-Freistellungsbeschluss der Kommission vom 20.12.2011.[301]

311 Zweck dieses Freistellungsbeschlusses ist es, bestimmte Arten von Dienstleistungen im Hinblick auf ihre Finanzierung gleichsam vorab vom Beihilfenregime des Art. 107 und 108 AEUV freizustellen, indem in Anwendung der besonderen Rechtfertigung für DAWI-Leistungen aus Art. 106 Abs. 2 AEUV eine generelle Regelung geschaffen wurde.

312 Der DAWI-Freistellungsbeschluss erfasst die in seinem Art. 2 genannten Ausgleichsleistungen, zu denen neben bestimmten sozialen Dienstleistungen nach Art. 2 Abs. 1 lit. a auch „Ausgleichsleistungen von nicht mehr als 15 Mio. € pro Jahr für die Erbringung von Dienstleistungen von allgemeinem wirtschaftlichem Interesse, mit Ausnahme der Bereiche Verkehr und Verkehrsinfrastruktur" gehören.

313 Den Ausgleich für die Erbringung der Dienstleistungen im allgemeinen wirtschaftlichen Interesse regelt Art. 5 des DAWI-Freistellungsbeschlusses. Nach Art. 5 Abs. 1 darf

> „[die] Höhe der Ausgleichsleistungen [...] unter Berücksichtigung eines angemessenen Gewinns nicht über das hinausgehen, was erforderlich ist, um die durch die Erfüllung der gemeinwirtschaftlichen Verpflichtungen verursachten Nettokosten abzudecken".

Dabei definiert Art. 5 Abs. 2 S. 1 des Beschlusses die Nettokosten als „die Differenz zwischen den Kosten nach Abs. 3 und den Einnahmen nach Abs. 4".

314 Alternativ hierzu können nach Art. 5 Abs. 2 S. 2 diese Nettokosten auch

---

298 DAWI-Mitteilung (ABl EU Nr. C 8 Rn. 45 ff.).
299 DAWI-Mitteilung (ABl EU Nr. C 8 Rn. 51 ff.).
300 DAWI-Mitteilung (ABl EU Nr. C 8 Rn. 60 ff.).
301 Beschl. der Kommission v. 20.12.2011 über die Anwendung von Art. 106 Abs. 2 des Vertrages über die Arbeitsweise der Europäischen Union auf staatliche Beihilfen in Form von Ausgleichsleistungen zugunsten bestimmter Unternehmen, die mit der Erbringung von Dienstleistungen von allgemeinem wirtschaftlichem Interesse betraut sind, Beschl. 2012/21/EU (ABl EU Nr. L 7 S. 3).

> „als Differenz zwischen den Nettokosten des Dienstleistungserbringers aus der Erfüllung der gemeinwirtschaftlichen Verpflichtung und den Nettokosten oder Gewinnen desselben Dienstleistungserbringers ohne eine solche Verpflichtung berechnet werden.“

Nach dem DAWI-Freistellungsbeschluss ist sonach – abweichend vom 4. Altmark-Trans-Kriterium – die Ermittlung der Kosten für die Erbringung der DAWI nicht anhand eines „Soll-Kosten-Maßstabes“ (Kosten eines durchschnittlichen, gut geführten Unternehmens) durchzuführen, sondern nach einem „Ist-Kosten-Maßstab“, den Nettomehrkosten. Insoweit stellt die Vermeidung einer Begünstigung und damit die Vermeidung des Beihilfentatbestandes höhere Anforderungen an die Kostenkontrolle, als die Rechtfertigung nach Maßgabe des Art. 106 Abs. 2 AEUV in Anwendung des DAWI-Freistellungsbeschlusses. 315

Im Ergebnis bedeuten aber beide Methoden eine Befreiung der Mitgliedstaaten von der Notifizierung einer Beilhilfe, in einem Fall, weil gar keine Beihilfe vorliegt, und im anderen Fall, weil diese gerechtfertigt werden kann. 316

V. Beihilfenverfahren nach Art. 108 AEUV

Art. 108 AEUV regelt das Beihilfenverfahren, enthält also diejenigen Bestimmungen, die anzuwenden sind, wenn entweder die Kommission aus eigener Initiative ihre Aufsicht über der Beihilfengewährung durch die Mitgliedstaaten ausübt (Art. 108 Abs. 1 und 2 AEUV) oder die Mitgliedstaaten eine Beihilfe einführen wollen und die Kommission um Prüfung bitten (Art. 108 Abs. 3 AEUV). Auf der Grundlage des Art. 108 Abs. 4 AEUV hat der Rat im Jahre 1999 und später im Jahre 2015 eine besondere Verfahrensverordnung für das Tätigwerden der Kommissionerlassen (Verordnung (EU) 2015/1589[302]). An dieser Stelle soll lediglich ein äußerst gedrängter Überblick über die wesentliche Struktur gegeben werden. 317

1. Verfahrensablauf bei angemeldeten Beihilfen

Im Beihilfenprüfverfahren nach Art. 108 AEUV ist im Falle angemeldeter Beihilfen in seinen Grundzügen folgendes Procedere festzustellen bzw. einzuhalten: Ein Mitgliedstaat beabsichtigt, eine nach Art. 107 Abs. 1 AEUV grundsätzlich verbotene Beihilfe zu gewähren. Im Regelfall geht er davon aus, dass ein ganz bestimmter Rechtfertigungstatbestand eingreifen kann.[303] Um die Beihilfe ausnahmsweise ge- 318

---

302 Verordnung (EG) 2015/1589 des Rates vom 13.7.2015 über besondere Vorschriften für die Anwendung von Art. 108 des Vertrages über die Arbeitsweise der Europäischen Union (ABl EU Nr. L 248 S. 1).
303 Eine Notifikation entfällt freilich, wenn die Beihilfe nach der AGFVO gerechtfertigt wird. Vgl. oben Rn. 295.

währen zu können, notifiziert der Mitgliedstaat die Beihilfe gem. Art. 108 Abs. 3 S. 1 AEUV bei der Kommission. Die Kommission trifft ihre Entscheidung auf der Grundlage des Unionsrechts, namentlich des Art. 107 Abs. 3 AEUV, unter Anwendung ihrer eigenen Leitlinien, Gemeinschaftsrahmen etc. Erklärt sie die Beihilfe für mit dem Binnenmarkt vereinbar, kann der Mitgliedstaat die Beihilfe gewähren.

2. Durchführungsverbot und Konsequenzen hieraus im Unionsrecht und im nationalen Recht

319 Von großer Bedeutung ist das Durchführungsverbot: Hat ein Mitgliedstaat eine Beihilfe bei der Kommission notifiziert, darf er diese solange nicht vollziehen, bis die Kommission zu einer abschließenden Entscheidung gekommen ist (Art. 108 Abs. 3 S. 3 AEUV). Dabei darf der Mitgliedstaat die Beihilfe nicht vollziehen, bis die Kommission zu einer abschließenden Entscheidung gelangt ist (Art. 108 Abs. 3 S. 3 AEUV). Diesem Durchführungsverbot kommt unmittelbare Geltung zu.[304] Das Durchführungsverbot mit beinahe allen seinen Folgen gilt ungeachtet der Genehmigungsfähigkeit der Beihilfe.

320 Für den Fall, dass in einem Vertrag eine Beihilfe enthalten ist, kann sich dieser bei Unterlassen der Notifizierung als nichtig herausstellen, da nach der Rechtsprechung des BGH Art. 108 Abs. 3 S. 3 AEUV eine Verbotsnorm i.S.d. § 134 BGB ist,[305] und zwar wiederum ungeachtet einer eventuellen Genehmigungsfähigkeit der Beihilfe. In einigen Fällen ist diese Rechtsfolge möglicherweise übertrieben und vom Unionsrecht nicht gefordert, insbesondere dann, wenn nur der Kaufpreis wegen einer möglichen Unterkompensation eine Beihilfenqualität aufweist. Hier fragt sich, ob dann das ganze Geschäft nichtig sein muss, oder ob es die effektive Durchsetzung des Durchführungsverbots des Art. 108 Abs. 3 S. 3 AEUV womöglich nur erfordert, dass der Vertrag teilnichtig (in Bezug auf die Kaufpreisregelung) ist. In der Tat hat der BGH die Tragweite des Nichtigkeitsverdikts auch in einer späteren Entscheidung leicht eingeschränkt und unter bestimmten Umständen eine Teilnichtigkeit und die Anwendung einer salvatorischen Klausel im Vertrag für möglich gehalten.[306] In der gleichen Entscheidung hat er aber eine Feststellungsklage eines Konkurrenten mit dem Inhalt für zulässig gehalten, eben diese Nichtigkeit des Vertrages eines Dritten feststellen zu lassen.

321 Ferner kann das beihilfenrechtliche Durchführungsverbot dahingehend durch Wettbewerber instrumentalisiert werden, dass sie hieraus aus §§ 823 Abs. 2, 1004 BGB i.V.m. Art. 108 Abs. 3 S. 3 AEUV Unterlassungsansprüche gegenüber den Beihilfen ge-

---

304 EuGH, Urt. v. 21.11.1991 – Rs. C-354/90 – Slg. 1991, I-5505, Rn. 11 – FNCE.
305 BGH, Urt. v. 4.4.2003 – V ZR 314/02 – EuZW 2003, 444, 445; BGH, Urt. v. 20.1.2004 – X ZR 53/03 – EuZW 2004, 252, 253 jew. m.w.N.
306 BGH, Urt. v. 5.12.2012 – I ZR 92/11.

währenden Stellen begründen können.[307] Die private Durchsetzung des Beihilfenrechts hat deshalb in den letzten Jahren eine immer größere Bedeutung gewonnen.

3. Verfahren bei nicht angemeldeten Beihilfen

In vielen Fällen rechtswidriger Beihilfen, d.h. solcher, die nicht im normalen Notifikationsverfahren der Kommission zur Genehmigung vorgelegt werden, wird die Kommission von Amts wegen, ggf. auf Anregung von Wettbewerbern, tätig. Das Verfahren regelt Art. 108 Abs. 2 AEUV. 322

Geht der Mitgliedstaat davon aus, dass eine bestimmte von ihm getroffene Maßnahme gar keine Beihilfenqualität hat, hat er auch keinen Grund, mit dem Vollzug der Maßnahme zu warten. Denn wo (seiner Auffassung nach) keine Beihilfe vorliegt, muss auch keine Notifikation erfolgen, und wo keine Notifikation erfolgt, existiert auch kein Durchführungsverbot nach Art. 108 Abs. S. 3 AEUV. 323

Nach Art. 108 Abs. 2 S. 2 AEUV beschließt die Kommission dann, wenn sie nach entsprechender Fristsetzung zur Äußerung der Beteiligten zu der Feststellung gelangt, dass eine von einem Staat oder aus staatlichen Mitteln gewährte Beihilfe mit dem Binnenmarkt nach Art. 107 AEUV unvereinbar ist oder dass sie missbräuchlich angewandt wird, dass der betreffende Staat sie binnen einer von ihr bestimmten Frist aufzuheben oder umzugestalten hat. Kommt dem der betroffene Mitgliedstaat nicht innerhalb der gesetzten Frist nach, so hat die Kommission den EuGH anzurufen (Art. 108 Abs. 2 S. 2 AEUV). Dieser entscheidet dann verbindlich über die Frage, ob eine Beihilfe vorliegt. 324

Art. 10 ff. der Verfahrensverordnung regelt Details des Verfahrens bei rechtswidrigen Beihilfen. Nach Art. 11 der Verfahrensverordnung ist die Kommission befugt, nach Gelegenheit zur Anhörung für den Mitgliedstaat eine Entscheidung zu erlassen, mit der sie diesem aufgibt, alle rechtswidrigen Beihilfen solange auszusetzen, bis die Kommission über die Vereinbarkeit der Beihilfe mit dem gemeinsamen Markt entschieden hat („Aussetzungsanordnung"). Diese kann nach Art. 11 Abs. 2 der Verfahrensverordnung, wiederum nach Gelegenheit zur Äußerung für den Mitgliedstaat, entscheiden, alle rechtswidrigen Beihilfen vorläufig zurückzufordern, bis die Kommission eine Entscheidung über die Vereinbarkeit der Beihilfe mit dem gemeinsamen Markt erlassen hat („Rückforderungsanordnung"). Nach der bisherigen Praxis sind derartige Anordnungen nur dann zulässig, wenn hinsichtlich des Beihilfencharakters der betreffenden Maßnahmen keinerlei Zweifel bestehen, ein Tätigwerden dringend geboten ist und ein erheblicher und nicht wiedergutzumachender Schaden für einen Konkurrenten ernsthaft zu befürchten ist. 325

---

307 BGH, Urt. v. 10.2.2011 – I ZR 212/08.

326 Die Kommission kann auf diese Weise die effektive Durchsetzung des Durchführungsverbotes für mutmaßliche Beihilfen gewährleisten. Die Voraussetzung, dass keinerlei Zweifel am Beihilfecharakter bestehen dürfen, stellt sicher, dass nicht bereits bei Bedenken im Hinblick auf die Beihilfenqualität einer Maßnahme eine Rückforderung stattfindet, ohne dass ausreichend geklärt wurde, ob es tatsächlich eine verbotene Beihilfe ist.

327 Probleme können dann auftreten, wenn ein Wettbewerber zur gleichen Zeit gegen eine seiner Meinung nach rechtswidrige Beihilfe innerstaatlichen gerichtlichen Rechtsschutz sucht und gleichzeitig die Kommission zu einem Beihilfenaufsichtsverfahren animiert. Der EuGH leitete in der Rs. Deutsche Lufthansa aus der Verpflichtung zur loyalen Zusammenarbeit aus Art. 4 Abs. 3 EUV eine Verpflichtung der nationalen Gerichte ab, es zu „unterlassen, Entscheidungen zu treffen, die einer Entscheidung der Kommission zuwiderlaufen, selbst wenn sie nur vorläufigen Charakter hat.“[308] Der EuGH band damit einen nationalen Richter praktisch an eine vorläufige (!) Entscheidung der Kommission. In einer rechtsstaatlich verfassten Europäischen Union, in dem der Grundsatz der Gewaltenteilung anerkannt ist, war dies eine in der Tat problematische Entscheidung.[309] Immerhin weist der EuGH einen Ausweg:

> „Wenn die nationalen Gerichte hinsichtlich der Frage, ob die in Rede stehende Maßnahme eine staatliche Beihilfe im Sinne von Art. 107 Abs. 1 AEUV darstellt, oder hinsichtlich der Gültigkeit oder der Auslegung der Entscheidung über die Eröffnung des förmlichen Prüfverfahrens Zweifel haben, können sie zum einen die Kommission um Erläuterung bitten, und zum anderen können oder müssen sie gemäß Art. 267 Abs. 2 und 3 AEUV, wie er vom Gerichtshof ausgelegt wird, dem Gerichtshof eine Frage zur Vorabentscheidung vorlegen [...].“

328 Der BGH[310] hat dies, gewiss auch zur Vermeidung eines Konflikts mit dem EuGH, zu Recht so ausgelegt, dass eine Bindung nicht besteht, aber die Pflicht zur Nachfrage bzw. einem Vorabentscheidungsersuchen nach gem. Art. 267 Abs. 2 und 3 AEUV an den EuGH, falls das Gericht eigenverantwortlich zu einer anderen Einschätzung kommt.

329 Auf diese Weise wird die Zusammenarbeit[311] zwischen der Kommission als dem für die Beihilfenaufsicht zuständigen Unionsorgan und den nationalen Gerichten wieder in eine mit dem AEUV einerseits und dem deutschen Zustimmungsgesetz anderseits übereinstimmende Balance gebracht. Das nationale Gericht wendet

---

308 EuGH, Urt. v. 21.11.2014 – Rs. C-284/12, Rn. 41 – Deutsche Lufthansa.

309 Zu Recht kritisch etwa *Engel*, EnWZ 2014, 22, 23.

310 BGH, Urt. v. 9.2.2017 – I ZR 91/15, Rn. 39 ff.

311 Vgl. zu dieser auch die Bekanntmachung der Kommission v. 9.4.2001 über die Durchsetzung des Beihilfenrechts durch die einzelstaatlichen Gerichte (2009/C 85/01) (ABl EU Nr. C 85 S. 1).

Unionsrecht, noch dazu unmittelbar geltendes,[312] unter Wahrung seines Anwendungsvorrangs in gleicher Weise wie nationales Recht an. Das Gericht ist aber eben nicht an die Rechtsauffassung eines Exekutivorgans gebunden, hat aber bei Abweichung die alleinige Befugnis des EuGH zur verbindlichen Auslegung des Unionsrechts in vollem Umfang zu achten.

312 Zur unmittelbaren Geltung vgl. bereits EuGH, Urt. v. 15.7.1964 – Rs. 6/64 – Slg. 1964, 1253 – Costa/ENEL.

Stichwortverzeichnis

https://doi.org/10.1515/9783110286847-013